DIE ZEIT

Literatur-
Lexikon

Autoren und Begriffe
in sechs Bänden

Mit dem Besten aus der ZEIT

Band 5
Begriffe: **Abbreviatio – Kyklos**

Verlag J. B. Metzler
Stuttgart · Weimar

Bibliografische Information der Deutschen
Nationalbibliothek
Die Deutsche Nationalbibliothek verzeichnet diese
Publikation in der Deutschen Nationalbibliografie;
detaillierte bibliografische Daten sind im Internet
über http://dnb.d-nb.de abrufbar.

Gedruckt auf chlorfrei gebleichtem, säurefreiem
und alterungsbeständigem Papier

ISBN 978-3-476-02287-5

© 2008 J. B. Metzler'sche Verlagsbuchhandlung und
Carl Ernst Poeschel Verlag GmbH in Stuttgart
© 2008 Zeitverlag Gerd Bucerius GmbH & Co KG,
Hamburg

www.metzlerverlag.de
info@metzlerverlag.de

Einbandgestaltung: Melanie Weiß – die
Abbildungen zeigen Voltaire, Doris Lessing
(© Interfoto), Thomas Mann (© Interfoto),
James Baldwin, Arundhati Roy (© Interfoto)
Satz: Typomedia GmbH, Scharnhausen
Druck und Bindung: CPI – Ebner & Spiegel, Ulm
Printed in Germany

September 2008

Verlag J. B. Metzler Stuttgart · Weimar

Inhalt

Abkürzungen

Stets abgekürzt werden die Endungen -lich, -isch, -ig (auch flektiert)

Abh.	Abhandlung(en)
ags.	angelsächsisch
ahd.	althochdeutsch
alem.	Alemannisch
AT.	Altes Testament
Aufl.	Auflage (^{3}1970 = 3. Aufl. 1970)
Bd., Bde.	Band, Bände
Ber.	Bericht(e)
Bez., Bezz.	Bezeichnung(en)
Bibliogr.	Bibliographie
Bll.	Blätter
bzw.	beziehungsweise
c.	Carmen, Carmina
ca.	circa
dgl.	dergleichen
d.h.	das heißt
d.i.	das ist
Diss.	Dissertation
Dr.	Drama
dt.	deutsch
Ed.	Edition, Editor
ed.	ediert
Einf.	Einführung
Einl.	Einleitung
europ.	europäisch
ev.	evangelisch
f., ff.	folgend(e)
f.	femininum
Fg.	Festgabe
fol.	lat. folium = Blatt oder Folio = Blattgröße (Buchformat)
frz., franz.	französisch
Fs.	Festschrift
gegr.	gegründet
germ.	germanisch, germanicus
Ges.	Gesellschaft
Gesch.	Geschichte
Ggs.	Gegensatz
gr.	griechisch
H.	Heft
Hä.	Hälfte
Hdb.	Handbuch
hebr.	hebräisch

Hrsg., hrsg.	Herausgeber, herausgegeben
Hs., Hss.	Handschrift(en)
idg.	indogermanisch
i.e.S.	im engeren Sinne
it.	italienisch
Jb.	Jahrbuch
Jg.	Jahrgang
Jh.	Jahrhundert
Jt.	Jahrtausend
kath.	katholisch
k, kl.	klingende ↗ Kadenz
lat.	lateinisch
LB.	Landesbibliothek
Lit.	Literatur
m.	maskulinum
m	männl. ↗ Kadenz
MA.	Mittelalter
mal.	mittelalterlich
ms.	manu scriptum = mit der Hand Geschriebenes; Manuskript
mhd.	mittelhochdeutsch
mlat.	mittellateinisch
n.	neutrum
nb.	nota bene (lat.) - merke wohl!
ndt.	niederdeutsch
nhd.	neuhochdeutsch
niederl.	niederländisch
nlat.	Neulateinisch
NT.	Neues Testament
n. Chr.	nach Christi (Geburt)
österr.	österreichisch
Pl.	Plural
port.	portugiesisch
prov.	Provenzalisch
R.	Roman
rd.	rund
rom.	romanisch
sc., scil.	scilicet (= nämlich)
Schr.	Schrift(en)
Sg(l).	Singular
Sh.	Sonderheft
Slg.	Sammlung
sog.	sogenannt
UA	Uraufführung
u.a.	und andere, unter anderem
UB.	Universitätsbibliothek

u.v.a.	und viele andere
Unters.	Untersuchung(en)
v., vv.	Vers(e)
v.a.	vor allem
v. Chr.	vor Christi (Geburt)
vgl.	vergleiche
w	weibl. ↗ Kadenz
Wb.	Wörterbuch
Wiss., wiss.	Wissenschaft, wissenschaftlich
z.B.	zum Beispiel
Zs., Zss	Zeitschrift(en)

Benutzerhinweise

1. Findet sich ein **Stichwort** (Lemma) nicht unter dem jeweiligen Bestimmungswort, suche man beim Grundwort, z.b. Deutsche Bibliothek unter Bibliothek, Marienpreis, -lob, -gruß, -klage, -leben unter Mariendichtung usw.

2. Auch **Schreib-Varianten** sind nicht als eigene Stichwörter aufgeführt. Steht ein Stichwort nicht unter C, suche man unter K oder Z und umgekehrt, etwa bei Creticus/Kretikus, Caesur/Zäsur, Codex/Kodex, Konzetto/Concetto, Kyklos/Zyklus, ebenso etwa auch Dekadenz/Decadence, makkaronische/maccaronische Dichtung.

3. Nicht ins **Verweissystem** aufgenommen wurden synonyme Stichwörter, die sich aus sich selbst erkären oder lediglich Übersetzungen sind, z.B. ›Kanzelrede‹ für ›Predigt‹, ›Versuch‹ für ›Essay‹.

4. **Verweiszeichen** stehen auch vor flektierten Formen.

5. Das **Lemma** erscheint im Text abgekürzt: z.b. A. für Akzent.

6. **Abkürzungen** richten sich nach dem Duden; ein Großteil wird sich ohnedies aus dem Kontext von selbst verstehen (s. auch Abkürzungsverzeichnis).

7. Eine **Genusangabe** steht nur bei fremdsprachlichen Wörtern (m. = mask., f. = fem., n. = neutr.), ebenso **Betonungszeichen**: ẹ = lang, ẹ = kurz.

8. **Vers-Schemata** antiker und neuerer Dichtung sind in dem üblichen Längen-Kürzen-System notiert ($-\cup$). Für die mittelalterliche Literatur wurde das System A. Heuslers übernommen (x́x = $-́$); $\check{}$ oder $\overset{\smile}{}$ bezeichnen eine ↗ anceps-Silbe; in nicht-antiken Schemata kann dafür auch x gesetzt sein.
   4ka heißt: ein vierhebiger Vers mit klingender Kadenz auf Reim a.

9. **Reim-Schemata** sind mit Kleinbuchstaben, ↗ Refrain- und ↗ Geleitzeilen mit Großbuchstaben markiert.

10. **Besondere Schriftzeichen:**
    á, ó: im Altnord. = langes a, o
    æ: Ligatur (Verbindung) von a und e für langes ä
    ð: für engl. stimmhaft th
    Þ: für engl. stimmlos th

A

Abbreviatio, f. [mlat., nach lat. breviare = verkürzen], Verknappung einer Aussage, z. B. durch Participium absolutum, Ablativus absolutus, ↗ Ellipse, Vermeidung von Wiederholungen (↗ Geminatio) oder Komprimierung mehrerer möglicher Sätze in einen; Stilideal der *brevitas* (Tendenz zur Kürze). Gegensatz zur ↗ Amplificatio.   S

Abbreviaturen, f. Pl., auch Abbreviationen [zu mlat. abbreviare = abkürzen], v. a. paläograph. Bez. für systemat. ↗ Abkürzungen in Handschriften und alten Drucken.

ABC-Buch vgl. ↗ Fibel.

Abecedarium, n. [lat. Benennung der Buchstabenreihe nach den ersten vier Buchstaben des lat. Alphabets],
1. Elementarbuch, bis etwa 1850 gebräuchl. Bez. der Fibel (vgl. auch lat. *Abecedarius* = ABC-Schütze).
2. alphabet. geordnetes Register oder Repertorium (Inhaltsübersicht) röm., röm.-kanon. und dt. Rechtsbücher und ihrer Glossierungen (↗ Glosse) aus dem 14. und 15. Jh.
3. alphabet. ↗ Akrostichon; jede Strophe, jeder Vers oder jedes Wort eines Gedichts beginnt mit einem neuen Buchstaben des Alphabets. Neben dem einfachen A. finden sich auch doppelt geschlungene Formen (AZBWCV bei Juda Halevi). Nach biblisch-hebr. Vorbild (z. B. Psalm 119, aus 22 achtvers. Strophen; die 8 Verse der 1. Strophe beginnen mit Aleph, die 8 Verse der 2. Strophe mit Beth usw.) beliebte Form in der jüd. und christl. Liturgie (z. B. die Lamentationes der Karfreitagsliturgie der römisch-kath. Kirche) und religiösen Lyrik (u. a. die hebr. geistl. Gedichte des 6. bis 13. Jh.s, die

sog. »Pijutim«, lat. und dt. Marien-Abecedarien des Spät-MA.s; Qu. Kuhlmann, »Kühlpsalter«, 1684); seltener in der weltl. Dichtung, vor allem des 17. Jh.s.
4. Abecedarium Nordmannicum: Runengedicht dän. Ursprungs (überliefert in einer oberdt. Hs. des 9. Jh.s.); zugrunde liegt die jüngere nord. Runenreihe (»fuþark«; ↗ Runen). Altertüml. Form: jeweils in sich stabende ↗ Kurzzeilen (↗ Stabreimvers). – Das A. Nordmannicum beruht, wie auch das alphabet. Akrostichon in religiösen Gedichten, auf der Verwendung des Alphabets zu mag. Zwecken.   K

Abele spelen, n. Pl. [niederländ. = schöne Spiele, abele von lat. habilis = geziemend, gut], älteste niederländ. weltl. Schauspiele, Mitte 14. Jh., anonym überliefert in der van Hulthemschen Sammelhandschrift (Brüssel): drei nach mal. höf. Romanstoffen konzipierte Stücke »Esmoreit«, »Gloriant«, »Lanseloet van Denemerken«; ferner eine Allegorie »Vanden Winter ende vanden Somer«. Kennzeichnend sind einfache Sprache (Reimpaare) und Handlungsführung, freier Schauplatzwechsel. Den Aufführungen folgte meist eine ↗ Klucht, ein possenhaftes ↗ Nachspiel. – Im 15. Jh. von den Zinnespelen (↗ Moralitäten) verdrängt.   HSt

Abenteuerroman, literar. Oberbegriff für Romane, die sich durch Stofffülle und abenteuerl. Spannung auszeichnen und in denen der Held in eine bunte Kette von Ereignissen oder Irrfahrten verwickelt wird. Der typ. A. besteht aus einer lockeren Folge relativ selbständiger, um diesen gruppierter Geschichten, meist in volkstüml.-realist. Stil. Sie dienen nicht der Darstellung seiner Entwicklung, sondern der

Unterhaltung und allenfalls Belehrung des Lesers: Sie sind z. T. mit dem jeweiligen Populärwissen ihrer Zeit angereichert. – Im MA sind nach diesem Schema die sog. ↗ Spielmannsdichtungen (»Herzog Ernst«) angelegt, ebenso später die ↗ Volksbücher. A.e begegnen in großer Zahl vom Barock (↗ Schelmenroman, ↗ Avanturierroman) über die Trivialromane des 18. Jh.s (↗ Geheimbund-, ↗ Schauerromane, K. Grosse, K. G. Cramer, Ch. A. Vulpius) bis ins 19. Jh. Sie werden (je nach Stoff und Schwerpunkt und nicht immer deutl. abgrenzbar) als Schelmen-, Lügen-, Reise-, Räuber-, Schauerroman unterschieden. Seit der Antike finden sich aber auch in literar. anspruchsvollen Werken abenteuerl. Erlebnisse der Helden; jedoch sind hier die Episoden nicht Selbstzweck, sondern in die Darstellung integriert: auf solche Werke trifft die Bez. ›A.‹ nur partiell zu. Es sind dies etwa in der Spätantike der »Goldene Esel« des Apuleius, die »Aithiopika« des Heliodor, im MA die Artusepen, von denen eine Fülle verflachter Nachahmungen abstammen (↗ Amadisromane, ↗ Ritterromane), zu denen als Gegenbewegung wiederum satir. A.e entstanden (Cervantes, »Don Quichote«, 1606; Grimmelshausen, »Simplizissimus«, 1669 [↗ Simpliziaden]; Le Sage, »Gil Blas«, 1719). Auch D. Defoes »Robinson« (1719) rief in ganz Europa eine Flut oberflächl. Nachahmungen hervor (↗ Robinsonaden). Abenteuerl. Lebensläufe schildern auch Voltaire in seinem philos. fundierten »Candide« (1759), S. Richardson in seinen empfindsamen Romanen, ferner H. Fielding in seinem als Protest dagegen entstandenen »Tom Jones« (1749) oder T. G. Smollett (»The Adventures of Roderick Random«, 1748, »... of Peregrine Pickle«, 1751). Die im A. implizierte Spielart des Reiseromans wird bes. im 18. Jh. beliebt (J. A. Musäus, M. A. Thümmel, J. C. Wezel). Die Abenteuermotive in den Werken der Klassik und Romantik (Goethe, »Wilhelm Meister«; J. Eichendorff, »Taugenichts«; Jean Paul, »Flegeljahre«, L. Tieck, E. T. A. Hoffmann) sind zu verstehen als geist. Abenteuer und prägen hinfort ↗ Künstler-, ↗ Bildungs- und ↗ Entwicklungsromane. – Im 19. und 20. Jh. zeichnet sich die A. durch psycholog. Vertiefung, z. T. auch Zeitkritik aus (H. Kurz, »Der Sonnenwirt«, 1854, R. L. Stevenson, J. Conrad u. a.). Daneben steht das Interesse an der Ethnographie neu erschlossener Erdteile (Ch. Sealsfield, F. Gerstäcker, J. F. Cooper, K. May) und an der Geschichte, v. a. des MA.s (W. Scott, Ch. de Coster u. a.). Hinzu treten soziale Anliegen (V. Hugo, »Les Misérables«, 1862), auch utop. Zukunftsphantasien (J. Verne). Motive des A.s finden sich auch in den Werken A. Dumas, E. Sues, H. Melvilles, Mark Twains, J. Londons, B. Travens, B. Cendrars, R. Garys, Baroja y Nessis, Sánchez Ferlosios, J. Schaffners und B. Kellermanns. Eine moderne Gestaltungsform des A.s ist der naturnahe ↗ Landstreicherroman (K. Hamsun, H. Hesse, M. Hausmann).   GG/S

Abgesang, zweiter Teil der mal. ↗ Stollen-(Kanzonen-, ↗ Meistersang-)Strophe: vom ↗ Aufgesang immer musikal., metr., in der Reimordnung und meist auch syntakt. abgesetzt. Sein Umfang kann von einem Reimpaar oder einer Dreiversgruppe bis zu mehreren Versperioden reichen; er kann auf verschiedene Weise auf den Aufgesang rückbezogen sein, z. B. durch Anreimung. Bez. aus der Meistersingerterminologie. In der prov. und it. Lyrik als ↗ Coda, Cauda bez.   S

Abhandlung, f., im 17. Jh. übl. Bez. für den ↗ Akt im Drama.

Abkürzung, A.en von Silben, Wörtern oder Wortfolgen aus Raum- oder Zeitgründen sind so alt wie die Schrift. Die heutige A.stechnik folgt weitgehend antiken Prinzipien, so v. a. der *A. durch Suspension* (Weglassung: SPQR = Senatus PopulusQue Romanus, AEG = Allgemeine Elektrizitäts-Gesellschaft), insbes. dem Verfahren der röm. Juristen, für das der *Punkt hinter der A.* typ. ist. Man unterscheidet Re-

Voltaire: »Candide«

duktion auf den ersten Anfangsbuchstaben (u. = und, d. h. = das heißt), auf Anfangs- und einen oder mehrere Folgebuchstaben (Tel. = Telefon), auf Anfangs- und Mittelbuchstaben (Jh. = Jahrhundert), Anfangs-, Mittel- und Endbuchstaben (Slg. = Sammlung), Anfangs- und Endbuchstaben (Nr. = Nummer, No. = lat. numero). Bei A.en von Wortfolgen ergeben oft deren Anfangsbuchstaben oder -silben ein neues Kurzwort (↗ Akronym). – Systematisiert in spätantiken Kanzleien (bereits A.sverzeichnisse), prägten A.en die mal. Schreibpraxis und (trotz des erschwerenden Typenaufwandes) die frühen Drucke. Bes. in der Neuzeit schwollen A.en in allen Sprachbereichen stark an und gelangten oft aus der Schreibtradition in die Alltagssprache (okay = o.k., ka-o = k.o. = knock out) und Literaturgepflogenheiten (z. B. bei Arno Schmidt).

Durch die v. a. von der Elektronik geforderte ›Sprachwirtschaftlichkeit‹ nimmt die Zahl der A.en ständig zu (ca. 500000 A.en) und macht Normen und Regeln für das A.sverfahren nötig (DIN 2340). Als ›Abbreviologie‹ ist es heute ein Teil der Terminologielehre. ↗ Sigle.　　HFR

Abschwörungsformel vgl. ↗ Taufgelöbnis.

Absolute Dichtung, auch autonome oder reine Dichtung (Prosa, aber auch Verse), die – in Absicht einer reinen Wortkunst (↗ l’art pour l’art, poésie pure) – ihr Augenmerk auf die Eigengesetzlichkeit der Sprache, auf sprachl. Prozesse richtet. Die Geschichte der *absoluten Prosa,* deren wesentl. Leistungen R. Grimm als »Romane des Phänotyp« subsumiert, geht auf F. Schlegels theoret. Forderung eines »absoluten Romans«, der alle Romane in sich einschließe, zurück, auf die Entdeckung in der nachnormativen Poetik, dass der Roman »die größten Disparaten« zulasse, da er »Poesie in Prosa« (Herder) sei. Die absolute Prosa will bei einem Minimum an Handlung, an Stofflichkeit auf nichts außerhalb ihrer selbst verweisen, sie soll für sich selbst stehen. Absolute Prosa, mehr oder weniger deutl. ausgebildet, ist im ganzen 19. Jh. belegbar. Sie erreicht (Th. Gautiers l’art pour l’art-Formel

folgend) im frz. ↗ Symbolismus einen ersten Höhepunkt, v. a. mit J.-K. Huysmans »Roman ohne Handlung, mit nur einer Person, die alles in sich konzentriert«, »A rebours«, mit A. Gides »Paludes«, P. Valérys »Monsieur Teste« und St. Mallarmés Fragment einer Erzählung »Igitur oder Die Narrheit Elbehnons«, das sich »an die Intelligenz des Lesers« wendet, »die selbst die Dinge in Szene setzt« (Motto). Einen zweiten Höhepunkt markiert der (Gide gewidmete) »Bebuquin« C. Einsteins (»Der Begriff will zu den Dingen, aber gerade das Umgekehrte will ich«). Auf »Bebuquin« und Gides »Paludes« bezieht sich auch G. Benn, dessen »Roman des Phänotyp« gleichzeitig ein vorläufiges Ende der absoluten Prosa darstellt. Für die *absolute Poesie* kann allgemein gelten, was Einstein bezüglich Mallarmés »Un coup de dés« festhält: die Suche nach dem »schwierigen Punkt, wo die Sprache sich durch Fixiertsein allein rechtfertigen kann, durch den Gegensatz des geschriebenen Schwarz und des unerschlossenen Weiß des Papiers«. Entwicklungsgeschichtl. liegen vor der Lyrik Mallarmés (nach aphorist.-fragmentar. Ansätzen in der dt. ↗ Romantik) v. a. E. A. Poe (»The Raven«), Ch. Baudelaire (»Les fleurs du mal«, »Petits poèmes en prose«) und A. Rimbaud. Wie die a. Prosa spielt auch die a. Poesie nach dem Symbolismus noch einmal in der ↗ Wortkunst des ↗ Sturmkreises um H. Walden eine (auch theoret.) Rolle bei A. Stramm und (mit Übergängen zur ↗ akust. bzw. ↗ visuellen Dichtung) bei R. Blümner bzw. O. Nebel. Für die Literatur nach 1945 könnte man außer bei H. Heissenbüttel auch bei Franz Mon u. a. von neuen »Versuchen ›absoluter‹ Poesie und Prosa« in Richtung auf eine ↗ konkrete Dichtung sprechen.　　　　　　　　　　D

Abstrakte Dichtung, oft missverstandene Bez. für eine gegen die Symbol- und Bildersprache des Erlebnisgedichts und damit gegen ein traditionelles Literaturverständnis gerichtete Auffassung von literar. Ausdrucksmöglichkeiten und den in ihrem Zusammenhang ausgebildeten literar. Redeweisen seit der sog. ↗ Literatur-, bzw. Kulturrevolution (ital. u. russ. ↗ Futurismus, ↗ Dadaismus, ↗ Sturmkreis). Daneben gibt es eine Vielzahl z. T. sich überlagernder Bezz. (meist parallel zu Bezz. entsprechender Tendenzen in der bildenden Kunst) wie absolute, elementare, konsequente, experimentelle, materiale und v. a. auch ↗ konkrete Dichtung (Poesie, Literatur). – *Definitionsansätze* finden sich schon im Umkreis des Dadaismus, u. a. bei K. Schwitters (↗ Merzdichtung). Analog zur Entwicklung in der bildenden Kunst entwickelt die a. D. einen bes. Typus des ↗ reduzierten Textes (bes. bei A. Stramm, T. Tzara, H. Arp, K. Schwitters): als Ausprägung einer primär ↗ akust. Dichtung mit Grenzüberschreitungen zur Musik (Schwitters'»Ursonate«), als Ausprägung einer primär ↗ visuellen Dichtung mit Grenzüberschreitungen zur bildenden Kunst, zur Typographik (Schwitters' »Gesetztes Bildgedicht«). Die a. D. versucht jegl. metaphor. (= bildl.) Ungefähr zu vermeiden; sie zieht sich zurück auf das Material der Sprache (Wörter, Silben, Buchstaben) und auf das Spiel mit diesem Material. Sie betont den Modell-, den Demonstrationscharakter des sprachl. Gebildes. »In einem Gedicht von Goethe wird der Leser poet. belehrt, daß der Mensch sterben und werden müsse. Kandinsky hingegen stellt den Leser vor ein sterbendes und werdendes Wortbild, vor eine sterbende und werdende Wortfolge« (H. Arp.). Wie in der bildenden Kunst die Organisation von Farbe und Form anstelle des traditionellen Gegenstandes als mögl. neuer Bild-Inhalt verstanden werden muss, lässt sich in der Literatur (z. B. in Schwitters' »i-Gedicht«) noch das kleine i der dt. Schrift als Inhalt auffassen, insofern als der zugeordnete Merkvers aus dem Grundschulunterricht »dem Leser schockartig deutl. werden« lässt, »daß Sinn und Bedeutung, die einem geschriebenen oder gedruckten Text beigelegt werden, im Grunde in einer teils konventionellen, teils subjektiven Assoziationstätigkeit bestehen, die mit der Materialität dieser Schriftzeichen nur fragwürdig verbunden sind« (Heißenbüttel). Diesem extremen Infragestellen der Verbindlichkeit des dichter. Wortes (und allgem. der Sprache) entspricht die umgekehrte Tendenz der a. D., überhaupt noch Sagbares sagbar zu machen. A. D.en nach 1945 sind etwa die (visuellen) ↗ Konstellationen E. Gomringers, die (akust.) ↗ Artikulationen F. Mons, die »Textbücher« H. Heißenbüttels, die »Sprechgedichte« E. Jandls, die »engagierenden« und »Figurengedichte« C. Bremers, die ↗ »Permutationen« L. Harigs, z. T. die Versuche der ↗ Wiener Gruppe (v. a. G. Rühm, F. Achleitner) und der ↗ Stuttgarter Schule. Poetolog. Bestandsaufnahmen der a. D. versuchen Heißenbüttels Frankfurter Vorlesungen über Poetik (1963) und die Texttheorie M. Benses.   D

Absurdes Theater, Versuch einer Abkehr vom wirklichkeits- und gesellschaftsabbildenden (»bürgerl.«) Theater. Von A. Jarry (»Ubu Roi«, 1896) führt die Entwicklung über die Surrealisten, bes. den Dramatiker G. Apollinaire, zu den nach dem Zweiten Weltkrieg in Paris produzierenden E. Ionesco, A. Adamov, S. Beckett, J. Tardieu u. a. Erst durch sie rückte das absurde Th. als neue Ausdrucksform ins Bewusstsein des Publikums. – Geistiger Impuls des a.n Th.s ist die Entdeckung der Welt als metaphys. Niemandsland. In zwei Weisen demonstriert es die daraus resultierende Verkümmerung und Destruktion des Menschen: parabelhaft, abstrakt, gesellschafts- und geschichtsentrückt (z. B. Beckett) oder in der Darstellung der sich dumpf in ihre sinnentleerte Alltagswelt einmauernden Bürger, die die Sinnfrage durch verhärtete Gewohnheiten und Terror ersetzen (Ionesco). – Merkmale der Form: keine überschaubare, psycholog. motivierte Handlung; statt Personen Demonstrationsfiguren für Gedankenspiele und Gedankenqualen der Autoren; konsequenter Bruch mit der herkömml. Dramensprache. Die Sprache erfüllt dennoch eine Hauptfunktion: ihre Reduktion, Sinnentleerung und ihr Verstummen zeigt einmal die totale Entfremdung des Menschen von der Umwelt, den Mitmenschen und sich selbst (Beckett); der systemat. und leidenschaftl. Gebrauch der banalsten Alltagssprache durch Ionesco deckt andererseits den Verlust echter Kommunikation, die Verdummung und Entmenschlichung durch den Gemeinplatz auf. Die Stücke sind auf Grund ihrer parabelhaften Konstruktion relativ kurz. Statt einer gegliederten Handlung gibt es nur Geschehensrhythmen: sich steigernde, zum Höhepunkt treibende Vorgänge (Ionesco), kreisende Rituale oder sich immer weiter reduzierende Abläufe (Beckett). Ernst ist verbunden mit groteskem Humor, Wirklichkeit und Schein liegen in einer Dimension. Neben der frz. Literatur haben poln. Autoren eine ähnl. Wendung zum absurden Th. vollzogen (St. J. Witkiewicz»Die da!«, 1920, W. Gombrowicz, S. Mrozek). Daneben auch verwandte Erscheinungen in England (H. Pinter), USA (E. Albee), nach unbedeutenderen Versuchen in Deutschland (G. Grass, W. Hildesheimer) erhielt das a. Th. neue Impulse durch P. Handke. Bedeutsam sind auch die Werke des frz. schreibenden Spaniers F. Arrabal.   DJ

Abundanz, f., [lat. abundantia = Überfluss], Stilbegriff (schon bei Quintilian, Inst. orat. XII, 1, 20), bez. eine Überfülle sprachl. Ausdrucksformen, die denselben Gedanken mehrmals wiedergeben.   RSM

Abvers, zweiter Teil einer ↗ Langzeile oder eines ↗ Reimpaares, auch Schlussvers eines ↗ Stollens; Ggs. ↗ Anvers.

Accumulatio, f. [lat. = Häufung], ↗ rhetor. Figur, syndet. oder asyndet. Häufung von Wörtern, nicht als Wiederholung verschiedener Wörter für dieselbe Sache (Synonymie), sondern einen übergeordneten Begriff detaillierend:»Ist was, das nicht durch *Krieg, Schwert, Flamm und Spieß* zerstört« (Gryphius). Dieser Kollektivbegriff kann vor- oder nachgestellt sein, aber auch fehlen (z. B.»Dem Schnee, dem Regen, dem Wind [= *der winterl. Natur*] entgegen«, Goethe). Die Abfolge kann sich steigern (entweder durch längere, vollklingendere Wörter oder Wortgruppen oder durch den Wortinhalt:»Ein *Wort* – ein Glanz, ein Flug, ein Feuer, ein Flammenwurf, ein Sternenstrich«, G. Benn, vgl. ↗ Klimax). Die A. kann syntakt. subordiniert sein (z. B. A. von Adverbien oder Objekten zu Verben, oder von Attributen zu Substantiven usw.:»Ernste, milde, träumerische, unergründl. süße Nacht«, Lenau), oder syntakt. koordiniert sein; folgen dabei die Wörter unmittelbar aufeinander,

spricht man von *Enumeratio,* sind die Glieder der A. durch zwischengeschobene andere Satzglieder getrennt, spricht man von *Distributio.* – Die A. ist ein Mittel der ↗ Amplificatio; sie dient der Veranschaulichung, Verlebendigung, Bildhaftigkeit und Intensivierung; beliebt in pathet. Dichtung (z. B. im Barock). – Zur Reihung von Wortgruppen vgl. ↗ Adiunctio.   S

Acta, n. Pl. [lat. = Taten, zu agere = tun], ursprüngl. Aufzeichnungen von Amtshandlungen der röm. Verwaltung (a. publica, a. senatus), dann auch Mitteilungen von öffentl. Interesse, eine Art antiker Zeitung (a. diurna oder urbana, 55. v. Chr. von Caesar gegründet), später Bez. für Publikationen allgemeiner Bedeutung: A. apostolorum (Apostelgeschichte), A. martyrorum (Märtyrergeschichte), A. sanctorum (Quellenwerk zur Heiligengeschichte, begr. von den Bollandisten, 17. Jh.), A. eruditorum (1682–1782, erste wissenschaftl. Zeitschrift, hrsg. v. O. Mencke); noch heute Titel von Zeitschriften (z. B. A. philologica Scandinavica) oder Sammelwerken. ↗ Institutionen, ↗ Analekten (Analecta). S

Adaptation (Adaption), f. [von lat. (ad-) aptus bzw. ad-aptatus = angepasst], Umarbeitung eines literar. Werkes, um es den strukturellen Bedingtheiten einer anderen Gattung oder eines anderen Kommunikationsmittels anzupassen, ohne dass der Gehalt wesentl. verändert wird. Bes. häufig ist die A. von Erzählwerken für Bühne (Schauspiel, Oper usw.), Funk, Film und Fernsehen. Die A. kann (anders als die ↗ Bearbeitung) durch den Autor selbst erfolgen (↗ Fassung) oder durch einen Adaptor. Beispiele: P. Tschaikowskijs A. von Schillers»Jungfrau von Orleans« für die Oper; H. v. Hofmannsthals A. von E. T. A. Hoffmanns Novelle »Die Bergwerke zu Falun« für die Bühne (zunächst Einakter, später Tragödie in 5 Akten); M. Frischs A.en seines Hörspiels »Herr Biedermann und die Brandstifter« für das Fernsehen und die Bühne; J. Osbornes A. von H. Fieldings »Tom Jones« für den Film. – Vgl. ↗ Bühnenbearbeitung, ↗ Dramatisierung.   RSM

Adespota, n. Pl. [gr. adespotos = herrenlos]. Bez. f. Schriften, deren Verfasser nicht bekannt sind. ↗anonym.

Adiunctio, f. [lat. = Anschluss, Zusatz], ↗rhetor. Figur: von einem Satzglied abhängige koordinierte Reihung bedeutungsverschiedener Wortgruppen (meist vom Prädikat abhäng. Objektsätze), wobei ein übergeordneter Gedanke eine differenzierte Ausprägung gewinnen soll: »... er ... *wird* Euch aus diesem Neste ziehen, Eure Treu in einem höhern Posten glänzen lassen« (Schiller, »Wallensteins Tod«, IV, 7). Vgl. auch ↗Accumulatio.   S

Adoneus, Adonius, m. [gr.-lat. = adon. Vers], fünfgliedr. antiker Versfuß der Form $-\cup\cup--$; gilt als anaklast. Variante des ↗Dochmius (Umstellung der ersten beiden Längen und Kürzen), metr. ident. mit dem Schluss des daktyl. Hexameters nach der bukol. Dihärese, daher auch als katalekt. daktyl. Dipodie gedeutet (im Dt. mit ↗Daktylus + ↗Trochäus nachgebildet). Bez. nach dem Klageruf *O ton Adonin* in griech. Totenklagen um Adonis. Wegen seiner abschließenden Wirkung auch als Schluss-, Kurzvers verwendet, z.B. in der Sapph. Strophe (↗Odenmaße, z.B. Horaz, Carm. I, 2, F.G. Klopstock »Der Frohsinn«); stich. selten (z.B. G. Greflinger, »An seine Gesellschaft«).   HS

ad spectatores [lat. = an die Zuschauer], 1. ↗Prolog, Vorrede (vgl. H. Bebel, »Comoedia de optimo studio iuvenum«, 1501); 2. ↗Beiseite (sprechen).

Ad usum delphini, auch: in usum d. [lat. = zum Gebrauch des Dauphin], die Wendung bezieht sich ursprüngl. auf die moral. und polit. Hinsicht gereinigten (und kommentierten) Ausgaben antiker Klassiker, die auf Veranlassung Ludwigs XIV. von J.-B. Bossuet und P.D. Huet in den Jahren 1674–1730 für den Unterricht des Dauphins (des franz. Thronfolgers) zusammengestellt wurden. Sie wird später allgemein bezogen auf Bearbeitungen literar. Werke für die Jugend (D. Defoe, »Robinson Crusoe«, J. Swift, »Gullivers Reisen« u.a.), ↗Editio castigata.   GG

Adventsspiel, aus dem protestant. Schulspiel und städt. Brauchtum Mitteldeutschlands entstandenes ↗geistl. (Umzugs)spiel, ursprüngl. szen.-mim. Gestaltung der Einkehr Christi in Bethlehem und Katechisierung der Kinder. Im Umzug gehen neben Christus (als Kind oder Erwachsener) Maria, Josef, Engeln, Heiligen usw. auch Rauhnachtgestalten mit (Knecht Ruprecht, Hans Pfriem usw.). – Anfangs Schülerbrauch (1. Bezeugung als Schülerumzug Ende 16. Jh.), geht das A. über auf Bauern und Bergleute; eigentl. Entfaltung seit Mitte 17. Jh.s (um diese Zeit entstehen unabhängig eigenständ. Formen im kath. Ost-Mitteldeutschland): Der mitteleurop. Kernbereich ist Ausstrahlungszentrum für umfangreiche Spielwanderungen bes. nach dem weiteren Osten sowie nach SO-Europa, dabei Ausweitung zu großen Christfahrten, wobei weitere Teile der Weihnachtsspielüberlieferung (Hirtenszenen u.a.) übernommen werden. Bes. im Erzgebirge bis ins 19. Jh. weit verbreitet. RSM

Adynaton, n. [gr. = das Unmögliche], ↗Tropus: emphat. Umschreibung (↗Periphrase) des Begriffes *niemals* durch Berufung auf das Eintreten eines unmöglichen (Natur)ereignisses: »So gewiß Kirschen auf diesen Eichen wachsen und diese Tannen Pfirsiche tragen, ...« (Schiller, »Räuber« II, 3).   GG

Aemulatio, f. [lat. = Nacheiferung], wetteiferndes Nachahmen und Überbieten eines Vorbildes; nach antiker und mal. Kunstauffassung kein Gegensatz zur Originalität (vgl. Horaz, Ars poetica V. 119ff.), z.B. die Bewertung Vergils oder Hartmanns von Aue im Vergleich zu ihren Vorbildern Homer bzw. Chrétien de Troyes. ↗Imitation, ↗Poetik.   UM

Aesthetik, f. [gr. Aisthetikós = wahrnehmend], Lehre von den sinnl. Wahrnehmungen, im engeren Sinne die philosoph. Disziplin, die sich mit prinzipiellen Problemen der Kunst und des Schönen befasst. Das *Wort* ›Ae.‹ wurde im 18. Jh. nach gr. aisthetikē (technē) gebildet (vgl. A.G. Baumgarten, »Aesthetica«, 1750–58). Die philosoph. Ae. hat durch Platon, Aristoteles, Plotin, Thomas von Aquino und dann I.

Kant, F. W. Schelling, G. W. F. Hegel, A. Schopenhauer, F. Nietzsche, N. Hartmann auch das nicht-philosoph. Denken über Kunst und Schönheit nachhaltig beeinflusst. Seit dem 19. Jh. sind im Rahmen der Ae. psychologische (K. Lange, J. Volkelt), biolog. (H. Spencer, W. Jerusalem), soziolog. (H. Taine, J. M. Guyau), klassenkampfgeschichtl. (Marx, Engels, Lenin), völkerpsycholog. (W. Wundt) und sexualpsycholog. (S. Freud) Betrachtungsweisen angewandt worden. Aesthet. Gebilde führen in der Vorstellung zu Aktualisierungen der von diesen symbolisierten, mehr oder weniger realitätsorientierten, bisweilen surrealen oder phantast. Ausschnitten oder Surrogaten der erlebten Welt, ohne dass es unmittelbar zu prakt., auf eine Handlung abzielenden Reaktionen käme (Kant: »interesseloses Wohlgefallen«). Die Leugnung aller, auch mittelbarer prakt. Reaktionen führt zum ↗ l'art pour l'art, die Leugnung der Mittelbarkeit von prakt. Reaktionen zur Aufhebung der begrenzten Autonomie des Ästhetischen. Die moderne informationstheoret. Ae. hält sich dagegen überwiegend an die »ästhet. Zustände« der materiellen Zeichenträger, die sie als eine mathemat. zu beschreibende Quelle von Informationen betrachtet. Mit der exakten Beschreibung eines materiellen ästhet. Zustandes soll dann zugleich eine bestimmte, den Zeichenträger einschließende Subjekt-Objekt-Relation »fixiert« sein, wobei Werte als Zeichen von Zeichen gelten (M. Bense). Außerhalb und mehr oder weniger unabhängig von der Philosophie befassen sich die ↗ Poetik und für die bildenden Künste die Kunsttheorie mit Problemen der Ae., z. B. mit Fragen der Nachahmung, des Idealen, des Tragischen, des Komischen, des Konkreten und Abstrakten, der Eignung gewisser Stoffe und Formen für bestimmte Kunstarten. Die Poetik wird Ae., wenn sie bildende Künste einbezieht (G. E. Lessings »Laokoon«, 1766). Nach F. Schiller, dem bedeutendsten Aesthetiker unter den dt. Dichtern, soll sich der sinnl. Stofftrieb mit dem überzeitl. Formtrieb im Spieltrieb vereinigen, der damit (unkantisch) die Welt des Werdens mit dem absoluten Sein in der lebenden Gestalt, dem Schönen, verbindet (»Über die aesthet. Erzie-

hung des Menschen«, 1793/95). Schillers Ideal der »Freiheit in der Erscheinung« wird bei Goethe zum »Gesetz in der Erscheinung«: die Künste gehen auf das Vernünftige zurück, wonach die Natur selbst handelt, haben aber auch ihre eigene Schönheit in sich selbst (»Maximen und Reflexionen«). Für F. Hölderlin vollzieht sich im histor.-poet. Mythos die doppelte, wechselseitig steigernde Vereinigung des Vergangen-Einzelnen mit dem Gegenwärtig-Unendlichen und des geistig-gestaltenden Künstler-Propheten mit der chaot. Natur (»Aesth. Fragmente«, »Grund zum Empedokles«). Bei Jean Paul sind es die innere und die äußere, die ewige und die zeitl. Welt, die sich im Werk des künstler. Genius zu einem harmon. schönen Ganzen zusammenschließen (»Vorschule der Ae.«, 1804, §14). Auch nach Novalis hat die Poesie die universale Sympathie des Endlichen und Unendlichen darzustellen; sie wird dadurch schlechthin symbol. (»Fragmente«, Nr. 1871, 1875, 1910). – Den Dichtern liegt, wenn sie über Wesen, Arten und Mittel der Künste schreiben, mehr an Selbstauslegung als an Erkenntnis; sie pflegen daher rasch zur Poetik einer bestimmten Dichtungsgattung überzugehen. Äußerungen, Entwürfe, Schriften zur Ae. gibt es außer von den genannten Dichtern u. a. noch von G. A. Bürger, G. E. Lessing, K. Ph. Moritz, H. Heine, F. Hebbel, G. Keller, W. Raabe; von S. T. Coleridge, P. B. Shelley, E. A. Poe, O. Wilde, von Voltaire, J. J. Rousseau, D. Diderot, Madame G. de Staël, V. Hugo, H. de Balzac, J. P. Sartre. Sophokles, Dante, Shakespeare haben explizite keine Ae. entworfen, aber Werkstrukturen geschaffen, deren Begriffe, auf Kunstwerke überhaupt bezogen, zur Stoff-Form-Thematik der Ae., soweit sie eine allgemeine strukturalist. Kunstwissenschaft ist, gehören.   FS

Aesthetizismus, m. [zu Aesthetik = Lehre vom Schönen], Geisteshaltung, welche dem Aesthetischen einen absoluten Vorrang vor anderen Werten einräumt, oft verbunden mit der Relativierung oder Negierung herrschender religiöser und eth. Anschauungen (aesthet. Immoralismus oder gar Amoralismus). Ae. resultiert meist aus einer passiven,

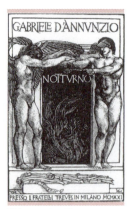

D'Annunzio: »Notturno«

resignativen und kontemplativen Einstellung zum Leben, aus einem hedonist. Sensualismus oder einer Flucht aus einer als feindlich oder widersinnig empfundenen Wirklichkeit in eine Welt des schönen Scheins (↗ Eskapismus, ↗ Elfenbeinturm); er kann geradezu zu antisozialem, apolit. lebensfeindl. Nihilismus führen. der Ae. tritt mit seiner eth. Unverbindlichkeit und seinen artifiziellen Stilisierungen häufig in Opposition zu pragmatisch orientierten, gesellschaftl. engagierten Kunstrichtungen, die programmat. nach Wahrheit, sei es der Darstellung oder des Ausdrucks streben (z. B. Naturalismus, in gew. Sinne auch Expressionismus). – Anzeichen der verschiedensten Formen des Ae. finden sich bereits in der Antike (bes. im Hellenismus), auch im MA. (z. B. bei Gottfried v. Straßburg, »Tristan«) und v. a. in der zum ↗ Manierismus tendierenden Phase der Renaissance, im Gefolge der Emanzipation des Künstlers. Stärkere Tendenzen entwickeln sich aber erst in der Kunst und Literatur der Neuzeit seit dem 18. Jh., v. a. bei W. Heinse (»Ardinghello«, 1787), den Romantikern und ihren Nachfahren (F. Schlegel, L. Tieck, auch A. v. Platen, Chateaubriand, J. Keats, Ch. Baudelaire). Die verschiedenen Strömungen gegen Ende des 19. Jh.s, wie ↗ Symbolismus, ↗ Impressionismus, die Kunst der Décadence, des Fin de siècle, sind den unterschiedl. Ausprägungen des Ae. günstig. Vgl. etwa W. Pater, J. Ruskin, O. Wilde, A. Beardsley; G. Flaubert, St. Mallarmé, M. Proust (Leben aus der Erinnerung), J.-K. Huysmans (»A rebours«, 1884; aesthet. Mystizismus); der früher Nietzsche (Rechtfertigung der Welt allein als aesthet. Phänomen), der junge Hofmannsthal, St. George; G. D'Annunzio. Auch ↗ l'art pour l'art.   S

Aeternisten, m. Pl. [zu lat. aeternus = ewig], von St. Wronski (Pseudonym für F. Harde-

kopf) proklamierte Bez. für die Gruppe der engeren literar. Mitarbeiter der Zeitschrift »Die Aktion« (1911–32), deren Arbeiten der Herausgeber F. Pfemfert »eine Bedeutung über die Zeit hinaus zumaß« (P. Raabe). Die Autoren der 10 erschienenen »Aktionsbücher der Ae.« (1916–21) – v. a. Hardekopf, C. Einstein, F. Jung, H. Schäfer, G. Benn – stellen zusammen mit W. Klemm, K. Otten und L. Rubiner (↗ Aktivismus) gleichzeitig den engeren ↗ Aktionskreis dar.   D

Agitprop-Theater [Kurzwort aus *Agit*ation und *Prop*aganda], in den 20er Jahren von Laienspielgruppen kommunist. (Jugend)verbände praktizierte Form polit. Theaters. Es sollte der Verbreitung marxist.-leninist. Lehre dienen (Propaganda) und zugleich, ausgehend von aktuellen Problemen, zu konkreten polit. Aktionen aufrufen (Agitation). Diesem Ziel entsprechend sind die Stücke kurz, die Probleme sinnfällig vereinfacht, Songs und Sprechchöre, oft mit Hörerbeteiligung, erklären die Konsequenzen des Gezeigten. Die Aufführungen, oft als ↗ Straßentheater, sind bewusst antikünstlerisch, von primitiver Ausstattung und intensivem, stark gestischen Darstellungsstil. – Entwickelt im Rahmen der sowjetruss. ↗ Proletkult-Bewegung, erreicht das A. seinen Höhepunkt in Deutschland 1929–1933 (ca. 200 organisierte Spieltruppen); wichtigste Quelle ist die Sammlung »Das rote Sprachrohr« (1929, hg. vom Kommunist. Jugendverband Deutschland). Die Annäherung an die Gebrauchsform des A.s ist eine der wesentl. Tendenzen des sozialist. bestimmten dt. Theaters der Gegenwart (z. B. P. Weiss, »Viet Nam Diskurs«, »Gesang vom lusitan. Popanz«).   H

Agon, m. [gr. = Wettkampf, Wettstreit], 1. sportl. und mus. Wettkämpfe in der Antike, bes. bei den griech. Festspielen; auch Aufführungen von Tragödien und Komödien waren als A. organisiert, bei dem einer der Dichter den 1. Preis erhielt. - 2. ↗ Streitgedicht oder -gespräch, Hauptbestandteil der att. Komödie (z. B. A. zwischen Euripides und Aischylos in den »Fröschen« des Aristophanes), auch in der Tragödie (Euripides), im Epos und als selbständ. Werk (»A. Homers und Hesiods«). – Vgl. in der dt. Dichtung v. a. die barocken Trauerspiele (A. Gryphius, »Leo Armenius« I, 4).   HS

Agrarians, m. Pl. [əˈgrɛəriənz; engl. = Agrarier, Landwirt(e)] ↗ Fugitives.

Aitiologisch [griech. aitíā = Ursache, logos = Erzählung, Lehre], nähere Kennzeichnung von Sagen, Legenden, Märchen und Mythen *(Aitien),* die Ursprung und Eigenart bestimmter Phänomene zu erklären versuchen, etwa Naturerscheinungen (›Mann im Mond‹, Stürme als Wotans Heer), Kultformen (antike Mythen, Heiligenlegenden), techn. Errungenschaften (Feuer, erfunden von Prometheus), Namen (Ägäisches Meer nach Aigeus, sagenh. griech. König; Watzmann-Massiv). – Bes. frühen und einfachen Kulturstufen eigentümlich, aber bereits im Hellenismus dichter. ausgebildet (Kallimachos, »Aitia«, 3. Jh. v. Chr.), aus der Neuzeit z. B. die Sage von der Loreley (C. Brentano, H. Heine).   S

Akademie, f., ursprüngl. Name der von Platon zwischen 387 und 361 v. Chr. bei Athen (in der Nähe eines Heiligtums des altatt. Heros Akademos) gegründeten Philosophenschule, die 529 n. Chr. durch Justinian geschlossen wurde. Heute Bez. für *gelehrte Gesellschaften* (meist vom Staat unterstützte Körperschaften des öffentl. Rechts, mit gewählten Mitgliedern) zur Pflege, Förderung und Organisation der Wissenschaften (z. B. Herausgabe wissenschaftl. Standardwerke und Gesamtausgaben, Preisaufgaben, -verleihungen, vgl. ↗ Literaturpreis, u. a.). A.n können nur einer Wissenschaft gewidmet sein oder verschiedene Disziplinen umfassen; sie sind dann meist unterteilt in eine mathemat.-naturwissenschaftl. und eine philosoph.-histor. Klasse, jeweils mit mehreren Sektionen. A.n, bzw. Sektionen für Dichtung und Sprache (deren Mitglieder vorwiegend Schriftsteller und Geisteswissenschaftler sind) werden auch als *Dichter-A.n* bez. Die ersten A.n dieser Art entstanden in der Renaissance, die damit an die antike Tradition anknüpfte. Bedeutende, z. T. weitreichende Entwicklungen anstoßende A.n waren: die *Academia Platonica* in Florenz, gegründet 1459 von Cosimo I. de Medici, die zum Zentrum des *italien.* ↗ *Humanismus* wurde (Mitglieder u. a. M. Ficino, A. Poliziano, G. Pico della Mirandola, C. Landino); sie bestand bis 1522. Vorbildhaft bes. für die sprachpfleger. Bestrebungen in vielen europ. Ländern wurde die *Accademia della Crusca* (= Kleie; d. h. A., die die Spreu vom Weizen, das Wertlose vom Wertvollen trennen will), gegründet 1582 in Florenz, die sich (bis heute) der Revision und *Pflege der italien. Sprache* widmet. 1612 ff. gab sie mit dem »Vocabolario degli academici della Crusca« das erste Wörterbuch der italien. Literatursprache heraus, seit 1955 ist ein großes histor. Wörterbuch der italien. Sprache im Werden. Die *Accademia dell'Arcadia,* gegründet 1690 in Rom (bald mit ›Kolonien‹ in vielen Städten), bekämpfte v. a. formalist. Literatur, insbes. den ↗ Marinismus, und propagierte (als vermeintl. Rückbesinnung auf antike ›arkad.‹ Natürlichkeit) die *anakreont. (Schäfer-)Dichtung,* der sie im 18. Jh. zu weitreichender Resonanz verhalf (P. Rolli, C. J. Frugoni, P. Metastasio); sie leistete aber auch Beiträge zur Ästhetik und Literaturgeschichtsschreibung (L. A. Muratori); als ›Accademia letteraria italiana dell'Arcadia‹ (so seit 1925) besteht sie bis heute. – Nach dem Vorbild der Accademia della Crusca entstand die bedeutendste A. Frankreichs, die *Académie française,* 1629 zunächst als privater Literatenzirkel in Paris um V. Conrart gegründet, seit 1635 durch Richelieu institutionalisiert (40 auf Lebenszeit gewählte Mitglieder, die »Unsterblichen«) zur *Pflege von Sprache und Literatur.* Während der Franz. Revolution 1793 aufgelöst, als Abteilung des ›Institut de France‹ (einer Körperschaft von [heute] 5 A.n zur Pflege der Wissenschaften und Künste) 1803 wieder etabliert. Sie gab u. a. 1694 ff. das normsetzende »Dictionnaire de l'Académie« heraus (⁸1932 ff.); 1932 eine seit 3 Jh.en intendierte histor. Grammatik; sie übte, nicht zuletzt durch ihre *Literaturpreise* (Grand prix de littérature, Grand prix du roman), einen bedeutenden Einfluss auf die franz. Literatur aus. Den bedeutendsten franz. Literaturpreis für ein modernes franz. Prosawerk verleiht seit 1903 jährl. die *Académie Goncourt,* von E. H. de Goncourt 1896 testamentar. gegründete A. von 10 Schriftstellern, die nicht der Académie française angehören sollen. Die wichtigsten A.n Deutschlands sind die ebenfalls an die Accademia della Crusca anknüpfenden ⁊ *Sprachgesellschaften,* ferner die 1700 auf Vorschlag G. W. Leibniz' von Kurfürst Friedrich III. in Berlin gegründete ›Kurfürstl. Brandenburg. Societät der Wissenschaften‹ (deren 1. Präsident Leibniz wurde), die als erste A. mehrere Wissenschaftszweige zusammenfasste, seit 1711 als *Preuß. A. der Wissenschaften* (W. und A. von Humboldt, Schleiermacher u.v.a.), seit 1946 als *Dt. A. der Wissenschaften zu Berlin* (Ost), seit 1972 als *A. der Wissenschaften der DDR* und nach der Wende als *Berlin-Brandenburgische A. der Wissenschaften* fortbestehend. *Weitere A.n* entstanden 1751 in Göttingen (1. Präsident A. v. Haller), 1759 in München (Bayer. A. der Wissenschaften), 1846 in Leipzig (Sächs. A. der Wiss.), 1847 in Wien (Österreich. A. der Wiss.), 1909 in Heidelberg, 1949 in Mainz (A. der Wiss. und der Lit.), 1970 in Düsseldorf (Rhein.-Westfäl. A. der Wiss.). Zu nennen sind ferner die *A.n der Künste,* meist ebenfalls mit Sektionen für Literatur: So die aus der 1696 gegr. Preuß. A. der Künste hervorgegangenen Nachfolgeinstitutionen: 1. die *A. der Künste Berlin (Ost)* war seit 1950 das zentrale Gremium der DDR für kulturelle Belange (verlieh u. a. den Heinrich-Mann-Preis), 2. Die *A. der Künste Berlin (W),* seit 1945 (Präsident 1988 Giselher Klebe, Abt.-Dir. der Sektion Literatur: P. Härtling), 3. die 1949 als westdt. Weiterführung der Sektion Dichtkunst eröffnete *Dt. A. für Sprache und Dichtung Darmstadt,* die im Rahmen der Förderung, Pflege und Vermittlung der dt. Sprache und Literatur jährl. den Georg-Büchner-Preis für ein literar. (Gesamt-)werk verleiht, ferner *Preise* für Germanistik im Ausland, Übersetzertätigkeit, literar. Kritik (Johann-Heinrich-Merck-Preis), wissenschaftl. Prosa (Sigmund-Freud-Preis) und Essayistik (Karl-Hillebrand-Preis). Weitere A.n der Künste wurden 1948 in München, 1949 in Hamburg, 1984 in Mannheim gegründet. Einige der A.n schlossen sich zur *Betreuung langfrist. wissenschaftl.* Unternehmen zusammen, so zur Förderung der »Monumenta Germaniae historica« und des »Thesaurus Linguae Latinae« seit 1893 die A.n Göttingen, Leipzig, München, Wien, dazu 1905 Berlin, 1911 Heidelberg, heute auch Mainz; oder zur Erarbeitung des Goethe-Wörterbuchs seit 1951 die A.n Berlin, Heidelberg, Göttingen. – Seit 1901 existiert ein internat. Zusammenschluss der A.n (›Union Académique Internationale‹, Sitz Brüssel).   IS

Akatalẹktisch, Adj. [gr. = nicht (vorher) aufhörend], in der antiken Metrik Bez. für Verse, deren letzter Versfuß *vollständig* ausgefüllt ist; vgl. dagegen ⁊ katalektisch, ⁊ hyperkatalektisch.

Akephal, Adj. [gr. = kopflos], 1. Bez. der antiken Metrik: ein am Anfang um die erste Silbe verkürzter Vers wird a. genannt; 2. Kennzeichnung eines literar. Werkes, dessen Anfang nicht oder nur verstümmelt erhalten ist (z. B. Hartmann von Aue, »Erec«).   HS

Akmeịsmus, m. [russ. zu gr. akmē = Gipfel, Höhepunkt], russ. literar. Gegenbewegung gegen den russ. Symbolismus, deren Vertreter Gegenständlichkeit, Wirklichkeitsnähe und v. a. formale Klarheit (daher auch als ›Klarismus‹ bez.) der Dichtung forderten. Entstand um 1910 um N. St. Gumiljow und S. M. Gorodetzki und die Zeitschrift »Apollon« (1909–17); Hauptvertreter waren außerdem M. A. Kusmin, A. A. Achmatowa, O. E. Mandelstam (»Der Morgen des A.«, 1912, veröff. 1919), W. J. Narbut, M. A. Senkjewitsch. Bestand etwa bis 1920.   IS

Akronym, n. [gr. akros = spitz (vorne), onoma = Name], ⁊ Abkürzung von Komposita oder Wortfolgen, deren Anfangsbuchstaben oder -silben zu einem neuen Kunstwort verschmelzen, z. B. Agfa (= Aktiengesellschaft für Anilinfarben), Bafög (= Bundesausbildungsförderungsgesetz), DIN (= Dt. Industrienorm), Gema (= Gesellschaft für musikal. Aufführungsrechte). Zulässig sind nur A.e, die nicht zugleich eine traditionelle Bedeutung haben, was zu Missverständnissen führen kann (vgl. z. B. Eifel (= E̲lektron. I̲nformations- u. F̲ührungssystem für die E̲insatzbereitschaft der Luftwaffe).   S

Akrostichon, n. [gr. akron = Spitze, stichos = Vers: erster Buchstabe eines Verses], Wort, Name oder Satz, gebildet aus den ersten Buchstaben (Silben, Wörtern) aufeinanderfolgender Verse oder Strophen. Ursprüngl. eignete dem A. wohl mag. Funktion, später verweist es auf Autor oder Empfänger oder dient als Schutz gegen ↗ Interpolationen und Auslassungen. Frühestes Vorkommen des A.s in babylon. Gebeten, in hellenist. Zeit bei Aratos, Philostephanos, Nikander und in der Techné des Eudoxos, sehr gut belegt in der geistl. Dichtung von Byzanz, in antiker lat. Dichtung u. a. bei Ennius (3./2. Jh. v. Chr.), in der »Ilias Latina«, (1. Jh.), den »Instructiones« Commodians (4. Jh.) und den Argumenta zu Plautus (2. Jh.); auch in jüd. Dichtung. Beliebt dann in lat. und dt. Dichtung des MA.s (Otfried von Weißenburg, Gottfried von Straßburg, Rudolf von Ems) und im Barock (M. Opitz, J. Ch. Günther, P. Gerhardt, »Befiehl du deine Wege«, Ph. Nicolai), seltener in der neueren Dichtung (J. Weinheber). Eine bes. in der semit. Dichtung beliebte Spielart des A.s ist das einfache (ABCD) oder das doppelt geschlungene (AXBY) ↗ Abecedarium. Selten ist das *versetzte A.*: hier ergibt sich das Wort aus dem 1. Buchstaben des ersten Verses, dem 2. Buchstaben des 2. Verses usw. z. B. A. »Hölderlin« bei Stefan George: »Hier schließt das tor …« (Stern des Bundes, III 19). ↗ Akroteleuton, ↗ Mesostichon, ↗ Telestichon.   GG

Akroteleuton, n. [gr. = äußerstes Ende), Verbindung von ↗ Akrostichon und ↗ Telestichon: die Anfangsbuchstaben der Verse oder Zeilen eines Gedichtes oder Abschnittes ergeben von oben nach unten gelesen, die Endbuchstaben von unten nach oben gelesen das gleiche Wort oder den gleichen Satz.   GG

Akt, m. [lat. actus = Vorgang, Handlung], größerer, in sich geschlossener Handlungsabschnitt eines Dramas. Die Verwendung der lat.

Bez. *actus* findet sich im dt.-sprach. Drama nach humanist. Vorbild zuerst 1527 gleichzeitig bei B. Waldis (»De parabell vam verlorn Szohn, 2 Actus«) und H. Sachs (»Lucretia, 1 Actus«); seit dem 17. Jh. daneben dt. Bez. wie »Abhand(e)lung« (A. Gryphius, D. C. Lohenstein), »Handlung« (J. Ch. Gottsched), ↗ Aufzug (so allg. seit dem 18. Jh.: J. E. Schlegel, G. E. Lessing). Das klass. griech. Drama und die altröm. Komödie kennen keine feste A.einteilung; die A.gliederungen in den Ausgaben sind Zutaten humanist. Editoren. Das spätantike Drama und das Drama der Neuzeit seit der Renaissance bevorzugen im Anschluss an die antike Poetik die Gliederung in 3 oder 5 Akte, bzw. Stufen des Handlungsablaufs. *Die Dreiteilung* basiert auf Aristoteles (Poetik 7, 3) und Donat (Terenzkommentar, 4. Jh.); sie findet sich v. a. im italien. u. span. Drama; nach italien. Vorbild seit dem 17. Jh. auch häufig in der frz. und dt. Komödie (↗ Dreiakter). – *Die Fünfteilung* ist im Anschluss an Horaz (Ars poetica, v. 189 f.) zuerst bei Seneca durchgeführt; daran knüpfen nach der Edition durch Celtis (1487) v. a. die Dramentheorie J. C. Scaligers (1561; 1. ↗ Protasis; 2.3. ↗ Epitasis, Steigerung der Handlung bis zum Höhepunkt der ↗ Krisis; 4. ↗ Katastasis, Ausgangspunkt der ↗ Peripetie; 5. ↗ Katastrophe, vgl. ↗ Fünfakter), das lat. ↗ Humanistendrama des 16. Jh.s, das dt. ↗ Reformationsdrama des 16. und 17. Jh.s, das ↗ schles. Kunstdrama und die frz. ↗ haute tragédie. – Die *A.grenzen* werden bei Seneca und seinen Nachahmern durch den kommentierenden ↗ Chor (Gryphius, Lohenstein: »? Rey(h)en«), seit dem 17. Jh. durch den Vorhang markiert. – Die *A.gliederungen* im volkstüml. dt. Drama des 16. Jh.s sind oft unbeholfen und nur äußerlich den traditionellen Dramenformen wie dem geistl. ↗ Volksschauspiel (Luzerner Passionsspiel, 1583) aufgesetzt; die Anzahl der A.e ist dabei variabel (H. Sachs, »Der hürnen Sewfried«, 1557: 7 Actus). Im klassizist. dt. Drama seit Gottsched (»Sterbender Cato«, 1731) und in der dt. Klassik ist der fünfteil. Aufbau nach frz. Vorbild die Norm (Ausnahme: »Faust I«). Seltener sind ↗ Einakter (Lessing, »Philotas«, 1759; H. v. Kleist, »Der zerbrochene Krug«, 1808; H. v.

Hofmannsthal; A. Schnitzler) und Vierakter (H. Sudermann; seltener bei G. Hauptmann). Größere A.zahlen begegnen, vom dt. Drama des 16. Jh.s abgesehen, nur im außereuropäischen Drama (altind. Kunstdrama: 5 bis 10 A.e). Seit dem Drama des ↗ Sturm und Drang (Goethe, »Götz von Berlichingen«, 1773; J. M. R. Lenz, »Die Soldaten«, 1776) macht sich, zunächst unter dem Einfluss Shakespeares (A.einteilung erst durch die Herausgeber), zunehmend die Auflösung der strengen A.gliederung (die äußerlich jedoch häufig beibehalten wird) zugunsten einer ep. lockeren Aneinanderreihung einzelner Bilder und Szenen bemerkbar: A. von Arnim (»Halle und Jerusalem«, 1811), Ch. D. Grabbe, G. Büchner (»Dantons Tod«, 1835), F. Wedekind (»Frühlings Erwachen«, 1891); erster Höhepunkt im ↗ Expressionismus, z. T. im Anschluss an A. Strindberg (»Traumspiel«, 1902); B. Brechts ↗ episches Theater; W. Borchert (»Draußen vor der Tür«, 1947; Dokumentarspiel). Daneben begegnen bis in die Gegenwart Dramen mit in sich geschlossenen A.en (R. Hochhuth, »Soldaten«, 1968; G. Grass, »Davor«, 1969).

K

Aktionskreis, im soziolog. Sinne keine Gruppe, sondern – in paralleler Wortbildung zu ↗ Sturmkreis – Sammelbegriff für die Mitarbeiter der von F. Pfemfert hrsg. Wochenschrift »Die Aktion« (1911–1932); er gilt v. a. für die erste polit.-literar. (1911–13) und die zweite (auch infolge der Kriegszensur) fast ausschließl. künstler.-literar. Phase (1914–18); die Bez. wird zudem meist nur für die künstler. oder sogar nur literar. Mitarbeiter (F. Hardekopf, C. Einstein, F. Jung, W. Klemm, K. Otten, L. Rubiner, H. Schäfer) gebraucht. »Die ›Aktion‹ wurde die Aktion einer Dichtung, die ihr bestes in der Gemeinschaft leistete, deren Kollektiv stärker war als der einzelne« (P. Raabe, vgl. auch ↗ Aeternisten). Der Sammelbegriff A. deckt die z. T. aktivist. Tendenzen (↗ Aktivismus) der ersten Jahre ebenso wenig wie die fast ausschließl. polit.-linksradikalen, undogmat. kommunist. Beiträge seit 1920, obwohl die (z. T. politische) erste und die (fast ausschließl. polit.) dritte Phase der Wochenschrift

auch als polit.-weltanschaul. Rahmen des A.es verstanden werden müssen.

D

Aktivismus, m., geist.-polit. Bewegung innerhalb der sog. ↗ Literatur- oder Kulturrevolution, die parallel zum literar. ↗ Expressionismus und im Ggs. zu ihm die Literatur als Mittel zum Zweck, den Literaten als »Verwirklicher« betont. Obwohl es auch einen »rechten« A. (W. Rothe) gab, versteht man unter A. v. a. die in den 5 Jahrbüchern »Das Ziel« (1916–24, hg. v. K. Hiller) vertretenen sozial-revolutionären, pazifist. Thesen und Programme. Als Aktivisten im engeren Sinne gelten K. Hiller (Initiator des »Bundes zum Ziel«, 1917) und L. Rubiner, die schon 1911–13 an F. Pfemferts »Aktion« mitgearbeitet hatten; im weiteren Sinne zählen zum A. A. Kerr, M. Brod, W. Benjamin, H. Blüher, R. Leonhard, G. Wyneken, Mitarbeiter der »Ziel«-Jahrbücher. Blütezeit des A. waren die Jahre 1915–1920. Von Einfluss war u. a. Nietzsche, programmat. Bedeutung hatte H. Manns Essay »Geist und Tat« (1910), dessen Titel in bezeichnenden Variationen aufgegriffen wird, z. B. als »Geist u. Praxis«, »tätiger Geist«, »Literat und Tat« (Hiller). 1918 erfolgte die Gründung eines (erfolglosen) »Polit. Rats geist. Arbeiter«. Das Ende des A. zeichnete sich ab mit der Selbstbeschränkung auf eine nur noch »kulturpolit. Bewegung« (Aktivisten-Kongress 1919 Berlin); ledigl. Hiller war in zahlreichen Schriften dem erklärten »Ziel« einer konkreten Utopie des durch den Literaten befreiten Menschen in einer veränderten Welt treu geblieben.

D

Akustische Dichtung, neben der ↗ visuellen Dichtung wesentlichste Spielart der internationalen ↗ konkreten Dichtung, die auf das Wort als Bedeutungsträger verzichtet und in der method. oder zufälligen Reihung bzw. Komposition von Buchstaben, Lauten, Lautfolgen, Lautgruppen sog. »Verse ohne Worte«, »Lautgedichte«, »Poèmes phonétiques«, »textsound compositions«, »Hörtexte« u. a. herstellt. Oft auch als abstrakte, ↗ elementare, ↗ konsequente, ↗ absolute, materiale Dichtung (Literatur, Texte) bezeichnet. Seit Ende des 19. Jh. zunächst in z. T. spielerischen Einzelbeispielen bei St. George, E. Lasker-Schüler, P. Scheerbart, Ch. Morgenstern (z. T. als ↗ Unsinnspoesie zu verstehen). Seit der ↗ Literaturrevolution v. a. im russ. ↗ Futurismus (A. Krucenyek), ↗ Dadaismus (H. Ball, R. Hausmann, K. Schwitters), ↗ Sturmkreis (R. Blümner, O. Nebel), ↗ Lettrismus (I. Isou) und in einem internationalen Neuansatz seit ca. 1950 (H. Chopin, B. Cobbing, F. Dufrêne, B. Heidsieck, F. Kriwet, L. Novak u. a.) in zunehmendem Maße als eine neben dem »Sehtext« der ↗ visuellen Dichtung zweite grundsätzl. Möglichkeit literarischer Äußerung verstanden. Die Grenzen zur ↗ onomatopoiet. Dichtung sind ebenso fließend wie zum ↗ reduzierten Text. Grenzüberschreitungen zur Musik sind möglich (↗ Mischformen). Theoret. Begründungen seit der Literaturrevolution v. a. bei Ball, Hausmann, Schwitters, im Sturmkreis und bei Isou. Als ideale Publikationsform der a. D. gelten Schallplatte und Tonband, deren techn. Möglichkeiten die Geschichte einer a. n. D. mitbestimmt haben. ↗ konkrete Dichtung.   D

Akyrologie, f. [gr. akyros = uneigentlich], uneigentl. Wortgebrauch, Verwendung von Tropen und Bildern (↗ Tropus, ↗ Bild).

Akzent, m. [lat. accentus, Lehnübersetzung für griech. prosodia = Tongebung], Hervorhebung einer Silbe im Wort (Worta.), eines Wortes im Satz (Satza.) durch größere Schallfülle (dynam. oder expirator. A., Drucka., Intensitätsa.) oder durch höhere Tonlage (musikal. A.); in der Regel verfügt eine Sprache über dynam. und musikal. A., wobei eine der beiden A.arten dominiert. Der Worta. liegt in manchen Sprachen auf einer bestimmten Silbe des Wortes (fester A.), in anderen Sprachen kann er grundsätzl. auf verschiedenen Silben des Wortes liegen (freier A.); Wort- und Satz-A. als feste Bestandteile von Wort und Satz (objektiver A.) können emphatisch (↗ Emphase) verändert werden (subjektiver A.). Der altgriech. A. war vorwiegend musikal.; etwa zu Beginn der Zeitrechnung gewann jedoch der dynam. A. die Oberhand. Der altlat. A. war vorwiegend dynam. und in vorliterar. Zeit auf der ersten Silbe des Wortes festgelegt (Initial-

a.), später in Abhängigkeit von der Quantität der vorletzten Silbe des Wortes (Paenultima) bedingt frei; der A. der klass. lat. Literatursprache war, vermutl. unter griech. Einfluss, überwiegend musikal.; in nachklass. Zeit setzte sich der in der Volkssprache nie ganz verdrängte dynam. A. wieder durch. – Der A. der german. Sprachen ist überwiegend dynam. und in der Regel als Initiala. auf der ersten Silbe des Wortes festgelegt; Ausnahmen sind sprachgeschichtl erklärbar (Verbalkomposita und daraus abgeleitete Nomina: er-láuben, daraus Erláubnis gegen Úr-laub als altem Nominalkompositum; Fremdwörter). – Die rhythm. Behandlung der Sprache richtet sich in der klass. griech. und lat. Poesie zur Zeit des musikal. A.s nach der Quantität der Silben (↗ quantitierendes Versprinzip); der Worta. der Prosasprache bleibt dabei unberücksichtigt; er setzt sich jedoch in nachklass. Zeit unter dem wachsenden Einfluss des dynam. A.s, der zugleich den Verfall der festen Quantitäten und damit der quantitierenden Metrik bedingt, als rhythm. Prinzip durch (↗ akzentuierendes Versprinzip). In der Dichtung der germ. Völker richtet sich die metr. Behandlung der Wörter grundsätzl. nach dem (dynam.) Worta.; Worta. und Versiktus stimmen im Allgemeinen überein; die Quantitäten der Tonsilben werden, bis zu ihrer Nivellierung durch die Beseitigung der kurzen offenen Tonsilben im Spät-MA., bedingt berücksichtigt (↗ Hebungsspaltung; ↗ beschwerte Hebung). Während sich der altgerm. A. ↗ Stabreimvers, nach Ausweis der Stabsetzung, darüber hinaus auch an den objektiven Satz-A. hält, kommt es später, bei wachsender Tendenz zur Alternation (↗ alternierende Versmaße) zu einer bedingten Unterordnung des Worta.s unter die Versbetonung (↗ akzentuierendes Versprinzip). – Die Bez. prosodia und accentus meinen, ihrer griech.-lat. Herkunft gemäß, zunächst nur den musikal. A.; mlat. accentus bezeichnet darüber hinaus das Rezitieren mit der Gesangsstimme (im Ggs. zur entfalteten Melodie des concentus); die Übertragung der Begriffe auf den dynam. A. setzt sich endgültig erst im 18. Jh. (Gottsched) durch. Entsprechend dienen A.zeichen zunächst nur der Wiedergabe des musikal. A.s: ´ lat. (accentus) acutus für griech. (prosodia) oxeia = Hochton, steigender Ton; ` lat. (accentus) gravis, für griech. (prosodia) bareia = Tiefton, fallender Ton; ˆ lat. (accentus) circumflexus für griech. (prosodia) perispomene = steigend-fallender Ton. Eine Weiterentwicklung der musikal. A.zeichen stellen die Neumen dar.   K

Akzentuierendes Versprinzip, rhythm. Gliederung der Sprache durch den (freien oder geregelten) Wechsel druckstarker und druckschwacher Silben; das a. V. setzt damit einen dynam. ↗ Akzent voraus, nach dem sich die metr. Behandlung der Wörter richtet; der Wortakzent wird zum Träger des metr. ↗ Iktus. Im Ggs. dazu beruht das ↗ quantitierende Versprinzip auf dem Wechsel prosod. langer und kurzer Silben, das ↗ silbenzählende Versprinzip auf der Regelung der Silbenzahl rhythm. Reihen. – Die klass. gr. und lat. Verskunst ist quantitierend; auf Grund der sprachgeschichtl. Entwicklung setzen sich jedoch in nachklass. Zeit das akzentuierende und das silbenzählende Versprinzip durch. Der Dichtung der german. Völker liegt das a. V. zugrunde; im germanischen ↗ Stabreimvers richtet sich dabei die metr. Behandlung der Sprache nicht nur nach dem Wortakzent, sondern auch nach dem objektiven Satzakzent; die unterschiedl. dynam. Auszeichnung der Satzglieder und damit der Wortarten im Satz (Nomina druckstärker als Verba, von zwei Nomina das untergeordnete druckschwächer) wird in der ags. und altsächs. Stabreimepik (»Beowulf«, »Heliand«) genau beachtet. Neben dem Wortzent werden in der Dichtung der german. Völker die Quantitäten der Tonsilben bis zu ihrer Nivellierung durch die Beseitigung der kurzen offenen Tonsilben im Spät-MA. bedingt berücksichtigt (↗ beschwerte Hebung; ↗ Hebungsspaltung); dies gilt namentl. in der ↗ Kadenz des ↗ Reimverses. Die wachsende Tendenz des dt. Verses seit Otfried von Weißenburg zur Alternation führt zu einer bedingten Unterordnung des Wort- und Satzakzents unter die Versbetonung. Wort- und Satzakzente werden stilisiert (auch sprachl. schwach betonte oder unbetonte Silben kön-

nen im Vers dynam. ausgezeichnet werden: »Dies íst die Zéit der Kőnigé nicht méhr« (Hölderlin, »Empedokles«); umgekehrt kann es, etwa bei Reihung starktoniger Silben, zur Unterdrückung von Wortakzenten kommen: »Gott scháfft, erzéucht, trägt, spéist, tränkt, lábt, stärkt, náhrt, erquíckt«, Logau). Zu Durchbrechungen des akzentuierenden V.s in der dt. Dichtung kommt es seit dem späten MA. im ↗ Meistersang, im 16. und 17. Jh. in der Gelehrtendichtung nach roman. und antiken Vorbildern (Silbenzählung bei Vernachlässigung des Wortakzents zugunsten strenger Alternation nach Versikten im Meistersingervers und wohl auch im strengen ↗ Knittelvers, bei G. Weckherlin u. a.: »Als mán abér (erwéhlet ...« [A. Puschmann], Quantitierung bei den Humanisten: »Ó vattér unsér, der dú dyn éewige wónung ...« [K. Gesner]). Die Wiedereinsetzung des akzentuierenden V.s ist, von einzelnen Vorgängern im 16. Jh. abgesehen (P. Rebhun), das Verdienst M. Opitz' (»Buch von der Deutschen Poeterey«, 1624; Cap. 7); Opitz gestattet zunächst jedoch nur ↗ alternierende Versmaße; die adäquate Nachbildung nichtalternierender antiker Versmaße unter Beachtung des alternierenden V.s gelang zuerst J. Ch. Gottsched (↗ Hexameter) und F. G. Klopstock (↗ Odenmaße) (antike Länge durch druckstarke, antike Kürze durch druckschwache Silbe wiedergegeben; der ↗ Spondeus als ↗ Trochäus behandelt). Nicht im Widerspruch zum a. V. stehen emphat. (↗ Emphase) bedingte ↗ Tonbeugungen (»Örtlích, Irrstérn des Táges, erscheinest du«, Hölderlin, »Chiron«).   K

Alamodeliteratur, [zu frz. à la mode (ala'mo:d) = nach der Mode], 1. die im frühen 17. Jh. entstandene *höf. Unterhaltungsliteratur.* Die Bez. entstand in Anlehnung an z. T. satir. gemeinte Wendungen wie »à la mode«, »Monsieur Alamode« für die damals ›moderne‹ übertriebene Nachahmung ausländ. (v. a. frz. und italien.) Sitte und Sprache. Typ. für die A. sind die oberflächl. Übernahme, Schilderung und Wertung fremder Vorbilder, ausländ. Redewendungen und eine renommierende Vorliebe für Fremdwörter. 2. Die durch diese Modeströmung entstan-

dene *satir.-literar. Gegenbewegung,* die v. a. von
den ↗ Sprachgesellschaften ausging, aber auch
von einzelnen Dichtern, z. B. Moscherosch
(»Gesichte Philanders von Sittewalt«, 1640–
1643), Logau (Epigramme, »Alamode-
Kleider«, »Alamode-Sitten«), J. Lauremberg
(Scherzgedichte, 1652), Abraham a Santa
Clara, Grimmelshausen, die polem. scharfe
Satiren oder Gegenbilder schufen.   HFR

Alba, f. [prov. = Morgenrot, Tagesanbruch],
Gattung der Trobadorlyrik, gestaltet den Abschied zweier Liebenden im Morgengrauen;
Name nach dem meist im Refrain vorkommenden Wort *a.* Dichter: u. a. Guiraut de Bornelh, Bertran d'Alamanon, Cadenet, Raimon
de las Salas, einige Anonymi. Als *Aube* in der
Trouvèrelyrik, als ↗ Tagelied im dt. ↗ Minnesang. Gegenstück ↗ Serena. S. auch ↗ Aubade.
                                                          PH

Album, n. [lat. = das Weiße], in der Antike
weiß übertünchte, öffentl. aufgestellte Holztafel mit Verordnungen oder Listen von Amts-
trägern (Senatoren, Richter), dann auch kl.
Tafel für (im Ggs. zu Wachstafeln nicht korri-
gierbare) geschäftl. Aufzeichnungen (Kaufver-
träge u. a.). Seit dem 17. Jh. Bez. für ein *Buch
mit leeren Blättern* für Notizen oder zum Sammeln von Zitaten, kleinen Zeichnungen, insbes. von herald., zoolog. oder botan. Illustrati-
onsmustern, Ende 18. Jh. dann v. a. Bez. für
↗ Stammbuch: *a. amicorum,* Poesie-A. (vgl.
auch Photo-, Briefmarken-A.).   IS

Aleatorische Dichtung, [lat. alea =
Würfel(spiel)], auch: automat. Dichtung, Sammelbez. für eine Literatur, bei deren ›Herstellung‹ der Zufall als Kompositionsprinzip eine
wesentl. Rolle spielt. Als das »eigentl. Zentral-
erlebnis von Dada« (H. Richter) wurde das in
der bildenden Kunst ›entdeckte‹ »Gesetz des
Zufalls« für die Literatur übernommen »in der
Form einer mehr oder weniger assoziativen
Sprechweise, in welcher [...] Klänge und Form-
verbindungen zu Sprüngen verhalfen, die
scheinbar Unzusammenhängendes plötzl. im
Zusammenhang aufleuchten ließen« (Richter). Vorausgegangen waren eine kaum be-

kanntgewordene, den psycholog. Aspekt ver-
deutlichende Versuchsreihe mit automat. Zu-
fallsniederschriften G. Steins und L. M. Solomons (1896), St. Mallarmés »Un coup de dés
jamais n'abolira le hasard« (1897) und die Manifeste des italien. ↗ Futurismus. – Ansätze
sind bereits in der dt. Romantik zu finden:
»Die ganze Poesie beruht auf tätiger Ideenas-
soziation, auf selbsttätiger, absichtlicher idealischer Zufallsproduktion« (Novalis). Vertreter
der a. D. im Züricher ↗ Dadaismus waren v. a.
H. Arp, T. Tzara, W. Serner und R. Huelsenbeck mit ihren auf die ↗ Écriture automatique
des ↗ Surrealismus vorausweisenden Simul-
tangedichten, als Grenzfall K. Schwitters mit
seiner i-Theorie. In der experimentellen Dichtung seit 1945 hat sich eine anfängl. gelegent-
liche Überbetonung des Zufalls als einer »nahezu kult. Instanz« (etwa bei Arp) in den modernen sog. ↗ Würfeltexten (F. Kriwet) und
einer seit ca. 1960 zunehmenden ↗ Computerliteratur fast ganz verloren.   D

Alexandriner, m., in der roman. Verskunst
12- (bzw. 13-) silb. Vers mit männl. (bzw.
weibl.) Reim und fester Zäsur nach der 6.
Silbe; die 6. und 12. Silbe sind regelmäßig betont; benannt nach dem afrz. »Alexanderroman« (1180), aber schon Anfang des 12. Jh.s
in der »Karlsreise« verwendet; bis ins 14.,
15. Jh. der beliebteste Vers der frz. Dichtung.
Nach seiner Wiederbelebung durch P. de Ronsard und seine Schule (Mitte 16. Jh.) wird er
im 17. Jh. erneut der bevorzugte Vers fast aller
Gattungen (bes. Drama, Epos, Lehrgedicht,
lyr. Gattungen: Sonett). – *Dt. Nachbildungen*
des roman. A.s versuchen im 16. Jh. P. Schede
und A. Lobwasser; durch M. Opitz wird er als
6-heb. Vers mit jamb. Gang, männl. oder weibl.
Kadenz und fester Zäsur nach der 3. Hebung
in die dt. Dichtung eingeführt und zum beherrschenden Vers des 17. Jh.s in Drama (A.
Gryphius, Casper D. v. Lohenstein) und Lyrik;
auch im 18. Jh. noch häufig (J. Ch. Gottsched,
auch noch bei Goethe, »Faust« II, 10849 ff.),
dann aber immer stärker durch den ↗ Hexameter und den ↗ Blankvers zurückgedrängt.
Im klass. (frz. und dt.) A. begünstigt die
strenge Einhaltung der Zäsur (die Zweischenk-

ligkeit) die Parallelität oder Antithetik der Aussage sowie eine epigrammat. Pointierung: »Was dieser heute baut/reißt jener morgen ein« (A. Gryphius, »Es ist alles eitel«). Nach der Reimstellung werden der heroische A. (aa bb) und der eleg. A. (ab ab) unterschieden. – In der franz. Romantik herrscht die Tendenz zur Schwächung der Mittelzäsur durch eine rhythm. Dreiteilung des Verses (Alexandrin ternaire). HS

Alkäische Strophe, s. ↗ Odenmaße.

Alkäische Verse, drei nach dem Lyriker Alkaios (um 600 v. Chr.) benannte ↗ äol. Versmaße. Man unterscheidet 1. den *alk. Elfsilbler* (Hendekasyllabus) mit Dihärese nach der 5. Silbe ⌣–⌣––|–⌣⌣–⌣⌣, gedeutet als um eine jamb. Dipodie erweiterter ↗ Telesilleus, 2. den *alk. Zehnsilbler* (Dekasyllabus) –⌣⌣–⌣⌣–⌣–⌣̄, ein um einen Daktylus erweiterten ↗ Aristophaneus, 3. den *alk. Neunsilbler* ⌣–⌣–⌣–⌣–⌣̄. Die a. n. V. bilden in der Reihenfolge 2-mal Elf-, einmal Neun-, einmal Zehnsilbler die alkäische Strophe (vgl. ↗ Odenmaße). S

Allegorese, f., hermeneut. Verfahren, das hinter dem Wortsinn *(sensus litteralis)* eines Textes eine nicht unmittelbar evidente tiefere (philosoph., theolog., moral. usw.) Bedeutung *(sensus spiritualis)* aufzeigt; ursprüngl. angewandt zur Erhellung dunkler Textstellen oder zur Verteidigung von Texten gegenüber philosoph. oder relig. Einwänden. – Die älteste bekannte A. ist die Homer-A., die – entstanden aus der Homerkritik der Vorsokratiker – v. a. von der Stoa zur Rechtfertigung Homers gegenüber der Philosophie ausgebildet wurde. In der Spätantike wurde dieses Verfahren von dem hellenist. gebildeten Juden Philon v. Alexandrien auf die Deutung des AT.s übertragen (vgl. die jüd. Auslegung des Hohen Liedes: Mädchen = Israel, Freund = Jahwe); von da aus gelangt die A. in die spätantike Vergil-Deutung (4. Ekloge) und durch das Bemühen der christl. Apologetik (↗ Apologie), die Gegner mit eigenen Mitteln zu schlagen, auch in die christl. ↗ Exegese, die sie zur *Lehre vom mehrfachen* ↗ *Schriftsinn* ausbaute (Origenes, Cas-

sianus, Hieronymus). Auch Augustin nimmt diese hermeneut. Tradition auf und bezieht das Schema vom doppelten Schriftsinn auf das Verhältnis von Sache *(res)* und Zeichen *(signum)* als dem Symbol der wahren Sache, der den Wortlaut transzendierenden Wirklichkeit. Die A. wurde, vollends aus dem heilsgeschichtl. Weltverständnis des MA.s heraus, zur Grundlage der mal. Interpretation relig.-philosoph., dichter. u. a. profaner Werke. Durch allegorisierende Moralisierung konnte auch Ovid zum Schulautor werden (Ovide moralisé), ebenso wurden naturkundl. Werke allegorisiert, z. B. der »Physiologus« (Löwe = Christus usw.). A. findet sich dann bes. häuf. in myst. Schriften, sie reicht bis ins Barock, die theolog. A. bis ins 19. Jh. ↗ Allegorie, ↗ Hermeneutik. S

Allegorie, f. [gr. allo agoreuein = etwas anderes sagen], Veranschaulichung 1. eines Begriffes durch ein rational fassbares Bild: *Begriffs-A.* (stat.), z. B. ›Justitia‹ als blinde Frau (↗ Personifikation), Staat als Schiff; 2. eines abstrakten Vorstellungskomplexes oder Begriffsfeldes durch eine Bild- und Handlungsfolge: *Geschehens-A.*, z. B. Widerstreit zw. positiven und negativen Eigenschaften (Tugenden und Laster) als ep. ausgeführter Kampf menschl. oder tier. Gestalten. Im Ggs. zur ↗ Metapher ist die Beziehung zw. Bild und Bedeutung willkürl. gewählt, verlangt daher nach rationaler Erklärung; damit ist aber eine Gleichsetzung bis ins Detail mögl. Zu unterscheiden sind *zwei Grundfunktionen* der A.: 1. als Methode der Exegese (↗ Allegorese) eines vorhandenen, für sich bestehenden Textes, dem ein anderer Sinngehalt übergeordnet wird (sensus litteralis oder historicus – sensus allegoricus oder spiritualis). Verwandt damit ist die bibl. ↗ Typologie, die histor. Gestalten (Typus – Antitypus) zueinander in einen über sie hinaus- (auf die Heilsgeschichte) weisenden Sinnbezug versetzt. 2. als Mittel poet. Darstellung in einem von vornherein als A. geschaffenen, geradezu konstruierten Text – entweder als allegoria tota (in sich geschlossene, für sich stehende A.), deren Deutung evtl. in einer gesonderten

Textfolge nachgeliefert wird (Extremform Rätsel: wenn das Gemeinte nur schwer zu entschlüsseln ist) oder als allegoria permixta (gemischte A.), die schon im Kontext Hinweise für die Lösung enthält. Zweck der A. ist im Unterschied zur Metapher die gewollte, intendierte Anregung zur Reflexion. Sie wurde in der antiken Rhetorik als uneigentl. Redeweise unter die ↗ Tropen eingereiht (Gedankentropus). A.n finden sich seit der Antike in Lit. und Kunst. Viele Begriffs-A.n wurden durch häuf. Verwendung mit der Zeit auch ohne Aufschlüsselung verständl., z. B. Glaube, Liebe, Hoffnung, Fortuna als Frauen mit bestimmten Attributen, das Glücksrad usw. Traditionsbildend waren bes. als Geschehens-A. angelegte moral. didakt., philosoph. oder polit. Werke, z. B. von Prudentius (»Psychomachia«), Boëthius (»Trost der Philosophie«), Martianus Capella (»Vermählung d. Philologie mit Merkur«). Das MA. mit seiner Vorliebe für allegorisierende Interpretationen (↗ Allegorese) brachte in Literatur und Kunst durch freie Kombination immer neue A.n und allegor. Werke hervor oder unterlegte anderen Werken einen allegor. Sinn, vgl. ↗ Lapidarien, ↗ Bestiarien (»Physiologus«), ↗ Schachbücher, v. a. ↗ Minne-, Jagd-, Traum-A.n. Als sinnstiftende Episoden finden sich A.n im »Erec« Hartmanns v. Aue (joie de la court) und im »Tristan« Gottfrieds v. Straßburg (Minnegrotte); eine Gesamt-A. ist die afrz. »Rosenroman« von Guillaume de Lorris/Jean de Meung (13. Jh.). Der »Renner« Hugos v. Trimberg enthält mit didakt. Zielsetzung eine Fülle im MA. gängiger A.n, ebenso die Werke Dantes und Petrarcas, die spätmal. Jedermannspiele, der »Teuerdank«, in England E. Spensers »Faerie Queene« (1590). Bes. beliebt sind beiderlei A.n auch im Barock: vgl. das Jesuitentheater, die Trauerspiele von A. Gryphius oder etwa »The Pilgrim's Progress« von J. Bunyan. A.n begegnen auch noch in den ↗ Fabeln und ↗ Parabeln Lessings, in Goethes Spätwerk (Festspiele, »Faust II«, z. B. Frau Sorge), bei E. T. A. Hoffmann (»Prinzessin Brambilla«), bei J. v. Eichendorff (»Das Marmorbild«). Als allegor.-symbol. Mischform wird Novalis' ↗ ›blaue Blume‹ interpretiert. Auch in der modernen

Dichtung finden sich Elemente, z. T. durch den ↗ Symbolismus beeinflusst, die als A.n verstanden werden können (vgl. die Dramen P. Claudels). Der Begriff A. ist aber für die vielschichtige moderne Dichtung nur noch bedingt anwendbar, da die verschiedenen Formen des übertragenen und verschlüsselten Darstellens sich in ihnen z. T. überschneiden (vgl. F. Kafka). Am ehesten noch kann die indirekte Behandlung polit. u. gesellschaftl. Probleme am Beispiel vergleichbarer histor. Situationen als allegorisch (Geschichts-A.) aufgefasst werden (vgl. histor. Roman u. Drama, z. B. W. Bergengruen: »Der Großtyrann und das Gericht«, G. Orwell, »Animal Farm«, A. Miller, »Hexenjagd«); auch ↗ Symbol, ↗ Gleichnis. ↗ Camouflage.   S

Alliteration, f., gleicher Anlaut aufeinanderfolgender Wörter. Die Bez. (lat. *alliteratio*), eine Prägung des it. Humanisten G. Pontano († 1503, im Dialog »Actius«, veröff. 1556) in Anlehnung an die Bez. *annominatio,* setzt sich erst im 18. Jh. gegenüber den bei den Rhetorikern gebräuchl. griech. Bez. Parechesis (↗ Paronomasie), ↗ Homoioprophoron, ↗ Paromoion durch. Der Ursprung der A. liegt vermutl. im mag.-relig. Bereich der Beschwörungs- und Gebetsformeln (↗ Carmen, ↗ Carmenstil), wo sie aus den älteren Figuren der Paronomasie und des ↗ Polyptoton erwachsen ist (vgl. 2. Merseburger Zauberspruch: »*b*en zi *b*ena, *b*luot zi *b*luoda, *l*id zi *g*eliden«). Die Verwendung der A. als eines verskonstituierenden Prinzips (neben anderen) in der ältesten italischen, ir. und der altgerman. Dichtung (einschließl. rhythm. gestalteter Sprichwörter und der feierl. Rechtsrede) beruht auf dem starken Initialakzent dieser Sprachen (↗ Akzent). In der west- und nordgerman. Epik und in der norweg.-isländ. ↗ Skaldendichtung hat die A. dabei die spezif. Form des ↗ Stabreims mit seinen festen Stellungsregeln angenommen (↗ Stabreimvers). – Die griech. und lat. Poesie und Kunstprosa kennt seit den Anfängen (Homer) die A. (Homoioprophoron) als ein die Klangintensität steigerndes Kunstmittel; in der rhetor. Tradition gilt sie, sofern sie gehäuft auftritt (Ennius: »O Tite tute Tati tibi tanta tyranne tulisti«) als geduldeter Solözismus. Die neuhochdt. Dichtung kennt die A., abgesehen von den Versuchen Fouqués, R. Wagners, W. Jordans, F. Dahns, den german. Stabreimvers zu erneuern, ebenfalls nur als Klangfigur. Eine Anzahl der der german. Rechtsrede entstammenden alliterierenden ↗ Zwillingsformeln haben sich in der dt. Umgangssprache erhalten *(Land und Leute, Haus und Hof, Kind und Kegel)*. – Die A. als Klangfigur hat doppelte Funktion: sie wirkt gruppierend, indem sie z. B. koordinierte Begriffe hervorhebt: »hirze oder hinden/kunde im wênic engân« (Nibelungenlied, Str. 937) »... und möge droben/ in Licht und Luft zerrinnen mir Lieb und Leid« (Hölderlin, »Abendphantasie«) oder einem Substantiv das zugehörige typisierende Epitheton fest zuordnet: »diu *m*inneclîche *m*eit« (Nib.lied), »*h*eiliges *H*erz« (Hölderlin) u. a.; in den meisten Fällen aber hat sie lautmaler. oder sprachmusikal. Bedeutung: »Komm Kühle, komm küsse den Kummer,/ süß säuselnd von sinnender Stirn ...« (C. Brentano).   H/K

Alliterationsvers, vgl. ↗ Stabreimvers.

Allonym, n. [gr. allos = der andere, onoma = Name], Form des ↗ Pseudonyms: Verwendung des Namens einer prominenten Persönlichkeit aus Verehrung, z. B. Pablo Neruda für Neftalí Ricardo Reyes Basualto (nach dem tschech. Dichter Jan Neruda) oder zur Erfolgssicherung (oft an der Grenze des Legalen), z. B. Heinrich Heine für Wolfgang Müller von Königswinter für sein Versepos »Höllenfahrt«, 1856. Das Motiv des Zusammentreffens von echtem und falschem Namensträger gestaltet Jean Paul in »Dr. Katzenbergers Badereise«. ↗ Pseudepigraphen, ↗ literar. Fälschung.   S

Almanach, m. [mlat. almanachus = Kalender, Herkunft unsicher], ursprüngl. im Orient verwendete astronom. Tafeln zur Angabe der Planetenörter. In Europa ist der Ausdruck A. seit 1267 als Synonym für ↗ Kalender nachweisbar (Roger Bacon, Op. Tert. 9, 36). Die ersten *gedruckten A.e* von G. v. Peurbach (Wien 1460, lat.) und J. Regiomontanus

(Nürnberg 1475–1531, lat. und dt.) informieren über kalendar.-astronom. Daten (Einteilung des Jahres, Beschreibung der Sonnen- und Mondbahn, Sternkunde). Im 16., 17. und 18. Jh. werden neben den Angaben zur Zeitrechnung in ständig zunehmendem Maß auch anspruchslos-belehrende und unterhaltende Themen in die A.e aufgenommen, z. B.: Prophezeiungen, Liebesgeschichten, Anekdoten, Gedichte, Modeberichte, Hofklatsch, amtl. Mitteilungen, Stammtafeln der Fürstenhäuser und medizin. Ratschläge (»Almanach de Liège«, Lüttich 1625 ff., »Vox Stellarum«, später »Old Moores Almanac«, London 1770 ff.). Neben diesem alle Zeitströmungen vereinigenden Typus finden sich schon im 17., dann v. a. im 18. und 19. Jh. A.e, die auf einen Stand, einen Beruf, eine Landschaft oder ein Sachgebiet ausgerichtet sind, z. B. der prachtvoll ausgestattete »Almanach Royal« (Paris 1700 ff.), dann bes. die im 18. Jh. vorherrschenden belletrist. A.e (↗ Musenalmanach und ↗ Taschenbuch) und die Theateralmanache des 19. Jh.s (Gothaischer Theateralmanach). Das 20. Jh. kennt als neuen Typus den *Verlags-A.* (»Insel-Almanach«, Leipzig 1900, 1906 ff.), einen zu besonderen Anlässen oder aus Werbegründen veröffentlichten Querschnitt aus der Jahresproduktion eines Verlags.   PH

Alphabet, n. [gr.], aus den ersten beiden griech. Buchstaben (alpha, beta) gebildete Bez. für die Buchstabenreihe eines Schriftsystems. ↗ Schrift, ↗ Abecedarium.

Altercatio, f. [lat. = Wortwechsel], aus der antiken Gerichtspraxis entwickelte rhetor. Form der Wechselrede (z. B. Platon, »Apologie«, 24 C, ↗ Eristik); dann auch Bez. für literar. ↗ Streitgespräche und ↗ Streitgedichte, z. B. »A. Phyllidis et Florae« (wohl Ende 12. Jh., Minnethema).   UM

Alternative Literatur, nonkonforme literar. Szene, in der die Inhalte über ökonom. Zwänge, die individuelle Entfaltung über Marktverhalten triumphieren sollten; entstand nach der Verkündung des Endes der bürgerl. Literatur (im »Kursbuch« 15) 1968 vor dem

Hintergrund der antiautoritären Studentenbewegung und der außerparlamentar. Opposition sowie in engem Bezug zu subkulturellen Lebens- und Bewusstseinsformen. Ziel war, zum etablierten Literaturbetrieb eine Gegenöffentlichkeit zu schaffen, in der sonst vernachlässigte Themen ein Forum besäßen: u. a. etwa Ökopolitik, linke Theorie, Minderheitenprobleme, neurelig. Fragen u. a. Das Selbstverständnis der a. l. fand seinen äußeren Ausdruck in der Gründung von Alternativpressen und Interessengemeinschaften (Literarisches Informationszentrum, Bottrop 1969; Arbeitsgemeinschaft alternativer Verlage und Autoren, 1975) sowie in der Ausrichtung einer Frankfurter Gegenbuchmesse (seit 1977). Die erhöhte öffentl. Wirkung führte dazu, dass sich der Kulturbetrieb teilweise die Themen und Autoren der a. L. einverleibte, teils um sie kontrollieren, teils um sie vermarkten zu können: Die Gegenbuchmesse ist inzwischen längst in die beherrschende Internationale Buchmesse integriert; die Namen und Titel der zunächst alternativen Szene erscheinen in den großen Verlagen, was nicht nur Zeichen eines Aderlasses der a. L. ist, sondern auch Beweis für ihre Kraftzu beständiger Veränderung.   Kr

Alternierende Versmaße, [lat. alternare = wechseln], beruhen bei ↗ akzentuierendem Versprinzip auf dem regelmäß. Wechsel druckstarker und druckschwacher, bei ↗ quantitierendem Versprinzip auf dem regelmäß. Wechsel langer und kurzer Silben. Man unterscheidet steigend-alternierend (↗ Jambus) und fallend-alternierend (↗ Trochäus). Nichtalternierend sind im Ggs. dazu außer daktyl. und anapäst. Versen u. a. der german. ↗ Stabreimvers mit seiner freien Füllung, die ↗ freien Rhythmen F. G. Klopstocks, F. Hölderlins, des jungen Goethe, H. Heines u. a., und der freie ↗ Knittelvers. – Strenge Alternation kann in der antiken Metrik durch die Auflösung einer Länge in zwei Kürzen aufgelockert werden. Der altdt. Vers zeigt seit Otfried von Weißenburg eine Tendenz zur Alternation, die sich im Verlauf der 2. Hälfte des 12. Jh.s verstärkt. Durchbrechungen des alternierenden

Prinzips sind jedoch relativ häufig (↗ Hebungsspaltung, ↗ Senkungsspaltung, ↗ beschwerte Hebung). In den Versen der Meistersinger, im strengen Knittelvers und in der frühen Gelehrtendichtung nach frz. Vorbild (G. Weckherlin) ist die Alternation bei gleichzeit. Silbenzählung (↗ silbenzählendes Versprinzip) streng durchgeführt, oft allerdings auf Kosten des Wortakzents; erst M. Opitz stellt die Einheit von Wortakzent und Versiktus wieder her (»Buch von der Deutschen Poeterey«, 1624); er forderte die ausschließl. Verwendung alternierender V., seine Versreform ermöglichte jedoch zugleich die Verwendung nichtalternierender Versmaße unter Wahrung des ↗ akzentuierenden Versprinzips, die in der Generation nach ihm einsetzt (S. v. Birken, G. Ph. v. Harsdörffer, J. Klaj).   K

Amadisroman, nach dem berühmtesten und populärsten Werk der Gattung bezeichneter Typus des (Prosa) – ↗ Ritterromans des 16. Jh.s. Er verbindet Strukturen des antiken Romans (phantast., vielsträngige Liebes-, Intrigen- und Abenteuerhandlung; Heliodor, Tatios) mit mal. (kelt.-breton.) Sagengut (bes. nach den nordfrz. Artusepen – matière de Bretagne) und heroisch-ritterl. Ethos zur Verherrlichung eines idealen Rittertums. Der Held, Amadis de Gaula (d. h. ›von Wales‹) besteht, nach seiner Geburt ausgesetzt, zahllose Abenteuer auf exot. Schauplätzen (von Irland bis Konstantinopel), bis er endl. mit seiner Geliebten Oriana vereint wird. Eine erste Erwähnung des Amadis findet sich um 1350 in der span. Übersetzung von E. Colonnas »De regimine principum« durch J. García Castroxeriz. Die ältesten Textzeugen des A.s sind vier Fragmente einer kastil. Hs. um 1420 (entdeckt 1955). *Die erste erhaltene Fassung des A.* erschien 1508 in Spanien: eine Bearbeitung der Urfassung von G. R. de Montalvo, vermehrt um ein 4. Buch, das den Stoff zum Abschluss bringt (Vermählung des Helden) und ihn einem polit. Ziel (der Wiederbelebung heroischer Rittertugend vor dem Hintergrund der Reconquista, der christl. Rückeroberung Spaniens) dienl. zu machen versucht. Die stilist. Eleganz, psycholog. Motivierung und kunstreiche Gliederung des beliebten Stoffes sicherte dem A. ungeheuren Erfolg und veranlasste Montalvo bereits 1510 zu einem weiteren (5.) Buch (Taten des Amadis-Sohnes). Bis ca. 1600 wuchs der A. durch immer neue Erweiterungen und Fortsetzungen vieler Nachahmer auf 24 Bücher an, wobei nicht nur eine Fülle neuer Stoffe angelagert (immer weitere Häufung immer absurderer Heldentaten, auch stilist. meist in abnehmender Qualität), sondern auch neue literar. Tendenzen verarbeitet (Sentimentalisierung, Einfluss der ↗ Schäferdichtung u. a.), das Personal neuen gesellschaftl. Idealen (z. B. der courtoisie galante) angepasst wurde. Daneben entstand eine Fülle neuer Gruppierungen oder Modifizierungen des Stoffes um andere Helden (z. B. seit 1511 um Palmerin de Oliva, sog. Palmerinromane). Der letzte Ritterroman dieses Typus' war die »Historia de Don Policisne de Beocia« (1602) von J. de Silva y Toledo. Der A. wurde etwa 100 Jahre lang zum bevorzugten Lesestoff der aristokrat. Gesellschaft der Renaissance und galt geradezu als Handbuch höf. Kultur. Seit Mitte des 16. Jh.s begann der Siegeslauf des A.s in ganz Europa, ausgehend von Frankreich: auf Geheiß Franz' I. wurden 1540–48 acht Bücher des A.s übersetzt (N. d'Herberay des Essarts); es folgten Übersetzungen, z. T. selbständ. Erweiterungen und Nachahmungen in Italien seit 1546 (durch Bernardo Tasso), in England seit 1567, in Deutschland seit 1569 (nach frz. Vorlagen; aber auch dt. Erweiterungen wurden wieder ins Franz. übersetzt). Bis 1583 lagen auf deutsch 13 Bücher, 1595 alle 24 Bücher und zwei Zusatzbände vor (1572 übersetzte z. B. auch J. Fischart ein Buch [Buch 6] des A.s). Bis 1624 erschienen Nachdrucke, Auszüge, Sammlungen von Reden, Gesprächen, Sendbriefen aus dem A. Dann begann die Phase des barocken ↗ heroisch-galanten Romans, für den der A. (neben Heliodor und dem Schäferroman

Amadis auß Franckreich. 451
Das XX. Capitel.

Wie Amadis vom Arcalao bezaubert worden/ als er das Fräwlin Grindalia/ vnd andere auß der Gefencknuß erlöst. Folgendts wie er von solcher zauberey durch der Vrganden hülff/ erlöst worden.

Als Frewlin Grindalia/ welche Amadis auß d' gefecknuß erledigt/ befürchtet vñ stellet sich so erbärmlich vmb jne/ daß solches billich mitleidens verdient habe soll/vñ sagt zu des Arcalaus weib vñ andern

Holzschnitt, 1569

»L'Astrée«, 1607 ff. von H. d'Urfé) die wichtigste Grundlage wurde. Der A. beeinflusste nicht nur die gesamte Literatur seiner Zeit (u. a. G. Vicente, L. Ariosto, B. Castiglione, T. Tasso, M. de Cervantes – der mit seiner Parodie »Don Quichote«, 1605 und 1615, das Ende der Gattung signalisiert), sondern auch die des 17. und noch des 18. Jh.s (vgl. z. B. G. F. Händels Oper »Amadigi«, 1715, Ch. M. Wieland, Goethe u. a.).   IS

Ambiguität, f. [lat. ambiguitas = Zweideutigkeit, Doppelsinn, gr. = Amphibolie], 1. allgemein Bez. für die Mehrdeutigkeit von Wörtern, Werten, Motiven, Charakteren und Sachverhalten. 2. Bez. der ↗ Rhetorik für lexikal. (z. B. durch Homonyme: Bank = Sitzgelegenheit und Geldinstitut) oder syntakt. (z. B. durch ungeschickte Anordnung: in culto loco = auf bebautem Gelände inculto loco = auf unbebautem Gelände; er gab ihm sein Buch) Mehrdeutigkeit (Quintilian, Inst. VII, 9, 1–15). Unfreiwillige A. wird in der Rhetorik und Stilistik als Fehler, beabsichtigte A. wegen ihres Effektes als ↗ rhetor. Figur gewertet. Der satir., iron., humorist. obszöne Stil und viele, oft subliterar. Kleinformen (Witz, Rätsel, Orakel, Scherzgedicht, Wortspiel) leben von der A. – A. im weiteren Sinne ist konstitutiv für jede Art dichter. Darstellung, welche die Komplexität und ↗ Ambivalenz des Seienden erfassen will.   S

Ambivalenz, f. [lat. Doppelwertigkeit], von dem Psychologen E. Bleuler geprägter und von S. Freud weiterentwickelter Begriff zur Bez. für das Schwanken zwischen (zwei) Werten bei konträrer Entscheidung von Bewusstsein und Unterbewusstsein. Fand als Generationserfahrung unter psycholog.-philos. Ausweitung Aufnahme in die Thematik der modernen Literatur, z. T. auch als Gestaltungsprinzip (z. B. bei R. Musil, G. Benn). – Der Begriff A. wurde von der Literatur- und Sprachwissenschaft aufgenommen zur Bez. (oft auch nur scheinbar) in sich widersprüchl. Phänomene, z. B. geistesgeschichtl. A.: Nebeneinander verschiedener geist. Strömungen innerhalb einer Epoche; lautl. A.: verschiedene Möglichkeiten der phonet. Realisierung eines Buchstabens; *Wort-A.*: Mehrdeutigkeit oder Vielschichtigkeit von Wörtern. ↗Ambiguität.   HFR

Amoibaion, n. [gr. = das Abwechselnde], lyr.-jamb. Wechselgesang zwischen Schauspielern oder Chor und Schauspieler(n) in der griech. ↗Tragödie (z. B. Sophokles,»König Ödipus«, V, 2), meist nach dem ↗Stasimon eingefügt.   UM

Amphibolie, f. [gr. = Doppeldeutigkeit, ↗Ambiguität].

Amphibrachys, m. [gr. = beidseitig kurz], dreisilbiger antiker Versfuß: ‿—‿ (nicht als selbständiges Versmaß belegt); vielfach schwer zu entscheiden, ob amphibrach. Verse nicht als ↗Anapäste mit ↗akephalem (um eine Silbe verkürzten, also jambischem) Anfang zu deuten sind. – Dt. Nachbildungen finden sich erstmals im 17. Jh. häufiger als Versuch, auch nicht ↗alternierende Versmaße nachzubilden, vgl.»Die Sónne mit Wónne den Tágeswachs míndert« (J. Klaj,»Vorzug des Herbstes«); in späterer Zeit nur noch selten, z. B.»Lied der Parzen« in Goethes»Iphigenie« IV; C. F. Meyer, »Chor der Toten«. – Eine sog. *Amphibrachienschaukel* entsteht im daktyl. ↗Hexameter bei einer Zäsur post quartum trochaium, durch die die übliche daktyl. Struktur des Versschlusses verändert wird; im griech. Vers verpönt, im lat. erlaubt, s. auch Goethe,»Reineke Fuchs«:»Pfingsten, das liebliche Fest, war gekommen; es grünten und blühten« (—‿‿|—‿‿| —‿‿|—‿||‿—‿‿—‿).   HS

Amphimakros, m. [gr. = beidseitig lang], s. ↗Kretikus.

Amphitheater, n. [gr. amphi = rings, ringsum], Form des antiken Theaters: um eine runde (ovale) Arena (lat. = Sandplatz; gr. ↗Orchestra) stufenweise ansteigende Sitzreihen unter freiem Himmel. In Griechenland meist in natürl. Gelände eingefügt (oder Erdaufschüttungen) und die Arena zu zwei Dritteln umfassend (↗Skene, ↗Proskenion). Im röm. Theater auch freistehende Bauten (Sitzreihen nur Halbkreis), zunächst aus Holz zum Wiederabbruch, dann steinerne Konstruktionen (Rundbogen). – Die berühmten, die Arena rings umschließenden A. wurden nur für sportl. Wettkämpfe, Tierhetzen, Gladiatorenkämpfe etc. benutzt (vgl. Kolosseum in Rom, 60 n. Chr., 50000 Plätze u. a.). Viele A. werden heute noch bespielt (Arles, Verona).   S

Amplificatio, f. [lat. = Erweiterung, gr. Auxesis = Wachstum, Zunahme], kunstvolle Aufschwellung einer Aussage über das zur unmittelbaren Verständigung Nötige hinaus. In der *antiken* ↗Rhetorik (Cicero) diente die A. der Wirkungssteigerung der Rede; als Mittel empfahl sie v. a. ↗Variation (Gedankenvariation und verschiedene Figuren der Häufung wie ↗Accumulatio, Enumeratio, Distributio, Synonymie usw.), ↗Periphrase, Vergleich und Beschreibung (Descriptio). In der *mal.* Rhetorik (Galfred, Johannes de Garlandia) diente die A. dagegen der systemat. Vergrößerung des Umfangs eines Textes als Selbstzweck; entsprechend erweiterte sie die ›modi amplificationis‹ um ↗Apostrophe (mit Exclamatio, Dubitatio, Interiectio), ↗Personifikation, ↗Exkurs (Digressio) und Figuren wie ↗Litotes und ↗Oppositio; zugleich stellte sie jeweils einen Formelschatz (Topoi) bereit. A. kennzeichnet auch die spätere manierist. und pathet. Dichtung.   HSt

Anachronismus, m. [gr. anachronizein = in eine andere Zeit verlegen], falsche zeitl. Einordnung von Vorstellungen, Sachen oder Personen, entweder *naiv* (antike oder german. Sagengestalten als höf. Ritter in mhd. Epen, antike Helden mit Allonge-Perücken im barocken Theater) oder *versehentlich* (z. B. der im 17. Jh. aufgekommene Weihnachtsbaum in J. V. von Scheffels»Ekkehard«, der im 10. Jh. spielt; schlagende Uhren, erfunden im 14. Jh., in Shakespeares»Julius Caesar«, II, 1; Kanonen in der Textfassung der Hundeshagenschen Handschrift des»Nibelungenliedes« u. a.) oder *absichtlich*, entweder zur Erzielung kom. Wirkungen, so meist in ↗Travestien (z. B. J. A. Blumauers»Aeneas«, 1783) oder zur Betonung überzeitl. Aktualität in Inszenierungen histor.

Geschehnisse, so bes. im 20. Jh. (»Hamlet« im Frack, Schillers »Räuber« in modernen Uniformen). UM/S

Anadiplose, f. [gr. ánadiplōsis = Wiederholung, Verdoppelung, auch: Epanadiplosis, Epanastrophe, lat. Reduplicatio], ↗ rhetor. Figur, Sonderform der ↗ Gemination: Wiederholung des letzten Wortes oder der letzten Wortgruppe eines Verses oder Satzes am Anfang des folgenden Verses oder Satzes zur semant. oder klangl. Intensivierung, z. B. »Ha! wie will ich dann dich höhnen!/ Höhnen? Gottbewahre mich!« (Schiller, »An Minna«). RSM

Anagnorisis, f. [gr. = Erkennen, Wiedererkennen], in der antiken Tragödie Umschlag von Unwissenheit in Erkenntnis: plötzliches Durchschauen eines Tatbestandes; nach Aristoteles (Poetik 11) eines der drei entscheidenden Momente einer dramat. Fabel (neben ↗ Peripetie und ↗ Katastrophe). Am häufigsten ist das Erkennen von Verwandten und Freunden (vgl. Sophokles, »König Ödipus«, »Elektra«, F. Schiller, »Braut von Messina«, F. Grillparzer, »Die Ahnfrau«). Die A. kann einen Konflikt lösen (vgl. Goethe, »Iphigenie«) oder die Tragik der Katastrophe vertiefen, bes. wirkungsvoll, wenn A. und Peripetie zusammenfallen (Camus, »Das Mißverständnis«). HS

Anagramm, n. [gr. anagrammatízein(-tismós) = Buchstaben umstellen; neulat. Wortbildung: anagramma, 16. Jh.] Umstellung der Buchstaben eines Wortes (Namens oder einer Wortgruppe) zu einer neuen, sinnvollen Lautfolge. Als Erfinder wird Lykophron von Chalkis (3. Jh. v. Chr.) genannt, doch gilt als eigentl. Heimat der Orient, wo das A. durch religiöse Geheimschriften, bes. der jüd. Kabbalisten, weite Verbreitung fand. Auch im MA. suchte man mit dem A. vor allem symbol. Bezüge aufzudecken, z. B. »Ave – Eva« oder man fand in der Pilatusfrage (Joh.18, 38) »Quid est veritas?« anagramm. die Antwort: »Est vir qui adest«. Das A. wird bes. beliebt im 16. u. 17. Jh. (Frankreich, Pléiade), z. B. auch für ↗ Anspielungen in Briefen und für Buchtitel. Im 17. Jh. dient das A. auch zur Verschlüsselung und

vorläufigen Geheimhaltung wissenschaftl. Entdeckungen (z. B. von Galilei). Am häufigsten wird das A. als ↗ Pseudonym verwendet, etwa von François Rabelais (Alcofrybas Nasier), Logau (Golaw), Christoffel von Grimmelshausen (zwei seiner 7 A.e sind: German Schleifheim von Sulsfort, Melchior Sternfels von Fuchshaim), Kaspar Stieler (Peilkarastres), Arouet l(e) j(eune) (Voltaire), Paul Verlaine (le Pauvre Lélian). Eine strenge Form stellt das *rückläufige A.* dar: »Roma – Amor«, vgl. ↗ ananym, ↗ Palindrom. Daneben finden sich auch weniger exakte Kombinationen, so das berühmt gewordene »Rose de Pindare« aus Pierre de Ronsard. Sammlungen lat., griech. und dt. A.e stellte erstmals F. D. Stender (»Teutscher Letterwechsel«, 1667) zusammen. Vgl. auch ↗ Kryptonym. RSM

Anaklasis, f. [gr. = das Zurückbiegen],
1. in der antiken Metrik die Umstellung benachbarter langer und kurzer Silben z. B. ◡–◡– zu –◡◡–, vgl. ↗ Anakreonteus; entspricht in akzentuierenden Versen etwa der versetzten Hebung (vgl. ↗ schwebende Betonung).
2. ↗ rhetor. Figur, auch: Ant-A., Sonderform der ↗ Diaphora: Wiederholung desselben Wortes oder Ausspruchs durch einen Dialogpartner mit emphat. (betonter) Bedeutungsnuance, z. B. Odoardo: »[...] Der Prinz haßt mich.« – Claudia: »Vielleicht weniger, als du besorgest.« – Odoardo: »Besorgest! Ich besorg' auch so was!« (G. E. Lessing, »Emilia Galotti«, II, 4). S

Anakoluth, n. [gr. an-akolouthon = nicht folgerichtig], grammat. nicht folgerichtige Konstruktion eines Satzes; wird stilist. als Fehler gewertet (nachlässige Sprechweise), kann aber auch rhetor. Kunstmittel sein zur Charakterisierung einer sozial oder emotional bestimmten Redeweise, z. B.: »deine Mutter glaubt nie daß du vielleicht erwachsen bist und kannst allein für dich aufkommen« (U. Johnson, »Mutmaßungen über Jakob«); häufig ist der sog. absolute Nominativ: »Der Prinz von Homburg, unser tapfrer Vetter,/.../Befehl ward ihm von dir ...« (Kleist, »Prinz v. Homburg«). H

Anakreonteus, m., antiker Vers der Form ◡◡–◡–◡–– gilt als ↗Dimeter aus zwei Ionici a minore mit ↗Anaklasis in der Versmitte; Bez. nach dem Lyriker Anakreon (6. Jh. v. Chr.); stich. und in Verbindung mit ion. oder jamb. Metren in der Lyrik und in lyr. Partien der Tragödie verwendet.   HS

Anakreontik, f., *im engeren Sinn* strenge Nachahmungen der 60 im Hellenismus entstandenen, jedoch Anakreon (6. Jh. v. Chr.) zugeschriebenen (reimlosen, unstroph.) Oden (sog. Anakreonteen), erstmals ediert 1554 von H. Stephanus (H. Estienne). *Im weiteren Sinn* auch Gedichte, die nur Themen und Motive (nicht die strenge Form) der Anakreonteen aufnehmen, d. h. die Freude an der Welt und am Leben verherrlichen. Vorbilder sind neben der Sammlung des Stephanus der echte Anakreon, Horaz mit seinen heiteren Oden, Catull sowie Epigramme der ›Anthologie Planudea‹ (↗Anthologie). – Anakreont. Dichtung entsteht im 16. Jh. zuerst in Frankreich im Kreis der ↗Pléiade; unter dem Einfluss des Philosophen P. Gassendi (»De vita moribus et doctrina Epicuri«, 1647) dichten im 17. Jh. C. E. Chapelle, G. A. de Chaulieu u. a. im Geiste Anakreons, im 18. Jh. Voltaire und die petits poètes J. B. Grécourt, A. Piron u. a. (↗poésie fugitive). – *In der dt. Literatur* versteht man unter A. allgemein die Lyrik des ↗Rokoko (doch ist nicht die gesamte Rokokolyrik auf den Begriff des Anakreont. zu reduzieren, da sie auch Einflüsse der engl. Naturlyrik und der galanten Dichtung verarbeitet). Auch in Deutschland gibt es schon vom 16. bis zum frühen 18. Jh. anakreont. Dichtung, doch bleibt sie vorläuferhafte, äußerl. Nachahmung. Erst ein neues Lebens- und Weltgefühl ermöglicht um 1740 auch in Deutschland eine Dichtung, in der Anakreon nicht mehr nur formales und themat. Vorbild ist, sondern zum Inbegriff eines verfeinerten Hedonismus wird, der aus Freude am Leben, aus Weltklugheit das »carpe diem« des Horaz literar. gestaltet. Eine begrenzte Zahl von Themen wird formelhaft immer aufs Neue variiert: Liebe, Wein, Natur, Freundschaft und Geselligkeit, das Dichten (ein speziell dt. Thema ist die ›fröhl. Wissen-

schaft‹). Schauplatz ist die amöne Landschaft (↗Locus amoenus), bevölkert von mytholog. Figuren (Amor und Bacchus, Nymphen, Musen und Grazien usw.), oft auch vom Dichter und seiner Geliebten, nicht selten im Schäferkostüm. Nicht nur im Gehaltlichen, auch in der Form zeigt sich eine Tendenz zum Kleinen (neben der anakreont. Ode: Epigramm, Liedchen, Triolett; Veröffentlichung in Almanachen, Taschenbüchern, in Gedichtbändchen mit Titeln wie »Kleinigkeiten«, »Tändeleyen« u. a.; im Sprachl.: Diminutiva, zierl. Modewörter usw.); Versbehandlung und sprachl. Ausdruck gewinnen (nicht zuletzt nach franz. Vorbild) an Leichtigkeit und graziöser Klarheit. In das heitere Bekenntnis zur Diesseitigkeit, zu Scherz, Ironie und tändelndem Witz mischen sich auch neue gefühlhafte Züge der ↗Empfindsamkeit. – Die A. des dt. Rokoko geht aus vom ↗Halleschen Dichter- oder Freundeskreis: um 1740 beginnen J. W. L. Gleim, J. N. Götz und J. P. Uz, Anakreon zu übersetzen und nachzuahmen. Neben Halle wird Hamburg durch den Freundeskreis um F. v. Hagedorn (Ch. N. Naumann, J. F. Lamprecht, J. A. Unzer, J. M. Dreyer) zu einem Zentrum der dt. A. Die anakreont. Dichtung in Hamburg zeigt sich weltoffener, weniger empfindsam als die von mittleren Beamten und Geistlichen getragene A. in Halle, die (nach G. Müller) z. T. »Säkularisation des Pietismus« ist. Zu einem dritten, von Halle und Hamburg beeinflussten Zentrum wird Leipzig. Auch außerhalb dieser Anakreontikerkreise wird von vielen Dichtern der Epoche zumindest zeitweilig anakreont. gedichtet; zu nennen sind der Halberstädter Kreis um Gleim, die ↗Bremer Beiträger, der ↗Göttinger Hain, F. G. Klopstock, K. W. Ramler, G. E. Lessing, H. W. v. Gerstenberg, M. Claudius, Goethe und Schiller. – Die *kunsttheoret. Grundlagen* der A. werden (unter engl. Einfluss, bes. Shaftesburys) in der von A. Baumgarten systematisierten Lehre vom Schönen (»Aesthetica«, lat. 1750–58) gelegt, v. a. dann (dt.) in den Schriften G. F. Meiers (»Gedanken von Scherzen«, 1744), sowie von M. Mendelssohn (»Briefe über die Empfindungen«, 1755, u. a.) und F. J. Riedel (»Theorie der schönen Künste und Wissenschaften«,

1767, u.a.). Die A. wird durch den ↗Sturm und Drang abgelöst; sie hat (parallel zur empfindsamen Dichtung als Gegenströmung zur Aufklärung) stark auf spätere Epochen gewirkt, vgl. auch Nachwirkungen bei Goethe (bis hin zum »Westöstl. Divan«), F. Rückert, Wilhelm Müller, A. v. Platen, H. Heine, E. Mörike, E. Geibel, J. V. v. Scheffel, P. Heyse, D. v. Liliencron, R. Dehmel, O. J. Bierbaum, M. Dauthendey u. a. – In der jüngeren Forschung (bes. Anger) wird die Rokokodichtung als eigenwert. literar. Epoche zu erfassen gesucht, werden auch neue Maßstäbe für eine sachl. Bewertung der A. gesetzt, die nicht mehr nur als Ausläufer der mit dem Barock beginnenden Epoche gesehen wird, sondern als selbständ. Typ der Lyrik des 18. Jh.s. RSM

Anakrusis, f. [gr. = das Anschlagen des Tones, das Anstimmen, Präludieren], in der klass. Philologie seit R. Bentley (18. Jh.) gebräuchl. und von der Germanistik des 19. Jh.s aufgegriffene Bez. für die Eingangssenkung(en) speziell jamb. und anapäst. Verse. In der ↗Taktmetrik durch die Bez. ↗Auftakt ersetzt. K

Analekten, f. Pl. [zu gr. analegein = auflesen, sammeln], Sammlung von Auszügen oder Zitaten aus dichter. oder wissenschaftl. Werken oder von Beispielen bestimmter literar. Gattungen, z. B. »Analecta hymnica medii aevi« (wichtigste Slg. mal. Hymnen). Auch als Titelbestandteil von Reihenwerken (z. B. »Analecta Ordinis Carmelitarum«). ↗Anthologie, ↗Kollektaneen, ↗Katalekten. HFR

Analyse, f. [gr. análysis = Auflösung], objektivierende werkbezogene Methode, mit deren Hilfe ein (literar.) Gegenstand dadurch genau erfasst werden soll, dass er in bestimmte Komponenten zerlegt, ›analysiert‹ wird; Gegensatz ↗Synthese, v. a. als erlebnisbezogene Methode der Werkerfassung (Dilthey). – In der Literaturwissenschaft sucht man mit der *Form-A.* (Zerlegung der Form eines Werkes in konstituierende Bestandteile: Abschnitt, Kapitel, Strophe, Vers, Reim etc.), der *Struktur-A.* (Bestimmung der Elemente, welche einem Werk

seinen spezif. Charakter verleihen: Aufbau, Motivgeflecht etc.) oder der *Stil-A.* (Stilebenen, Bildlichkeit, Satz-, Periodenbau etc.) vertiefte Einblicke in die Eigenart literar. Produkte zu gewinnen (sog. *Werk-A.*). – Hilfsmittel der Sprachwissenschaft sind u. a. die *Satz-A.* (Zerlegung eines Satzes in seine Elemente) und die *Wort-A.* (Zergliederung eines Wortes nach Wurzel, Stamm, Prä- und Suffixe etc.). S

Analytisches Drama, auch Enthüllungsdrama, Dramenform, für die ein bestimmtes Handlungsschema kennzeichnend ist: entscheidende Ereignisse, die den dramat. Konflikt begründen, werden als *vor dem Beginn* der Bühnenhandlung geschehen vorausgesetzt. Die auf der Bühne sich anbahnende Katastrophe erscheint als äußere und innere Folge vorangegangener Verwicklungen, Tatbestände und Verhältnisse, die den Bühnenfiguren nicht oder nicht in voller Tragweite bekannt sind. Für diese *analyt.* Technik, d. h. das schrittweise Aufdecken der vor der Bühnenhandlung liegenden Sachverhalte, für das Zusammenfügen der ›Wahrheit‹ aus den Teilaspekten, die jeweils nur einzelne Personen kennen, eignet sich bes. die Form des Verhörs. Als Musterbeispiel des analyt. D.s gilt »König Ödipus« von Sophokles; weitere Beispiele sind »Die Braut von Messina« (F. Schiller), »Der zerbrochene Krug« (H. v. Kleist), »Maria Magdalena« (F. Hebbel); die analyt. Dramentechnik findet sich im romant. Schicksalsdrama (z. B. »Die Ahnfrau« v. F. Grillparzer), im naturalist. Drama (z. B. »Meister Oelze« v. J. Schlaf, »Der Biberpelz« v. G. Hauptmann) oder bei H. Ibsen (v. a. »Gespenster« und »Rosmersholm«), in neuerer Zeit etwa bei C. Goetz (»Hokuspokus«) und H. Kipphardt (»In der Sache J. Robert Oppenheimer«). – Daneben gibt es auch Mischformen: Dramen, in denen die dramat. Konflikte einerseits auf zurückliegenden Geschehnissen basieren, in denen sich aber andererseits neue Konflikte während der Bühnenhandlung entfalten, z. B. »Nathan der Weise« (G. E. Lessing), »Maria Stuart« (F. Schiller), »Käthchen von Heilbronn« (H. v. Kleist). RSM

Anantapodoton, n., auch: Anapodoton [gr. = ohne Entsprechung], Sonderfall des ↗ Anakoluth: von einer zweiteil. korrespondierenden Konjunktion (z. B. zwar – aber, weder – noch) erscheint nur der erste Teil in einem meist länger ausgeführten Vordersatz, während der Nachsatz mit dem zweiten Teil der Konjunktion fehlt (vgl. Cicero, Tusculum 3, 36).   H

Ananym, n. [gr. ana = zurück, onoma = Name], Form des ↗ Pseudonyms: rückläufige Schreibung eines Namens, z. B. Curt W. Ceram für Kurt W. Marek. ↗ Anagramm, ↗ Palindrom.
                                                            S

Anapäst, m. [gr. anapaistos = rückwärts geschlagener, d. h. umgekehrter (↗ Daktylus)], antiker Versfuß der Form ◡◡–; mit Auflösung bzw. Zusammenziehung ◡◡◡◡; Verwendung in antiken Marsch- und Schlachtliedern, in Prozessionsliedern (Einzugs- und Auszugsgesängen des Chors in der Tragödie: ↗ Parodos, ↗ Exodos) und in Spottliedern, namentl. in den ↗ Parabasen der aristophan. und plautin. Komödien. – *Nachbildungen* anapäst. Verse in der dt. Dichtung finden sich zuerst bei A. W. Schlegel (»Ion«, 1803) und Goethe (»Pandora«, 1808/10), z. T. mit Reim und neben A. en mit zweisilbiger Senkung auch solche mit einsilbiger und dreisilbiger Senkung, vgl. »Sie schwebet auf Wässern, sie schreitet auf Gefilden«, (Goethe, Pandora, v. 674). Die aristophan. Parabasen bildet A. v. Platen in seinen Literaturkomödien nach (»Die verhängnisvolle Gabel«, 1826; »Der romantische Ödipus«, 1829). – Die Verse der Nürnberger (J. Klaj, G. Ph. Harsdörffer, S. v. Birken) mit einsilbiger Eingangs- und zweisilbiger Binnensenkung sind nicht als anapästisch, sondern als amphibrachisch (↗ Amphibrachys x x́ x) zu deuten (»Es gischen die gläser, es zischet der zucker ...«, Ph. v. Zesen).   K

Anapher, f. [gr. anaphora = Rückbeziehung, Wiederaufnahme], ↗ rhetor. Figur, Wiederholung eines Wortes oder einer Wortgruppe am Anfang aufeinanderfolgender Sätze, Satzteile, Verse oder Strophen (Ggs. ↗ Epipher, Verbin-

dung von A. u. Epipher: ↗ Symploke). Seit der antiken Kunstprosa häufiges Mittel der syntakt. Gliederung und des rhetor. Nachdrucks. z. B.: »Wer nie sein Brot mit Tränen aß,/ *Wer nie* die kummervollen Nächte/ Auf seinem Bette weinend saß ...« (Goethe, »Harfenspieler«).
                                                            H

Anastrophe, f. [gr. = Umkehrung], ↗ rhetor. Figur, s. ↗ Inversion.

anazyklisch [gr. = umkehrbar] sind Wörter oder Sätze, die vorwärts und rückwärts gelesen gleichlauten, sog. ↗ Palindrome, z. B. Reliefpfeiler.   S

anceps [lat. = schwankend],
1. Bez. der antiken ↗ Metrik für eine *Stelle* im Versschema (v. a. am Anfang und Ende), die durch eine Länge oder eine Kürze ausgefüllt werden kann (= elementum anceps: ◡).
2. Bez. der antiken ↗ Prosodie für eine *Silbe*, die im Vers als Länge oder als Kürze verwendet werden kann (= syllaba anceps).   HS

Andachtsbuch, seit Beginn d. 17. Jh.s Bez. für das vorwiegend privatem Gebrauch dienende Gebetbuch, etwa Ph. Kegels »Zwölf geistl. Andachten« (1606) oder die zahllosen teils anonymen »Andachtbücher«, »Andachtflammen«, »Andachtfunken«, »Andachtspiegel«, »Andachtwecker« u. a. Kirchenliedersammlungen und Gesangbücher erscheinen vereinzelt ebenfalls unter dem Titel A., z. B. Johann Rist, »Poet. Andacht-Klang von denen Blumengenossen« (1691). ↗ Erbauungsliteratur.   PH

Anekdote, f. [gr. anékdota = nicht Herausgegebenes], ursprünglich Titel einer gegen Kaiser Justinian und Theodora gerichteten Schrift »Anekdota« (lat. »Arcana Historia«) des Prokopios von Cäsarea (6. Jh.) mit entlarvenden Geschichten über den byzantin. Hof, die er in seiner offiziellen Geschichte der Regierung Justinians nicht veröffentlicht hatte. In den beiden hier implizierten Bedeutungen wird A. später gebraucht:
1. im Sinne von lat. *inedita* (= nicht veröffent-

licht) als Titel von Editionen vordem noch nicht edierter Manuskripte; in der Neuzeit erstmals bei L. A. Muratori 1697 für die Edition von Handschriften der Ambrosian. Bibliothek, dann u. a. bei Max F. Müller (»Anecdota Oxoniensa«, 1881) für bisher ungedruckte Handschriften der Bodleyan. Bibliothek zu Oxford.

2. im Sinne von *Geschichtchen,* so erstmals in der franz. Memoirenliteratur des 17. und 18. Jh.s, nach diesem Vorbild in Deutschland zuerst bei K. W. Ramler (1749) und J. G. Herder (1784). Heute bez. A. v. a. eine *ep. Kleinform,* die auf eine überraschende Steigerung oder Wendung (Pointe) hinzielt und in gedrängter sprachl. Form (häufig in Rede und Gegenrede) einen Augenblick zu erfassen sucht, in dem sich menschl. Charakterzüge enthüllen oder die Merkwürdigkeit oder die tieferen Zusammenhänge einer Begebenheit zutage treten. Die *Pointe* besteht häufig in einer schlagfert. Entgegnung, einer witzigen Aussage, einem Wortspiel oder Paradoxon oder einer unerwarteten Aktion, daher Nähe zu ↗ Witz, ↗ Aphorismus, ↗ Epigramm. – Die A. bildet sich v. a. um histor. Persönlichkeiten und Ereignisse, aber auch um fiktive, jedoch typisierte Gestalten oder allgem. um menschl. Situationen und Haltungen. Dabei ist es zweitrangig, ob das Erzählte histor. verbürgt ist; bedeutsam ist allein, ob es möglich, treffend und charakteristisch ist. Die A. soll im Episod. Typisches (nicht selten mit satir. oder frivolem Einschlag) aufzeigen, sie kann jedoch auch Geheimes, Privat-Intimes mitteilen.

Geschichte. Anekdotenart. Geschichten, sei es als mündl. gepflegte Gebrauchskunst, in einfach-volksmäß. oder anspruchsvoller literar. Form, werden seit ältester Zeit tradiert. Sie finden (wenn auch nicht unter diesem Begriff) Verwendung als ↗ Exempel in ↗ Historie, ↗ Gesta, ↗ Vita und ↗ Chro-

Borchert: »An diesem Dienstag«

nik, in ↗ Rede, ↗ Predigt, ↗ Traktat und ↗ Satire (im Griech. entspricht der A. etwa das ↗ Apophthegma, im Lat. der ↗ Apolog, im MA. das ↗ Bispel). – Die A. *als selbständ. literar. Form* (die jedoch nicht deutl. gegen ↗ Fabel, ↗ Schwank, ↗ Novelle abzugrenzen ist) entsteht im 14./15. Jh. im Gefolge der ›novella‹ des Boccaccio und deren Nachahmung, ferner v. a. der lat. ↗ Fazetie des G. F. Poggio Bracciolini (»Liber facetiarum«, postum 1470), die in Deutschland teils übersetzt, teils (in lat. oder dt. Sprache) nachgeahmt und abgewandelt wurde (H. Steinhöwel, 1475; A. Tünger, 1486; S. Brant, 1500; H. Bebel, 1508 ff.). A.n begegnen in Schwanksammlungen des 16. Jh.s, in Werken Grimmelshausens (»Ewig-währender Kalender«, 1670; »Rathstübel Plutonis«, 1672), in Predigten Abrahams a Santa Clara. Eine eigentl. A.nsammlung ist P. Laurembergs »Acerra philologica« (1633). Später findet die A. weite Verbreitung in speziellen Sammlungen, Almanachen und Zeitschriften. Zur hohen, Norm setzenden Kunstform wird sie durch H. von Kleist (in den »Berliner Abendblättern«, 1810/11). Nah verwandt ist die ↗ Kalendergeschichte (M. Claudius im »WandsbeckerBoten«, J. P. Hebel im »Rheinländ. Hausfreund«, J. Gotthelf u. a.). Zu Novelle, ↗ Kurzgeschichte oder ↗ Short story tendiert die A. *im 20. Jh.* bei W. Schäfer (»A.«, 1908; »Hundert Histörchen«, 1940), P. Ernst (»Geschichten von dt. Art«, 1928 u. a.), W. Borchert (»An diesem Dienstag«, »Die Hundeblume«, 1947); biograph. A.n schreibt H. Franck (»Ein Dichterleben in 111 A.n«, 1961 u. a.), gesellschaftskrit. F. C. Weiskopf (»A.nbuch«, 1954 u. a.). Prägnanz und Nähe zur Realität lassen die A. auch zum Kristallisationspunkt anderer literar. Werke werden: bei Th. Fontane z. B. begegnet die A. als Kunstmittel im Roman (leitmotivartig in »Vor dem Sturm«, 1878); B. Brecht verarbeitet vielfach Anekdotisches (»Kalendergeschichten«, »Geschichten von Herrn Keuner«, »Augsburger« und »Kaukas. Kreidekreis«). Die Zahl populärer A.n, die v. a. Biographisches erfassen und durch den Journalismus verbreitet werden, wird im 19. und 20. Jh. unübersehbar.   RSM

Anfangsreim, Reim der ersten Wörter zweier Verse: »*Krieg!* ist das Losungswort./ *Sieg!* und so klingt es fort.« (Goethe, »Faust« II). ↗ Reim. **H**

Anglizismus, m. [aus mlat. anglicus = englisch], Nachbildung einer syntakt. oder idiomat. Eigenheit des Englischen und Amerikanischen *(Amerikanismus)* in einer anderen Sprache, im Dt. z. B. *Nonsense*dichtung, *brand*neu (engl. brandnew) u. a.; Anglizismen werden auch bewusst als Stilmittel verwendet, vgl. z. B. Th. Mann, »eine gute Zeit haben« (nach: to have a good time) mehrmals in »Joseph der Ernährer«. **GS**

Angry young men, Pl. [ˈæŋgri ˈjʌŋ ˈmɛn; engl. = zornige junge Männer], Bez. für die junge Generation engl. Schriftsteller, die in den fünfziger Jahren in der engl. Literatur eine wesentl. Rolle spielten; benannt nach dem Charakter der Hauptfigur in J. Osbornes Drama »Look back in anger« (Blick zurück im Zorn, 1956). Die A. y. m. bildeten keine Gruppe, doch war ihnen gemeinsam der Protest gegen das »Establishment«, gegen das engl. Klassen- und Herrschaftssystem. Die meisten von ihnen lebten, aus der Arbeiterklasse stammend (nur wenige besuchten eine Universität), bis zu ihren ersten Erfolgen unter schwierigen sozialen und finanziellen Bedingungen. In einer für engl. Autoren neuart. Weise äußert sich ihr Protest – v. a. im Drama – offen, direkt, häufig mit naturalist. Mitteln (auch im Sprachlichen); sie zeigen den (klein)bürgerl. Alltag, dem die Dramen- und Romanfiguren, von Weltekel, Selbstmitleid, Resignation, ohnmächtigem Zorn erfasst, nicht entrinnen können oder wollen. Einige der Autoren sind von B. Brecht beeinflusst (bes. J. Arden, »Sergeant Musgrave's dance«, 1959), andere von F. Kafka, S. Beckett, E. Ionesco (so N. F. Simpson, »A resounding tinkle«, 1957, und bes. H. Pinter,

»The caretaker«, 1960). Neben den genannten sind die wichtigsten *Dramatiker:* B. Behan (»The hostage«, 1958), Sh. Delaney (»A taste of honey«, 1958), A. Jellicoe (»The sport of my mad mother«, 1958), A. Wesker (»The kitchen«, 1957); J. Mortimer, A. Owen, E. Bond u. a. (Hör- und Fernsehspiele), K. Tynan (Theaterkritiker); die wichtigsten *Romanautoren* sind: K. Amis (»Lucky Jim«, 1954), J. Wain (»Hurry on down«, 1953), I. Murdoch (»Under the net«, 1954), C. Wilson (»The outsider«, 1956), J. Braine (»Room at the top«, 1957), A. Sillitoe (»Saturday night and sunday morning«, 1958). **RSM**

Ankunftsliteratur, der Begriff fasst, nach dem Titel des Romans »Ankunft im Alltag« (von Brigitte Reimann, 1961), eine Reihe von Prosawerken zusammen, die für die Literatur der DDR in den 60er Jahren kennzeichnend sind: Sie handeln von Problemen, welche (wie die Autoren) in der DDR aufgewachsene junge Menschen zunächst mit der Eingliederung in die sozialist. Gesellschaft und deren Produktionsverhältnisse haben. Weitere Werke: K.-H. Jakobs, »Beschreibung eines Sommers« (1961), J. Wohlgemuth, »Egon und das achte Weltwunder« (1962), Christa Wolf, »Der geteilte Himmel« (1963). **S**

Anmerkungen, Ergänzungen Erläuterungen, Quellennachweise u. a. zu einem Text, von diesem (typo)graph. teils als ↗ Fußnote, ↗ Marginalie oder als Anhang (Appendix) abgesetzt. A. sind in wissenschaftl. Literatur und wissenschaftl. Textausgaben die Regel; sie finden sich nach diesem Vorbild aber auch in Dichtungen, bes. in der ↗ Gelehrtendichtung seit dem Barock (z. B. bei Opitz, Gryphius, Lohenstein) und wieder in den ↗ histor. Romanen des 19. Jh.s (W. Hauff, J. V. v. Scheffel u. a.) und in der modernen ↗ Dokumentarliteratur (z. B. R. Hochhuth), in denen A. die Authentizität

Bond: »Lear«

der Darstellung belegen sollen. ↗ Glossen, ↗ Scholien, ↗ Kommentar. HFR

Annalen, Pl. [lat. (libri) annales = Jahrbücher],
1. Aufzeichnungen geschichtl. Ereignisse nach Jahren geordnet, wodurch chronolog. Übersichtlichkeit erreicht, zugleich aber stoffl. Zusammengehörendes getrennt wird. A. gab es im Altertum bei den Ägyptern, Juden, Griechen *(Horoi)* und Römern. Die Grundlage für die röm. Geschichtsschreibung bildete die Codifizierung und Kommentierung der bis dahin öffentl. aufgestellten Jahrestafeln (↗ Fasti) der röm. Pontifices (Oberpriester) in den 80 Büchern der *Annales maximi* um 130/115 v. Chr. Höhepunkt der röm. Annalistik durch Titus Livius und Tacitus. Von den A. unterschieden wurde die ↗ Historie, die zeitgeschichtl. Darstellung. Die *A. des MA.s* stehen nicht in unmittelbar antiker Tradition, obgleich sie auch auf Kalendertafeln (zur Bestimmung des Ostertermins, z. B. Ostertafeln Bedas, 7./8. Jh.) zurückgehen. Es sind zunächst anonyme Aufzeichnungen für den Eigengebrauch der Klöster, später entwickeln sich die A. zu einer Gattung mal. Geschichtsschreibung, z. B. die fränk. Reichsa. *(Annales regni francorum,* 741–829) oder die otton. *Annales Quedlinburgenses, Annales Hildesheimenses* u. a. (10. Jh.); im 11. u. 12. Jh. tritt, bes. durch die Publizistik des Investiturstreits, die Darstellung der Zeitgeschichte stark in den Vordergrund: A., ↗ Chronik und ↗ Historie verschmelzen (Lampert von Hersfeld, 11. Jh.). Solche Mischformen sind auch die A. des Humanismus.
2. Titelbestandteil meist jährl. erscheinender wissenschaftl. (nicht unbedingt histor.) Publikationen. Das annalist. Prinzip, auf Dekaden erweitert, ist Aufbauschema der »A. der dt. Literatur« (hg. v. H. O. Burger, ³1971). S

Annominatio, f. [lat. = Wortumbildung], rhetor. Figur, s. ↗ Paronomasie.

Anonym [gr. aneu = ohne, onoma = Name] sind Werke (Anonyma) von unbekanntem Verfasser (Anonymus). Die mannigfachen Formen der Anonymität reichen vom Fehlen

jgl. Verfasserangabe (z. B. Nibelungenlied, Volkslieder, Märchen) über falsche Zuschreibungen durch Spätere (z. B. pseudo-augustin. Schriften) bis hin zur bewussten Wahl eines ↗ Pseudonyms. Die Anonymität eines Autors kann verschiedenste Gründe haben: unzulängl. Überlieferung oder mangelndes Interesse am Autor (bes. bei den in großem Ausmaß a. überlieferten mal. Werken), Scheu des Autors vor der Öffentlichkeit oder Zensur (bes. bei satir., theol. und polit. Schriften); a. erschienen z. B. die »Epistolae obscurorum virorum« (1515/17), der »Karsthans« (1521), J. G. Herders »Krit. Wälder« (1769), F. Schillers »Räuber« (1781). Seit dem 17. Jh. Aufschlüsselung der Anonyma in einschläg. Lexika. Wichtigstes dt. Anonymenlexikon (über 70000 A.e): M. Holzmann u. H. Bohatta, Deutsches Anonymen-Lexikon, 7 Bde., 1902–1928, Nachdruck 1961 u. 1983. Gegensatz *autonym, orthonym* (unter eigenem, richtigem Namen verfasst). HFR

Anopisthographon, n. [gr. = nicht auf der Rückseite Beschriebenes], in der Papyrologie Bez. für eine Papyrushandschrift, die, wie aus techn. Gründen die Regel, *nicht* auf der Rückseite beschrieben ist (im Ggs. zu spätantiken und mal. Pergamenthandschriften); ferner Bez. für einen sog. *Reibedruck,* bei dem das Papier nicht auf den Druckstock gepresst, sondern angerieben wird. ↗ Opisthographon, ↗ Einblattdruck. UM

Anreim, dt. Bez. für ↗ Alliteration.

Anspielung, Form der Rede: eine beim Hörer oder Leser als bekannt vorausgesetzte Person, Sache, Situation, Begebenheit etc. wird nicht direkt benannt, sondern durch Andeutungen bezeichnet, oft in Form eines ↗ Tropus, einer ↗ Antonomasie oder ↗ Periphrase, z. B. häufig bei H. Heine (»Atta Troll«, »Deutschland. Ein Wintermärchen«), oft auch Mittel der Polemik, Grundprinzip in der ↗ Schlüsselliteratur. PH

Anstandsliteratur. Zusammenfassende Bez. für Werke, die sich mit gesellschaftl. Umgangsformen befassen. Die ausgeprägtesten Beispiele der A. im MA. sind die ↗ Ensenhamens in der prov., die Chastoiements, Doctrinaux de Courtoisie, Livres de Manières in der franz., sowie die ↗ Hof- und ↗ Tischzuchten in der dt. Literatur, die im 15. und 16. Jh., ins Ironisch-Satirische gewendet, als grobianische Dichtung (↗ Grobianismus) fortleben. Die mehr die äußeren Umgangsformen reglementierenden ↗ Komplimentierbücher des Barock wurden Ende des 18. Jh.s durch das Erziehungsbuch des Freiherrn A. v. Knigge »Über den Umgang mit Menschen« abgelöst (1788). Dieses bis heute in zahlreichen Ausgaben und Übersetzungen vorliegende Werk behandelt im Sinne einer prakt. Lebensphilosophie das angemessene verständnisvolle Verhalten gegenüber der Mitwelt und auch gegenüber dem eigenen Ich.   PH

Antagonist, m. [gr. ant-agonistes = Gegenspieler]. Gegenspieler des Haupthelden, v. a. im Drama, ↗ Protagonist.   K

Antanaklasis, f., rhetor. Figur, ↗ Anaklasis.

Antepirrhema, n., vgl. ↗ Parabase, ↗ Epirrhema.

Anthologie, f. [zu gr. ánthos = Blume, Blüte und légein = lesen, lat. ↗ Florilegium, dt. Blütenlese], Sammlung von ausgewählten Texten, bes. von Gedichten, kürzeren Prosastücken oder von Auszügen aus größeren ep., seltener dramat. Werken, weiter von Briefen, Erbauungsliteratur, von didakt., philosoph. oder wissenschaftl. Texten. A.n können unter den verschiedensten Gesichtspunkten zusammengestellt sein: zur Charakterisierung des Schaffens eines einzelnen oder mehrerer Autoren, einer bestimmten Schule, einer literar. Richtung, einer Epoche oder Nation, oder auch, um einen Überblick über eine Gattung zu geben oder einzelne Themen oder Theorien an Beispielen zu veranschaulichen, ferner um zu belehren oder zu erbauen. Darüber hinaus spiegeln A.n den Zeitgeschmack (des Hg.s und seines Leserpublikums) oder Forschungsergebnisse wider. Wirkungsgeschichtl. sind bes.

jene A.n interessant, in denen Werke bis dahin noch unbekannter Autoren veröffentlicht sind, oder solche, durch die sonst nicht überlieferte Werke vor dem Vergessen bewahrt wurden. Für die Anfänge schriftl. Überlieferung spielen A.n eine wichtige Rolle. Sie enthalten oft die einzigen Zeugnisse verlorener Werke. Frühzeitl. Teilsammlungen bilden häufig die Grundlage späterer Werke (vgl. die Logien-Sammlung als eine der Vorstufen des Matthäus- und Lukas-Evangeliums). Reich an A.n sind in der außereurop. Literatur bes. das Hebr. (↗ Psalmen), Pers., Arab. (↗ Hamâsa) und Türk. Als älteste bekannte antike A. gilt eine (nicht erhaltene) Sammlung »Stephanos« (= Kranz, überwiegend Epigramme) des griech. Philosophen Meleagros von Gadara (1. Jh. v. Chr.). Für die Kenntnis der antiken Literatur wichtig ist die Sammlung des Johannes Stobaios (5. Jh.), im MA. unterteilt in »Eklogaí« und »Anthológion« mit etwa 500 Auszügen aus Lyrik und Prosa, in erster Linie philosoph.-eth. Gehalts, eine sog. ↗ Chrestomathie für den Unterricht seines Sohnes (hrsg. v. C. Wachsmuth u. O. Hense, 5 Bde. Bln. 1958). Von großer Bedeutung für das MA., bes. die mlat. Dichtung, wurde die sog. »Anthologia Latina«, (6. Jh.; hrsg. v. A. Riese u. a. Lpz. 1894–1926, Nachdr. 1964). Die berühmteste abendländ. Sammlung griech. Lyrik ist die in neueren Ausgaben (seit 1494) sog. »Anthologia Graeca« (Epigramme von etwa 300 Dichtern, gr. u. dt. hrsg. v. H. Beckby, 4 Bde. Mchn. ²1965–67), die bes. auf die Humanisten starken Einfluss ausübte. Sie geht auf zwei ältere A.n zurück: auf die berühmte »Anthologia Palatina« (10. Jh., 3700 Epigramme, benannt nach der Handschrift der Heidelberger Bibliotheca Palatina) und die sog. »Anthologia Planudea« (1301 von dem byzantin. Gelehrten Maximus Planudes zusammengestellt, 2400 Epigramme). In der Spätantike, dem MA. und bes. in der Renaissance sind (lat.) A.n, v. a. im Unterricht, weit verbreitet. Sie enthalten meist neben Auszügen aus klass. Autoren und aus den Kirchenvätern auch moral. Sprüche und Sprichwörter; dieser Typus kulminiert in den »Adagia« des Erasmus von Rotterdam (1500–1533). Unter dem Einfluss der (bes. in lat.

Übersetzungen verbreiteten) »Anthologia Planudea« kommt im 16. Jh. auch der ältere Typus der A. wieder auf, in lat., aber auch schon in italien., franz. und engl. Sprache, in Deutschland dagegen erst seit dem 17. Jh. (J. W. Zincgref, »Martini Opitii Teutsche Poemata ... sampt einem Anhang mehr auserlesener geticht anderer teutscher Poeten«, 1624; B. Neukirch, »Herrn von Hoffmannswaldau und andrer Deutschen ausserlesener bissher ungedruckter Gedichte erster bis siebender Teil«, 1695–1727). Im 18. Jh. spielen A.n (nun auch häufig unter dem Titel ›A.‹) eine bedeutsame Rolle im literar. Leben, z. B. K. W. Ramler, »Lieder der Deutschen« (1766, eine repräsentative A. der ↗ Anakreontik), J. G. Herders »Volkslieder« (1778/79), Schillers »A. auf das Jahr 1782«. Die Zahl der unter den verschiedensten Gesichtspunkten erschienenen A.n wird im 19. und 20. Jh. unübersehbar. RSM

Antibarbarus, m. [gr.-lat.], im 19. Jh. geprägter Titel für Lehrbücher zur Vermeidung sprachl. Unreinheiten (↗ Barbarismus), z. B. J. P. Krebs u. J. H. Schmalz, A. der lat. Sprache (⁸1962), K. G. Keller, Dt. A. (²1886), R. Scherffig, Frz. A. (1894). UM

Antichristdichtung, Thema ist der Kampf des Antichrist, der Personifikation des Bösen, um die Weltherrschaft. Entsprechende apokalypt. Prophezeiungen finden sich im AT (Ez. 38, 1–39, 29; Dan. 7; 8, 21–22.24; 11, 21–45), im NT (Mark. 13, bzw. Matth. 24, Luk. 21; 2. Thess. 2, 3–12; Apok. 12, 3–18; 13, 11–17; 17–18; 19, 17–21) und in apokryphen apokalypt. Schriften. – A.en entstehen in Morgen- und Abendland mit der Ausbreitung christl. Gedankenguts. Den Anfang dt. A.en bildet eine Stabreimdichtung des 9. Jh.s, das sog. »Muspilli« (Kampf des Elias mit dem Antichrist, Weltbrand, Christi Erscheinen und Gericht). Vorstellungen von der endzeitl. Herrschaft des Antichrist erscheinen auch in heilsgeschichtl. Darstellungen von Christi Erlösungstat bis zum Weltende, etwa im »Leben Jesu« der Frau Ava (um 1125, schließt mit einem »Antichrist« und »Jüngsten Gericht«), im »Friedberger Christ und Antichrist« (er-

halten in Bruchstücken, frühes 12. Jh.), in der allegor.-typolog. Ausdeutung des Jakobsegens in den »Vorauer Büchern Mosis« (1130/40), übernommen aus der »Wiener Genesis« (1060/65), nur die Endzeit behandelt der »Linzer Antichrist« (1160/70). Um 1160 schrieb ein Tegernseer Geistlicher den lat. »Ludus de Antichristo«, die bedeutendste mal. dramat. Gestaltung des Stoffes, verbunden mit einem aktuellen polit. Programm: der eschatolog. Fundierung des universalen Reichsgedankens und des Herrschaftsanspruchs der Staufer. Quellen für dieses wie überhaupt für mal. A.en sind neben den Bibelkommentaren das »Libellus de Antichristo« des Adso von Toul (10. Jh.) und Schriften des Petrus Damiani (11. Jh.). – Für das Spät-MA. sind Aufführungen von Antichristspielen belegt (Frankfurt 1469 u.ö., Xanten 1473/81, Kur 1517 u. a.). Der Antichriststoff wird auch als ↗ Fastnachtsspiel verarbeitet, etwa in »Des Entekrist vasnacht« (1354?) und in dem Hans Folz zugeschriebenen »Herzog von Burgund« (1493?). – In der Reformationszeit wird das Antichristthema zur literar. Waffe (vgl. das scharf satir. »Pammachius« des Naogeorgus, 1538, 5-mal ins Dt. übersetzt). Antichristspiele leben weiter bis in die Zeit der Aufklärung, bes. lange in Tirol, meist als relig. Volksschauspiele. – Eine Wiederbelebung erfährt der Antichriststoff seit dem späten 19. Jh. (Dostojewskij, »Der Großinquisitor«, 1880, S. Lagerlöf, »Die Wunder des Antichrist«, 1897, J. Roth, »Der Antichrist«, 1934). RSM

Antiheld, allg. der dem aktiv-handelnden Helden entgegengesetzte Typ des inaktiven, negativen oder passiven ↗ Helden in Drama und Roman (↗ Anti-Theater; ↗ Anti-Roman). Seit dem 19. Jh. *im engeren Sinne* der im Problemumkreis der Langeweile durch Überpsychologisierung als handlungsunfähig gezeichnete Romanheld (J. A. Gontscharows Oblomov) oder Dramenheld (G. Büchners Leonce. – Eine aktive Rolle spielte der Held als vorbildl.-heroisch Handelnder eigentl. nur im Barockdrama u. -roman. Sein ›Anti‹ war im gleichen System z. B. der nicht vorbildl. handelnde Schelm (↗ Schelmenroman). Schon vor der Weimarer Klassik tritt an die Stelle dieses Heldentyps in zunehmendem Maße der passive Held des bürgerl. Romans und Dramas, dem etwas geschieht, der etwas mit sich geschehen lässt. Er kann durch zunehmende Problematisierung keine Vorbildfigur mehr sein (vgl. das Werther-Missverständnis). Seit einem ersten Höhepunkt dieses Prozesses (etwa Mitte des 19. Jh.s) spielt der vorbildl. handelnde, ungebrochene Held fast nur noch eine Rolle in der ↗ Trivialliteratur und im 20. Jh. in der Literatur des ↗ sozialist. Realismus als der im Sinne der sozialist. Gesellschaft ↗ positive Held. Beginnend etwa mit der Postulierung des »absoluten Romans« durch F. Schlegel (↗ absolute Dichtung) über die Romane von J. Joyce und Gertrude Stein wird dieser Prozess immer deutlicher ablesbar an den zunehmenden Schwierigkeiten der Autoren mit der doppelten Perspektive des Erzählers, der seine Figur von außen sieht und sie zugleich von innen kennt, im Misstrauen gegenüber der subjektiven Erfindung der Figur (»Madame Bovary, das bin ich«, Flaubert), der Fabel, einer fiktionalen Welt. Dieses Misstrauen gegenüber der »Geschichte mit lebendigen und handelnden Personen« gilt dabei für Autor und Leser gleichermaßen:»Nicht nur, daß beide der Romangestalt mißtrauen, sie mißtrauen durch diese Romangestalt hindurch auch einander« (N. Sarraute). Infolgedessen zerbrach man die (in sich) geschlossene fiktionale Romanwelt, weil die Gestalten, wie der alte Roman sie verstand, die moderne psycholog. Realität nicht mehr einzuschließen vermochten.»Eine Romangestalt (blieb) nur noch der Schatten von sich selbst«, ja sie wurde zu einem»undefinierbaren, ungreifbaren Wesen ohne Umrisse, einem unsichtbaren ›ich‹, das alles und nichts und oft nur eine Widerspiegelung des Autors selbst ist, sich der Rolle des Haupthelden bemächtigt hat und den ersten Platz einnimmt« (Sarraute). Entsprechend sind »die sekundären Gestalten aller autonomen Existenz beraubt, nur noch Auswüchse, Seinsmöglichkeiten, Erfahrungen oder Träume dieses ›ich‹, mit dem der Autor sich identifiziert.« D. h. aber, dass der Autor als Er-

finder seines Helden nicht länger mehr zwischen Held und Leser, und damit der vom Autor erfundene Held nicht länger mehr zwischen Leser und Autor steht, weil der Leser bei dieser Form des ›Ich‹-Romans »sofort im Inneren (ist), an der gleichen Stelle, an der sich der Autor befindet, in einer Tiefe, in der nichts mehr von diesen bequemen Anhaltspunkten besteht, mit Hilfe derer er sich seine Gestalten konstruiert« (Sarraute). – Der A. ist ein Zeichen der Krise eines Romantyps, in dem sich die Hauptgestalt über den passiven Helden durch Überpsychologisierung zum handlungsunfähigen Helden entwickelt und sich schließl. in der Tradition der absoluten Prosa aufhebt in einer Personalunion mit dem Autor.   D

Antike, f. [zu lat. antiquus, frz. antique = alt], seit dem 18. Jh. Bez. für das griech.-röm. Altertum (ca. 1100 v. Chr. bis 4.–6. Jh. n. Chr.). Der Mittelmeerraum bildet die geograph. Einheit in der griech. (griech. Kolonisation, ↗ Hellenismus) und röm. Geschichte (Imperium Romanum); er wurde mit seinen Randländern als die Oikumene (orbis terrarum), die bewohnte Kulturwelt, verstanden. Die geist.-kulturellen Hochleistungen der griech. und röm. A. (insbes. die des griech. Perikleischen Zeitalters, 5. Jh. v. Chr. und des lat. Augusteischen Zeitalters um Christi Geburt) prägten in Philosophie, Politik, Recht, Kunst und Literatur die Geistes- und Kulturgeschichte des Abendlandes entscheidend mit. Sie wurden seit der Karolingerzeit, später dann v. a. in Humanismus, Klassizismus und Neuhumanismus zum klass. Bildungsvorbild. Die Konfrontation mit der Antike, sei es durch mehr oder weniger bewusste Nachahmung, sei es durch krit. Weiterbildung ihrer Gestaltungen und Ideengehalte oder auch durch Ablehnung der ihr eigenen normativen Kräfte, ist eine der bedeutsamsten Konstanten v. a. der europ. Literatur- und Kunstgeschichte. Einzelne Epochen erhielten ihre Kennzeichnung geradezu nach ihrem schöpfer. Verhältnis zur A., so die ›Karoling. Renaissance‹ (um 800), die ›Italien. Renaissance‹ (mit ihren europ. Ausstrahlungen im 15. u. 16. Jh.), die ›Stauf. Klassik‹ (um

1200), die ›Weimarer Klassik‹ (um 1800), der frz. ›Classicisme‹ (17. Jh.). Nach dem sog. griech. Mittelalter (1100–800 v. Chr.), in dem sich das Stammeskönigtum zugunsten einer erstarkenden Aristokratie auflöste und sich die für die griech. Geschichte typ. Gemeindestaaten (Polis) bildeten, entstanden in der Zeit des sog. Archaikums (800–500 v. Chr.) erstmals (bis heute gült.) literar. Hochleistungen, so v. a. die ›klass.‹ Epen Homers (»Ilias«, »Odyssee«, Mitte 8. Jh.), die noch eine feudale Gesellschaftsordnung zur Voraussetzung haben. An der Wende vom 7. zum 6. Jh. entstand die Lyrik, in der im Ggs. zur Epik das Individuum in den Vordergrund trat, die von einem neuen Selbstbewusstsein kündet und durch die Dichter Kallinos, Tyrtaios, Archilochos, Sappho, Alkaios, Terpandros, Mimnermos, Phokylides, Semonides, Theognis, Simonides, Anakreon, Alkman, Pindar, Solon u. a. repräsentiert wird. Das 5. Jh. war die Blütezeit der nun demokrat. Polis und zugleich der von ihr getragenen geist. Kultur (Perikleisches Zeitalter). Im Drama (Tragödien des Aischylos, Sophokles, Euripides; Komödien des Aristophanes), in der Geschichtsschreibung (Herodot, Thukydides, Xenophon), der Philosophie (Sophistik, Sokrates, Platon), der Architektur (Parthenon, Erechtheion) und Plastik (Phidias) wurden die bis heute bedeutsamen klass. Vorbilder geschaffen. – Der mit Alexander dem Großen beginnende ↗ Hellenismus brachte durch die Verschmelzung griech. Gesittung und Geistigkeit mit der der unterworfenen oriental. Völker das Zeitalter der griech.-oriental. Weltkultur mit Griech. als Staats- und Verkehrssprache. Im geist. Leben entwickelten sich aus der Philosophie die Einzelwissenschaften Philologie, Mathematik, Geographie, Astronomie und Musik, deren wichtigste Pflegestätten außer dem in seiner Bedeutung zurückgehenden Athen Alexandria und Pergamon in Kleinasien wurden. Während Rom am Anfang seiner Geschichte (6. Jh. v. Chr.) unter etrusk. Kultureinfluss stand, geriet es im 3. und 2. Jh. v. Chr. unter zunehmenden kulturellen Einfluss der Griechen: Die röm. Geschichtsschreibung begann um 200 v. Chr. in griech. Sprache; einer der ersten namhaften

Dichter, Livius Andronicus, war ein griech. Sklave aus Tarent. Der griech. Einfluss wurde zunehmend röm. umgeformt (vgl. Gestaltung und Thematik des Dramas, fabula ↗ praetexta). Die republikan. Zeit und das folgende sog. Augusteische Zeitalter (die ↗ goldene Latinität) war die Blütezeit der Rhetorik und Philosophie (Cicero), der Geschichtsschreibung (Caesar, Sallust, Livius), der Altertumskunde (Varro) und der Dichtkunst (Vergil, Horaz, Ovid). Einen weiteren Höhepunkt bildete die sog. ↗ silberne Latinität (1. Jh. n. Chr.) mit den Satirikern Persius, Juvenal, Petronius, dem Epigrammatiker Martial, den Epikern Lucan und Statius, dem Geschichtsschreiber Tacitus, dem Naturforscher Plinius, dem Philosophen und Dramatiker Seneca. Im 2. und 3. Jh. n. Chr. erlebte die Jurisprudenz ihre höchste Entfaltung. Seit dem 2. Jh. wurde unter Konstantin dem Großen das Christentum toleriert und unter Theodosius I. zur Staatsreligion erhoben. Die Auseinandersetzung zwischen Christentum und heidn. Kultur führte in den Werken von Augustinus, Martianus Capella, Cassiodor, Boëthius und Isidor zu einer Synthese, die vom MA. bis auf die Neuzeit fortwirkte. Bis zum 16. Jh. vollzogen sich geist. Auseinandersetzungen vornehml. im Medium der antiken Sprachen (bes. des Lat.). Fortdauernde Einwirkungen der A. verraten sich bereits in vielfältigen Spuren im Wortschatz der modernen europ. Sprachen, v. a. in der wissenschaftl. und im engeren Sinne der literar. Terminologie. Eine wichtige Vermittlerrolle spielten seit dem frühen MA. die Übersetzungen von vorbildhaften antiken Schriften. In ahd. Zeit schon hatte Notker Teutonicus (um 1000) Werke von Aristoteles, Vergil, Terenz übersetzt. Die Geschichte der Aristotelesübersetzungen kann geradezu als beispielhaft gelten für die anhaltende Rezeption antiken Geistes. Unmittelbare Nachbildungen antiker Formen (↗ antike Verse, ↗ Drama, ↗ Epos) lassen sich neben mittelbaren Auswirkungen auf die Pflege der Form von Otfried von Weißenburg bis Stefan George beobachten (↗ antikisierende Dichtung). Ebenso wurden Stoffe und Gestalten der antiken Mythologie, Sage, Geschichte und Literatur immer wieder übernommen, neu gestaltet, neu gedeutet (z. B. Zeus und Amphitryon; Untergang Troias: Achilles, Odysseus, Aeneas; Orpheus, Herakles-Herkules; Ödipus, Elektra; Alexander, Caesar, vgl. z. B. Giraudoux,»Amphitryon 38«, weil mutmaßl. 38. Dramatisierung des Stoffes). Auch die antike Grammatik, Literaturtheorie, Poetologie und Rhetorik (z. B. die»Poetik« des Aristoteles etc.) lieferten Normen für die abendländ. Dichtung. – Während im MA. und noch im franz. classicisme der lat.-röm. Einfluss dominierte (als dér Ependichter par excellence galt Vergil), erwachte seit der Renaissance und dem Humanismus das Interesse für die griech. A., seit dem 18. Jh. vor allem in Deutschland (Winckelmann, Lessing). An die Stelle des Epikers Vergil trat Homer als Vorbild, an die Stelle des röm. Tragikers Seneca traten Sophokles und Euripides, an die Stelle der Komödiendichter Plautus und Terenz trat Aristophanes. Höhepunkt der Entwicklung der ideellen Anverwandlung antiken Geistes war die ↗ Weimarer Klassik (Goethe, Schiller, Hölderlin). Gegenüber dem apollin. Griechenbild des 18. Jh.s (»edle Einfalt, stille Größe«) betonte dann F. Nietzsche das dionys. Element in der griech. A. UM/S

antiker Vers, nach dem ↗ quantitierenden Versprinzip konstituiert, beruht auf der geregelten Abfolge kurzer und langer Silben (Ggs. der akzentuierende Vers der Germanen: Wechsel von betonten und unbetonten Silben, und der silbenzählend-alternierende Vers der Romanen). Der Einfluss des musikal. Akzents der griech. Sprache einerseits und des stärker exspirator. Akzents des klass. Lateins andererseits auf die Versmetrik ist umstritten. Metr. Hilfsdisziplin für die Festlegung der Silbenquantitäten im antiken V. ist die ↗ Prosodie. Antike V.e sind entweder *kata metron*, d. h. aus sich wiederholenden festen Versmaßen (Metren) gebaut oder *nicht nach Metren* gebaut. In den nach Metren gebauten Versen bilden die Versfüße (↗ Jambus, ↗ Trochäus, ↗ Daktylus u. a.) die kleinsten Einheiten; sie sind meist zu ↗ Dipodien zusammengefasst. Je nach der Zahl der Wiederholungen eines Metrums (Versfuß oder Dipodie) pro Vers ergeben sich ↗ Dime-

ter, ↗ Trimeter, ↗ Tetrameter, ↗ Pentameter, ↗ Hexameter (z. B. besteht der jamb. Trimeter aus drei jamb. Dipodien oder Dijamben, der daktyl. Hexameter aus sechs Daktylen). – Nicht nach bestimmten Metren gebaut sind die ↗ archiloch. *Verse,* in denen verschiedene Versmaße kombiniert werden, und die Verse der *äol. Metrik* (↗ äol. Versmaße), die nicht in Metren zerlegbar, sondern auf eine bestimmte Silbenzahl festgelegt sind (z. B. ↗ Glykoneus, ↗ Pherekrateus; ↗ Odenmaße). – *Sprech*verse sind ursprüngl. nach Metren gebaut und meist in Reihen (kata stichon, d. h. [mono-]↗ stichisch) geordnet, sie werden fortlaufend wiederholt, z. B. der Hexameter im Epos. – *Sing*verse werden zu Strophen zusammengefasst, die oft dreiteilig sind (↗ Strophe, ↗ Antistrophe, ↗ Epode, vgl. auch ↗ Stollenstrophe). Die Nachahmung antiker Verse in den modernen europ. Sprachen bereitet gewisse Schwierigkeiten, da für die Quantitäten der antiken Sprachen genau entsprechende Äquivalente fehlen. In der dt. Sprache werden die Längen mit Hebungen, die Kürzen mit Senkungen gleichgesetzt. UM

Antikisierende Dichtung, literar. Werke, in denen antike Formen oder Stoffe bewusst nachgebildet werden; findet sich in allen europ. Literaturen. Sie beginnt *in Deutschland* im 9./10. Jh. mit den lat. Werken der Dichter der Akademie um Karl den Großen (↗ karoling. Renaissance), der Übersetzung (Notker Balbulus) und Nachahmung spätantiker christl. Epik (Otfrieds v. Weißenburg Evangelienharmonie), aber auch klass. röm. Lit. (vgl. das lat. Hexameterepos »Waltharius« nach Vergil, die Märtyrerdramen Hrotsviths v. Gandersheim nach Terenz). – Stehen die Dichtungen der Karolingik und Ottonik stärker unter dem Einfluss antiker Formkunst, so überwiegt im Hoch-MA. v. a. das stoffl. Interesse (zahlreiche Alexander- und Trojaromane). – In der it. Renaissance entfaltet sich eine am Vorbild der röm. Antike orientierte ↗ neulat. Dichtung, die auch auf die volkssprachl. Literatur (bes. des Barock) wirkt. Auf antike und frz. Theorien beruft sich der ↗ Klassizismus des 18. Jh.s (Gottsched). *Höhepunkte der dt. a.n D.* sind

Giraudoux: »Elektra«

dann Klopstock (der sich selbst einen »Lehrling der Griechen« nennt) mit dem »Messias« und den Oden, Goethes »Iphigenie«, »Reineke Fuchs«, »Die röm. Elegien«, Schillers »Braut von Messina«, Goethes und Schillers »Xenien« sowie v. a. Hölderlins Oden und Übersetzungen; Wielands Werk »in antikem Geist« (Lukian) und oft antikem Kostüm stellt einen herausragenden Sonderfall der dt. a.n D. dar. – Im 19. Jh. versucht R. Wagner eine Neuschöpfung der griech. Tragödie »aus dem Geiste der Musik« (Nietzsche), wie überhaupt die Oper eine entstehungsbedingte Vorliebe für antike Stoffe besitzt. Die modernen Dichtungen um die Atriden Agamemnon, Elektra, Orest (Hofmannsthal – R. Strauss, Krenek, G. Hauptmann, O'Neill, Giraudoux, Sartre), um Ödipus (Hofmannsthal, Cocteau-Strawinsky, Eliot) und Antigone (Hasenclever, Cocteau-Honegger, Anouilh) zeigen die Aktualität antiker Sagen und Mythen, die als überzeitl., vorbildhafte Exempel der existentiellen Problematik des Menschen immer neue Auseinandersetzungen provozieren. UM

Antiklimax, f. [gr. = Gegen-Leiter], moderne Bez. für eine ↗ rhetor. Figur, deren einzelne Glieder nicht nach dem Prinzip der Steigerung (↗ Klimax), sondern in absteigender Folge gereiht sind, z. B.: »Urahne, Großmutter, Mutter und Kind« (G. Schwab, »Das Gewitter«). UM

Antilabe, f. [gr. anti-labē = Griff; metaphor. = Einwendung], Form der Dialoggestaltung im Versdrama: Aufteilung eines Verses auf zwei oder mehrere Sprecher, meist in emphat., pathet. Rede, häufig mit ↗ Ellipse. Z. B.: *Gräfin:* »O halt ihn! halt ihn!« *Wallenstein:* »Laßt mich!« *Max:* »Tu es nicht,/ Jetzt nicht.« (Schiller, »Wallensteins Tod«, III, 20). Vgl. dagegen ↗ Stichomythie. HS

Antimetabole, f. [gr. = Umstellung, Vertauschung, lat. Commutatio = Umkehrung], ↗ rhetor. Figur: eine Antithese wird mit denselben Wörtern durch die Verbindung von ↗ Chiasmus und ↗ Parallelismus dargestellt (Quintilian, Inst. Orat. IX, 3, 85): »Ihr Leben ist dein Tod! Ihr Tod dein Leben« (Schiller, »Maria Stuart«, II, 3). UM

Antiphon, f. [gr. antiphonos = gegentönend, antwortend], liturg., einstimm. Wechselgesang zweier Chöre, ursprüngl. beim Singen von ↗ Psalmen, entsprechend dem Parallelismus membrorum dieser Dichtungen. Bereits für den altjüd. Tempelkult bezeugt, breitet sich der Brauch antiphonalen Singens seit Mitte d. 4. Jh.s im Osten aus und wird Ende des 4. Jh.s aus der syr. Kirche, vermutl. durch den Mailänder Bischof Ambrosius, in die Liturgie der Westkirche eingeführt. A. bez. hier jedoch einen ↗ Refrain (meist Psalmvers o. Ä.), mit dem der Chor einer Vorsängergruppe beim Psalmenvortrag antwortete, zunächst nach jedem Vers, später an Anfang und Schluss des Psalms, im Wortgebrauch nicht immer scharf von *Responsorium* (Wechsel von Solist [Priester] und Chor) geschieden. Daneben entstehen schon früh A.e, die unabhängig vom Psalmodieren sind und im Wechsel gesungen werden, z. B. zahlreiche A.e für Prozessionen und seit dem 12. Jh. Marianische A.e (z. B. »Salve Regina«, »Alma Redemptoris Mater«, dem Reichenauer Mönch Hermannus Contractus [11. Jh.] zugeschrieben), die teils auch Eingang in die Gebetsgottesdienste finden. Gesammelt wurden A.e (erstmals von Gregor d. Gr. um 600) in *Antiphonaren* (von liber antiphonarius, antiphonarium, auch: *Antiphonale*); sie enthielten ursprüngl. A.e für Messe und Offizium, seit dem 12. Jh. wird für die Sammlung von antiphonalen und responsor. Messgesängen die Bez. *Graduale* geläufiger. Antiphonare enthalten heute Gesänge für das Offizium. Als ältestes erhaltenes Antiphonar gilt das Karls des Kahlen (9. Jh., Paris, Bibl. Nat.), als ältestes mit Neumen (Notenzeichen) das Antiphonar in der Stiftsbibl. St. Gallen (um 1000); seit dem 11. Jh. sind auch illustrierte Antiphonare überliefert. RSM

Antiphrasis, f. [gr. = entgegengesetzte Redeweise], rhetor. Stilmittel, ↗ Tropus: meint das Gegenteil des Gesagten, iron., sarkast.: »eine schöne Bescherung«. ↗ Litotes, ↗ Emphase, ↗ Ironie. HSt

Antiquariat, n. [lat. antiquus = alt], Verkaufsorganisation für alte (gebrauchte) Bücher. Unterschieden wird 1. das *bibliophile A.* (hauptsächl. für Sammler): Handel mit seltenen, kostbar ausgestatteten Werken, Frühdrucken, Erstausgaben, auch Handschriften, Autographen, Graphik; Nähe zum Kunsthandel, 2. das *wissenschaftl. A.*: Beschaffung nicht mehr im Buchhandel greifbarer wissenschaftl. Literatur; oft Spezialisierung; eine neuere Form ist 3. das *moderne A.*: Handel mit Restauflagen und sog. Remittenden (von Buchhandel nicht abgesetzten Exemplaren). Die Preisgestaltung der A.e richtet sich nach Nachfrage, Seltenheit und Erhaltungszustand der Druckwerke. Der Verkauf erfolgt hauptsächl. durch A.skataloge, deren meist detailreiche bibliograph. Angaben oft auch wissenschaftl. Informationen liefern. *Vorläufer* der A.e sind die Verkäufe von Gelehrtennachlässen seit dem MA., zunächst an Universitäten (Zentrum Rom), im 16. und 17. Jh. dann v. a. durch Drucker auf den niederl. Messen. Eigentl. A.e entstanden Mitte des 18. Jh.s zuerst in Frankreich (vgl. die Pariser Bouquinisten, Straßenhändler) und England; dt. A.e genossen v. a. während der Weimarer Republik internat. Ruf. Die Antiquare der Bundesrepublik sind seit 1968 im ›Verband dt. Antiquare‹ zus.geschlossen (jährl. A.messe in Stuttg., jährl. Gemeinschaftskatalog). IS

Antiquarische Dichtung [zu Antiquar im Sinne der älteren Bedeutung = Liebhaber von Altertümern], Sonderform ↗ histor. Romane, Novellen und Dramen v. a. aus der 2. Hälfte des 19. Jh.s, die sich durch genaue Wiedergabe kulturhistor. Details auszeichnen. Verfasser waren zum großen Teil vom Positivismus und Historismus geprägte (Altertums-)Wissenschaftler (daher antiquar. Romane auch als *Professorenromane* bez.). Die Gelehrsamkeit der Werke kommt bes. deutl. in den z. T. um-fangreichen ↗ Anmerkungen zum Ausdruck, die die Fülle der zusammengetragenen Materialien quellenmäßig belegen. Die im Altertum oder MA. spielende Handlung arbeitet mit Effekten und Sensationen und wirkt oft unwahrscheinl., überspannt oder trivial; bisweilen ist sie vordergründ. aktualisiert, indem weltanschaul. Thesen der Gegenwart am histor. Beispiel exemplifiziert werden, gelegentl. verbunden mit polit. pädagog. Zielsetzung (Weckung eines bürgerl. Geschichtsbewusstseins bei G. Freytag und W. H. Riehl). – Die a. D. ist eine gesamteurop. Erscheinung (Bulwer-Lytton, »The Last Days of Pompeji«, 1834; V. Hugo, »Notre Dame de Paris«, 1831; G. Flaubert, »Salammbô«, 1862; H. Sienkiewicz, »Quo vadis?«, 1896. Wichtigste dt. Vertreter: G. Ebers (»Eine ägyptische Königstochter«, 1864; »Serapis«, 1885; »Die Nilbraut«, 1887), E. Eckstein (»Die Claudier«, 1882; »Nero«, 1889), W. Walloth (»Octavia«, 1885; »Tiberius«, 1889), A. Hausrath (»Antonius«, 1880), F. Dahn (»Ein Kampf um Rom«, 1876), G. Freytag (Trauerspiel »Die Fabier«, 1859; Romanzyklus »Die Ahnen«, 1872–1880), F. v. Saar (Dramenzyklus »Kaiser Heinrich IV.«, 1863–1867), W. H. Riehl (»Kulturgeschichtliche Novellen«, 1856; »Geschichten aus alter Zeit«, 1863–67). K

Anti-Roman, allgem. Roman, der in Auseinandersetzung oder Widerspruch zum traditionellen Romanverständnis und zu traditionellen Romanformen geschrieben ist. *Im engeren Sinne* begegnet die Bez. ›A.‹ in zunehmendem Maße in der wissenschaftl. Literatur (vor allem nach 1945) über die Prosa seit der ↗ Literaturrevolution um die Jh.wende. A.e sind entstanden aus einem tiefen Misstrauen gegen die traditionelle Fabel, gegen eine »Geschichte mit lebendigen und handelnden Personen«, gegen den »Romanhelden«, der längst zu einem konventionellen Muster (↗ Trivialliteratur) geworden sei. J. P. Sartre bezeichnet als A.e im Vorwort zu Nathalie Sarrautes »Portrait d'un inconnu« (1948) die Werke V. Nabokovs, E. Waughs, in gewissem Sinne auch A. Gides »Falschmünzer« und v. a. die Werke N. Sarrautes (vgl. auch ihre Essay-Sammlung »L' ère du soupçon«, 1956). Als *erster konse-*

quenter A. in dt. Sprache kann C. Einsteins »Bebuquin« (1912) mit dem bezeichnenden Untertitel »Dilettanten des Wunders« angesehen werden. – Für den Autor des A.s ist die Fabel kein geschlossener Geschehenszusammenhang mehr mit bestimmten und bestimmbaren Figuren, die in einer fassbaren Umwelt durch ihre psych. Eigenschaften eine nachvollziehbare Geschichte haben. Nur in der Relation zu einem so verstandenen traditionellen Romanverständnis und zu einer entsprechenden Romanform ist es legitim, von ›A.‹ zu sprechen. Aus dieser Relation gelöst, hat aber der moderne Roman (etwa bei J. Joyce, Gertrude Stein, in der absoluten Prosa, mit den Beiträgen des ↗nouveau roman) eigene Erzähltechniken und -formen und damit ein neues Selbstverständnis des Romans entwickelt, das seinerseits sein eigenes ›Anti‹ provozieren kann (vgl. auch ↗Antiheld). D

Antistasis, f. [gr. = Gegenstandpunkt] ↗Diaphora.

Antistrophe, f. [gr. = Umdrehung, Gegenwendung],
1. auch: Gegenstrophe, im griech. Drama ursprüngl. ein Umkehren des Chores beim Schreiten und Tanzen in der ↗Orchestra, dann die diese Bewegung begleitende Strophe des Gesangs. Strophe und A. sind metr. gleich gebaut, ihnen folgt meist eine metr. anders gebaute ↗Epode. Strophe und A. können auf Halbchöre aufgeteilt sein, die Epode wird dagegen immer vom ganzen Chor gesungen. – A. wird auch der zweite Teil der ebenfalls diesem triad. Schema folgenden ↗Pindarischen Ode genannt.
2. rhetor. Figur, vgl. ↗Epiphora. RSM

Anti-Theater, Sammelbez. für verschiedene Richtungen des modernen (experimentellen) Theaters, die – in Form und intendierter Wirkung – mit der Tradition des illusionist., psycholog.-realist., »bürgerl.« Theaters brechen, um neue, zeitgemäße Ausdrucksweisen zu finden (s. ↗Anti-Held, ↗Anti-Roman). Der Begriff A. ist seit E. Ionesco gebräuchl. und wird daher in speziellem Sinn für das ↗absurde Theater verwendet. – Als »Antiteater« verstand R. W. Fassbinder seine Stücke (»Katzelmacher« u. a.), die er im Münchner »antiteater« inszenierte. RSM

Antithese, f. [gr. antithesis = Gegen-Satz],
1. Behauptung, die im Gegensatz zu einer bestehenden These aufgestellt wird.
2. In der ↗Rhetorik die Gegenüberstellung gegensätzl. Begriffe und Gedanken (auch antítheton, lat. contrapositum, contentio; vgl. Quintilian, Inst. Orat. IX, 3, 81 ff.): z. B. Krieg und Frieden; oft durch andere rhetor. Mittel unterstützt, z. B. durch ↗Alliteration (Freund und Feind) oder durch ↗Chiasmus (»Die Kunst ist lang, und kurz ist unser Leben«, »Faust«, v. 558 f.). Zum ersten Mal systematisiert von Gorgias (ca. 485–380 v. Chr.); bes. häufig in rhetor. Literatur seit der Antike. Manche Dichtungsformen (↗Epigramm, ↗Sonett) oder Versarten (↗Alexandriner) tendieren zu antithetischer Strukturierung. ↗Oppositio. UM

Antizipation, f. [lat. anti- (eigentl. ante-)cipatio = Vorwegnahme, gr. Prolepsis],
1. ↗rhetor. Figur: a) Vorwegnahme eines erst im Prädikat eines Satzes begründeten Ergebnisses durch ein Adjektiv-Attribut: »Und mit des Lorbeers muntern Zweigen/ bekränze dir dein *festlich* Haar« (so dass es festl. wird; Schiller); b) Vorwegnahme bzw. Widerlegung eines vermuteten Einwandes in der antiken Rede (auch Prokatalepsis), später beliebt im ↗auktorialen Erzählen: »Ein spitzfindiger Leser wird es vielleicht unwahrscheinl. finden, daß ...« (Wieland).
2. erzähltechn. Verfahren, Vorgriff auf chronolog. spätere Handlungsteile, ↗Vorausdeutung. Ausdrückl. bei Th. Mann: »Solche A.en ist ja der Leser bei mir schon gewöhnt« (»Faustus«, 39). HSt

Antodé, f. [gr. = Gegen-Ode, Gegen-Gesang], Gegenstück zur ↗Ode in der ↗Parabase einer altatt. Komödie, auch Bez. der ↗Antistrophe der ↗Pindar. Ode oder der Chorlieder der altgr. Tragödie. UM

Antonomasie, f. [gr. = Umbenennung], 1. Umschreibung eines *Eigennamens* durch bes. Kennzeichen, als ↗ Tropus meist stereotyp gebraucht; dient im Kontext als Variation eines öfters vorkommenden Namens oder als verhüllende Anspielung. Zu unterscheiden sind a) das Patronymikon (Benennung nach dem Namen des Vaters): *der Atride* = Agamemnon, Sohn des Atreus; b) das Ethnikon (nach der Volkszugehörigkeit): *der Korse* = Napoleon; c) die Umschreibung durch ein bes. Charakteristikum: *der Dichterfürst* = Homer, *der Erlöser* = Jesus; d) die mehrgliedrige Umschreibung (↗ Periphrase): *Vater der Götter und Menschen* = Zeus. 2. In analoger Umkehrung des ursprüngl. Begriffs die Ersetzung einer Gattungsbez. (Appellativum) durch den Eigennamen eines ihrer typ. Vertreter (z. B. *Eva* für Frau, *Judas* für Verräter, *Casanova* oder *Don Juan* für Frauenheld; vgl. auch Kaiser und Zar nach lat. Caesar). ↗ Synekdoche.   H

Anvers, erster Teil einer ↗ Langzeile, eines ↗ Reimpaares oder eines ↗ Stollens; Ggs. ↗ Abvers.

Aöde, m. [gr. aoidós = Sänger], fahrender Sänger der griech. Frühzeit, der zur Laute (Phorminx) meist selbstverfasste Götter-, Helden- und Tanzlieder und Trauergesänge vortrug, vgl. Homer »Odyssee« VIII (Demodokos), XXII (Phemios). ↗ Rhapsode.   S

Äolische Basis, vgl. ↗ äol. Versmaße.

Äolische Versmaße, von den in Äolien (v. a. Lesbos) wirkenden Dichtern Sappho und Alkaios (um 600 v. Chr.) überlieferte Versformen ihrer monod. Sanglyrik (äol. Lyrik). Sie sind 1. *silbenzählend*, d. h. Längen und Kürzen können (im Ggs. zu den meisten anderen antiken Versen) nicht gegeneinander aufgerechnet werden, kennzeichnend ist ferner 2. die sog. *äol. Basis*, d. h. die beiden ersten Silben, die lang oder kurz sein können (meist -- [wie immer bei Horaz] oder $-\cup$, selten $-\cup$ oder $\cup\cup$) und 3. ein deutl. hervorgehobener ↗ *Choriambus* in der Versmitte. – Die äol.

Grundmaße ↗ Glykoneus, ↗ Pherekrateus und ↗ Hipponakteus können durch Kürzungen (akephale Formen; ↗ Telesilleus, ↗ Reizianus) und Erweiterungen (innere: Verdoppelung[en] des Choriambus, äußere: 2–3-malige Wiederholung des Grundmaßes, Voran- oder Nachstellung weiterer Versfüße) variiert werden (vgl. z. B. ↗ Asklepiadeus, ↗ Priapeus u. a.). – Ä. V. wurden zu Strophen kombiniert, vgl. ↗ Odenmaße. Ihre wichtigsten Ausprägungen wurden durch die ↗ Oden des Horaz der späteren europ. Literatur vermittelt.   UM

à part [a'pa:r, frz. = ↗ beiseite(sprechen)].

Aperçu, n. [apɛr'sy; frz. von apercevoir = wahrnehmen], aus dem Augenblick entstandene, geistreiche und prägnant formulierte Bemerkung, die, in einen Rede- oder Textzusammenhang eingestreut, eine unmittelbare Erkenntnis vermittelt.   PH

Aphärese, f. [gr. aphaíresis = Wegnahme], Wegfallen eines Lautes oder einer Silbe *am Anfang* eines Wortes, entweder sprachgeschichtl. bedingt (ahd. hwer – nhd. wer), aus metr. (» 's Röslein auf der Heiden«, Goethe) oder artikulator. Gründen (v. a. mundartl. oder umgangssprachl. 'raus, 'ne). Vgl. als Lautausfall im Wortinnern ↗ Synkope, am Wortende ↗ Apokope.   GS

Aphorismus, m., Pl. Aphorismen [gr. aphorizein = abgrenzen, definieren], prägnant knappe, geistreiche oder spitzfindige Formulierung eines Gedankens, eines Urteils, einer Lebensweisheit. Nach Inhalt und Stil anspruchsvoller als das ↗ Sprichwort; ausgezeichnet durch effektvolle Anwendung rhetor. Stilmittel (↗ Antithese, ↗ Parallelismus, ↗ Chiasmus, ↗ Paradoxon) und durch auffallende Metaphorik. Als ↗ Denkspruch bisweilen überspitzt, auf überraschende Wirkung bedacht; will den Leser verblüffen, seine Kritik herausfordern. Dem A. nahe stehen ↗ Aperçu, ↗ Apophthegma, ↗ Maxime, ↗ Sentenz. – A.en finden sich schon in der Antike, z. B. in den medizin. Bemerkungen und Lebensregeln des Hippokrates (»Corpus Hippocraticum«, 400

v. Chr., z. B. *vita brevis – ars longa,* das Leben ist kurz, die Kunst währt lange) oder bei Mark Aurel (2. Jh.). Antike A.en sammelte im 16. Jh. Erasmus in seiner »Adagia«. Francis Bacon verwandte den A. in seinen Essays, ebenso Montaigne. Meister der aphorist. Formulierungskunst waren die frz. Moralisten des 17. Jh.s (La Rochefoucauld, La Bruyère), weiter der frz. Philosoph Blaise Pascal und der Spanier Gracián (»Handorakel«), im 18. Jh. Vauvenargues und Chamfort, in Deutschland v. a. G. Ch. Lichtenberg, dann die Romantiker F. Schlegel und Novalis, später Heine, Hebbel, Schopenhauer (»A.en zur Lebensweisheit«), Nietzsche, A. Kerr, St. George (in »Tage und Taten«), K. Kraus. Vgl. auch ↗ aphorist. Stil.

S

Aphoristischer Stil [zu ↗ Aphorismus], zu knapper, sentenzenhafter Prägung der Gedanken neigender Stil, syntakt. meist unverbundene Reihung geistreich-witziger, überraschender Formulierungen (Aphorismen), deren gedankl. Verbindung oft dem Leser überlassen bleibt (so schon bei Seneca, dann v. a. bei G. E. Lessing, J. G. Hamann, F. Nietzsche); birgt die Gefahr, durch Lust am Wortspiel und an anderen Manierismen zur Verblüffung des Lesers die geist. Einheit einer Aussage zu vernachlässigen. S

Apodosis, f., vgl. ↗ Periode.

Apokalypse, f. [gr. apokalypsis = Enthüllung, Offenbarung], Offenbarungsschrift. Die anonymen, oft auch einem Propheten oder Bibelvater (Abraham, Moses) zugeschriebenen A.n geben göttl. Auftrag od. Inspiration vor und entwerfen in prophet. dunkler Bildersprache und meist in Formen der Vision ein Bild des Weltendes, des künft. Lebens und der Offenbarung der Gottheit, stets mit Bezug auf die heiligen Bücher, doch aktualisierend durch z. T. massive Zeitkritik und Polemik. – Seit dem 2. Jh. v. Chr. bis 1. Jh. n. Chr. entstanden zahlreiche jüd. A.n (am bedeutendsten das Buch Henochs); sie verarbeiten z. T. Elemente der altpers. Religionen (z. B. Buch Daniel), des antiken Heidentums (Sibyllin. Bücher), v. a.

aber Gedankengut des Judentums. Seit dem 2. Jh. schufen die Christen, z. T. durch Überarbeitung jüd. A.n (z. B. Elias-A.), eine reiche christl. apokalypt. Lit. (z. B. Paulus-A., Johannes-A.). Die meisten A.n sind ↗ Apokryphen, z. T. nur fragmentar. und nicht im Urtext überliefert, oft in mehreren Rezensionen. In den bibl. Kanon wurde nur die Johannes-A. aufgenommen, als deren Verfasser der Evangelist galt. Mit ihr hauptsächl. beschäftigten sich die christl. Bibelkommentatoren, ebenso die Predigt, die volkssprachl. Dichtung (A. des Heinrich von Hesler, um 1300 oder allgem. ↗ Antichristdichtungen) und die bildende Kunst (Bamberger A., Dürers ›Apocalypsis cum figuris‹). HFR

Apokoinou, n. [gr. eigentl. schema oder lat. constructio a. = vom Gemeinsamen], ↗ rhetor. Figur der Worteinsparung, Form des syntakt. ↗ Zeugmas; ein Satzglied eines Satzes (oder Satzteiles) gehört syntakt. und semant. auch zum folgenden Satz (oder Satzteil); es steht meist zwischen den beiden Sätzen. In antiker und v. a. mal. Dichtung (Spielmanns- Heldenepos) belegt:»do spranc von dem gesidele *her Hagene* also sprach« (Kudrun 538,1); in der Neuzeit selten (»leer steht von Trauben und Blumen und von Werken der Hand ruht *der geschäftige Markt«,* Hölderlin), z. T. zur Andeutung außerlog. Verknüpfungen genutzt (Enzensberger). Umgangssprachl. Rahmenstellung (»du machst a zu a scheenes Gebete machst du immer«, G. Hauptmann, »Die Weber«, V) ist kein A. i. e. S., auch nicht das sog. Satz-A., bei dem ein Hauptsatz zwischen zwei von ihm abhäng. Nebensätzen steht (»Was sein Pfeil erreicht, das ist seine Beute, was da kreucht und fleucht«, Schiller, »Wilh. Tell«, III, 1). HSt

Apokope, f. [gr. = Abschlagen], Wegfallen eines Lautes oder einer Silbe *am Ende* eines Wortes, entweder sprachgeschichtl. bedingt (z. B. mhd. frouwe – nhd. Frau), aus metr. (»manch' bunte Blumen«, Goethe, »Erlkönig«) oder artikulator. Gründen (v. a. mundartl. oder umgangssprachl.: bitt' schön, hatt' ich); meist durch Apostroph angezeigt. Vgl. als metr. Sonderform ↗ Elision, als Lautausfall im *Wortinnern:* ↗ Synkope. S

Apokryphen, f. Pl. [gr. apókryphos = verborgen], *Ursprüngl.* im Schrifttum der Gnosis verwendete Bez. für die geheimzuhaltende Kultliteratur (Leidener Zauberpapyrus). Die Kirchenväter übernahmen die Bez. ›A.‹ zunächst für die als ›gefälscht‹ anzusehenden gnost. Geheimschriften, ehe sie sie ohne abwertenden Nebensinn auf die über den Bestand des hebr. AT hinausgehenden Teile der griech. Bibelübersetzung (Septuaginta) anwandten, später auch auf Schriften, deren Ursprung unbekannt, deren Verfasser falsch bezeichnet oder deren Inhalt häretisch war. – Die *heutige Definition* versteht unter A. die jüd. und altchristl. Schriften, die sowohl inhaltl. als auch formal – indem sie die in der Bibel vertretenen Literaturgattungen (Erzählung, Prophetie, Lehrbrief, Apokalypse u. a.) aufnehmen – in enger Berührung mit der Bibel stehen, z. T. Anspruch erheben, den bibl. Schriften gleichwertig zu sein, ohne aber in den ↗ Kanon der Bücher des AT und NT Eingang gefunden zu haben. Dem Inhalt entsprechend unterscheidet man zwischen *A. zum AT* (Makkabäer, Tobias, Judith, Baruch, Jesus Sirach, Weisheit Salomos, Zusätze zu Esra, Esther, Daniel, Chronik u. a.) und *zum NT* (Evangelien der Nazaräer, Ebioniten, Hebräer; Apostelgeschichten: Petrus-, Paulus-, Johannesakten; Briefe und Apokalypsen des Petrus, des Paulus u. a.). In der ev. Kirche werden die A. zum AT seit Luther »der heiligen Schrifft nicht gleich gehalten«. Die kath. Kirche verlieh ihnen dagegen auf dem Trienter Konzil (1546) kanon. Rang (1566 als »deuterokanon.« Schriften). Sie betrachtet vorwiegend die jüd. Apokalypsenliteratur (Buch Henoch u. a.) als apokryph, für die die ev. Theologie den Begriff der ↗ Pseudepigraphen (ab 1713) prägte. Die A. zum NT rechnen beide Konfessionen nicht dem Kanon zu. *Einflüsse der A.* auf religiöse Dichter, v. a. des MA.s, lassen sich nachweisen bei Hrotsvith v. Gandersheim (Maria; De ascensione Domini), dem Priester Werner (Marienleben), Konrad v. Fußesbrunnen (Kindheit Jesu), dem Dichter des »Passional«, Jacobus de Voragine

(Legenda Aurea), Dante (Göttl. Komödie), dann bei Milton (Verlorenes Paradies) und Klopstock (Messias). – 1806/7 verfasste Seume unter dem Titel ›A.‹ eine Sammlung polit. Aphorismen, die im doppelten Sinne diesen Namen verdienen. Sie mussten ›geheim‹ bleiben, weil sie den Herrschenden sehr ›ketzerisch‹ erschienen wären. 1. vollständiger Druck 1869. PH

Apollinisch, auf den griech. Gott Apollon als dem Gott der Harmonie und Ordnung bezogenes Attribut, mit welchem die Vorstellung von Formstrenge, heiterer Ausgeglichenheit, rationaler Klarheit verbunden wird. Der entgegengesetzte Begriff *dionysisch* wurde dem griech. Gott Dionysos zugeordnet, mit den Kennzeichnungen: rauschhafte Ekstase, elementare Sinnlichkeit, Emotionalität, Irrationalität. Das Begriffspaar wurde von F. W. J. Schelling gebildet, von G. W. F. Hegel und vor allem von F. Nietzsche übernommen (»Die Geburt der Tragödie aus dem Geiste der Musik«, 1872) zur Kennzeichnung prinzipieller Pole künstler. Erlebens und Schaffens. Ihre Synthese fand Nietzsche im att. Drama und im Musikdrama R. Wagners verwirklicht. In der Literaturwissenschaft wird das Begriffspaar angewandt zur Etikettierung gegensätzl. Epochen (Klassik einerseits, Romantik, Sturm u. Drang, Expressionismus andererseits), Stilhaltungen (geschlossene – offene Form), Dichter (Wieland – Heinse; alter Goethe – junger Goethe) oder Werke (Goethe, »Iphigenie« – H. v. Kleist, »Penthesilea«). UM

Apolog, m., Pl. Apologen [gr. apologos = Erzählung], in der griech. Antike Bez. für kurze Erzählung in mündl. Vortrag (Beleg bei Platon, »Politeia« 10: Alkinoos-Erzählung); von den Römern eingeengt auf beispielhafte, humorist.-phantast. Erzählungen, z. B. die Fabeln Äsops (als Genus der leichten Erzählliteratur). Die Bez. findet sich im 17. und 18. Jh. noch gelegentl. für moral. Erzählungen, bes. Fabeln (B. Corder, 1630; Ch. F. Gellert, 1744; F. A. Krummacher, 1809 u. a.). ↗ Anekdote, ↗ Exempel, ↗ Fabel, ↗ Bîspel, ↗ Predigtmärlein S

Apologie, f. [gr. apologia = Verteidigung], Verteidigungsrede oder -schrift; berühmt sind die A.n des Sokrates in den Werken seiner Schüler Platon und Xenophon. Die A. wurde in gewissem Sinne zum literar. Kennzeichen der christl. Frühzeit, einer Zeit der Verteidigung (*Apologetik*) des Christentums gegenüber dem Judentum und heidn. Religionen durch die Kirchenväter (*Apologeten*) des 2. und 3. Jh.s (Justinos Martyr, Athenagoras, Clemens v. Alexandrien, Origenes, Tertullian u. a.). – Bedeut. A.n der Neuzeit sind die »A. der Augustana« (der Augsburger Konfession, 1530) von Melanchthon, die »A. de Raymond Sebon« (1580) von Montaigne, die »Apologia pro vita sua« (1864) von Kardinal Newman. UM

Apopemptikon, n. [gr. apopempein = wegschicken, entlassen], antikes Abschiedsgedicht eines Scheidenden an die Zurückbleibenden, welche ihrerseits diesem ein ↗ Propemptikon (Geleitgedicht, Segensspruch) mit auf den Weg geben können.

Apophthegma, n., Pl. Apophthegmata [gr. = prägnante Aussage], gewandt formulierter Ausspruch. Im Ggs. zur ↗ Gnome (lat. sententia) wird das A., der ↗ Anekdote vergleichbar, durch Angaben über die Situation und die beteiligte(n) Person(en) eingeleitet. A.ta bilden sich hauptsächl. um bekannte Persönlichkeiten, so sind im Griech. A.ta von den Sieben Weisen, Sokrates, Alexander d. Gr. u. a. überliefert, im Lat. (hier auch *dictum* genannt) von Cicero, Augustus u. a. – Sammlungen (↗ Anthologie) von A.ta – alphabet., sachl. oder zeitl. geordnet, teils gleichen Inhalts – sind zahlreich erhalten. Als bes. wertvoll gelten: die als Bestandteile von Plutarchs Werk überlieferten »A.ta regum et imperatorum« und »A.ta Laconica«, das »Gnomologium Vaticanum« sowie die »A.ta patrum«, eine im 5. Jh. aus älteren Vorlagen zusammengestellte Sammlung von asket. Lehrsprüchen ägypt. Mönche. (Auch die »Logia Jesu«, erschlossene Vorstufe des Matth.- und Luk.-Evangeliums, sind zu den A.ta zu rechnen). In der dt. Literatur erscheint der Begriff A. bei Zincgref (»Teutsche A.ta«,

1626), Z. Lund, Harsdörffer (»Ars Apophthegmatica«, 1655) u. a. RSM

Aporie, f. [gr. aporia = Unwegsamkeit, Ratlosigkeit, Zweifel], 1. philosoph. Begriff zur Kennzeichnung eines unlösbaren Problems. 2. ↗ rhetor. Figur, s. lat. ↗ Dubitatio. S

Aposiopese, f. [gr. aposiopesis = das Verstummen, lat. reticentia], ↗ rhetor. Figur, bewusstes Abbrechen der Rede vor der entscheidenden Aussage, wobei entweder die syntakt. Konstruktion abgebrochen oder ledigl. der Gedanke (in einem vollständ. Satz) nicht zu Ende geführt wird. Der Hörer oder Leser muss das Verschwiegene aus dem Zusammenhang erraten. Findet sich oft als Ausdruck der Drohung (quos ego! – Euch werd' ich!, bes. auch umgangssprachlich), oder, bes. in der Dichtung, der emotionalen Erregung: »Was! Ich? Ich hätt' ihn -? Unter meinen Hunden -? Mit diesen kleinen Händen hätt' ich ihn -?« (H. v. Kleist, »Penthesilea«). Vgl. dagegen ↗ Ellipse. GG

Apostelspiel, spätmal. Typus des ↗ geistl. Spiels, in dem nach den Evangelien und der bibl. Apostelgeschichte, nach Legenden und apokryphen Schriften die Geschichte der Apostel oder Ereignisse aus deren Leben dargestellt wird, etwa Bekehrung und Tod des Paulus oder die Aussendung der Apostel (bes. im 16. Jh. im Zusammenhang mit dem Fest »Divisio Apostolorum« [15. Juli]). Im 15.– 18. Jh. ist das A. in Europa verbreitet, bes. gepflegt wird es als ↗ Schuldrama; in der Zeit der Reformation und der Glaubenskämpfe steht es im Dienst der konfessionellen Auseinandersetzung. – Während es sich anfangs um streng geistl. Spiele handelt (dem eigentl. A. gehen die Apostelszenen, z. B. Wettlauf der Jünger zum Grab, des mittelalterl. ↗ Osterspiels voran), steht später eher das Interesse am individuellen Schicksal der Apostel im Vordergrund. – Die Dramen neuerer Zeit, die Stoffe aus dem Leben der Apostel behandeln (Strindberg, Werfel, R. Henz, M. Mell, »A.«, 1923) sind nicht mehr den geistl. Spielen zuzuordnen. RSM

Apostrophe, f. [gr. Abwendung], ursprüngl. in der griech. Gerichtsrede Wegwendung des Redners von den Richtern zum Kläger hin; dann, in übertragenem Sinn, ↗ rhetor. Figur: Hinwendung des Rhetors oder Dichters zum Publikum oder zu anderen, meist abwesenden (auch toten) Personen (häufig in Totenklagen), direkte Anrede von Dingen (z. B. Apostrophierung von Waffen im »Rolandslied«) oder Abstrakta (in mal. Dichtung z. B. Frau Welt, Frau Minne, der Tod:»wê dir, vil übeler Tôt!« Hartmann von Aue,»Erec«). Zur A. zählt auch die ↗ Invocatio Gottes, der Götter, der Musen (Homer, Vergil, Wolfram von Eschenbach, Klopstock u. a.). Die A. dient v. a. der Verlebendigung; häufig als Ausruf oder Frage formuliert, ist sie ein Stilmittel emphat. oder pathet. Rede (aus neuerer Zeit vgl. etwa G. Trakl:»Verflucht ihr dunklen Gifte, weißer Schlaf!«). RSM

Apotheose, f. [gr. apotheosis – Vergottung], allgem. jede Form der Erhebung eines Sterblichen zu übermenschl. Weihe und die entsprechende Darstellung in Lit., bildender Kunst und Theater. – Begriff und Formen der A. entstammen dem oriental.-hellenist. Gottkönigtum und drangen von daher in den röm. Staatskult ein. Wirkungsvollsten Ausdruck fand die Herrscher-A. in der ↗ Hofdichtung (frühes Beispiel: 4. Ekloge Vergils), bes. in der Gattung des ↗ Panegyricus. Bevorzugtes Anwendungsgebiet der ↗ Allegorie. Das ausgeprägte Zeremoniell und die entsprechenden Ausdrucksschemata in Lit. und offizieller Kunst zur Betonung der gottnahen Stellung des Herrschers wurden abgewandelt auch von den christl. Kaisern beibehalten (Nachwirken der spätant. Topoi der A. im ganzen MA.) Ein erneutes Aufleben und die Ausweitung der A. im Sinne einer allgemeinen Verherrlichung und Verklärung erfolgte – unter direktem Rückgriff auf antike Vorbilder – wieder in der Hofdichtung und den ↗ Trionfi der Renaissance. Das Barock brachte die üppigste Blüte dieser Form der A. auf allen Gebieten der Lit. und bildenden Kunst hervor. Die künstler. und theatral. Glaubenspropaganda der Gegenreformation konzentrierte sich v. a. auf die der A.

verwandte Form der bibl. Entrückung (z. B. Himmelfahrt des Elias) oder Verklärung (Christus auf Tabor), die dem christl. Märtyrer- und Heiligenkult schon früh Züge der A. gegeben hatte. Die mit großem szen. Aufwand (als Schaubild) ausgestaltete Schluss-A. des barocken geistl. und weltl. Schauspiels brachte alle überkommen literar. und bildkünstler. Elemente zu höchster Steigerung. Die bedeutendste Nachwirkung in der späteren Dramatik: Schluss des»Faust II« von Goethe. HFR

Apparat, m. [lat. apparatus = Ausstattung, Zurüstung], 1. Gesamtheit der zu einer wissenschaftl. Arbeit nötigen Hilfsmittel; 2. (text-)krit. A.: Bez. für textkrit. ↗ Anmerkungen in krit. (histor.-krit.) Ausgaben (apparatus criticus) entweder am Fuße der Seiten, als Anhang (↗ Appendix) oder in einem separaten Band; bietet die ↗ Lesarten (↗ Varianten) zu einem krit. edierten Text. Nach neuerer Auffassung (F. Beißner, Stuttgarter Hölderlin-Ausgabe) soll er die primäre Textgeschichte vollständig und möglichst im Textzusammenhang darstellen, wo Handschriften vorhanden sind, auch die Arbeitsschichten (Korrekturen etc.), etwa durch treppenweise Anordnung der Varianten. Man unterscheidet: a) *Positiver A.*: auf das ↗ Lemma (Stichwort) folgen, durch Kola getrennt, die Varianten (vollständig), dahinter jeweils die ↗ Siglen des betreffenden Textzeugen. b) *Negativer A.*: er verzeichnet nur die Abweichungen vom gedruckten Text (meist darunter). Auch Kombinationen beider Formen sind möglich. Aufgeführt sind im krit. A. vom Text bzw. Lemma abweichende Lesarten der vorhandenen Handschriften, wichtigsten Abschriften und zu Lebzeiten des Autors erschienenen Drucke und Ausgaben oder auch Zitate desselben in anderen Werken (z. B. bei antiken Schriftstellern). Der A. kann ferner eine Übersicht über die erhaltenen Textzeugen (Manuskripte, Drucke, Fassungen) mit Sigle und Herkunft (↗ conspectus siglorum) enthalten, Bemerkungen zur ↗ Editionstechnik, Konjekturalkritik (Texteingriffe des Herausgebers), Textbewertung (↗ Athetesen), Textgeschichte, Quellen, Zeugnisse zur Entstehung und, wo nötig, sachl., sprachl., metr., histor. u. a. Erläuterungen (↗ Kommentar). S

Appendix, m. [lat. = Anhang], Anhang eines Buches mit Ergänzungen (Kommentaren, Register, Karten- und Bildmaterial, Tabellen), auch weiteren Textzeugen wie Briefe, Dokumente oder Texte, deren Zugehörigkeit zum betreffenden Autor unsicher ist (vgl. z. B. den A. Virgiliana mit Gedichten, die Vergil nur zugeschrieben sind). Bei Textausgaben kann der krit. ↗ Apparat als A. folgen. S

Aprosdoketon, n. [gr. = Unerwartetes], ↗ rhetor. Figur, unerwarteter Ausdruck (Wort, Redewendung) anstelle eines vom Hörer oder Leser zu erwartenden; z. B. »... (Trompeten), die den Marsch blasen, die griechischen den Trojanern, die trojanischen – *na, wem wohl?*« (statt: *den Griechen;* R. Hagelstange, »Spielball der Götter«). GS

Arabeske, f. [frz. = arabesque aus it. arabesco = arabisch], in der bildenden Kunst Bez. für stilisiertes, plast. wirkendes Blatt- und Rankenornament, das zwar Elemente der abstrakteren arab. Ornamentik enthält (daher die Bez.), seinen Ursprung jedoch in der aus der klass. Palmettenwellenranke entwickelten Ornamentik der hellenist., bes. der röm. Zeit hat. Mit A. wurde bis in die Goethezeit jedoch auch die ↗ Groteske (vielfach ineinander verschlungene Pflanzen-, Tier- und Menschengestalten) bez. In diesem Zusammenhang wurde der Begriff A. 1797/98 durch F. Schlegel auf literar. Phänomene übertragen. Er bez. mit A. nicht nur eine poet. Gattung (mannigfach verschlungene Stoff- und Formkompositionen), sondern auch die ideale romant. Formmöglichkeit: »die unendl. Fülle in der unendl. Einheit« zu gestalten. A. erscheint mehrfach in Buchtiteln oder Untertiteln: N. Gogol, »Arabesken« (1835), K. L. Immermann, »Münchhausen. Eine Geschichte in A.n« (1838/39), E. A. Poe, »Tales of the Grotesque and Arabesque« (1840). Seit dem 19. Jh. wird A. häufig als Titel in der Trivialliteratur verwendet (sowie als Titel für Musikstücke). GS

Arai, f. Pl. [gr. = Verwünschungen, Gebete, Flüche], Verfluchung einer Person oder Sache, entweder innerhalb eines literar. Werkes (z. B. Sophokles, »Oedipus« v. 230 ff.) oder als selbständ. Schmähgedicht, z. B. auf Inschriften gegen den eventuellen Zerstörer eines Denkmals oder Grabsteins. Vgl. lat. ↗ Dirae. UM

Arbeiterliteratur,
1. *in der traditionellen Literaturtheorie* jede Literatur *von* Arbeitern; ihre Wertung erfolgt nach den Maßstäben der bürgerl. Ästhetik, d. h. dem Grad der poet. Bewältigung der meist aus der techn.-industriellen Arbeitswelt stammenden Stoffe und Motive: Mensch und Technik (Bedrohung und ›Schöpfertum‹), meist auch Aufrufe zu sozialer Gerechtigkeit oder Zukunftsvisionen (eines ›Maschinenzeitalters‹, des Arbeiters als ›neuen Menschen‹) u. a. Unter diesem ständ. Aspekt gelten als bedeutende Arbeiterdichter die Mitglieder des ↗ Nylandkreises, H. Lersch, G. Engelke, A. Petzold, M. Barthel, K. Bröger. Sprachgestus und Stil ihrer oft pathet. ankläger. *Lyrik* sind beeinflusst von M. Gorki, W. Whitman, E. Verhaeren und der Industrielyrik R. Dehmels (vgl. z. B. Petzold: »Der stählerne Schrei«, 1916; Lersch: »Herz! Aufglühe dein Blut«, 1916; Barthel: »Arbeiterseele«, 1920 u. a.). – Die oft hymn.-allegor. *Dramen* (z. T. Sprechchöre, Weihespiele u. a.) bedienen sich expressionist. Mittel (E. Grisar: »Opferung«; B. Schönlank: »Erlösung. Weihespiel«, »Der Moloch«, »Der gespaltene Mensch« u. a.). Für *Romane* und *Autobiographien* sind Milieustudien und die Darstellung der individuellen Emanzipation vom Proletarierstand charakteristisch (Bröger: »Der Held im Schatten«, 1919; Petzold: »Das rauhe Leben«, 1920).
2. Der in dieser ständ. und formalästhet. definierten Pl. meist auch mehr oder weniger deutl. artikulierte Aufruf zur geist. und polit. Selbstbesinnung des Proletariats verbindet sie mit der funktional-themat. definierten *A. der marxist. Literaturtheorie* als einer spezif. proletar. Literatur *für* Arbeiter (die auch von linksbürgerl. Schriftstellern verfasst sein kann). Sie entsteht im 19. Jh. mit der sich verstärkenden Industrialisierung und der Bildung (und Or-

ganisation) des sog. vierten Standes. Entsprechend der Konzeption einer proletar. Kunst (F. Engels, Clara Zetkin, F. Mehring) liegt ihre Funktion in der Erziehung zu einem polit. motivierten Klassenbewusstsein: nach Mehring als Waffe im Klassenkampf, nach neueren Definitionen als Selbstvergewisserung, um »sich gegen die kulturelle Übermacht des Bürgertums durchzusetzen« (Stieg/Witte). Diese Funktion bedingt a) eine themat. Eingrenzung der A. (Darstellung der kollektiven sozialen Probleme, der kämpfer. Ideologie und Strategie, Appelle zum Kampf um polit. Emanzipation u. a.) und b) den Primat des Inhalts über Stil und Form (gefordert ist eine realist.-volkstüml. Darstellungsweise). – Diese A. ist weitgehend dem bürgerl. Literaturvertriebssystem entzogen, sie wird von den Arbeiterorganisationen (vgl. 1863 Gründung des Allgem. Dt. Arbeitervereins, 1869 der Sozialdemokrat. Arbeiterpartei) verbreitet (in Veranstaltungen, Parteipresse, speziellen Anthologien). Praktikabel sind daher sog. operative Kleinformen: 1. *Lyrik,* insbes. tendenzhaltige Kampf- und provokativ-satir. oder moritatenhafte Erähllieder. Hervorzuheben sind neben zahlreichen anonymen Liedern (z. B. Weberlieder, 1844) als Lyriker: G. Weerth, nach Engels der erste und bedeutendste Dichter des dt. Proletariats (»Lieder aus Lancashire«, 1845 u. a.), F. Freiligrath (»Neuere polit. u. soziale Gedichte«, 1849–51 u. a.), der auch die sozialankläger. Gedichte Th. Hoods durch Übersetzungen bekannt macht, G. Herwegh (Bundeslied des Allgem. Dt. Arbeitervereins, 1863), J. Audorf (»Arbeitermarseillaise«, 1864), A. Geib, A. Otto-Walter, M. Kegel, E. Klaar, H. Kämpchen, E. Weinert, E. Hoernle, J. R. Becher, B. Brecht. Wichtige Anthologien sind »Die Dt. A.« (5 Bde. 1883), »Buch der Freiheit« (1893), »Unter roten Fahnen« (1930/31). – 2. Im *Drama* dominieren zunächst kurze Einakter: komödiant.-satir. oder kämpfer. ausgerichtete Agitations- und Lehrstücke (z. B. J. B. v. Schweitzer, Präsident des Allgem. Dt. Arb. Vereins, »Ein Schlingel«, 1862 u. a.; M. Kegel, »Die Wahlschlacht«, 1874, »Preßprozesse«, 1876; H. Goldstein, »Die Sozialdemokraten«, 1877 u. a.), die während der Dauer des Sozialisten-

gesetzes (1878–90: Versammlungs-, Organisations- und Publikationsverbot) histor. getarnt wurden (M. Wittich, »Ulrich von Hutten«, 1887 u. a.). Von Karl Marx als »maßloses und brillantes literar. Debut der dt. Arbeiter« ausdrückl. begrüßt, wurden die Stücke auf improvisierten Bühnen in einfachster Ausstattung in Arbeitervereinslokalen als Laienspiele aufgeführt. – Einen Aufschwung nahm die Theaterarbeit durch die sozialdemokrat. Kulturpolitik Ende des 19. Jh.s, insbes. durch die Gründung der Freien ↗ Volksbühne (1890, seit 1914 mit eigenem Haus), des ›Dt. Arbeitertheaterbundes‹ (1908) und eines Arbeitertheaterverlags in Leipzig. Aufgeführt wurden die zeittyp. naturalist. Stücke (z. B. G. Hauptmanns »Weber«, 1893), später Stücke in expressionist. Stil- und Darstellungsformen, in denen jedoch die soziale Problematik ästhetisiert (oft allegorisiert) wurde (vgl. A. 1). Der für die A. konstitutive sozialrevolutionäre Impetus wurde nach wie vor vom Laientheater, seit 1919 im sog. ↗ Agitproptheater weitergetragen. Insbes. innerhalb der kommunist. Partei entstanden bis 1933 zahlreiche Spieltrupps, die sich seit 1928 im ›Arbeiter-Theaterbund Deutschland‹ organisierten (Sektion des Internat. Arbeitertheaterbundes, Sitz Moskau, Zeitschrift: ›Arbeiterbühne‹). – *Höhepunkt* ist die polit. Theater E. Piscators, der seit 1924 die Formen des proletar. Agitprop-Laientheaters und des expressionist. Theaters mit neuen Techniken zu einem eindrucksvollen Theaterstil verband (Filmdokumentationen, ep. Kommentierung, Mischung von Einzelszenen, Liedern, Rezitativen, Sprech- und Singchören, Einbeziehung des Publikums usw.), vgl. seine polit. Revuen »Roter Rummel«, 1924, »Trotz alledem«, 1925, Formen, welche die Theaterentwicklung insgesamt beeinflussten. Vertreter der (mehrakt.) polit. Dramas sind J. R. Becher (»Arbeiter, Bauern, Soldaten«, 1921 u. a.), E. Toller (»Maschinenstürmer«, 1922), Berta Lask (»Leuna 1921«, 1927 u. a.), Friedrich Wolf (»Die Matrosen von Cattaro«, 1930 u. a.), F. Jung, E. Mühsam, B. Brecht, G. von Wangenheim. – 3. *Romane, Erzählungen.* Nach der Aufhebung des Sozialistengesetzes (1890) und nach einer theoret. Funktionsbestimmung (Naturalismusdebatte) wurden auch (Prosa-)Erzählungen (Darstellungen proletar. Gegenwartsprobleme in Roman, Dokumentation, Autobiographie) zur polit. Erziehung eingesetzt. Als wichtigster Faktor soll ↗ Parteilichkeit angestrebt werden (vgl. F. Mehring:»Kunst und Proletariat«, 1898), wie sie etwa die Romane von Minna Kautsky (»Stefan vom Grillenhof«, 1879 u. a.) oder R. Schweichel (»Um die Freiheit«, 1898 u. a.) verwirklichten, im Ggs. zu den naturalist. Romanen, die anstelle klassenkämpferischer Argumentation vornehml. Milieustudien bieten (vgl. M. Kretzer,»Meister Timpe«, 1888). Gefördert und angeregt wird die proletar. Prosaliteratur durch den russ. ↗ Proletkult (seit 1917) und durch (bes. von der KPD initiierte) schrifsteller. Organisationen wie die Arbeiterkorrespondentenbewegung (seit 1925: agitator. und sachl.-realist. Berichte aus Industriebetrieben für die Parteipresse), die ›Arbeitsgemeinschaft kommunist. Schriftsteller‹ und der ›Bund proletar.-revolutionärer Schriftsteller‹ (1928), der auch die Theoriediskussion wieder aufgriff (G. Lukács, 1931), oder die Zeitschrift ›Linkskurve‹ (1929–33), die zum wichtigsten Organ der A. wurde (Nachdruck Frkft. 1971). Durch ein parteieigenes Vertriebssystem wurden billige Reihen sog. proletar. Massenliteratur (Rote-Eine-Mark-Romane) veröffentlicht. Als proletar.-revolutionäre Autoren sind zu nennen: J. R. Becher, K. Kläber (»Passagiere der Dritten Klasse«, 1927), K. Grünberg (»Brennende Ruhr«, 1926–28), H. Marchwitza (»Sturm auf Essen«, 1930), W. Bredel (»Maschinenfabrik N & K«, 1930), K. Neukrantz (»Barrikaden am Wedding«, 1931), W. Schönstedt (»Kämpfende Jugend«, 1932) u. a. Nach 1933 brach diese Entwicklung ab. Auch Versuche, in der Illegalität oder im Exil (Paris, Prag, Moskau; Bredel, »Die Prüfung«, 1934 u. a.) weiterzuwirken, versiegen um 1935/36. Nach 1945 wurde in der DDR im sog. ↗ Bitterfelder Weg ein offizielles kulturrevolutionäres Bildungsprogramm im Anschluss an die Tendenzen und Methoden der Arbeiterkorrespondentenbewegung entwickelt. – In der BRD versuchte die ↗ Gruppe 61, z. T. an die Bestrebungen des ↗ Nylandkreises anknüpfend, eine »künstler.

Auseinandersetzung mit der Arbeitswelt«. Von ihr spaltete sich 1970 (mit stärker gesellschaftspolit. Konzept) der ↗ Werkkreis Literatur der Arbeitswelt ab, von diesem seit 1972 wiederum die ›Produktion Ruhrkampf‹, eine Verlagskooperative, die eine Emanzipation vom Einfluss etablierter Literaturvertriebssysteme anstrebt. IS

Arbeitslied, das zu körperl. Arbeit gesungene Gemeinschaftslied, das Rhythmus, Tempo, z. T. auch Geräusche der Arbeit aufnimmt, koordiniert und diese damit fördert. A.er gibt es v. a. zu bäuerl. und handwerkl. Tätigkeiten. Formal anspruchslos, häufig Zweizeiler, oft mit z. T. nur lautmalendem Kehrreim (auch als Einsatzsignale wie »Hau-Ruck«-Rufe), wird es endlos auf einfache Melodien fortgesungen, oft im Wechsel von Vorsänger und Chor, z. T. auch in Verbindung mit gesprochenen Partien. Inhaltl. stellt das A. einen einfachen, oft erot.-derben oder witzigen Bezug zur Arbeit her. – A.er sind schon aus kulturellen Frühstufen bezeugt (Flachsbereitungslieder, Spinn-, Dresch-, Hirsestampf-Lieder); literar. Spuren finden sich in der altnord. Dichtung (ein »Mühlenlied« und »Walkürenlied« bewahren Teile alter Mahl- und Weblieder); Gottfried von Neifen (13. Jh.) verarbeitet in einem seiner Gedichte Elemente eines Flachsschwingerliedes (Kehrreim *wan si dahs/wan si dahs, si dahs, si dahs, si dahs*). – Zu trennen vom echten A. ist das ›unechte‹ A., meist ein ↗ Volkslied, das nur lautmalend und rhythm. zu einer bestimmten Arbeit passt. Zu unterscheiden ist ferner das künstler. gestaltete A., in dem konstituierende Elemente des echten A.s wie Rhythmus und Lautmalerei bewusst zur Versinnbildlichung eines Arbeitsvorganges eingesetzt sind, z. B. G. Engelke, »Lied der Kohlenhäuer«. IS

Arbiter litterarum, m. [lat.], Richter (Sachverständiger) in literar. Fragen; wohl in Anlehnung an »arbiter elegantiae« (= Richter in Sachen des guten Geschmacks: Tacitus, Annalen XVI 18 über Petronius) gebildet. UM

Archaismus, m. [zu gr. archaios = alt, altertüml.], Bez. für den Rückgriff auf veraltete, altertüml. Wörter, Wendungen, syntakt. Eigenheiten oder Schreibungen als *bewusstes Stilmittel*. Es wird eingesetzt:
1. um die als altehrwürdig empfundenen Formen wiederzubeleben, so z. B. bes. in der Antike bei Lukrez, Vergil und v. a. Sallust (der den Stil des älteren Cato nachahmte).
2. in satir., parodierender oder ironisierender Absicht: vereinzelt erstmals im 16. Jh. bei J. Fischart (»Geschichtklitterung«, 2. Kap.), dann häufiger im 20. Jh. (Arno Holz, »Dafnis«, ›barocke‹ »Freß-, Sauf- und Venuslieder«, 1904; Th. Mann, »Dr. Faustus«, 1947 [Lutherdt.], »Der Erwählte«, 1951, [Mhd.]).
3. um einem Text eine poet. Altertümlichkeit, ein sprachl.-histor. Kolorit zu geben, so bes. häufig seit dem Aufkommen histor. Perspektiven, vgl. z. B. den ↗ Göttinger Hain (Aufnahme mhd. Wörter wie *minne* u. a. aus J. J. Bodmers Veröffentlichung mhd. Werke), die gelegentl. Anleihen Goethes bei Hans Sachs oder der Lutherbibel (»Götz«, »Faust I« u. a.) oder Schillers bei Abraham a Sancta Clara (»Wallensteins Lager«), weiter die Romantiker (von C. Brentano, »Chronika des fahrenden Schülers«, über L. Uhland bis zum Spätromantiker R. Wagner), bes. aber den ↗ histor. Roman und die histor. Erzählung (W. Raabe, Th. Storm, G. Keller, W. H. Riehl, W. Alexis, F. Dahn, G. Freytag, »Die Ahnen«, 1872/80) und das ↗ Geschichtsdrama (G. Hauptmann, »Florian Geyer«, 1896).
4. wird mit sprachl. Archaismen auch ein moderner Text als alt ausgegeben (literar. ↗ Fälschung), vgl. im 18. Jh. bes. die ›gäl.‹ Gesänge Ossians von J. MacPherson (1760), die ›mal.‹ Gedichte Th. Chattertons (1777), im 19. Jh. W. Meinholds »Bernsteinhexe« (angebl. aus dem 17. Jh., 1843). Um *unabsichtl. A.* handelt es sich bei veralteten Reimbindungen in (früh-) mhd. Reimdichtungen, die bei der Umsetzung der Werke in spätere Sprachformen beibehalten wurden. S

Archebuleus, m. [gr.-lat.], nach dem griech. Dichter Archebulos (3. Jh. v. Chr.) benanntes ↗ äol. Versmaß der Form ⏑‒|⏑⏑‒‿⏑‿‒⏑‿ ⏑‒‒; selten. UM

Archetypus, m. [lat.-gr.=Urform, eigentl. das zuerst Geprägte, zu gr. arché = Ursprung, typos = (durch Schlag) Geformtes],
1. in der ↗ Textkritik Bez. für eine aus den erhaltenen Textzeugen (Handschriften, gelegentl. auch Drucken) erschlossene *älteste Überlieferungsstufe* als Basis für das ↗ Stemma (den Stammbaum) vorhandener Handschriften.
2. in der Literaturwissenschaft wird der Begriff im Anschluss an die Archetypenlehre C. G. Jungs (»Über die Archetypen«, 1937) für *archaische Bildvorstellungen* der Menschheit verwendet. Vor allem die angelsächs. sog. mytholog. Literaturkritik will hinter den Dichtungen, als Produktion eines kollektiven Unbewussten, urtüml. Mythen entdecken. Als A.en können prinzipiell auch Goethes ↗ Urbilder (»Metamorphose der Tiere«, 1820) verstanden werden; vgl. auch philosoph. mundus archetypus = Welt der Ideen. S

Archiloch. Strophen, s. ↗ Odenmaße.

Archilochische Verse, antike metr. Formen, die auf den griech. Lyriker Archilochos (7. Jh. v. Chr.) zurückgehen: Kombinationen aus verschiedenen jamb. oder daktyl. Versen (wie daktyl. ↗ Hexameter, jamb. ↗ Trimeter, jamb. ↗ Dimeter) oder zäsurbedingten Teilen dieser Verse wie dem ↗ Hemiepes (d. h. dem halben daktyl. Hexameter bis zur ↗ Penthemimeres), dem daktyl. ↗ Tetrameter (d. h. dem daktyl. Hexameter bis zur bukol. ↗ Dihärese) oder dem ↗ Ithyphallikus (d. h. dem 2. Teil des katalekt. jamb. Trimeters) usw. Es sind 18 verschiedene Verskombinationen bezeugt. Kombiniert wird stets so, dass einem längeren Vers(teil) ein kürzerer folgt. Es gibt drei Kombinationsarten: 1. Ohne Pause (oder Periodenende), jedoch mit Dihärese gefügte Kombinationen ergeben *Asynarteten*, die z. T. eigene Bezz. tragen wie z. B. der ↗ Archilochius (daktyl. Tetrameter + Ithyphallikus), der ↗ Enkomiologikus (Hemiepes + jamb. Trimeter bis zur Penthemimeres). 2. Kombinationen mit einer Pause (durch Periodenschluss) zwischen dem ersten und zweiten Teil ergeben die sog. ↗ *Epoden*, die als Zweizeiler (Disticha) aufgefasst werden; sie wurden gedoppelt (als Vier-zeiler) bes. von Horaz verwendet. 3. Kombina-tionen von Asynarteten mit einem weiteren Vers(teil) ergeben größere Epoden, z. B. Archi-lochius + jamb. katalekt. Trimeter.   UM

Archilọchius, m., ↗ archiloch. Vers der Form $-\smile\smile-\smile\smile-\smile\smile-\smile\smile\,|-\smile-\smile-\overline{\smile}$; Kombination aus daktyl. Tetrameter und ↗ Ithyphallicus, Asynarteton; erscheint meist in Verbindung mit dem jamb. (a)katalekt. Trimeter als ↗ Ep-ode (Archilochos, Horaz), bei Prudentius und Boëthius auch stich. verwendet.   IS

Aretalogie, f. [gr. = Tugendrede, zu gr. aretai = Wundertaten], hellenist. Sammelbez. für Wundererzählungen (auch Hymnen, Gebete), die das Wirken der Götter in der Gegenwart bezeugen sollen; meist in der Form von Visi-onen und Träumen öffentl. von *Aretalogen* vorgetragen. Von den röm. Stoikern ironisch auch im Sinne von ›Geschwätz‹, ›lügenhaftes Fabulieren‹ gebraucht.   HFR

Argumentạtio, f. [lat. = Beweisführung (im Verlauf der Rede)], s. ↗ Rhetorik, ↗ Disposi-tion.

Argumẹnt(um), n. [lat., eigentl. = was der Erhellung und Veranschaulichung dient, zu arguere = erhellen, beweisen], einem litarar. Werk (auch einzelnen Büchern, Kapiteln, Ak-ten) vorangestellte Erläuterung oder kurze Zu-sammenfassung des Inhalts (im Ggs. zum auch weitere Themen ansprechenden ↗ Pro-log); verbreitet v. a. in Renaissance, Humanis-mus und Barock, vgl. z. B. die A.e in Ben Jon-sons »Volpone« (Vers-A.), J. Miltons »Paradise Lost« (Prosa-A. vor jedem Buch), A. Gryphius’ »Papinian« (Prosa-A.e zu jedem Akt), A. Po-pes »Essay on Man« (Prosa-A. vor jeder Epis-tel). In der ↗ Commedia dell’arte auch Vorlage, nach der aus dem Stegreif gespielt wird.   S

Arie [it. aria, frz. air, engl. ayre; Etymologie ungeklärt].
1. Im 16. Jh. Bez. der einer bestimmten Stro-phenform zugeordneten Melodie; von daher im 17. Jh., namentl. in Deutschland Bez. des strophisch (seltener in ungleiche Versikel) ge-gliederten und häufig durch Ritornelle (Zwi-schenspiele) aufgelockerten *(Solo)liedes* (z. B. H. Albert: »Arjen oder Melodeyen Etlicher theils Geistlicher theils Weltlicher ... Lieder«, mit Texten von S. Dach, Ch. Kaldenbach und anderen Mitgliedern des Königsberger Kreises; 7 Bde., 1638–1648).
2. Seit dem 17. Jh. setzt sich, zunächst in Ita-lien, die Bez. A. für den kunstvollen, instru-mental begleiteten, *unstroph.*, durch Reprisen mehrfach gegliederten *Sologesang* durch; die A. tritt damit in Gegensatz sowohl zum stroph. Lied als auch zum Rezitativ. Beliebteste Form ist die dreiteilige »Da-capo-A.« (ABA mit zahlreichen Variationen). In der ↗ Oper, in der sie (wie auch im Oratorium) vornehml. Ver-wendung findet, bedeutet die A. eine Unter-brechung des Handlungsablaufs; sie trägt da-mit bei zur Auflösung der dramat. Handlung in eine bloße Nummernfolge. Mit Glucks Opernreform beginnt daher eine Reihe von Versuchen, die A. in das dramat. Geschehen zu integrieren; dies geschieht meist in der Form der Szene in enger Verbindung mit lied-haften und rezitativen Partien (vgl. Beetho-vens »Leonoren-A.«, Webers »Agathen-A.«; Verdi); Wagner und R. Strauss verzichten in ihren ↗ Musikdramen auf die Form der A. fast ganz; sie ersetzen sie durch den Monolog.   K

Aristonym, n. [gr. aristeus = Fürst + onoma = Name], Form des ↗ Pseudonyms: ein Adels-name wird als Deckname verwendet, z. B. Wolfgang von Willenhag für Johann Beer (1655–1700).   S

Aristophanẹus, m. [gr.-lat.], zwei nach dem griech. Komödiendichter Aristophanes be-nannte Verse:
1. ein aus ↗ Choriambus + ↗ Bacchius beste-hender, wahrscheinl. ↗ äol. Vers, den auch Ho-raz verwendet: $-\smile\smile-\smile-\overline{\smile}$
2. ein Dialogvers, griech. ein anapäst. ↗ kata-lekt. ↗ Tetrameter = lat. ein anapäst. ↗ Septenar: $\smile\smile-\smile\smile-\smile\smile-\smile\smile-\smile\smile-\smile\smile-\smile\smile-\overline{\smile}$ TMTMTM‖
Dt. Nachahmung z. B. bei Platen (»Die ver-hängnisvolle Gabel«; »Der romantische Ödi-pus«).   UM

Aristotelische Dramatik s. ↗ep. Theater

Arkadische Poesie, Bez. für die Hirten- und ↗Schäferdichtung: geht auf »Arcadia« zurück, eine auf dem Peloponnes liegende Gebirgslandschaft, die als Land der Hirten und Jäger und als Heimat des Hirtengottes Pan gilt. Seit Vergils »Bucolica« wird Arkadien meist als Schauplatz der Hirtenpoesie gewählt (bei dem Griechen Theokrit, 2. Jh. v. Chr., u. a. war es Sizilien). Arkadien wird dabei zum utopischen, Mythos und Wirklichkeit verbindenden Wunschbild eines Landes der Liebe, der Freundschaft, des idyll. Friedens (↗locus amoenus) und des goldenen Zeitalters. V. a. in den Schäferromanen der Renaissance findet sich der Name der Landschaft programmatisch bereits im Titel, vgl. z. B. bei J. Sannazaro (1504), Ph. Sidney (1590), Lope de Vega (1598) u. a. – Toposhafte a. P. ist auch die Rokokodichtung (↗Anakreontik). RSM

Arlecchino, m. [arlɛˈkiːno, it. von frz. harlequin = Teufel, geht auf afrz. mesnie Hellequin = Hexenjagd, lustige Teufelschar, zurück], eine der vier kom. Grundtypen der ↗Commedia dell'arte, ursprüngl. nur als *zweiter Zane* (↗Zani) bez.; naiv-schelmischer, gefräß., aber auch gerissener Diener, durch seine *lazzi* (Späße, Akrobatenstücke usw.) stets der Liebling des Publikums; er spricht bergamask. Dialekt und trägt ein graues, mit farb. Flecken besetztes Wams (später ganz aus bunten Romben zusammengesetzt) und eine schwarze Halbmaske, hinter der ein geschorener Kopf steckt. – In Frankreich nannte man ihn, seit er durch italien. Theatertruppen dort populär wurde (2. Hä. 16. Jh.) nach einer kom. Teufelsmaske ›Harlequin‹; dieser Name wurde in der Form ›A.‹ vom 18. Jh. ab auch für Italien verbindl. PH

Armenbibel, dt. Bez. für ↗Biblia pauperum.

Ars dictandi, a. dictaminis, f. [lat. = Kunst des Schreibens], im lat. MA. 1. die Kunst, Briefe und Urkunden abzufassen, im 12. Jh. von Adalbertus Samaritanus als Wissen-

schaftszweig (Epistolographie) in Bologna etabliert, 2. Bez. (auch Titel) der die ↗Formelbücher ablösenden Lehrbücher (theoret. und prakt. Briefstil-Lehren, ↗Briefsteller) zur Erlernung eines mustergült. Briefstils; die erste A. d. stammt von Alberich von Monte Cassino (»Breviarium de dictamine«, 1105), weitere von Thomas von Capua (»Summa dictaminis«, 1230), Peter von Vinea (»Dictamina«, 1248) u. v. a. IS

Arsis, f. [gr. = Hebung], Begriff der Verslehre, s. ↗Hebung.

Ars moriendi, f. [lat. = Kunst des Sterbens], auch: Sterbebüchlein, Anfang 15. Jh.s unter dem Eindruck der Pest aufkommende Literaturgattung, die im Ggs. zur ›Memento-mori‹-Literatur und zum ↗Totentanz nicht für ein ›heilsames Leben‹ wirbt, sondern das rechte Sterben lehrt. Zunächst als pastoral-katechet. Handreichung für den Klerus konzipiert, dann (volkssprachig) mit stärker asket. Zügen auch für Laien. Vorläufer finden sich schon im 12. Jh., z. B. Anselms von Canterbury mehrfach ins Deutsche übersetzte »Admonitio moriendi« oder das 21. Kap. aus Heinrich Seuses »Büchlein der ewigen Weisheit« (Anf. 14. Jh.), das als Sterbebüchlein gesondert verbreitet war. Die in vier Teile (*exhortationes, interrogationes, orationes, observationes* [= Ratschläge für den Sterbehelfer]) gegliederte A. m. (1408) des franz. Mystikers Johannes Gerson übte dann durch mehrere Übersetzungen auf die weitere Ausbildung der Gattung, bes. als volkssprachl. Laienunterweisung, einen bed. Einfluss aus (vgl. Thomas Peutner, »Kunst vom heilsamen Sterben«, 1434, Nikolaus von Dinkelsbühl, Geiler von Kaisersberg, Martin Luther). Manche Handschriften sind mit Bildfolgen (Kampf der himml. u. höll. Mächte um die Seele, vgl. die sog. Bilder-Ars von 1450/60) ausgeschmückt. Später wurde die A. m. in Erbauungsbücher integriert. HSt

Arte mayor, f. [span., eigentl. verso de a.m. = Vers der höheren Kunst], Bez. für einen vielgestaltigen, in seiner Deutung umstrittenen span. Vers, ursprüngl. (im 14. Jh.) ein nichtsilbenzählender Langvers (8–16 Silben), der mehr und mehr zu einem regelmäß. 12-Silbler mit vier Akzenten entwickelt wurde. Blütezeit im 15. Jh. durch das allegor. Epos »Laberinto« (1444) von Juan de Mena, das aus 297 sog. Coplas de a. m. (auch: Octavas de Juan de Mena), Strophen aus 8 versos de a. m., meist mit dem Reimschema abba acca oder abab bccb, besteht. DJ

Arte menor, f. [span., eigentl. verso de a. m. = Vers der geringeren Kunst, auch: verso de arte real], sehr alter (seit dem 11. Jh. belegter) achtsilb., zäsurloser, sehr volkstüml. Vers der span. Dichtung; themat. nicht gebunden, rhythm. sehr variabel; wird stroph. in der 8-zeil. Copla de a. m. verwendet, mit vielen Reimschemata, am häufigsten ist abbaacca, so v. a. in den ⁊ Cancioneiros des 15. Jh.s. Vgl. auch verso de ⁊ arte mayor. DJ

Artes, f. Pl. [lat. = Fertigkeiten, Künste], mal. Bez. für die profanen Wissenschaften. Sie waren in Systeme, sog. A.reihen zusammengefasst. Am bedeutendsten waren die A. liberales (die freien Künste): in der röm. Antike wurden so die Wissenschaften bez., die von freien (liber) Bürgern gepflegt wurden, und die nicht dem Broterwerb dienten. Vorbild war die Vorstellung der griech. enzyklopäd. Bildung, wie sie etwa von Isokrates als Propädeutik zur Philosophie vorausgesetzt wurde. In der Spätantike bildete sich ein fester Kanon von sieben Fächern heraus, nachdem zunächst ihre Zahl zwischen vier und elf Disziplinen geschwankt hatte; Varro (116–27 v. Chr.) z. B. zählt in seinen »Disciplinae« insgesamt neun Fächer auf. Einer der ältesten Belege für die Siebenerzahl der A.liberales findet sich bei Seneca d. J. (4–65 n. Chr.). Vor allem durch die philosoph. Allegorie des Martianus Capella »De nuptiis Mercurii et Philologiae« (5. Jh.) wurde dann das Siebenersystem (septem a. liberales) für das ganze MA. verbindl. Der Kanon der sieben A. liberales wurde in zwei Gruppen systematisiert: die einführenden grammat.-literar. Fächer Grammatik, Rhetorik, Dialektik wurden im Trivium (Dreiweg) zusammengefasst, die höheren mathemat. Disziplinen Geometrie,

Arithmetik, Astronomie, Musik entsprechend im Quadrivium (Vierweg, erster Beleg bei Boëthius, 5. Jh.). – Die A. liberales wurden im MA. in der Artistenfakultät gelehrt; sie bildeten die Propädeutik für die höheren Fakultäten (Theologie, Recht, Medizin). Erst im Humanismus erhielt die Artistenfakultät als philosoph. Fakultät den gleichen Rang wie jene. Der Schwerpunkt lag in den mal. Artistenfakultäten auf dem Trivium; oft nahm die Rhetorik eine zentrale Stelle ein. Analog den A.liberales wurde auch das der prakt. Berufsausbildung dienende Wissen in den sieben A. mechanicae (dt. ›Eigenkünste‹): Handwerk, Kriegskunst, Seefahrt, Landbau, Jagd, Heilkunde, Hofkünste zusammengefasst, aber erst im 12., 13. Jh. den A. liberales wissenschaftstheoret. gleichgestellt. Schließlich wurden auch die von Kirche und weltl. Behörden ›verbotenen Künste‹ Magie, Mantik, Gaunerwesen, Betrugskunst als A. magicae oder incertae systematisiert. Zur Erläuterung der drei A.reihen entstand eine umfangreiche Fach-, Gebrauchs- und Zweckliteratur, die sog. A.literatur, antiken Quellen teils direkt, teils über arab. Zwischenstufen vermittelt, erst spät an der erlebten Wirklichkeit orientiert. Zunächst in Latein, der mal. Gelehrtensprache, schon vom 9. Jh. an auch dt. (Basler Rezepte, um 800, dt. Übersetzung des Martianus Capella durch Notker Teutonicus um 1000), größtenteils in Prosa (Fachprosa), zuvörderst im Bereich der A.mechanicae. Die Erforschung der A.literatur hat erst begonnen. Da es sich trotz einzelner Ansätze zu geformter Sprache um Texte ohne primär literar. Interesse handelt, wird als Wertungskriterium der Grad der Wirkung vorgeschlagen. HSt

Articulus, m. [lat. = Glied], 1. lat. Bez. f. griech. ⁊ Komma; 2. rhetor. Figur, lat. Bez. f. griech. ⁊ Asyndeton.

Artikel, m. [lat. articulus = Gelenk, Glied], 1. themat. und formal geschlossener Beitrag zu einer Zeitung, Zeitschrift, einem Lexikon oder sonst. Sammelwerk (Zeitungs-A., Leit-A., Lexikon-A., Gesetzes-A. usw.);

2. grammat. Bez. ursprüngl. für Demonstrativpronomen, seit dem Ahd. für das dem Substantiv beigefügte sog. ›Geschlechtswort‹, das Genus (das grammat. ›Geschlecht‹), Numerus und Kasus anzeigt: bestimmter A. *der, die, das,* unbestimmter A. *ein, eine.*   S

Artikulation, Koartikulation, f., aus der Phonetik übernommene Bez. für lautverschmelzende, bzw. einzelne Laute herausstellende literar. Texte (↗akust. Dichtung), entwickelt Ende der 50er Jahre von F. Mon und Cf. Claus im Anschluss an R. Hausmann und die Lettristen (↗Lettrismus). Ausgangspunkt ist die Auffassung, dass »unmittelbar an der artikulationsschwelle, wahrnehmbar im genauen, kauenden bewegen der sprechorgane« bereits »die schicht von ›kernworten‹ ... diesseits der bildhaftigkeit« ... liege. Der als A. bez. Text kehre das »sprechen zur poesie um«, will »des selbstverständlichsten, das unter den komplizierten und aufreibenden arbeiten der sprache vergessen wurde, habhaft werden« (Mon).   D

Art nouveau, m. [arnuˈvoː; frz. = neue Kunst], internat. Bez. für ↗Jugendstil, nach der 1895 in Paris von S. Bing eröffneten Galerie »Maison de l'a. n.«, in der einer ihrer bedeutendsten Vertreter, der Maler und Architekt H. van de Velde, ausstellte.   PH

Artusdichtung, erzählende Dichtungen des hohen und späten MA.s, deren Helden dem Kreis um König Artus angehören *(matière de Bretagne).* Übertrifft die älteren Zweige der mal. Erzähltradition (nationale ↗Heldendichtung und Neuformung antiker Stoffe) an Umfang und Wirkung. Ihre Beliebtheit beruht auf heroisch-sentimentaler Stilisierung des Rittertums, das in der Schöpfung des Artushofes den idealen Ausdruck seines so nirgends realisierten Lebensgefühls und seines Führungsanspruches fand, und auf der durch ihre besondere Struktur bedingten Offenheit für stoffl. Erweiterung und phantast. Erfindung. Die geschichtl. Herkunft des Königs Artus/Arthur ist dunkel. Die »Historia Britonum« des Nennius (um 800) erwähnt ihn als britann. Heerführer (dux bellorum) im Sachsenkrieg

(um 500). Zur glanzvollen Heldenfigur wird er bei Geoffrey von Monmouth; dessen »Historia regum Britanniae« (1130/35) enthält die Grundzüge der später kanon. Artusvita. In die frz. Dichtung tritt er durch den Eleonore von Poitou gewidmeten »Roman de Brut« in Reimversen des Anglonormannen Wace (um 1155), in die engl. durch die »Historia Britonum (Brut)« in mittelengl. Stabreimversen des Laʒamon (um 1200). Wace stilisiert Artus zum feudalhöf. Kriegsherrn und berichtet als erster von der Tafelrunde auserwählter und vorbildlicher Ritter. Woher die Gestalten und die Einzelzüge der Artussage und der ihr zugewachsenen Episoden *(contes)* stammen, ist ungeklärt. Myth. und sagenhafte Traditionen, besonders kelt. Ursprungs, wirken mit literar. Überlieferungen zusammen. Den ersten, für die weitere *Geschichte der A.* entscheidenden Höhepunkt bilden die u. a. am Hofe der Marie de Champagne aus dem Geiste der ritterl.-höf. Kultur Nordfrankreichs konzipierten Versromane Chrétiens de Troyes (ca. 1140–90): »Erec«, »Cligès«, »Yvain«, »Lancelot«, »Perceval«. In diesen und den von ihnen abhängigen ↗höf. Romanen der mhd. Blütezeit ist Artus mehr Orientierungszentrum als selbst handelnder Held. Sein Hof ist Ausgangspunkt und Ziel der ↗*Âventiuren* der jeweiligen Romanfiguren; an seinem Minne- und Tugendkodex wird ihre Bewährung gemessen. Das erlaubt die Integration ursprüngl. selbständ. Stoffe (Tristan) und die Verbindung der A. mit der myst.-relig. ›Geschichte vom heiligen Gral‹ in Chrétiens »Perceval«. Erst in den großen frz. Prosa-Kompilationen, die die verschiedenen Zweige der A. und die Gralsthematik unter betont metaphys. Aspekt zu einem homogenen Gesamtbild zu vereinen suchen (Lancelot-Gral-Zyklus, um 1225, und »Roman du Graal«, um 1240), rückt das Schicksal des Königs selbst wieder stärker in den Mittelpunkt. Artus ist hier jedoch nicht mehr Idealbild, sondern trag., durch eigene Schuld und fremde Verstrickung zum Untergang bestimmte Figur einer sich auflösenden Ritterwelt (»Mort Artu«). Zykl. Darstellungen finden sich bes. in England (Thomas Malory) und Italien (»Tavola rotonda«); *in Deutschland* bleibt trotz früher

Übertragung des ersten Zyklus (Prosa-Lanzelot, vor 1250) die Tradition des höf. Versromans stärker. Schon neben Hartmann von Aue, Wolfram von Eschenbach und Gottfried von Straßburg und v. a. nach ihnen entstand eine Fülle von Artusromanen immer phantastischerer Erfindung (sog. niedere A., Epigonendichtung). Sie reicht in der Form der Prosaauflösung bis in die ⁊ Volksbücher und an die Anfänge des frühnhd. Prosa-⁊ Romans heran. *In der Neuzeit* blieb der A. trotz zahlreicher Wiederbelebungsversuche (A. Tennyson, William Morris, A. Ch. Swinburne, J. C. Powys; Fouqué, E. Stucken; J. Cocteau; E. A. Robinson) eine weiterreichende Wirkung zumindest im dt. Sprachbereich versagt; Ausnahmen sind der Parzival- und Tristanstoff durch die Musikdramen R. Wagners. Erst seit den 70er Jahren ist im Rahmen einer international zu beobachtenden Nostalgiewelle (evtl. auch der Friedensbewegung) ein (v. a. von den USA ausgehendes) neues Interesse am Artusstoff bemerkenswert, das vielleicht durch die mit diesem verbundene Zukunftsvision des wiederkehrenden Friedensfürsten Artus erklärt werden kann, vgl. die Romane von T. H. White (schon 1958), Mary Stewart (4 Bestseller 1970–79), W. Percy, R. Monaco. M. Bradley, Th. Berger u. a., die Artus-⁊ Comics (u. a. »Prinz Eisenherz«, 1974), -Musicals (»Camelot« v. Lerner u. Loewe, 1960/61), – Filme (u. a. R. Bresson, »Lancelot«, 1974; E. Rohmer, »Perceval le Gallois«, 1978; J. Boorman, »Excalibur«, 1981) u. -Dramen (F. Delay/J. Roubaud, »Graal Théâtre« 1977/81, T. Dorst, »Merlin«, 1981, Ch. Hein, »Die Ritter d. Tafelrunde« 1989). HSt

Arzamas, auch Arsamas, m., russ. progressiver, provokativ nach der russ. Provinzstadt A. benannter Dichterkreis (1815–1818/20), der die Bindung der Literatur und Sprache der sog. ›Archaisten‹ (Hauptvertreter A. S. Schischkow) an altruss., kirchenslaw. Traditionen ablehnte und satir.-humorist. parodierte. Der A. führte dagegen die von N. M. Karamsin eingeleitete neue literar. Bewegung fort, die eine *Orientierung der Literatur an westl. Kulturströmungen* (⁊ Empfindsamkeit, ⁊ Anakreontik)

und eine Erneuerung der Literatursprache nach franz. Muster forderte. Der A. steht so als *präromant. Bewegung* am Beginn der russ. Romantik, des sog. goldenen Zeitalters der russ. Literatur (vgl. russ. ⁊ Pleiade). Bedeutendste Vertreter waren W. A. Schukowski, K. N. Batjuschkow, P. A. Wjasemski, A. Puschkin. IS

Ascensus, m. [lat. = Aufstieg], lat. Bez. für gr. ⁊ Klimax.

Ascetonym, n. [gr. askētēs = Büßer, onoma = Name], auch Hagionym oder Hieronym (hagios, hieros = heilig), Form des ⁊ Pseudonyms: Heiligenname als Deckname, z. B. San Marte für Albert Schulz (1802–1893; Literarhistoriker). S

Aschug, m., Pl. Aschughen [tatar. = Liebhaber, Verliebter], kaukas. wandernder Volkssänger (Bez. seit dem 16. Jh.), der ep. Erzählgut (Heldenlieder), lyr. und didakt. Gedichte zu Instrumentalbegleitung vortrug, z. T. selbst verfasste. Blüte im 17. u. 18. Jh. (zahlreiche A.-ghenschulen, auch Gründung eines Volkstheaters), weite Verbreitung bis Armenien, Persien usw. Berühmt waren der Georgier Sajath Nova (1717–95) und seine Schule in Tiflis. S

Asianismus, m. [zu gr. zelos Asianos, lat. dictio Asiatica = Asian. Stil], Bez. für einen spätantiken Redestil (im Ggs. zum klass. griech. Stil: ⁊ Attizismus). Der Begriff taucht im 1. Jh. v. Chr. in Rom auf (erste Belege bei Cicero) als Schlagwort der ›Attizisten‹ für eine Stilhaltung, die den Römern zuerst bei Rednern ihrer Studienprovinz Asia und deren älteren Vorbildern (altorient. Traditionen, Gorgias, Heraklit) begegnet war. A. ist jedoch nicht der Stil Kleinasiens schlechthin (Dionysios von Halikarnass z. B. war radikaler Attizist); er war für die Verehrer der griech. Klassiker gleichbedeutend mit schlechtem Stil (z. B. Quintilian 8, 3, 57: A. = corrupta oratio). – Man unterscheidet zwei Phasen des A.: die erste mit Blüte im 3. Jh. v. Chr. (Hegesias v. Magnesia am Sipylos; galt als Urheber des A.), die zweite im 1. Jh. v. Chr. (Grabinschrift für Antiochos von Kommagene). Die Asianer

(Asiani, Asiatici) erkannten zwar wie die Attizisten die Klassiker (bes. Demosthenes) als Meister der Rede an, jedoch nicht als Norm. Bewusster Verzicht auf philosoph. Gedankentiefe, Aufnahme von Neuprägungen und Elementen der Gegenwartsprache, v. a. aber Freiheit des Autors in der Wahl seiner Manier trennten sie von den z. T. bis zum Purismus archaisierenden Attizisten. Der A. war in zwei Erscheinungsformen ausgeprägt, die sich auch vermischten: einerseits geistreiche Eleganz, weiche Rhythmen, durchgängige Rhythmisierung, damit zusammenhängend Aufgliederung der Rede in kurze Sätze, andererseits prunkvolle Rhetorik und grandioses Pathos. – Der Hauptteil der Zeugnisse des A. ist nur fragmentar. in attizist. Schriften als negative Stilmuster überliefert. Trotz höherer Bewertung des Attizismus in der röm. Lit.-Kritik (z. B. später Cicero, Quintilian) gibt es vollendete Ausformungen des A. auch bei röm. Schriftstellern (Seneca, Tacitus). – Die Begriffe A.-Attizismus sind wissenschaftsgeschichtl. bedeutsam wegen ihrer Einbeziehung in die Forschungsdiskussion um ↗ Barock und ↗ Manierismus. Schon U. v. Wilamowitz bezeichnete gegenüber E. Norden (der den A. als Dekadenzerscheinung ansah) beide Phasen des A. als notwendige Folge auf eine Klassik, entzog sie als ›Barockstile‹ negativer Bewertung durch klass. Stilkriterien und verstand die attizist. Beurteilungen des A. als Äußerungen einer klassizist. Geisteshaltung. E. R. Curtius führte die Begriffe dann in die vergleichende Literaturwissenschaft ein (offenbar ohne direkten Bezug auf Wilamowitz): A. als »erste Form des europäischen Manierismus«, Attizismus als erste Form des »europäischen Klassizismus« (von seinem Schüler Hocke auf die Formel gebracht: attizistisch = klassisch, asianisch = manieristisch). ↗ Geblümter Stil.

HFR

Asklepiadeische Strophen, s. ↗ Odenmaße.

Asklepiadéus, m. [gr.-lat.], zwei nach dem griech. Dichter Asklepiades (3. Jh. v. Chr.) benannte ↗ äol. Versmaße, die durch einfache bzw. doppelte Wiederholung des ↗ Choriambus in der Versmitte des ↗ Glykoneus entstehen; seit Horaz haben sie geregelte ↗ Zäsur(en) und Basis (Verseingang):

◡̆◡̆|−◡◡−|−◡◡−|◡̆◡̆ = Askl. minor;
◡̆◡̆|−◡◡−|−◡◡−|−◡◡−|◡̆◡̆ = Askl. maior.

A.en erscheinen ↗ stichisch (Catull, Horaz, Seneca), meist aber in Strophen (vgl. askl. Str., ↗ Odenmaße). UM

Assonanz, f. [frz. assonance = Anklang, aus lat. assonare = übereinstimmen], Gleichklang zwischen zwei oder mehreren Wörtern, auf die Vokale beschränkt, meist am Versende. Unterschieden wird 1. A. als unvollkommener ↗ Reim (↗ unreiner Reim, Halbreim), häufig in frühen Stilperioden (ahd., frühmhd., altspan., altfrz. usw. Dichtung), 2. A. als eigenständ. Formprinzip neben dem Reim, bes. in vokalreichen Sprachen ausgebildet; v. a. in span. Dichtung stehen Reim und A. bis heute gleichberechtigt nebeneinander. A. ist kennzeichnend für bestimmte Dichtungsgattungen (Romanzen, Laissen). Im Gefolge der Nachbildung span. Romanzen auch in die dt. Dichtung übernommen, vgl. z. B. Brentano, »Romanzen vom Rosenkranz« (*Büschen : entschlafen : verblühen : Atem,* »Rosablankens Traum«), Eichendorff, Rückert, Platen, Heine (»Donna Clara«), George (»Jahr der Seele«, »Teppich des Lebens«, »Der siebente Ring«). S

Asterisk, Asteriskus, m. [gr. = Sternchen], sternchenförmiges Zeichen in einem Text, 1. als Verweis auf eine ↗ Fußnote (sofern diese nicht numeriert sind), 2. zur Kennzeichnung textkrit. Besonderheiten (einer ↗ Konjektur oder ↗ Crux); 3. als Verweiszeichen bei Vertauschungen, Wiederholungen, Einschüben (2 und 3 schon bei den griech. Grammatikern und frühen Kirchenvätern oder in mhd. Handschriften, z. B. Vorauer Hs., Manessische Lieder-Hs.); 4. in der Sprachwissenschaft zur Bez. erschlossener Wortformen (z. B. nhd. fahl, ahd. falo aus germ. *falwo-); 5. anstelle eines Verfassernamens (Asteronym), Personennamens (z. B. Schiller, »Der Geisterseher«. Aus den Memoiren des Grafen von O**«) oder eines Tabuwortes (des Teufels usw.); 6. statt nicht ›literaturfähiger‹, »unausisprechl.« Wörter (Goethe, »Götz« III, 17, hier häufig auch andere Zeichen, z. B. Punkte); als Entschlüsselungshilfe wird bisweilen für jeden unterdrückten Buchstaben ein A. gesetzt (vgl. Wieland, »Geschichte der Abderiten«, I, 5: »… in einem Augenblick sah man den Saal, wo sich die Gesellschaft befand, u**** W*****/ g******« (= unter Wasser gesetzt [durch unmäß. Lachen]). HFR

Asteronym, n. ↗ Pseudonym

Asynaphie, f. [gr. = Unverbundenheit], herrscht in Versfolgen, bei denen die Form der Versschlüsse (Kadenzen) und der Verseingänge der einzelnen Verse keinen durchlaufenden Versfluss (↗ Synaphie) erlaubt. S

Asynarteten, n. Pl., auch Asynarteta, Sgl. Asynarteton [gr. = nicht zusammenhängend], s. ↗ archiloch. Verse.

Asyndeton, n. [gr. Unverbundenheit, lat. articulus = Glied, Abschnitt], ↗ rhetor. Figur: Reihung gleichgeordneter Wörter, Wortgruppen oder Sätze *ohne* verbindende Konjunktionen (asyndetisch). Dient, wo es nicht einfach Ausdruck einer unkomplizierten Sprechweise ist, pathet. Stilerhöhung, z. B. als ↗ Klimax: »es muss auf unser Fragen ein Vieh, ein Baum, ein Bild, ein Marmor Antwort sagen« (Gryphius, Cardenio und Celinde 2, 218) oder als ↗ Antithese: »der Wahn ist kurz, die Reu ist lang« (Schiller, Lied von der Glocke); häufig sind asyndet.-syndetisch gemischte Fügungen: »… Vieh, Menschen, Städt *und* Felder« (P. Gerhardt). Gegensatz: ↗ Polysyndeton. HSt

Atektonisch, Bez. für Kunstwerke, die keinen strengen Aufbau (Akte im Drama, Strophenformen etc.) zeigen; ↗ offene Form. Gegensatz: tektonische, ↗ geschlossene Form. S

Atellane, f. [lat., eigentl.: fabula Atellana], altital., ursprüngl. unterliterar. improvisierte Volksposse. Name vom Ursprungsort, der osk. Stadt Atella in Kampanien abgeleitet. Neben derb-drast. Szenen aus dem ländl. oder klein-

städt. Alltagsleben lassen sich auch Mythentravestien erschließen (vgl. ähnl. die ↗ Phlyaken der dor. Kolonien Unteritaliens). Konstituierend waren vier feststehende Typen *(Oscae personae)* in bizarren Masken: der Narr *Maccus,* der Vielfraß *Bucco,* der geizige Alte *Pappus,* der Scharlatan *Dossennus.* Die Darsteller waren freie Bürger (nicht Berufsschauspieler wie im ↗ Mimus). – Nach Plautus (Asin. II) wurde die A. schon früh latinisiert und in Rom beliebt; seit Ende des 3. Jh.s v. Chr. z. B. als ↗ Nachspiel (↗ Exodium) der Tragödien (Cicero, Epist. 9.16.7). – Die *literar. Ausprägung* zu einem Zweig der röm. Komödie erfolgte durch Lucius P. Pomponius und Novius (1. Jh. v. Chr.); von beiden sind insges. etwa 114 Titel und rund 300 Verse (in jamb. Septenaren) erhalten. Nach dem 1. Jh. v. Chr. fällt die A. allmähl. mit dem ähnl. strukturierten Mimus zusammen. – Die A. beeinflusste die plautin. Komödie; ihre Elemente sind bis in die Commedia dell'arte zu verfolgen. IS

Athetese, f. [gr. athetesis = Tilgung], Bez. der ↗ Textkritik für die Tilgung einzelner Wörter, Sätze, Abschnitte aus einem nicht vom Verfasser beglaubigten (meist nur handschriftl. überlieferten) Text als spätere Zusätze (↗ Interpolationen); auch ganze Gedichte oder epische Werke können einem Autor abgesprochen, athetiert (für unecht erklärt) werden. S

Attizismus, m. [zu gr. Attikos zelos, lat. dictio Attica = attischer Stil], konservative literar. Strömung in der röm. Antike bes. seit der 2. H. des 1. Jh.s v. Chr. Die Vertreter des A. erhoben als Gegenbewegung zum ↗ Asianismus die Nachahmung des klaren, bündigen Stils der griech. (attischen) Klassiker wie Thukydides, Demosthenes zum Programm (mimesis, Naturnachahmung, Imitation statt phantasiai, stilist. Eigenständigkeit, Manier). Hauptvertreter der Attizisten (Attici) waren u. a. Dionysios v. Halikarnass und der späte Cicero (bei ihm erste Belege des Begriffs), Quintilian, Herodes Atticus, Aelius Aristeides. Im 2. Jh. n. Chr. entstanden eine Reihe von Lexika (von Aelius Dionysius, Phrynichos, Pollux u. a.), welche im attizist. Sinne stilbildend sein sollten. ↗ Asianismus. HFR

Aubạde, f. [frz. oˈbad], Morgenständchen, von afrz. aube = Morgendämmerung, ↗ Alba.

Audition colorée, f. [odisjōkɔlɔˈre; frz. = farbiges Hören, Farbenhören], Form der ↗ Synästhesie (Doppelempfindung), bei der sich ein Klangeindruck mit einer Farbvorstellung verbindet. Erwähnungen solcher Ton-Farbe-Wahrnehmungen sind schon in der Antike bezeugt. Erste wissenschaftl. Untersuchungen stammen von den Musiktheoretikern und Mathematikern A. Kircher (»Musurgia Universalis«, 1650) und L. B. Castel, dem Erfinder des sog. Farbenklaviers, der sich experimentell mit einer Musik der Farben beschäftigte (»Clavecin pour les yeux«, 1725, »Optique des couleurs«, 1740). – In der Dichtung werden Erlebnisformen der a.c. zum metaphor. Ausdruck für Entgrenzung, Unendlichkeitsgefühl, Allverbundenheit eingesetzt, bes. in der Romantik und im ↗ Symbolismus. Spezieller wird unter a.c. eine wahrnehmungsorientierte Zuordnung von Farbwerten zu Vokalen, überhaupt zu Sprachlauten, verstanden; bekanntestes Zeugnis ist A. Rimbauds Sonett »Voyelles«: »A noir, E blanc, I rouge, U vert, O bleu ...« Theoret. setzten sich mit diesen Phänomenen auseinander: A. W. Schlegel, R. Ghil (»Traité du verbe«, 1886) und E. Jünger (»Lob der Vokale«, 1934). **DJ**

Aufbau, dt. Bez. für die ↗ Komposition, ↗ Struktur (auch Gliederung) eines literar. Werkes.

Aufgesang, erster Teil der mal. ↗ Stollen- oder Kanzonenstrophe (↗ Minnesang, ↗ Meistersang); besteht aus zwei metr. und musikal. gleichgebauten ↗ Stollen: Grundform ab ab: diese kann nach Verszahl, Vers- und Reimgestaltung vielfach variiert werden, z. B. Wiederholung des Grundschemas (doppelter A.-kursus, etwa bei Johansdorf). ↗ Abgesang. Bez. aus der Meistersingerterminologie. **S**

Aufklärung, Epochenbez. für die gemeineurop., alle Lebensbereiche beeinflussende geist. (und zunehmend auch gesellschaftskrit.) Bewegung des (17. u.) 18. Jh.s, die den Säkularisierungsprozess der modernen Welt einleitete. Sie basiert auf dem alle geistigen Lebensbereiche beeinflussenden optimist. Glauben an die Macht der menschl. Vernunft, die fähig sei, durch log. Schlüsse (rational) und bestätigt durch die Erfahrung der Sinne (empirisch) in fortschreitender Entwicklung alle Erscheinungen zu durchdringen und gemäß den jeweils erkannten Bedingtheiten durch vernünftig-richtiges Handeln alle Probleme und Schwierigkeiten sowohl gesellschaftlicher, wirtschaftl., naturwissenschaftl. als auch geistiger, bes. auch religiöser Art zu beseitigen. Die *Bez.* ›A.‹ entstammt der Pädagogik (geprägt am Ende des 18. Jh.s) und umriss zunächst deren damals neu formulierte Aufgabe, durch Erhellung und Erweiterung der menschl. Vernunft die Entwicklung der Menschheit voranzutreiben. Dieser spezielle, der metaphys. Lichtmetaphorik entlehnte Begriff wurde dann für die ganze Bewegung gesetzt. Den entscheidenden Durchbruch zur Entwicklung der A.sbewegung bildete einerseits der Autoritäts- und Machtverlust der (konfessionell gespaltenen) Kirche. Andererseits die Entwicklung der sog. *Naturrechtslehre* (J. Althusius, H. Grotius, S. v. Pufendorf) mit den Ideen einer Volkssouveränität, einer Selbstverantwortung des Menschen und ihrem Widerspruch gegen herrschaftl. organisierte Staatsgewalt. Hinzu kam ein seit Anfang des 17. Jh.s einsetzender *Umbruch in den Naturwissenschaften* (Astronomie, Physik; Newton), der zur Begründung und zum Aufbau des die A. grundlegend mitbestimmenden mechanist.-mathemat. Weltbildes führte. Konstitutiv wurde aber v. a. die Grundüberzeugung von der *Autonomie* (der absoluten Selbstständigkeit, Eigengesetzlichkeit und Eigenverantwortung) *der Vernunft*. Sie wurde Motor für die Emanzipationsbestrebungen des Bürgertums, das im 18. Jh. seinen endgültigen Durchbruch zur kulturtragenden Schicht erkämpfte. Ausgangspunkt des Autonomiestrebens war die Kritik an überkommenen Autoritäten, die Lösung des Denkens aus den Bindungen der Theologie (deren Weltbild, Gesellschaftsordnung und eth. Normen) und die Ablehnung jegl. Metaphysik.

(Utop.) Ziel war die Herbeiführung des
›Zweckmäßigen‹, d. h. für alle Menschen vernünft. Bedingungen als Voraussetzung ihrer
Selbstverwirklichung in einer »herrschafts-
freien bürgerl. Gesellschaft«, die nur an die aus
dem Naturrecht hergeleiteten Menschenrechte
gebunden sein sollte (Theorie des *Gesell-
schaftsvertrags:* staatl. Gewalt nur zu Selbstverwirklichung des Einzelnen, zur Sicherung gleicher bürgerl. Freiheiten, d. h. Umwandlung
des Absolutismus in konstitutionelle Verhältnisse). Diese Ideen werden getragen von der
Philosophie G. W. Leibniz' und von den philosoph. Richtungen des *Rationalismus* (bes. in
Frankreich: R. Descartes, N. Malebranche, P.
Bayle, Voltaire, die ↗ Enzyklopädisten) und
des v. a. in England ausgeprägten *Empirismus*
(ausgerichtet nach den naturwissenschaftl. Erkenntnissen und Errungenschaften: F. Bacon,
Th. Hobbes, J. Locke, D. Hume). Die erkennt-
nistheoret. Auseinandersetzungen zwischen
Empirismus und Rationalismus über den Zusammenhang zwischen Erfahrung und Vernunft war für das gesamte Denken der A. bestimmend. In *Deutschland* wird die A. erst mit
Verzögerung wirksam (spezif. Beharren auf
alten Autoritäten an den Landesuniversitäten).
Die Verarbeitung des europ. aufklärer. Gedankengutes geschah weitgehend unter Verzicht
auf theolog. und philosoph. Gehalte und
wurde zunächst in einer gewissen Vereinfachung und Enge verbreitet (Betonung des
Nützlichen als Wertkategorie, bürgerl. ›Zufriedenheit‹ als Ziel der Fortschrittshoffnungen;
von G. E. Lessing als »Flickwerk von Stümpern
und Halbphilosophen« kritisiert). Es wurde
jedoch gerade in dieser pragmat. Ausrichtung
auch vom Bürgertum verstanden und akzeptiert. Vermittelnd wirkte in diesem Zusammenhang Ch. Thomasius, der durch die Einführung der dt. Sprache in den Unterricht an
den Universitäten seinen Lehren eine breite
Wirkung sicherte (er schuf z. B. auch eine dt.
wissenschaftl. Terminologie). Ch. Wolff und
seine Schule (G. B. Bilfinger, J. Ch. Gottsched,
A. G. Baumgarten) entwickelten ein prakti-
kables eklekt. System des rationalist. und empir.-sensualist. Gedankengutes, das durch den
vielgelesenen M. Mendelssohn eine weitrei-

chende Rezeption erfuhr. Erst durch I. Kant
gewann die A. in Deutschland Profil. Seine
krit. Philosophie wurde zum *Höhepunkt der
A.*sepoche, für die er die vielzitierte Kennzeichnung prägte: »A. ist der Ausgang des
Menschen aus seiner selbstverschuldeten Unmündigkeit. Unmündigkeit ist das Unvermö-
gen, sich seines Verstandes ohne Leitung eines
anderen zu bedienen« (Antwort auf die von
der Berlin. Monatsschrift gestellte Frage »Was
ist A.?«, 1783). Kants »Kritiken« (Kritik der
reinen, der prakt. Vernunft, 1781 und 1788)
wiesen zugleich über die A. hinaus, indem sie
Möglichkeiten, Bedingtheiten und Grenzen
von Rationalismus und Empirismus auf-
zeigten. *Kennzeichnend für die dt. A.* sind neben einem fortschrittsgläubigen Elan (z. B.
dynam. Aneignung der popularisierten naturwissenschaftl. und philosoph. Erkenntnisse
durch das gebildete Bürgertum – aber auch
den Adel) großer Lebensernst und hoher moral. Anspruch, der zur Herausbildung eines
neuen Wert- und Tugendsystems führte, das
die früheren höf.-ständ. Wertungen verdrängte. Neben einer streng rationalist. Ausprägung mit dem Leitbild des ›nur‹ vernünftig,
zur eigenen Glückseligkeit (Zufriedenheit)
handelnden sog. ›polit.‹ Menschen entstand
daneben etwa seit 1730 aus der Identifizierung
mit den moral. Theoremen, die in ein moral.
Selbst- und Vollkommenheitsgefühl um-
schlug, ein moral. motivierter Emotionalis-
mus, eine alle Lebensbereiche umfassende
›vernünft.‹ (d. h. affektfreie) *Gefühlskultur*
(↗ Empfindsamkeit). Sie wird soziolog. gedeutet als Reaktion des in der absolutist. Gesellschaft zu polit. Abstinenz gezwungenen – und
damit auf die Kräfte der eigenen Innerlichkeit
zurückgeworfenen – Bürgertums, als ›nach
innen gewendete A.‹ (A. Hirsch). Rationalist.
und emotionalist. Strömung gelten (nicht wie
in der früheren Forschung als Oppositionen,
sondern) als sich bedingende Erscheinungen
auf Grund derselben geist. Voraussetzungen.
Gemeinsam ist beiden Strömungen z. B. ein
neues soziales Verantwortungsgefühl, das
seine vornehmste Aufgabe darin sah, durch
Erziehung ein aufgeklärtes Gesamtbewusstsein
zu schaffen, den Menschen zum Selbstge-

brauch der Vernunft zu führen. Damit erhält die Pädagogik eine zentrale Funktion. Die Entwicklung eines Erziehungskonzeptes, der proportionalen (gleichgewichtigen) Entwicklung von Vernunft und Gefühl, von ›Kopf‹ und ›Herz‹, führte zur Reform des Erziehungswesens (Zentren: das protestant. Norddeutschland, die Schweiz: Hallescher ⌐ Pietismus; J. B. Basedow, G. K. Pfeffel, J. H. Campe, J. H. Pestalozzi). Von großem Einfluss waren dabei die kulturphilosoph. Ideen J. J. Rousseaus, bes. sein Erziehungsroman »Émile« (1762), in dem das Modell einer freiheitl. Erziehung in aufklärer. Sinne gestaltet ist. Darüber hinaus evozierten die aufklärer. Ideen erstmals in der dt. Kultur- und Geistesgeschichte eine immense *Bildungsbereitschaft*. Es entstehen zahllose private und öffentl. Lesezirkel, wissenschaftl., philantrop. und polit. Gesellschaften (sog. ›Tischgesellschaften‹, ›Orden‹ u. Ä.); es formiert sich ein neues, aufgeklärtes Lese- und Theaterpublikum, das sich durch Bildung und ästhet. Erfahrung (nicht mehr nur durch soziale, ständ. Merkmale) auszeichnete. Dies wirkte in vielfält. Weise auf das öffentl. kulturelle Leben zurück: Die literar. Produktion nahm in ungeahntem Maße zu, es entwickelte sich ein vielschicht. (wissenschaftl., literar. bis trivial-populäres) Zeitschriftenwesen (allein über 500 ⌐ moral. Wochenschriften); eine Fülle von ⌐ Taschenbüchern, ⌐ Almanachen, ⌐ Kalendern wurde herausgegeben. Entsprechend nahm die Zahl der Verlage und Verleger zu (ebenso die Buchmessen), ferner die Zahl der wandernden und festen Schauspieltruppen (die z. T. auch eine soziale Umwertung erfuhren). Erstmals wird der Versuch eines freien Schriftstellerstandes gewagt (Klopstock, Lessing), eine eigene, ›aufgeklärte‹ Kinderliteratur geschaffen (Basedow, J. C. A. Musäus, F. J. Bertuch). V. a. aber wurde auch der *Dichtung* ein wichtiger Platz im Bildungssystem zugewiesen und in zahlreichen poetolog. Abhandlungen *didakt.* definiert. Bedeutender Literaturkritiker und Organisator war J. Ch. Gottsched. Sein »Versuch einer crit. Dichtkunst vor die Deutschen« (1730), wiewohl streng normativ klassizist. orientiert (an Boileau u. a.), zielt auf Einheit von Bildung, Sprache

und Literatur im gesamten dt. Sprachraum (seine »Sprachkunst«, 1748, wird bedeutsam für die Bildung einer dt. Hochsprache). Gottscheds Schlüsselbegriffe ›Witz‹ (als produktive Kraft), ›Geschmack‹ und ›Kritik‹ (als Urteilskräfte, geregelt durch die Vernunft) bestimmen auch die weitere (zunehmend allerdings gegen Gottsched gerichtete) ästhet. Diskussion, in der v. a. dem Primat der Vernunft und des Witzes das ›Herz‹ (Gefühl) und die ›Einbildungskraft‹ entgegengesetzt werden (A. G. Baumgarten, G. F. Meier, J. A. und J. E. Schlegel, J. G. Sulzer, M. C. Curtius, M. Mendelssohn, G. E. Lessing, Ch. F. Nicolai u. a., s. ⌐ Poetik). Insbes. der sog. ⌐ Literaturstreit, in welchem die Schweizer J. J. Bodmer und J. J. Breitinger unter dem Einfluss des engl. Sensualismus das ›Wunderbare‹, d. h. die schöpfer. Einbildungskraft gegen Gottscheds Vernunftsprinzip hervorheben, trägt zur Selbstklärung der Literatur bei und prägt deren fernere Entwicklung. Wichtiges Forum dieser (und anderer) literaturtheoret. Diskussionen werden die ⌐ moral. Wochenschriften, die in Nachahmung des engl. »Tatler« und »Spectator« (hrsg. von R. Steele und J. Addison) seit 1713 in Deutschland erscheinen und eine öffentl. Meinung konstituieren und so zum wichtigen Erziehungsfaktor bei der literar. Geschmacksbildung werden. In ihnen manifestiert sich der Wandel von der funktional begründeten Lehrdichtung der Früh-A. hin zu einer aus Moral- und Vernunftfesseln befreiten Dichtung (vgl. z. B. die ⌐ Bremer Beiträger, in deren Zeitschrift 1748 die drei ersten Gesänge des »Messias« von F. G. Klopstock erschienen). Die literar. Werke der A. sind deutl. didakt. geprägt. Das gilt auch für die *Lyrik* der Früh-A. (z. B. für B. H. Brockes 9-teil. Gedichtsammlung »Ird. Vergnügen in Gott«, 1721–48, für die Lyrik F. v. Hagedorns, E. v. Kleists, J. N. Götz', K. W. Ramlers, G. E. Lessings oder der Karschin), während die spätere Lyrik v. a. empfindsame Züge aufweist (Klopstock, M. Claudius, ⌐ Göttinger Hain). Lieblingsgattungen der A. werden *lehrhaft-ep. Kleinformen* wie ⌐ Fabeln, ⌐ Epigramme, ⌐ Idyllen, ⌐ Epyllien (die z. T. auch mit der literar. Konvention brechen wie M. A. v. Thümmels Prosa-Epyllien), Patriarchaden, kleine Versepen, Briefe, Dialoge, sog. ›Gemälde‹, in denen philosoph. Begriffe und eth. Normen lebensnah entwickelt und ein aufgeklärter Eudämonismus propagiert werden. Der berühmteste und meistgelesene Autor solcher Kleinformen ist Ch. F. Gellert (seine »Fabeln und Erzählungen« 1746/48 u. 1754 wurden geradezu kanonisch). Weitere Vertreter sind J. Ch. Gottsched, A. v. Haller, W. G. Rabener, A. G. Kästner, Ch. N. Naumann, J. P. Uz, Ch. D. v. Schönaich, J. E. W. Zachariä, G. E. Lessing, S. Geßner, K. A. Kortum u. a. Beliebt war auch die ↗ Satire, meist nach engl. Vorbild (A. Pope, J. Swift) in der Form des kom. Heldengedichts (Zachariä, »Der Renommiste«, 1744) oder als Prosasatire (Ch. L. Liscow, Rabener, F. J. Riedel, L. v. Heß u. a.), deren Zeit- und Gesellschaftskritik (gegen ›vernunftloses‹ Verhalten) wegen der Zensur oft nur durch kompliziert-kaschierende Verfahrensweisen artikuliert werden konnte. Daneben wird v. a. der *Prosaroman* populär, der bis zum 18. Jh. nicht zur etablierten (formal definierten) Gattungstrias gezählt wurde. Seit etwa 1740 wird er (auf Grund seiner großen Beliebtheit beim Publikum) immer stärker in literaturtheoret. Überlegungen einbezogen und als der sittl.-moral. Erziehung dienl. Kunstgattung akzeptiert und inhaltl. definiert (erste umfassende Theorie: Ch. F. v. Blanckenburg, »Versuch über den Roman«, 1774). – Im Roman konnten alle aufklärer. Tendenzen (die realist. Beobachtung und ihre rationale Deutung, sittl. und prakt. Welterfahrung, utop. Gesellschaftsentwürfe nach den Vernunftmustern usw.) in unterhaltsam bildender Einkleidung vereinigt werden. Bestimmend werden franz. *Vorbilder* (Abbé A.-F. Prévost, J. F. Marmontel, J. J. Rousseau) und ebenfalls wieder v. a. engl. (S. Richardson, H. Fielding, T. G. Smollett, L. Sterne, D. Defoe). Beliebte aufklärer. Romangattungen sind die

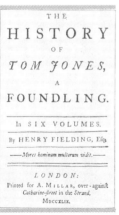

Fielding: »Tom Jones«

↗ Robinsonaden im Gefolge von Defoes »Robinson Crusoe« (1719), die den Aufbau einer besseren, auf Vernunft gegründeten Welt schildern und rationale bürgerl.-emanzipator. Utopien oder aus Rousseaus Ideen gespeiste anti- oder vorzivilisator. Idyllen entwerfen (im ganzen 18. Jh. vielgelesen und nachgeahmt z. B. J. G. Schnabels »Wunderl. Fata einiger Seefahrer ...«, 4 Bde. 1731–43, seit 1828 u. d. T. »Insel Felsenburg«), ferner ↗ Reiseromane und -beschreibungen, deren ungeheure Verbreitung (etwa 10000 Titel im 18. Jh.) auf der Fiktion des Dokumentarischen, der belehrenden, z. T. auch empfindsamen oder satir. Beobachtung der (Natur-)Erscheinungen und ihrer rationalen Analyse basiert (J. Th. Hermes, J. G. Schummel, J. C. A. Musäus, M. A. Thümmel u. v. a.). Die erfolgreichsten Romane der A. tragen deutl. empfindsame Züge (Hermes, Gellert, S. von La Roche), z. T. auch satir. (J. C. Wezel, »Hermann und Ulrike«, 1780). Ihr Hauptanliegen, die Bewährung bürgerl. Tugenden, wird meist gekoppelt mit Erziehungsfragen, mit utop. Entwürfen, auch mit der beliebten Reisethematik, so dass sich die Romane der A. mehreren Kategorien zuordnen lassen (Erziehungsroman, Staatsroman, Reiseroman usw.). Hervorzuheben sind der an die Adresse Friedrichs II. von Preußen gerichtete Roman »Der redl. Mann am Hofe« (1740) von J. M. v. Loen, eine der ersten bedeutsamen Staatsutopien in der dt. Literatur, ferner die ↗ Staatsromane von A. v. Haller (»Usong«, 1771 u. a.), Ch. M. Wieland (»Der goldene Spiegel«, 1772) oder F. L. Stolberg (»Die Insel«, 1788). Eine neue bedeutende Rolle im Rahmen der aufklärer. Erziehungs- und Bildungstendenzen kam dem *Theater* zu. V. a. Gottsched erkannte die Bühne als wichtiges Mittel zur öffentl. Artikulation der aufklärer. Leitideen und der Darstellung vernünftig-moral. Weltverhaltens. Er unternimmt es, das seit Ende des 16. Jh.s in allen sozialen Schichten beliebte Theater (von der höf., franz.-italien. Oper über bürgerl. Schul- und Liebhaberaufführungen bis zu den possenhaften Wanderbühnen) einer Reform zu unterziehen. Er sucht das soziale Prestige der Schauspieler zu heben (Verbürgerlichung des Schauspielerstandes), Urteilskriterien für das Publikum zu entwerfen und v.a. ein neues Drama (Theorie bes. in der 3. Aufl. seiner »Crit. Dichtkunst«, 1742) zu schaffen: Forderung einer aus und in der Sprache gestalteten Idee, Vers oder Prosa von Ernst und Würde, tekton. Aufbau gemäß den drei Einheiten (allerdings auch Beachtung der ↗ Ständeklausel), Wahrscheinlichkeit und ›gesunder Menschenverstand‹ in der Handlungsführung. Er reformiert die traditionelle Aufführungspraxis auf der seit 1727 in Leipzig zusammen mit Caroline Neuber unterhaltenen Musterbühne (Eliminierung allen barocken Schauprunks und aller possenhaften Elemente: berühmte allegor. Vertreibung des ↗ Hanswurst von der Bühne, 1737). In Gottscheds Umkreis entsteht (nach seiner Theorie und nach Vorbildern wie Molière und v.a. Th.N. Destouches) die sog. ↗ sächs. Komödie, die erste dt. bürgerl. Komödie: ein satir.-moralkrit. Typus in Prosa, der unter Verzicht auf Sprachwitz unvernünftige Handlungen verlacht (Luise Adelgunde Gottsched, J.E. Schlegel, J.Ch. Krüger, auch G.E. Lessing,»Der junge Gelehrte«, 1748). Sie sind z.T. gesammelt in Gottscheds »Deutscher Schaubühne« (6 Bde. 1741–45). Die sächs. Komödie wird abgelöst von der empfindsamen rührenden oder ↗ weinerl. Komödie. Sie trägt dem wachsenden Selbstbewusstsein der bürgerl. Gesellschaft Rechnung, die sich auf der Bühne nicht mehr komisch in ihren Irrtümern, sondern nachahmenswert in ihren Tugenden dargestellt sehen wollte. Damit treten kom. Elemente immer mehr zurück: Es entsteht eine ›Komödie ohne Komik‹, die über die kom. Gattung hinausweist und daher vielfach zur theoret. Reflexion anregt (Gellert, 1751). Vorbild ist die franz. ↗ Comédie larmoyante, Hauptvertreter wiederum Gellert (»Das Los in der Lotterie«, 1746;»Die zärtl. Schwestern«, 1747). Auch Lessing greift in die Diskussion ein und plädiert für ein ausgewogenes Verhältnis zwischen komischen und rührenden Elementen und liefert in »Minna von Barnhelm« (1767) das erste dt. bürgerl. Lustspiel von Rang. Lessing wird überhaupt zur herausragenden Gestalt der dt. literar. A., welche die dt. Literatur aus der pedantisch-regelgebundenen Enge im Gefolge Gottscheds herausführte.

Unter Rückgriff auf Ansätze der Schweizer Bodmer und Breitinger und v.a. J.E. Schlegels, der bereits gegen Gottscheds Regeldrama auf Shakespeare verwiesen hatte (vgl. seine Trauerspiele »Hermann«, 1741; »Canut«, 1746), liefert Lessing nicht nur eine neue Definition des Tragischen und der trag. Wirkungen (↗ Katharsis; »Literaturbriefe«, 1759–65; »Hamburg. Dramaturgie«, 1767–69), sondern entwickelt mit »Miß Sara Sampson« (1755) und »Emilia Galotti« (1772) auch prakt. einen neuen Tragödientypus, das ↗ bürgerl. Trauerspiel, in dem die früheren poetolog. Forderungen (insbes. Ständeklausel, Verssprache) abgelöst werden und das Trag. als innere, nicht soziale Bedingtheit gestaltet wird, das auch bürgerl. Menschen treffen kann. Mit seiner viele Bereiche erhellenden Literaturkritik (Beiträge zur Fabel 1759, zum Epigramm 1761, zum ↗ Laokoon-Problem 1766, Rezensionen usw.) und seiner allgemeinen Religions- und Kulturkritik (»Erziehung des Menschengeschlechts«, 1780; »Ernst und Falk. Gespräche für Freimäurer«, 1780) steht Lessing zugleich wegweisend im Austausch mit Vertretern von Parallelströmungen (Hamann, Herder, Wieland, Winckelmann). Mit der in dem ›dramat. Gedicht‹ »Nathan der Weise« (1779) gestalteten Idee der Toleranz, eines Leitbegriffes der A., führt ein direkter Weg zum Humanitätsideal der ↗ Weimarer Klassik. Auf dem *Höhepunkt der A.* war Europa von gelehrter und publizist. Diskussion erfüllt. Ein ungeheurer Optimismus hinsichtl. der Realisierbarkeit aufklärer. Zielsetzungen beherrschte alle Bereiche. Die Zeitgenossen der A. fühlten sich als Weltbürger einer gemeinsamen Gelehrtenrepublik (vgl. auch Klopstock, 1774). Die Wissenschaft galt als höchste Ausprägung der menschl. Vernunft. In den Hauptstädten Europas entstanden wissenschaftl. ↗ Akademien (erstes dt. Beispiel die Preuß. Akademie der Wissenschaften, 1700, Präsident Leibniz). In Deutschland vollzog sich in vielen Staaten der Schritt zum aufgeklärten Absolutismus, wobei der Widerspruch zwischen der naturrechtl. Staatstheorie und der tatsächl. Anerkennung absolutist.-monarch. Herrschaft hingenommen wurde mit Hoffnung auf die erzieherische

Wirkung des aufklär. Gedankengutes in der Zukunft (als Signale wirkten: Freundschaft Friedrichs II. von Preußen mit Voltaire, Beziehungen Diderots zum russ. Zarenhof), zumal das Ziel einer Rechtsstaatlichkeit bürgerl. Freiheit nicht gegen die Monarchie, sondern mit ihr verwirklicht werden sollte. Diese aufklär. Euphorie gipfelte und endete zugleich in der Französ. Revolution, während welcher die aufklär. Maximen durch terrorist. Gewalt pervertiert wurden. Letztlich scheiterte die A. des 18. Jh.s an der optimist. Überschätzung von Funktion und Leistungsfähigkeit der menschl. Vernunft. IS

Auflage, Summe der gleichzeitig hergestellten Exemplare einer Zeitung oder eines Buches. Die Höhe der A. bemisst sich nach der Verkaufserwartung (bei Büchern 500–5000). *Neu-Auflagen* belletrist. Literatur sind meist unverändert, wissenschaftliche vom Verfasser oder einem Bearbeiter ergänzt. Gezählt wird nach der Anzahl der A. oder der Summe aller Exemplare (in Tausend). Von Ausgaben für ⁊ Bibliophile wird meist nur eine in der Stückzahl beschränkte A. gedruckt *(limitierte A.)*. Unverkäufl. Bestände werden eingestampft oder im ›Modernen Antiquariat‹ abgesetzt *(Rest-A.)*, gelegentl. auch umgebunden und mit neuem Titelblatt wieder angeboten (Titel-A.). ⁊ Neudruck. HSt

Aufreihlied, von F. R. Schröder erschlossene Form der idg. Heldendichtung: knappe, andeutende Aneinanderreihung der Taten eines Gottes bzw. Helden; die entsprechenden Mythen werden bei den Hörern als bekannt vorausgesetzt. Altind., avest., altnord. und lat. Belege (z. B. Vergil, »Aeneis«, Buch VII, v. 287–303 als mutmaßl. Rest eines alten A.s von Herakles). Die Möglichkeit der Rückführung der Gattung in gemeinidg. Zeit durch J. de Vries bezweifelt. K

Aufriss, Vorform des Rundfunk-⁊ Feature.

Auftakt, Bez. der ⁊ Taktmetrik für eine oder mehrere unbetonte Silben, die vor der ersten Hebung liegen; im 19. Jh. aus der musikal. Terminologie übernommen. Antike Bez. ⁊ Anakrusis. S

Auftritt ⁊ Szene.

Aufzug, dt. Bez. für den ⁊ Akt im Drama. Ursprüngl. Aufmarsch zu festl. Prozessionen und Umzügen (⁊ Trionfi an den Höfen der Renaissance- und Barockzeit; Goethes Maskenzüge); Einzug der Mitwirkenden bei festl. Tanzaufführungen sowie der Schauspieler auf die bei Aktbeginn leere Bühne. Von daher, aber auch im Hinblick auf das Aufziehen des Vorhangs bei Aktbeginn, vereinzelt seit dem 17. Jh. (A. Gryphius, Lustspiele), allgemein seit dem 18. Jh. (J. E. Schlegel, G. E. Lessing) Bez. für den Akt; im 17. Jh. seltener auch für den einzelnen Auftritt innerhalb des Aktes. K

Augenreim, Reim zwischen orthograph. ident., aber verschieden ausgesprochenen Wörtern, die entweder in einer älteren Sprachstufe lautl. noch übereinstimmen (⁊ histor. Reim), z. B. frz. *ours* [urs]: *toujour* [tuˈʒuːr] (Perrault, im 17. Jh. noch rein) oder aber sich von vornherein nur an das Auge richteten, z. B. engl. *love:prove, good:blood* (Tennyson, »In memoriam A. H. H.«, 1850). S

Auktoriales Erzählen [auktorial: neugebildetes Adjektiv zu lat. auctor = Autor], Bez. F. K. Stanzels für eine Erzählstruktur aus der ⁊ Perspektive einer ›allwissenden Überschau‹, auch als *external view point* (Lubbock), *vision par derrière* (Pouillon) oder *Sicht von oben* (Todorov) bez.: der *Erzähler* berichtet über Innen- und Außenwelt der Personen in der von ihm geschaffenen fiktiven Welt (dagegen ⁊ personales Erzählen); er mischt sich oft auch (in ⁊ Ichform) in das Erzählte ein, kommentiert es im Gespräch mit dem Leser oder erörtert mit ihm erzähltechn. u. a. (z. B. moral.) Probleme. Er bestimmt so auch die Leserperspektive. – Während nach Stanzel dieser Erzähler ebenfalls fiktiv (nicht mit dem Autor ident., aber auch kein Charakter der erzählten Geschichte) ist, seine Funktion die Subjektivierung der objektiven Erzählform sei, spricht nach K. Hamburger in den Ich-Einmischungen der Autor, der die fiktionale Aussageform (die Er-Erzählung) in spieler. Absicht durch nicht fiktionale Äußerungen durchbreche, wodurch er jeweils den Anschein erwecke, das fiktionale Geschehen sei real (histor.) erzählt (»Die Fiktion wird einen Augenblick als Wirklichkeitsbericht fingiert«). Dabei werde (vergleichbar der Funktion der ↗ Iust. Person im Drama) jedoch die Illusion der Fiktion nicht nur nicht gestört (auch nicht subjektiviert), sondern erst recht als solche bewusst gemacht. Das a. E. ist so gesehen ein iron. Spiel mit Wirklichkeitsaussage und fiktionalem Erzählen und (als eine Ausdrucksmöglichkeit des ↗ Humors) kennzeichnend für die Struktur des humorist. Romans. Es findet sich bei Cervantes, bei H. Fielding, L. Sterne, J. Swift, Ch. M. Wieland, bes. in der Romantik (v. a. Jean Paul), weiter etwa bei W. Raabe und Th. Mann, aber auch in nicht-humorist. Sinne (A. Gide, »Les faux monnayeurs«).   GS

Aulodie, f. [zu gr. aulos, einem Blasinstrument mit doppeltem Rohrblatt, Schalmei, Pfeife], in der griech. Antike der vom Aulos begleitete chor. Gesangsvortrag, z. B. Elegien und (wegen seines als anfeuernd, orgast. empfundenen Klanges) von Trink-, Hochzeits-, Arbeits- und Kriegsliedern. Erster histor. belegter Aulode war Klonas von Tegea (Anf. 7. Jh. v. Chr.).   IS

Ausgabe, vgl. ↗ Einzel-A., ↗ Gesamt-A., ↗ Erst-A. (editio princeps), ↗ A. letzter Hand, ↗ krit. A., ↗ histor.-krit. A., ↗ Edition, ↗ Editionstechnik, ↗ Editio definitiva, ↗ Editio spuria, ↗ Editio castigata, ↗ ad usum delphini.

Ausgabe letzter Hand, Bez. für die letzte vom Dichter selbst redigierte und überwachte Ausgabe seiner Werke, die die Texte in ihrer endgült. Gestalt bietet; wertvoll v. a. für ↗ histor.-krit. Ausgaben. Durch Wielands »Ausgabe von der letzten Hand« (1794–1802 bzw. 1811) und bes. durch Goethes »Vollständige Ausgabe letzter Hand« (Bd. 1–40, 1827–1830) als Begriff üblich geworden. ↗ Edition, ↗ Redaktion.   HS

Aushängebogen, einzelne Bogen eines Buches, die während des Ausdruckens dem Verfasser oder Verleger nur noch zur Orientierung über die Qualität des Druckes (nicht mehr zur Korrektur) vorgelegt werden; dienen auch der vorzeitigen Information von Rezensenten. Früher zur Ankündigung von Neuerscheinungen öffentl. ausgehängt.   HSt

Ausländerliteratur, ↗ Migrantenliteratur

Ausstattungsstück, Bühnenstück, das in erster Linie durch reiche Ausstattung (↗ Bühnenbild, Kostüme, perfektionist. Theatermaschinerie) wirkt. Züge des A.s haben die höf. Gattungen des Barockdramas (↗ Barock) mit ihrer Tendenz zum ↗ Gesamtkunstwerk (Oper, ↗ Festspiel; oft mit effektvollem Einsatz von Flugapparaten, Versenkungen, Bühnenfeuerwerken, Wasserspielen, Donner, Blitz und Wetterleuchten, prunkvollen Kostümen, Balletteinlagen); durch sie angeregt auch das ↗ Jesuitendrama, dessen lat. Text dem Laienpublikum, zu dessen Erbauung die Aufführungen dienen sollten, ohnehin nicht verständlich war. In dieser Tradition stehen auch die ↗ Haupt- und Staatsaktionen des 18. Jh.s, das ↗ Wiener Zauberstück (E. Schikaneder, J. N. Nestroy, F. Raimund) und die Grand opéra des 19. Jh.s (G. Meyerbeer). Durch die Überbetonung der ›histor. echten‹ Dekorationen und Kostüme bei den ↗ Meiningern gerieten vor allem histor. Dramen in die Nähe von A.en. Jüngere Formen des A.s sind Operette, ↗ Revue und Musical.   K

Auto, n. oder m. [span., aus lat. actus = Handlung], spätmittelalterl. einaktiges ↗ geistl. Spiel des span. Theaters. Theaters, aufgeführt an den Festtagen des Kirchenjahres (Weihnachten, Fronleichnam, Marien-Festtage, Tage der Heiligen usw.): Versdrama mit gesungenen, z. T. auch getanzten Einlagen. Die Entwicklung der Gattung zum bühnenwirksamen Drama im 16. Jh. verlief parallel zur Entwicklung der weltl. Comedia: Erweiterung des Umfangs, Loslösung von den bibl., liturg. und hagiograph. Vorlagen der Anfangszeit, zunehmender Reichtum der Versmaße, der gesungenen Einlagen, der

Themen und Personen, dramat. lebendigere Handlungen und Dialoge. Die Beliebtheit der A.s bei allen Schichten des Volkes zeigt die große Zahl der Aufführungen: allein in den 50 Jahren der Schaffenszeit Lope de Vegas (gest. 1635) schätzungsweise 2000. Vor Calderón (1600–1681) wurden nur wenige Texte gedruckt. Eine berühmte Sammlung ist der »Codice de Autos Viejos« der Nationalbibliothek Madrid, 96 Stücke). Seit dem Ende des 16. Jh.s verdrängte das ↗ Auto sacramental fast ganz die anderen Formen geistl. Einakter. ↗ Moralität. GR

Autobiographie, f. [zu gr. Autos = selbst, bios = Leben, graphein = schreiben], literar. Darstellung des eigenen Lebens oder größerer Abschnitte daraus (Lebensbeschreibung, Lebenserinnerungen). *Die Bez.* prägte als erster vermutl. R. Southey (in »The Quarterley Review« I, 1809: *Auto-biography*); im dt. Sprachbereich findet sich 1796 *Selbstbiographie* (als Titelbestandteil einer von Herder angeregten, von D. Ch. Seybold in Tübingen edierten Sammlung von Lebensbeschreibungen). – Die *Definition* und terminolog. Scheidung der ›A.‹ von der älteren Bez. ↗ Memoiren leistete die Aufklärung, die mit der Ergründung rationaler und emotionaler Kräfte nicht nur das Interesse an biograph. Darstellungen, sondern auch die theoret. Reflexion darüber förderte. Als A. gilt seit dem 18. Jh. die Aufzeichnung v. a. der Persönlichkeitsbildung durch Entfaltung geist.-seel. Kräfte im Austausch mit der äußeren Welt. Allgemein ist die A. gekennzeichnet durch eine einheitl. Perspektive, von der aus ein Leben als Ganzes überschaut, gedeutet und dargestellt ist (dagegen ↗ Tagebuch, ↗ Chronik). Diese meist in höherem Alter oder von einem abgeklärten Standpunkt aus vorgenommene Retrospektive bedingt innerhalb eines chronolog. Aufbaus eine unbewusste oder bewusste (oft sentenziöse) Systematisierung, (Neu)ordnung, Auswahl und einheitl. Wertung der biograph. Fakten, eine sinngebende Verknüpfung einzelner Lebensstationen. Diese kann motiviert sein von der Suche nach der eigenen Identität, vom Wunsch nach Selbstergründung, nach Zeugenschaft, moral.,

polit., religiöser Rechtfertigung (↗ Apologie) vom Drang zu Bekenntnis oder Enthüllung, von erzieherischen Impulsen usw.; charakterist. sind weiter Subjektivismus, ein oft relativer histor., polit. oder kulturhistor. Wahrheitswert, andererseits aber Authentizität bes. im Bereich der Gefühle und Meinungen. Berühmte A.n zeigen Ausgewogenheit zwischen der Darstellung des eigenen Ich und der formenden äußeren Einflüsse und sind zugleich Analysen der geist. und kulturellen Strömungen einer Zeit. Dennoch sind die Grenzen zu mehr privaten, unreflektierten Lebenserinnerungen oder Schilderungen v. a. zeitgeschichtl. öffentl. Ereignisse (Memoiren), zur Reihung nur äußerer Lebensdaten oder -leistungen (Lebensabriss, Chronik) oder rein seel. Erlebnisse (Bekenntnisse) fließend: Letztl. bedingen Aufrichtigkeit der Verfasser und Unmittelbarkeit der Darstellung den Wert einer A. – Eine bestimmte *Form* eignet der A. nicht. Übl. ist Ich-Form, es gibt aber auch Darstellungen in der 3. Person (S. O'Casey), Brief- (Platon, Holberg) und Dialogform (Cicero), die Mischung von Vers und Prosa (Dante), Versform (Ovid, »Tristia« IV, 10, W. Wordsworth, »The Prelude«, 1805), die essayist. Trennung von biograph. Fakten und theoret. Äußerungen (S. T. Coleridge) u. a. *Geschichte:* Die A. setzt eine sich selbst reflektierende Individualität voraus, die sich v. a. in der Renaissance entwickelte. Autobiograph. Zeugnisse sind daher *in Antike und MA.* selten, sind toposhaft stilisiert: so Platons Apologie eines Lebensabschnitts (7. Brief) oder Isokrates' A. in Form einer fingierten Gerichtsrede (d. h. einer rhetor. Übung mit dem eigenen biograph. Material). Auch die Äußerungen Caesars, Ciceros oder Augustus' über ihr polit. Wirken sind toposhaft objektiviert, eher den ↗ Hypomnemata und Commentarii zuzurechnen; die sog. A.n von Marc Aurel († 180 n. Chr.), P. Aelius Aristides († 190 n. Chr.) oder Boëthius († 523) bis hin zu denen mal. Mystiker (z. B. Seuses »Vita«, 1327, gilt als 1. dt.-sprach. A.) legen nur einen erreichten philosoph. oder religiösen Standpunkt dar. Häufiger Formtypus solcher relig.-philosoph. Bekenntnisse sind Selbstgespräche, sog. *Soliloquien*

(u. a. von Augustinus, 386/87). Die erste eigentl. A. sind die »Confessiones« Augustins (13 Bücher, 397), die freimütige Darstellung seiner geist. und sittl. Entwicklung und subtile Analyse der eigenen Persönlichkeit, verbunden mit religiös.-philosoph. Reflexionen (berühmt ist die Bekehrungsszene, 10. Buch). Ähnl. Rang erreicht erst wieder die A. Abaelards (in Briefform, 1135), die ebenfalls Lebens- und Bildungsgeschichte mit intensiven Reflexionen über das eigene Ich verbindet. Dantes »Vita Nova« (1292/95) gilt als ein objektive und subjekt. Tendenzen umfassendes (als A. umstrittenes) Zeugnis der im MA. erreichten Entwicklung. – In der *Renaissance* verweisen eine Fülle chronikartiger, v. a. kulturhistor. bedeutsamer A.n (eher Reise-, Kriegs-, Lebenserinnerungen) auf eine Hinwendung zur äußeren Lebenswirklichkeit, so z. B. die bürgerl. Selbstdarstellungen A. Mussatos (Padua, 14. Jh.), G. Morellis (Florenz, 15. Jh.), H. Weinsbergs (Köln, 16. Jh.) oder im 16. Jh. die Aufzeichnungen krieger. (Götz von Berlichingen, Blaise de Monluc), höf. (H. von Schweinichen) oder religiös ausgerichteter Lebensbilder (Th. Plattner). Die in dieser Zeit voll erwachte Ichbewusstheit führt zu einer *ersten Blüte der A.:* Dabei wird v. a. versucht, den Prozess wissenschaftl., philosoph., oder künstler. Schaffens oder religiöser Erfahrungen zu analysieren. Bedeutend für die europ. Geistesgeschichte sind die A.n B. Cellinis (1558/66), des Arztes G. Cardano (1575) oder der Hl. Teresa von Avila (1561/62). Im 17. Jh. ragen die A. von R. Descartes, die polit. A. des Kardinals de Retz (1662, hg. 1717), die relig. A.n J. Bunyans (1666) oder der Madame Guyon (1694, hg. 1720) aus der Fülle der damals beliebten Memoiren heraus. In der Tradition relig. A.n entstehen im 18. Jh. bes. in Deutschland eine Fülle autobiograph. Seelenanalysen ($\nearrow$ Pietismus, $\nearrow$ Empfindsamkeit), z. B. von J. G. Hamann (1758) oder Jung-Stilling (1. Bd. 1777, hg. von Goethe). Erwähnenswert sind ferner die A.n D. Humes (1776) und E. Gibbons (1789: in beiden zentral die literar. Entwicklung), die aufklärer.-moralisierende A. von B. Franklin (1791), die psychologisierende von V. Alfieri (1803) und die me-

moirenhafte von G. Casanova (1791–98, vollst. hg. 1960/62), aber auch die A.n einfacher Leute wie U. Bräker oder P. Prosch (beide 1789). Von entscheidender geistesgeschichtl. Wirkung sind die »Confessions« J. J. Rousseaus (1782/89: Begründung des modernen Individualismus). Goethes A. »Dichtung und Wahrheit« (1811/32) mit ihrer universalhistor. Auffassung und Weite des Weltverständnisses wird zum Gipfel autobiograph. Darstellungen, mit der sich danach am ehesten die A.n von Stendhal (1835, hg. 1890), Chateaubriand (1848/50), E. Renan (1883) vergleichen lassen. Das Interesse des 19. Jh.s an nationalen, histor. oder kulturhistor. Ereignissen fördert eher stofforientierte Memoiren. Hervorzuheben sind die bekenntnishaften Selbstanalysen Th. de Quinceys (1821), Kardinal Newmans (1864), A. Strindbergs (1886), H. James' (1913 ff.), die philosoph. A.n von J. S. Mill (1873), H. Adams (1918), B. Croces (1918?) oder im 20. Jh. die sachl. Darstellungen einer Berufslaufbahn (bes. als Politiker oder Künstler) von L. Trotzki (1930), A. Schweitzer (1931), H. G. Wells (1934), A. Koestler (1934/54), St. Spender (1946/51), S. de Beauvoir (1958), J. Osborne (1981), A. Robbe-Grillet (1986/89) oder A. Miller (»Timebends«, 1987). – In neuerer Zeit lassen die Überzeugung der Determiniertheit des Menschen und eine damit verbundene Identitätsproblematik, auch Pessimismus und Skepsis gegenüber Werten und Leitbildern das Unternehmen einer A. fragwürdig erscheinen. Neue verfremdende, objektivierende oder fiktionale Formen ($\nearrow$ autobiograph. Roman) versuchten G. Moore (1911/13), G. Stein (1933), S. O'Casey (1939/ 54), W. B. Yeats (1926, hg. 1955), P. Weiss (1961/62) u. a.; beliebt sind daneben autobiograph. Lebensausschnitte (Jugend-, Kriegserlebnisse u. Ä., auch Exilschicksale: Th. Fontane, 1894; M. Gorki, 1913/22; W. Benjamin (»Berliner Kindheit um 1900«, 1930, ersch. 1950; M. Halbe, 1933; E. Toller, 1933; G. Hauptmann, 1937; A. Weissenborn, 1948; A. Andersch, 1952; M. v. Dönhoff, 1988 u. a.) oder Tagebuchformen, die der als facettenhaft gebrochen empfundenen Wirklichkeit eher zu entsprechen scheinen.   IS

Autobiographischer Roman, literar. Transposition der Biographie (oder auch nur biograph. Erlebnisse) des Autors in ein fiktionales Geschehen. Im Ggs. zur ↗ Autobiographie unterliegt die Darstellung damit nicht mehr nur der Forderung unbedingter Wahrhaftigkeit, sondern künstler. Strukturgesetzen, d.h., die biograph. Vorgänge werden nicht um ihrer selbst willen berichtet, sondern einer Symbolstruktur unterworfen, das stoffl. Material wird zudem auf einen Höhepunkt und Schluss hin geordnet, Entwicklungen und Sinnstrukturen durch Stilisierungen, Umgruppierungen und Auslassungen von biograph. Fakten, durch Einfügung erfundener Ereignisse, Personen, Motive usw. verdeutlicht. So kann der Autor im a.R. z.B. alle im Charakter (s)einer Person liegenden Möglichkeiten aufzeigen, die im realen Leben oft durch zufällige Umstände nicht zur Entfaltung kommen konnten, etwa Liebeserfüllung (Ch. Brontë, G. Keller) oder Tötungsbereitschaft (D.H. Lawrence); ein a.R. kann sogar mit dem Tod des Helden abschließen (H. Hesse, »Unterm Rad«, 1906). Ferner erlaubt die (oft gewählte) Erzählform der 3. Person eine perspektiv. Mehrschichtigkeit, durch die z.B. auch verdeckte Motive, Gedanken usw. einzelner Personen sichtbar gemacht, das eigene Ich in anderen gespiegelt werden kann, oder ein funktionales Schalten mit Stoff und Zeit (Joyce, »Portrait of the Artist ...«, 1917). Häufig sind aber auch a.R.e in Ich-Form (mit einsinniger Perspektive: Ch. Brontë, G. Keller). Bedeutende a.R.e sind K. Ph. Moritz, »Anton Reiser« (1785/90, große Nähe zur Autobiographie, vornehml. Selbstanalyse), A. de Musset, »La confession d'un enfant du siècle« (1836), Ch. Brontë, »Villette« (1853), G. Keller, »Der grüne Heinrich« (1. Fassung 1854/55, 2. Fassung in Ichform 1879/80), D.H. Lawrence, »Sons and Lovers« (1913), G. Stein, »The autobiography of Alice B. Toklas« (1933), A. Kolb, »Die Schaukel« (1934), F. v. Unruh, »Der Sohn des Generals« (1957), P. Weiss, »Abschied von den Eltern«, »Fluchtpunkt« (1961/62) u.a. Seit den 80er Jahren wird die Aufarbeitung des eigenen Lebens oder eines Lebensabschnitts in Roman (Novelle, Erzählung) zunehmend beliebt (A.

Brandstetter, B. Schwaiger, M. Wimscheider u.v.a.). – Nur bedingt als a.R. können M. Prousts »A la recherche du temps perdu« (1913/27; Versuch, durch intuitives Erinnern ein gelebtes Leben wiederzufinden) oder etwa Dantes »Vita Nova« (um 1293; Vers und Prosa, das äußere Geschehen wird relig.-philosoph. spiritualisiert) und Ulrichs von Lichtenstein »Frauendienst« (um 1255) bezeichnet werden.

IS

Autograph, n. [gr. autógraphos = selbstgeschrieben], vom Verfasser eigenhändig geschriebenes Schriftstück (heute auch authent. maschinenschriftl. Text), ↗ Manuskript. Als A.en gelten ferner vom Autor redigierte Handschriften und Drucke. A.en von mal. Dichtern bilden in der Überlieferungsgeschichte die Ausnahme, so mutmaßl. die Wiener Otfriedhandschrift, 9. Jh. (wahrscheinl. vom Dichter redigiert), das sog. A. von Rulman Merswins »Neun-Felsen-Buch«, 14. Jh. (von Merswin selbst geschrieben), die Heidelberger Handschrift A des Michel Beheim. Der Wert der A.en liegt für den Forscher in der Authentizität, für den Sammler in der Seltenheit und Bedeutung der Stücke. Einer der frühesten und größten dt. A.en-Sammler war Goethe. A.en-Sammlungen gibt es seit dem 17. Jh., von Frankreich ausgehend, zuerst durch private Liebhaber, seit dem 18. Jh. zunehmend durch öffentl. Bibliotheken. A.en-Sammlungen, meist Nachlässe, befinden sich auch in den Literatur-↗ Archiven. Die frühere Preußische Staatsbibliothek hatte mit 430000 A.en (Stand 1939) die größte A.en-Sammlung im dt. Sprachraum, sie befindet sich heute zum größten Teil in der Staatsbibliothek Preuß. Kulturbesitz Berlin.

HFR

Automatische Texte, Sammelbez. für eine durch automat. Niederschrift entstandene Literatur; von der Intention her lassen sich unterscheiden 1. eine an der Bloßlegung unterbewusster, vorästhet. Prozesse interessierte Tendenz (G. Stein, frz. ↗ Surrealismus, ↗ écriture automatique, als Grenzfall ↗ stream of consciousness), 2. eine bei völliger Ausschaltung des personalen poet. Bewusstseins nur noch an mechan. zufälligen Texterergebnissen interessierte Tendenz (↗ aleator. Dichtung, ↗ Würfel-, ↗ Computertexte).   D

Autonome Dichtung, synonym zu ↗ absolute Dichtung gebraucht.

Autonym [gr. autos = selbst, onoma = Name] ↗ anonym.

Auto sacramentạl, n. oder m. [span. auto = Handlung, sacramental = auf das Sakrament der Eucharistie bezüglich], span. Bez. für das ↗ Fronleichnamsspiel, aufgeführt am Corpus-Christi-Fest, im Freien (auf öffentl. Plätzen) auf Festwagen (*carros*; ↗ Wagenbühne), v. a. in den großen Stadtzentren (Madrid, Toledo u. a.): Darstellung des christl. Heilsgeschehens im Gewand bibl., mytholog., histor., literar. Stoffe; daher reiche Verwendung von Allegorien und Personifikationen (↗ lebende Bilder). Höhepunkt des A. s. ist die Verherrlichung der Eucharistie im Schlussbild (die Altarsakramente dabei auf der Bühne im Schaubild vergegenwärtigt). Seit Ende des 16. Jh.s Aufführungen mit immer größerem Prunk und Aufwand an Bühnenmaschinerien und Schaubildern, oft folgten mehrere verschiedene A.s s.es hintereinander. Blüte bei Lope de Vega, Tirso de Molina, Mira de Amescua, Valdivielso und bes. Calderón (am bekanntesten »Das Große Welttheater« durch Hofmannsthals Nachdichtung im »Salzburger Großen Welttheater«, 1922). 1765 Verbot der Aufführungen unter den Bourbonen.   GR

Avantgarde, f. [aˈvãːɡardə; frz. = Vorhut], ursprüngl. militär. Begriff, seit Mitte des 19. Jh.s, d. h. seit dem Entstehen einer bewusst antibürgerl., autonomen Kunst, auf die jeweils neuesten künstler. und literar. Entwicklungen angewendet. Als *Avantgardisten* verstehen sich Künstler und Literaten, die mit einem progressiven Programm formal und inhaltl. in Opposition zu den bestehenden literar. und gesellschaftl. Konventionen treten. Die Überspitzung des Dranges nach Neuem wird erfasst durch den Begriff ›Avantgardismus‹. ↗ Futu-

rismus, ↗ Dadaismus, ↗ Surrealismus oder etwa der ↗ nouveau roman, die ↗ konkrete Dichtung entstanden als avantgardist. Bewegungen, ebenso die Formen des Happening oder des ↗ Living Theatre.   DJ

Avanturierroman [frz. avanturier, Nebenform zu aventurier = Abenteurer, Glücksritter, von aventure = Abenteuer], Bez. für ↗ Abenteuerromane, die *im 18. Jh.* in der Nachfolge von Heinsius' holländ. ↗ Schelmenroman »Den Vermakelijken Avanturier« (Der fröhliche Abenteurer, 1695) im Titel das Wort ›Avanturier‹ führen. Vor Heinsius tauchte der Begriff ›Avanturier‹ auch schon in de la Geneste's frz. Übersetzung (»L'avanturier Buscón«, 1644) des span. Schelmenromans »Historia de la vida del Buscón« (1626) von Quevedo auf. Der Held (bzw. die Heldin) des A. ist, oft in Anlehnung an den Picaro des span. Schelmenromans, der aus kleinen Verhältnissen stammende Typ des Glücksjägers, der, von einem launischen Geschick in der Welt umhergetrieben, sich in mancherlei Berufen und gewagten Unternehmungen versucht und unzählige Abenteuer zu bestehen hat, ehe er als angesehener bürgerl. Biedermann sein Leben beschließen kann. Icherzählung, typisierende Personenzeichnung, häufiger Ortswechsel, histor. Hintergrund, das Milieu der unteren Stände sowie feststehende Motive, vor allem Reisen (↗ Reiseroman), Liebesabenteuer, Zweikämpfe, Überfälle, Gefängnis, Schiffbruch charakterisieren den A. formal und inhaltlich. Je nach Thematik unterscheidet man den mit dem Schelmenroman verwandten A. (z. B. »Der lustige Avanturier«, 1738) von dem der ↗ Robinsonade nahestehenden (z. B. »Der durch Zauberey aus einem Welt-Theil in das andere gebrachte Bremische Avanturier«, 1751). Mit dem anonym erschienenen »Kurtzweiligen Avanturier« (1714), einer Übersetzung Heinsius', wird der A. in Deutschland heimisch. Ihm folgen bis 1769 etwa 20 A.e, alle von unbekannten Verfassern, u. a. »Des seltsamen Avanturiers sonderbare Begebenheiten« (1724), »Die Teutsche Avanturiere« (1725) etc. Ihre außerordentl. Beliebtheit wird durch die ›Pseudo-Avanturiers‹ belegt (z. B. »Der Würtembergische Avanturier«, 1738), die, ohne in irgendeiner themat. Beziehung zu den A.n zu stehen, sich deren Namen als Käuferfang zunutze machten. PH

chen«, in: »Gedichte eines Erwachenden«, 1842) und V. v. Scheffel mit seiner Gedichtsammlung »Frau A.« (1863) an die mal. Tradition an. PH

Âventiure, f. [avɛnˈtyːrə; mhd., über frz. aventure von mlat. adventura = Ereignis], *in mhd. Literatur* (bes. in der ↗Artusdichtung) vorkommende Bez. für ritterl. Bewährungsproben in Kämpfen mit Rittern, Riesen und and. gefahrvollen Begegnungen mit Fabelwesen (Drachen, Feen u. a.), deren Bestehen Werterhöhung und Ruhm bedeuten. Der Held ›reitet aus auf A.‹ entweder, weil er seine Tüchtigkeit erproben will oder weil er von Schwachen und Verfolgten um Hilfe gebeten wird. Bevorzugte A.-Orte sind der Wald (forest avantureuse, bei Chrétien de Troyes, »Erec et Enide«, v. 65 ff.), der Wundergarten (Hartmann v. Aue, »Erec«, v. 8698 ff.), der Zauberbrunnen (»Iwein«, v. 3923 ff.) und das Zauberschloss (Schastel marveil in Wolframs v. Eschenbach »Parzival«, v. 562, 21 ff.). Bereits in der mhd. Blütezeit treten zu den märchenhaften A.-Motiven solche aus der ↗Helden- und ↗Kreuzzugsdichtung (z. B. der böse Heide, das wilde Waldweib in Wirnts v. Grafenberg »Wigalois«, v. 3652 ff. und v. 6285 ff.), die zur wildwuchernden A.-Phantastik späthöf. Artusepik (z. B. Heinrich v. dem Türlîn, »Der Â. Crône«) überleiten. – In der Heldenepik bedeutet A. ein Handlungsabschnitt; als Kapitelüberschrift zuerst nachweisbar in den Hss. A und C des Nibelungenliedes. Erst in der späteren Heldenepik (2. Hä. 13. Jh.) tauchen der Artusepik verwandte aventurehafte Züge auf (»Virginal« v. 110, 8 ff.). – A. wird im MA. weiter allgemein als *Bez. für erzähler. Werke* verwendet (vgl. z. B. Wolfram, »Parzival«, v. 140, 13: dirre aventiur hêrre = der Held dieser Erzählung). Auch die Quelle einer solchen Erzählung wird A. genannt (»Herzog Ernst« v. 3891: nâch der â. sage). – Daneben erscheint »Frau A.« als Personifikation der Erzählung, z. T. als Dialogpartnerin des Dichters, erstmals bei Wolfram (»Parzival« v. 433, 1 ff.), dann bei Rudolf von Ems (»Willehalm«, v. 2143 ff.) u. a. bis hin zu Hans Sachs. – Im 19. Jh. knüpfen M. v. Strachwitz mit »Fräulein Aventür« (»Mär-

B

Bacchius, Bakcheus, m. [gr.-lat.], antikes Versmaß der Form ⏑ – – (amābō), Bez. nach seiner Verwendung in Liedern auf den griech. Gott Bakchos; in *griech. Dichtung* meist nur als Abschluss jamb. Verse gebraucht (z. B. im katalekt. jamb. ↗ Trimeter); *in lat. Dichtung* häufig in der Komödie, am gebräuchlichsten als akatalekt. bakcheischer Tetrameter (⏑–́–|⏑–́–|⏑–́–|⏑–́–). Auch seine Umkehrung: – – ⏑ (gr. = *Palim-B.*, lat. *Antibacchius*), ist als selbständ. Metrum selten. UM

Badezellenbühne ↗ Terenzbühne.

Baguenaude, f. [baˈgnoːd; frz. = hohle Frucht des ›baguenaudier‹ (= südfrz. Strauchart), übertragen = ohne Inhalt, Lappalie], frz. Gedichtform, die in beliebig langen Strophen (häufig aus assonierenden oder nachlässig [unrein] gereimten Achtsilblern) paradoxe Einfälle zusammenhanglos aneinanderreiht. Erstmals bezeugt in der »Art de Rhétorique« v. J. Molinet (1493); Vertreter u. a. Jehan de Wissocq. Vgl. auch ↗ Coq-à-l'âne, ↗ Fatras, ↗ Frottola. PH

Balada, f. [prov. = Tanz, Tanzlied, von prov. balar aus mlat. ballare = tanzen], Gattung der Trobadorlyrik: Tanzlied mit Refrain, gesungen von Solisten und Chor (vgl. afrz. ↗ Rondel) zum Reihen- und Kettentanz; bevorzugtes Thema: Liebessehnsucht. Charakterist. sind Durchreimung und Anbindung des Refrains an die Strophe durch den Reim (Refrainverse z. T. auch im Innern der Strophe wiederholt): einfache Ausprägung (Guiraut d'Espanha und anonyme Überlieferung): AA bAba AA; die Ausprägung der Blütezeit (14., 15. Jh.: Guillaume de Machaut, F. Villon) bestcht i.d. Regel aus drei 8–10-zeil. Strophen aus Acht- bzw. Zehnsilblern, Geleit und Refrain von der Länge einer halben Strophe und meist 3 Reimklängen. Verwandte Liedformen in prov. Dichtung: ↗ Dansa, Retroensa, in afrz. Dichtung: ↗ Chanson de toile, ↗ Virelai, ↗ Rotrouenge. PH

Ballade, f. [it. ballata, prov. balada, engl. ballad: ursprüngl. = Tanzlied, zu mlat. ballare = tanzen], die ursprüngl. Form der europ. B. ist vermutl. die italien.-prov. ↗ Ballata/↗ Balada, ein Tanzlied mit Refrain, gesungen zum Reihen- und Kettentanz. Von Nordfrankreich aus gelangt, im Rahmen der Ausbreitung der ritterl. Kultur, der höf. Reihen- und Kettentanz und mit ihm die roman. B. nach Deutschland, England-Schottland und Skandinavien; hier wird die lyr. Form des Tanzliedes mit ep. Inhalten verknüpft. Es entsteht die anonyme *Volks-B.* als (gesungenes) Erzähllied, dessen Stellung innerhalb des Kanons der poet. Gattungen dadurch charakterisiert ist, dass es die »drei Grundarten der Poesie« (die »Naturformen« ep.-lyr.-dramat.) »wie in einem lebend. Ur-Ei« in sich vereint (Goethe, »Über Kunst und Altertum«, III, 1, 1821); wie im ↗ Heldenlied der Völkerwanderungszeit, bes. in der Form des doppelseit. ↗ Ereignisliedes, verbindet sich in der B. ep. Erzählweise mit dramat. Gestaltung (Konzentration auf die Höhepunkte des Geschehens, Dialogform); hinzu kommt – und hierin unterscheidet sich die B. vom älteren Heldenlied – der Refrain, der, vom eigentl. Erzähllied streng getrennt, dem objektiven Geschehen gegenüber die subjektive Anteilnahme der Singenden zum Ausdruck bringt und der B. oft einen weichen und eleg. Ton verleiht. Die altertümlichste Gestalt der B. als Erzähllied zeigen die skandinav. ↗ *Folkeviser* (Blütezeit 13./14. Jh., Aufzeichnungen seit dem 15. Jh.), die als Volks-B.n bis in die Neuzeit hinein weite Verbreitung gefunden haben: sie werden (auf den Färöer z. T. bis heute) zum Gruppentanz chor. gesungen und zeigen ausnahmslos Refrain. Gegenstände der Folkeviser sind nord. Göttermythen *(Götter-B.n)*, german.-dt. und nord. Heldensagen *(Helden-B.n*, sog. ↗ Kaempeviser), Naturmagisches *(numinose B.n)*, Legenden, literar. Stoffe *(Ritter-B.n)* und histor. Ereignisse v. a. des 12./13. Jh.s *(histor. B.n):* Wichtige Typen der späteren Kunst-B. sind damit hier vorgebildet. – Auf formal jüngerer Stufe stehen die engl.-schott. und dt. Volks-B.n des Spät-MA.s, bei denen die ep.-dramat. Momente vorherrschen; Aufführung zum Tanz ist hier nicht nachgewiesen, vielmehr ist mit Einzelvortrag zu rechnen; der Refrain fehlt häufig; die Strophenformen entsprechen jedoch denen der skandinav. B.n; bei den *dt. Volksb.n* kommen typ. ep. Strophenformen (Abwandlungen der ↗ Nibelungenstrophe) hinzu. Auch die Stoffkreise decken sich weitgehend mit denen der skandinav.; bes. Beliebtheit erfreuen sich in Deutschland neben Stoffen aus der (Helden-) Sage (meist mit Verzicht auf den trag. Ausgang; z. B. »Jüngeres Hildebrandslied«; B. vom Herzog Ernst) histor. Stoffe, z. T. sehr frei gestaltet (B.n vom Lindenschmied, von der Bernauerin); die Grenzen zum ↗ histor. Lied (etwa aus den Befreiungskämpfen der Schweiz) sind oft fließend. An Gestalten der mal. Dichtungsgeschichte knüpfen die B.n vom »Moringer« und vom »Tannhäuser« an; Beispiel einer B. mit literar. Stoff ist die B. von den »zwei Königskindern« (Hero und Leander). Relativ selten ist in Deutschland die naturmag. und Geisterb. (z. B. die B. von der »schönen Lilofee«). Die *engl.-schottische B.* bevorzugt trag.-heroische Stoffe aus Sage und Geschichte (»Edward«). – Neuzeitl. Nachfahren der Volksb., deren Tradition mit dem Humanismus abreißt, sind ↗ Zeitungslieder und Moritaten des ↗ Bänkelsangs. – Die system. Sammlung der alten Volksb.n beginnt in der zweiten Hälfte des 18. Jh.s (in England Bischof Th. Percy, »Reliques of Ancient English Poetry,

Old heroic Ballads«, 1765; in Deutschland J. G. Herder, »Volkslieder«, 1778/79, mit Nachdichtungen engl.-schott. und dän. Volksb.n); Höhepunkt der Sammeltätigkeit in der Romantik (A. von Arnim, C. Brentano, »Des Knaben Wunderhorn«, 1806–08; W. Grimm, »Altdän. Heldenlieder, B.n und Märchen«, 1811); im dt. Sprachraum wurden etwa 250 B.n gesammelt. – Im 18. Jh. wird der Begriff ›B.‹ auch gattungsmäßig im Sinne von ›Erzähllied‹ eingegrenzt, erstmals in einer 1723 anonym erschienenen engl. Sammlung »A Collection of old Ballads«, dann bei Percy (s. oben), seit etwa 1770 auch bei F. v. Hagedorn, J. G. Herder und Goethe. – Der Glaube des 18. Jh.s, in der neuentdeckten Volksb. manifestiere sich nicht nur Geschichtsüberlieferung und kollektiver Seelenzustand, sondern auch eine geschichtsübergreifende ästhet. Norm, beeinflusste die Stil- und Kunstformen der dt. *Kunstb.*, die, als streng literar. Form, die wesentl. Stilmerkmale der Volksb. übernimmt (Stellung zwischen den Gattungen, meist stroph. Gliederung, Reime, weitgehender Verzicht auf bes. kunstvolle Formen wie z. B. freie Rhythmen). Die B.n L. Ch. H. Höltys stellen in der dt. Dichtung den ersten Reflex auf Percys Sammlung dar, sie sind indes noch in schäferl. Milieu angesiedelt (z. B. »Adelstan und Röschen«, 1774). Epochemachend ist G. A. Bürgers »Lenore« (1774), die auch stimmungsmäßig den Ton der alten numinosen B. trifft; neben dem Einfluss Percys macht sich hier die Wirkung der Ossiandichtung bemerkbar. In Bürgers Nachfolge wird die naturmag. und Geister-B. zum vorherrschenden B.ntyp des ↗ Sturm und Drang; ihr wichtigster Vertreter ist, neben Bürger, der junge Goethe (»Der untreue Knabe«, »Der Erlkönig«, Letzteres durch Herders Nachdichtung der dän. B. von Herrn Oluf und den Elfen angeregt). – Im sog. ›B.njahr‹ 1797 (1798) entwickeln Goethe und Schiller den klass. Typus der ↗ Ideenb., die formal und themat. in äußerstem Ggs. zur Volksb. steht. – Die Romantiker (L. Tieck, Brentano, J. v. Eichendorff) kehren zu schlichteren und volksliedhaften Formen zurück; lyr. Stimmung und klangl.-musikal. Form überlagern die ep. Handlung und regen zu zahlreichen Vertonungen an (F. Schubert, C. Loewe). – Die Kunstb. wird v. a. in der Romantik mit mehr oder weniger Erfolg auch in anderen europ. Literaturen gepflegt, so in der engl. Literatur (W. Scott, S. T. Coleridge, J. Keats, R. Browning, M. Arnold u. a.) und in den skandinav. Literaturen (A. Oehlenschläger und J. L. Heiberg in Dänemark, E. Tegnér und G. Fröding in Schweden, B. Björnson in Norwegen). – Das. 19. Jh. setzt z. T. die Tradition der naturmag. und numinosen B. fort (E. Mörike, »Die Geister am Mummelsee«, »Der Feuerreiter«; A. von Droste-Hülshoff, »Der Knabe im Moor«); zum charakterist. B.ntyp des 19. Jh.s wird jedoch die histor. (Helden-)B. mit vorwiegend dem MA. entnommenen Themen (L. Uhland, »Graf Eberhard der Rauschebart«, »Bertrand de Born«, »Taillefer«; M. von Strachwitz, »Das Herz von Douglas«; Th. Fontane, »Gorm Grymme«, »Archibald Douglas«; C. F. Meyer, »Die Füße im Feuer«); neu sind bibl. Themen (H. Heine, »Belsazar«); neu ist weiter die Auseinandersetzung mit sozialen Problemen (A. v. Chamisso, »Das Riesenspielzeug«; Heine, »Die schlesischen Weber«) und mit der modernen Technik (Fontane, »John Maynard«, »Die Brück' am Tay«). Die Neuromantik bezieht die B. in ihr gegen Realismus und Naturalismus gerichtetes literar. Programm ein (B. als »aristokrat.« Form bei B. von Münchhausen – »Das ritterliche Liederbuch«, »Das Herz im Harnisch« -, L. von Strauß und Torney und A. Miegel); ihre vermeintl. ›Erneuerung‹ der dt. Kunstb. zeigt im Wesentl. epigonale Züge. Die Stilisierung der B. zur ›deutschen‹ Gattung (W. Kayser, 1936) wird hier durch das Pathos des Heroischen und die nationalist. Pose vorbereitet. Die Skepsis gegenüber der B. in der jüngeren dt. Poetologie (etwa bei K. Hamburger) liegt darin begründet. – Dennoch leistet gerade auch das 20. Jh. auf dem Gebiet der B.ndichtung Bedeutendes. Der Expressionismus erschließt der histor. B. neue Themenkreise (Frz. Revolution; G. Heym, »Robespierre«; G. Kolmar, B.nzyklen »Robespierre«, »Napoleon und Marie«) und erneuert traditionelle B.ntypen durch Subjektivierung der Themen (E. Lasker-Schüler, »Hebräische Balladen«, 1913); kunstvolle lyr.

Formen (u. a. das ↗Sonett) werden bevorzugt. – An die Form des Bänkelliedes knüpft, nach F. Wedekinds Vorgang, B. Brecht an; er macht die B. zum Forum akzentuierter Sozialkritik (»B. von der Kindesmörderin Marie Farrar«) und krit. Auseinandersetzung mit dem aktuellen polit. Geschehen (»Legende von der Entstehung des Buches Taoteking auf dem Weg des Laotse in die Emigration«, »Kinderkreuzzug«); er wird damit zum Schöpfer der polit. B., für die sich der iron.-distanzierende, desillusionist. Bänkelton als bes. geeignet erweist. Seit den Protestbewegungen der 60er Jahre ist eine Neubelebung dieses sozial-krit. B.ntyps zu beobachten. Die von K. Riha (1965) und W. Hinck (1968) eingeleitete gattungsgeschichtl. Neubesinnung stellt die B. in den sozialen Kontext (formale und gehaltl. Aktualität) und erweitert den B.nbegriff grundsätzl. in Richtung auf Groteskpoesie, Bänkelsang, ↗Zeitungslied, polit. (frz.) ↗Chanson (Béranger) und ↗Couplet und allgem. auf das polit. engagierte Lied, den ↗Protestsong (Mittel zur Aufhellung zeitgenöss. Zustände). Vertreter dieser modernen B. sind u. a. W. Biermann, F. J. Degenhart, P. Hacks (Tendenz zum Protestsong), Ch. Reinig (Tendenz zur Moritat: »B. vom blutigen Bomme«), G. Grass, H. C. Artmann, R. Tranchirer (artist.-surrealist. Formen). Geradezu als neues ›B.njahr‹ gilt das Jahr 1975 mit den B.n-Sammlungen von F. C. Delius (»Ein Bankier auf der Flucht«), H. M. Novak (»B.n vom kurzen Prozeß«, »B. von der kastrierten Puppe«), H. C. Artmann (»Aus meiner Botanisiertrommel«) und H. M. Enzensberger (»Mausoleum, 36 B.n aus der Geschichte des Fortschritts«). – Auch ↗Romanze.   K

Ballad opera, f. [ˈbæləd ˈɔpərə; engl.], satir. Anti-Oper, die Ende 17., Anf. 18. Jh. in England als Reaktion gegen die Vorherrschaft der italien. opera seria (Hauptvertreter Händel) entstand. Die B. o. greift einfache Komödienstoffe auf, in deren oft possenhaft derbe Prosadialoge, Tanzszenen, (Strophen-)Lieder (ballads) nach bekannten volkstüml. Melodien, z. T. auch parodierte Arien eingestreut sind. Der balladeske Stil oder ↗Bänkelsang-Ton herrscht vor. B. o.s waren meist auf Vorstadtbühnen und Jahrmärkte beschränkt, wurden aber, von den ↗ engl. Komödianten verbreitet, bes. in Deutschland bedeutsam für die Entwicklung des deutschen ↗ Singspiels (1. dt. Übersetzung einer B. o. 1743 in Berlin). Berühmt und von durchschlagendem Erfolg war die von J. Gay und J. Ch. Pepusch zusammengestellte »Beggar's opera« (1728), 1929 von B. Brecht/K. Weill mit ähnl. Tendenz umgeformt, 1948 von B. Britten, 1953 von Ch. Fry/A. Bliss (als Film), 1960 von H. M. Enzensberger neu bearbeitet. IS

Ballad stanza ['bæləd 'stænzə; engl. = Balladenstrophe, meist als ↗ Chevy-Chase-Strophe bez.].

Ballata, f. [von it. ballare = tanzen], 1. in der ital. Lyrik Tanzlied mit Refrain; seit dem 13. Jh. in einfachen Ausprägungen, entsprechend der prov. ↗ Balada und afrz. ↗ Ballade, bezeugt; Schema: AA bbba, meist 7-, 8- oder 11-Silber; gesungen von Solisten u. Chor zum Reihen- und Kettentanz; Inhalt: Scherz, Liebe, Frühlings- und Sommerpreis, aber auch als Strophe der ↗ Lauda verbreitet (Jacopone da Todi). Die volkstüml. B wurde zur *Kunstform* entwickelt von den Vertretern des ↗ dolce stil nuovo (Dante, G. Cavalcanti); klass. Grundform ist die *b. maggiore (grande):* 4-zeil. Refrain und 8-zeil. ↗ Stollenstrophe aus Elf- oder Siebensilblern (oder beiden gemischt), Anreimung der ↗ Coda an den Aufgesang, Wiederholung des letzten Refrainreimes als abschließender Reim der Coda: Schema: XYYX ababbccx – dede effx ... zahlreiche Variationsmöglichkeiten durch unterschiedl. Versmischungen, variable Vers- und Strophenzahlen, durch mögliche Wiederholungen des Refrains. Höchste Blüte im 14. Jh. neben ↗ Sonett und ↗ Kanzone (F. Petrarca, G. Boccaccio, F. Sacchetti); im 15. Jh. noch von Lorenzo de Medici und Poliziano gepflegt (aber Rückkehr zur einfacheren, volkstüml. Ausprägung der ↗ Barzelletta), Mitte des 16. Jh.s in Vergessenheit geraten, kurzes Aufleben im 19. Jh. durch D'Annunzio, G. Pascoli, G. Carducci und seine Schule u. a. 2. Ballata *romantica,* ital. Bez. für die Nachbildungen der engl. ↗ Ballade. IS

Bänkelsang [nach der Bank, die die Vortragenden als Podium benutzten], Bez. für Lied und Prosageschichte der Bänkelsänger, auch *Moritat* genannt, sowie für deren spezif. Darbietungsweise. Der B. kommt, den Zeitungssang allmähl. ablösend, im 17. Jh. auf (erste Belege bei B. Neukirch: »Bänklein-Sänger«, 1709 und J. Ch. Gottsched: »Bänkchensänger« und »Bänkelsänger« [mit thüring.-erzgebirg. Diminutiv], »Crit. Dichtkunst«, 1730); seine Blütezeit ist das 19. Jh.s, v. a. in Hamburg, Schleswig-Holstein, Rheinland, Rheinpfalz, Zentren waren Schwiebus (Hermann Reiche-Verlag), Schurgast und Liegnitz. Die *Bänkelsänger,* meist fahrende Schausteller (darunter häufig Frauen, seit Anfang des 19. Jh.s auch ganze Familien), trugen v. a. auf Märkten und Messen, gewöhnl. zur Drehorgelmusik, auf eingängige und verbreitete Melodien Lieder vor, die von sensationellen, rührsel. oder schauerl., wahren oder für wahr gehaltenen Ereignissen handeln (Naturkatastrophen, Unglücksfälle, Verbrechen, Liebes- und Familientragödien, seltener histor.-polit. Ereignisse). Kennzeichnend sind formelhafte Vereinfachung der Sprache, Typisierung der Personen, Situationen und Gefühlsäußerungen; sie geben eine verallgemeinernde, kommentierende und wertende Darstellung der Ereignisse. Das Bänkellied gehört in die Tradition des Ereignisliedes und ist mit dem ↗ histor. Lied und dem ↗ Zeitungslied verwandt. Bänkellieder werden jedoch darüber hinaus stets zusammen mit einer ausführlicheren, erklärenden Prosafassung dargeboten und illustriert durch in mehrere Felder aufgeteilte Bildtafeln (Schilde), auf die der Bänkelsänger, auf einer Bank stehend, während des Vortrags mit einem Zeigestock weist. Während und nach der Darbietung werden Drucke, sog. Moritatenblätter (Fliegende Blätter), die den vorgetragenen Text und die Prosageschichte meist auch einen (ähnl. wie die Bilder grob ausgeführten) Holzschnitt enthalten, zum Verkauf angeboten. Die Darbietung der Bänkelsänger richtet sich nach den Bedürfnissen des kleinbürgerl. Publikums, sie will den Stoffhunger befriedigen, starke Gefühlswirkung erzielen, die anerkannte Moralauffassung bestätigen durch die moralisierende Grundtendenz der Moritat, die stetige Aktualisierung des Schemas: Störung der Ordnung (durch ein Verbrechen oder Unglück) und deren Wiederherstellung (durch Bestrafung oder glückl. Fügung). *Die Texte* stammen von anonym bleibenden Verfassern, sind meist im Auftrag bestimmter Verlage geschrieben, selten von den Bänkelsängern selbst. *Literar. Bedeutung* gewinnt der B. Mitte des 18. Jh.s mit dem Erwachen des Interesses gebildeter Kreise an volkstüml. Kunst; er beeinflusst die ↗ Balladen- und ↗ Romanzendichtung W. L. Gleims, dann J. F. Löwens, D. Schiebelers, G. A. Bürgers, Ch. H. Höltys u. a. (»Salon-B.«, teils parodist.). A. v. Arnim und C. Brentano planten 1802 aus volkserzieher. Gründen eine Bänkelsängerschule. Im 19. Jh. dichteten H. Heine und Hoffmann von Fallersleben polit. Lieder im B.stil; B.-Parodien schrieben F. Th. Vischer (unter dem Pseudonym U. Schartenmeyer) und L. Eichrodt. Die in diesem reflektierten literar. B. liegenden Möglichkeiten iron.-distanzierter (sozialkrit.) Aussagen wurden im 20. Jh. programmat. genützt. F. Wedekind schuf den *polit. B.,* welcher der Entwicklung der modernen Lyrik insgesamt, bes. aber der modernen ↗ Balladendichtung starke Impulse gab (B. Brecht, O. J. Bierbaum, Ch. Morgenstern, E. Mühsam, W. Mehring, E. Kästner u. a.). Bes. das polit. engagierte Lied (↗ Protestsong) seit den Protestbewegungen der 60er Jahre bedient sich bewusst der rezeptionsorientierten Elemente des B. (W. Biermann, F. J. Degenhardt, H. C. Artmann u. a.). Auch die *bildende Kunst* empfing Anstöße vom B.: Die Bildtafeln (insbes. von dem gesuchten Schildermaler A. Hölbing, 1855–1929) beeinflussten u. a. O. Dix, G. Grosz, M. Beckmann und H. Vogeler (u. a. sog. Komplexbilder oder Agitationstafeln über polit. Lehren und Erfahrungen). – Der originale naive B. dagegen starb im 20. Jh. aus; seine Funktionen werden z. T. vom Film, der Regenbogenpresse und dem Schlager übernommen. In Italien ist der B. in verschiedenen Regionen noch lebendig. RSM

Bar, Par, m., auch n. (J. Grimm), Meistersinger-Bez. für ein mehrstroph. Lied; die häufigste Form ist der sog. *gedritte B.,* ein Lied aus drei Gesätzen (Strophen; ↗ Stollenstrophe). B. scheint als Kurzform aus anderen Gedichtbezz. der Meistersinger wie *parat* (Wiltener Hs.), *parat don, barant wise* (Kolmarer Hs.) abgeleitet zu sein, die ihrerseits vielleicht aus der Fechtersprache übernommen sind (*parat* = erfolgreiche Abwehr) und auf die besondere Kunstbeherrschung bei der Erschaffung eines B. abhoben. S

Barbarismus, m. [zu gr. Barbaros = der nicht gr. sprechende Fremde (im Ggs. zum Hellenen), aus sumer. *barbar* (onomatopoiet. Bildung im Sinne von ›unverständl. Murmelnder‹) = Fremder], Bez. der antiken ↗ Rhetorik (vgl. Quintilian, Inst. I, 5, 4 ff.) für den Verstoß gegen die *puritas,* d. h. gegen idiomat. Korrektheit (im Ggs. zu Fehlern der Syntax, dem ↗ Solözismus). Als Barbarismen galten falsch ausgesprochene oder verstümmelte Wörter, Phantasie- und Fremdwörter, bes. aus Sprachen kulturell unterlegener Völker. B. war dagegen erlaubt in poet. Funktion (↗ Metaplasmus), bes. in bestimmten Literaturgattungen (Komödien). – Heute bez. B. allgem. eine sprachl. Unkorrektheit (vgl. ↗ Anti-B., auch ↗ Purismus). IS

Barde, m. [altir. baird, neuir. bard, walis. bardd = Sänger], 1. Kelt. Hofdichter, bezeugt für die Gallier, Iren, Gälen, Waliser und Bretonen (älteste Belege im 1. Jh. v. Chr. bei Poseidonios, Timagenes und Strabo). Aufgabe der B.n war der Vortrag von Fürsten- und Helden(preis)liedern und Spottliedern bei Hoffesten; daneben wirkten sie als Ratgeber der Häuptlinge u. besaßen oft großen polit. Einfluss. – In Gallien starb ihr Stand mit der Romanisierung aus, in Wales bestand er bis ins 16., in Irland und Schottland bis ins 18. Jh. fort. Die ir. und walis. B.n des MA.s waren in Zünften organisiert, deren Mitglieder einen festen sozialen Rang einnahmen und über besondere Privilegien verfügten (die ir. B.n wurden die *filid* (= Gesetzessprecher) zugerechnet. – Die jährl.

Zunftversammlungen der walis. B.n (Eisteddfodau, ⁊ Eisteddfod) wurden im 19. Jh. als Dichterwettbewerbe wiederbelebt.
2. Seit dem 17. Jh. auf Grund von frz. *barde* (metonym. für jeden ehrwürd. Sänger) und lat. *barditus* (bei Tacitus) Gleichsetzung des kelt. B.n mit dem altnord. ⁊ Skalden und dem westgerm. ⁊ Skop (Schottelius, 1663: Barden »die alten Tichtere und Poeten bey den Teutschen«); poet. Niederschlag dieser Gleichsetzung in der ⁊ Bardendichtung des 18. Jh.s. K

Bardendichtung, Sammelbez. für eine Gruppe dt. Gedichte, vornehml. lyr.-ep. Art aus der Zeit um 1770, deren Dichter sich als ›Barden‹ bezeichneten und deren Motive und Formen vorgebl. ›altgerman.‹ bzw. ›altdt.‹ Ursprungs sind. – Die B. wurzelt im erwachenden dt. Nationalismus (v. a. seit dem 7-jähr. Krieg) und dem damit zusammenhängenden Interesse am german. und dt. Altertum. Zentrum ist zunächst in Dänemark; Quellen sind u. a. die frühgeschichtl. Werke von P. H. Mallet (1755/56, dt. 1765) und G. Schütze (1758); charakterist. für diese frühe Forschung ist, dass zwischen nord., dt. und kelt. Altertümern nicht streng geschieden wird, daher die Gleichsetzung der kelt. ⁊ Barden mit den altnord. ⁊ Skalden u. Ä. – Poet. Niederschlag findet dieses Interesse an der ›nationalen‹ Frühgeschichte zunächst in den Arminius-Dramen und -Dichtungen seit J. E. Schlegel; die eigentl. B. wird durch die Oden F. G. Klopstocks (›teuton.‹ Motive seit 1749) und die ⁊ ossian. Dichtung (1. dt. Übersetzung 1762) angeregt. Am Anfang der dt. B. steht W. v. Gerstenberg (»Gedicht eines Skalden«, 1766); es folgen Klopstock (mit Einschränkung, da seine ⁊ Bardiete eine Sonderstellung einnehmen und er sich nachdrückl. von der späteren »Bardenmode« distanziert) und K. F. Kretschmann (»Gesang Ringulphs des Barden, als Varus geschlagen war«, 1768, »Klage Ringulfs des Barden«, 1771 u. a.). Die dt. B. wendet sich gegen die roman. und antiken Elemente in der dt. Dichtung, gegen die »Fessel« der antikisierenden Metren, denen sie die »Naturwüchsigkeit« ihrer eigenen Formen (freier Wechsel ep. und lyr. Partien, ⁊ freie Rhythmen, häufig aber mit Reim)

entgegenhält; sie wendet sich gegen die »Frivolität« der Anakreontik und der Wieland'schen Dichtungen, denen gegenüber sie die german. Sittenstrenge (Tacitus) betont. Da die B. (abgesehen von Klopstocks Bardieten) jedoch Rollendichtung ist, unterscheidet sie sich gerade von der Anakreontik nur oberflächl. (Ersatz der griech.-röm. Requisiten durch sog. altdt.: Barde statt Dichter, Eichenlaub statt Lorbeer, Walhalla statt Olymp usw.). Die Vertreter der B. trugen sog. Bardennamen (Gerstenberg = Thorlaug, Klopstock = Werdomar, K. W. Ramler = Friedrichs Barde, Ch. F. Weiße = Oberbarde an der Pleiße usw.). – Ihren Höhepunkt erreichte die B. mit M. Denis (= Barde Sined. Übersetzungen Ossians, Gelegenheitsgedichte im bard. Gewand am Wiener Hof, z. B. »Bardenfeier am Tage Theresiens« u. a.) und dem ⁊ Göttinger Hain (Zus.künfte in einem Eichenhain, Bardennamen, 1773 symbol. Verbrennung der Werke Wielands). – Kritik und Spötteleien brachten die B. bereits um 1775 wieder zum Verstummen; Nachklänge finden sich jedoch noch nach 1800 (1802 Kretschmanns »Bardiet«, »Hermann in Walhalla«).

K

Bardiet, m. Bez. F. G. Klopstocks für seine vaterländ. Dramen »Hermanns Schlacht« (1769), »Hermann und die Fürsten« (1784) und »Hermanns Tod« (1789), gebildet in Anlehnung an das als »Bardengesang« interpretierte ⁊ barditus bei Tacitus. – Formal nähert sich Klopstock in seinen B.en der griech. ⁊ Tragödie (Einheit von Ort, Zeit und Handlung, Prosadialoge; ⁊ Botenbericht und ⁊ Teichoskopie stellen den Konnex zwischen Bühne und Handlungsraum außerhalb der Bühne her; der Chor ist nicht »idealischer« Zuschauer, sondern der Handlungsträger schlechthin, die Bardenchöre sind stroph. gegliederte Gesänge in eigenrhythm. Versen. Die Tradition des pseudo-german.-kelt. Altertums, an die Klopstock anknüpfen will, ist nur im kulturhistor. Detail gegenwärtig. – Klopstocks B.e wurden trotz mehrerer Pläne (Wien, Paris, Freilichttheater auf der Rosstrappe im Harz) nicht nachweisbar aufgeführt; die Kompositi-

onen der Bardengesänge durch Ch. W. Gluck
sind verschollen.   K

Barditus, m. [lat.], nach Tacitus (Germania,
cap. 3) Schlachtgesang der Germanen, mit
dessen »Vortrag, den sie als *barditus* bezeichnen, sie den Mut entflammen« (Übers. E. Norden). – Im 17. u. 18. Jh. wurde *b.* als »Bardengesang« interpretiert (↗ Barde, ↗ Bardendichtung, ↗ Bardiet) und als bes. literar. Gattung
aufgefasst; in der jüngeren Forschung wurde *b.*
auf die Vortrags*weise (relatu!)* hinter vorgehal-
tenen Schilden bezogen und als »Schildge-
sang« übersetzt (Meißner, zu altnord. barði =
Schild), von J. de Vries auf Grund sprachgeschichtl. und sachl. Einwände angezweifelt; er
und H. Hubert stellen *b.* zu kymr. *barddawd* =
»Bardenkunst« und kehren damit zur Auffassung des 17. und 18. Jh.s zurück.   K

Barock, m. oder n. [portugiesisch barocco =
unregelmäßig, schiefrund (von Perlen); danach frz. baroque, metaphorisch für »exzen-
trisch, bizarr«, zuerst bei G. Ménage]. *Der
Barockbegriff in der (dt.) Literaturwissenschaft:*
Die Bez. »B.« wird im 18. Jh. von Winckelmann und seinen Schülern im kunstkrit. Sinne
abwertend für bizarre, effektvolle, vom Standpunkt der klassizist. Kunst aus regelwidrige
Formen gebraucht; im 19. Jh. (J. Burckhardt)
wird sie auf die it. (Bau)kunst des Seicento eingeengt; seit H. Wölfflin (»Renaissance und B.«,
1888) dient sie als *neutraler kunsthistorischer
Begriff* zur Bez. der Kunst des 17. (und 18.) Jh.s
(bei Wölfflin selbst auch der vorausgehenden,
etwa mit Michelangelo einsetzenden, heute
allgemein als ↗ Manierismus bezeichneten
Epoche von ca. 1530–1630; ›Vorbarock‹,
›Frühbarock‹). In seinen späteren Arbeiten
(»Kunstgeschichtl. Grundbegriffe«, 1915) wei-
tet Wölfflin den B.begriff von der Bez. eines
Zeitstils außerdem zu einer *überzeitl. Stilkate-
gorie* aus; er leitet damit eine phaseolog. Betrachtung der Kunstgeschichte ein, nach der
die Stilentwicklung in der bildenden Kunst
nicht linear fortschreitet, sondern zwischen
den polaren Gegensätzen von ›Klassik‹ und
›B.‹ pendelt; jeder abendländ. Stil hat danach
seine ›klassische‹ Phase, die, auf ihrem Höhe-

punkt angelangt, in eine ›barocke‹ Phase um-
schlägt (Romantik – Gotik, Renaissance – Barock); den Gegensatz ›Klassik‹ – ›B.‹ reduziert
Wölfflin dabei auf 5 »Grundbegriffe«: plas-
tisch – malerisch, Fläche – Tiefe, tektonisch –
atektonisch, vielheitliche Einheit – einheitliche
Einheit, Klarheit – Unklarheit. – Beide B.be-
griffe Wölfflins überträgt, im Rahmen der
↗ wechselseitigen Erhellung der Künste, F.
Strich auf die (dt.) Dichtung. Strich fasst zunächst (»Der lyr. Stil des 17. Jh.s«, 1916) unter
der Bez. ›B.‹ die literar. Strömungen des 17. Jh.s
zusammen. Strich begründet damit die B.for-
schung in der dt. Literaturwissenschaft. Später
(»Dt. Klassik und Romantik«, 1920) wendet
Strich Wölfflins kunstgeschichtl. Phaseologie
unter teilweisem Rückgriff auf Schiller (›naiv‹
– ›sentimentalisch‹), Nietzsche (›apollinisch‹
– ›dionysisch‹) und Worringer (›Abstraktion‹
– ›Einfühlung‹) auf die allgemeine Stilge-
schichte an, die sich in diesem Schema zwischen den Polen ›Vollendung‹ (= ›Klassik‹)
und ›Unendlichkeit‹ (= ›B.‹, ›Romantik‹) hin-
und herbewegt. – E. R. Curtius ersetzte dann,
zur Vermeidung histor. Assoziationen, den
doppelten B.begriff Wölfflins und Strichs
durch den Begriff des ↗ ›Manierismus‹; bezeichnet damit die »Komplementär-Erschei-
nung zur Klassik aller Epochen«; ›Klassik‹ ist
ihm gleichbedeutend mit der »zur Idealität erhobenen Natur«, ›Manierismus‹ mit der Über-
wucherung der Natur durch Künstlichkeit.
G. R. Hocke ersetzt Wölfflins und Strichs Stil-
folge ›Renaissance‹ – ›B.‹ in der bildenden
Kunst wie in der Literatur durch die Folge ›Renaissance‹ – ›Manierismus‹ – ›B.‹; er sieht im
›B.‹ eine neue ›klassische‹ Kunst, die zwar formale Manierismen verwendet, diese aber in
einer neuen Ordo-Vorstellung (Triumph der
Gegenreformation und des Absolutismus)
bändigt. A. Hauser differenziert ›Manierismus‹ und ›B.‹ soziolog.; er sieht ›Manierismus‹ bezeichnet damit den esoter. Stil einer internationalen Geistesaristokratie, während er im ›B.‹ eine
mehr volkstümliche und national abgestufte
Stilrichtung sieht. – A. Schöne versucht mit
der Bez. ›B.‹ wieder die dt. Dichtung des
17. Jh.s in ihrer Gesamtheit zu erfassen, indem
er das ›Barocke‹ dieser Zeit gerade in ihrer sti-

list. Uneinheitlichkeit und spannungsreichen Gegensätzlichkeit erkennt.

Sozioökonom. und geistesgeschichtl. Grundlagen der Epoche: Träger der dt. B.dichtung ist der humanist. geschulte Beamtenadel bürgerl. Provenienz, der seinen Aufstieg der im 17. Jh. erfolgenden Umgestaltung der dt. Territorien zu absolutist. Staaten verdankt. Der Grundsatz rationaler Verwaltung, der zu den Prinzipien des Absolutismus gehört, lässt den Bedarf an (jurist.) geschulten Beamten stark ansteigen; damit ist dem bürgerl. Gelehrtenstand die Möglichkeit der Emanzipation vom Beruf des Predigers und (kirchl. beaufsichtigten) Erziehers gegeben; erst diese Emanzipation ist die gesellschaftl. Voraussetzung für eine Umwandlung der dt.sprachigen Gelehrtenliteratur von der konfessionellen Tendenzdichtung, auf die sie im 16. Jh. (Reformation) weitgehend eingeschränkt war, zu einer überkonfessionellen und nationalen weltl. Kunstdichtung, die den durch die Reformation verzögerten Anschluss an das europ. Niveau gewinnt. *Zentren der dt. B.dichtung sind* zwar die absolutist. Fürstenhöfe, aber auch die traditionsreichen und wirtschaftl. starken, von einem selbstbewussten Großbürgertum getragenen Städte (Nürnberg, Leipzig, Breslau, Hamburg, Königsberg); man kann daher nicht eigentlich von einer ›höf.‹ Literatur sprechen; vielmehr handelt es sich um eine höf. orientierte und auf eine exklusive Gruppe des Bürgertums begrenzte Phase der bürgerl. Literatur. Der Bindung der bürgerl. Gelehrtendichtung des 17. Jh.s an den Absolutismus entspricht nicht nur die Vorliebe für enkomiast. und panegyr. Gattungen (↗ Panegyrikus; fürstl. Mäzenatentum), die Bevorzugung repräsentativer und prunkvoller Formen, die Prachtentfaltung in den höf., zum Gesamtkunstwerk hin strebenden Gattungen des Dramas, sondern auch das starre Festhalten an den ↗ Genera dicendi, (Drei-Stil-Lehre). – Geistesgeschichtl. ist die dt. B.dichtung vor allem dem (im Rahmen der geschilderten polit.-gesellschaftl. Entwicklung) auch in Deutschland säkularisierten Humanismus verpflichtet. Die dt.sprachige Rezeption der antiken Dichtung erfolgt nicht mehr unter vorwiegend religiös-moral. Ge-

sichtspunkten, sondern, nach dem teilweisen Vorgang der ↗ neulat. Dichtung des 16. Jh.s, unter ästhet. Aspekten. Der humanist. Kult des Wortes steht nicht mehr im Dienste der christl. Glaubensverkündigung, sondern richtet sich auf die Pflege der dt. Sprache, die von Fremdwörtern, mundartl. Wendungen und Grobianismen (↗ Grobianismus) gereinigt werden soll – eine Aufgabe, der sich vorzüglich die ↗ Sprachgesellschaften widmen (nach dem Vorbild der it. Accademia della Crusca: 1617 »Fruchtbringende Gesellschaft« oder »Palmenorden«, zunächst in Weimar, später in Köthen; 1633 »Aufrichtige Tannengesellschaft« in Straßburg; 1643 »Teutschgesinnte Genossenschaft« in Hamburg; 1644 »Pegnesischer Blumenorden« in Nürnberg; 1658 »Elbschwanenorden« u. a.). Damit sind zugleich die Voraussetzungen für die Anfänge der dt. Philologie gegeben (Schottel, Morhoff, Leibniz als Sprachforscher; erste Editionen ma. dt. Texte durch Goldast, Opitz, Schilter; ↗ Germanistik). Humanist. Tradition entstammen außer ↗ Poetik und ↗ Rhetorik ein großer Teil des Bild- und Motivschatzes der dt. B. dichtung (Emblematik) und die ganze Komparserie der mytholog. Figuren (mit latinisierten Namen gr. Götter und Heroen). – Neben dem Humanismus üben die religiösen Strömungen des 17. Jh.s Einfluss auf die dt. B.dichtung aus: Im Süden und Südwesten (Habsburg) dominiert der in der Gegenreformation neu erstarkte Katholizismus, auf dessen Basis der süddt. Bildbarock entsteht, der aber (vom lat. ↗ Jesuitendrama abgesehen) kaum nennenswerten literar. Niederschlag findet. Im Rahmen des Protestantismus, der die festen sakralen und rituellen Bindungen des Gläubigen an die Institution der Kirche gelöst und damit den Weg zur Verinnerlichung und Individualisierung des Glaubens geöffnet hat, kommen myst. Strömungen zum Durchbruch (J. Böhme: »Morgenröte im Aufgang«, 1612; J. V. Andreae: »Chymische Hochzeit Christiani Rosenkreutz anno 1549«, 1616; A. von Franckenberg u. a.; Zentrum in Ostmitteldeutschland). Deren Subjektivismus findet seine Fortsetzung im Pietismus (A. H. Francke; Ph. J. Spener) und mündet dann in den bürgerl. Individualismus des 18. Jh.s. Diese Entfaltung des Ich steht in diametralem Gegensatz zur strengen Objektivität der Gelehrtendichtung und trägt mit zur Auflösung der B.dichtung bei. – Ihr besonderes Signum erhält die dt. B.dichtung durch die Katastrophe des Dreißigjährigen Krieges, der gleichermaßen Pessimismus und Todesangst wie auch eine gesteigerte Lebensgier entspringen; das Gegengewicht bietet der christl. Stoizismus: die stoische Philosophie, im 16. Jh. in einem überkonfessionell christl. Sinne neu interpretiert (J. Lipsius) und mit ihrer asket. Tugend- und Pflichtenlehre die charakterist. Ethik des aufsteigenden Beamtentums (A. Gryphius, »Papinianus«), wird mit der Vanitas-Idee verknüpft; die stoische Kardinaltugend der constantia (ataraxia) wird so zum festen Halt in einer vergängl. Welt des Leidens und der Anfechtungen. *Poetik:* Die (dt.) Poetik des 17. Jh.s steht in der Tradition der ↗Rhetorik. Stoff und Form entspringen dieser Tradition gemäß nicht einem intuitiv-schöpfer. Akt; der Dichter wird vielmehr als virtuoser artifex gesehen. Stoffl. ist er an die Topik gebunden; er strebt nicht nach ›Originalität‹, sondern beleuchtet amplifizierend traditionelle Motive und Themen von verschiedenen Seiten. Die sprachl. Ausgestaltung richtet sich nach der Dreistillehre, mit der spezif. ›barocken‹ Tendenz zum genus grande. Der Gattungslehre der B.poetik liegt noch nicht die moderne Dreiteilung in ↗Lyrik, ↗Epik und ↗Dramatik zugrunde. Die Poetik gibt vielmehr Regeln für Stoff, metr. Form, Stilhöhe usw. einzelner Gattungen. Nicht alle praktizierten Formen werden dabei erfasst; die Poetik beschränkt sich vielmehr auf die der antiken und humanist. Tradition entstammenden Gattungen. Typische (aber unterliterarische) Formen des B.dramas und der Roman entziehen sich der poetolog. Erörterung fast ganz. Am Anfang der dt. B.poetik steht M. Opitz mit seinem »Buch von der Deutschen Poeterey« (1624; nach dem Vorbild des Niederländers D. Heinsius), auf dem Opitzens Ruhm als Wegbereiter und Organisator der dt. B.dichtung beruht (nicht zuletzt auf Grund des hier formulierten Betonungsgesetzes, nach dem der Versakzent in der dt. Dichtung mit dem natürl.

Sprachakzent übereinstimmen muss; ↗Akzent, ↗akzentuierendes Versprinzip). Opitz fordert unter Berufung auf die mal. Blütezeit der dt. Dichtung eine Erneuerung dt. Kunstdichtung im Geiste des europ. Humanismus (Petrarca, Ronsard und die ↗Pléiade, Heinsius). Das poetolog. Werk Opitzens wird durch A. Buchner (»Kurzer Wegweiser zur Deutschen Tichtkunst«, 1663; »Anleitung zur Deutschen Poëterey«, 1665), Ph. von Zesen (»Deutscher Helicon«, 1640), J. P. Titz (»Zwey Bücher von der Kunst Hochdeutsche Verse und Lieder zu machen«, 1642), J. Klaj (»Lobrede der Teutschen Poëterey«, 1644), Ph. Harsdörffer (»Poetischer Trichter«, [1]1647–1653) u. a. fortgesetzt. Neue Wege geht erst Ch. Weise (»Curiöse Gedancken von Deutschen Versen«, 1692), der durch die Ablehnung des genus grande und die Forderung nach ›Natürlichkeit‹ des Stils die Poetik der ↗Aufklärung einleitet. – *Lyrik:* Die dt. B.lyrik setzt nicht unmittelbar die neulat. Lyrik der dt. Humanisten des 16. Jh.s fort (neulat. Dichtung), sondern knüpft an die it., frz. und niederl. Kunst- und Gelehrtendichtung an, die den Übergang vom Lateinischen zur Volkssprache früher gefunden hatte in die deutsche; auch dort, wo die dt. B.dichter sich in der Tradition der gr.-röm. Dichtung fühlen, steht zwischen antikem Vorbild und dt. Nachbildung in der Regel die roman. Adaption. *Die geläufigsten Versmaße* der dt. B.lyrik sind daher die auf Grund der festen ↗Dihärese antithet. ↗Alexandriner, der den gr.-lat. ↗Hexameter wie auch den ↗Pentameter vertritt, und der ↗vers commun; nur selten werden antike Versmaße direkt nachgebildet (sapphische und alkäische ↗Oden, allerdings gereimt). – Einzelne Formen roman. Lyrik finden bereits gegen Ende des 16. Jh.s Eingang in die dt. Lyrik, so die ↗Villanelle bei J. Regnart (1576) und das ↗Madrigal bei H. L. Hassler (1596); Ansätze zu einer gelehrten Kunstdichtung vor neben Opitz zeigen Th. Höck (»Schönes Blumenfeld«, 1601), G. R. Weckherlin (»Oden und Gesänge«, 1618/19; ↗Sonette, ↗Pindarische Oden u. a.) und J. W. Zincgref. Bahnbrechend wirkte allerdings erst das Werk Opitzens (»Teutsche Poemata«, 1624; »Acht Bücher Deutscher Poematum«, 1625;

»Geistliche Poemata«, 1638; »Weltliche Poemata«, 1644. Bei Opitz finden sich fast alle typ. *Formen der dt. B.lyrik:* das »Heroische Gedicht« (Lehrgedicht im ›heroischen Stil‹, dem genus grande, z. B. »Trost Gedichte in Widerwertigkeit Dess Krieges«, »Zlatna« u. a.), die ↗Pindarische Ode, das ↗Sonett (»Klinggedicht«; in Alexandrinern), das ↗Epigramm (das sich besonderer Beliebtheit erfreut), das Madrigal (bei Opitz Verse von 3 bis 13 Silben) und die bes. artifiziellen Gattungen der ↗Sestine und des ↗Echogedichtes (»Echo«, »Widerhall«). Neue Formen der nachopitzian. Lyrik des 17. Jh.s sind ledigl. das ↗Rondeau (»Rund-umb«, »Ringelgedichte«; zuerst bei Ph. von Zesen und J. G. Schottel) und die ↗Figurengedichte nach alexandrin. und mittellat. Vorbildern, bes. gepflegt durch Zesen, Schottel und die Nürnberger. Auch die stilist. Mittel der späteren B.lyrik (Substantivhäufung, Summationsschema, Antithese, Pointierung des Schlusses, ↗Hyperbel, ↗Apostrophe) finden bei Opitz Verwendung. In der Metrik seiner Gedichte beschränkt er sich auf ↗alternierende Versmaße; erst A. Buchner, Ph. von Zesen und den Nürnbergern gelingen zweisilbige Senkungen. – *Namhafte Dichtergruppen und Dichter* nach Opitz sind der ↗Königsberger Dichterkreis der »Kürbishütte« (H. Albert; S. Dach u. a.; Pflege des Gesellschaftsliedes in der mittleren Stillage; »Anke van Tharaw«), P. Fleming (»Teutsche Poemata«, posthum 1642; Sonette, Motivschatz des ↗Petrarkismus), die Nürnberger »Pegnitzschäfer« (G. Ph. Harsdörffer, J. Klaj, S. von Birken; »Pegnesisches Schäfergedicht«, 1644; Friedensdichtungen 1648/49; Klangmalereien, häufiger Rhythmuswechsel, amphibrach. Verse), Ph. von Zesen (virtuose Bewältigung artifizieller Formen), F. von Logau (Epigramme), A. Gryphius (»Lissaer Sonette«, 1637; »Son- undt Feyrtags Sonnete«, 1639; »Oden«, 1643; »Kirchhofsgedanken«, 1657; Epigramme, 1663; religiöse Thematik), Ch. Hofmann von Hofmannswaldau (verschiedene Gedichtsammlungen posthum erschienen; Hauptvertreter der galanten Lyrik; Einflüsse des ↗Marinismus; erotische Oden, »Helden-Briefe« in der Tradition der Ovidischen ↗Heroiden, Epigramme, bes. »Grab-

schriften«; virtuose Beherrschung der Form) und D. Casper von Lohenstein (»Blumen«, 1680; Steigerung der rhetor. Mittel, Allegorien). – Außerhalb der barocken Kunstlyrik, die im Wesentl. Gesellschaftsdichtung ist, stehen die religiöse Lyrik der Mystiker mit ihrem Ich-Kult (A. von Franckenberg, D. von Czepko, Angelus Silesius, Ch. Knorr von Rosenroth, Qu. Kuhlmann) und das ↗Kirchenlied (F. von Spee, P. Gerhardt), wenngleich auch beide Gattungen immer wieder auf Formen und Stilmittel der weltl. Kunstdichtung zurückgreifen. Der nüchterne Ton der im genus mediocre (»Stylus Politicus«) gehaltenen Gedichte Ch. Weises deutet auf das 18. Jh. und die ↗Aufklärung voraus. *Theater und Drama:* Das Theater erlebt im 17. Jh. einen ungeheuren Aufschwung. Man baut feste Theaterhäuser (1626 Theater in der Wiener Hofburg; 1677 Hamburger Oper), die ↗Illusionsbühne mit ihren austauschbaren ↗Kulissen und ↗Prospekten und komplizierten ↗Theatermaschinen (Flug- und Schwebeapparate u. a.) setzt sich durch, neben dem Laientheater in der Tradition des MA.s und dem fürstl. Liebhabertheater entsteht ein professioneller Theaterbetrieb (↗Wanderbühne, ↗Oper). – Von den *traditionellen Dramentypen* besteht das ↗Geistliche Spiel unverändert fort (1633 Oberammergauer Passionsspiele); das Meistersingerdrama, das lat. ↗Humanistendrama und das protestant. Schuldrama (↗Reformationsdrama) erfahren z. T. tiefgreifende Umgestaltungen; die entscheidenden Anregungen kommen dabei von außen. – Das Spiel der ↗engl. Komödianten (in Deutschland seit 1586 nachweisbar) bleibt zwar, wie auch seine dt. Fortsetzung in den ↗Haupt- und Staatsaktionen und ↗Hans-Wurstiaden der Wanderbühne (um 1680 Johannes Velten), weitgehend unterliterarisch (Prosatexte als unverbindl. Spielunterlage, zunächst nach Elisabethanischen Dramen), wirkt aber entscheidend auf den Aufführungsstil des dt. Theaters ein (naturalist. Spiel, grelle Effekte; der ↗Hans-Wurst, ↗Pickelhering usw. als Bühnentyp). Einflüsse der Engländer zeigen sich bereits die Meistersingerdramen der Nürnbergers J. Ayrer; im Stil der Engländer gehalten sind die Stücke Hzg. Heinrich Julius'

Gryphius: »Catharina
von Georgien«,
Szenenkupfer von 1655

von Braunschweig (1593/94; u. a. »Vincentius
Ladislaus«); auch die Prosalustspiele des A.
Gryphius und die ↗ Schuldramen Ch. Weises
lassen Einwirkungen v. a. der engl. Wander-
bühne erkennen. – Aus Italien stammen die
spezif. *höf. Formen* des B.dramas: das ↗ Fest-
spiel (↗ Trionfi; J. G. Schottel: »Neu erfundenes
Freuden Spiel genandt Friedens Sieg«, 1648),
das Schäferspiel (↗ Schäferdichtung) und die
Oper (dramma per musica; 1627 »Daphne«,
Text von Opitz, der damit auch am Anfang der
dt. Oper steht, nach dem Vorbild des Italieners
O. Rinuccini, Musik von H. Schütz); alle drei
Gattungen sind, im Zusammenwirken von
Musik, Tanz, Pantomime, Dichtung, Malerei
und Architektur, Formen des ↗ Gesamtkunst-
werkes, dessen repräsentativer Charakter der
»Extravertiertheit« der Epoche (Flemming)
entgegenkommt (nach Gottsched kam um
1700 auf 12 Opern ein Schauspiel!). Der Oper
verwandt ist das ebenfalls aus Italien kom-
mende, zunächst auf geistl. Stoffe beschränkte
Oratorium. – Von den literar. Hochformen des
B.dramas in Deutschland zeigen das lat. ↗ Jesuitendrama (J. Bidermann: »Cenodoxus«,
1602, dt. durch J. Meichel, 1635; »Philemon
Martyr«, 1618; N. Avancini), das das lat. Humanistendrama des 16. Jh.s im Dienste der
Gegenreformation fortsetzt, und das ebenfalls

lat. sog. Benediktinerdrama (S. Rettenbacher)
Einwirkungen der eigentl. unliterar. Oper, namentl. im prunkvollen Inszenierungsstil. Unter Einfluss des Oratoriums entstanden auf der
Basis des protestant. Schuldramas die dt. ›Re-
deoratorien‹ des Nürnbergers J. Klaj (»Höllen-
und Himmelfahrt Jesu Christi«, 1641). Ebenfalls im Rahmen des Schuldramas entwickelten Opitz, Gryphius und Lohenstein das dt.
B.trauerspiel (↗ Schlesisches Kunstdrama), das
sich formal, wie die gleichzeitige frz. ↗ haute
tragédie Corneilles und Racines, an Seneca
anschließt (1625 Übertragung der »Trojane-
rinnen« des Seneca durch Opitz): 5 Akte, Aktgliederung durch Chöre (↗ Reyen), Alexandriner als Verse der ↗ Rhesis, ↗ Stichomythien. –
Die Trauerspiele von Gryphius (»Leo Armenius«, 1646; »Catharina von Georgien«,
gedruckt 1657; »Carolus Stuardus«, 1657; »Papinianus«, 1659) sind Märtyrerdramen im
Geiste des christl. Stoizismus und als solche
protestant. Gegenstücke zum kathol. ↗ Jesuitendrama. Die Trauerspiele D. Caspers von
Lohenstein führen unter Ausnützung aller
verfügbaren rhetor. Mittel und techn. Errungenschaften der B.bühne das dt. B.trauerspiel
seinem Höhepunkt zu: »Ibrahim Bassa«, 1653;
»Cleopatra«, 1661, 1680; »Agrippina«, 1665;
»Epicharis«, 1665; »Ibrahim Sultan«, 1673;

»Sophonisbe«, 1680 sind im innerweltl. Bereich angesiedelte polit. Stücke; dem vernunftgeleiteten Ideal des absolutist. Herrschers wird der Despot gegenübergestellt, der am Übermaß seiner Leidenschaften zugrunde geht. Während das Trauerspiel stilist. wie ständ. dem genus grande zugeordnet ist, gehört das *Prosalustspiel* zum genus humile. Höhepunkte sind Gryphius' »Peter Squentz« (nach engl. Vorbild, 1658) und »Horribilicribrifax« (in der Nachfolge des Plautus, 1663); sein Doppelspiel, »Verlibtes Gespenste« – »Die gelibte Dornrose« (nach niederl. Vorbild, 1660) stellt in ästhet. reizvoller Weise das genus mediocre und das genus humile (Alexandriner – Prosa, Verwendung der schlesischen Mundart) gegenüber; dem genus mediocre verpflichtet ist auch sein ›bürgerl. Schauspiel‹ »Cardenio und Celinde« (1657), das den »Weg der Protagonisten aus jugendl. affektbedingter Verwirrung zur tugendhaften Lebensweise« schildert (Szyrocki). – Nicht mehr im geist. Raum des 17. Jh.s angesiedelt sind die Schuldramen Ch. Weises (»Masaniello«, 1683) und die unter dem Einfluss Molières entstandenen Lustspiele Ch. Reuters (»L'Honnête Femme Oder Die ehrliche Frau zu Pliszine«, 1695); diese Stücke wirken bereits im Sinne der Aufklärung (Erziehung zu bürgerl. Tugenden). *Roman:* Auch die Typen des dt. B.romans, die in einer europäischen Tradition stehen, lassen sich nach den genera dicendi unterscheiden: Dem genus grande entspricht der ↗ *Heroisch-galante Roman* (höf. Roman, Staatsroman; europ. Prototyp: der »Amadis«-Roman; dt. Vertreter: A. H. Buchholtz: »Herkules und Valiska«, 1659; Hzg. Anton Ulrich von Braunschweig, »Aramena«, 1669–73; »Römische Oktavia«, 1677–1707; H. A. von Ziegler und Kliphausen, »Asiatische Banise«, 1689; D. Casper von Lohenstein, »Arminius und Thusnelda«, 1689/90); er bewegt sich ausschließl. auf der höchsten Ebene der gesellschaftl. Hierarchie (Fürsten, Prinzessinnen, Heerführer, Oberpriester usw.); im Mittelpunkt des Geschehens steht ein Liebespaar, dessen (gewaltsame) Trennung eine zweisträngige Handlung auslöst, und das, über zahllose Hindernisse hinweg, unter dauernder Bewährung von Beständigkeit und Tugend,

schließl. wieder zusammenfindet; dieses Grundschema wird in der Regel ins Vielfache gesteigert (in der »Römischen Oktavia« sind es 24 Paare; die Handlung ist damit 48-strängig); eine weitere Komplikation erfährt die Handlung dadurch, dass der Erzähler mitten im Geschehnisablauf beginnt und die Vorgeschichte erst an späterer Stelle nachholt. Dem genus mediocre zugeordnet ist der *Schäferroman* (auch: Hirtenroman; Tradition seit der Antike). Dt. Vertreter sind: Opitz (»Schaefferey von der Nimpfen Hercinie«, 1630 – gelehrte und belehrende Erzählung, kein eigentl. Roman) und Ph. von Zesen (»Adriatische Rosemund«, 1645). Der Schäferroman hat deutl. bürgerl. Züge; die Helden sind Angehörige des niederen Adels, Bürgermädchen, Studenten; Tugend und Vernunft siegen über die Liebe; das Liebespaar findet in der Regel nicht zusammen. – Zum genus humile schließl. gehört der ↗ *Schelmenroman* (pikaresker Roman; europ. Prototyp: J. Ortega Mendoza –? –: »Lazarillo de Tormes«, 1554; später: Lesage, »Gil Blas«, 1715). Dt. Vertreter sind: H. J. Christoffel von Grimmelshausen (»Der abentheurliche Simplicissimus Teutsch«, 1669, Fortsetzung in den »Simplicianischen Schriften«) und J. Beer; der Schelmenroman ist in den untersten Schichten der Gesellschaft angesiedelt (Soldaten, Komödianten, Dirnen usw.); die in Episoden gegliederte Handlung entspricht der Lebensgeschichte des ›Helden‹ (in der Regel Ich-Form) mit ihrem ständigen Auf und Ab, dem sich der ›Held‹ am Ende durch Entsagung und Weltflucht entzieht. Während der heroische Roman die Welt idealisiert, wird sie durch den Schelmenroman schonungslos desillusioniert und demaskiert. – Auf der Basis des Picaroromans entwickelt gegen Ende des 17. Jh.s eine Weise den sog. polit. Roman, der das bürgerl. Bildungsideal der Aufklärung vorwegnimmt.

K

Barzelletta, f., auch: Frottola-barzelletta, ital. volkstüml. Sonderform der ↗ Ballata, beliebt im 15. Jh., Tanzlied (in Florenz Karnevalslied): 2–3(4)-zeil. eröffnender Refrain und 8-zeil. Strophe aus 8-Silblern und Wiederholung des Refrains nach jeder Strophe, z. B.:

XYYX abab|byyxXYYX oder: XX abab|bccx
XX. – Vertreter in Florenz Lorenzo de Medici,
der als Begründer der Gattung gilt, L. Pulci,
Poliziano, in Neapel F. Galeota. IS

Basoche, f. [ba'zɔʃ; frz., Etymologie unsicher,
evtl. von lat. basilica als Bez. für den Justiz-Pa-
last], mal. Korporation der Pariser Parlaments-
oder Gerichtsschreiber, wahrscheinl. 1302
durch Philipp den Schönen gegründet. Auf
den alljährl. stattfindenden Festen der B. wurden seit dem 15. Jh. Theateraufführungen
Brauch. Aufgeführt wurden ↗ Farcen, ↗ Sottien
(»Pour le cry de la Bazoche«, 1548) und ↗ Moralitäten, die häufig im Gerichtsmilieu spielten,
am *mardi gras* (Fastnachtsdienstag) wurde
z. B. gewöhnl. eine *cause grasse*, d. h. ein fiktiver, das Justizwesen parodierender Prozessfall
dargeboten (G. Coquillart, »Playdoyer d'entre
la Simple et la Rusée«, 15. Jh.). Die einfach gebauten, derb-kom. Dialoge enthielten zahllose
polit. und oft rüde private Anspielungen (Margarete von Navarra z. B. als Furie dargestellt),
die nicht selten Maßregeln durch den König
nach sich zogen. Ab 1538 wurden die Stücke
zensiert, nach 1540 die Verspottung lebender
Personen verboten; nach 1582 ist das *théâtre
de basoche* nicht mehr nachweisbar. Die Korporationen, die auch in einigen Provinzstäd-
ten (Toulouse, Bordeaux, Grenoble u. a.) entstanden waren, existierten aber noch bis 1790.
PH

Bathos, n. [gr. = Tiefe], bez. bei A. Pope den
unfreiwilligen Umschlag vom Erhabenen
(↗ Pathos) ins Banale, vgl. die Prosasatire »Peri
bathos or of the art of sinking in poetry«
(1727), eine Travestie der spätantiken literarästhet. Schrift »De sublimitate« (fälschl. Lon-
ginus, 1. Jh. n. Chr., zugeschrieben), in der
Pope aus der Polemik gegen zeitgenöss.
Schriftsteller eine Art negativer ars dictandi
entwickelt. S

Bauerndichtung, poet. Gestaltung der bäuerl. Welt- und Lebensform in allen Gattungen.
Verfasser und Rezipienten von B. gehören bis
zum 19. Jh. nicht dem Bauernstand an. Bau-
ern-↗ Kalender u. a. (z. T. mit unterhaltenden

und erbaul. Texten aufgelockerte) Sach- und
Hilfsbücher für bäuerl. Leser gelten nur bedingt als B. – Die Art der Darstellung des Bauern in der Literatur seit der Antike spiegelt
zugleich die histor. Entwicklung eines sozialen
Standes: Jahrhundertelang verachtet oder
ignoriert, findet er erst (nach mehreren Akten
der Emanzipation v. a. des Bürgertums) Anfang des 19. Jh.s Anerkennung und Achtung
und wird damit um seiner selbst willen literaturfähig. Bis dahin erscheint der Bauer in der
Literatur nicht als real wahrgenommene Existenz, sondern als *funktional eingesetzte Kunstfigur,* seine Umwelt als funktional stilisierter
Kunstraum: In Antike und MA. ist der Bauer
Spottfigur in (ep. und dramat.) Schwänken,
Komödien und mal. Spielen (↗ Neidhart-,
↗ Fastnachtsspiele; Hans Sachs), eine Tradition, die in den derb trivialen Bauernpossen
des ↗ Bauerntheaters bis heute lebendig ist.
Daneben erscheint der Bauer in mal. Werken
in unterschiedl. Funktionen: Positiv gesehen
als *meier* (Pächter) im »Armen Heinrich«
Hartmanns v. Aue, als Typus des Unhöfischen
im »Parzival« (569,30) Wolframs von Eschenbach, als Vertreter eines durch soziale Auf-
stiegsambitionen gefährdeten Standes im
»Helmbrecht« Wernhers des Gartenaere (um
1250) oder im »Seifried Helbling« (gegen
1300), als didakt. eingesetzte Kontrastfigur im
»Ring« von Heinrich Wittenwiler (1400). Dagegen ist der von Neidhart in die Literatur eingeführte *dörper* keine Bauernkarikatur, sondern eine satir. Kunstfigur, eine Persiflierung
des höf. Ritters (s. ↗ dörperl. Dichtung). Abgesehen vom *Volkslied,* das in Arbeits-, Jahres-
zeiten- u. a. Liedern überzeitl. konkrete bäuerl.
Tätigkeiten besingt, werden nur die sog. *Bau-
ernklagen* des 16. u. 17. Jh.s ihrer bäuerl.
Wirklichkeit gerecht: Es sind einfache Gedichte über die Not der Bauern, die bes. zur
Zeit der Bauernkriege und des 30jähr. Krieges
als Flugblätter in Süddeutschland verbreitet
sind. Aber sie bleiben, wie die Hinweise auf die
desolate Situation der Bauern bei Grimmelshausen und Moscherosch, vereinzelt. Auch im
Barock bleibt der Bauer Kunstfigur; er wech-
selt nur seine Funktion: an die Stelle des Töl-
pels tritt der (nun positiv gezeichnete) tän-

delnde Hirte und Schäfer. Der Bauer wird zum Versatzstück der *Schäfer- und Hirtendichtung*, dem literar.-ästhet. Gegenentwurf zur zeremoniellen höf.-städt. Existenzform. Die reale bäuerl. Welt wird nicht wahrgenommen. – Top.-stilisierte Kunstfigur bleibt der Bauer auch in der *Idyllik* (S. Geßner) und *Lyrik des 18. Jh.s*, wandelt sich jedoch mit der Emanzipation des Bürgertums vom höf.-tändelnden Hirten in arkad. Umwelt zum tugendhaften Landmann in einer ungekünstelten Naturlandschaft. Seine ästhet. Moralität weckt das bürgerl., aufklärer.-philantrop. Interesse auch für seine realen Lebensbedingungen (»Pfälzer Idyllen« von Maler Müller, 1775). Von Einfluss sind dabei die Kulturphilosophie J. J. Rousseaus und J. G. Herders und die sozialreformer. Bestrebungen J. Mösers, E. M. Arndts u. a., die v. a. vom Göttinger Hain (bes. J. H. Voß, »Die Pferdeknechte«, 1775) und dem Jungen Deutschland aufgegriffen wurden (Leibeigenschaft, Aberglaube u. a.). Führend wurde die Schweiz seit A. v. Hallers kulturkrit. Lehrgedicht »Die Alpen« (1729/32); großes Echo in ganz Europa fanden die physiokrat., sozialutop. oder sozialpädagog. Schriften J. C. Hirzels (»Die Wirtschaft eines philosoph. Bauers«, 1761, mit dem Idealbild des vernünft.-selbständ. denkenden, autarken Musterbauern Kleinjogg) und J. H. Pestalozzis (»Lienhard und Gertrud«, 1781/87) oder die naive »Lebensgeschichte ... des Armen Mannes im Tockenburg« (1789) von U. Bräker, dem ersten und lange Zeit einzigen Autor aus dem Bauernstand selbst. – Entsprechend den aufklärer.-liberalen Bildungsideen entstand seit Ende des 18. Jh.s eine Fülle volkstüml., Belehrung und Unterhaltung mischender *Ratgeber, Sach- und Hilfs-Bücher* für Bauern, die aber diese kaum je erreichten (Analphabetentum auf dem Lande) und mehr zum modischen Lesestoff für das Bürgertum wurden (J. P. Hebel, »Schatzkästlein«, 1811). Die Romantik entdeckt dann das Land auch als literar.-ästhet. Raum und macht mit ihrem Interesse am Volkstümlichen auch den Bauern (wenn auch weitgehend noch unter idealist. oder sentimental-utop. Aspekten) literaturfähig: Erstmals erscheint er als trag. Figur (C. Brentano:

»Geschichte vom braven Kasperl ...«, 1817, H. v. Kleist, A. v. Droste-Hülshoff). – Als *erste eigentl. B.* gilt die in K. L. Immermanns satir. Zeitroman »Münchhausen« (1838/39) eingefügte »Oberhof«-Erzählung, die realist. Schilderung der traditionsgebundenen kraftvoll eigenständ. Welt des Hofschulzen. Aber auch sie ist v. a. funktional als idealisiertes Kontrastmodell dem »Pferch der Zivilisation« mit seinen bindungslosen Menschen gegenübergestellt. Frei von solcher Tendenz und Funktion sind die Romane von J. Gotthelf (u. a. »Uli, der Knecht«, 1841, »Geld und Geist«, 1843, »Anne Bäbi Jowäger«, 1843/44, »Uli der Pächter«, 1849). In ep. Breite gestaltet er ohne jede Sentimentalisierung eine von innen (nicht wie bisher von außen) erlebte bäuerl. Welt mit ihren Sitten und Bräuchen, ihren Vorzügen und Schwächen, Nöten und ihren immanenten und zeitbedingten Gefährdungen, denen er mit sozialreformer. Vorschlägen zu begegnen sucht. Populärer als Gotthelfs Werk wird jedoch seit Mitte des 19. Jh.s die ↗ *Dorfgeschichte* (B. Auerbach, J. Rank, M. Meyr u.v.a.), die Immermanns Ansatz (und damit den traditionellen zivilsationskrit. Topos) weiterführend, eine idealist.-verklärte bäuerl. Welt entwirft, die durch regionale Begrenzung, detailliertes Lokalkolorit und realist. Milieuzeichnung (oft auch Mundart) Wahrheitsanspruch erhebt. Dorfgeschichte und Bauern- oder Heimatromane werden mit der fortschreitenden Entwicklung des Agrarstaats zum Industriestaat immer agrar.-konservativer – und immer populärer (Höhepunkt 1870), indem sie einem bürgerl. Publikum einen scheinbar unproblemat. Identifikations- und Fluchtraum vor den andrängenden Zeitproblemen der Frühindustrialisierung (städt. und ländl. Proletariat, Landflucht, Verstädterung, Verelendung in beiden Bereichen, Wert- und Normverluste usw.) anbieten. Diese Ideologisierung der bäuerl. Welt wird in der ↗ Heimatkunst einseitig kulturkrit. und nationalist. intensiviert (H. Federer, A. Huggenberger, L. von Strauß u. Torney, H. Löns, H. E. Busse, P. Dörfler, F. Griese u. a.). Sie bereitet damit die polit. rass.-völk. Vereinnahmung des Bauerntums in der ↗ Blut- und Bodendichtung vor. Im Trivialbereich

wird der Bauer und seine konkrete Lebensproblematik bis in die Gegenwart nicht wahrgenommen (bäuerl. Heimatliteratur nach L.
Ganghofer). – Außerhalb dieser Entwicklung
stehen G. Kellers trag. Novelle »Romeo und
Julia auf dem Dorfe« (1856, die Übertragung
eines Stoffes der Weltliteratur auf bäuerl. Verhältnisse), die sozialkrit. Werke F. Reuters (das
Versepos »Kein Hüsung«, 1858, der Roman
»Ut mine Stromtid«, 1862/64), F. M. Felders
oder L. Anzengrubers (Romane »Der Schand-
fleck«, 1876/84, »Der Sternsteinhof«, 1885
u. a.), der auch ein psycholog. scharf gezeich-
netes Bauerndrama begründet, das zu aktuellen gesellschaftspolit. Fragen Stellung nimmt
(»Der Meineidbauer«, 1871, »Die Kreuzl-
schreiber«, 1872 u. a.), eine Tradition, der u. a.
J. Ruederer, K. Schönherr, F. Stavenhagen, L.
Thoma sowie M. Sperr und F. X. Kroetz verpflichtet sind. – Im ⤷ Naturalismus werden
dann die desolaten bäuerl.-ländl. Verhältnisse
in realen Dimensionen gesehen und mit sozialem Pathos geschildert, u. a. von C. Viebig, W.
v. Polenz (sein Roman »Der Büttnerbauer«,
1895, wurde u. a. auch von Tolstoj und Lenin
geschätzt), G. Hauptmann, G. Frenssen, L.
Thoma (»Andreas Vöst«, 1906) u. a. – In dieser
Tradition stehen *im 20. Jh.* die distanziert krit.,
exakt beschreibenden Werke von Lena Christ,
O. M. Graf, H. Fallada (»Bauern, Bonzen und
Bomben«, 1931), J. R. Becher (»Die Bauern
von Unterpreißenberg«, 1932), A. Seghers
(»Der Kopflohn«, 1933), A. Scharrer (»Maul-
würfe«, 1934), Ehm Welk (Kummerow-Ro-
mane seit 1937). In manchen dieser Werke
wird nicht nur die Existenzproblematik der
Bauern – und bes. nun auch des besitzlosen
Landproletariats – gestaltet (›proletar. Lander-
zählungen‹, Kühn), sondern es werden auch
gesellschaftl. Anklagen formuliert und Methoden der Selbstbefreiung diskutiert (revolutionäre Dorfgemeinschaften u. Ä.). – *Nach 1945*
trat (abgesehen von der Trivialliteratur) in der
Literatur der Bundesrepublik die bäuerl. Thematik zunächst ganz zurück. Dagegen knüpfte
die DDR an die Tradition der proletar. Lander-
zählung an, stellt jedoch statt deren klassen-
kämpfer. Anklagen die literar. Widerspiegelung der sozialist. Umgestaltungen auf dem

Lande in den Mittelpunkt, sei es unter be-
wusstseinsbildenden, pragmat. oder chronikal.
Aspekten, vgl. die ›sozialist. Landromane‹ von
O. Gotsche, B. Voelkner, W. Reinowski, B. Seeger, E. Strittmatter (»Ole Bienkopp«, 1963)
oder die ›Agrodramen‹ u. a. von H. Sakowski,
E. Strittmatter (»Katzgraben«, 1953) und sozialist. ⤷ Dorfgeschichten. Dabei wird die Bez.
›B.‹ durch ›Landleben-Literatur‹ ersetzt, die
als Teil einer sozialist. Nationalliteratur am
überschaubaren Modell eines Dorfes Veränderungen widerspiegle, die für die gesamte sozialist. Gesellschaft typ. seien. – In der *Bundesrepublik* wurde in den 70er und 80er Jahren der
ländl. Raum als poet. Stoff wieder aufgegriffen
als ein für Autor und Rezipienten nachprüf-
barer und zugängl. Erfahrensraum, dessen
sozio-ökonom. Wandlungen und vielfält. Ver-
flechtungen und Kollisionen mit anderen Lebensbereichen (Stadt, Industrie, Tourismus,
Gastarbeiter) beschrieben werden, wobei integrierende, urban-liberale Perspektiven vorherrschen, vgl. ⤷ Heimatliteratur, ⤷ Dorfgeschichte. Die *europ. B.* folgt den für die dt. Literatur aufgezeigten Entwicklungslinien: zur
eigenwert. Thematik wird das Bauerntum allgem. seit dem 19. Jh., meist ebenfalls in kon-
servativ-agrar. Ausprägung trotz der fortschreitenden Industrialisierung; allerdings
fehlt oft die für die dt. B. typ. Ideologisierung,
vgl. *in Frankreich* George Sand (»Die kleine
Fadette«, 1849), H. de Balzac (»Die Bauern«,
1844 u. 1855), É. Zola (»Mut-
ter Erde«, 1887), F. Jammes,
J. Giono, in der *Schweiz* Ch.
Ramuz, *in Italien* G. Verga, I.
Silone, *in Norwegen* B.
Björnson, K. Hamsun (»Se-
gen der Erde«, 1917), T. Gul-
branssen, *in Schweden* S.
Lagerlöf, *in Island* G. Gun-
narson, H. Laxness (»Salka
Valka«, 1931/32), *in Finn-
land* A. Kivi, F. E. Sillanpää
(»Silja, die Magd«, 1931), *in
Polen* W. S. Reymont, *in Russ-
land* J. S. Turgenjew, A.
Tschechow, M. Gorki, J. A.
Bunin; das *fläm.* Bauerntum

Fallada: »Bauern, Bomben
und Bonzen«

schildern St. Streuvels, F. Timmermans, das *chinesische* P. S. Buck.

Bauerntheater, Theateraufführungen bäuerl. (meist in Vereinen zusammengeschlossener) Laienspieler. Es geht vielfach auf Traditionen des barocken ↗ Volksschauspiels zurück und war ursprüngl. an saisonale Ereignisse (Gedenktage, Weihnachten, Fastnacht usw.) geknüpftes Volkstheater vor einheim. Publikum. Heute ist das B. meist zeitl. und in seinen Rezeptionsbedingungen auf die Fremdenverkehrssaison abgestimmt. – Die im 19. Jh. beliebten Schauer- und Ritterstücke (u. a. vom »Bauernshakespeare«, dem Kiefersfeldener Kohlenbrenner Josef Schmalz, 1793–1845) sind heute weitgehend von Mundartschwänken, Lokalpossen oder Kolportagestücken abgelöst, die oft auf derbe Pointen, aber auch vordergründ. Moralisieren abzielen. Jedoch finden sich auch Stücke von L. Anzengruber, L. Thoma, K. Schönherr, F. Kranewitter in den Programmen. Darstellung und Ausstattung des B.s ist realist., oft grell, meist musikal. umrahmt, im Rahmen des Tourismus heute jedoch auch stilist. und techn. ans moderne Berufstheater angepasst, z. T. auch von Berufsschauspielern realisiert. Dies gilt z. T. auch für den *zweiten Typus* bäuerl. Theaterspielens, für die von einzelnen bäuerl. Gemeinden seit dem 17. Jh. gepflegten ↗ Passionsspiele (Erl, seit 1610, Oberammergau, seit 1634). B. sind bes. im süddt. und österr. Raum verbreitet, v. a. in Fremdenverkehrsgebieten. Ältestes ist das »Kiefersfeldener B.« (gegr. 1618, noch heute Ritterspiele), international bekannt sind das »Schlierseer B.« (gegr. 1892; Gastspiele bis Amerika unter X. Terofal) und die Innsbrucker »Exl-Bühne« (literar. anspruchsvollere ↗ Volksstücke); zu nennen sind ferner die B. von Berchtesgaden, Partenkirchen, Tegernsee, die »Ganghofer-Thoma-Bühne« in Rottach-Egern (früher »Denggsches B.«, für das L. Thoma z. B. die »Lokalbahn« verfasste) u. a. Das Fernsehen erweiterte den Bekanntheits- und Beliebtheitsgrad des B.s beträchtlich (»Komödienstadl«).   IS

Bearbeitung, Veränderung eines literar. Werkes durch fremde Hand, im Ggs. zur Umgestaltung durch den Autor selbst (↗ Fassung). Gründe für B.en können u. a. sein: (vermeintl.) Verbesserungen (Eliminierung veralteter Ausdrücke, stilist. oder metr. Glättungen, vgl. z. B. E. Mörikes B. der Gedichte W. Waiblingers, 1844), Erschließung neuer Leserkreise (Reduzierung schwieriger Werke auf den erzähler. Kern, bes. für die Jugend: Schulausgaben, ↗ usum delphini), Rücksichtnahme auf bestimmte Moralvorstellungen (vgl. z. B. Shakespeare-B. durch T. Bowdler, 1818, seither engl. *to bowdlerize* = von Anstößigem reinigen, verballhornen). Neuerdings ist am häufigsten die B. von Romanen, Erzählungen usw. für Bühne, Film, Funk, Fernsehen, vgl. ↗ Bühnenbearbeitung, ↗ Dialogisierung, ↗ Dramatisierung, ↗ Adaptation, auch ↗ Redaktion, ↗ Rezension.   S

Beat generation, f. [engl./amerik. beat = Schlag, speziell: im Jazz der Grundschlag der Rhythmusgruppe], Bez. einer Gruppe junger amerikan. Schriftsteller; sie erwuchs seit etwa 1950 aus der Opposition gegen die saturierte Konsumgesellschaft und ihre Scheinmoral und suchte durch betont anarch. (oft nomadisierende) Lebensform (Kommunen, eigenes Idiom, Armutsideal, Alkohol, Drogen, Sex, aber auch Versenkung in Musik [Jazz] und myst. Lehren wie den Zen-Buddhismus u. a.) ein intensiveres Daseinsgefühl und neue schöpfer. Impulse zu erlangen. Die Pflege des Jazz führte zur Bez. ›B. g.‹ (spött. auch *Beatniks*), nach L. Lipton von der B. g. zugleich als Abkürzung von *beatific* (= glückselig) verstanden, nicht, wie auch angenommen, aus *beaten* (= geschlagen, analog zur ↗ Lost generation der 20er Jahre). – Die literar. Versuche der B. g., ekstat.-obszöne, betont improvisiert wirkende Gedichte in surrealist. Bildersprache (Vorbilder: themat. H. D. Thoreau, W. H. Davies, W. C. Williams, D. h. Lawrence, D. Thomas, formal Surrealisten; W. Whitman, E. E. Cummings), wurden zunächst innerhalb der Gruppe zum Jazz rezitiert. 1958 wurde die literar. Öffentlichkeit auf die B. g. aufmerksam und der Gruppe als sozialem und literar. Phänomen für kurze Zeit große Beachtung zuteil (Förderung durch K. Rexroth, H. Miller, N. Mailer). Die damit verbundene Etablierung und Kommerzialisierung (Lesungen, Schallplatten, ries. Auflagen durch entsprechende Werbung) bedeutete jedoch zugleich das Ende der B. g., vgl. nach 1960 die nachdrängenden Strömungen (↗ Underground-, ↗ Pop-Literatur). Wortführer der B. g. waren A. Ginsberg, insbes. durch »Howl and other poems« (1956) und J. Kerouac, dessen planlos-episodenhafte Romane »On the Road« (1957) und »The Dharma Bums« (1958) ein Bild des Milieus, der Sprache und des Lebensgefühls der B.g. vermitteln, ferner G. Corso, G. Snyder, L. Ferlinghetti, M. McClure, Ph. Whalen u. a. – Die B. g. wurde auch in Europa, bes. in der Bundesrepublik, Frankreich und Skandinavien stark beachtet.   IS

Beichtformel, auch: Beichte, im frühen MA. entstandener besonderer Typ des Sündenbekenntnisses in vorgeprägter sprachl. Form: meist vierteilig: Anrufung; (Stichwort-)Katalog von Tat- und Gedankensünden; Aufzählung von Unterlassungssünden (in ganzen Sätzen); nochmalige Anrufung. – Die altdt. B. n gehen (nach Eggers) mit wenigen Ausnahmen auf eine rekonstruierbare dt. »Urbeichte«, eine Übersetzung einer erhaltenen lat. B. des 8. Jh.s zurück. Die meisten der altdt. B.n dürften in ihren ältesten Formen im Kloster Lorsch auf Anregung Karls d. Gr. entstanden sein. Sehr früh finden sich Variationen und Erweiterungen, u. a. durch Aufnahme des Sündenverzeichnisses aus dem Galater-Brief 5,19–21. Gereimte B.n repräsentiert die Upsalaer B. (Hs. 12. Jh.).   GS

Beiseite(sprechen), nach frz. À part, it. a parte, Kunstgriff der Dramentechnik: eine Bühnenfigur spricht, von den übrigen Bühnenfiguren scheinbar unbemerkt, unmittelbar zum Publikum (ad spectatores). Dieses Heraustreten aus der Bühnensituation soll die Illusion durchbrechen, oft mit kom. Wirkung, daher beliebtes Stilmittel der Komödie seit Aristophanes, Plautus, Terenz (↗ Parabase, auch ↗ lust. Person); in der Funktion der krit.

Kommentierung des Bühnengeschehens im modernen Drama wieder häufiger verwendet, vgl. den ›Heutigen‹ bei M. Frisch (»Die chines. Mauer«), den ›Sprecher‹ bei J. Anouilh (»Antigone«), das ↗ ep. Theater B. Brechts. – Von den Verfechtern der klassizist. Dramentheorien und von den Naturalisten abgelehnt.   DJ/HS

Beispiel, Mittel der Erhellung, Illustration oder Begründung eines allgemeinen Sachverhaltes durch einen konkreten, meist bekannteren, leicht fassl. Einzelfall, als didakt. Hilfe zur lebendigen, anschaul. Darstellung schon seit der Antike (↗ Exempel). – Die nhd. Form ›B.‹ (belegt bereits bei Luther) entstand aus mhd. bî-spel, ›Bei-Erzählung‹ (↗ Bîspel) durch irrtüml. Analogie zu ›Spiel‹. B. wird (wie mhd. bíspel) auch für abgeschlossene kleine Erzähleinheiten (in B.-Sammlungen für Predigten, ↗ Predigtmärlein) gebraucht.   IS

Beit [arab. = Haus], vgl. ↗ Ghasel.

Bekenntnisdichtung, jede Dichtung, in der innere und äußere Erfahrungen und Erlebnisse des dichtenden Individuums zum Ausdruck kommen und (wenn auch verarbeitet, d. h. indirekt) einem Publikum ›bekannt‹ werden. Zwar wird jede Dichtung mehr oder weniger von der Persönlichkeit und Weltanschauung eines Autors geprägt (vgl. Goethes Werke als »Bruchstücke einer großen Konfession«, »Dichtung und Wahrheit«, II), doch gilt als B. in engerem Sinne meist nur die sog. ↗ Erlebnisdichtung oder autobiograph. (wenn auch formal objektivierte) Offenbarungen seelischer Erschütterungen, Selbstdarstellungen oder Enthüllungen, z. B. innerhalb der Liebes- und religiösen Dichtung oder in autobiograph. Werken (z. B. E. P. de Sénancours »Oberman«, 1804, G. Hauptmanns »Buch der Leidenschaft«, ersch. 1930 u. a.); B. ist weitgehend die Literatur des Pietismus, der Empfindsamkeit, des Sturm und Drang.   GS

Belletristik, f. [frz. belles lettres = schöne Wissenschaften], zusammenfassende Bez. für nicht-wissenschaftl., sog. ›schöne‹ oder ›schöngeist.‹ Literatur (Dichtungen, Essays und Erörterungen künstler. Fragen), heute v. a. Bez. für sog. ⟋ Unterhaltungsliteratur. Die Bez. entstand im 18. Jh. (unter Einengung der frz. Bedeutung, die auch Musik und Malerei umfasste, im Ggs. zu den lettres humaines = den Schulwissenschaften); vgl. bei Goethe auch *Belletrist* (= Liebhaber der schönen Literatur, »Werther« 2. Buch), »mein belletristisches und sentimentales Streben« (»Dichtung und Wahrheit« III, 13) oder den »Almanach der Belletristen und Belletristinnen (hg. v. J.C. Schulz und Erbstein, 1782).   IS

Bergmannslied ⟋ Bergreihen.

Bergreihen, m. (auch: Berglied, Berggesang), seit dem 16. Jh. bezeugte Bez. für ⟋ Ständelieder der Bergleute (Bergmannslied), auch allgem. für ⟋ Volkslieder, welche die Bergleute in ihrer berufsständ. Gemeinschaft und (v. a. in Krisenzeiten) als wandernde »Bergreyer« (Fischart, 1572), »Bergsinger« (belegt 1597) oder Bergmusikanten auf Messen in Städten und Dörfern der Montangebiete und der benachbarten Gegenden vortrugen (z. B. »Glück auf, Glück auf, der Steiger kommt«, seit 1531). ›B.‹ bez. ursprüngl. einen Rundtanz (mdh. *reien*) zu einem Chorlied der Bergleute (in Dtschld. nur ein Beleg: ›langer Tanz‹ von Goslar, verboten 1536). Die älteste erhaltene Sammlung von 36 B. (v. a. Volks- u. geistl. Lieder) stammt aus Zwickau: »Etliche hubsche bergkreien, geistlich und weltlich« (1531, 2. Aufl. 1533, Nachdrucke 1536/37, erweiterte Auflagen mit 100 Liedern, Nürnberg 1547 und 1574; neu hrsg. v. G. Heilfurth u. a. Tüb., 1959). Der Höhepunkt der B.-pflege liegt (gemäß dem Aufblühen der Bergbau-Industrie) zw. 1750 und 1850; fast die Hälfte aller bekannten B. entstammt dem sächs.-böhm. Erzgebirge (ca. 550 B.). Zentrum des B.singens war die Stadt Freiberg. Frühe Sammlungen von B. sind meist anonym; Ver-

fasser sind bis Mitte des 19. Jh.s Bergleute (im 17. Jh. z. B. M. Wieser, M. Bauer; im 18. Jh. Ch. G. Lohse – vorwiegend religiöse Lieder) oder die in Montangebieten wirkenden Geistlichen (im 16. Jh. z. B. J. Mathesius, N. Hermann; im 18. Jh. Ch. G. Grundig, der wichtigste Vertreter des Bergmannchorals:»Geistl. Bergbau«, 1750, ³1781). Erst seit Mitte des 19. Jh.s verfassen (und sammeln) v. a. Bergbeamte und allgem. Arbeiterdichter (K. Bröger) Bergmannslieder, jetzt v. a., um der Auflösung der alten bergmänn. Lebens- und Sangesgemeinschaften entgegenzuwirken, die durch die moderne Bergbautechnik und die damit verbundene Fluktuation und Unterwanderung durch Berufsfremde bedingt war, vgl. auch den (vergebl.) Versuch einer Wiederbelebung der Bez. ›B.‹, die im 18. Jh. durch das von J. G. Herder geprägte ›Bergmannslied‹ abgelöst worden war (Kolbes »Neues B.-Buch«, Lpz. 1802, ²1830/31; Dörings »Sächs. B.«, 2 Bde. Grimma 1839/40). Diese von außen gelenkten Wiederbelebungsversuche der alten Musiziertraditionen in einzelnen Zechen sind heute auf Vereine beschränkt, gehören nicht mehr zu einem berufsständ. Gemeinschaftsleben.   IS

Johnson: »Mutmaßungen über Jakob«

Bericht, einfache Darstellung eines Handlungsverlaufs ohne ausmalende (⟋ Beschreibung), vergegenwärtigende (⟋ Szene) oder reflektierende Elemente (Erörterung). *In fiktionaler Literatur* Grundform ep. Erzählens, bes. zur Exposition oder als Verbindungsmittel zwischen ausführlicheren Phasen eines Romans oder einer Erzählung eingesetzt; vorherrschend bei chronikart. oder bewusst verhaltener Erzählweise (H. Hesse, U. Johnson). Im Drama Mittel zur Einbeziehung vergangener (⟋ Botenbericht) oder gleichzeit. Ereignisse (⟋ Teichoskopie). – *Im Journalismus* als *Tatsachen-B.* v. a. Darstellung auf Grund dokumentar. gesicherten Materials (Kriegsberichterstattung u. a.). Die Bez. wird oft synonym mit ⟋ Reportage verwendet, in der Regenbogenpresse häufig auch für Sensationsberichte. – Zur Verwendung von Tatsachen-B.en in fiktionalen Zusammenhängen vgl. ↗ Faction-Prosa, ↗ Dokumentarliteratur. HSt

Berner Ton, Strophenform der mhd. Heldendichtungen, die zum Sagenkreis Dietrichs von Bern (daher der Name) gehören (»Eckenlied«, »Sigenot«, »Goldemar«, »Virginal«): 13 vierheb. Verse mit abschließender Waisenterzine: Reimschema aab ccb dede fxf, Kadenzschema mmk mmk mkmk mkm.   S

Beschreibung, Schilderung von Personen, Sachen oder Sachverhalten durch Aufzählung sichtbarer Eigenschaften; bes. im Roman zur Kennzeichnung von Örtlichkeiten (z. B. Stifter, »Witiko«, Anfang) oder von Zuständen, von denen das Geschehen ausgeht (Boccaccio, »Decamerone«). – Begegnet seit der Antike oft als rhetor. ausgestaltete Einlage mit der Tendenz zur Verselbständigung (↗ Descriptio, Ekphrasis). Sie kann jedoch auch in den zeitl. Ablauf des ep. Erzählens integriert sein (↗ Laokoon-Problem; dagegen ↗ ut pictura poesis), indem die Beschreibung des Gegenstandes in Handlung umgesetzt wird (z. B. Schild des Achilles, beschrieben durch die Darstellung seiner Fertigung, »Ilias« XVIII), oder durch Charakterisierung z. B. einer Person

Stifter: »Witiko«

aus dem Blick anderer Romanfiguren (z. B. Eduard und Charlotte über den Hauptmann in den »Wahlverwandtschaften«, I, 1). In der Lyrik entwickelt sich aus der B. eine eigene Gattung (↗ Bildgedicht, ↗ Dinggedicht).   HSt

Beschwerte Hebung, auf K. Lachmann zurückgehende Bez. für eine überdehnte Hebung (nach der ↗ Taktmetrik: einsilbig gefüllter Takt /⎼/). Die b. H. dient im alternierenden Vers der mhd. Blütezeit als Kunstmittel zur Hervorhebung von Namen oder bedeutungsvollen Wörtern (»*der was /Hárt/màn ge-*

nant«); die Hebung im folgenden Takt wird der b.n H. als Nebenhebung untergeordnet (/⎼/x̀). B. H.en können auch struktural eingesetzt sein, z. B. im letzten Abvers der ↗ Nibelungen- oder Kürenbergstrophe und in der klingenden ↗ Kadenz.   GS

Beschwörungsformel, festgeprägte mag. Formel, oft Teil eines (ep. ausgeweiteten) ↗ Zauberspruchs, mit deren Hilfe höhere Mächte, Dämonen, Geister, Götter zum Zweck der Abwendung von Unheil oder der Erlangung von Heil herbeigerufen oder abgewehrt, Tiere oder Naturerscheinungen gebannt werden sollen; ursprüngl. in gebundener Rede, dem sog. ↗ Carmenstil, gesungen, oft Befehlsform; eine B. kann aber auch nur aus einem Wort oder einer Silbenfolge bestehen (z. B. hebr.-spätgriech. »Abracadabra«, seit 3. Jh. n. Chr., oder »Mutabor!« bei W. Hauff, Kalif Storch). Das Aussprechen oder Psalmodieren der B., deren Wirkkraft im Glauben an die Wortmagie gründet (bes. durch die Nennung des Namens soll Macht über dessen Träger gewonnen werden), ist oft von bestimmten rituellen Gesten oder Handlungen, auch von Bildzauber begleitet und an bestimmte Orte und Zeiten gebunden. – Weitverbreitet ist die B. im Volksglauben aller Zeiten; sie spielt eine große Rolle in den Kulten primitiver Völker und ist für die alten Kulturen Mesopotamiens, Ägyptens, der Juden, Griechen und Römer (*incantatio, incantamentum*, ↗ Carmen) reich belegt. In germ. Tradition mischt sich in den literar. Formen meist Heidnisches mit Christlichem: vorchristl.-germ. sind die beiden »Merseburger Zaubersprüche«, christl. die Wurm- und Blutsegen oder der »Lorscher Bienensegen«. Die B. lebt heute u. a. im volkstüml. Gesundbeten und im kirchl. Exorzismus fort.   RSM

Bestiarium, n., auch (liber) bestiarius, m. [von lat. bestia = das Tier], lat. Bez. für mal.

allegor. Tierbuch, in dem meist legendäre phantast. Vorstellungen von Tieren heilsgeschichtl. und moral. gedeutet werden (z. B. das Einhorn, das sich nur von einer Jungfrau einfangen lasse, als Christus). Das älteste und bekannteste B. ist der »Physiologus«, entstanden wohl im 2. Jh. n. Chr. in Alexandrien, im 5. Jh. vom Griech. ins Lat. übersetzt, im MA. in mehreren Versionen sehr verbreitet, *in dt. Sprache* seit dem 11. Jh. überliefert (alemann. Prosa-Physiologus, Milstätter Reimphysiologus, 1130). Am Beginn der *frz.* Tradition steht das gereimte B. von Philippe de Thaon (1. Hälfte 12. Jh.), das neben Tieren auch Steine (↗Lapidarium) allegor. ausdeutet; aus dem 13. Jh. sind Bestiarien von Guillaume le Clerc (»Le Bestiaire divin«, um 1220, handelt von Tieren, Steinen u. Pflanzen) und Gervaise de Fontenoy zu erwähnen; Richard le Fournival übertrug Mitte des 13. Jh.s in seinem »Bestiaire d'amour« die Tiersymbolik auf die weltl. Minne. – In *Italien* entstand im 13. Jh. ein »Bestiario moralizzato«, ein Moralbuch in Sonetten. Auch in *England* sind zahlreiche, meist stärker naturkundl. orientierte Bestiarien überliefert (40 Handschriften). – Die Bildwelt der Bestiarien wirkte mannigfach auf die mal. Literaturen ein, bes. auch auf Lehrbücher und Predigten, vor allem aber auf die mal. Kunst (Buchschmuck, Bestiensäulen, Tierfriese, Kapitele, Gestühl; auch Bestiarien-Handschriften waren meist illustriert). – *Moderne Nachfahren* der mal. Bestiarien sind Apollinaires »Le Bestiaire ou cortège d'Orphée« (1911) und Franz Bleis »Bestiarium literaricum« (1920; Pseudonym: Peregrinus Steinhövel; über G. und C. Hauptmann, Th. und H. Mann, Rilke, George, Hofmannsthal u. a.), erweitert 1924 unter dem Titel »Das große B. der modernen Literatur«. ↗Tierdichtung. S

Th. Mann: »Buddenbrooks«

Bestseller, m. [engl. aus best = am besten, to sell = verkaufen], seit 1905 belegte, zuerst in den USA gebräuchl. Bez. für ein Buch, das während einer Saison oder auch während eines längeren Zeitraumes (*steadyseller*) überdurchschnittl. Verkaufserfolge erzielt, meist belletrist. Werke, aber auch populäre Sachbücher. Die Bez. ›B.‹ ist nicht unbedingt ein literar. Werturteil, sondern eine aus dem Warencharakter des Buches im Zeitalter der Massenkultur resultierende statist. Größe, so wurde die Bez. ursprüngl. auch lediglich retrospektiv zur Feststellung eines buchhändler. Erfolges gebraucht. Später wurden dann aber B. auch gezielt auf den Markt gebracht. Die Durchsetzung eines B. hängt sowohl von immanenten Voraussetzungen (leichte Lesbarkeit, echte oder vermeintl. Aktualität) ab, als auch von bes. günstigen äußeren Bedingungen (Nobelpreis, Indizierung, Verfilmung, Skandale) und in gewissem Sinne auch von einer geschickten Verlagspolitik (Werbungsaufwand, Rezensionen). Die von Zeitungen und Illustrierten geführten B.-Listen stimulieren das Kaufinteresse, da die Massenauflage als Garantie für Qualität und Aktualität aufgefasst wird. Literatursoziolog. ist der Steadyseller ergiebiger als der B., da er weniger manipulierbar ist und eher auf ein tatsächl. Leserinteresse schließen lässt. B. der letzten Jahre in Deutschland: M. Ende, »Die unendl. Geschichte« (1979); U. Eco, »Der Name der Rose« (dt. 1980); M. Zimmer Bradley, »Die Nebel von Avalon« (dt. 1982); F. Capra, »Die Wendezeit« (1983); M. Kundera, »Die unerträgl. Leichtigkeit d. Seins« (1984); G. Wallraff, »Ganz unten« (1985); P. Süskind, »Das Parfüm« (1986); T. Wolfe, »Fegefeuer d. Eitelkeiten« (dt. 1988); Ch. Ransmayr, »Die letzte Welt« (1988); U. Eco, »Das Foucaultsche Pendel« (dt. 1989); D. Kehlmann, »Die Vermessung der Welt« (2006). – Steady- oder Longseller: K. May, »Winnetou I« (1891); Th. Mann, »Die Buddenbrooks« (1901); H. Hesse, »Narziß und Goldmund« (1930); M. Mitchell, »Vom Winde verweht« (dt. 1937); C. W. Ceram, »Götter, Gräber und Gelehrte« (1949); J. R. R. Tolkien, »Der Herr d. Ringe« (dt. 1969/70). HSt

Beutelbuch, im 14.–16. Jh. übliche Einbandform für Erbauungsbücher: Der Lederbezug der Buchdeckel wird am unteren Schnitt so verlängert, dass sich aus ihm eine Schleife zur Befestigung am Gürtel binden lässt (vgl. das B. in der Hand der Holzfigur des Hieronymus am Isenheimer Altar). HSt

Bewusstseinsstrom ↗ Stream of consciousness.

Bibelepik, ep. Dichtungen, in denen bibl. Stoffe behandelt sind. In der frühen B. sind meist größere Teile der Bibel in Verse umgesetzt (z. B. das NT als ↗ Evangelienharmonie oder einzelne Bücher des AT, z. B. die Genesis, ↗ Reimbibel), es finden sich aber auch poet. Bearbeitungen einzelner Kapitel der Bibel (z. B. die Jünglinge im Feuerofen u. a.). Versbearbeitungen bibl. Stoffe begegnen im Gegensatz zum ↗ geistl. Spiel und zum ↗ biblischen Drama schon früh: Die lat. B. setzt ein mit der Evangelienharmonie des span. Klerikers Juvencus (um 330) in 3211 Hexametern nach dem stilist. Vorbild Vergils. Auch die ältesten überlieferten dt. Epen sind Evangelienharmonien, so der um 830 entstandene altsächs.»Heliand« (in Stabreimversen) und das in Reimversen abgefasste Evangelienbuch Otfrieds von Weißenburg, vor 870. Aus derselben Zeit sind auch Teile einer altsächs.»Genesis« erhalten. Teilweise älter ist die angelsächs. B. in Stabreimversen, so die sogenannte»Caedmon-Genesis« (7. Jh.), Cynewulfs»Crist« (8. Jh.), ein »Exodus«-Epos (9. Jh.). Bibelausschnitte sind gestaltet in der ahd. Reimverserzählung »Christus und die Samariterin«, in der angelsächs.»Judith« u. a. – Bes. in frühmhd. Zeit (11. u. 12. Jh.) ist die B. (in Reimversen) reich vertreten: z. B. die»Wiener Genesis«, die»Vorauer Bücher Mosis«, die»Makkabäer«, das »Leben Jesu« der Frau Ava,»Friedberger Christ und Antichrist« (↗ Antichristdichtung). Auch in mhd. Zeit bleibt neben der dominierenden weltl. Epik die B. verbreitet, so die apokryphen Quellen folgende»Kindheit Jesu« Konrads von Fußesbrunnen (um 1200) oder die anonym überlieferte»Erlösung« (um 1300) oder Lutwins»Adam und Eva« (14. Jh.). Ge-

gen Ende des MA.s werden die poet. Bibelbearbeitungen mehr und mehr durch ↗ Historienbibeln u. dann durch Bibelübersetzungen in Prosa verdrängt. In der Neuzeit ist als B. v. a. Miltons»Paradise Lost« (1667; in Blankversen) und Klopstocks»Messias« (1748–73; in Hexametern) zu nennen, in gewissem Sinne auch noch Thomas Manns Roman-Tetralogie »Joseph und seine Brüder« (1933–42). S

Bibelübersetzung, zu unterscheiden sind unmittelbare Übersetzungen aus den bibl. Ursprachen, dem Hebräischen (AT) und dem Griech. (NT) und mittelbare oder Tochterübersetzungen, denen eine Übersetzung (z. B. die»Vulgata«) als Vorlage dient. Neben vollständigen B.en gab es von Anfang an auch nur Teilübersetzungen, da die Übersetzertätigkeit vor dem Abschluss der Kanonbildung (AT: um 100 n. Chr.; NT: 4. Jh.) einsetzte und für die christl. Mission – deren Geschichte eng mit der Geschichte der B. verbunden ist – zur Verwendung in Liturgie und Predigt häufig auch Teilübersetzungen genügten. *Die antiken B.en* sind z. T. von bes. Bedeutung für die Textkritik (Herstellung des Urtextes). – *1. Griech. B.en* (des AT): Älteste vorchristl. B. ist die»Septuaginta« (LXX), im Wesentl. im 3.–1. Jh. v. Chr. in Alexandria (Ägypten) für die jüd. Diaspora geschaffen, Name nach der Legende des Aristeasbriefs, noch heute offizielle Bibel der griech.-orthodoxen Kirche. Im Anschluss an die Septuaginta werden wichtige theolog. Begriffe in das NT und die christl. Theologie übernommen. Aufgrund der Abweichungen der Septuaginta vom hebr. Urtext (fehlerhafte Übersetzungen, fehlende oder nur hier vorhandene Teile) entstehen Revisionen und neue B.en, so die des (sog.) Theodotion (früher ins 2. Jh. n. Chr., heute auf 30–50 n. Chr. datiert), des Aquila (um 130 n. Chr.) und des Symmachos (Ende 2. Jh.). Im bedeutendsten Bibelwerk der Antike, der sog.»Hexapla« (228–45), stellt Origenes den hebr. Urtext, eine griech. Umschrift, eine eigene Rezension der Septuaginta (5. Kolumne) und die drei genannten B.en nebeneinander (6000 Blatt in 50 Bden., Original seit dem 7. Jh. verschollen, z. T. überliefert, u. a. in einer syr. Übersetzung, der sog.

»Syro-Hexaplaris«, entstanden um 615/17). –
2. *Lat. B.en* (seit dem 2. Jh. n. Chr.): Die Gesamtheit der altlat. Texte wird als »Vetus Latina« oder »Praevulgata« bezeichnet (früher
auch »Itala«). 383 beginnt Hieronymus die gesamte lat. Bibel zu revidieren (teils neu zu
übersetzen); es entsteht die sog. »Vulgata« (so
erst seit dem Spät-MA.; vorher steht die Bez.
»Vulgata« für die Septuaginta oder auch Vetus
Latina); sie wird 799–801 von Alkuin revidiert
und 1546 vom Tridentiner Konzil für authen-
tisch erklärt (Ausgaben: »Sixtina«, 1589;
»Sixto-Clementina«, 1592 u. ö.); in Verwirklichung eines Auftrags des Zweiten Vatikan.
Konzils erscheint 1979 die »Nova Vulgata« als
autorisierte Bibel d. kath. Kirche. Eine große
textkrit. Ausgabe der bibl. Bücher in lat. Überlieferung besorgt die vatikan. Abtei des Bene-
diktinerordens (seit 1926, noch nicht abgeschlossen). – 3. Von großer textkrit. Bedeutung, jedoch hinsichtl. ihrer Entstehungsgeschichte im Einzelnen noch weithin ungeklärt,
sind die *syr. B.en: v. a.* die sog. »Peschīttā« (entstanden wohl Ende 4. Jh.), der eine Vetus-
Syra-Tradition vorausgeht (z. T. auf das syrisch
geschriebene Diatessaron, eine ↗ Evangelienharmonie des Tatian, 2. Jh., zurückgehend). –
4. Zu verweisen ist auf *jüd.-aramäische B.en*
(Targumim des AT) sowie auf kopt., arab.,
äthiop., armen., georg., iran. u. a. – 5. Die *B.
des Westgoten Wulfila* (311–83) ist das erste
bedeutende Zeugnis in einer german. Sprache.
Sie ist nur in Teilen überliefert in ostgot.
Handschriften des 5./6. Jh.s (umfangreichste:
»Codex Argenteus« 6. Jh., heute in Upsala). –
Die *B.en des MA.s* beruhen meist auf der Vulgata, die *der beginnenden Neuzeit* auf Texten in
der Ursprache (Druckausgabe des NT durch
Erasmus), auf der Vulgata und Luthers B. Sie
sind von Bedeutung für die Geistes- und Kulturgeschichte der einzelnen Völker und tragen
häufig wesentl. zur Entwicklung (und) oder
Verbreitung einer einheitl. Schriftsprache bei.
– 6. *Dt. B.en:* Am Anfang stehen Übersetzungen der Evangelien (Monsee-Wiener Fragment, Anfang 9. Jh.), einer lat. Version des
Diatessaron des Tatian (um 830, in Fulda), der
Psalmen (durch Notker Labeo, † 1022, St.
Gallen) und Evangeliendichtungen (Otfried,

Luthers Bibelübersetzung, 1534

Heliand, ↗ Evangelienharmonie, ↗ Bibelepik)
u. a.; vgl. ↗ Historien- u. a. bibeln. Zahlreiche
B.en stammen aus dem 14. Jh. Bereits vor Luther erscheinen 14 vollständige hochdt. – und
4 niederdt. – Druckausgaben der Bibel (1.
Druck 1466 bei Mentel in Straßburg). Eine
neue Epoche der B. beginnt mit Luther, nicht
nur, weil er aus den bibl. Ursprachen (AT: Ausgabe von Brescia, 1494; NT: zweite Ausgabe
des Erasmus, 1519) übersetzt, sondern auch,
weil er eine volksnahe, anschaul., dialektfreie
Sprache schafft (auf der kurfürstl.-meißn.
Kanzleisprache basierend), die die Verbreitung
seiner B. erleichtert und wesentl. zur Schaffung einer einheitl. dt. Schriftsprache beiträgt.
Das NT erscheint 1522 (1. Auflage: Septem-
ber-, 2.: Dezemberbibel), dann nacheinander
Teile des AT, 1534 die gesamte Bibel mit
↗ Apokryphen. Zahlreiche weitere, teils über-
arbeitete Ausgaben erscheinen noch zu Luthers Lebzeiten, wie auch meist von ihm abhängige Konkurrenzübersetzungen (u. a.
durch L. Hätzer und H. Denk, Worms 1527;

auf kath. Seite durch H. Emser, 1527; J. Dieten-
berg, 1534; J. Eck, 1537). Der Text der Luther-
Bibel wird 1892, 1912 und 1956 (NT), 1964
(AT) sowie 1984 revidiert. Luthers B. wirkt auf
schweizer., niederdt. u. a. B.en. – Seit dem
16. Jh. erscheinen immer neue B.en, die jeweils Tendenzen bestimmter geist. Strömungen widerspiegeln. Aus neuerer Zeit
stammen, auf krit. Textausgaben beruhend
und um zeitgemäßes Dt. bemüht, u. a. die Züricher Bibel (1931, in Nachfolge der B. von
Zwingli und L. Jud, 1529), Übersetzungen von
E. Kautzsch (1904), H. Menge (1923–26), A.
Schlatter (1931), L. Thimme (1946). Unter den
den kath. B.en gelangen zu größerer Bedeutung die Mainzer (oder Cathol.) Bibel (auf C.
Ulenbergs B. von 1630 zurückgehend, beeinflusst von Dietenbergs B.), die B. von H. Braun
(1788), verbessert von J. M. Feder (1803) und
J. F. von Allioli (1830–37). Im Zuge der ökumen. Bewegung erscheinen in jüngster Zeit
gemeinsame B.en: 1978»Die gute Nachricht«;
1979 die sog. ›Einheitsübersetzung‹ (nur Psalmen und NT ökumen.) – 7. *Frz. B.en:* Seit dem
12. Jh., zunächst in normann. Sprache. Erste
gedruckte Bibel 1477/78 (Lyon) nach einem
Text des 13. Jh.s. Bedeutende B.en entstehen
vom 16.–20. Jh. u. a. von Faber Stapulensius
(1523/30, vorübergehend indiziert), A. und L.
Isaac Le Maître (Bible de Sacy, 1667, trotz Verurteilung durch Rom zahlreiche Auflagen);
neuere kath. B.en: Bible de Maredsous
(1948/49), Bible de Jérusalem (1948–52) u. a.
Die erste frz. prot. B. erfolgt 1535 durch P. R.
Olivetanus (NT nach Faber Stapulensius), sog.
Bible de Serrières, wegen der in Genf vorge-
nommenen Überarbeitung (u. a. durch Calvin
und Th. Beza) später als Bible de Genève bez.
– 8. *Engl. B.en:* Nach Anfängen in ags. (Caedmon, Bibeldichtung, um 670, u. a.) und mittelengl. Zeit beginnt die engl. B. mit J. Wyclif
und N. von Hereford (ges. Bibel, 1380–84).
1525 erscheint der erste engl. Bibeldruck (NT
von W. Tyndale) in Worms, es folgen M. Co-
verdales B. (Zürich, 1535), The Great Bible
(1539), The Genevan Bible (1560, NT 1557)
u. a. Von bed. Einfluss auf die engl. Sprache
und Literatur ist die von der Hampton Court
Conference 1611 hg. Authorized (oder King

James) Version. Eine Überarbeitung erscheint
in England 1881/85 als Revised Version, in N-
Amerika mit etwas anderem Text 1900/01 als
American Standard Version (von fast allen
prot. Kirchen angenommen, neubearbeitet
1946–57: Revised Standard Version). In England wird 1970 die New English Bible (NT
1961) hg. – B.en gibt es bis zur Erfindung des
Buchdrucks in 33, um 1800 in 71, heute in
über 1200 Sprachen. GS

Biblia pauperum, f. [lat. = Bibel der Ar-
men], ungesicherte mal. Bez. für meist schmale, unbebilderte Faszikel mit Bibelauszügen in
lat. Sprache, in welchen v. a. das AT in leicht
fasslicher, erzählender Form dargeboten wird,
evtl. für Scholaren und Kleriker, die sich eine
vollständ. Bibel nicht leisten konnten. – Auf
Grund eines (schon von Lessing aufgedeckten) bibliothekar. Irrtums des 17. Jh.s wurde
die Bez. auf die ↗ Biblia typologica übertragen,
obwohl diese sowohl der meist kunstvollen
Illustrationen als auch der geist. Anforderungen wegen kaum für *pauperes* (materiell
und geist. Arme) gedacht sein konnte. S

Biblia typologica, f. [mlat. typicus = vor-
bildlich], neuzeitl. Bez. für typolog. angelegte
bibl. Bilderzyklen, in denen die wichtigsten
Heilsstationen Christi (in den frühen Fassungen 34, nach den Lebensdaten Christi, im
Spät-MA z. T. erweitert bis auf 50, mit ikono-
graph. Varianten) mit entsprechenden Vorausdeutungen (↗ Präfiguration) aus dem AT zusammengestellt sind, um Verlauf und Erfül-
lung des göttl. Heilsplanes zu verdeutlichen.
Im Zentrum einer Bildgruppe steht eine Szene
aus dem NT (Antitypus – *sub gratia*, Zeit der
Gnade), der zwei Vorausdeutungen aus dem
AT (Typus, meist nach dem Schema *ante le-
gem*, vor der Gesetzgebung auf dem Sinai, und
sub lege, Zeit des Gesetzes) und vier Prophe-
tenbilder zugeordnet sind (z. B. NT: Auferstehung; AT: 1. Samsons Ausbruch aus Gaza, 2.
Jonas' Befreiung aus dem Fischrachen; umge-
ben von den Propheten Jacob, Hosea, David,
Sophonias [Zephanja]). Die drei Szenen (Miniaturen, später Holzschnitte) werden durch
stichwortart. ↗ Tituli erklärt, die Propheten-

bilder durch Prophetensprüche, die ganze Bildgruppe durch Lektionen.

Das lat. Original dieser Bildzyklen, wohl als schemat. Hilfsmittel zur Ausbildung in Homiletik (Bibelauslegung) und Katechese (relig. Unterweisung) gedacht, wird in der Mitte des 13. Jh.s in Bayern vermutet. Als mögl. Vorläufer gelten typolog. Bildzusammenstellungen wie im sog. ›Stammheim-Missale‹ (nach 1150) oder auf dem Verduner Altar in Klosterneuburg (um 1180), die ebenso wie die Freskenzyklen in Kirchen der im MA. bedeutsamen bildhaften Belehrung dienten. – Lat. Hss. sind seit 1300 erhalten, zweisprach. (lat.-dt.) oder dt. Fassungen etwa seit Mitte des 14. Jh.s. In dieser Zeit wurde die B. t. auch zu umfassenderen ↗ Heilsspiegeln erweitert. Im 15. Jh. ist die B. t. in ↗ Blockbüchern verbreitet und wird schließl. durch gedruckte Bibelübersetzungen verdrängt. Vgl. auch ↗ Bilderbibel.   S

Bibliographie f. [gr. biblos = Buch, graphein = (be-)schreiben: Buchbeschreibung]. Früher = Lehre vom Buch (Buchgewerbe, Bibliothekswesen, Bibliophilie), dann speziell literar. Quellenkunde: Hilfswissenschaft zur Ermittlung, Beschreibung (Verfasser, Titel, Ort, Jahr, Band- u. Seitenzahlen) u. Ordnung (alphabetisch, chronolog., systemat.) des Schrifttums, sowohl von Texten wie sekundärer Literatur; schließl. auch das Produkt dieser Tätigkeit, das selbständige oder einer Abhandlung beigegebene bibliograph. Verzeichnis (zuerst so gebraucht von Louis Jacob de St-Charles, »Bibliographia Gallica universalis«, Paris 1644/54). Als *älteste* B. gelten die ›Pinakes‹ des Kallimachos, Gelehrter u. Bibliothekar in Alexandria, 3. Jh. v. Chr.: ›Tafeln derer, die sich in verschiedenen Disziplinen hervorgetan haben, und ihrer Schriften‹ in 120 Bänden. *Vorläufer der modernen* B. sind die handschriftl. Bibliothekskataloge des MA.s, die Verlagsprospekte aus der Frühzeit des Buchhandels (↗ Messkatalog), enzyklopäd. Werksverzeichnisse (↗ Biobibliographie) u. die Kataloge f. bibliophile Sammler. Zu unterscheiden sind allgemeine B.n u. solche zu bestimmten Themen *(Fach-B.)* oder Autoren *(↗ Personal-B.);* sie können einen festen Zeitraum erfassen *(abgeschlossene*

B.*)* oder auf *kontinuierl.* Ergänzung angelegt sein *(period.* B.*)*, Vollständigkeit erstreben oder eine Auswahl des Wichtigsten; das bloße Titelverzeichnis kann durch knappe Inhaltsangaben *(analyt.* B.*)* oder Wertungen ergänzt werden *(krit.* oder referierende B., B. raisonnée). Da Versuche, das gesamte Weltschrifttum in einer B. zu sammeln (zuerst Konrad Gesner, »Bibliotheca universalis«, 1545/55), an den Stoffmassen scheiterten, sind die allgemeinsten B.n die *National-B.n,* die das gesamte im Buchhandel erschienene Schrifttum erfassen (›Gesamtverz. des dt.-sprach. Schrifttums 1700–1910‹, 1979 ff.; dass. ›1911–1965‹, 1976–1981; ›Dt.-B.‹, Frkft. 1945 ff.) und die gedruckten Kataloge der National-Bibliotheken (bes. der British Library London, der Bibliothèque Nationale Paris und ›The National Union Catalogue‹ Washington; in Deutschland nur bruchstückhafte Ansätze: ›Dt. Gesamtkatalog‹, 1931–39). Nichtöffentl. Publikationen sind in *Spezial-B.n* verzeichnet (›Jahresverzeichnis der dt. Hochschulschriften‹, Bln./Lpz. 1887 ff.; ›Hochschulschriften-Verz.‹, Frkf. 1972 ff.), die nicht selbständig erschienene Lit. in *Zss.-B.n* – Mit dem beständigen Anwachsen der wissenschaftl. Literatur und der Entwicklung neuer Vermittlungs- u. Reproduktionsmedien entstehen für die B. neue Aufgaben und Probleme, die im Rahmen der wissenschaftl. ↗ Dokumentation zu lösen sind.   HSt

Bibliophilie, f. [gr. biblos = Buch, philia = Liebe], Buchliebhaberei, die sich in der Hochschätzung, Sammlung u. Herstellung kunsthandwerkl. hervorragender, dann auch aus anderen Gründen (Seltenheit, Erstausgaben, Widmungsexemplare) bemerkenswerter Bücher äußert. Dabei überwiegt das ästhet. Interesse am exklusiven Gegenstand meist das literarische oder wissenschaftliche. Im Extrem wird B. zur nicht mehr wählenden Sammelleidenschaft mit jedem Preis *(Bibliomanie).* Bibliophile gibt es, seit Bücher existieren (in der Antike (Cicero), im MA. (die Mäzene der Prachtcodices, bes. unter den Humanisten (de Bury, Petrarca, Poggio). Seit dem 19. Jh. wird die B. von Gesellschaften (Roxburghe Club, London 1812; Ges. d. Biblio-

philen, Weimar 1899; Maximilian-Ges., 1911) mit eigenen Zeitschriften u. Jahrbüchern (Zs. f. Bücherfreunde, 1897–1936; Imprimatur, 1930 ff.; Philobiblon, 1928 ff.; Marginalien der Pirckheimer-Ges., 1957 ff.) und durch private Offizinen (»Doves Press« London, »Cranach Presse« Weimar, »Bremer Presse« Mchn., »Trajanus Presse« Frkft. u. a.) gefördert. Ihre allgemeinere Funktion liegt in der geschmackspflegenden Wirkung auf den Buchmarkt (seit 1951 Wettbewerb »Die schönsten Bücher«).
HSt

Bibliothek, f. [gr. biblos = Buch, theke = Behältnis]. Ort zur Aufbewahrung von Büchern, die zur Benutzung, nicht zum Verkauf bestimmt sind, dann auch die Büchersammlung selbst, schließl. Reihentitel für Sammelausgaben (›B. der Kirchenväter‹). Sammelobjekte sind außer Büchern u. Zeitschriften auch Handschriften (Nachlässe), Noten u. Schallplatten bzw. CDs. Nach der Art des Bestandes u. dem Benutzerkreis unterscheiden sich allgemeine (*Volksbücherei*) und wissenschaftl. B.n; diese sind entweder *Universalb.n* (Nationaloder Staatsb., Landes-, Stadtb., Universitätsb.) oder *Spezialb.n* (Institutsb. in Universitäten, Fachb.). Das Angebot der staatl. finanzierten öffentl. B.n ergänzen halböffentl. (Vereinsb., Werkb., B. des Borromäusvereins, B. der Amerika-Häuser), private (Sammlerb.n: Bibliotheca Bodmeriana, Genf-Coligny) u. kommerzielle B.n (*Leihbücherei*). – Nach der Benutzungsweise sind Ausleih- u. Präsenzb.n zu trennen, nach der Organisation Magazin-, Freihand- u. Lesesaalb.n. Die Erschließung des systematisch oder (bei Magazinierung) in der Reihenfolge der Erwerbung aufgestellten Bestandes geschieht über Namens-, Sach- u. Schlagwortkataloge. Nicht vorhandene Titel werden im auswärt. Leihverkehr besorgt (Fernleihe). Dem Schutz wertvoller Einzelstücke (Unika, Rara) u. der Vereinfachung der Fernleihe dienen Mikrofilm- u. Xerokopien. Das *B.s-Personal* wird in Deutschland seit 1893 (Frankreich: 1879, England: 1885) wissenschaftl. ausgebildet; einen Lehrstuhl für B.s-Wissenschaft gibt es seit 1926 (Berlin). *Zentralorgan* für das B.s-Wesen ist das ›Jahrbuch der Deutschen B.n‹ (Leipzig 1902 ff.), die wichtigsten Periodica: ›Zentralblatt für B.swesen‹ (Leipzig 1884 ff.) u. ›Zeitschrift für B.swesen u. Bibliographie‹ (Frkft. 1954 ff.). Gesamtverzeichnis von B.n im ›Internationalen B.sadressbuch‹ (München-Pullach 1966).
Bereits im frühen Altertum gab es bibliotheksart. Sammlungen von Keilschrifttafeln und Papyrusrollen in Babylon u. Ägypten. In Athen gründete vermutl. Peisistratos (6. Jh. v. Chr.), in Rom Asinius Pollio (39 v. Chr.) die *erste öffentl. B*. Die bedeutendsten B.n der Antike waren die von Alexandria, die vor ihrer Zerstörung (47 v. Chr.) über eine halbe Million Papyrusrollen besessen haben soll, und von Pergamon. Größere private B.n besaßen Aristoteles u. Cicero. Das Modell einer solchen Privatb. wurde 1752 in Herculanum gefunden. – Im MA. gab es bis ins 13. Jh. B.n fast nur in Klöstern. In ihnen wurden die für Gottesdienst, Unterricht u. Erbauung benötigten Pergamentcodices geschrieben (im Scriptorium) u. aufbewahrt (im Armarium). Da bes. die Benediktiner auch antike Autoren lasen, wurden die Klosterb.n zur Überlieferungsstätte der klass. Literatur (Montecassino, Vivarium, Bobbio, Corvey u. a.). Auch die frühe dt. Literatur ist in Klosterb.n geschrieben u. überliefert worden (St. Gallen, Reichenau, St. Emmeram, Fulda, Lorsch, Tegernsee, Benediktbeuren, Melk, Millstatt, Vorau). – An den seit Mitte des 13. Jh.s aufblühenden Universitäten entstanden die ersten B.n außerhalb des Klosters (Paris: Sorbonne, Bologna, Prag, Wien, Heidelberg, Erfurt). Unter dem Einfluss des Humanisten errichteten italien. Fürstenhäuser ihre Prunkb.n in Florenz (Marciana, Medicea Laurenziana) u. Venedig (Marciana), mit denen die Vaticana in Rom konkurrierte. In Deutschland führte die Reformation zur Gründung konfessionell getrennter Landesuniversitäten mit eigenen, z. T. aus Klosterbeständen bestückten B.n (Wittenberg, Marburg, Königsberg, Jena, Würzburg, Graz, Innsbruck). Sie profitierten bereits von der Erfindung des Buchdrucks, der auch bedeutende Privat- (Fugger), bes. aber Gelehrtenb.n ermöglichte (Reuchlin, Schedel, Pirckheimer). Im 16. u. 17. Jh. entstanden reich ausgestattete

Fürstenb.n in Wien, Heidelberg (Palatina), München, Wolfenbüttel, in denen verstreute ältere Bestände zusammengebracht und durch eine oft skrupellose Erwerbungspolitik vermehrt wurden. Höhepunkt solcher Zentralisierungsbestrebungen war die Überleitung zahlreicher Dom-, Stifts- u. Klosterb.n nach der Säkularisation (1803) bes. in München, Breslau u. Karlsruhe. Die allgemein zugängliche, nach wissenschaftl. Gesichtspunkten eingerichtete Gebrauchs-B. ist ein Produkt der Aufklärung. Sie wurde von Leibniz postuliert u. zuerst in Halle (1694) u. Göttingen (1737) realisiert. – Dem Ziel, die gesamte Literaturproduktion eines Landes zu sammeln, dienen die nationalen *Zentralb.n* (in Paris seit 1735, London 1759, Leipzig 1913, Frkft. 1948). – Zu den größten B.n der Welt zählen heute die Lenin-B. in Moskau, die Library of Congress in Washington, die British Library des British Museum in London, die Österreichische Nationalb. in Wien; die *größten deutschen B.n* sind die ›Deutsche Bücherei‹ in Leipzig, die ›Dt. B.‹ in Frankfurt., die Bayrische Staats-B. in München u. die Deutsche Staats-B. in Berlin.   HSt

Biblisches Drama, dramat. Darstellung biblischer Stoffe. – Das b.D. steht nicht in der Tradition des ↗ geistlichen Spiels des MA.s; es entwickelt sich im 16. Jh. im Dienste der Reformation als wichtigster Typus des ↗ Reformationsdramas. Luther empfahl die dramat. Darstellung bibl. Stoffe und Themen, lehnte aber die herkömml. Typen des geistl. Spiels, namentl. das ↗ Passionsspiel, ihrer Bindung an die kirchl. Liturgie wegen ab. Formal schließt sich das b.D. des 16. Jh.s (lat. und dt.) an das ↗ Humanistendrama an (Aktgliederung durch Chöre, häufig in der Form des protestant. Kirchenliedes; Prolog, Epilog); Forum ist die Schulbühne (↗ Schuldrama). Beliebte Stoffe: die Geschichte Josefs und seiner Brüder, Jephthas Tochter, Saul, David, Judith (Aktualisierung in den Türkenkriegen), Tobias, Esther, Susanna, Johannes der Täufer, die Gleichnisse Jesu vom reichen Mann und armen Lazarus, vom barmherzigen Samariter, vom verlorenen Sohn. – Mit dem Ende der konfessionellen

Auseinandersetzungen tritt im 17. Jh. das Interesse an bibl. Stoffen zurück. Eine Erneuerung des bibl. D.s im großen Stil versuchen im 18. Jh. F. G. Klopstock (»Der Tod Adams«, 1757; »Salomo«, 1764; »David«, 1772) und J. J. Bodmer, ohne nachhaltigen Erfolg. Im 19. Jh. verwenden bibl. Stoffe v. a. die Grande Opéra (Verdi, »Nabucco«) und das histor. Drama (O. Ludwig, »Die Makkabäer«, 1852); z. T. wird die bibl. Thematik bewusst umgedeutet (Hebbel, »Judith«, 1840 – gegen Schillers »Jungfrau von Orleans«). Eine letzte kurze Blüte erlebte das b. D. im 20. Jh. (St. Zweig, »Jeremias«, 1915–17; R. Beer-Hofmann, »Jaákobs Traum«, 1918, »Der junge David«, 1933).   K

Biedermeier, als literar. Epoche meist »zwischen Romantik und Realismus« angesetzt, mit Bezug auf die polit. Entwicklungen zwischen 1815 und 1848 bisweilen auch als ↗ Vormärz oder ›Restauration‹ bezeichnet. Die Epoche 1815–1848/50 umfasst mehrere sich z. T. widerstreitende ideengeschichtl. und literar. Strömungen (Spätromantik, ↗ Byronismus, das ↗ Junge Deutschland, die spezif. B.-dichtung, die Junghegelianer). Sie ist auch literar. geprägt durch die *gesellschaftl.-soziale Situation*: die geschichtl. Krise nach der Jahrhundertwende, hervorgerufen durch eine allgemeine nationale Enttäuschung, Ernüchterung und Hoffnungslosigkeit nach den Befreiungskriegen, eine polit. Unfreiheit und zunehmende wirtschaftl. Verarmung, und, als Folge, durch einen existentiellen Pessimismus aufgrund einer Unsicherheit in Wert- und Sinnfragen, eine (bei allem Glauben an das Bestehen einer universalen Ordnung) prinzipielle Skepsis, eine weltschmerzler. Gesamtstimmung (↗ Weltschmerz), die sich von sich selbst genießender Tränenseligkeit (H. Clauren) bis zu religiösem Schwärmertum (der alte C. Brentano) und Lebensüberdruss (häufige Selbstmorde: Mayrhofer, Raimund), steigern konnte – Phänomene, die die einzelnen Strömungen auf verschiedene Weise verarbeiteten. Als *typ. biedermeierl.* Konsequenz gilt der resignierende Rückzug in die beschränkteren Bereiche der unpolit., staatsindifferenten, konservativen Konventikelbildung (vgl. dagegen

das Junge Deutschland): Häuslichkeit, Geselligkeit in Familie und Freundeskreis werden
zur seel.-geist. Grundlage der B.kultur: *Private
Zirkel,* die sich (ebenso wie die daraus hervor-
gehenden Gesang-, Musik- und literar. Vereine) der Pflege von Wissenschaft, Musik und
Literatur widmen, bes. solcher der eigenen
Vergangenheit als »Erbe der Klassik und Romantik« (Lieblingsautor: Jean Paul). Während
die ältere B.forschung deshalb die Zeit als
»bürgerl. gewordene dt. Bewegung« (Kluckhohn) wertete, wird heute das Zurückgreifen
des B. auf die (durch die ↗ Weimarer Klassik
unterbrochenen) Tendenzen der ↗ Aufklärung
betont (vgl. die ↗ Empfindsamkeit mit ebenfalls künstler.-literar. ausgerichteter Geselligkeit). Tatsächl. kehrt das B. z. B. zum Empirismus der Aufklärung des 18. Jh.s zurück, zur
»Beobachtung des Nächstliegenden«, etwa zur
Erforschung der Natur, ausgehend nicht mehr
von einer einheitl. Idee (Goethe), sondern von
der Erfassung des Vielfältigen; das Sammeln
(z. B. von Steinen u. a. Naturalien etc.) ist Ausdruck eines handfesteren Verhältnisses zur
Wirklichkeit. Eine Art Materialbesessenheit
zeigt sich auch bei anderen Wissenszweigen,
z. B. *der Geschichte:* auch sie soll durch Versenkung in Quellen und Details als nah-verwand-
tes Ahnenerbe begriffen und entdämonisiert
werden, soll wie die Natur eine Art Trost, Sicherheit und Hilfe bieten, die seel. Abgründe,
deren man sich bewusst ist, zu überbrücken,
denn (im Gegensatz zum gleichzeitigen ↗ Byronismus) will die typ. biedermeierl. Haltung
die als existentiell gefährdet empfundene Le-
bens-Situation rational bewältigen, will die
›dämon. Mächte‹ durch Organisation, Ordnung und Vernunft bannen, das eigene Dasein
zu einem durch Verzicht und Entsagung ge-
läuterten »reinen Sein« (Stifter) führen. Diese
zeitgeschichtl. Gefühlslage, ihre Vorlieben und
Tendenzen finden sich auch in den Werken
einer Gruppe zeitgenöss. Musiker (F. Schubert), Maler (L. Richter, F. G. Waldmüller, C.
Spitzweg, M. v. Schwind u. a.) und Schriftsteller, z. T. in deren Gesamtwerk, z. T. in einer
bestimmten Periode (wie bei den meisten der
bedeutenderen Dichter dieser Zeit: F. Grillparzer, J. Nestroy, N. Lenau, E. Mörike, A. von

Droste-Hülshoff, auch bei einigen Spätroman-
tikern: L. Tieck) oder in bestimmten Gattungen (z. B. in der unpolit. Dichtung der
Jungdeutschen, etwa bei A. H. Hoffmann v.
Fallersleben u. a.). Die B.dichtung gestaltet das
sittl. Ziel der Zeit; genügsame Selbstbeschei-
dung, Seelenstärke, Einfalt und Innerlichkeit,
Zähmung der Leidenschaften, stille Unterordnung unter das Schicksal, Haltung der Mitte
und des Maßes, den inneren Frieden im Zu-
sammenklang mit einer äußeren, als harmon.-
gütig empfundenen Natur, das kleine Glück,
die Liebe zu den Dingen, zu Geschichte und
Natur. Sie setzt dem bewusst erlebten Zwiespalt zwischen Ideal und Wirklichkeit durch
Auswahl des Positiven *eine heile poet. Welt*
entgegen, die die organ. Gesetze allen Seins,
die für die Zeit verschüttet zu sein scheinen,
widerspiegelt. Als »zentrales B.zeichen« wertet
Sengle die »Landschaftsge-
bundenheit« der bedeu-
tendsten B.dichter: Lenau,
Stifter (Österreich), Droste
(Westfalen), Mörike (Schwaben), J. Gotthelf (Berner
Land), W. Alexis (märk.
Land). – B.dichtung entsteht,
anders als z. B. die der ↗ Romantik oder später des ↗ Realismus ohne ästhet. oder
theoret. Programm. Typisch
ist daher eine *stilist. Diskon-*

Stifter: »Der Nachsommer«

tinuität, das naive Nebeneinander verschiedenster Darstellungsformen, ebenso eine Neigung zur
Vermischung der Gattungen, überhaupt eine
Geringachtung des Formalen, der ›Kunst‹, der
man die ›Poesie‹ als das Ungekünstelte, Le-
bensnahe, Echte entgegensetzt. In ihr wird
versucht, eine höhere Ordnung durch die
Dinge transparent werden zu lassen (Hochschätzung der Bildlichkeit, ›Detailrealismus‹,
Reflexion, noch nicht Dingsymbolik). Diese
Literaturauffassung ermöglicht eine Flut dilettant. Belletristik, die in einer Unzahl von ↗ Almanachen, Taschen- und Stammbüchern,
Haus-, Familien- und Intelligenzblättern gedruckt wurde (sog. ›Trivial-B.‹) und der B.
dichtung den Beigeschmack des philisterhaft

Biederen, gemüthaft Harmlosen eintrug. Beliebt und auch von allen bedeutenden Vertretern gepflegt wurden die *kürzere Erzählprosa* (weniger die streng gebaute ↗Novelle als vielmehr »Studien«, vgl. Stifter, 1844 ff.) u. Ä., ↗Märchen, episch-lyr. Kurzformen wie humorist. genrehafte Erzählgedichte, ↗Balladen, ↗Verserzählungen (Vorbild: Ch. M. Wieland), auch kleine Hexameterepen und andere klassizist. Kleinformen (Mörike) mit histor.-idyll. Stoffen. Die ↗Idylle selbst als Form ist selten (Mörike:»Der alte Turmhahn«, Droste:»Des alten Pfarrers Woche«), vielmehr führt eine Affinität zum Idyllischen zu einer »idyll. Überformung aller Gattungen« (Sengle). Die *lyr. Formen* sind einfach-volksliedhaft, ebenso die Themen: Liebe, Entsagung, häusl. Glück, Vergänglichkeit, religiöse Gefühle (Droste,»Das geistl. Jahr«, 1820/1839/40; K. J. Spitta,»Psalter und Harfe«, 1833), aber auch oft reflektierend, didaktisch (z. B. F. Grillparzer,»Tristia ex ponto«, 1835). Bevorzugt werden lyr. Zyklen, Rollenlieder (W. Müller, vertont v. Schubert). Singspiele (K. v. Holtei) usw. Zur *Romanliteratur* des B. zählt Sengle (neben der reichen Trivialliteratur, meist im Gefolge W. Scotts, z. B. von C. Spindler, W. Meinhold, A. v. Tromlitz, H. Koenig, W. Blumenhagen u. v. a.) Stifters »stilisierte Epen« und die histor. Romane von W. Hauff, Levin Schücking, W. Alexis', dann v. a. auch die Romane von J. Gotthelf und z. T. Ch. Sealsfield. Die wichtigste Leistung des B. ist das *Volkslustspiel* (meist Märchen- oder ↗Zauberstücke, Sitten- oder Familien-↗Rührstücke) und die ↗Salon- oder Konversationskomödie, die sich in Österreich entwickelten, das neben Schwaben die ausgeprägteste literar. B.landschaft ist. Entscheidend wurde hier die immer lebendig gebliebene Tradition des Barock, an die die österreich. B.-Komödie mit ihren handwerkl. geschickten, wenngleich naiven, oft mundartl. Stücken über das gute und schlechte Glück und a. biedermeierl. Themen anknüpfen konnte (A. Bäuerle, J. A. Gleich, K. Meisl, dann v. a. F. Raimund und J. Nestroy, für das Salonstück E. von Bauernfeld). Ihre Wirkung ging weit über Österreich hinaus (Austausch zwischen Wiener u. Hamburger Theater, E. A. Niebergall in Darmstadt, A. Glass-

brenner in Berlin). Im Schaffen des größten österreich. Dramatikers der Zeit, F. Grillparzers, zeigt sich z. T. das biedermeierl. Lebensgefühl der Resignation, Schwermut und Stille (z. B. »König Ottokars Glück und Ende«, 1832; »Der Traum ein Leben«, 1834;»Weh dem, der lügt«, 1838). Größere Erfolge hatten jedoch die histor. Trivialstücke von F. Halm (z. B. »Griseldis«, 1835), E. Raupach, Charlotte Birch-Pfeiffer u. a. Der *Begriff* ›B.‹ für die Zeit zwischen Romantik und Realismus war seit P. Kluckhohns Versuch, ihn für diese Zeit einzuführen (erstmals 1927) umstritten, vgl. die B.diskussion 1935 in der ›Dt. Vierteljahrsschr.‹ und in ›Dichtung und Volkstum‹ (Euphorion). – Das *Wort* ›B.‹ entstammt der Kritik des Realismus an Haltung und Literatur der Restaurationszeit, die L. Eichrodt und A. Kußmaul repräsentiert sahen in ›biederen‹ Reimereien eines schwäb. Dilettanten, Samuel Friedrich Sauter die sie mit eigenen Parodien als »Gedichte des schwäb. Schulmeisters Gottlieb Biedermaier ...« seit 1855 in den »Fliegenden Blättern« veröffentlichten (1869 zusammengefasst in»Biedermaiers Liederlust«). Erst Ende des 19. Jh.s wandelte sich der Begriff positiv im Sinne von ›guter alter Zeit‹ (W. H. Riehl) und setzte sich etwa nach der Jahrhundertausstellung in Berlin (1906) als Stilbez. für Mode, Möbel etc. durch. R. Hamann und P. F. Schmidt versuchten ihn auf die Malerei anzuwenden (1922); Kluckhohns Anregung wurde z. T. von der Philosophie und Musikwissenschaft und von ausländ. Literarhistorikern aufgegriffen (z. B. für die Lit. der Schweiz v. E. Korrodi, 1935; der Niederlande von Th. v. Stockum, 1935; Ungarns von B. Zolnai, 1940 u. a.). In dt. Literaturgeschichten wurde außer bei K. Viëtor (Dt. Dichten und Denken von der Aufklärung bis zum Realismus, 1936, ²1949) der Begriff ›B.‹ bis zu F. Sengles großer dreibänd. Darstellung als literar. Epochenbez. nicht recht heimisch. IS

Bild,

1. Unscharfe Sammelbez. der Stilanalyse für die verschiedensten Formen bildl. Ausdrucksweise, v. a. für die sprachl. Umsetzung eines Ausschnittes der belebten und unbelebten

Welt, einer Natur- oder Genreszene (z. B. E. Mörike »Jägerlied«: »Zierlich ist des Vogels Tritt im Schnee,/wenn ...« oder der Eingang der Elegie Hölderlins »Brot und Wein«). – Ein sprachl. Bild kann sich auf Andeutungen beschränken oder in mehr oder weniger detaillierten Umrissen ausgeführt sein, es kann eine eigenwertige geschlossene ↗ Beschreibung sein, Ausgangspunkt für einen ↗ Vergleich oder symbol. Vergegenwärtigung von sinnl. nicht Fassbarem. Sprachl. B.er können sowohl opt. Eindrücke in der Sprache widerspiegeln, als auch einen abstrakten Sachverhalt, einen Gedankengang oder seel. Regungen veranschaulichen. – Die Bildlichkeit ist ein wesentl. Kennzeichen poet. Sprache; sie dient der Verdichtung des Gehaltes, sie assoziiert die Welt in ihrer Fülle (Ambiguität). Das B. eignet der lyr.-sinnbildhaften Sprache ebenso wie der beschreibend-epischen und der expressiv-dramatischen. Bildlichkeit ist sowohl vom individuellen Darstellungsstil als auch von gewissen Epocheneigentümlichkeiten abhängig (vgl. z. B. die barocke Bildlichkeit mit der des Naturalismus). – Auch die Alltagssprache ist voll von (meist verblassten) B.ern, z. B. *be-sitzen.* Vgl. Metaphorik (↗ Metapher), ↗ Symbol, ↗ Personifikation, ↗ Allegorie. 2. dramaturg. Bez. für ↗ Akt oder ↗ Szene (vgl. Max Frisch, »Andorra«, Stück in 12 Bildern).   S

Bildbruch ↗ Katachrese.

Bilderbibel (biblia picta), Bibel mit Bildern; im engeren Sinn: Bilderfolgen ohne vollständ. Bibeltext, auch nur mit knappen Erläuterungen (vgl. z. B.: Dt. B. aus d. späten MA. Hg. v. J. H. Beckmann u. I. Schroth. Konstanz 1960). – Illustrierte Bibel-Hss. finden sich schon früh, so die Quedlinburger Itala-Fragmente (spätes 4. Jh., jetzt Berlin-Ost), die griech. geschriebene Wiener Genesis (5.–6. Jh.), die sog. Alkuinbibel (nach 830, jetzt London), die Riesenbibel aus Stift Admont (1. Hä. 12. Jh., jetzt Wien). – Seit dem 13. Jh. gibt es besondere Formen von illustrierten Bibelbearbeitungen: ↗ Reim-, ↗ Historienbibel, ↗ Biblia typologica, ↗ Heilsspiegel u. a., die seit Anfang 15. Jh. in Blockbüchern (mit Holzschnitten) verbreitet waren. Holzschnitte finden sich auch später in gedruckten B.n (die mutmaßl. erste dt. Holzschnittbibel 1478/79 in Köln bei Quentell). Vor allem zu bestimmten bibl. Themenkreisen wurden graph. Bilderreihen geschaffen (Dürer: Holzschnittpassionen, Apokalypse, 1498; Dürer und Schongauer: Kupferstichpassionen, Letztere 1480). Bibelbilder schufen im 16. Jh. auch H. S. Beham, L. Cranach d. Ä. und H. Holbein d. J. Im 19. Jh. sind von Bedeutung die Bibelillustrationen von J. Schnorr von Carolsfeld (1852–62), G. Doré (Tours, 1867), im 20. Jh., außer graph. Folgen von Corinth, Beckmann, Chagall u. a., Volks- und Schulbibeln (z. B. Seewald-Bibel, 1957 und Ravensburger NT, 1957).   GS

Bilderbogen, einseitig bedrucktes Blatt mit Bild oder Bilderfolge und kurzen Textkommentaren (vorwiegend in Reimpaaren, gelegentl. auch in Prosa), stets mit handfester religiöser, moral. oder polit. Tendenz. Die Bilder sind meist naiv volkstüml. angelegt und kräftig koloriert. – B. gehen vermutl. auf spätmal. Andachtsbilder und Altartücher (mit Tituli) zurück. Sie wurden zunächst handschriftl. von gewerbl. organisierten ›Briefmalern‹ hergestellt. Die große Nachfrage nach den die Schaulust einer überwiegend ungebildeten Menge befriedigenden B. konnte dann durch die drucktechn. (serielle) Herstellung befriedigt werden (zunächst ↗ Einblattdrucke, ältester die sog. Brüsseler Madonna von 1418); seit Mitte des 15. Jh.s erlaubte dann der Druck mit bewegl. Lettern auch längere Textbeigaben. – Die frühesten B. zeigen überwiegend relig. Motive wie Heiligenbilder und -geschichten (z. B. »Christus und die minnende Seele«, mit Versdialogen, Totentänze usw., mit Beginn der auf Publikumswirkung bedachten Massenproduktion kommen erbaul.-belehrende (Ständepyramiden, Altersstufen u. a.) und v. a. satir.-witzige Motive (Karikaturen, Altweibermühle, Verkehrte Welt) und Bilderfolgen zu Sensationsberichten hinzu (Letztere bestimmen bis ins 19. Jh. den Charakter der B.); im Zeitalter der Reformation wird der B. auch als Informations- und Kampfmittel eingesetzt

(z. T. als ↗ Flugblatt verbreitet). In dieser Zeit arbeiteten selbst bedeutende Künstler und Autoren für B., z. B. Lukas Cranach, A. Dürer; S. Brant (Teile des »Narrenschiff« als B.), H. Sachs, Th. Murner, U. v. Hutten, M. Luther, Melanchthon u. a. – Im 17. Jh. werden die traditionellen gröberen Holzschnitte z. T. durch künstler. anspruchsvollere Kupferstichfolgen ersetzt; sie sprachen mit ihren oft auch literar. anspruchsvolleren Texten (u. a. von J. M. Moscherosch) vorwiegend ein städt. Publikum an. Führender Verleger der Kupferstich-B. wird P. Fürst in Nürnberg *(Nürnberger B.)*. – Bis ins 19. Jh. erschienen B. in großen Auflagen, ermöglicht durch neue Bildtechniken (Lithographien) und rationalisierte Fabrikfertigung. Berühmt wurden die *Neuruppiner B.* des Verlegers G. Kühn (seit 1775), die mehrsprach. *B. von Pellerin* in Epinal (seit 1796 bis heute nach alten Methoden und Vorlagen) und die *Weißenburger B.* von J. W. Wentzel (seit 1831). Die *Münchner B.* von K. Braun (seit 1844) gewannen künstler. Niveau durch die Mitarbeit von W. Busch, M. v. Schwind, F. v. Stuck, F. v. Pocci u. a.; ihre pädagog.-didakt. Ausrichtung dokumentiert die symptomat. Entwicklung der B. im frühen 20. Jh.: sie bieten v. a. kulturhistor. Anschauungsmaterial und humorvolle Bildergeschichten, hauptsächl. für Kinder. Heute ist der B. durch Illustrierte, Witzblätter, das Fernsehen zurückgedrängt, Elemente des B.s leben weiter in Bildergeschichten der ↗ Comics und Fotoromane.   IS

Bilderbuch, illustriertes Kinderbuch (für ca. 2- bis 8-Jährige) mit farbigen, oft künstler. gestalteten Bildern. Entsprechend den jeweiligen Altersstufen bieten die Bilderbücher einfache Gegenstände (und Tiere) aus der Erfahrungs- und Phantasiewelt des Kindes (ohne Text), ↗ Bildergeschichten oder Illustrationen zu längeren Texten (zum Vorlesen). Die Texte (Kinderreime, Lieder, Verse und Prosa) entsprechen dem jeweiligen Erziehungsprogramm und reichen von moralisierender Belehrung über phantasievolle Märchen bis zu sachl. Information. Die *Geschichte des B.s* fällt bis ins 19. Jh. zus. mit der der illustrierten ↗ Kinder-

u. Jugendlit. bzw. des Schulbuches: die illustrierten A-B-C- und Elementarbücher des späten *MA.s* (vgl. ↗ Fibel, älteste 1477) und des *16. und 17. Jh.s* (z. B. illustrierte Fabelausgaben, u. a. von Burkhard Waldis, 1548 und öfter, dann v. a. der »Orbis sensualium pictus« von J. A. Comenius, 1658) dienten bereits der schul. Bildung. Auch die in großer Zahl in der ↗ *Aufklärung* entstehenden, ausdrückl. für Kinder bestimmten Werke (z. B. J. S. Stoy, »Bilder-Academie f. die Jugend«, 1780/84; F. J. Bertuch, »B. für Kinder«, 24 Bde. 1790–1822 [1830], die Elementarbücher J. B. Basedows, 1770/74 und Ch. G. Salzmanns, 1785/95, beide mit Kupfern von D. Chodowiecki) wollen den kindl. Geist ›aufklären‹, ihm eine moral.-vernünftige Anschauung der Welt vermitteln (vgl. auch Raffs »Naturgesch. für Kinder«, 1792, J. K. A. Musäus, »Moral. Kinderklapper«, 1788). *Im 19. Jh.* (bes. im ↗ Biedermeier) entstanden v. a. Bearbeitungen ursprüngl. für Erwachsene gedachte Märchen und Sagen (illustriert u. a. von Th. Hosemann, L. Richter, C. Speckter); sie wurden aber an Beliebtheit überflügelt von dem moralisierenden (pädagog. umstrittenen) »Struwelpeter« (1845) von H. Hoffmann oder den Bildergeschichten W. Buschs (z. B. »Max und Moritz«, 1865), F. Poccis u. a. Eine neue *Blüte des B.s* brachte die Jahrhundertwende, gefördert einerseits durch die weitere Entwicklung der Farbdruckverfahren, v. a. aber durch die Erkenntnisse der Kinderpsychologie (Berücksichtigung der Eigenwelt des Kindes, Bedeutung des Anthropomorphismus für die kindl. Entwicklung). Stilist. z. T. vom Jugendstil geprägt sind die phantasieanregenden Tier- und Blumenmärchen von E. Kreidolf (1898 ff.), E. Beskow (»Hänschen im Blaubeerenwald«, aus dem Schwed. 1903/04), S. von Olfers (»Etwas von den Wurzelkindern«, 1906) u. a. Eine weitere kindgerechte, unsentimentalere Richtung verfolgten die Kinderreime R. und Paula Dehmels (»Fitzeputze«, 1901, ill. von E. Kreidolf; »Rumpumpel«, 1903, illustriert von K. Hofer), die bes. durch die graph. Gestaltung bis in die 30er Jahre wirkten (vgl. Ch. Morgenstern/J. L. Gampp, »Klein-Irmchen«, 1921; E. Kästner, »Das verhexte Telephon«, 1931 u. a.).

In derselben künstler. (expressionist.) Tradition stehen die Bilderbücher von T. Seidmann-Freud (z. B. »Das Wunderhaus«, 1927, »Das Zauberboot«, Ende der 20er Jahre), in denen zum erstenmal dem Kind eine aktiv-tätige Rolle bei der Bildbetrachtung zugewiesen wird. Unauffällig staatspolit. Erziehung versuchen die beliebten »Babar«-Bilderbücher von Jean de Brunhoff (1931–1938; fortgesetzt seit 1946 von L. de Brunhoff). Diese Idee wurde in krassester Abwandlung im ›Dritten Reich‹ aufgegriffen (vgl. das antisemit. B. von E. Bauer, »Trau keinem Fuchs auf grüner Heid ...«, 1936). In der B.produktion nach 1945 lassen sich grob gesehen drei internationale Richtungen unterscheiden: 1. *phantasievoll-märchenhafte B.er*. Hier sind v. a. die künstler. Ausgestaltungen der Märchen der Brüder Grimm, H. Ch. Andersens u. a. von G. Oberländer, F. Hoffmann, J. Grabianski zu nennen, weiter die B.er von L. Lionni (»Frederick«, 1969) und bes. M. Sendak (»Wo die wilden Kerle wohnen«, 1967; »König Drosselbart«, 1974 u. a.). – 2. mehr oder weniger *wirklichkeitsnahe Bildergeschichten* (die umfangreichste Gruppe) u. a. von S. Chönz/A. Carigiet (»Schellen-Ursli«, 1946; »Der große Schnee«, 1955 u. a.), L. Fatio/E. Duvoisin (»Der glückl. Löwe«, 1955 und seine Fortsetzungen), C. Piatti (»Eulenglück«, 1963), J. Krüss (»Die kleinen Pferde heißen Fohlen«, 1962; »3 mal 3 an einem Tag«, 1963; »Der kleine schwarze Weißfellkater«, 1974; Internat. Jugendbuchpreis 1968), J. Guggenmos/G. Stiller (»Was denkt die Maus am Donnerstag«, 1966 u. a.), B. Wildsmith (»Wilde Tiere«, 1968). 3. *Fotobilderbücher*, z. T. bereits als Kinder-Sachbücher (u. a. A. Lamorisse, »Der rote Luftballon«, 1957; A. Lindgren/A. Riwkin, »Sia wohnt am Kilimandscharo«, 1958). Heute werden auch gesellschaftl. oder andere aktuelle Erziehungsanliegen (z. B. Verkehrserziehung, Körperpflege usw.) im B. aufbereitet (vgl. u. a. Egner/Thorbjörn, »Karius und Baktus«). Bemerkenswert ist weiter, dass auch Autoren anspruchsvoller Erwachsenen-Literatur zusammen mit renommierten bildenden Künstlern B.er schaffen, z. B. P. Bichsel (»Kindergeschichten«, 1969), P. Härtling (»... und

das ist die ganze Familie«, 1970), G. Herburger, (»Birne kann alles«, 1970), R. Kunze (»Der Löwe Leopold«, 1970; Jugendbuchpreis 1971), S. Lenz (»So war das mit dem Zirkus«, 1971) u. a. IS

Bildergeschichten, Auflösung und Darstellung einer Geschichte in Bilderfolgen, beigefügte Texte (z. T. ins Bild integriert, oft als sog. ›Sprechblasen‹) beschränken sich auf kurze Dialoge, äußere Daten, knappe Kommentierungen, können aber auch ganz fehlen (die Übergänge zum Bilderzyklus sind fließend). – Die Praxis, eine Geschichte aus dem zeitgebundenen Nacheinander im Wort ins räuml. Nebeneinander im Bild umzusetzen, findet sich – ursprüngl. für Schriftunkundige (wie heute noch im Bilderbuch) – schon in der ägypt. Kunst, in der griech. und röm. Antike (Friese), im MA. in Freskenzyklen, auf Teppichen (Bayeux, 11. Jh.: Geschichte der Eroberung Englands durch die Normannen), Altartüchern, in den sog. Bilderbibeln und, seit dem Buchdruck, dann v. a. auf den bis ins 19. Jh. beliebten ↗ Bilderbogen oder etwa auf den Schildern (Moritatentafeln) der Bänkelsänger. Bilder, oft auch die Texte, stammen nicht selten von bekannten Künstlern (Dürer, Hogarth, Chodowiecki, Goya, Daumier, Rethel u. a.). Der Höhepunkt ihrer Entwicklung liegt im 19. Jh., wo B. v. a. in den zahllosen Familienblättern u. a. Zeitschriften, aber auch gesondert in sog. Alben ediert, sehr beliebt waren: es sind meist humorist. Ereignisfolgen, oft jedoch auch mit pädagog. oder satir.-gesellschafts- oder ständekrit. Tendenz, vgl. z. B. die humorist. ›Bilderromane‹ des Schriftstellers und Zeichners R. Toepffer, die pädagog. B. d. Arztes u. Schriftstellers H. Hoffmann, die entlarvenden Kleinbürgersatiren des Malers A. Schroedter (»Taten und Meinungen des Herrn Piepmeyer«) oder des Malers und Zeichners W. Busch (»Max und Moritz«, 1865; »Der Heilige Antonius von Padua«, 1871, »Die fromme Helene«, 1872; die »Knoop-Trilogie«, 1875/77 u. a.), dessen epigrammat. witzige Texte eigenes literar. Gewicht haben. Im 20. Jh. wurden die Adamson-Bilderserien von O. Jacobson (dt. 1923), die Vater-und-Sohn-B. von O. E.

Plauen (1933 ff.) beliebt, in den 80er Jahren etwa die satir. B. über Links-Intellektuelle von Claire Bretécher. Es überwiegen jedoch die von anonymen Werbegraphikern nach amerikan. Muster im Team verfertigten ↗ Comics oder sog. Fotoromane (Fotos statt gezeichneter Bilder), die v. a. Trivialromane aller Sparten (aber auch auf ein simplifiziertes Handlungsgerüst reduzierte Hochliteratur) zu klischeehaft banalen Bildfolgen aufbereiten, die meist in Groschenheften oder Magazinen massenhaft vertrieben werden (vgl. ↗ Comics der 2. Phase, ↗ Trivial-, ↗ Schundliteratur). IS

Bilderlyrik, unscharfe Bez.
1. für ↗ Figur(en)gedichte (Bilderreime, Technopaignia),
2. für ↗ Bild- (oder Gemälde-)gedichte.

Bildgedicht, auch: Gemäldegedicht, Umsetzung des Inhalts, der Stimmung, des Gedankengehalts einer bildl. Darstellung (Gemälde, Graphik, auch Plastik) in lyr. Sprachform; die Ausprägungen reichen von sachl. Beschreibung über anekdot. Verlebendigung bis zur symbol. Beseelung oder ästhet. Analyse. Grenze zum ↗ Dinggedicht oft unscharf (C. F. Meyer, Rilke). Immer wieder als künstler. Problem diskutiert (↗ ut pictura poesis, ↗ Laokoonproblem), gepflegt im Barock (Nähe zum Epigramm, J. v. d. Vondel, Harsdörffer, S. v. Birken) und bes. in der Romantik, wo neben liedhaft anempfundenen Beispielen v. a. B.e in strenger Form und mit ausgewogener Wiedergabe des äußeren und inneren Bildgehaltes programmat. ausgebildet wurden (Gemäldesonette v. A. W. Schlegel u. seinen zahlr. Nachahmern im 19. Jh., u. a. im ↗ Münchner Dichterkreis), ferner im Impressionismus (D. v. Liliencron, »Böcklins Hirtenknabe«, M. Dauthendey) und der Neuromantik (R. Schaukal). – Ältere verwandte Formen sind die antike Bildepigrammatik und die (stets mit dem Bild verbundenen) deutenden u. benennenden poet. Beschreibungen der mal. Tituli, der Bilder auf spätmal. Bilderbogen, Einblattdrucken usw. und bes. der barocken Emblemkunst. Vgl. dagegen ↗ Figurengedicht. IS

Bildreihengedicht, ein Gedanke, der in der Überschrift, am Anfang oder Schluss eines Gedichts (oder einer Strophe) formuliert sein kann, wird durch eine Reihe (oft nur in jeweils einem Vers) angedeuteter Bilder veranschaulicht. Entsprechend der dualist. Struktur bes. häufig im Barock (z. B. Gryphius, »Menschliches Elende«, Hofmannswaldau, »Die Welt«). Findet sich vereinzelt auch im Volkslied und in der Lyrik von der Romantik (Brentano) bis zur Moderne (Th. Storm, G. Heym, R. Schaumann). IS

Bildungsdichtung, setzt zu ihrem Verständnis ein bestimmtes Bildungsniveau voraus: sog. Bildungsgüter aus Sage, Mythologie, Philosophie, aus Antike, Geschichte, bildender Kunst, Literatur und Naturwissenschaft können durch Anspielungen, Vergleiche, Zitate etc. in ein dichter. Werk integriert sein als selbstverständl. Ausdruck der Geisteswelt des Autors und der Traditionen, in denen er sein Werk sieht (z. B. Rilke, »Duineser Elegien«, T. S. Eliot, »The Cocktail-Party«, H. Broch, »Der Tod des Vergil«), aber auch nur zur Belehrung des Publikums ›aufgesetzt‹ sein (↗ antiquar. Dichtung). Ein ursprüngl. einem breiteren Leserkreis verständl. Werk kann durch Wandel der Bildungsvoraussetzungen auch erst im Laufe der Zeit zur schwerer zugängl. B. werden (z. B. antike Werke oder auch z. B. die mytholog. Verserzählungen Wielands). Um auch weniger orientierten Leserschichten den Zugang zu B.en zu ermöglichen, sind B.en oft mit Kommentaren versehen, z. B. Scheffel, »Ekkehard« (1855) oder T. S. Eliot, »Waste Land« (1923). S

Bildungsroman, Bez. für einen in der ↗ Weimarer Klassik entstandenen spezif. dt. Romantypus, in welchem die innere Entwicklung (Bildung) eines Menschen von einer sich selbst noch unbewussten Jugend zu einer allseits gereiften Persönlichkeit gestaltet wird, die ihre Aufgabe in der Gemeinschaft bejaht und erfüllt. Dieser Bildungsgang, gesehen als gesetzmäßiger Prozess, als Entelechie, führt über Erlebnisse der Freundschaft und Liebe, über Krisen und Kämpfe mit den Realitäten der Welt zur Entfaltung der natürl. geist. Anlagen, zur Überwindung eines jugendl. Subjektivismus, zur Klarheit des Bewusstseins. Jede Erfahrungsstufe ist zwar eigenwertig, zugleich aber Grundlage für höhere Stufen und erscheint sinnvoll zur Erringung des ebenfalls stets klar ausgeprägten Zieles, der Reifung und Vollendung, der harmon. Übereinstimmung von Ich, Gott und Welt. Diese Grundkonzeption des B.s bedingt einen zwei- bis dreiphasigen *Aufbau* (Jugendjahre – Wanderjahre – Läuterung, bzw. Bewusstwerden des Erreichten, Anerkennung und Einordnung in die Welt). Wendepunkte sind oft durch Erinnerungen, Retrospektiven gekennzeichnet, oft auch durch immer harmonischer, ruhiger werdenden Sprachgestus, bes. bei den B.en in Ichform. Die *Gestaltung* ist typisierend, symbolhaft, häufig ist die Reifung zum Künstler Gegenstand des B.s (↗ Künstlerroman), er ist zugleich oft ↗ autobiograph. Roman (z. B. »Anton Reiser«, 1785/90, v. K. Ph. Moritz). Die für den B. konstituierende Idee der gesetzmäßig-organ. Entfaltung des inneren Menschen entstammt der ↗ Aufklärung; vorbildhaft wirkten z. B. J. J. Rousseaus Erziehungswerk »Émile« (1762) oder die autobiograph. Seelenschilderungen des Pietismus. – Die *Bez. ›B.‹* wurde von W. Dilthey für die Romane der dt. Klassik und Romantik geprägt und definiert (»Das Leben Schleiermachers«, 1870, »Das Erlebnis und die Dichtung«, 1906) im Anschluss an die Bedeutung von ›Bildung‹ in der Kultur des Individualismus des 18. Jh.s: ›Bildung‹ meinte sowohl ›vollendete Humanität‹ (als Ziel allen menschl. Strebens) als zugleich auch den Weg zu diesem Ziel. *B.e in diesem Sinne* sind: »Wilhelm Meister« (1795/96 und 1821/29, von Goethe), »Hesperus« (1795), »Titan« (1800/03), »Flegeljahre« (1804/05), von Jean Paul, »Franz Sternbalds Wanderungen« (1798, v. L. Tieck), »Heinrich von Ofterdingen« (1802 von Novalis), »Hyperion« (1797/99, von F. Hölderlin). – Die Bez. ›B.‹ wird in der Literaturwissenschaft auch für spätere Romane verwendet, in denen die organ. Entfaltung eines Menschen gestaltet ist, wobei jedoch Bildungsweg und Ziel gemäß den jeweiligen Bildungsidealen der den Ro-

man bestimmenden geistesgeschichtl. Situation oder nach dem Weltbild des Dichters weiter oder anders gefasst sein können als bei Dilthey (vgl. schon die differierenden Bildungsziele im »Wilhelm Meister« und in dem als Gegenstück konzipierten »Heinrich von Ofterdingen«). Als *B.e in diesem weiteren Sinn* werden etwa die Romane »Agathon« (1773 u. 1794, von Ch. M. Wieland), »Maler Nolten« (1832, von E. Mörike), »Der grüne Heinrich« (bes. die 2. Fassung 1879/80 von G. Keller), »Der Nachsommer« (1857, von A. Stifter), »Der Hungerpastor« (1864, von W. Raabe), »Das Glasperlenspiel« (1943, von H. Hesse) und sogar »Der Mann ohne Eigenschaften« (1930/52, von R. Musil) bezeichnet. Für diese Romane werden jedoch die umfassenderen Bezeichnungen ↗ Entwicklungsroman oder ↗ Erziehungsroman als zutreffender angesehen.   IS

Binnenerzählung, die in eine (↗ Rahmen-) Erzählung eingelagerte Erzählung.

Binnenreim, im engeren Sinne ein Reim innerhalb eines Verses (auch: innerer Reim): »Sie *blüht* und *glüht* und leuchtet« (Heine, »Die Lotosblume«); auch als zusammenfassende Bez. für andere Reimstellungen im Versinnern gebraucht (↗ Zäsurreim, ↗ Schlagreim, ↗ Mittelreim) und für Reime, bei denen nur ein Reimwort im Versinnern steht (↗ Inreim, ↗ Mittenreim).   S

Biobibliographie, f. [zu gr. Bios = Leben], ↗ Personalbibliographie, in der neben den Werken der Autoren v. a. Veröffentlichungen über deren Leben zusammengestellt sind (z. B. E. M. Oettinger: Bibliographie biographique universelle, ²1866) oder die neben dem Verzeichnis der Werke (und gegebenenfalls der Sekundärliteratur) auch biograph. Angaben enthält, z. B. Kürschner, Dt. Literatur- (1879 ff.) und Dt. Gelehrtenkalender (1925 ff.); ↗ Literaturkalender.   HSt

Biographie, f. [gr. = Lebensbeschreibung], Darstellung der Lebensgeschichte einer Persönlichkeit, v. a. in ihrer geist.-seel. Entwicklung, ihren Leistungen und ihrer Wirkung auf die Umwelt. Genauigkeit in der Wiedergabe der Fakten, Objektivität in der Wertung sowie Verzicht auf romanhafte Ausschmückung gelten erst seit der Neuzeit als wesentl. Merkmale dieser sowohl von der Geschichts- als auch von der Literaturwissenschaft beanspruchten Gattung. Zum engeren Umkreis der B. gehören der kurze Lebensabriss (↗ Vita), der ↗ Nekrolog, die ↗ Autobiographie und ↗ Memoirenliteratur. – *Geschichte:* Neben den in Epos, Lyrik, Drama, Redekunst und Geschichtsschreibung enthaltenen biograph. Elementen lassen sich bei den Griechen schon im 4. Jh. v. Chr. selbständ. B.n nachweisen, zunächst in der als Sammelwerk angelegten Dichter- und Philosophen-B., die, von Aristoteles angeregt, bes. von den Peripatetikern (z. B. Aristoxenos, 4. Jh. v. Chr.) gepflegt wurde. Charakterist. sind moralisierende Tendenz, »Halbwahrheit, Kombinationslüge«, oft auch »systemat. Fälschung« (Leo 104, 126). Die histor. B. begründen nach unbedeutenderen Vorläufern Plutarchs »Bioi paralleloi« (Parallel-B.n), die je einen berühmten Römer einem berühmten Griechen gegenüberstellen. Die röm. B. entwickelte sich aus der griechischen: Suetons Lebensläufe röm. Kaiser (»De vita Caesarum«) und die Philosophen-B.n des Diogenes Laertios sind Muster der Sammel-B. Den Typus der Parallel-B. verwirklichte schon vor Plutarch Cornelius Nepos (»De viris illustribus«). Die Einzel-B. ist meisterhaft vertreten in Tacitus' »Agricola«. Sie leitet *in christl. Zeit* über in die stark legendar. und exemplar. ausgerichtete Heiligen- und (seltenere) Fürstenvita (z. B. J. de Joinvilles »Livre des saintes paroles et des bons faits de notre saint roi Louis«, 13. Jh., mit Zügen der Heiligenvita). ↗ Dichter-B.n sind in den ↗ Vidas der Trobadorhandschriften des 13. u. 14. Jh.s überliefert; sie sind meist anonym und romanhaft ausgeschmückt, z. T. aus der Trobadorpoesie entnommen. – Weitläufige biograph. Sammelwerke von erstaunl. Objektivität, nur den biograph. Lexika der Neuzeit vergleichbar, bietet die *mal. arab. Literatur:* im 11. Jh. eine 14-bänd. Gelehrten-, Dichter- und Politiker-B. des »Pilgers von Bagdad«, im 13. Jh. Ibn Hallikans »Nekrologe hervorra-

gender Männer«, im 14. Jh. as-Ṣafadīs Personenlexikon, das ein umfassendes Sammelwerk für den Zeitraum der ersten 700 Jahre des Islam sein will. – Die neuzeitl. stark das Individuelle akzentuierende B. wird in der *Renaissance* begründet. Beispiele sind Boccaccios (histor. anfechtbare) »Vita di Dante« (um 1360) und G. Vasaris Sammel-B. der bildenden Künstler Italiens (»Vite de' più eccellenti architetti, pittori et sculptori italiani …«, 1550/58). In den berühmten Lebensbeschreibungen des engl. Biographen J. Walton (17. Jh.) tritt die Einzelpersönlichkeit hinter dem den Quietismus verkörpernden Menschentypus zurück, während in Voltaires »Histoire de Charles XII« (1731) romanhafte Ausschmückung gegenüber histor. Faktizität dominiert. Dem setzt J. Boswell die auf Authentizität gegründete B. »The Life of Samuel Johnson« (1791) entgegen. Die viktorian. Biographen sehen die wesentlichste Aufgabe der Lebensbeschreibung in der Glorifizierung genialer Individualität (z. B. Th. Carlyle, »History of Friedrich II of Prussia«, 1858/65). Parallel zu dieser von England ausgehenden heroisierenden Biographik entsteht v. a. in Deutschland die auf fundiertem Quellenstudium basierende histor.-krit. B. (J. G. Droysen, »Leben des Feldmarschalls York v. Wartenburg«, 1851/52; C. Justi, »Winckelmann«, 1866/72; W. Dilthey, »Leben Schleiermachers«, 1870, H. Düntzer, »Goethe«, 1880; R. Haym, »Herder«, 1880/85; E. Schmidt, »Lessing«, 1884/92; F. Muncker, »Klopstock«, 1888; H. v. Srbik, »Metternich«, 1925–54; C. J. Burckhardt, »Richelieu«, 1935/66). Im 20. Jh. setzt F. Gundolf der positivist. B. wieder die heroisierende entgegen, die ihren Helden mehr als Mythos begreift und als zeitloses, gült. Monument gestaltet (»Goethe«, 1916; »George«, 1920; »Kleist«, 1922), während L. Strachey in England den Typus der iron. B. ausbildet (»Eminent Victorians«, 1918; »Queen Victoria«, 1921). R. Rolland stellt die sittl. Persönlichkeit in den Mittelpunkt der B. (»Vie de Beethoven«, 1903), St. Zweig verleiht seinen B.n psychologisierende Züge (»Fouché«, 1929 u. a.), die sich auch in den zahlreichen B.n E. Ludwigs finden (»Napoleon«, 1925, »Wilhelm II.«, 1926 u. a.). Seine und A. Maurois' romanhafte B.n (»Ariel ou la vie de Shelley«, 1923; »La vie de Disraeli«, 1927) leiten über zum ⁊ biograph. Roman. Nach vorübergehenden Tendenzen, die B. zur Hilfswissenschaft abzuwerten, hat nach dem Zweiten Weltkrieg eine Renaissance der B. eingesetzt, die Leben, Umwelt, Zeit und z. T. auch Werkinterpretation zur Gestaltung einer Persönlichkeit bemüht, vgl. z. B. F. Sengle, »Wieland«, 1949; H. Troyat, »Puschkin«, 1953; R. Ellmann, »Joyce«, 1959; R. Friedenthal, »Goethe«, 1963; »Luther«, 1967; »Marx«, 1980; G. Mann, »Wallenstein«, 1971; W. Hildesheimer, »Mozart«, 1977; A. Muschg, »G. Keller« 1977; M. Gregor-Dellin, »R. Wagner«, 1980; K. Harpprecht, »Georg Forster«, 1987; R. Ellman, »Oscar Wilde«, 1987. Bemerkenswert sind auch B.n von Frauen, z. B. I. Drewitz, »Bettine v. Arnim«, 1969; E. Kleßmann, »Caroline Schlegel«, 1975; U. Naumann, »Charl. v. Kalb«, 1985. *Biographische Lexika:* B.n im weitesten Sinn sind auch die auf eine lange Tradition zurückgehenden internat., nationalen, regionalen oder nach Berufen und Fachgebieten gegliederten biograph. Nachschlagewerke. – Zu ihren bedeutenderen *Vorläufern* zählen u. a. R. Stephanus' »Dictionarium nominum propriorum«, 1541 und das auf der Grundlage von L. Moréris »Grand dictionnaire historique« (1674) beruhende Nachschlagewerk Ladvocats, der »Dictionnaire historique portatif ...« (1752). ⁊ Bibliographie, ⁊ Personalbibliographie, ⁊ Literaturkalender, ⁊ Literaturlexikon. PH

Biographischer Roman,

1. Lebensbeschreibung einer histor. Persönlichkeit in romanhafter Form unter freier Verwertung historisch-biograph. Daten und meist mit dem Ziel, die Hauptfigur als Repräsentanten einer bestimmten Idee, Epoche, Gesellschaftsschicht, Kunstrichtung herauszustellen und in unmittelbarer Anschaulichkeit zu gestalten (z. T. erfundene Nebenfiguren, Gespräche, Erlebnisse, Gedanken; vgl. ⁊ autobiograph. Roman). Der biograph. R. entwickelte sich als eigene Gattung erst im 20. Jh., nachdem die ⁊ Biographie, von der er vordem nicht immer scharf zu trennen ist, objektiviert

wurde. Unter dem Einfluss der Psychoanalyse (Freud) wurde er zum literar. Versuch, v. a. die Motivationen des Handelns und des Erfolges histor. Gestalten aus ihrer psych. Struktur abzuleiten. Zu nennen sind die biograph. Erfolgsromane E. Ludwigs über Goethe (1920), Napoleon (1925), Wilhelm II. (1926), Rembrandt, Lincoln, Kleopatra u. a. (siehe auch Biographie), ferner die biograph. Romane von E. G. Kolbenheyer (»Amor Dei« – Spinoza, 1908; »Paracelsus«, 3 Bde. 1917–25); J. Wassermann (»Kaspar Hauser«, 1909); Klabund (»Pjotr« – Peter der Große, 1923; »Rasputin«, 1929); L. Feuchtwanger (»Die häßl. Herzogin« – Margarete Maultasch, Gräfin von Tirol, 1923; »Jud Süß«, 1925); W. von Molo (»Deutscher ohne Deutschland« – F. List, 1931); St. Zweig (»Marie Antoinette«, 1932 u. a.). Bes. gepflegt wurde der b. R. innerhalb der Exilliteratur und der Literatur der inneren Emigration, v. a. als Schlüsselroman, vgl. die Romane von A. Neumann (»Neuer Caesar«, 1934; »Kaiserreich« – Napoleon III., 1936), H. Kesten (»König Philipp II.«, 1938), H. Mann (»Henri Quatre«, 1935/38). – Aus neuerer Zeit sind v. a. die b. R.e über Lenau (1964), Hölderlin (1976) u. Waiblinger (1987) von P. Härtling zu nennen. Bedeutende außerdt. b. R.e schrieben u. a. A. Maurois (»Ariel ou la vie de Shelley«, 1923; »La vie de Disraeli«, 1927), M. Yourcenar (»Mémoires d'Hadrien«, 1951); R. v. Ranke-Graves (»I, Claudius«, 1934), Irving Stone (»Lust for Life« – van Gogh, 1934; »The Agony and the Ecstasy« – Michelangelo, 1961; »The Passions of the Mind« – S. Freud, 1971); A. Tolstoi (»Peter I.«, 3 Bde. 1919/45). – *Vorläufer* im 19. Jh. sind relativ selten, so kann der Künstlerroman »Friedemann Bach« von A. E. Brachvogel (1858) auch als b. R. bez. werden. Die Grenzen zum ⁊ histor., kulturhistor. oder ⁊ psycholog. Roman sind fließend.

2. Bez. für Romane, in denen die *Lebensgeschichte eines*

Hildesheimer: »Marbot«

fiktiven Helden dargestellt ist, z. B. die »biograph. Romane« oder »Lebensbeschreibungen« Jean Pauls (»Siebenkäs«, »Quintus Fixlein«, »Hesperus«), auch »Kater Murr« von E. T. A. Hoffmann oder die biograph. Novellen A. Stifters (»Hagestolz«, »Die Mappe meines Urgroßvaters«), in neuerer Zeit W. Hildesheimers »Marbot« (1981) als Versuch einer Parodie auf die histor. Biographie.

PH

Bîspel, n. [mhd. bî-spel = Bei-Erzählung, Kompositum zu spel = Erzählung, Bericht, Rede, weitergebildet zu ↗ Beispiel], spezielle Darbietungsform der mhd. kleineren episch-didakt. Reimpaardichtung (↗ Lehrdichtung), bei der sich an einen meist kürzeren Erzählteil, der Erscheinungen der Natur oder des menschl. Lebens behandelt, eine meist umfangreichere Auslegung anschließt; dabei ist die Erzählung auf die Lehre hin ausgerichtet: diese Beziehung wird in der Grundbedeutung von mhd. *bîspel* fassbar. Charakterist. für das B. ist seine Kürze (nach Fischer, der dieses Kriterium für die Abgrenzung gegenüber dem ↗ Märe verwendet, bis zu 100 Versen). Eng verwandt sind ↗ Fabel, ↗ Parabel, ↗ Exempel, ↗ Rätsel; eine Abgrenzung ist im Einzelfall nicht immer möglich. Die Quellen für den B.-Typus sind wohl hauptsächl. in der antiken und oriental. Fabeldichtung, in der Bibel, der Physiologus-Tradition, in verschiedenen Arten didakt. Dichtung (Parabel, Exempel, ↗ Predigtmärlein) zu suchen, rein stoffl. auch in unterliterar. internat. Erzählgut. – Eingestreut in größere Werke finden sich B. etwa im »Renner« Hugos von Trimberg (um 1300); der erste bedeutende Gestalter des B. als eines selbständ. Typus ist der Stricker (um 1220/50); weiter ist das B. in der Literatur des späten MA.s mit ihrer ausgeprägten Tendenz zum Belehren und Moralisieren reich vertreten.

RSM

Bitterfelder Weg, Kulturprogramm der DDR, beschlossen auf der ›ersten Bitterfelder Konferenz‹ (in Bitterfeld, Sachsen) am 24.4.1959. Die wesentl. Voraussetzungen waren 1. die Gründung des ›Literaturinstituts Johannes R. Becher‹ 1955 in Leipzig, in dem

v. a. Industrie- und Landarbeiter (in einem gleichsam zweiten Bildungsweg) zu Schriftstellern ausgebildet werden sollten: an die Stelle des lesenden sollte der »schreibende Arbeiter« treten. 2. Die Lukács-Kritik in der DDR 1957/58, in der man Lukács wesentl. eine »revisionist., auf ideolog. Koexistenz hin tendierende Konzeption« vorwarf und sich gegen eine Fortsetzung des von Lukács vertretenen, in den 30er Jahren histor. legitimen Bündnisses zwischen sozialist. und krit. Realismus wandte. 3. Der im 30. ZK-Plenum (30.1.–1.2.1957) erhobene Führungsanspruch der SED auch in kulturellen Fragen, verbunden mit den konkreten Forderungen an die Intelligenz, sich mit den Werktätigen zu verbinden, alle den sozialist. Realismus in Frage stellenden Auffassungen abzulehnen und bei der Schaffung einer sozialist. Massenkultur mitzuwirken. – Der Einladung des Mitteldeutschen Verlages Halle ins Elektron. Kombinat folgten zur ›ersten Bitterfelder Konferenz‹ hohe SED-Funktionäre wie Ulbricht und Kurella (Mitbegründer und erster Direktor des ›Literaturinstituts J. R. Becher‹, seit 1957 Vorsitzender der Kulturkommission beim Politbüro der SED), Autoren, Künstler, Verlags- und Pressevertreter sowie Arbeiter der sozialist. Brigaden. Themat. wurde für die Literatur der Fortschritt von den Nachkriegsthemen (Weltkrieg, antifaschist. Widerstand etc.) zu den »eigentl. Gegenwartsproblemen« (Kurella) gefordert, z. B. die Behandlung des Lebens und der Kämpfe in den Schwerpunkten des sozialist. Aufbaus in der Großindustrie und in den LPGs. Entsprechend forderte Regina Hastedt den »Weg vom Dichter zum Arbeiter«; zum Schlagwort »Kumpel, greif zur Feder« gesellte sich das »Dichter in die Produktion«. Trotz großzügigster staatl. Unterstützung dieses Programms musste die ›zweite Bitterfelder Konferenz‹ (24./25.4.1964) einräumen, dass die Ergebnisse weit hinter den Erwartungen zurückblieben waren, dass die gewollte Überwindung der Entfremdung von Künstler und Gesellschaft, von Kunst und Leben durch eine »Volkskultur« nicht vollständig gelungen war. Von den Autoren, die »in die Produktion« gegangen waren, übte Franz Fühmann Kritik;

die Arbeiten Peter Hacks und Heiner Müllers wurden nicht einmal der Öffentlichkeit zugängl. gemacht, während die Arbeiten der »schreibenden Arbeiter«, vor allem H. Kleinadams, E. Neutschs und H. Salomons trotz weitestgehender Unterstützung unbefriedigend blieben. – Die Möglichkeiten, die im Bitterfelder Programm mit seiner radikalen Abwendung von den traditionellen Schreibweisen einer bürgerl. Literatur (themat. und formal) liegen, lassen sich höchstens prospektiv-potentiell formulieren. Bei einer Literatur, deren Material wesentl. Tatsache und Dokument und deren poetolog. Möglichkeiten vor allem Montage, Reportage und Lehrstück sein sollen, läge »der Wahrheitsgehalt ... nicht in ihrer Transzendenz zum gesellschaftl. Leben, sondern in ihrer krit. Immanenz, die im Wirklichen das konkret Mögliche reflektiert ... Die Literatur hätte Zeugnis abzulegen von den lösbaren und noch nicht lösbaren Widersprüchen, die die geschichtl. Phase vor dem realisierten Kommunismus durchziehen« (H.-P. Gente). Zu vergleichsweise ähnl. Tendenzen in der Bundesrepublik vgl. ↗Gruppe 61 und ↗Werkkreis Literatur der Arbeitswelt; auch ↗Arbeiterliteratur.   D

Blankvers, m. [engl. = reiner, d. h. reimloser Vers], reimloser jamb. Vers, in der Regel mit 5 Hebungen und männl. oder weibl. Versschluss, z. B. »Die schönen Táge vón Aránjuéz« (Schiller, »Don Carlos«; männl. Versschluss), »Heráus in éure Schátten, rége Wípfel« (Goethe, »Iphigenie«; weibl. Versschluss). – Der B. wurde in der engl. Literatur entwickelt; seine Vorform ist der gereimte ↗heroic verse (z. B. Chaucers), der im 14. Jh. als Nachbildung des frz. ↗vers commun in die engl. Literatur eingeführt wurde; der B. wurde im 16. Jh. aus diesem älteren Vers durch Aufgabe des Reimes (vielleicht nach dem Vorbild der gr.-lat. Dichtung, eventuell aber auch nach dem Vorbild der it. ↗versi sciolti) und durch Aufgabe der festen ↗Zäsur (im vers commun als feste männl. Zäsur nach der 4. Silbe bzw. 2. Hebung) entwickelt; der erste Beleg findet sich in der »Äneis«-Übersetzung H. H. of Surreys (1557). Als *Dramenvers* begegnet der B. zuerst

in »Gorboduc or Ferrex and Porrex« von Th. Sackville und Th. Norton (1562). Th. Kyd (»Spanish Tragedy«, 1585), Ch. Marlowe (»Tamburlaine«, 1586) und v. a. Shakespeare nehmen ihn auf und machen den B. zum Vers des ↗Elisabethan. Dramas schlechthin. Während Kyd, Marlowe und der frühe Shakespeare (z. B. »Commedy of Errors«) den B. noch relativ steif handhaben (selten ↗Enjambements, keine Verteilung der Verse auf mehrere Sprecher, Einmischung zahlreicher Reimpaare), entwickelt ihn der spätere Shakespeare zu einem beweglichen und durch Prosanähe für das Drama bes. geeigneten Vers (häufig Verse ohne Eingangssenkung, weibl. und männl. Versschlüsse, Doppelsenkungen und fehlende Senkungen, einzelne 6- und 4-Heber, Enjambements, Verteilung der Verse auf mehrere Sprecher, Zäsuren an allen Stellen des Verses). Im 17. Jh. findet der B. auch Eingang in das engl. Epos (J. Milton, »Paradise Lost«, 1667; »Paradise Regained«); im Folgenden muss der B. jedoch im Trauerspiel (Dryden) und Lehrgedicht (Pope) wieder dem gereimten und strenger gebauten heroic verse, in der Komödie der Prosa weichen. Zu einer Renaissance des engl. B.es kommt es im 18. und 19. Jh.: als *Vers ep. Dichtung* z. B. in den Verserzählungen J. Thomsons (18. Jh.), im 19. Jh. bei A. Tennyson (»Idylls of the King«) und R. Browning (»The Ring and the Book«); als *Vers lyr. Dichtungen* bei W. Wordsworth und S. T. Coleridge; als Dramenvers bei G. G. N. Byron (»Cain«) und Tennyson (»Becket«) u. a.; dabei begegnet neben relativ freien B.en (z. B. bei Browning) auch ausgewogene Gestaltung (z. B. bei Tennyson), jedoch ohne Einhaltung der strengen Regeln des frühen Elisabethanischen B.es. Die reimlosen Verse unterschiedl. Länge und unterschiedl. rhythm. Gestalt im engl. Drama des 20. Jh.s (T. S. Eliot, »Murder in the Cathedral«; Ch. Fry, »Curtmantle«) können nur noch bedingt als B.e bezeichnet werden (Prinzip der Reimlosigkeit). Erste *dt. Nachbildungen* des B. es finden sich im 17. Jh. (im Drama nach Elisabethan. Vorbild versuchsweise bei Johannes Rhenanus, 1615; dann in der Milton-Übersetzung E. G. von Bergs, 1682), jedoch ohne größere Wirkung. Im 18. Jh. verweist J. Ch. Gottsched auf die Natürlichkeit und Prosanähe des engl. B.es und empfiehlt seine Nachahmung (»Kritische Dichtkunst«, I, XII. Hauptstück, §30); seiner Anregung folgt 1748 J. E. Schlegel in seiner (fragmentar.) Übertragung von W. Congreves »Braut in Trauer«; nach deren Vorbild verwendet G. E. Lessing den B. in seinem Dramenfragment »Kleonnis« (1755). Mit Ch. M. Wielands »Lady Johanna Gray« (1758) gelangt der B. zum erstenmal auf die deutschsprach. Bühne; nach ihm greifen F. G. Klopstock (»Salomo«, »David«) und Ch. F. Weisse (»Befreiung von Theben«, »Atreus und Thyest«) den B. auf. Lessings »Nathan der Weise« (1779) schließl. verdrängt den ↗ Alexandriner endgültig als Hauptvers des dt. Dramas und setzt den B. als Vers des klass. dt. Dramas durch. Während die B.e Lessings und die des frühen Schiller (»Don Carlos«) zahlreiche Freiheiten nach Art der B.e des späteren Shakespeare aufweisen, streben Schiller (seit »Maria Stuart«) und Goethe (»Iphigenie auf Tauris«, »Torquato Tasso«, »Die natürliche Tochter«) nach strenger, möglichst prosaferner Gestaltung des B.es (wenig Lizenzen; Verwendung von ↗ Stichomythien, bei Schiller auch von gereimten Versen); Goethe gibt in seinen spätklass. Dramen (»Pandora«, Helena-Akt in »Faust II«) den B. sogar zugunsten des noch strengeren jamb. ↗ Trimeters auf. Der B. bleibt im 19. Jh., in epigonalen Werken z. T. noch im 20. Jh., der vorherrschende dt. Dramenvers (H. v. Kleist, F. Grillparzer, F. Hebbel, E. v. Wildenbruch, G. Hauptmann u. a.); B. Brecht verwendet den B. gelegentl. zum Zwecke der ↗ Verfremdung (»Die heilige Johanna der Schlachthöfe«, »Der aufhaltsame Aufstieg des Arturo Ui«). In der dt. Epik findet sich der B. u. a. bei Wieland (»Geron der Adelige«, nach Thomsons Vorbild) und G. A. Bürger (Homer-Übersetzung); seltener ist er in lyr. Gedichten (R. M. Rilke, 4. Elegie). K

Blason, m. [bla'zõ; frz. = Wappen, Schild; herald. Wappenbeschreibung], frz. Preis- oder Scheltgedicht, verbreitet im 15. u. 16. Jh., das eine Person oder einen Gegenstand detailliert beschreibt; beliebt sind Frauen, Pferde, Waffen, Wein u. a.; meist in acht- bis zehnsilb.

Versen mit Paarreim und Schlusspointierung. Von G. Alexis 1486 in die frz. Literatur eingeführt (»B. de faulses Amours«), fand es rasch zahlreiche Nachahmer, u. a. R. de Collerye, M. Scève, M. de Saint-Gelais, P. Gringore (B.s mit satir. Zügen) und C. Marot, der als Meister des B.s mit seinem »B. du beau tétin« (B. vom schönen Busen, 1535) zahllose B.s auf die Schönheiten des weibl. Körpers einleitete (1. Sammlung: »B.s anatomiques du corps féminin«). Marot machte auch mit dem Gegenstück, einer Beschreibung des Hässlichen, dem sog. *Contre-B.* Schule (»B. du laid tétin«, 1536), das bei seinen Nachfolgern oft deftige Formen annahm. – Zum ↗ Hymne-B. umgeformt kehrte der B. bei den Dichtern der ↗ Pléiade wieder. PH

Blaue Blume, in Novalis' (fragmentar.) Roman »Heinrich von Ofterdingen« (1802, hrsg. v. L. Tieck) Symbol für die »Apotheose der Poesie« als einer alles Getrennte (Traum, Wirklichkeit, Zeitlosigkeit, Leben, Tod) einigenden und transzendierenden inneren Macht des Gemüts. Da Novalis in diesem Roman das philosoph. Ideengut, bes. die Dichtungsauffassung der (Früh-)↗ Romantik, formulierte, wurde die b. B. (bes. die Suche nach ihr) auch zum Symbol der Sehnsucht der Romantiker nach dem entgrenzenden Erlebnis kosm. und geist. All-Einheit. IS

Blockbuch [Bez. seit dem 19. Jh. (nach engl. block-book) für die ältere Bez. ›Holztafeldruck‹], aus einzelnen Holztafeldrucken zusammengefügtes Buch; in China schon seit dem 7. Jh. bezeugt, in Europa eigenständige Anfänge Ende 14. Jh., in Deutschland und in den Niederlanden B.er etwa seit 1430. – Ein B. bestand entweder aus einseitig (durch Anreibung) bedruckten Blättern (anopisthograph. B.), deren leere Seiten zusammengeklebt wurden, oder aus beidseitig (mit Presse) bedruckten Seiten (opisthograph. B.). Die *ältesten B.er* bringen auf einer Seite bis zu vier meist grobe und stark kolorierte Holzschnittbilder mit handschriftl. eingefügtem Text (chiroxylograph. B.), später wird der Text entweder mit auf die Bildtafel (den Block) geschnitten oder

der Bildtafel steht eine gedruckte Texttafel gegenüber. Selten enthalten B.er nur Texte (das bekannteste ist der »Donat«, ein Auszug aus der Sprachlehre des röm. Grammatikers Aelius Donatus; noch 1475 in Ulm als B. hergestellt). Auch Datierungen in B.ern sind selten (älteste 1470, jüngste 1530). *Erhalten sind etwa 30 Werke in rund 100 Ausgaben*, v. a. spätmittelalterl. Gebrauchs- und Erbauungsliteratur (↗ Biblia typologica, Apokalypse, ↗ Ars moriendi, ↗ Totentanz, Chiromantia, Planetenbuch, Wunderwerke Roms). B.er wurden schließl. durch den Buchdruck mit bewegl. Lettern verdrängt.   HFR

Bloomsbury group [engl.], nach Bloomsbury, einem Stadtteil Londons, benannter, von 1906 bis etwa 1930 bestehender Kreis von Schriftstellern, Kritikern, Verlegern, Malern, Wissenschaftlern, der – mit vorwiegend kunsttheoret., eth., kultur- und sozialkrit. Zielsetzung – Konversation und Diskussion als eine Art Kunst pflegte und dessen Mitglieder vielfältig auf die kultur- und geistesgeschichtl. Entwicklung Englands einwirkten. Zur B. g. gehörten Leonard Woolf (Hogarth-Press) und Virginia Woolf (Ablösung des viktorian. Romans, frühe Würdigung Prousts und Joyces: »Modern Fiction«, 1919 u. a.), Clive und Vanessa Bell, L. Strachey (neue Konzeption der ↗ Biographie: »Eminent Victorians«, 1918), J. M. Keynes (einer der bedeutendsten Wirtschaftswissenschaftler des 20. Jh.s), E. M. Forster (»Aspects of the novel«, 1927: Romantheorie), G. E. Moore (Begründer des sog. Neu-Realismus in der Philosophie), F. Fry, D. Garnett, die Maler D. Grant und Dora Carrington u. a. Ihre Exklusivität und eine gewisse Einseitigkeit im literar. Urteil (z. B. Ablehnung D. H. Lawrences) brachte der B. g. auch Anfeindungen und Kritik ein (vgl. z. B. den satir. Roman von W. Lewis, »The Apes of God«, 1930).   MS

Blues, m. [engl.-amerikan., nach den sog. *blue notes* (blauen Noten), der Bez. für die erniedrigten Noten (Terz und Septime), welche die typ. Melodiefärbung bewirken], weltl. Volkslied der Negersklaven der nordamerik.

Südstaaten von schwermüt. getragener Grundstimmung; entstand seit etwa 1870/80 wie das etwas ältere geistl. *Negrospiritual* aus der Verbindung afrik. Rhythmen und Elementen des einheim. Kirchen- und Volksliedes; in der Regel dreizeil. Strophen (3-mal 4 Takte); Vers 1 wird, oft mit leicht abgewandeltem Text, wiederholt und enthält eine Feststellung oder Frage, die im 3. Vers ihre Bestätigung oder Antwort erhält. Ursprüngl. nur gesungen (ländl. B.), oft von Vorsänger und Chor. Die eindrucksvoll lapidaren Texte, meist in Dialekt, wurden auch *als literar. Form* (ohne Musik) gestaltet, u. a. v. L. Hughes (Slg. »The weary B.«, 1926, ebenfalls in Dialekt, in 6 Sprachen übers. und erst nachträgl. auch vertont). ↗ Spiritual.   IS

Bluette, f. [blyˈɛt; frz. = Fünkchen; übertragen: Einfall], kurzes, meist einakt. Theaterstück oder kleine Gesangsszene, auf eine witzige Situation zugespitzt, ↗ Sketch.

Blumenspiele [frz. Jeux Floraux], seit 1324 alljährl. Anfang Mai in Toulouse unter den Dichtern der »Langue d'oc« stattfindender Wettbewerb, auf dem die siegreichen Poeten mit goldenen und silbernen Blumenpreisen geehrt werden. Ins Leben gerufen von der 1323 gegründeten Dichtergesellschaft »Consistori de la Subregaya Companhia del ↗ Gai Saber«. Nachdem Ludwig XIV. 1694 diese poet. Gesellschaft in den Rang einer Akademie (»Académie des Jeux Floraux«) erhoben hatte, wurden in den B.n bis 1895 nur noch frz. Gedichte zugelassen. Seit dem 19. Jh. halten auch andere südfrz. Städte (z. B. Béziers) nach dem Vorbild von Toulouse ähnl. Spiele ab. 1899 führte J. Fastenrath diesen Brauch für kurze Zeit für die rhein. und westfäl. Dichter in Köln ein.   PH

Blütenlese, dt. Übertragung von ↗ Anthologie (gr.) oder ↗ Florilegium (lat.); auch ↗ Kollektaneen, ↗ Analekten, ↗ Katalekten.

Blut-und-Bodendichtung (Blubo), Sammelbez. für die vom Nationalsozialismus geförderte Literatur, in der dessen kulturpolit.

Idee einer ›artreinen‹ Führungsrasse mehr oder weniger offen zutage tritt. Umfasst v. a. (histor.) Bauern-, Siedler-, Landnahmeromane, aber auch Lyrik, Versdichtungen und Dramen (darunter sog. Thing-Spiele). Themen, Strukturen und Tendenzen sind im Gedankengut der ↗ Heimatkunst vorbereitet, deren nationalist.-antisemit., jedoch polit. diffuses Programm propagandist. vereinseitigt und radikalisiert wurde (Darstellung eines ›völk. Lebensgesetzes‹ in ›schollenverhafteter Blutsgemeinschaft‹, Forderung ›völk.‹ Erneuerung durch Kampf gegen ›Entartung‹, gegen Liberalismus und die »Hypertrophie des Intellekts« [F. Koch] usw.). Typ. für die B. ist neben einer planen, kolportagehaften Handlungsführung eine altertümelnde pathet. Sprache (Nachahmung des ↗ Saga-Stils) und die Verwendung der nationalsozialist. Phraseologie. Vorbilder waren die von der Reichsschrifttumskammer (gegr. 1933) akzeptierten Werke von H. Stehr, R. Billinger, P. Dörfler, E. G. Kolbenheyer und v. a. der Heimatkunst (H. Löns, L. v. Strauß und Torney, G. Schröer, H. Burte u. a.), deren Vertreter nach 1933 (überzeugt oder konjunkturbereit) vielfach reine B. verfassten (J. Schaffner, H. F. Blunck, F. Griese, H. E. Busse, J. Berens-Totenohl) wie G. Schumann, H. Anacker, H. Menzel, W. Beumelburg u. a. IS

Boerde, f. [ˈbuːrdə, niederländ. = Spaß], ↗ Posse, ↗ Schwank, insbes. die mittelniederländ. gereimte Schwankerzählung, auch für ↗ Fabliau.

Bogenstil, von A. Heusler (Dt. Versgesch. I, 1925) vorgeschlagene Bez. für ↗ Hakenstil.

Bohème, f. [boˈɛm, frz., zu mlat. bohemus = Böhme, seit dem 15. Jh. auch: Zigeuner (offenbar, weil die Zigeuner über Böhmen eingewandert sind)], Bez. für Künstlerkreise, die sich bewusst außerhalb der bürgerl. Gesellschaft etablieren. Zum ersten Mal in diesem Sinne fassbar um 1830 in Paris (Quartier Latin, Montmartre) im Umkreis des frz. romanticisme. Junge Künstler, Schriftsteller (z. B. Théophile Gautier, Gérard de Nerval), Studenten (meist Söhne wohlhabender Familien) demonstrierten ihre Opposition gegen die Vätergeneration der Bourgeoisie durch einen ungebundenen, extravaganten Lebensstil, allerdings nur während ihrer jugendl. Entwicklungsphase. – Die Bez. ›B.‹ wurde nach der Mitte des 19. Jh.s auch übertragen auf das Künstlerproletariat, dem der Aufstieg in die verachtete bürgerl. Welt verwehrt blieb, bzw. das diesen gar nicht erstrebte (z. B. Rimbaud, Verlaine). – So schillernd wie die Bez. ›B.‹ sind deren verschiedene Erscheinungsformen, die im 19. Jh. auch in anderen Großstädten entstanden: z. B. in London, München (Schwabing), Berlin, Mailand (↗ Scapigliatura). Zur Nachfolge der B. des 19. Jh.s werden im 20. Jh. bisweilen sowohl die unprogrammat. student. Libertinage als auch neuere antibürgerl. Bewegungen gezählt, z. B. die B. der Existentialistenkeller, die ↗ Beat generation, die Hippiekulturen, Kommunarden etc. Breiteren Kreisen bekannt wurde das B.leben durch H. Murgers romantisierende und idealisierende Beschreibung »Scènes de la B.« (1851) und dann v. a. durch Puccinis darauf fußende Oper (1896). Realitätsnähere, z. T. autobiograph. gefärbte Gestaltungen der B.-Existenz und -Problematik in den verschiedensten Ausprägungen finden sich in den Romanen von Strindberg, »Das rote Zimmer« (1879), O. J. Bierbaum, »Stilpe« (1897), K. Martens, »Roman aus der Décadence« (1898), Peter Hille, »Mein heiliger Abend« (um 1900), H. Jaeger, »Kristiania-B.« (1921), Faulkner, »Mosquitoes« (1927), R. Dorgelès, »Quand j'étais Montmartrois« (1936), J. Vallès, »Jacques Vingtras« (1950 ff.), Henry Miller »Plexus« (1965). IS

Bohnenlied, volkstüml. Arbeits- und Fastnachtslied, dessen Kehrreim *Nu gang mir aus den Bohnen* anzügl. auf Bohnen anspielt (Fruchtbarkeitssymbol, Blüte soll närrisch machen); im 16. Jh. mehrmals in Schweizer Urkunden erwähnt. In einer Straßburger Sammlung von 1537 sind drei B.er überliefert, die vermutl. nur harmlose Varianten oder moral. Gegendichtungen ursprüngl. deftigerer Fassungen sind; vgl. noch heute die Redensart *Das geht übers B.* (= das ist zu arg). IS

Bonmot, n. [bõ′mo:; frz. bon = gut, mot = Wort], treffende, geistreiche Bemerkung, kann sich mit dem gedankl. meist anspruchsvolleren ↗ Aphorismus berühren. Literar. vor allem kennzeichnend für ↗ Konversationskomödien, z. B. von E. Scribe, O. Wilde, C. Goetz.   S

Bontemps, m. [bõ′tã; frz. = gute Zeit], unter dem Namen ›Roger-B.‹ in der franz. Literatur bes. im 15. und 16. Jh. auftretende allegor. Gestalt der guten alten oder einer glückl. neuen Zeit; nachweisbar u. a. in René d′ Anjous »Livre du cuer d′ amours espris« (1457) sowie in den anonymen Farcen »Mieulx que devant« und »La venue et resurrection de B.« (16. Jh.). Daneben auch der Typus des sorglos und genüssl. in den Tag hinein Lebenden (so z. B. bei dem Renaissancepoeten R. de Collerye; ↗ Blason), ähnl. figuriert er als Titelheld einer zwischen 1670 und 1797 in zahlreichen Ausgaben erschienenen Schwanksammlung »Roger-B. en belle humeur ...«; schließl. erscheint er in einem ↗ Chanson von J. P. de Béranger (»Roger-B.«, 1814).   PH

Börsenverein des Deutschen Buchhandels ↗ Verlag, ↗ Buchhandel.

Botenbericht, dramentechn. Mittel v. a. des antiken und, nach seinem Vorbild, des klassizist. Dramas der Neuzeit: für die Handlung wichtige Ereignisse, die sich außerhalb der Bühne abspielten oder die auf der Bühne techn. schwer darzustellen wären (Schlachten, Naturkatastrophen, Grausamkeiten), werden durch ep. Bericht auf der Bühne vergegenwärtigt. Der B. erfüllt zugleich den Zweck, äußeres Geschehen im dichter. Wort aufzuheben (Drama in klassizist. Auffassung in erster Linie als *sprachl.* Kunstwerk). – In der antiken ↗ Tragödie leitet der B. häufig die ↗ Peripetie ein (vgl. Aischylos, »Die Perser«: B. über die Vernichtung des pers. Heeres). Das zu (vordergründ.) Bühnenrealismus neigende 19. Jh. (histor. Drama) und der Naturalismus beurteilen den B. negativ. ↗ Teichoskopie.   K

Boulevardkomödie [bulə′va:r, frz.], publikumswirksame Komödie, die auf den kom-

merziellen Privattheatern der Pariser Boulevards gespielt wurde und wird. Charakterist. ist das Milieu (meist neureiches Großbürgertum mit Affinität zur Halbwelt), die immer wiederkehrende Thematik (Liebesaffären aller Art), eine raffinierte Handlungsführung, der spritzige, oberflächl., manchmal anzügl., fast immer geistreiche Dialog und die jeweils der Zeitsituation angepasste Ausstattung (Moden, Möbel, Accessoires). – Die Entstehung der B. ist mit dem Aufschwung der ↗ Vaudevilles zu Anfang des 19. Jh.s verknüpft. Zwischen 1820 und 1850 trug E. Scribe zur Ausbreitung des leichten Theaters bei, ihm folgten V. Sardou und E. Labiche. Die eigentl. B. blühte gegen 1900 auf (A. Capus, G. Feydeau und G. Courteline); Hauptvertreter nach 1918 waren A. Savoir, M. Pagnol, J. Deval, T. Bernard und M. Rostand, in den 30er Jahren S. Guitry, nach dem Zweiten Weltkrieg M. Achard und A. Roussin. – Die B. ist typ. Großstadttheater und hat sich in ähnl. Weise auch in anderen Ländern entwickelt, so in England (F. Lonsdale, S. Maugham, N. Coward), in Deutschland (Axel v. Ambesser, Curt Goetz), in Österreich (H. Bahr, A. Schnitzler), in Ungarn (F. Molnar), jedoch sind Abgrenzungen gegenüber der ↗ Konversationskomödie nicht immer mögl.   DJ

Bouts-rimés, m. Pl. [buri′mé; frz. = gereimte Enden], beliebtes Gesellschaftsspiel der frz. ↗ Salons im 17. Jh., bei dem zu vorgegebenen Reimwörtern (und oft auch zu einem bestimmten Thema) ein Gedicht, meist ein ↗ Sonett, verfasst werden musste (vgl. z. B. die Anthologie »Sonnets en b.r.«, 1649); auch der ›Mercure galant‹ (1672 ff.) stellte seinen Lesern solche B.r. als Aufgabe. Dieses Spiel, das auch in England Eingang fand, lebte bis ins 19. Jh. fort (1865 z. B. gab A. Dumas eine Sammlung von B. r. heraus.)   DJ

Brachykatalektisch, Adj. [gr. brachykatalektos = kurz endend], in der antiken Metrik Bez. für Verse, die um das letzte Metrum gekürzt sind; ↗ katalektisch.

Brachylogie, f. [gr. = kurze Redeweise, lat. brevitas], Bez. der antiken ↗ Rhetorik und Stilistik für einen gedrängten, knappen Stil, der das zum Verständnis nicht unbedingt Notwendige, oft aber auch Notwendiges weglässt; neigt zur Dunkelheit. Als künstler. Gestaltungsmittel typ. für Sallust, Tacitus, in der Neuzeit H. von Kleist. – Mittel der B. sind u. a. die Figuren der Worteinsparung, ↗ Ellipse, ↗ Aposiopese, ↗ Apokoinu u. a.   S

Brachysyllabus, m. [gr.-lat. = kurzsilbig], Versfuß, der nur aus Kürzen, bzw. kurzen Silben besteht, z. B. ↗ Pyrrhichius (◡◡), ↗ Tribrachys (◡◡◡), ↗ Prokeleusmatikus (◡◡◡◡).   UM

Bramarbas, m., Bez. für die kom. Bühnenfigur des Maulhelden, Aufschneiders und insbes. des prahler. Soldaten. Der *Name* ›B.‹ findet sich erstmals in dem anonymen Gedicht »Cartell des B. an Don Quixote«, das J. B. Mencke 1710 im Anhang seiner »Vermischten Gedichte« veröffentlichte. Die *Bühnenfigur* des *bramarbasierenden* Soldaten gehört zu den ältesten des europ. Theaters: am bekanntesten sind der »Miles Gloriosus« (Plautus, um 200 v. Chr.), Falstaff (Shakespeare, »Heinrich IV.«, 1597/8 und »Die lust. Weiber von Windsor«, 1600), »Horribilicribrifax« (A. Gryphius, 1663) sowie der ↗ Capitano und ↗ Skaramuz der italien. ↗ Commedia dell'arte.   UM

Brauchtumslied, in jahreszeitl. oder sozialgesellschaftl. Bräuche integriertes (↗ Volks-) Lied, z. B. Neujahrs-, Dreikönigs-, Fastnachts-, Oster-, Ernte-, ↗ Martinslied – Tauf-, Hochzeits-, Trauerlied, Wallfahrtslied usw., aber oft auch Lieder, die inhaltl. nicht (mehr) eindeutig auf die dem Brauch zugrundeliegenden Vorstellungen bezogen sind, z. B. Kirchenlieder anstelle alter B.er. B.er werden meist chor. oder im Wechsel von Chor und Einzelsänger, auch mit Tanz und Instrumentalbegleitung vorgetragen. – Ihre Wurzeln werden in der heidn., kult.-chor. apotropäischen Poesie gesehen (so bezeugt bei Tacitus, 1. Jh., Jordanes, 6. Jh., Gregor dem Großen, um 600, u. a.), die dann in Funktion und Wortlaut christl. übertüncht, umgeprägt und unter mannigfachen Beeinflussungen weiterentwickelt wurde. – Ausprägung und Auftreten der B.er ist landschaftl. reich gefächert und differenziert. In letzter Zeit werden Sinn- und Funktionsverlust oder -verlagerung, Umprägungen und mögliche neue Trägerschichten des B.s untersucht.   IS

Brautlied, Bestandteil volkstüml. Hochzeitsbräuche, ↗ Brauchtumslied; meist chorisch und mit (ursprüngl. kult.) Tanzgebärden vorgetragen: durch Gestus, Wort und Klangmagie sollen Segen und Fruchtbarkeit für die neue Gemeinschaft beschworen werden (vgl. den griech. ↗ Hymenaeus). Bereits für die german.-heidn. Zeit indirekt bezeugt bei Apollinaris Sidonius (5. Jh., carm. 5, 218); die Übernahme in christl. Traditionen wird belegt durch ahd. und mhd. Glossen *(brûtliet, brûtgesang, brûtleich),* oder etwa durch das frühmhd. Gedicht »Die Hochzeit« (1. Hä. 12. Jh., v. 301–306).   IS

Brautwerbungssagen gehören zum – zunächst mündl. tradierten – Erzählgut aller Völker und Zeiten; in ihnen verbindet sich Histor., Märchenhaftes und Myth. in vielfält. Ausprägungen. Den *literar. Ausformungen,* welche die B. in der dt. Überlieferung erfahren, liegt etwa folgendes Schema zugrunde: Wunsch eines Fürsten, eine Gattin zu gewinnen (polit. motiviert); Werbung (durch den Helden persönl. oder stellvertretend durch Werber oder Boten); Gewinnung der Braut, meist unter schwierigen Bedingungen oder Gefahren; Überwindung dieser Schwierigkeiten, mit Glück oder List, oft auch durch Kampf (Gegenspieler ist meist der Vater oder ein Verwandter des Mädchens); Heimführung und Hochzeit. Vier Typen des Schemas lassen sich unterscheiden: 1. Einfache Werbung (a. ohne Komplikationen, rein höf.-zeremonieller Ablauf; b. Erwerbung durch Taten); 2. Schwierige Werbung, Entführung (a. mit Einverständnis der Braut; b. ohne deren Einverständnis: Raub). Variiert und erweitert wird v. a. durch das Prinzip der Wiederholung: Rückentführung der Frau und deren abermalige Gewinnung. – Das Thema der Brautwerbung erlangt in der 2. Hälfte des 12. Jh.s und im

13. Jh. in Deutschland außerordentl. Beliebtheit, so dass das Schema zum beherrschenden strukturellen Bauprinzip der sog. ↗ Spielmannsdichtung (z. B. »König Rother«, »Oswald«) wird, teils auch der mhd. ↗ Heldenepik (»Kudrun«, »Nibelungenlied« u. a.); vgl. auch die »Tristan«-Dichtungen.   RSM

Brechung, Bez. der mhd. Metrik für die Durchbrechung einer metr. Einheit durch die Syntax. Unterschieden werden:
1. *allgemein: Vers-B.*: das Überschreiten einer Versgrenze durch die Syntax (z. B. F. v. Hausen), auch ↗ Enjambement, vgl. auch ↗ Hakenstil (Bogenstil).
2. *speziell: Reim-B.* (auch Reimpaar-B.): ein Reimpaar wird so aufgeteilt, dass der 1. Vers syntakt. zum vorhergehenden Vers, der 2. zum folgenden gehört; begegnet schon in ahd. Dichtung, dient vom 12. Jh. an mehr und mehr dazu, Reimpaarfolgen beweglicher und spannungsreicher zu gestalten; bes. ausgeprägt bei Gottfried von Straßburg und Konrad von Würzburg; zum Begriff vgl. Wolfram von Eschenbach *rime ... samnen unde brechen* (»Parzival«, 337, 25 f.).
3. Aufteilung eines Verses auf zwei oder mehrere Sprecher (↗ Antilabe).   S

Bremer Beiträger, Sammelname für die Gründer und Mitarbeiter (meist Leipziger Studenten) der von 1744–1748 im Verlag des Bremer Buchhändlers N. Saurmann erschienenen Zeitschrift »Neue Beyträge zum Vergnügen des Verstandes und Witzes« (kurz »Bremer Beiträge«). Die B. B. waren ursprüngl. Anhänger Gottscheds und (seit 1741) Mitarbeiter der von J. J. Schwabe hrsg. moral. Wochenschrift »Belustigungen des Verstandes und Witzes«, in der Gottscheds poetolog. Vorstellungen propagiert wurden. Mit der Gründung einer eigenen Zeitschrift distanzierten sie sich von der im Gottschedschen Parteiorgan gepflegten Polemik gegen die Schweizer Bodmer und Breitinger. Zwar blieben die B. B. Gottsched verpflichtet (strenge Beachtung der Regeln, Vorliebe für lehrhafte, moralisierende Dichtung), doch trug die Tatsache, dass sie in ihrer Zeitschrift Polemik zugunsten der dichter.

Produktion ausschlossen, stark zur Minderung von Gottscheds Einfluss bei. Persönl. und in ihren ästhet.-krit. Anschauungen näherten sich die B. B. immer mehr den Schweizern; ihr poet. Schaffen wurde nachhaltig von A. v. Haller und F. v. Hagedorn beeinflusst, zudem schloss sich F. G. Klopstock 1746 dem Freundschaftsbund der B. B. an. In ihrer Zeitschrift wurden 1748 die ersten drei Gesänge des »Messias« veröffentlicht. Das Neuartige der in der Zeitschrift publizierten Beiträge (v. a. Fabeln, Satiren, Lehrgedichte, Oden, anakreont. Lieder, Schäfer- und Lustspiele, Abhandlungen) besteht darin, dass sie einer neuen, bürgerl. Welt- und Lebensanschauung Ausdruck verleihen, geschmacksbildend wirkten und die Erziehung des Bürgertums förderten; sie zeichnen sich aus durch größere Natürlichkeit und Subjektivität der Sprache, stärkere Lebensnähe, mehr Phantasie, Empfindung und Gefühl. Damit trugen die B. B. wesentl. zur schließlichen Überwindung der rationalen Phase der Aufklärung bei. – Hrsg. der »Bremer Beiträge« war zunächst K. Ch. Gärtner, seit 1747 N. D. Giseke; weitere Mitarbeiter waren J. A. Cramer, J. A. Ebert, G. W. Rabener, J. A. und J. E. Schlegel, F. W. Zachariä, Ch. F. Gellert, F. G. Klopstock u. a. Die Beiträge erschienen anonym, über ihre Aufnahme wurde gemeinsam entschieden. Insgesamt kamen 4 Bände zu je 6 Stücken heraus. Außerdem veröffentlichten die B. B. 1748–57 (in einem Leipziger Verlag) eine »Sammlung Vermischter Schriften von den Verfassern der Bremischen neuen Beyträge zum Vergnügen des Verstandes und Witzes«. Mit den von J. M. Dreyer 1748–59 hrsg. zwei weiteren Bänden des »Bremer Beiträge« haben die früheren Mitarbeiter nichts zu tun.   RSM

Brevier, Breviarium, n. [lat. Breviarium = kurzes Verzeichnis, Auszug, zu brevis = kurz],
1. Titel für Berichte und Übersichten polit., statist. oder rechtl. Charakters (z. B. B. imperii, B. Alaricianum).
2. Bez. für das bei den tägl. Horen (Stundenbeten) verwendete Gebets- und Andachtsbuch der röm.-kath. Kirche und für die darin enthaltenen Texte (Gebete). Nach Kirchenjahr,

Woche und Tag geordnet, enthält das B. die für die jeweilige Hore vorgesehenen Psalmen und Lesungen (aus der Bibel, den Kommentaren der Kirchenväter u. a.), sowie Hymnen, Gebete, Antiphone, Segenssprüche, Responsorien. ↗ Stundenbuch.   GS

Brief [von lat. breve (scriptum) = kurzes Schriftstück], schriftl. Mitteilung an einen bestimmten Adressaten als Ersatz für mündl. Aussprache, »Hälfte eines Dialogs« (Aristoteles). – Allgemeineres Interesse gewinnen B.e als Äußerungen bedeutender Verfasser oder als Zeugnisse menschl. Denkens und Empfindens. *Editionsformen* sind dementsprechend die Sammlung von B.en eines einzelnen (mit oder ohne Antwortschreiben), B.wechsel zweier Autoren und die Anthologie aus B.en gleicher Thematik, gleicher Epochen oder gleicher Absendergruppen. Als Autographe sind B.e beliebtes Sammelobjekt. Zum eigentl. privaten B. tritt der *offizielle* für Mitteilungen oder Anweisungen, die der dokumentierenden Schriftform bedürfen (Rund-B.e, Erlasse), und der nur scheinbar an einen einzelnen Empfänger gerichtete, auf polit. Wirkung berechnete ›offene‹ B. Die B.form kann sich unabhängig von mögl. Adressaten, oft als rhetor. Kabinettstück, verselbständigen: als Essay, zur Einkleidung für Satiren, Polemiken, Literaturkritik oder als literar. Kunstform zur indirekten Darstellung fiktiver Korrespondenten (↗ Briefroman). Der Anspruch des B.s als authent. Zeugnis für den Willen oder die Meinung seines Verfassers begünstigt die Entstehung von ↗ Fälschungen. Die *Geschichte des B.s* ist fast so alt wie die der Schrift. Der *älteste erhaltene längere B.* stammt von Pharao Pepi II. (um 2200 v. Chr.), geschrieben an einen Gaufürsten von Assuan. Aus dem 3.–1.Jt. sind zahlreiche Original-B.e auf Papyrus (aus Ägypten) und auf Tontafeln (aus Mesopotamien) erhalten. *Das AT* hat viele B.e überliefert, z. B. den B. Davids an Joab, den sog. Urias-B. (2.Sam. 11, 14); *im NT* sind die Apostel-B.e (Episteln) nach den Evangelien der wichtigste Bestandteil der urchristl. Literatur. *Das klass. Altertum* schrieb B.e auf Papyrus oder auf wachsbezogene Holztäfelchen (Diptycha, lat. codicelli

tabellae). Größere B.sammlungen sind erst aus lat. Zeit überliefert; von großer Bedeutung sind die polit. B.wechsel Ciceros (über 900 B.e in 37 Büchern) und der des jüngeren Plinius: seine eher Abhandlungen ähnelnden B.e sind an ein breiteres Publikum gerichtet und leiten die bewusste Stilisierung des Prosa-B.es der Spätantike ein (Symmachus, Ausonius, Sidonius, Apollinaris, Cassiodor). Mit dieser Stilisierung geht die Verengung der allgemeinen ↗ Rhetorik zu einer speziellen B.lehre (↗ ars dictandi) einher. – Die *B.e des MA.s* sind vorwiegend von Klerikern an den Höfen und Klöstern, stilist. meist nach berühmten Vorbildern (Ambrosius, Augustinus, Hieronymus, Gregorius) verfasst. Sie dienen polit. Zwecken (Kaiser-B.e) ebenso wie dem geistl. und persönl. Meinungsaustausch ihrer gelehrten Schreiber (Sammlungen in ›Monumenta Germaniae Historica‹ und ›Patrologia Latina‹). Eine eigene B.tradition entsteht seit dem 12. Jh. in den Mystiker-B.en, die vom Wunsch nach der Vermittlung metaphys. Erfahrungen geprägt sind. Zeichen des wachsenden Bedürfnisses nach briefl. Verständigung im späten MA. sind ↗ B.steller aus echten oder eigens verfassten Muster-B.en. – Mit der Erweiterung des Kreises der Schreibkundigen auf Laien beginnt der B., sich allmähl. vom Latein zu lösen. Den ersten Höhepunkt in der Geschichte des deutschen B.s bildet die kraftvolle, in persönl. Ton gehaltene Korrespondenz Luthers. Neben und nach ihr dominiert aber weiter die lat. B.: in den an Cicero geschulten wissenschaftl. *B.wechseln der Humanisten* (Petrarca, Erasmus), in deren Gefolge der gelehrte B. bis ins 18. Jh. lat. bleibt, und in den formelhaft erstarrten Schriftsätzen der Kanzleien. – Eine eigenständ., bis in die Gegenwart fortdauernde B.kultur bildet sich *seit dem 17. Jh.* in Frankreich (Mme de Sévigné, Voltaire, Mme de Staël, Flaubert, Proust, Gide); auch in Deutschland schreibt man im 17. Jh. gewöhnl. franz. B.e, ohne immer den eleganten Stil der nachgeahmten Vorbilder erreichen zu können; eine Ausnahme bildet der persönl. Stil der dt. B.e Liselottes von der Pfalz (17. Jh.). Gegen die zunehmende sprachl. Überfremdung und Verkünstelung auch des B.stils wenden sich die

↗ Sprachgesellschaften des Barock, überwunden wird sie jedoch erst im 18. Jh. mit den Reformen Gottscheds und Gellerts (»Sammlung vorbildl. B.e nebst einer prakt. Abhandlung von dem guten Geschmacke in B.en«, 1751). Von hier an entspricht die Geschichte des B.-stils derjenigen der allgem. literar. Entwicklung. Nebeneinander entsteht eine subjektive, oft künstl. erregte B.sprache, die von Pietismus (Spener) und Empfindsamkeit (Klopstock) über den Sturm und Drang bis zu den ›Herzensergießungen‹ der Romantiker reicht (Brentano), und ein rationalerer, dabei doch von der Persönlichkeit des Autors individuell geprägter B.stil; ihm sind die B.e aus dem Umkreis der Aufklärung (Lessing, Winckelmann, Lichtenberg), der dt. Klassik (Goethe, Schiller; Humboldt, Kant, Hegel) und die der Realisten verpflichtet (Storm, Keller, Fontane). Auch *im 20. Jh.* gehört die Veröffentlichung der B.e zu den Gesamtausgaben literar., polit. oder wissenschaftl. bedeutender Autoren; unter ihnen sind viele, deren Korrespondenz einen eigenen Rang beanspruchen kann (Rilke, Hofmannsthal, Musil, Th. Mann, G. Benn, Kafka, E. Lasker-Schüler). *Der fingierte B.* als Einkleidung ist seit der Antike gebräuchl., z. B. als Einlagen in Geschichtswerken seit Thukydides (Pausanias an Xerxes, 1, 128); sie werden zum Gegenstand rhetor. Übungen und nachträgl. häufig als echte Dokumente missverstanden (Phalaris-B.e). Fiktive B.e erot. Inhalts verfassten die Hellenisten (Alkiphron, Philostratos), ↗ B.gedichte die röm. Klassiker. Philosoph., meist isagog. Traktate in Form von B.en an ihre Schüler publizierten Empedokles, Aristoteles, Epikur; von ihnen sind Senecas »Epistulae morales« beeinflusst. Auch offene B.e als Mittel polit. Auseinandersetzung sind der Antike geläufig (Isokrates an König Philipp, Sallust an Caesar). – Im MA. tauchen fingierte B.e auf: so ein apokrypher B.wechsel des Apostels Paulus mit Seneca und ein B. des Aristoteles an Alexander, der eine Gesundheitslehre enthält. Traktatart. Formen kennzeichnen die B.e der Humanisten, satir. Absichten verfolgen z. B. die ›Dunkelmänner-B.e‹ »Epistolae obscurorum virorum«, 1515/17. An die geistl. Lehrschreiben des NT und der Kirchenväter

(↗ Epistel) knüpfen die ›Send-B.e‹ Luthers an. In der Neuzeit ist der literar. B. als Instrument zur Darstellung polit., moral. und ästhet. Probleme bes. im 18. Jh. beliebt. Er findet sich zuerst in Frankreich: Pascal, »Lettres à un provincial« (1656/57), Montesquieu, »Lettres persanes« (1721), Voltaire, »Letters concerning the English« (1733), dann auch in Deutschland: Lessing, »B.e die Neueste Literatur betreffend« (1759–65, ↗ Literatur-B.e), Herder, »B.e zur Beförderung der Humanität« (1793–1797), Schiller, »B.e über die ästhet. Erziehung des Menschen« (1795). – Parallel dazu entsteht die Gattung des ↗ Briefromans, zuerst in England, dann auch in Frankreich und Deutschland. Im 19. und 20. Jh. verliert der Kunstb. an Bedeutung; bekannter geworden sind die satir. »Filser-B.e« L. Thomas. Eine Neubelebung versuchte im Anschluss an Camus (»Lettres à un ami allemand«, 1944), H. Böll (»B. an einen jungen Katholiken«, 1958).   **HSt**

Briefgedicht, Sammelbez. für echte oder fingierte ↗ Briefe in Versen, auch für Gedichte, die in Briefe eingefügt oder Briefen beigelegt sind. Als literar. Kleinform schon in der Antike: Lucilius, Catull, Persius; Höhepunkt die graziös belehrenden ↗ Episteln des Horaz und Ovids eleg. »Briefe aus der Verbannung«, sowie seine ↗ Heroiden, die den fiktiven Briefwechsel begründen (↗ Briefroman). Das MA. pflegt den in Verse gefassten lat. Widmungsbrief, den volkssprachl. poet. Liebesgruß (↗ Minnebrief, ↗ Salut d'amor), der selbständig, in Briefstellern und als Einlage in ep. Dichtungen vorkommt. Die Gattung lebt wieder auf im Barock (»Heldenbriefe« Hofmanns von Hofmannswaldau) und bei den Anakreontikern (Goeckingk, Gleim). Satir. B.e verfasste Rabener, moral. Wieland. – Zahlreiche private B.e enthält der Briefwechsel Goethes mit Frau von Stein (»Verse an Lida«), auch mit Marianne von Willemer und anderen (»Sendeblätter«). Nach der Romantik (Geschwister Brentano) wird das B. seltener (Heine, Liliencron, Rilke).   **HSt**

Briefroman, besteht aus einer Folge von Briefen eines oder mehrerer fingierter Verfasser ohne erzählende Verbindungstexte, allenfalls ergänzt durch ähnliche fingierte Dokumente (Tagebuchfragmente etc.). Anders als im ↗ Ich-Roman wird nicht vom Ende her erzählt, sondern scheinbar ohne Kenntnis des weiteren Handlungsverlaufs. Bei mehreren Briefschreibern wird die Erzähl-↗ Perspektive zudem auf die Romanfiguren verteilt (polyperspektivisches Erzählen). Die Form der direkten nuancierten Selbstaussage macht den B. zum Mittel differenzierter Seelenschilderung; gegenüber dem Tagebuchroman wirkt sich aber die der Briefsituation eigene Wendung an einen Adressaten objektivierend aus. Der eigentl. B. ist – nach vielfältigen, aus Ovids ↗ Heroiden abzuleitenden Vorstufen – ein Produkt der ↗ Empfindsamkeit des 18. Jh.s: am Anfang stehen S. Richardsons »Pamela« (1740), ein einfacher B., »Clarissa« (1747) und »Charles Grandison« (1753), mehrperspektivische B.e; in Frankreich folgen Rousseaus »Nouvelle Héloise« (1761) u. Laclos' »Les liaisons dangereuses« (1782). *Der dt. B.* erlebt nach dem Vorgang von J. C. A. Musäus' »Grandison der Zweite« (1760/62) u. Sophie de La Roches »Das Fräulein von Sternheim« (1771) seinen Höhepunkt in Goethes »Die Leiden des jungen Werther« (1774), wo allerdings durch das Hinzutreten eines ›Herausgebers‹ die strenge Form aufgegeben ist; sie ist bewahrt in L. Tiecks »William Lovell« (1795/96). Hölderlins »Hyperion« (1797) entspricht formal dem B., doch sind die Briefe an Bellarmin aus der Erinnerung an vergangenes Geschehen geschrieben und stehen insofern dem Ich-Roman näher. Im 19. Jh. tritt der B. hinter dem dialogisierten Roman zurück (Ausnahme z. B. W. Raabe, »Nach dem großen Kriege«, 1861), im 20. Jh. gibt es einzelne Versuche zur Neubelebung: E. v. Heyking, »Briefe, die ihn nicht erreichten« (1903), A. Gide, »École des femmes« (1929), W. Jens, »Der Herr Meister« (1963). HSt

Briefsteller, ursprüngl. professioneller Schreiber, der für andere Briefe schrieb, ›erstellte‹, dann übertragen: schriftl. Anleitung zum Briefeschreiben; enthält meist neben allgemeinen Ratschlägen auch Formeln und fin-

gierte Musterbriefe für unterschiedl. Anlässe und Adressaten. Seine Tradition setzt ein mit dem B. des Demetrios (1. Jh. n. Chr.: 21 Musterbriefe), setzt sich fort in den ↗ Formelbüchern des frühen MA.s und wird im 12. Jh. bes. in Bologna im Rahmen der ↗ Ars dictandi (Wissenschaft der Briefkunst, der Epistolographie) als theoret. und prakt. Anleitung im heutigen Sinne entwickelt: Der in diesen *(lat.) B.n* propagierte einfache, dem prakt. Bedürfnis der administrativen und jurist. Praxis angepasste Stil (sermo simplex nach dem Vorbild Suetons, nicht mehr der rhetor. ausgeschmückte Stil Ciceros) wirkte auch auf die Poesie (Dante). *Verfasser* sind u. a. Buoncompagno da Signa (15 B., darunter die »Rota Veneris«, ein Liebes-B., 1215), Hugo von Bologna, Konrad von Mure, Johannes von Garlandia. Im 14. Jh. entstehen die ersten *volkssprachl. B.* (ital.: Guido Fava). Weite Verbreitung fanden B. dann mit dem Aufkommen privater Briefwechsel im 16. Jh. und erreichen ihre *Blütezeit im Barock*, dessen starr konventionelle und hierarch. gestufte Verhaltensnormen bes. für Briefe, Widmungen, Gesuche usw. ein minutiös differenziertes System rhetor. verbrämter Titulaturen, Einleitungs-, Bitt-, Gruß-, Schlussformeln usw. forderten, die die B. bereithielten, vgl. die B. von G. Ph. Harsdörffer (»Der Teutsche Secretarius«, 2 Bde., 1656), C. Stieler (1688), B. Neukirch (1695; 1745), J. Ch. Beer (1702) u. v. a., vgl. ↗ Komplimentierbücher. Das 18. Jh. lehnt dann den rhetor. vorgeformten konventionellen Briefstil zugunsten eines ›natürlichen‹, persönlichen ab. Dennoch wurden B. weiterhin für nötig erachtet: sie geben nun Ratschläge und Muster für den ›individuell‹ geprägten sog. ›Bekenntnisbrief‹. Vorbild ist Gellerts »Sammlung vorbildl. Briefe nebst einer prakt. Abhandlung von dem guten Geschmack in Briefen« (1751). Seitdem lehren B. den (dem Zeitgeschmack entsprechend) ›angemessenen‹ Briefstil für alle Anlässe oder, wie in neuerer Zeit, für eine Berufsgruppe oder einen Brieftypus (Geschäftsbriefe). Den wohl umfangreichsten B. schrieb J. F. Heynatz (5 Bde., 1773–93), weiteste Verbreitung fand der B. v. O. F. Rammler (⁵²1882) oder auch der B. »Erfolg im Brief.

Eine programmierte Unterweisung«. 3 Bde., Stuttg. 1970.   S

Brighella, m. [bri'gɛlla; it. zu brigare = intrigieren, Streit suchen], eine der vier kom. Grundtypen der ↗Commedia dell'arte, auch 1. Zane (↗Zani): verschlagener Bedienter, der die Ausführung der von ihm angezettelten Intrigen meist der zweiten Bedientenrolle, dem ↗Arlecchino, überlässt; er tritt in weißer Livree mit grünen Querborten, weißem Umhang und schwarzer Halbmaske mit Bart auf; spricht meist Bergamasker Dialekt. Vgl. ↗Scapin.   DJ

Brouillon, m. [bru'jō; frz.], Fremdwort seit 1712; erster vorläufiger Entwurf für eine Schrift, Skizze, Konzept; verdrängte zeitweilig die ältere Bez. ↗›Kladde‹.

Buch. 1. *Etymologie.* Ahd. buoh (= nhd. Buch) bez. ursprüngl. eine Tafel (lat. tabula) aus Buchenholz, in welche Schriftzeichen (↗Runen) geritzt wurden; vgl. im 6. Jh. Venantius Fortunatus:»barbara fraxineis pingatur rūna tabellis« (die fremdländ. Runen werden auf Tafeln von [Eschen-]Holz gemalt). – Für mehrere zusammengehörige Buch(en)tafeln wurde anfangs der Plural verwendet (ahd. diu buoh); bereits in der Karolingerzeit ist aber auch der singular. Gebrauch von buoh für ↗Kodex (entsprechend lat. ›liber‹) überliefert. Die ursprüngl. Form eines B.es wirkt in Wendungen wie»lesen *an* den buohen« (= *in* Büchern lesen) bis ins Mhd. nach. Die *Anfänge der dt. literar. Kultur* sind überwiegend an lat. Vorbildern orientiert: So wie ahd. buoh-stab im Sinne von lat. ›littera‹ gebraucht wird, so ahd. buoh für lat. ›liber‹. Auch das lat. Wort liber ist vom ursprüngl. Beschreibstoff abgeleitet (liber = Baumbast), ebenso griech. byblos (= Bast der Papyrusstaude). – Das Wort für den konkreten Beschreibstoff bezeichnete schließl. auch den *Inhalt* eines Kodex: ein selbständ. Schriftwerk oder eine Dichtung (z. B. »Buch Salomonis«, »Buch der Lieder«) oder auch nur einen in sich geschlossenen Teil eines Werkes (vgl. Goethes»Dichtung und Wahrheit«, eingeteilt in 20 ›Bücher‹). 2. *Geschichte.* Über die Anfänge des B.es ist wenig bekannt. Neben kürzeren Inschriften sind jedoch auch aus den frühen Kulturen schon Aufzeichnungen längerer Texte auf verschiedenen *Beschreibstoffen* bezeugt. Im Vorderen Orient (vom Zweistromland bis Ägypten) wurden seit dem 4.–3. Jt. v. Chr. 2–4 cm dicke *Tontafeln* benutzt (und waren fast 3000 Jahre lang gebräuchl.); bedeutendster Fund die Tontafel-›Bibliothek‹ des Assyrerkönigs Assurbanipal († 627 v. Chr.) in Ninive. Ein weiterer Beschreibstoff der Alten Welt ist *Leder* (auch in Griechenland und Italien benutzt); herausragende Zeugnisse sind die Rollen von Qumrân (jüd. religiöse Handschriften von 220 vor bis 70 n. Chr.). Im Orient wurde Leder noch bis zum 10. Jh. n. Chr. verwendet; die jüd. Tempelrollen sind noch heute aus Leder. In Indien wurden *Blätter* als Beschreibstoff benutzt (Palmblattbücher), in China mindestens seit 1300 v. Chr. mit Bändern zusammengehaltene *Bambus- oder Holzstreifen*. Die Verwendung von Baumbast ist durch die etymolog. Wurzel der gr. und lat. Bez. für ›B.‹ = ›byblos‹, ›biblos‹ und ›liber‹ belegt (siehe Etymologie). – Die frühesten erhaltenen Dokumente auf pflanzl. Beschreibstoff sind die Papyri. *Papyrus* wurde in Ägypten seit dem 4./3. Jt. v. Chr. aus dem Mark der Papyruspflanze hergestellt, indem dieses in Quer- und Längsschichten übereinandergelegt und dann gepresst wurde. Zunächst wurden Einzelblätter verwendet, seit dem 2. Jt. v. Chr. findet sich die *Rolle* (lat. rotulus) aus aneinandergeklebten Einzelblättern. Bis zum 4./5. Jh. n. Chr. war Papyrus der gebräuchlichste Beschreibstoff der Mittelmeerwelt. Die Rolle wurde in Kolumnen (Spalten) senkrecht zur Längsseite beschrieben, z. T. auch illustriert (zwischen den Kolumnen oder am unteren und oberen Rand). Eine Rolle war etwa 10m lang und noch mit einer Hand zu umspannen. Zum Lesen wurde sie in der Breite von einer bis zwei Kolumnen geöffnet, die Linke rollte dabei (bei rechtsläufiger Schrift) das Gelesene auf, die Rechte hielt die Rolle. Für umfangreichere Texte waren oft mehrere Rollen nötig; eine Rolle, die ein abgeschlossenes Werk enthält, wird als *Monobiblos* bez. – Die berühmte Ptolemäerbibliothek von Alexandria war mit über

700000 Rollen die größte der Antike (bis zum Brand 48 v. Chr.). Warum sich frühe Mittelmeerkulturen für die Rollenform des B.es entschieden, ist nicht geklärt (Anlehnung an die schon vor dem Papyrus verbreitete Lederrolle?). Erst spät gab es auch Papyruskodizes. In Kleinasien wurde seit dem 2. Jh. v. Chr. *Pergament* (Membrana) zur B.herstellung verwendet. Nach Plinius d. Ä. hatte Ptolemaios Epiphanes die Papyrusausfuhr aus Ägypten gesperrt, um den König von Pergamon, Eumenes II., daran zu hindern, seine Bibliothek zu vergrößern und evtl. Alexandria zu überflügeln. Nach der Stadt erhielt dann das dort verwendete Schreibmaterial aus Tierhäuten seinen Namen. Zeugnisse über die Herstellungstechnik von Pergament (die Tierhäute werden im Unterschied zum Leder nicht gegerbt, sondern in Kalklauge präpariert) gibt es aus dem MA. (z. B. eine Lucceser Handschrift des 8. Jh.s, Miniatur der Ambrosius-Handschrift aus der Abtei Michelsberg bei Bamberg, 12. Jh.). Auch Pergament wurde zunächst in Rollenform verwendet; berühmt ist die 15m lange Josua-Rolle der Bibliotheca Vaticana. Die Rollenform erhielt sich bis ins MA. bei ↗ Itineraren und Theaterrollen. Pergamentrollen finden sich auch auf Miniaturen der Großen Heidelberger Liederhandschrift (wobei es sich aber auch um Bildtopoi handeln kann, denn auf Miniaturen der frühchristl. Kunst begegnet auch noch lange die B.rolle, obwohl nachweisbar damals schon der Kodex bevorzugt wurde). *Getünchte* oder *mit Wachs bezogene Holztafeln* wurden in Griechenland und Rom für Notizen, amtl. Beglaubigungen und dgl. benutzt (und blieben für Konzepte, Register und Rechnungen über das MA. hinaus bis ins 18. Jh. gebräuchlich). Sie sind schon bei Homer und Herodot bezeugt. Diese Tafeln wurden dann auch an der linken Längsseite verknüpft oder mit Scharnieren, Riemen oder Ringen zusammengehalten, so dass man in ihnen blättern konnte, sog. *Diptychon* (d. h. das doppelt Gefaltete = zwei Tafeln), Triptychon (aus dreien) oder Polyptychon (aus mehreren Tafeln); das größte erhaltene Polyptychon besteht aus 9 Tafeln (staatl. Museen, Berlin; vgl. auch die Darstellung einer pompe-

jan. Dame im Museo Nazionale, Neapel). – Nach diesem System wurden seit etwa Christi Geburt auch Papyrus- und Pergamenthefte (Kodizes) angelegt. Diese kann man als die *Anfänge unseres heute üblichen B.es* bezeichnen. In größerem Maße wurden solche Kodizes erstmals bei den frühen Christen verwendet, da sie wesentl. billiger, haltbarer und für das tägl. Bibelstudium auch leichter zu handhaben waren. Auch allgemein wurde für den einfachen Haus- und Schulgebrauch der Kodex (auch für umfangreichere Texte) neben der teureren Rolle üblich: man konnte in ihm eher hin- und herblättern, wodurch z. B. der Vergleich von Textstellen erleichtert wurde. Seit dem 4. Jh. verdrängte der Pergament-Kodex die Rolle immer mehr; neben den großen Bibelkodizes (z. B. Codex Sinaiticus, 4. Jh. British Museum, London) gab es auch schon Kodizes für weltl. Literatur (z. B. Fragment der »Kreter« des Euripides, 2. Jh.). – Aus Mittelund Nordeuropa sind von Anfang an nur Kodizes überliefert. – Die *aus dem Kodex entwickelten Bücher* bestehen aus einer Vielzahl gleichgroßer Blätter die, in der Mitte gefaltet, ineinandergelegt und mit Faden geheftet sind. Die Blattanzahl innerhalb einer sog. *Lage* schwankt zwischen 2 und 6; der Umfang der einzelnen Lagen kann innerhalb eines B.es variieren. Die Lagen (der ›Buchblock‹) werden durch den Bucheinband geschützt, an dem sie durch Heftung befestigt sind. *Seitenzählungen* waren für Kodizes zunächst nicht gebräuchlich; die richtige Ordnung der Lagen wurde ledigl. durch ↗ Kustoden (Zahlen oder Buchstaben), meist auf der letzten Seite einer Lage, angegeben. Erst seit dem 13./14. Jh. wird die Seitenzählung übl.: zunächst *eine* Ziffer für zwei aufgeschlagene Seiten. Pergament war nicht billig; je nach dem Zweck eines B.es wählte man die *Qualität*: am kostbarsten waren das sog. ›Jungfernpergament‹ (aus der Haut ungeborener Lämmer) und purpurgefärbtes Pergament (z. B. der Codex argenteus, 6. Jh., Wulfilas Bibelübersetzung). Nicht mehr benötigte Texte wurden häufig abgeschabt und das Pergament neu beschrieben (codex rescriptus, ↗ Palimpsest). – Die meisten Kodizes sind unhandlich; für den tägl. Gebrauch wurden aber auch kleine Formate geschaffen. Für Luxusausgaben, liturg. und wissenschaftl. Bücher ist bis ins 16. Jh. das große *Format* die Regel, für wissenschaftl. Werke noch im 19. Jh. häufig (Folianten = Bücher in Folio-Format, mit bis zu 45 cm Höhe größtes Buchformat, Bez. 2°). Erst als der B.druck auch kleine Lettern entwickelte (Venedig, 2. Hä. 15. Jh.), wurden die heute übl. B.-*formate* Quart (4°), Oktav (8°), Sedez (16°) gängig (Bez. nach der Zahl der beim Falten eines Druckbogens entstehenden Blätter). *Papier* wurde bereits im 2. Jh. v. Chr. in China erfunden, aber erst im 8. Jh. n. Chr. gelangte die Technik der Papierherstellung über die Araber nach Südeuropa. Die ältesten dt. Papiermühlen wurden mit Hilfe italien. Arbeiter eingerichtet (erste bezeugte dt. Gründung die Gleismühle bei Nürnberg, 1389). Die *älteste erhaltene dt. Papierhandschrift* ist das 1246 begonnene Registerbuch des Passauer Domdechanten Behaim, geschrieben auf span. Papier. – Papier wurde schon früh mit *Wasserzeichen* versehen. Das älteste nachweisbare Wasserzeichen stammt aus der ältesten italien. Papiermühle in Fabriano aus dem Jahre 1282. Wasserzeichen sind von Bedeutung für die Herkunftsbestimmung, Qualität und Datierung des Papiers. Im 15. Jh. bestand ein Großteil der Handschriften bereits aus Papier; nach der *Erfindung des Buchdrucks* wurde das Pergament rasch durch das billigere Papier verdrängt: Von Gutenbergs 42-zeil. Bibel wurden noch etwa 35 Exemplare auf Pergament, 165 Exemplare auf Papier gedruckt. – Die Verwendung des Papiers änderte zunächst die Buchformen kaum. Seit 1500 etwa erhielt das B. im großen ganzen seine heute noch übl. Gestalt mit Titelblatt, Druckerzeichen, Datierung und Angabe des Druckortes, Kapitelüberschriften, Register, durchgehender Bezifferung und z. T. Illustrationen (erstes dt. B. mit Vollendungsdatum [14.8.1462] u. Druckerzeichen: die 48-zeil. »Biblia Latina« von Fust u. Schöffer). Das handgeschriebene B. des Altertums und des MA.s war in der Regel ein einmaliges Exemplar, das jeweils für einen bestimmten Auftraggeber angefertigt wurde oder das B.-Interessent selbst abschrieb. Von Euripides ist bekannt, dass er dafür einen

schreibkundigen Sklaven namens Kephisophon hielt. Aristophanes kann Euripides (in den »Fröschen«) noch wegen seiner Neigung zum Büchersammeln (Bibliophilie) verspotten. Neben sachl. orientierten privaten und öffentl. Büchersammlungen finden sich auch schon im Altertum solche von Sammlern, welche die Bücher nicht ihres Inhalts wegen zusammentrugen, sondern als »Zimmerdekoration«, wie Seneca (»Dialog« 9, 9, 4) kritisierte. Bereits in der Antike wird auch die illegitime (d. h. vom Autor nicht autorisierte) B.verbreitung beklagt (Cicero, De oratore; vgl. die ↗ Nach[Raub-]Drucke seit Erfindung des B.-drucks). Mit der Antike endet die erste Blütezeit des Buches. Im Früh-MA. war die B.produktion weitgehend den Kloster- und Palastskriptorien vorbehalten. Erst im Hoch-MA. entfaltet sich mit der zunehmenden Säkularisierung der Bildungseinrichtungen die literar. Kultur auf breiterer Basis. Bücher werden nun auch in weltl. Schreibstuben, durch Lohnschreiber angefertigt (v. a. im Umkreis der seit dem 12. Jh. entstehenden Universitäten und in den höf. Kanzleien der sich nun stärker für Literarisches interessierenden höf. Gesellschaft). Die B.produktion nimmt dadurch merkbar zu und wird somit auch weiteren Kreisen zugängl. (der nicht-adl. Bamberger Schulrektor Hugo von Trimberg berichtet um 1300, er besitze 200 Bücher, eine für die damalige Zeit stattl. Bibliothek). Ein repräsentatives B. stellte einen beträchtl. Wert dar: Noch 1427 konnte ein Eichstätter Domherr für den Erlös einer Abschrift des Geschichtswerkes von Livius ein Landgut bei Florenz erwerben. Größere Schreiberwerkstätten entstanden gegen Ende des MA.s, so die bek. Werkstatt Diebold Laubers in Hagenau (1427–67). – Erst die *Erfindung des ↗ B.drucks* eröffnete auch dem Bürgertum einen breiteren Zugang zum B.; deshalb wurde Gutenbergs Erfindung v. a. im höf. Bereich z. T. als unfein galt, ein mechan. hergestelltes B. zu kaufen. – Die Reihe der »Bücher, die die Welt bewegten«, eröffnet im Früh-MA. durch Bibelhandschriften. Ebenso beginnt die Neuzeit der B.geschichte mit Gutenbergs Bibeldruck (1455). Die Reformation stellte nicht nur die Bibel ins Zentrum ihrer geist. Welt, sie stützte sich auch wesentl. auf die techn. Möglichkeiten des B.drucks zur Verbreitung ihrer Ideen. Welche Ausbreitung die B.kunst durch die Erfindung des B.drucks fand, zeigt sich z. B. in der zunehmenden Zahl der Inkunabel-Auflagen: Gutenberg druckte in der Regel Auflagen von 150–200 Exemplaren. Nach 1480 stieg teilweise die Auflagenhöhe auf 1000; von Luthers Übersetzung des NT wurden 1522 dann schon 5000 Exemplare gedruckt (Septemberbibel), ein Neudruck wurde bereits im Dezember desselben Jahres notwendig (Dezemberbibel). Von 1522–1534 gab es 85 Ausgaben von Luthers NT. Zwischen 1534–1574 wurden 100000 Exemplare der vollständigen Bibelübersetzung Luthers verkauft. Neben den vielen religiösen Inkunabeln wie Augustins »De Civitate Dei« (1467) und den »Confessiones« (1470) oder Thomas a Kempis' »De Imitatione Christi« (1473) traten bald wissenschaftl. Werke und Dichtungen, so das Handbuch des röm. Rechtes von Justinian (»Institutiones«, 1468), ein Handbuch der Medizin von Avicenna (»Canon Medicinae«, 1473), ein Renaissance-›Baedeker‹ (»Mirabilia Romae«, 1473), ein dt.-ital. Wörterb. (1477), die Werke Vergils (1469), Joh. von Tepl, »Der Ackermann« (1460), Wolframs »Parzival« (1477), Dantes »Divina Commedia« (1472). Das moderne B.wesen begann in Ausstattung und Auswahl der Werke auf einem solch hohen Niveau, wie es in dieser Komprimierung in den folgenden Jahrhunderten selten erreicht, kaum übertroffen wurde. Das B. ist der wichtigste Träger der geist. Kommunikation, des Austausches von Ideen und Informationen, trotz der techn. Medien (Rundfunk, Fernsehen, Datenverarbeitung). Das B. war v. a. lange Zeit das wichtigste Mittel, geist. Traditionen zu begründen: Die Wiederentdeckung der antiken Philosophie und Dichtung schon im MA. und dann v. a. in der Renaissance wäre ohne die fleißige Abschreibertätigkeit v. a. der Mönche nicht mögl. gewesen. Jede höhere Entwicklung in der Kulturgeschichte der Menschheit war an Schrift und B. gebunden. Ohne B. gäbe es kein histor. Wissen, wäre die stürm. Entwicklung der Kultur- und Geistesgeschichte der

Neuzeit nicht denkbar. – Neben Zeiten der absoluten Hochschätzung der literar. Kultur gab es immer wieder auch Perioden einer gewissen Bücher- (und damit Geistes-)feindlichkeit, oft geradezu als Reaktionen auf kulturelle Hoch-Zeiten; berühmtes Beispiel ist die allmähl. Zerstörung der Bibliothek von Alexandria von den Kriegen Caesars bis zur Eroberung der Stadt 642 n. Chr. durch die Mohammedaner.   S

Buchdrama ↗ Lesedrama.

Buchdruck, Verfahren zur mechan. Herstellung von Büchern, bei welchem eingefärbte Druckformen auf Pergament oder Papier gepresst werden. Im Prinzip bereits im frühen China üblich (4. Jh.: Inschriftensteine, 8.–10. Jh.: Holzplatten, 11. Jh.: bewegl. Lettern); ebenso schon im ägypt.-röm. Altertum (eingefärbte Stein- bzw. Metallstempel mit figürl. Darstellungen, Buchstaben oder ganzen Wörtern, Namen) und wohl auch im MA. (eine Tontafel in Prüfening von 1199 zeigt eine 17-zeil. Weihinschrift, die mit einem Holzstempel hergestellt wurde). Handabzüge von Holz- und Metalltafeln auf Papier (Holztafel- oder Plattendrucke, meist anopisthograph.) werden seit der 1. Hälfte des 15. Jh.s mit den jeweils leeren Seiten zusammengeklebt und die so entstandenen Blätter zu Büchern gebunden (vgl. ↗ Blockbuch). Holztafelabzüge für ↗ Einblattdrucke und Blockbücher sind noch bis 1530 zu verfolgen; sie wurden schließl. durch den B. mit bewegl. Lettern verdrängt. Als Erfinder dieses Verfahrens gilt Johannes Gutenberg. Seine Leistung lag weniger in der (damals bereits naheliegenden) Idee der bewegl. Lettern, als in der Bewältigung des komplizierten techn. Problems des Letterngusses und des Pressens. Die Typenstempel waren zunächst aus Holz, wurden aber bald ersetzt durch Metallstempel aus Blei, später Eisen oder Kupfer. Mit dieser umwälzenden Erfindung arbeitete Gutenberg dann in Mainz, 1450–1455 zusammen mit Johannes Fust, der sich nach der Trennung von Gutenberg mit dem Drucker Peter Schöffer verband. Von diesen ersten Mainzer Offizinen verbreitete sich die neue Technik schnell über ganz Europa: um 1500 in 60 dt. Städten insgesamt 200 Druckereien: seit 1458 in Straßburg (Johann Mentelin), 1462 in Bamberg (A. Pfister), 1466 in Köln (Ulrich Zell, H. Quentell), 1468 in Augsburg (Günther Zainer), 1470 in Nürnberg (Regiomontanus, A. Koberger) u.v.a. – Italien überflügelte Deutschland bald in der Verwertung der neuen Technik: um 1500 hatte z.B. allein Venedig bereits 150 Druckereien; berühmt sind die Offizinen von Nikolaus Jenson und Aldus Manutius. Weitere Druckereien entstanden, oft zunächst von sog. Wanderdruckern eingerichtet, in Paris (Antoine Vérard, Geofroy Tory, Claude Garamond), Antwerpen (Ch. Plantin, J. und B. Moretus, Gerard Leeu), Leiden und Amsterdam (Familie Elzevier), Basel (Johann v. Amerbach, Johann Bergmann von Olpe), London (William Caxton) u.v.a. – Der B. mit bewegl. Lettern veränderte nicht sofort das *Aussehen der Bücher;* vielmehr bemühten sich die ersten Drucker, die bisher üblichen handgeschriebenen Bücher genau nachzuahmen. Viele *Frühdrucke* (↗ Inkunabeln, Drucke bis 1550) sind von sorgfältig geschriebenen Handschriften kaum zu unterscheiden. Die Vorlagen für die Schrifttypen wurden aus den Schreibertraditionen entnom-

men (z.B. die Textura für Prunkbücher, die italien. Rotunda für gelehrte lat., Bastardschriften für volkssprachl. Bücher, ↗ Schrift). Die Seiten wurden wie Handschriften mit Silberstift liniiert, nach dem Druck wurde das Buch von Hand rubriziert und mit farbigen Initialen, Federzeichnungen, Bordüren u.a. Schmuckformen versehen. Erst in den folgenden Jahrzehnten wurde es allgem. üblich, alle Elemente des Buches mechan. zu vervielfältigen. Weiter entstanden *besondere Druck-Schriften,* die den techn. Problemen des B.s entgegenkamen: Gutenberg brauchte für seine 42-zeil. Bibel (1455) neben Interpunktionszeichen etc. 47 Groß- und 243 Kleinbuchstaben, um der Tendenz der got. Schrift zur Verschmelzung (den verschiedenen Ligaturen) gerecht zu werden. N. Jenson (Venedig) entwickelte demgegenüber eine Schrift (die Antiqua), deren isolierte Lettern den Schriftguss wesentl. erleichterten (allg. üblich seit ca. 1520; noch heute der wichtigste Schrifttypus). In der 1. Hälfte des 16. Jh.s entstand ferner eine leichter lesbare und herstellbare got. Druckschrift, die Fraktur, die in Deutschland und im westslaw. Bereich bis ins 20. Jh. im Gebrauch war. Der frühe B. schuf mit der Ausbildung von Antiqua und Fraktur die Grundschriften Europas, die nur Abwandlungen gemäß dem jeweiligen Zeitgeschmack erfuhren, z.B. im 18. Jh. durch P.S. Fournier, F.A. Didot (Frankreich), J. Baskerville (England), G. Bodoni (Italien); J.G.J. Breitkopf und J.F. Unger (Deutschland). Um 1570 ist die Umstellung von der Handschrift auf den B. vollendet. Von nun an vervollkommnet sich vor allem das techn. Verfahren des Buchdrucks, bes. seit Ende des 19. Jh.s. – *Die frühesten Drucke* sind bereits von vollkommener Qualität, so z.B. die 36-zeil. sog. Mainzer Bibel oder die 42-zeil. Bibel von Gutenberg (1455) mit großen Missaltypen (Textura) und handschriftl. verziert wie die 48-zeil. Bibel P. Schöffers (1462). – Die revolutionäre Erfindung Gutenbergs wirkte sich zunächst weniger auf die bisherige Form des Buches aus als *soziolog. und kulturell:* Die alten Klosterschreibschulen und die weltl. Schreibstuben (z.B. von Diebold Lauber in Hagenau) lösten sich auf, neue Berufe entstan-

den, so der des (meist humanist. gebildeten) Verlegers und Druckers, um den sich Buchstabenzeichner, Stempelschneider, Schriftgießer, -setzer, -drucker, ferner Bildreißer (Holz- und Metallschneider) und Illuminatoren versammelten. Anton Koburger, der als »König der Buchdrucker« galt, z. B. beschäftigte für den Druck (1491–93) der Schedelschen Weltchronik mit 1800 Bildern auf 652 Bildstöcken in zwei Sprachen und damit zwei Typen (lat. = Rotunda, dt. = Bastarda) einen umfangreichen B.-Betrieb und zog noch die Hilfe zweier Malerwerkstätten (M. Wolgemuts und H. Pleydenwurffs) hinzu. – Mit Gutenbergs Erfindung war eine raschere, in Maßen auch billigere Vervielfältigung wichtiger und eben auch umfangreicherer Werke in vielen Exemplaren (meist Auflagen bis 300, Manutius 1000) möglich, die zu einer stärkeren Verbreitung gerade auch zeitgenöss. Gedankengutes führte und durch einen intensiveren Austausch unter den lesekundigen Schichten Europas die geistige Entwicklung vorantrieb und befruchtete.　S

Bücherverbrennung, symbol. Demonstration eines aus polit., relig. oder moral. Gründen von Staat, Kirche oder gesellschaftl. Gruppen verfügten Verbreitungsverbots von Druckwerken (↗ Zensur). B.en sind schon seit der Antike bezeugt (Tacitus) und kennzeichnen v. a. relig. und ideolog. fixierte Bewegungen, vgl. z. B. die B.en der Inquisition, der Dominikaner (Savonarolas ›Opferbrand‹ in Florenz 1497) oder Wiedertäufer, die Verbrennung reformator. Bücher 1522 in Freiburg, reaktionärer Bücher am 18.10.1817 auf dem Wartburgfest; sie kulminiert in der B. der Nationalsozialisten am 10.5.1933 (↗ Exilliteratur). Von Anfang an entwickelte die Symbolik der B. eine Dialektik, einen Umschlag ins Gegenteil des Beabsichtigten: B. ist nicht nur Zeichen unterdrückter geist. Freiheit, sondern auch der Angst (und damit untergründig des Respekts für das gedruckte Wort). Von den Zensoren verstanden als Zeichen der Macht, wird B. zur Geste der Ohnmacht, da nicht nur jede zensurierte Schrift die Leser umso mehr anzieht, sondern das Stigma des Verfolgten jedem Autor Ruhm und Ansehen garantiert: Die 1933 verbrannten Bücher gelten als »Ehrenliste der Menschheit«. Die B. und ihr kulturpolit. Umfeld wurde erst ab den 80er Jahren aufgearbeitet (Ausstellung der Akademie d. Künste, Berlin 1983).　IS

Buchgemeinschaft, verlagsartige Unternehmen, die auf der Grundlage eines festen Abonnenten-Systems ihre meist im Lizenzvertrag produzierten Bücher an ihre Mitglieder im Direktversand abgeben. Daneben existiert auch die Vertriebsform, die Mitglieder über den Buchhandel oder eigene Club-Center zu beliefern (zweistufiges Vertriebssystem). Die Mitglieder zahlen einen festen Betrag und erhalten dafür entweder einen vorher bestimmten Titel, den sog. ›Vorschlagsband‹, oder können frei aus dem B.skatalog ihre Bücher auswählen. Charakterist. für B.en sind die Auswahl aus der ›Vorauswahl‹ des Katalogs, der wohlfeile Preis und der regelmäß. Bezug zum Aufbau einer Privatbibliothek. – Die ideellen Wurzeln der B. gehen auf die ↗ Lesegesellschaften des Bürgertums und die Bildungsbestrebungen der Arbeiterklasse im 19. Jh. zurück. Volkserziehung und Aufklärung waren deren ursprüngl. Ziele. Als *Vorläufer* der B.en gelten die engl. *bookclubs*, die zu Beginn des 19. Jh.s als bibliophile Vereinigungen entstanden, als mäzenas. Unternehmen zur Herausgabe wertvoller Manuskripte und vergriffener Werke. Etwa um 1830 wurden in Deutschland erste konfessionelle ›Büchervereine‹ zur Verbreitung von »guten Schriften« gegründet; 1876 entstand die ›Bibliothek der Unterhaltung und des Wissens‹, die im Abonnementsbezug die »neuesten Schöpfungen der bedeutendsten Schriftsteller in Verbindung mit treffl. Beiträgen aus allen Gebieten des Wissens« vermitteln wollte. Als *eigentl. Gründungsjahr der B.* gilt das Jahr 1891, die Gründung des ›Vereins der Bücherfreunde‹. Diese Organisation entsprang dem Arbeiterbildungsgedanken, ihre Leitsätze waren »Wissen ist Macht« und »Das Buch dem Volke«. Gedruckt wurden »Volksklassiker«, die für die Abonnenten aus der Arbeiterschicht das bürgerl. Bildungsgut erschließen sollten. In diesem Zusammenhang steht auch die Initiative von Hugo Storm, der 1912 für den Verlag Scherl das Konzept einer ›Emporlesebibliothek‹ entwarf: Zunächst sollten billige Ausgaben von Unterhaltungsbüchern erscheinen, denen dann anspruchsvollere Literatur folgen sollte, bis hin zur ›Dichtung‹ als Vollendung der Geschmacksbildung – ein Projekt, das nicht verwirklicht wurde. Im Jahre 1924 entstanden drei B.en, die bereits das Spektrum heutiger B.en verzeichnen: Die gewerkschaftl. orientierte ›Büchergilde Gutenberg‹, der sozialist. orientierte ›Bücherkreis‹ und die ›Deutsche Buchgemeinschaft‹, die nicht gemeinnützig war, sondern bereits nach marktwirtschaftl. Kriterien auf ein Massenpublikum ausgerichtet wurde. Während der nationalsozialist. Diktatur wurden die B.en entweder sofort aufgelöst, der »Deutschen Arbeitsfront« angegliedert oder in den letzten Kriegsjahren aus ökonom. Gründen eingestellt. Die eigentl. *Blütezeit der B.* setzte erst mit dem Beginn der fünfziger Jahre ein. Eine bes. Stellung kam dabei der ›Büchergilde Gutenberg‹ zu, die 1948 aus dem Exil zurückkehrte und sich weiter dem Volksbildungsgedanken verpflichtet fühlte, ferner der 1949 gegründeten ›Wissenschaftl. B.‹ (später ›Wissenschaftl. Buchgesellschaft‹), die unter Verzicht auf jeden Gewinn vornehml. geisteswissenschaftl. Werke veröffentlicht oder zur Subskription ausschreibt. Typischer dagegen im Sinne der Verbreitung von populärer Literatur waren drei Neugründungen im Jahre 1950: der ›Bertelsmann-Lesering‹, die B. ›Bücher für alle‹ und der ›Europäische Buchklub‹. Eine Besonderheit und auch Grundlage des Erfolgs war bei Bertelsmann das Konzept, von Anfang an den verbreitenden Buchhandel in die Mitgliederwerbung und -belieferung einzubeziehen. Dennoch rief der große Aufschwung der B.en in den fünfziger/sechziger Jahren beim Sortiment und in der krit. Öffentlichkeit heftige Reaktionen hervor. Beklagt wurden die aggressiven Werbemethoden, bemängelt wurde das niedrige Niveau der Bücher, das sich hauptsächl. an Bestseller-Listen orientiere und jedes Experiment scheue. Haben inzwischen Sortimentsbuchhandel und B.en in einer friedl. Kooperation und Duldung zueinander gefunden, so bleibt die öffentl.

Kritik über die mangelnde Risikobereitschaft der meisten B.en heftig diskutiert, weil sie sich vorrangig nach dem ökonom. Erfolg richte und den Bildungsgedanken mehr und mehr vernachlässige. Die B.en haben aber zumindest ganz neue Leserschichten an die Literatur herangeführt, die früher aus Schwellenangst einen Buchladen nie betreten hätten. In der Bundesrepublik wird die Zahl der Mitglieder (1988) auf 6,9 Millionen geschätzt, d.h. jeder zehnte Bundesdeutsche ist Mitglied einer B., in jedem vierten Haushalt besteht eine B.-Mitgliedschaft.   LS

Buchhandel, gliedert sich in herstellenden (↗ Verlage) und *verbreitenden B.* Dieser bezieht die fertigen Verlagserzeugnisse direkt beim Verlag oder über den *Zwischen-B.* Die am meisten verbreitete Form ist der *Sortiments-B.* mit offenem Ladengeschäft, der über 60% der Verlagsprodukte absetzt. Weitere Vertriebsformen sind der *Versand-B.*, der durch Anzeigen und Prospekte wirbt, der *Reise-B.*, der seine Kunden durch reisende Vertreter anspricht, und sonstige Formen wie Warenhaus-, Bahnhofs- oder Supermarkts-B. Der alte volksaufklärer. Bildungsgedanke des B.s droht dem immensen Angebot von heute etwa 1,2 Millionen lieferbaren Titeln zum Opfer zu fallen; die Tendenz nimmt zu, das Sortiment nach ↗ Bestsellern auszurichten oder aber sich nach Fachgebieten zu spezialisieren. Insgesamt gibt es in der Bundesrepublik rund 4200 Buchhandlungen. – Bei den Ägyptern, Römern u. Griechen wurden Texte bei schreibkundigen Sklaven in Auftrag gegeben, kalligraphiert auf Papyrus oder Pergament. War im MA. die Vervielfältigung von Texten weitgehend den Klöstern überlassen, so entwickelte sich Ende des 14. Jh.s durch billigeres Papier in der Nachfolge des Pergaments ein regeres Interesse an schriftl. Überlieferungen. In Universitätsstädten vertrieben sog. ›stationarii‹ Abschriften von Andachts-, Gebets- oder Arzneibüchern. Erst mit der Buchdruckerkunst Mitte des 15. Jh.s bekam der B. kommerziellen Umfang. Sogen. *Buchführer* reisten über die Märkte und Messen und priesen ihre Bücher an. Verlag und Sortiment waren vorerst noch in einer Hand (↗ Verlag) und trennten sich erst im Laufe des 18. Jh.s. Ursprüngl. war *Frankfurt* (Messen) der Hauptumschlagsplatz für Druckerzeugnisse, nach der Reformation übernahm Leipzig diese Funktion. 1825 wurde in *Leipzig* der *»Börsenverein des dt. B.s«* als Schutzorganisation (v. a. gegen ↗ Nachdrucke) gegründet, der 1888 für den B. einen festen Ladenpreis als wichtiges Instrument gegen unlautere Konkurrenz durchsetzte. Neue Käuferschichten wurden für den B. Ende des 19. Jh.s durch das sog. moderne ↗ Antiquariat erschlossen; nach dem Ersten und Zweiten Weltkrieg erweiterte die Bildung von ↗ *Buchgemeinschaften* wesentlich die Leserschicht. Nach dem Zweiten Weltkrieg wurde 1948 der Börsenverein in Frankfurt neu gegründet, der das Organ »Börsenblatt für den dt. B.« (1. Ausg. 1834) herausgibt und die »Dt. Buchhändlerschule« sowie die »Fachschule des Dt. B. und des dt. B.-Seminars« trägt. Er organisiert ferner ↗ Buchmessen (jährl. die internat. Frankfurter Buchmesse als bedeutendste der Welt), Ausstellungen (auch im Ausland) u. a. Buchwerbeaktionen. Er verleiht seit 1951 den »Friedenspreis des Dt. B.s«. LS

Buchillustration, neben geschriebene Texte treten schon früh Illustrationen u. Ornamente, teils zur lehrhaften Veranschaulichung des Textes, teils als Schmuck, teils auch für Leseunkundige. Die *Anfänge* der Textillustrationen reichen zurück bis ins 18. Jh. v. Chr. (Bildreliefs neben assyr.-babylon. Inschriften, Illustrationen in ägypt. ↗ Totenbüchern, griech. Papyrusfragment mit Illustrationen zur »Ilias«). Illustrierte Pergamenthandschriften sind erst seit dem 4. Jh. n. Chr. erhalten (Quedlinburger Italafragmente, sog. Älterer Vatikan. Vergil u. a.). – Die mal. B. beginnt mit den irischen phantast. Pflanzen- u. Tierornamenten auf der einen und byzantin. zeremoniellen Stilisierung auf der anderen Seite. Bedeutende frühmal. illustrierte Kodizes sind das »Book of Kells« (um 800), der Regensburger »Codex Aureus« (9. Jh.) oder der Utrechter Psalter (mit Federzeichnungen). Um 1000 ist v. a. die Reichenauer Malschule berühmt (Evangeliar Ottos III.). Die *mal. B.*

folgte im Rahmen bestimmter Bildtopoi der allgem. europ. Stilentwicklung. Sie umfasste Miniaturen, Kanonesbögen, Initialen (oft mit ganzen Szenen oder sog. Autorenbildern) und Randleisten. Handwerksmäß. B. findet sich dann bes. im Spät-MA., wo Schreib- und Malstuben den großen Bedarf an illustrierten Handschriften zu befriedigen suchten. – Nach der *Erfindung des Buchdrucks* wurden die Bücher zunächst noch von Hand illustriert (berühmtes Beispiel: das Gebetbuch Kaiser Maximilians aus der Offizin H. Schönspergers, Augsburg, mit Randzeichnungen von Dürer, H. Burgkmaier, Baldung Grien, L. Cranach d. Ä. u. a., 1513/15). Früh setzte sich aber die Tendenz durch, auch die B. mechan. zu vervielfältigen, zunächst durch *Holzschnitte* in Anschluss an die Technik der ↗ Einblattdrucke, die dann in die Bücher eingeklebt oder nachträgl. eingedruckt und von Hand koloriert wurden. A. Pfister in Bamberg druckte zum ersten Male die Illustrationen mit dem Text gemeinsam, indem er den Letterndruck mit dem Holzstockdruck verband (Ausgabe des »Ackermann aus Böhmen«, 1460). Nach dem »Mainzer Psalter« (1457) versuchte dann Günther Zainer (Augsburg, Ausgabe der »Legenda aurea« des Jacobus de Voragine), nicht nur die Bilder, sondern auch Initialen und Randleisten im Holzschnitt zu verfertigen. Mehrfarbige Holzschnitte druckte Erhard Ratdolt (Augsburg) als erster. *Die am reichsten illustrierte* ↗ *Inkunabel* ist Schedels »Weltchronik« mit 1809 Holzschnitten von M. Wolgemut und W. Pleydenwurff (1491/93 bei Koburger in Nürnberg). Ungefähr ein Drittel aller Inkunabeln ist illustriert; Bilder, Initialen und Randleisten bilden dabei zusammen mit dem Text meist reichgegliederte ornamentale Einheiten. – Neben die Holzschnittillustration trat dann früh der Versuch mit *Kupferstichillustrationen* (Konrad Sweynheim, Rom 1473). Breitere Anwendung fand die techn. schwierigere Kupferstich als B. erst in der 2. Hälfte des 16. Jh.s, und zwar v. a. in Italien. Mit der Verwendung von Kupferstichen änderte sich das Illustrationsverfahren (da der im Tiefdruck gedruckte Kupferstich nicht wie der Holzschnitt mit dem Hochdruckverfahren des Schriftsatzes zu ver-

binden war): ›Kupfer‹ wurden ganzseitig eingefügt, oder es wurde für sie am Kapitelanfang
Platz gelassen; das Titelblatt wurde ganz in
Kupfer gestochen *(Kupfertitel),* das Titelbild
ebenfalls als gesondertes Blatt dem Titelblatt
vorangestellt *(Frontispiz).* Dennoch hatte gegen Ende des 16. Jh.s der differenziertere Kupferstich den Holzschnitt verdrängt und erlebte
bes. im Frankreich des 18. Jh.s seine höchste
Blüte. Zu dieser Zeit wurde aber auch die bereits im 16. Jh. entwickelte *Radierung* in breiterem Rahmen für die B. verwendet und wieder auch der Holzschnitt, nachdem der Engländer Th. Bewick das *Holzstichverfahren* erfunden hatte, das feinere Strichelungen
erlaubte (wegen seiner neuen Tonwirkungen
auch ›Tonschnitt‹ genannt). Zu gleicher Zeit
erfand Senefelder in München den *Steindruck,*
die Lithographie, die eine reiche und billige B.
erlaubte und bes. für die Bücher des Biedermeier kennzeichnend ist. Trotz der Beliebtheit
illustrierter Bücher setzte im 19. Jh. nach einer
langen Zeit künstler. B. insgesamt ein Niedergang der Buchkunst ein, obwohl neben die
vielfältigen älteren Illustrationstechniken nun
auch das *photomechan. Verfahren, Siebdrucke*
u. a. graph. Methoden traten und von bekannten Künstlern gepflegt wurden. Erst Ende
des 19. Jh.s wurde auf die Buchausstattung allgemein wieder Wert gelegt, gefördert v. a.
durch die *Buchkunstbewegung* (W. Morris):
Papier, Typographie, B. und -einband sollten
eine Einheit von künstler. Niveau bilden und
in engem Bezug zum Inhalt des Buches stehen.
Vorbild für diese Bestrebungen war das spätmal., ›got.‹ Buch; geprägt wurde die neue
Buchkunst jedoch v. a. durch den ↗ Jugendstil.
Literar. Zentrum war die Zeitschrift »Pan«, ihr
erster Repräsentant M. Lechter (vgl. seine
Ausgabe der Werke St. Georges). Wie in England wirkten seit dem frühen 20. Jh. Verlage
(Insel, Cassirer), Druckereien (Haag-Drugu-
lin, C. E. Poeschel), bibliophile Gesellschaften
und Privat- und Liebhaberpressen (Bremer
Presse, Cranachpresse, Trajanus Presse u. a.)
unterstützend und stilbildend. ↗ Buch,
↗ Schrift, ↗ Buchdruck. 　　　　　　S

Büchlein, in mhd. Zeit zunächst quantitative
Bez. (*büechel, büechlîn* im Text, aber auch im
Titel) für ein kleines Buch oder Bescheiden-
heitstopos für umfangreiche Werke, dann
auch als qualitative Kennzeichnung gewisser
moral.-didakt. Schriften verwendet, v. a. für
↗ Minnereden und (didakt. ausgerichtete)
↗ Minnebriefe (gereimte ↗ Minnelehren), vgl.
z. B. Hartmanns von Aue »B.« oder das »Ambraser (sog. »zweite«) B.«. – Eine Verbindung
beider Bedeutungen: die Bez. ›B.‹ im Titel als
Hinweis auf den Inhalt (nicht den Umfang)
findet sich häufig in der Erbauungsliteratur,
z. B. »B. der ewigen Weisheit« (H. Seuse, 1330),
»B. vom Leben nach dem Tode« (G. Th. Fech-
ner, 1836), auch Sterbe-B. (↗ Ars moriendi).
　　　　　　　　　　　　　　　　　S

Buchmessen, Ende des 15. Jh.s entwickelten
sich erste Ansätze im Rahmen der allg. Han-
delsmessen, die gedruckte Bücherproduktion
vorzustellen. Die B. wurden zum wichtigen
Ort für die Buchhändler, ihre Verkäufe abzu-
rechnen und neue Bücher einzukaufen. Im 16.
Jh. bildete sich *Frankfurt* zum wichtigsten
Umschlagplatz für Bücher heraus. 1564 erschien der erste ↗ Messkatalog zur Frankfurter
B., herausgegeben von dem Augsburger Buchhändler Georg Willer, der allerdings nie sämtliche Messeneuigkeiten, sondern nur eine
Auswahl daraus verzeichnete. Erst die offiziellen Messkataloge, herausgegeben vom Rat
der Freien Reichsstadt Frankfurt seit 1598, boten dann alle Messnovitäten; der private Druck
von Katalogen wurde verboten. Parallel zu
Frankfurt entstand in *Leipzig* ein zweites Zentrum für B.; der erste Messkatalog erschien
1594, besorgt von dem Leipziger Buchhändler
Henning Grosse. Während Frankfurt im 16.
Jh. erster Platz für den Bücherumschlag war,
gewann das reformierte Leipzig im 17. Jh. zusehends an Bedeutung: Hier sammelten sich
– unbehelligter von der Zensur – die Verleger,
hier wurden fortan die großen Geschäfte getä-
tigt. Während z. B. 1730 der Leipziger Messkatalog 700 Titel verzeichnete, fiel der Frankfurter Katalog auf 100 Titel zurück; die Leipziger
B. wurden zu Beginn des 18. Jh.s von über
3000 Besuchern frequentiert, nach Frankfurt

kamen nur noch 800. Der Frankfurter Messkatalog wurde bis zum Jahr 1750 fortgeführt, der Leipziger Katalog erschien zum letzten Mal 1860. Bis zum Zweiten Weltkrieg blieb Leipzig national wie international der wichtigste Ort für B. Nach 1945 setzte sich die Rivalität zwischen beiden Messestädten unter polit. Vorzeichen fort. Seit 1949 findet in Frankfurt wieder jährl. im Herbst die B. statt, die inzwischen zur größten internationalen B. geworden ist. 1989 stellten auf der Frankfurter B. 8189 Verlage rund 378700 Bücher aus. In Leipzig wurde die alte Tradition fortgesetzt, die B. im Rahmen der allgem. Handelsmesse im Frühjahr anzusiedeln, jedoch die alte Bedeutung als B.-Stadt konnte nicht behauptet werden: die meisten berühmten Verleger verließen die Stadt und gründeten ihre Verlagshäuser im Westen neu. 1990 erschienen in Leipzig nur 400 Verlage aus Ost und West mit ihrer Buchproduktion. Ab dem Jahr 1991 wurde die Leipziger B. unabhängig von der Handelsmesse als selbständige B. organisiert.   LS

Bühne, die gegenüber den Zuschauern deutlich abgegrenzte und meist erhöhte Spielfläche zum Zwecke der dramat. Darstellung. – Die B. hat mimetische Funktion und bildet damit einen festen, aber nichtliterar. Bestandteil des dramat. Kunstwerks; ihre Abgrenzung gegenüber den Zuschauern bedeutet die Trennung der fiktiven raum-zeitl. Wirklichkeit des Dramas von der realen raum-zeitl. Wirklichkeit der Zuschauer; diese Funktion zu erfüllen, genügt eine räuml. durchaus neutrale B. (primitive Formen: der Teppich des Gauklers, eine durch Pflöcke abgesteckte Spielfläche, ein Podest). Die verschiedenen Formen der Dekorations- und Illusions-B., namentl. der Neuzeit, versuchen über diese Trennung hinaus mit den Mitteln der Malerei und Architektur und mit Hilfe von Requisiten die fiktive räuml. Wirklichkeit des Dramas selbst darzustellen (↗ Bühnenbild). – Die B. des antiken Dramas ist ursprüngl. der runde Tanzplatz (↗ Orchestra) vor dem Tempel des Dionysos mit dem Altar des Gottes als Mittelpunkt; die B. ist, dem sakralen Charakter der frühen ↗ Tragödie

entsprechend, noch kult. Raum. Die Ästhetisierung des Dramas (seit Aischylos, parallel der Hinzufügung des zweiten und dritten Schauspielers) führt zur Trennung von B. und eigentl. Kultstätte: die ↗ Epeisodia der Schauspieler erfolgen vor der ↗ Skene, einem am Rande der Orchestra befindl. Gebäude, in dem die Schauspieler sich umziehen und ihre Masken und Kostüme aufbewahren; als Spielfläche dient ein einfaches Podest (↗ Proskenion); der ↗ Chor hält sich nach wie vor in der Orchestra auf, zu der er auf zwei Aufmarschstraßen (↗ Parodos) Zugang hat. Die Skene rückt mehr und mehr in das Zentrum des Theaters; sie schließt in klass. Zeit die auf einen Halbkreis reduzierte Orchestra nach rückwärts ab; die Verwendung von Theatermaschinen ist nachweisbar, eventuell wurden auch schon illusionist. Mittel eingesetzt. Die älteren Theaterbauten der Antike sind aus Holz; Steinbauten gibt es seit dem 4. Jh. v.Chr. (Theater des Lykurg in Athen). – Auch das ↗ geistl. Spiel des MA.s findet zunächst im sakralen Raum (Kirche) statt; die Zunahme weltl. Elemente bedingt jedoch seine Verlegung auf Straßen und öffentl. Plätze. Typische *mal. B.n-Formen* sind, neben dem neutralen Podium, die ↗ *Wagen-B.* (nachweisbar in England seit 1264; die verschiedenen Schauplätze auf einzelne Wagen verteilt) und die ↗ *Simultan-B.*, insbes. als ↗ *Simultan-Raum-B.* (die Schauplätze an verschiedenen Plätzen in der Stadt aufgebaut); in beiden Fällen bewegen sich Schauspieler und Zuschauer von Schauplatz zu Schauplatz; jünger ist die *Simultan-Flächen-B.* (die einzelnen Schauplätze nebeneinander auf einem größeren Podium; Kölner »Laurentius«-B., 1581). – Die *B.n-Formen des 16. Jh.s* sind z.T. Weiterbildungen des neutralen B.n-Podiums: die *Meistersinger-B.* grenzt die Spielfläche auf dem Podium seitl. und nach rückwärts durch Vorhänge ab; bei der ↗ *Terenz-B.* (Badezellen-B.) des Humanistendramas bilden den rückwärtigen Abschluss des Podiums durch Säulen oder Pfeiler getrennte »Häuser«, die entweder verhängt sind oder, geöffnet, Einblick in kleine Innenräume (»Badezellen«) gewähren; die niederl. *Rederijker-B.* (↗ Rederijker; B.n-Form übernommen vom dt. Schuldrama des 17. Jh.s:

Ch. Weise) teilt die Spielfläche durch einen Vorhang in Vorder- und Hinter-B., wobei die Hinter-B. v. a. der Andeutung der Innenräume dient; die engl. ↗ Shakespeare-B. (zuerst 1576; Globe-Theater 1599; durch die ↗ englischen Komödianten nach Deutschland gebracht) verwendet außerdem eine Ober-B. über der Hinter-B. zur Andeutung von Balkonen u. a. – Neue B.n-Formen entwickelt die *it.* Renaissance im Rahmen der Versuche, das antike Drama wiederzubeleben, die schließl. zur Entstehung der Oper führen: das klassizist. Teatro Olimpico in Vicenza (begonnen 1580 durch Palladio) ist eine Nachbildung röm. Theaterbauten (in Anlehnung an Vitruv, »De architectura«, bekannt seit 1414); die *Winkelrahmen-B.* (in Ferrara seit 1508; Sebastiano Serlio) besteht aus einer breiten Vorder-B. (Spiel-B.) und einer schmalen, nach hinten ansteigenden Hinter-B. (Bild-B.), auf der mit Hilfe zweier rechts und links angebrachter, mit bemalter Leinwand bespannter, stumpfwinkliger Winkelrahmen und eines nach rückwärts abschließenden perspektiv. gemalten ↗ Prospekts die Illusion einer Straßenflucht o. Ä. vorgetäuscht wird. Die Winkelrahmen-B., die nicht verhängbar ist und einen Bildwechsel während des Stückes nicht zulässt, ist eine Vorform der sich im 17. Jh., gleichzeitig mit dem Entstehen fester Theaterbauten, allgemein durchsetzenden neuzeitl. *Guckkasten-B.*- Beim Guckkastensystem sind Zuschauerraum und B.n-Raum architekton. getrennt; den Zuschauern wird, durch einen in die Architektur des Hauses einbezogenen Rahmen hindurch (B.n-Rahmen, B.n-Portal), nur ein Teil des B.n-Raumes sichtbar; während der Verwandlung ist der Rahmen durch einen Vorhang verschlossen. Die *Frühform* der Guckkasten-B. arbeitet mit dem *Telari-System* (seit 1589; anstelle der Winkelrahmen sog. Telari: mehrere entlang der linken und rechten B.nseite aufgestellte drehbare Prismen, bei denen jeweils die dem Publikum abgewandten Seiten mit neuer Leinwand bespannt werden können; die Prospekte aufrollbar). Normalform ist bis ins späte 19. Jh. die *Kulissen-B.* (seit 1620; Erfinder G. B. Aleotti; an Stelle der Winkelrahmen bzw. Telari die paarweise nach rückwärts ge-

staffelten, seitl. verschiebbaren ↗ Kulissen; der Prospekt im Schnürboden aufgehängt und vertikal auswechselbar). Der rasche Fortschritt der Technik im 19. Jh. ermöglichte neue Formen der Guckkasten-B.: die *Dreh-B.* (1896 für das Münchener Residenztheater durch K. Lautenschläger entwickelt), die *Schiebe-B.* (F. Brandt) und die *Versenk-B.* (A. Linnebach). Die B.n-Maschinerie moderner Theaterbauten kombiniert diese B.n-Typen (Untermaschinerie: der B.n-Boden ganz oder teilweise drehbar, seitl. verschiebbar, versenkbar, häufig doppelstöckig; Obermaschinerie: Schnürboden mit Arbeits- und Beleuchtungsbrücken, Vorhangzügen, Flugwerken, Rundhorizont). – Eine besondere Rolle in der neuzeitl. Theatergeschichte spielt neben der Guckkasten-B. die *Freilicht-B.*, entstanden im Zusammenhang der Versuche, das antike Drama im Sinne eines (kult.) ↗ Festspiels wiederzubeleben; der Rückgriff auf die Freilicht-B. erfolgt dabei häufig in bewusster Gegnerschaft zum vordergründigen Illusionstheater des ↗ Barock und des 19. Jh.s (↗ Ausstattungsstück) (Klopstock plante seine ↗ Bardiete, Wagner seinen »Ring des Nibelungen« für ein Freilichttheater; im 20. Jh. »Festspiele« in Salzburg – Domplatz, Felsenreitschule -, Hersfeld, Schwäbisch Hall u. a.). Als »Naturtheater«dient die Freilicht-B. den Aufführungen höf. ↗ Liebhabertheater des 17./18. Jh.s (z. B. Goethes Singspiele der Weimarer Zeit) sowie volkstüml. Laientheater des 19./20. Jh.s.   K

Bühnenanweisungen (Szenenanweisungen), die durch den Autor in den Dramentext eingeschobenen Bemerkungen über die von ihm gewünschte Realisierung des Dramas auf der Bühne; gedacht als Anleitungen für Regisseur, Bühnenbildner, Schauspieler, aber auch als Vorstellungshilfe für den Leser. B. betreffen v. a. ↗ Bühnenbild und Dekoration, Masken und Kostüme, die Bewegungen der Schauspieler und die Bühnenmusik. – Die B. spiegeln das Verhältnis des dramat. Dichters zur Bühnenkunst: wo das Drama in erster Linie als sprachl. Kunstwerk aufgefasst ist (Antike, Klassizismus, frz. ↗ haute tragédie, Gottsched, dt. Klassik, aber auch im ↗ Humanis-

tendrama und bei Shakespeare), sind die B. relativ spärlich oder fehlen z. T. ganz; wo die Bühnenkunst dagegen gleichwertig neben die dramat. Fiktion mit rein sprachl. Mitteln tritt oder dieser gegenüber gar selbständ. Charakter annimmt (↗ Ausstattungsstück), sind die B. relativ umfangreich; dies gilt namentl. für die Oper, v. a. aber für die zu einem vordergründ. Bühnenrealismus tendierenden histor. Dramen des 19. Jh.s und für das Drama des Naturalismus. K

Bühnenbearbeitung, Umgestaltung von Bühnenstücken durch Streichungen oder Ergänzungen im Text, durch Auswahl und Umstellung von Szenen usw. im Hinblick auf bestimmte Erfordernisse einer Aufführung (Ggs. ↗ Fassung). Anlass für B.en sind theaterprakt. Notwendigkeiten (Kürzung auf eine bestimmte Aufführungsdauer, Reduzierung der Personenzahl, Vereinheitlichung der Schauplätze), Rücksichten auf gesellschaftl. Konventionen oder Zensur (Streichungen polit. oder moral. anfechtbarer Stellen), Aktualisierung von Anspielungen (bes. in der Komödie), aber auch die Intentionen des Regisseurs (Dramaturgen). – Häufige B.en erfuhren (v. a. auch bei Übersetzungen) u. a. Dramen Shakespeares, Calderóns, Molières, Racines, aber auch Goethes und Schillers; bes. bekannt ist die missglückte B. von H. v. Kleists »Der zerbrochene Krug« durch Goethe. – Die Bez. ›B.‹ wird häufig auch im Sinne von ↗ Adaptation verwendet. GS

Bühnenbild, Darstellung der fiktiven räuml. Wirklichkeit des Dramas auf der ↗ Bühne mit den Mitteln der Malerei und Architektur und mit Hilfe von Requisiten. Während die Bühne selbst nur die Funktion hat, die fiktive raumzeitl. Wirklichkeit des Dramas von der realen raum-zeitl. Wirklichkeit der Zuschauer zu trennen (eine Funktion, die durch eine neutrale Bühnengestaltung durchaus erfüllt wird), versucht das B., die Fiktion des Raumes, in dem das dramat. Geschehen abrollt, nicht allein dem dichter. Wort zu überlassen (Drama als sprachl. Kunstwerk), sondern diesen fiktiven Raum entweder vorzutäuschen oder doch symbol. anzudeuten. Der Einsatz illusionist.

Mittel enthält dabei immer die Gefahr einer Verselbständigung des B.s gegenüber dem dramat. Kunstwerk (↗ Ausstattungsstück). – Ob die *antike Bühnenkunst* bereits mit den Mitteln der Illusion arbeitete, ist nicht ganz sicher, wird aber allgemein angenommen. Die Bühnen des *MA.s* und zum größten Teil auch noch des *16. Jh.s* begnügen sich meist mit der Andeutung der räuml. Verhältnisse (z. B. Teilung des neutralen Podiums durch einen Vorhang in Vorder- und Hinterbühne, wobei Letztere der Andeutung von Innenräumen dient), daneben verwenden sie Requisiten (Thron, Tisch u. a.). Die *neuzeitl. Illusionsbühne* (als Guckkastenbühne) wird im Italien der Renaissance entwickelt, v. a. für die prunkvolle Multi-Media-Show der Opern und ↗ Trionfi; die Szene (rückwärtiger Abschluss durch den ↗ Prospekt, seitl. ↗ Kulissen; Vorform des Kulissensystems das Telari-System) ist perspektiv. gemalt (zunächst Zentralperspektive mit einem zentralen Fluchtpunkt: G. Torelli in Paris, L. Burnacini in Wien, seit dem *18. Jh.* Winkelperspektive mit mehreren Fluchtpunkten: Ferdinando Galli da Bibiena); die Theatermaschinerie wird ausgebaut (Flugapparate, Versenkungen u. a. m.). Klassizist. Strömungen (frz. ↗ haute tragédie, Gottsched; K. F. Schinkel im frühen 19. Jh.) versuchen immer wieder, gegen die Illusionsbühne eine möglichst neutrale, schlichte Bühnengestaltung durchzusetzen; Ausgangspunkt ist u. a. die Forderung der Einheit des Orts (↗ Drei Einheiten). Das Theater des *19. Jh.s* ersetzt den älteren Bühnenillusionismus durch den Bühnenrealismus der ↗ Meininger (die sich um die histor. Authentizität der Dekorationen und Kostüme bemühen) und des ↗ Naturalismus (der die photograph. exakte Wiedergabe der Wirklichkeit erstrebt). Trotz perfektionist. Bühnentechnik (Drehbühne, Schiebebühne, Versenkbühne) kehrt das Theater des 20. Jh.s mehr und mehr zu neutraler oder symbol. Bühnengestaltung zurück: Rückgriff auf die klassizist. Bühnenarchitektur Schinkels bei E. G. Craig – »Craigism«; einfache geometr. Figuren als Grundformen der Spielfläche – Scheiben in Quadrat-, Rechteck-, Kreis- oder Ellipsenform -, Lichtregie anstelle gemalter Dekorationen (↗ Stil-

bühne), parallel zu choreographischer Stilisierung der Bewegung auf der Bühne bei G. Appia und in seiner Nachfolge in Wieland Wagners Bayreuther und Stuttgarter Inszenierungen; Treppenbühnen seit dem Expressionismus, heute bei J. Svoboda; Pop-Bühne bei W. Minks; Verzicht auf jede Gestaltung der Bühne bei P. Weiss in seinen letzten Stücken; z. T. arbeitet das moderne Theater sogar mit bewusst desillusionist. Mitteln (Brechtbühne; häufig Offenlegung der Bühnenmaschinerie als Durchbrechung des Guckkastensystems).
                                     K

Bühnendichter ↗ Theaterdichter.

Bühnenmanuskript, der einer ↗ Inszenierung zugrundeliegende Text eines Theaterstückes (›Spieltext‹) der entweder von der Druckfassung abweicht (↗ Bühnenbearbeitung) oder überhaupt noch nicht gedruckt ist.   S

Bukolische Dichtung (Bukolik) [von lat. bucolicus = zu den Hirten gehörig, ländlich, aus gr. boukolikós, zu boukolos = Rinderhirt], Hirtendichtung, ↗ Schäferdichtung, ↗ arkad. Poesie.

Bukolische Dihärese, f., Verseinschnitt (↗ Dihärese) nach dem 4. Versfuß des ↗ Hexameters; bei Homer sowie in der griech. und lat. ↗ bukol. Dichtung häufig, z. B. »Pollio et ipse facit nova carmina://pascite, taurum« (Vergil, »Bucolica«III, 86: $-\cup\cup-\cup\cup-\cup\cup|-\cup\cup-\overline{\cup}$): zerlegt den Hexameter in einen daktyl. ↗ Tetrameter und einen ↗ Adoneus.   UM

Bürgerliches Trauerspiel, dramat. Gattung der dt. ↗ Aufklärung, gestaltet das trag. Schicksal von Menschen bürgerl. Standes. Mit der Entwicklung einer bürgerl. Tragödie vollzog sich eine entschiedene Abwendung von den seit ↗ Renaissance und ↗ Barock vertretenen poetolog. Anschauungen, nach denen die Tragödie das Medium zur Darstellung der Schicksale höherer Standespersonen sei, während der Bürger, da ihm die Fähigkeit zu trag. Erleben fehle, nur in der Komödie als Hauptfigur auftreten könne (↗ Ständeklausel). – Die Entstehung des b. T.s ist damit eine Folge der Emanzipationsbewegung des Bürgertums, das während der Aufklärung in neuem Selbstgefühl die bestehenden Ordnungen einer krit. Analyse unterzog und anstelle der ständ. Wertungen ethische Werte (der Tugend, Sittlichkeit, Würde etc.) setzte, als deren Vertreter und Hüter es sich begriff. Trag. Perspektiven sind nach diesen Kategorien nicht mehr durch die soziale ↗ Fallhöhe (Ch. Batteux) bedingt, sondern durch die Infragestellung

Lessing: »Emilia Galotti«, 1772

und den Verlust dieser Werte, eine für das Selbstverständnis des Bürgertums existentielle Gefährdung. *Theoret. Grundlegungen* lieferten Philosophie und aufklär. Poetik, z. B. F. Nicolai, M. C. Curtius (Anmerkungen zur Poetik des Aristoteles, 1753) und vor allem G. E. Lessing, der das b. T. sowohl theoret. rechtfertigte (»Literaturbriefe«, 1759–65, »Hamburgische Dramaturgie«, 1767–69: neue Definition des Tragischen als innere, nicht soziale Bedingtheit), als auch prakt. begründete: Nach einem *ersten dt. b. n. T.* von Ch. L. Martini (»Rhynsolt und Sapphira«, 1753), dessen viele rührenden Elemente noch die Nähe zu und die Herkunft aus dem ↗ weinerl. Lustspiel verraten, schreibt Lessing mit »Miß Sara Sampson« (1755) und »Emilia Galotti« (1772) die *ersten bedeutenden b. n. T.e*, deren Grundthematik, die Konfrontation des Bürgertums mit der Adelswillkür, der Widerspruch zwischen Gewissensfreiheit und moral.-sittl. und sozialer Ordnung, das b. T. der Folgezeit bestimmt. Lessing löste die neue Gattung zugleich aus formalen poet. Traditionen: Bei strengem dramat. Aufbau (5 Akte gemäß den Forderungen der franz. Poetik) ersetzte er die bisher in der Tragödie üblichen Versformen (Alexandriner) durch Prosa. *Vorbilder* bot die engl. Literatur, in welcher (entsprechend der dort früher einsetzenden Aufklärung) die bürgerl. Emanzipation auch literar. früheren Niederschlag gefunden hatte, so

in G. Lillos b. T. »The London Merchant«
(1731, dt. 1752 durch H. A. v. Bassewitz) u. a.
oder in den Romanen S. Richardsons, z. B. in
»Clarissa Harlowe« (1747/48), die das direkte
Vorbild für Lessings »Miß Sara Sampson«
wurde. Beeinflusst war Lessing auch von den
kunsttheoret. Äußerungen D. Diderots, der in
Frankreich eine dem b. T. ähnl. Gattung (le
drame) schuf: Die Entwicklung führte in
Frankreich über die klassizist. Komödie, die
durch das Zurückdrängen des Komischen und
Satirischen zur rührseligen ↗ Comédie larmoyante geworden war: Diderot machte diese zu
einem Forum aufklärer. Gedankengutes, indem er sie von ihren rührseligen Zügen befreite (»Le fils naturel«, 1757; »Le père de fa-
mille«, 1758). Nach Lessings b.n T.n gilt F.
Schillers »Kabale und Liebe« (1783) als das in
Form und Sprache geschlossenste Beispiel dieser Gattung. Auch im ↗ Sturm und Drang
wurde die Thematik des b. T.s in zahlreichen
Dramen aufgegriffen. Während aber der Konflikt bei Lessing und Schiller auf die sittl.
Selbstentscheidung hinführt, stellt der Sturm
und Drang die soziale Anklage und die Auflehnung des Individuums gegen die Gesellschaft in den Vordergrund (H. L. Wagner: »Die
Kindermörderinn«, 1776; J. M. R. Lenz: »Der
Hofmeister«, 1774; »Die Soldaten«, 1776; F. M.
Klinger u. a.). Das b. T. leitet den Prozess der
Humanisierung in der Literatur ein. Rezipient
ist v. a. der bürgerliche, aufgeklärte ›Mensch‹,
dessen Ideen im b. T. Gestalt gewinnen, ihn
rechtfertigen und zugleich seinen erzieher. Absichten genügen. Das b. T. negiert oder bekämpft keineswegs eine ständ. Ordnung: adlige Personen treten durchaus auch positiv auf.
Wertkriterium ist jedoch für alle Stände die
Anerkennung bürgerl. Lebensvorstellungen,
die auf Humanität basieren. Der Typus des
b. T. traf genau die Anschauungen und das Lebensgefühl der Zeit, wie die Fülle von b.n T.en
zeigt. In zahlreichen Werken wurden schließlich jedoch, bedingt auch durch den aufklärer.
Vernunfts- und Fortschrittsoptimismus, die
trag. Aspekte banalisiert und zu bloßen Verir-
rungen veräußerlicht, die durch Vernunft und
Einsicht wieder zur Herstellung der (gebillig-
ten) bürgerl. Ordnung im Happyend führten.

Diese erfolgreichen, besser als ↗ Rühr- oder
Hausvaterstücke zu klassifizierenden Dramen
mündeten in die Tradition der ↗ sächs. oder
weinerl. Komödie (seit Gellert nach frz. Vorbild) ein und lebten bis weit ins 19. Jh. fort.
Während im 18. Jh. das b. T. hauptsächlich der
Selbstbehauptung des Bürgertums gegenüber
dem Adel diente, wurde die bürgerl. Tragödie
im 19. Jh., nachdem sich das Bürgertum kon-
solidiert hatte, zum Ort der Kritik am bürgerl.
Stand und seiner moral. Verhärtung. In F.
Hebbels oft als b. T. bez. Drama »Maria Magdalena« (1844) entsteht der trag. Konflikt aus der
tödl. Enge der kleinbürgerl. Verhältnisse mit
ihrer pedant. Sittenstrenge. Nur noch bedingt
in diese Tradition lassen sich im ↗ Naturalismus die Trauerspiele stellen, die zwar im Bür-
germilieu spielen, in denen aber entweder eine
allgemeine sozialkrit. Tendenz überwiegt oder
die zu Pathologien der Familie werden (wie
etwa G. Hauptmanns »Friedensfest«, 1890,
oder »Einsame Menschen«, 1891). Noch stärker in eine allgemeine und menschliche Problematik führen dann expressionist. Dramen,
bei denen Bürger im Zentrum stehen (z. B. G.
Kaiser: »Von morgens bis mitternachts«, 1916;
↗ soziales Drama. IS

Burleske, f. [von it. burlesco = spaßhaft,
spöttisch], im 18. Jh. von dt. Literaturkritikern
angewandte Bez. für derbkom. Improvisati-
onsstücke in der Art der ↗ Commedia dell'arte,
dann im 19. Jh. auch von Autoren selbst Werken beigelegt, die der ↗ Posse und ↗ Farce nahestehen, so bei A. Bode und J. N. Nestroy. –
Die Gattungsbez. B. geht zurück auf das Adj.
burlesk, das sich als Bez. für eine neue Stilart
grobsinnl. Spotts seit Mitte des 16. Jh.s in Italien (F. Berni u. a., »Opere burlesche«, 1552),
seit 1643 auch in Frankreich (P. Scarron, »Recueil de quelques vers burlesques«) durchsetzte. Durch Scarrons Aeneis-Parodie »Le
Virgile travesti en vers burlesques« (1648–53)
wird die Bez. burlesk bis zu Marivaux in Frankreich kennzeichnend für das *Verfahren der
Epenparodie*: die skurrile Verwandlung des Erhabenen ins Niederalltägliche, die Reduktion
des Geist.-Seel. aufs Physiologische. Dieser
burleske Stil greift seit der 2. Hä. des 17. Jh.s

auf England über (S. Butler, »Hudibras«, 1663–78, oder J. Gay, »Beggar's Opera«, 1728). In Deutschland wird der Begriff burlesk seit D. G. Morhof (1682) diskutiert und als eine *Form des Komischen* bestimmt, die, ohne satir. Absicht, die hohen und erhabenen Seiten menschl. Handelns durch Beziehung auf eine natürl.-physiolog. Wirklichkeit relativiert. – In der Literaturkritik wird *burlesk* auch auf andere und viel ältere Werke der Weltliteratur übertragen, z. B. auf die »Batrachomyomachia«, die antipetrarkist. Lyrik u. a. Die Begriffsgeschichte von burlesk und B. überschneidet sich mit der von ↗ Groteske, ↗ Parodie, ↗ Travestie. DJ

Burletta, f., [ital. = kleiner Scherz; Diminutiv von burla = Scherz], Singspiel ital. Ursprungs, im 18. und 19. Jh. bes. in England als burleske Spielart der kom. Oper mit witzigen Sprechdialogen, Gesangseinlagen und Musikbegleitung beliebt. Den Stoff lieferte meist die antike Mythologie oder die Geschichte. Als Schöpfer der engl. B. gilt Kane O'Hara, der seinem 1762 erstmals aufgeführten »Midas« den Untertitel »a burlesque b.« gab. – Die Ausweitung des Begriffs auf *musikal. begleitete Theaterstücke jeder Art* geht auf die Aktivität der kleineren engl. Theater zurück, die mit der Form der B. das ausschließl. den öffentl. Bühnen vorbehaltene Recht des Sprechtheaters *(Patent Theatre Acts)* unterliefen. PH

Burns stanza [bə:nz stænzə; engl.], auch ›Standard Habbie‹ genannte sechszeil. jamb. Strophenform mit dem Vers- und Reimschema 4a4a4a2b4a2b; häufig verwendet schon von den prov. Trobadors, dann in mittelengl. Lyrik und im Drama (York Plays); lebte bes. in Schottland weiter und wurde im 18. Jh. recht beliebt, v. a. bei R. Burns (daher die Bez.; vgl. z. B. »To a Mountain-Daisy« u.v. a.); sie wurde deshalb auch für Burns gewidmete Gedichte gewählt (W. Wordsworth, W. Watson). MS

Bustrophedon-Schreibung [bustrophedón, Adv., gr. = in der Art der Ochsenkehre (beim Pflügen)], auch: Furchenschrift, Wechsel der Schreibrichtung in jeder Zeile eines Textes, typ. für altgriech. und altlat. Inschriften (die Gesetze Solons z. B. sind so überliefert); eventuell Zwischenstadium zw. phöniz. Linksläufigkeit und europ. Rechtsläufigkeit der Schrift. Begegnet vereinzelt auch in Runen-Inschriften. UM

Butzenscheibenlyrik [Butzenscheiben = mal. Fensterglas], von P. Heyse 1884 (Vorwort zu Gedichten E. Geibels) geprägte abschätz. Bez. für eine zeitgenöss. Gruppe ep.-lyr. historisierender Dichtungen (Lieder, Balladen, Verserzählungen), die in mal. Kulissen eine ideologisierte national-heroische Welt der Kaiserherrlichkeit und Ritterkultur, des Minnesangs und einer launigen Wein-, Burgen- und Vagantenromantik entwirft. Formale Kennzeichen sind dekorative Rhetorik, Aufputz mit lat. oder mhd. Vokabeln (die z. T. Anmerkungsapparate notwendig machen), altertümelnde Wendungen und Reime. Voraussetzungen der B. liegen in den restaurativen dt.-nationalen Tendenzen vor und nach der Gründung des 2. Kaiserreiches und dem damit zusammenhängenden Interesse am dt. MA. als einem Hort reiner Nationalgesinnung. Sie popularisierte Ergebnisse (v. a. kulturhistor. Details) der seit der Romantik sich entwickelnden Geschichtswissenschaft (die auch andere Lit.zweige prägte; ↗ histor. Roman, Drama). – Vorläufer sind G. Kinkel (»Otto der Schütz«, 1846), O. v. Redwitz (»Amaranth«, 1849), O. Roquette (»Waldmeisters Brautfahrt«, 1851), B. Sigismund (»Lieder eines fahrenden Schülers«, 1853); anerkanntes Vorbild war V. v. Scheffel (»Trompeter von Säckingen«, 1845, »Frau Aventiure«, 1863, »Gaudeamus«, 1868); ihm folgten R. Baumbach (»Lieder eines fahrenden Gesellen«, 1878, »Spielmannslieder«, 1881), J. Wolff (»Sing uf. Rattenfängerlieder«, 1881, »Der fahrende Schüler«, 1900 u. a.), O. Kernstock (»Aus dem Zwingergärtlein«, in Pseudo-Mhd., 1901) u. a. – Der B. nahe stehen W. Jordan, F. W. Weber (»Dreizehnlinden«, 1878), K. Stieler. Seit 1890 wurde die B. v. a. von den Naturalisten, bes. v. H. Conradi und A. Holz, bekämpft. (Vgl. ↗ Epos, 20. Jh.). IS

Bylinen, f. Pl. [russ. bylina = Ereignisse (der Vergangenheit)], von V. Sacharow (1839) nach der Formel im »Igorlied« po bylinam (= in Übereinstimmung mit den Ereignissen) geprägte Bez. für die russ. Heldenlieder (auch: *Starinen*), die im Ggs. zum übrigen europ. ↗ Heldenlied bis in die Gegenwart als mündl. Vortragskunst gepflegt und weiterentwickelt wurden. Die B.-sänger (Skomorochi, seit dem 19. Jh. auch Frauen) gestalten ein tradiertes Erzählgerüst und einen vorgegebenen Formel- und Toposbestand nach den ↗ ep. Gesetzen der Volksdichtung improvisierend zu einer Byline aus. B. umfassen etwa 500–600 rhythm. freie, langschwingende reimlose Verse mit deutl. Mittelzäsur und werden im Sprechgesang, begleitet von einem Saiteninstrument, rezitiert. Das Repertoire einer der berühmtesten B.-sängerinnen, Marfa Kryukowa, umfasste 130 B. – Die *Stoffe* der B. kreisen um histor. Ereignisse und Gestalten, so um Person und Tafelrunde Wladimirs des Großen (10. Jh.), um die Taten Iwans des Schrecklichen oder Boris Godunows (16. Jh.), um Peter den Großen oder Potemkin (17./18. Jh.) oder auch um Lenin. *Die frühesten B.* entstanden im 11. u. 12. Jh. in Kiew, dem damaligen höf. Kulturzentrum. Nach dem Mongoleneinfall in S-Russland (1250) wurde das Zentrum nach Nowgorod, seit dem 15. Jh. nach Moskau verlagert, wo die B.kunst eine Hochblüte erlebte (1. Hälfte 16. Jh.). Seit dem 17. Jh. verfiel der B.vortrag als aristokrat. Unterhaltung und wurde von nun an v. a. als bäuerl. Volkskunst gepflegt: Zentren lagen am Weißen Meer (Archangelsk) und am Onegasee (Pudoschsk). Dabei wurden die B. in Ethos und Gehalt (nicht in der Form) der Vorstellungswelt der neuen Rezipientenschicht angepasst. – Die *ersten Aufzeichnungen* von B. stammen nicht von den B.sängern, sondern von gelehrten Sammlern (vgl. z. B. die 1. B.-Slg. 1619 von R. James, dem engl. Pfarrer in Moskau, weitere von P. N. Ribnikow 1860, A. F. Hilferding, 3 Bde. 1873, B. und J. Sokolow 1918 und 1948). Eine *berühmte Ausnahme* ist das »Igorlied« um den unglückl. Feldzug des Fürsten Igor 1185, das evtl. noch im 12. Jh. als B.ausformung von höchstem poet. Rang aufgezeichnet wurde (erhalten Hs. von etwa 1500, Druck 1800). – Der B.vortrag wurde als proletar. Kunst gefördert; die B. werden jetzt aber (nach den alten Kompositionsgesetzen) schriftl. konzipiert (vgl. die Sammlungen der Sänger-Familie Ryabinin-Andejew, 1938 oder der Sängerin M. Kryukowa, 2 Bde. 1939). Eine artist.-brillante B. nachahmung ist M. J. Lermontows »Lied vom Zaren Iwan Wassiljewitsch« (1838).   IS

Byronismus, m. [baironismus], nach dem engl. Dichter George Gordon N. Lord Byron (1788–1824) benannte pessimist. Lebens- und Stilhaltung innerhalb der europ. ↗ Romantik zu Beginn des 19. Jh.s; spezif. Ausprägung des sog. ↗ Weltschmerzes, des Ausdrucks einer allgemeinen metaphys. Enttäuschung durch die romant. Lebensstimmung, deren (als letzte existentielle Sicherheit proklamierte) Gefühlskultur sich als nicht tragfähig erwiesen hatte. Eine Unsicherheit hinsichtl. bestehender Ordnungen, Skepsis gegenüber Wert- und Sinnfragen erzeugte allgemeine Resignation, Trauer und ↗ Melancholie (gefördert auch durch sich anbahnende gesellschaftl.-soziale Umwälzungen). Während aber gleichzeitige Strömungen diesen »Weltriß« (H. Heine) zu bewältigen suchen (durch Ironie, Humor, christl. und klass. Traditionen, Flucht in Idylle oder Utopie, vgl. ↗ Biedermeier, ↗ Junges Deutschland), wird er im B. zum Kult und ästhet. Thema. Leben und Dichten der ›Byroniden‹ sind gekennzeichnet durch demonstratives Auskosten von Kulturmüdigkeit (Europamüdigkeit) und Lebensüberdruss, zyn. Verachtung traditioneller Moralbegriffe, durch narzist. Verherrlichung des eigenen immoral. Individualismus, durch stolze Hingabe an Einsamkeit, Heimat- und Glaubenslosigkeit, oft an die ›Mächte des Bösen‹ (↗ Satanismus). *Vorbild* wurden Leben und Werk Lord Byrons, der in ganz Europa bewundert und nachgeahmt wurde (Italienflucht, Außenseitertum, Todessehnsucht; W. Waiblinger, A. v. Platen, D. Grabbe u. a.). Als einzig lebensmögl. Bereich galt die Kunst: entsprechend dem nihilist. Grundstruktur des B. ein konsequenter Ästhetizismus (↗ l'art pour l'art): Gestaltet werden v. a. dämon. oder empör. Außenseiter wie

Prometheus, Ahasver, Kain, Faust, Don Juan,
vorwiegend in Dramen, Versepen und lyr. Gedichten (die in ihrem ästhet. Wert noch umstrittene Erzählprosa wird gemieden) und in
klassizist. Formvollendung (Rückgriff auf antike und oriental. Formen, Neigung zu starken
Metaphern, Kürze, heroisch-kalter Ton usw.),
vgl. bes. Byron, »Cain« und »Sardanapal«
(1821), »Don Juan« (1819/24). Anknüpfen
konnte Byron an frz. Werke, die ein ähnl. Per-
sönlichkeitsideal gestalten wie F. R. de Chateaubriand, »René« (1803), E. P. de Sénancour,
»Oberman« (1804), B. Constant, »Adolphe«
(1816). Zum B. gehören weiter P. B. Shelley
(»Prometheus Unbound«, 1818/19) und J.
Keats, Th. Gautier, A. de Musset, G. Leopardi,
A. Mickiewicz, A. Puschkin (»Eugen Onegin«,
1825/33 u. a.), M. J. Lermontow und viele andere. – Bes. *in Deutschland* war das pessimist.
Weltgefühl seit dem »Werther« (1774) und L.
Tiecks »William Lovell« (1795/96) u. a. latent
vorhanden (vgl. Weltschmerz). In den meisten
dichter. Werken der Zeit finden sich Züge des
B., z. B. bei A. von Droste-Hülshoff, F. Grill-
parzer, dem jungen E. Mörike, dem frühen K.
Immermann und sogar F. Th. Vischer (»Ein
Traum«, etwa 1825). Typ. Dichter des B. sind
N. Lenau (»Faust«, 1836; »Savonarola«, 1837;
»Die Albigenser«, 1842; »Don Juan«, 1844), A.
von Platen, W. Waiblinger (»Phaëton«, 1823)
und Ch. D. Grabbe (»Herzog Theodor von
Gothland«, 1824; »Don Juan und Faust«, 1829;
»Napoleon«, 1832 u. a.). – G. Büchner und H.
Heine überwinden dagegen ihre ›Zerrissenheit‹ durch Witz und das Bewusstsein metaphys. Ungenügens, J. Nestroy und F. Raimund
durch satir. Humor (jedoch nur in ihren Werken, vgl. Selbstmord Raimunds). Nestroys
»Zerrissener« (1844) parodiert dann die seit
etwa 1820 einsetzende Trivialisierung des B.,
die »Modemisanthropie« (G. G. Gervinus),
wie sie etwa auch von weibl. Byroniden, den
›Faustinen‹ (z. B. Ida Gräfin Hahn-Hahn,
»Gräfin Faustine«, 1841 u. a.) mit großem Erfolg gepflegt wurde.   IS

C

Caccia, f. [ˈkatʃa; it. = Jagd], italien. lyr. Gattung des 14. und 15. Jh.s, die ohne festes metr. Schema, in freier Reimbindung und lebhaftem Rhythmus onomatopoiet. eine Jagd oder andere turbulente Szenen des Volkslebens nachahmt; sie wurde stets musikal. als Kanon (von zwei Stimmen und einer instrumentalen Baß-Stimme) dargeboten. Vertreter sind die toskan. Dichter-Komponisten N. Soldaniere, G. da Cascia, J. da Bologna, G. da Fiorenza und Franco Sacchetti (berühmt wurde v. a. seine C. »Donne nel bosco«). – In der 2. Hälfte des 15. Jh.s erscheinen auch Cacce in homophonen Sätzen und z. T. doppeldeutigen Texten (obszöne Ausdeutungen der Jagd) und münden so in die Tradition der Karnevalslieder ein. – Die C. blühte bis zum Ende des 16. Jh.s in ganz Europa. Die Bez. ›C.‹ ist nicht eindeutig geklärt; die ältere Forschung (Carducci) leitet sie von den Jagdtexten ab, die neuere (Pirrotta) bezieht sie auf die damals neu entwickelte polyphone Stimmführung.   IS

Calembour, m. [kalãˈbuːr; frz. = ↗ Wortspiel], scherzhaftes Spiel mit der unterschiedl. Bedeutung gleich oder ähnl. lautender Wörter (↗ Homonyme, Homophone), z. B. *vers blanc* (reimloser Vers) und *ver blanc* (Engerling); *la lettre i – la laiterie*. – Das Wort ›C.‹ findet sich im Frz. seit dem 18. Jh. (Diderot); seine Herkunft ist ungewiss: es wurde in Verbindung gebracht mit dem dt. Volksbuch »Der Pfarrer vom Kalenberg«, einem Pariser Apotheker namens Calembourg, der zu Beginn des 18. Jh.s durch Wortspiele geglänzt haben soll, mit einem westfäl. Grafen Calemberg, dessen fehlerhafte Aussprache am Hofe Ludwigs XV. Lachen erregt habe und mit *calembredaine* (= lächerl. Bemerkung); ↗ Kalauer.   S

Camouflage, f. [kamuˈflaːʒ = Tarnung, Maskierung], sprachl. Verhüllung einer Aussage, die v. a. von eingeweihten, mit dem Verfasser gesinnungsverwandten Lesern oder Hörern in ihrem beabsichtigten Sinn verstanden werden kann; auch als ›Lesen zw. den Zeilen‹, ›Blumensprache‹, ›latente Aussage‹ bez. – Der Begriff ›C.‹ für dieses seit frühester Zeit geübte literar. Verfahren wurde vermutl. von R. Pechel, Hg. der ›Dt. Rundschau‹, für die Schreibstrategien der gegen das ›Dritte Reich‹ insgeheim opponierenden Publizistik eingeführt; er wurde auch für die verschleiernde Schreibpraxis vieler DDR-Schriftsteller verwendet. – Sprachl. Kunstgriffe der C. zum Transfer des ›eigentl.‹ Gemeinten waren sog. Sprachverstecke durch semant. Mehrsinnigkeit, Metaphorik, scheinbar naiv eingebrachte Zitate und v. a. die histor. Einkleidung (oft mit ↗ Anachronismen als versteckte Hinweise), krit. Stellungnahmen (in Rezensionen, Essays, Reiseberichten usw.) zu analogen histor. oder zeitgenössischen ausländ. Zuständen. (Vgl. ↗ Innere Emigration).   S

Canción, f. [span. = Lied], Bez. für zwei span. lyr. Kunstformen mit stolligem Strophenbau: 1. die mal. C., auch *C. trovadoresca*, in 8- oder 6-Silbern, verwendet in der Liebeslyrik und der religiösen Lieddichtung, meist als Einzelstrophe mit voraufgehendem kurzem Motto, das toposhaft den Inhalt der C. angibt. Charakterist. ist die Übereinstimmung zwischen Motto und Abgesang der Strophe(n) in Zeilenzahl und Reimschema, z. T. auch in einzelnen Reimwörtern und Verszeilen. Vom 13. Jh. bis Anfang 15. Jh. begegnet sie nur vereinzelt, Blüte im 15. Jh. (Santillana, Juan de Mena; unter Einfluss der späten prov. Lyrik?). Im Laufe des 16. Jh.s wird sie v. a. von italien. Dichtungsformen verdrängt. – 2. die Renaissance-C., auch *C. petrarquista,* aus meist vier bis zwölf gleichgebauten Strophen aus 11- und 7-Silbern und einer abschließenden Geleitstrophe. Zwischen Auf- und Abgesang der Strophe ist ein Überleitungsvers mit Reimbindung an den Aufgesang eingeschaltet; zwischen Auf- und Abgesang besteht dagegen keine Reimbindung; verwendet für eleg. und bukol. (Liebes-)Lyrik, religiöse und heroisch-nationale Stoffe. Die Renaissance-C. wurde in der 1. Hälfte des 16. Jh.s aus Italien übernommen (J. Boscán Almogáver) und ist in ihrer strengen Form eine Nachahmung des von Petrarca bevorzugten Typs der ↗ Kanzone (bes. das Schema der 14. Kanzone Petrarcas [»Chiare fresche e dolci acque«: 7a7b11c/7a7b11c//7c/ 7d7e7e11d7f11f] wurde immer wieder aufgenommen); Blüte im 1. Drittel des 17. Jh.s (Cervantes, Lope de Vega). Daneben sind von bes. Bedeutung die seit der 2. Hälfte des 16. Jh.s entstandenen freieren Formen (Luis de León, F. de Herrera) und die Kompromissformen zwischen der petrarchist. C. und den antiken ↗ Odenmaßen, die im 17. Jh. dominierten. GR

Cancioneiro, m. [portugies. = Liederbuch, zu canción = Lied, span. Cancionero], portugies. und span. Lyriksammlung. – Die wertvollsten C.s der span.-portugies. Literatur sind die drei mit Miniaturen geschmückten *Sammelhandschriften* mit der mal. höf. galiz.-portugies. Lyrik von der 2. Hälfte des 12. Jh.s bis zur 1. Hälfte des 14. Jh.s (↗ Cantiga):
1. als älteste, unvollständ. gebliebene Handschrift der »C. da Ajuda« (Ende 13. Jh. oder Anfang 14. Jh., überliefert, ohne Verfassernennung und z. T. fragmentar., 310 Gedichte des 12. und 13. Jh.s, überwiegend Cantigas de amor),
2. der »C. da Vaticana« (italien. Handschrift des 15./16. Jh.s, 1205 meist ebenfalls anonyme Gedichte des 12.–14. Jh.s),
3. der »C. da Biblioteca Nacional« (italien. Handschrift des 16. Jh.s, auch »C. Colocci-Brancuti«, 1567 Gedichte des 13./14. Jh.s, ergänzt durch Nachträge und einen Dichterkata-

log, eingeleitet durch ein Poetikfragment des 14. Jh.s, in dem als Gattungen der höf. Lyrik Cantigas de amigo, Cantigas de amor und Cantigas de escárnio y de mal dizer unterschieden werden). Insgesamt überliefern die Handschriften u. a. mehr als 700 Cantigas de amor, 510 Cantigas de amigo und rund 400 Cantigas de escárnio. – Der um 1445 von Juan Alfonso de Baena für span. Hofkreise zusammengestellte und nach ihm benannte »C. de Baena« führt z. T. in Sprache und Thematik die Tradition der galiz.-portugies. Lyrik weiter, enthält aber schon überwiegend Dichtungen in kastil. Sprache: Liebeslyrik und moralisierend-didakt. Lyrik vom Ende des 14. Jh.s u. v. frühen 15. Jh. – Unter den zahlreichen *gedruckten* span. C.s ist der bedeutendste der »C. General« von 1511, zusammengestellt von Hernando del Castillo, mit Dichtungen des 15. Jh.s (Santillana, Juan de Mena) und des frühen 16. Jh.s: neben gelehrter Lyrik, höf. Gelegenheitspoesie und ↗ Canciones auch volkstüml. Gattungen (↗ Romanzen). – Nach seinem Vorbild wohl stellte der Portugiese Garcia de Resende seine Sammlung von Liebeslyrik und satir. Gedichten zusammen; sein »C. Geral« (1516) knüpft an die Tradition der galiz.-portugies. Trobadordichtung an (daneben auch starker italien. Einfluss: Dante, Petrarca); er enthält Lyrik aus der 2. Hälfte des 15. Jh.s und dem Anfang des 16. Jh.s von portugies. und span. Dichtern aus der Umgebung der portugies. Könige (Francisco de Sá de Miranda, Gil Vicente, Bernardim Ribeiro). – Unter dem Titel C. wurden im 15./16. Jh. auch Lyriksammlungen einzelner Dichter (Juan del Encina, »C.«, 1496) und Sammlungen einer einzigen lyr. Gattung (»C. de romances«, erschienen 1548 in Antwerpen) oder Thematik veröffentlicht. GR

Canso, f. [prov. = Lied, Kanzone, von lat. cantio = Gesang], lyr. Gattung, die nach der Definition der Trobadorpoetik der »Leys d'amors« (14. Jh.) hauptsächl. von Liebe und Verehrung handelt; in der prov. Dichtung häufig belegt (über 1000 C.s in einem überlieferten Corpus von 2542 Liedern) und von den Trobadors selbst am höchsten eingeschätzt. Besteht durchschnittl. aus 5–7 gleichgebauten, kunstvoll verknüpften Strophen (↗ Coblas) von belieb. Verszahl (überwiegend 8 oder 9), meist mit Geleit (↗ Tornada). Die mehr als 70 Variationen der C.-Strophe lassen sich auf zwei Grundtypen zurückführen: die ↗ Periodenstrophe (Reimschema z. B. aab ab), bes. von den ersten Trobadors (Wilhelm IX. v. Aquitanien, Marcabru) verwendet, und die von den nachfolgenden Dichtern neben der Periodenstrophe gebrauchte ↗ Stollenstrophe (gängigstes Reimschema, in insgesamt 114 C.s überliefert: ab ab ccdd, Silbenzahl der Verse schwankt i. d. Regel zwischen 7 und 8). Klass. Vertreter dieser höchst anspruchsvollen Liedgattung des prov. Minnesangs sind u. a. Bernart de Ventadorn, Giraut de Bornelh (2. Hä. 12. Jh.), Gaucelm Faidit (Ende 12., Anfang 13. Jh.) und Arnaut Daniel (Ende 12. Jh.). – Synonymbez. en für C. sind *Vers* (Bez. bes. von den ersten Trobadors gebraucht, evtl. auch für einfacher gebaute [Vierheber mit männl. Reim] Lieder) und *Cansoneta*. Die *Mieia C.* (= Halbkanzone) unterscheidet sich nur durch geringere Strophenzahl von der C. Die *C.-Sirventes,* oft nur schwer abgrenzbar vom ↗ Sirventes, vermischt Liebesthematik mit der Kommentierung polit.-histor. Ereignisse. Sie ist vor allem durch Peire Vidal (Ende 12. Jh.) überliefert.   PH

Cansoneta, f. [prov. = Liedchen], ↗ Canso.

Cantar, m. [span. = Lied], 1. Span. volkstüml. lyr. Form, vgl. ↗ Copla 1.
2. C. (de gesta), Bez. der span. Heldenepen, gestalten auf dem Hintergrund der Kämpfe zwischen Mauren und Christen die Taten geschichtl. (Cid, Fernán González) und sagenhafter Helden (Bernardo del Carpio, Sieben Infanten von Lara). Erhalten ist nur das anonyme »Cid«-Epos (in einer nicht ganz vollständ. Abschrift aus dem Jahre 1307) und 100 Verse eines »Roncesvalles«-Epos. Von einer ehemals reicheren Tradition zeugen jedoch in den Chroniken des 13.–15. Jh.s Prosafassungen vermutl. älterer Heldenepen mit gelegentl. Spuren ursprüngl. Versgestaltung (z. B. die »Primera crónica general« Alfons' des Weisen, begonnen um 1270), sowie die seit dem 15. Jh. entstandenen Romanzenzyklen. – C.es entstanden vermutl. bald nach den histor. Ereignissen (der histor. Cid starb 1099, das »Cid«-Epos wohl [nach Menéndez Pidal] um 1140 oder [nach E. R. Curtius] nach 1180). Dieser »Cid« umfasst in 3 Gesängen 3731 Langverse (meist assonierende 14-, 15- oder 13-Silbler mit Zäsur), eingeteilt in 152 ↗ Laissen von unterschiedl. Länge. Die Blütezeit der C.es wird im 12./13. Jh. vermutet. – Umarbeitungen oder Nachahmungen älterer C.es sind zu sehen im »Poema de Fernán Gonzáles« (Mitte 13. Jh., Geschichte der Rückeroberung des span. Territoriums durch die Christen bis ins 10. Jh., verwendet die ↗ Cuaderna Vía) und im »C. de Rodrigo« (2. Hälfte 14. Jh., Jugendtaten des Cid). ↗ Chanson de geste.   GR

Cantica, n. Pl., Sg. canticum [lat. = Gesang, zu canere = singen],
1. Die gesungenen Partien des röm. Dramas: in den Tragödien des Seneca im Wesentl. Chorlieder nach att. Vorbild, in der altröm. Komödie, namentl. bei Plautus, Monologe und Dialoge, die musikal.-gesangl. in Monodien (»Arien«), Duette, Terzette usw. aufgelöst sind, die von den gesprochenen Partien (↗ Diverbia) streng geschieden sind. Gegenüber ihren spätatt. Vorlagen überwiegen in der röm. Komödie die Gesangspartien; ihre komplizierten rhythm. Formen scheinen durch die Kompositionsformen der nicht überlieferten Melodien bedingt zu sein. Die von Flötenmusik begleiteten C. wurden z. T. nicht durch die Schauspieler, sondern durch hinter der Bühne postierte Sänger *(cantores)* vorgetragen, während die Schauspieler sich auf pantomim. Ausdruck beschränkten. Die Bedeutung der musikal. Gestaltung der altröm. Komödie erhellt auch daraus, dass in amtl. Festurkunden neben den Namen der Dichter häufig auch die der Komponisten aufgeführt sind.
2. Spät- und mittellat. Bez. für monod. Gesangsstücke von verschiedener musikal. Gestalt mit vorwiegend geistl. Texten; insbes. die lyr. Texte des Alten und Neuen Testaments, die seit dem 4./5. Jh. Aufnahme in die lat. und griech. Stundengebetsliturgie fanden, z. B. Ex. 15 (*Canticum Mosis*, Lobgesang des Moses

nach dem Durchzug durch das Rote Meer),
Dan. 3 (*Canticum trium puerorum,* Gesang der
drei Jünglinge im Feuerofen) u. a.

3. Canticum canticorum: nach hebr. *šīr*
hašširīm (= Lied der Lieder) gebildete lat. Bez.
des »Hohen Liedes«.   K

Cantiga, f. [span.-portugies. = Lied, Lobgesang, von lat. cantica = Lieder], zusammenfassende Bez. für iber. Volks- und Kunstlieder, im
engeren Sinne für die rund 2000 hauptsächl. in
den drei großen ↗Cancioneiros des 14. und
15. Jh.s gesammelten Zeugnisse der galiz-por-
tugies. Lyrik des MA.s. Nach ihrem Inhalt in
vier Gattungen gegliedert: 1. *C.s de amigo,*
Lieder an den Freund, Frauenklagen über unerwiderte Liebe, zu strenge Bewachung, Untreue des Freundes u. a.; 2. *C.s de amor,* Liebes-
lieder in Stil und Ton der Minnelyrik der Trobadors (↗Canso), handeln in zahllosen Variationen vom hoffnungslosen Liebeswerben des
Mannes; 3. *C.s de escárnio y de mal dizer,* in die
Form der C.s de amor gekleidete Rügelieder
auf führende Persönlichkeiten, soziale Gruppen, polit. Ereignisse oder allgemeinen Sittenverfall; iber. Variante des prov. ↗Sirventes, in
der Thematik aber weitgehend auf die lokalen
Verhältnisse Spanien-Portugals beschränkt. –
Dichter dieser drei Gattungen sind Nuno
Fernandes de Torneol (1. Hälfte 13. Jh.), Pero
García Burgalés (2. Hälfte 13. Jh.), Dom Dinis
(1261–1325). 4. *religiöse C.s,* ep. und lyr. Gedichte über Marienpreis und Marienwunder
(z. B. die »C.s de Santa Maria« von König Alfons X.).   PH

Cantilène, f. [frz. = Singsang, viell. aus ital.
cantilena = Singerei (< lat. cantilena)], in der
mal. frz. Literatur 1. ein für den Gesang bestimmtes Gedicht, das der Verehrung von Heiligen gewidmet ist, z. B. die anonyme »C. de
Sainte Eulalie« (um 880). 2. das von einem Teil
der frz. ↗Chanson de geste-Forschung (u. a.
d'Héricault, 1860 und G. Paris, 1865) hypothet. angenommene, inzw. aber bestrittene
ep.-lyr. Heldenlied als Vorform des frz. Heldenepos.   PH

Cantio, f., Pl. Cantiones [lat. = gesungenes
Lied], lat., geistl. einstimm. Lied des MA.s aus
mehreren Stollenstrophen, meist mit Refrain;
löste im 13. Jh. den einstimm. ↗Conductus ab,
wurde wie dieser ohne liturg. Bindung bei
Gottesdiensten, Prozessionen u. a. relig. Anlässen gesungen. Die Texte waren bisweilen
lat. Übersetzungen volkssprachl. ↗Leise (z. B.
die C.»Christus surrexit« nach dem Leis des
12. Jh.s »Krist ist erstanden«, der seinerseits
eine Übersetzung einer Oster-↗Sequenz des
11. Jh.s ist). Der Vortrag erfolgte meist als
Doppellied, d. h. zwei C.nes, oft mit nicht aufeinander bezogenen Texten, wurden abwechselnd strophenweise gesungen. Als berühmter
Dichter-Komponist wird Philipp de Grevia,
Kanzler der Pariser Universität, erwähnt. Blütezeit der C., die dem volkssprach. ↗Kirchen-
lied den Weg bereitete, war das 14. und 15. Jh.,
bes. in Böhmen. Die zahlreichen (handschriftl.
und gedruckten) Sammlungen, seit dem 16. Jh.
als *Kantionale* bez., enthalten neben C.nes
auch volkssprachl. Kirchengesänge, z. T. mit
Melodien. Wichtig ist das handschriftl. Kan-
tional von Jistebnice (Südböhmen) von 1420
(lat. Texte ins Tschech. übersetzt).   IS

Canto, m. [it. = Gesang], Bez. für einen längeren Abschnitt einer ep. Versdichtung; ursprüngl. vielleicht Bez. für ein gesungenes
Vortragspensum. Findet sich bei italien. Epikern, z. B. bei Dante (»Divina Commedia«),
Ariost, Tasso; in ihrem Gefolge auch bei Voltaire, Byron (»Don Juan«), E. Pound (»Cantos«), übersetzt als ›*Gesang*‹ bei Klopstock
(»Messias«), E. Mörike (»Idylle vom Boden-
see«), G. Hauptmann u. a.   S

Canzoniere, m. [it. = Liederbuch, zu canzone = Lied], Sammlung von Liedern oder
anderen lyr. Gedichten; am berühmtesten ist
der »C.« F. Petrarcas auf Madonna Laura (um
1350, gedruckt 1470, vgl. ↗Kanzone); auch
↗Cancioneiro, ↗Chansonnier.   UM

Capitano, m. [it. = Hauptmann], Typenfigur
der ↗Commedia dell'arte: der prahlsüchtige
Militär (↗Bramarbas), der seine Wirkung aufs
Publikum aus dem Kontrast zwischen rhetor.

vorgetäuschtem Heldentum und tatsächl. Feigheit zieht. Die zahlreichen C.-Varianten (»C. Spavento« [= Schrecken], »C. Coccodrillo« [= Krokodil], »C. Rodomonte« [= Prahlhans], »C. Spezzaferro« [= Eisenbrecher], »C. Matamoros« [= Mohrentöter] u.a.) sprechen für die außerordentl. Beliebtheit dieser Maske; auch ↗ Skaramuz.   PH

Capitolo, m. [it. = Kapitel],
1. Bez. für italien. Satire in ↗ Terzinen, gebräuchlichste Form der italien. klass. Verssatire. Ursprüngl. v.a. für didakt.-polit., aber auch idyll., eleg. und erot. Themen verwendet, bes. von den Petrarkisten (15. Jh.), im 16. Jh. dann zunächst für Parodien des ↗ Petrarkismus, dann allgemein für Burlesken und v.a. Satiren. Neben F. M. Molza, B. Varchi oder L. Tansillo sind die berühmtesten Vertreter L. Ariost (»Capitoli«) und F. Berni (nach ihm auch: *Poesia Bernesca*). Die Bez. C. stammt aus den ↗ «Trionfi« F. Petrarcas, die in Terzinen abgefasst und in Kapitel (it. = capitolo) eingeteilt sind.
2. ↗ Kapitel   IS

Capriccio, n. [ka'pritʃo, it. m. = Laune, unerwarteter Einfall], seit Mitte des 16. Jh.s Titelbez. für scherzhafte musikal. Komposition in freier Form, dann für phantast. karikierende graph. Zyklen (J. Callot, Goya), seit dem 19. Jh. auch gelegentl. für phantasievolle literar. Werke, z.B. E.T.A. Hoffmanns »Prinzessin Brambilla. Ein C. nach Jakob Callot« (1820), E. Jünger, »Das abenteuerl. Herz. Figuren und C.s« (2. Fassung 1938/42).   IS

Captatio benevolentiae, f. [lat. = Haschen nach Wohlwollen], Redewendung, durch die sich ein Redner zu Beginn seines Vortrages oder ein Autor am Anfang seines Werkes des Wohlwollens des Publikums versichern will. Ausführlichere Formen finden sich in Vorreden oder Prologen zu literar. Werken,

vgl. z.B. Cervantes, »Don Quichotte«, Peter Weiss, »Die Verfolgung und Ermordung Jean Paul Marats«. ↗ Devotionsformel.   S

Caput, n. [lat. = Kopf], ↗ Kapitel; aus dem c von *caput* entstand das sog. *alinea*-Zeichen ₵, mit dem in mal. Handschriften und in Frühdrucken der Beginn eines neuen Absatzes markiert wurde.   HSt

Carmen, n. [lat., Pl. carmina; ursprüngl. = Rezitation, aus *can-men, zu canere = singen]
1. altlat. Carmina: Kultlieder (c. Arvale, c. Saliare), rituelle Gebete (z.B. Gebet des *pater familias* bei den Suovetaurilia – Cato, De agr. 141; Gebet des P. Decius Mus – Livius 8, 9, 6–8), Zauber- und Beschwörungsformeln, Prophezeiungen, Schwurformeln, Gesetzes- (z.B. *Leges duodecim tabularum*) und Vertragstexte. Zur Form vgl. ↗ Carmenstil.
2. In klass. lat. Zeit allgem. Bez. für ein (insbes. lyr.) Gedicht; häufig begegnet C. = Ode (z.B. die *carmina* des Horaz); dient auch zur Bez. der ↗ Elegie, der ↗ Satire u.a.; *C.amabile*: erot. Gedicht (z.B. die *carmina* Catulls, Tibulls und Properz'). – Auf lat. C. = lyr. Gedicht spielt P. Valéry im Titel seiner Gedichtsammlung »Charmes« (1922) an.
3. Mittellat. Gedicht weltl. oder geistl. Inhalts, insbes. auch Vagantenlied; vgl. z.B. die »Carmina Cantabrigiensia« und »Carmina Burana«.   K

Carmen figuratum, lat. Bez. für gr. Technopaignion, ↗ Figurengedicht, Bilderreime, Bilderlyrik.

Carmenstil, Bez. für den Stil archaischer Kultlieder, Zaubersprüche, Beschwörungsformeln usw., die sich als älteste Dichtungsformen in fast allen Sprachen nachweisen lassen. Die Bez. ›C.‹ wurde geprägt von dem niederländ. Indologen J. Gonda in Anlehnung an die Bez. der altlat. Vertreter (↗ Carmen). *Hauptkennzeichen* des C.s: 1. Dichtungen im C. lassen sich weder als Poesie noch als Prosa im herkömml. Sinne klassifizieren; 2. auffallend ist die im mag. Zweck begründete Tendenz zu Symmetrie und zwei- oder mehrgliedrigem

Parallelismus (Gonda: »balanced style«); 3. daraus resultiert die Formelhaftigkeit des Stils, insbes. die Verwendung von ↗Zwillingsformeln; 4. Parallelismus und Formelhaftigkeit des C.s ziehen die verschiedenen Formen der Wiederholung und des Gleichklangs nach sich (↗Anapher und ↗Epipher, Annominatio und ↗figura etymologica, ↗Homoioptoton und ↗Homoioteleuton, ↗Alliteration und ↗Reim). Der archaische C. enthält damit keimhaft Formen der höheren Poesie, die sich durch Abstraktion vom mag. Zweck und durch Unterwerfung unter ästhet. Prinzipien aus diesem entwickeln. – *Texte im C.* finden sich in größerem Ausmaß in der altind. und altiran. Lit., die diesen Stil in kultischen Gesängen und rituellen Beschwörungsformeln bewahrt haben (vor allem in Ṛig-Veda und im Awesta); selten sind dagegen gr. Zeugen (z. B. bei Hesiod, Erga kai hemerai 3–7). Die altitalischen, altir. und germ. Beispiele (altlat. carmina; umbr. Tabulae Iguvinae; eine paelignische Weihinschrift; kelt. und germ. ↗Zaubersprüche, altnord. und altfries. Gesetzestexte u. a.) sind durch die relativ häufige Verwendung der ↗Alliteration neben anderen Figuren des Gleichklangs charakterisiert; die Ursache dafür liegt im starken Initialakzent der altital., kelt. und germ. Mundarten. Beispiele für C. außerhalb des indog. Sprachraums finden sich im Ägyptischen und Akkadischen, im Hebräischen (u. a. in den Psalmen) und Arabischen (Koran) u. a.   K

Carol, n. [ˈkærəl, engl. = Lied, von altfrz. carole, mlat. carola aus gr.-lat. choraúlēs = ein den Chor(tanz) begleitender Flötenspieler], in der engl. Lyrik des 14. u. 15. Jh.s volkstüml. Tanzlied mit Refrain, im Wechsel zwischen Solisten und Chor an jahreszeitl. Festen (bes. Weihnachten) zum Tanz vorgetragen; häufig sind 4-heb. Verse und Reimfolge AA (Refrain) bbba/AA, damit struktural der prov. ↗Balada, dem afrz. ↗Virelai und der italien. ↗Ballata verwandt; schon im 15. Jh. bez. C. allgemein ein gesungenes Refrainlied (häufig mit weihnachtl. Thematik), seit Mitte des 16. Jh.s dann bes. ein Weihnachtslied, unabhängig von der Form (vgl. span. ↗Villancico). – Durch den Einfluss der Puritaner wurde das Singen von C.s im 17. Jh. stark zurückgedrängt; seit Mitte des 19. Jh.s gelangen sie im Gefolge der Oxfordbewegung zu neuer Beliebtheit (1853 erscheinen J. M. Neales »C.s for Christmastide«). ↗Lullaby, ↗Noël.   GS

Catch, m. [kætʃ; engl. = Fangen, Haschen, auch: Ineinandergreifen; die Ableitung von it. ↗caccia (Jagd) ist umstritten], im England des 17. und 18. Jh.s äußerst beliebter, metr. freier Rundgesang, vorgetragen als Kanon oder mehr stimm. Chorlied: dabei werden durch die Verflechtung der verschiedenen Stimmen einzelne Wörter oder Satzteile so hervorgehoben, dass sich heitere Wortspiele, Doppelsinnigkeiten und oft derbe Scherze ergeben. – Das C.singen löste im 17. Jh. das kunstvolle Madrigalsingen als gesellschaftl. Unterhaltung ab. C.es sind in zahlreichen Einzeldrucken und Sammlungen erhalten (1. Sammlung 1609, hrsg. v. Th. Ravenscroft; berühmt sind die Sammlungen »The Musicall Banquett«, hrsg. v. J. Playford 1651, und »C. that C. can«, hrsg. v. J. Hilton 1652 u. 1658); auch von H. Purcell sind C.es, z. T. zu sehr obszönen Texten, überliefert. Im 18. Jh. machen sich C.-Clubs (z. B. »Noblemen and Gentlemen's C.Club«, seit 1761) um die C.-Sammlungen verdient. Obwohl im späten 18. Jh. der C. von einfacheren Chorliedern (Glees) verdrängt wurde, ist ein C.-Club noch 1956 bezeugt.   IS

Cauda, f. [prov. = Schweif] vgl. ↗Coda.

Cause grasse, f. [koˈgraːs, frz. = fetter Fall], s. ↗Basoche.

Causerie, f. [kozəˈriː, frz. = Unterhaltung, Geplauder], leichtverständliche, unterhaltend dargebotene Abhandlung über Fragen der Literatur, Kunst etc., Bez. im Anschluss an Sainte-Beuves Sammlung literaturkrit. Aufsätze unter dem Titel »Les C.s du Lundi« 1851–62 (15 Bde.).   S

Cavaiola, f. [it., eigentl.: farsa C.], volkstüml. süditalien. Dialektposse des 16. Jh.s, die die sprichwörtl. Einfältigkeit der Bewohner von Cava de' Tirreni (bei Salerno) verspottete.

Charakterist. sind binnengereimte Elfsilbler und feststehende Typen (häufig z. B. der *maestro*, ein einfält. Lehrer). Neben anonymen Werken, z. B. »La Ricevuta dell' Imperatore alla Cava« (nach 1536) stehen die *farse Cavaiole* von Vincenzo Braca (1566 – nach 1625), z. B. »La maestra di cucito«, »Lo maestro de scola«, »Processus criminalis« u. a. Die Aufführungen, meist an Karnevalstagen im Freien, beeinflussten die neapolitan. Karnevalskomödie des 17. Jh.s. IS

Cavalier poets [kævə'liə pouits, engl. cavalier = Ritter, Höfling], engl., dem Hof Charles' I. nahestehende Dichtergruppe der 1. Hälfte des 17. Jh.s, als deren Hauptvertreter R. Herrick, Th. Carew, Sir J. Suckling und R. Lovelace gelten. Merkmale ihrer von B. Jonson und J. Donne beeinflussten Lyrik, großenteils Gesellschafts- und Gelegenheitsdichtung, sind sprachl. Glätte, Anmut und kultivierte Eleganz, intellektuell-spieler. Witz, aber auch ein sich naiv-burschikos gebender Umgangston, vgl. z. B. Herricks Gedichtsammlung »Hesperides« (1648), Carews Gedicht »The Rapture«, Lovelaces Gedichte »To Lucasta« u. a. MS

Cénacle, m. [se'nakl; frz. von lat. cenaculum = Speisesaal, zu cenare = speisen], Bez. der verschiedenen, einander ablösenden romant. Dichterkreise in Paris. Der erste C. wurde seit etwa 1820 vorbereitet im Freundeskreis um E. Deschamps, der 1823 zusammen mit V. Hugo die Zeitschrift »La Muse française« (bis 1824) gründete, die zum offiziellen Organ der romant. Bewegung wurde. Die Mitarbeiter (Ch. Nodier, A. Soumet, A. Guiraud, A. de Vigny u. a.) trafen sich im Speisesaal (cénacle) der ›Bibliothèque de l'Arsenal‹, deren Bibliothekar Nodier war (daher die Bez.). – 1827/28 gründete V. Hugo, der zum Haupt der romant. Schule geworden war (Manifest der Romantiker: das »Préface de Cromwell«, 1827), den berühmten C. in der rue de Notre-Dame-des-Champs. Neben Gästen und Mitgliedern des C.s Nodiers (Deschamps, de Vigny) gehörten dem C. Hugos bis 1830 die bedeutendsten frz. Romantiker an, so Th. Gautier, A. Brizeux, A. de Musset, A. de Lamartine, P. Merimée, G. de

Nerval, Ch. A. de Sainte-Beuve, der 1829 einen eigenen C. gründete, ebenso Th. Gautier. – Als Petit-C. (oder Jeune France) wird der exzentr. Romantikerkreis (seit 1830) um P. Borel bez., in dem auch Nerval und Gautier (der den p.c. in »Les Jeune France«, 1833, satir. darstellte) verkehrten. GS

Centiloquium, n. [zu lat. centum = hundert, loqui = sprechen], in der antiken Literatur Sammlung von 100 Aussprüchen, Sentenzen u. Ä. (z. B. »C.« = eine Ptolemäus zugeschriebene astrolog. Sentenzensammlung, gedruckt Venedig 1484); die Bez. begegnet gelegentl. auch im MA. (z. B. »C. theologium« von Wilhelm von Ockham, 1. Hälfte 14. Jh.) und wurde auch auf größere didakt. Werke übertragen, z. B. auf Hugos von Trimberg »Der Renner« (vgl. die Wolfenbüttler Handschrift Cod. August. 6.2. fol. vom Jahre 1388). S

Cento, m. [lat. = Flickwerk], aus einzelnen Versen bekannter Dichter zusammengesetztes Gedicht, in der Antike z. B. aus Versen Homers und Vergils. C.-Dichtungen wurden verfertigt aus parodist. Absicht (z. B. die »Gigantomachie« des Hegemon von Thasos, 5. Jh. v. Chr.) oder aus Freude am artist. Spiel, wie der aus lat. Klassikerversen kombinierte »C. nuptialis« des Rhetorikers Ausonius (4. Jh.); christl. Dichter wandten überdies die C.technik an, um klass. Verse heidn. Dichter mit christl. Inhalt zu versehen, so die aus Hexametern Vergils zusammengestellte Schöpfungs- und Heilsgeschichte der Römerin Proba Falconia (4. Jh.) oder die im 12. Jh. verfassten Erbauungslieder aus Versen der »Eklogen« Vergils und der Oden des Horaz von dem Tegernseer Mönch Metellus. Von Oswald von Wolkenstein ist ein C. aus Freidank-Versen überliefert (Anf. 15. Jh.); Petrarca-Verse verwertete H. Maripetro im »Petrarca spirituale« (1536); noch im 17. Jh. schuf Etienne de Pleure aus Versen Vergils eine Lebensgeschichte Christi (»Sacra Aeneis«, 1618), ebenso der schott. Geistliche Alexander Ross (»Virgilius Evangelizans«, 1634). Eine C.-Parodie findet sich bei Klabund (»Dt. Volkslied«). – Zu modernen Weiterentwicklungen der C.technik s. ↗ Collage. S

Chanson, n. [frz. f. = Lied, aus lat. cantio = Gesang],

1. in der frz. Literatur des MA.s *jedes volkssprachl., gesungene ep. oder lyr. Lied*. Der Oberbegriff Ch. umfasst mehrere Gattungen: ↗ Ch. de geste, ↗ Ch. de toile, Ch. balladée (↗ Virelai), Ch. de croisade (Kreuzzugslied) u. a. – Im engeren Sinne wird unter Ch. *das Minnelied der nordfrz. Trouvères* verstanden, dessen Form und Thematik von der ↗ Canso der prov. Trobadors übernommen ist und bis zum 14. Jh. in Frankreich gepflegt wurde.

2. Dem grundsätzl. einstimm. Ch. des Hoch-MA.s tritt gegen Ende des 13. Jh.s das mehrstimm. Ch. (teils mit Refrain) zur Seite; ihm ordnen sich u. a. die Gattungen ↗ Motet, ↗ Ballade, ↗ Rondeau und ↗ Virelai unter (z. T. bereits bei Adam de la Halle und Jehannot de L'Escurel [13. Jh.], dann bei Guillaume de Machaut [14. Jh.]). – Als *höf., satir. und polit. Ch.* erlebt es im 15. Jh. seine zweite Blüte, vgl. die zahllosen Sammlungen mit Ch.s u. a. von Ch. de Pisan, A. Chartier, Charles d'Orléans und ihren Komponisten G. Dufay, Josquin des Prés u. a. Im 16. Jh. dominieren Ch.s über die genussfreudige Liebe (M. de Saint-Gelais, C. Marot und M. Scève), daneben entstehen unzähl. namenlose Abenteuer-Ch.s. Im 17. und 18. Jh. stehen galante, tändelnde Ch.s neben stark polit. akzentuierten, meist anonymen Ch.s mit scharfer Kritik am absolutist. Regime (Kriege, Finanzmisere, Skandale des Hofes u. a.). Die Frz. Revolution stellt einen Höhepunkt der polit. Ch.-Dichtung dar: zwischen 1789 und 1795 entstanden nahezu 2300 Ch.s. Besungen wurden die Generalstände, der Bastillesturm, die Menschenrechte, der Kampf gegen Adel und Klerus, die Republik, die führenden Revolutionäre, die Guillotine u. a. (Die wichtigsten der revolutionären Ch.s wie »Ça ira« und »La Carmagnole« lebten in den Mai-Unruhen 1968 mit leicht modifiziertem Text wieder auf.) An das polit. Ch. der Frz. Revolution knüpfte J. P. de Béranger, der früh zum »Chansonnier national« erhobene Volksdichter, an, der in seinen Ch.s die Abschaffung des Bourbonen-Regimes, danach dasjenige des Bürgerkönigtums propagierte, z. B. »Le marquis de Carabas« (1816). Sein umfangreiches Liedercorpus enthält aber auch einen Großteil lebensfroh-sentimentaler Ch.s, z. B. »Roger Bontemps« (1814).

3. Heute umfasst im Frz. die Bez. ›Ch.‹ alle Arten des ein- und mehrstimmigen Liedes; im engeren Sinn bez. es *eine spezif. literar.-musikal. Vortragsgattung*: den rezitativen oder gesungenen Solovortrag (meist nur von *einem* Instrument begleitet), der durch Mimik und Gestik des Vortragenden unterstützt wird. Zur Vortragssituation gehören der intime Raum mit engem Hörerkontakt und eine fortwährend variierte mim. Animation des Publikums durch den Vortragenden (z. B. durch Refrain, pointierten Strophenschluss usw.). Typ. stilist. Einzelzüge des Ch.s sind starke Strophengliederung und Vorliebe für den Refrain, es überwiegen Rollengedichte (Ansprechen des Publikums in der ersten Person, sog. Selbstdarstellungs-Ch.). Das Ch. behandelt Themen aus allen Lebensbereichen, bes. solche mit aktuellem Bezug, die es witzig, iron., satir. oder aggressiv interpretiert, aber auch Gefühlserlebnisse. Zu unterscheiden sind vier sich vielfach überschneidende Varianten: a) das *mondäne Ch.*, weltstädt.-kultiviert, geistreich und frivol (bes. im Berlin der Jh.wende, z. B. F. Hollaender, »Ich bin von Kopf bis Fuß auf Liebe eingestellt«, R. Nelsons »Ladenmädel«); b) das v. a. aus dem Possen-↗ Couplet entwickelte *volkstüml. Ch.* über das arbeitende Bürgertum (z. B. O. Reutters »Kleine-Leute-Ballade«, Klabunds »Meine Mutter liegt im Bette«, W. Mehrings »Die Linden lang! ›Galopp! Galopp!«, K. Tucholskys »Wenn der Igel in den Abendstunden …«); c) das *polit. Ch.*, das entweder die polit. Aktion zur Beseitigung sozialer Missstände fordert, oft auch auf direkte Systemüberwindung abzielt (z. B. E. Buschs »Revoluzzer« oder »Lied der Arbeitslosen«, K. Tucholskys »Rote Melodie« und »Graben«) oder auch nur die Missstände aufzeigt, oft im Reportagestil (z. B. E. Kästners »Marschlied 45«und »Hotelzimmergedichte«, M. Ch. Morlocks »Ballade von einem, der keinen Standpunkt hatte«); d) das *lyr. Ch.*, eine Augenblicksstimmung oder ein Liebesmoment einfangend, meist die Vertonung eines lyr. Gedichtes (z. B. K. Tucholskys »Parc Monceau« oder das »Ja-

panlied«). Die Entstehung des modernen Ch.s geht auf das seit der Mitte des 19. Jh.s in Pariser Cafés (Béranger, Beuglant u. a.) gepflegte aktuelle Gesellschaftslied zurück. Ein erster bedeutender Sammelpunkt der »Chansonniers« stellte das 1881 von R. Salis gegründete »Cabaret artistique Chat Noir«, ein zweiter A. Bruants 1885 gegründetes »Cabaret Mirliton« dar. Spätere berühmte Interpreten: M. Chevalier, J. Prévert, G. Brassens, B. Vian, Ch. Aznavour, G. Bécaud, E. Piaf, J. Gréco u. a. In Deutschland wurde das Ch. zur Jh.wende in den von Naturalismus, Jugendstil und Neuromantik geprägten Kabaretts der »Elf Scharfrichter« und des »Überbrettls« eingeführt. Frz. Einflüsse waren neben denen des Bänkelsangs, der Moritat, des polit. und des Operettenliedes maßgebend. Heutige Verbreitung des Ch.s auch im Film, der Show, in Rundfunk und Fernsehen. In den 80er Jahren bes. Betonung des polit. Ch.s (W. Biermann, D. Süverkrüp und F. J. Degenhardt). PH

Chanson balladée ↗ Virelai

Chanson de geste, f. [ʃɑ̃sõdʒɛst; frz. = Heldenlied, eigentl. Tatenlied, zu geste aus lat. gesta = Taten (eines Helden, Heiligen usw.)], Bez. der frz. ↗ Heldenepen des MA.s, denen zur ↗ Heldensage umgestaltete Stoffe aus der nationalen Geschichte, insbes. aus der Karolingerzeit, zugrunde liegen, daher auch Bez. als ›nationales Epos‹. Ihre Form ist die Tiraden- oder ↗ Laissen-Strophe, bei der eine wechselnde Anzahl von Versen (zwischen 2 und 1443!) durch *einen* Reimklang (in älteren Gedichten meist eine ↗ Assonanz) verbunden sind; beliebteste Versformen sind der 10-Silbler mit Zäsur nach der 4. Silbe (↗ Vers commun) und der 12-Silbler mit Zäsur nach der 6. Silbe (↗ Alexandriner). Gesangsvortrag wird allgemein angenommen; die Vortragenden waren Spielleute (afrz. jogler, jogleor; trouvère; ménéstrel); Begleitinstrument war die vièle (4-saitige Geige), seit dem 14. Jh. die cifonie (Drehleier). Die Geschlossenheit der Laissenstrophe, durch melismat. ausgestaltete Kadenzen auch im musikal. Vortrag hervorgehoben, bedingt eine blockhafte Erzählweise, die,

wie auch die Tendenz zur Verwendung ep. Formelgutes, dem Stil der Ch. archaisierenden Charakter verleiht. – Insgesamt sind etwa 80 Ch.s de g. überliefert, die meisten anonym; bei den Gedichten, deren Verfasser namentl. bekannt sind (Bertrant de Bar-sur-Aube, Adenet le Roi u. a.), handelt es sich um bewusst kunstvolle, oft im Stil dem höf. Roman angenäherte Bearbeitungen älterer Fassungen. Die *Handschriften,* meist Sammelhandschriften (manuscripts cycliques), sind größtenteils Prunkhandschriften, angefertigt für die Bibliotheken fürstl. Literaturliebhaber; nur 7 Handschriften mit insgesamt 13 Gedichten können als spielmänn. Gebrauchshandschriften gelten. – Die *Vorgeschichte der Ch. d. g.* ist in der Forschung umstritten; die ältesten erhaltenen Denkmäler fallen frühestens ins 11. Jh.; die ältere Forschung, die sich bes. in Deutschland größerer Resonanz erfreute, schloss u. a. aus der Anonymität der Ch. d. g. auf eine jahrhundertelange, letztl. in fränk. Heldenliedern der Merowingerzeit wurzelnde volkstümliche ep. Tradition, deren mündl. überlieferte Produkte erst kurz vor dem »Verklingen« von sog. ↗ Diaskeuasten gesammelt und aufgezeichnet worden seien (Ch. d. g. als »Erbpoesie«; Bez. als »Volksepos«); nur den späteren Gedichten des 13./14. Jh.s wird literar. Charakter im engeren Sinne zugestanden. Dem hält die jüngere, vor allem frz. Forschung das Fehlen eindeutiger Zeugnisse dieser ep. Tradition entgegen; sie sieht in der Ch. d. g. eine deutl. literar. Gattung, die im 11. Jh. neu geschaffen wurde (Ch. als »Buchpoesie«); als Quellen werden in Betracht gezogen: 1. chronist. Aufzeichnungen, denen der oft recht magere histor. Kern einer Ch. d. g. entnommen wird; 2. lokale Sagen- und Legendenbildungen um Karl den Großen, um seine Pairs, um volkstüml. Helden aus den (Glaubens)kriegen gegen die Heiden, gebunden an Gedenkstätten, insbes. entlang der großen Heeres- und Pilgerstraßen; und 3. ep. Phantasie (Märchenmotive usw.). Für die Entstehung im 11. Jh. spricht auch, dass in den Ch.s d. g. die dünne histor. Folie von aktuellen polit. Problemen des Hoch-MA.s überlagert ist (Kämpfe gegen die Heiden als Spiegelung der Kreuzzüge; Kämpfe zwischen König bzw.

Kaiser und aufrührer. Vasallen als Spiegelung der hochmittelalterl. Verfassungskonflikte zwischen Zentralgewalt und Territorialherren). – Die Ch. d. g. zeigt, ähnlich den skandinav. ↗ Fornaldarsögur und auch den dt. Heldenepen, eine Tendenz zur zykl. Verknüpfung, oft nach genealog. Gesichtspunkten. Man unterscheidet *3 große Zyklen,* sogenannte »Gesten«:

1. den Zyklus um das Karolingische Herrschergeschlecht *(geste Pépin, Königsgeste):* Zentralfiguren sind Karl der Große und seine 12 Pairs; älteste Gedichte des Zyklus, der insgesamt ca. 15 Werke umfasst, sind das Rolandslied (»Chanson de Roland«, datiert zwischen 1060 und 1130) und die Karlsreise (»Pèlerinage de Charlemagne«, datiert zwischen 1080 und 1150);

2. den Zyklus um das Vasallengeschlecht Garins de Monglane, zu dem u. a. Wilhelm von Orange gehört *(geste Garin,* Wilhelmsgeste): Zentralfiguren sind neben Wilhelm, dessen Neffe Vivien und der zum Christentum bekehrte heidn. Riese Rainoart; ältestes und bedeutendstes Gedicht des Zyklus ist das Wilhelmslied (»Chançun de Guillelme«, entdeckt 1903, datiert zwischen 1075 und 1140); relativ alt ist auch das Epos von der Krönung Ludwigs (des Frommen) (»Li coronemenz Loois«, um 1130); insgesamt ca. 20 Gedichte;

3. die *Empörergeste(n):* gemeinsames Grundmotiv: ein vom König oder Kaiser vermeintl. oder wirkl. begangenes Unrecht veranlasst einen Vasallen zur Auflehnung und zur Verbündung mit inneren oder äußeren Feinden des Reiches; die Kämpfe ziehen sich über mehrere Generationen hin; wichtig ist gerade bei diesen Gedichten ihre Aktualität; ältestes Werk ist »Gormont et Isembart« (Fragment, datiert zwischen 1070 und 1130); weitere Empörerepen:»Raoul de Cambrai« (Ende 12. Jh.), das Gedicht von den 4 Haimonssöhnen (»Quatre fils Aymon«, anderer Titel: »Renaut de Montauban«; Ende 12. Jh.), »Girart de Rossilho« (provenzal.), »Doon de Mayence« (13. Jh.). – Wichtige Epen und kleinere Gesten außerhalb der großen Zyklen: »Amis und Amile« (Ende 12. Jh.), »Huon de Bordeaux« (um 1200), der Zyklus um Ereignisse des 1. Kreuzzuges (ein-

schl. der märchenhaften Epen vom Schwanenritter), das Epos vom Albingenserkrieg (»Canso de la crozada«, provenzalisch). – Die Stoffe der Ch. fanden (z. T. schon sehr früh) Eingang in andere literar. Gattungen: Prosabearbeitungen, umfangreiche kompilator. Werke in Reimpaaren, später auch in Prosa, span. ↗ Romanzen, it. Kunstepen der Renaissance (Ariost, »Orlando furioso«). – Ein selbständiges, von der frz. Ch. d. g. (einschließl. der wenigen prov. Epen) unabhängiges Heldengedicht hat in der mittelalterl. Romania nur noch Spanien mit dem »Cantar de mio Cid« aufzuweisen (↗ Cantar). Bei den anderen span. Heldenepen und insbes. den zahlreichen it. Heldenepen handelt es sich dagegen entweder um Bearbeitungen frz. Ch. d. g. oder um phantasievolle Neuschöpfungen nach deren Vorbild.

K

Chanson de toile, f. [ʃãsõdə'twal; frz. chanson = Lied, toile = Leinwand], auch: Ch.d'histoire, nach dem Gesang beim Weben benannte Gattung der afrz. Liebeslyrik, die eine einfache Liebesgeschichte, meist zwischen Ritter und Mädchen, in ep.-histor. Rahmen erzählt. Form: meist Strophen von drei bis fünf durch dieselbe Assonanz gebundenen Zehnsilblern, abgeschlossen durch eine assonanzfreie Zeile oder zwei in sich assonierenden Refrainzeilen. Spärliche, ausschließl. anonyme Überlieferung: zehn Ch.s d. t. im Wesentl. erhalten, sieben bruchstückhaft. *Berühmtes Beispiel:* das von P. Heyse u. d. T. »Schön Erenburg« ins Deutsche übersetzte »Bele Erembors«. Die Entstehung der Ch. d. t. ist umstritten: aus volkstüml. Wurzeln (K. Bartsch, A. Jeanroy, G. Paris) unter Einfluss höf. Elemente oder Genese aus einer bewusst archaisierenden Richtung der höf. Dichtung (Faral)?

PH

Chanson d'histoire [frz. ʃãsõdis'twa:r] ↗ Chanson de toile.

Chansonnier, m. [ʃãsõ'niɛ'; frz. = Liederdichter, Sänger],
1. Bez. für frz. Liederdichter des 12.–14. Jh.s (↗ Trobador, ↗ Trouvère), im Ggs. zu Ependichtern.

2. Liedersammlung, z. B. der berühmte »Ch. du roi«, (13. Jh.), eine Pracht-Handschrift mit provenzal. Trobadorliedern.
3. In der Neuzeit Sänger von ↗ Chansons.　S

Chantefable, f. [ʃãtˈfaːbl.; frz. Aus chanter = singen und fable = Fabel], Mischform der frz. mal. Literatur aus rezitierten erzählenden Prosapartien und gesungenen monolog. oder dialog. Versabschnitten (↗ Laissen aus assonierenden Siebensilblern). Das einzige überlieferte Beispiel, das auch die Bez. ›Ch.‹ enthält, ist die anonyme Liebesnovelle »Aucassin et Nicolette« (Anfang 13. Jh.); ob weitere Werke dieses Formtypus' verlorengingen, ist ungewiss. – In der Neuzeit versuchte L. Tieck in der »Sehr wunderbaren Historia von der schönen Melusine« (1800) die Form der Ch. nachzubilden.　S

Chant royal, m. [ʃãrwaˈjal; frz. = königl. Lied], frz. Gedichtform des 14.–16. Jh.s, schwierigere Sonderform der ↗ Ballade (1): fünf 8–12-zeil. Strophen (aus Zehn-, seltener Achtsilblern mit jeweils gleichen Reimen) mit ↗ Geleit (↗ Envoi); der letzte Vers der 1. Strophe taucht als Refrain an Strophen- und Geleitende auf: ababccddedE, Geleit: ddedE; behandelt v. a. moral.-didakt., polit., zeitkrit. und relig. Themen (Marienpreis), oft in allegor. Einkleidung. Dichter des Ch. r. sind G. de Machaut, E. Deschamps, J. Froissart, J. und C. Marot, sowie im 19. Jh. bes. Th. de Banville. – Herkunft des Namens zweifelhaft: vielleicht nach der häufig im Geleit genannten Anrede »Roi« oder »Prince« (Fürst oder ein in einem ↗ Puys gekrönter Dichter), vielleicht auch wegen der komplizierten Reimform als »royal« (königlich) apostrophiert.　PH

Chapbooks, Pl. [ˈtʃæpbuks; engl. aus chap < aengl. ceap = Handel, books = Bücher], seit dem 19. Jh. in England belegte Bez. für populäre ↗ Flugblätter, ↗ Broschüren und Bücher von kleinem Umfang und Format, meist mit einfachen Illustrationen (Holzschnitten), die bes. durch fliegende Händler (chapmen) in England und Nordamerika vertrieben wurden (↗ Kolportageliteratur). Neben verschiedenen literar. Kleinformen (Kinderreime, Scherzgedichte, Balladen, Pamphlete, Schwänke, Bibelgeschichten) und Gebrauchsliteratur (Almanache, Kalender, Traktate) wurden in dieser Form vor allem ↗ Volksbücher verbreitet (Hug Schapler, Guy of Warwick, Tom Thumb, Fortunatus, Dr. Faustus, The Beautiful Melusina). – Bedeutende Ch.-Sammlungen in England (British Museum, London; Bodleian Library, Oxford) und in den USA (New York Public Library; Harvard University Library).　HFR

Charakterdrama, entfaltet sich aus der Darstellung eines durch individuelle Eigenschaften geprägten, meist komplexen und widersprüchl. Charakters. Keine fest umrissene dramat. Gattung – die Grenzen zu anderen Formen des Dramas sind fließend: F. Schiller (Egmont-Rezension) stellt dem Ch. einerseits das Handlungs- und Situationsdrama, andererseits eine Form des Dramas, die auf der Darstellung von Leidenschaften beruht, gegenüber; R. Petsch unterscheidet neben dem Ch. Handlungsdrama und ↗ Ideendrama; W. Kayser subsumiert das Ch. unter den umfassenderen Begriff des ↗ Figurendramas, dem er Raumdrama und Geschehensdrama entgegensetzt. – Das Ch. setzt die Entdeckung der menschl. Individualität voraus, insofern ist es eine spezif. neuzeitl. Form dramat. Dichtung; man findet es daher auch überwiegend in den Epochen, die die Autonomie des menschl. Individuums bes. betonen, in der Renaissance (Shakespeare: »Hamlet«, »König Lear«) und im ↗ Sturm und Drang (Goethe: »Götz von Berlichingen«).　K

Charakterkomödie, ihre kom. Wirkung beruht im Ggs. zur ↗ Situationskomödie weniger auf Verwicklungen der Handlungsstränge, als vielmehr auf der (oft einseitig übertriebenen) Darstellung eines kom., komplexen individuellen Charakters. Die Grenzen zur ↗ Typenkomödie sind fließend (vgl. z. B. die Komödien der Aufklärung). Ch.n sind z. B. Shakespeare, »Die lustigen Weiber von Windsor« (Sir John Falstaff), »Der Kaufmann von Venedig« (Shylock), Molière, »Der Geizige«, »Der eingebildete Kranke«, »Tartuffe«, H. v.

Kleist, »Der zerbrochene Krug« (Dorfrichter Adam, Schreiber Licht), G. Hauptmann, »Biberpelz«, »Der rote Hahn« (Frau Wolff). K

Charakterrolle, Rollenfach im Theater: Darstellung eines individuell profilierten, oft komplexen und widersprüchlichen Charakters, z. B. Othello, Hamlet; Wallenstein; Falstaff; Dorfrichter Adam u. a. K

Charaktertragödie, ↗ Tragödie, die sich (vorwiegend) aus den oft extrem individuell geprägten Charaktereigenschaften des (oder der) Helden entwickelt. Der trag. Konflikt beruht dabei meist auf einem durch den Charakter des Helden bedingten Missverhältnis zur Umwelt oder zur Gesellschaft, das häufig in einer Fehleinschätzung der Situation zum Ausdruck kommt. – Beispiele: Shakespeare: »Othello« (Othellos Eifersucht), »Hamlet« (Hamlets Zögern), »König Lear«; Goethe: »Götz von Berlichingen«, »Egmont«, der ›Titanismus‹ der Sturm- und Drang-Helden. K

Charge, f. [ʃarʒə; frz. = Bürde (eines Amtes)], im Theater eine Nebenrolle mit meist einseitig gezeichnetem Charakter, z. B. der Derwisch in Lessings »Nathan« oder der Kammerdiener in Schillers »Kabale u. Liebe«. Die Gefahr der Übertreibung (↗ Karikatur), die in der Darstellung dieser Rollen liegt, prägte die Bedeutung des Verbums *chargieren* = mit Übertreibung spielen. S

Charonkreis [ˈca:rɔn; Charon = myth. Fährmann über ›Urgewässer‹ ins ›Seelenreich‹], Berliner antinaturalist. Dichterkreis um den Lyriker O. zur Linde und seine Zeitschrift »Charon« (begr. mit R. Pannwitz, 1904–1914, danach »Charon-Nothefte« 1920–22). Programmat. Ziel des Ch.es war es, durch einen in der Dichtung neu zu erschaffenden, nord. geprägten Urweltmythos eine gesellschaftl. Erneuerung herbeizuführen – weg von der materialist. »Totschlagwelt« hin zur Rückbesinnung auf innerseel. und kosm. Kräfte. Die Dichtungen (die Züge des ↗ Expressionismus vorwegnehmen) gestalten subjektive, gedankenund bildbefrachtete kosm. Erlebnisse in visio-

när-ekstat. Sprache; feste metr. Formen werden zugunsten der »Eigenbewegung« eines sog. »phonet. Rhythmus« abgelehnt (vgl. das poetolog. Programm in der Streitschrift »Arno Holz und der Charon«, 1911). Neben O. zur Linde (»Die Kugel, eine Philosophie in Versen«, 1909, »Thule Traumland«, 1910, »Charont. Mythus«, 1913 u. a.) gehörten zum Ch. R. Pannwitz (bis 1906), K. Röttger, B. Otto, R. Paulsen, E. Bockemühl. IS

Charta, f. [lat.; aus gr. chartes = Blatt], ursprüngl. Blatt aus dem Mark der Papyrusstaude (zur Herstellung vgl. Plinius d. Ä., 23–79 n. Chr.: »De papyro capita«; gedruckt 1572); dann verallgemeinert für alle Arten von Schreibmaterialien (vgl. auch dt. *Karte*) und für Buch. – Im MA. bes. in der Bedeutung ›Urkunde‹ (neben Diploma), vgl. z. B. »Magna Charta libertatum« (1215, die älteste europ. Verfassungsurkunde); auch noch in der Neuzeit, z. B. »Ch. der Vereinten Nationen«. S

Chaucer-Strophe [tʃɔːsə-], auch rhyme royal, von dem engl. Dichter G. Chaucer (14. Jh.) möglicherweise nach prov. Vorbildern in die engl. Dichtung eingeführte Strophenform aus 7 jamb. Fünfhebern (↗ heroic verses), Reimschema ababbcc. Sie ist die dominierende Strophenform der engl. Epen und Lehrgedichte des 15. Jh.s (Chaucer: »Troilus and Criseyde«, »The Parlament of Foules«, Teile der »Canterbury Tales«); auch im 16. Jh. noch sehr beliebt (Shakespeare, »The Rape of Lucrece«), tritt jedoch dann an Bedeutung hinter die ↗ Spenser-Stanze zurück, nach deren Vorbild sie von einzelnen Autoren (J. Donne, später J. Milton) gelegentl. variiert wird (Reimschema ababccc, Schlusszeile ein Alexandriner); im 17. und 18. Jh. selten, z. B. bei Th. Chatterton, zwar mit dem von Chaucer eingeführten Reimschema dem abschließenden Alexandriner nach dem Vorbild der Spenser-Stanze: sog. *Chatterton-Strophe*. Im 19. und 20. Jh. verschiedene Versuche, die Ch. St. wiederzubeleben (W. Morris, J. Masefield); neue Varianten finden sich bei R. Browning (Reimschema ababca) und J. Thomson (Reimschema ababccb: sog. *Thomson-Strophe*). K

Chevy-Chase-Strophe [ˈtʃɛviˈtʃeis, engl.], auch: Balladenstrophe, Ballad-Stanza, Balladmetre; Strophenform zahlreicher engl. Volksballaden; Bez. nach der ↗ Ballade von der Jagd auf den Hügeln von Cheviot, welche die Balladensammlung Th. Percys (»Reliques of Ancient English Poetry«, 1765) eröffnet. Die Ch.-Ch.-St. ist eine 4-zeil. Strophe, bei der 4-Heber (1. u. 3. Zeile) und 3-Heber (2. u. 4. Zeile) abwechseln; die Versfüllung ist frei, die ↗ Kadenzen sind durchgehend männl., meist reimen nur Vers 2 und 4, daneben findet sich auch Kreuzreim; Abweichungen vom Grundschema (z. B. 6-zeil. Strophen mit Reimschema abxbxb und Strophen mit ausschließl. 4-heb. Versen) sind häufig und finden sich in der Chevy-Chase-Ballade selbst. – Die Ch.-Ch.-St. erscheint seit mittelengl. Zeit (z. T. mit variierten Kadenzen) auch sonst in der Lyrik, häufig im Volkslied und im Kirchenlied, hier mit der Tendenz zur Alternation *(Servicestanza);* seit dem 18. Jh. auch in der Kunst-Ballade (S. T. Coleridge, »The Ancient Mariner«). Sie findet sich aber auch in der dt. und skandinav. Dichtung des Spät-MA.s (Hugo von Montfort, dt. und skandinav. Volksballaden, z. B. »Ballade von der schönen Lilofee«, Kirchenlieder); ihr Schema liegt auch der island. ↗ Rima zugrunde. – Im 18. Jh. wird die Ch.-Ch.-St. nach engl. Vorbild in die dt. Dichtung erneut eingeführt, zunächst v. a. in Gedichten vaterländ. Inhalts (F. G. Klopstock, »Heinrich der Vogler«, 1749, J. W. L. Gleim, »Preuß. Kriegslieder von einem Grenadier«, 1758). Klopstocks und Gleims Ch.-Ch.-St.n haben streng jamb. Gang; Klopstock verwendet sie ohne Reim; im 19. Jh. wird die Ch.-Ch.-St. zu einer beliebten Form der Kunstballade (z. B. M. v. Strachwitz, »Das Herz von Douglas«; Th. Fontane, »Archibald Douglas«, – hier jeweils mit freier Versfüllung). Häufig begegnet in der neueren Balladendichtung auch eine Strophenform, die durch Verdoppelung des Schemas der Ch.-Ch.-St. entsteht (z. B. Goethe, »Der Fischer«; Th. Fontane, »Gorm Grymme«). **K**

Chiasmus, m. [lat. = in der Form des griech. Buchstabens chi = χ, d. h. in Überkreuzstellung], ↗ rhetor. Figur, überkreuzte syntakt. Stellung von Wörtern zweier aufeinander bezogener Wortgruppen oder Sätze, dient oft der sprachl. Veranschaulichung einer ↗ Antithese, z. B. »*Eng* ist die *Welt* und das *Gehirn* ist *weit*« (Schiller, »Wallenstein«). Gegensatz ↗ Parallelismus. **S**

Chiave, f. [it. = Schlüssel] ↗ Stollenstrophe.

Chiffre, f. [ˈʃifr; frz. = Ziffer, Zahlzeichen, aus mlat. cifra aus arab. sifr = Null],
1. Namenszeichen, Monogramm.
2. Geheimschrift, bei der jeder Buchstabe (Zeichen) nach einem bestimmten System (Code) durch einen anderen ersetzt wird (Chiffrierung).
3. Stilfigur der modernen Lyrik, seltener des Romans: einfache, meist bildhaft-sinnfällige Wörter oder Wortverbindungen, die ihren selbstverständlichen Bedeutungsgehalt verloren haben u. ihren Sinn aus der Funktion in einem vom Dichter selbst gesetzten vieldeutigen System von Zeichen u. Assoziationen erhalten; z. B. ›Flug‹ für den als Aufbruch in Unbekanntes, Unendliches verstandenen Prozess des Dichtens bei Loerke. **HSt**

Chiffre-Gedicht, ein aus einzelnen Versen anderer Gedichte zusammenzustellender Text, für den statt der Verse selbst nur ihr Fundort (Band, Seite, Zeile) zitiert wird. Beispiele im Briefwechsel Marianne von Willemers mit Goethe. – vgl. auch ↗ Cento. **HSt**

Choliambus, m. [lat.-gr. = Hinkiambus, zu gr. cholos = lahm], antikes Versmaß; iambischer ↗ Trimeter, dessen letzter Halbfuß durch einen ↗ Trochäus ersetzt ist: ◡–◡–| ◡–◡–|◡––◡̆. Auf Grund der durch den unerwarteten Rhythmuswechsel verursachten Verzerrung des iamb. Ganges (daher »Hinkiambus«) eignet sich der Ch. bes. für den Gebrauch in kom. und satir. Gedichten. – Der Ch. findet sich zuerst in den Spottgedichten des Hipponax von Ephesos (6. Jh. v. Chr.), in hellenist. Zeit begegnet er bei Kallimachos und in den ↗ Mimiamben des Herondas; Eingang in die röm. Dichtung erhält er durch die ↗ Neoteriker und durch Catull, dessen acht in Choliamben abgefasste Gedichte immer wieder zu Nachahmungen anregen (u. a. Vergil, Petronius, Martial). – Der älteste Versuch einer *dt. Nachbildung* des Ch. stammt von Ph. von Zesen (»Deutscher Helikon«, [4]1656): choliamb. Verse auf der Grundlage des ↗Alexandriners, mit ↗Kreuzreim (daher ↗Quatrains): z. B.»Der éulen schóner tóon / muss déinen réim zíren«. Genauer sind die Nachbildungen bei A. W. Schlegel (Spottgedicht»Der Choliambe«:»Der Chóliámbe schéint ein Vérs für Kúnstríchter/ ...«) und F. Rückert. Neben ›Hinkiamben‹ begegnen gelegentl. ›Hinktrochäen‹, in antiker Dichtung bei Varro (trochäische Hink-↗Tetrameter), in dt. Dichtung bei Rückert (z. B.»Seelengeschenk«:»Méine Séele zú verschénken, wénn ich Mácht hätte«) und Platen (z. B.»Falsche Wanderjahre«:»Wólltest gérn im Díchten déine Lúst súchen,/Kléiner Pústkúchen«).   K

Chor, m., griech. *choros* bez. ursprüngl. Die für die Aufführung kult. Tänze abgegrenzte Fläche, wurde dann (metonym.) auf den mit Gesängen verbundenen Tanz, weiter auf die Gesamtheit der an Gesang und Tanz beteiligten Personen und den Text des beim Tanz vorgetragenen Gesangs (↗Chorlied) übertragen. *Der altgr. Ch.* bestand aus einem Ch.führer (↗*koryphaios, exarchon, hegemon*) und einer wechselnden Anzahl von Sängern/Tänzern (↗Choreuten); bezeugt sind Chöre von 7–12, 15, 24, 50 bis 100 Personen. Bei der Aufführung war der Ch. im Viereck, gegliedert in Reihen *(stoichoi)* oder im Kreis *(kyklios)* aufgestellt, Letzteres ist v. a. für den ↗Dithyrambus bezeugt. Älteste Form einer chor. Aufführung war wohl der Vortrag durch den *exarchon,* unterbrochen durch die refrainart. Rufe des Ch.s; es gab Doppelchöre, abwechselnd singende oder respondierende Halb- und Drittelchöre. – In chor. Aufführungen dieser Art liegt die Wurzel des griech. Dramas: während sich die ↗Komödie aus phall. Gesängen anlässl. der Phallophorien (Phallusumzüge) entwickelte, ist die ↗Tragödie aus dem dionys. Dithyrambus entstanden, der bereits die Grundformen zeigt, die den äußeren Rahmen des späteren trag. Spiels bilden: ↗Parodos (Gesang beim Einzug des Ch.s), ↗Stasimon (Standlied) und ↗Exodos (Gesang beim Auszug des Ch.s). Der entscheidende Schritt von der chor. Aufführung zum Drama wird dann durch die Einführung des Schauspielers (↗Hypokrites) vollzogen. Auch im Drama befindet sich der Ch. während der ganzen Aufführung auf der Bühne; bei Aischylos bleibt er noch wesentl. Bestandteil der Tragödie und ist fest in die Handlung integriert (vgl. v. a.»Die Perser« und»Die Hiketiden«), bei Sophokles dagegen zeichnet sich bereits die Tendenz ab, die Ch.-partien zugunsten der Dialogpartien einzuschränken, hier steht der Ch. schon außerhalb des dramat. Geschehens und hat nur noch deutend-betrachtende und allenfalls mahnende, warnende und bemitleidende Funktion. Bei Euripides schließl. sind die Ch.lieder zu lyr. Intermezzi geworden, die die einzelnen Epeisodia voneinander scheiden; an ihn schließt sich Seneca an, bei dem der Ch. aktgliedernde Funktion hat (↗Akt). In den Komödien des Aristophanes ist der Ch. (insbes. durch den Ch.führer) weitgehend in die Handlung einbezogen, andererseits wendet er sich jedoch, die dramat. Handlung unterbrechend, in der ↗Parabase unmittelbar ans Publikum; die jüngere Komödie verzichtet, aus finanziellen Gründen, meist auf den (kostspiel.) Ch.; sofern sie Chöre verwendet, haben diese den Charakter lyr. Einlagen; dies gilt auch für die röm. Komödie. Außerhalb dramat. Aufführungen sind lyr. Ch.-Darbietungen bis in die Kaiserzeit bezeugt (↗Chorlied, Dithyrambus). – *Der Ch. in MA. und Neuzeit.* Im ↗geistl. Spiel des MA.s ist der Ch. Bestandteil des festl. liturg. Rahmens. – Die Chöre im Drama des 16. Jh.s (↗*Humanistendrama*) dienen, nach dem Vorbild der Tragödien des Seneca, der Aktgliederung (können aber auch durch Zwischenaktmusik ersetzt sein); Seneca verpflichtet sind auch die ↗Reyen in den Trauerspielen von A. Gryphius und D. C. v. Lohenstein (↗*schles. Kunstdrama),* die häufig, insbes. bei Lohenstein, zu umfangreichen allegor. Zwischenspielen ausgeweitet sind. Shakespeare und in seiner Nachfolge die ↗engl. Komödianten in Deutschland bez. als »Chorus« nurmehr den kommentierenden Prolog- und Epilogsprecher. – Das *klassizist. Drama* lehnt den Ch. als unnatürlich ab; es ersetzt ihn als beratendes, warnendes, bemitleidendes Organ durch die Figur des oder der Vertrauten; J. Racine verwendet (aktgliedernde) Chöre ledigl. in seinen bibl. Dramen (»Athalie«, »Esther«). Sieht man von der Oper als einem Versuch, die griech. Tragödie grundsätzl. zu erneuern ab, sind die – meist gescheiterten – Ansätze zur Einführung des Ch.s in das moderne (dt.) Drama nach griech. Vorbild nicht zu trennen von der Diskussion seiner *Funktion* in der Wirkungsästhetik der Tragödie; die unterschiedl. Standorte, die bei dieser Diskussion bezogen wurden, erweisen sich dabei als abhängig von dem jeweil. Bezugspunkt (Euripídes/Sophokles oder Aischylos). Eine Sonderstellung nimmt F. G. Klopstock ein, in dessen ↗ Bardieten der Ch. als Verkörperung eines nationalen Volkswillens *(volonté générale)* im Befreiungskampf der german. Völker eigentl. Träger der Handlung ist. Für A. W. Schlegel und F. Schiller (orientiert v. a. an Euripides) ist der Ch. der griech. Tragödie ein idealisierter Zuschauer; er begegnet der dramat. Handlung durch Reflexion, durch »beruhigende Betrachtung«, in der der »Sturm der Affekte« aufgehoben und die Harmonie wiederhergestellt ist; er leitet dadurch die ↗ Katharsis ein (Schiller, »Über den Gebrauch des Ch.s in der Tragödie«). Schiller sieht in der Wiedereinführung des Ch.s in die Tragödie darüber hinaus ein entscheidendes Mittel, dem »Naturalismus in der Kunst« entgegenwirkend, das idealist. Drama zu schaffen, in dem die »moderne, gemeine Welt« in eine Welt poet. Freiheit verwandelt wird. Für G. W. F. Hegel, der im Wesentl. von Sophokles ausgeht, bedeutet der Ch. nicht nur das Allgemeine im Sinne der »Reflexion über das Ganze« gegenüber den »in besonderen Zwecken und Situationen befangenen« Individuen, sondern ist selbst notwend. Teil der dramat. Handlung, allerdings nur, insofern er die »geist. Szene« darstellt, vor der die individuellen Konflikte erst sichtbar werden (Hegel, Vorlesungen über Ästhetik). Im Ggs. zu den idealist. Deutungen des Ch.s und seiner kathart. Funktion sieht F. Nietzsche, vom Ursprung der Tragödie im dionys.

Dithyrambus ausgehend, die Wirkung des Ch.s nicht in der »apollin.« Reflexion, sondern im dionys. »Rausch«, der, von den Choreuten ausgehend, die »Masse« der Zuschauer erfasst (Nietzsche, »Die Geburt der Tragödie«). W. Schadewaldt weist mit Bezug v. a. auf Aischylos, aber auch auf Sophokles, auf die religiöse Bedeutung des Ch.s in der griech. Tragödie hin (Schadewaldt, »Antike Tragödie auf der modernen Bühne«). Trotz der intensiven Diskussion hat sich der Ch. im neueren dt. Drama kaum durchzusetzen vermocht; er erscheint z. B. in Schillers »Braut von Messina« (1803, nach einzelnen Versuchen der Brüder Stolberg und J. G. Herders), in Goethes Festspiel »Pandora«, in »Faust II« und in A. v. Platens Literaturkomödien (nach aristophan. Vorbild). Auch im jüngsten Drama ist eine Reihe bemerkenswerter Experimente mit dem Ch. zu verzeichnen (↗ Expressionismus, T. S. Eliot, »Murder in the Cathedral« – deutl. mit kult. Charakter; M. Frisch, P. Weiss, »Gesang vom lusitan. Popanz«, »Vietnam-Discurs«). Schadewaldts Deutung des Ch.s hat v. a. in neueren Versuchen Niederschlag gefunden, das »Ch.problem« bei der Rezeption griech. Tragödien auf dem modernen Theater zu lösen, in Zusammenarbeit v. a. mit dem Komponisten C. Orff (Bearbeitungen von »Ödipus der Tyrann«, »Antigonae«, »Prometheus«) und Regisseuren wie G. R. Sellner. **K**

Choral, m. [nach mlat. cantus choralis =] Chorgesang], einstimmiger Kultgesang der christl. Kirchen: 1. der (unbegleitete) gregorian. Gesang (oder Ch.) der kath. Kirche; 2. das von der evangel. Gemeinde gesungene ↗ Kirchenlied (Melodie aus gleichen rhythm. Werten, meist halbe Noten, akkord. begleitet). **IS**

Choreg, m. [gr. choregos = Chorführer], der griech. Antike vermögender Bürger, der bei kult. Festen die (kostspieligen) Pflichten der *choregia* übernimmt, d. h. die Aufstellung, Ausbildung, Ausstattung und Unterhaltssicherung des ↗ Chors, oft auch die künstler. Leitung der chor. Aufführung. Bei Wettkämpfen wie z. B. den jährl. Dramenwettkämpfen anlässl. der att. ↗Dionysien werden die Ch.en gleichermaßen geehrt wie die Dichter; auf den Siegerlisten (↗Didaskalien) werden Dichter und Ch.en nebeneinander genannt. Die allgemeine Verarmung nach den Peloponnesischen Kriegen (Ende 5. Jh. v. Chr.) hatte zunächst die Übernahme der *choregia* durch die Staatskasse, später den weitgehenden Verzicht auf Chöre im Drama überhaupt zur Folge.   K

Choreus, m. ↗Trochäus.

Choreut, m. [gr. choreutes], maskierter Chorsänger oder -tänzer im altgr. ↗Chor.; ihre Zahl wechselte stets nach Art des Chors: sie betrug bei Tragödien zunächst 12, seit Sophokles 15, bei Komödien 24, bei Satyrspielen 12, bei Dithyramben oft 50; sie waren während der chor. bzw. dramat. Aufführung (zwischen ↗Parodos und ↗Exodos) in Reihen oder im Kreis in der ↗Orchestra aufgestellt.   K

Choriambus, m. [lat.-gr.], antiker Versfuß der Form $-\cup\cup-$, von antiken Metrikern gedeutet als Zusammensetzung aus einem Choreus (= Trochäus) und einem Jambus; neben der äol. Basis der wichtigste rhythm. Baustein der ↗äol. Versmaße. Rein choriamb. Verse sind selten; sie begegnen vereinzelt in der griech. Chorlyrik und in den Plautin. ↗Cantica (z. B. »Menander«, v. 110). Dt. *Nachbildungen* finden sich in Goethes »Pandora«, z. B. »Mühend versénkt/ángstlich die Sínn/ Sích in die Nácht ...« (v. 789 ff.). Die Nachbildungen der durch die zwei bzw. drei Choriamben charakterisierten ↗Asklepiadeen in der dt. und engl. Dichtung werden dabei in engl. Terminologie auch einfach als ›Choriamben‹ bez.; sie finden sich u. a. bei J. H. Voß, A. v. Platen (»Serenade«), J. Weinheber und bei A. Ch. Swinburne (»Choriambics«); choriamb. Charakter zeigen auch Varianten dieser Verse (z. B. St. George, »An Apollonia«).   K

Chorlied (chor. Poesie), lyr. Dichtung für den (ursprüngl. meist mit rituellen Tänzen, Märschen oder Prozessionen verbundenen) Gesangsvortrag durch einen ↗Chor. Ggs.: die von einem einzelnen vorgetragene ↗Monodie.

– Das Ch. kommt als Kultlied, Arbeitslied, Marschlied, Hochzeitslied und Totenklage bei fast allen Völkern schon auf primitiver Stufe vor. Erste literar. Entfaltung auf höchstem Niveau erfährt es v. a. im antiken Griechenland. *Die griech. Chorlyrik* ist kult. Ursprungs; ihre Anfänge weisen in vorhomer. Zeit. Frühformen waren wohl die refrainart. Rufe des Chores während bzw. am Ende eines Einzelvortrags durch den Chorführer (exarchon, ↗koryphaios). Ihre kunstmäß. Ausbildung beginnt im 7. Jh.; sie ist im Wesentl. das Werk ion. Dichter; Zentren sind zunächst Sparta (Gestaltung von Jungfrauenchören durch Terpander und die 1. spartan. Katastasis = »Schule«; Gestaltung von Männer- und Knabenchören durch Thaletas und die 2. spartan. Katastasis; Tyrtaios; Alkman) und Korinth (erste literar. Gestaltung des ↗Dithyrambus durch Arion?); wesentl. Neuerungen bei der kunstmäß. Ausgestaltung der Gattung sind die Aufnahme ep. Stoffe und die persönl. Aussage (die altgriech. Chorlyrik ist also nicht an kollektiv erfahrbare Inhalte gebunden!). Zentren der Chorlyrik des 6. Jh.s sind die Tyrannenhöfe, insbes. der Hof des Peisistratos in Athen (Stesichoros; Ibykos). Die Neuordnung der athen. Dionysien nach dem Sturz der Peisistratiden gegen Ende des 6. Jh.s und die damit verbundenen Chorwettbewerbe führen zu einer Blüte des *Dithyrambos*, aus dem dann, durch die Einführung des Schauspielers und die Aufnahme mimet. Elemente in die chor. Aufführung, die ↗*Tragödie* entwickelt wird. Im Rahmen der nationalen Sportfeste (olymp., pyth., nemeische, isthm. Spiele), deren Bedeutung mehr und mehr wächst, entfaltet sich, ebenfalls seit dem Ende des 6. Jh.s, das ↗*Epinikion*. Durch diesen doppelten Aufschwung vorbereitet, erlebt die gr. Chorlyrik im 5. Jh. ihren Höhepunkt (Simonides; Bakchylides; Pindar – Letzterer pflegt vor allem das Epinikion). Die Pflege des Ch.es dauert in hellenist. Zeit fort (u. a. sogenannter neuer Dithyrambus). – Die röm. Chorlyrik schließt sich, von den altlat. Kultgesängen des carmen Arvale und carmen Saliare (↗Carmen) abgesehen, an die hellenist. Tradition an. – *Wichtige Gattungen des griech. Ch.es* sind: Hymnos (Festgesang zu Ehren der Götter oder eines Gottes, vgl. ↗ Hymne), Dithyrambos (enthusiast.-ekstat. Festgesang auf Dionysos), ↗ Päan (Männerchor zu Ehren Apollons), Daphnephoriakon (Mädchenchor zu Ehren Apollons und der Daphne), Adonidion (auf Adonis), ↗ Threnos (Totenklage und Totenpreislied), Jalemos (leidenschaftl. Klage um einen Verstorbenen); Linos (auch: ailinos; ländl.-volkstüml. Klagelied, ursprüngl. auf Linos bezogen); ↗ Hymenaeus (Hochzeitslied); ↗ Enkomion (Lied beim Festzug); Embaterion (Marschlied); ↗ Epinikion (Siegesgesang anlässl. eines Sieges im sportl. Wettkampf), ↗ Skolion (Trinklied) u. a. *Formen des griech. Ch.es* in der Tragödie sind: ↗ Parodos (Einzugslied), ↗ Stasimon (Standlied), ↗ Exodos (Auszugslied); hinzu kommen ↗ Amoibaion und ↗ Kommos als Wechselgesänge zwischen Chor und Schauspieler(n). Neben stroph. Ch.ern begegnen triad. Kompositionen mit ↗ Strophe (↗ Stollen), Antistrophe (Gegenstollen) und ↗ Epode (↗ Abgesang) (Höhepunkt bei Pindar; daher diese Form als ↗ Pindarische Ode bezeichnet) und Gedichte aus Strophenpaaren mit eigenen metrischen Schemata (v. a. in der Tragödie); seit dem Ende des 5. Jh.s kommen fortlaufende astrophische, oft polyrhythm. Kompositionen hinzu; grundsätzl. hat jedes Ch. sein eigenes metr. und musikal. Schema. Wichtigstes Begleitinstrument ist der aulos (Flöte). – *Altgerm. Ch.er* sind mehrfach bezeugt, jedoch nicht überliefert; eine typ. und dem altgr. Chor durchaus vergleichbare Form war vermutl. die Frühform des ↗ Leichs als Verbindung von Tanz, mimet. Spiel und chor. Gesang. – *Im MA.* entfaltet sich eine reiche Chorlyrik v. a. im liturg. Bereich (Choral, Kirchenlied). *In der Neuzeit* bevorzugt gepflegte Formen des Ch.es sind, neben Kirchenlied und Prozessionslied, das Soldatenlied (Marschlied), Tanzlied und Trinklied, Gesellschaftslied u. a. K

Chrestomathie, f. [aus gr. Chrestos = brauchbar und manthánein = lernen (wissen)], für den Unterricht bestimmte Sammlung ausgewählter Texte oder Textauszüge aus den Werken bekannter Autoren. Spezif. Sammlungen für die Schule erwähnt als erster Platon, die Bez. ›Ch.‹ taucht jedoch erst in der röm. Kaiserzeit auf, z. B. für Werke des Strabon (63 v.–19 n.Chr.), des Grammatikers Proklos oder des Johannes Stobaios (5. Jh.). Ch.n sind, z. T. auch unter anderen Bez., im Abendland in allen Jahrhunderten verbreitet. In Deutschland findet sich die Bez. ›Ch.‹ seit dem 18. Jh. in der wissenschaftl. Terminologie. ↗ Anthologie. GS

Chrie, f. [gr. chreia = Gebrauch, Anwendung], 1. Sentenz, prakt. Lebensweisheit, moral. Exempel (↗ Gnome, ↗ Apophthegma, auch ↗ Anekdote); früheste Belege bei den Sokratikern, Sammlungen von Ch.n waren bes. in der Stoa beliebt. 2. Bez. der antiken ↗ Rhetorik für die detaillierte Behandlung (expolitio) eines solchen Exempels in der Rede, oft nach vorgegebenem Gliederungsschema (z. B. dem ›Inventionshexameter‹ quis, quid, cur, contra, simile et paradigmata testes); gehörte als Einführung in die Kunst des Redens (Schreibens) zur Propädeutik des antiken und mal. Rhetorik-Unterrichts. Nachwirkungen bis in den Schul(aufsatz)unterricht des 19. Jh.s. S

Christlich-Deutsche Tischgesellschaft, Dichterkreis der ↗ Romantik, begründet Anfang 1811 von A. von Arnim, Mitglieder u. a. C. Brentano, J. F. Reichardt, H. v. Kleist, Adam Müller, J. G. Fichte, F. K. von Savigny, J. von Eichendorff, A. von Chamisso, F. de la Motte Fouqué, A. N. von Gneisenau. V. a. polit. orientiert, wandte sich die Ch.-Dt. T. publizist. gegen Napoleon I. (finanzielle Unterstützung des Berliner Landsturms 1813, Teilnahme Savignys, Arnims, Fichtes), gegen K. A. Hardenbergs Reformen und die Metternichsche Restaurationspolitik (Brentano: »Der Philister vor, in und nach der Geschichte. Scherzhafte Abhandlung«, 1811). Die Ch.-Dt. T. wurde seit 1816 als ›Christlich-Germanische T.‹ von Brentano und den Brüdern E. L. und L. von Gerlach weitergeführt. Wesentl. konservativer, vertrat sie die Ideen K. L. von Hallers (»Staatswissenschaften«, 1816 ff.: patriarchal.-legitimist. Staatstheorie auf christl. Grundlage) und fand auch beim späteren König Friedrich Wilhelm IV. Unterstützung. 1831–41 erschien als ihr Organ das »Berliner Polit. Wochenblatt«.

IS

Christmas Pantomimes [ˈkrısməs ˈpæntəmaimz, engl.], in England zur Weihnachtszeit aufgeführte burleske ↗Ausstattungsstücke: Harlekinaden nach Themen aus Märchen, Sage und Geschichte mit musikal. und akrobat. Einlagen, Zauber- und Lichteffekten; Blütezeit im 18. und beginnenden 19. Jh., auch heute noch beliebt.   MS

Chronik, f. [gr. chronicon, lat., mlat. chronica = Zeitbuch], Gattung der Geschichtsschreibung, begegnet seit der Spätantike bis zum 16., 17. Jh. Im Ggs. zu den ↗Annalen mit ihrem reihenden Prinzip fassen die Ch.en größere Zeitabschnitte zusammen und versuchen, sachl. und ursächl. Zusammenhänge zwischen den Ereignissen und chronolog. Phasen herzustellen. Die histor. Dokumentation ist oft vermengt mit dem Schulwissen der Zeit und sagen- und legendenhaften Erzähltraditionen. Die erzähler. Einschiebsel verdichten sich bisweilen zu selbständ. poet. Formen wie ↗Anekdote, ↗Novelle (vgl. z. B. die Lukrezia-Novelle in der »Kaiserch.«). – Ch.en gehen häufig von den Anfängen der Welt aus und ordnen die Geschehnisse in den Rahmen der Heilsgeschichte ein, sind *Welt-Ch.en,* in denen Welt- und Heilsgeschichte von der Schöpfung an dargestellt wird. Gegliedert sind sie meist nach der durch Augustin eingebürgerten Einteilung der Geschichte in sechs Weltalter (das letzte mit Christi Geburt beginnend) und nach der auf Hieronymus und Orosius zurückgehenden Lehre von den vier Weltreichen. – Die Grenzen zwischen den verschiedenen Formen der frühen Geschichtsschreibung (↗Annalen, Ch., ↗Historie) sind fließend, die Bez. häufig synonym verwendet: die »Annalen« des Tacitus (1. Hä. 2. Jh., so betitelt erst im 16. Jh.) oder die »Annales« Lamperts v. Hersfeld (11. Jh.) tendieren stark zur Ch. und Historie. – Nach den Anfängen in der Spätantike, der »Chronikoi kanones« des Eusebios von Caesareia (4. Jh.) und deren erweiternder Bearbeitung durch Hieronymus (4./5. Jh.), nach der »Chronica maiora« Isidors von Sevilla (6./7. Jh.) und den lat. Welt-Ch.en von Regino von Prüm (9./10. Jh.) oder von Frutolf v. Michelsberg (um 1100) erlebt die chronist. Geschichtsschreibung ihre Blütezeit im Hoch-MA. v. a. durch Ekkehards v. Aura »Chronicon universale« (ca. 1120) und Ottos von Freising »Chronica sive historia de duabus civitatibus« (Mitte 12. Jh.), dem Höhepunkt der lat. Weltchronistik. *In dt. Sprache* sind zu nennen die niederdt. »Sächs. Welt-Ch.« (ca. 1237, vermutl. von Eike v. Repgow, die älteste Welt-Ch. in dt. Prosa), die »Christherre-Ch.« (13. Jh.), die Welt-Ch.en in Reimversen (↗Reim-Ch.en) von Rudolf v. Ems (um 1250, nur bis zum Tode Salomons gediehen, damit eine ↗Reimbibel geblieben), Jansen Enikel (Ende 13. Jh.), Heinrich von München (Anf. 14. Jh.) oder die spätmal., mit Holzschnitten illustrierte W.-Ch. des Hartmann Schedel (lat. u. dt. Ausgabe, gedruckt 1493). Die Fülle der überlieferten Ch.n lässt sich ordnen 1. nach der Sprache (lat. u. volkssprachl. Ch.en), 2. nach der Form (Prosa-, Reim-Ch.en), 3. nach dem Inhalt: *Welt-Ch.en, Kaiser-Ch.en* (ältestes dt.sprach. Beispiel die »Kaiser-Ch.« um 1150), *Landes-Ch.en* (z. B. Ottokars »Österr. Reim-Ch.«, Anf. 14. Jh., die »Braunschweiger Fürsten-Ch.«, um 1300, Ernsts v. Kirchberg »Mecklenburg. Reim-Ch.«, 14. Jh.), *Deutschordens-Ch.en* (»Livländ. Reim-Ch.«, Ende 13. Jh.; Nikolaus' v. Jeroschin »Krônike von Pruzinlant«, 1331 ff.), *Kloster-Ch.en* (z. B. Priester Eberhards »Gandersheimer Reim-Ch.«, 1216/18), *Stadt-Ch.en* (z. B. Gotfrid Hagens »Boich van der stede Colne«, 1270 oder die »Magdeburger Schöppen-Ch.«, Ende 14. Jh.) und *Geschlechter-Ch.en* (z. B. die »Zimmerische Ch.«, 1566), ferner 4. nach der Ausstattung *Bilder-Ch.en* (seit 14. Jh., z. B. Ulrichs v. Richenthal Ch. des Konstanzer Konzils, 1414–18).

HFR/MS

Chronikale Erzählung, Sonderform der ↗histor. Erzählung: ein in der Vergangenheit spielendes Geschehen wird so dargestellt, als sei der Bericht darüber in unmittelbarer zeitl. Nähe zum Vorfall abgefasst worden. Der Autor tritt angebl. nur als Hrsg. einer (fiktiven) Chronik oder eines chronikähnl. Manuskripts

(Tagebuch, Briefe u. a.) auf; die Rolle des Erzählers wird einem dem Geschehen nahestehenden ›Chronisten‹ zugewiesen. Der Autor berichtet (oft in einer Rahmenhandlung) über den Zustand des Textes, greift bisweilen ›überarbeitend‹ und ›erklärend‹ ein oder ›ergänzt Lücken‹ im fiktiven Manuskript. Eine breit ausgestaltete Geschichte des Textfundes oder ein sich vom Rahmen abhebender archaisierender Stil verstärken die Fiktion der ch.n E. Die ch. E. nähert sich der histor. E., wenn sich der Autor nur kurz zu Wort meldet, überhaupt nicht auftritt oder selbst als Erzähler nach angebl. oder wirklicher, frei bearbeiteter Überlieferung fungiert (z. B. Stendhal, »Chroniques italiennes«, 1839, Th. Fontane, »Grete Minde«, 1880). Nach dem satir. »Auszug aus der Chronike des Dörfleins Querlequitsch, an der Elbe gelegen« (1742) von G. W. Rabener, wird die ch. E. (wie überhaupt die histor. Erzählung allgemein) in der Romantik beliebt (C. Brentano, E. T. A. Hoffmann) und erreicht ihre Blüte im 19. Jh.: Großen Erfolg hatte W. Meinholds (effektvoll die Sprache des 17. Jh.s imitierende) »Maria Schweidler, die Bernsteinhexe, ... nach einer defecten Handschrift ihres Vaters ...« (1843, im selben Jahr noch dramatisiert von H. Laube); gepflegt wurde die ch. E. auch von H. W. Riehl, A. Stifter, W. Raabe (»Die Gänse von Bützow«, 1865), und bes. Th. Storm (»Aquis submersus«, 1876, »Renate«, 1878, »Zur Chronik von Grieshuus«, 1884 u. a.) und C. F. Meyer (»Das Amulett«, 1873, »Der Heilige«, 1879; »Plautus im Nonnenkloster«, 1882, »Die Hochzeit des Mönches«, 1884 u. a.).

HFR

Chronogramm, n. [gr. = Zahl-Inschrift], lat. Inschrift oder Aufzeichnung, in der bestimmte lat. Großbuchstaben, die auch als Zahlzeichen gelten, herausgehoben sind und die in richtiger Ordnung die Jahreszahl eines histor. Ereignisses ergeben, auf das sich der Satz direkt oder indirekt bezieht, z. B. »IesVs nazarenVs reX IVDaeorVM« (M = 1000, D = 500, X = 10; 4-mal V = 20, 2-mal I = 2 = 1532, das Jahr des Religionsfriedens in Nürnberg). – Ein Ch. in Versform (meist Hexamtern) wird auch als *Chronostichon* bzw. als *Chronodistichon* (2 Verse) bez.

S

Ciceronianismus, m., Verwendung der lat. Sprache im Stile Ciceros, v. a. in Wortwahl und Satzbau. Die Bez. ist abgeleitet von ›Ciceronianus‹ (= Anhänger des Cicero; so zuerst um 400 bei Hieronymus, Episteln 22, belegt), sie wird meist auf die italien. Humanisten der Renaissance bezogen, die – zumindest zeitweise – fast alle den C. als Ideal erstrebten; Kritiker eines übertriebenen C. waren Laurentius Valla (15. Jh.) und Erasmus von Rotterdam (»Ciceronianus sive de optimo genere dicendi«, Basel 1528).

UM

Circumlocutio, f. Circumitio, f. [lat. = Umschreibung], vgl. ↗ Periphrase.

Cisiojanus, m., zwischen dem 13. u. 16. Jh. gebräuchl. kalendar. Merkverse, in denen die meist nur durch Anfangssilben angedeuteten Namen und Daten der unbewegl. kirchl. Festtage u. Kalenderheiligen festgehalten waren. Die Silbenzahl der zwei für einen Monat bestimmten Verse (ursprüngl. Hexameter) entsprach der Zahl der Tage dieses Monats, die Stelle der Anfangssilbe eines Festes oder Heiligennamens im Vers zeigte den Feiertag an: So deutet *cisio* (aus *circum-cisio* = Beschneidung) an 1. Stelle des Verses *Cisio Janus* (= Januar; daher der Name ›C.‹) *Epi sibi vendicat* ... auf den 1. Januar für das Fest der Beschneidung Christi, *Epi* (= Epiphanias) an 6. Stelle auf den 6. Januar für das Erscheinungsfest, usw. Die dt. Cisiojani weichen z. T. in Umfang, Inhalt und Versmaß von ihren lat. Vorbildern ab. Statt einer Silbe kann hier ein Wort oder ein Vers einen Tag bez., statt des Hexameters wird der Reimvers gebraucht; statt der abgekürzten stehen meist ausgeschriebene Heiligennamen, die oft in einen deutlicheren Sinnzusammenhang gestellt sind. Ein C. ist überliefert vom Mönch v. Salzburg (Ende 14. Jh.), Oswald v. Wolkenstein, M. Luther (»Ein Betbüchlein mit eym Calender und Passional«, 1529), Ph. Melanchthon (in Luthers »Enchiridion piarum precationum cum passionali ... novum calendarium cum Cisio jano vetere novo ...«, 1543), daneben noch einige Anonymi auch aus Frankreich, den Niederlanden und Böhmen. Hugo v. Trimbergs »Laurea sanctorum« (Ende

13. Jh.) und Konrad Dangkrotzheims »Hl. Namenbuch« (Anf. 15. Jh.) sind keine Cisiojani im strengen Sinn, da sich beide Verf. bei der Aufzählung ihrer Kalenderheiligen nicht an die vorgeschriebene Silben-, bzw. Wort- oder Verszahl des C. halten.   PH

Clavis, f. [lat. = Schlüssel], Bez. Für lexikograph. Werke, bes. zur Erläuterung antiker Schriften oder der Bibel, z. B. Wahl, ›C. Novi Testamenti‹, 1843; auch verdeutscht: E. Nestle, ›Sprachl. Schlüssel zum griech. NT‹, [10]1960; die Bez. findet sich gelegentl. auch für andere Gebiete (z. B. ›C. linguarum semiticarum‹, 1930 ff. oder ›C. mediaevalis. Kl. Wörterbuch der MA.-Forschung‹, 1962).   S

Clerihew, n. [ˈklɛrihjuː; engl.], von Edmund Clerihew Bentley (1875–1956) erfundene, dem ↗ Limerick nahestehende Form des Vierzeilers mit verbindl. Reimschema (aabb), aber freiem Metrum. Im C. werden Gestalten der Welt- und Kulturgeschichte auf kom., groteske, iron. oder unsinnige Weise (↗ Unsinnspoesie) charakterisiert. Spätere Sonderformen sind C.s mit ↗ Augenreim und Short-C., bei dem zwei Zeilen aus nur je einem Wort bestehen, von denen eines der Name des Opfers ist. Bentleys C.-Sammlungen (erste: »Biography for Beginners«, 1905) fanden u. a. bei W. H. Auden Nachfolge (»Homage to Clio«).   MS

Cobla, f. [prov. = Strophe, von lat. Copula = das Verknüpfende, Band], in der Trobadordichtung 1. die Strophe; die Vielfalt der Strophenbindungen sind kennzeichnend für die Formvirtuosität der Trobadorlyrik; entsprechend werden mit dem Plural ›C.s‹ bestimmte Formtypen der ↗ Canso unterschieden: z. B. a) als häufigste C.s unissonans: Wiederaufnahme der Reime der ersten Strophe in den folgenden, evtl. in unterschiedl. Anordnung (auch: canso redonda), Sonderform: C.s doblas oder C.s ternas: zwei oder drei unmittelbar aufeinanderfolgende Strophen sind durch dieselbe Reimstruktur verbunden. b) C.s singulars: Reimwechsel von Strophe zu Strophe, relativ selten, dagegen häufiger: c) alternierende C.s: die erste

und dritte, die zweite und vierte Strophe zeigen jeweils dieselben Reime; d) C.s capfinidas: Wiederholung des Schlusswortes einer Strophe im ersten Vers der nächsten; e) C.s capcaudadas: der Schlussreim einer Strophe wird im ersten Reim der folgenden aufgegriffen (↗ Sestine). f) C.s retrogradadas: Reime der ersten Strophe werden in der folgenden in umgekehrter Reihung wiederholt. – Weniger auffällige Bindeglieder zwischen den Strophen sind die Refrain-Reime, die ↗ grammat. Reime (rimas derivatius, maridatz, entretraytz) und die ↗ Kornreime (rimas dissolutas).

2. die isolierte Einzelstrophe (C. esparsa), die als epigrammat. verkürztes ↗ Sirventes eine eigene Gattung gnom.-didakt., polit. oder persönl. Inhalts darstellt. Ihr satir., aggressiver, z. T. auch beleidigender Ton forderte den Angegriffenen oft zur Replik heraus, so dass sich Strophe und Gegenstrophe zur Cobla-Tenzone, einer Kurzform der ↗ Tenzone verbanden. Beliebte C.-Motive waren der Geiz des Gastgebers, die Feigheit vor dem Feind, die Prahlsucht und als Waffe polit. Propaganda die Schmähung des Gegners. Als erster C.-Dichter gilt Folquet de Marselha (†1231); vgl. den mhd. ↗ Scheltspruch.   PH

Coda, f. [it. = Schweif],
1. in prov. und ital. Dichtung der ↗ Abgesang in der ↗ Stollenstrophe (↗ Canso, ↗ Kanzone; s. Dante, »De vulgari eloquentia«, 2, 10). In der ital. Lyrik ist auch eine Aufspaltung der C. in zwei gleiche Teile (Volten) möglich. Im Ital. neben C. auch die Bez. Sirima und Sirma, im Prov. Cauda.

2. Im ital. ↗ Serventese (caudato) die Kurzzeile am Strophenende, die den Reim der nächsten Strophe vorwegnimmt.

3. Im ital. Sonetto colla coda oder caudato (= Schweif-↗ Sonett) das nach der zweiten Terzine stehende ↗ Geleit in den Formen: a) Elfsilbler, der mit dem vorhergehenden Vers reimt, b) ein oder mehrere Elfsilblerpaare mit jeweils eigenen Reimen, c) ein mit dem vorhergehenden Vers reimender Siebensilbler und folgendes Elfsilblerpaar mit eigenem Reim.   PH

Collage, f. [frz. = Aufkleben], aus dem Bereich der bildenden Kunst übernommene Bez. 1. für die Technik der zitierenden Kombination von (oft heterogenem) vorgefertigtem sprachl. Material, 2. für derart entstandene literar. Produkte (vgl. auch ↗ Cross-Reading). Die Bez. ›C.‹ wurde anfängl. meist synonym zu der bis dahin übl. Bez. ↗ Montage gebraucht; Ende der 60er Jahre setzt sie sich mit Betonung des durch sie ermöglichten engeren Realitätsbezuges (= sprachl. vermittelte Realität) v. a. für größere literar. Gebilde immer mehr durch. – Die *Geschichte der literar. C.* datiert, sieht man von einer möglichen Vorgeschichte (↗ Cento, satir. Zitatmontagen u. a.) ab, seit der sog. ↗ Literaturrevolution (Anf. 20. Jh.). Die ästhet. Voraussetzungen sind markiert durch Lautréamonts Formel von der Schönheit als der zufälligen Begegnung einer Nähmaschine und eines Regenschirms auf einem Operationstisch (»Chants de Maldoror, VI«), bzw. Max Ernsts Verallgemeinerung dieser Formel (»Durch Annäherung von zwei scheinbar wesensfremden Elementen auf einem ihnen wesensfremden Plan die stärksten poet. Zündungen provozieren«). Im Gefolge kubist. Bild-C.n entstehen erste literar. C.n als ausgesprochene ↗ Mischformen in ↗ Futurismus, ↗ Dadaismus und ↗ Surrealismus (»Ich habe Gedichte aus Worten und Sätzen so zusammengeklebt, daß die Anordnung rhythm. eine Zeichnung ergibt. Ich habe umgekehrt Bilder und Zeichnungen geklebt, auf denen Sätze gelesen werden sollen«, K. Schwitters). – Wie die Zitate von Realitätsfragmenten in der kubist. Bild-C. sind auch die C.-Elemente in Romanen zu werten, die oft futurist.-dadaist. Techniken verpflichtet sind (z. B. J. Dos Passos, »Manhattan Transfer«; A. Döblin, »Berlin Alexanderplatz«, vgl. hier auch die Hörspielfassung; James Joyce, »Ulysses«, »Finnigans Wake«, u. a.); ferner können die in der längeren Tradition der satir. Zitat-Montage stehenden »Letzten Tage der Menschheit« (Karl Kraus) als C. bezeichnet werden. Insbes. zeitgenöss. Hörspiele erweisen sich als »Dokumentation und C.« (H. Vormweg), z. B. L. Harigs »Staatsbegräbnis«. Außerdem finden sich C.n im Bereich der Mischformen, in der ↗ visuellen Dichtung (mit Übergängen zu Bild-C.n etwa bei F. Mon und Jiři Kolař), dann als Gedicht (Heissenbüttel, »Deutschland 1944«) oder als Prosa (z. B. Michel Butor, »Mobile«). Vorhandene Kompositionsmethoden (z. B. der ↗ Permutation) finden dabei ebenso in modifizierter Form Verwendung wie neue, z. B. die ↗ Cut-up-Methode. **D**

College novel (ˈkɔlidʒˈnɔvəl; engl. = Universitäts-Roman], Bez. für eine erfolgreiche moderne, bes. amerikan. Romanart; spielt in Colleges und an Universitäten und handelt von aktuellen Problemen einer sich von den Vorstellungen älterer Generationen emanzipierenden Jugend und ihren psych., sozialen und sexuellen Schwierigkeiten; bekannte Beispiele sind M. McCarthy, »The Group«, 1954 (dt. »Die Clique«), E. Segal, »Love Story«, 1970 (dt. 1971). **S**

Colombina, f. [it. = Täubchen], Typenfigur der ↗ Commedia dell'arte, kokette Dienerin, oft als Geliebte oder Frau des ↗ Arlecchino dessen weibl. Pendant, gelegentl. auch im selben buntscheck. Wams und schwarzer Halbmaske (Arlecchinetta); in der ↗ Comédie italienne trägt sie ein weißes Kostüm. Fortleben in der franz. Soubrette. **PH**

Comedia, f. [span.], in der span. Literatur Bez. für das v. a. im 16. u. 17. Jh. entwickelte dreiakt. Versdrama ernsten oder heiteren Inhalts (↗ Schauspiel, ↗ Komödie); wichtigster Typus ist die *C. de capa y espada* (↗ Mantel- und Degenstück), die alltägl. Geschehnisse aus der Adelsschicht ohne großen Dekorationsaufwand behandelt, im Ggs. zur *C. de ruido* (= Prunk, auch: *C. de teatro* [= Spektakel] oder *de cuerpo* [eigentl. = Handgemenge]), Schauspiele um Könige, Fürsten usw. mit histor., exot., bibl. oder mytholog. Schauplätzen, großem Ausstattungsaufwand und zahlreichen Mitwirkenden. Von der C. unterschieden werden die einakt. Vor-, Zwischen- und Nachspiele (↗ Loa, ↗ Entremés, ↗ Sainete) einerseits und das religiöse ↗ Auto (sacramental) andererseits. **IS/HR**

Comédie, f. [kɔmeˈdi; frz.], in der franz. Literatur Bez. für ⁊ Komödie, aber auch für ein Schauspiel ernsten Inhalts, sofern es nicht trag. endet; vgl. auch ⁊ Commedia, ⁊ Comedia. IS

Comédie ballet [kɔmedibaˈlɛ, frz. = Ballettkomödie], franz. Komödienform, in der die Handlung durch mehr oder weniger in das Bühnengeschehen integrierte musikal. Zwischenspiele und Balletteinlagen unterbrochen wird. Eingeführt von Molière und J. B. Lully, die damit an die seit dem 16. Jh. an franz. Höfen beliebte ital. Kunstform der ⁊ Intermezzi anknüpften. In c.s b.s wie »Les fâcheux« (1661), »Mélicerte«, »La pastorale comique«, »Le Sicilien« (1666/67) pflegte die Hofgesellschaft selbst mitzuwirken. – Als c.s b.s konzipiert sind auch spätere Komödien Molières, so »Le bourgeois gentilhomme« (1670), »Le malade imaginaire« (1673, Musik von M. A. Charpentier); in modernen Aufführungen wird hier das szen.-musikal. und choreograph. Beiwerk gewöhnl. weggelassen. – Die Bez. c. b. ist heute eher für Werke der kom. Oper üblich, in denen Balletteinlagen großer Raum zugestanden wird (z. B. A. C. Destouches, »Le mariage de carnaval et de la folie«, 1704). IS

Comédie de mœurs [kɔmedidˈmœrs; frz.] ⁊ Sittenstück.

Comédie italienne [kɔmeˈdi itaˈljɛn; frz.], auch: théâtre italien, Bez. für die seit der 2. Hä. d. 16. Jh.s in Paris sporad. auftretenden italien. ⁊ Commedia dell'arte-Truppen, insbes. für die seit 1660 fest in Paris ansässige ›Ancienne troupe de la C. i.‹ unter D. Locatelli, T. Fiorilli u. G. D. Biancolelli; die C. i. spielte (in ital. Sprache) abwechselnd mit Molières Truppe im Theater des Palais Royal, ab 1683 im Hôtel de Bourgogne u. bestand mit kurzer Unterbrechung (Vertreibung durch Ludwig XIV. 1697–1716) bis 1762, ihrer Fusion mit der Opéra comique. – Sie wurde wie die Comédie française und die Oper vom König subventioniert und war ein wicht. Element im Pariser Theaterleben; ihr virtuoses, gestenreiches ⁊ Stegreifspiel beeinflusste nachhaltig die Entwicklung der franz. Komödie; seit 1682 wurden allerdings mehr und mehr französ. Szenen eingeflochten, im 18. Jh. schließl. Stücke franz. Autoren (u. a. Marivaux') in turbulent-operettenhaftem Stil und üppiger Ausstattung aufgeführt, die von E. Gherardi gesammelt wurden (»Théâtre Italien«, 1694–1741). ⁊ Vaudeville. IS

Comédie larmoyante, f. [frz. kɔmedilarmwaˈjãːt], frz. Variante eines in der 1. Hälfte des 18. Jh.s verbreiteten Typus der europ. Aufklärungskomödie; Bez. durch den Literaturkritiker de Chassiron; dt. Bez. ⁊ »weinerliches Lustspiel«, »rührendes Lustspiel«. Die c. l. spielt in bürgerl. Milieu. Sie ist nicht einseitig am krit. Verstand orientiert, sondern räumt dem Gefühl breiten Raum ein; ihre pädagog. Wirkung beruht nicht auf der Herausstellung des Lasterhaft-Lächerlichen; sie will das Publikum vielmehr »rühren« und bewirkt dies, indem sie bürgerl. Glück und Tugenden wie Treue und Freundschaft, Großmut, Mitleid, Selbstlosigkeit und Opferbereitschaft demonstriert. Sie wird dadurch zu einer »Komödie ohne Komik«, bei der die herkömml. Gattungsgrenzen aufgebrochen sind; als Zwischenform zwischen den traditionellen Gattungen der ⁊ Komödie und der ⁊ Tragödie ist sie ein wichtiger Vorläufer des ⁊ bürgerl. Trauerspiels und zugleich ein erster Modellfall für die schrittweise Ablösung der normativen Poetik des (frz.) Klassizismus (Boileau, in der Nachfolge der Renaissancepoetik und des Aristoteles) im Laufe des 18. Jh.s. Sie ruft eben dadurch einen über die Grenzen Frankreichs hinausgehenden Literaturstreit hervor (s. weinerl. Lustspiel). Vorbild ist die engl. *sentimental comedy* (C. Cibber, R. Steele). Nach Anfängen bei P. C. de Marivaux und Ph. N. Destouches ist als Hauptvertreter P. C. Nivelle de La Chaussée zu nennen (»Mélanide«, 1741, »L'école des mères«, 1744). Einflüsse auf Voltaire (»Nanine«) und die dt. Komödie (weinerl. Lustspiel). K

Comédie rosse [kɔmediˈrɔs; frz. = freche Komödie], naturalist. Schauspiel, in dem menschl. Leben in den krassesten Formen dargestellt wird; zw. 1887 und 1894 bes. am

↗ Théâtre libre von André Antoine aufgeführt; Vertreter u. a. J. Julien, P. Alexis. **S**

Comedy of humours [kɔmidiəv 'hju:məz; engl.], engl. Komödientypus des 16. und frühen 17. Jh.s, der extreme Charaktere realist. bis satir. überzeichnet darstellt. Die Bez. beruht auf der seit dem MA. gebräuchl. Systematisierung der menschl. Charaktere durch die Zuordnung zu vier Säften (lat. (h)umores, engl. *humours*), deren spezif. Mischung die einzelnen Charaktere (engl. ebenfalls *humours*) bedingen sollten. – Die C. o. h. wurde von Ben Jonson auf antiker Grundlage entwickelt (z. B. »Every man in his humour«, 1598, »Every man out of his humour«, 1599, »Volpone«, 1605 u. a.) und wurde äußerst beliebt, obwohl sie sich durch das Bestreben, die *humours* deutl. hervortreten zu lassen, oft zur ↗ Typenkomödie verengte (im Ggs. etwa zu Shakespeares Charakterkomödien). Weitere Vertreter sind J. Fletcher, F. Beaumont, Ph. Massinger und G. Chapman. – Nach der Unterbrechung der literar. Entwicklung durch die Restauration erfuhr die C. o. h. eine Neubelebung v. a. durch Th. Shadwell (u. a. »The sullen lovers«, 1668), der sie aber bereits mit iron. Sittenschilderungen verquickte, wie sie für die erfolgreiche ↗ Comedy of manners charakterist. war, welche die C. o. h. ablöste. **IS**

Comedy of manners ['kɔmidi əv 'mænəz, engl. = Sittenkomödie], auch: Restaurations-Komödie, beliebter Komödientyp der engl. Restaurationszeit (17. Jh.) in der Tradition des europ. ↗ Sittenstücks nach dem Vorbild Molières (»Les précieuses ridicules«, 1658); verspottet die äußerl. Imitation der aristokrat. Anschauungen und Lebensformen durch die neu entstandene bürgerl. Klasse. Neben derbpossenhaften Überzeichnungen stehen Komödien mit sprühenden Dialogen und von großer Treffsicherheit bei der Wiedergabe des gesellschaftl. Unterhaltungstones (s. ↗ Salonstück). Oft nachgeahmte Vertreter sind J. Dryden (u. a. »The wild Gallant«, 1663, »Marriage à la mode«, 1672, »The Spanish friar«, 1682), G. Etherege, W. Wycherley und W. Congreve, dessen »Old bachelor« (1693), »Love for love«

(1695) und bes. »The Way of the world« (1700) den abschließenden Höhepunkt dieser Gattung im 17. Jh. bilden. Vertreter im 18. Jh. sind O. Goldsmith und R. B. Sheridan (»School for scandal«, 1777). Die C. o. m. wird im 18. Jh. jedoch von der *sentimental comedy* abgelöst. Eine Anknüpfung erfolgte wieder Ende des 19. Jh.s zur Verspottung viktorian. Sitten und Scheinwerte; berühmtester Vertreter dieser neuen C. o. m. oder ↗ Konversationskomödie ist O. Wilde, der den leichtflüssigen Konversationston aufgriff, der z. T. auch in den ↗ Boulevardkomödien von S. Maugham, F. Lonsdale, N. Coward u. a. nachgeahmt wurde. Ein Rückgriff auf die (gereimten) Formen des 17. Jh.s ist C. Churchills Komödie »Serious Money« (1987) über Sprache u. Lebensstil der sog. Yuppies. **IS**

Comics, m. Pl. [engl./amerik. eigentl. comic strips = komische (Bild)streifen], Ende des 19. Jh.s in den USA entstandene spezielle Form der ↗ Bildergeschichte (stories told graphically): kom. Bilderfolgen (panels), denen erklärende oder ergänzende Texte zunächst unterlegt waren, die dann zunehmend (v. a. als Sprechblasen, balloons) in die Bildfläche eingeschrieben wurden. C. wurden lange Zeit pauschal als trivial und sogar jugendgefährdend abqualifiziert. Erst ab den 70er/80er Jahren hat sich allmähl. eine differenzierende literatur- und kunsthistor. und -soziolog. Betrachtungsweise durchgesetzt, und zwar einerseits im Gefolge der amerikan. Pop-Art (Roy Lichtenstein), des avantgardist. Films (Jean-Luc Godard, Federico Fellini u. a.), der sog. ↗ Pop-Literatur (H. C. Artmann, E. Jandl, »Sprechblasen« u. a.), andererseits durch den gezielt gesellschaftskrit. und polit. Einsatz der C. in der ↗ Underground-Literatur. Gleichzeitig avancierten die C. zum Gegenstand wissenschaftl. Analysen. Danach lassen sich für die *Geschichte* der C. deutl. *drei Phasen* unterscheiden: »Unmittelbarer *Ursprung* der C. ist die im Sog der Aufklärung entstehende polit. Karikatur vom Beginn des 18. bis hinauf ins späte 19. Jh.« (Riha). Dazu kommen als *Vorläufer* die Moritaten mit ihren stationären Illustrationen (↗ Bänkelsang), die ↗ Bilderbogen und v.a. die ↗Bildergeschichten des 19. Jh.s (W. Buschs »Max und Moritz« findet z. B. in den »Katzenjammer Kids« von R. Dirks [1897 ff.] ihre ungereimte Imitation. J. H. Detmolds/A. Schroedters »Taten und Meinungen des Herrn Piepmeyer« kritisieren typ. Verhaltensweisen des damaligen Kleinbürgers vergleichsweise ähnl. wie O. Soglows »The little King« den amerikan. Durchschnittsbürger). *Entstehung und Verbreitung* der C. fallen mit der Erfindung des Films als Stummfilm zusammen, in dem eine Bildfolge ebenfalls durch zwischengeschaltete Texte ergänzt und kommentiert werden muss (Riha). Für die *1. Phase* der C. sind graph. groteske Übersteigerung, satir. Verzerrung, karikaturist. Züge kennzeichnend, der verrückten Welt entspricht oft eine verrückte Sprache, vgl. dazu v. a. die »Kid-« und »Animal Strips«, aber auch R. F. Outcaults »The Yellow Kid« (1896, noch ohne durchgehende Handlung), W. McDougalls »Fatty Felix«, W. McCays »Little Nemo« (1905 ff., mit Anleihen bei »Gullivers Reisen« und »Alice im Wunderland«), Bud Fishers »Mutt and Jeff« (1907 ff.) und G. Herrimans »Krazy Kat« (1913 ff.). In diesen Rahmen gehören auch Lyonel Feiningers Beiträge »The Kin-der-Kids« und »Wee Willie Winkies World« (1906), das Auftreten Mutt und Jeffs als ›Mute‹ und ›Jute‹ in James Joyces »Finnigans Wake«, E. E. Cummings Vorwort zu einer Sammlung der »Krazy Kat«-C. Die *2. Phase* setzt Anfang der 30er Jahre ein: Sie ist vom reinen Verkaufsinteresse bestimmt. Jetzt erst erfolgt die Trivialisierung zum simplifizierten Märchen (Walt Disney, »Mickey Mouse«, 1930 ff., »Donald Duck«, 1938 ff. u. a.), der Rückfall in die pseudorealist. Welt der Kriminal-, Wild-West-, Science Fiction- und Horror-C. Kleinbürgerl.-häusl. Verhältnisse, Verbrechen, Natur und Tiere, Armee und Krieg, Liebe und Romanzen sind die vorherrschenden Themen, die zwischen 1943 und 1958 in den C. auftauchen. Die eindeutige Trivialisierung wird als Gewinn gegenüber der ersten Phase erklärt: Die Existenz der Helden in einer realen Welt. Aber die neuen Titelhelden (›Phantom‹, ›Superman‹, ›Tarzan‹) sind »keine Ausgeburten des Witzes mehr,

nicht mehr Satire, Komik oder Humoreske, sondern Personifikationen unterströmiger Wunschbilder, Projektionen irrationaler Verführung, aufgeladen durch Zukunftsvision oder Erinnerung an dunkle myth. Vergangenheit«. Die *Autoren* sind nicht mehr »Karikaturisten von Beruf«, sondern hauptsächl. »kommerzielle Illustratoren und Gebrauchsgraphiker aus der Werbebranche ... Sie werden von Agenturen unter Vertrag genommen, die den Markt beherrschen und ein strenges Diktat ausüben: die Serien werden auf ganz bestimmte Leserschichten angesetzt. Finanzieller Erfolg wird zum wesentl. Kriterium« (Riha): 1932 erscheinen die ersten Buchzusammenstellungen der bisher nur in Zeitungsfortsetzungen erschienenen C. Mit ihren zum Klischee reduzierten Lebensmodellen bieten die C. in zunehmendem Maße die Möglichkeit, sich der Auseinandersetzung mit immer komplizierter werdenden gesellschaftl. Zusammenhängen zu entziehen, dementsprechend wurden sie z. B. als Mittel der psycholog. Kriegsführung im Zweiten Weltkrieg eingesetzt, wurden und werden sie v. a. von der industriellen Werbung genutzt. Gegen diese auch heute noch marktbeherrschende Art der C.-Literatur richten sich in *der 3. Phase* die Intentionen der Pop-Art, Pop-Literatur, der Filme der ›Neuen Welle‹ und vor allem die Underground-Literatur. In der *Pop-Art* (R. Lichtenstein, R. Hamilton, G. Brecht) werden die C. zitierend und parodierend aufgenommen, vgl. die in diesem Zusammenhang zu sehenden C.-Serien »Little Annie Fanny« von H. Kurtzmann und W. Elders (1967), »Barbarella« von J. C. Forest (dt. 1966), »Jodelle« von G. Peellaert und P. Bartier (dt. 1967) und »Pravda« von Peellaert (dt. 1968) – eine »Sex-Kunst mit Witz und Schärfe« (P. Zadek). Ihre Tendenz ist jedoch kaum als gesellschaftskrit. anzusprechen. – Bei den C. der *Undergroundliteratur,* die Sex und Sadismus grotesk übersteigern und damit den versteckten Zynismus der kommerziellen C. deutl. zu machen versuchen, lassen sich v. a. zwei Tendenzen erkennen: »Zum einen versucht man, ... mit Hilfe der Pornographie zu wirksamer Kritik an der Gesellschaft«zu kommen; »zum anderen ist man auf die Darstellung eines revoltierenden Lebensgefühls aus, das eben in der neuen Auffassung der Sexualität kulminiert« (Riha). Beide Tendenzen sind nicht strikt zu trennen, jedoch herrscht z. B. bei F. O'Haras und J. Brainards »Hard Times« (nach Dickens) die Letztere vor, in einer Anzahl der Serien aus R. Crumbs »Head Comix« (1967/68, dt. 1970) die erstgenannte Tendenz. Dass dabei Crumb nicht an den Inhalt, wohl aber an den Stil der frühen C. noch einmal anschließt, unterscheidet ihn von anderen Anknüpfungsversuchen, etwa von Ch. M. Schulz' »Peanuts« (1950 ff.) oder F. O'Neals »Short-Ribs« oder »Comix-Mix«. Der Katalog der Berliner C.-Ausstellung (1969/70) betont für den »progressiven Comic« der 3. Phase dessen Bereitschaft, sich »mit seinem Leser auf Dialoge einzulassen, wo der konservative Comic befiehlt« und sieht »erst im *Agitations-Comic,* der dem kommerziellen Comic die Stilmittel entlehnt, um sie gegen ihn zu verwenden«, den »histor. Auftrag des Kommunikationsmediums Comic Strip vollzogen« (M. Pehlke). D

Commedia, f. [it.], in der mal. it. Literatur ursprüngl. jedes Gedicht in der Volkssprache (im Ggs. zu lat. Gedichten) mit glückl. Ausgang, z. B. Dantes »(Divina) C.«, 1307; später Einengung der Bez. auf das Drama allgemein und auf Komödie im Besonderen. IS

Commedia dell'arte, f. [it. aus commedia = Schauspiel, Lustspiel und arte = Kunst, Gewerbe], um die Mitte des 16. Jh.s in Italien entstandene Stegreifkomödie, im Ggs. zur höf. ↗ Commedia erudita von Berufsschauspielern aufgeführt (*arte* = Gewerbe, daher der Name C. d. a.). Statt eines wörtl. festgelegten Textes ist im ↗ Szenarium oder Kanevas nur Handlungsverlauf und Szenenfolge vorgeschrieben; Dialog- und Spieldetails, Scherzformeln, Tanz- und Musikeinlagen, Akrobatenakte, Zauberkunststücke und v. a. eine ausdrucksstarke Gebärdensprache werden von den Schauspielern improvisiert. Vorgefertigte Monologe und Dialoge mit mim. Effekten und Scherzen *(lazzi),* kom. Zornausbrüchen, Wahnsinns- und Verzweiflungsszenen waren in den *zibal-*

doni, einer Art Hilfsbücher zur Dialog-Improvisation, gesammelt; sie lieferten ein weit gefächertes Repertoire typ. Spielmomente, die, vielfält. variiert, in den Aufführungen immer wiederkehren. Die *Schauspieler* verkörpern Typen. Den ernsten unter ihnen, v. a. dem jungen Liebespaar *(amorosi),* stehen in den Hauptrollen die stets gleichbleibend kostümierten und mit Halbmasken maskierten kom. Figuren gegenüber, in denen sich menschl. Schwächen widerspiegeln, karikiert und fixiert in Bewohnern gewisser italien. Landschaften. Zu unterscheiden sind vier Grundtypen, die z. T. den Masken der röm. ↗ Atellane entsprechen: in den Rollen der Alten der ↗ *Dottore,* der leer daherschwatzende gelehrte Pedant aus Bologna, und der ↗ *Pantalone,* der geizige Kaufmann und unermüdl. Schürzenjäger aus Venedig, in den Rollen der Diener, der *erste und der zweite* ↗ *Zani,* beide aus Bergamo stammend, der eine ein Ausbund an Schlauheit und ein Meister der Intrige (↗ *Brighella),* der andere, anfangs naiv-tölpelhaft angelegt, entwickelt sich zum geistreichen und gerissenen Schelm (↗ *Arlecchino).* Zu ihnen gesellen sich der prahlsücht. Militär ↗ *Capitano* und die kokette Dienerin ↗ *Colombina.* Zwischen der ernsten und der kom. Typengruppe bewegt sich singend und tanzend die *Canterina,* die v. a. die musikal. Zwischenspiele bestreitet. *Geschichte:* Zur Entstehung der C. d. a. haben das ital. Karnevalsspiel (Masken, Kostüme, Mimik, Akrobatik), die Stegreif-Wettkämpfe der sich im rhetor. Improvisieren übenden höf.-akadem. Laiendarsteller der commedia erudita und die von A. Beolco (Ruzzante) und A. Calmo geprägte ital. Mundartkomödie beigetragen. Eine erste C. d. a.-Truppe, die »Compagnia di Maffio«, ist 1545 in Padua belegt. Ihr folgen eine Vielzahl weiterer Gesellschaften, unter denen die »Gelosi«, die »Confidenti«, die »Uniti« und die »Fedeli« auch im Ausland Berühmtheit erlangen. Mit Goldonis Reform des ital. Theaters im 18. Jh., welche die Masken und improvisierten Späße sowie die Akrobatik und Phantastik des Stegreifspiels von der Bühne verbannte und an ihre Stelle Wahrheit und volkstümliche Charaktere in realem Milieu setzte, beginnt der Niedergang der C. d. a., den C. Gozzi mit von der C. d. a. inspirierten Märchenkomödien *(fiabe)* vergebl. aufzuhalten sucht. Die letzten C. d. a.-Gesellschaften sind 1782 belegt. – Seit 1947 setzt sich das »Piccolo Teatro« in Mailand erfolgreich für eine Wiederbelebung der C. d. a. ein. *Verbreitung und Einfluss:* Die europäische Komödie des 16., 17. und 18. Jh.s wird nachhalt. von der ital. C. d. a. beeinflusst. Ital. Wanderbühnen gastieren in ganz Europa von Spanien bis Russland. Paris besitzt von 1653 bis 1697 und von 1716 bis 1793 in der ↗ Comédie italienne ein eigenes ital. Ensemble, das nicht nur auf Autoren wie J.-François Regnard und Ch. Dufresny, sondern auch auf Molière einwirkt. Das span. Theater übernimmt aus der C. d. a. Handlungsmotive, Dialogimprovisationen, *lazzi* und Teile der Inszenierungstechnik, die sich bes. in den ↗ Entremeses, z. T. auch in Lope de Vegas ↗ Comedias (u. a. in »Filomena« und in »El hijo pródigo«) wiederfinden. Im Schauspiel des elisabethan. England legen die den *lazzi* verwandten Scherze in den kom. Zwischenspielen und das Auftreten der it. Typenfiguren einen Zusammenhang mit der C. d. a. nahe. Shakespeares Gremio in »Der Widerspenstigen Zähmung« (1594) ist eine typ. Pantalone-Figur und wird als solche auch apostrophiert (III, 1). »Die Komödie der Irrungen« (1594?), »Die lustigen Weiber von Windsor« (1600?) und »Der Sturm« (1611?) bieten Stilelemente der C. d. a. Im deutschen Sprachraum wirkt sich der Einfluss der C. d. a. zunächst vor allem auf A. Gryphius aus, der in seinen »Horribilicribrifax. Teutsch« (1663) die Capitano-Maske übernimmt. Weiter lassen sich Impulse im österr. Theater nachweisen, bes. in Stranitzkys ↗ Hanswurstiaden, Schikaneders »Zauberflöte« (1791), Raimunds »Barometermacher auf der Zauberinsel« (1823) und »Verschwender« (1834) und in Nestroys Zauberstücken (»Der böse Geist Lumpacivagabundus oder das liederliche Kleeblatt«, 1833, »Einen Jux will er sich machen«, 1842), in Grillparzers Komödie »Weh dem, der lügt« (1838) und in H. v. Hofmannsthals »Rosenkavalier« (1911). Genauso lebt ihre Tradition auch in Goethes Masken- und Singspielen

(»Jahrmarktsfest zu Plundersweilern« 1773, »Scherz, List und Rache« 1784/85) fort, sowie in seiner Farce »Hanswursts Hochzeit oder der Lauf der Welt« (1773), in Tiecks Lustspiel »Verkehrte Welt« (1798), in Brentanos Singspiel »Die lustigen Musikanten« (1802), Paul Ernsts »Pantaleon und seine Söhne« (1916), aber auch in Novellen, z. B. in E. T. A. Hoffmanns »Prinzessin Brambilla« (1820) oder P. Ernsts »Komödiantengeschichten« (1920).

PH

Commedia erudita, f. [it. = gelehrte Komödie], Intrigen- u. Verwechslungskomödie des italien. höf. Renaissancetheaters; entwickelt von Humanisten in bewusstem Ggs. zu den an den Höfen übl. vergröberten Plautus- und Terenznachahmungen und deren prunkvoller Aufführungspraxis. Die c. e. folgt den normativen Regeln der Renaissancepoetik (geschlossener Bau, 3 Einheiten usw., s. ↗ Komödie), entnimmt Motive und Handlungsschablonen den antiken Mustern, Personen und Sittenschilderungen jedoch dem Leben der Gegenwart, auch ist sie z. T. (erstmals) in Prosa. Die Aufführungen (durch Laien) beschränkten sich auf betont einfache Ausstattung (meist nur ein Straßenprospekt, statt der übl. zahlreichen ↗ Intermezzi nur Zwischenaktmusik). *Vertreter der c. e.* sind L. Ariosto mit »I Suppositi« (Die Vermeintlichen, 1509), »Il Negromante« (Der Schwarzkünstler, 1528, die erste satir. Charakterkomödie Italiens) und »La Lena« (1529), B. D. Bibbiena mit »La Calandria« (1513), P. Aretino mit »La Cortigiana« (Die Kurtisane«, 1534/37), »La Talanta« (1542) und »Il filosofo« (1546), N. Macchiavelli mit »Mandragola« (1520) u. »Clizia« (1525) und G. Bruno mit »Il Candelaio« (Der Kerzenmacher, 1528). – Im Ggs. zu diesem gebildeten höf. Laientheater auf der Grundlage traditionsgeprägter ausformulierter Texte entstand zur gleichen Zeit die populäre ↗ Commedia dell'arte mit der freien Improvisation durch Berufsschauspieler.

IS

Commentarius, m., meist Pl. Commentarii, Kommentarien, lat. Lehnübersetzung von gr. ↗ Hypomnema = Erinnerung, Denkwürdigkeit, auch ↗ Kommentar.

Common metre [ˈkɔmən ˈmiːtə; engl. = gewöhnl. Versmaß], ↗ Vierzeiler.

Complainte, f. [frz. kõˈplɛ̃:t = Klage], lyr. Gattung der franz. Dichtung des MA.s: Klagelied über ein allg. oder persönl. Unglück (z. B. Tod eines Königs, Freundes, krieger. Niederlage, Sittenverfall, Verlust des Hl. Grabes, unerwiderte Liebe), oft vermischt mit anderen Gattungen (z. B. ↗ Dit, ↗ Salut d'amour, ↗ Sirventes); große Formfreiheit. – *Berühmte C.s* sind der »Sermon« Robert Sainceriaux' auf den Tod Ludwigs VIII. v. Frankreich (1226), die anonymen »Regrès au roi Loëys« auf seinen Nachfolger, Ludwig den Heiligen (†1270), Rutebeufs Totenklagen z. B. auf Thibaut V. v.d. Champagne, König von Navarra, oder seine auf den Kreuzzug bezogenen »C.s d'outremer«. Die C. lebt fort in der Renaissancepoesie C. Marots und Roger de Colleryes sowie in den bitteren persönl. C.s des vom Hof verdrängten Pléiade-Dichters P. Ronsard (»C. contre Fortune«, 1559) und seines den Romaufenthalt als Verbannung empfindenden Freundes J. du Bellay (»C. du Désespéré«, 1559). – Daneben weite Verbreitung volkstüml., aggressiv-burlesker C.s anonymer Verfasser bes. in den Religionskriegen, im ›Ancien Régime‹ und in der Franz. Revolution. Berühmtheit erlangten die C.s auf die Ermordung des Herzogs Franz v. Guise (1563), auf den Tod Ludwigs XIV., sowie die zahllosen auf die Führer der Franz. Revolution (Marat, Hébert u. a.). – Im 14. Jh. wurde die C. von Geoffrey Chaucer durch Übersetzungen in die engl. Lit. eingeführt (»The Compleynt of Venus«, ins Satir. gewendet in der »Klage an seine leere Börse«); als Welt- oder persönl. Klage findet sie sich bei E. Spenser (»Complaints«, 1591) und v. a. im 18. Jh. bei E. Young. Vgl. ↗ Klage, ↗ Planh, ↗ Planctus.   PH

Complexio, f. [lat. = Umfassung, gr. ↗ Symploke].

Computerliteratur, [kɔmˈpjuːtər, zu lat. computare = berechnen], Sammelbegriff für Computer-erzeugte Texte, v. a. solche, die durch gewisse Poetizitäts-Merkmale wie Reim, Dunkelheit etc. literar. Texte simulieren sollen. Bei den Programmen, mit denen sie generiert werden können, handelt es sich im Wesentlichen um Textproduktionssysteme, deren Regelsatz, je nach der gewünschten Merkmals-Palette, mehr oder minder erweitert wurde, wobei für die Varianz des textlichen ›Output‹ durch einen Pseudo-Zufallsgenerator gesorgt ist. – Computer-Lyrik, Computer-Romane (z. B. »Racter«) gibt es schon seit geraumer Zeit (↗ Computertexte). Auch bei der Produktion von Fernsehserien soll der Computer inzwischen Einsatz finden. Neue Möglichkeiten der Rezeption jenseits der Lektüre eröffnen Computer-Programme zur Animation bzw. Adaption gespeicherter Romane. – Neben kommerziellem Interesse finden C. und Computerkunst (Computer-Graphik, -Musik, -Film) besondere Aufmerksamkeit in Teilgebieten der ästhet. Theorie (↗ Informationsästhetik), Theorien experimenteller ↗ aleator. Dichtung sowie im Urheberrecht.   VD

Computertexte, die seit 1959 mit Hilfe digitaler elektron. Rechenanlagen verfertigten Texte; dabei wird das schon länger bekannte und praktizierte Verfahren der automat. Herstellung von Konkordanzen und ↗ Indices zu umfangreichen Textcorpora prakt. umgekehrt, indem der Computer angewiesen wird, »mit Hilfe eines eingegebenen Lexikons und einer Anzahl von syntakt. Regeln Texte zu synthetisieren und auszugeben« (G. Stickel). Der Rechenanlage kommt dabei wie bei ihrem Einsatz im Bereich anderer Kunstarten (Computergrafik, -musik) bisher ledigl. die Rolle eines leistungsfähigen Versuchsgeräts zu. Die Resultate, veröffentlicht unter wechselnden Bez. als »stochast. Texte« (Th. Lutz, 1959), »Monte-Carlo-Texte«, »Autopoeme« (Stickel), »Verbale Blockmontagen« (Stickel/O. Beckmann), auch als »Computer-Lyrik« (M. Krause, F. G. Schaudt), sind noch wenig komplex; ihre Qualität hängt wesentl. von der Qualität des Programms und dem Sprachverständnis des Programmierers ab (Umfang und Art des eingegebenen Lexikons, Vielzahl und Art der Verknüpfungsmöglichkeiten bzw. -regeln). Trotz der bisher relativ einfachen Programme ist es theoret. mögl., bei einem immer weiteren Ausbau des Regelsystems»Texte zu erhalten, die der normalen Sprache allmähl. ähnlicher werden. Das bedeutet allerdings nichts anderes als einen anderen Weg zu den vollständigen sprachl. Regeln, die die Computerübersetzung anstrebt« (H. W. Franke). Die ersten C. stehen in der Tradition der bislang meist individuell erzeugten Zufalls- oder ↗ Würfeltexte und damit in dem größeren Problemzusammenhang der Erneuerung einer »poésie impersonelle« (Lautréamont) und ihrer Entwicklung im 20. Jh. zu einer »künstl. Poesie« (M. Bense). Die Versuche u. a. Alan Sutcliffes, Marc Adrians, Edwin Morgans, Alison Knowles und James Tenneys nähern sich einer ↗ konkreten Dichtung an. Auch das Hörspiel (Georges Perec, »Die Maschine«, 1968) und der Roman (Robert Escarpit, »Le Littératron«, 1965) haben sich Ende der sechziger Jahre des textezerlegenden Computers bzw. der ›Wortmaschine‹ themat. angenommen, vgl. dazu aber bereits die von J. Swift in »Gulliver's Travels« (1726) beschriebene Maschine von Laputa.   D

Computerunterstützte Literaturforschung

(auch: Computerphilologie), deren Geschichte einen Zeitraum von mehreren Jahrzehnten umspannt, gewinnt zunehmend an Bedeutung. Neben der techn. ist dies u. a. auch durch die wissenschaftl. Entwicklung bedingt. – Die neueren ›Computer-Disziplinen‹ (Informatik, Informationswissenschaft, Cognitive Science, Künstliche Intelligenz-Forschung) teilen mit den älteren geisteswissenschaftl. Fächern das Interesse an den Möglichkeiten der Verwaltung, Verarbeitung und Darstellung von Text-Daten und Informationen. Daneben gibt es Einflüsse in Spezialgebieten wie Didaktik (Computer assisted Learning), Methodologie, Text-Herstellung und Publikation (Electronic Publishing), die sich über den Gesamtbereich der geisteswissenschaftl. Forschung erstrecken. Bei den sich abzeichnenden Innovationen kommt bes. das Dokumentations- und Bibliothekswesen in Betracht. In Folge der rapiden techn. Fortschritte entsteht hier ein Schwerpunkt der Modernisierung. Für die einzelnen Diszipli-

nen geht es dabei u. a. um die Einrichtung ›elektronischer‹ Infrastrukturen. Dem Aufbau von Fachinformationssystemen (Verbund-Systemen fachspezif. Text- und Referenz-Datenbanken, deren Konzeption und Planung für die Literaturwissenschaften Köpp 1980 anregte) steht technisch nichts mehr im Wege. Eine wichtige Rolle spielt ferner die Modernisierung der Forschungs-Arbeitsplätze: Vernetzung und Telekommunikation, Dezentralisierung von Speicher- und Rechenkapazitäten ermöglichen den Zugriff auf Text- und Daten-Archive vom Schreibtisch aus. Auf Grund der Fortschritte im Bereich der Speicher-Medien werden ›elektron.‹ Editionen verfügbar – und damit die Verwendung computerisierter Bibliographien, Anthologien, Handbücher, Werkausgaben, Lexika (vgl. etwa das Oxford English Dictionary oder Grollier's American Encyclopedia auf CD-ROM), die im Hinblick auf Platzbedarf, Schnelligkeit und Effizienz des Zugriffs den Bedürfnissen der Forschung wesentl. besser als das Medium Buch anzupassen sind. – Zu den *Schwerpunkten* c.r L. gehört seit geraumer Zeit die *Editionswissenschaft*. Hier stehen bereits ausgereifte Software-Programme zur Verfügung (TUSTEP = Tübinger System von Textverarbeitungs-Programmen; OCP = Oxford Concordance Program). Wichtige Hilfsmittel (»Lesemaschinen«, die zeitraubend-fehlerträchtige manuelle Text-Eingaben erübrigen) werden zunehmend verfügbar. Zu den Forschungs-Schwerpunkten zählt ferner die *Lexikographie*. Programme zur Erstellung von Indices, ↗ Konkordanzen, Autoren-Enzyklopädien sind in größerer Auswahl z. T. auch für Mikrocomputer (WORD CRUNCHER, ECO-INDEX etc.) vorhanden. In Verbindung mit statist. Programm-Paketen werden quantitative Untersuchungen im Rahmen *klassischer literargeschichtl. Fragestellungen* (Texterschließung, Stilstatistik, Stilvergleich, Stilwandel) unterstützt. Daneben sind die techn. Voraussetzungen auch für neuartige oder bisher eher vernachlässigte Unternehmungen, etwa umfangreiche Feld-Studien, die automat. bzw. semi-automat. Erschließung größerer Textmengen (z. B. metrische, stilist., motivl., strukturelle, themat. Analyse von

Text-Corpora) gegeben. – Für die bisweilen weiterhin erforderliche Programmier-Arbeit (Anpassung der vorhandenen Systeme an spezif. Fragestellungen etc.) herrschen jedoch in der Regel bereits günstige Bedingungen. – Unter den Erträgen c.r L. sei, stellvertretend für vieles, auf die Ergebnisse bei der Lösung von Problemen strittiger Autorschaft hingewiesen. – Der Begriff ›Anwendung‹, der sich zur Beschreibung solcher Richtungen computerphilolog. Arbeit anbietet, ist allerdings kaum geeignet, das Verhältnis von Informations- und Literaturwissenschaft erschöpfend zu fassen. Zu berücksichtigen ist vielmehr, dass sich als Folge der Berührung mit der Informationswissenschaft in einzelnen Bereichen der Literaturwissenschaft (wie Literaturtheorie, Methodologie) auch Veränderungen ergeben. Solche Veränderungen sind zu erwarten v. a. in den Gebieten, in denen sich die Fragestellungen der beiden Disziplinen partiell überlappen: etwa bei der literaturwissenschaftl. Formalisierung von Textverstehen und der Simulation desselben auf Computern, in der informationstheoret. Ästhetik und der Computerkunst, in der generativen Poetik und den Text-Produktions-Systemen, bei der strukturalen Textanalyse und Wissensrepräsentation in künstl. Sprachen. VD

Conceptismo, m., auch conceptualismo [span. zu concepto = ↗ concetto], Ausprägung des span. ↗ Manierismus, in der v. a. die gesucht-raffinierte Verwendung der Sinnfigur des concetto kennzeichnend ist. Obwohl in Italien ausgebildet (↗ Marinismus), wird der Konzettismus in Spanien zum Höhepunkt geführt und für ganz Europa vorbildhaft. Wichtigster *Theoretiker* des C. ist B. Gracián (»Agudeza y Arte de Ingenio«, 1648). Bedeutendster *Vertreter* ist neben Alonso de Ledesma (»Conceptos espirituales«, 1600) und L. Vélez de Guevara der Satiriker F. G. de Quevedo y Villegas (»Los Sueños«, 1627), der sich auch satir. gegen den ↗ Gongorismus (Cultismo) wendet (»La culta latiniparla«,»Aguja de navegar cultos«), dessen entlegene Bildungsstoffe, gelehrte Wortneuschöpfungen und absurd-alog. Metaphorik er (zugunsten des effektvollen concetto

aus vorhandenem Sprachmaterial) ablehnte (indessen besteht zwischen beiden Stilrichtungen kein scharfer Gegensatz). IS

Concetto, m., Pl. concetti, [kɔn'tʃəto; it. aus lat. conceptus = Begriff], geistreich pointierte Sinnfigur, die in artifizieller Weise gegensätzl. Ideen oder Begriffe (›Licht ist Dunkel‹) durch ebenfalls heterogene Bilder zu einer höheren, überraschenden Korrespondenz kombiniert. Dies geschieht (nach Hocke) meist durch »irrationale Trugschlüsse (sophist. Paralogismen) und durch die Verwendung irregulärer rhetor. Figuren« (und Tropen) wie z. B. Oxymoron, Aprosdoketon, Ellipse; Synekdoche, Katachrese, Hyperbel, ↗ Metalepsis und v. a. dunkle, absurde Metaphern, Wortspiele u. a. – Ziel ist ein absichtsvolles Verbergen der unmittelbar natürl. Bezüge, eine Verrätselung der Aussage, eine Chiffrierung, die sich nur dem scharfsinn. Leser erschließt. – Der C. ist die *Kernfigur des manierist. Stils.* Er findet sich in Ansätzen in alexandrin. Epigrammen, im ↗ trobar clus der Trobadors, bei Dante und Petrarca. Programmat. ausgebildet wird er im ↗ Manierismus, zuerst in Italien (↗ Marinismus), wo in Poetiken Bilder- und Begriffsreihen, Kombinations- und Ableitungstabellen zur Verfertigung kunstreicher concetti bereitgestellt werden (C. Pellegrini:»Del C. poetico«, 1598, E. Tesauro, 1654 u. a.). Höchste *Blüte* erreicht die C. dann in Spanien, insbes. durch B. Gracián (Poetik 1648;»El Criticón«, Roman 1651/57), Góngora (↗ Gongorismus), Quevedo y Villegas (↗ Conceptismo), Cervantes (der geradezu el conceptuoso genannt wurde). Concettisten von Rang genossen höchstes Ansehen. Der C. (engl. conceit) wurde auch bedeutsam für die ↗ metaphysical poets (↗ Euphuismus). – Der C. taucht dann wieder auf in der Romantik (Brentano, Novalis), im ↗ Symbolismus und den von ihm ausgehenden Richtungen (↗ Surrealismus u. a.) und in der modernen Lyrik (Benn, Celan, Krolow u. a.). IS

Conclusio, f. [lat. = (Ab)Schluss], 1. in der ↗ Rhetorik Schlussteil einer Rede, auch Peroratio, vgl. ↗ Rhetorik, ↗ Disposition.

2. Bez. für die abgerundete (geschlossene) Formulierung eines Gedankens, einer der vielen lat. Übersetzungsversuche für griech. *periodos* = ↗ Periode (vgl. z. B. Cicero, Orator 61, 204, Quintilian, Institutio oratoria IX 4, 22).

3. Bez. der lat. Philosophie für die log. Schlussfolgerung.   UM

Conductus, m. [mlat. = Geleit], mal. lat. Lied in rhythm. (gereimten) Strophen (z. T. auch mit durchkomponierter Melodie), bei Gottesdiensten und im weiteren geistl. Bereich gesungen, jedoch nicht liturg. gebunden; ursprüngl. wohl den Gang des Priesters zum Lesepult begleitend (s. Bez.); auch als weltl. Lied moral.-satir. oder polit. Inhalts bezeugt, z. T. als ↗ Kontrafaktur geistl. C.; umgekehrt ist der geistl. C.»Syon egredere« eine Kontrafaktur und Übersetzung von Tannhäusers Leich IV (13. Jh.). – Zunächst einstimmig (11. Jh.), wurde der C. seit dem 12. Jh. zu einer der wichtigsten Gattungen des mehrstimm. lat. Kunstliedes; den einstimm. C. ersetzt seit dem 13. Jh. die ↗ Cantio. Wichtigstes Zentrum war das Kloster St. Martial in Limoges.   IS

Confessiones, f. Pl. [lat. = Bekenntnisse], Titel bekenntnishafter ↗ Autobiographien, dt. oft als ›Bekenntnisse‹.

Conflictus, m. [lat. = Zusammenstoß (der Meinungen)], mittellat. ↗ Streitgedicht, meist in Hexametern oder Vagantenzeilen, z. B. Alkuin,»C. veris et hiemis« (Streitgespräch zwischen Frühling und Winter, 8. Jh.); bes. als Übung zur Schärfung des Verstandes oder der Redekunst beliebt. Auch: ↗ Altercatio, ↗ Contrasto, ↗ Tenzone.   IS

Congé, m. [kõ'ʒe; frz. = Abschied], afrz. Abschiedsgedicht, geschaffen von dem Trouvère Jehan Bodel, der 1202 als Aussätziger seine Freunde und seine Vaterstadt Arras verlassen musste (»Li Congie«, 41 Strophen aus je 12 Achtsilblern). Weitere Vertreter sind der ebenfalls leprös gewordene Baude Fastoul (um 1260) und Adam de la Halle, dessen Verse auf seinen (harmloseren) Abschied von Arras (1269) jedoch satir. Züge tragen. – Vorbild der C.s waren evtl.»Les Vers de la mort« des Trouvères und späteren Zisterziensermönchs Hêlinand (1166–1230); Einflüsse der Gattung auf das»Große Testament« von F. Villon (1460) sind möglich. Auch ↗ Apopemptikon.   S

Connecticut wits [kə'nɛtikət 'wits; engl. wit = geistreicher Kopf, kluger Mensch], nordamerikan. polit. und literar. Kreis ehemal. Yale-Studenten um den Dichter (und einflussreichen Präsidenten der Yale-Universität) T. Dwight; sammelte sich Ende des 18. Jh.s in Hartford (der Hauptstadt Connecticuts, daher auch: *Hartford wits*) mit dem Ziel, durch polit. Engagement und v. a. durch eine eigenständ. nat. Dichtung im öffentl. Leben New Englands ein nationales Eigenwertgefühl zu wecken. Die C.w. gestalteten v. a. patriot. Stoffe aus der amerikan. Geschichte; formal blieben sie jedoch engl. Vorbildern (Pope, Swift) verpflichtet. Der bedeutendste Vertreter dieses *ersten amerikan. Dichterkreises* ist der Lyriker und Satiriker J. Trumbull (»The Progress of Dulness«, 1772/73 u. a.); neben dem Gründer Dwight (»America«, 1772,»Columbia«, 1777: patriot. Gedichte,»The Conquest of Canaan«, 1785: erstes amerikan. Epos) ist v. a. noch J. Barlow (»The Columbiad«, 1807) zu nennen.   IS

Consolatio, f. [lat. = Tröstung], Bez. für die antike literar. Gattung der Trostschrift, verfasst entweder zu einem individuellen Trauerfall für die Hinterbliebenen (vgl. in Prosa z. B. Seneca, C. ad Marciam, ad Helviam matrem, ad Polybium, in Versen die Ovid zugeschriebene »C. ad Liviam«) oder allgemein als oft philisoph.-eth. bestimmter Trost und Zuspruch (z. B. Cicero »Cato maior de senectute« oder Plutarchs Abhandlung über die Verbannung). Von großer Wirkung das ganze MA. hindurch war die spätantike, im Gefängnis verfasste »C. philosophiae« des Boëthius (523/4 n. Chr.). – Viele Elemente der antiken C. finden sich auch in christl. Trostschriften sowie bis heute in Kondolenzschreiben. – Eine C.-parodie schrieb L. Sterne im »Tristram Shandy«, II, 3.   UM

Conspęctus siglǫrum, m. [lat. = Übersicht über die ⁊ Siglen], Bez. der ⁊ Textkritik für die Übersicht über die Überlieferung eines literar. Werkes, geordnet nach den Handschriften-Siglen. Textkrit. ⁊ Apparat.   S

Constrụctio ad sęnsum, f. [lat. = Konstruktion nach dem Sinn, gr. Constructio kata synesin, auch Synesis], syntakt. Konstruktion, bei der die Kongruenz der Satzglieder durch den Sinn, nicht die grammat. Regel bestimmt ist, z. B. kann bei grammat. singular. Subjekt mit plural. Bedeutung das Prädikat im Plural stehen: häufig in gr. u. lat. Sprache *(uterque insaniunt)*, im Mhd., gelegentl. auch im Nhd.: »gewiß *würden eine Menge* die Gelegenheit benützen« (A. Zweig), vgl. auch engl. »the people were …«.   S

Constrụctio kạtạ synesin [lat.-gr. = Konstruktion nach dem Sinn], ⁊ Constructio ad sensum.

Conte, m. [kõ:t, frz. = Erzählung, Märchen], in der frz. Literatur 1. Bez. für Erzählformen, die meist zwischen Roman und Novelle stehen und oft erst durch Attribute näher bestimmt werden, vgl. z. B. »Contes moraux« (1761–86, von J. F. Marmontel) oder »Contes drôlatiques« (1855, von H. de Balzac). 2. ⁊ Dit, ⁊ Fabliau. S

Contrạsto, m. [it. = Gegensatz, Streit], italien. Spielart des mal. ⁊ Streitgedichts, bei der die Dialoge zweier Personen oder allegor. Figuren auf einzelne Strophen (oft Sonette) verteilt sind. Berühmtes Beispiel ist der einem Ciullo d'Alcamo zugeschriebene C. »Rosa fresca aulentissima« (13. Jh.); häufig verwendet wird er auch von Jacopone da Todi (2. Hä. 13. Jh.); beeinflusst von den verwandten Formen ⁊ Conflictus, ⁊ Altercatio, ⁊ Disputatio, ⁊ Jeu-parti, ⁊ Partimen (Joc partit).   MS

Cọpla, f. [span. = Strophe], 1. span. volkstüml. Strophenform (auch Cantar): Vierzeiler aus achtsilb. oder kürzeren Versen, Assonanz nur im 2. und 4. Vers, daher wird angenommen, dass die Strophenform aus einem assonierenden Langzeilenpaar entstand.

Verwendung in der Volksdichtung (z. B. als Thema von ⁊ Villancicos) und der volkstüml. Kunstdichtung, z. B. der Romantik. 2. Variantenreiche Strophenform der span. Kunstdichtung, v. a. des 15. Jh.s, meist acht-, zehn- oder zwölfzeil., zweigeteilte Strophen, häufig aus Achtsilbern. Bis ins 17. Jh. vielfach nachgeahmt wurde die von J. Manriques in seinen »C.s por la muerte de su padre« (1476) verwendete C.: ein Zwölfzeiler, gegliedert in zwei sechszeil. Halbstrophen aus je zwei symmetr. Terzetten aus 2 Acht- und einem Viersilber; die Terzette jeder Halbstrophe haben jeweils dasselbe Reimschema, während zwischen den Halbstrophen keine Reimbindung besteht; übl. sind insgesamt sechs Reimelemente pro Strophe. – Neue Blüte in der Romantik.   GR

Coq-à-l'âne, m. [kɔka'la:n; frz., nach dem Sprichwort »saillir du coq en l'asne« = vom Hahn auf den Esel überspringen, d. h. zusammenhangloses Gerede], satir. Gattung der frz. Renaissancedichtung, die in paargereimten Acht- (selten Zehn-)Silbern zusammenhanglos teils offene, teils versteckte Anspielungen auf die Laster der Zeit oder berühmte Persönlichkeiten sowie auf aktuelle polit., militär. und religiöse Ereignisse aneinanderreiht. Als ihr Begründer gilt C. Marot (C.s in Briefform v. a. über den Papst, den korrumpierten Klerus und die Frauen, z. B. »L'épistre du Coq en l'Asne à Lyon Jamet de Sansay en Poictou«, 1531); weitere Vertreter im 16. Jh.: E. de Beaulieu, Ch. de Sainte-Marthe und M. Régnier; vereinzelt tritt die Gattung auch noch im 17. Jh. auf.   PH

Cọrpus, n. [lat. = Körper, Gesamtheit], Bez. für Sammelwerke (»C. iuris civilis«), wissenschaftl. Gesamtausgaben von Texten (»C. inscriptionum latinarum«, Berlin 1862 ff.; »C. der altdt. Originalurkunden«, Lahr 1932 ff.) und Dokumenten (»C. der Goethezeichnungen«, Leipzig 1958 ff.).   HSt

Corrẹctio, f. [lat. = Verbesserung], auch: Metanoia, f. [gr. = Sinnänderung], ⁊ rhetor. Figur: unmittelbare Berichtigung einer eigenen Äußerung (oder, in der Gerichtsrede, auch einer Äußerung des Gegners); dient meist nicht zur Abschwächung der Aussage, sondern zur Steigerung: »Ich trinke nicht, nein, ich saufe«, oft mit Wiederholung (↗ Anadiplose) des zu verbessernden Ausdrucks: »Ich trinke; trinke? nein, ich saufe!«   UM

Corrigęnda, f. Pl. [lat. = zu Verbesserndes], auch: ↗ Errata.

Couplet, n. [ku'ple:; frz. m. = Strophe, Lied, Diminutiv zu couple = Paar], Bez. der frz. Metrik und Musikwissenschaft für:
1. Strophe, gebräuchl. v. a. vom MA. bis zum 17. Jh., in einigen Verslehren (z. B. Suberville, Jeanroi, Lote) bis heute;
2. ↗ Reimpaar (C. de deux vers), seit dem 16. Jh. verwendet in Epos, Epigramm, Satire, Epistel, Elegie, Lehrgedicht, z. T. auch im Drama; eine Variante ist das *C. brisé* (das ›gebrochene‹ C., vgl. Reim-↗ Brechung), in England das nach frz. Vorbild entwickelte *heroic c.;*
3. die durch ungereimte Refrainzeilen markierten Abschnitte im ↗ Rondeau;
4. das meist kurze, pointierte Lied (mit Refrain) in Vaudeville, Opéra comique, Singspiel, Operette, Posse, Kabarett usw. mit witzigem, satir., auch pikantem Inhalt, häufig auf aktuelle polit., kulturelle oder gesellschaftl. Ereignisse anspielend. Der Schlussrefrain bringt oft durch Wortveränderungen oder -umstellungen eine überraschende Pointe; Sonderformen sind *C.s dialogués* oder *C.s d'ensemble,* in denen die Strophen abwechselnd von zwei Partnern gesungen werden, bes. im ↗ Vaudeville. Berühmte *dt.sprach. C.s* schrieb J. N. Nestroy, z. B. Knieriems Kometenlied (»Lumpazivagabundus«, 1833) oder das Lied des Lips (»Der Zerrissene«, 1844). Auch ↗ Chanson.   PH

Cour d'amour, m. [kurda'mu:r; frz. = Liebes-, Minnehof], von Nostradamus 1575 eingeführte Bez. für Minnegerichtshöfe im Zeitalter der Trobadors (12., 13. Jh.), deren Realitätscharakter jedoch umstritten ist: F. Raynouard (1817), E. Trojel (1888) u. a. vermuten eine gesellschaftl. Institution, die unter dem Vorsitz adl. Frauen Streitfragen um normgerechtes Minneverhalten durch Prozessurteil *(jugements)* entschieden habe; dagegen sieht man heute im Anschluss an F. Diez und G. Paris darin so etwas wie eine gesell. Unterhaltungsform. Direkte Anspielungen der Trobadors auf C.s d'a. sind selten (evtl. Gaucelm Faidit, Lied 5, Ausg. Mouzat). Musterbeispiele für Minneurteile liefert Ende 12. Jh. der Traktat »De amore« des Andreas Capellanus.   PH

Creaciónįsmo, m. [kreaθio'nizmo; span. von crear = (er)schaffen], lateinamerikan. und span. literar. Strömung, begründet 1917 von dem chilen. Lyriker V. Huidobro (»Altazor«, 1919 u. a.), der eine von literar. Traditionen und von Bindungen an die reale Wirklichkeit freie Dichtung forderte, die als völlig neue, absolute Schöpfung (creacion) entstehen müsse: »hacer un poema como la naturaleza hace un árbol« (ein Gedicht machen wie die Natur einen Baum). Mittel dazu ist eine autonome, eigene Realitäten schaffende Sprache (v. a. assoziative Bilder, Metaphern, Spiel mit Wörtern, Silben, Buchstaben). Wie der nahe verwandte ↗ Ultraismo ist der C. stark vom ↗ Symbolismus beeinflusst; seine Vertreter wurden z. T. Vorläufer des ↗ Surrealismus, so der Peruaner J. M. Eguren, der Franzose P. Reverdy, der Spanier G. Diego, der Mexikaner J. Torres-Bodet.   IS

Crepidạta, f. [lat., eigentl. Fabula c., nach lat. crepida = Sandale, dem zur griech. Tracht gehörenden Schuh], antike Bez. der seit 240 v. Chr. von Naevius in Rom eingeführten Nachahmung oder Bearbeitung der griech. Tragödie (mit Stoffen aus der griech. Mythologie oder Geschichte und griech. Kostümen, vgl. Bez.). Da nur Titel und wenige Bruchstücke überliefert sind, lässt sich ein spezif. Werktypus (bzw. das Verhältnis zum griech. Vorbild) nicht rekonstruieren. Vgl. dagegen ↗ Praetexta.   S

Crepuscolari, m. Pl. [it. von crepuscolare = dämmerig], Bez. für eine Gruppe italien. Dichter zu Beginn des 20. Jh.s, die – als Reaktion auf die pathet., rhetor. prunkvolle Dichtung G. D'Annunzios und seiner Anhänger – in bewusst einfacher, unartist. Sprache und Form die unscheinbare Welt der kleinen Dinge gestalteten; charakterist. sind eine Vorliebe für leise, gedämpfte Töne, für Andeutungen, ›dämmerige‹ Farben und eine melanchol. Resignation (auch Klagen über die Beschränktheit der eigenen Empfindungs- und Aktionsmöglichkeiten). Vorbilder waren C. G. Pascoli und F. Jammes, z. T. die frz. und belg. ⟋ Dekadenzdichtung. – *Die Bez.* ›C.‹ wurde gebildet in Anlehnung an den Ausdruck *poesia crepuscolare,* mit dem der Turiner Kritiker G. A. Borgese 1911 die Dichtungen M. Morettis (»Poesie di tutti i giorni«, 1911), F. M. Martinis und C. Chiaves charakterisiert hatte; er wurde von der Literaturwissenschaft auch auf andere Vertreter dieser Stilhaltung angewandt, so auf die *wichtigsten Repräsentanten* S. Corazzini und G. Gozzano (»La via del rifugio«, 1907, »I colloqui«, 1911), auf C. Govoni und den frühen A. Palazzeschi (»L'incendiario«, 1910) u. a.

IS

Crispin, m. [kris'pɛ̃; frz.], Typenfigur der frz. Komödie, Mitte des 17. Jh.s von dem Schauspieler Raymond Poisson aus dem Aufschneider ⟋ Skaramuz und dem 1. Zane (⟋ Zani) der ⟋ Commedia dell'arte entwickelt: witzig-einfallsreicher, oft skrupelloser Diener mit typischem leichtem Stottern. C. wurde zur beliebten zentralen Gestalt vieler Komödien und ⟋ Nachspiele (z. B. »C. rival de son maître«, »C. musicien«, »C. gentilhomme«); die berühmteste Verkörperung fand er in J.-F. Regnards »Le légataire universel« (1708).

IS

Cross-reading ['krɔsrí:diŋ; engl. (a) cross = quer, reading = Lesen], ursprüngl. halbliterar. witziges Gesellschaftsspiel, bei dem ein in zwei oder mehreren Kolumnen geschriebener Text nicht kolumnenweise, sondern quer über die Kolumnengrenzen hinweg gelesen wird. Literarisiert wurde diese spielerische, teils unsinnige, teils satir. Text-⟋ Montage durch Caleb Whitefoord (»New Foundling Hospital for Wit«. New Edition. London 1784, Bd. II, S. 235 ff.), z. B.: »This day his Majesty will go in state to / sixteen notorious common prostitu-

tes«. In Deutschland versuchte G. Ch. Lichtenberg eine »Nachahmung der engl. C. r.s« (Vermischte Schriften. Göttingen 1844 ff., Bd. II, S. 63 ff.). Darüber hinaus haben die C. r.s allerdings keine eigentl. literar. Tradition ausgebildet. Erst die sogenannte ⟋ Cut-up-Methode beruft sich wieder direkt auf die Technik des C. r.s (z. B. Carl Weissner), wobei bes. die satir. Wirkungen des C. r.s hervorgehoben werden. ⟋ Collage.

D

Crux, f. [lat. = Kreuz], unerklärte Textstelle, in krit. Ausgaben durch ein Kreuz (†) markiert. Eine C. kann auf einer Textverderbnis (⟋ Korruptel) oder einem ⟋ hapax legomenon beruhen. – Im übertragenen Sinne: unlösbare Frage.

K

Cuaderna vía, f. [span. = vierfacher Weg], auch: Mester de clerecía, span. Strophenform: Vierzeiler aus einreimigen span. ⟋ Alexandrinern, Verwendung in der gelehrten Dichtung des 13. und 14. Jh., z. B. im »Libro de Alexandre« (Alexanderepos, um 1240), in den Heiligenleben und der Marienlyrik G. de Berceos (13. Jh.), im »Poema de Fernán González« (13. Jh., ⟋ Cantar) und überwiegend auch im »Libro de buen amor« des Arcipreste de Hita Juan Ruiz (Traktat über die Liebe in autobiograph. Form, 14. Jh.). – Neubelebung seit Ende des 19. Jh.s im ⟋ Modernismo, bes. in Lateinamerika.

GR

Cultismo, m. auch: Culteranismo ⟋ Gongorismus.

Cursus, m., Pl. Cursus [lat. = Lauf], in der lat. (seltener volkssprachl.) ⟋ Kunstprosa der Spätantike und des MA.s gebräuchl. rhythm. Formel für Kola- und Periodenschlüsse. Die C.-Formeln lösen seit dem 4. Jh., verursacht durch den lat. Akzentwandel und die damit verbundene Verwischung der Quantitätsunterschiede, die durch die Silbenquantitäten geregelten ⟋ Klauseln ab; sie beruhen, im Ggs. zu diesen, auf der Regelung des (dynam.) Wortakzents und der Wortgrenzen. C.formeln sind nachweisbar zuerst bei Augustin; regelmäßig beachtet werden sie – in bewusster Anknüpfung an den als vorbildl. empfundenen Briefstil Papst Leos I., des Großen (5. Jh.) – seit dem 11. Jh. in der päpstlichen, seit dem 13. Jh. in der kaiserl. Kanzlei (sog. *C. leoninus, leonitas*). Die auf das klass. Latein zurückgreifenden Humanisten lehnen den C. ab und ersetzen ihn wieder durch Klauseln. – Man unterscheidet 4 C.-Typen:

1. *C. planus* (gleichmäßiger C.): ....x́ x / x x́ x (retributi) ónem merétur;

2. *C. tardus* (langsamer C.): ....x́ x / x x́ x x (felici)tátis percípient;

3. *C. velox* (rascher C.): ....x́ x x / x x x́ x (ex)híbitum reputábo;

4. *C. trispondiacus* (C. aus drei Spondeen; Bez. nach der Quantitätenfolge!): ....x x́ x / x x x́ x dolóres detulérunt.   K

Curtal Sonnet [ˈkəːtəl ˈsɔnit; engl. = gekürztes Sonett], von G. M. Hopkins (1844–89) geprägte 11-zeil. Sonderform des ↗ Sonetts: die klass. Sonettform (8+6) ist proportional verkürzt auf ein Sextett (abc abc) und ein Quartett (bcbd, auch dbcd oder bddb) mit abschließender Halbzeile (tail-piece) mit c-Reim; z. B. »Pied Beauty«, »Peace« u. a.   GS

Cut-up-Methode [engl. cut-up-method zu to cut up = zerlegen], Kompositions-Technik der literar. ↗ Collage; entwickelt gegen 1960 von B. Gysin (»Minutes to Go«, 1960, zus. mit W. S. Burroughs, S. Beiles, G. Corso: »The Exterminator«, 1960, zus. mit Burroughs) zur Erzielung einer traum- und rauschähnl. Bewusstseinserweiterung (»nobody experience«). »Eine Textseite (von mir selbst oder von einem anderen) wird in der Mitte der Länge nach gefaltet und auf eine andere Textseite gelegt. Die beiden Texthälften werden ineinander ›gefaltet‹, d. h. der neue Text entsteht, indem man halb über die eine Texthälfte und halb über die andere liest« (Burroughs). Ähnlich können Texte mit Hilfe des Tonbandgeräts hergestellt werden. Außer von Gysin und Burroughs (»Soft Machine«, 1961, dt. 1971) ist diese Methode auch von deutschsprachigen Autoren (Jürgen Ploog, Carl Weissner) angewandt worden. »Das Engagement der Cut-up-Autoren besteht darin, zur Aufhellung der neuen Be-

wusstseinslagen des elektron. Zeitalters beizutragen und die massiven Zwangsmaßnahmen einer offiziellen ›Information‹ & Literatur in Frage zu stellen« (Weissner). ↗ Pop-Literatur.   D

Cynghanedd, f. [kəŋhá:nɛð; kymr. = Übereinstimmung], zusammenfassende Bez. für die verschiedenen Formen des ↗ Gleichklangs (mit Ausnahme des ↗ Endreims) und ihre Kombination in der walis. (kymr.) Dichtung. Grundformen der C. sind ↗ Alliteration und konsonant. ↗ Binnenreim (↗ Hending); aus ihnen werden im Laufe des 13. Jh.s bei wachsendem Formbewusstsein 4 verschiedene Systeme (nach Art, Anzahl und Stellung der Gleichklänge im Vers) entwickelt, die in insges. 24 walis. Metren (u. a. im ↗ Cywydd) Verwendung finden. Der C. vergleichbare Formen des Gleichklangs und der Kombination von Gleichklängen zeigen die altir. und altnord. (skald.) Poesie.   K

Cywydd, m. [kʌ́uið; kymr., Pl. cywyddau], beliebtes Metrum der walis. (kymr.) Lyrik des Spät-MA.s: paarweise gereimte, siebensilb. Verse (↗ silbenzählendes Versprinzip), wobei der jeweils erste Reim eines Reimpaares betont, der zweite unbetont ist (unebene Bindung); meist kommt die ↗ Cynghanedd, d. h. Alliteration, häufig auch konsonant. Binnenreim, hinzu. – Als Begründer der C.-Dichtung gilt Dafydd ap Gwilym (14. Jh.), dessen Cywyddau themat. von der mlat. Klerikerdichtung und der frz. Trouvère-Poesie beeinflusst sind. In der jüngeren C.-Dichtung (16. Jh.) überwiegen polit. Themen (Kritik an der wachsenden Kollaboration des walis. Adels mit der Tudormonarchie). Neubelebung im 18. Jh. im Rahmen der Renaissance der walis. Dichtung.   K

D

Dadaismus, internationale Kunst- und Literaturrichtung, entstanden 1916 in Zürich unter dem Eindruck des Ersten Weltkrieges im Rahmen der sog. ↗ Literatur- bzw. Kunstrevolution als Synthese aus kubist., futurist. und expressionist. Tendenzen. Zentrum war das Züricher ›Cabaret Voltaire‹, ursprüngl. als literar. Kabarett von H. Ball begründet (eröffnet 5.2.16). Etwa seit März 1916 wurde es zu einer »Experimentierbühne aller derjenigen Probleme, die die moderne Kunst bewegten« (R. Huelsenbeck). Die in Zürich im Exil lebenden und an den Programmen des Kabaretts beteiligten Künstler H. Arp, H. Ball, R. Huelsenbeck, M. Janco und T. Tzara versuchten, eine selbständ. Literatur- und Kunstrichtung unter dem Gruppensymbol ›Dada‹ zu entwickeln (Publikation »Cabaret Voltaire«, 1916). Wer dieses Gruppensymbol erfunden hat, ist nicht zu klären (Tzara? Ball?). Die Gemeinsamkeit der Dadaisten bestand v. a. in einer künstler.-polit. Haltung: Das Kabarett wurde zu einem Ort des künstler. Widerstandes gegen den »Wahnsinn der Zeit« (Arp), wobei man v. a. gegen ein Bildungsbürgertum zielte, das man für »die grandiosen Schlachtfeste und kannibalischen Heldentaten« (Ball) verantwortl. machte. Das führte zur Negation jegl. Kunstideals, zur Verschärfung der von Kubismus und italien. ↗ Futurismus eingeführten »drei Prinzipien des Bruitismus, der Simultaneität und des neuen Materials in der Malerei« (Huelsenbeck). Alle bisher geltenden ästhet. Wertmaßstäbe und Spielregeln wurden für ungült. erklärt und die absolute Freiheit der künstler. Produktion proklamiert; dies führte zu immer provokativeren Programmen im ›Cabaret Voltaire‹ und bald auch außerhalb (Zeitschrift ›Dada‹, seit 1917 hrsg. von T. Tzara): Experimentiert wurde mit ↗ Collagen, Zufallstexten (↗ aleator. Dichtung), ↗ reduzierten Texten, mit ↗ Lautgedichten, sog. »Versen ohne Worte« (Ball) und sog. Geräuschkonzerten. Bei der Suche nach eigenen und neuen Wegen und Möglichkeiten, um über reine Anti-Kunst, über Protest und pure Negation hinauszugelangen, wurde jedoch deutl., dass der D. zu keinem Gruppenstil fand; zu unterschiedl. waren die Intentionen seiner Mitglieder, die ledigl. durch die Verpflichtung zu gemeinsamen Programmen im ›Cabaret Voltaire‹ und den sog. Dada-Soireen und durch die polit.-sozialen Gegebenheiten des gemeinsamen Exils zusammengehalten wurden. Nach Ende des Krieges löste sich folgerichtig der Züricher D. in einzelne Richtungen auf. Es bildeten sich überall dadaist. Gruppierungen mit jeweils spezif. Gesicht: praktizierte der *Berliner D.* (1918–20 mit Huelsenbeck, den Brüdern Herzfelde, George Grosz, Raoul Hausmann, Walter Mehring und Johannes Baader) in den Veranstaltungen des ›Club Dada‹, in einer »Internationalen Dada-Messe« (Eröffnung 5.6.1920) und der von Hausmann herausgegebenen Zeitschrift »Der Dada« eine zwischen anarchist. und kommunist. Argumentation pendelnde Spielart, bis er (in sich völlig zerstritten) zerfiel. Der *Kölner D.* (1919/20 mit Max Ernst, Johannes Baargeld und Arp) war vor allem eine Angelegenheit der bildenden Kunst und gipfelte in der polizeil. geschlossenen Ausstellung »Dada-Vor-

KARAWANE
jolifanto bambla ô falli bambla
grossiga m'pfa habla horem
égiga goramen
higo bloiko russula huju
hollaka hollala
anlogo bung
blago bung
blago bung
bosso fataka
û ûû û
schampa wulla wussa ólobo
hej tatta gôrem
eschige zunbada
wulubu ssubudu uluw ssubudu
tumba ba- umf
kusagauma
ba - umf
(1917)
Hugo Ball

Hugo Ball: »Karawane«, 1917

frühling« im April 1920 (die aber wieder geöffnet werden durfte:»Dada siegt«). Der *Pariser D.* (mit Tzara, Arp und v. a. zahlreichen späteren Surrealisten wie Louis Aragon, André Breton, Paul Eluard u. a.) wiederum war trotz mancher Kunst-Ausstellungen wesentl. eine literar. Angelegenheit, bis schließl., nach zahlreichen Auseinandersetzungen v. a. zwischen Tzara und Breton, 1923 der Surrealismus das Erbe des D. antrat. Von längerer Dauer blieb schließl. nur ein nach dem Kriege von Kurt Schwitters in Hannover proklamierter und bis zu seiner Emigration nach Norwegen (1937) praktizierter *Privat-D.*, dem er den Namen ›Merz‹ gegeben hatte, unter welchem Namen er seit 1923 auch eine eigene Zeitschrift publizierte. Wirkungsgeschichtl. bedeutsam war der D. jedoch durch seine theoret. und prakt. Beiträge zur ↗ abstrakten (↗ konkreten), v. a. ↗ akust. Dichtung.   **D**

Daina, f. [litauisch], Pl. Dainos, altlitau. Volkslied; Form und Stil zeigen altertüml. Züge (Strophen aus 4-heb., meist trochäischen Versen; je 2 Verse durch Figuren der Wiederholung oder des ↗ Parallelismus membrorum und durch die dabei frei auftretenden Alliterationen und Endreime gebunden). Je nach Thematik unterscheidet man Arbeits-, Jahreszeiten-, Brautlieder, Totenklagen u. a. – Erste Veröffentlichungen im 18. Jh. (Ph. Ruhig, Litau. Wörterbuch, 1745), aufgegriffen durch Lessing (33. Literaturbrief), Herder (»Volkslieder«), Goethe (»Die Fischerin«). Breiteres Interesse fanden die Dainos im 19. Jh. im Rahmen der Indogermanistik (Schleicher, Brugmann, Leskien). – Der altlit. D. verwandt ist die *lett.* D. (Pl. Dainas), von ihr sind bis heute etwa 900 000 Beispiele aufgenommen, davon etwa 60 000 (und 100 000 Varianten) veröffentlicht.   **K**

Daktyl(o)epitrit, m. [aus gr. ↗ Daktylus und ↗ Epitrit], moderner Begriff für altgriech. Verse, in denen daktyl. und epitrit. Glieder abwechseln; von A. Rossbach und R. Westphal (Griech. Metrik, 1856) eingeführt. Ein D. wird als Kombination aus den sog. Elementargliedern $-\cup\cup-\cup\cup-$ (entspricht dem Hemiepes)

und $-\cup-$ (entspricht dem Kretikus), auch $-\cup\cup-$ und $\cup\cup-$, erklärt, die durch eine weitere, in der Regel lange Silbe verbunden sind, welche die Folge $-\cup-$ zum ↗ Epitrit ($--\cup-$) ergänzt. Im Einzelnen sind verschiedenerlei Kombinationen möglich (z. B. Verdoppelung der einzelnen Teile oder des Grundschemas, An- oder Einfügung weiterer langer Silben usw.). Die D.en lassen sich evtl. aus dem ↗ Enkomiologikus ableiten, unterscheiden sich aber von diesem ↗ archiloch. Versmaß dadurch, dass die daktyl. und epitrit. Versteile ohne Pause verbunden sind. Daktyl(o)epitrit. Verse erscheinen stets in Strophen und werden für feierl. und ernste Inhalte verwendet; sie finden sich vor allem in der Chorlyrik, zuerst bei Stesichoros, dann bes. bei Pindar und Bakchylides, seltener in den Chorliedern der griech. Tragödie.   **UM**

Daktylus, m. [lat. nach gr. Daktylos = Finger, Zehe, übertragen = Zoll, Maß(einheit)], antiker Versfuß der Form $-\cup\cup$; mit kontrahierter Senkung $--$ (↗ Spondeus); Auflösung der Hebung ist nicht üblich (Ausnahmen in der vorklass. röm. Dichtung bei Ennius). Wichtige *daktyl.* Versmaße der gr. und lat. Dichtung sind der *daktyl.* ↗ Hexameter und der *daktyl.* ↗ Pentameter. – In den akzentuierenden Versen (↗ akzentuierendes Versprinzip) der dt., engl. usw. Dichtung gilt als D. die Folge einer betonten u. zweier unbetonter Silben (x́ x x), wobei die Bez. ›D.‹ gewöhnl. auch dort angewandt wird, wo histor. kein Bezug zur gr.-röm. Verskunst vorliegt. Dies gilt insbes. für die sog. *mittelhochdt.* Daktylen, die sich im dt. Minnesang des 12./13. Jh.s finden, zuerst bei Kaiser Heinrich (hier neben den Doppelsenkungen auch einfache Senkungen, sogenannte gemischt-daktyl. Verse). Sie sind beliebt bei den rhein. Minnesängern (Heinrich von Veldeke, Friedrich von Hausen, Graf Rudolf von Fenis, u. a.), v. a. aber bei Heinrich von Morungen; auch Walther von der Vogelweide verwendet sie (z. B. L 39, 1 ff. »Úns hât der wínter geschâ über ál«) im 13. Jh. werden sie seltener (Ulrich von Lichtenstein). In der jüngeren Forschung (F. Gennrich) werden sie als 3. ↗ Modus gleichgesetzt (♩.♪♩). In neuhochd.

Reimstrophen begegnet der D. seit dem 17. Jh., zuerst bei A. Buchner und Ph. von Zesen, auch hier ohne direkten Bezug zur gr.-röm. Verskunst (Buchner beruft sich auf Ulrich von Lichtenstein!). Der bewegte Gang des D. dient häufig dem Ausdruck festl. Hochstimmung (z. B. Schiller, »Dithyrambe«: »Nímmer, das gláubt mir, erschéinen die Gôtter, / Nímmer alléin ...«) oder innerer Unruhe (z. z. B. A. Gryphius, Sonett »Mitternacht«: »Schrécken und Stílle und dúnkeles Gráusen / fínstere Kálte bedécket das Lánd«); auch der Ton lebendiger Erzählung verbindet sich oft mit (gemischt-) daktyl. Rhythmus (Wieland: häufig Doppelsenkungen in den Stanzen des »Oberon«; Schiller: »Die Bürgschaft«, »Der Taucher«). Bes. durch die Adaption des daktyl. Hexameters und Pentameters in der dt. Dichtung seit J. Ch. Gottsched und F. G. Klopstock wurde der D. in der neuhochdt. Verskunst eingebürgert. K

Dandyismus, m. [zu engl. dandy = Stutzer, Elegant; Etymologie ungeklärt], gesellschaftl. Erscheinung, ausgebildet Mitte des 18. Jh.s in England in einer Gruppe junger reicher Aristokraten (dandies), die sich im exklusiven ›Macaroniclub‹ (seit 1765 Clublokal ›Almack's‹) zusammenfand. Charakterist. war eine ausgeklügelte Extravaganz des Lebensstils, v. a. eine äußerst raffinierte (zu Beginn des D. unauffällige, später exzentrische) Eleganz der Kleidung, ein geistreich-zyn. Konversationston, blasierte Gleichgültigkeit gegenüber der sozialen Wirklichkeit und ihren Problemen (↗ Eskapismus), die sich in provokant zur Schau getragenem Müßiggang und arroganter Unmotiviertheit und Ziellosigkeit der eigenen Existenz dokumentierte. Interessant war nur das eigene, als ›absolutes‹ Kunstwerk zelebrierte Leben. *Berühmtester Vertreter* des D. war George Brummell (seine Glanzzeit: 1794–1816). – *Literar. Relevanz* erhielt dieser *gesellschaftl. D.* in den sog. ↗ Fashionable novels, in denen die Welt des D. gestaltet ist. Eine philosoph.-existentielle Deutung erfuhr der D. etwa seit 1830 durch die franz. Romantiker (grundlegend: J. Barbey d' Aurevilly, »Du dandysme et de George Brummell«, 1845). Der D.

wird erklärt als eine Form der Reaktion auf den Niedergang der aristokrat. Gesellschaft und die Übernahme (und Vulgarisierung) ihrer Normen durch die Bourgeoisie mit ihrer nützl.-prakt. Lebensauffassung. Anders als der ↗ Byronismus (der gegen diesen Prozess der Umwertung aggressiv reagiert) oder die Décadence (die den Prozess intellektuell leidend reflektiert) oder die Bohème (die sich außerhalb jegl. Gesellschaft stellt) ist der D. der Versuch, durch unzeitgemäße Hypertrophierung der aristokrat. äußeren Formen die neue bürgerl. Gesellschaft ad absurdum zu führen. Obwohl auch einem solchen *existentiellen D.* das bloße Da-Sein als ästhet. Repräsentation seiner selbst genügen musste, wurde doch eine Anzahl von Dandies bedeutende Schriftsteller: Sie entwickelten einen *literar. D.,* der auch von Nicht-Dandies gepflegt wurde (z. B. von den Symbolisten, von P. Mérimée, z. T. auch von H. de Balzac und G. Flaubert). Er berührt sich vielfach mit anderen romant. Strömungen (↗ Byronismus, Décadence) und ist gekennzeichnet durch sein Bekenntnis zum Aesthetizismus (↗ l' art pour l' art): einen artist.-prätentiösen Stil von iron. Eleganz und Distanz, durch leidenschaftslose Analysen, absichtsvolle Mystifikationen, Paradoxa, Provokationen usw., der bei aller vorgeführten Verachtung bürgerl. Werte doch allgemeine Aufmerksamkeit zu erwecken versucht. *Vertreter* sind in England etwa B. Disraeli, E. G. Bulwer-Lytton (»Pelham«, 1828 u.a), Oscar Wilde (»The Picture of Dorian Gray«, 1890 u. a.), R. Firbank u. a.; in Frankreich Ch. Baudelaire, J.-K. Huysmans (»A Rebours«, 1884), A. de Musset, M. Barrès, P. Bourget, A. Gide u. a. In Deutschland waren sowohl der gesellschaftl. D. (Fürst Pückler-Muskau) als auch die literar. Ausprägung selten: D. wird gesehen in Leben und Werk St. Georges und im Werk E. Jüngers oder Th. Bernhards. Einen neuen Dandytypus (ohne Eskapismustendenzen) repräsentiert seit einigen Jahren der amerik. Journalist Tom Wolfe (»Fegefeuer d. Eitelkeiten« 1987). IS

Dansa, f. [prov. = Tanz, Reigen], Tanzlied, Gattung der Trobadorlyrik; entspricht formal und inhaltl. weitgehend der ↗ Balada. Unterschiede nur in der Refraingestaltung (Verzicht auf Binnenrefrain). Dichter: Guiraut d'Espanha, Cerveri de Girona und einige Anonymi. Im 15. Jh. werden neben der charakterist. volkstüml. Liebesthematik auch geistl. Stoffe behandelt (z. B. in den »D.s de Nostra Dona«). PH

Danse macabre [dã:s ma'kabr; frz. = ↗ Totentanz].

Darmstädter Kreis (1), ›empfindsamer‹ Freundeskreis (↗ Empfindsamkeit) in Darmstadt, etwa 1769–73 um J. H. Merck (u. a. Herausgeber [1772] und Mitarbeiter der ›Frankfurter Gelehrten Anzeigen‹). Zum ständigen Zirkel gehörten J. G. Herder, Goethe (›Wanderer‹ oder ›Pilger‹), F. M. Leuchsenring, Herders Braut Caroline Flachsland (›Psyche‹) und die Hofdamen H. von Roussillon (›Urania‹) und L. von Ziegler (›Lila‹). Der D. K. war darüber hinaus mit vielen Vertretern der zeitgenöss. geist. Kultur freundschaftl. verbunden, so v. a. mit F. G. Klopstock, Ch. M. Wieland, J. W. L. Gleim, Sophie von La Roche, den Brüdern F. und G. Jacobi, J. C. Lavater u. a.; er fand zudem Unterstützung durch die literar. interessierte Landgräfin Caroline von Hessen-Darmstadt. Die *Bedeutung des Kreises* bestand neben der Pflege des zeittyp. Freundschafts-, Gefühls- und Naturkults in seiner literar. Aufgeschlossenheit und dem z. T. aktiven Eintreten für die zeitgenöss. dt. und die europ. Literatur (v. a. Klopstock, aber auch Shakespeare, Cervantes, Petrarca, Rousseau, L. Sterne, O. Goldsmith, S. Richardson, E. Young, den »Ossian« u. a.). Der D. K. veranstaltete die erste Edition Klopstockscher »Oden und Elegien« (1771) und regte (insbes. durch Herder) zu Übersetzungen (Shakespeare, Shaftesbury, europ. Volksdichtung) und eigener literatur-krit. oder dichter. Tätigkeit an (Merck, Herder, Goethe: 1. Lesungen von »Faust« und »Götz« im D. K.). Auf Erlebnisse im D. K. gehen Goethes »Wanderers Sturmlied«, »Der Wanderer«, »Felsweihegesang, an Psyche« (1772, vgl. auch Herders Gegendichtung), »Elysium« (an Urania) und »Pilgers Morgenlied, an Lila« zurück, jedoch auch die »Pasquinaden« (so Merck an Nicolai,

18.8.1774) gegen eigennützige, geheuchelte Empfindsamkeit wie das »Jahrmarktsfest zu Plundersweilern«, das »Fastnachtsspiel, ... vom Pater Brey ...« (1773, gegen Leuchsenring) und »Satyros« (gedruckt erst 1817). Auch die Kritik an zu einseitiger Hingabe an Herzensempfindungen im »Werther« zielt u. a. auf die »Darmstädter Heiligen«. Anschaul. Quellen über den D. K. sind die zahlreichen Briefe der Mitglieder und Goethes Erinnerungen in »Dichtung und Wahrheit«, Buch 12 und 13. IS

Darmstädter Kreis (2), Freundeskreis internationaler Künstler in Darmstadt 1957–59 um C. Bremer, D. Spoerri (damals beide am Landestheater Darmstadt) und Emmet Williams; weitere Mitarbeiter an den gemeinsamen Publikationen u. a. Diter Rot (Reykjavik) und A. Thomkins (Essen). Der D. K. versuchte in Fortsetzung von Berner Theaterexperimenten auf dt. Bühnen experimentelles Theater zu praktizieren (Stücke von Tardieu, Ionesco, Schéhadé u. a.), vgl. »Das neue Forum. Darmstädter Blätter für Theater und Kunst« (1957–61, Redaktion C. Bremer), wo das Konzept eines »dynam. theaters«, das »das fortwährende stellungnehmen seiner zuschauer« und ihr Mitspielen fordert, entwickelt wurde. – Der D. K. ist ferner bedeutsam für die Geschichte der ↗ konkreten Dichtung durch die von Spoerri edierte Publikationsfolge »material« (1959–60): Bd. 1, mit Beiträgen von J. Albers, C. Bremer, C. Belloli, E. Gomringer, H. Heissenbüttel, D. Rot, D. Spoerri u. a., ist eine erste internationale Anthologie konkreter Dichtung; »material 2« (D. Rot, »ideograme«, 1959) und »material 3« (E. Williams, »konkretionen« 1959) zählen zu den ersten selbständigen Publikationen konkreter Autoren. D

Datierung [zu lat. datum est = gegeben (am)],
1. Angabe des Jahres, z. T. auch des Tages (Monats), an dem ein Schriftwerk abgeschlossen, veröffentlicht oder eine Urkunde ausgestellt wurde.
2. Bestimmung der Entstehungszeit und ggf.

des Erscheinungsjahres nicht datierter literar. Werke, z. B. der nur handschriftl. überlieferten antiken und mal. Literatur oder, in neuerer Literatur, von literar. Kleinformen (z. B. lyr. Gedichten, die oft erst einige Zeit nach ihrer Entstehung in Sammlungen veröffentl. werden). Anspielungen auf Zeitereignisse oder Verknüpfungen mit biograph. Daten erlauben manchmal die Festsetzung eines frühestmögl. (*terminus a quo* oder *post quem*, lat. = Zeitpunkt, von dem an bzw. nach dem gerechnet wird) oder spätestmöglichen Zeitpunkts (*terminus ad quem* oder *ante quem* = Zeitpunkt, bis zu dem bzw. vor dem etwas geschehen sein muss). Ebenso ermöglichen die Art des Schreibmaterials (z. B. Wasserzeichen), der Schriftduktus oder die Sprachgestaltung eines Werkes, seine Metrik oder die Analyse der literar. Abhängigkeiten die Festlegung einer relativen Chronologie.   RG

Débat, m. [de'ba; frz. = Streit, Wortwechsel], in der franz. Lit. didakt. Ausprägung des mal. ↗ Streitgedichts (Nebenform des ↗ Dit), meist allegor. Dialoge über theolog., moral., aber auch amouröse Themen, z. B. zwischen Seele und Körper (»Desputeison del cors et de l'ame«), Enthaltsamkeit und Völlerei (»Bataille de Caresme et de Charnage«), Geistlichem und Ritter (»D. du clerc et du chevalier«). Überwiegend anonym. D.s finden sich aber auch bei Rutebeuf (»Desputizon dou croisie et dou descroisie« u. a.), 13. Jh. u. F. Villon (»D. du Cœur et du Corps«), 15. Jh. u. a.   PH

Deckname, fingierter Name, der die eigentl. Identität von Personen ›verdecken‹ soll. D.n stehen 1. für reale Personen, die in literar. Werken genannt werden, in der Antike z. B. Lesbia (für Clodia) bei Catull, im MA. v. a. in der Trobadorlyrik (↗ Senhal), in der Neuzeit z. B. Diotima (für Susette Gontard) bei Hölderlin oder Lida (für Charlotte von Stein) bei Goethe; begegnen v. a. in der ↗ Schlüsselliteratur. 2. anstelle von Autorennamen: ↗ Pseudonym.   S

Dedikation, f. [lat. dedicatio = Weihung], bei den Römern ursprüngl. der Akt der Zueignung einer Sache, v. a. einer Kultstätte, an eine Gottheit. Dieser Gebrauch wird in der Spätantike christianisiert und von der Kirche übernommen. Schon früh gewann D. eine Bedeutungserweiterung über den sakralrechtl. Akt hinaus und bez. die *Widmungsinschrift* an einem Gebäude oder in einem Buch. Im Allg. wurde Heldenepik, Historisches und Geographisches nicht dediziert. In der frühen Neuzeit, in der es kein festes Autorenhonorar gab, gewann die D. dadurch Bedeutung, dass ein Autor durch ein einem hochmögenden Herrn gewidmetes Werk Gegengaben erwarten konnte. Heute nennt der *D.stitel* (auch Zueignungs-, Präsentations- oder Widmungstitel) den Anlass zur Veröffentlichung einer Schrift; er findet sich deshalb bes. bei Gelegenheitsschriften (z. B. Festschriften). Steht der D.stitel auf besonderem Blatt hinter dem Haupttitel, gilt er nur als ↗ Widmung und wird bibliograph. nicht berücksichtigt.   RG

Dekabristen, m. Pl. [russ. von dekabr' = Dezember], Gruppe von Angehörigen des russ. Adels, v. a. des Offizierskorps, die in der Folge der Napoleon. Kriege soziale und polit. Änderungen in Russland anstrebten. Nach dem Tode Alexanders I. versuchten sie am 26. (bzw. 14.) Dezember 1825 durch einen Aufstand in Petersburg ihre Ziele zu verwirklichen. Der Aufstand wurde von Nikolaus I. niedergeschlagen; fünf D. wurden hingerichtet, viele nach Sibirien verbannt. Zu den D. zählten auch eine Reihe von revolutionär-romant. Dichtern (vgl. ↗ Plejade), wie der zum Tode verurteilte K. F. Rylejew, W. Küchelbecker, A. A. Bestuschew-Marlinski und A. Odojewski. A. S. Puschkin und A. S. Gribojedow sympathisierten mit den D. – Vgl. auch den Roman von D. S. Mereschkowski, »Der 14. Dez.« (1918, dt. 1921).

Dekade, f. [von gr. deka = zehn], Größe oder Anzahl von zehn Einheiten, z. B. ein Zeitraum von 10 Jahren (Jahrzehnt), 10 Wochen oder 10 Tagen (= D. in der Frz. Revolution, eingeführt um die siebentäg. Woche zu ersetzen, danach damals Bez. für ›Kalender‹: *Décadier*). Begegnet auch *in der Literatur* als Gliederungsprinzip, z. B. G. Boccaccio, »Decamerone« (10 Tage mit je 10 Geschichten). S

Dekadenzdichtung [frz. Décadence = Verfall], Sammelbez. für eine vielschichtige Tendenz innerhalb der europäischen Literatur gegen Ende des 19. Jh.s; entstanden aus dem Bewusstsein einer Überfeinerung als Zeichen einer späten Stufe kulturellen Verfalls; gilt als letzte Übersteigerung der subjektiv-individualist. Dichtung des 19. Jh.s; sie verabsolutiert die Welt des Sinnlich-Schönen, das moral. freie Kunsthafte gegenüber einer Welt normierter bürgerl. Moral- und Wertvorstellungen, das Seelische, das traumhaft Unbestimmte, die Sensibilität und das morbid Rauschhafte. – Die philosoph.-histor. Auseinandersetzung mit dem Phänomen kulturellen Verfalls (speziell am Beispiel des röm. Staates) war in der europ. ↗ Aufklärung neu belebt worden (G. Vico, 1725; Montesquieu, »Considérations sur les causes de la grandeur des Romains et de leur décadence«, 1734; E. Gibbon, »History of the decline and fall of the Roman empire«, 1776 ff.; J. J. Rousseau 1750/62). Während jedoch z. B. Gibbon aus histor. Abstand die Verfallserscheinungen kulturell positiv sieht, wertet F. Nietzsche rund hundert Jahre später die europäischen Kulturerscheinungen seiner Zeit negativ als Erschöpfungs- und Auflösungszustände und erklärt z. B. Richard Wagner zu einem typ. *Décadent* (»Der Fall Wagner«, 1888). Ihm folgen Oswald Spengler (»Der Untergang des Abendlandes«, 1918) u. a. – Diese doppelte Einschätzung von *décadence* einerseits positiv, andererseits als Symptom der Auflösung, des Verfalls, lässt sich auch in der sog. D. beobachten. *Vorbereitet* wurde sie durch die Weltschmerzdichtung Lord Byrons (↗ Byronismus), z. T. H. Heines, N. Lenaus, A. de Mussets, G. Leopardis u. a., durch die Dichtungen E. A. Poes und Ch. Baudelaires (»Les Fleurs du mal«, 1857) mit ihrem Stimmungswechsel zwischen Sinnenekel und Sinnenkitzel, Lebenslust und Lebensüberdruss, in der Hingabe an exot. Reize und narkot. Genuss (Th. de Quincey: »Confessions of an English Opium-Eater«, 1821/22), in der Verfeinerung des sinnl. Genusses bis zur Per-

version (L. Sacher-Masoch). Die *eigentl.* D. entsteht in den achtziger Jahren zunächst in Frankreich in der Auseinandersetzung mit dem ↗ Naturalismus vor allem eines E. Zola. – Gegen diesen stellt J.-K. Huysmans (»Là-bas«, 1891) sein Programm eines gleichsam »spirituellen Naturalismus« (F. Martini) mit der Forderung des Ausblicks über die Sinne in ferne Unendlichkeiten und der Darstellung von Seelenstürmen. Ähnl. setzt O. J. Bierbaum Seelenoffenbarungen über alles. – Nur schwer lässt sich die D. von anderen zeitgenöss. Strömungen und Stilrichtungen trennen, z. B. wird M. Maeterlinck mit seiner Dichtung des »leisen feinen Übergangs, des halben Klangs« auch dem ↗ Impressionismus zugeordnet. Auch der große österreich. Beitrag zur D. (P. Altenberg, A. Schnitzler, R. Beer-Hofmann, R. von Schaukal u. a., der frühe Hofmannsthal und der junge Rilke) wird gelegentl. als ›Wiener Impressionismus‹ zusammengefasst. Umgekehrt begegnet für die franzöս. Symbolisten (↗ Symbolismus) um die Zeitschriften »Revue indépendante«, »Revue Wagnérienne«, »Le Symboliste«, »Le Mercure de France« die Bez. ›Décadents‹, da sie an Poe und Baudelaire anknüpfen und am deutlichsten eine Stilrichtung innerhalb der D. ausprägten. Diese Stilrichtung ist am reinsten in der Lyrik ausgeformt, z. B. bei St. Mallarmé, M. Du Plessys, J. Laforgue, A. Rimbaud, H. de Régnier, ferner Ph. A. Villiers de l'Isle-Adam und v. a. P. Verlaine. In den anderen Ländern Europas werden oft nur einzelne Autoren oder gar Werke der D. zugerechnet, so A. P. Tschechow (Russland), H. Bang und als Vorläufer J. P. Jacobsen (Dänemark), O. Wilde, aber auch A. Beardsley (England), M. Maeterlinck und E. Verhaeren (Belgien) und G. D'Annunzio (Italien). In Deutschland wären vor allem Th. Mann zu nennen (»Buddenbrooks«, 1901, »Tonio Kröger«, 1903, »Tristan«, 1903, »Der Tod in Venedig«, 1913), der bis in sein Spätwerk das Problem des Kulturverfalls immer wieder aufgreift, ferner H. Mann (»Im Schlaraffenland«, 1900) und F. Huch (»Mao«, 1907, »Enzio«, 1911). Gegen die D. wenden sich nach 1900 vor allem die ↗ Heimatkunst und, innerhalb der ↗ Literaturrevolution, ↗ Futurismus und ↗ Expressionismus. D

Dekasyllabus, m. [lat. nach gr. Dekasyllabos = Zehnsilbler], zehnsilb. Vers, insbes.:
1. in der gr.-röm. Metrik: *alkäischer D.*
($\stackrel{\_}{\cup}\cup\stackrel{\_}{\cup}\cup\cup\stackrel{\_}{\cup}\stackrel{\_}{\cup}\stackrel{\_}{\cup}\cup$), 4. Vers einer alkäischen Strophe (↗ alk. Verse, ↗ Odenmaße).
2. in der roman. Verskunst: 10-silbiger Vers mit fester Zäsur nach der 4. Silbe und männl. Reim, 4. und 10. Silbe dabei regelmäßig betont (Nebenform: 11-silb. Vers mit weibl. Reim). In der strengen Form (↗ vers commun) ist der frz. D. neben dem ↗ Alexandriner der wichtigste Vers der altfrz. ↗ Chanson de geste (»Rolandslied« u. a.). Die freiere Variante des Verses – ohne feste Zäsur (in frz. Dichtung selten) – wurde als Nebenform des gängigeren ↗ Endecasillabo in die ital. Dichtung übernommen. – Die dt. Nachbildungen des roman. D. (seit dem 17. Jh.; Opitz) erscheinen als 5-hebige jamb. Verse mit männl. Kadenz, zunächst mit, später (19. Jh.) häufig auch ohne die feste Zäsur nach der 2. Hebung. K

Dekonstruktivismus, s. ↗ Poststrukturalismus.

Demutsformel, auch: Devotionsformel [lat. devotio = Verehrung, Ergebenheit], formelhafte Selbsterniedrigung, häufig christl. gefärbt. In offizieller Amtssprache bes. bei Titeln *(von Gottes Gnaden, servus servorum Dei)* oder in konventioneller Gesellschaftssprache *(Ihr Diener, Ihr sehr ergebener)* zur programmat. oder fiktiven Bekundung des eigenen Selbstverständnisses. In der Literatur meist im Prolog oder Epilog (Beteuerung der Unwürdigkeit und Herabsetzung der eigenen Leistung mit Bitte um Nachsicht an das Publikum) als eine Form der ↗ Captatio benevolentiae. Inwieweit D.n echten Bekenntnischarakter tragen, ist auch im Einzelfall meist schwer zu entscheiden (↗ Topos). HFR

Denkspruch, einprägsam formulierte, ›bedenkenswerte‹ Lebensweisheit, die als Wahlspruch, ↗ Devise, ↗ Maxime, Richtschnur des Handelns sein soll, z. B. *vivitur ingenio, caetera mortis erunt* (Man lebt durch den Geist, das andere fällt dem Tode anheim). Auch ↗ Apophthegma, ↗ Gnome, ↗ Spruchdichtung. S

Deprecatio, f. [lat. = Abbitte, Fürbitte], ↗ rhetor. Figur: eindringl. Bitte um wohlwollende Beurteilung einer vorgebrachten schwierigen Sache (ursprüngl. in der Gerichtsrede eines Vergehens), oft – anstelle von Gründen – mit Hinweisen auf frühere Verdienste und mit ↗ Apostrophe des Publikums oder anderer Instanzen. S

Descort, m. [prov. = Zwiespalt, von lat. discordare = uneinig sein], prov. Spielart der Minneklage, deren Abschnitte in Umfang, Versmaß u. Melodie voneinander abweichen, um so die innere Zerrissenheit des nicht erhörten Trobadors formal auszudrücken. Im Provenzal. sind 28 solcher D.s überliefert. Die wichtigsten Vertreter sind Raimbaut de Vaqueiras, der in einem seiner D.s abweichend von der Gattungsnorm zwar alle Strophen gleich baut, dafür aber jede Strophe in einer anderen Sprache verfasst (je eine prov., ital., frz., gask. und galic.-portugies.), und Pons de Capduelh (beide Ende 12., Anf. 13. Jh.). Nachahmer sind u. a. die Franzosen Gautier de Dargies und Colin Muset, die Italiener Giacomino Pugliese, Giacomo da Lentini und Dante Alighieri (dreisprach. D.), sowie der Portugiese Nun'Eanes Cerzeo. Als Ursprung der Gattung gilt die lat. Sequenz; vgl. ↗ Lai (lyrique). PH

Descriptio, f. [lat. ↗ Beschreibung, gr. Ekphrasis], in der antiken Rhetorik die kunstmäßige, detaillierte Beschreibung, die mittels bereitgestellter Topoi nach einer bestimmten Technik verfertigt wurde (z. B. Aussparung des Negativen, Idealisierung und Typisierung anstelle einer konkreten Wirklichkeit und realist. Einzelzüge, vgl. z. B. ↗ locus amoenus). Während die D. in der Antike noch sachl. oder künstlerisch (-affektivisch) motivierter Teil der Rede, insbes. der ↗ Epideixis (Preisrede) war, wuchs sie sich im lat. MA als weitaus beliebteste rhetor. Kunstform überhaupt zur selbständ. virtuosen Gattung aus (Sidonius, Ennodius, Orosius, Johannes v. Gaza, Paulos Silentarios, Otto v. Freising).

Detektivroman [engl. to detect = aufdecken], Sonderform des ↗ Kriminalromans und nicht immer stringent von ihm zu trennen. Er erzählt nicht das innere oder äußere Schicksal eines Verbrechers oder die Geschichte eines Verbrechens, sondern dessen Aufhellung (Detektion). Am Anfang des fest umrissenen, auf Spannung berechneten Erzählschemas steht ein geheimnisvolles, scheinbar unerklärliches Verbrechen, das die Ermittlungsarbeit des Detektivs, meist eines exzentr. Einzelgängers, veranlasst und diesen wie den Leser mit falschen Spuren und verdeckten Indizien und einer Reihe verdächt. Unschuldiger und unverdächt. Schuldiger konfrontiert, ehe am Schluss mit Hilfe log. oder intuitiver Analyse die Rekonstruktion des Tathergangs und die Überführung des Täters gelingt. In der Strenge der Kalkulation ist der D. der Novellenform verwandt. Literarhistor. lässt er sich als Trivialisierung des detektor. Erzählmodells verstehen, das die Novellistik der dt. Romantik charakterisiert (E. T. A. Hoffmann, H. v. Kleist). Wie dort wird nach den verborgenen Hintergründen eines rätselvollen Geschehens gefragt, doch steht nicht die Erfahrung der ↗ Ambivalenz von Mensch und Welt im Zentrum des Erzählinteresses, sondern der Spannungsreiz einer Verrätselung, die am Ende ohne Rest entschlüsselt wird. Der Mechanismus dieser rein stoffl. orientierten Struktur macht den D. geeignet für die Massenproduktion in Heft- und Fortsetzungsserien. Ansätze, ihn zu einer künstler. Form auszugestalten, finden sich beim *Erfinder des D.s*, E. A. Poe (»The Murders in the Rue Morgue«, 1841), bei Ch. Dickens und W. Collins. Seine endgült. Prägung als gehobene Unterhaltungsliteratur erhält er durch E. Gaboriau und Conan Doyle. Seit diesen Anfängen ist er vorwiegend im engl.-amerikan. und im franz. Sprachgebiet zuhause. Charakterist. für die dominierende Rolle des Detektivs wie für die Nähe zur Kolportage ist die Übung der D.-Autoren, ihre Fälle von immer den gleichen Helden lösen zu lassen, um den sich dann eine feste Lesergemeinde bilden kann. Am bekanntesten wurden nach Auguste Dupin (Poe) und Sherlock Holmes (Doyle) v. a. Hercule Poirot (Agatha Christie), Lord Peter Wimsey (Dorothy Sayers), Pater Brown (G. K. Chesterton), Lemmy Caution (P. Cheney), Philip Marlowe (R. Chandler), James Bond (I. Fleming; Agentenroman), Kommissar Maigret (G. Simenon) und – im deutschen Fernsehen – Kommissar Keller (H. Reinecker). Ohne eine stereotype Detektivfigur arbeitete Edgar Wallace (ca. 170 D.e und Kriminalromane, u. a. »Der Hexer«, 1925). – Individualität und Niveau des D.s hängen weniger von der Komplikation und Stringenz des einzelnen Falles und seiner Aufklärung als von der Konzeption der Zentralfigur und der Einbeziehung von Umwelt in das eigentliche Kriminalgeschehen ab. Ein detektor. Erzählschema findet sich auch in einigen Romanen Th. Fontanes (»Unterm Birnbaum«, 1885) und W. Raabes (»Stopfkuchen«, 1891), bei J. Wassermann (»Der Fall Maurizius«, 1928), W. Bergengruen (»Der Großtyrann und das Gericht«, 1935), H. H. Jahnn (»Das Holzschiff«, 1949), F. Dürrenmatt (»Der Richter und sein Henker«, 1952) und M. Frisch (»Stiller«, 1954), bei W. Faulkner (»Light in August«, 1932) und im ↗ Nouveau roman (A. Robbe-Grillet) und, als Parodie, bei P. Handke (»Der Hausierer«).   HSt

Deus ex machina, m. [lat. = der Gott aus der Maschine], künstliche, nicht aus der inneren Entwicklung des dramat. Geschehens herausnotwendige Lösung des dramat. Knotens durch unerwartetes Eingreifen meist einer Gottheit oder des absoluten Monarchen als deren säkularer Entsprechung (aber auch anderer Personen) von außen. Bez. nach der mechane (gr., latinisiert machina), der kranähnl. Flugmaschine des antiken Theaters, die das Herabschweben der Gottheit von oben techn. ermöglichte, eingeführt von Euripides (»Andromache«, »Elektra«, »Helena«). Ein älteres Verfahren ist die Göttererscheinung im *Theologeion* (= Ort der Götter), einer verborgenen Öffnung im Dach der ↗ Skene. – Der D. e. m. ist wieder beliebt im Barocktheater; in neuerer Zeit gelegentl. in parodist. Verwendung (B. Brecht, »Dreigroschenoper«: ›des Königs reitender Bote‹). – Sprichwörtl. bez. der Ausdruck ›D. e. m.‹ eine plötzl. und unmotiviert eintretende Lösung von Verwicklungen und Konflikten in Dichtung und Wirklichkeit.   K

Deuteragonist, m. [gr.] ↗Protagonist.

Deutsche Bewegung, von H. Nohl geprägte Bez. für die dt. Geistesgeschichte zwischen 1770 und 1830 (»Die D. B. und die idealist. Systeme«, Logos II, 1911); in der Idee vorgebildet bei W. Dilthey (Basler Antrittsvorlesung 1867: »Die dichter. und philosoph. Bewegung in Deutschland 1770–1800«). Im Unterschied zu der übl. Gliederung dieser Epoche in eine philosoph. Phase des dt. Idealismus und die literar. Perioden ›Sturm und Drang‹, ›Klassik‹, ›Romantik‹ betont der Begriff D. B. die Einheit der literar., pädagog., polit. und religiösen Strömungen dieser Zeit, in welcher (nach Dilthey) die Systeme Schellings, Hegels, Schleiermachers als logisch und metaphys. begründete Darstellung der von Lessing, Schiller und Goethe ausgebildeten Lebens- und Weltansicht erscheinen und in welcher der einseitige Rationalismus der ↗Aufklärung überwunden werde.   S

Deutsche Gesellschaften, literar. Vereinigungen zur Pflege der (zeitgenöss.) Poesie und Sprache; entstanden Anfang d. 18. Jh.s im Gefolge der erzieher. Impulse der dt. ↗Aufklärung (z. T. auf den älteren Traditionen der ↗Sprachgesellschaften fußend). Richtungsgebend war die *Leipziger D. Gesellschaft* (vormals ›Deutschübende poet. Gesellschaft‹), 1724–38 durch J. Ch. Gottsched nach dem Muster der Académie française organisiert (Plan eines Wörterbuches, feste, von Gottsched erarbeitete Regeln und Normen für eine einheitl. dt. Hochsprache, deren Orthographie und für die literar. Produktion). Die meisten Deutschen G., v. a. die Neugründungen, folgten Gottscheds Satzungen, so die D. G. in *Jena* (1728), *Nordhausen* (1730), *Weimar* (1733), *Halle* (1736), *Göttingen* (1738; berühmte Mitglieder: Justus Möser, später Bürger, Gleim, Hölty, Ch. F. Weiße, Raspe, Heyne, Schlözer, Büttner, Spittler), *Königsberg* (1741), *Erlangen* (1755), *Wien* (1760). In Widerspruch zu Gottscheds Bestrebungen entwickelte sich die *D. Gesell-*

schaft Mannheim (1775), welche die berühmtesten Mitglieder (Klopstock, Wieland, Lessing, Herder, Schiller) in sich vereinigte. Die D. G. förderten in der Regel weniger die Dichtkunst als vielmehr das Sprachbewusstsein und Bildungsniveau im Allgemeinen, z. T. auch über die ↗moral. Wochenschriften oder eigene Zeitschriften (z. B. die Leipziger »Beyträge zur Crit. Historie der dt. Sprache, Poesie und Beredsamkeit«, 1732–44). Manche D.n G. sanken nach der Aufklärung zur Bedeutungslosigkeit herab, andere (z. B. Königsberg) bestanden als Vortragsgesellschaften bis ins 20. Jh. fort.   IS

Deutsche ↗Philologie, Wissenschaft von dt. Sprache und Literatur, seit dem 20. Jh. mit ↗Germanistik gleichgesetzt; als eigenständige Wissenschaft entwickelt in der Romantik. Bez. gebildet im Anschluss an ›klass. Philologie‹ (›Altphilologie‹). Mit unterschiedl. Bedeutungsschwerpunkten wird die Bez. verwendet: 1. als umfassender Begriff für dt. Sprach- und Literaturgeschichte (von den Anfängen bis zur Gegenwart), Literaturwissenschaft und Volkskunde, als nationalsprachl. und histor. umgrenztes Teilgebiet der ↗german. Philologie im Unterschied zu anderen nationalsprachl. Philologien wie engl., franz. Philologie (↗Neuphilologien); als Universitäts-Disziplin oft noch unterteilt in *Ältere D. Ph.* (Mittelalter, ↗Mediaevistik) und *Neuere D. Ph.* (dt. Literatur und Sprache der Neuzeit seit dem 16. Jh.). 2. in engerem Sinne und im Unterschied zur neueren mehr geistesgeschichtl. orientierten ↗Literaturwissenschaft als ausgesprochene Textwissenschaft (Textphilologie, ↗Textkritik), so wie sie von Karl Lachmann (1793–1851) begründet wurde (der als erster die Methoden der die Antike erforschenden klass. Philologie auf die deutschsprach. Literatur übertrug) oder als wissenschaftl. Technik zur Aufschließung literar. Texte (↗Interpretation). Programmat. Verwendung im Titel der »Zeitschrift f. D. Ph.«, seit 1868 oder des Sammelwerks »D. Ph. im Aufriß«, hrsg. v. W. Stammler, 3 Bde., 1. Aufl. 1952–57.   S

Deutscher Sprachverein (auch: Allgemeiner Dt. Sp.), gegründet 1885 von H. Riegel zur Pflege der dt. Sprache; strebte Normbildung für Reinheit, Richtigkeit, ›Schönheit‹ der dt. Sprache an; war von Anfang an nicht frei von Übertreibungen (Kampf gegen »Verwelschung« und »falsche Sprachgesinnung«) und Pedanterie (bes. in der Fremdwortbekämpfung, vgl. die Gegenerklärung von 41 Gelehrten in den Preuß. Jahrbüchern vom 28.2.1889). Positiv gewertet wird seine Einwirkung auf die Sprache der Behörden (z. B. Post, Heeres- u. a. Erlasse, Gesetze etc.). Rege Aktivität bis etwa 1933 durch Versammlungen, Wanderredner, Preisausschreiben (z. B. 1930: »Die Schäden der Zeitungssprache«) und Veröffentlichung von Verdeutschungsbüchern (nach Sachgruppen, z. B. »Gewerbe«, »Sport«, »Amtsstellen« etc.) u. a. sprachregelnden Reformvorschlägen in der »Zeitschrift des Allgemeinen Deutschen Sp.s« (seit 1886, ab 1891 mit wissenschaftl. Beiheften und seit 1925 unter dem Titel »Muttersprache«). Auf dem Höhepunkt seiner Entwicklung (um 1930) hatte der Deutsche Sp. ca. 50000 Mitglieder in 450 Zweigvereinen. – Neugründung des Vereins 1947 in Lüneburg unter der Bez. *Gesellschaft f. dt. Sprache,* Sitz seit 1965 in Wiesbaden. Publikationsorgan ist seit 1949 wieder die Zeitschrift »Muttersprache« (seit 1968 mit Beiheften); seit 1957 erscheint zudem »Der Sprachdienst«, ein Auskunfts- und Vorschlagsblatt für den ›richtigen‹ Sprachgebrauch, wobei frühere purist. Bestrebungen (Fremdwortfrage) zurücktreten. Die Gesellschaft widmet sich vordringl. der Registrierung u. Erforschung der Sprache und ihrer Entwicklung, ferner arbeitet sie an einer Dokumentation zum Wortschatz der Gegenwartssprache.   IS

Deutschkunde, Bez. für das erweiterte Schulfach ›Deutsch‹, v. a. nach dem Ersten Weltkrieg propagiert. Das Ziel war, alle Erscheinungen des dt. Lebens in Vergangenheit und Gegenwart in einer Gesamtdarstellung der dt. Kultur (›Kulturkunde‹) zu erfassen (bes. im Rahmen der Richertschen Reform der Gymnasien, 1925). Neben der Beschäftigung mit dt. Sprache und Literatur sollten Volks-

kunde, Kunst, Musik, polit. Geschichte, Philosophie, Religion, aber auch Mathematik und Naturwissenschaften in ihrer »deutschkundl.« Bedeutung und in ihren Abhängigkeiten (z. B. von der Antike) und in ihren Wechselbeziehungen zu benachbarten Kulturen einbezogen werden. Das Hochschulfach ›Germanistik‹ sollte entsprechend zur ›Deutschwissenschaft‹ erweitert werden. Programmat. Publikationen waren das »Sachwörterbuch der Deutschkunde«, hg. v. W. Hofstaetter und U. Peters (1930) und die ›Zeitschrift für D.‹ (hg. v. W. Hofstaetter und F. Panzer) Jg. 1, 1920 ff. bis Jg. 57, 1943 (als Fortsetzung der 1827 gegründeten ›Zeitschrift für den dt. Unterricht‹).   S

Deutschordensdichtung, Sammelbez. für mhd. u. lat. Dichtungen von Angehörigen des Deutschen Ordens oder ihm nahe stehenden Verfassern. Blüte der D. am Ende des 13. und im 14. Jh. – Entsprechend der polit. Situation des Deutschen Ordens (christl. Ritterorden als Territorialherr über ehemals heidn. Gebiet) und seiner besonderen Struktur (mönch. Lebensführung von Adligen, die häufig nicht lateinisch verstanden) diente die D. v. a. den Erfordernissen des in den Ordenshäusern vorgeschriebenen Tagesablaufs (erbaul. und unterrichtete rel. Dichtungen) und der Verherrlichung der Taten des Ordens (Geschichtsdichtung). – Die noch am Ende des 13. Jh. verfasste »Livländische Reimchronik« verherrlicht die Eroberung Livlands durch den Schwertbrüderorden und den Deutschen Orden. Den Höhepunkt der glorifizierenden Geschichtsdichtung bildet die »Krônike von Pruzinlant« des Nikolaus von Jeroschin (1. H. 14. Jh.). Dieser umfangreichen Ordensgeschichte (rd. 27800 Verse) liegt die kurz zuvor vollendete »Chronica terrae Prussiae« des Petrus von Dusburg (in lat. Prosa) zugrunde, das erste bedeutende Geschichtswerk des Ordens. Ganz aufs Militärische und auf ritterl. Glanz ausgerichtet ist die Ordensgeschichte des Wappenherolds Wigand von Marburg (Ende 14. Jh., nur in wenigen Versen und lat. Übersetzung erhalten). – Die Bibeldichtungen bevorzugen das AT mit seinen Glaubenshelden (»Daniel«, »Hiob«, »Esra und Nehemia«, alle 1. H. 14. Jh.). An Umfang und Bedeutung ragen die »Makkabäer« hervor (1. H. 14. Jh., rd. 14400 Verse) und Heinrichs von Hesler »Apokalypse« (Anf. 14. Jh., rd. 23000 Verse), ein stark allegor. geprägter Kommentar zur Offenbarung. Rein allegor. sind das myst. Gedicht »Der Sünden Widerstreit« (Ende 13./ Anf. 14. Jh.) und Tilos von Kulm Abriss der Heilsgeschichte, »Von siben ingesigeln« (1. H. 14. Jh.). Im Unterschied zur »Martinalegende« des Hugo von Langenstein (Ende 13. Jh.) ist es unsicher, ob die beiden großen Legendendichtungen »Passional« und »Väterbuch« (vor 1300, beide wohl vom selben Verfasser, mit rd. 110000 und 41000 Versen die umfangreichsten mhd. Legendensammlungen) trotz ihrer Beliebtheit in Ordenskreisen und ihres Einflusses auf die D. der D. zuzurechnen sind.

HFR

Devětsil ↗ Poetismus.

Devise, f. [von afzr. deviser = teilen], ↗ Sinn-, Wahlspruch, Losung, v. a. in der Heraldik, z. B. »Attempto« (ich wag's, Graf Eberhard im Bart, 15. Jh.); ursprüngl. Bez. für ein abgeteiltes Feld auf einem Wappen, dann für den darin stehenden Sinn- (Wappen-)spruch. S

Devotionsformel ↗ Demutsformel.

Dexiographie, f. [gr. dexios = rechts, graphein = schreiben], Schreibrichtung von links nach rechts, rechtsläufige ↗ Schrift; wurde bei den Griechen und Römern zur Regel; die ältesten griech. Schriftdenkmäler zeigen noch neben Rechtsläufigkeit auch Linksläufigkeit (wie u. a. in der etrusk., semit. und phönik. Schrift) und Wechsel von Links- und Rechtsläufigkeit (↗ Bustrophedon). S

Dezime, f. [span. décima = Zehntel], span. Strophenform aus 10 sog. span. ↗ Trochäen (x́xx́xx́xx́(x)); gäng. Reimschema abbaa ccddc; bei der klass. Form, den sog. *Espinelas* (nach dem Dichter V. Espinel, der sie Ende des 16. Jh.s in die span. Dichtung einführte), wird das Zerfallen in zwei Hälften (quintillas, Fünfergruppen) durch einen festen syntakt. Einschnitt am Ende der 4. Zeile (abba accddc) vermieden. – Dt. Nachbildungen v. a. in der Romantik (L. Tieck, L. Uhland). Vgl. ↗ Glosa, Glosse. K

Dialog, m. [gr. dialogos = Gespräch], Zwiegespräch, schriftl. oder mündl. Gedankenaustausch in Frage und Antwort oder Rede und Gegenrede zwischen zwei oder mehr Personen. *Der literar. geformte D.* begegnet (1) als selbständ. Kunstform oder (2) als Bauelement der mimet. Gattungen. Grundtypen sind das gebundene, diszipliniert reflektierende und das offene, impulsive Gespräch, die auf Erkenntnis gerichtete dialekt. Erörterung und die gesellige Konversation. – Zu (2): Für das *Drama* ist der D. – neben ↗ Monolog, Gebärde und ↗ Chorlied – konstitutiv. Der D. bestimmt hier den Aufbau und Fortgang der offenen und der verdeckten Handlung, in ihm werden die Personen charakterisiert und die Konflikte entwickelt und ausgetragen. In der *Epik* gehört der direkt oder als Bericht wiedergegebene D. zu den Grundformen des Erzählens (Homer, »Edda«, Wieland, Fontane). Er dient der Belebung und der ep. Integration, da sich in ihm die Sache, von der sonst nur die Rede ist, selbst äußert. Der berichtende Erzähler kann in Zwischenbemerkungen spürbar bleiben, sich aber auch auf die bloße ↗ inquit-Formel zurückziehen oder streckenweise ganz fehlen (Goethe, »Unterhaltungen«); im Extrem entsteht die Form des ↗ Dialogromans. In der reinen *Lyrik* ist der D. selten; er findet sich in Formen, der Epik nahestehen, wie Ekloge, Volkslied, Ballade. – Zu (1): Im philosoph. oder literar. als selbständiger Gattung wird die Grundsituation der Wechselrede auf verschiedene Weise und mit unterschiedl. Zielsetzung genutzt. Der Schwerpunkt kann im Erkenntnisprozess selbst liegen (dialekt. D.), in der Vermittlung von Lehrinhalten (protrept. D.), in der Darstellung des Überredungsvorgangs (↗ Disputatio), schließl. in der Gestaltung der redenden Personen oder der Situation, aus der oder über die sie sprechen.

Die Geschichte des D.s als Kunstform beginnt mit den sokrat. D.en Platons, der das Wechselspiel von Frage, Antwort und Widerlegung als

Methode philosophischer Erkenntnis demonstriert (↗ Eristik). Aus ihnen entwickelt sich seit Aristoteles der bes. von Cicero entfaltete *peripatet. D.,* dessen Partner jeweils verschiedene Denkpositionen und philosoph. Schulen vertreten, und das *Lehrgespräch* aus längeren, nur gelegentl. von Zwischenfragen unterbrochenen Abhandlungen (bes. im MA.). Lukian bedient sich der D.form zur satirischen Zustandsschilderung, ähnlich – mit stärker moralisierenden Zügen – Seneca. Die D.e der Kirchenväter sind formal an Cicero geschult; ihr Inhalt ist der Auseinandersetzung um das rechte Verständnis der Schrift, ihr Argument das Schriftzitat (Minucius Felix, Augustinus, Gregor der Große, Hugo von St. Victor, Abaelard). Die beherrschende volkssprachl. D.form des MA. ist das ↗ *Streitgedicht,* ihm verwandt, aber in Sprache und Gedankenführung eigenständig, das Streitgespräch »Der Ackermann und der Tod« des Johannes von Saaz (um 1400). – Die reiche D.literatur der Humanisten knüpft an Cicero (Petrarca, Ebreo, Galilei, Erasmus) und an Lukian an (Aretino); von ihm wird auch Ulrich von Hutten zu seinen zunächst lat., dann auch ins Deutsche übertragenen D.en angeregt (»Gesprächsbüchlein«), die eine Flut von polem. Streitschriften in Gesprächsform im Gefolge der Reformation hervorrufen (Hans Sachs, Jörg Wickram, Vadian). Die europäische Aufklärung bedient sich des D.s als eines Instruments der vernunftbestimmten geist. Auseinandersetzung (Malebranche, Diderot; Berkeley, Hume; Galiani; Mendelssohn, Lessing, Wieland). Auch in der Folgezeit verläuft die Tradition des D.s parallel zur allgemeinen Entwicklung der Literatur- und Geistesgeschichte: neben dem emphat. Gedankenaustausch des Sturm und Drang (Herder) steht der gemessenere der Klassik (Fichte); er wird abgelöst durch die weit ausgreifenden schwärmer. D.e der Romantik (A. W. u. F. Schlegel, Schelling, Solger). Im 19. Jh. wird der D. seltener, im 20. erfährt er als Einkleidung für den Essay eine gewisse Wiederbelebung in Frankreich (A. Gide, P. Valéry, P. Claudel) und Deutschland (R. Borchardt, P. Ernst, H. v. Hofmannsthal, R. Kassner). Essayist. D.e schrieben nach 1945 G.

Benn (»Drei alte Männer«) und Arno Schmidt (»Dya Na Sore«, »Belphegor« u. a.), polit.-satir. B. Brecht (»Flüchtlingsgespräche«). Weitere dialog. Literaturformen sind Katechismus und ↗ Totengespräche. HSt

Dialogisierung, Umformung ep. Texte für eine szen. Darbietung, z. B. G. Bernanos, »Dialogues des Carmélites« (1949) nach G. von le Forts Novelle »Die Letzte am Schafott« (1931), vgl. ↗ Bühnen-↗ Bearbeitung, ↗ Adaptation. Aufteilung eines fortlaufenden essayist. Textes auf mehrere Sprecher zum Zweck der Belebung des Vortrags, bes. im Rundfunk-↗ Feature. Zur eigenständigen literar. Form entwickelt von Arno Schmidt (»Dya Na Sore, Gespräche in einer Bibliothek«, 1958). HSt

Dialogismus, m. [gr. Dialogismos = Überlegung, Zweifel], ↗ rhetor. Figur: Gestaltung einer Rede als Selbstgespräch mit fingierten Fragen des Redners an sich selbst, im Ggs. zu Fragen an seine Zuhörer (↗ Dubitatio), z. B. Terenz, »Eunuchus«1, 1, 1; Schiller, »Wallensteins Tod« I, 4, 1. Form der ↗ Sermocinatio. HSt

Dialogizität, von M. Bachtin (in › Ästhetik d. Worts‹) entwickelte Vorstellung, die Wörter eines Textes seien nicht als monologische, sondern als dialogische Äußerungen zu lesen: d. h. in Bezug auf andere Texte, bzw. auf den Konsens einer Kommunikationsgemeinschaft. Auf dieser Theorie der D. der Textelemente fußt der Begriff der ↗ Intertextualität, der (seit ihn J. Kristeva 1966 einführte) u. a. zur Bez. der vielfält. textkonstitutiven Beziehungsstrukturen zw. Texten dient. VD

Dialogroman, besteht ganz oder doch überwiegend aus Dialogen, weitgehend ohne verbindende Erzählerbemerkungen, so dass die Handlung allein aus dem Gespräch der Romanfiguren erschlossen werden muss. Beliebt im 18. Jh., z. B. C. P. Crébillon d. Jüngere, »La nuit et le moment« (1755), Diderot, »Jacques le Fataliste« (hg. 1796), Ch. M. Wieland, »Peregrinus Proteus« (1791). Dem D. nähern sich durch die weitgehende Auflösung der Handlung in Gespräche manche Romane Th. Fontanes (»Poggenpuhls«, »Stechlin«) oder Th. Manns (»Zauberberg«). HSt

Diaphora, f. [gr. = Unterschied],
1. in der antiken Rheotrik der Hinweis auf die Verschiedenheit zweier Dinge.
2. ↗ rhetor. Figur (auch Antistasis, lat. Contenio, Copulatio, Distinctio): Wiederholung desselben Wortes oder Satzteiles mit emphat. Verschiebung der Bedeutung: »Spricht die Seele, so spricht, ach! schon die Seele nicht mehr« (Schiller, Votivtafeln). D. in Dialogform: ↗ Anaklasis. S

Diaskeuast, m. [gr. Diaskeuastes = Bearbeiter], Redaktor eines literar. Werkes; der Begriff des D.en spielt insbes. in der Theorie der ↗ Heldenepik eine Rolle. Nach der durch F. A. Wolf für die homer. Epen aufgestellten, von K. Lachmann, W. Grimm u. a. für das »Nibelungenlied« und die anderen dt. Heldenepen übernommenen (inzwischen aufgegebenen) ↗ Liedertheorie sollen die großen Heldenepen der Antike und des MA.s durch Addition einzelner kleinerer, mündl. tradierter Episoden-Lieder entstanden sein, die ein D. »kurz vor dem Verklingen« zu Epen zusammengefügt und aufgezeichnet habe. Einziges histor. Beispiel eines D.en dieser Art ist der Finne E. Lönnrot, der im 19. Jh. aus alten lyr.-ep. Volksliedern das finn. National-Epos »Kalevala« kompilierte, angeregt freilich erst durch die Schriften Wolfs, Lachmanns usw. K

Diastole, f. [gr. = Dehnung, Trennung], s. ↗ Systole.

Diatessaron, n. ↗ Evangelienharmonie.

Diatribe, f. [gr. = Zeitvertreib, Unterhaltung], antike Bez. für eine volkstüml. Moralpredigt, die in witziger Weise, unter Verwendung von Anekdoten und fingierten Dialogen, ein breites Publikum ermahnen und belehren will; keine fest umrissene literar. Gattung; aus der Popularphilosophie der kyn. Wanderredner des Hellenismus entstanden, literar. geformt wahrscheinl. zuerst durch den Freigelassenen Bion von Borysthenes (3. Jh. v. Chr.). – Die aggressive D., zumeist in Prosa (Teles), aber auch in Versen (Meliamben des Kerkidas von Megalopolis) oder gemischt (Menippos von Gadara) beeinflusste evtl. die Ausbildung der röm. ↗ Satire. – Popularphilosoph. D.n oder diatribenähnl. Abhandlungen verfassten Philon von Alexandria (1. Jh. n. Chr.), Seneca, Plutarch, Epiktet, Lukian; auch die Paulus-Briefe des NT.s werden dazu gerechnet. Viele Elemente der antiken D. leben in der christl. ↗ Predigt (bes. der Moralpredigt) weiter. UM

Dibrachys, m. [gr. = der zweimal Kurze], ↗ Pyrrhichius.

Dichten, das Verbum ›d.‹ findet sich bereits in ahd. Zeit *(tihtôn),* im Unterschied zu den erst später belegten Substantiv-Ableitungen wie *tihtaere* (↗ Dichter), *getihte* (↗ Dichtung). Die german. Grundbedeutung ›ordnen‹, ›herrichten‹ (vgl. angelsächs. *dihtan*) ändert sich im Ahd. unter dem Einfluss von lat. *dictare* (= diktieren) in ›schreiben‹, ›schriftl. abfassen‹, erweitert zu ›darstellen in poet. Form‹, so z. B. bei Otfried von Weißenburg in der Vorrede an Ludwig den Deutschen *(themo dihtôn ih thiz buoh,* v. 87). Dazu treten in mhd. Zeit noch die Bedeutungen ›ersinnen‹, ›ausdenken‹. S

Dichter, Verfasser von Sprachkunstwerken (↗ Dichtung).
1. Das *Wort* ›D.‹ begegnet im heutigen Sinne in der Lautform *tihtære* zum 1. Mal im 12. Jh. im »König Rother« (v. 4859) und im »Liet von Troye« Herborts von Fritslar (v. 17880, 18455). Im 13. Jh. bez. sich als tihtære Rudolf von Ems (»Der guote Gerhard«, v. 6915), Wernher der Gartenaere (»Meier Helmbrecht«, v. 933) u. a. Daneben finden sich im Mhd. für ›D.‹ v. a. die Bez. *Meister* (z. B. Meister Heinrich von Veldeke) neben *Singer, Minnesinger, Meistersinger* oder *Poet* (nach lat. *poeta:* Herbort von Fritslar, v. 17868). Im ahd. »Abrogans« (8. Jh.) sind ferner belegt: scaffo (= *Schöpfer,* griech. poietes) und liudâri (zu ahd. *liod:* Lied = got. liuþareis für griech. aoidos = Sänger, ↗ Aöde). Im Spät-MA. wird tihtære mehr u. mehr durch ›Poet‹ in den Hintergrund gedrängt; im 16. Jh.

steht ›D.‹ gelegentl. auch für ›Verfasser von Zweckliteratur‹. Erst im 18. Jh. wurde ›D.‹ durch Gottsched, Bodmer und Breitinger im ursprüngl. Sinne wieder gebräuchlicher, anstelle des nun abgewerteten Wortes ›Poet‹. Heute besteht von neuem eine Tendenz, das Wort ›D.‹ zu meiden, zugunsten von Bez. wie *Autor* (lat. auctor), ↗ *Schriftsteller* (im 18. Jh. eingeführt), *Verfasser, Texter, Stückeschreiber* (Brecht).

2. *Das Bild des D.* s war im Laufe der Jahrhunderte mannigfachen Wandlungen unterworfen. Am Anfang der antiken und german. Traditionen steht der *D.mythos:* der griech. D.-Sänger Orpheus, angebl. Sohn Apollons und der Muse Kalliope, bezwang mit seinem Gesang Menschen, Tiere, Bäume, Felsen, sogar die Unterwelt (Eurydike). Nach der nord. Mythologie soll Bragi, ein Sohn Odins, der in manchen Überlieferungen mit dem ältesten Skalden (9. Jh. n. Chr.) gleichgesetzt wird, den Menschen die Dichtkunst gebracht haben. Auch die frühzeitl. D. gehören als gottbegnadete, priesterl.-prophet. Sänger (lat. ↗ *poeta vates*) noch in eine archaische Vorstellungswelt, so der ›blinde‹ Homer (8. Jh. v. Chr.) oder die sagenumwobene Gestalt des Lyrikers Arion (7. Jh. v. Chr.). Auch die ältesten D. des german. Kulturkreises galten als unmittelbar von Gott erleuchtet, so der angelsächs. Hirte Caedmon (2. Hälfte 7. Jh.) oder der altsächs. »Heliand«-D. (9. Jh.). – Mit den *histor. greifbaren Gestalten* differenziert sich das Bild des D.s. Die *erste fassbare D.persönlichkeit* des Abendlandes ist der Epiker Hesiod, der sich, im Ggs. zu dem hinter seinem Werk noch verborgenen Homer, mit seiner Dichtung bereits sozial engagiert. Beginn und Auftrag seines Dichtertums hat er indes selbst noch myth. stilisiert. Die frühen *griech.* D. stammen nicht nur aus verschiedenen sozial. Schichten (aus dem Adel kommen die Lyriker Alkaios [um 600 v. Chr.] und Pindar [um 500 v. Chr.], Bauernsohn ist Hesiod, ehemalige Sklaven sind der Lyriker Alkman [2. Hälfte 7. Jh.] und der Fabel-D. Äsop [6. Jh.]); sie stellen sich auch von Anfang an unterschiedl. zur herrschenden Gesellschaft: Neben Autoren mit fester Funktion in Staat und Polis (so der Staatsmann So-

lon oder Sophokles) finden sich in höf. Diensten stehende D. wie der Lyriker Anakreon (der u. a. am Fürstenhofe des Polykrates war), daneben begegnen fahrende Sänger wie Ibykos und der ↗ Rhapsode und Wanderphilosoph Xenophanes oder soziale Außenseiter wie der aus polit. Gründen vertriebene Bettelpoet Hipponax (alle 6. Jh.). Neben Epiker wie Hesiod treten Hymniker wie Pindar, epikureische Sänger wie Anakreon, der Spötter Archilochos, der Didaktiker Solon, der ↗ *poeta doctus* Euripides. Auch *in der röm. Literatur* finden sich Autoren aller Stände u. Herkunft: Der Komödiend. Terenz war ein freigelassener Sklave aus Karthago, Vergil ein Bauernsohn aus Mantua, Horaz der Sohn eines apul. Freigelassenen. V. a. diesen Nichtrömern kam die röm. *D.-Patronage* zugute; der Name eines der bedeutendsten Förderer von Dichtung und Kunst, Maecenas, wurde zum Begriff (Mäzen, *Mäzenatentum*). – *Im frühen MA.* verschwinden die D. wieder hinter ihrem Werk. Die Autoren der erhaltenen lat. und volkssprachl., zumeist geistl. Dichtung waren meist Mönche, so auch der *erste namentl. bekannte dt.sprach.* D., Otfried von Weißenburg. Ausnahmen bilden im Nordgerman. der ↗ Skalde (der D.-Sänger im Gefolge eines Fürsten) und der Sagaerzähler auf dem isländ. Thing am norweg. Königshof, im Westgerman. der ↗ Skop (der Berufs- und Volkssänger), bei den Kelten der ↗ Barde, ferner in allen Literaturen der anonyme, sozial schwer fassbare ↗ Spielmann. – Während die religiöse Literatur des frühen MA.s von den Vertretern des geistl. Standes stammte, erscheinen bei der weltl. höf. Poesie (nach 1100) wieder Mitglieder aller sozialen Schichten. Trobadors z. B. waren im 12. Jh. nicht nur Wilhelm IX., Graf von Poitou und Herzog von Aquitanien, sondern u. a. auch das Findelkind Marcabru und Bernart von Ventadorn, der Sohn eines Ofenheizers. Über die sozialen Verhältnisse D. des Hoch-MA.s ist nicht so viel überliefert wie über provenzal. D., deren sich auf biograph. Daten stützen. Dem Ministerialenstand haben angehört Wolfram v. Eschenbach, Hartmann von Aue; Kleriker (meister) waren vermutl. Heinrich von Veldeke und Gottfried von

Straßburg, bürgerlich war Konrad von Würzburg. Bei Walther v. d. Vogelweide, Reinmar dem Alten u. a. ist eine soziale Zuordnung auf Spekulation angewiesen. Die Vaganten-D. bleiben weitgehend anonym. Eine der ersten mal. D.gestalten, zu der es außerhalb ihres Werkes genauere biograph. Daten gibt, ist Oswald von Wolkenstein. Ähnl. wie in der Antike lebten die mal. D. entweder an einem Hof, waren in städt. Diensten oder zogen als Fahrende von Hof zu Hof, von Stadt zu Stadt; z. T. sind in den Werken Auftraggeber und Gönner genannt (z. B. bei Heinrich von Veldeke, Konrad von Würzburg). Eine Standesdichtung, in der Publikum und Verfasser weitgehend derselben sozialen Schicht angehörten, war der vorzügl. von Handwerkern betriebene ↗ Meistersang, welcher auf der bis ins 18. Jh. fortdauernden Vorstellung von der Erlernbarkeit der Dichtung gründete. Auch noch in der Renaissance, im Barock und 18. Jh. übten die D. meist einen Beruf aus (häufig vertreten sind Gelehrte und Theologen) oder standen als Hof-D. in höf. Diensten. Als *die ersten (zeitweiligen) Berufs-D.* gelten Lessing und Klopstock. Erst seit Mitte des 19. Jh.s konnten einz. D. von ihren Werken leben. Im ↗ Sturm und Drang wurde das dann v. a. im 19. Jh. herrschende Bildklischee des D.s als eines Originalgenies geprägt; Goethe kennzeichnet den D. im »Wilhelm Meister« als Lehrer, Wahrsager, Freund der Götter und der Menschen. – Dem ›naiven‹ *D.typus* stellt Schiller den ›sentimentalischen‹ gegenüber. Neben diesen klass. Kennzeichnungen finden sich im 19. und 20. Jh. auch die anderen, in früheren Zeiten verkörperten D.-Auffassungen, so der D., der das Bleibende stiftet (Hölderlin), der geist. Führer (George), der Sozialkritiker (v. a. im Naturalismus), der Intellektuelle (poeta doctus), der bes. im 20. Jh. in den Vordergrund tritt. Seit der Frühzeit stehen sich als Extrempositionen der weltzugewandte bejubelte Publikumsliebling und der Verkannte und Unbehauste (↗ Bohème) gegenüber; der D. kann anerkanntes Sprachrohr einer bestimmten Gesellschaftsschicht, einer geist. Strömung, einer religiösen Überzeugung, einer Massenideologie sein oder aber individualist. introvertierter Einzelgänger (in

der Antike z. B. Pindar, im frühen MA. Gottschalk, 9. Jh., in der Neuzeit Mörike). Neben den Unzeitgemäßen, den erst spät Erkannten wie Hölderlin, Kleist, Büchner, Kafka, Musil gibt es die in ihrer Zeit überschätzten wie Geibel oder Heyse (1910 Nobelpreis!). Die noch nicht geschriebene Geschichte der D. als einer bes. Ausprägung des schöpfer. Menschen zeigt eine Fülle von verschiedenen divergierenden, sich wandelnden und in den Grundzügen doch auch durch die Jh.e hindurch konstanten Aspekten.   S

Dichterfehde, Bez. für literar. Auseinandersetzungen zwischen mal. Dichtern, mehr oder weniger eindeutig erschließbar aus ihren Werken (polem. Gegendichtungen, Anspielungen, Parodien, Streitgedichte, Scheltsprüche). Klar erkennbar ist z. B. die D. zwischen Reinmar dem Alten und Walther v. d. Vogelweide (und evtl. Heinrich v. Morungen und Wolfram v. Eschenbach) um die rechte Art des Frauenpreises (ca. 1200); umstritten ist dagegen eine D. über Stil- und Darstellungsfragen zwischen Wolfram und Gottfried v. Straßburg; nicht sicher einzuordnen ist auch die D. zwischen Frauenlob, Regenbogen und Rumzlant (um 1300). – In den roman. Literaturen standen den ↗ Streitgedichten eigene Gattungen für D.n zur Verfügung (vgl. als ältestes Beispiel einer D. zwischen Trobadors die gegen Raimbaut d'Aurenga gerichtete ↗ Tenzone Guirauts de Bornelh (1168) über den dunklen Stil. Zu trennen von diesen realen Formen der D. ist die *poetisierte, fiktive D.* (der Sängerwettstreit) wie die mhd. »Wartburgkrieg«, die schon Vorläufer in der Antike hatten, z. B. »Agon Homers und Hesiods«. – Auch in der neueren Literatur finden sich gelegentl. ähnl. Formen polem. (Gegen-)Dichtungen, z. B. die Epigramme im ↗ Xenien-Kampf, die Gedichte zur Frage des polit. Engagements von F. Freiligrath, Herwegh, G. Keller, H. Heine (1841/42) oder programmat. gegen bestimmte Literaturauffassungen konzipierte Zeitschriften (Schillers »Almanach auf das Jahr 1782« gegen Stäudlin, H. v. Kleists »Phöbus«, evtl. gegen Goethe).   S

Dichterische Freiheit, auch: poetische Lizenz, in dichter. Werken 1. Abweichungen vom übl. Sprachgebrauch (in Wortfolge, Lautung etc.) des Versmaßes oder Reimes wegen, aus stilist. Gründen (z. B. Archaisierung) oder zur Steigerung der poet. Intensität (z. B. durch ↗ Anakoluth, ↗ Enallage, ↗ Hyperbaton, vgl. bes. H. v. Kleist); 2. Abänderung histor. Gegebenheiten (Personencharakter, Ereignisfolgen) einer dichter. Idee zuliebe (z. B. in Schillers »Don Carlos«, »Jungfrau v. Orleans« u. a.). S

Dichterkreis, Gruppenbildung von Dichtern; die Bez. umfasst die verschiedensten Formen von zwanglosen Freundschaftsbünden über nur gesellige oder auch Kunstfragen diskutierende Zirkel bis hin zu programmat. ausgerichteten Zusammenkünften. D.e können an einen bestimmten Ort gebunden, um eine zentrale Persönlichkeit gruppiert (Mäzen, Dichter, Verleger), oft auch anderen Künstlern, Kritikern, Wissenschaftlern usw. offen sein. Bedeutung gewinnen D.e je nach der Intensität und Wirkung der in ihnen gepflegten krit. Diskussionen zur Förderung poet. Schaffensprozesse. Durch neue dichtungstheoret. Programme, oft in eigenen Zeitschriften publiziert und exemplar. realisiert, gaben D.e der Literaturentwicklung vielfach neue Impulse (vgl. die romant., naturalist., symbolist., expressionist. D.e). Für solche ›schulemachenden‹, jeweils avantgardist. oder doch progressiven Keimzellen neuer literar. Entwicklungen wurde in der Literaturwissenschaft z. T. auch die Bez. ›Dichterschule‹ verwendet. D.e sind schon aus der Antike bekannt: vgl. z. B. die ↗ Pleias in Alexandrien (3. Jh. v. Chr.), die D.e um Messalla (Tibull, Ovid), um Maecenas (Vergil, Horaz) u. a.; sie finden sich in allen europ. Literaturen: bemerkenswert sind z. B. im 16. Jh. die ↗ Pléiade in Frankreich, im 17. Jh. die ↗ Sprachgesellschaften, im 18. Jh. D.e wie die ↗ Bremer Beiträger oder der ↗ Göttinger Hain, die romant. D.e (Ende 18. und 19. Jh.) in Jena, Berlin, Heidelberg, die engl. ↗ Lake-School, die franz. ↗ Cénacles, die schwed. ↗ Phosphoristen oder die antiromant. ↗ Parnassiens, die geselligen D.e des 19. Jh.s wie die Wiener ↗ Ludlamshöhle, der Berliner

↗ Tunnel über der Spree, der Bonner ↗ Maikäferbund und der einflussreich-konservative ↗ Münchner D., die bedeutenden naturalist. D.e von Médan (E. Zola), ↗ Durch u. a. und die wiederum dagegen gerichteten D.e um St. George (↗ Georgekreis) und Otto zur Linde (↗ Charonkreis) u. a. Bedeutend sind im 20. Jh. dann die D.e des ↗ Expressionismus, bes. der ↗ Sturmkreis. In ihrer Bedeutung z. T. noch ungeklärt sind die zahlreichen jeweils avantgardist. D.e seit 1945 wie die ↗ Gruppe 47, das Grazer ↗ Forum Stadtpark, die experimentell ausgerichtete ↗ Stuttgarter Schule, ↗ Wiener Gruppe oder der ↗ Darmstädter Kreis und die italien. ↗ Gruppe 63 oder die gegensätzlich (sozialpolit.) ausgerichtete ↗ Gruppe 61 und der ↗ Werkkreis Literatur der Arbeitswelt u. a.
IS

Dichterkrönung ↗ poeta laureatus.

Dichtung, allgemein: die Dichtkunst, speziell: das einzelne Sprachkunstwerk. In diesem doppelten Sinne erscheint das Substantiv (zum Verbum tihten = ↗ dichten) zum ersten Mal in Glossaren des 15. Jh.s für lat. poësis und poēma. Die mhd. Bez. für ›D.‹ war getihte (in dieser allgemeinen Bedeutung auch später noch in ›Lehrgedicht‹, ›dramat. Gedicht‹). Erst im 18. Jh. wird das Wort ›D.‹ gebräuchlicher, zunächst in der Bedeutung ›Fiktion‹ (Erdachtes, Erfundenes im Ggs. zu Tatsächlichem, vgl. Goethe, »D. und Wahrheit«), die geläufigere Verdeutschung von Poesie war damals noch ›Dichtkunst‹ (nach ars poetica). Das alte Wort ↗ Poesie wurde dann im 19. Jh. mehr und mehr auf lyr. Werke eingeschränkt. Daneben wurden verwendet: Dichtkunst, schöne schöngeist. Literatur (für frz. belles lettres), ↗ Belletristik, Sprach-, Wortkunst(werk), literar. Kunstwerk, im 20. Jh. v. a. noch fiktionale Literatur, aber auch wieder Poesie oder D. (konkrete, konsequente D. oder Poesie). – ›D.‹ ist ein typ. dt. Wort wie ›Gemüt‹, ›Stimmung‹, das an anderen europ. Sprachen keine unmittelbare Entsprechung hat (vgl. zum allgem. Begriff D.: frz. poésie, littérature; engl. poetry, ital. poesia). – Bei der *Bestimmung des Begriffsinhaltes* kann D. je nach den angewandten Kriterien enger oder weiter gefasst sein. Von den anderen Künsten unterscheidet sie sich prinzipiell dadurch, dass sie an ein von Natur aus sinnträchtiges Medium, die *Sprache*, gebunden ist, weshalb D. im Unterschied zur bildenden Kunst und Musik auch stärker national geprägt sein kann. Die philosoph. und literaturwissenschaftl. Überlegungen über das *Wesen der D.* können immer nur Annäherungen erbringen, je nach den Werken, an denen exemplifiziert wird. Jedes Dichtwerk schafft phänomenolog. und essentiell das Wesen der D. neu, setzt neue Kategorien und Dimensionen, die vom musiknahen, stimmungsgetragenen Klangbereich (↗ Reim, ↗ Rhythmus) bis in die höchste philosoph. Geistigkeit reichen können. Zur Eigenart der D. gehört die ↗ Metaphorik, die ↗ Ambiguität, die Vieldimensionalität, die Tiefenschichtung der Sprachgestalt, so dass bei jeder Begegnung mit einer D. immer wieder neue Aspekte und andere Akzente ins Blickfeld treten können. D. gehört wesensmäßig in das Gebiet der Ästhetik, des Gestaltens, des Schöpferischen, Kreativen. D. schafft eine eigene Welt (Jean Paul:»die einzige zweite Welt in der hiesigen«), eine autonome Realität, ein besonderes Sein mit einer spezif. Logik und eigenen Gesetzen, die mit dem Sein der naturgegebenen Wirklichkeit konvergieren, aber auch divergieren können. Auch wo D. als Naturnachahmung erscheint, ist sie nicht bloßes Abbild, bloße Wirklichkeitskopie, sondern vielmehr in aristotelischem Sinne ↗ Mimesis, d. h. neugeschaffene, neuentworfene, mögl. Wirklichkeit (↗ Fiktion). Diese Vielfältigkeit erschwert auch die *literaturwissenschaftl. Klassifikation* der D. Die seit dem 18. Jh. (Gottsched) übl. Dreiteilung der D.s gattungen in ↗ Lyrik, ↗ Epik, ↗ Dramatik wird immer wieder durch Grenzphänomene in Frage gestellt, so durch epische Formen, welche zum Drama hinüberweisen (z. B. Dialogroman) oder Arten der Lyrik mit dramat. Einschlag (z. B. Balladen) oder durch einzelne Dichtarten wie das ↗ Epigramm, dessen Einordnung in die Gattung Lyrik, wenn diese allzu eng gefasst ist, problemat. wird. Es gibt Epochen, die nach einer gewissen Reinheit der Gattungsformen streben (Klassik), anderer-

seits solche, die bewusst solche Grenzen überschreiten (Romantik). – Neben die formale Einteilung in Lyrik, Epik, Dramatik tritt eine Unterscheidung nach ontolog. Begriffen: lyrisch, episch, dramatisch, die in verschiedenen Graden an den formalen Kategorien Lyrik, Epik, Dramatik beteiligt sein können. Der Versuch, D. auf diese ›Naturformen‹ (Goethe) oder ›Grundbegriffe‹ (Staiger) zurückzuführen, geht von der Erkenntnis aus, dass es gattungstyp. Reinformen nicht gebe, sondern immer nur Mischungen verschiedener Grundhaltungen: neben einem lyr. oder epischen Drama begegnen dramat. oder lyr. Romane, jeweils in verschiedenen Mischformen etc. – Schwierigkeiten bereitet bisweilen auch die *Abgrenzung* zwischen dichter. und anderen, nicht-fiktionalen sprachl. Formen. Der Begriff ↗ ›Literatur‹ impliziert v. a. die schrifl. Fixierung (Geschriebenes, Gedrucktes) im Gegensatz zur D., die es auch unabhängig von der Niederschrift geben kann (Volksdichtung, unterliterar. D.). Nach der Definition der D. als fiktionaler Sprachschöpfung sind aus der Klassifikation der D. die reinen Zweckformen der Didaktik, der Rhetorik (Predigt, Rede) und Kritik ausgeschlossen, auch wenn sie sprachl. ebenfalls höchsten ästhet. Ansprüchen genügen. Die von Batteux, Sulzer u. a. im 18. Jh. verfochtene Forderung, eine vierte Gattung ›Didaktik‹ einzuführen, wurde in der Forschung diskutiert (↗ Formenlehre). Der Gegensatz zwischen sprachl. zweitrangigen D.en und sprachl. erstklass. nichtfiktionaler Literatur (etwa den philosoph. Schriften Schopenhauers oder Nietzsches, den krit. Werken eines Karl Kraus oder der wissenschaftl. Prosa Sigmund Freuds) hat die Literaturwissenschaft bei ihren Klassifizierungen immer wieder irritiert, zumal es sich auch in diesem Bereich schwer einzuordnende Grenzformen gibt, wie z. B. die Werke der Mystiker. Bis zum 18. Jh. bestimmte meist äußerl. die Versform (die ↗ gebundene Rede gegenüber der ungebundenen, der Prosa) die Grenze zwischen D. und ›Literatur‹. Auch für Schiller war z. B. der Prosaroman-Schreiber nur der »Halbbruder« des Dichters (»Über naive und sentimentalische D.«). Durch die Entwicklung des Prosaromans im 19. Jh.

wurde aber schließl. eine kategoriale Erweiterung des D.s-Begriffs notwendig: seit dem 19. Jh. werden Prosaromane selbstverständl. im Begriff der D. mitverstanden. – Zwischen den verschiedenen Gattungen und Formen der D. gab es immer wieder veränderte *Rangordnungen*: im MA. z. B. galt das Epos als höchste Kunstform (Wolfram v. Eschenbach, Dante), im frühen 18. Jh. wurde der Prosaroman als reine Unterhaltungsgattung eingestuft, im Sturm und Drang und im 19. Jh. galt dem Drama, um 1900 der Lyrik die höchste Bewunderung. In der ⁊ Romantik wurde die Volks-D. (Volkslied, Volksmärchen), als den Urformen der Poesie nahestehend, oft höher eingeschätzt als die Kunst-D. Horaz (»Ars poetica«) prägte für die *Funktion* der D. die Formel ›prodesse et delectare‹; zwischen diesen beiden Bezugspunkten finden sich die verschiedensten Spielarten. Die Wirkung einer D. kann sich zudem innerhalb dieses Spannungsbogens je nach Zeit und Publikum verlagern (vgl. z. B. die revolutionären Jugenddramen Schillers, deren gesellschaftskrit. Impetus je nach der Interpretation sekundär erscheinen kann, oder die sozial engagierte Lehr-D. Brechts, die auch nur ›kulinar.‹ erlebt werden kann). Die Tendenzen können von der absolut zweckfreien D. des ⁊ l'art pour l'art bis zur didaktischen D. reichen (verbreitet bes. im MA.; in der Neuzeit z. B. Goethes »Metamorphose der Pflanzen«). D. kann religiös, weltanschaul., ideolog. mehr oder weniger ausgerichtet sein, ihr Verhältnis zur Wirklichkeit kann von der Nachahmung (⁊ ut pictura poesis) bis zur Naturferne (⁊ Dadaismus, ⁊ konkrete D.) reichen. – Die *Sprache der D.* kann sich mehr oder weniger von der Alltagssprache entfernen. Zeiten mit einer bes. geprägten Dichtersprache (mhd. Blütezeit, Barock, Goethezeit) wurden von Zeiten abgelöst, in denen die möglichst getreue Anlehnung an die Umgangssprache, an Dialekte, dichter. Wahrheit gewährleisten sollte (⁊ Naturalismus). Verschiedene Stilschichten wurden schon in der antiken Rhetorik unterschieden: hohe, mittlere, niedere Stilart (⁊ genera dicendi, ⁊ Stilistik). – Die *Entstehung von D.* wurde in verschiedenen Zeiten verschieden aufgefasst: als Inspiration (Sturm

und Drang, Romantik; auch ⁊ poeta vates) oder als lehr- und lernbar (Meistersang, Barock). Unter dem Aspekt der Wahrhaftigkeit konnte D. bisweilen auch abgewertet werden, vgl. schon Platon (⁊ Mimesis) oder im MA. Hugo von Trimberg (»Renner«: gegen höf. Romane). Nach den Anlässen ihrer Entstehung kann D. geschieden werden in ⁊ Gelegenheitsu. ⁊ Erlebnis- oder Bekenntnis-Dichtung. Sie kann sozial mehr oder weniger stark geprägt sein wie die höf. D., die humanist. Gelehrtend. oder bestimmte Formen der bürgerl. D. (Meistersang oder Literatur der Aufklärung). – Das Verhältnis der Dichter zu ihrem Werk lässt sich pauschal so wenig auf einen Nenner bringen wie das Wesen der D. oder ihre gesellschaftl., menschl., psycholog., erlebnismäßigen Voraussetzungen, Bedingtheiten und Hintergründe. Hier sind sinnvolle Deutungen jeweils nur am einzelnen Werk möglich.   S

Dichtungsgattungen, ⁊ Dichtung, ⁊ Gattungen, ⁊ Epik, ⁊ Lyrik, ⁊ Dramatik, ⁊ Naturformen der Dichtung.

Dichtungswissenschaft, eine v. a. nach dem Zweiten Weltkrieg vertretene Richtung innerhalb der umfassenderen ⁊ Literaturwissenschaft, die sich bewusst auf die wissenschaftl. Analyse dichter. Werke beschränkt; Dichtung soll als Sprach*kunstwerk* (nicht als Sprach- oder Geschichts*dokument*) unter aesthet. Aspekten und mit dichtungsadäquaten Methoden (⁊ werkimmanente ⁊ Interpretation) erforscht werden. Die D. stellt sich zwischen ⁊ Poetik, ⁊ Philologie und Geistesgeschichte; sie greift als *Dichtungsontologie* über die Grenzen der nationalsprachl. Philologien (z. B. die deutsche Philologie) hinaus.   S

Dictionarium, n. [mlat. = Sammlung v. Wörtern, zu lat. dictio = das Sagen], spätmal. Bez. (neben Glossarium, Vocabularium) für die verschiedensten Arten von Wörterbüchern zum Schulgebrauch; die Bez. findet sich erstmals ca. 1225 als Titel einer nach Sachgruppen geordneten lat. Wortsammlung von John Garland (mit gelegentl. engl. ⁊ Glossen); im 17. Jh. wurde ›D.‹ durch ⁊ ›Lexikon‹ oder ›Wörterbuch‹ ersetzt (vgl. aber noch engl. dictionary, frz. dictionnaire). IS

Didaktische Dichtung [didaktisch = lehrhaft, zu gr. didáskein = lehren], s. ↗ Lehrdichtung.

Didaskalien, f. Pl. [gr. Didaskalia = Lehre, Unterweisung],
1. anfängl. Bez. für das Einstudieren eines antiken Chores durch den *didaskalos* (Chormeister).
2. Bez. für die seit dem 5. Jh. v. Chr. angelegten chronolog. Listen über die Aufführungen chor. Werke, Tragödien und Komödien bei den jährl. ↗ Dionysien u. a. staatl. ↗ Agonen; sie enthielten die Titel der aufgeführten Werke, den Namen des ↗ Choregen, des Didaskalos, die Schauspieler, das Urteil der Preisrichter, die Preise und Honorare. Diese Listen wurden von Aristoteles systematisiert in einem (fragmentar. erhaltenen) Werk »D.«, das dann von alexandrin. Gelehrten (von Kallimachos bis Aristophanes v. Byzanz) ausgewertet wurde: darauf beruhen die heutigen Kenntnisse der antiken Spielpläne und die Bewertung der aufgeführten Werke. – Mitte des 3. Jh.s v. Chr. wurden in Athen u. a. Städten solche D. über Agone bis zurück ins 5. Jh. mit ähnl. Angaben in Stein gemeißelt und in den Theatern aufgestellt (Fragmente einiger nacharistotel. Tafeln erhalten). – Auch aus dem antiken Rom sind ausführl. D., u. a. zu Aufführungen der Komödien des Terenz und zum »Stichus« und »Pseudolus« des Plautus, erhalten. IS

Digression, f. [lat. digressio = Abschweifung], ↗ Exkurs.

Dihärese, f. [gr. di-(h)airesis = Auseinanderziehung, Trennung].
1. In der Orthophonie (= richtige Aussprache): getrennte, nicht diphthong. Aussprache zweier aufeinanderfolgender Vokale, in der Regel bei einer Morphemgrenze (z. B. be-inhalten), begegnet v. a. in Fremdwörtern (Re-inkarnation, na-iv) und wird gelegentl. graph. durch ein Trema (ë) bezeichnet (naïv).
2. In der griech.-lat. Prosodie: Zerlegung einer

einsilbigen Lautfolge in zwei Silben aus metr. Gründen; häufigste Fälle im Lat.: Vokalisierung des konsonant. bzw. halbvokal. i (j) oder u (v), z. B. Gā-i̯-ŭs für Gā-iŭs, sŏ-lŭ-ō für sŏluō, archaisierendes -ā-ī für -æ, meist im Hexameterschluss (z. B. Vergil, »Aeneis«, 7, v. 464: ... āquā-ī), zweisilb. Messung der griech. Endung -eus (z. B. Prō-mē-thē-ūs für Prōmēthēūs). Gegensatz ↗ Synizese.
3. In der antiken Metrik: Verseinschnitt, der mit dem Ende eines ↗ Versfußes (bei daktyl. Versen, z. B. nach dem 4. Versfuß des Hexameters: ↗ bukol. D.), einer ↗ Dipodie (bei iamb., trochäischen, anapäst. Versen) oder einer anderen metr. Einheit (z. B. im daktyl. Pentameter am Ende des ersten ↗ Hemiepes) zusammenfällt. Gegensatz ↗ Zäsur.
4. ↗ Rhetor. Figur der koordinierenden Häufung (lat. ↗ Accumulatio). Als D. wird in der Rhetorik auch die der propositio oder argumentatio einer Rede (↗ Disposition) vorangestellte einleitende Aufzählung der zu behandelnden Punkte bezeichnet. K

Dijambus, m. [gr. = Doppel-↗ Jambus].

dikatalektisch, Adj. Adv. [gr. = doppelt ↗ katalektisch (= vorher aufhörend)], in der antiken Metrik Bez. für Verse, deren letzter Versfuß sowohl vor der ↗ Dihärese als auch vor dem Versschluss katalektisch, d. h. unvollständig ist, z. B. der daktyl. ↗ Pentameter (aus zwei katalekt. daktyl. Trimetern: $-\cup\cup/-\cup\cup/-$, sog. ↗ Hemiepes). K

Dikretikus, m. [gr.-lat. = zweifacher Kretikus], moderne Bez. für einen doppelten ↗ Kretikus ($-\cup-/-\cup-$) in den Kolonschlüssen lat. Prosa (↗ Klausel); in verschiedenen Varianten die häufigste Klauselform bei Cicero und seinen Nachfolgern. In der akzentuierenden Kunstprosa der Spätantike und des MA.s entstand daraus die der ↗ Cursus tardus. UM

Diktum, n., Pl.-ta [lat. dictum = Gesagtes], pointierter Ausspruch, ↗ Bonmot, ↗ Sentenz. Häufig im Titel von Sentenzensammlungen (z. B. »Dicta Graeciae sapientium, interprete Erasmo Roterodamo«, Nürnberg um 1550/51). HFR

Dilettant, m. [it. dilettare von lat. delectare = ergötzen], heute vorwiegend umgangssprachl. v. a. für Nichtfachmann, Halbwissender, Laie; wahrscheinl. auf dem Umweg über die 1734 in London gegründete »Society of Dilettanti«, die sich für italien. Kunstgeschichte und klass. Archäologie interessierte, nach Deutschland gelangt, wird ›D.‹ zunächst zumeist in negativer, gelegentl. aber auch positiver Einschätzung als Fremdwort für den passiven, aber auch aktiven »Liebhaber, Kenner der Musik und anderer schönen Künste« (Ch. G. Jagemann) verwandt. Im Anschluss an die psychologisierende Auseinandersetzung K. Ph. Moritz' mit dem »unreinen Bildungstrieb« verstehen Goethe und Schiller (v. a. in ihrem Entwurf eines Schemas über Dilettantismus, 1799) den D.en dann als »Symbolfigur« eines problemat. gewordenen »Verhältnisses zur Kunst«, als »negativen Gegenpol zu dem (...) für vorbildl. gehaltenen Typ des großen Künstlers, dem Meister« (Vaget). Gegen Ende des 19. Jh.s tritt schließl. an die Stelle dieser Auffassung zum einen eine aus volkspädagog. Impuls heraus erfolgende Bejahung dilettant. Kunstpraxis (u. a. A. Lichtwark, »Wege und Ziele des Dilettantismus«, 1894). Zum anderen begegnet der D. jetzt als spezif. Typ des Intellektuellen, eines Individualisten mit einer »sehr freien, sehr ungewöhnlichen Beziehung zwischen dem Genie und der Welt« (R. Kassner,»Der Dilettantismus«, 1910): der Dilettantismus wird als existentielle Lebensproblematik dichter. gestaltet von H. v. Hofmannsthal, H. und Th. Mann u. a.; ferner Cl. Viebig (»Dilettanten des Lebens«, 1898), C. Einstein (»Bebuquin oder Die Dilettanten des Wunders«, 1912, auf den sich H. Ball noch 1916 zur Charakterisierung des von ihm gegründeten Cabaret Voltaire beruft). D

Dimeter, m. [gr. = Doppelmaß], in der antiken Metrik ein aus zwei metr. Einheiten (Versfüßen, Dipodien) bestehender Vers. Jamb. D. ($\overline{\cup}-\cup-/\overline{\cup}-\cup-$) finden sich z. B. schon bei Alkman und v. a. als Teil ↗archiloch. Verse, insbes. in den ↗Epoden des Horaz (Ep. 1–10, 13 u. a.). K

Dinggedicht, lyr. Formtypus: poet. Darstellung eines Objekts (Kunstwerk, alltägl. Gegenstand, aber auch Tier, Pflanze), wobei das lyr. Ich zurücktritt zugunsten distanziert-objektivierender Einfühlung in das ›Ding‹; durch die Auswahl, Anordnung und sprachl. Struktur der nachgestalteten Einzelzüge wird das Objekt in seinem Wesen erfasst und zugleich symbol. gedeutet. – Das D. gilt als eine typ. Spät- und Durchgangsform innerhalb der Geschichte der Lyrik, ausgeprägt erstmals bei E. Mörike (»Auf eine Lampe«), dann bei C. F. Meyer (»Der röm. Brunnen«) und v. a. bei R. M. Rilke (»Neue Gedichte«, u. a. »Archaischer Torso Apollos«, »Das Karussell«, »Der Panther«). – Zu unterscheiden ist das D. von beschreibender Stimmungslyrik, vom idyll. Genregedicht, vom sog. Beschreibungsgedicht (mit didakt., allegor., humorist. etc. Auslegung) und vom ↗Epigramm, in dem der (oft nur im Titel genannte) Gegenstand Anlass zur deutenden Erklärung ist. Dagegen ist die Grenze zum ↗Bild- oder Gemäldegedicht fließend. IS

Dionysien, n. Pl. [gr. dionysia], altgriech. Feste zu Ehren des Dionysos, eines wohl aus Kleinasien stammenden Vegetationsgottes, Gottes der Fruchtbarkeit, des Weins und der Verwandlung (lat. Bacchus), begleitet von einem lärmenden Schwarm efeubekränzter Nymphen, Mänaden und Satyrn (Silenen), daher *dionys.* = rauschhaft, begeisternd, ekstat. Sein Kult (ursprüngl. wohl agrar. Fruchtbarkeitsriten bei improvisierten orgiast. nächtl. Feiern) wurde seit dem 6. Jh. v. Chr. zu offiziellen Kultfesten. *Die bedeutendsten D.* waren die jährlichen vier jeweils mehrtäg. dionys. Feiern Athens:
1. als älteste die 3-täg. Anthesteria (Jan./Febr.), ursprüngl. Frühlingsriten, die dem Wein und den Toten geweiht waren;
2. die Lenäen (Lenaia nach *lenai* = Mänaden) im Monat Gamelion (Dez./Jan.);
3. die sog. ländl. D. der einzelnen Gemeinden *(demoi)* Athens im Monat Poseidon (Nov./Dez.);
4. die städt. oder großen D., die Ende des 6. Jh.s v. Chr. nach dem kult. Vorbild der ländl.

D. von Peisistratos eingeführt wurden (im Monat Elaphebolion = Febr./März) und die zum bedeutendsten Fest des antiken Griechenland wurden. Die D. waren von fundamentaler Bedeutung für das abendländ. Theater; die Grundbestandteile der kult. Feiern waren jeweils 1. sakrale Phallusumzüge (Phallophorien, Komoi) unter ekstat.-ausgelassenen Gesängen (Phallika) vermummter Chöre, die als eine der Keimzellen der ↗ Komödie gelten, 2. ein (Bock?)-Opfer mit tänzer. und mimet. vergegenwärtigter symbol. Todes- oder Auferstehungsfeier des Gottes, d. h. mag.-relig. Verwandlungsspiele, die Keimzellen für ↗ Dithyrambus und ↗ Tragödie. Dramat. Agone wurden immer mehr zum 3. (wichtigsten) Bestandteil der D. (Dreigliederung: Umzug, Opfer, Agon). So gehörten (nach Aristoteles) Komödienagone zu den Lenäen; dithyramb. und dramat. Wettbewerbe standen im Mittelpunkt der ländl. und städt. D.; bei Letzteren wurden seit Ende des 6. Jh.s v. Chr. an drei aufeinanderfolgenden Tagen drei ↗ Tetralogien dreier konkurrierender Dichter, seit 486 v. Chr. zusätzl. fünf Komödien, im Dionysostheater am Südhang der Akropolis aufgeführt und anschließend prämiert. – Die D. erloschen im Wesentlichen gegen Ende des 1. Jh.s v. Chr.; sie wurden in der Kaiserzeit vorübergehend wiederbelebt. UM/IS

Dionysisch, ↗ apollinisch.

Diplomatischer Abdruck [aus frz. diplomatique = urkundlich, von lat. diploma = Urkunde], buchstäbl. genaue Druckwiedergabe eines handschriftl. Textes ohne Normalisierungen oder sonstige Eingriffe des Herausgebers. ↗ Textkritik. HSt

Dipodie, f. [gr. = Doppel-(Vers)fuß], zwei zu einer metr. Einheit zusammengefasste ↗ Versfüße. Die D. gilt in der griech. Metrik (und bei den strengen Nachbildungen griech. Verse auch in lat. Dichtung) als Maßeinheit bei jamb., trochä. und anapäst. Versen; z. B. besteht ein jamb. ↗ Trimeter aus 3 jamb. D.n (oder Dijamben) = 6 jamb. Versfüßen. Im Un-

terschied dazu ist bei daktyl. u. a. mehrsilb. Versfüßen (z. B. dem ↗ Choriambus) in der Regel die Maßeinheit die ↗ Monopodie; so setzt sich z. B. ein daktyl. ↗ Hexameter aus 6 daktyl. Versfüßen zusammen. In den freieren lat. Nachbildungen griech. Versmaße herrscht durchweg Monopodie; demgemäß entspricht einem griech. jamb. Trimeter ein lat. jamb. ↗ Senar (›Sechser‹) oder einem griech. trochä. ↗ Tetrameter ein lat. trochä. ↗ Oktonar (›Achter‹). In der dt. Verslehre wird die Bez. D. angewandt: 1. auf Verse mit regelmäßig abgestuften Hebungen, z. B. Goethe »Der Fischer«: »Das Wásser ráuscht, das Wásser schwóll« = eine sog. steigende D. (Kauffmann), 2. in der ↗ Taktmetrik auf einen Vierertakt (Langtakt: x́ x x̀ x) als Zusammenfassung von zwei Zweiertakten (Kurztakten) – nach A. Heusler u. a. ein Kennzeichen german. Verse im Ggs. zu roman. monopod. Versen, z. B. dem lat. ↗ Hymnenvers; Nachwirkungen wurden in volkstüml. ↗ Vierhebern vermutet: »Bácke, bàcke Kúchèn ...«. K

Dirae, f. Pl. [lat. = Verfluchungen; Unheilzeichen], Verfluchung einer Person oder Sache, entspricht gr. ↗ Arai, z. B. Didos Fluch in Vergils »Aeneis« oder, als selbständ. Gedicht, Properz III 25, Ovid, »Ibis« u. a. Begegnet auch noch bei J. C. Scaliger (Poetik I, 53, 1561) als lit. Gattung. – Bedeutet im Ggs. zu Arai auch ›Unheilzeichen‹, was bereits in der Antike Missverständnisse hervorrief. UM

Direkte Rede [lat. oratio (di-)recta = wörtliche Rede], stellt im Gegensatz zur ↗ indirekten Rede die Äußerungen eines Sprechers Wort für Wort so wieder, wie er sie geformt hat, also ohne Änderung von Pronomen, Modus und Wortstellung: er sagte: »bald bin ich bei dir«. HSt

Dirge [engl. də:dʒ, von lat. dirige = leite], nach dem ersten Wort einer beim Totenamt gesungenen Antiphon, »Dirige, Domine, Deus meus, in conspectu tuo viam meam«, zunächst. Bez. für Grabgesang oder ↗ Totenklage, später übertragen auf Klagelieder jegl. Art, vgl. das als »Fidele's D.« bekannte Lied aus

Shakespeares »Cymbeline« (IV, 2, 259 ff.: »Fear no more the heat o' th' sun ...«).   MS

Dirigierrolle, eine Art Regiebuch mal. Schauspiele, Papierrolle, an den Enden mit Holzstäben zum Aufrollen versehen, mit welcher der *regens ludi* oder *magister ludi* (Spielleiter) die Aufführung »dirigierte«. Die D. konnte einen Bühnenplan, Dekorationshinweise, ein Verzeichnis der Personen, Stichwörter (Texteinsätze) für die Schauspieler u. a. enthalten. Am bekanntesten sind die D. des 2-täg. Frankfurter Passionsspiels von 1350 (Länge über 4 m, geschrieben vom Kanonikus am St. Bartholomäus-Stift, Baldemar von Peterweil), die D. des Friedberger Prozessionsspiels von 1465 und das sog. Sterzinger Szenar, eine D. des ↗ Neidhartspiels.   MS

Discordo, m. [it. veraltet f. discordia = Uneinigkeit], ↗ Descort.

Diskurs, m. [frz. discours, it. Discorso aus lat. discursus = das Umherlaufen, Sich-Ergehen (über einen Gegenstand)], erörternder Vortrag oder method. aufgebaute Abhandlung (Erörterung) über ein bestimmtes Thema (z. B. Machiavelli, »Discorsi sopra la prima deca di Tito Livio«, 1531; Descartes, »Discours de la méthode«, 1637) oder Sammlung solcher Abhandlungen (z. B. »Discourse der Mahlern«, 1721–23, eine von Bodmer und Breitinger herausgegebene ↗ moral. Wochenschrift). Zur Verwendung d. Begriffs in d. jüngeren Literaturtheorie vgl. ↗ D.-Analyse.   HFR

Diskursanalyse. Als ›Diskurs‹ bezeichnet M. Foucault institutionalisierte Aussageformen spezialisierten Wissens, Rede- und Schweigordnungen, wie sie etwa in den Wissenschaften vom Menschen (Medizin, Psychiatrie, Jurisprudenz) produziert u. eingeübt werden, um so eine ›Ordnung der Dinge‹ nach Oppositionen wie wahr/falsch, normal/pathologisch, vernünftig/wahnsinnig, männl./weibl. usw. durchzusetzen. *Objekt der D.* ist damit sowohl das Regelsystem, welches den Diskurs generiert, als auch der soziale Rahmen (etwa der Zusammenhang von Praktiken u. Ritu-

alen) und die mediale Basis, in dem er sich verwirklicht. – Literatur erscheint aus der Sicht der D. einerseits als Treff- und Kreuzungspunkt der Diskurse (J. Kristeva), eine Art Interdiskurs (J. Link), ein Ort der Inszenierung bzw. Dekonstruktion von Diskursen, andererseits als ein eigener Diskurs einer spezif. Regelhaftigkeit u. sozialen Konkretion. Der Begriff des individuellen Autors bzw. Werks wird durch die D. relativiert; vgl. ↗ Diskurs-Diskussion.   VD

Diskurs-Diskussion, I. Die D. der 70er und 80er Jahre bezeichnet eine *Forschungs-Kontroverse* der Geisteswissenschaften, die mit dem Positivismus-Streit der 60er Jahre insofern vergleichbar ist, als sie ebenfalls Probleme betrifft, die an das traditionelle Selbstverständnis der beteiligten Disziplinen rühren. Zwar ist an den Schwierigkeiten der D. die Bedeutungsvielfalt des »schillernden Begriffs Diskurs« (Gumbrecht) nicht ganz unschuldig. So bedeutet der Begriff *in der Frankfurter Schule* Argumentationen, die zur »Begründung problematisierter Geltungsansprüche von Meinungen und Normen« dienen (Habermas), in der *Linguistik* Texte, Reden überhaupt (die sich durch ihre diskursive Struktur von zusammenhanglosen Reihen von Einzelsätzen unterscheiden), in der ↗ *Diskursanalyse* Rede- und Schweigordnungen, die z. B. in den Wissenschaften hervorgebracht werden und eine »Ordnung der Dinge« (Foucault) nach Oppositionen wie Gesundheit/Krankheit, Vernunft/Wahnsinn, Männlichkeit/Weiblichkeit bezwecken. Doch ist es in erster Linie der Gegensatz der strukturalist./poststrukturalist. und hermeneut. Positionen, der in der D. ausgetragen wird. Reiz-Punkte der Diskussion bilden Begriffe wie ›Sinn‹, ›Subjektivität‹, ›Spontaneität‹, ›das Humanum‹, deren Verlust im Objekt-Bereich der Human-Wissenschaften von marxist. wie bürgerl. Stimmen in unterschiedlicher Weise eingeklagt wird. In den poststrukturalistischen Diskursen über die Diskurse des Unbewussten (des Begehrens und des Anderen, Lacan) und der Wissenschaften (M. Foucault, J. Derrida) ist das Subjekt nicht mehr Grund und Ursprung, sondern nur mehr Ort und Schauplatz, den die anonymen Gewalten der Diskurse durchziehen. – ↗ Poststrukturalismus.

II. Von der Grundsatz-Debatte ist *in der Literaturwissenschaft* eine (z. T. bereits ältere) Diskussion zu unterscheiden, der es um Anwendung, Klärung und Integration der importierten Begrifflichkeit zu tun ist. Diese Differenzierungsarbeit, die sich z. T. in Modellanalysen niederschlägt, erstreckt sich inzwischen von der Gattungstheorie bis in Gebiete der Poetik (Literatur-Begriff) und allgemeinen Methodenlehre.

1. *Narrativer Diskurs:* Die Ausdifferenzierung des traditionellen Terminus ›Erzählkunst‹ in die Analyse-Einheiten *discours* und *histoire* ist »hinsichtl. ihres theoret. Status kaum ausreichend geklärt« (Hempfer): Die auf Benveniste zurückgehende Abgrenzung von *histoire* (bzw. *récit, sujet*) und *discours* (bzw. *narration*) ist mit dem Gegensatzpaar »Geschichte«/«Text der Geschichte« (Stierle) zu übersetzen, wobei unter ›Diskurs‹ (nach einem Vorschlag Hempfers) »in Opposition zu ›Geschichte‹ alle Vertextungsverfahren syntaktischer, semantischer und pragmatischer Dimension« zusammengefasst werden können.

2. *Diskurs versus Dialog:* Elemente der Diskurstheorie Foucaults, die in Abwehr hermeneut. Sinnerwartungen »hinter den formativen Zwängen des Diskurses die anarchische Freiheit einer ursprüngl. Kommunikation aufscheinen« lässt (Stierle), werden über Gesprächs-Konzepte der Hermeneutik u. Bachtins Begriff der ↗ ›Dialogizität‹ in zentrale Bereiche der Dramenpoetik und allgemeinen Poetik (Poetizität) eingebettet.

3. *Diskurs versus Literatur:* In Anlehnung an das Theorem der ↗ Intertextualität literar. Texte lassen sich diese als eine Art ›Treffpunkt der Diskurse‹ (Kristeva) betrachten und analysieren. Die literarwissenschaftl. ↗ Diskursanalyse verfolgt die Spuren, Inszenierungen und die Dekonstruktion von Diskursen in literar. Texten. VD

Dispondēus, m. [gr. = Doppel-↗ Spondeus].

Disposition, f. [lat. dispositio = planmäßige Aufstellung, Anordnung], Auswahl, Gliederung und Ordnung des stoffl. Materials, der Gesichtspunkte und Gedankenabläufe für eine Abhandlung, Rede o. Ä. In der antiken ↗ Rhetorik wichtigste Stufe (neben *inventio* = Stofffindung, *elocutio* = Ausschmückung, *memoria* = Memorieren und *pronuntiatio* = Vortrag) beim Verfertigen einer Rede. Die *dispositio* besteht aus drei (evtl. wieder untergliederten) Teilen: 1. dem *exordium* (Anfangsteil, der das Publikum für die Sache gewinnen muss), 2. dem zweiteiligen Kernstück aus a) *propositio* (der Darlegung eines zu beweisenden Sachverhalts, oft mit einer *narratio*, griech. *diegesis*, einer beispielgebenden oder unterhaltenden Erzählung) und b) *argumentatio* (der Durchführung des Beweises, der entweder mehr durch *argumenta* = Tatsachen oder *rationes* = Vernunftgründe geführt wird), 3. der *conclusio* oder *peroratio* (Schlussteil, der abschließend das Ergebnis rekapituliert und an das Publikum appelliert). Innerhalb dieser Teile werden Fakten, Argumente usw. wieder nach Zweck und Absicht der Rede (belehren, erfreuen, rühren – *docere, delectare, movere*) mit Hilfe der Affektenlehre und der ↗ Genera dicendi ausgewählt und angeordnet. S

Disputātio, f. [lat.], öffentl. Streitgespräch zwischen Gelehrten (Respondent oder Defendent – Opponent) zur Klärung theolog. oder anderer wissenschaftl. Streitfragen, schon in der spätantiken Rhetorik von größerer Bedeutung, gewann im MA. als scholast. Unterrichtsform neben der Texterklärung (*lectio*) neues Gewicht. Die literar. D. nahm in der Reformationszeit einen neuen Aufschwung (vgl. Leipziger D. zwischen Luther und J. Eck, 1519). In der Form der Doktor-D. hat sich der mal. Brauch lange erhalten. ↗ Dialog, ↗ Streitgespräch. RG

Distichisch [zu gr. dis = zweimal, doppelt, stichos = Reihe, (Vers-)Zeile], metr. Begriff: paarweise Zusammenfassung gleicher oder meist verschiedenartiger Verse (vgl. ↗ Distichon = Zweizeiler; so auch tristichisch, Tristichon = Dreizeiler usw.). Ggs. mono↗ stichisch. S

Distichon, n. [gr. = Zweizeiler, zu gr. dis = zweimal, stichos = Reihe, (Vers-)zeile], Gedicht oder Strophe von zwei Zeilen. Die bekannteste Form ist das sog. *elegische D.* (auch Elegeion), die Verbindung eines daktyl. ↗ Hexameters mit einem daktyl. ↗ Pentameter zu einer zweizeiligen Strophe:»Im Hexámeter stéigt des Spríngquells flűssige Sǻule, / Im Pentámeter dráuf fállt sie melódisch heráb« (Schiller,»Das D.«). – Das eleg. D. ist mit der griech.-röm. ↗ Elegie entstehungsgeschichtl. verbunden (Ursprung in ekstat. Klagegesängen vorderasiat. Kulte). Es wird später auch zur beliebtesten Strophenform des ↗ Epigramms. Die Struktur des eleg. D.s entspricht dem reflektierenden Charakter beider Gattungen, insbes. durch den stauenden, antithet. Pentameter. – *Dt. Nachbildungen* des eleg. D.s gibt es seit dem 16./17. Jh., erstmals bei J. Fischart (1575): quantitierend-silbenzählend und mit Kreuzreim versehen, ähnl. bei J. Klaj und A. Bachmann, jedoch mit leonin. Reimen. Akzentuierend, allerdings immer noch mit Reimen versehen, finden sie sich dann im 17. Jh. bei S. v. Birken und Ch. Weise. Bis weit in das 18. Jh. hinein wird aber meist anstelle des antiken eleg. D.s als ›Ersatzmetrum‹ der eleg. ↗ Alexandriner gebraucht. Erst mit J. Ch. Gottsched (1742, Übersetzung des 6. Psalms in Distichen) und F. G. Klopstock (1748»Die künftige Geliebte«,»Elegie«) setzt sich das nun reimlose eleg. D. in der dt. Dichtung durch. V. a. durch die klass. Elegien Goethes (»Röm. Elegien«,»Alexis und Dora«,»Euphrosyne«), Schillers (»Der Spaziergang«, »Nänie«) und Hölderlins (»Brot und Wein«) und die»Xenien« Goethes und Schillers wurde das eleg. D. zum festen Bestandteil dt. Verskunst. K

Distributio, f. [lat. = Verteilung], ↗ rhetor. Figur, s. ↗ Accumulatio.

Distrophisch [gr. = zweistrophig], aus zwei Strophen oder zwei Zeilen bestehend; auch Distrophon.

Dit, m. [di:; frz. = 1. Spruch, 2. Erzählung, von dire = sagen], kurze Erzählung mit satir.-moral. Tendenz, verbreitet in der frz. Literatur vom 13.–15. Jh., zunächst in Versen, vom Ende des 13. Jh.s an auch in Vers-Prosa-Mischformen, bisweilen als Dialog, bzw. Disput gestaltet, so dass sich die Gattung nicht immer gegen ↗ Débat abgrenzen lässt; auch gegenüber ↗ Conte und ↗ Fabliau sind die Grenzen fließend. – Die Themen stammen aus dem Alltagsleben (z. B. »Blasme des dames«: Laster der Frauen, »D. de l'herberie«: Quacksalber, »D. de sainte Église«: Pseudopriester usw.). Neben zahlreichen anonymen D.s (z. B. der noch in Lessings Ringparabel fortlebende lehrhafte »Diz dou vrai aniel«) stehen im 13. Jh. D.s von Rutebeuf (z. T. mit polit. Propaganda, z. B. gegen die Staufer:»D. de Pouille«) und Baudoin de Condé (80 D.s erhalten, u. a. eine der 5 Redaktionen der im MA. in Legende und Totentanz häufig gestalteten »D. des trois Morts et des trois Vifs«, vor 1280), im 14. Jh. von J. Froissart, G. de Machaut, Christine de Pisan (»D. de la Rose«) und E. Deschamps u. a. PH

Dithyrambus, m. [lat. nach gr. dithyrambos; Etymologie ungeklärt], *allgemein:* enthusiast.-ekstat. (Chor-)lied; *speziell:* Form der altgriech. Chorlyrik: mehrteil. chor. Aufführung zu Ehren des Dionysos, gesungen und getanzt von einem (evtl. vermummten) Chor, angeführt von einem Chorführer (↗ Koryphaios, *exarchon*). Die Überlieferung der griech. D.dichtung ist spärl., so dass die Forschung weitgehend auf sekundäre Zeugnisse angewiesen ist. – *Herkunft und Anfänge* des D. liegen im Dunkeln. Vermutl. ist er jedoch (wie der Kult des Dionysos, mit dem er bis zuletzt verbunden ist) kleinasiat. Ursprungs, evtl. ein improvisiertes mag. Tanzspiel. Das älteste Zeugnis stammt aus dem 7. Jh. v. Chr. (Selbstaussage des ion. Lyrikers Archilochos, er sei *exarchon* eines D. gewesen). – *Die kunstmäßige Ausbildung* des D. fällt nach zwei Herodotstellen (I, 23; V, 67) ins 6. Jh. v. Chr. Seine klass. Form beruht auf Chorliedern stroph.-epod. Baus (Gruppen von Ode-Antode-Epode), gegliedert in die Grundformen, die auch den äußeren Rahmen des späteren trag. Spiels bilden: ↗ Parodos (Gesang beim Einzug des Chors),

↗Stasimon (Standlied) und ↗Exodos (Auszugslied). Sie wird auf den am Hofe des Tyrannen Periandros von Korinth wirkenden Arion aus Methymna zurückgeführt(?); die Aufnahme ep. Stoffe aus dem Bereich der griech. Heldensage, die eine breite Entfaltung der zunächst ausschließ. auf Dionysos bezogenen D.-Dichtung überhaupt erst ermöglicht, soll auf die Anregung des Tyrannen Kleisthenes von Sikyon zurückgehen (dithyramb. Gestaltung der *pathea* [Widerfahrnisse] seines Vorfahren Adrastos). Mit der Aufnahme ep. Stoffe ist zugleich die Vorform der ↗Tragödie erreicht, die, ebenfalls noch im 6. Jh., im Athen der Peisistratiden aus dem D. entwickelt wird. Neben der Tragödie als einer Fortentwicklung des D. werden jedoch auch rein chor. Dithyramben aufgeführt, ebenfalls im Rahmen der mit den att. ↗Dionysien verbundenen Wettkämpfe; als Begründer der dithyramb. Agone gilt Lasos von Hermione, Ende 6. Jh.; der Aufwand bei diesen Aufführungen überstieg sogar z. T. den bei Tragödien üblichen; die Zahl der ↗Choreuten betrug beim D. 50, bei der Tragödie nur 12–15. Wichtige D.dichter des 5. Jh. v. Chr. sind Bakchylides und Pindar. Ebenfalls ins 5. Jh. v. Chr. gehört Melanippides, der Schöpfer des sog. *jungatt. oder neuen D.,* bei dem der stroph. Bau durch fortlaufende astroph., oft polyrhythm. Kompositionen ersetzt ist und der in erster Linie als musikal. Virtuosenstück aufzufassen ist. *Dt. Nachbildungen* des griech. D. im engeren Sinne gibt es nicht; als dithyramb. im allg. Sinne lassen sich allenfalls, auf Grund des hymn.-ekstat. Tones und der astroph. und polyrhythm. Form (jungatt. D.!), einige aus ↗freien Rhythmen komponierte Gedichte F. G. Klopstocks, des jungen Goethe (»Ganymed«, »Wanderers Sturmlied«) u. a. bez. Diese Einschränkung gilt auch für Gedichte, die im Titel ausdrückl. Bezug nehmen auf die griech. D., z. B. F. Schillers »Dithyrambe« (abgefasst in 7-zeil. Reimstrophen mit daktyl. Versgang) oder F. Nietzsches »Dionysos-Dithyramben« (abgefasst in freien Rhythmen, Stil des »Zarathustra«). K

Ditrochäus, m. [gr. = Doppel-↗Trochäus].

Dittographie, f. [gr. = Doppelschreibung], 1. Fehlerhafte Wiederholung eines Buchstabens, einer Silbe oder eines Wortes in einem handschriftl. oder gedruckten Text (Gegensatz: ↗Haplographie); 2. Bez. für eine doppelte ↗Lesart oder ↗Fassung einzelner Stellen in antiken Texten. RG

Divan, Diwan, m. [di'va:n; pers. = Polsterbank, Versammlung], Sammlung oriental. lyr., oft panegyr. Gedichte. Seit dem 7. Jh. sind solche meist durch arab. Philologen veranstaltete Sammlungen überliefert, in denen entweder Gedichte eines bestimmten Autors oder der Autoren eines bestimmten Stammes zusammengefasst wurden. Erhalten sind arab., pers., türk., afghan., hebr. D.e. Der bekannteste D. der des pers. Dichters Schamsod-Din Muhammed, genannt Hafis (ca. 1320–1390, dt. Übers. von J. von Hammer-Purgstall, 1812/13), auf den Goethe in seinem Gedichtzyklus »Westöstlicher Divan« (1819) Bezug nimmt. S

Diverbia, n. Pl., Sg. diverbium [lat. = Dialog; Lehnübersetzung von gr. dialogos], Bez. der *gesprochenen,* in ↗Senaren abgefassten (Dialog)partien des röm. Dramas. Ggs.: zur Flötenbegleitung gesungenen ↗Cantica. K

Dizain, m. [di'zɛ̃, auch Dixain; frz. = Zehnzeiler], in der frz. Verslehre Strophe oder Gedicht von 10 zehnsilb., seltener achtsilb. Versen, meist mit dem Reimschema ababbccdcd; begegnet v. a. in der Lyrik des 16. Jh.s, so bei C. Marot und seiner Schule, bes. aber in der »Délie« (1544) von M. Scève. Als Einzelgebilde steht es dem ↗Epigramm nahe, kann aber auch Bestandteil der ↗Ballade und des ↗Chant royal sein. Die Dichter der ↗Pléiade verfassen D.s mit 5 Reimen (ababccdeed) und solche mit Versen verschiedener Länge. MS

Dochmius, m. [gr.-lat. = der Schiefe], fünfgliedr. antiker Versfuß der Form ◡−−◡−; zahlreiche Varianten auf Grund von Auflösungen der Längen und neuer Zusammenziehungen dabei entstehender Doppelkürzen; die wichtigsten dieser Varianten sind der anaklast. *Hypo-D.* (−◡−◡−; Bez. durch Wilamowitz)

und der ↗ Adoneus. Verwendung in der Chorlyrik und als Klausel.   K

Document humain [dɔkymãy'mɛ̃; frz. = menschl. Dokument], von dem Geschichtsphilosophen H. Taine 1866 (»Nouveaux essais de critique et d'histoire«) geprägte Bez. für die Romane Balzacs; sie wurde zum Schlagwort für die von den Brüdern Goncourt schon 1864 (»Journal«, 24.10.) umrissene Forderung, der moderne Romanschriftsteller müsse seinen Stoff mit naturwissenschaftl. Methoden analysieren und darstellen (vgl. auch E. de Goncourt, »Chérie«, Vorwort, 1884). ↗ Naturalismus.   IS

Doggerel (verse, rhyme) [engl. 'dɔgərəl (vəs, raim)], engl. Bez. für ↗ Knittelvers, auch allgem. für schlecht gebauten und gereimten Vers, so schon bei G. Chaucer (14. Jh.): »in rym dogerel«. Herkunft der Bez. unklar, evtl. ähnl. Bildung wie dog-Latin = ↗ Küchenlatein.
                                                                IS

Dokumentarliteratur (auch dokumentar. Lit.), Sammelbez. für gesellschaftskrit. und polit. orientierte Theaterstücke, Hör- und Fernsehspiele, Filme, Prosa, Gedichte; entstand Anfang der 60er Jahre in Opposition zu den damals übl. fiktiven Schreibweisen u. a. des ↗ absurden Theaters, des (Brechtschen) Parabelstücks, des ↗ Zeitstücks, des ↗ Zeitromans, des literar. Hörspiels, denen u. a. polit. Wirkungslosigkeit angelastet wird. Die D. greift auf Dokumente und Fakten zurück, ersetzt die Fabel durch den histor. vorgegebenen Geschehensablauf und will damit die Frage nach dem Verhältnis von Literatur und Realität neu beantworten. Dabei geht es der D. in ihren überzeugenden Beispielen nicht um eindeutig polit., ideolog. fixierte Aussagen (auf die allerdings einzelne Autoren, z. B. Peter Weiss, ihre Beiträge zeitweilig verkürzen), sondern um das Aufzeigen von Zusammenhängen, wobei die Auswahl, Anordnung und Aufbereitung des dokumentar. gesicherten Materials »den Fakten eine Art Spielraum« gibt, »der Widersprüche und Alternativen erkennen läßt« und zugleich sichtbar macht, »daß Fakten manipuliert werden können« (J. D. Zipes). Bevorzugte Formen sind ↗ Reportage, ↗ Bericht, Drama, d. h. das Nachspielen von Verhör und Verhandlung *(Dokumentarspiel, Dokumentartheater);* eine häufige Technik ist die ↗ Montage bzw. ↗ Collage. – Vorstufen im 19. Jh. finden sich in G. Büchners »Dantons Tod« (1835; wörtl. Zitate aus den Verhandlungsprotokollen), im Umkreis der ↗ Neuen Sachlichkeit, v. a. in E. Piscators Konzept und Versuch eines dokumentar. Theaters 1919–31 (fortgeführt 1933 in den USA, wo sich ihm 1935 mehrere vom Federal Theater Project in New York gegründete Gruppen, u. a. das ↗ Living Newspaper, zugesellten), in der Reportage der 20er Jahre (u. a. E. Kisch), in der speziellen Hörspielform »Aufriss« der Berliner Funkstunde um 1930. Dokumentarspiel ist auch A. Seghers' (1956 von B. Brecht für das Berliner Ensemble adaptierte) Hörspiel »Der Prozess der Jeanne d'Arc zu Rouen 1471« (1936; nach dem erhaltenen Gerichtsprotokoll sowie den Gutachten und Berichten von Zeitgenossen). Nach 1945 knüpfte zunächst das v. a. vom NWDR gepflegte ↗ Feature (u. a. E. Schnabel, »Der 29. Januar«, 1947) auf neue Weise wieder an den »Aufriss« an, wurde aber in den 50er Jahren fast vollständ. vom fiktiven Hörspiel verdrängt. Von großer Wirkung, aber ohne eigentl. Nachfolge blieb Th. Pliviers dokumentar. Roman »Stalingrad« (1945). Erst in den 60er Jahren gelangte die D. zu breiterem Durchbruch. A. Kluges »Lebensläufe« (1962), v. a. »Schlachtbeschreibung« (1966) weisen mit ihrer spezif. Mischung von Dokumentarischem und Fiktivem auf die Versuche Pliviers zurück. In den USA wird eine sog. ↗ Faction-Prosa entwickelt (T. Capote, N. Mailer u. a.), im Umkreis der ↗ Gruppe 61 werden Reportage und Protokoll zu bevorzugten Schreibweisen (u. a. E. Runge, »Bottroper Protokolle«, 1968; G. Wallraff, »13 unerwünschte Reportagen«, 1969, »Ganz unten«, 1985). Auch Gedicht

Wallraff: »Ganz unten«

(F. C. Delius,»Wir Unternehmer«, 1966) und Hörspiel (L. Harig,»Ein Blumenstück«, 1968) montieren dokumentar. Material, z. T. als Collage von ausschließl. authent. Tonzitaten (Harig,»Staatsbegräbnis«, 1969). Für das Dokumentarspiel sind v. a. zwei, jedoch nicht immer genau zu trennende Formen unterschieden worden: Die Prozess-Form (z. B. H. Kipphardt »In der Sache J. Robert Oppenheimer«, 1964, P. Weiss,»Die Ermittlung«, 1965, Rolf Schneider,»Prozess in Nürnberg«, 1968 und Hans Magnus Enzensberger,»Das Verhör von Habanna«, 1970; auch als Hörspiel), und die Berichtform, die Dokumente und Fiktion mischt (v. a. R. Hochhuth,»Der Stellvertreter«, 1963 und»Soldaten – Nekrolog auf Genf«, 1967). Auch in den USA (Arthur Kopit, N. R. Davidson, Donald Freed,»The United States vs. Julius and Ethel Rosenberg«, 1969), England (Charles Chilton, David Wright, Peter Cheeseman u. a.), Russland u. a. werden in den 60er Jahren dokumentar. Theaterstücke geschrieben und Aufführungsmöglichkeiten dokumentar. Literatur erprobt. Der ↗ Bitterfelder Weg (1959) fordert in radikaler Abwendung von den traditionellen Denk- und Schreibweisen einer bürgerl. Literatur zwar eine Literatur, deren»Wahrheitsgehalt (...) auf eine neue Weise im ›Dokumentarischen‹« (H.-P. Gente) liege, doch bleiben seine Ergebnisse mit wenigen, bisher z. T. unterdrückten Ausnahmen hinter den Erwartungen zurück. In der Bundesrepublik lässt sich für das dokumentar. Theater Ende der 60er Jahre eine zeitweilige Erstarrung beobachten (Weiss,»Viet Nam Diskurs«, 1968), doch deutet sich zugleich mit Tankred Dorsts»Toller – Szenen aus einer deutschen Revolution« (1968; als Fernsepiel 1969 u. d. T.»Rotmord«), mit Weiss'»Trotzki im Exil« (1970) und»Hölderlin« (1971) in der Aktualisierung histor. Figuren eine Neuorientierung, ein Übergang zu einer neuen Art histor. Theaters an, zu dem F. Lassalles»Franz von Sickingen« (1859) eine frühe Vorstufe darstellt.   D

Dokumentarspiel, Dokumentartheater, ↗ Dokumentarliteratur.

Dolce stil nuovo, m. [ˈdoltʃe ˈstil ˈnuɔːvo; it. = süßer neuer Stil], (Stil)richtung der italien. Liebeslyrik in der 2. Hälfte des 13. Jh.s, die einerseits formal und z. T. inhaltl. noch in der Tradition der höf. Trobadordichtung und ihrer italien. Epigonen (z. B. Giacomo da Lentini und Guittone d'Arezzo) steht, so durch ihren hermet. Sprachstil, die Gedichtformen der Kanzone (↗ Canso) und ↗ Balada und eine Reihe von Minnekonventionen (Idealisierung der Geliebten, läuternde Kraft der Liebe); sie setzt sich aber andererseits durch Aufnahme philosoph. und religiöser Elemente aus Platonismus, Thomismus und franziskan. Mystizismus sowie durch eine unmittelbar aus dichter. Inspiration resultierende Aussage bewusst von der Trobadordichtung ab: Die verklärte, aber durchaus noch als Adressatin sinnl. Liebeswünsche in ird. Bereichen beheimatete Trobadorgeliebte nimmt im d. st. n. engelgleiche Züge an und wird als religiös-myst. Symbol in kosm. Fernen entrückt. Ihr sich in unerfüllbarer Liebe verzehrender Liebhaber erklimmt, losgelöst vom feudalen Kontext der Trobadorlyrik, die Sprossen einer ausschließl. eth. und geist. motivierten Tugendleiter, die in der ›gentilezza‹, dem»Geistes-, Seelen- und Gesittungsadel« (H. Friedrich), der keinen Geburtsadel voraussetzt, ihr Ziel findet. Diese Lösung aus feudalen Bezügen deutet auf die urbane Entstehung des d. st. n. (Bologna und Florenz, wo sich der Herrschaftswechsel zwischen Adel und Bürgertum am frühesten vollzieht). Die *Bez.* dieser von der toskan.-bologneser Dichterschule gepflegten Stilrichtung stammt von Dante (»Göttl. Komödie«, Purgat., 24, v. 57]; als Vater des d.st.n. nennt er den Bolognesen Guido Guinizelli (Purg. 26, v. 97), dessen Kanzone»Al cor gentil« den ›neuen Stil‹ einleitet. Höher wertet er aber Guido Cavalcanti und sich selbst (Purgat., 11, v. 97 ff.). Cavalcantis Ruhm gründet in seiner vom dunklen Sprachstil der Trobadors (↗ Trobar clus) geprägten philosoph. Liebesdoktrin»Donna mi prega«; Dantes Beitrag ist seine Jugenddichtung »Vita nova« (1295). Neben den Genannten sind ferner Gianni Alfani, Lapo Gianni, Dino Frescobaldi und Cino da Pistoia zu nennen. Ihr Einfluss wirkt in der lyr. Dichtung des 14. Jh.s bes.

bei Petrarca nach, der ihn an das übrige Europa weitergibt, ferner bei Michelangelo, Pietro Bembo, Torquato Tasso, sogar noch bei Ugo Foscolo im 19. und Ezra Pound im 20. Jh.

PH

Donquichottiade, f., ↗ Abenteuerroman in der Tradition von Miguel de Cervantes-Saavedras »El ingenioso hidalgo Don Quijote de la Mancha« (1605 und 1615), der noch vor Erscheinen des zweiten Teils von A. F. de Avellaneda (1614) nachgeahmt wurde. Die D.n folgen dem Vorbild nicht so sehr in stoffl. Hinsicht als in der parodist. Grundtendenz; als gelungenste dt.-sprach. D. gilt Ch. M. Wielands »Don Sylvio von Rosalva« (1764). RG

Doppelbegabung,
1. Voraussetzung bei Künstlern, deren Werke zwei Kunstarten *miteinander* verbinden (z. B. Dichtung/Musik: ↗ Minne-, ↗ Meistersang, ↗ Kirchen-, barockes Kunstlied, ↗ Couplet, ↗ Chanson).
2. Sammelbez. für Künstler, die sich, zunehmend im 19./20. Jh., in mehr als einer Kunstart *nebeneinander* auszudrücken versuchen. Dabei sind fast alle Kombinationen mögl., v. a. *Dichtung/bildende Kunst* (u. a. Ulrich Füetrer, Niklaus Manuel, Michelangelo, Jörg Wickram, B. H. Brockes, ›Maler‹ Müller, Goethe, Ph. O. Runge, C. Brentano, E. T. A. Hoffmann, R. Toepffer, V. Hugo, Th. Gautier, A. Stifter, F. Graf von Pocci, Heinrich Hoffmann, G. Keller, J. V. von Scheffel, W. Raabe, A. Strindberg, G. Hauptmann, H. Hesse, J. Schlaf, Else Lasker Schüler, A. Kubin, P. Picasso, O. Kokoschka, G. de Chirico, Max Ernst, H. Michaux, W. Hildesheimer, Peter Weiss, G. Grass, André Thomkins, Diter Rot), *Dichtung/Musik* (u. a. W. H. Wackenroder, E. T. A. Hoffmann, F. Graf von Pocci, O. Ludwig, P. Cornelius, A. Schönberg, John Cage, Gerhard Rühm), *Schauspieler/ Dichter* (u. a. Shakespeare, F. Raimund, J. Nestroy, F. Wedekind, J. Osborne, F. X. Kroetz), aber auch *Dichtung/Architektur* (Max Frisch), *Architektur/Musik* (C. F. Zelter), *Musik/bildende Kunst* (A. Schönberg, L. Feininger). – Zu unterscheiden sind Künstler, bei denen die Tätigkeit in der anderen Kunstart eine oft nur

dilettant. Nebenbeschäftigung bleibt (vgl. z. B. Mörikes Zeichnungen oder die Zeichnungen und musikal. Versuche A. von Droste-Hülshoffs), und solche, deren Arbeiten in den verschiedenen Kunstarten ebenbürtig sind (u. a. E. Barlach, W. Kandinsky, Hans Arp). Manche Künstler können sich Zeit ihres Lebens nicht für eine Kunstart entscheiden (u. a. der Dichter, Musiker, Maler E. T. A. Hoffmann). Oft fällt die Entscheidung erst nach längerem Schwanken und inneren Kämpfen (R. Schumann, G. Keller: »Der grüne Heinrich«) oder eine Kunstart löst während der künstler. Entwicklung die andere ab (Salomon Gessner, Jiří Kolář). W. Buschs Bildergeschichten, R. Wagners Wort-Tondichtungen, F. Busonis »Dichtungen für Musik«, K. Schwitters' Konzept eines »Merzgesamtkunstwerks« versuchen eine Verbindung verschiedener Kunstarten (↗ Gesamtkunstwerk). Mit der seit der Romantik zu beobachtenden Zunahme der D.n geht Hand in Hand ein Vordringen der Kunstarten zu ihrer gegenseit. Grenzen, kommt es zu Grenzverwischungen zwischen bildender Kunst und Literatur, Literatur und Musik, Musik und bildender Kunst (↗ Mischformen). D

Doppelreim, Reimbindung aus zwei aufeinanderfolgenden, jeweils unter sich reimenden Wortpaaren: *lind wiegt* : *Wind schmiegt* (St. George), vgl. dagegen ↗ gespaltener Reim. Sonderform: ↗ Schüttelreim. S

Doppelroman.
1. Seit Jean Paul (»Flegeljahre«, Kap. XIV) Bez. für den in seinen einzelnen Teilen von verschiedenen Autoren verfassten *Kollektivroman,* bes. der Romantik, z. B.: »Die Versuche und Hindernisse Karls«, von K. A. Varnhagen, Fouqué, Wilhelm Neumann, A. F. Bernhardi, 1808. Im 20. Jh. als Formexperiment zur Ausschaltung des vorweg disponierenden Erzählers wieder aufgenommen: vgl. »Roman der Zwölf« (1909, u. a. von H. H. Ewers, G. Meyrink, O. J. Bierbaum, H. Eulenburg) »Der Rat der Weltunweisen« (1965), »Das Gästehaus« (1965, entstanden im ↗ Literar. Colloquium, Berlin).
2. Roman mit zwei oder mehr in der Darstel-

lung zwar verschränkten, in Raum, Zeit und Hauptfiguren aber *selbständigen Erzählsträngen*, die so aufeinander bezogen sind, dass sie einander spiegeln und sich gegenseitig erhellen oder relativieren. E. T. A. Hoffmann, »Kater Murr«, (1820–22); Multatuli, »Max Havelaar (1860); Uwe Johnson, »Das dritte Buch über Achim« (1961). 3. *Zyklus* aus mehreren in sich geschlossenen Romanen, die das gleiche Geschehen aus verschiedener Perspektive erzählen, um die Vielfalt nebeneinander bestehender Wahrheiten offenzulegen: Lawrence Durrell, »Alexandria Quartet« (1957–1960). HSt

Doppelseitiges Ereignislied, ↗ Ereignislied.

Dorfgeschichte, Erzähltypus des 19. Jh.s, in dem ein Geschehen durch eine spezif. Wertung des bäuerl.-dörfl. Milieus geprägt ist; formal und stoffl. Teil der ↗ Heimatliteratur: wie dort suggerieren Landschaftsgebundenheit, Lokalkolorit und Detailrealismus eine genaue Kenntnis der dörfl.-bäuerl. Wirklichkeit, die als ganzes jedoch idealisiert als zeitlose, von Natur und Tradition geprägte, harmon. Daseinsform erscheint, in der also die tatsächlichen, im 19. Jh. desolaten sozialen und ökonom. Verhältnisse (wirtschaftl. Rückständigkeit, Verarmung, Bildungsmisere, Landproletariat, Landflucht, Aberglaube usw.) ausgespart sind. Kennzeichnend für die D. ist damit eine bestimmte zivilisationskrit. Erzählintention: das idealisierte ländl. Dasein wird einer städt., als bindungslos gesehenen Existenzform als realer Raum der Wertebeständigkeit und Geborgenheit gegenübergestellt, dessen Kräfte allen andrängenden Verunsicherungen und Veränderungen trotzen. Auch die D. kommt damit der Sehnsucht des 19. Jh.s nach Stabilität und Sicherheit (vor dem Hintergrund der sozialen und ökonom. Probleme der Frühindustrialisierung) entgegen, ebenso einem seit dem 18. Jh. zunehmenden Interesse an der volkstüml.-ländl. Welt. Die D. löst damit die ↗ Idylle ab. Sie übernimmt deren Stoff-, Motiv- und Topos-Reservoir und führt deren Intention (sentimental. Preis eines myth.-ar-

chaischen Landlebens im Gegensatz zur Stadt) fort, setzt jedoch an die Stelle der stilisierten Natur (und der Versform) die realist. Milieuschilderung und die Eingrenzung des Geschehens auf eine bestimmte Landschaft (in Prosa, Erzählungen bis zu 200 S.). Wie die Idylle setzt die D. als Leser ein *städt. Publikum* voraus. Dies unterscheidet sie von der volkstüml., didakt.-pädagog. (nicht sentimental.) ↗ Kalendergeschichte (J. P. Hebel) und von der aufklärer., sozialkrit. und reformerischen Bauernerzählung der Schweizer J. C. Hirzel, J. H. Pestalozzi, J. R. Wyss, J. Gotthelf u. a. (die auch für die Landbevölkerung gedacht war), jedoch sind hier vielfache Grenzüberschreitungen beider Erzähltypen zu beobachten: Insbes. die D.n H. Zschokkes, die frühen D.n B. Auerbachs (der die Gattung begründete) oder F. M. Felders entsprangen einem liberalen Bildungsglauben und volkserzieher., utop., (neu)humanist. Ideen. – Als *Vorläufer* der D. gilt K. L. Immermanns »Oberhof« (Funktion als kontrastives Modell zur Zeitsatire im Roman »Münchhausen«, 1838/39). Aber erst Auerbachs »Schwarzwälder D.« (1. Bd. 1843, weitere 1848, 1852–76; 1856 »Barfüßele« mit sensationellem Erfolg) lösten eine Flut von D.n aus, so z. B. elsäss. D.n von A. Weill, böhm. D.n von J. Rank, »Erzählungen aus dem Ries« (1852) von M. Meyr, schwäb. (Mundart)-D.n von K. und R. Weitbrecht, bayr. D.n von H. Hopfen, schles. von F. Uhl, österr. von M. von Ebner-Eschenbach, L. Anzengruber, P. Rosegger u.v.a. In den meisten D.n sind jedoch die anfänglichen vielschicht. reform- oder sozialpädagog. Aspekte verschwunden. Erfolgreicher waren rührselig-sentenziöse, oft klischeehaft-triviale Erzählungen, in denen die Grundspannungen der Zeit auf einen Antagonismus ›Schreckbild Stadt – Heilsbereich Land‹ verengt wurden, und die, auch formal konservativ, immer mehr zur ideolog. belasteten Unterhaltungsliteratur abglitten. Nur wenige D.n überwanden den provinziellen Charakter (F. Reuter, Th. Storm, A. Stifter, G. Keller, L. Anzengruber). – Abgelehnt vom Jungen Deutschland oder etwa F. Hebbel (»Das Komma im Frack«, 1858) erlosch die D.nmode gegen Ende des Jh.s, als einerseits der ↗ Natu-

ralismus den Blick für die wahren bäuerl. Verhältnisse öffnete, andererseits die ↗ Heimatkunst die restaurativen Intentionen und zivilisationskrit. Tendenzen der D. ideolog. einseitig
weiterführte. – Eine *sozialist. D.* wurde in der
sog. Landlebenliteratur entwickelt, die besonders seit etwa 1970 die Landlebenromane (s.
↗ Bauerndichtung) in den Hintergrund
drängten. Wie diese soll die sozialist. D. in
konkreten Einzelaspekten die revolutionären
gesellschaftl. u. ökonom. Prozesse auf den
Dörfern illustrieren und diskutieren. Dafür
werden die auch für die traditionelle D. kennzeichnenden formalen, sprachl. u. bes. ideolog. Elemente (v. a. Polarisierungen Stadt –
Land usw.) funktional eingesetzt (E. Strittmatter, M. Stade, A. Schulze, A. Stolper, Kl. Meyer,
E.-G. Sasse u. a.).   IS

Dörperliche Dichtung, literaturwissenschaftl. Bez. für mhd. lyr., aber auch ep. Werke,
in welchen sog. *dörper* in meist grotesk verzerrt dargestellten Liebes-, Zank- und Prü-
gelszenen ihr (Un)wesen treiben. Die Figur
des *dörpers* wurde vermutl. von Neidhart geschaffen und mit dem aus dem Niederdt.
stammenden Importwort benannt: im Niederdt. bez. *dörper* den Dorfbewohner, den
Bauern, mhd. *bûre*. Neidhart verwendet dagegen das Wort zur Kennzeichnung von fiktiven
Kunstfiguren, die zwar wie Ritter ausstaffiert
sind, sich aber unhöfisch, unritterlich (täp-
pisch bis grob-gewalttätig) gebärden. – Neidhart setzt diese d. D. ein als satir. Mittel 1. zur
innerliterar. Minnesangtravestie, 2. aber v. a.
zur sozialkrit. Persiflage einer als brüchig
empfundenen, idealhöf. Werte verratenden
Adelswelt, der mit den *dörpern* ein poet. Spiegel vorgehalten werden soll, in dem sich ihr
tatsächl. Wesen zeigt. Rezipiert wurde die d. D.
von einem höf. Publikum; nur dieses konnte
aus der Kenntnis der literar. und gesellschaftl.
Traditionen die satir. Stoßrichtung dieser
Dichtung verstehen. – Die frühere Forschung
setzte dagegen das Wort *dörper* mit *bûre* gleich
und sah in der Lyrik Neidharts eine poet. Umsetzung bäuerl. Treibens, eine ↗ höf. Dorfpoesie zur Unterhaltung des Adels. Die Metaphorik der dörperl. Kunstwelt, signalisiert durch

die markante Abweichung vom übl. Sprachgebrauch bei der Bez. der Figuren, wurde lange
nicht beachtet.
Nach Neidhart findet sich d. D. z. T. vergröbert
bei Steinmar und J. Hadloub. Stoff und Motive
wirkten weiter bis ins 15. Jh. in Schwänken
(die sich z. T. um die literar. Figur Neidharts
gruppieren, vgl. das Schwankbuch »Neidhart
Fuchs«, um 1500), aber auch in ep. Werken
wie dem »Ring« des Heinrich Wittenwîler (um
1400). Im Unterschied zur Ritter-Persiflage
werden bei Wernher dem Gartenære (»Helmbrecht«) oder im »Seifried Helbling« bäuerl.
Problemfälle dargestellt (hier ist dann auch
nicht von *dörpern*, sondern von *bûren, gebûren*
die Rede). ↗ Bauerndichtung, ↗ Gegensang.   S

Dott_o_re, m. [it. = Doktor], eine der vier kom.
Grundtypen der ↗ Commedia dell'arte: der
pedant. Gelehrte (Jurist, Arzt, Philosoph) aus
Bologna, dessen leeres, mit lat. Zitaten ge-
spicktes Geschwätz den Widerspruch zwischen Sein und Schein aufzeigt. Seine Aufmachung: das zeittyp. schwarze Professoren- oder
Advokatengewand mit weißem Kragen und
Gürtel, in dem Taschentuch und Papiere ste-
cken, weiße Perücke, Halbmaske mit wein-
geröteter Nase und roten Backen; als Arzt
meist noch mit großem hochgekrempten Hut.
Vgl. auch ↗ Tartaglia.   PH

Douzain, m. [du'zɛ̃; frz. = Zwölfzeiler], in der
franz. Verslehre Strophe oder Gedicht von 12
Verszeilen; begegnet v. a. in der Lyrik des
16. Jh.s, so, als Grenzform des Epigramms, bei
C. Marot und seiner Schule und bei den Dichtern der ↗ Pléiade; Reimschema meist ababb
cbccdcd.   MS

Doxographie, f. [gr. doxa = Lehre, graphein
= schreiben], systemat. oder chronolog. Darstellung der altgriech. philosoph. Lehren bis
hin zur Zeit des jeweiligen *Doxographen* (=
Wissenschaftshistorikers). Übl. seit Aristoteles; v. a. die D.n seiner Schüler Eudemos und
bes. Theophrast wurden die Grundlagen der
gesamten späteren D., z. T. umgewertet (Epikuräer), erweitert (Poseidonios), häufig auch
in Handbüchern komprimiert, z. B. von Aëtios

(Ende 1. Jh. v. Chr., u. a. von Plutarch und weiter bis ins 5. Jh. n. Chr. benutzt), auf dem wiederum jüngere doxograph. Kompendien fußen; so die *einzige vollständ. erhaltene D.* von Diogenes Laertios (Ende 2. Jh. n. Chr., 10 Bücher). – Die D. ist noch heute die Hauptquelle für die Lehren der Vorsokratiker.   IS

Dra̱ma, n. [gr. = Handlung], literar. Großform, in der eine in sich abgeschlossene Handlung durch die daran unmittelbar beteiligten Personen in Rede und Gegenrede (↗ Dialog) und als unmittelbar gegenwärtig auf der Bühne dargestellt wird. Das D. gehört damit zum Bereich des ↗ Dramatischen als der dritten der ↗ Naturformen der Dichtung; es verwirklicht sich in der Regel erst mit der szen. Aufführung. Es wendet sich damit nicht wie das ↗ Epos an den Zuhörer oder wie der moderne ↗ Roman an den Leser, sondern an den Zuschauer; das sog. ↗ Lesed. stellt daher, ebenso wie das ↗ Stegreifspiel, einen Grenzfall dar. – Wie alle literar. Gattungen ist das D. den Gesetzen histor. Entwicklung unterworfen. Daran scheitern abstrakte Gattungsdefinitionen und Gattungstypologien ebenso wie der Versuch, allgemeine Gesetze und Regeln für das D. aufzustellen. Der Begriff des D.s resultiert vielmehr aus der Gesamtheit des histor. Prozesses, in dem die Gattung D. sich entfaltet. – *Die dramat. Handlung* beruht auf der Kollision polarer Kräfte und Willensrichtungen, die durch die ↗ dramatis personae repräsentiert werden und in deren gegensätzl. Gruppierung zum Ausdruck kommen; sie umfasst den Spannungsbogen von den Verhältnissen und Zuständen, denen der Konflikt entspringt (↗ Exposition, ↗ erregendes Moment), über die Entfaltung dieses Konflikts in mannigfacher Steigerung und Verwicklung bis hin zu seiner Auflösung. Dieser Spannungsbogen spiegelt sich in der Einteilung der dramat. Handlung in 3 bzw. 5 ↗ Akte. Die dramat. Handlung hat dabei sowohl objektiven wie subjektiven Charakter; sie ist objektiv in der Perspektive des Zuschauers; sie ist subjektiv, insofern sie sich durch die Personen darstellt, aus denen sie sich entfaltet. Die sprachl. Form, die dieser Struktur gerecht wird, ist der Dialog; nur nebengeordnete Bedeutung haben Kommentare der Handlung durch einen ↗ Prolog (oder ↗ Argumentum; häufig im D. des MA.s und der Renaissance) oder einen durch die Handlung führenden Erzähler (in einigen Formen des modernen ep. Theaters) und der ↗ Monolog bzw. das ↗ Beiseite-Sprechen. Die Möglichkeit der Darstellung auf der Bühne erfordert eine äußere Beschränkung der dramat. Handlung; das D. kann daher nicht wie Epos oder Roman die Totalität der Welt darstellen bzw. in ihrer Brüchigkeit sichtbar werden lassen; es muss von dieser Totalität abstrahieren; sie kann im D. allenfalls symbol. gegenwärtig sein (so im ↗ Chor der gr. ↗ Tragödie). Dem entspricht auch, dass im D., wieder im Gegensatz zu Epos und Roman, weniger äußere Verhältnisse sichtbar werden als die inneren Zustände und Leidenschaften der Personen. Die klassizist. Forderung der Einheiten des Orts und der Zeit ist, ebenso wie die Vermeidung von ↗ Massenszenen im klassizist. D., die äußerste formale Konsequenz aus diesem abstrakteren Charakter der dramat. Handlung; ebenso die Form des ↗ analyt. D.s *Die Personen* als Träger der dramat. Handlung können ↗ Charaktere im Sinne individueller Persönlichkeiten sein (als solche begegnen sie im neuzeitl. D. seit der Entdeckung des Individuums; ↗ Charakterd.), sie können ebenso als feste ↗ Typen (z. B. in der ↗ Typenkomödie) oder als Repräsentanten abstrakter Wesenheiten und Ideen (häufig im D. des MA.s oder des Barock) aufgefasst sein; im klassizist. D. genügt die Reduktion auf bloße ↗ Situationsfunktionen. *Ursprünge:* Das D. wurzelt einerseits im menschl. Spieltrieb und hat seine Vorform im vorliterar. ↗ Mimus, in der improvisierten Darstellung einfacher, meist derb-kom. Handlungen und den damit verbundenen Vermummungen und Tänzen. Die andere Wurzel des D.s liegt im kult. Bereich; hier knüpft das D. an liturg. Begehungen und chor. Aufführungen an. Durch die Aufnahme mimet. Elemente in die liturg. Feier entsteht dabei das eigentl. D. In der weiteren Entwicklung löst sich das D. aus dem Bereich des Kult. heraus. Dieser Säkularisierungsprozess lässt sich zunächst innerhalb des antiken D.s verfolgen; er wiederholt sich im mittelalterl.-neuzeitl. D.

Das griech.-röm. D. Das. griech. D. entsteht im Rahmen des Dionysos-Kults; möglicherweise haben bei seiner Entstehung Vorbilder aus kleinasiat.-oriental. Kulten mitgewirkt. – Vorform der ↗ *Tragödie* ist der ↗ Dithyrambus, die chor. Aufführung zu Ehren des Dionysos. Die Tragödie entsteht aus diesen liturg. Begehungen durch die Aufnahme von Stoffen aus der gr. Heldensage und die Einführung der Schauspieler. Sie lässt sich damit als dramat. Gestaltung von Stoffen der gr. Heldensage durch Chor und Schauspieler definieren (Wilamowitz). Das Gegenüber von Chor und Schauspieler bedingt dabei die charakterist. Spannung zwischen den lyr.-emotionalen, oft ekstat. Chorgesängen mit ihren vielgestaltigen Rhythmen und der rationalen, durch die Verwendung des jamb. ↗ Trimeters prosanahen Sprache der Dialoge. Die Tragödie bleibt äußerl. an den Dionysos-Kult gebunden (Aufführung im Rahmen der jährl. att. ↗ Dionysien; Verwendung der dionys. ↗ Maske), ist aber in ihrem Gehalt durch zunehmende Säkularisierung und Rationalisierung gekennzeichnet. Dem entspricht die formale Entwicklung: der Chor tritt gegenüber den Partien der Schauspieler mehr und mehr in den Hintergrund. Eine gewisse Endstufe ist bei Euripides erreicht. Entstehungsgeschichtl. (und auch durch die Aufführungspraxis im 5. Jh. v. Chr.) mit der Tragödie verknüpft ist das ↗ *Satyrspiel.* – Scharf geschieden werden muss vom Satyrspiel die ↗ *Komödie,* die ihren Ursprung im Komos hat, dem dionys. Festzug berauschter junger Leute, die unter grotesken Masken derbe Späße treiben. Durch die Verbindung dieser Maskenzüge mit vorliterar. Stegreifspielen entstand das kom. Spiel. In Athen ist die Komödie seit 486 v. Chr. neben der Tragödie staatl. anerkannt. Literar. greifbar ist sie erst in der 2. Hälfte des 5. Jh.s bei Aristophanes, dessen Komödien polit.-satir. Charakter haben und Menschen- wie Götterwelt in respektloser Weise karikieren. Die nacharistophan. Entwicklung der Komödie ist, eine Parallele zur Geschichte der Tragödie, durch das Zurücktreten des chor. Elements gekennzeichnet; zu-

gleich verschwinden die polit.-satir. Züge. Den Endpunkt der Entwicklung zeigt die sog. neue att. Komödie (Menander, 4. Jh.), die in ihrer Form dem neuzeitl. Schauspiel entspricht.

Das röm. D. (lat. ↗ Fabula) ist, von dem volkstüml., unliterar. Stegreiflustspiel der ↗ Atellane abgesehen, im Wesentl. Adaption des gr. D.s. Die röm. Tragödie des Seneca ist literaturgeschichtl. bedeutsam als formales Vorbild für die Ausgangsform des D.s der Renaissance und des Barock.

Das D. des MA.s. – Das ↗ *geistl. Spiel* des MA.s, das den Gläubigen christl. Heilsgeschehen in dramat. Gestaltung vorführt, entwickelt sich im Rahmen der kirchl. Liturgie aus dem ↗ Tropus. Der Ostertropus, greifbar erstmals im 10. Jh. in St. Gallen bei Tutilo, der den Gang der Marien zum Grabe gestaltet, bildet auf Grund seiner dialog. Gliederung den Ausgangspunkt für die Entstehung des ↗ *Osterspieles.* Ostertropus und -spiel sind zugleich Vorbilder für einen Weihnachtstropus und das daraus entstehende ↗ *Weihnachtsspiel.* Andere Formen des geistl. Spieles entwickeln sich im Rahmen von Prozessionen. Die wachsende Verselbständigung des Spiels innerhalb der liturg. Feier, evtl. auch die Zunahme burlesker Szenen (Wettlauf der Jünger zum Grabe, Krämerszene) führen schließl. zur Verbannung des geistl. Spiels aus der Kirche auf Marktplätze und in weltl. Säle; gleichzeitig setzt sich die Volkssprache an Stelle des klerikalen Latein durch. – Der Übergang zur Nationalsprache zeitigt nationale Sonderentwicklungen des geistl. Spieles. Die typ. Form des dt. geistl. Spiels im Spät-MA. ist das ↗ *Passionsspiel.* In Frankreich bildet sich das ↗ *Mysterienspiel* heraus, das verschiedene Stoffe des AT und NT und der Heiligenlegende dramat. gestaltet. Hauptgattungen des engl. geistl. Spiels sind das ↗ *Prozessionsspiel,* das im Rahmen der Fronleichnamsprozession in zahlreichen kleinen Szenen die gesamte Heilsgeschichte darstellt, und die ↗ *Moralität,* deren Thema das Ringen guter und böser Mächte um die Seele des einzelnen Menschen ist (1395 »Every Man«). – Die bedeutendste Ausprägung des span. geistl. Spiels ist das ↗ *Fronleichnamsspiel* im Rahmen des ↗ *auto sacramental,* das bis ins

18. Jh. hinein lebendig ist (Blüte Ende des 16. u. im 17. Jh.; Lope de Vega, Tirso de Molina, Calderón). Neben dem geistl. Spiel entwickelt sich im Spät-MA. ein kurzes, derb-unflätiges oder auch possenhaft-satir. *weltl. Lustspiel.* Seine wichtigsten Ausprägungen sind die dt. ↗ *Fastnachtsspiele*, die niederländ. ↗ *Kluchten* und die frz. ↗ *Sottien:* Gattungen, die z. T. bis ins 17. Jh. fortleben. Ansätze zu einem ernsten weltl. D. finden sich im Spät-MA. nur in den Niederlanden (↗ *Abele spelen).*

Das neuzeitl. Kunstd. von der Renaissance bis ins 18. Jh. Das D. der Neuzeit beginnt im 15./16. Jh. mit der Wiederentdeckung des gr.-röm. D.s und des antiken Theaters im Rahmen des Humanismus und der Renaissance. Direkte Vorbilder sind dabei zunächst nur die Werke der röm. Dramatiker: Plautus, Terenz, Seneca; der griech. Einfluss beginnt erst später (Euripides und Sophokles seit dem 17. Jh., Aischylos erst im 20. Jh.). – Die Anfänge des neuzeitl. Kunstd.s nach antikem Vorbild liegen in Italien; unter dem Einfluss der Komödien des Plautus und Terenz entstehen die Renaissancekomödie (↗ *Commedia erudita)* (L. Ariost, Bibbiena, N. Macchiavelli) und nach dem Vorbild Senecas die Renaissancetragödie (G. G. Trissino,»Sofonisba«, 1515). Hier finden sich zum ersten Male die Formelemente vereint, die das europ. Kunstd. bis ins 18. Jh. (und z. T. darüber hinaus) charakterisieren: Einteilung der Handlung in 5 (seltener 3) Akte; äußerl. Hervorhebung der Akteinteilung durch Chöre, allegor. ↗ Zwischenspiele (auch in Gestalt von Pantomimen) oder Zwischenaktmusiken, später nur durch den Vorhang; die ↗ drei Einheiten des Orts, der Zeit und der Handlung, die ↗ Ständeklausel. Die Renaissancekomödie ist darüber hinaus durch die schablonenhafte Handlung und die Verwendung von Typen gekennzeichnet; dies verbindet sie mit der ↗ *Commedia dell'arte.* Neben Tragödie und Komödie tritt in der 2. Hälfte des 16. Jh.s als dritte Form des (it.) Renaissanced.s das *Schäferspiel* (1573 T. Tasso,»Aminta«, vgl. ↗ Schäferdichtung). Die auf der antiken Rhetorik fußende Renaissancepoetik bezieht diese drei Gattungen (unter Einbeziehung der Ständeklausel) auf die drei ↗ Genera dicendi. Weitere

neue Dramenformen, die im Rahmen der it. Renaissance entwickelt werden, sind die *Oper*, das *Ballett* und das *höf.* ↗ *Festspiel (*↗ *Trionfi).* Die Rezeption der in der it. Renaissance entwickelten neuen Formen des D.s verläuft in den einzelnen Nationalliteraturen unterschiedl., je nach gesellschaftl. und geistesgeschichtl. Situation. So bleibt im *Spanien* der Gegenreformation die Tradition des mittelalterl. *Auto sacramental* bis ins 18. Jh. dominierend; ein weltliches D. (Blüte im 17. Jh. unter Philipp IV.) spielt ihm gegenüber nur eine untergeordnete Rolle (bedeutendster Vertreter Calderón). – Auch in *Deutschland* und in den *Niederlanden* dominieren während des 16. Jh.s, das durch Reformation und Glaubenskämpfe beherrscht wird, noch die überlieferten Formen des D.s. Die neuen Formen finden sich zunächst nur im akadem. und kirchl. Bereich (lat. ↗ *Humanistend.,* ↗ *Reformationsd.,* ↗ *Jesuitend.).* Die eigentl. Rezeption des Renaissanced.s findet in Deutschland erst im 17. Jh. statt, allerdings immer noch ohne breite Wirkung und auf den Schulbereich begrenzt (↗ *Schlesisches Kunstd.* [Barocktrauerspiel]). Entsprechend bleibt das D. in Deutschland bis ins 17. Jh. weitgehend Laientheater. Dagegen entstehen in *Frankreich* und *England* bereits im 16./17. Jh. Formen eines von Berufsschauspielern getragenen Nationaltheaters, die die spätere Entwicklung des europ. D.s entscheidend beeinflussen. In der frz. ↗ *haute tragédie* des 17. Jh.s erhält die Renaissancetragödie durch P. Corneille und J. Racine ihre klassizist. Ausprägung: 5 Akte bei streng symmetr. Bau der Handlung; weitgehender Verzicht auf Zwischenakte u. Ä.; Beachtung der Einheiten des Orts und der Zeit; wenige Personen; symmetr. Figurenkonstellationen, ausschließl. Verwendung des *genus grande* und des Verses, in der Regel des ↗ Alexandriners, der als Ersatzmetrum für den antiken iamb. Trimeter gilt; Verinnerlichung der Handlung. Dieser höf. orientierten und artifiziellen Form des frz. Nationaltheaters (frz. Absolutismus!) steht das von einer breiten und wohlhabenden bürgerl. Schicht getragene ↗ *elisabethan. D.* Englands gegenüber, dessen Blütezeit ins ausgehende 16. Jh. fällt (Th. Kyd,

R. Greene, Ch. Marlowe, W. Shakespeare). Auch hier steht am Anfang die von Seneca beeinflusste Renaissancetragödie nach it. Vorbild (Th. Sackville); die Aufnahme histor. Stoffe (v. a. aus der nationalen Geschichte Englands, aber auch aus der antiken Geschichte und Literatur) in die Tragödie bedingt jedoch einen Formwandel; es entsteht die ↗ *Historie*, eine Art geschichtl. Bilderbogen mit lockerer Szenenfolge. Im elisabethan. D. sind die Personen weder zahlenmäßig noch ständ. beschränkt; entsprechend stehen sprachl. hoher und niederer Stil, Vers und Prosa nebeneinander (Stilmischung); als Vers wird dabei der ↗ Blankvers verwandt. Die Einheiten des Orts und der Zeit werden nicht gewahrt; selbst die Einheit der Handlung ist nicht immer gegeben. Die frz. Tragödie des 17. Jh.s und das elisabethan. D. stellen, als D. der ↗ geschlossenen Form und als D. der ↗ offenen Form, die beiden gegensätzl. Dramentypen dar, an denen sich die dt. Poetologen und Dramatiker des 18. Jh.s bei ihren Bemühungen um ein dem frz. und engl. Nationaltheater gleichwertiges dt. Nationaltheater orientieren. Dabei halten sich J. Ch. Gottsched (»Sterbender Cato«, 1731) und in wesentl. Punkten später Goethe und Schiller in ihrer Weimarer Zeit (Goethe, »Iphigenie auf Tauris«, »Torquato Tasso«, Schiller, »Maria Stuart«) an das klassizist. Formmuster der Franzosen, während die Dichter des ↗ Sturm und Drang (J. M. R. Lenz, F. M. Klinger, der junge Goethe u. Schiller) sich an den elisabethan. Shakespeare (Prosaübersetzung durch Ch. M. Wieland) als Vorbild halten. Als eigentl. Schöpfer des dt. Nationaltheaters im 18. Jh. kann G. E. Lessing gelten, der, von pedant. Nachahmung frei, mit »Minna von Barnhelm«(1767), »Emilia Galotti« (1772) und »Nathan der Weise« (1779) je ein Musterbeispiel für ein Lustspiel, ein Trauerspiel und ein ↗ Schauspiel in dt. Sprache geschaffen hat.

Das D. seit dem 18. Jh. – Das 18. Jh. bedeutet in der europ. Geistesgeschichte und mithin auch in der Geschichte literar. Gattungen eine entscheidende Wende durch die Abkehr vom normativen Denken, die Emanzipation des (bürgerlichen) Individuums und den Durchbruch zum histor. Denken. Für die Geschichte des D.s bedeutet dies die Abwendung von der normativen Poetik und ihren Regeln für Stoff, Form und Stilhöhe der einzelnen dramat. Gattungen (im Sinne verbindl. Formmuster). – Den entscheidenden Durchbruch dieser neuen Poetik bringt in Deutschland der Sturm und Drang mit der Rezeption Shakespeares, dessen D. der offenen Form zum Inbegriff einer von allen einengenden Regeln befreiten, allein dem Originalgenie verpflichteten Dramatik wird. Seit dem Ausgang des 18. Jh.s gibt es in der dt. (und europ.) Dramatik kein verbindl. Formmuster mehr. Vielmehr sind jetzt alle Typen der europ. D.s seit der Antike frei verfügbar und werden, neben neu entstehenden Typen, bis in die jüngste Gegenwart immer wieder verwandt. Das bedeutendste Beispiel für den Formenpluralismus in der Geschichte des europ. D.s der letzten beiden Jahrhunderte stellt Goethes »Faust« (vollendet 1832) dar, dessen Formprinzip gerade in der Fülle der verwendeten Formen beruht, die insgesamt die Einheit der europ. Geistesgeschichte repräsentieren und gerade in ihrer Vielfalt die Einheit des Werkes formal konstituieren. Das neuzeitl. D. seit 1800 schreitet vom Idealismus zum Realismus fort; Ausgangs- und Endpunkt dieser Entwicklung sind das ↗ Ideend. der Weimarer Klassik (Goethe, Schiller, mit zahlreichen Epigonen im 19. Jh.) und das ↗ Milieud. des ↗ Naturalismus; dem entspricht die Entwicklung vom ↗ Geschichtsd. (Schiller, »Wallenstein«, 1798/99; im 19. Jh. F. Grillparzer, F. Hebbel) zum ↗ sozialen D. (G. Hauptmann, »Vor Sonnenaufgang«, 1889; »Die Weber«, 1892). Das D. im frühen 20. Jh. ist dann durch eine Reihe antirealist. Versuche gekennzeichnet, bei denen auch die soziale Thematik entsprechend zurückgenommen wird; dabei spielen, neben der Wiederbelebung traditioneller Dramentypen wie der antiken Tragödie (P. Ernst), der mittelalterl. Moralität (H. v. Hofmannsthal, »Jedermann«) oder dem span. Auto sacramental (Hofmannsthal, »Das Salzburger Große Welttheater«; P. Claudel, »Der seidene Schuh«) und der Orientierung an außereurop. Formen des D.s wie des japan. ↗ Nô-Spieles (W. B. Yeats), die verschiedenen Arten der Aufnahme lyr. (Hofmannsthal, »Der Tor und der Tod«, 1893) und ep. Strukturen in das D. eine besondere Rolle. Als besonders fruchtbar hat sich dabei das ↗ ep. Theater erwiesen, dessen wichtigste Ausprägung die ↗ *Lehrstücke* B. Brechts und seiner Nachfolger (vor allem P. Weiss) sind, die in ihren Tendenzen durchaus die Traditionen des Humanismus und des dt. Idealismus fortsetzen. Ähnliches gilt für das *Dokumentartheater* (↗ Dokumentarliteratur) der letzten Jahre und für das sozialkrit. ↗ *Volksstück* (Ö. v. Horváth u. a.). Den extremen Gegenpol zu diesen Formen des modernen D.s stellt das ↗ *absurde Theater* dar, das die innere Leere und Sinnlosigkeit der menschl. Existenz in der gegenwärtigen Gesellschaft als ausweglos darstellt. K

Dramatisch,

1. D. im engeren Sinne bezieht sich auf die *d.e Fiktion,* bei der eine in sich abgeschlossene Handlung durch die daran beteiligten Personen in Rede und Gegenrede und als gegenwärtig auf der Bühne dargestellt wird. Die der d.en Fiktion zugeordnete poet. Gattung ist das ↗ Drama.

2. D. in einem weiteren Sinne meint die dritte der Goetheschen ↗ Naturformen der Dichtung (episch, lyrisch, d.); diese sind nicht an bestimmte Darbietungsformen gebunden, vielmehr können in jeder Dichtung alle drei »Naturformen« zusammenwirken. So ist z. B. die gr. ↗ Tragödie ↗ episch (= »klar erzählend«) in den breiten rhemat. Partien (↗ Rhesis), die sich auf frühere Ereignisse oder auf ein Geschehen außerhalb der Bühne beziehen, v. a. also im ↗ Botenbericht, ↗ lyrisch (= »enthusiastisch aufgeregt«) in den Chorpartien, d. (= »persönlich handelnd«) durch die unmittelbare Gegenwart der handelnden Personen auf der Bühne (vgl. Goethe, Naturformen der Dichtung. In: Noten und Abhandlungen zu besserem Verständnis des West-östl. Divans). – Nur teilweise mit Goethes »Naturformen der Dichtung« decken sich E. Staigers anthropolog. fundierte »Grundbegriffe der Poetik« (»lyrischer Stil«, »epischer Stil«, »d.er Stil«), die ebenfalls von der Darbietungsform einer Dichtung absehen. Das Wesen des »d.en Stiles« bei Staiger ist die ›Spannung‹; seine bedeutendsten Ausprägungen sind der »pathetische Stil« (↗ Pathos), gekennzeichnet durch leidenschaftl. erregte Sprache und feurige Rhythmen, also vergleichbar dem *genus grande* der Rhetorik (↗ Genera dicendi), und der »problemat. Stil«, gekennzeichnet durch Pointierung und Ausrichtung auf ein Ziel (»Problem« nach Staiger = »das Vorgeworfene, das der Werfende in der Bewegung einholt«). Beispiele für »pathet. Stil« in Staigers Sinne sind die ↗ Ode und die Chorgesänge der gr. ↗ Tragödie (Staigers »pathet. Stil« entspricht also weitgehend Goethes als »enthusiast. aufgeregt« definierter lyr. »Naturform«), Beispiele für »problemat. Stil«: das ↗ Epigramm, die ↗ Fabel und die kurze Verserzählung. Diese beiden Ausprägungen des »d.en Stiles« wirken in der Form des Dramas (v. a. im streng gebauten klassizist. Drama der ↗ geschlossenen Form) und der ↗ Novelle (etwa bei H. v. Kleist) zusammen; sie zeichnen sich durch eine bewegte und erregte Sprache und eine konzentrierte, rasch auf ihr Ende hin drängende Handlung (↗ Funktionalität der Teile; Antizipation des Endes, vor allem im ↗ analyt. Drama, z. B. Sophokles, »König Ödipus«, H. Ibsen) aus. – Dem Staigerschen »Grundbegriff« des »d.en Stiles« entspricht in gewisser Hinsicht Schillers Begriff der »satir. Dichtung«, die, als eine der drei Ausprägungen der »sentimentalischen Dichtung«, in »energischer Bewegung« die Kluft zwischen Ideal und Wirklichkeit überwinden will, und der Schiller auch Tragödie und Komödie zuordnet (vgl. Schiller, »Über naive und sentimentalische Dichtung«), und F. Hölderlins »heroischer Ton«, der durch »Energie und Bewegung« gekennzeichnet ist (vgl. Hölderlins Lehre vom »Wechsel der Töne« im Aufsatz »Über den Unterschied der Dichtarten«). K

Dramatisierung, ↗ Bearbeitung eines in der Regel ep. Stoffes für das Theater, d. h. Anpassung an die Gesetze der dramat. Gattung und die Bühne, etwa die Reduzierung einer meist umfangreicheren Handlung auf wenige Hauptmomente und eine entsprechende Begrenzung der Zahl der handelnden Personen; auch Episodisches (Nebenhandlungen wie Nebenper-

sonen) lässt sich mit der notwend. äußeren Begrenztheit des dramat. Kunstwerks und der dramat. ↗ Funktionalität der Teile nicht vereinbaren. Gelungene D.en sind z. B. R. Wagners Musikdramen »Tristan und Isolde« und »Parsifal«, in denen die komplexe Handlung der umfangreichen Romane Gottfrieds von Straßburg und Wolframs von Eschenbach auf je drei Akte konzentriert ist; vgl. etwa auch G. Hauptmanns Drama »Elga« (1896) als D. der Novelle F. Grillparzers »Das Kloster bei Sendomir« (1827) oder M. Brods D.en (1955 und 1964) des Romans »Das Schloß« von F. Kafka. – Von der D. zu unterscheiden ist die ↗ Bühnenbearbeitung, die Bearbeitung einer dramat. Dichtung für eine aktuelle Aufführung.   K

Dramatis personae, f. Pl. [lat], die Personen (des) eines Dramas; seit den Editionen antiker Dramen durch die Humanisten wird ein Verzeichnis der d. p. dem Text vorausgeschickt oder, seltener (v. a. im 16. Jh., in der dt. Dichtung z. B. bei H. Sachs), nachgestellt (ohne Verzeichnis der d.p. ist jedoch z. B. Goethes »Faust«). Meist sind diese Kataloge ständ. gegliedert, häufig (Shakespeare) werden männl. und weibl. d. p. getrennt aufgeführt. V. a. in jüngerer Zeit (B. Brecht) findet sich die Anordnung der d. p. nach der Reihenfolge ihres Auftretens im Stück. Gelegentl. (Schiller, »Fiesko«, v. a. aber im Drama des Naturalismus) ist der Katalog durch mehr oder weniger detaillierte Angaben über Persönlichkeit und Erscheinung der d. p. (einschließl. Alter, Physiognomie, Kleidung usw.) erweitert.   K

Dramaturg, m. [gr. dramaturgos = Verfasser bzw. Aufführungsleiter eines Dramas], literatur- und theaterwissenschaftl. Berater der Theaterleitung. Seine wichtigsten Aufgaben sind die Aufstellung des Spielplans; die Beschaffung der Texte, die Sichtung der Neuerscheinungen an Originalwerken, Übersetzungen und ↗ Bearbeitungen, und die ↗ Bühnenbearbeitung der für die Aufführung ausgewählten Stücke, ferner die Redaktion der vom Theater herausgegebenen Programmhefte und Theaterzeitschriften, die Beratung der Regisseure, Bühnenbildner, Kostümbildner usw. im

Sinne einer werkgetreuen Wiedergabe eines Stückes. – Der Beruf des D.en wurde durch J. E. Schlegel angeregt (Schreiben von Errichtung eines Theaters in Kopenhagen, 1747), 1767 wurde Lessing als »D. und Konsulent« an das neu gegründete (1768 bereits wieder aufgelöste) Hamburger Nationaltheater verpflichtet. Als D.en waren ferner zeitweilig tätig: L. Tieck (in Dresden), J. Schreyvogel und H. Bahr (in Wien), B. Brecht, C. Zuckmayer u. H. Kipphardt. Größere Entfaltungsmöglichkeiten für den D.en bot vor allem das Theater des 19. Jh.s, das sich um historisch getreue Aufführungen bemühte (Historismus); dem gegenüber spielt der D. in dem durch modernes Management und die Regisseure beherrschten Theater der jüngsten Zeit nur noch eine untergeordnete Rolle.   K

Dramaturgie, f. [neuzeitl. Kunstwort, gebildet zu gr. dramaturgos = Verfasser, Aufführungsleiter eines Dramas],
1. Die Tätigkeit des Dramaturgen (und Regisseurs).
2. Die auf die Praxis der Verfertigung und Aufführung von Stücken bezogene ↗ Poetik und Ästhetik des Dramas. Gegenstand der D. sind die Regeln für die äußere Bauform und die Gesetzmäßigkeiten der inneren Struktur des Dramas. Meist werden diese am konkreten Einzelfall aufgezeigt (vgl. z. B. die Poetik des Aristoteles), häufig in der Form von Rezensionen und Theaterkritiken (G. E. Lessing, »Hamburgische D.«: 52 Theaterkritiken über Aufführungen des Hamburger Nationaltheaters, 1767/68 in unregelmäßiger Folge in 100 »Stücken«, 1769 in Buchform herausgegeben; der Begriff der D. in diesem Sinne findet sich hier zuerst); seltener beschränkt sich die D. auf einen bloßen Katalog von Regeln im Sinne einer normativen Poetik (so v. a. in Renaissance und Klassizismus). – Am Anfang

Lessing: »Hamburgische Dramaturgie«

der europ. D. steht die Poetik des Aristoteles; deren entscheidende Aussagen über Wirkstruktur und Bauprinzipien der ↗ Tragödie wurden in der Neuzeit z. T. in irrtüml. Interpretation wiederaufgegriffen und zu einem Kodex verbindl. Regeln umgestaltet in den Poetiken des Humanismus (J. C. Scaliger, »Poetices libri septem«, 1561; D. Heinsius, 1611), der it. und frz. Renaissance (it.: A. S. Minturno, 1563, L. Castelvetro, 1570; frz.: P. de Ronsard, 1565), des dt. Barock (M. Opitz, Buch von der dt. Poeterey, 1624) und des Klassizismus (frz.: N. Boileau, »L'Art poétique«, 1674; dt.: J. Ch. Gottsched, »Versuch einer critischen Dichtkunst vor die Deutschen«, 1730). Durch J. G. Herder und den ↗ Sturm und Drang verlor die aristotel. Poetik zwar grundsätzl. an Bedeutung, blieb aber weiterhin, z. T. bis in die Gegenwart (W. Schadewaldt; in ganz anderem Sinne bei B. Brecht) ein wichtiger Bezugspunkt dramaturg. Diskussion. Eine geringere Rolle spielte dagegen die ebenfalls aus der Antike überkommene »Epistola ad Pisones« des Horaz (sog. Ars poetica). Immer wieder erörtert wurden vor allem die folgenden Punkte der Poetik des Aristoteles:

1. der *Begriff der ↗ Mimesis* (= Darstellung; K. Hamburger: »Fiktion«), der in der Poetik der Renaissance und des Klassizismus als »Nachahmung« missverstanden wurde und in diesem Sinne zu einer Reihe von Irrtümern grundsätzl. Art geführt hat (z. B. das Argument der Wahrscheinlichkeit bei der theoret. Grundlegung der Einheiten des Orts und der Zeit);

2. die aristotel. *Wirkungsästhetik der Tragödie* mit ihren Grundstrukturen Furcht und Mitleid und ↗ Katharsis, deren Auslegung bis heute umstritten ist; Hauptpositionen (neben anderen) in der gegenwärtigen Diskussion sind die im Wesentl. auf G. E. Lessing zurückgehende humanist.-philanthrop. Interpretation und die von W. Schadewaldt (Furcht und Mitleid, 1956) vertretene psycholog. Deutung. Von der aristotel. Wirkungsästhetik der Tragödie geht auch B. Brecht bei der Formulierung der Grundsätze seines ↗ ep. Theaters aus;

3. die Regeln über die *Ausdehnung und Gliede-*

rung der dramat. Handlung; auf die Forderung der Geschlossenheit »Einheit«) und äußeren Begrenztheit der dramat. Handlung durch Aristoteles geht der zuerst von Castelvetro formulierte, z. T. auf einem Missverständnis des Aristotelestextes fundierte Grundsatz der ↗ drei Einheiten des Orts, der Zeit und der Handlung zurück. Die aristotel. Lehre von der notwendigen Dreiteilung einer dramat. Handlung (Ausgangssituation [↗ Exposition], Entwicklung und Auflösung der Handlung) bildet die Grundlage für die im neuzeitl. Drama (v. a. Spaniens) beliebte dreiakt. Bauform, während die noch häufigere fünfakt. Bauform auf eine Forderung des Horaz zurückgeführt wird (↗ Akt; ↗ Dreiakter, ↗ Fünfakter). Beiden Bauformen gemeinsam ist die (von Aristoteles nicht ausdrückl. formulierte) Symmetrie der dramat. Handlung, die noch von der epigonalen D. des 19. Jh.s als unabdingbar gefordert wurde (G. Freytag, Die Technik des Dramas, 1863);

4. die Regeln über die *Charaktere*, die nach Aristoteles der Handlung untergeordnet sind. Die aristotelische Forderung der Darstellung des Schicksals hervorragender Persönlichkeiten, an denen die trag. ↗ Fallhöhe sichtbar werden könne, führte zur ↗ Ständeklausel der Poetik der Renaissance und des Klassizismus, nach der in der Tragödie fürstl. Personen handeln, während die Komödie nur in den unteren Gesellschaftsschichten spiele; in Verbindung mit der Lehre von den ständ. Gebundenheit der ↗ Genera dicendi bestimmt die Ständeklausel die Typologie des neuzeitl. Kunstdramas vom 16. bis 18. Jh. entscheidend mit (Tragödie – hoher Stil, Komödie – niederer Stil). Die andere aristotel. Forderung, nach der die vom trag. Fall betroffene Person eth. den menschl. Durchschnitt verkörpern und damit weder als Verbrecher noch als absolut tugendhaft konzipiert sein solle, hat in der Neuzeit bes. Lessing hervorgehoben, v. a. in seiner Polemik gegen die (stoizist.) Märtyrertragödien in barocker Tradition. – Insgesamt stellt die auf Aristoteles (und Horaz) bezogene D. des 16.–18. Jh.s eine D. des Dramas der ↗ geschlossenen Form mit seinen idealisierenden Tendenzen dar, die in der Weimarer

Klassik einen von aller Dogmatik freien vorläufigen Abschluss erreicht (Schiller,»Über die tragische Kunst«, 1791; Goethe,»Nachlese zu Aristoteles' Poetik«, 1827). Die wichtigsten Gegenströmungen gegen diese Tradition sind die D. des Sturm und Drang, die gegen das Muster des Dramas der geschlossenen Form Shakespeares Drama der ↗ offenen Form stellt (Herder,»Shakespeare«, 1773; J. M. R. Lenz, »Anmerkungen übers Theater«, 1774), das bereits Lessing als in seinen Grundstrukturen durchaus mit Aristoteles konform erkannt hatte (17. Literaturbrief, 1759), und die v. a. an H. Ibsens analyt. Gesellschaftsstücken geschulte D. des Naturalismus, die nach realist. sprachl. und szen. Gestaltung strebt (A. Kerr, »Technik des realistischen Dramas«, 1891). B. Brecht verwendet auch für diese Richtungen in der neuzeitl. D. die Bez.»aristotelisch«, und zwar im Hinblick auf die Wirkstruktur des Dramas, das hier nach wie vor den Zuschauer auf emotionalem Wege erreichen will, wogegen Brechts ↗ ep. Theater bewusstseinsverändernd wirken will.   K

Drápa, f., Pl. drápur [altnord. = Preislied, zu drepa = (die Saiten eines Instruments) schlagen], kunstvolle dreiteil. Form des skald. Preislieds (↗ Skaldendichtung), bei dem auf einen Eingangsteil *(upphaf)* ein umfangreicher Mittelteil (von mindestens 20 Strophen) folgt *(stefja-bálkr),* der durch eine Art Refrain *(stef)* gegliedert ist, d. h. eine Gruppe von Versen, die in bestimmter Folge wiederkehren und die zentralen Gedanken der D. zusammenfassen; der anschließende Schlussteil *(slœmr)* weist in der Regel dieselbe Strophenzahl auf wie der Eingangsteil. Gängigste Strophenform ist das ↗ Dróttkvætt. Berühmte Beispiele sind die »Ragnars-D.« von Bragi Boddason (Bruchstücke 9. Jh.) und »Höfuþlausn« (Haupteslösung) von Egill Skallagrimsson (10. Jh.). – Die ungegliederte, refrainlose, kürzere Form des Preisliedes ist der *Flokkr,* auch *dræplingr* = kleine D.   K

Drehbuch, schriftl. fixierter Gesamtplan für die Herstellung eines Films. Entsteht in einzelnen Phasen aus der in einem kurzen *Exposé* niedergelegten Filmidee über das sog. *Treatment,* in dem der Handlungsablauf bereits szen. gegliedert ist und die wichtigsten opt. und akust. Vorstellungen aufgezeichnet sind; danach werden gesonderte Regie- und Produktionsdrehbücher verfertigt, die zunächst zu einem *Roh-D.* vereinigt und endl. zum produktionsreifen D. verarbeitet werden: Dieses stellt in einer schemat. sog. Bildpartitur synchron und synopt. (linke Spalten optische, rechte akust. Elemente) in einzelne szen. Einheiten gegliedert den Text, Angaben zu Bewegungen, Ton, Beleuchtung, Kulissen, Requisiten, zu der Aufnahmetechnik etc. dar. Als zweckhaftes kollektives Produkt mit vorherrschend handwerkl.-techn. Details meist ohne literar. Eigenanspruch, obwohl oft mit Hilfe von Schriftstellern (W. Faulkner) hergestellt; in neuerer Zeit werden jedoch auch ab u. zu Drehbücher veröffentlicht (I. Bergmann, A. Robbe-Grillet u. a.).   IS

Dreiakter, ↗ Drama in drei ↗ Akten. – Die Gliederung eines Dramas in drei Akte entspricht der bereits von Aristoteles (Poetik, Kap. 7) und dem röm. Terenz-Kommentator Donat (4. Jh.) als notwendig erkannten Dreiteilung der dramatischen Handlung:
1. Darstellung der Verhältnisse, denen der dramat. Konflikt entspringt (↗ Exposition, ↗ erregendes Moment = 1. Akt),
2. Entfaltung dieses Konfliktes (↗ Epitasis = 2.Akt),
3. seine Auflösung (↗ Katastrophe = 3. Akt). – Der D. ist nach dem ↗ Fünfakter (bei dem dann die Entfaltung des dramat. Konflikts durch mannigfache Steigerungen und Verwicklungen auf drei Akte ausgedehnt ist) die häufigste Bauform des europ. Dramas; er findet sich vor allem in der span. Literatur (Cervantes; F. García Lorca), in der dt. Dramatik bes. bei R. Wagner in seinen Musikdramen; hier repräsentieren die drei Akte drei ›Hauptsituationen‹ der dramat. Handlung, die insgesamt als dialekt. Prozess aufgefasst ist (am deutlichsten in »Tannhäuser« und »Parsifal«). Auch Ibsen in seinen konzentrierten Gesellschaftsstücken (»Nora«, »Gespenster«, »Baumeister Solneß«) bevorzugt den D. (daneben allerdings auch Vierakter).   K

Drei Einheiten, die d. E. des Orts, der Zeit und der Handlung gehören seit dem Aristoteles-Kommentar L. Castelvetros (1576) zu den Grundforderungen für die Gattung ↗ Drama in der normativen Poetik der (it.) Renaissance und des (frz.) Klassizismus (Corneille, »Discours sur les trois unités«, 1660; Boileau). *Einheit des Orts* bedeutet die Unverrückbarkeit des Schauplatzes einer dramat. Handlung (kein Szenenwechsel während eines Stückes), *Einheit der Zeit* die (angestrebte) Kongruenz von Spielzeit und gespielter Zeit (die Handlung eines Stückes darf allerhöchstens einen Zeitraum von 24 Stunden umfassen), *Einheit der Handlung* die Geschlossenheit und Konzentration der dramat. Handlung selbst im Sinne einer strengen ↗ Funktionalität der Teile (keine Episoden oder Nebenhandlungen, die nicht mit der Haupthandlung kausal verknüpft sind, keine Nebenpersonen; Gegensatz: die ep. Selbständigkeit der Teile). Während die Einheit der Handlung nie bestritten wurde, waren die Einheiten des Orts und der Zeit Gegenstand mannigfacher theoret. Auseinandersetzungen (berühmt die »Querelle du Cid« des 17. Jh.s, die von der Académie française ausging; Corneille wurde vorgeworfen, er habe in seinem »Cid« gegen die Einheit der Zeit verstoßen). Die neuzeitl. Forderung dieser Einheiten kann histor. als Reaktion auf die Probleme verstanden werden, die sich für die ↗ Dramaturgie durch die im 16. Jh. neu entstandene Guckkastenbühne ergaben: Der Zuschauer war nicht mehr (wie beim antiken und mal. Drama) in den Ablauf des dramat. Geschehens einbezogen, sondern diesem konfrontiert. Die Frage nach dem Verhältnis des Zuschauerraums zur Bühne, der realen Zeit zur Zeit des Bühnengeschehens wurde durch die Forderung der Einheiten des Orts und der Zeit beantwortet und rationalist. mit der »Wahrscheinlichkeit« begründet. Diese Auffassung beruht auf der kategorialen Verwechslung des fiktiven Raumes und der fiktiven Zeit der dramat. Handlung einerseits und des realen (Zuschauer)raumes und der realen Zeit (der Aufführung) andererseits: Raum und Zeit auf der Bühne sind fiktiv. – Die Rückführung der Einheiten des Orts und der Zeit auf Aris-

toteles (so schon bei Castelvetro) basiert auf einem philolog. Irrtum: Von einer Einheit des Orts ist bei Aristoteles nirgends die Rede (tatsächl. kennt die griech. Tragödie den Szenenwechsel); die Forderung der Einheit der Zeit wird mit Aristoteles' Poetik, Kap. 5 begründet, wonach die Handlung einer Tragödie sich »so weit als mögl.« ... »in einem einzigen Sonnenumlauf oder doch nur wenig darüber« vollziehen solle. Aristoteles spricht hier jedoch nicht von der Einheit der Zeit im Sinne der Kongruenz von Spielzeit und gespielter Zeit, sondern von der im Ggs. zur ep. Handlung notwendigen äußeren Begrenztheit der dramat. Handlung. Die zeitl. Beschränkung auf einen 24-Stunden-Tag ist also ledigl. eine Funktion der Einheit der Handlung, die Aristoteles, Poetik, Kap. 7/8, fordert. Die Einheiten des Orts und der Zeit bewirken im Drama der Renaissance und des Klassizismus (Trissino, Corneille, Racine) eine äußerste Konzentration des Geschehnisablaufs und eine Verinnerlichung der Handlung (auch die zahlenmäßige und ständ. Begrenzung der Personen tragen dazu bei). – In der deutschen Dramaturgie fordert J. Ch. Gottsched als erster die d. E. nach dem Vorbild des frz. Klassizismus (»Versuch einer critischen Dichtkunst vor die Deutschen«, 1730; er hält sich auch als erster streng an diese Forderung (»Sterbender Cato«, 1731). Bereits G. E. Lessing wandte sich dann gegen Gottscheds Dogmatismus und die mechan. Anwendung der d. E., die oft zu sinnlosen Verrenkungen des Handlungsablaufes führe (»Hamburgische Dramaturgie«, 1767–69, 44.–46. Stück); seine eigenen Stücke (»Minna von Barnhelm«, »Emilia Galotti«) folgen jedoch noch weitgehend dem frz. Muster. Mit J. G. Herder (»Shakespeare«, 1773) und der Dramaturgie des Sturm und Drang, die sich auf Shakespeare und dessen Drama der ↗ offenen Form beruft, verschwindet die Forderung nach den Einheiten des Orts und der Zeit aus den Poetiken; sie werden jedoch, unabhängig von allem Regelzwang, im Sinne ihrer oben angedeuteten ästhet. Funktion (Drama der geschlossenen Form) auch später immer wieder beachtet (Goethe, »Iphigenie auf Tauris«, »Torquato Tasso«; F. Hebbel, »Maria Magdalena«; Ibsen). **K**

Dreikönigsspiel, auch Magierspiel, ↗ geistl. Spiel, ursprüngl. aufgeführt an Epiphanias (6. Jan.). Im 11. Jh. in Frankreich ausgebildet: einfache szen. Gestaltungen von Teilen der Epiphaniasliturgie *(D.e von Limoges* und *Besançon)* wurden schon im 11. Jh. textl. und szen. angereichert *(D. von Rouen)*, so dass sich das liturg. Magierspiel zum Herodesspiel wandelte *(D. von Nevers*, 12. Jh.), auch verschiedene andere Spiele (Hirten- u. Botenszenen, Bethlehemit. Kindermord) wurden eingefügt *(D.e von Compiègne, Laon, Straßburg*, Ende 12. Jh.). Umfangreichste dramat. Ausgestaltung im 11. Jh. in den *D.en von Bilsen* (Belgien) und *Freising*, im 12. Jh. in den *D.en von Orléans* und *Montpellier*. Wegen ihres Realismus' (Herodes Prototyp des Theaterbösewichts) und ihrer Komik wurden die D.e schon früh von geistl. Seite kritisiert (ca. 1160 durch Gerhoch von Reichersberg, ca. 1170 durch Herrad von Landsberg, seit 1210 Verbote gegen Aufführungen innerhalb der Kirche in den Trierer Synodalbeschlüssen). Durch die Ausweitung ging das D. im ↗ Weihnachtsspiel auf, blieb aber auch später noch selbständ. bestehen, in England und Deutschland bis ins 16. Jh. (z. B. *Erlauer D.*, 15./16. Jh.). – Die meisten Texte sind mit Regieanweisungen und z. T. auch mit Noten überliefert.   HFR

Dreireim, Reimbindung, die drei aufeinanderfolgende Verse zusammenfasst (aaa), z. B. in mhd. Dichtung in der Lyrik zur Kennzeichnung von Strophenschlüssen, in der Epik zur Markierung von Abschnittsgrenzen, so auch noch im Drama des Hans Sachs.   S

Dreistillehre ↗ Genera dicendi.

Dreiversgruppe, bez. im mhd. Minnesang die reimtechn. Zusammenfassung von drei (isometr. oder heterometr.) Versen, v. a. im ↗ Abgesang, entweder durch ↗ Dreireim (aaa) oder mit reimlosem mittlerem Vers (Waisenterzine; axa, vgl. ↗ Waise).   S

Dróttkvætt, n., auch: dróttkvæðr háttr, m. [altnord. = (Strophen)maß (háttr) der in der (königl.) Gefolgschaft (drótt) gesungenen (Preis-)Gedichte (kvæði)], wichtigstes, äußerst kunstvolles Strophenmaß der ↗ Skaldendichtung, »Hofton« (A. Heusler) aus acht 3-heb., in d. Regel 6-silb. Versen mit fester Kadenz ($\stackrel{\_}{}$x) und festem syntakt. Einschnitt nach dem 4. Vers; jede Strophenhälfte (↗ Helming) ist durch eine komplizierte Verteilung von ↗ Stab- und Binnenreim (↗ Hending) wiederum in zwei Teile gegliedert. – Als Erfinder des D. gilt in skald. Überlieferung Bragi Boddason (9. Jh.); er pflegt jedoch, wie auch die Skalden der älteren Zeit, noch eine freiere Form des D.; die strenge Version setzt sich erst im 10. Jh. durch; die jüngere Skaldendichtung verwendet das D. in zahlreichen Variationen, Snorri beschreibt in der »Jüngeren Edda« über 60 solcher Formen.   K

Dubitatio, f. [lat. = Zweifel, gr. aporia], ↗ rhetor. Figur, fingierte Unsicherheit eines Redners (oder Erzählers), der das Publikum wegen der scheinbar unlösbaren Schwierigkeiten bei Anlage und Durchführung seiner Rede (Erzählung usw.) um Rat fragt und ihm z. T. Entscheidungen (z. B. die Wahl zwischen mehreren Benennungen einer Sache) überlässt. In der Literatur bes. Stilmittel des ↗ auktorialen Erzählens (vgl. Ch. M. Wieland, »Novelle ohne Titel«), aber auch im Drama (vgl. Sprecher in Anouilhs »Antigone«).   S

Duma (auch: Dumka), f., Pl. Dumi, Dumen, Bez. für *ukrain.* volkstüml. histor. Lieder, in denen in balladesker, ep.-lyr. Form die Kämpfe gegen die Türken, die Krim-Tataren, die Polen und bes. die Ereignisse unter dem Hetmann Bohdan Chmelnicki (17. Jh.) besungen werden. Entstanden seit dem 16. Jh., wurden von Berufssängern, den Kobsaren, zu den nationalen Volksinstrumenten Kobsa und Bandura rezitativ. und improvisator. (metr. frei, reimlos) vorgetragen. Berühmt sind die Dumi der Saporoger Donkosaken. Durch Vortragsstil und Stoffe Ähnlichkeit mit den großruss. ↗ Bylinen.   S

Dumb show, f. [ˈdʌm ˈʃou; engl. = stumme Schau(stellung)], im engl. Theater des 16. Jh.s allegor. Pantomime mit Musik, die vor dem

Beginn der Aufführung eines Stückes (auch vor jedem Akt oder vor wichtigen Szenen) den Inhalt oder den Sinn des Folgenden verdeutlichen sollte; manchmal von Erläuterungen eines Sprechers (presenters) begleitet und oft mit großem Kostüm- und anderem Schauprunk, Gesang und Tanz verbunden. Einfluss der italien. Intermezzi; vgl. z. B. die d.sh. vor der Theateraufführung im 3. Akt von Shakespeares »Hamlet« (1601). ↗ Intermezzo, ↗ Zwischenspiel. IS

Dunciade, f. [dʌntsi'a:də; engl. Dunciad von dunce = Dummkopf, Wortbildung analog zu Jeremiade, Iliade, Donquichottiade u. a.], Bez. für Spottgedichte im Gefolge der literatur-krit. Verssatire »The Dunciad« (4 Bde. 1728/43) von A. Pope; vgl. auch »The Popiad« (dt. Popiade) von E. Curl, eine satir. Antwort auf Popes D. Gelegentl. auch Bez. für primitive dichter. Ergüsse. IS

Duodrama, f. [duo, lat. = zwei], ↗ lyr. Drama mit zwei redenden und handelnden Personen (z. B. S. v. Goué: »Der Einsiedler«, »Dido«, 1771, Hofmannsthal »Der Tor und der Tod«, 1899). IS

Duplicatio, f. [lat. = Verdoppelung], rhetor. Figur, s. ↗ Geminatio.

Durch, naturalist. literar. Verein, 1886 in Berlin von K. Küster, L. Berg und Eugen Wolff gegründet, Mitglieder waren u. a. die Brüder H. und J. Hart, B. Wille, W. Bölsche, A. Holz, J. Schlaf, J. H. Mackay, G. Hauptmann, K. Henckell, H. Conradi. Bedeutung gewann er durch seine Bemühungen um Konzentration, Klärung, Systematisierung und theoret. Fundierung der zahlreichen, vielfach diskutierten literar. Programme, die für das neue (naturwissenschaftl.) Zeitalter eine neue Literatur forderten. Durch maßvolle Kritik sowohl an idealisierter als auch an zu krasser Wirklichkeitsdarstellung und durch die Forderung einer zwar sozial engagierten, aber objektiv nach naturwissenschaftl. Methoden vorgehenden Kunst (als »ideeller Realismus« bez.) lieferte der Verein D. die (neben den früheren ästhet.

Grundlegungen der Brüder Hart bedeutendste Fundierung des literar. ↗ Naturalismus (W. Bölsche: »Die naturwissenschaftl. Grundlagen der Poesie«, E. Wolff: »Die Moderne, zur Revolution und Reform der Literatur«, beide 1887). IS

Dyfalu, n. [dəv'a:li], wallis. (kymr.) Bez. für die poet. Technik der Vergleichung oder Umschreibung eines (oft nicht direkt genannten) dichter. Objekts durch eine phantasiereich ausgeklügelte Reihung ambiguoser oder metaphor. Bilder, meist aus der Natur; neben der metr. Form des ↗ Cywydd und den Schmuckformen der ↗ Cynghanedd kennzeichnend für die kymr. Lyrik des 14.–16. Jh.s (v. a. Liebesgedichte oder Bittgedichte). Begründer und bedeutendster Meister dieser dicht. Technik ist Dafydd ap Gwilym (14. Jh.). Neubelebung des D. im Rahmen der wallis. Renaissance im 18. Jh. (↗ Eisteddfod). IS

E

Echogedicht, seine Verszeilen bestehen gewöhnl. aus Fragen, die (oftmals witzig-verblüffend) im sog. Echoreim, einem ↗ Schlagreim, beantwortet werden: »Ach, was bleibt mir nun noch offen? – Hoffen!« (L. Tieck, aus »Kaiser Octavianus«, 1804). – Bezeugt schon im Altertum (Gauradas, Anthologia Planudea 152), wurden E.e im 15. Jh. durch A. Poliziano wiederbelebt und waren bis ins 18. Jh. in der europ. Lyrik sehr beliebt (vgl. ihre Behandlung in den Poetiken von J. C. Scaliger 1561, M. Opitz 1624, Ph. v. Zesen 1640, G. Ph. Harsdörffer 1647–53, J. Ch. Gottsched [4]1751); Blüte im Barock (insbes. Echolieder in der ↗ Schäfer- und Hirtendichtung). Über meist nur virtuose Klangspielereien hinaus gehen in der dt. Literatur die E.e des Nürnberger Dichterkreises (J. Klaj, S. v. Birken, Harsdörffer) und die religiösen E.e F. v. Spees. Seit dem 18. Jh. finden sich E.e gelegentl. als polit. oder soziale Satiren (J. Swift, H. Zschokke) und, dichtungstheoret. neu fundiert (A. F. Bernhardi, »Sprachlehre«, 1801–03), in der romant. Lyrik (A. W. Schlegel, »Waldgespräch«, L. Tieck, C. Brentano).   IS

Echoreim, ein das ↗ Echogedicht konstituierender ↗ Schlagreim.

École fantaisiste [ekɔlfãtɛˈzist; frz. école = Schule, fantaisiste < fantaisie = Phantasie, Laune, Einfall], Gruppe franz. Lyriker, die sich vor dem Ersten Weltkrieg um den Dichter und Literaturkritiker F. Carco zusammenfand und in heiter-iron. oder eleg.-melanchol. Dichtungen das einfache, alltägl. Leben, insbes. die dekadente Welt des Montmartre und der Bohème gestalten. Sprachl. z. T. von den Symbolisten beeinflusst (Verlaine, Mallarmé), folgten sie in der Versgestaltung streng klassizist. Traditionen (Vorbilder Ronsard, Chénier, insbes. J. Moréas und seine ↗ École romane). Vertreter waren neben Carco (»La bohème et mon cœur«, 1912 u. a.) v. a. J.-M. Bernard (u. a. »Sub tegmine fagi«, 1913), dessen Zeitschrift ›Les Guêpes‹ (seit 1909) zum Sammelpunkt der Neoklassizisten und ›Fantaisisten‹ wurde; weiter J. Pellerin, T. Derème, P. Camo, Ch. Derennes und P.-J. Toulet, dessen »Contrerimes«, 1920 als typischstes Werk der E. f. gilt.   S

École Lyonnaise [ekɔljɔˈnɛːz, frz. = Lyoner Schule], Bez. für die Lyoner Dichter M. Scève, Louise Labé, Pernette du Guillet und den frühen P. de Tyard, die in der ersten Hälfte des 16. Jh.s Themen des Neuplatonismus italien. Prägung und des ↗ Petrarkismus in die franz. Dichtung einführten, sich allerdings weder als Gruppe noch als Schule verstanden. Das bekannteste Werk der E. L. ist »Délie« (1544) von Scève, der erste franz. Gedichtzyklus, der sich, nach Petrarcas Vorbild, an eine einzige Person richtet. Titel (evtl. Anagramm von l'idée = Idee) und die Gliederung der 449 10-zeil. Gedichte (Dizains) nach einem klar proportionierten Zahlenschema verweisen auf das Hauptthema, die Bewegung des Makrokosmos. – L. Labé, die einen ↗ Salon unterhielt, wurde in Deutschland bes. durch Rilkes Übersetzungen ihrer Sonette und Elegien bekannt. Vgl. auch die ↗ Pléiade in Paris.   DB

École romane, f. [ekɔlrɔˈman; frz. = romanische Schule], franz. Dichterkreis, gegründet 1891 von dem vom ↗ Symbolismus herkommenden Dichter Jean Moréas mit dem Ziel, Werke zu schaffen und anzuregen, die im Gegensatz zum Symbolismus an klassizist. Formtraditionen und in klarer Gedankenführung an Ideen und Motive der griech. Antike anknüpfen sollten, insbes. in ihrer Spiegelung oder Verarbeitung in der franz. Dichtung des 16. Jh.s (↗ Pléiade; vgl. das Manifest der E.r. von Moréas im ›Figaro‹ am 14.9.1891). Wegweisend für die E.r. wurde Moréas' »Pèlerin passionné« (1891, Vorbild P. de Ronsard). Obwohl sich eine ganze Anzahl bekannter zeitgenöss. Dichter wie M. Du Plessys, Ch. Maurras, E. Reynaud, R. de la Tailhède zur E.r. bekannten, blieb sie ohne literaturerneuernde Wirkung, sie wird bisweilen sogar ledigl. als Epilog zum Symbolismus gewertet.   IS

Écriture automatique, f. [ekrityrɔtɔma'tik; frz. = automat. Schreiben], bevorzugtes Schreibverfahren des ↗ Surrealismus zum Sichtbarmachen vor- bzw. unbewusster psych. Prozesse, von Philippe Soupault und André Breton in den gemeinsam verfassten (gelegentl. noch dem ↗ Dadaismus zugerechneten) »Champs magnétiques« (1919) vorgestellt; von Breton in seinem ersten »Manifest des Surrealismus« (1924) unter ausdrückl. Bezug auf S. Freud als »psych. Automatismus«theoret. begründet und gerechtfertigt, der den wirkl. Ablauf des Denkens als ›Denk-Diktat‹ auszudrücken sucht, ohne jede Vernunft-Kontrolle u. außerhalb aller ästhet. oder eth. Fragestellungen. H. Arp betrachtete schon die gemeinsam verfassten Simultangedichte der Züricher Dadaisten als »Poésie automatique«. Die Surrealisten sehen Vorläufer und erste Beispiele für ↗ automat. Texte bereits in Lautréamonts »Chants de Maldoror«, in der deutschen Romantik (u.a. Achim von Arnim), in Edward Youngs »The Complaint, or Night Thoughts« u.a.m. Hierher gehören auch die den dadaist. Versuchen vorangehenden wissenschaftl. Experimente Leon M. Solomons und Gertrude Steins über »spontaneous automatic writing« (1896).   D

Écriture féminine, f. [ekrityr feminin; frz.= weibl. Schreibkunst], feminist. inspirierte Textpraxis, welche die dominante Kultur auf bestimmte Ausschlussmechanismen hin befragt. Formierte sich in Frankreich vor dem

Hintergrund polit. Proteste, wissenschaftl. Kritik an herrschenden Symbolsystemen (J. Derrida, M. Foucault, J. Lacan) und der aktiven Frauenbewegung. Im Mittelpunkt steht die Metapher des Weiblichen, wobei die Autorinnen der é.f. keineswegs auf neue Definitionen des Weibl. hinarbeiten: Vielmehr versuchen sie auf unterschiedl. Weise, herrschende Frauenbilder, Positionen des Weiblichen im gegenwärtigen Diskurs und tradierte Denkstrukturen anzugreifen. Dies geschieht als Kritik an der Sprache, wobei nicht nur die Inhalte, sondern auch der Stil dekonstruiert (entlarvt, s. ↗ Poststrukturalismus) werden sollen.

In den *Texten der é.f.* mischen sich theoret. und histor. Analyse mit poet. und polem. Stilmitteln, wodurch sowohl die Finalität, Eindeutigkeit und Normativität sprachl. Äußerungen als auch der angestammte Ort der Weiblichkeit kritisiert werden. Ziel dieser Textpraxis ist es, Facetten des Weiblichen in den tradierten Diskurs einzubringen. Diese Zielsetzung wird mit der fakt. Schreibtätigkeit von Frauen verbunden (wodurch die é.f. teilweise der Kritik des Biologismus ausgesetzt ist). Unter Berufung auf psychoanalyt. Erkenntnisse über die Produktivität des Unbewussten meinen einige Autorinnen (Hélène Cixous, Luce Irigaray) eine spezif. weibl. libidinöse Ökonomie postulieren zu können. Demgegenüber vertritt Julia Kristeva den Standpunkt, Weiblichkeit könne sich nicht isoliert im Sprachprozess artikulieren, sondern sei herzuleiten aus präsymbol. Elementen in der Sprachgebung in der Form von rhythm. und akust. Aspekten. Soweit die é.f. sich mit der Psychoanalyse beschäftigt, versucht sie zweigleisig zu verfahren: Zum einen kritisiert sie die traditionelle Beschreibung von Weiblichkeit und die ›Hegemonie des Phallus‹ als zentrale Metapher, zum anderen macht sie Gebrauch von den Erkenntnissen über das Unbewusste, um verdrängte Formen des Weiblichen artikulieren zu können. Innerhalb der é.f. stößt man jedoch auch auf generelle Ablehnung der Psychoanalyse. Monique Wittig schreibt wohl in einem assoziativen, fragmentar. Stil, der auf die Traumarbeit hinweist, versucht aber, durch weibl. Umbenennung und utop. Inhalte der Weiblichkeit einen konkreteren Aktionsradius zu eröffnen. Die Philosophin Sarah Kofman kritisiert die Arbeiten von L. Irigaray als zu einspurig und macht Erkenntnisse der Psychoanalyse produktiv für die feminist. Textkritik. – So unterschiedl. die Forschungsergebnisse und Textpraxen der é. f. auch sein mögen, gemeinsam ist ihnen eine Kulturkritik in Hinsicht auf den Ort des Weiblichen, ohne dass dieser neuerlich festgeschrieben würde.   MB

Eddische Dichtung, altnord. Götter- und Heldenlieder und Spruchdichtung, zum größten Teil überliefert in einer Handschrift aus der 2. Hälfte des 13. Jh.s, welche 1643 von dem isländ. Bischof Brynjólfr Sveinsson auf Island entdeckt wurde. Er hielt sie für die Quelle eines (in der Uppsala-Handschrift ›Edda‹ [Etymologie ungeklärt] genannten) Lehrbuchs der Skaldendichtung (1223 verfasst von dem isländ. Schriftsteller und Staatsmann Snorri Sturluson) und übertrug deshalb den Namen ›Edda‹ auch auf die Liedersammlung: Sie wurde hinfort als ältere oder poetische oder *Lieder-Edda* oder (nachdem sie ursprüngl. fälschl. für ein Werk des ersten bekannten isländ. Historikers Sæmund, 1056–1133, gehalten worden war) auch Sæmundar-Edda bez.; von ihr unterscheidet man das Skaldenlehrbuch als jüngere oder Prosa- oder Snorra-Edda. 1662 schenkte Brynjólfr die Handschrift dem dän. König Friedrich III., seither auch die Bez. Codex regius. 1971 wurde sie von Kopenhagen nach Reykjavik zurückgegeben. – Der Codex enthält auf 45 Blättern 29 Lieder. Eine Lücke von 8 Blättern betrifft die Sigurdlieder. Zur e.n D. werden auch verwandte Lieder gezählt, die in Vorzeitsagas und anderen nord. Prosawerken eingestreut sind (u. a. das »Hunnenschlachtlied«, »Baldrs draumar«, »Rigsþula«). Sie sind in der Ausgabe der ›Eddica minora‹ gesammelt. Die e. D. ist die dritte große *Gattung der altnord. Literatur* neben der Prosa-↗ Saga und der stroph. ↗ Skaldendichtung, von der sie nach Form und Inhalt deutlich abweicht. Sie ist zwar wie diese strophisch, in Strophenmaß, Strophenschmuck und Verssprache jedoch einfach und ungekünstelt (erst Spätformen e.r D. ahmen die skald. Formkunst

nach). Die Strophen bestehen aus ↗ Stabreimversen, 8 (oder 6) Kurzzeilen, die zu german. ↗ Langzeilen gefügt sind (z. T. mit Füllungsfreiheit). Charakterist. für die Spruchdichtung ist der ↗ Ljóðaháttr, für Götter- und Heldenlieder das ↗ Fornyrðislag und der schwerere ↗ Málaháttr. Nur ein Lied (die »Atlamál«) ist länger als 200 Langzeilen. Nach der *Struktur* der Lieder können ein wohl älteres doppelseitiges und ein jüngeres einseitiges ↗ Ereignislied und ein sog. ↗ Situationslied unterschieden werden, daneben der ↗ Katalog (z. B. »Rígsþula«, »Hyndluljóð«), weiter Mischformen, auch mit Prosa-Einschüben (Helgilieder u. a.). Im Ggs. zur Skaldendichtung ist die e. D. *anonym* überliefert. Während das skald. Preislied aus aktuellem Anlass entstand und gesprochen vorgetragen wurde, behandelt die e. D. in *rhapsod. Vortrag* die Vergangenheit, Schicksale von Göttern und Vorzeithelden. Die Sammlung der »Edda« lässt eine *deutl. Gliederung* erkennen: Am Anfang stehen die *Götterlieder,* in die z. T. die *Spruchweisheit* integriert ist. Die »Völuspá« (einer Seherin Vision) gibt Kunde vom Geschick der Götter, der Schöpfung und dem Untergang der Erde. In der »Hávamál« (= Reden des Hohen) folgt eine Sammlung von Lebensregeln, Zauberliedern und Abenteuern Odins. Die übrigen Götterlieder handeln von Fehden zwischen Thor und den Riesen (»þrymskviða«, »Hymiskviða«), Skirnirs Werbungsfahrt für Freyr (»Skírnismál«), von Odins Fahrt in die Unterwelt, um Baldrs Schicksal zu erfahren (»Baldrs draumar«), von Schelt- und Spottreden zwischen Göttern (»Hárbarðsljóð«, »Lokasenna«). In Götterlieder eingegliederte *Merkdichtungen* sind »Rígsþula« (Entstehung der Stände), »Hyndluljóð« (genealog. Stammtafeln), »Vafþrúðnismál«, »Grímnismál« (Lebensweisheit und Mythologie), »Alvíssmál« (poet. skald. Umschreibungen kosm. u. a. Erscheinungen). – Den Übergang zu den *Heldenliedern* bildet die »Völundarkviða«, das Lied von Wieland, dem Schmied. Zur *ältesten Schicht* gehören diejenigen Lieder, die süd- und ostgerman. Stoffe gestalten: Neben dem Wielandslied das Bruchstück (durch Blattverlust) eines Sigurdliedes (altes Sigurdlied »Brot af Sigurðarkviðu« über

Sigurds Tod), die »Atlakviða« (altes Atlilied, Zug der Burgunden an den Hunnenhof), die »Hamðismál« (aus der got. Ermanarichsage), das bruchstückhaft in der »Hervararsaga« überlieferte »Hunnenschlachtlied« (auf westgot. Überlieferung beruhend). Aus der nord. (dän.) Heldensage stammen die drei Helgilieder. Die übrigen jüngeren Lieder bringen z. T. eigenständ. Zudichtungen zu den alten Stoffen (weitere Sigurdlieder: Vorgeschichte des Hortes, Sigurds Jugend; die evtl. grönländ. »Atlamál«: Burgundenuntergang; u. a.). Sie unterscheiden sich in der Darstellungsform (Aufschwellung, Redelieder, Situationslieder) und teilweise in der seel. Haltung ihrer Gestalten (Gudrunlieder, »Brynhildes Helreid«, Hjalmars oder Hildebrands Todeslied). Mit diesen Liedern repräsentiert die e. D. einen formal hoch entwickelten Typus des international verbreiteten ↗ Heldenliedes. Die frühere *Forschung* hat die ausgereifte ›klass.‹ Form (stroph. geordnete, geregelte Stabreimverse) bereits für die Völkerwanderungszeit, als dem ›heroic age‹ der german. Stämme, angesetzt und sie zur Form des german. Heldenliedes schlechthin erklärt: A. Heusler u. H. Schneider setzten eine gemeingerman. ›Heldenliedklassik‹ um 600 an, analog zur ›stauf. Klassik‹ des 12. und der Weimarer Klassik des 18. Jh.s. – Bis in jene Zeit lässt sich jedoch keines der edd. Lieder zurückführen. Nach der heutigen Forschung können auf Grund formaler und sprachl. Gesichtspunkte die ältesten e.nD.en nicht vor dem 10. Jh. angesetzt werden. Der Großteil der Lieder gehört erst ins 12. (evtl. 13.) Jh. Sie werden entstehungsgeschichtl. mit den dt. und dän. Heldenballaden (↗ Ballade, ↗ Folkevise, ↗ Kaempevise) des Hoch-MA.s in Verbindung gebracht. S

Editio castigata, f. [lat. castigare = zurechtweisen, beschränken], auch e. castrata, expurgata, purificata: ›gereinigte‹ Ausgabe eines Werkes, bei der moral. oder polit. unerwünschte Stellen vom Herausgeber ausgelassen oder von der Zensur gestrichen (geschwärzt) sind, z. B. die ›Edizione dei deputati‹ von Boccaccios »Decamerone«, Florenz 1573, die Erstausgabe von E. T. A. Hoffmanns »Meis-

ter Floh« (1822), die nach 1945 ausgelieferten Exemplare von G. Baesecke, »Das Hildebrandlied« (1945). Aus pädagog. Gründen bearbeitete, gereinigte oder gekürzte Ausgaben heißen ›in usum scholarum‹ oder ↗ ›ad usum delphini‹. HSt

Editio definitiva, f. [lat. definire = abschließen], letzte vom Verfasser selbst überwachte oder nach seinen letztgültigen Änderungswünschen eingerichtete Ausgabe eines Werks; durch sie kann gegebenenfalls eine ↗ ›Ausgabe letzter Hand‹ korrigiert und überholt werden. HSt

Edition, f. [lat. editio = Herausgabe], 1. Ausgabe (eines literar., wissenschaftl. oder musikal. Werkes), auch Bez. für eine Serie (›edition suhrkamp‹) oder einen Verlag (E. Musica, Bayreuth); 2. Herausgabe eines (meist älteren oder fremdsprachigen) Textes, bes. eines solchen, für den verschiedene Fassungen vorliegen, nach den Methoden der ↗ Editionstechnik und ↗ Textkritik. HSt

Editionstechnik, Verfahren zur Veröffentlichung von älteren Texten in wissenschaftl. Form. Umfasst die Textherstellung und die Druckeinrichtung der Ausgabe. Die Methoden der Textherstellung richten sich danach, ob es sich um ein Werk handelt, von dem authent. Fassungen (Handschriften, Drucke) vorliegen, oder ob eine dem Willen des Autors entsprechende oder doch nahekommende Fassung mit Hilfe der ↗ Textkritik aus späteren Abschriften ermittelt werden muss. Hauptaufgabe der E. ist dann eine den Grundsätzen der Ökonomie und Durchschaubarkeit folgende Darstellung der Überlieferungszeugen (↗ krit. Ausgabe; ↗ Lesarten), im andern Falle die Verdeutlichung der Entstehungsgeschichte von frühen Entwürfen bis zur letztgült. Fassung (↗ historisch-kritische Ausgabe; ↗ Varianten). Darüber hinaus zählt zur E. die Entscheidung über den Umfang des abzudruckenden Materials (vollständige *Archivausgabe, Parallelausgabe, Apparatausgabe, Studienausgabe, Leseausgabe*), seine Präsentation (Revision von

Rechtschreibung u. Interpunktion, Kennzeichnung von Herausgeberzusätzen, Zeilenzählung) und das Bestimmen von Beigaben (Überlieferungsbericht, ↗ Apparat, ↗ Kommentar, ↗ Register). Da die überprüfbare Zuverlässigkeit der Texte Voraussetzung für die wissenschaftl. Beschäftigung mit ihnen ist, gehört die E. zu den Grundlagendisziplinen der Philologien. Ein publizist. Forum für die Diskussion von Editionsproblemen ist seit 1987 die Zs. ›editio. Intern. Jb. f. Editionswissenschaft‹ (Hg. W. Woesler). HSt

Editio princeps, f. [lat. ↗ Erstausgabe].

Editio spuria, f. [lat. Spurius = unehelich, unecht], ohne Kenntnis oder Zustimmung des Verfassers verbreiteter ↗ Nachdruck. HSt

Egofuturismus, m., vgl. russ. ↗ Futurismus.

Egotismus [lat. ego = ich], neulat. Form der von Stendhal geprägten Bez. *égotisme* für eine philosoph. begründete Form des Egoismus, die das Glück der Menschheit dadurch herbeizuführen trachtet, dass der Einzelne (einer auserwählten Elite) auf ein Höchstmaß persönlichen diesseitigen Glücks hinarbeitet. Die »auf Logik aufgebaute prakt. Methode« zu diesem Ziel nennt Stendhal *beylisme* (nach seinem eigentl. Namen, H. Beyle; vgl. »Souvenirs d'égotisme«, hrsg. posthum 1892). – Eine Wirkung des E. auf literar. Gestaltungen ist erst zwischen 1880–1890 durch Nietzsches Bekenntnis zu Stendhals E. (1885) greifbar, vgl. v. a. die Werke von Maurice Barrès (z. B. die Romantrilogie »Le Culte du Moi«, 1888–1891). IS

Ehestandsliteratur, Sammelbez. für volkssprachl. Werke in Vers u. Prosa im Gefolge lat. geistl. Traktate, die u. a. von den Aufgaben und Pflichten in der Ehe handeln, gelegentl. mit satir. Unterton. Bes. im 15. u. 16. Jh. beliebt. Bekanntere Beispiele sind das »Ehebüchlein« (1472) des Domherrn Albrecht v. Eyb (nach italien. Vorbildern), der dem Kurfürsten Friedrich von Sachsen gewidmete »Spiegel des ehlichen Ordens« (1487) des Leipziger Dominikaners Markus von Weida und das »Philosophische Ehezuchtbüchlein« von J. Fischart (1578). S

Ehrenrede, Sonderform der mal. ↗ Heroldsdichtung, Preisdichtung anlässl. des Todes eines Ritters, Fürsten oder Dichters, gelegentl. auch an noch Lebende gerichtet. Das feste Aufbauschema verbindet Elemente der lyr. Totenklage mit der Wappenbeschreibung, in die die rühmende Aufzählung von Turnier- und Kriegserfolgen eingelassen ist, mit einer Fürbitte am Schluss. Da es sich um Gelegenheitsdichtung handelt, war die tatsächl. Verbreitung (im 14. Jh., bes. im Rheinland) wohl größer als die Überlieferung anzeigt. Hauptvertreter ist Peter Suchenwirt (1353–1395). Eine Spielart der E. ist der ›Ehrenbrief‹ Püterichs von Reichertshausen an die Pfalzgräfin Mechthild von Österreich (1462). HSt

Eidformeln, die im Ritual der Eidesleistung zur Bekräftigung und Beteuerung gebrauchten, oft als bedingte Selbstverfluchung gestalteten Invokationen Gottes, dämon. Wesen, mag. Kraft tragender Gegenstände u. dgl. wie »bei Gott dem Allmächtigen«, »bei allen Teufeln«, »bei meinem Schwerte«. Auch für bes. Spielarten des Eides wie Bündniseid, Vasalleneid, Priestereid sind E. kennzeichnend. – Als E. im weiteren Sinne gelten auch literar. Denkmäler wie die Straßburger Eide von 843, der bair. Priestereid aus dem 9. Jh. und die mhd. Erfurter Judeneide. MS

Eigenrhythmische Verse, von F. Beißner eingeführte Bez. für ↗ freie Rhythmen.

Einakter, ↗ Drama in einem ↗ Akt. Meist kürzeres Bühnenwerk mit konzentrierter Handlung ohne Szenenwechsel (G. E. Lessing, »Philotas«; A. Strindberg, »Fräulein Julie«; O. Wilde, »Salome«) oder Spiel mit lyr. Grundhaltung ohne eigentlichen dramat. Handlungsablauf (H. v. Hofmannsthal, »Der Tor und der Tod«). Beliebt auch bei den Vertretern des ↗ absurden Theaters (Beckett, Ionesco). K

Einblattdruck, einseitig bedrucktes Einzelblatt (bzw. nur auf den Innenseiten bedrucktes Doppelblatt) der Frühdruckzeit (15., 16. Jh.), hergestellt zunächst in Holzschnitttechnik, später im Buchdruckverfahren; verdrängte gegen Ende des 14. Jh.s das serienmäßig gemalte Heiligenbild (ältester datierter E. die ›Brüsseler Madonna‹, 1418). E.e enthielten daneben bald auch Ablassbriefe (älteste: Mainzer Briefe zum Türkenablass 1451–1455), amtl. Bekanntmachungen, Kalenderblätter (älteste Mainz 1448 und 1457), Verlagsverzeichnisse (z. B. das des Peter Schöffer in Mainz von 1469), ferner Traktate, Gebete, Lieder, Berichte von geschichtl. und aktuellen Ereignissen, Kuriositäten (oft in Bilderfolgen, sog. ↗ Bilderbogen); in den Religionskriegen auch polit., relig. und satir. Gedichte, Traktate, Aufrufe usw. E.e wurden meist als ↗ Flugblätter vertrieben. – Trotz Auflagenhöhen zwischen 200 und 300 Stück sind E.e nicht zahlreich überliefert (E.e des 15. Jh.s sind Unika). HFR

Einfache Formen, von A. Jolles geprägte Bez. für Grundtypen sprachl. Gestaltens (↗ Mythe, ↗ Märchen, ↗ Sage, ↗ Legende, ↗ Kasus, ↗ Memorabile, ↗ Sprichwort, ↗ Witz, ↗ Rätsel); charakterist. sind einfache Verknüpfungstechniken, Erzählhaltungen, Grundmotive, schlichter Sprachduktus. Die vor- und außerliterar. e.n F. finden sich in verschiedenen Variationen auch im Rahmen literar. Kunstformen, teils durch unbewusste oder bewusste Nachahmung und Übernahme der Form-Topoi und -Schemata, teils aus einer stets gleichbleibenden Eigengesetzlichkeit sprachl.-dichter. Gestaltens heraus. Bis zu einem gewissen Grade lassen sich dichter. Gattungen phänomenolog. auf die Grundstrukturen e.r F. zurückführen. Vgl. auch ↗ Carmenstil. HFR

Einfühlung, Begriff der psycholog. Aesthetik für
1. *intuitives Erfassen* einer Dichtung, eines Kunstwerkes überhaupt, im Unterschied zum rationalen Verstehen, dem die E. vorausgehen, aber auch entgegengesetzt sein kann. Über das Problem der Einfühlung haben seit der Romantik v. a. reflektiert: Novalis, R. H. Lotze, F. Th. Vischer, J. J. Volkelt, Th. Lipps.

2. eine *Welthaltung*, die spezif. schöpfer. Prozessen zugrundeliegt, näml. die beseelte (erfühlte) Darstellung der Natur, im Unterschied zu ihrer abstrahierenden Reduktion; als Kennzeichen ganzer Kunstepochen von W. Worringer aufgezeigt: z. B. E. bei der griech.-antiken Kunst im Gegensatz zur ägyptischen, abstrahierenden Kunst. S

Eingangssenkung, veraltete Bez. der Verslehre für ↗ Auftakt.

Einleitung (auch: Einführung), dient in der Regel dazu, den Leser in die Problematik eines literar. oder wissenschaftl. Werkes einzuführen, im Unterschied zum Vorwort, in dem der Autor gewöhnl. mehr von sich oder den Problemen spricht, die sich bei der Abfassung oder Veröffentlichung des Werkes ergaben, auch ↗ Prolegomena, in poet. Werken ↗ Exposition, ↗ Prolog, ↗ Proömium. S

Einreim, auch: Reihenreim, Tiradenreim, Bindung einer Strophe oder eines Abschnittes durch *einen* Reimklang; ältester Beleg bei Augustinus (»Rhythmus gegen die Donatisten«), später v. a. in der franz. mal. Literatur (Eulalia-Sequenz, Chansons de geste), der prov. Lyrik, auch bei Walther von der Vogelweide (L 75, 25); in der Neuzeit gelegentl. bei Heine, G. Keller (»Abendlied«) u. a. S

Einzelausgabe, einzeln käufl. Ausgabe eines Textes, im Unterschied zu einer nur im Rahmen einer Gesamt- oder Serienedition erhältlichen Ausgabe. Eine Zwischenstufe bilden die bes. bei modernen Klassikern üblichen ›Gesammelten Werke in Einzelausgaben‹, deren Bände (mit oder ohne Bandzählung) einzeln erworben werden können. HSt

Eisteddfod, n. [aisˈtɛðvɔd; walis. = Sitzung, Versammlung; Pl. Eisteddfodau], Bez. für die Versammlungen und öffentl. Wettbewerbe walis. ↗ Barden, seit dem 10. Jh. belegt; sie dienten zunächst der Kodifizierung der Regeln bard. (Vers)kunst, später (15./16. Jh.) v. a. dem Kampf gegen den zunehmenden Verfall der Bardendichtung. Als erstes E. im engeren

Sinn gilt der am Weihnachtstag 1176 in Cardigan von Lord Rhys ap Gruffyd veranstaltete Dichter- und Musikerwettbewerb. – Um 1800 wird, im Rahmen der nationalen Erweckungsbewegung in Wales auch die Pflege des E. wiederaufgenommen (1789 E. von Bala, veranstaltet von der London Welsh Society; 1819 E. von Carmarthen durch die Cambrian Society of Dyfed). Ein erstes nationales E. findet 1858 in Llangollen statt. Seit 1860 werden jährlich abwechselnd in Süd- und Nord-Wales E.au veranstaltet. Es handelt sich dabei um Dichterwettbewerbe, Rezitationen, Konzerte, Aufführungen und Ausstellungen. Die angesehensten der bei diesen E.au verliehenen Titel sind der eines *bardd y gadair* (»Barde vom Stuhl«; für Gedichte in ↗ Cynghanedd-Metren) und eines *bardd y goron* (»Barde mit der Krone«; für Gedichte in freien Metren).   K

Ekkyklema, n. [gr., auch ekkyklethron; zu ekkykleo = herausdrehen, herausrollen], Theatermaschine des antiken Theaters: Ein hölzernes Gestell auf Rädern, das v. a. der Darstellung von Innenräumen diente und bei Bedarf durch eine der portalartigen Öffnungen in der Rückwand der ↗ Skene (Thyroma) auf die Spielfläche herausgeschoben werden konnte. Wahrscheinl. erst eine Einrichtung der hellenist. Bühne.   K

Eklektizismus, m. [gr. Eklegein = auswählen, auslesen], Verfahren, das aus verschiedenartigen Vorlagen und Vorbildern, Gedanken, Theorien, Anschauungen oder Stilelementen auswählt und sie, meist ohne Rücksicht auf den originalen Kontext oder die tieferen Zusammenhänge, kompiliert, ohne eigene geist. Durchdringung und ohne eigenschöpfer. Leistung; oft kennzeichnend für Epigonentum. – Die Gefahr des E. zeichnet sich zum ersten Mal im Hellenismus ab (vgl. die von Diogenes Laertios, 2. Jh. n. Chr., als ›Eklektiker‹ bezeichneten griech.-röm. Philosophen seit dem 1. Jh. v. Chr.); bes. offenkundig ist der E. in der Baukunst des 19. Jh.s (Neo-Romanik, Neo-Gotik, Neo-Barock etc.). – E. *als krit. Kunstmittel* findet sich dagegen in der modernen Kunst und Literatur, z. B. bei Picasso, Strawinski, Brecht, vgl. ↗ Collage.   S

Ekloge, f. [von gr. eklegein = auswählen], in der röm. Lit. ursprüngl. Bez. für ein kleineres »auserlesenes« (Hexameter)gedicht beliebigen Inhalts, später eingeengt auf bukol. Dichtungen (Hirten- oder ↗ Schäferdichtung) in der Art Theokrits (entsprechend wurden die »Bucolica« Vergils auch als »Eclogae«, E.n bez.). Bis ins 18. Jh. wurden die Bez. E., Schäfer-, (Hirten)gedicht, ↗ Idylle synonym für lyr.-dramat. Hirten(wechsel)gesänge oder allgem. für kürzere (auch ep.) Hirtendichtungen verwendet: vgl. G. R. Weckherlin, »Eclogen oder Hürtengedichte« (1641), J. Ch. Gottsched (Crit. Dichtkunst, 1730): »Von Idyllen, E.n oder Schäfergedichten«. – Nach dem großen Erfolg der »Idyllen« (1756) S. Geßners wurde ›E.‹ durch das vormals seltenere Wort ›Idylle‹ abgelöst.   IS

Ekphrasis, f. [gr. = Beschreibung, lat. ↗ Descriptio].

Elegantia, f. [lat. = Gewähltheit, Feinheit], 1. in der antiken ↗ Rhetorik (bes. Ad Herennium, Quintilian) die sprachl. Ausgestaltung (↗ Ornatus) des am häufigsten benutzten genus humile und einer einfacheren Ausprägung des genus mediocre (↗ Genera dicendi); dazu gehörten idiomat. Korrektheit (puritas), sprachl. und gedankl. Klarheit (perspicuitas) und einfache, v. a. klangl.-rhythm. Schmuckmittel; E. oft auch als ↗ Konzinnität bezeichnet. 2. in Humanismus und Barock allgem. stilist. Meisterschaft, die in der Nachahmung der antiken ↗ Kunstprosa (insbes. des genus grande!) gesehen wurde (vgl. u. a. die Lehrbücher von L. Corvinus, »Hortulus elegantiarum«, 1505, J. Wimpheling, »Elegantia majores«, 1513). E. wurde als eth. fundiertes Bildungsideal auch zum Vorbild der Sprachpflege in den Nationalsprachen (vgl. z. B. die Poetiken von G. G. Trissino, it. 1529), Du Bellay oder P. de Ronsard, frz. 1549 bzw. 1565); insbes. die ↗ Sprachgesellschaften förderten ein E.ideal (dt. ›Wohlredenheit‹, ›Zierlichkeit‹), das bald über die bloße Nachahmung der rhetor. Muster hinaus zu einem eigenständ. bilder- und metaphernreichen antithet. Stil führte (vgl. die Poetiken von M. Opitz, 1624, J.G. Schottel, 1641 u. 1663, G. Ph. Harsdörffer, 1647–53). IS

Elegeion, n. (eigentl. metron e.), elegisches ↗ Distichon.

Elegiac stanza [eliˈdʒaiək ˈstænzə; engl. = eleg. Strophe], Bez. der ↗ heroic stanza im 18. Jh.

Elegiambus, m.
1. griech. Vers, s. ↗ Enkomiologikus,
2. röm. Vers der Form $-\cup\cup-\cup\cup-\,|\,\cup-\cup-\cup-\cup\times$; Zus.setzung eines ↗ Hemiepes mit einem jamb. ↗ Dimeter; von Horaz als Epodenvers in der 11. Epode verwendet. Die in der 13. Epode verwendete Umkehrung des E. heißt *Iambelegus*. K

Elegie, f. [gr., Etymologie unsicher], lyr. Gattung; nach der rein *formalen* Bestimmung ein Gedicht belieb. Inhalts in eleg. ↗ Distichen, nach einer *inhaltl.* Bestimmung ein Gedicht im Tone verhaltener Klage und wehmüt. Resignation. Beide Begriffe der E. finden sich bereits in der antiken Dichtungstheorie; in der Geschichte der E. überwiegt teils der eine, teils der andere Gattungsbegriff. Der E. verwandt und nicht immer von ihr zu trennen ist das ↗ Epigramm. Die Ursprünge der *griech.* E. liegen im Dunkeln. Die ältesten erhaltenen E.n (7. Jh. v.Chr.; Kallinos von Ephesos, Tyrtaios, Archilochos von Paros, Mimnermos von Kolophon) zeigen bereits die voll ausgebildete Gestalt der E.: Gedichte in eleg. Distichen, die zur Flötenbegleitung gesungen wurden; charakterist. ist bereits hier die *Themenvielfalt:* Vaterland, Krieg und Politik, die Macht der Liebe; dazu kommen im 6. Jh. v.Chr. philosoph. und menschl.-persönl. Themen (Solon), auch pointierte Gnomik (die oft nicht von epigrammat. Dichtung zu trennen ist), ferner Trinklieder und Liebesgedichte (Theognis), aber auch Erziehungslehren (Mahnung zu adeliger Zucht). – Während im 7. und 6. Jh. v.Chr. die E. universelles Ausdrucksmittel ist, tritt sie in klass. Zeit hinter anderen lyr. Gattungen zurück. Die Flötenbegleitung wird zunehmend als düster und traurig empfunden:

neue dominierende Inhalte der Dichtung in eleg. Distichen sind daher Klage und Trauer; unter E. wird im engeren Sinne nur noch die sog. *threnet. E.* (E. als Trauergesang) verstanden. Aus dieser Zeit sind nur wenige E.n erhalten; im 4. Jh. v.Chr. verstummt die E.n-Dichtung zunächst sogar ganz. – In hellenist. Zeit sind E.n meist kunstvolle kurze Gedichte gelehrt-höf. Anstrichs; wichtige Themen sind Mythos (unter erot. Aspekt) und Aitiologie (Kallimachos von Kyrene), dazu kommen Enkomien (Preislieder) in eleg. Distichen. Einen individuellen Ton zeigen die Liebes-E.n des Philetas von Kos. – *Die röm. E.* (Blütezeit etwa ein halbes Jh., Hauptvertreter G. Cornelius Gallus; Catull, Tibull, Properz; Ovid) greift die Tradition der griech., v. a. der hellenist. E. auf. Ihre bedeutendste Ausprägung ist die *erot. E.,* bes. in der von Ovid neu geschaffenen Form der ↗ Heroide. In der röm. Spätzeit (Ausonius, Boëthius) ist die dem Epigramm verwandte Form der epikedeischen E. (E. als Klage oder Grablied) beliebt. Zwischen der spätröm. E. und der E. des lat. MA.s gibt es so gut wie keinen Bruch. Die Form des eleg. Distichons bleibt das ganze MA. hindurch für die lat. E.n verbindl. Hauptinhalte der mlat. E. sind *Trauer und Klage;* Hauptvertreter sind Venantius Fortunatus (6. Jh.; »De excidio Thoringae« – in der Form der Heroide, u.a.), Hildebert von Lavardin (um 1100; »De Roma«, 2 E.n, »De exilio suo«) und Alanus von Lille (12. Jh.). Im Spät-MA. wächst die Vorliebe für die »ovid.« Form des eleg. Distichons, es dringt auch in ep. und dramat. Dichtung ein. Demgegenüber beschränken die *Humanisten des 16. Jh.s* die E. wieder auf E. und Epigramm. Ihr Vorbild ist die klass. röm. E. (auch hier bes. erot. Themen; Hauptvertreter K. Celtis, Petrus Lotichius Secundus, Johannes Secundus), insbes. die Heroide, die jetzt auch allegor. christl. Personen in den Mund gelegt wird (Eobanus Hessus, »Christl. Heroiden«). Auch sonst wird in der neulat. E.n-Dichtung christl. Thematik verarbeitet (es gibt Weihnachts-, Oster- und Pfingst-E.n; Psalmparaphrasen in der Form der klass. E. finden sich bei J. Stigel). – Die Geschichte der *volkssprachl.* E. beginnt mit der Gelehrtendichtung des 16./17. Jh.s; in

Frankreich mit P. de Ronsard und C. Marot, in den Niederlanden mit D. Heinsius, in Deutschland mit M. Opitz, die alle auf die Tradition der neulat. E. der Humanisten zurückgreifen. Die Bez. einiger volkssprachl. Dichtungen des MA.s, so mehrerer Gedichte der altengl. Exeter-Handschrift (10. Jh.;»Der Wanderer«,»Der Seefahrer«,»Deors Klage«,»Die Ruine« u. a.), der Rückblickslieder der Edda (»Gudruns Gattenklage«,»Gudruns Lebenslauf«,»Gudruns Sterbelied«) und verwandter Denkmäler oder der sog.»E.« Walthers von der Vogelweide (L124, 1 ff.) als E.n ist nur bedingt mögl., insofern sie im Tone wehmüt. Klage gehalten sind; diese Dichtungen sind nur schwer in den großen gattungsgeschichtl. Zusammenhang der Geschichte der E. einzuordnen; v. a. entwickelt sich die volkssprachl. E. der Neuzeit vollkommen unabhängig von diesen mal. Formen.

Gattungskennzeichen der dt. E. des 17. Jh.s ist ihre metr. Form, der sog. eleg. ↗ Alexandriner (Kreuzreim mit abwechselnd weibl. und männl. Kadenz), der als dt. Ersatzmetrum für das eleg. Distichon gilt. Charakterist. für die dt. E. des 17. Jh.s ist ihre Themenvielfalt. Allerdings zeigen die einzelnen Dichter individuelle Vorlieben für bestimmte Themen: so dominiert bei Opitz selbst die erot. E.n, bei J. Rist die paränet. (ermahnende, erbaul.) E.n, bei P. Fleming das Rückblicksgedicht, bei S. von Birken die threnet. E.n; C. Ziegler schreibt vorwiegend geistl. E.n, J. Ch. Hallmann bevorzugt die panegyr. E. (E. als Fürstenpreislied); Ch. Hofmann von Hofmannswaldau und H. A. von Ziegler und Kliphausen pflegen die Heroide. Im 18. Jh. setzt J. Ch. Gottsched im Wesentl. die von Opitz begründete Tradition fort; doch begegnen bei ihm neben E.n in eleg. Alexandrinern auch solche in ↗ vers communs u. a. Versen (Gottscheds Versuche, das gr.-lat. eleg. Distichon in dt. Sprache nachzubilden, sind unabhängig von seiner E.n-Dichtung). – Bes. Formen der E. im 18. Jh. sind das Tier-Epikedeion der Anakreontik (J. W. L. Gleim, »Auf den Tod eines Sperlings«; K. W. Ramler, »Nänie auf den Tod einer Wachtel«) und L. Ch. H. Höltys Kirchhofsgedichte (»E. auf einen Dorfkirchhof«, »E. auf einen Stadtkirch-

hof«, nach dem Vorbild des Engländers Th. Gray). – Mit der Nachbildung des griech.-lat. eleg. Distichons in dt. Sprache, im Ansatz gelungen bei Gottsched, v. a. aber bei F. G. Klopstock (»Die künftige Geliebte«, 1748,»E.«, 1748,»Rotschilds Gräber«, 1766 u. a.), ist die formale Voraussetzung für die klass. dt. E. geschaffen. An ihrem Anfang stehen Goethes »Röm. E.n« (entstanden 1788/89, veröffentlicht 1795), 20 (24) sehr persönl. gestimmte erot. E.n in der Tradition Ovids und Properz'. Die E.n Schillers (»Die Ideale«,»Das Ideal und das Leben«, beide in Reimstrophen!,»Der Spaziergang«, in Distichen u. a.) sind durch die Diskrepanz zwischen Natur und Ideal einerseits, Wirklichkeit andererseits geprägt, nach Schiller charakterist. für die moderne »sentimentalische« Dichtung ist; ihr Ton ist der der Trauer über die verlorene Natur und das unerreichte Ideal. Auch Goethes spätere E.n (»Alexis und Dora«,»Der neue Pausanias und sein Blumenmädchen«,»Euphrosyne« u. a.) sind durch ihren rückwärts gewandten Blick und den Ton wehmüt. Erinnerung unwiederbringl. Glücks gekennzeichnet (eine Ausnahme bildet die»Metamorphose der Pflanzen«, die nur auf Grund der Form des eleg. Distichons in den Kreis der E.n Goethes gehört). Goethes»Marienbader E.« (1828, im Rahmen der»Trilogie der Leidenschaft«, Stanzen) zeugt von Resignation ohne Hoffnung. Den Höhepunkt der klass. dt. E. bilden die E.n F. Hölderlins (»Menons Klage um Diotima«,»Der Wanderer«,»Der Gang aufs Land«, »Stutgard«,»Brod und Wein«). Ihrer distich. gegliederten Form (3-mal 3 Distichen) entspricht ein dialekt. Gedankengang: einer göttlerlose Gegenwart wird als»Nacht zwischen zwei Göttertagen« empfunden (Beißner); Erinnerung an ein goldenes Zeitalter entspringt die Hoffnung auf seine Wiederkehr. Durch diesen Aspekt der Zukunftshoffnung mischen sich in Hölderlins E.n hymn. Töne. Die E.n-Dichtung des 19. und 20. Jh.s zeigt im Wesentl. epigonale Züge. Mörikes»Bilder aus Bebenhausen« haben idyll., E. Geibels E.n mehr ep. Charakter; bei A. v. Platen dominiert akrib. Bemühen um die Form über den Inhalt. R. M. Rilke mit seinen hymn.-ekstat. »Duineser E.n« (1922) knüpft unmittelbar an Hölderlin an; sie sind in eigenrhythm. Versen gehalten, durch die hindurch jedoch das Muster des klass. eleg. Distichons immer wieder spürbar wird. Einen sehr persönl., oft epigrammat. pointierten Ton zeigen B. Brechts »Buckower E.n« (1953). K

Elementare Dichtung, oft synonym mit abstrakte, konkrete, konsequente, materiale Dichtung gebrauchte Bez. für ↗ reduzierte Texte, die sich bei weitestgehender Reduzierung alles Inhaltlichen auf das eigentl. zu gestaltende, *elementare* Material der Dichtung (einzelne Wörter, Silben, Buchstaben, Zahlen) beschränken. Bez. erstmals 1922 von K. Schwitters für eine Reihe v. a. von Buchstaben- und Zahlengedichten; sie bilden eine Vorstufe zu der später von ihm auch theoret. begründeten ↗ konsequenten Dichtung. D

Elfenbeinturm, populäre moderne Bez. für das geist. Refugium eines Künstlers (Philosophen, Wissenschaftlers), der sich vom gesellschaftl.-polit. Leben abschließt und in einer ästhet. oder allgem. ideellen Welt nur seinem Werk lebt. Erster literar. Beleg für den Gebrauch des Wortes in diesem Sinne bei Sainte-Beuve in Bezug auf Vigny (»A M. Villemain«, 1845). – Bis dahin war ›E.‹ nur in relig. Bedeutung belegt: Wurzel ist »turris eburnea« im Hohen Lied Salomons 7, 5. Durch die allegorisierende heilsgeschichtl. und mariolog. Exegese (u. a. Turm = Zufluchtsort, Symbol der Standfestigkeit; Elfenbein = Symbol der Reinheit, Keuschheit, später Schönheit) findet sich das Bild des E.s bes. seit dem 12. Jh. v. a. in der Marien-Literatur und -Ikonographie. Das Verblassen des Bewusstseins der religiösen Wurzel und Bedeutung des E.s und (damit zusammenhängend) die in der Romantik beliebte Verwendung relig. Bilder für profane Vorgänge erklären die Übertragung der Vorstellung des E.s in die Künstlersphäre in vielen europ. Literaturen. ↗ Eskapismus. IS

Elision, f. [lat. elisio = Ausstoßung], Ausstoßung eines auslautenden unbetonten Vokals vor einem vokalisch anlautenden Wort, v. a.

zur Vermeidung des ↗ Hiats, z. B.: *Da steh' ich.* Vgl. ↗ Apokope. S

Elizabethanisches Drama, zusammenfassende Bez. für das dramat. Schaffen während der Regierungszeit Elizabeths I. von England (1558–1603) bis zum Ende der Stuarts (1642): eine der bedeutendsten literarhistor. Epochen am Beginn der Neuzeit, die bis zur Moderne die engl. und auch die europ. Literatur in allen Gattungen, bes. aber im Drama befruchtete. *Äußere Bedingungen* waren eine polit. und wirtschaftl. Stabilität und allgemeiner Wohlstand, die eine breite kulturelle Entfaltung ermöglichten: und zwar (traditionsgemäß) beim Adel (prunkvolle, tänzer.-musikal. Aufführungen an den Höfen, z. T. durch die Hofgesellschaft selbst, ↗ Masque u. a.), sodann in Humanistenkreisen (Schulen, Universitäten: Übersetzungen, Nachahmungen und Aufführungen klass. und moderner ital. und franz. Autoren; ↗ university wits), v. a. aber nun auch im *Bürgertum:* Für die Etablierung des Theaters in diesem Bereich waren dramengeschichtl. bedeutsam 1. die Konsolidierung eines sozial anerkannten berufsmäß. Schauspielerstandes (1572), 2. die Errichtung fester (privater) Theaterbauten (neben den Wanderbühnen, vgl. ↗ Shakespearebühne), 3. die Herausbildung eines alle Schichten (auch den Adel) umfassenden ständigen krit. Publikums, 4. (damit zusammenhängend) die Notwendigkeit publikumsbezogener Theaterpraxis und publikumswirksamer Dramen. – Diese Konstellation begünstigte die Erprobung und Übernahme des aus der Antikenrezeption der ital. Renaissance entwickelten Dramentypus (in Versen, mit Beachtung der ↗ Ständeklausel, der ↗ drei Einheiten, der Aktgliederung) und seine Verarbeitung oder Verschmelzung mit altheim. Traditionen (personenreiche, locker gereihte Bilderfolgen in Prosa, ↗ Historie, ↗ Moralität). Das E. D. entwickelt sich auf diese Weise zu ein spezif. Typus der offenen Dramenform, z. T. mit (allerdings oft nur äußerl.) Aktgliederung, v. a. aber charakterist. *Mischungen* von Vers (Blankversen) und Prosa, von hohem und niederem Stil, meist ohne Beachtung der Einheiten und mit belie-

biger, weder ständ. noch zahlenmäßig be-
schränkter Personenzahl. – Die *Theorie* der
roman. Muster lieferte die ital. Renaissance-
↗ Poetik, bes. L. Castelvetro (1576). Das bevorzugte Vorbild für die elizabethan. *Tragödie*
wurde Seneca. Das erste Beispiel der für das
E. D. typ. Verschmelzung klass. und heim. Tradition ist »Gorboduc« von Th. Sackville und
Th. Norton (1562, ein szenenreiches Affektge-
mälde in 5 Akten, Blankversen, antikem Chor,
aber ohne Beachtung der drei Einheiten und
noch mit allegor. Pantomimen, sog. ↗ dumb
shows). Ähnl. sind die Tragödien von G.
Whetstone, J. Pickeryng, Th. Kyd (»The Spanish Tragedy«, 1586/89). Einen ersten Höhepunkt bildet das Werk Ch. Marlowes (»Tamburlaine«, 1587; »The Jew of Malta«, 1588;
»Dr. Faustus«, 1588/89 u. a.), der den Blankvers endgültig in der engl. Literatur etabliert
und (indem er das dramat. Geschehen zwin-
gend mit dem Charakter des Helden verknüpft) die ↗ *Charaktertragödie* begründet. Sie
wird von G. Peele, R. Greene, Th. Lodge, Th.
Nashe u. a. nachgeahmt und durch Shakespeare
vollendet (»Hamlet«, 1601; »Othello«, 1604;
»King Lear«, 1605; »Macbeth«, 1606). Nach
ihm nehmen grelle und hypertroph. Züge in
den Tragödien zu (F. Beaumont und J. Fletcher, J. Marston, C. Tourneur und bes. J. Webs-
ter, »The white Devil«, 1611; »The Duchess of
Amalfi«, 1617), Ph. Massinger, Th. Middleton,
J. Ford und J. Shirley). Gerade hier aber
knüpfte die engl. Romantik für die Darstellung
menschl. Abgründe wieder an. Die Senecatra-
gödie wirkte umgekehrt auch auf heim.
Spieltraditionen, bes. auf die ↗ Historien, die
ebenfalls durch Shakespeare zu Höhe und Abschluss gebracht werden (»Richard II.«;
»Richard III.«; die ›antiken Historien‹ »Julius
Caesar«, 1601; »Antony and Cleopatra«, 1607).
Eine entscheidende Entwicklung erfährt auch
die *Komödie:* In Eton entsteht das erste engl.
Werk mit klass. Akteinteilung. N. Udalls
»Ralph Roister Doister«, 1553; daneben entwickelt J. Lyly statt der beliebten Nachahmungen
des Terenz und Plautus heitere Traum- und
Identitätsspiele in eleganter Prosa anstelle der
meist schwerfälligen ↗ doggerel verses (Knittelversen; »Alex und Campaspe«, 1579; »Sa-

pho and Phao«, 1581; »Endimion«, 1585);
seine Nachahmer sind u. a. G. Peele, R. Greene,
Th. Dekker. Vollender war wiederum Shakespeare (»Much Ado about Nothing«, »As you
like it«, »Midsummer-Night's Dream«,
»Twelfth Night«). Parallel zur Entwicklung
dieser sog. romant. Komödie durch Lyly und
Shakespeare entsteht als neuer Typus die realist. ↗ *Comedy of humours,* nach anonymen
Vorläufern mit moral.-eth. Absicht neu geschaffen und gleich zu formstrenger Meisterschaft entwickelt von Ben Jonson (»Every man
in his humour«, 1598; »Volpone«, 1605; »The
Alchimist«, 1610). Zukunftsweisend ist ferner
die Aufnahme und Weiterentwicklung der
↗ *Tragikomödie,* bedingt durch einen (seit
Shakespeares Spätwerken wie »The Tempest«,
1611, zu beobachtenden) Bewusstseinswandel
(Problematisierung der erfahrbaren Wirklichkeit, gebrochene Weltsicht, Resignation usw.);
Vertreter sind u. a. Beaumont, Th. Heywood,
Massinger und Fletcher (»Philaster«, 1609; »A
King and No King«, 1611; »The Two Noble
Kinsmen«, viell. unter Mitarbeit Shakespeares,
1612). Die Betonung der bürgerl. Realität
macht viele Tragikomödien (und Tragödien)
zu Vorläufern des ↗ bürgerl. Trauerspiels des
18. Jh.s (vgl. schon die anonymen »Mr. Arden
in Kent«, 1586 und »The Yorkshire Tragedy«,
1605, oder Th. Dekkers »The Honest Whore«,
1604 u. a.). In der kurzen Periode von etwa 50
Jahren wurden (in über 100 Dramen) alle
dramat. Formen erschlossen (und durch
Shakespeare z. T. zur Vollendung geführt), auf
die nachfolgende Dramatiker zurückgreifen
konnten: die Charaktertragödie, die romant.
(Prosa-)Komödie, die Comedy of humours,
die Tragikomödie, insgesamt ein spezif. Drama
der ↗ offenen Form, das die Normen der Renaissancepoetik (Ständeklausel, drei Einheiten, Aktschema, Verssprache) zwar erprobte, aber nicht schemat. sondern stoff-ad-
äquat neben älteren dramat. Formen einsetzte.
Als durch Parlamentsbeschluss der Puritaner
1642 die Schließung der Theater angeordnet
wurde, hatte das E. D. – nach einer Blüte um
1600 immer greller im Gehalt und von äußerst
ter formaler Virtuosität – aus sich selbst
gleichsam eine hypertrophe Endstufe erreicht.

IS

Ellipse, f. [gr., lat. ellipsis = Auslassung], ↗ rhetor. Figur, Mittel d. Sprachökonomie oder der stilist. Expression: Weglassen von Satzgliedern, die zum Verständnis nicht unbedingt notwendig sind (vgl. dagegen ↗ Aposiopese), z. B. »Woher so in Atem?« (Schiller, »Fiesco III, 4); dient in der Dichtung oft als Mittel der gesteigerten Expression. Bes. häufig in konventionalisierter Alltagssprache, z. B. »zweiter Stuttgart« (= ich möchte eine Fahrkarte zweiter Klasse nach St.) oder bei Grußformeln, Sprichwörtern (»Jung gewohnt, alt getan«), Kommandos u. a. S

Éloge, f. [e'lo:ʒ, frz., aus lat. ↗ elogium], Lobrede, Lobschrift; in der franz. Lit. des 17. und 18. Jh.s bedeutsame Gattung der Beredsamkeit: in kunstreicher Rhetorik gestaltete Rede zur öffentl. Würdigung eines hervorragenden Mannes (als Grabrede: É. funèbre). Bes. gepflegt von der Académie française für verstorbene Mitglieder, meist durch den jeweiligen Nachfolger (É. académique oder É. historique), vgl. z. B. die Sammlungen von Fontenelle (»É.s des Académiciens«, 2 Bde. 1731) und Cuvier (»Recueil d'é.s historiques«, 2 Bde. 1812). É.s académiques sind noch heute Teil des traditionsbestimmten Aufnahmeverfahrens in die Académie française. É. begegnet auch als Titel panegyr. Gedichte (z. B. Saint-John Perse, »É.s«, 1911). ↗ Panegyricus, ↗ Enkomion, ↗ Laudatio funebris. IS

Elogium, n. [lat. = Spruch, Aufschrift, Inschrift], in der röm. Antike kurze Grab- (Sarkophag-)Inschrift; in frühester Zeit in Prosa, später auch in poet. Form (↗ Epigramm); enthielt zunächst nur Name u. Ämter, später auch Preis der Toten (vgl. z. B. Sarkophage der Scipionen). – Begegnet auch auf den Ahnenbildnissen (imagines) im Atrium der Häuser adl. Geschlechter, dann auch auf öffentl. aufgestellten Büsten, Hermen usw. (vgl. z. B. die Statuen myth. Römergestalten auf dem Augustusforum in Rom). – Literar. Nachbildungen sind die »Imagines« von Terentius Varro (39 v. Chr.) mit epigrammat. Elogii zu 700 Bildnissen hervorragender Griechen und Römer. IS

Emblem, n., Pl. Emblemata [gr. emblema = das Eingesetzte, Mosaik- oder Intarsienarbeit], aus Bild und Text zusammengesetzte Kunstform, bestehend 1. aus einem meist allegor. Bild (Ikon [gr. eikon], auch Pictura, Imago [lat. = Bild] oder Symbolon [gr. = sinnl. Zeichen]): meist ein sinnfälliges, oft merkwürd. Motiv aus Natur, Kunst, Historie, bibl. Geschichte oder Mythologie, häufig auch nur daraus Einzelheiten, z. B. einzelne Körperteile oder aus verschiedenen Elementen kombinierte Figuren nach dem Vorbild der Hieroglyphik. 2. aus dem Lemma (gr. = Titel, Überschrift, auch ↗ Motto, Inscriptio) über oder im Bild: ein knappes Diktum in lat. oder gr. Sprache, häufig ein Klassikerzitat. Unter dem Bild steht 3. die Subscriptio (lat. = Unterschrift), oft als ↗ Epigramm, aber auch in anderen gebundenen Formen oder in Prosa. Die Subscriptio erläutert den im Bild häufig verschlüsselt oder allegor. dargestellten Sinn des E.s, der sich auf ein moral., relig., erot. Thema beziehen kann oder eine allgemeine Lebensweisheit beinhaltet. Emblemata waren in Europa vom 16.–18. Jh. außerordentl. beliebt, auch in der Malerei (bes. Fresken). E.bücher mit ihren Holz-

STVDIO ET VIGILANTIA.

Qui VIGILI STVDIO Sapientem scripta volutat,
Hic dici doctus, Cur mereatur, habet.

Durch Eifer und Wachsamkeit
Wer in unermüdlichem Eifer die Bücher studiert,
der nur verdient es, ein Gelehrter zu heißen.

schnitten oder Kupferstichen wurden oft geradezu Hausbücher (vgl. ↗ E.literatur); jedes Thema, auch z. B. die Bibel oder antike Sagen, wurde emblemat. verarbeitet (dabei oft moralisiert). E.-Anspielungen prägten nicht nur die barocke Bildersprache in Kunst und Literatur entscheidend mit, sondern auch die Gestaltungstechniken des barocken Schauspiels und des Romans. Viele dieser Anspielungen in der barocken Dichtung sind heute nur mit Hilfe der Kenntnis der Emblematik verständlich; sie bildet für die Literaturhistorie einen wichtigen Bereich der Toposforschung. – Die Grenzen zur ↗ Imprese oder ↗ Devise sind fließend; demzufolge findet sich die Bez. ›E.‹ in der älteren Literatur häufig auch auf diese Formen bildl.-literärer Gestaltung angewandt; erst seit E. R. Curtius wird unter E. nur die streng dreigeteilte Kunstform verstanden, wie sie A. Alciatus in seinem »Emblematum liber« (1531, Nachdruck 1967) ausgebildet hat.

HFR

Emblematik, ↗ Emblem, ↗ Emblemliteratur.

Emblemliteratur, Emblemsammlungen in der Nachfolge des »Emblematum liber« des Andrea Alciatus (Augsburg 1531). Blütezeit vom 16. Jh. bis zum 18. Jh., mit Schwerpunkt in Mittel- und Westeuropa. Der »Emblematum liber« fand ungeheuren Anklang (über hundert Neuauflagen, Übersetzungen und Bearbeitungen) und gab den Anstoß zu einer wahren Flut von Emblembüchern (über 600 Verf. emblemat. Werke bekannt). Teilweise wurde das von Alciatus geprägte Schema des ↗ Emblems übernommen (Mathias Holtzwart, »Emblemata Tyrocinia«, 1581; Gabriel Rollenhagen, »Nucleus emblematum selectissimorum«, 1611 u. a. m.), in der Regel aber in verschiedenen Graden variiert bis fast zur Auflösung der eigentl. Form durch Ausweitung nach der bildner., lyr. oder erzähler. Seite hin (z. B. Laurens van Haecht Goidtsenhouen, »Mikrokosmos«, 1579, 1613 neu bearbeitet von Joost van den Vondel). Früh schon theoret. Erörterungen über die Emblematik, so Alciatus' Vorrede zu seiner Ausgabe, J. Fischarts »Vorred von Ursprung, Gebrauch und Nutz der Emb-

lematen« zu Holtzwarts Werk oder G. Ph. Harsdörffers »Frauenzimmer-Gesprechspiele« (1641 ff.). Bei späterer E. der roman. Länder überwiegt die Tendenz zu geistreicher Symbolspielerei, in Deutschland und den Niederlanden eher zu bürgerl. Morallehre. Das eth. polit. Emblembuch, dem ↗ Fürstenspiegel verwandt, findet sich v. a. in Deutschland. Im 17. Jh. nimmt die religiöse E. einen gewaltigen Aufschwung: etwa ein Drittel der E. sind religiöse Emblembücher (das wichtigste Werk mit rd. 40 lat. Ausgaben zwischen 1624 und 1757 und zahlr. Übersetzungen ist die »Pia desideria« des Jesuiten Hermann Hugo; vgl. auch die zahlr. Trost- und ↗ Sterbebüchlein, ↗ Ars moriendi). Von Holland ausgehend erscheinen seit Anf. 17. Jh. auch erot. Themen in Emblemata, dialekt. behandelt z. B. in D. Heinsius' »Emblemata amatoria« (1616), eth.-moralisierend in Jakob Cats »Emblemata amores moresque spectantia« (1622). Die Emblematik fand Eingang in alle Lebensbereiche, so sind auch zahlreiche Gelegenheitsproduktionen wie ↗ Stammbuchemblemata, Hochzeitsemblemata u. a. bezeugt.

HFR

Embolima, n. Pl. [gr. = Einschübe], im antiken Drama Chorlieder, gesungen als bloße Einlagen, ohne Zusammenhang mit der Handlung, zwischen den Schauspielerszenen (↗ Epeisodion); sie verdrängten seit Ende des 5. Jh.s den ↗ Chor in seiner ursprüngl. Funktion als Kommentator der vorgeführten Ereignisse. In der ↗ Tragödie bei Agathon (5. Jh. v. Chr.) bezeugt (Aristoteles, Poetik 18, 1456), in der Komödie erstmals bei Aristophanes (»Plutos«, 388 v. Chr.) nachweisbar. Vgl. dagegen ↗ Stasimon.

S

Emendation, f. [lat. = Verbesserung, Berichtigung], textkrit. Bez. für bessernde Eingriffe in einen nicht authent. überlieferten Text bei offensichtl. Überlieferungsfehlern (Fehler orthograph. Art, Haplographien, Dittographien, Wortauslassungen u. a.); vgl. dagegen ↗ Konjektur; auch ↗ Textkritik. Ferner Bez. für Druckfehlerkorrektur.

S

Empfindsamkeit, gefühlsbetonte geist. Strömung innerhalb der europ. ↗ Aufklärung (ca. 1730 bis Ende 18. Jh.). Wortbildung nach der von G. E. Lessing vorgeschlagenen Übersetzung des Wortes ›sentimental‹ mit ›empfindsam‹ im Titel von L. Sternes »Sentimental Journey ...« (1768; übersetzt noch im selben Jahr durch J. J. Ch. Bode), ein Werk, in dem die Tendenzen dieser Strömung zusammengefasst sind. Die E. gilt als eine der »Manifestationen bürgerl. Emanzipationsbestrebungen im 18. Jh.«. Sie wurde in der früheren Forschung v. a. als säkularisierter ↗ Pietismus gedeutet. Neuere Untersuchungen (Sauder) sehen in ihr jedoch keine Opposition gegen rationalist. Vernunft, sondern eine »nach innen gewendete Aufklärung«, die versuche, »mit Hilfe der Vernunft auch die Empfindungen aufzuklären«, sich zur Erlangung *moral. Zufriedenheit* (als höchstem Zweck) der Leitung der ›guten Affekte‹ (Sympathie, Freundschaft, [Menschen]-Liebe, Mitleid, ›vermischte‹ d. h. zärtl.-moral. Empfindungen) zu überlassen. E. als »Selbstgefühl der Vollkommenheit« erhält so, sozialgeschichtl. gesehen, eine »zentrale Bedeutung« für die »Herausbildung der privaten Autonomie des bürgerl. Subjekts«. Die forcierte Gefühlskultur tritt – z. T. als Modeströmung – in vielen Lebensbereichen in Erscheinung. Sie zeitigt pädagog. (J. H. Campe) und allgem. philantrop. Einrichtungen, v. a. aber empfindsame Freundschaftszirkel, die (mit dem Ziel gegenseit. sittl.-moral. Erziehung) im Gespräch, in gemeinsamer Lektüre, in Tagebüchern, Briefen, autobiograph. Aufzeichnungen einen schwär-

Empfindung
Sentiment

Empfindung
Sentiment

mer. Gedankenaustausch pflegten. Ein neu entdecktes Naturgefühl erweckte den Sinn für idyll.-heitere wie eleg.-düstere Stimmungen und Reflexionen. Zur Artikulation dieser Gefühlsintensität, der verfeinerten seel. Empfindungen, Selbstbeobachtungen und -analysen entsteht zugleich ein neuer, differenzierter und nuancenreicher psycholog. Wortschatz, entstehen neue Metaphern und Bildkomplexe, die die Sprache um eine irrationale Komponente bereichern. Literar. relevant wurden in dieser Hinsicht v. a. die Freundschaftszirkel um F. G. Klopstock, um J. W. L. Gleim, der ↗ Göttinger Hain, der ↗ Darmstädter Kreis oder auch die Briefwechsel der Brüder J. G. und F. H. Jacobi oder J. G. Herders mit seiner Braut u. a. Entscheidende Bedeutung gewann damit die *Literatur*, welche die neue Gefühlskultur ästhetisierte: Die Empfindungsbereitschaft und -fähigkeit zeigte sich zwar durchaus moral. orientiert, jedoch nicht naiv, sondern höchst bewusst und reflektiert, genoss sich z. T. letztlich selbst und folgte auch in der ›empfindsamen‹ Lebensgestaltung literar. Mustern. Diese Muster lieferte v. a. England, zunächst in den ↗ moral. Wochenschriften, dann mit den Naturdichtungen von J. Thomson bis zur empfindsamen ↗ Gräberpoesie (Th. Gray, E. Young, »Night-Thoughts«, 1742; dt. 1751), dem »Ossian« (1760), aber v. a. mit den moralisierenden Tugend-(Brief)romanen von S. Richardson (»Pamela«, 1740; »Clarissa«, 1748; »Grandison«, 1753), später auch den humorist.-idyll. Romanen von O. Goldsmith, L. Sterne u. a. Auch Frankreich gab mit Romanen (Abbé Prévost u. v. allem Rousseau, »Julie ou la Nouvelle Héloïse«, 1761) und mit der ↗ comédie larmoyante literar. Anregungen. In der dt. Literatur der E. wurden diese Muster allseits aufgenommen und mit großen Publikumserfolgen nachgeahmt. Das Theater beherrschten Ch. F. Gellerts ↗ weinerl. Lustspiel (nach frz. Muster), das ↗ bürgerl. Trauerspiel und die tränenseligen Familien- oder ↗ Rührstücke (von F. L. Schröder, O. H. v. Gemmingen, A. W. Iffland, A. v. Kotzebue u. a.). Gellert eröffnete auch die Flut von Romanen in der Richardson-Nachfolge, meist ebenfalls Briefromane mit schmalem Hand-

lungsgerüst und reichen gefühlig-morali-
sierenden Exkursen und Betrachtungen (vgl.
z. B. Gellert,»Leben der schwed. Gräfin von
G.«, 1746; S. von La Roche,»Geschichte des
Fräuleins von Sternheim«, 1771; J. T. Hermes,
»Geschichte der Miß Fanny Wilkies«, 1766
u. v. a.). – Hermes führte mit der Nachahmung
von Sterne's »Sentimental Journey« den empfindsamen ↗ Reiseroman in die dt. Literatur
ein (»Sophiens Reise von Memel nach Sachsen«, 1769/73), der ebenfalls sofort viele Nachahmer fand (z. B. J. G. Schummel,»Empfindsame Reisen durch Deutschland«, 1772, re-
zens. von Goethe; M. A. v. Thümmel, A. v.
Knigge u. a.). Eine eigene Form- und Aus-
druckssprache entwickelt die Lyrik durch eine
programmat. Abwendung von der traditionellen normativen Poetik (Gottsched): Pyra
und Lange nutzen den schwärmerisch-beseel-
ten Sprachschatz des pietist. geistl. Liedes für
ihre »Freundschaftl. Lieder« (1745; neu und
richtungweisend auch durch den teilweisen
Verzicht auf den Reim). Klopstock schuf dann
die Gefühlssprache des Erhabenen, der religiösen Ergriffenheit, der seel. Bewegung (»Messias«, Gesänge 1–3, 1748 und »Oden«, 1771,
meist in freien Rhythmen und von weitreichender Wirkung; Goethe). Daneben stehen
die nicht weniger gefühlsintensiven Dichtungen im Gefolge »Ossians« (H. W. v. Gerstenberg) oder des idyll.-heiteren, einem empfindsamen Natur- und Freundschaftsgenuss
huldigenden Dichtungen, die sich z. T. mit der
↗ Anakreontik berühren (E. v. Kleist, S. Gessner, J. P. Uz, L. Hölty, Gleim u. a.). *Höhepunkt*
und zugleich Überwindung der empfindsamen Dichtung ist Goethes »Werther«
(1772/74), in dem das individuelle Gefühlser-
leben zeittyp. gestaltet ist. Er evozierte nicht
nur eine Großzahl empfindsamer (auch dramat.) sog. ›Wertheriaden‹ (z. B. J. M. Miller,
»Siegwart«, 1776), sondern auch Nachahmungen in der Lebenswirklichkeit (Werther-
tracht, Wertherfieber, sogar Selbstmorde).
Goethe hatte im »Werther« auch die Gefahren
der unbedingten Gefühlshingabe aufgezeigt;
er selbst schloss mit diesem Werk eine persönl.
Entwicklungsphase ab und wandte sich (im
Gefolge Rousseaus) einer weniger reflek-

tierten, unmittelbareren Gefühlsaussprache
(↗ Hymnen, ↗ Sturm und Drang) zu. Auch
zahlreiche zeitgenöss. Satiren und Parodien
enthalten krit. Urteile über den Gefühlskult,
die ›Empfindelei‹, vgl. z. B. Goethes »Triumph
der E.« (1777). Aber nicht nur für Goethes
Entwicklung, sondern für den gesamten Bereich der dt. Literatur stellt die E. durch die
Freisetzung der Gefühlskräfte, die Verschärfung und Vertiefung der psycholog. Beobachtung, die Beseelung des Naturgefühls und allgem. durch eine Verinnerlichung einen wichtigen Schritt dar hin zum Irrationalismus und
ästhet. Individualismus.   IS

Emph<u>a</u>se, f. [gr. emphasis = Verdeutlichung],
1. semant. E., Figur des uneigentl. sprachl.
Ausdrucks, ↗ Tropus; ein Tatbestand wird dadurch ausgedrückt, dass ein Begriff genannt
wird, der diesen Tatbestand unausdrückl. *auch*
enthält, z. B. »Er ist ein *Mensch*« (= *schwach,
irrend,* jedoch auch je nach Kontext: *gut, edel,
›menschlich‹, vernünftig*); verwandt mit ↗ Synekdoche (totum pro parte, Undeutliches statt
dem Deutlichen) und ↗ Litotes (redetakt. Verhüllung), Mittel der ↗ Diaphora und ↗ Anaklasis. – Da diese Figur als überflüssige Aussage
missverstanden werden konnte, wurde sie
durch Tonfall, Tonstärke und Gestik hervorgehoben und allmähl. ident. mit Ausdrucksver-
stärkung durch betonte Stimme und Gestik. Heute
bez. E.
2. allgem.: Nachdruck, Eindringlichkeit durch
Stimme und Gestik oder durch hyperbol. oder
stark metaphor. Wortwahl ohne semant.
Wortumwertung.   S

Enallage, f. [gr. = Vertauschung] auch Hypallage, ↗ rhetor. Figur, Verschiebung der log.
Wortbeziehungen, bes. Abweichung von der
erwarteten Zuordnung eines Adjektivs; dies
wird zu einem Anderen des semant. passenden Substantiv gestellt: »Dennoch umgab
ihn *die gutsitzende Ruhe* seines Anzugs« (R.
Musil; aus umgangssprachlich in fehlerhaften
Sätzen wie »in baldiger Erwartung Ihrer Antwort«) ein unpassendes Adjektiv-Attribut wird statt dem passenden Genitiv Attribut gesetzt: »der *schuldige Scheitel*« (Goethe,

statt: Scheitel des Schuldigen; umgangssprachl. z. B.: reiterl. Darbietungen, jagdl. Ausdrücke). S

Enchiridion, n. [gr. eigentl. = in der Hand (Gehaltenes)], Handbuch, Lehrbuch, Leitfaden, Quellensammlung; vgl. Luthers »Kl. Katechismus«, der bis 1546 den Obertitel ›E.‹ trug, oder Erasmus von Rotterdam, »E. militis Christiani«, 1503/04. MS

Endecasillabo, m. [it., nach lat.-gr. hendekasyllabus = Elfsilbler], in der italien. Verskunst 11-silb. Vers mit weibl. Versausgang und zwei Haupttonstellen: ein Haupton fällt dabei regelmäßig auf die 10. Silbe, während der andere bewegl. ist, meist jedoch auf der 4. oder 6. Silbe liegt. Nach dem Wort mit dem bewegl. Haupton hat der Vers eine männl. oder weibl. Zäsur, die den Vers in zwei ungleiche Abschnitte teilt; geht dabei der kürzere Abschnitt voraus, spricht man von einem E. *a minore*, im umgekehrten Falle von einem E. *a maiore*, z. B. »Tu lasceraí/ ogni cosa dilétta« (Dante, »Paradiso« XVII, 55: E. a. minore mit männl. Zäsur), »Nel mezzo del cammín/ di nostra víta« (Dante, »Inferno« I, 1: E. a maiore mit männl. Zäsur). – Der E. ist eine freie Adaption des franz. Zehnsilblers (↗ Vers commun); er ist der älteste belegte italien. Vers überhaupt (Iscrizione ferrarese, 1135) und als Vers des ↗ Sonetts, der ↗ Terzine, der ↗ Stanze, der ↗ Sestine u. a. der wichtigste Vers der italien. Dichtung (verwendet u. a. von Dante, Petrarca, Ariost, Tasso). – *Dt. Nachbildungen,* fünfheb. jamb. Verse mit männl. Zäsur nach der 4. oder 6. Silbe (bzw. weibl. Zäsur nach der 5. oder 7. Silbe), finden sich seit der 2. Hälfte des 18. Jh.s v. a. bei Ch. M. Wieland, J. J. W. Heinse, Goethe (»Schillers Reliquien«, »Faust«, Zueignung), bei den Romantikern, bei A. v. Platen, später noch bei St. George. K

Endecha, f. [enˈdetʃa; span. = Klage], span. eleg. Gedicht, meist in Form einer ↗ Romanze aus vierzeil. Strophen (meist 6- oder 7-Silbler); verschiedene Ausprägungen: bei der E. *real* ist z. B. der letzte Vers jedes Quartetts ein Elfsilbler (u. a. von Cervantes und der mexikan.

Dichterin Sor Juana Inés de la Cruz [17. Jh.] gepflegt); daneben finden sich auch E.s aus gereimten Vierzeilern oder reimlosen Versen (Cervantes). GR

Endreim, a) auf die Stellung im Vers bezogen: Reim am Versende, im Unterschied etwa zum ↗ Binnenreim; b) gelegentl. auch auf die Stellung im Reimwort bezogen: Reim, der vom Hauptvokal bis zum Wortende reicht, im Unterschied zum Anfangsreim (↗ Alliteration); vgl. auch ↗ Endsilbenreim. S

Endsilbenreim, Reimbindung zwischen nebentonigen oder unbetonten Endsilben; im Unterschied zum ↗ Stammsilben- oder Haupttonsilben-Reim. E. ergibt sich in griech. und lat. Dichtung durch syntakt. Parallelismus öfters spontan, begegnet in ahd. Dichtung als vollwertiger Reim, da die Endungssilben noch vollvokal. sind und in der ↗ Kadenz einen bes. Akzent tragen *(Hludwíg : sâlîg, rédinon : giwidaron);* im *gestützten* E. reimt noch die vorhergehende Konsonanz mit *(zîti : nôti).* Nach der spätahd. Abschwächung des Endsilbenvokalismus ergeben E.e in frühmhd. Dichtung oft nur noch unzulängl. Reimbindungen, z. B. *lufte : erde* (»Altdt. Genesis«). E.e begegnen gelegentl. auch noch in mhd. Dichtung *(Hagene : degene,* »Nibelungenlied«) und in nhd. Dichtung *(denn : Furien* bei Liliencron). S

Enfants sans souci, Pl. [ãfãsãsˈsi; frz. = Kinder ohne Sorgen], auch: Galants sans souci, zwischen 1485 und 1594 in Paris u. a. frz. Städten belegter Name für Gruppen von Laienschauspielern oder Gauklern, die sich auch *sots* (Narren) nannten; sie zeigten im Narrenkostüm Pantomimen, Gauklerstücke und Parodien, vor allem aber *soties* (↗ Sottie, in Allegorien dargestellte Satiren auf Sitten und polit. Ereignisse. Bekanntes Mitglied einer E. s. s.-Gruppe war P. Gringoire, der z. B. in einer Sottie die Politik Ludwigs XII. gegen Papst Julius II. unterstützte. Der junge Marot, der die E. s. s. besucht hatte, schrieb auf sie eine Ballade. Andere Aussagen über den sozialen Stand der Mitglieder (Söhne privilegierter Familien z. B.) sind Hypothesen. DB

Engagierte Literatur, im weitesten Sinne alle Literatur, die ein religiöses, gesellschaftl., ideolog., polit. Engagement erkennen lässt, bzw. aus einem solchen resultiert. Eine Abgrenzung gegenüber sog. ⁊ Tendenzdichtung, gegenüber polit. oder religiöser Dichtung ist daher schwierig; im engeren Sinne ⁊ Littérature engagée.　　　　　　D

Englische Komödianten, engl. Berufsschauspieler, die sich, in Wandertruppen organisiert, seit etwa 1590 in Deutschland aufhalten und, auf Grund ihres spezif. Theaterstils, das dt. Theater und Drama des 17. Jh.s nachhaltig beeinflussen. – Während das dt. Theater des 16. Jh.s noch ausschließl. Laientheater ist, wird das engl. Theater dieser Zeit schon weitgehend von Berufsschauspielern getragen; um die Mitte des 16. Jh.s lassen sich in England bereits ca. 150 Truppen nachweisen. Der etwa 1570 einsetzende Kampf der Puritaner gegen den zunehmenden Theaterbetrieb veranlasst einige dieser Truppen zur Auswanderung nach Holland, Dänemark und Deutschland. Das erste urkundl. bezeugte Gastspiel einer engl. Wandertruppe in Deutschland findet 1586/87 am kursächs. Hof Christians I. in Dresden statt. Seit 1592 (Frankfurter Messe) hält sich die Truppe *R. Brownes* in Deutschland auf, von der sich die Truppen *Th. Saxfields, J. Bradstreads* und *Th. Sackvilles* abzweigen; Letztere beiden gastieren noch im selben Jahr am Braunschweiger Hof in Wolfenbüttel. Weitere belegte Stationen der Sackville'schen Truppe sind Nürnberg (1595, 1597), Kopenhagen (1596), Stuttgart, Augsburg, München (alle 1597). Zu diesen Truppen kommen später die *J. Websters, J. Greenes, J. Spencers* hinzu. Die letzte nachweisbare Truppe engl. K. in Deutschland ist die *J. Jolliphus'* (seit 1648). – Die meisten Gastspiele englischer K. in Deutschland finden anlässl. der großen Messen, Jahrmärkte oder höf. Feste statt. Spielort sind Festsäle in Schlössern und Rathäusern, aber auch Wirtshäuser, Reitschulen u. Ä. Ihre *Bühne* ist eine Variante der ⁊ Shakespeare-Bühne, bestehend aus Vorderbühne und 2-stöck. Hinterbühne, dazu kann eine Versenkung kommen. Die Szene wird ledigl. durch

einfache Requisiten angedeutet; Frauenrollen werden, wie auch im ⁊ Elisabethan. Theater Englands, von Männern gespielt (weibl. Darsteller sind erst in der Truppe des J. Jolliphus nachweisbar). Die *Aufführungen* erfolgen zuerst in engl., seit etwa 1605 in dt. Sprache. – Die Stücke sind freie Bearbeitungen elisabethan. Dramen, namentl. Shakespeares (»Hamlet«, »König Lear«, »Der Kaufmann von Venedig«) und Marlowes (»Dr. Faustus«, »Der Jude von Malta«); dazu kommen ⁊ bibl. Dramen (»Susanna«); später werden auch Stücke dt. Autoren (Herzog Heinrich Julius von Braunschweig, J. Ayrer, Gryphius, Lohenstein) aufgeführt. – Die *Bedeutung* der e. K. für die dt. Theatergeschichte liegt in ihrem spezif. Theaterstil, charakterisiert durch: 1. Das Spiel ist in erster Linie *Aktionstheater;* der Text des Stücks verliert gegenüber der Bühnenaktion, die durch derbe Realistik und drast. Gestik gekennzeichnet ist, an Bedeutung; Fechtszenen, Tanzeinlagen, artist. Kunststücke sind den Aufführungen fest integriert. Es unterscheidet sich damit grundsätzl. vom Humanistendrama und vom protestant. Schuldrama des 16. Jh.s, die v. a. Deklamationstheater waren. 2. Die Stücke sind größtenteils in schlichter, umgangssprachl. gefärbter *Prosa* (sogar unter teilweiser Verwendung der Mundart) abgefasst; das bedeutet, dass zum szen. Realismus eine in Ansätzen realist. Sprachgestalt kommt. Mit den e. K. setzt die Geschichte des dt. Prosadramas ein. 3. Durch die englischen K. (namentl. durch Th. Sackville) wird in das dt. Theater die *Figur des Clowns* (Pickelhering, ⁊ Hanswurst) als stehende Figur eingeführt, deren zotenhafte Possen in Form von Stegreifeinlagen die eigentliche dramat. Handlung immer wieder unterbrechen. – Die Wirkung der e. K. auf das dt. Drama zeigt sich zunächst bei Herzog Heinrich Julius von Braunschweig und J. Ayrer. Ihr realist. Theaterstil beeinflusst auch das dt. Schuldrama; v. a. bei Ch. Weise (»Bäurischer Machiavellus«, 1679; »Masaniello«, 1682) macht sich ihr Vorbild bemerkbar (viel szen. Aktion, Prosa, Clown-Figur des Pickelherings, vgl. auch ⁊ Haupt- und Staatsaktionen). – Neben den e. K. gastieren im 17. Jh. in Deutschland niederländische und it. Wandertruppen; seit der 2. Hälfte des 17. Jh.s gibt es dann auch dt. Schauspieltruppen von Bedeutung *(A. Paulsen; J. Velten).* K

Englyn, m. [ɛŋlin; kymr., Pl. englynion], Strophenform der walis. (kymr.) Dichtung aus 3 oder 4 Zeilen mit Alliteration, Binnenreim oder deren Kombination (↗ Cynghanedd). E.ion dieser Art finden sich seit dem 9. Jh., es handelt sich um Strophen mit religiöser Thematik, um Gnomik und um Heldengesänge in eleg. Ton (z. B. die Klage Llywarchs über den Schlachtentod seiner 24 Söhne). – Im engeren Sinne der seit dem 12. Jh. belegte E. *unodl union,* ein vierzeil., heterometr. (10–6–7-Silbler)»einreim. durchgereimter E.«, die bis heute beliebteste der strengeren bard. Strophenformen. K

Enjambement, n. [ãjãb'mã; frz. = das Überschreiten; dt. = Zeilensprung], Übergreifen des Satzgefüges über das Versende hinaus in den nächsten Vers: z. B. Mörike,»An die Geliebte«:»Dann hör ich recht die leisen Atemzüge / Des Engels ...«. Der in den nächsten Vers verwiesene Satzteil *(des Engels)* heißt *rejet.* – Die durch das E. bedingte Überschneidung von Vers- und Satzgliederung findet sich schon in antiker und mal. Dichtung. – Seine *Funktionen* sind:
1. die Integrität der einzelnen Verszeilen wird aufgehoben; die Folge ist entweder ein lockerer, prosanaher Parlandostil zur Vermeidung einer ermüdenden Eintönigkeit, v. a. in Texten größeren Umfangs, wie sie eine ständige Wiederholung desselben Versschemas mit sich brächte (z. B. Lessings Blankverse in»Nathan der Weise«), oder das musikal. Ineinanderfließen der Verse, vielfach in lyr. Texten, häufig in der Romantik und bes. bei Rilke (z. B. »Die Flamingos«, hier sogar mit Überschreitung der Strophengrenze).
2. die Integrität der einzelnen Verszeilen wird nicht aufgehoben, Versende und Versanfang werden vielmehr emphat. herausgehoben, so v. a. in (reimlosen) Gedichten hymn.-ekstat. Tones, bei Klopstock, Hölderlin, dem späten Rilke (z. B. 1. Elegie:»Wer, wenn ich schriee, hörte mich denn aus der Engel / Ordnungen? ...«.

3. Das E. hat bildhafte Funktion, vgl. schon Walther von der Vogelweide:»Sæhe ich die megde an der strâze den bal / werfen ...«: das E. gestaltet hier den Gestus des Werfens mit sprachl. Mitteln. – Das E. kann durch Reimklänge verstärkt werden. Eine gesteigerte Form des E.s liegt weiter vor, wenn die Versgrenze mitten in ein Wort fällt (z. B. Rilke, 2. Elegie:»... hochauf=/schlagend erschlüg uns das eigene Herz«). Wird, in gereimter Dichtung, durch das E. ein Reimwort getroffen, spricht man von ↗ gebrochenem Reim. Dem E. verwandte Stilmittel sind ferner der ↗ Haken- (oder Bogen)stil in angelsächs. und altsächs. Stabreimdenkmälern und die Technik der ↗ Brechung (Reimbrechung) in mhd. Reimpaargedichten. K

Enkomiologikus, m. [gr. = preisender (Vers)], gr. ↗ archiloch. Vers der Form $- \cup \cup - \cup \cup - | \triangledown - \cup - \triangledown$; als Zusammensetzung aus einem ↗ Hemiepes und dem ersten Teil eines jamb. ↗ Trimeters bis zur ↗ Penthemimeres gedeutet, Asynarteton. Zuerst bei Alkman (2. Hälfte 7. Jh. v. Chr.) und Alkaios (um 600 v. Chr.) belegt; histor. eine Vorform der v. a. bei Pindar beliebten ↗ Daktyloepitriten. Bez. nach seiner Verwendung v. a. im ↗ Enkomion (Preisgedicht); auch als *Elegiambus,* in der Umkehrung (jamb. Trimeter + Hemiepes) als *Jambelegus* bez. (vgl. aber den röm. ↗ Elegiambus). K

Enkomion, n. [Lobgedicht, Lobrede], altgriech., auf Festzügen gesungenes chor. Preislied auf hervorragende Männer, meist vom Aulos begleitet; wichtigste Versform der ↗ Enkomiologikus. Als literar. Gattung evtl. von Simonides (6. Jh. v. Chr.) entwickelt; bedeutendste *Vertreter* Pindar und Bakchylides. – Prosaische Enkomien, meist mit iron.-satir. Spitze, schufen u. a. Gorgias und Isokrates (4. Jh. v. Chr.); diese Tradition wirkte bis in die Neuzeit fort, vgl. z. B. Erasmus von Rotterdams »Morias e.« (Lob der Torheit, 1509). Sonderform des E.s: ↗ Epinikion, auch ↗ Panegyrikus. IS

Enoplios, m., altgr. Vers der Form ⌣−⌣⌣−⌣⌣−−; gilt als Ausprägung eines vermuteten griech. Urverses aus drei festen Längen und mehreren freien Kürzen, wie evtl. auch ↗Paroimiakus, ↗Prosodiakus und das ↗Hemiepes; erscheint auch in ↗Daktyloepitriten, ↗Asynarteten und als ↗äol. Versmaß. S

Ensenhamen, m. [prov. = Unterweisung, Erziehung], prov. Lehrdichtung, die der Unterweisung der mal. Gesellschaft in standesgemäßer Lebensführung dient. Entsprechend der sozialen Schichtung existieren E.s für Adlige und Nichtadlige beiderlei Geschlechts. Ihre Anstandsregeln, oft mit allgemeinen Moralgrundsätzen und Hygienevorschriften vermischt, sind teils auf alle Lebensbereiche ausgedehnt, teils auf bestimmte Situationen (Verhalten in der Liebe, Benehmen bei Tisch) beschränkt. Der Komposition nach lassen sich unterscheiden: 1. E.s, die die Didaxe direkt erteilen und 2. solche, die sie in ep. Einkleidung vermitteln. Die metr. Form besteht überwiegend aus unstroph. Sechssilbler-Reimpaaren. – Eine Gattungsvariante stellen die als Berufs- und Verhaltensanleitung für Joglars gedachten E.s dar. – Dichter: Garin lo Brun, Arnaut de Maruelh, Arnaut Guilhem de Marsan, Raimon Vidal de Bezalù, Sordel, N'At de Mons, Amanieu de Sescas. – Als Zeugen zeitgenöss. Sitten-, Moral- und Geschmacksvorstellungen sind die E.s von hohem kulturhistor. Wert.   PH

Enthüllungsdrama, dt. Bez. für ↗analyt. Drama.

Entremés, m., Pl. entreméses [span. = Zwischenspiel, von frz. entremets = Zwischengericht], im span. Theater kurzer, meist schwankhaft.-realist. oder satir. Einakter, oft mit Tanz, der zwischen den Akten der ↗Comedia oder zwischen Vorspiel und ↗Auto sacramental eingeschoben wurde. Ursprüngl. wohl Unterhaltung zwischen verschiedenen Gängen eines Banketts (s. Etymol., auch ↗Intermezzo, ↗Interlude). Die meisten E.es entstanden während der Blütezeit der Comedia im 16./17. Jh. Als Meister gelten M. de Cervantes (»Ocho comedias y ocho e.es nuevos«, 1615), Lope de Vega, F. de Quevedo und L. Quiñones de Benavente (soll etwa 900 E.es geschrieben haben). Der E. wurde Ende des 17. Jh.s vom ↗Sainete abgelöst.   GR

Entwicklungsroman, Romantypus, in dem die geist. Entwicklung der Hauptgestalt (meist eines jungen Menschen) dargestellt wird. Bez. in die Literaturwissenschaft eingeführt von Melitta Gerhard (1926) für Romane, die zwar dem klass. ↗Bildungsroman (geist. Entwicklung unter dem Aspekt einer Entelechie und eines bestimmten Bildungsideals) verwandt sind, in Ziel und Weg aber entsprechend der zeittyp. und individuellen Auffassung ihrer Autoren kennzeichnend abweichen. Diese Begriffsscheidung ist jedoch nicht allgem. durchgeführt: die umfassendere Bez. ›E.‹ wird vielfach mit ›Bildungsroman‹ und ↗›Erziehungsroman‹ synonym gebraucht. In der modernen Literaturwissenschaft wird deshalb versucht, die Bez. ›E.‹ formal zu fixieren als überhistor., immer und in jeder Literatur möglicher Bautyp; entscheidend für die Zuordnung zum E. sind neben dem Inhaltl. (Konzeption eines individuellen Lebensganges) bestimmte *strukturale Kriterien*, z. B. die *Funktion der Stoffverteilung*: Held als Zentrum der dargestellten Welt (Ggs. etwa der ↗Abenteuer-, ↗histor. oder ↗Zeitroman), eine spezif. *Erzählsituation*: bes. typ. ist z. B. die ↗Ichform (erzählendes im Ggs. zum erlebenden Ich), die viele E.e in die Nähe der ↗Autobiographie und der Problematik des ↗autobiograph. Romans stellt (zwei Bewusstseinsebenen des Ich) oder das *chronolog. fortschreitende Zeitgerüst*. Je nachdem, welche strukturalen und inhaltl. Elemente als relevant angesehen werden, finden sich (oft nicht unwidersprochen) als E.e neben den ›eigentl.‹ ↗Bildungsromanen Werke klassifziert wie »Parzival« (von Wolfram v. Eschenbach), »Simplizissimus« (1668, von H. J. Ch. v. Grimmelshausen), »Agathon« (1767, 1773 u. 1794, von Ch. M. Wieland), »Hermann und Ulrike« (1780, von J. C. Wezel), »Ahnung und Gegenwart« (1815, von J. v. Eichendorff), »William Lovell« (1795/96, von L. Tieck), »Der Nachsommer« (1857, von A. Stifter), »Der grüne Heinrich«

Grass: »Die Blechtrommel«

(1854/55 und 1879/80, von G. Keller), »Andreas oder die Vereinigten« (entst. 1907/13, ersch. postum 1930, Fragm. v. H. v. Hofmannsthal), »Berlin Alexanderplatz« (1929, von A. Döblin), »Der Zauberberg« (1924) und »Dr. Faustus« (1947, von Th. Mann) und seit dem »Demian« (1919) alle Romane H. Hesses; als jüngsten E. bez. H. M. Enzensberger »Die Blechtrommel« (1959, von G. Grass). – Auch »Tom Jones« (1749, von H. Fielding), »Sartor Resartus« (1833/34, von Th. Carlyle), »Jean-Christophe« (1904–12, von R. Rolland) werden z. T. als E.e bez. – Als Parodie auf den E. wollte Th. Mann seinen »Felix Krull« (1954) verstanden wissen. IS

Enumeratio, f. [lat. = Aufzählung], ↗ rhetor. Figur, s. ↗ Accumulatio.

Envoi, m. [ã'vwa; frz. = Geleit, Zueignung, Widmung], abschließende Geleitstrophe in roman. Liedgattungen wie ↗ Kanzone, ↗ Chant royal, ↗ Ballade; entspricht in Form und Funktion der prov. ↗ Tornada, kam mit dem ↗ Canso in die afrz. Dichtung. PH

Enzyklopädie, f. [Kunstwort, von gr. enk'yklios = im Kreislauf des Jahres immer wiederkehrend, alltägl. und paid'eia = Bildung], von dem griech. Sophisten Hippias von Elis (5. Jh. v. Chr.) geprägter *Begriff* für universale Bildung, dann allgem. als Alltagsbildung definiert, die nach Isokrates (436?–338 v. Ch .) auf die wahre, d. h. die durch die Philosophie erlangte Bildung nur vorbereitet. Diese Bedeutung eine Propädeutik der Philosophie, im MA. auch der Theologie, behält der Begriff bis zum Beginn der Neuzeit. Der röm. Gelehrte M. Terentius Varro (116–27 v. Chr.) hat ihn erstmals in einem geschlossenen System, dem der ↗ Artes liberales, dargestellt und damit die röm. Schultradition auf fest umrissene Bildungsinhalte festgelegt. – Das MA. steht in

antiker enzyklopäd. Tradition. Die Artes liberales, in der Spätantike auf 7 (Grammatik, Rhetorik, Dialeitik, Arithmetik, Geometrie, Astronomie, Musik) festgelegt, stellen das Fundament mal. Schulbildung dar und geben das klass. Gliederungsschema mal. E.n ab. – Der *Name* ›E.‹ tritt als Titel erst am Ausgang des MA.s auf, erstmals wahrscheinl. in J. Philomusus' »Margarita philosophica encyclopaediam exhibens« (1508). – Die Neuzeit sucht über den mal. Bildungskanon hinaus in der die Gesamtheit des menschl. Wissens zu erfassen und stellt die verschiedenen Wissensgebiete in einen neuen, dem gewandelten Weltbild entsprechenden Zusammenhang. Unter E. ist jetzt ein umfassendes Werk zu verstehen, das die Gesamtheit des Wissens entweder systemat., d. h. nach Themenkreisen, oder alphabet. nach Stichwörtern sammelt. Demnach sind 2 Grundtypen enzyklopäd. Literatur zu unterscheiden: die systemat. und die alphabet. E., Letztere oft unter den Namen ›Allgemein-‹, ›Universal-‹, ›Real‹-E. oder ›Reallexikon‹, ›Sachwörterbuch‹ und, bes. im 19. Jh., ›Konversations-Lexikon‹. Eine *Sonderform* repräsentiert die auf nur ein Sachgebiet beschränkte Fach- oder Spezial-E. Alle Varianten der E. suchen jeweils nur gesichertes Wissen zu vermitteln. Dieses wird im Hinblick auf den unterstellten großen Benutzerkreis in leicht verständl. und dennoch wissenschaftl. Ansprüchen genügender Darstellung (meist) von einem großen Stab von Fachgelehrten angeboten. Tabellar. Übersichten, Bildbeigaben, Tafeln und Karten sind heute fester Bestandteil jeder E. *Geschichte*.

1. Die *systemat.* E.: Ihre Anfänge werden auf den Platon-Schüler Speusippos († 399 v. Chr.) zurückgeführt, von dessen Werk nur wenige (naturhistor., mathemat. und philosoph.) Fragmente erhalten sind. Unter den röm. Gelehrten liefern der ältere Cato, Varro, Celsus und C. Plinius Secundus ähnl. Arbeiten, alle in Form von Lehrbüchern. – Der Begründer der mal. E. ist Martianus Capella (5. Jh.). Sein teils in Versen, teils in Prosa abgefasstes Werk »De nuptiis Mercurii et Philologiae« (Von der Hochzeit Merkurs mit der Philologie) ist die für das ganze MA. maßgebende Darstellung

der Artes liberales. Als Grundbuch mal. Bildung gelten die »Institutiones divinarum et saecularium litterarum« Cassiodors (6. Jh.), die kirchl. Wissen mit den weltl. Artes verbinden. E.n von kaum geringerer Ausstrahlung schufen Isidor von Sevilla (um 570–636, ca. 1000 Hss.), Hugo von St. Viktor (um 1096–1141), Lambert von St. Omer (1120), Honorius Augustodunensis (um 1080–1137), Herrad von Landsberg (1125–95, »Hortus deliciarum«, wahrscheinl. die 1. E. einer Frau), Alexander Neckam (1157–1217), Alanus ab Insulis (um 1120–1202), Arnoldus Saxo (1. Hä. 12. Jh.), Thomas de C(h)antimpré (1201–1263?), Bartholomaeus Anglicus (13. Jh.; seine E., eine Art enzyklopäd. Bestseller, wurde bereits im MA. ins Ital., Frz., Provenz., Engl., Span., Fläm. und Anglo-Norm. übersetzt), Vinzenz von Beauvais († 1264; Höhepunkt populär-gelehrter Literatur, ebenfalls mit Übersetzungen ins Frz., Span., Dt., Fläm. und Katalan.). – Mit dem vor 1320 entstandenen anonymen »Compendium philosophiae« kündigt sich die 1. moderne E. an, die Objektivität in der Wissensvermittlung anstrebt und ihren Leser auch über die neuesten naturwiss. Entdeckungen informiert. – Nationalsprachl. E.n (meist vulgarisierte Bearbeitungen oder Kompilationen lat. Vorlagen) erscheinen seit dem 13. Jh., so von Pierre de Beauvais (»Mappemonde«, 1218), Gossuin de Metz (»Image du monde«, vor 1250), beide auf Honorius Augustodunensis fußend, von Konrad von Megenberg (»Buch der Natur«, 1350) und Peter Königschlacher (1472) nach Thomas de C(h)antimpré, der dt. »Lucidarius (1190–95) und frz. »Sidrach« (nach 1268 oder 1291), ferner Brunetto Latini mit der ersten, auf ein bürgerl. Publikum zugeschnittenen Laien-E. »Livres dou trésor« (um 1250). – In der Neuzeit entstehen nur noch wenige bedeutende systemat. E.n, u. a. J. H. Alsteds »Encyclopaedia septem tomis distincta« (1630), ferner die in systemat. Ordnung gebrachte und erweiterte E. Diderots und d'Alemberts, die als »Encyclopédie méthodique par ordre des matières« von Panckoucke und Agasse (1782–1832) in 166 Bdn. herausgegeben wurde. Im 20. Jh. bemüht sich das ›Comité de l'Encyclopédie

Française‹ (jetzt ›Société Nouvelle de l'Encyclopédie Française‹) um eine Erneuerung der systemat. E. Andere Wege beschreiten die beiden systemat. Taschenbuch-E.n: »Rowohlts dt. E.« (1955 ff.) stellt monograph. Abhandlungen über Einzelprobleme aus allen Wissenschaftsdisziplinen mittels beigegebener ›enzyklopäd. Stichwörter‹ und Register in einen enzyklopäd. Zusammenhang. »Das Fischer Lexikon« (1957–66) ist eine Sammlung von 40 Spezial-E.n, von denen jede aus wenigen größeren, alphabet. angeordneten Überblicksartikeln besteht, in die eine Fülle von Stichwörtern systemat. eingearbeitet ist. Den systemat. sind auch sog. *philosoph. oder formale E.n* zuzurechnen, die der Frage nach dem organ. Zusammenhang der Wissenschaften und Künste nachgehen und diesen philosoph. begründen. Ihre namhaftesten Vertreter sind F. Bacon, D. G. Morhof, J. G. Sulzer, J. J. Eschenburg und G. W. F. Hegel.

2. Die *alphabet. E.:* Während Antike und MA. die systemat. E. favorisierten, dominiert in der Neuzeit die alphabet. E. Vorläufer im Altertum sind meist schlecht oder gar nicht überliefert. Die mutmaßl. älteste alphabet. E., »De significatu verborum« von Verrius Flaccus ist nur teilweise (Buchstaben M-V) in der epitomierten Fassung des Sextus Pompeius Festus (2. Jh.) überliefert. Ein Vorläufer des Konversationslexikons des 19. Jh.s ist die zu ihrer Zeit populäre »Polyanthea nova« des Domenico Nani Mirabelli (1503, noch im 17. Jh. neu aufgelegt). Das 17. Jh. verzeichnet drei herausragende E.n: Moréris »Grand dictionnaire historique« (1674, histor., geo- und biograph. ausgerichtet), A. Furetières »Dictionnaire universel des sciences et des arts« (1690, das erste Beispiel einer nach heutigen Vorstellungen modernen E.) und P. Bayles »Dictionnaire historique et critique«, der die von blinder Autoritätsgläubigkeit diktierten Zitatenschätze früherer E.n durch krit. be-

»Encyclopédie«: Titelkupfer des ersten Bandes

reits von aufklärer. Geist bestimmte Stellungnahmen ersetzte (12 Ausgaben, die letzte
1820–24, zahlreiche Übersetzungen, u. a. eine
›entschärfte‹ dt. von J. Ch. Gottsched 1741–
44). Im 18. Jh. erscheint die erste neuere dt. E.
von Bedeutung, das. sog. Zedler'sche »Gr. vollständ. Universal-Lexikon aller Wissenschaften
und Künste« (1732–54), an dem bekannte
Fachgelehrte, bes. Leipziger und Hallenser
Professoren (auch Gottsched) mitarbeiteten.
Seine genealog. und zeitgenöss. biograph. Artikel (mit Literaturangaben) sind bis heute un-
ersetzl. Nahezu gleichzeitig (1728) erschien in
England E. Chambers' »Cyclopaedia or Universal Dictionary of Arts and Sciences«. Der
buchhändler. Erfolg (7 Ausgaben in 25 Jahren)
dieser in stärkerem Maß auch Technik und
Naturwissenschaften berücksichtigenden E.
gab den äußeren Anstoß zu Diderots und
d'Alemberts 35-bänd. »Encyclopédie ou Dictionnaire raisonné des sciences, des arts et des
métiers« (1751–80), die ursprüngl. eine Übersetzung des »Chambers« werden sollte. Durch
Diderot wurde sie das Standardwerk der franz.
Aufklärung, das »Einleitungskapitel der Revolution« (Robespierre). Er gewann dem Unternehmen die führenden Philosophen und Wissenschaftler der Zeit (↗ Enzyklopädisten) als
Mitarbeiter, die dieser E. den antiklerikalen
und antiabsolutist. Impetus verliehen, sowie
die zahllosen Handwerker und Techniker, die
sie in enger Kooperation mit Diderot zum ersten namhaften Lexikon der Technik machten.
Intention und Organisation der »Encyclopédie« sind in Diderots »Prospectus de l'Encyclopédie«(1750) und in seinem Artikel »Encyclopédie«, ferner in d'Alemberts »Discours
préliminaire« niedergelegt. Erst dieses epo-
chemachende Werk bürgert die Bez. ›E.‹ für
umfassende Nachschlagewerke ein. Bleibende
internationale Bedeutung errang auch die
»Encyclopaedia Britannica or a dictionary of
arts and sciences«, die erstmals zwischen
1768–71 in 3 Bdn. erschien (14. Ausg. 1929, 24
Bde.). Die bislang umfangreichste europ. E.,
Ersch und Grubers »Allgem. E. der Wissenschaften und Künste« (1818–89) ist trotz ihrer
167 Bde. unvollendet geblieben. (A-Ligatur
und O-Phyxios). Diese Kollektivarbeit bekannter dt. Gelehrter beschließt eine Epoche
der E.-Geschichte: die der großen wissenschaftl. E. An ihre Stelle tritt das für das 19. Jh.
typ. *Konversationslexikon,* das sich unter Preis-
gabe der aufklärer. Funktion einer allgem. In-
teressenidentität zwischen Gelehrten und gebildeten Laien vornehml. an die Letzteren
wendet. Zwei dt. Verlagshäuser haben diese
Entwicklung maßgebl. bestimmt: F. A. Brockhaus und C. J. Meyer. Das erste Nachschlagewerk dieser Art, das 6-bänd. »Conversations-
lexikon mit vorzügl. Rücksicht auf die gegenwärt. Zeiten« (1796–1808, hg. v. K. G. Löbel)
wird nach mehrmal. Verlegerwechsel 1808
von F. A. Brockhaus erworben, der es mit ver-
ändertem Titelblatt 1809 neu auf den Markt
bringt. Löbel hat sein Lexikon in einer »Vorrede« wie folgt charakterisiert: »... es wird vielmehr dieses Werk, welches eine Art von
Schlüssel sein soll, um sich den Eingang in gebildete Cirkel und in den Sinn guter Schriftsteller zu eröffnen, aus den wichtigsten Kenntnissen ... bloß diejenigen enthalten, welche ein
jeder als gebildeter Mensch wissen muß, wenn
er an einer guten Conversation theilnehmen
und ein Buch lesen will ...«. Diese Charakterisierung gilt auch für die folgenden von Brockhaus besorgten Neuauflagen. Bes. Erwähnung
verdient die 5. Aufl. (1819/20), die erstmals
unter Zugrundelegung einer wissenschaftl.
Systematik von einer großen Anzahl Fachge-
lehrter bearbeitet wird. – Das in 46 Bdn. und
6 Supplementbdn. (1840–55) erschienene
»Große Conversations-Lexicon für die gebildeten Stände« (hg. v. C. J. Meyer) sollte umfassender (bes. über Naturwissenschaften, Technik, Gewerbe und Handwerk) informieren als
der »Brockhaus«, billiger und schneller abgeschlossen sein als Ersch und Grubers E. Darüber hinaus verfocht der engagierte liberale
Hrsg. auch ein polit. Ziel: die intellektuelle
Emanzipation breiter Volksschichten. Der
»Meyer« wurde in der Folgezeit gleich dem
»Brockhaus« zur enzyklopäd. Institution. –
Neben diesen wollte das seit 1854 erscheinende »Herders Conversations-Lexikon«
(1854–57 in 5 Bdn., 1902–07 in 8, 1931–35 in
12 Bdn.) eine erschwingl. Lebenshilfe für die
ärmeren kath. Bevölkerungsschichten sein. –

In der 2. Hälfte des 20. Jh.s knüpften die lexikograph. Großverlage an alte enzyklopäd. Tradition an: Brockhaus mit einer 20 Bde. umfassenden »E.« (1966–74) und Meyer mit einem 25-bänd. »Enzyklopäd. Lexikon« (1971–1979). – Eine systemat. Übersicht über die wichtigsten europ. und außereurop. E.n bietet »Meyers Enzyklopäd. Lexikon«, Bd. 8. PH

Enzyklopädisten, im weiteren Sinn die nahezu 200 Mitarbeiter an der von Diderot und d'Alembert herausgegebenen »Encyclopédie« (1751–80; ↗ Enzyklopädie). Im engeren Sinn die franz. Philosophen, die die »Encyclopédie« zum Sprachrohr der Aufklärung machten: Diderot (Sachgebiete: Geschichte der Philosophie, Handwerk und Technik, daneben aber auch Beiträge zu Grammatik, Rhetorik, Poetik, Ästhetik, Metaphysik, Logik, Moral, Politik und Ökonomie, u. a. die berühmten Artikel »autorité«, »encyclopédie«, »néant« [Nichts]), d'Alembert (Mathematik), Rousseau (Musik), bedeutsamer aber sein Artikel »économie politique«, der die wesentl. Elemente des »Contrat social«vorwegnimmt), Holbach (Chemie), Voltaire (u. a. die Beiträge »esprit« und »histoire«), Montesquieu (»goût« [Geschmack]), Quesnay (»fermiers« [Pächter] und »grains« [Korn], die den Physiokratismus begründen), Turgot (»foire« [Markt] und »fondations« [Stiftungen]), Condorcet (naturwissenschaftl. Beiträge in den Supplementbänden). Neben den Philosophen sind zu nennen: der ›Polyhistor‹ Jaucourt, der nach Diderot die meisten Artikel schrieb, der Rechtsgelehrte Boucher d'Argis, der Naturforscher Daubenton, der Grammatiker Du Marsais, der Theologe Mallet, der Schriftsteller und Literaturkritiker Marmontel. Dt. bzw. Schweizer Beiträger waren der Baron von Grimm (»poème lyrique«) und J. G. Sulzer (»beaux arts« [schöne Künste]). PH

Epanadiplosis, f. [gr. = Wiederholung], weitere Bez. für ↗ Anadiplose oder ↗ Kyklos.

Epanalepsis, f. [gr. = Wiederholung], rhetor. Figur, Wiederaufnahme eines Wortes oder Satzteiles innerhalb eines Verses oder Satzes,

jedoch nicht unmittelbar wie bei der ↗ Gemination; z. B. »Und atmete lang und atmete tief« (Schiller, »Der Taucher«). Vgl. auch ↗ Anadiplose. S

Epanastrophe, f. [gr. = Wiederkehr], 1. ↗ rhetor. Figur, s. ↗ Anadiplose (lat. reduplicatio);
2. Bez. der Verslehre: eine Strophe beginnt mit demselben Vers, mit dem die vorige endete, z. B. H. Heine »Donna Clara«, J. v. Eichendorff »Jäger und Jägerin«. S

Epanodos, f. [gr. = Rückkehr, lat. reversio, regressio], rhetor. Figur: nachdrückl. Wiederholung eines Satzes in umgekehrter Wortfolge: »Ihr seid müßig, müßig seid ihr« (2. Mose 5, 17). S

Epeisodion, n., Pl. Epeisodia [gr. = das Hinzutreten], eines der Bauelemente der griech.(-röm.) ↗ Tragödie: die zwischen zwei Chorlieder eingeschobene Dialogszene. – Die Bez. enthält einen Hinweis auf den Ursprung der Tragödie: eine dreiteil. chor. Aufführung, bestehend aus ↗ Parodos (Einzugs-), ↗ Stasimon (Stand-) und ↗ Exodos (Auszugslied) wird dadurch zum Drama, dass (der Überlieferung nach zuerst bei Thespis) ein Schauspieler, evtl. mit einem ↗ Botenbericht, zum Chor »hinzutritt«. In der weiteren Entwicklung der somit entstandenen Bauform Parodos – E. – Stasimon – Exodos wird die Folge E.-Stasimon wiederholt; die überlieferten Tragödien haben 3–6 Epeisodia. Parallel dazu wird die Zahl der Schauspieler auf 2 (Aischylos) bzw. 3 (Sophokles?) erhöht. In der Folge gewinnen die Epeisodia mehr und mehr an Gewicht gegenüber den Chorliedern, die schließl., als lyr. Einlagen (↗ Embolima) zwischen den einzelnen Epeisodia nurmehr handlungsgliedernde Funktion haben. Der Aufbau der griech. Tragödie bei Euripides und später der röm. Tragödie bei Seneca aus einzelnen, durch chor. Einlagen getrennten Epeisodia (bei Seneca regelmäß. 5) ist das antike Vorbild für die Aktgliederung des neuzeitl. Dramas (↗ Akt). – Der *Vers* des E. in der griech. Tragödie ist der jamb. ↗ Trimeter, neben dem jedoch auch, v. a. in älterer Zeit

(Aischylos, »Die Perser«), später auch in bewusst archaisierenden Werken (Euripides, »Die Bakchen«), der trochä. ↗ Tetrameter vorkommt; in der röm. Tragödie tritt an die Stelle des jamb. Trimeters der jamb. ↗ Senar. K

Epenthese, f. [gr. = Einfügung], Einschub eines Lautes oder einer Silbe in ein Wort aus artikulator (z. B. mhd. Fiur – nhd. Feuer), metr. oder archaisierenden Gründen oder des Wohlklangs wegen (induperator statt imperator, Lukrez 4, 967); eine der erlaubten Formen des ↗ Metaplasmus. S

Epexegese, f. [gr. epexegesis = beigefügte Erklärung], rhetor. Bez. für einen eingeschobenen Satz, der wie eine Apposition das Bezugswort näher erläutert:»Eduard, – so nennen wir einen reichen Baron ... – Eduard hatte ...« (Goethe,»Wahlverwandtschaften«). S

Ephemeriden, f. Pl. [gr. = Tagebücher, zu ephemérios = für einen Tag, flüchtig], Bez. für offizielle chronolog. Aufzeichnungen über den Tagesablauf an oriental., später hellenist. Königshöfen. Berühmt sind die (evtl. propagandist.) E. aus dem Umkreis Alexanders des Großen; in Auszügen überliefert bei Plutarch und Arrian (Authentizität heute bezweifelt). S

Epideixis, f. [gr. = Schaustellung, Prunkrede, lat. Oratio demonstrativa, laudativa], eine der drei Arten der antiken ↗ Rede (neben der Gerichts- und der Staatsrede): rhetor. reich ausgeschmückte Fest- und Preisrede, insbes. zur Begrüßung, zum Abschied, als Glückwunsch (aber auch zur Tadelung); älteste Muster bei Gorgias (5. Jh. v. Chr.), berühmter Vertreter Isokrates (436–338 v. Chr.). Nach dem Niedergang republikan. Staatsformen überflügelte die Epideiktik die anderen Redegattungen und erhielt v. a. im MA. eine bes. Bedeutung für die Gestaltung der idealtyp. ↗ Descriptio. ↗ Rhetorik. S

Epigonale Literatur [gr. Epigon = Nachkomme], Bez. für Dichtungen, die geistig und formal im Gefolge der als ›klass.‹ empfunde-nen Muster stehen, z. B. literar. Werke des 13.–15. Jh.s, die sich am Vorbild der stauf. klass. Dichtung orientierten (Rudolf von Ems u. a.) oder die Dichtungen des 19. Jh.s, die im Banne der Weimarer Klassik und der Romantik blieben (Platen, Rückert, Geibel, ↗ Münchner Dichterkreis, Heyse u.v. andere). – Die e. L. fand meist infolge ihrer virtuosen Handhabung der klass. Formmuster und der Nachempfindung deren idealer Werte (z. B. Humanitätsidee) große zeitgenöss. Anerkennung; trotzdem impliziert die Bez. e. L. eine ästhet. Abwertung, bedingt durch einen gerade im Vergleich mit den Vorbildern deutl. werdenden Mangel an Originalität, durch oft provinzielle Verflachung der Gehalte, hohles Pathos (statt eigenständiger Formensprache), fehlende krit. Auseinandersetzung mit den jeweiligen Zeitproblemen; kennzeichnend für die e. L. ist allgem. eine Flucht in bewährte Denk- und Formmodelle (↗ Eklektizismus), vgl. z. B. die Flut von historisierenden und antikisierenden Dramen und Romanen (im Gefolge Schillers, ↗ antiquar. Dichtung, z. B. F. Dahn) im 19. Jh. – In früheren Literaturgeschichten wurden nach W. Scherers Entwicklungsschema (nach dem auf Phasen der Hochblüte gesetzmäßig ein Abfall folge), ganze Literatur-Perioden als ›epigonal‹ klassifiziert. – Von e. L. zu scheiden sind der ↗ Klassizismus und selbständige Adaptionen von Bildungs- und Kulturgütern aus anderen Literaturen (z. B. die Übernahme und eigenständ. Verarbeitung frz. Quellen durch die stauf. mhd. Dichter). – Das Epigonentum wurde im 19. Jh. durch die Übermacht der Weimarer Klassik zu einer erfahrbaren Lebensproblematik, programmat. gestaltet von Immermann in »Die Epigonen« (1836). – Die Bez. ›Epigonen‹ wurde in übertragenem Sinne aus den antiken Sage von den ›Sieben gegen Theben« übernommen, deren Söhne die »Epigonen« genannt wurden. Verdeutschungsversuche von Grillparzer (»Nachtreter«) und Heine (»Spätgeborene«). S

Epigramm, n. [gr. = Aufschrift, Inschrift], poet. Gattung, in der auf gedankl. und formal konzentrierteste Art meist antithet. eine geistreiche, überraschende oder auch nur zugespitzt formulierte Sinndeutung zu einem Gegenstand oder Sachverhalt gegeben wird (dt. auch ›Sinngedicht‹); häufigste Form: das eleg. ↗ Distichon. – Die heute übl. Definition geht zurück auf G. E. Lessing (»Zerstreute Anmerkungen über das E.«, 1771), der von dem antiken Satiriker Martial ausgeht: konstituierende Elemente des E. sind nach Lessing ›Erwartung‹ (über die Aufklärung eines Sachverhalts) und ›Aufschluss‹ (= Aufklärung in einer überraschenden Schlusswendung). Dieser inhaltl.-strukturalen Definition stellte J. G. Herder eine histor. gegenüber (»Über Geschichte und Theorie des E.s«, 1785), die die Herkunft des E.s und seine verschiedenen histor. (inhaltl. und formalen) Ausprägungen mit einbezieht. Er fand sieben Typen des E.s, deren letzter, das »rasche flüchtige E.« Lessings E.-Definition entspricht (gemeinsam sei allen Ausprägungen die ›Darstellung‹ und deren Sinndeutung, die ›Befriedigung‹). Eine Abgrenzung gegen ↗ Sinn- oder Weisheitsspruch ist nach der histor. Auffassung nicht eindeutig mögl. – E.e waren in der griech. Antike ursprüngl. kurze zweckbestimmte Aufschriften auf Weihgeschenken, Standbildern, Grabmälern u. a.; sie wurden bereits Ende des 6. Jh.s v. Chr. gehaltl. erweitert (Zufügungen von Würdigungen, Wünschen, Empfindungen usw.) und poet. geformt (meist in eleg. Distichen) und zugleich nicht mehr nur als Aufschrift verstanden, sondern allgemein als Sinnspruch (z. B. auf Orte, Gebäude, Bücher, Personen, später auch Taten, Begebenheiten, Zustände). Als Begründer des E.s als Dichtungsgattung gilt Simonides von Keos (556–466 v. Chr.), weitere Vertreter sind Leonidas von Tarent, Asklepiades von Samos, Meleagros aus Gadara. Die berühmteste Sammlung antiker E.e findet sich in der hellenist. »Anthologia Graeca« (oder Anthologia Palatina: 3700 E.e verschiedenster inhaltl. und formaler Ausprägung). – Im antiken Rom wurde bes. das satir. E. entwickelt, speziell durch Martial (40–102 n. Chr.), dessen gedrängt witzige E.e auch für das E. des Humanismus und Barock vorbildhaft wurden: Im 16. Jh. wurde das E. von C. Marot in Frankreich eingeführt und dort später bes. als Mittel

der polit. Opposition gehandhabt; in England wurde es von dem Humanisten J. Owen aufgegriffen, dessen lat. E.e (neben den klass. Quellen) für das E. des dt. Barock vorbildlich wurden. Die Struktur des E.s kam der barocken Vorliebe für Antithesen entgegen und führte zu einer gesamteurop. Blüte, in der dt. Literatur dokumentiert in den E.-Sammlungen von M. Opitz, J. Rist, D. von Czepko, P. Fleming, J. M. Moscherosch, A. Gryphius, Ch. Hofmann von Hofmannswaldau und v. a. F. v. Logau (»Deutscher Sinngedichte Drei Tausend«, 1654) und Ch. Wernicke (Sammlungen 1697, 1701/04), den bedeutendsten Epigrammatikern des dt. Barock. Themat. sind alle Bereiche vertreten, auch Religiös-Mystisches (A. Silesius, »Cherubin. Wandersmann«, 1675), formal herrscht der Alexandriner vor, der als Ersatzmetrum für das eleg. Distichon galt (s. ↗ Elegie). – Der Verstandeskultur der dt. Aufklärung entsprach v. a. das satir. E. nach dem Vorbild Martials. Es wurde allseits gepflegt, bes. von A. G. Kästner (1. Sammlung 1775) und Lessing, dessen scharfer und beißender Witz, seine Ironie und Technik des Andeutens und Verschweigens bei knappster Form (oft mit Reim) das satir.-pointierte E. zu einer weiteren Blüte führte. – Die ersten dt. E.e in Distichen finden sich (neben reimenden) erst wieder bei F. G. Klopstock, der v. a. dichtungstheoret. Themen, bewusst ohne geistreichen Abschluss behandelt; ähnl. verwendet Herder gemäß seiner histor. Einstellung Distichen für meist pointenlose E.e über Kunst, Dichtung, Leben, Liebe. Beide Aspekte des E.s finden sich in den E.en Goethes und Schillers: Goethe schrieb E.e sowohl in Distichen, aber pointenlos ausmalend, so der ↗ Elegie – als auch in Reimform, aber mit zugespitztem Schluss, so dem Sinnspruch sich nähernd. Ebenso sind Schillers E.e zwar in Distichen verfasst, jedoch ebenfalls mehr philosoph. Lebensweisheit als antithetisch neu-gewendete Aussage. Nur Goethes »Venetian. E.e« (1790) und v. a. die literaturkrit. ↗ »Xenien« (1796), beide Sammlungen in Distichen) Goethes und Schillers folgen Lessings Theorie, z. T. mit vertieft philosoph.-literar. Gehalt. Sie werden das Muster für fast alle späteren Epigrammatiker, z. B.

(mit polit. Tendenz) für das Junge Deutschland. – Eine Rückbesinnung auf die ursprüngl. Funktion des E. als Aufschrift zeigen nur Mörikes E.e, z. B. »Inschrift auf eine Uhr mit den drei Horen« (in Trimetern), »Weihgeschenk« (in Distichen) u. a., jedoch können sie durch die Darstellung des Stimmungshaften auch als Kurzelegien angesehen werden. – Während konservative oder klassizist. Dichter immer wieder das E. pflegten (A. v. Platen), findet es sich in der modernen Literatur selten, bevorzugt werden die formal indifferenteren ↗ Aphorismen, Aperçus oder ↗ Sentenzen.   IS

Epigraphik, f. [gr. epigraphein = daraufschreiben, einritzen], ↗ Inschrift

Epik, f. [nach dem gr. Adj. epikós gebildetes, seit dem 19. Jh. gebräuchl. Kunstwort], allgemeinste Sammelbez. für jede Art fiktiver Erzählung in Versen oder Prosa, eine der literar. Grundgattungen, von der neueren Poetik im Anschluss an Goethe (Noten und Abhandlungen zum besseren Verständnis des West-östlichen Divans 1819) oft eingestuft als die mittlere der drei ›Naturformen der Poesie‹, als die »klar erzählende«, d. h. weniger subjektiv als die »enthusiast. aufgeregte« ↗ Lyrik, aber auch nicht so objektiv wie die »persönl. handelnde« ↗ Dramatik. Die E. vergegenwärtigt äußere und innere Geschehnisse, die als vergangen gedacht sind, und verwendet daher als Erzähltempus vorwiegend das ↗ ep. Präteritum, seltener das ↗ histor. Präsens. Als Vermittler zwischen den dargebotenen Vorgängen und den Zuhörern oder Lesern fungiert der *Erzähler,* der nur in den wenigsten Fällen mit dem Autor ident. ist. Er begründet von seinem Erzählerstandpunkt (oder viewpoint) her die jeweilige sog. *Erzählhaltung.* Die Art, wie er Vorgänge und Gestalten sieht, wie er über ihr Äußeres (Außensicht) oder auch über ihr Inneres (Innensicht) Auskunft gibt, wie er über sie urteilt, bestimmt die (opt., psycholog., geist.) *Erzähl-↗ Perspektive.* Erzählhaltung und Erzählperspektive können innerhalb eines Werkes gleichbleiben, häufiger jedoch sind stete Veränderungen. Ein *Rollenerzähler* ist wie jeder *Ich-Erzähler* an den dargestellten

Vorgängen als *erlebendes Ich* mehr, als *erzählendes Ich* weniger intensiv beteiligt; zahlreicher sind freilich *Er-Erzähler* und Formen der ep. Einkleidung (↗ Rahmenerzählung, fingiertes ↗ Tagebuch, fingierter ↗ Brief u. a.), weil sie größere Flexibilität erlauben. So ergibt sich jeweils eine bestimmte *Erzählsituation;* sie ist ↗ *auktorial,* wenn der Erzähler allwissend ist und gestaltend in das Geschehen eingreift, ↗ *personal,* wenn es durch das Medium einer oder mehrerer Figuren erschlossen wird, *neutral,* wenn weder ein Erzähler noch ein personales Medium erkennbar sind. Neutrale und personale Erzählsituationen traten erst in einem relativ fortgeschrittenen Stadium der E. auf und entwickelten entsprechende Darbietungsformen wie ↗ erlebte Rede, ↗ inneren Monolog, komplizierte Einkleidungen, Veränderungen der Chronologie u. Ä. Ein wesentl. Zug aller E. ist v. a. die *Zeitgestaltung.* Sie ergibt sich aus dem Verhältnis von ↗ Erzählzeit zu erzählter Zeit und führt zur Bildung von Erzählphasen je nachdem, ob zeitraffend, zeitdehnend oder zeitdeckend erzählt wird. Zur Zeitgestaltung gehört auch die Einbeziehung von Vorgängen, die als Vorzeithandlung der erzählten Gegenwartshandlung vorausgehen, mit Hilfe von Rückwendungen, ferner die mehr oder minder deutl. Vorwegnahme zukünftiger Ereignisse oder Ergebnisse durch ↗ Vorausdeutungen, die oft auch der ↗ ep. Integration dienen. Die Darbietung der E. vollzieht sich in sog. *ep. Grundformen* (Erzählweisen; Grundformen des Erzählens), die meist nicht einzeln, sondern vermischt auftreten und sich nur nach dem Vorwiegen der einen oder anderen bestimmen lassen. Basis aller E. ist der mehr oder minder zeitraffende ↗ Bericht. Zeitdehnend wirken ↗ Beschreibung und Erörterung. Annähend zeitdeckend ist die ep. ↗ Szene, zu neben dem Gespräch in direkter Rede auch indirekte Redeformen, ↗ erlebte Rede und ↗ innerer Monolog gehören. Gelegentl. werden die ep. Grundformen auf zwei gegensätzl. Erzählweisen reduziert (O. Ludwig: eigentl. und szen. Erzählung, F. Spielhagen: reflektierende und konkrete Darbietung, O. Walzel: subjektiver und objektiver Vortrag, F. K. Stanzel: berichtende und szen.

Darstellung), gelegentl. werden sie um spezielle Formen wie ↗Bild (R. Petsch) und ↗Tableau (R. Koskimies) erweitert. Teils mündl. überliefert und erst im Nachhinein schriftl. fixiert, teils aber (v. a. auf späterer Kulturstufe) als literar. Buch-E. konzipiert, umfasst die E. ↗einfache Formen wie ↗Legende, ↗Sage, ↗Memorabile, ↗Märchen u. a., sowie Kunstformen in einzeln differenzierten *ep. Gattungen,* die als histor. Erscheinungsweisen der E. unter bestimmten Voraussetzungen und zu sehr unterschiedl. Zeiten ihre jeweils eigenen Gesetze ausgebildet und tradiert haben. Nach äußeren Kriterien gliedern sie sich in Vers-E. und Erzählprosa, nach inneren Kriterien in Lang- oder Großformen wie ↗Epos (in Versen), ↗Saga (in Prosa) als frühe Formen, ↗Roman (in Versen, aber vorwiegend in Prosa) als spätere Form, sowie in Klein- oder Kurz-E. wie ↗Novelle, ↗Kurzgeschichte, ↗Anekdote, ↗Fabel, ↗Parabel, daneben auch (überwiegend in Versen) ↗Idylle, ↗Romanze, ↗Ballade und allgemein die ↗Verserzählung; die Bez. ↗Erzählung, insbes. für Prosawerke, ist bewusst unspezifisch, doch wird sie eher mit Kurzformen verbunden. Die Großformen ergeben sich meist aus der Auffächerung der erzählten Vorgänge in Vordergrundshandlung und Hintergrundsgeschehen, oft auch in mehrere Handlungsstränge oder selbständige ↗Episoden; dazu kommen Figurenreichtum (selbst bei Konzentration auf eine Hauptgestalt), eine Fülle von Ereignissen, gelegentl. auch rein gedankl. Einlagen und große Ausführlichkeit im Einzelnen (die sog. epische Breite). Die Kurzformen werden oft auch mit anderen Grundgattungen in Verbindung gebracht, so Romanze, Ballade und Idylle mit der Lyrik, die Novelle mit dem Drama. Ansätze zu einer *Theorie der E.* finden sich schon bei Platon und insbes. Aristoteles, doch bleibt sie bis ins 18. Jh. auf normative oder beschreibende Angaben zum ↗Epos im engeren Sinne beschränkt. Seitdem wurde sie entweder als Abgrenzung aber E. von anderen Grundgattungen, insbes. von der Dramatik versucht, so schon von Goethe und Schiller (Über ep. und dramat. Dichtung, 1797 und im Briefwechsel) oder im Blick auf einzelne Erscheinungs-

formen und Gattungen ausgebaut. Dazu kommt auch die wirkungspoet. und rezeptionsästhet. orientierte Beobachtung von Erzählabläufen. Die Entwicklung einer allgemeinen und umfassenden Erzähltheorie steht noch in ihren Anfängen.   RS

Epikedeion, n. [gr. epikēdeios = zur Bestattung gehörig], im klass. Griechenland Klagegesang bei einer Trauerfeier oder Bestattung; seit der hellenist. Zeit Bez. für Trauer- und Trostgedichte in eleg. Distichen oder Hexametern und Grabepigramme (auch ↗Threnos). Vgl. im antiken Rom die ↗Nänie, aus der sich unter griech. Einfluss die literar. ↗Totenklagen (von Properz, Ovid u. a.) entwickeln.   MS

Epilog, m. [gr. epilogos = Schlussrede], rhetor. Bez. für den Schlussteil einer Rede (auch ↗Conclusio). In dramat. Werken Schlusswort nach Beendigung der Handlung, von einer oder mehreren Figuren des Stücks oder einem eigens eingeführten Sprecher direkt ans Publikum gerichtet, meist mit Bitte um Beifall und Nachsicht, auch mit moralisierender Nutzanwendung, in mal. Spielen auch mit Hinweisen auf weitere Aufführungen etc. Seine Geschichte entspricht weitgehend der des ↗Prologs: er begegnet in der antiken Komödie seit Wegfall des Chors (erstmals belegt in Plautus' »Goldtopfkomödie« u. Terenz' »Mädchen von Andros«); er ist der formelhafte Abschluss des mal. ↗geistl. Spiels und des ↗Fastnachtsspiels bis zu Hans Sachs; er gehört zum ↗Schuldrama (wo er Hinweise auf die klass. Kunstgesetze enthält, oder, wie im ↗Reformationsdrama, auf Gegenwartsbezüge hinweist), zum Drama des Barock (im elisabethan. Drama enthält er meist ein Gebet, vgl. Shakespeare, »Heinrich IV.«). Verdrängt durch Theaterzettel und Vorhangbühne, wird er kurz durch L. Tieck nochmals belebt (»Genoveva«, u. a.). Das moderne, illusionsfeindliche Theater verwendet ihn wieder häufiger (u. a. B. Brecht, »Kaukas. Kreidekreis«, T. S. Eliot, P. Claudel). – In gleicher Funktion finden sich E.e auch in mal. Epen und Chroniken (Helmold, »Slawenchronik«), später auch in Romanen (z. B. Grimmelshausen, »Simplizissimus«, Ch. M. Wieland »Don Silvio«).   S

Epimythion, n. [gr. = Nachwort, Nachüberlegung], Nutzanwendung, Lehre (oft als ↗ Sprichwort), die eine Erzählung (v. a. ↗ Fabel, ↗ Exempel, ↗ Gleichnis, ↗ aitiolog. Sagen usw.) beschließt; wird diese einer Erzählung vorangestellt (ursprüngl. wohl zum Gebrauch für Redner und Schriftsteller), heißt sie *Promythion*. S

Epinikion, n. [gr. = Siegesgesang], altgriech. chor. Siegeslied, seit Ende des 6. Jh.s v. Chr. dem Sieger in einem der großen griech. Sportwettkämpfe (↗ Agon), etwa bei der Rückkehr in die Heimatstadt, gesungen; meist in triad. Form (↗ Pindar. Ode) und in ↗ Daktyloepitriten; Blütezeit im 5. Jh. v. Chr. (Bakchylides, Pindar: von ihm neben Fragmenten 14 olymp., 12 pyth., 11 nemëische und 8 isthm. Epinikien erhalten). Die erhabene Feierlichkeit der Epinikien Pindars wirkte bis in die Neuzeit (P. de Ronsard, F. Hölderlin). UM

Epiparodos, f. [gr. = zusätzl., zweite ↗ Parodos].

Epipher, f. [gr. epiphora = Zugabe], auch: Epistrophe, f. [gr. = Wiederkehr], ↗ rhetor. Figur, nachdrückl. Wiederholung eines Wortes oder einer Wortgruppe jeweils am Ende aufeinanderfolgender Satzteile, Sätze, Abschnitte oder Verse (hier als Sonderform ↗ ident. Reim), z. B. »Ihr überrascht *mich nicht*, erschreckt *mich nicht*« (Schiller, »Maria Stuart«). Vgl. dagegen ↗ Anapher. S

Epiphrasis, f. [gr. = Nachsatz], ↗ rhetor. Figur: Nachtrag zu einem an sich abgeschlossenen Satz zur emphat. Steigerung oder Verdeutlichung, z. B. »Dreist muß ich tun, *und keck und zuversichtlich*« (Kleist, »Amphitryon«). Mittel der ↗ Amplificatio. S

Epiploke, f. [gr. = Anknüpfung], 1. ↗ rhetor. Figur, Wiederaufnahme des Prädikats eines Satzes durch das Partizip des gleichen Verbums im Folgesatz: »... quaerit; quaerenti ... (Ovid, »Metam.« 6, 656, vgl. ↗ Polyptoton); auch Wiederaufnahme in einem Nebensatz (konjunktionale E.).

2. in der antiken Metrik die Verbindung verwandter Kola zu einem Vers (z. B. Verbindung von Daktylen und Trochäen). S

Epirrhēma, n. [gr. = das Dazugesprochene], im altgriech. Drama solist. Sprech- oder Rezitativpartie, meist in stich. Versen (oft in ein ↗ Pnigos endend), die jeweils auf eine gesungene Chorpartie folgte, vorgetragen von einem Schauspieler (im Dialog auch von zweien) oder den Chorführern. Die *epirrhemat. Syzygie* (= Verbindung), d. h. die Folge von gesungenem Chorlied (Ode) – E. – Ant-Ode – Ant-E. ist v. a. ein wichtiges Strukturelement der alten att. Komödie: sie konstituiert ↗ Parodos, ↗ Agon und ↗ Parabase. S

Episch [gr. epikós], 1. Adj. zur Bez. der Zugehörigkeit eines Werkes zur Gattung ↗ Epos im engeren Sinne und zur ↗ Epik allgemein; außerdem neben dem Gattungsbegriff auch gebraucht, um über Gattungsgrenzen hinaus eine *Grundhaltung literar. Aussage* und Gestaltungsweise zu kennzeichnen, die (nach Staiger) als eine »fundamentalen Möglichkeiten des menschl. Daseins überhaupt« gilt. Von Goethe und Schiller (Über ep. und dramat. Dichtung, 1797) als eine der drei »Naturformen der Poesie« verstanden, und zwar als die »klar erzählende« (Goethe, Naturformen der Dichtung. In: Noten und Abhandlungen zum besseren Verständnis des Westöstl. Divans, 1819), die eine Fülle von Welt in ruhiger Gelassenheit der Anschauung und des Gegenübers einem Zuhörer- oder Leserpublikum zur »Vorstellung« (Staiger) bringe und dabei auch große Ausführlichkeit *(ep. Breite)*, ein Verweilen »mit Liebe bei jedem Schritte« (Schiller) und eine gewisse *Selbständigkeit der Teile* nicht scheue. Diese Grundhaltung kann sich in jeder Dichtungsart verwirklichen, etwa im ↗ ep. Theater oder in lyr.-ep. Versdichtungen, während umgekehrt auch Werke der Epik von dramat. und lyr. Elementen durchsetzt sein können; vgl. ↗ dramat., ↗ lyr. RS

Epische Gesetze der Volksdichtung, Kompositionsprinzipien volkstüml., meist anonymer, oft nur mündl. überlieferter Erzählungen, ↗ Märchen, ↗ Sagen, ↗ Schwänke usw. Zu den ep. G. d. V. gehören Eingangs- und Abschlussformeln *(Es war einmal ..., ... so leben sie noch heute)*, Wiederholung, Steigerung, Dreizahl (3 Brüder, 3 Rätselfragen, 3 Ringe usw.), das Prinzip des Gegensatzes und der szen. Zweiheit bei Dialogen, auf- oder absteigende Reihung der Figuren, d. h. Toppgewichtung nach einer hierarch. Ordnung (Kaiser, König, Edelmann, Bürger, Bauer, Bettler) oder Achtergewichtung mit der Zentralgestalt am Ende einer Reihe (jüngster von drei Brüdern als Haupthheld), einsträngige Handlung und Konzentration um eine Hauptperson. Einige dieser Gesetze gelten auch für das Epos, insbes. das ↗ Volksepos, viele erscheinen bewusst oder unbewusst, unverändert oder abgewandelt auch in literar. Kunstgebilden.   RS

Epische Integration, erzählkünstler. Verfahren: in ein Geschehen werden Parallel- oder Kontrasterzählungen (Märchen, Träume, Bekenntnisse, Rückblicke usw.), auch Lied- und Verseinlagen eingeschaltet und meist wiederholt, um Handlungsstränge zu verknüpfen, Sinnbezüge und Sachzusammenhänge zu verdeutlichen, auf die Allgemeingültigkeit und Welthaltigkeit der Vordergrundshandlung hinzuweisen. Die Verbindung wird oft zusätzlich durch ↗ Zitate, ↗ Leitmotive, Vorausdeutungen, Schlüsselwörter, Anspielungen usw. betont. – Beispiele sind »Die wunderl. Nachbarskinder« in Goethes »Wahlverwandtschaften«, Klingsohrs Märchen in Novalis' »Heinrich von Ofterdingen«, der Schwanentraum des Grafen F. in Kleists »Marquise von O ....«, das Schwalbenlied in Arnims »Majoratsherren«, das Tagebuch des Oheims in Mörikes »Maler Nolten«, die Erzählungen des angebl. Mr. White in M. Frischs »Stiller«.   RS

Epischer ↗ Zyklus (Kyklos), Bez. für eine fragmentar. erhaltene, nicht genau feststellbare Anzahl griech. Epen aus dem 7./6. Jh. v. Chr., die schon in der Antike als e. Z. aufgefasst und verschiedenen Dichtern, den *Zyklikern* (oder *Kyklikern*) Arktinos, Eugammon, Hagias, Hegesias, Kinaithon, Lesches, Stasinos zugeschrieben wurden; die Überlieferung nennt

auch Homer als alleinigen Verfasser. – Der e. Z. gliedert sich in drei Hauptkreise:
1. *Göttergeschichte* mit *Theogonie* (Ursprung der olymp. Götter und des Kosmos, wohl in Anlehnung an Hesiod) und *Titanomachie* (Kämpfe zwischen Göttern und Titanen).
2. *der theban. Stoffkreis* mit vier Werken: *Ödipodie* (über die Sphinx und das Schicksal des Rätsellösers Ödipus), *Thebais* (Kämpfe der Sieben gegen Theben und Wechselmord der Söhne Ödipus'), *Epigonen* (Untergang Thebens in der nächsten Generation), *Alkmeonis* (die weiteren Geschicke des Thebenzerstörers Alkmaion);
3. *der troische Stoffkreis* über die Vor- und Nachgeschichte der »Ilias« mit *Kypria* (Hochzeit der Thetis mit Peleus bis zur Landung in Kleinasien), *Aithiopis* (Kämpfe und Ende Achills), *Iliupersis* (sog. Kleine Ilias: Untergang Trojas) und *Thesprotis, Nostoi, Telegonie* (um Odysseus bis zu seinem Tode). Zum e. Z. zählten außerhalb dieser Stoffkreise u. a. ein *Theseus-Epos,* eine *Danais* und eine *Argonautika*. Der e. Z. ist als Ganzes nur aus der Überlieferung der griech. Götter- und Heldensagen erschließbar; er war insbes. Stoffgrundlage für die antike ↗ Tragödie. – Unabhängig vom e. Z. der Antike wurden im Hoch-MA. die altfranz. ↗ Chansons de geste und einige mhd. ↗ Heldenepen zu größeren Zyklen zusammengefasst, z. B. die Dietrichepen oder die Ortnit- und Wolfdietrichepen. Auch spätere, insbes. religiöse oder weltanschaul. Buch-Epen folgen zuweilen einer zykl. Konzeption, so Miltons »Paradise Lost« (1667) und »Paradise Regain'd« (1671) oder V. Hugos »La Légende des siècles« (1859–1883). Zyklusbildungen hat man ferner in der erst neuerdings aufgezeichneten ep. Volksdichtung (etwa des Balkans oder Südamerikas) festgestellt. – Von der Übertragung zykl. Anordnungsprinzipien der Epik auf den Prosaroman zeugen Balzacs »Comédie humaine« (1829/54), Th.

Boccaccio: »Decameron«

Manns Joseph-Tetralogie (1926–43) oder die Romane W. Faulkners, außerdem die zahlreichen Novellenzyklen seit Boccaccios »Decamerone«. RS

Episches Präteritum, n., vorherrschende Tempusform der erzählenden Gattungen (dt. und engl.: Imperfekt, franz.: imparfait und passé simple). Da das e. P. keine Wirklichkeitsaussage ist, sondern eine fiktionale, hat es nicht die Funktion der Vergangenheitsbez. Es drückt die *fiktive Gegenwartssituation* der Romanfigur aus, von der es berichtet. Symptom dafür ist die Möglichkeit, das e. P. mit einem Zukunftsadverb zu verbinden: »morgen ging das Schiff«. HSt

Episches Theater, vor allem durch B. Brecht entwickelte und (in marxist. Sinne) theoret. fundierte Form des modernen Theaters und Dramas. – Ausgangspunkt der Brecht'schen Theorie des epischen Th.s ist die »aristotelische« Wirkungsästhetik des neuzeitl. Dramas (Brecht: »aristotel. Dramatik«), deren »Hauptpunkt« nach Brecht der psycholog. Akt der »Einfühlung« des einzelnen Zuschauers in die handelnden Personen ist (Furcht und Mitleid, ↗ Katharsis). Brecht sieht einen Zusammenhang zwischen dieser »Einfühlung« und der bürgerl.-liberalen Vorstellung der »freien« Einzelpersönlichkeit; er fordert (parallel zur Emanzipation der Produktivkräfte von ihrer Bindung an die »Einzelpersönlichkeit« des bürgerl. Unternehmers im Zuge einer Sozialisierung der Produktionsmittel) eine Emanzipation der Emotionen der Zuschauer von der individuell ausgerichteten Einfühlung; die Emotionen, die damit nicht ganz aus der Wirkungsästhetik des Dramas verbannt werden, sollen durch ihre Koppelung mit rationalen und krit. Reaktionen der Zuschauer an ein spezif. Klasseninteresse gebunden werden und damit kollektiven Charakter erhalten. Dies bedeutet zugleich eine Änderung der pädagog. Zielrichtung des Dramas: während das neuzeitl. Drama das bürgerl. Individuum durch »Furcht und Mitleid« moralisch bessern will, geht es Brecht um eine Veränderung der gesellschaftl. Verhältnisse in marxist. Sinne; der Zuschauer soll im Bühnengeschehen nicht ein unabänderliches Fatum sehen, dessen Wirkung ihn allenfalls persönl. erschüttern kann, vielmehr soll er mit einer veränderb. Welt konfrontiert werden und daraus Konsequenzen für die eigene polit. Entscheidung ziehen. Das Drama wird damit zu einem Vehikel sozialer und polit. Revolution und ist entschieden polit. (marxist.) Weltanschauungstheater. Diese neue »nichtaristotelische« Wirkungsästhetik des Brecht'schen Dramas bedingt eine dramat. Bauform, deren Strukturen von Brecht, z. T. im Anschluss an Goethes und Schillers Erörterungen der ep. und dramat. Dichtung (Briefwechsel aus dem Jahr 1797), als »episch« bezeichnet werden. Grundstruktur ist dabei die ↗ Verfremdung der dramat. Handlung; sie soll eine emotionelle Verwicklung des Zuschauers in das Bühnengeschehen verhindern und an ihrer Stelle Distanz als Voraussetzung krit. Betrachtung schaffen. Für die Anlage der dramat. Handlung bedeutet dies, dass zur unmittelbaren Darstellung auf der Bühne die argumentierende Kommentierung der szen. Aktion durch einen Erzähler, durch eingeschobene Lieder und Songs, durch Spruchbänder bzw. auf den Bühnenvorhang projizierte Texte u. a. tritt. Auf Grund der ständigen Kommentierung der dramat. Handlung fehlt dieser auch das für das neuzeitl. Drama charakterist. Kriterium der Spannung und Konzentration; an die Stelle des streng gebauten fünf- bzw. dreiaktigen Dramas tritt eine lockere Montage einzelner Szenen, deren jede für sich steht (Selbständigkeit der Teile an Stelle der ↗ Funktionalität der Teile im neuzeitl. Drama) und an denen dem Zuschauer jeweils paradigmat. etwas gezeigt wird. Der Schluss des Dramas bleibt in einem dialekt. Sinne offen – der Zuschauer muss die Antwort auf die im Drama aufgeworfenen Fragen selbst finden; erst durch seine (polit.) Entscheidung kommt das Drama zu einem eigentl. Abschluss. – Brecht entwickelte sein e. Th. in mehreren Stufen; am Anfang stehen die »epischen Opern« (»Die Dreigroschenoper«, 1928; »Aufstieg und Fall der Stadt Mahagonny«, 1928/29); es folgen die provokativen marxist. ↗ Lehrstücke (»Der Jasager und der

Neinsager«, 1929/30; »Die Maßnahme«, 1930; »Die Mutter«, 1930, u. a.); den Höhepunkt des ep. Th.s Brechts bilden die großen Dramen der Emigrationszeit (»Mutter Courage und ihre Kinder«, 1937/38; »Leben des Galilei«, 1938/39; »Der gute Mensch von Sezuan«, 1938/40; »Der kaukasische Kreidekreis«, 1944/45). – Brechts e. Th. wurde vor allem durch P. Weiss weitergeführt (»Die Verfolgung und Ermordung Jean Paul Marats«, 1964; »Hölderlin«, 1971). Ep. Strukturen finden sich auch sonst im modernen Drama, z. B. bei Paul Claudel (»Le Soulier de Satin«, 1919–24) oder Th. Wilder (»Our Town«, 1938).   K

Episode, f. [gr. epeisodion = Dazukommendes], Nebenhandlung (z. B. Max- und Thekla-E. in Schillers »Wallenstein«) oder in sich abgeschlossener Einschub (z. B. Helfenstein-Szene in Goethes »Götz«) in dramat. oder ep. (↗ ep. Integration) Werken. Die E. kann auch die Grundstruktur ganzer Werke bestimmen (z. B. Manzoni, »Die Verlobten«, auch im Film: E.-Film). – Die Bez. ›E.‹ ist hergeleitet von der gr. Bez. ↗ Epeisodion für die in Chorgesänge eingeschobenen Sprechpartien. Die Funktion der E. besteht in der Vermittlung eines meist antithet. strukturierten Gegenbildes zum Hauptgeschehen oder zur Hauptgestalt.   S

Epistel, f. [gr. epistole, lat. Epistula = Brief], 1. allgemein ↗ Brief, dann speziell die im NT gesammelten Apostelbriefe, auch die Lesung aus ihnen im Gottesdienst (gesammelt im ↗ Epistolar). 2. dem ↗ Briefgedicht verwandte, aber nicht mit ihm ident. Dichtungsform, in der Regel in Versen. Moralisch, philosoph. oder ästhetisch belehrend, im Stil plaudernd, oft satirisch (z. B. Horaz, »Epistula ad Pisones« = seine Ars poetica). Sonderformen sind die lyr., der Elegie nahe E. (Ovid, »Epistulae ex Ponto«) und die ep. E. als Kunstmittel individualisierender Ereignis- oder Charakterschilderung (↗ Heroiden). Nach kurzer Blüte in der lat. Antike bes. vom Humanismus gepflegt, dann im Barock; bis ins 19. Jh. üblich, wiederbelebt durch Brecht (z. B. »E. an die Augsburger«, 1945 u. a.).   HSt

Epistolar, n. [mlat. epistolarium = Sammlung von Briefen], Sammlung von Abschnitten (↗ Perikopen) aus den Apostelbriefen, die seit dem 4. Jh. zum Zweck der gottesdienstl. Lesung zusammengestellt wurde; E. und ↗ Evangelistar bilden zusammen das Lektionar.   S

Epistolographie, f. [gr. epistole, graphein = Brief, schreiben], Lehre vom Briefschreiben. In der Antike Teil der Rhetorik, im MA. verselbständigt (↗ Ars dictandi) und von starker Wirkung auf die Poetiken, später durch Mustersammlungen zum prakt. Gebrauch (↗ Briefsteller) abgelöst.   HSt

Epistrophe, ↗ Epipher.

Epitaph, n. [epitáphios, gr. = zum Grab, Begräbnis gehörig], im Altertum Grabinschrift in dichter. Form (meist als ↗ Epigramm), auch in christl. Zeit bis ins Hochmittelalter üblich, dann wieder seit dem 15. Jh. gepflegt. Zur Zeit des Humanismus übertrug man den Begriff ›E.‹ auch auf das Gedächtnismal (Grabmal oder anderes Erinnerungsmal) als Ganzes. Auch der vom ursprüngl. Bestimmungsort losgelöste poet. Nachruf auf einen Verstorbenen kann als E. bezeichnet werden.   MS

Epitaphios, m. [epitáphios, gr. = zum Grab, Begräbnis gehörig], E. (lógos), in Athen öffentl. Leichenrede (meist auf Kriegsgefallene) mit dem traditionellen Schema: Totenpreis, Trost für die Angehörigen, Mahnung an die Überlebenden. Berühmte Beispiele: Reden des Perikles (431 v. Chr.; bei Thukydides); Gorgias, Lysias, Demosthenes. Später finden sich Epitaphien auf große Persönlichkeiten der christl. Kirche in den Werken Gregors v. Nazianz, Gregors v. Nyssa und bei Johannes Chrysostomos.   MS

Epitasis, f. [gr. = (An)spannung], nach Donat (Terenz-Kommentar, 4. Jh.) der mittlere der drei notwendigen Teile einer dramatischen Handlung: die Entfaltung des dramat. Konflikts (↗ Drama, ↗ Dramaturgie, ↗ Dreiakter). Der E. geht voraus die ↗ Protasis, die Ausgangssituation, der der dramat. Konflikt entspringt; der E. folgt die ↗Katastrophe, seine Auflösung. Bei J.C. Scaliger (»Poetices libri septem«, 1561), der gegenüber Donat (im Anschluss an Horaz) eine Fünfteilung der dramat. Handlung empfiehlt (↗Fünfakter), meint E. nur die beiden ersten Phasen der sich entfaltenden dramat. Handlung (Akt II und III), auf die dann noch,als dritte Phase (Akt IV), die ↗Katastasis folgt, eine Scheinlösung des Konflikts, deren alsbaldiger Zusammenbruch dann die Katastrophe (Akt V) herbeiführt. K

Epithalamium, n. [lat. von gr. Thalamos = Brautgemach], ↗Hymenaeus.

Epitheton, n. [gr. = Zusatz, Beiwort], das einem Substantiv oder Namen beigefügte Adjektiv oder Partizip (Attribut); in der Dichtung bisweilen nachgestellt (Mägdlein traut, Röslein rot). Zu unterscheiden sind: 1. *das sachl. unterscheidende (notwendige) Beiwort:* rote Rosen (im Unterschied zu gelben Rosen); 2. das *schmückende oder typisierende Beiwort* (das eine dem zugehörigen Substantiv inhärente Bedeutung enthält); gehörte in der antiken ↗Rhetorik zum ↗Ornatus, daher neuzeitl. Bez. auch *E. ornans:* findet sich seit Homer in der Dichtung, in der Epik insbes. als feststehende Verbindung zum ep. Formelschatz gehörend (wasserliebende Pappeln), auch in der Lyrik (silberner Mond), bes. im Volkslied (grüner Klee, rotes Gold, kühles Grab); 3. *das individualisierende Beiwort* (epithète rare): »das heilig-nüchterne Wasser« (Hölderlin); es gilt ebenso als Kennzeichen der neueren Dichtung wie 4. das (oft zum ↗Oxymoron tendierende) *unerwartete Beiwort:* »türmende Ferne« (Goethe), »rotaufschlitzende Rache« (A. Ehrenstein), »das schlagflüssige Kleid« (Arno Schmidt), »marmorglatte Freude« (R. Musil). S

Epitome, f. [gr. = Ausschnitt, Auszug], Auszug aus einem umfangreicheren wissenschaftl. Werk, Ausschnitt aus einer Dichtung (z.B. Metzer Alexander-E. zum spätantiken Alexanderroman, Kurzfassung zum »Renner« Hugos von Trimberg, um 1300), auch Abriss (Zusammenfassung) eines Wissensgebietes aus mehreren Quellen: in Antike (seit dem 4. Jh. v.Chr.) und MA. verbreitet; Wiederaufleben im Humanismus (häufig als Titelwort: z.B. Melanchthons »E. Ethices«, 1538). ↗Exzerpt, ↗Perioche. HFR

Epitrit(os), m. [gr. = Vier-Drittel-(Vers)], antike Bez. einer metr. Folge aus 1 Kürze (= 1 Zeiteinheit; ↗Mora) und 3 Längen (= 6 Zeiteinheiten), die im Verhältnis 3:4 ($-\cup--$) oder 4 : 3 ($--\cup-$) angeordnet sind; erscheint vor allem in den ↗Daktyl(o)epitriten. UM

Epizeuxis, f. [gr. = Hinzufügung], rhetor. Figur, s. ↗Geminatio.

Epoche, f. [gr. = Haltepunkt], ursprüngl. Zeitpunkt eines bedeutsamen, ›epochemachenden‹ Ereignisses, dann auch Bez. für den dadurch geprägten geschichtl. Zeitraum, schließl. allgem. für *Entwicklungseinheiten* in der polit. Geschichte, in der Literatur- oder Kunstgeschichte; daneben auch Bez. wie Periode, Zeitalter. S

Epochenstil, Epochalstil, s. ↗Stil.

Epode, f. [gr. epodé, f., epodós, m. = das Dazugesungene, Zauber-, Bannspruch], 1. der Epodos (sc. stichos): a) ursprüngl. Bez. für einen kurzen Vers, der in einem ↗Distichon auf einen längeren folgt, dann auch Bez. für solche von Archilochos gefügte Disticha (vgl. ↗archiloch. Verse). Horaz gestaltete nach solchen archiloch. E.n seine »Jambi« (als jeweils 2 zu einer Strophe verbundenen archiloch. E.n), die von antiken Metrikern auch »E.n« genannt wurden. Man unterscheidet folgende *Horazische E.nformen: Jamb. E.:* zweimal jamb. Trimeter + jamb. Dimeter (E.n 1–10), die beliebteste E.nform, auch bei Vergil, Ausonius, Prudentius; *elegiamb. E.:* zweimal jamb. Trimeter + ↗Elegiambus (E. 11); *daktyl. E.:* zweimal daktyl. Hexameter + katalekt. daktyl. Tetrameter (E. 12; ohne Synaphie auch als ↗Odenmaß benutzt); *jambeleg. E.:* zweimal daktyl. Hexameter + ↗Jambelegus (E. 13); *erste daktyl.-jamb. E.:* zweimal daktyl. Hexameter + jamb. Dimeter (E.n 14, 15); *zweite daktyl.-jamb. E.:*

zweimal daktyl. Hexameter + jamb. Trimeter (E. 16). – b) Bez. für einen Vers, der in bestimmten Abständen wiederkehrt (↗ Refrain); 2. die E.: Bez. der dritten Strophe im griech. triad. Chorlied, die auf ↗ Strophe und ↗ Antistrophe folgt und im rhythm. Bau von diesen abweicht und stets vom ganzen Chor gesungen wurde, typolog. vergleichbar dem ↗ Abgesang in der mal. ↗ Stollenstrophe. Epod. Kompositionen finden sich in der antiken Lyrik seit Stesichoros (ca. 630–555 v. Chr.), häufig dann bei Pindar (daher diese Form auch als ↗ Pindar. Ode bez.), und im Chorlied des antiken Dramas.   S

Epopöe, f. [gr. epopoiia = ep. Dichtung], veraltete Bez. für ↗ Epos, bes. für Helden- oder Götter-Epos; häufig im 18. Jh.   RS

Epos, n., Pl. Epen [gr. = Wort, Erzählung, Lied, Gedicht], in der dt. Dichtungslehre seit dem 18. Jh. gebräuchl. Bez. der Großform erzählender Dichtung in gleichartig gebauten Versen oder Strophen, meist mehrere Teile (Gesänge, Bücher, Fitten, Aventiuren, Cantos) umfassend. Charakterist. für das E. sind gehobene Sprache, typisierende Gestaltungsmittel, eine Zentralfigur oder ein Leitgedanke, Objektivität durch Distanz zur Fülle der breit dargebotenen Geschehnisse sowie der Anspruch auf Allgemeingültigkeit der Aussage. Das E. hat seinen *Ursprung* im jeweiligen Reifestadium einer frühen Kulturepoche, wenn neben einem zuvor rein myth. Weltbild das spezif. Geschichtsbewusstsein eines Volkes (od. doch seiner herrschenden, d. h. kulturtragenden Gruppen) immer mehr hervortritt. Diesen Vorgang spiegelt das E. in Heroengestalten, meist verstanden als von Göttern stammend od. doch von diesen beschützt; sie stehen zwischen diesen u. der menschl. Welt, wo sie sich zu bewähren haben u. als Vorbild gelten, sei es als Kämpfer, Herrscher, Stadt- oder Staatsgründer, als Sieger oder im Untergang. Um einen solchen Heroen oder um eine Gruppe von Heroen, meist mit einem oder zwei Haupthelden (oft Gegnern), spielt insbes. das frühe ↗ *Helden-E.* Seine Voraussetzung u. zugleich sein Publikum ist eine einheitl. struktu-

rierte, vorwiegend hierarch. aristokrat., oft feudal gegliederte Gesellschaft, die als »eine von sich aus geschlossene Lebenstotalität« (Lukács) gestaltet wird. Ereignisse aus den Anfängen solcher Lebensformen, insbes. Staatenbildungen, Eroberungen, Wanderbewegungen u. Grenzsicherungen, sind die realgeschichtl. Grundlage des frühen E. Stoffl. basiert es auf Götter- u. ↗ Heldensagen, für die das E. andererseits zur wichtigsten Quelle wird. Als literar. Vorstufe gelten kult. Einzelgesänge (Götter-, Helden-, Schöpfungs-, Preis- u. Opferlieder, die z. T. auch selbständ. erhalten sind). Nach heute vorherrschender Auffassg. sind diese im E. nicht nur lose aneinander gereiht (↗ Liedertheorie), vielmehr wurden sie von Dichterindividualitäten zu eigengesetzl. Großformen ausgestaltet. Das sog. ↗ Volks-E. ist also kein sich selbst dichtendes Werk des unbewusst schaffenden Volksgeistes (J. Grimm u. a.), unterscheidet sich aber doch vom jüngeren Kunst-E. insbes. durch die Anonymität der Verfasser (oder doch ihr Zurücktreten als Individuum), durch die lange Vorgeschichte seiner Stoffe, durch die Öffentlichkeit des Vortrags durch traditionsgebundene ↗ Rhapsoden, ↗ Barden o. Ä., sowie durch seine zunächst nur mündl. Überlieferung. In deren Verlauf bilden sich (z. T. in Übereinstimmg. mit den sog. ↗ ep. Gesetzen der Volksdichtung) bereits alle wesentl. *Darbietungsweisen* des E. heraus: formelhafte Elemente in Sprache u. Aufbau (↗ Epitheton ornans, ↗ Gleichnisse, ↗ Sentenzen, ↗ Topoi), Anruf von Göttern, Musen od. Ahnen, ↗ Kataloge, Heerschauen, Ansprachen, Hochzeits-, Rüstungs-, Sterbe-, Fest- und Zweikampfszenen; Wiederholungen einzelner Wendungen u. Verse oder ganzer Szenen-, Motiv- u. Themenkomplexe; Beglaubigungen durch Berufung auf myth. oder histor. Autoritäten; weitgehende Beliebigkeit von Erzähleinsatz u. Erzählschluss; Beschränkg. von Dialogpartien auf zwei – oft gegnerische – Hauptredner; Episodentechnik u. große Ausführlichkeit im Einzelnen (sog. *ep. Breite*). Im späteren *Buch-E.* tritt die Individualität von Gestalten u. Autoren deutlich hervor, sein Publikum sind zunehmend private Hörer- u. schließl. Leserkreise od. Einzelleser; es differenziert sich in *Einzelgattungen*: Das ↗ *National-E.*,anknüpfend an das frühe Helden- u. Volks-E., aber bewusst auf Geschichte, Kultur u. Sprache einer Einzelnation bezogen; das relig. oder philosoph. *Lehrgedicht* (↗ Lehrdichtung), dann auch komisch-satir. u. parodist. Formen wie das *Tier-E.*, u. das ↗ *kom. oder Scherz-E.*, diese oft erhebl. kürzer als die ursprüngl. Großform u. damit angenähert an den spätesten Ausläufer der Gattung, das Klein-E. oder ↗ *Epyllion,* das (vielfach als ↗ Idylle greifbar) auf Typisierung, Objektivität u. Allgemeingültigkeit weitgehend verzichtet. Die *späten Formen* des E. überschneiden sich oft mit Nachbargattungen, etwa mit ↗ Verserzählung, Versroman oder Versnovelle, bes. auch mit ↗ Romanze und ↗ Ballade. Neben Versuchen zur Wiederbelebung früherer Formen kommt es zu ↗ Prosaauflösungen der alten E.n u. schließl. zur Konkurrenz des E. mit den Prosagattungen der ↗ Epik, insbes. mit ↗ Roman und ↗ Novelle. Heute werden als E. gelegentl. auch weitgespannte Romanwerke (Balzac, Tolstoi, Dos Passos) und Filme (Film-E.) bezeichnet. Erste Zeugnisse zur *Theorie* des E. finden sich gleichztg. mit der schriftl. Fixierung des frühen E. in Hellenismus u. Spätantike sowie in Renaissance, Barock u. Aufklärung, vorwiegend in der Form einer beschreibenden oder normativen ↗ Poetik; an deren Stelle tritt seit dem 19. Jh., also etwa gleichztg. mit dem Rückgang des E. als aktueller Literaturgattung, die philolog., histor., geschichtsphilosoph., ästhet. u. gattungsorientierte Erforschg. u. Beurteilg. des E. *Geschichte.* Seine reichste Entfaltung erfuhr das E. im Raum der indoeurop. Sprach- und Völkergruppe. Im alten *Orient* findet sich ein Hauptzeugnis des E. schon in vorarischer Zeit: das *babylon.* »Gilgamesch-E.« um den gleichnam. König von Uruk, das im 2. Jt. v. Chr. auf der Grundlage von mindestens 5 sumer. Einzelliedern aus dem 3. Jt. v. Chr. geschaffen wurde. – Spuren eines *hebräischen* Simson-E. enthält das AT (Richter 13–16). In *Indien* entstand im 5. Jh. v. Chr. (etwa ein Jt. nach dem Einbruch der Arier) das volkstüml. E. »Mahābhārata« um die Kämpfe von Göttersöhnen u. Königsgeschlechtern, das in verschied. Rezensionen

bis ins 4. Jh. n. Chr. immer reicher ausgestaltet wurde, daneben das eher höfische E. »Rāmāyana« (4. Jh. v.–2. Jh. n. Chr.). Auf die *altpers.* Königsgeschichte von den myth. Kämpfen zwischen Turān u. Irān bis zur islam. Invasion (651 n. Chr.) bezieht sich das neupers. E., das um 1000 im »Schāh-nāmē« (Königsbuch) des Ferdousi gipfelt und die weitere Entwicklg. des E. in Mittel- und Vorderasien beeinflusste. In der *Antike* entstand am Ende der dor. Wanderung *das älteste westl. E.,* dessen stoffl. auf Zustände u. Ereignisse vor dieser letzten griech. Wanderbewegung zurückgreift. Früheste und zugleich bedeutendste Zeugnisse sind 2 Hexameterdichtungen aus der 2. Hälfte des 8. Jh. v. Chr.: die um Achill u. den Untergang Trojas konzentrierte »Ilias« u. die um etwa 1 Generation jüngere »Odyssee« über die Irrfahrten u. Heimkehr des Odysseus; mit einigen Einschränkungen werden beide dem Dichter Homer aus dem ion. Kleinasien zugeschrieben. Ihm verpflichtet sind dann die ↗ Homeriden, der ↗ ep. Zyklus u. die zahlr., nur dem Namen nach bekannten E.n aus dem 7.–5. Jh. v. Chr. sowie schließl. *im Hellenismus* das gelehrt verfeinerte u. psychologisierende Buch-E., insbes. seit den »Argonautika« des Apollonios v. Rhodos (3. Jh. v. Chr.). Etwa gleichztg. überträgt Livius Andronicus die »Odyssee« in latein. ↗ Saturnier u. begründet Nävius mit dem im selben Versmaß abgefassten E. üb. den 1. punischen Krieg das geschichtl. orientierte *römische E.,* für das um 180 v. Chr. Ennius mit seinen »Annalen« im daktyl. ↗ Hexameter verbindl. macht. Seinen nach Homer zweiten Höhepunkt erreicht die antike E. 29–19 v. Chr. in der »Äneis« des Vergil, die myth.-religiöse u. histor.-reale Elemente sowie eine trag. Liebeshandlg. verbindet u. auf die augusteische Rom- u. Staatsidee bezieht. Sie ist Vorbild für die vielen latein. E.n der Kaiserzeit, z. B. die mythologisierende »Thebais« des Statius. Geschichts-E.n wie die »Pharsalia« des Lukan od. die »Punica« des Silius Italicus (alle 1. Jh. n. Chr.). In der *Spätantike* erlebte das an Homer u. am hellenist. Buch-E. geschulte griech. E. eine letzte Blüte, so bes. in den »Dionysiaka« des Ägypters Nonnos (5. Jh. n. Chr.). Seit dem 4. Jh. gestaltete das latein. u. griech. E. aber auch schon christl. Stoffe (Juvencus, Prudentius, Nonnos u. a.). – Nur wenig später als das homer. E. beginnt um 700 v. Chr. *das antike Lehr-E.* mit den beiden Hexameterdichtungen des Hesiod üb. Ursprung u. Entwicklg. v. Göttern u. Kosmos (»Theogonie«) sowie über die Ordnung menschl. u. göttl. Dinge (»Erga«, Werke). Vom Hellenismus bis in die Spätantike lebt das didakt. E. als gelehrtes Buch-E. u. schließl. Schullektüre weiter. Eigenwert gewinnt im 1. Jh. v. Chr. das latein. Lehr-E. mit dem philosoph. Gedicht üb. das Wesen des Universums (»De rerum natura«) von Lukrez. Röm. Natur-, Staats- u. Lebenslehre gelten die »Georgica« des Vergil, der Kunstlehre die »Ars poetica« des Horaz. Lehrhaft sind auch die christl. E.n der ausgehenden Antike. Als *Parodie* auf das homer. Helden-E. u. zugl. früheste Kurzform gilt die anonyme »Batrachomyomachia«, das antike Tier-E. über den Krieg zw. Fröschen u. Mäusen. Weitere Kurzformen bot seit dem Hellenismus (3. Jh. v. Chr.) das Epyllion (Kallimachos, Theokrit).

Im *Mittelalter* und darüber hinaus lebte das griech. u. latein. E. fort: so in den byzantin. Geschichts- u. Preis-E.n (7. Jh., 12. Jh.), dem mittellatein. Bibel-E., der Herrscher- u. Heiligenvita, der Chronik oder der Bearbeitung oft sonst nicht erhaltener Stoffe wie dem »Waltharius« (um 830) u. dem »Ruodlieb« (Mitte 11. Jh.), beide in leonin. Hexamtern; schließl. im neulatein. E. seit Petrarcas antikisierender »Africa« (um 1340). – Daneben stehen volkssprachl. Parallelen wie die ahd. Evangelienharmonie Otfrieds v. Weißenburg (9. Jh.), die frühmhd. »Kaiserchronik« (um 1145), auch der frühmittelengl. »Brut« des Layamon (um 1200) od. die Reineke-Fuchs-Dichtungen. In den Volkssprachen brachte das MA. aber auch *neue Zweige des E.* hervor, so das german., roman. u. schließl. slaw. Helden-E., teils mit liedhaften, oft nur fragmentar. erhaltenen Vorstufen wie dem ags. »Finnsburhlied«, dem ahd. »Hildebrandslied« (7./8. Jh.) u. den slaw. ↗ Bylinen. Das *german. Helden-E.* verarbeitet Erfahrungen u. Stoffe aus der Zeit der Völkerwanderung (4.–6. Jh.), der Eroberungen in England (5./6. Jh.) u. der Christianisierung

(4.–8. Jh.). Um 700 entstand der ags. »Beowulf« (1. schriftl. Fassung 10. Jh.), um 1200 das mhd. »Nibelungenlied«, das zum formalen Vorbild fast der gesamten, vorwiegend donauländ. ↗ Heldendichtung wird, aber auch noch für das rhein. »Lied vom Hürnen Seyfried« (um 1500, Erstdruck 1530), das in späteren Prosafassungen bis ins 18. Jh. als ↗ Volksbuch lebendig blieb. Das *roman. Helden-E.* basiert auf den karoling. Grenz- u. Glaubenskämpfen gegen den Islam u. ist geprägt vom Kreuzzugsgeist des hohen MA.s. Es entstand gegen 1100 mit dem altfranz. »Rolandslied« u. ist neben dem altspan. »Cid« (um 1140) vor allem in den ↗ Chansons de geste vertreten. Die meisten *slaw. Volks-E.n* u. ihre Vorstufen wurden erst im 19. u. 20. Jh. schriftl. fixiert, so etwa die russ. Texte um den Fürsten Wladimir (mit Ausnahme des wohl schon um 1200 schriftl. fixierten, eher höf. »IgorLieds«, Erstdr. 1800), ebenso aus den reichen, noch heute mündl. geübten südslaw. Tradition das E. um den Königssohn Marko u. seine Türkenkämpfe. Mit Volks- u. Helden-E. konkurriert im hohen MA. der ↗ höf. Roman in Versen, z. B. der byzantin. »Belthandros« (12./13. Jh.), im Westen die ↗ Artusdichtung u. die Romanfassungen antiker Stoffe wie der Aeneas-, Troja- oder Alexanderroman, ferner die zw. Helden-E. u. höf. Roman stehende ↗ Spielmannsdichtung, die wie die satir. Tier-E. in Volksbüchern u. Dramatisierungen bis in die Neuzeit weiterlebte. Neben der weitgehend didakt. Bibel- u. Heiligendichtung kennt das hohe MA. ein eigenes *volkssprachl. Lehr-E.*, so Thomasins »Welschen Gast« (1215), Hugos von Trimberg »Renner« (1300), als Allegorie den altfranz. »Rosenroman« (Mitte 13. Jh.) u. insbes. Dantes »Divina Commedia« (um 1306–21), die das Weltbild des MA.s noch einmal zusammenfasst.

15.–18. Jahrhundert: Seit der Renaissance trat (begleitet von der Einschätzung des E. als höchster Dichtart in vielen Poetiken) als volkssprachl. Buch- u. bewusste Kunstschöpfung das *National-E.* hervor; antike Vorbilder, Elemente der höf. Romans u. des anonymen Helden-E. werden zu einem neuen u. des Selbstbewusstsein der jeweil. Nation bezogenen Ganzen verbunden. Voll ausgebildet ist es in den Rolands-E.n von M. M. Boiardo u. Ariost (»Orlando furioso«, 1516–32), erweitert u. religiös vertieft in Tassos »Gerusalemme liberata« (1570–75), dann manierist. gewendet und stilist. schulbildend in Marinos »Adone« (1623), alle in achtzeil. Stanzen. Diesen Mustern folgen: in *Portugal* die »Lusiaden« (um 1570) von Camões über die Entdeckung des Seewegs nach Indien; in *Spanien* die »Araucana« (1570–90) von A. de Ercilla y Zuñiga über die Eroberung von Chile; in *Frankr.* die unvollendete »Franciade« von P. de Ronsard (1572), die bibl. E.n des Hugenotten Du Bartas, das Alexandriner-E. »Clovis« des strenggläubigen Desmarets de Saint-Sorlin (um 1655) u. noch Voltaires aufklärer. »Henriade« (1723); in *England* Spensers »Faerie Queene« (1590–96) und als späte Ausläufer die »Columbiade« des *Amerikaners* Joel Barlow (um 1800) u. *in Dtschld.* um u. nach 1750 das sog. vaterländ. E. über histor. Figuren (wie Arminius in Ch. O. Schönaichs »Hermann«, 1751) oder über Zeitgenossen (wie Friedr. d. Gr. in B. von Jenischs »Borussia«, 1794). Gleichztg. löst Wieland das National-E. im überlegenen Spiel mit seinen Formen u. Inhalten von allen realhistor. Bezügen u. schafft so, insbes. mit seinem »Oberon« (1780), das sog. *romant. E.,* dessen parodist. Züge es der neueren Form des kom. E. annähern. Eine *dt. Sonderform* ist seit J. H. Voß (»Der 70. Geburtstag«, 1781, »Luise«, 1782–84) die Hexameter-Idylle, die Goethe in »Hermann u. Dorothea« (1797) zum sog. bürgerl. Klein-E. ausbaute, ebenso wie er im »Reineke Fuchs« (1793) das Tier-E. aufgriff. Das *Lehr-E.* erhielt neue Impulse durch J. Miltons Blankvers-E. »Paradise Lost« (1667) und »Paradise Regain'd« (1671). Dem entsprechen seit 1750 die dt. ⁊ Patriarchaden in Hexametern und v. a. F. G. Klopstocks »Messias« (1748–73) und zahlreiche ihm nachfolgende ⁊ Messiaden. – Das eigentl. didakt. E. neigt zur Kleinform, so N. Boileaus »L'art poétique« (1674) und A. Popes »Essays« (1711–1735). Ch. M. Wielands »Musarion« (1768), Goethes Fragment »Die Geheimnisse« (1784/85) und Schillers »Spaziergang« (1795) markieren den Übergang zum sog. Weltanschauungs-E. – Im 18. Jh.

vollzieht sich zugleich eine theoret. Abwendung von der überkommenen Großform. Außerdem wird in Anlehnung an H. Fieldings Vorwort zum »Joseph Andrews« (1742) der Begriff ›episch‹ theoret. immer öfter auch auf Erzählprosa bezogen. Die Literaturtheorie der europ. Romantik, allen voran die Brüder Schlegel sowie Schelling (»Philosophie der Kunst«, 1802), sieht dann das E. nur noch als histor. Gattung und grenzt sie nicht allein gegen Lyrik und Drama, sondern auch gegen den Prosaroman ab, den dann Goethe als »subjektive Epopöe« (Maximen und Reflexionen 938) kennzeichnete und der nach Hegel (Vorlesungen über Ästhetik, veröffentl. 1835) als »bürgerl. Epopöe« das alte E. ablöst. Zugleich beginnt die Philologie, sich wissenschaftl. mit dem E. zu befassen. – Dennoch finden sich *im 19. und 20. Jh.* zahlreiche Wiederbelebungsversuche. Nachgeholtes National-E. sind A. Puschkins eigenwillig subjektiver »Eherner Reiter« (1833 über Peter d. Gr.), mehr noch die poln. E.n von A. Mickiewicz (»Konrad Wallenrod«, 1828, »Pan Tadeusz«, 1834), die schwed. »Frithiofs-Saga« (1825) von E. Tegnér u. in Finnland das »Kalevala« (1833–49) von E. Lönnrot; auch A. Fergusons gälischer »Congal« (1872) u. noch die »Odysseia« (1938) des neugriech. Dichters Nikos Kazantzakis. Ebenfalls nationalem Impuls entsprungen *im dt. Sprachraum* neben den Übersetzungen von altdt. E.n die freien Bearbeitungen von Sagen u. Märchen im E., etwa »Hugdietrichs Brautfahrt« (1860) von W. Hertz oder R. Baumbachs »Frau Holle« (1880), außerdem Gebilde wie W. Jordans zweiteiliges Stabreim-E. »Nibelunge« (1868–74) u. vaterländ. Geschichts-E.n, z. B. Anastasius Grüns »Letzter Ritter« (1830, über Maximilian I.), A. Schlönbachs »Hohenstaufen« (1859), H. Linggs »Völkerwanderung« (1866–68) u. als Nachzügler Paul Ernsts »Kaiserbuch« (1922–28, über die dt. Geschichte von 919–1250), aber auch zeitbezogene Werke wie noch G. Frenssens »Bismarck« (1913/1923), ferner Brauchtums- u. Landschafts-E.n wie das »E. vom Rhein« (1855) von Wilh. Schulz. Daneben entsteht unter dem Einfluss des histor. Romans, aber auch benachbart zur Vers-

↗ Idylle, das kulturgeschichtl. Unterhaltungs-E., vertreten durch Werke wie J. V. v. Scheffels »Trompeter von Säckingen« (1853) u. F. W. Webers »Dreizehnlinden« (1878). Eine *freie Sonderform* des E. im 19. u. 20. Jh. ist *die lyr.-ep.* Versdichtung: Sie tritt zuerst *in England* auf in W. Scotts Versromanzen (»The lay of the last minstrel« (1805 u. a.), auch in den Fragmenten des kontemplativen Werkes »The Recluse« (um 1800) von W. Wordsworth; vgl. ferner die philosoph.-symbol. Dichtungen von R. Southey, P. B. Shelley u. bes. J. Keats (»Hyperion«, 1818/20), vor allem Byrons bekenntnishaftes Werk »Childe Harold's Pilgrimage« (1812–18), Ausdruck des romant. Gegensatzes von Enthusiasmus u. Weltschmerz, u. sein ebenso selbstiron. wie zeitsatir. »Don Juan« (1819–23), beide von großer europ. Wirkung, etwa auf N. Lenau, auf das Don Juan-E. des Spaniers Espronceda y Delgado (1839), auf M. Lermontovs »Dämon« (1840) sowie erkennbar in Puschkins Versroman »Eugen Onegin« (1825–32). In England selbst geht die Entwicklung weiter über Matthew Arnold, William Morris, A. Tennyson (»Idylls of the King«, 1859–85) u. R. Browning (»The Ring and the Book«, 1868) bis zu J. Masefield (»The Everlasting Mercy«, 1911, »The Land Workers«, 1943) u. David Jones (»Anathema«, 1952). Daneben steht eine selbständ. *amerikan. Tradition,* die von Walt Whitmans »Leaves of Grass« (1855–81) bis zu Ezra Pounds über 100 »Cantos« (1915–1970) und dem Stadt-E. »Paterson« (1946–58) von William C. Williams reicht. Ein eigenes metaphys.-spekulatives E. gibt es auch *in Frankr.* bei A. de Lamartine (»Jocelyn«, 1836, »La chute d'un ange«, 1838), Victor Hugo (»La légende des siècles«, 1859–83) u. noch Saint-John Perse (»Anabase«, 1924, »Vents«, 1946, »Amers« 1957), eine roman. Spielart des Canto *in Spanien* (Rubén Darío) u. *Südamerika* (Pablo Neruda, »Canto General«, 1950). All dem entspricht *in Dtschld.* das Weltanschauungs-E. Auf Vorläufer wie C. Brentanos »Romanzen vom Rosenkranz« (1804–12) folgen Lenaus »Savonarola« (1837), J. v. Eichendorffs »Julian« (1853), H. Harts »Lied der Menschheit« (1888–96), C. Spittelers Olympischer Frühling« (1900–06; 1910) u. »Prome-

theus der Dulder« (1924), R. Dehmels »Zwei Menschen« (1903), Th. Däublers »Nordlicht« (1910), A. Döblins »Manas« (1927), der kulturkrit. »Kirbisch« (1927) von A. Wildgans u. noch G. Hauptmanns »Der große Traum« (1942/43). Letzter Versuch sind B. Brechts Fragmente zu einem »Lehrgedicht von der Natur des Menschen« (um 1941–47), am ausführlichsten die Partie üb. »Das Manifest«. Nach der Mitte des 20. Jh.s sind keine neuen Formen des E. mehr aufgetreten.   RS

Epyllion, n. [gr., im 19. Jh. geschaffenes Kunstwort als Diminutiv zu ↗ Epos; Pl. Epyllien, Epyllia], kürzeres Epos in daktyl. Hexametern, gelegentl. auch in eleg. Distichen, 100–800 Verse umfassend. – Im Hellenismus von Kallimachos (dem Führer der alexandrin. Gelehrten- und Dichterschule) als Gegenstück zu dem seiner Ansicht nach unzeitgemäßen großen Epos gefordert und erstmals in seinem (nur fragmentar. erhaltenen) Kleinepos »Hekale«und in den (verlorenen) »Aetia« verwirklicht; behandelt anfangs mytholog. Stoffe, meist Liebesgeschichten, oft psychologisierend und für ein gebildetes Publikum gedacht, das für stilist. und metr. Feinheiten, gelehrte Anspielungen und Abschweifungen empfängl. ist. Theokrit rückt dann mit seinen Epyllien (»Thalysia«, »Hylas«, »Herakliskos«, »Dioskuren«) die Gattung in die Nähe der Bukolik und damit der ↗ Idylle. – Durch Euphorion von Chalkis den röm. ↗ Neoterikern vermittelt, wird das E. wichtig v. a. für Catull (insbes. Gedicht 64 über die Hochzeit von Peleus und Thetis und Gedicht 66), für Vergil (»Bucolica«) und für Ovid (Mehrzahl der »Metamorphosen« und »Heroiden«). Ein Musterstück der Gattung ist das spätantike E. »Hero und Leander« von Musaios (5./6. Jh.). – Die Übertragung bukol. Elemente auf die Heiligendichtung bei Paulinus von Nola (4./5. Jh.) und das lat. E. »Medea« des Afrikaners Dracontius (5. Jh.) mit der Verurteilung der olymp. Götter sind bereits dem Christentum verpflichtet. Die byzantin. Literatur überliefert bis zum 12. und 13. Jh. einige längere, dem Versroman angenäherte Epyllien, z. B. von Prodromos und insbes. den anonymen »Belthandros«. Neben

Wiederbelebungsversuchen bildeten sich seit der Renaissance neue Formen des E. heraus, z. B. stroph. bei W. Shakespeare (»Venus and Adonis«, »The Rape of Lucrece«). Anlehnung an antike Muster zeigen etwa Goethes »Alexis und Dora« (1796) oder die dt. Hexameter-Idyllen seit J. H. Voß (1780). Eine klare Abgrenzung des neueren E. gegenüber anderen Arten der ⟋ Verserzählung ist dabei meist nicht mehr mögl.   RS

Erbauungsliteratur, seit dem 16. Jh. belegte Bez. für christl. Vortrags- und Leseliteratur mit dem Zweck, die Gemeinde sowie den einzelnen in Frömmigkeit und Glauben zu bestärken, z. T. illustriert. Die Bez. ›E.‹ als Gattungsbegriff strittig: Von ihrer Verwendung her ist die Bibel in Luthers Übersetzung protestant. E.; Legenden, myst. Visionsberichte, auch theolog. Werke oder religiöse Dichtungen (F. v. Spees »Trutznachtigall«, 1649, Angelus Silesius' »Cherubin. Wandersmann«, 1675, Klopstocks »Messias«, 1748–73 u. a.) wurden als E. gelesen. *Im engeren Sinne* wird als E. jenes Schrifttum bez., welches das individuelle relig. Empfinden anspricht, zu prakt. Christentum anleitet und in fassl. Form theolog.-dogmat. Lehre vermittelt. – E. gibt es seit dem MA., sie ist jeweils bestimmt von den relig. Strömungen ihrer Entstehungszeit (Mystik, Reformation, Gegenreformation, Pietismus usw.) und reicht von der Reihung von Heilstatsachen (geistl. ABC-Bücher) über Meditationsanweisungen bis zur Anleitung zu subjektiv-innerl. Seelenschau und Selbstprüfung. Wichtige *Gattungen* sind neben Gebets-, Beicht- und Andachtsbüchern ⟋ Traktat und Predigtsammlung (⟋ Postille), ⟋ Historienbibel, Trost- und Sterbebüchlein (⟋ Ars moriendi); oft wurden mehrere Arten zu relig. ⟋ Spiegeln (seit der Reformation ›Hausbücher‹) vereinigt: berühmt u. oft verdeutscht z. B. das »Speculum humanae salvationis« (anonym 1324). Seit dem Pietismus gibt es auch erbaul. Zeitschriften. – *Charakterist. sind* volkstüml. Sprache u. Darstellungsweise, beliebt Gesprächs- oder Brieform, Allegorie, Emblematik, blumige Titel (so um 1500: ›Seelenwurzgärtlein‹, ›Schatzbehalter‹, ›Die 24

güldenen Harfen‹ u. a.). Die E. war bis ca. 1750 in Deutschland der am weitesten verbreitete Literaturzweig, der internat., bes. span., holländ., engl. Anregungen aufnahm und weiterführte. Sie wirkte auch auf nicht-relig. Werke ein (bes. durch den Wortschatz). Neben einer Fülle von Tagesproduktionen stehen Werke von lang anhaltender Wirksamkeit und überregionaler Verbreitung: so die »Theologia Teutsch« (aus dem 14. Jh., hg. v. M. Luther, 1516); bis ins 19. Jh. lebendig blieben die Schriften J. Taulers, Veit Dietrichs Hausbuch »Summaria über die gantze Bibel« (1541), Martin Mollers kath.-myst. »Christl. Sterbekunst« (1593) und »Soliloquia de passione Jesu Christi« (1587), J. J. Landspergers »Anleitung zur Gottseligkeit« (1590) oder L. Goffinès »Hand(Haus)Postille« (1690), bis ins 20. Jh. Thomas a Kempis' »De imitatione Christi« (1410/20, bei Katholiken u. Protestanten) und J. Arndts »Vier Bücher vom wahren Christentum« (1605–10), die neben Ch. Scrivers pietist. »Seelenschatz« (5 Bde., 1675–92) zu den gelesensten Erbauungsbüchern überhaupt gehören.   HFR

Ereignislied, von A. Heusler geprägte Bez. für einen Typ des germ. ⟋ Heldenliedes, in dem ein ep. Geschehen (Ereignis) unmittelbar vorgeführt wird, im Ggs. zum sog. ⟋ Situationslied oder Rückblickslied. Wichtigste Form des E.es ist das *doppelseit. E.,* in dem das Ereignis in doppelter Perspektive dargestellt wird: in der eines Erzählers (als ep. Bericht) und in der der am Geschehen unmittelbar beteiligten Personen (als Dialog u. Monolog); Beispiele: das ahd. »Hildebrandslied«, die älteren Heldenlieder der »Edda« (Hunnenschlachtlied, Hamðismal, Atlakviða, die beiden Lieder von Sigurðr, Völundarkviða). Seltener und gattungsgeschichtl. jünger ist das *einseit. E.* oder reine *Redelied,* das keine ep. Partien, sondern nur den dramat. Dialog kennt (z. B. »Skirnislied«, »Hervörlied«).   K

Eristik, f. [von gr. *eristikós* = zum Streit geneigt, zänkisch], Kunst des Streitens und Disputierens; von den Sophisten ausgebildete Technik des Dialogs, mit deren Hilfe alles bewiesen und alles widerlegt werden konnte. Beispiele bei Platon, z. B. im »Enthydemos«. Die Anhänger der megarischen Schule wurden später »Eristiker«genannt. MS

Erlebnisdichtung, gestaltet v. a. persönl.-subjektive (reale oder irreale, traumhafte) Erlebnisse eines Autors, sei es indirekt in einer das ›Erlebnis‹ verarbeitenden, ›umsetzenden‹ Dichtung (z. B. Goethes »Werther«) oder in (scheinbar) unmittelbar bekennender, direkter (Gefühls-)aussprache (z. B. Goethes Liebeslyrik). Wertkategorie ist jedoch nicht die Intensität oder Bedeutung des persönl. Erlebten oder Gefühlten, sondern der Grad ihrer künstler. Objektivierung und symbol. Verdichtung in der Sprache. Je nach der Definition des Begriffes ›Erlebnis‹ (als biograph. Ereignis, als philosoph. Terminus) kann E. enger oder weiter gefasst werden. Jedoch entsteht sie in breiterem Maße erst mit der Emanzipation des individuellen Gefühls im 18. Jh. (J. Ch. Günther, F. G. Klopstock, Goethes Jugendlyrik, Romantik). – Der Literaturtheorie des 19. Jh.s galt die an Goethe orientierte E. als höchste Wertkategorie, gegen die frühere, gesellschaftl. orientierte Form- und Gehaltstraditionen (Gesellschafts-, Rollendichtung v. a. der Renaissance, des Barock und Rokoko, aber auch die sog. Gedankenlyrik) abgewertet wurden. Die positivist. Literaturbetrachtung missverstand E. zudem als direkte biograph. oder psycholog. Äußerungen eines Dichters. In der neueren Literaturtheorie wird der Begriff E. histor. eingeschränkt verwendet und als Aussagemöglichkeit neben artifiziellen und gesellschaftl.-öffentl. poet. Ausdrucksformen gewertet. S

Erlebte Rede, ep. Stilmittel, steht zwischen ↗ direkter und ↗ indirekter Rede, zwischen Selbstgespräch und Bericht: Gedanken oder Bewusstseinsinhalte einer bestimmten Person werden statt in zu erwartender direkter Rede oder im zu erwartenden Konjunktiv der indirekten Rede im Indikativ der 3. Person und meist im sog. ↗ ep. Präteritum ausgedrückt, das damit atemporale Funktion annimmt (oder als Zitat einer anderen Person in den Mund gelegt), z. B.: »Der Konsul ging ... umher ... Er hatte keine Zeit. Er war bei Gott überhäuft. Sie sollte sich gedulden« (Th. Mann, »Buddenbrooks«). Die e. R. hat oft mimische Funktion, suggeriert z. B. die genaue Wiedergabe einer bestimmten Denkweise oder eines bestimmten Tonfalles oder dient der Ironisierung; sie gilt nach K. Hamburger als »kunstvollstes Mittel der Fiktionalisierung des ep. Erzählens«. – Die e. R. begegnet in verschiedenen Formen schon in der antiken und mal. Literatur, sie wurde aber in der neueren europ. Literatur besonders ausgeprägt (F. Kafka, V. Woolf) und theoret. fixiert. – Die Bez. ›e. R.‹ ist eine der vorgeschlagenen Verdeutschungen (erstmals bei E. Lorck) der frz. Bez. ›style indirect libre‹ (Kalepsky), andere Bez. dafür, die bisweilen auch von verschiedenen linguist.-psycholog. Deutungen ausgehen, sind ›halbdirekte Rede‹ (Lips, Spitzer), ›uneigentl. direkte Rede‹ oder ›Tatsachenrede‹ (Lerch). Vgl. auch ↗ innerer Monolog, ↗ Stream of consciousness. S

Erörterung, eingehende, method. aufgebaute Untersuchung eines Problems, Grundform jeder Art wissenschaftl. Darstellung (dagegen ↗ Essay); findet sich jedoch auch in Epik und, seltener, Dramatik als fiktiv dargebotene Einschaltung von Reflexionen in die Handlung: so schon bei Fielding, Diderot, speziell aber in den Romanen des 20. Jh.s (Th. Mann, R. Musil, H. Broch). RS

Erotikon, n. [gr. erotikos = die Liebe betreffend], antike Bez. für Liebeslied.

Erotische Literatur, auch amouröse oder galante Literatur, Sammelbez. für literar. Werke aller Gattungen (bevorzugt der erzählenden Prosa), in denen das Sinnl.-Körperl., die sexuelle Komponente der Liebe besonders oder ausschließl. betont wird. Ihre *Abgrenzung* gegenüber einer das Gefühlhafte, den seel.-geist. Bereich der Liebe artikulierenden Liebesdichtung, v. a. aber gegenüber einer ↗ pornograph. oder obszönen, »ausschließl. zum Zweck geschlechtl. Erregung« (I. Bloch) geschriebenen Literatur ist gelegentl. schwierig, bes. durch terminolog. Unschärfen: so unterscheidet P. Englisch bei e.r L. 1. pikante, 2. galante, 3. frivole, 4. obszöne, 5. pornograph., 6. sotad. Literatur. H. M. Hyde benutzt dagegen nur das Begriffspaar »Pornography and Obscenity« und unterscheidet zwischen einer pornograph. Literatur, der »literar. und künstler. Wert« zukomme und einer solchen, bei der, »ästhet. kaum befriedigend«, die »sexuellen Details in der Hauptsache oder vielleicht als einzeiges eine Anziehungskraft« ausüben. – Eine derart *ästhet. anspruchsvolle erot. L.* (Englisch u. a.) bzw. pornograph. L. (Hyde u. a.) beinhaltet bevorzugt alle Spielarten normaler Heterosexualität, bezieht aber auch Homosexualität (in der Antike als Päderastie schon bei Anakreon, 6. Jh. v. Chr., O. Wilde, J. Genet u. a.) und lesb. Liebe (P. d. B. Brantôme, »Vies des dames galantes«, 1665, »Anandria«, anonym ca. 1770/80), die Abarten des Flagellantismus (in der Antike; A. C. Swinburne, »Lesbia Brandon«, ca. 1859/66, ersch. 1952), der Zoophilie bzw. Zooerastie (Apuleius, »Der goldene Esel«, 2. Jh.) u. a. mit ein, wobei der Marquis de Sade und L. Sacher-Masoch zugleich zwei Arten ihren Namen gaben. – E. L. erschien oft unter der Vorgabe, von einer Frau verfasst zu sein (in Brieform: J. Cleland, »Memoirs of Fanny Hill«, 1750, in Form von Hetären- bzw. Kurtisanengesprächen: Lukian, P. Aretino, »Ragionamenti«, 1536); sie ist aber mit der bedeutenden Ausnahme der Marguerite de Navarre (»L'Heptaméron«, 1559) von Männern geschrieben und stellt (überwiegend) in der Hervorhebung der »Intensität des weibl. Entgegenkommens« und der »Unersättlichkeit des weibl. Sexualbedürfnisses« die Frau so dar, »wie der Mann wünscht, daß sie sein möge« (A. C. Kinsey). Entsprechend erreicht die e. L. auch ein ausgesprochen männl. Lesepublikum. Ventilfunktionen sind z. T. sichtbar, z. T. anzunehmen. – Die *Intention* der e. L. reicht von der Darstellung reiner Sinnenfreude bis zur Kritik gesellschaftl. Verhaltensweisen. Zur *Beurteilung* wird man in jedem Fall den histor. Stellenwert, den Zeitgeschmack, wechselnde Moralvorstellungen und sittl. Anschauung, Intention und Leserschicht des einzelnen Autors bzw. einer ganzen Epo-

che berücksichtigen müssen. Gleichzeit. ist die Geschichte der e.n L. aufs engste mit der Geschichte ihrer öffentl. Billigung oder Missbilligung, ihrer inoffiziellen oder offiziellen Zensur und gerichtl. Verfolgung vor dem Hintergrund einer wechselhaften Tabuisierung der Sexualsphäre verknüpft. Die immer wieder versuchte Unterdrückung e.r L., ein daraus resultierendes Ausweichen auf den bibliophilen Druck mit Titel-, Autor-, Verleger- und Ortsfiktionen und Handel unter dem Ladentisch förderte wesentl. den Eindruck der Rarität und damit einen zeitweise hohen Sammlerwert. Berühmte *Beispiele e.r L.* stammen aus Indien (»Kâmasûtra«), China (»Chin-P'ing-Mei«, Jukao Li Yü, »Shikchungchü«), Japan (Ibara Saikaku, »Yonosuke, der dreitausendfache Liebhaber« u. a.), dem Orient (»Tausendundeine Nacht«) und Teilen des ATs (»Das Hohelied Salomos«). Die abendländ. Literatur bietet seit der Antike v. a. in den roman. Ländern eine Fülle e.r L.: Sie wird *in Griechenland* eingeleitet um 100 v. Chr. durch die von Aristeides von Milet verfassten (oder herausgegebenen) Novellen, die als »Milesiaka« reiche Nachfolge fanden; als Einlagen noch bei Petronius (»Satiricon«, 1. Jh.) und Apuleius; vgl. ferner die Romane der sog. Erotiker (nach abenteuerl. Reisen und Gefahren zumeist glückl. endende Liebesgeschichten): Antonius Diogenes, Xenophon von Ephesos, Heliodoros (»Aithiopika«, 3. Jh.), Achilleus Tatios, Longos (»Daphnis und Chloe«, 2./3. Jh.), den anonymen »Apollonius von Tyros«oder Lukians »Hetärengespräche« (2. Jh.). In der *röm. Literatur* sind neben Petronius und Apuleius Catull, Ovid (»Ars amatoria«, 1 v. Chr.) und der Epigrammatiker Martial zu nennen. *Das MA.* kennt eine reichhalt. Schwankliteratur (vgl. bes. die frz. ↗ Fabliaux). In der Renaissance schrieben e. L. neben Boccaccio (»Il Decamerone«, 1348/53) und Aretino v. a. M. Bandello (»Novelle«, ersch. 1554/73), *in Frankreich* M. de Navarre, Brantôme, F. V. Béroalde de Verville (»Le moyen de parvenir«, ersch. 1610) und J. de La Fontaine (»Contes et nouvelles en vers«, 1664/74). Das sog. galante Zeitalter (18. Jh.) verzeichnet eine reichhalt. e. L.: C. P. J. de Crébillon (»Le Sopha«, 1742), P. A. F. Choderlos de Laclos (»Les liaisons dangereuses«, 1782), J. B. Louvet de Couvray (»Les amours du chevalier de Faublas«, 1787/90), A. R. Andréa de Nerciat (»Félicia ou mes fredaines«, 1775) und N. E. Restif de la Bretonne (»Monsieur Nicolas«, 1794/97), der sich in »L'Anti-Justine« (1798) scharf gegen den Marquis de Sade wendet (»La Nouvelle Justine«, 1797, »La philosophie dans le boudoir«, 1795, »Les 120 journées de Sodome«, 1785, ersch. 1904), ferner Voltaire und H.-G. de Mirabeau. Als e. L. wurden bis ins 20. Jh. auch die Memoiren des Italieners G. G. Casanova (1790 ff., im Originaltext ersch. 1960/62) gelesen. – Verfasser *engl. e.r L.* sind G. Chaucer (»Canterbury Tales«, 1478), J. Wilmot, Earl of Rochester, J. Cleland, J. Wilkes; im 19. Jh. v. a. E. Sellon (»The Ups and Downs of Life«). *In Deutschland* wären zu nennen die zweite schles. Schule, E. W. Happel (»Academ. Roman«, 1690), A. Bohse, J. Ch. Rost, J. G. Schnabel (»Insel Felsenburg«, 1731/43, »Der im Irrgarten der Liebe herumtaumelnde Kavalier«, 1738) und Celander (Pseud., »Der verliebte Studente«), in der Klassik Goethe (»Röm. Elegien«, 1788/90, ersch. 1795, »Venezian. Epigramme«, 1795; »Das Tagebuch«, 1810) und Schiller (»Venuswagen«, 1781/82). – Nach H. de Balzac (»Contes drôlatiques«, ersch. 1832/53) wird in der sog. ⁊ *Dekadenzdichtung* die Erotik psycholog. begründet, so u. a. bei Ch. Baudelaire, P. Verlaine, A. Schnitzler (»Der Reigen«, ersch. 1900 als Privatdruck), A. Sacher-Masoch. Mit A. Strindbergs »Okkultem Tagebuch« (ersch. 1963) setzt eine sog. Selbstentblößerliteratur in einer spezif. Mischung von Tagebuch und Autobiographie ein, vgl. u. a. H. Miller (»Tropic of Cancer«, 1934, »Tropic of Capricorn«, 1939, »The Rosy Crucifixion«, 1945/57). Im 20. Jh. liegt eine Vielzahl von Romanen vor, die teilweise oder ganz einer e.nL. zuzurechnen sind, u. a. von J. Joyce, D. H. Lawrence (»Lady Chatterley's Lover«, 1928), V. Nabokov (»Lolita«, 1955), L. Durrell, J. Genet (»Notre-Dame-des-Fleurs«, ersch. 1948), Ch. Rochefort u. a.   D

Errata, n. Pl. [lat. = Irrtümer], 1. = ⁊ Druckfehler; 2. Verzeichnis von Druckfehlern, die, während des Ausdruckens entdeckt, im letzten Bogen oder auf einem Beiblatt berichtigt werden; auch *Corrigenda* (lat. = zu Verbesserndes). Eine nur aus Vorrede und E. bestehende Broschüre veröffentlichte Jean Paul: Ergänzblatt zur Levana, 1807; Zweite mit neuen Druckfehlern vermehrte Auflage 1817.   HSt

Erregendes Moment, dramaturg. Begriff, geprägt von G. Freytag (»Technik des Dramas«, 1863) zur Bez. der in der ⁊ Exposition aufgedeckten inneren oder äußeren Bedingung, die die »bewegte Handlung«, den dramat. Konflikt, auslöst. ⁊ Drama.   HD

Erscheinungsjahr, Datum der Veröffentlichung eines Buches; neben der Angabe von Verlag und ⁊ Erscheinungsort wichtiger Bestandteil des Erscheinungsvermerks auf dem Titelblatt oder im Impressum. Wo es fehlt, steht in Bibliographien ›o. J.‹ = ohne Jahr. Das Datum des Copyright (Vervielfältigungsrechte) und das Druckjahr sind nicht immer mit dem E. identisch. Erster Beleg für die Angabe von E. und Druckort: das Psalterium von Johann Fust und Peter Schöffer, Mainz 1457.   HSt

Erscheinungsort, Ort der Veröffentlichung eines Buches, heute der Sitz des Verlages, früher der Druckort; Teil der genauen bibliograph. Beschreibung (o. O. = ohne [Angabe des Erscheinungs-]Ort[es]). Falsche oder fingierte E.e stehen aus polit. oder satir. Gründen, z. B. in Fischarts »Geschichtklitterung« (1590): Gedruckt zur Grensing im Gänsserich; Schillers »Räuber«: Frankfurt und Leipzig (statt: Stuttgart) 1781.   HSt

Erstaufführung (Premiere), s. ⁊ Uraufführung.

Erstausgabe, erste selbständ. Buchveröffentlichung eines literar. Werkes. Wichtig für die Textphilologie und als bibliophiles Sammelobjekt. – Als E. (oder lat. *editio princeps*)

bezeichneten die Humanisten die erstmals nach Handschriften verfertigten Drucke antiker Autorentexte (berühmt sind die 28 griech. editiones principes des Aldus Manutius [die sog. Aldinen um 1500]). Die ältesten E.n (↗ Inkunabeln, Frühdrucke) repräsentieren öfters eine verlorene handschriftl. Überlieferung.

HFR

Erstdruck,
1. der erste Druckabzug eines Werkes (= Korrekturabzug);
2. die erste Veröffentlichung in einer Zeitschrift, im Ggs. zur ↗ Erstausgabe;
3. die frühesten Buchdrucke (bis 1500 = ↗ Inkunabeln, bis 1550 Frühdrucke). HSt

Erstlingsdruck,
1. erstes Druckerzeugnis einer Stadt oder eines Landes;
2. erster Abzug einer Druckform bei graph. Techniken (Stich, Radierung). HSt

Erwartungshorizont, von H. R. Jauß in die Literaturwissenschaft eingeführter Begriff, der den Hintergrund der literar. und lebenswirkl. Erfahrungen bezeichnet, vor dem ein Rezipient ein neues Werk im Augenblick seines Erscheinens wahrnimmt. Das Erkennen der ästhet. Distanz, des Abstands zwischen dem vorgegebenen E. und dem neuen Werk, führt zu einem *Horizontwandel*. Literar. Evolution vollzieht sich demnach jeweils in der Ablösung eines E.s durch einen anderen. In der durch Jauß angeregten Diskussion wird eine Differenzierung in autor-, epochen-, gattungs- und werkbezogene E.e vorgeschlagen und auf die Problematik der Rekonstruktion und der Objektivierbarkeit von E.en hingewiesen. MS

Erweiterter Reim, auch: Vorreim, Reim, der vor dem eigentl. Reimwort noch Präfixe, unbetonte Satzpartikel, bisweilen selbst mehrere Wörter gleichlautend oder assonierend umfasst. Beliebt v. a. in der mal. Lyrik, z. B. *unde klagen : kumber tragen* (Reinmar der Alte), *alle frowen var : alle frowen gar* (Walther v. d. Vogelweide). S

Erzähler, ↗ Epik, ↗ auktoriales, ↗ personales Erzählen, ↗ oral poetry.

Erzählforschung, Erschließung fiktiver oder auf die Realität bezogener Erzählverfahren und Erzählwerke in dreifacher Sicht. Die *historische E.* befasst sich mit der Herkunft und dem Wandel von Erzählstoffen und Erzählweisen, die meist anonym, anfangs oft nur mündl. überliefert sind und vielfach auf eigene ↗ epische Gesetze der Volksdichtung zurückgehen. Bevorzugt werden dabei vergleichende Methoden, z. B. bei der Erforschung von Sagen oder Tierfabeln.
Die *volkskundlich kulturwissenschaftliche E.* ging von der Märchenforschung aus, bezieht heute aber auch anderes volkstüml. Erzählgut ein wie die ↗ Kalendergeschichte, heute v. a. triviale und massenhaft verbreitete Erzählprosa von gehobener ↗ Unterhaltungsliteratur bis zur Kolportage und ↗ pornograph. Literatur. Dabei geht es weniger um die Eigenart als vielmehr um die meist sozialen, auch (sozial-)psycholog. Ursachen und Wirkungen dieser Produkte ohne hohen Kunstanspruch.
Die literaturtheoretische E. dagegen befasst sich in erster Linie mit der Erzähl*kunst*. Ausgehend von Fragen nach der »Rolle des Erzählers in der Epik« (K. Friedemann, Lpz. 1910, Nachdr. 1967) und nach »Wesen und Formen der Erzählkunst« (R. Petsch, Halle 1934, ²1942), wurden zum einen die Erzählgattungen wie ↗ Roman, ↗ Novelle, ↗ Kurzgeschichte prinzipiell und histor. untersucht, zum anderen morpholog. a-historisch »Bauformen des Erzählens« (E. Lämmert, Stuttg. 1955, ⁸1983) herausgearbeitet, schließl. Ansätze zu einer strukturalist. »Poetik der Prosa« (T. Todorov, 1971, dt. Frkf. 1972) entwickelt. Weithin unerforscht sind Erzählstrukturen in nicht-fiktiver Prosa wie Reportage, Geschichtsschreibung, Sach- und Fachliteratur. Auch ↗ Diskurs-Diskussion. RS

Erzähllied, lyr.-ep. Gattung, »Erzählung in Liedform« (Singer, VL), im Unterschied zur ↗ Ballade jedoch ohne dramat. Elemente. In Ansätzen schon bei Neidhart, ausgebildet dann um 1300 von Johannes Hadloub (der in

E. den höf. Minnekult in fiktiv-realist. Umwelt ausmalt); begegnet u.a. auch bei Oswald von Wolkenstein. Die Grenze zu Volksballaden und Volkslegenden (belegt seit dem 14. Jh.) ist fließend. **S**

Erzählung,
1. mündl. oder schriftl. Darstellung von realen oder fiktiven Ereignisfolgen, vorwiegend in Prosa, aber auch in Versform.
2. selbständ. Einzelgattung innerhalb der Grundgattung ↗ Epik, die sich mit den übrigen ep. Gattungen häufig überschneidet und noch weniger als diese exakt bestimmbar ist. Ihre Formgesetze werden daher oft negativ umschrieben: die E. ist kürzer, weniger welthaltig, weniger figurenreich und weniger komplex in Handlung und Ideengehalt als der ↗ Roman; nicht so knapp und andeutend wie ↗ Skizze und ↗ Anekdote; im Unterschied zur ↗ Novelle weniger scharf profiliert, weniger verschränkt und durchgestaltet, nicht so streng um ein oder zwei Hauptereignisse und Überraschungsmomente zentriert; weniger pointiert und weniger konsequent auf den Schluss hin komponiert als die ↗ Kurzgeschichte; nicht wie ↗ Märchen und ↗ Legende auf Bereiche des Unwirklichen und Wunderbaren bezogen. – Die *Prosa-E.* ist v.a. in der Literatur des 19. und 20. Jh.s zu finden (A. Stifter, W. Raabe, Th. Mann u.a.). Eigene Formgesetze und eine differenziertere Geschichte hat die ↗ Verserzählung. **RS**

Erzählzeit, die zum Erzählen oder Lesen realer oder fiktiver Vorgänge benötigte Zeit. Im Unterschied zur E. umfasst die *erzählte Zeit* alle Zeiträume, von denen erzählt wird. Das Verhältnis der E. zur erzählten Zeit ist in der ↗ Epik konstitutiv für die Zeitgestaltung eines Werkes, für die Bildung von Erzählphasen und für die Verteilung der sog. ep. Grundformen. Am häufigsten ist *zeitraffendes Erzählen,* d.h. der Aufwand von relativ wenig E. für die Darstellung längerer Ereignisfolgen, was zu Zeitsprüngen, Aussparungen, Raffungen führt. In der neueren Erzählkunst wird oft *zeitdeckendes Erzählen* (Übereinstimmung von E. und erzählter Zeit) angestrebt und

durch szen. Darbietungsweisen oder Formen der Bewusstseinsdarstellung wie ↗ Dialog, ↗ indirekte Rede, ↗ erlebte Rede und ↗ inneren Monolog realisiert. Zeitdehnung, d.h. Fortgang der E. unter gleichzeitigem Stillstand der erzählten Handlung, dient der Einschaltung von Beschreibungen und Reflexionen oder auch der ↗ Erörterung. Erforscht wurde das Phänomen der E. in der Epik insbes. von Günther Müller und seiner Schule. **RS**

Erziehungsroman, Bez. für Romane, in denen die Erziehung eines jungen Menschen, meist als bewusst geleiteter Prozess, aber auch nur durch die Mittel der umgebenden Kultur gestaltet ist; häufig Entwurf oder exemplar. Veranschaulichung eines Erziehungsprogramms, auch Diskussion pädagog. Einzelfragen. Abgrenzung zu ↗ Entwicklungsroman und ↗ Bildungsroman meist schwierig, die Bez. ›E.‹ wird oft synonym für dieselben Werke gebraucht, zumal in allen dieselbe formale Struktur dominiert. Als E.e gelten z.B. Xenophons »Kyropädie« (ein ↗ Fürstenspiegel, 4. Jh. v.Chr.), J. Lylys »Euphues« (1578/80), F. Fénelons »Télémaque« (1699), J.J. Rousseaus »Émile« (1762), J.H. Pestalozzis »Lienhard und Gertrud« (1780–87), bedingt auch die Romane J. Gotthelfs und solche ›Entwicklungsromane‹,

Rousseau: »Émile«

in denen eine das Erziehungsziel repräsentierende Führer- oder Erziehergestalt wichtig ist, z.B.: Goethe, »Wilhelm Meisters Lehrjahre« (1795/96, der Oheim), Ch.M. Wieland, »Agathon« (Fassung v. 1794, Archytas), A. Stifter, »Nachsommer« (1857, Freiherr von Risach), etc. **IS**

Esbatemẹnt, m. ↗ Klucht.

Eskapịsmus, m. [von engl. to escape = entfliehen], 1. allgemein Flucht aus der sozialen Verantwortung oder Abkehr von der Wirklichkeit. 2. im bes. Begriff v. a. der engl. Literaturkritik *(escapism)* zur Bez. dieser Tendenzen in der modernen Literatur (und Kunst) bes. zwischen den beiden Weltkriegen, z. B. bei M. Proust, A. Gide, P. Éluard, aber auch bei expressionist. und v. a. surrealist. Schriftstellern. In der marxist. Literaturtheorie wird E. insbes. als Vorwurf gegen den ⤢ Formalismus verwendet. ⤢ Elfenbeinturm. 3. in therapeut. Sinne kann E. auch als Funktion der Kunst gesehen werden: Kunst als Mittel der Ersatzbewältigung (⤢ Katharsis) oder der Sublimierung von Schuld- und Lebensproblemen (Flucht in eine Harmonie des schönen Scheins). ⤢ Identifikation.   S

Esoterisch [von gr. esoterikos = innen, innerhalb], Bez. für Lehren und Schriften, die nur für einen ausgesuchten Kreis bes. Begabter oder Würdiger bestimmt, für Laien unzugängl. sind. Der Begriff wurde in der Antike als Gegenbegriff zu ⤢ exoterisch gebildet und bezog sich auf die streng schulmäßige, nicht literar. fixierte Philosophie (z. B. die Platons; früheste Belege bei Lukian und Galen, 2. Jh. n. Chr.), er wurde jedoch schon in der Antike (im Anschluss an Mysterienkulte und die pythagoreische Tradition) erweitert zur bewussten Geheimhaltung bestimmter Lehren (und in diesem Sinne unhistor. auf Platons mündl. Philosophie angewandt). Analog wurde e. auf neuzeitl. Literatur übertragen im Sinne von bewusster oder fakt. Geheimhaltung, die man entweder (etwa in der Lessing-Forschung) durch die fehlende Veröffentlichung oder aber (z. B. in der Beurteilung bestimmter Werke des Symbolismus und insbes. Georges und des George-Kreises) durch eine nur für Eingeweihte verständl., gleichsam kult. kodifizierte Geheimsprache gewahrt sieht.   HD

Espinelas, f. Pl. (span.), s. ⤢ Dezime.

Essay, m. [ése, ɛsei: engl., frz. essai = (Kost-)Probe, Versuch, aus vulgärlat. exagium = das Wägen], im modernen Sprachgebrauch unpräzise Bez. für meist nicht zu umfangreichen, stilist. anspruchsvollen Prosatext, in dem ein beliebiges Thema unsystemat., aspekthaft dargestellt ist, vgl. ⤢ Feuilleton. – Die Literaturwissenschaft zählt den E. zu den literar. Zweckformen in Prosa wie Bericht, Abhandlung, Traktat, Feuilleton; mit diesen berührt er sich in manchen realen Ausprägungen, ist jedoch grundsätzl. durch eine spezif. geist. Haltung und eine dadurch bedingte formale Struktur von diesen unterschieden. Eine präzise *Definition* ist schwierig, neuere Ansätze dazu gehen aus von allgem. phänomenolog. Überlegungen (Lukács, Bense, Adorno) oder von konkreten Merkmalsammlungen (Friedrich, Traeger: bei Montaigne). Wesensbestimmend für den E. ist danach eine skept.-souveräne Denkhaltung, eine Einsicht in die Komplexität der Erfahrenswirklichkeit und, daraus resultierend, ein Misstrauen gegenüber festen Ergebnissen, eine Offenheit des Fragens und Suchens, eine eigene Methode der Erkenntnisvermittlung: Im E. werde Denken während des Schreibens als Prozess, als Experiment entfaltet (Bense, Friedrich), werde zur »Möglichkeitserwägung« (Haas), zur unabgeschlossenen fragenden Wahrheitssuche, die das gedankl. Fazit dem Leser überlässt. Diese Offenheit des Denkens bedingt die gattungsspezif. Struktur des E.s: die »doppelte Bewegung der Gedanken« (Haas), das Widerspiel von Aussage oder log. Schluss und wieder zweifelnder Überprüfung, das Erwägen der Möglichkeiten, eine dialekt. Sichtung der Wirklichkeit. Häufige *Gestaltungsmittel* sind assoziative Gedankenführung, Abschweifungen, variationsartiges Umkreisen eines Fragekomplexes, Wechsel der Perspektiven, bisweilen einseitige Standpunktwahl, Durchspielen von Denkmöglichkeiten, Paradoxa, Provokationen, stets absichtsvoller Subjektivismus immer mit dem Ziel, Reaktionen, Denkanstöße beim Leser auszulösen. *Inhaltl.-themat.* ist der E. nicht gebunden; er bringt jedoch in der Regel keine neuen Fakten oder Erkenntnisse, sondern sichtet krit. das Vorhandene. Eine weitere Voraussetzung für den Essayisten und seine Leser sind daher eine fundierte geist. Bildung und kulturelle Übersicht. Entsprechend der anspruchsvollen Thematik und ihrer gattungsspezif. Behandlung gehört zum E. auch die stilist. Vollendung, d. h. eine geschliffene, pointierte, oft aphorist.

oder iron. Diktion und formale Geschlossenheit, die aus der gedankl.-strukturalen Offenheit bewusst eine reizvolle künstler. Spannung zieht.

Geschichte: Dem E. struktural verwandte Darstellungsformen finden sich schon in der Antike bei Plutarch, Cicero, Seneca, Horaz, Catull, Marc Aurel u. a. (vgl. Brief, Tagebuch, Exempel, Dialog, Diatribe). Die Geschichte des E.s als eigenständ. literar. Form beginnt jedoch erst mit M. de Montaigne, der die Bez. ›E.‹ für das method. Verfahren seiner Reflexionen gebraucht (»Essais«, 1580–95). 1597 übernahm F. Bacon die Bez. ›E.‹ zur formalen Kennzeichnung seiner philosoph.-religiösen Betrachtungen (»Essayes«, letzte Ausg. 1625), die sich in ihrer Bestimmtheit jedoch dem Traktat nähern. Bes. in England, (aber auch in Frankreich) setzt sich zunächst die traktatnahe Ausprägung des E.s durch: zu nennen sind im 17. Jh. neben dem einen eigenen Stil suchenden W. Cornwallis u. a. O. Feltham, Lord Chandos, Th. Fuller, A. Cowley; zu europ. Wirkung gelangt die angelsächs. Tradition im 18. Jh. durch die Verbreitung der ⁊ moral. Wochenschriften (»The Tatler«, 1709–11, »The Spectator«, 1711–13, hrsg. v. den sog. Essayisten R. Steele und J. Addison), in denen der E. gepflegt wurde. Sie lässt sich bis ins 19. Jh. verfolgen, etwa bei Engländern wie Ch. Lamb, L. Hunt, W. Hazlitt, Th. Macaulay, J. Ruskin, M. Arnold, W. Pater oder dem Amerikaner R. W. Emerson u. a., aber auch bei den Franzosen F. Brunetière, Ch. A. Sainte-Beuve, H. Taine, Stendhal u. a.m. – In *Deutschland* finden sich Abhandlungen in essayist. Denk- und Darstellungsformen erstmals im 18. Jh., wohl unabhängig von der engl. und frz. Tradition (J. G. Herder, J. J. Winckelmann, G. Forster, W. und A. v. Humboldt, Goethe, Schiller, F. Schlegel, H. Heine, L. Börne, H. v. Kleist, A. Stifter, A. Müller u. a.). Erst mit den »E.s« von Hermann Grimm (1859–90), die bewusst im Anschluss an die E.s Emersons konzipiert wurden, gewinnt die dt. Essayistik den Anschluss an die europ. Tradition. Auch sie benutzt von nun an den weiten, bereits von Montaigne und Bacon ausgeschrittenen Spielraum der Gattung. – *Blütezeiten der Essayistik* wurden Perioden gesteigerter geist.-gesell. Kultur, andererseits Krisen- und Umbruchzeiten, in denen im E. versucht wird, vor dem Hintergrund umgreifender geistesgeschichtl. Aspekte zur Klärung und Deutung der erreichten Position beizutragen (z. B. Jh.-wende, Ende des Zweiten Weltkrieges). Die E.s der Gegenwart, die sich wieder mehr dem E.-stil Montaignes anschließen, bemühen sich z. B. um eine Wiederannäherung von Geistes- und der (oft im Spezialistentum isolierten) Naturwissenschaften (Weizsäcker, Heisenberg). – Essayisten von Rang seit der Mitte des 19. Jh.s sind z. B. die Philosophen und Kulturkritiker F. Nietzsche, A. Huxley, M. de Unamuno, J. Ortega y Gasset, R. Kassner, O. Spengler, W. Benjamin, J. Hofmiller, K. Jaspers, E. Bloch, R. Guardini, Th. Adorno, G. Lukács, M. Bense, die Historiker Gervinus, Julian Schmidt, K. Hillebrand, F. Kürnberger, J. Burckhardt, F. Heer u. a., die Dichter oder Literaturhistoriker O. Wilde, T. S. Eliot, P. Valéry, A. Gide, H. und Th. Mann, R. Borchardt, H. Bahr, H. v. Hofmannsthal, R. A. Schröder, J. Wassermann, G. Benn, M. Rychner, E. R. Curtius, R. Musil, H. Holthusen, W. Jens, D. Wellershoff u. a. – Essayist. gestaltete Prosa findet sich auch in anderen literar. Formen (bes. in Romane) eingelagert. Ansätze begegnen seit dem 18. Jh., z. B. bei Wieland (als »Abschweifungen«), Jean Paul (als »Digressionen«), F. Schlegel, Goethe, Immermann u. a., sie sind dann bes. kennzeichnend für den modernen Roman als ein Mittel, die vielfält. gebrochene Wirklichkeitserfahrung inhaltl. und formal (Zersprengung einer einheitl. Romanform) widerzuspiegeln. Die Verwendung des Essayistischen im Roman reicht von der völligen Integrierung (sog. ›*Essayifizierung*‹, Bez. v. R. Exner, z. B. in den Romanen Th. Manns) bis zu der von der fiktiven Romanhandlung mehr oder weniger deutl. Absetzung (als eigene Kapitel z. B. bei Musil, typograph. ausgewiesen in H. Brochs »Schlaf-

Montaige: »Essais«, 1580

wandler«); es ist oft auch durchwaltendes Gestaltungsprinzip (z. B. bei A. Gide, U. Johnson: sog. *Essayismus*). IS

Estampie, f. [frz., abgeleitet aus vorahd. *stampôn = stampfen], altfrz. Tanz, dessen Rhythmus durch Aufstampfen der Füße markiert wird (s. Etymologie), oft nur (ein- oder mehrstimm.) instrumentales Vortragsstück, im Aufbau der ↗ Sequenz verwandt (einfache Setzung der Versikel in doppeltem oder dreifachem Kursus), aber auch mit Texten verschiedener Thematik, z. T. auch mit Refrain, als Tanzlied; verbreitet im 13. u. 14. Jh., verwandt ist die prov. Estampida; vgl. auch ↗ Descort, ↗ Leich (Tanzleich). S

Estilo culto, m. [span. = gepflegter (d. h. gelehrter) Stil], s. ↗ Gongorismus.

Ethopoeie, f. [gr. ethopoiía = Charakterdarstellung],
1. ↗ rhetor. Figur, Form der ↗ Sermocinatio: fiktive Rede, die einer histor., mytholog. oder erdichteten Gestalt in den Mund gelegt wird (z. B. zur Charakterisierung ihrer Gemütslage, vgl. Ovid, Niobes Klage,»Metamorphosen« VI, 170 ff.). Verwandt sind die *Prosopopoeie*, die Einführung konkreter Erscheinungen (bes. aus dem Bereich der Natur: Flüsse, Winde usw.) oder abstrakter Begriffe (Liebe, Alter) als redende (z. T. auch handelnde) Personen und die *Eidolopoeie*, die einem Toten beigelegte Rede. Auch ↗ Personifikation, ↗ Allegorie.
2. in der Rhetorik das Vermögen, eine Rede so zu gestalten, dass der Redner als Biedermann erscheint, bes. von Lysias (ca. 445–380 v. Chr.) geübt. HSt

Etym, n. [von gr. étymon = das Wahre], Wurzelwort; von Arno Schmidt (»Der Triton mit dem Sonnenschirm«, 1969) eingeführter Begriff für sog. ›Wortkeime‹, die unter der kontrollierten Bewusstseinssprache liegen sollen; ihre Interpretation mittels phonet. Anklänge erlaube die Entschlüsselung des ›eigentlich Gemeinten‹ z. B. Einfall – ein Phall(us). Bewusstes Stilmittel in Schmidts »Zettels Traum« (1970). HSt

Eucharistikon, n. [gr. Eucharistos = dankbar], antikes Dankgedicht, z. B. das panegyr.» Eucharisticon ad imp. Aug. Germ. Domitianum« des Statius (»Silvae« IV, 2; 1. Jh. n. Chr.). MS

Euhemerismus, m., rationale Mythendeutung, die in Göttern nur herausragende Menschen (Heroen) der Vorzeit sieht; schon in der Antike vertreten in der (nur fragmentar. erhaltenen) Schrift »Hiera anaphé« (=Heilige Aufzeichnung) des griech. Philosophen Euhemeros (um 300 v. Chr.), die dann von dem röm. Satiriker und Historiker Ennius (239–169 v. Chr.) unter dem Titel »Euhemerus« ins Lat. übertragen wurde; auch von Cicero in seiner Schrift »De natura deorum« erwähnt. Von wechselnder Nachwirkung in der europ. Geistesgeschichte (s. ↗ Mythos). S

Euphemismus, m. [gr. euphemia = Sprechen guter Worte], beschönigende Umschreibung (↗ Periphrase) von Unangenehmem, Unheildrohendem, moral. oder gesellschaftl. Anstößigem, von Tabus, z. B. gr. *Eumeniden* (= Wohlgesinnte) für Erinnyen (= Furien), *Freund Hein* für Tod, *das Zeitliche segnen*, *heimgehen* für sterben; in moderner Propagandasprache: *Vorwärtsverteidigung* für Angriff, *Frontbegradigung* für Rückzug, *Minuswachstum* für Rezession. Euphemist. werden oft auch Fremdwörter gebraucht, z. B. *transpirieren* für schwitzen (bes. auch für Bez. der Sexual- und Analsphäre), auch Wortentstellungen dienen euphemist. Zwecken, z. B. mundartl. *Deixel* für Teufel. S

Euphonie, f. [gr. euphonia = Wohlklang], Bez. für sprachl. Wohlklang und Wohllaut in der ant. Rhetorik (Gegensatz ↗ Kakophonie, auch Dissonanz). Die als euphon. empfundenen Laute und Lautverbindungen sind von Sprache zu Sprache verschieden. Einfluss euphon. Gesichtspunkte auf die Sprachentwicklung ist nicht auszuschließen, wissenschaftl. jedoch nicht greifbar. HFR

Euphuismus, m., engl. euphuism [ˈjuːfjuizəm], engl. Ausprägung des literar. ↗ Manierismus; Bez. nach dem Titel des (noch frühmanierist.) zweiteil. Romans »Euphues« (1578–80) von J. Lyly, evtl. nach span. Vorbild (»Libro Aureo de Marco Aurelio Emperador« von Antonio de Guevara, einem Vorläufer des ↗ Conceptismo). Weitere Vertreter sind Th. Lodge, R. Greene, W. Shakespeare (bes.»Love's Labour's Lost«, »Romeo and Juliet«) und, in gesteigerter Ausprägung, die ↗ Metaphysical poets (J. Donne, R. Crashaw u. a.). Durch die Shakespeare-Tradition blieben die sprachl. und stilist. Elemente des E. bis ins 20. Jh. lebendig; insbes. T. S. Eliot knüpfte an den formalen Manierismus an.   IS

Eupolideion, n. [gr.], nach Eupolis (att. Komödiendichter, 5. Jh. v. Chr.) benanntes Metrum der griech. Lyrik: Verbindung eines ↗ Wilamowitzianus mit einem ↗ Lekythion: ◡̄◡̄–◡̄|–◡◡–| –◡–◡̄–◡◡̄.   K

Euripideion, n., nach Euripides benanntes ↗ archiloch. Versmaß: distichische Verbindung eines jamb. ↗ Dimeters mit einem ↗ Lekythion oder einem ↗ Ithyphallikus zu einer ↗ Epode: ◡̄–◡–|◡̄–◡◡̆ bzw. ◡̄–◡–|◡̄–◡◡̆ –◡–◡–◡◡̄   –◡–◡–◡̄.   K

Evangeliar, n. [mlat. liber evangeliarium = Evangelienbuch], ursprüngl. Bez. für das liturg. Buch mit dem vollständigen Text der vier Evangelien (die Hss. selbst sind meist ohne Bez.), später auch für das Perikopenbuch (Lektionar: ↗ Evangelistar und ↗ Epistolar). Bes. aus dem frühen MA. sind eine Reihe prachtvoll geschmückter E.e erhalten: z. B. ein karoling. E. aus der Ada-Gruppe (um 800; Trier, Stadtbibliothek), das Reichenauer E. Ottos III. (um 1000; München, Bayr. Staatsbibliothek) oder der berühmte Codex Aureus Epternacensis (aus Echternach, um 1030, Nürnberg, German. Nationalmuseum).   S

Evangelienharmonie, f., von Osiander geprägte Bez. für eine vereinheitlichte Darstellung des Lebens und Wirkens Jesu nach den vier Evangelien und apokryphen Quellen in Prosa oder Versen. Die erste bekannte E. ist das »Diatessaron« des syr. Kirchenvaters Tatian, nach 172 (nach griech. tó dia tessaron = durch vier [Evangelien]); unsicher ist, ob der Urtext syr. oder griech. war. Das »Diatessaron« wurde bis ins 5. Jh. in der syr. Kirche im Gottesdienst anstelle der Evangelien verwendet und später ins Arab., Lat. (6. Jh.), Pers., Ahd. (9. Jh.), Mittelengl. übertragen. – Weitere E.n stammen u. a. von Augustinus (4./5. Jh.), Jean de Gerson (14./15. Jh.), A. Osiander (1537), A. Vezin (1938, [4]1958), poet. E.n u. a. von Juvencus (um 330), einem altsächs. Anonymus (»Heliand«) und Otfried von Weißenburg (vor 870). Vgl. ↗ Bibelepik, ↗ Messiade.   HFR

Evangelistar, n. [mlat. liber evangelistarium = zu den Evangelien gehöriges Buch], liturg. Buch, das die Abschnitte (↗ Perikopen) aus den Evangelien, die bei der Messe verlesen werden, enthält. Mittelalterl. E.e waren meist kunstvoll ausgeschmückt, z. B. das Reichenauer Egbert-E. (Egbertkodex, um 980, Trier, Stadtbibliothek).   S

Der Evangelist Markus, Mitte des 13. Jh.s

Examinatio, f. [lat. = Abwägung], Teilschritt der ↗ Textkritik, auch: Rezension.

Exclamatio, f. [lat. = Aufruf, Aufschrei], ↗ rhetor. Figur; Umwandlung einer Aussage in einen Ausruf, entweder gestisch, durch Tonstärke und Satzmelodie oder mit Hilfe des Satzbaus (häufig apostrophische Vokative, Imperative, Interjektionen, Inversion u. a.): »O tempora! o mores!« (Cicero, Cat. 1.1.2), »Hoch soll er leben!«.   HD

Exegese, f. [gr. exégēsis = Auseinanderlegung, Erklärung], Auslegung von Schriftwerken, insbesondere solchen mit Verkündigungs- oder Gesetzescharakter (bibl., jurist., seltener literar. Inhalts). Vorwiegend Gesetzesauslegung ist die E. des AT durch jüdische Schriftgelehrte. Mit der Diskussion des Verhältnisses von AT und NT beginnt – bereits innerhalb des NT-Corpus- die christl. Bibel-E. (↗Typologie). Die E. der Patristik knüpft method. an die antike Homer- und Vergilkommentierung an und begünstigt damit die E. nichtbibl. Texte im späteren MA. – Kernproblem ist zunächst das Verhältnis von histor. und in ihm verborgenem geist. Sinn, das seit Origenes in der Lehre vom dreifachen, später vierfachen ↗Schriftsinn systematisiert wird (↗Allegorese). Die allegor. Ausdeutung einzelner Bibelstellen wird seit dem 5. Jh. in Handbüchern kompiliert (z. B. Hieronymus Lauretus, »Silva allegoriarum totius sacrae scripturae«, 1570). Nachwirkungen dieser Tradition reichen bis ins Barock. Sie beeinflussen auch die E. nichttheolog. Texte; Dante fordert sie im Widmungsbrief an Cangrande für das Verständnis der »Commedia«. Ansätze zu objektiverer E. streng nach dem Wortsinn ergeben sich aus der biblischen Textkritik seit Hieronymus. Die eigentl. histor.-philolog. E. beginnt mit Luther und den Humanisten. Konsequent wissenschaftl. orientierte Auslegungsnormen und -methoden (↗Hermeneutik) setzen sich jedoch erst allmähl. mit wachsendem Geschichtsbewusstsein durch. In der Literaturwissenschaft ist der Begriff der E. weithin durch den der ↗Interpretation ersetzt. Darbietungsformen der E. sind einfache Worterklärung (↗Glosse), Anmerkungen (↗Scholien), Kommentare, im MA. oft in Form des Lehrgesprächs, und ↗Predigt (Homilie). HSt

Exempel, n. [lat. exemplum = Probe, Muster, Beispiel, gr. Paradigma], bes. Form der vergleichenden Verdeutlichung und Veranschaulichung eines Sachverhaltes. In der antiken Rhetorik werden zwei Typen unterschieden: 1. ein kurzer Bericht über bestimmte Taten oder Leistungen, eingeschoben in eine Rede etc. als positiver oder negativer Beleg *(Paradigma)* für eine aufgestellte Behauptung; 2. die Berufung auf eine Gestalt aus Mythos, Sage, Geschichte, für die eine bestimmte Eigenschaft oder Verhaltensweise typ. ist (Beispielfigur, gr. eikon, lat. imago). Eine Sammlung antiker E. stellte Valerius Maximus (1. Jh. n. Chr.) zusammen (»De dictis et factis memorabilibus«). – Im MA. wurden allgemein kurze

Erzählformen mit prakt. Nutzanwendung wie ↗Anekdote, ↗Fabel, ↗Parabel, ↗Legende, ↗Gleichnis, auch der ↗Schwank, als E. bez. und in didakt., aber auch ep. Werke, v. a. aber in Predigten zur moral. oder religiösen Belehrung und Veranschaulichung eingefügt. Die Stoffe für die E. stammten aus allen Wissens- und Erfahrungsgebieten, aus der Bibel (Gleichnisse), der antiken Literatur, aus theolog., hagiograph. Schriften, aus der histor. und volkstüml. Überlieferung und der Naturkunde. Die Bedeutung u. Beliebtheit des E.s im MA. dokumentiert sich in zahlreichen, z. T. recht umfangreichen *E.sammlungen,* z. B. dem »Dialogus miraculorum« des Caesarius von Heisterbach (nach 1200) oder der speziellen Natur-E.sammlung »Proprietates rerum moralizate« (Ende 13. Jh.), dem alphabet. geordneten »Liber exemplorum de Durham« (um 1275) oder dem sachl.-systemat. geordneten »Tractatus de diversis materiis praedicabilibus« von Stephan von Bourbon (Mitte 13. Jh.). Zu Fundgruben für E. wurden auch reich mit E.n (sog. ↗Predigtmärlein) ausgestattete Predigtsammlungen (z. B. die »Sermones de tempore« und »Sermones vulgares« des Jacobus von Vitriaco) oder Chroniken (wie das »Speculum historiale« von Vinzenz von Beauvais) und Geschichtenbücher wie die »Gesta Romanorum«. Im 14. Jh. wurden allegorisierende moral. E. beliebt (vgl. die E.sammlung »Solatium Ludi Scacorum« des Jacobus de Cessulis). Die mal. E. blieben bis in die Zeit des Barock lebendig (vgl. die Predigten von Abraham a Santa Clara u. a.). Es entstanden aber auch noch neue Sammlungen, so durch G. Ph. Harsdörffer (»Großer Schauplatz«, 1650 ff.), H. A. v. Zigler und Kliphausen (»Tägl. Schauplatz«, 1695 ff.), Martin von Cochem (»Lehrreiches History- und E.buch«, 4. Bde. 1696–99) u. a. Das E. war ein wichtiges Instrument für die Tradierung des mal. Erzählgutes. Zur selbständigen literar. Gattung wurde das E. ausgebildet im mhd. ↗bîspel. S

Exemplum, ↗Exempel.

Exilliteratur, auch: Emigrantenliteratur. Sammelbez. für literar. Produktionen, die während eines (meist aus polit. od. religiösen Gründen) erzwungenen oder freiwilligen Exils entstanden. Als »Emigrantenliteratur« bezeichnete *erstmals* G. Brandes (1871) die Werke der zeitweilig von Napoleon I. aus Frankreich verbannten Madame G. de Staël und v. B. de Constant-Rebecque. Emigrantenliteratur oder E. in diesem Sinne gibt es jedoch seit frühesten Zeiten, wenn staatl. Unterdrückung, Zensur, Schreibverbot oder Verbannung Schriftsteller u. a. ins Exil zwangen (vgl. Hipponax, 6. Jh. v. Chr., Ovid, 8 n. Chr., Dante, 1302). E. ist zu großen Teilen anklägerisch und warnend politisch, oft apologetisch. Selbst über der Gegenwartsproblematik stehende Werke sind oft von den Erfahrungen des Exils (Mittellosigkeit, geist. und sprachl. Isolation) geprägt. Eine *erste moderne,*durch polit. Restriktionen erzwungene *Emigrationswelle* erfolgte in der Metternichära in der 1. Hälfte des 19. Jh.s. Im Exil (Zürich, Brüssel, Paris, London) entstanden z. T. die Werke G. Büchners, H. Heines und zahlreicher Vertreter des ↗ Jungen Deutschland und des ↗ Vormärz (L. Börne, G. Herwegh, F. Freiligrath, R. Prutz, K. Marx, F. Engels u. a.). Insbes. durch Börne wurde erstmals auch die *Zeitschrift* zum wichtigen Forum bes. der polit. ausgerichteten E. Wichtige publizist. Unternehmungen sind z. B. die »Europ. Blätter« (hrsg. v. F. List, Zürich, 1824–25), »Die Balance« (hrsg. v. L. Börne, Paris 1836), die »Dt.-Franz. Jahrbücher« (hrsg. v. K. Marx und A. Ruge, Paris 1844), Marx' »Neue Rhein. Zeitung« (London 1850) und »Das Volk« (London 1859 mit Engels). Im Exil entstanden auch Marx' und Engels' weltgeschichtl. bedeutsame Werke. E. sind z. großen Teil die Werke des poln. Dichters A. Mickiewicz (Emigration mit vielen anderen nach den Polenaufständen 1830/31), weiter die Werke der während und nach der russ. Oktoberrevolution 1917 emigrierten russ. Dichter, z. B. V. und G. Ivanov, Z. Gippius, J. Bunin, D. S. Mereschkowskij, A. Remizov, B. Zajcev, V. Nabokov, J. Šmelev, M. Aldanov u. v. a. Zentren ihrer literar. Tätigkeit waren Berlin, später v. a. Paris, wo auch zwei kulturell wichtige Zeitschriften erschienen; die zweite Generation dieser E. ist jedoch sprachl. weitgehend ins Gastland integriert (vgl. z. B. schon V. Nabokov). – Es gibt ferner eine ital. E. (Emigration wegen Faschismus: I. Silone) und eine umfangreiche und vielseitige span. E. (seit dem span. Bürgerkrieg 1936/39: S. de Madariaga y Rojo, A. Machado y Ruiz, A. Casona, R. J. Sender u. v. a.). – Die größte Gruppe an E. bildet die literar. Produktion der während der Herrschaft des Nationalsozialismus in rass. oder polit. Gründen gezwungenermaßen oder freiwillig im Exil lebenden, v. a. dt. und österr. Schriftsteller (über 2000), Wissenschaftler, Politiker u. a. *Diese größte Emigration* dt.-sprach. Intellektueller vollzog sich in zwei Wellen: 1933 (nach Machtergreifung, Reichstagsbrand und v. a. nach dem national.sozialist. ↗ Bücherverbrennung am 10.5.1933 als Auftakt der Verfolgung verfemter Schriftsteller) und 1938/39 (Synagogenbrand, Angliederung Österreichs und der Tschechoslowakei und Kriegsausbruch; bes. österreich. Intellektuelle). Zugleich damit setzt eine zweite Flucht der in europ. kriegsbedrohten Ländern lebenden Emigranten nach Übersee ein. Unter schwierigsten äußeren und inneren Bedingungen wurde von Anfang an im Ausland der Fortbestand der dt. Literatur und Geisteskultur organisiert. In den Zentren Paris, Amsterdam, Stockholm, Zürich, Prag und Moskau (nach Ausbruch des Krieges in den USA, in Mexiko, Argentinien, Palästina) etablieren sich emigrierte oder neue dt.-sprach. *Verlage,* z. B. der Malik-Verlag (Prag, London) oder Bermann-Fischer (Wien, Stockholm); auch ausländ. Verlage veröffentlichen dt. Literatur, bes. z. B. Querido, Allert de Lange (Amsterdam), der Europa-Verlag (Oprecht, Zürich – New York u. a.). Ferner entstanden *Emigranten-Vereinigungen* (neben den großen polit. und zahlr. kleineren Parteien) z. B. die »Dt. Freiheitspartei« (gegr. Paris/London 1936/37), der »Freie dt. Kulturbund« (FDK, gegründet London 1938) oder als Neugründung der 1933 in Deutschland aufgelöste »Schutzverband dt. Schriftsteller« (SDS (in Prag, Paris, Brüssel, Kopenhagen, London und den USA) und PEN (London 1934). Große integrierende Wirkung hatten v. a. zahlreiche *Emigrantenzeitschriften:* Wichtigste *Tageszeitung* war das »Pariser Tageblatt« (1933–36 Red. G. Bernhard, ab 1936–40 u. d. T. »Pariser Tageszeitung«, Red. C. Misch). Eine wichtige, in der ganzen freiheitl. Welt verbreitete *Wochenschrift* war »Der Aufbau« (hrsg. von M. George, New York 1934). Daneben gab es vorwiegend *parteipolit. ausgerichtete Zeitschriften*, z. B. die wissenschaftl. »Zeitschrift für Sozialismus« (Red. R. Hilferding, Karlsbad 1933–36), »Neuer Vorwärts« (sozialdemokrat. Wochenblatt, Red. F. Stampfer, ab 1938 C. Geyer, Karlsbad 1933–1938, ab 1938–40 Paris), die »Deutschland-Berichte der SoPaDe« (hrsg. v. E. Rinner, Prag 1934–40, seit 1938 Paris), die »Rundschau über Politik, Wirtschaft und Arbeiterbewegung« (Organ der Komintern, Basel 1932–39), »Die Internationale« (als Exilzeitschrift Prag 1933–39), die kommunist. Monatsschrift »Unsere Zeit« (hrsg. v. W. Münzenberg, Paris, Basel 1933–35); oder die »AIZ« (Allgem. illustr. Ztg., ab 1936 u. d. T. »Volksillustrierte«, hrsg. v. P. Prokop, Prag 1933–39), »Die Dt. Revolution« (hrsg. v. O. Strasser, Prag 1933–38, das Organ der sog. ›Schwarzen Front‹). *Konfessionell ausgerichtete Zeitschriften* waren »Der dt. Weg« (zuerst »Heimatblätter« genannt, hrsg. v. F. Muckermann, S. J., Oldenzaal 1934–40), »Abendland« (hrsg. v. H. Rokyta, Prag 1938). Über Parteien und Konfessionen stand »Das wahre Deutschland« (hrsg. v. K. Spiecker und H. A. Kluthe, London 1938–40, das Organ der ›Dt. Freiheitspartei‹). Weiter erschienen *natur- und geisteswissenschaftl. oder philosoph. Zeitschriften*, z. B. die »Zeitschrift für freie dt. Forschung« (hg. v. der Freien dt. Hochschule Paris, 1938), und v. a. *literar. und kulturkrit. Zeitschriften*, an denen die bedeutendsten Schriftsteller der Zeit mitarbeiteten: z. B. »Das neue Tagebuch« (hrsg. v. L. Schwarzschild, Paris, Amsterdam 1933–40); »Die Sammlung« (Hg. K. Mann, Amsterdam 1933–35), »Maß und Wert« (hrsg. v. Th. Mann und K. Falke, Zürich 1937–40), »Die neue Weltbühne« (Hg. W. Schlamm, H. Budzislawski, Prag, Zürich, Paris 1933–39); »Neue Dt. Blätter« (Red. O. M. Graf, W. Herzfelde, A. Seghers, Wien, Zürich, Paris, Amsterdam, eigentl. aber Prag: Malik-Verlag, 1933–35); »Das Wort« (Hg. u. Red. B. Brecht, L. Feuchtwanger, W. Bredel, Moskau 1936–39, geht dann auf in

»Internationale Literatur. Deutsche Blätter«, Red. J. R. Becher, Moskau 1933–45); »Freies Deutschland« (Red. B. Frei, A. Abusch, Mexico 1941–46); »Dt. Blätter« (Hg. U. Rukser u. A. Theile, Santiago de Chile, 1943–46). Die in diesen Zeitschriften und in Einzelausgaben (vom mehrbänd. Buch bis zum maschinenschriftl. vervielfältigten Flugblatt) veröffentl. E. ist künstler., formal, inhaltl. und auch in ihren Zielen uneinheitl.; gemeinsam ist ihr jedoch die Idee der Humanität, ein Verantwortungsgefühl als Träger des dt. Kulturgutes (›humanist. Front‹) und die entschiedene, wenn auch polit. nicht einheitl. Opposition gegen den Nationalsozialismus. E. umfasst *polit. Literatur* (Aufrufe, Warnungen, Anklageschriften, Analysen, Dokumentationen zu den Vorgängen in Deutschland, vgl. etwa Th. Manns Aufsätze zur Zeit »Achtung Europa!« (Stockholm 1938), »Dt. Hörer. 25 Radiosendungen nach Deutschland« (Stockholm 1942), *wissenschaftl. Werke,* von denen viele infolge der bes. Zeitsituation weit über die Fachkreise hinaus als Kundgebungen empfunden wurden, z. B. F. Jellinek, »Die Krise des Bürgers« (Zürich 1935), E. Bloch, »Erbschaft dieser Zeit« (Zürich 1935), A. Kerr, »Walther Rathenau« (Amsterdam 1935), B. Walter, »Gustav Mahler« (Zürich 1936), K. Heiden, »Europ. Schicksal« (Amsterdam 1937), F. Muckermann, S. J.: »Revolution der Herzen« (Colmar 1937), sodann *Autobiographien,* z. B.: E. Toller, »Eine Jugend in Deutschland« (Amsterdam 1933), Th. Wolff, »Der Marsch durch zwei Jahrzehnte« (Amsterdam 1936), C. Sternheim, »Vorkriegseuropa im Gleichnis meines Lebens« (Amsterdam 1936), A. Kolb, »Festspieltage in Salzburg« (Amsterdam 1938), C. Zuckmayer, »Pro domo« (Stockholm 1938), R. Schickele, »Heimkehr« (Straßburg 1939), W. Herzog, »Hymnen und Pamphlete« (Paris 1939), K. Mann, »The turning point« (London 1944; dt. 1952), St. Zweig, »Die Welt von gestern« (Stockholm 1944), H. Mann, »Ein Zeitalter wird besichtigt« (1941–44, gedr. Stockholm 1945); dann v. a. *poet. Werke, in denen* bes. seit Kriegsausbruch, vielfältig *die Zeiterfahrungen gestaltet* wurden, v. a. in der Lyrik (z. B. v. B. Brecht, J. R. Becher, P. Zech, E. Lasker-Schüler, F. Werfel, M. Herrmann-Neiße, E. Weinert, W. Mehring, H. Adler, N. Sachs u. a.), aber auch im *Roman,* vgl. z. B. K. Mann, »Mephisto« (Amsterdam 1936); B. Frank, »Der Reisepaß« (Amsterdam 1937); Ö. v. Horváth, »Jugend ohne Gott« (Amsterdam 1938); Friedrich Wolf, »Zwei an der Grenze« (Zürich 1938); L. Feuchtwanger, »Exil« (Amsterdam 1940 u. a.); A. Neumann, »Es waren ihrer sechs« (Stockholm 1945), A. Seghers, »Das siebte Kreuz« (Amsterdam 1946), ferner die Romane von Th. Th. Heine, A. Döblin, B. Uhse, G. Regler, H. Kesten u. a. Auch im *Drama* wurde zur Zeitsituation Stellung bezogen, vgl. etwa B. Brecht, »Furcht und Elend des 3. Reiches« (gedruckt New York 1945); F. Werfel, »Jacobowsky und der Oberst« (Stockholm 1945); C. Zuckmayer, »Des Teufels General« (Stockholm 1946) und die Dramen von F. Bruckner, St. Lackner, Friedrich Wolf u. a. Daneben stehen bedeutsame *Werke ohne unmittelbaren Bezug zur Zeitsituation* wie: Th. Mann, »Josef und seine Brüder« (Bd. 3 und 4, Stockholm 1934), »Lotte in Weimar« (Stockholm 1939); F. Werfel, »Der veruntreute Himmel« (Stockholm 1939); »Das Lied von Bernadette« (Stockholm 1941); R. Musil, »Der Mann ohne Eigenschaften« (unvoll., Lausanne, 1943); H. Broch, »Der Tod des Vergil« (New York 1945); ferner viele Werke von E. Weiss, J. Roth, L. Frank, ferner das dramat. Werk B. Brechts, Dramen von J. Hay, G. Kaiser, E. Toller u. v. a.; schließl. auch das Werk A. Momberts. Eine typ. Erscheinung der fiktiven E. ist die (z. T. getadelte: Kurt Hiller in »Profile«, Paris 1938) Zuwendung zur Vergangenheit in *Geschichtsromanen,* vgl. etwa A. Neumann, »Neuer Caesar« oder »Kaiserreich« (Amsterdam 1934 u. 1936), B. Frank, »Cervantes« (Amsterdam 1934), R. Neumann, »Struensee« (Amsterdam 1935), L. Marcuse, »Ignatius Loyola « (Amsterdam 1935), H. Mann, »Henri Quatre« (Amsterdam 1935–38); L. Feuchtwanger, »Die Söhne« oder »Der falsche Nero« (Amsterdam 1935 und 1936), H. Kesten, »Ferdinand und Isabella« und »König Philipp II.« (Amsterdam 1936 und 1938) u. a. Schließl. sind auch noch die zahlreichen *Anthologien* ausländ. und dt. Literatur (z. B. v. H. Mann, Zürich 1936, E.

Alexander, Zürich 1938; A. Wolfenstein, Amsterdam 1937), *Übersetzungen und Nachdichtungen* ausländ. Dichter (z. B. von A. Neumann, H. Feist, N. Sachs) und die *Nach- oder Neudrucke* älterer, im nationalsozialist. Deutschland verbotener Bücher zur E. zu zählen.

Die E. führte die große europ. geist. Tradition fort: Sie galt als *die* repräsentative dt. Literatur; die nationalsozialist. Literatur wurde nicht anerkannt, die Werke der sog. ↗ inneren Emigration (Bez. geprägt v. F. Thiess, 1933, für oppositionelle Schriftsteller, die in Deutschland ausharrten, z. B. E. Wiechert, R. Schneider, W. Bergengruen, J. Klepper) wurden z. T. nicht gedruckt (und werden im Allg. nicht zur E. gezählt). Der dt. E. ist es zu verdanken, dass Deutschland mit der Rückwanderung vieler emigrierter Schriftsteller seit etwa Ende 1947 wieder den Anschluss an die internationalen künstler. Strömungen fand. – In den 70er und 80er Jahren rückte immer mehr auch die E. von ausländ. Exilanten im dt. Sprachgebiet (z. T. in dt. Sprache verfasst) ins Blickfeld. Zur Abgrenzung gegenüber der E. 1933–45 kann sie mit ›Exilantenlit.‹ als Untergruppe der ↗ Ausländerlit. bez. werden. – Die wissenschaftl. Aufarbeitung der E. wurde in Deutschland nur zögernd in Angriff genommen. Erste Initiativen gingen von dem emigrierten dt. Germanisten W. A. Berendsohn aus. Bedeutende *Sammelzentren für E.* entstanden in der »Wiener Library« in London (gegr. 1945 v. Alfred Wiener), in der »Dt. Bibliothek Frankfurt« (1948 begr. als Sondersammlung ›Dt. E.‹ von H. W. Eppelsheimer nach dem verpflichtenden Vorbild der »Dt. Freiheitsbibliothek« in Paris, die am

Seghers: »Das siebte Kreuz«

H. Mann: »Die Jugend des Königs Henri Quatre«

10.5.34, dem Jahrestag der Bücherverbrennung, unter Mithilfe des SDS eingerichtet und 1940 von den Nationalsozialisten vernichtet worden war), im Institut f. Zeitgesch. München, im Dt. Lit. Archiv, Marbach, im Archiv d. Akad. d. Künste, Berlin und am Dt. Institut der Universität Stockholm (seit 1969). Seit 1969 besteht ferner eine Arbeitsstelle für dt. E. an der Universität Hamburg, deren Material Grundlage einer seit 1972 erscheinenden wissenschaftl. Gesamtübersicht und histor. Faktenanalyse ist (H.-A. Walter). Seit Ende der 70er Jahre geben einige Verlage sog. *Exilreihen* heraus (Verlag Georg Heintz, Worms, Reihe ›Dt. Exil 1933–45‹; Verlag europ. Ideen, Berlin, Reihe ›Bibliothek Anpassung u. Widerstand‹; Röderberg-Verlag, Frkft., Reihe ›Kunst und Lit. im antifaschist. Exil 1933–1945‹; Gerstenberg-Verlag, Hildesheim, Reihe ›E.‹ u. a.). Seit 1982 erscheint eine Zs. ›Exil 1933–45‹ (hg. v. Edita Koch), 1984 wurde eine ›Gesellschaft f. Exilforschung‹ (Marburg, 1. Vors. E. Loewy; Organ: Intern. Jb. z. Exilforschung) gegründet.

IS

Existentialistische Literatur, literar. Werke, in denen die fragwürdige, sich selbst problemat. gewordene Existenz des Menschen dargestellt ist (u. a. schon G. Büchner, F. M. Dostojewskij, R. M. Rilke, F. Kafka u. v. a. m.). – Im engeren und eigentl. Sinne eine literar. Richtung, in den Vordergrund getreten Ende des Zweiten Weltkriegs in der Nachfolge der Existenzphilosophie S. Kierkegaards (M. Heidegger, K. Jaspers), hauptsächl. als literar. Exemplifizierung philosoph. Fragens (vgl. auch ↗littérature engagée). Mittelpunkt der e. nL. ist der Mensch, der – bei Hinfälligkeit der klass. Unterscheidung von Subjekt und Objekt, von Welt und Ich – einen objektiv in der Welt enthaltenen Sinn nicht mehr zu erkennen vermag. Sein Leben ist »Sein zum Tode« (Heidegger), das er bejaht. Die trag. Grunderfahrung dieses Lebens ist die »Angst«. In der Darstellung existentieller Grenzsituationen sind allerdings nicht der Tod, die Angst, das Nichts das eigentl. Anliegen e. r L., vielmehr das »défi à la mort« (Herausforderung an den Tod), der »Entwurf« (Heidegger) und eine in ihm liegende »Freiheit«; »Existenz aber, weil sie mögl. ist, tut Schritte zu ihrem Sein oder von ihm weg ins Nichts durch Wahl und Entscheidung« (Jaspers). Literar. Vertreter e. r L. sind v. a. J. P. Sartre, zus. mit S. de Beauvoir und A. Camus. Von J. P. Sartres atheist. Humanismus (u. a. »L'être et le néant«, 1943; »L'existentialisme est un humanisme«, 1946) und A. Camus' »Philosophie de l'absurde« (u. a. »Le mythe de Sisyphe«, 1942) hebt sich deutl. der christl. Existentialismus G. Marcels (u. a. »Homo viator«, 1945) ab. Einflüsse e. r L. und Philosophie sind nach 1945 auch im Werk dt. Autoren (u. a. H. Kasack, H. E. Nossack) nachzuweisen.   D

Exkurs, m. [lat. excursus = Ausfall, Abschweifung], auch: Digressio, Parekbasis, bewusste Abschweifung vom eigentl. Thema in der Rede, in ep. und wissenschaftl. Werken, sei es als ↗Dubitatio (Hinwendung ans Publikum und Besprechung der Schwierigkeiten der Darstellung), sei es in Form illustrierender Exempla oder als in sich geschlossene Behandlung eines Nebenthemas (meist als Digressio bez.). In der antiken Rhetorik eine Form der ↗Amplificatio.   S

Exodium, n. [lat. = Ausgang], 1. ursprüngl. Bez. für den Schluss eines antiken Dramas. 2. Im röm. Theater heiteres, meist parodist. ↗Nachspiel zu einer Tragödie, z. B. eine Satura (↗Satire), ↗Atellane oder ein ↗Mimus.   S

Exodos, f. [gr. = Auszug], im engeren Sinne das Auszugslied des ↗Chors im gr. ↗Dithyrambus und der gr. ↗Tragödie, mit dem diese schließen; im weiteren Sinne der ganze auf das letzte Standlied (↗Stasimon) des Chors folgende Schlussteil der Tragödie, der die Lösung des dramat. Konflikts bringt.   K

Exordium, n. [lat. = Anfang (einer Rede)], vgl. ↗Rhetorik, ↗Disposition; auch ↗Proömium, ↗Prolog.

Exoterisch [von gr. exoterikos = außen, außerhalb], Bez. für Lehren und Schriften, die für ein breiteres Publikum bestimmt sind, zuerst bei Aristoteles belegt, mutmaßl. für Argumentationen propädeut. oder rhetor. Art, die zwar nicht literar. publiziert wurden, aber doch allgemein zugängl. waren. Diese Deutung wird von Andronikos von Rhodos, 1. Jh. v. Chr., bewahrt (vgl. Gellius XX, 5). Die heutige Beziehung des Begriffs auf allgemeinverständl. literar. Werke findet sich zuerst bei Cicero (De fin. V 5, 12; Ad Att. IV 16, 2), später ebenso bei den Aristoteles-Kommentatoren Ammonios, Simplikios u. a.   HD

Exotịsmus, m. [zu lat. exoticus = ausländisch, fremdartig], künstler. Stil- oder Darstellungsmerkmal: Verwendung oder Nachahmung ›exot.‹ Motive, Schmuckformen u. a. Elemente in den verschiedenen Künsten: *in der Literatur* bes. die Darstellung fremdart. Landschaften, Kulturen, Sitten, die Verwendung fremdklingender Namen und Ausdrücke u. a. – Die *Bez.* ›E.‹ für diese Merkmale wurde im 19. Jh. geprägt, das Phänomen selbst findet sich schon in den Literaturen des Altertums und des MA.s, vgl. z. B. im MA. die (allerdings fabulöse) Darstellung des Orients im Anschluss an die Kreuzzüge in den ⤻ Spielmanns- und Alexanderepen. – In *der Neuzeit* belebten v. a. die Entdeckungsfahrten in außereurop. Ländern exot. Strömungen in allen Zweigen die Literatur wie allgem. der Kunst und des Kunstgewerbes (vgl. z. B. im 18. Jh. die ›Chinoiserien‹ in Porzellanmalerei, auf Stoff- und Tapetenmustern, bei Lack- und Lederarbeiten u. Ä.). Stoffvermittler waren v. a. die Berichte von Missionaren und Reisenden. Die exot. Elemente werden dabei je nach den Intentionen der Künstler in verschiedener *Funktion* eingesetzt. Seit Ende des 16. Jh.s (Montaigne) bis ins 18. Jh. (J. J. Rousseau, Bernardin de Saint Pierre) wird z. B. das Motiv des edlen Wilden und sein natürl.-naives Dasein in unberührter Wildnis als idealische Menschheitsidylle gestaltet und der eigenen Zeit entgegengestellt, um neue erzieher. (Fénelon), philosoph. oder polit. (Ch. M. Wieland, A. v. Haller) Ideen zu demonstrieren oder in dieser Tarnung satir. oder moral.-sentimentale Gesellschafts- und Kulturkritik zu üben, vgl. die *exotist. Romane* und Erzählungen von Marin

Le Roy de Gomberville (»Polexandre«, 1629/37), Aphra Behn (»Oroonoko«, 1688), J.-F. Marmontel (»L'Amitié à l'épreuve« u. a. 1761), J. H. Bernardin de Saint-Pierre (»Paul et Virginie«, 1787) oder Chateaubriand, dem wichtigsten Vertreter der ›Europamüdigkeit‹ (»Atala«, 1801, »René«, 1802), die *Verserzählungen* von Th. Campbell (»Gertrude of Wyoming«, 1809), R. Southey (»A Tale of Paraguay«, 1825), H. W. Longfellow (»The Song of Hiawatha«, 1855), die *exotist. Dramen* von J. Dryden (»The Indian Emperor«, 1667), S. R. N. Chamfort (»La jeune Indienne«, 1764 u. a.) oder A. v. Kotzebue (»Die Sonnenjungfrau«, 1789 u. a.), die *exotist. Gedichte* von J. Warton (1760), W. Wordsworth (1798), J. G. Seume (»Der Wilde«, 1801) u. v. a., oder die *Totengespräche* von B. de Fontenelle (1683) oder G. Lyttelton (1760; auch ⤻ Robinsonade, ⤻ utop. Roman). – Seit der europ. Romantik dienen die neuen stoffl. Bereiche des E. auch der Darstellung des eigenen Ich oder werden als noch unausgeschöpfte Ausdrucksformen für individuelle Stimmungen (Chateaubriand) oder übersteigerte Gefühle (A. Rimbaud, neuromant., expressionist. Dichter) genützt; ferner ergeben exot. Klanggestaltungen neue poet. Valenzen (bes. in der Lyrik: F. Rückert, A. v. Platen, F. Freiligrath, Klabund, G. Benn). – Schilderungen exot. Landschaften und Kulturen können schließl. auch der ethnograph. Belehrung oder nur selbstzweckhafter Unterhaltung dienen, vgl. die exot. Schauplätze des barocken heroisch-galanten Romans oder der seit Mitte des 19. Jh.s beliebten Reise-, Abenteuer- und ethnograph. Romane, bei denen (entsprechend der künstler. Potenz oder Wirkabsicht der Autoren) sich alle Übergänge von kunstvollen impressionist. Naturschilderungen (P. Loti) über realist. genaue Beschreibungen (J. F. Cooper, Ch. Sealsfield, Ethnographen wie S. Hedin, P. Freuchen u. a.) bis zur Kolportage in klischeehafter exot. Kulisse (K. May, B. Traven) und zur spannungsgeladenen Jugendliteratur (F. Steuben, B. Brehm, R. v. Zedtwitz u. a.) finden.   IS

Experimentẹlle Literatur, umstrittene Sammelbez. für literar. Werke, die primär an der Erprobung neuer Aussagemöglichkeiten (formal, inhaltlich) interessiert sind. In dieser übertragenen aber uneigentl. Bedeutung kann im Grunde jedes stilbildende Werk als e. L. angesehen werden. Im engeren und eigentl. Sinne: Literatur, bei welcher literar. Herstellungsprozess und naturwissenschaftl. Experiment vergleichbar sind. Eine derartige e. L. findet sich in verschiedenen Ausformungen schon in der deutschen ↗ Romantik: v. a. die Fragmente Novalis' und F. Schlegels stellen eine ausdrückl. Verbindung von Experiment und Literatur her: »Experimentieren mit Bildern und Begriffen im Vorstellungsvermögen ganz auf eine dem physikalischen Experimentieren analoge Weise. Zusammensetzen, Entstehenlassen – etc.« (Novalis). Eine zweite folgenreiche Begriffsübertragung nahm É. Zola in seinem Manifest »Le roman expérimental« (1880) vor: er fordert auch für den Dichter ein experimentelles Vordringen vom Bekannten ins Unbekannte (»aller du connu à l'inconnu«). Der Dichter solle provozierender Beobachter und Experimentator (»romancier expérimentateur«, »moraliste expérimentateur«) sein. Zola basierte dabei wesentl. auf der »Introduction à l'étude de la médecine expérimentale« (1865) des Mediziners C. Bernards und darüber hinaus auf der »Soziologie« A. Comtes und der Milieutheorie H. Taines. W. Bölsche popularisierte diesen Ansatz mit der weitverbreiteten Schrift »Die naturwissenschaftlichen Grundlagen der Poesie« (1887); etwa gleichzeit. führte F. Nietzsche in seiner sog. »Experimental-Philosophie« Begriff und Vorstellung des Artistischen, einer reinen Ausdruckswelt, folgenreich (vgl. z. B. G. Benn) ein. – Die Frage Zolas, ob das Experiment in der Literatur möglich sei, ist seither wiederholt gestellt und für die Inhalte von Literatur ebenso wie für ihre Darstellungsweisen bejaht und verneint worden, am radikalsten vielleicht im Umkreis M. Benses (»Die Programmierung des Schönen«, 1960), u. a. von H. M. Enzensberger, A. Andersch, G. Grass, P. Hamm. Pro und Contra spiegeln dabei – so scheint es – zugleich eine Polarisierung der Literatur in ↗ engagierte und e. L. D

Experimentelles Theater, umstrittene Sammelbez.; umfasst innerhalb der Theatergeschichte seit einer sog. ↗ Literaturrevolution so unterschiedliche Tendenzen wie die Theaterexperimente der Russen (v. a. W. E. Meyerhold), der Bauhausbühne, der Merzbühne K. Schwitters', des expressionist. Theaters, der ›Plays‹ G. Steins, sowie ihre jeweil. theatergeschichtl. Folgen: nach 1945 u. a. das ↗ absurde Theater, das ›dynam. Theater‹ des ↗ Darmstädter Kreises, das ›Mitspiel‹, das ↗ Happening u. a. Versuche, die Ausdrucksmöglichkeiten des Theaters zum alleinigen Spielgegenstand zu machen, das Theater in seiner gegenwärt. Form in Frage zu stellen (vgl. ↗ Anti-Theater, andererseits ↗ experimentelle Literatur). D

Explicit [= ›es ist beendet‹, in Angleichung an ↗ incipit entstandenes Kunstwort aus lat. explicitum est = es ist abgewickelt], Kennwort der Schlussformel (subscriptio) von ↗ Handschriften und Frühdrucken (↗ Kolophon), auch von einzelnen Kapiteln, z. B. »Titi Lucretii Cari de rerum natura liber tertius explicit feliciter; incipit liber quartus«. Ursprüngl. am Ende von Papyrusrollen in der Funktion des Titelblatts. HSt

Exposé, n. [frz., zu lat. exponere = auseinandersetzen, darstellen], (Rechenschafts-)Bericht, Darlegung eines Sachverhalts in Grundzügen, erläuternde Entwicklung eines Gedankenganges, Entwurf für eine literar. Arbeit. S

Exposition, f. [lat. expositio = Darlegung], erster Teil einer dramat. Handlung: Darlegung der Verhältnisse und Zustände, denen der dramat. Konflikt entspringt (↗ erregendes Moment), einschließl. ihrer Vorgeschichte (»Vorfabel«). – In der antiken ↗ Tragödie ist die typ. Form der E. seit Sophokles der ↗ Prolog; eine kurze Szene, die dem Einzugslied des Chors (↗ Parodos, mit der die eigentl. Tragödie beginnt) vorausgeht; die E. ist bei Sophokles (z. B. »Antigone«) ein Dialog, bei Euripides dagegen ein Monolog bzw. ein ep. Bericht. – Das neuzeitl. Drama verwendet den von der eigentl. dramat. Handlung abgetrennten Prolog nur selten, v. a. im Drama des 16. Jh.s (lat. ↗ Humanistendrama, dt.sprach. ↗ Reformationsdrama u. Meistersingerdrama); hier führt meist ein Argumentator oder Prologus in die dramat. Handlung ein. Das moderne ↗ ep. Theater greift auf diese Form der E.gelegentl. zurück (z. B. Th. Wilder, »Our Town«: ein Erzähler kommentiert den gesamten Ablauf der dramat. Handlung). Im neuzeitl. Kunstdrama ist i. d. Regel die E. in die dramat. Handlung integriert; sie umfasst beim fünfakt. Drama ungefähr den ersten Akt. Wicht. Ausnahmen sind F. Schillers »Wallenstein« und Goethes »Faust«: das Vorspiel »Wallensteins Lager«, dem auf zwei Abende berechneten »Wallenstein«-Drama vorangestellt, hat die Funktion, den Hintergrund des Dreißigjährigen Krieges, vor dem das Drama sich entfaltet, und die Stimmung im Heerlager Wallensteins zu exponieren; Goethes »Prolog im Himmel« hat die Aufgabe, den metaphys. Rahmen für das ird. Faust-Drama zu gestalten. – Im ↗ analyt. Drama (Sophokles, »König Ödipus«; H. v. Kleist, »Der zerbrochene Krug«; Ibsen) erstreckt sich die E. über die gesamte dramat. Handlung; hier besteht das Drama in der schrittweisen Offenlegung der »Vorfabel«. – Der Idealtypus des Dramas der ↗ offenen Form hat (nach V. Klotz) keine E., da ihm die in sich geschlossene dramat. Handlung fehlt. **K**

Expressionismus, eine Phase (etwa 1910– 20) innerhalb der sog. ↗ Literatur-, allg. Kulturrevolution mit einer durch den Ersten Weltkrieg deutlich gesetzten Zäsur. Die *Bez.* ›*E.*‹ ist als Stilcharakterisierung (»the expressionist school of modern painters«) und als Gruppensymbol (»The Expressionists«) im Bereich von bildender Kunst und Literatur bereits 1850, 1878, 1880 in Amerika, als Titel eines Bilderzyklus (»Expressionisme«) 1901 in Frankreich belegt. Ohne erkennbaren Zusammenhang damit erscheint sie im April 1911 in Berlin als Sammelbez. für eine Gruppenausstellung franz. Maler des Fauvismus und Kubismus und wurde wahrscheinl. von dort auf die jüngste Literatur übertragen und verbreitet, vgl. zuerst K. Hiller: »Wir sind Expressionisten. Es kommt wieder auf den Gehalt, das

Wollen, das Ethos an« (Juli 1911). Wie zur Malerei bestehen auch deutl. Verbindungen und Bezüge zur zeitgenöss. Musik (u. a. A. Schönberg). Das Gedankengut des E. ist *vorbereitet*, bzw. eingerahmt u. a. durch S. Freuds Entwicklung der Psychoanalyse, durch F. Nietzsches Kulturkritik (Gegenüberstellung von Dionysischem und Apollinischem), durch die Lebensphilosophie H. Bergsons (mit ihrer Auffassung subjektiv erfahrbarer Zeit, eines »geistigen« Gedächtnisses, eines »élan vital«, »L'évolution créatrice«, 1907, dt. 1912), durch die »Wesensschau« E. Husserls. Im Bereich der bildenden Kunst war der E. vordiskutiert im Umkreis der Brücke (Dresden), vor allem des Blauen Reiter (München): allmähliches Herausarbeiten vor allem der Korrelation von Ausdruck und Abstraktion (vgl. die theoret. Arbeiten W. Kandinskys; W. Worringers »Abstraktion und Einfühlung«, 1908). *Literar. Vorbilder:* Als vorbildhaft empfand man die Entwicklung des ehemaligen Naturalisten Strindberg zum Dichter der Mysterien-, der Traum- und Visionsspiele und hob »Nach Damaskus« (1889/1904) als »Mutterzelle des expressionistischen Dramas« hervor (B. Diebold, 1921). Von Einfluss waren die lebensbejahenden hymn. Langverse W. Whitmans und – thematisch – vor allem die Gedichte Ch. Baudelaires (etwa bei G. Heym) und des französischen ↗ Symbolismus, bes. P. Verlaines und J.-A. Rimbauds (z. B. in wörtl. Entsprechungen bei G. Trakl). Nachweisbar sind auch Auswirkungen F. T. Marinettis, des italien. ↗ Futurismus (spez. auf den ↗ Sturm-Kreis). Man interessierte sich für bestimmte Züge im Werk F. M. Dostojewskijs und entdeckte neu Mystik und Barock, die Dramen H. v. Kleists, Ch. D. Grabbes, G. Büchners, die Prosa Jean Pauls und die (vor allem späten) Gedichte F. Hölderlins (hist.-krit. Werkausgabe 1913 ff.). *Lit.-geschichtl.* stellt das »expressionistische Jahrzehnt« in der schnellen Abfolge der Stilphasen zu Beginn des 20. Jh.s einen radikalen Gegenschlag dar gegen das naturwissenschaftl.-materielle Wirklichkeitsbild des ↗ Naturalismus, gegen den die äußeren Eindrücke ästhetisierenden ↗ Impressionismus, die dekorative Formkunst des ↗ Jugendstil, gegen ↗ Neuromantik und ↗ Neuklassik, obwohl das Werk einzelner Autoren durchaus die eine oder andere Phase gestreift hat (vgl. die frühen Gedichte E. Stadlers, die frühe Prosa A. Döblins, die frühen Dramen F. v. Unruhs). Abgelöst wird der E. Anfang der 20er Jahre von der ↗ Neuen Sachlichkeit, einem krit. Realismus. *Literatursoziolog.* gesehen war der E. Protest gegen das auf alten Autoritätsstrukturen fußende, selbstgenügsame wilhelmin. Bürgertum mit seinen ausgehöhlten Bildungsidealen, gegen das kapitalist. Wirtschaftssystem mit seinen imperialist. Tendenzen, gegen eine zunehmende Industrialisierung und Mechanisierung des Lebens. Allerdings basierte dieser Protest zunächst nur bedingt auf ökonom. und polit. Einsichten. Er war Reaktion der jungen Generation auf eine allgemeine Selbstentfremdung, auf Geringschätzung und Unterdrückung des Menschen und seiner humanen Bedürfnisse. Er artikulierte sich als Schrei, in der Vision des Weltendes (vgl. J. v. Hoddis' Gedicht gleichen Titels, 1911), des jüngsten Tages (vgl. die gleichnamige Publikationsfolge, 1913–22), der Menschheitsdämmerung (vgl. die gleichnamige Anthologie, 1919). Und er war zugleich radikales und ekstat. Bekenntnis zu individuellem Menschsein, zum neuen Menschen und zur Hingabe an die als »Brüder« verstandenen Mitmenschen (vgl. das »ich« und »wir« vor allem in Lyrik und Drama), zur rauschhaften Hingabe an die Natur, den Kosmos, die Welt. Werfel nannte bezeichnenderweise seine ersten Gedichtsammlungen »Der Weltfreund« (1911), »Wir sind« (1912), »Einander« (1915). Ihre zunehmend religiöse Vertiefung – »Gesänge aus den drei Reichen«, 1917 – verweist zugleich auf den starken religiösen Zug des E., seine Tendenz zu myst. Versenkung (u. a. E. Barlach, R. Sorge, A. Brust). Eine Vielzahl oft kurzlebiger, gelegentl. nur geplanter *Zeit-*

DAS URTEIL

EINE GESCHICHTE
VON
FRANZ KAFKA

LEIPZIG
KURT WOLFF VERLAG
1916

Kafka: »Das Urteil«

schriften, Publikationsfolgen (außer »Der jüngste Tag« vor allem »Lyrische Flugblätter«, 1907–1923, »Der rote Hahn«, 1917–25, »Tribüne der Kunst und Zeit«, 1919–23, »Die Silbergäule«, 1919–22) und *Anthologien* vor allem der Lyrik (außer »Die Menschheitsdämmerung« vor allem »Der Kondor«, 1912, »Kameraden der Menschheit«, 1919, »Verkündigung«, 1921) spiegeln dieses Selbstverständnis in immer neuen Einsätzen. Sie enthalten eine Fülle sich oft widersprechender Abgrenzungsversuche, Programme, Pamphlete, Manifeste und Aufrufe. Zahlreiche lokale *Dichtergruppierungen* bilden sich in Folge des von K. Hiller in Berlin gegründeten »Neuen Clubs« (1909), des »Neopathetischen Cabarets« als seines Podiums. Sie verfügen zumeist über eigene Publikationsorgane (u. a. »Herder-Blätter«, Prag 1911–12, »Die Dachstube«, Darmstadt 1915–18). Überregionale Beiträge enthalten die frühen und *größten Zeitschriften* des E., »Der Sturm«, 1910–32, »Die Aktion«, 1911–32, »Die weißen Blätter«, 1913–21. Fast alle Zeitschriftentitel verstehen sich programmatisch: Die Aktion, Der Sturm, Der Orkan (1914/1917–19), Neue Blätter (1912–13), Das neue Pathos (1913–20), Die neue Kunst (1913–14), Neue Jugend (1914/1916–17), Das junge Deutschland (1918–20) u. a. Dieser »Aufbruch der Jugend« (vgl. E. W. Lotz' Gedicht gleichen Titels, 1913) war zugleich Auseinandersetzung mit den Vätern. Der *Vater-Sohn-Konflikt* wurde zum immer wieder gestalteten Thema der Zeit, in der Erzählung (F. Kafka: »Das Urteil«, 1912), im Drama (R. J. Sorge: »Der Bettler«, 1912; W. Hasenclever: »Der Sohn«, 1914), im Gedicht (J. R. Becher: »Oedipus«, 1916). Bis in den Ersten Weltkrieg hinein war der E. wesentl. eine Sache der *Lyrik,* zum ersten Mal programmat. vorgestellt in »Der Kondor« (1912) von K. Hiller. Gedichtbände erschienen außerdem von F. Werfel (s. oben), G. Heym (»Der ewige Tag«, 1911; »Umbrae vitae«, 1912), G. Benn (»Morgue«, 1912), G. Trakl (»Gedichte«, 1913), W. Hasenclever (»Der Jüngling«, 1913), A. Lichtenstein (»Dämmerung«, 1913), A. Ehrenstein (»Die weiße Zeit«, 1914), E. Stadler (»Der Aufbruch«, 1914), A. Stramm (»Du«, 1915). Ihr nur auf den ersten Blick verwirrendes Stimmenspiel ordnete K. Pinthus rückblickend in »Die Menschheitsdämmerung« als »Symphonie jüngster Dichtung« in die themat. Grundlinien »Sturz und Schrei«, »Erweckung des Herzens«, »Aufruf und Empörung«, »Liebe den Menschen«; er versammelte als expressionist. Lyriker außer den schon genannten J. R. Becher, Th. Däubler, I. Goll, K. Heynicke, J. v. Hoddis, W. Klemm, E. Lasker-Schüler, R. Leonhard, E. W. Lotz, K. Otten, L. Rubiner, R. Schickele, A. Wolfenstein, P. Zech. Ihnen zuzurechnen wären noch E. Blass (»Die Straßen komme ich entlanggeweht«, 1912), P. Boldt (»Junge Pferde! Junge Pferde!«, 1914), C. Einstein, F. Hardekopf, M. Herrmann-Neisse, W. Kandinsky (»Klänge«, 1913), H. Kasack, H. Lersch (»Herz, aufglühe dein Blut«, 1916) und E. Toller. Während des Ersten Weltkrieges trat die *erzählende kurze Prosa* mehr in den Vordergrund; sie hatte schon 1912 in »Flut« (u. a. O. Baum, M. Brod, A. Döblin, A. Ehrenstein, L. Frank, E. Lasker-Schüler, P. Zech) eine erste, wenig beachtete Anthologie gefunden. Sie erreichte vor allem in »Der jüngste Tag« ein größeres Publikum. Nach A. Ehrensteins »Tubutsch«, 1911, C. Einsteins »Bebuquin oder die Dilettanten des Wunders«, 1912, A. Döblins »Die Ermordung einer Butterblume«, 1913 und G. Heyms »Der Dieb«, 1913, erschienen selbständige Prosabände von F. Kafka (»Der Heizer«, 1913; »Die Verwandlung«, 1916; »Das Urteil«, 1916), C. Sternheim (»Busekow«, 1914; »Napoleon«, 1915; »Schuhlin«, 1916), K. Edschmid (»Das rasende Leben«, 1916), G. Benn (»Gehirne«, 1916), ferner von R. Schickele, Mynona, M. Brod, F. Jung, O. Baum, K. Otten, A. Lichtenstein u. a.; auch Klabunds histor. Kurzromane stehen der expressionist. Prosa nahe. Auch hier gab bereits 1921 »Die Entfaltung« eine rückschauende Bestandsaufnahme einer Prosa, in welcher selbst in der Form der ↗ Groteske bevorzugt »der gebrochene und verstörte Mensch« zur »Mittelpunktfigur« wird. Vor allem das *Drama* aber war die wesentl. Leistung der zweiten Phase des E. seit ca. 1915: Im weiteren Umkreis stehen: C. Sternheim mit seinen Komödien »Aus dem bürgerlichen Heldenleben«

(seit 1911) zusammen mit G. Kaiser (u. a. »Die Koralle«, 1917; »Gas I«, 1918; »Gas II«, 1920), O. Kokoschka (»Mörder, Hoffnung der Frauen«, 1910/1913; »Der brennende Dornbusch«) zus. mit A. Döblin (»Lydia und Mäxchen«, 1906) und W. Kandinsky (»Der gelbe Klang«, 1912), Hauptvertreter sind R. J. Sorge (»Der Bettler«, 1912); W. Hasenclever (»Der Sohn«, 1914; »Menschen«, 1918), P. Kornfeld (»Die Verführung«, 1916), H. Johst (»Der junge Mensch«, 1916), R. Goering (»Seeschlacht«, 1917), F. v. Unruh (»Ein Geschlecht«, 1917; »Platz«, 1920), E. Barlach (»Der tote Tag«, 1912; »Der arme Vetter«, 1918), E. Toller (»Die Wandlung«, 1919; »Masse Mensch«, 1921); ferner F. Jung, A. Brust, F. Wolf, H. H. Jahnn, I. Goll, A. Bronnen und, bereits über den E. hinausweisend, B. Brecht (»Baal«, 1922). In Folge der Kriegserschütterungen wurde v. a. »Wandlung« zu einem immer wiederkehrenden Schlüsselwort. Von »Bekenntnis- und Befreiungsdrama« spricht H. Stadelmann-Ringen 1917, von »dramatischer Sendung« R. J. Sorge, von »ekstatischer Szenarium« H. Johst. Zwischen Ich-Dramen, Bilderserien, Pflichtdramen, Passionen oder Schrei-Dramen unterscheidet B. Diebold und nennt G. Kaiser einen »Denkspieler«. In einem derartigen Drama musste die traditionelle Architektur notwendigerweise aufgelöst werden in lose verknüpfte Bilderfolgen (↗ Stationendrama) oder chorisch-oratorisches Stimmenspiel. Ausgedehnte Monologe, lyr.-hymnische Sequenzen sind für dieses Drama ebenso kennzeichnend wie Gebärde, Tanz, Pantomime, wie zeitloses Kostüm und abstraktes Bühnenbild ohne charakterist. Attribute, wie schließl. eine neue Beleuchtungstechnik. Da es nicht um »Charakter«, sondern um »nichts als Seele« (P. Kornfeld) geht, erscheinen die Personen weitgehend typisiert, überindividuell und zugleich als totale Ich-Projektionen. Zuerst auf Privatbühnen, nach 1918/19 auch in die offiziellen Spielpläne mit großem Erfolg aufgenommen, erreichten diese Dramen selbst im Druck z. T. hohe Auflagen. Die *Sprache* der expressionist. Literatur ist – oft selbst innerhalb des Werkganzen eines Autors – nicht einheitl.: sie ist sowohl ekstat. gesteigert als auch

Sektionsbefund; sowohl metaphorisch, symbol. überhöht als auch die traditionelle Bildersprache zerstörend. Auf Ausdruck drängend, betont sie die »Rhythmen«, die fließen, hämmern oder stauen können. Zu registrieren sind als auffallendste Merkmale: Sprachverknappung, Ausfall der Füllwörter, Artikel und Präpositionen ebenso wie Sprachhäufung, nominale Wortballungen, Betonung des Verbs, Wortneubildung und die Forderung einer neuen Syntax. Anfang der 30er Jahre erkannte man die Utopie vom neuen Menschen zunehmend auch als Wirklichkeitsflucht. In Lyrik und Prosa erfuhr das »expressionistische Jahrzehnt« seine anthologische *Bestandsaufnahme*. Zu ihr gesellten sich (nachdem schon P. Fechter 1914, H. Bahr 1916 in Buchform über den E. gehandelt hatten und 1914/15 F. M. Huebner eine »Geschichte des literarischen E.« schreiben wollte) zahlreiche theoret. Rückblicke: K. Edschmid (»E. in der Dichtung«, 1918; »Stand des E.«, 1920), H. Kühn (»Das Wesen der neuen Lyrik«, 1919), R. Schickele (»Wie verhält es sich mit dem E.?«, 1920), B. Diebold (»Anarchie im Drama«, 1921), I. Goll (»Der E. stirbt«, 1921), P. Hatvani (»Der E. ist tot ... es lebe der E.«, 1921) u. a. Der Erste Weltkrieg war dabei für den E. in mehrfacher Hinsicht Zäsur. Er verhinderte eine Anzahl wichtiger Theater- und Editionspläne der ersten Phase. A. Lichtenstein, E. Stadler, G. Trakl, R. Sorge, G. Sack u. a. fielen ihm zum Opfer. An die Stelle einer anfänglich ambivalenten Haltung (vgl. die genannten Gedichtbände E. Stadlers und H. Lerschs) trat zunehmend eine radikal pazifistische (vgl. die Rubrik »Verse vom Schlachtfeld« in »Die Aktion«). Schließl. begann sich für einige Autoren der utop. Prospekt von der Verbrüderung des neuen Menschen angesichts der russ. Oktoberrevolution zu konkretisieren (vgl. u. a. J. R. Bechers »Widmungsblatt an die russische Revolution 1917«, seinen »Gruß des deutschen Dichters an die Russische Föderative Sowjet-Republik« aus dem gleichen Jahre). Schon vor Kriegsbeginn und während der ersten Kriegsjahre hatten sich andere Ismen herausgebildet, bzw. abgetrennt (Aeternismus, ↗ Aktivismus, ↗ Sturm-Kreis, ↗ Dadaismus), die nur schwer unter dem Oberbegriff E. zusammenzufassen sind und als jeweils eigenständige Bewegungen beschrieben werden sollten. Die zahlreichen Verwirrungen der E.forschung resultieren wesentl. aus dem Versuch einer derartigen Zusammenfassung. Selbst wenn man von ihnen absieht, scheint bis heute die Frage nicht geklärt, ob es sich bei dem E. um eine ›literar. Bewegung‹ oder ein »umfassenderes Phänomen des Lebens« handelte, nicht zuletzt vielleicht auch deshalb, weil E. schon 1914 ein »uniformes« (K. Pinthus), ein »viel mißbrauchtes Wort« (E. Stadler) war, »ein Schlagwort, das viel und nichts besagt« und das trotzdem »unentbehrlich« (H. Kühn, 1919) scheint. D

Extemporieren, [aus lat. ex tempore = nach Gelegenheit], ↗ Stegreifspiel.

Exzerpt, n. [lat. = excerptio = Auszug], knappe Zusammenstellung der für den jeweiligen Benutzer oder einen bestimmten Leserkreis wichtigen Gesichtspunkte eines Buches oder einer Abhandlung; der Text der Vorlage kann auszugsweise wörtl. abgeschrieben oder zus.gefasst sein. ↗ Epitome, ↗ Kollektaneen. S

F

Fabel, f. [lat. fabula = Rede, Erzählung; dt. seit dem 13. Jh. zunächst in abschätziger Bed. als ›lügenhafte Geschichte‹; heutige Bed. seit dem Humanismus],
1. das einem erzähler. oder dramat. Werk zugrundeliegende *Stoff- und Handlungsgerüst*.
2. (äsop.) F., *Zweig der ↗ Tierdichtung,* knappe lehrhafte Erzählung in Vers oder Prosa, in der vorwiegend Tiere in einer bestimmten Situation so handeln, dass sofort eine Kongruenz mit menschl. Verhaltensweisen deutl. wird und der dargestellte Einzelfall als sinnenhaftanschaul. Beispiel für eine daraus ableitbare Regel der Moral oder Lebensklugheit zu verstehen ist. Diese allgem. Wahrheit ist meist an die Erzählung angefügt (sog. ↗ Epimythion), kann aber auch vorangestellt (Promythion), in die Handlung integriert sein oder ganz fehlen. Beweiskraft und Reiz der F. beruhen auf der Doppelnatur von Erzählung und Lehre, auf dem relativ kleinen Kanon bestimmter Tiere (Fuchs, Wolf, Lamm usw.), der Beschränkung ihrer Anthropomorphisierung auf konstante Eigenschaften (Fuchs schlau, Wolf gierig, Lamm vertrauensselig usw.), einer meist dialekt. Erzählstruktur (Vorführung zweier Tiere, zweier polarer Verhaltensweisen, oft im Dialog) und auf der iron.-verfremdenden Spannung zwischen einer irreal-paradoxen Handlung und einer gleichwohl darin abgebildeten allgemeingült. Wahrheit. Die F. gehört damit zur didakt.-reflexiven Zweckdichtung; fehlt die Zweckausrichtung, nähert sie sich dem ↗ Märchen, ↗ Schwank, der ↗ (Vers)erzählung, sind aber zu spezielle Verhältnisse dargestellt, die nur durch die angefügte Belehrung durchschaut werden, nähert sie sich der ↗ Allegorie, ↗ Parabel, dem ↗ Gleichnis, auch der ↗ Satire (z. B. viele polit. oder sozialkrit. F.n, vgl. auch

↗ Tierdichtung). In ihren histor. Ausprägungen ist die F. in mannigfachen Spielarten und Grenzformen fassbar. In Antike und MA. war sie keine selbständ. Gattung: in der griech. Literatur wurde sie unter dem (auch Märchen, Schwänke, Novellen, Satiren usw. umfassenden) Begriff mythos oder logos (= Erzählung, Vorfall, Geschichte), in der röm. Literatur ebenso unter ↗ Apolog, im MA. unter ↗ Bîspel subsumiert. Erst im Humanismus wird mit einer größeren Gattungsbewusstheit die Bez. ›F.‹ im heutigen Sinne üblich. Die früheren *Herkunftsthesen* zur F. (aus Indien oder dem Orient) sind zugunsten der Annahme einer Polygenese aufgrund gleicher oder ähnl. allgemeinmenschl. und sozialer Strukturen (z. B. niedere Klassen im Spannungsfeld zum Adel) aufgegeben. Tierdichtungen finden sich von jeher im volkstüml. Erzählgut aller Völker (z. B. schon in sumer. Zeit, 2. Jt. v. Chr.). – Als *Vater der europ. F.* gilt ein histor. nicht fassbarer phryg. Sklave Äsop (nach Herodot II, 134: 6. Jh. v. Chr.), vermutl. ein Erzähler oder Sammler griech. und vorderasiat.-ind. F.n. Auf diesen Äsop berufen sich alle späteren F.-Sammlungen. *Griech., angebl. äsop. F.* sind jedoch erst aus dem 2. Jh. n. Chr. überliefert: *Die ältesten erhaltenen Sammlungen gr. F.n* sind die sog. Augustana-Sammlung (Codex Monacensis 564: 231 Prosa-F.n) und die F.-Sammlung in Versen (Hinkjamben) von Babrios; beide Sammlungen gehen vielleicht auf eine (seit dem 10. Jh. verschollene) Sammlung von 100 äsop. F.n in Prosa (»Aisopia«) des Demetrios von Phaleron (4. Jh. v. Chr.) zurück. Entscheidend für die inhaltl. und formale Ausbildung der sog. äsop. F. wurde indes die *lat. F.-Sammlung* des thrak. Sklaven Phädrus, der äsop. F.n (evtl. nach der gr. »Aisopia«) und eigene Nachbildungen mit ausgesprochen lehrhafter Tendenz zur vermutl. *ersten röm.-lat. F.-Sammlung* überhaupt zusammenstellte (1. Jh. n. Chr., etwa 150 F.n in Senaren, 49 erhalten). Auf Phädrus fußen z. T. die spätantike Sammlung des Avianus (42 F.n in eleg. Distichen, 4. Jh. n. Chr.) und eine Prosa-Sammlung »Romulus« (entst. zw. 350–500). Dieser F.bestand war bis ins 16. Jh. als Schullektüre in ganz Europa verbreitet, wurde immer wieder neu bearbeitet und durch außereurop. F.n (u. a. aus dem ind. F.buch »Pantschatantra«, um 300 n. Chr., bzw. dessen arab. Bearbeitung »Kalila-wa Dimna«, 8. Jh.) und anderes Erzählgut (bes. Schwänke) angereichert. Die für die volkssprachl. F.dichtung wichtigste mal. lat. Sammlung dieser Art wird der sog. »Anonymus Neveleti«, der ›mal. Äsop‹ aus dem 12. Jh. (in Distichen). *Volkssprachl. F.n* finden sich seit dem 12. Jh., zunächst vereinzelt (z. B. bei den mhd. Spruchdichtern) oder eingelagert in größere Werke, eine Tradition, die seit der Antike üblich ist (Hesiod, Horaz). Die älteste erhaltene dt. F. steht in der »Kaiserchronik« (12. Jh., v. 6854 ff.). Bes. in der Predigtliteratur ist die F. bis ins 18. Jh. beliebt (Abraham a Santa Clara, vgl. auch ⁊ Predigtmärlein, ⁊ Exempel). – In *Frankreich* entsteht bereits um 1180 eine eigenständ., höf. orientierte F.-Sammlung, der »Ysopet« (in Reimpaarversen) der Marie de France. In *Deutschland* dagegen erreichen F.-Sammlungen (nach vereinzelten F.-Bearbeitungen seit dem 13. Jh., z. B. beim Stricker) ihren Höhepunkt erst in Humanismus und Reformation: Typ. ist jetzt die breite religiös-moral. Ausrichtung entsprechend der spätmal. prakt.-sozialeth. Einstellung des sich herausbildenden Bürgertums. Die *erste dt. F.sammlung* ist der weitverbreitete, systemat. geordnete »Edelstein« von U. Boner (1350, in Reimpaaren), dem allerdings im niederdt. Raum umfängl. *ndt.* Äsop-Bearbeitungen vorausgehen (Gerhard von Minden, 1270, Magdeburger, Leipziger, Wolfenbüttler Codices). Höhepunkte sind *im 15. Jh.* H. Steinhöwels F.sammlung »Esop« (1476 ff., ca. 140 F.n und 10 ⁊ Fazetien) in lat. Fassung und dt. Prosaübersetzung (zahlreiche Neuauflagen und Drucke bis 1730,

Übersetzungen in viele Sprachen) und die erste dt. Übersetzung des »Pantschatantra« (bzw. des »Kalila wa-Dimna« aus einer mlat. Bearbeitung) durch A. von Pforr (1480), ebenfalls mit weitreichender Wirkung (bis 1700 18 Drucke, Übersetzungen ins Dän., Holländ., Isländ.). Ebenso erfolgreich sind *im 16. Jh.* (entsprechend der Wertschätzung Luthers) die im Dienste der Reformation stehenden F.n von Erasmus Alberus (1534 und 1550) und v. a. der »Esopus« von Burkhard Waldis (1548, 400 F.n und Schwänke), der den gesamten damals bekannten F.schatz zusammenstellt. Zugleich setzt aber eine Tendenz zur Formauflösung ein, die bes. die F.n der Meistersinger (Hans Sachs u. a.) kennzeichnet (episierender, breit lehrhafter Stil, Nähe zu Erzählung, Schwank). – 1596 wird erstmals das F. corpus des Phaedrus ediert (P. Pithou in Troyes; weitere Editionen folgen 1598, 1599, 1610 etc.). *Im 17. Jh.* geht die Beliebtheit der F. in Deutschland zurück; in Frankreich erreicht sie mit J. de La Fontaine höchste künstler. Verwirklichung durch formale Virtuosität (Verse) und witzigelegante, freie Ausgestaltung des Handlungsteils (12 Bücher 1668–94). La Fontaine und H. de la Motte bestimmen dann im 18. Jh. die Entwicklung in *England* (J. Gay, »Fables« 1727 und 1738) und *Deutschland,* wo sie ihren größten und letzten Höhepunkt als bevorzugte Gattung des vernünft.-moral. eingestellten Bürgertums der dt. Aufklärung erreicht. Neben Herausgeber- und Übersetzertätigkeit (bis 1800 ca. 100 Ausgaben u. 15 Übersetzungen des Phädrus; 1757 Ausg. der F.n Boners durch Bodmer und Breitinger) tritt nun auch die poetolog. Fixierung (Gottsched, Bodmer, Breitinger, Herder u. a.). Typ. für die *F.n des 18. Jh.s* ist die Betonung bürgerl. Lebensklugheit (anstelle der mal. moral-eth. Belehrung), die ep.-plaudernde, gefühlige oder galante Ausgestaltung in zierl. Versen, die Erweiterung und Neuerfindung von Motiven, Situationen und Figuren (z. B. Gegenstände des tägl. Lebens). Aus der Fülle der über 50 F.dichter zwischen 1740 und 1800 ragen F. v. Hagedorn (Slg. 1738), Ch. F. Gellert (1746–48), M. G. Lichtwer (1748) und J. W. L. Gleim (1756–95) heraus. Auch ihre F.n nähern sich jedoch heiter-

Illustration zu Goethes »Reineke Fuchs«

lehrhaften Verserzählungen. Diesem Verblassen der äsop. Tradition stellt sich G. E. Lessing entgegen, der (nach eigenen Vers-F.n im Stile der Zeit, 1747) in einer theoret. Neubesinnung die F. neu zu definieren sucht und (gegen »die lustige Schwatzhaftigkeit« La Fontaines) wieder an die späthellenist. Äsoptradition anknüpft. Er fordert epigrammat. knappe, schmucklose Prosa-F.n mit treffsicherer Zuspitzung (vgl. seine Sammlung 1758). Lessing schließt die Entwicklung der F. des 18. Jh.s ab (ohne jedoch einen Neubeginn einzuleiten). Spätere F.n (z. B. die polit. und sozialkrit. F.n von G. K. Pfeffel, 1783 u. a.) neigen zu allegorisierender Gleichsetzung (z. B. Hund = ausbeutender Höfling) und damit zur Auflösung der F. in die ↗ Satire. *Im 19. Jh.* erlebt die F. in Russland einen Höhepunkt durch J. A. Krylow, der mit streng gebauten F.n (Sammlungen zwischen 1809 und 1834), unbehelligt von der Zensur, polit. und soziale Missstände aufzeigen konnte. In Deutschland dagegen sind F.n weitgehend für Kinder und Jugendliche gedacht (J. H. Pestalozzi, 1803; W. Hey, »F.n für Kinder«, 1833/37). *Im 20. Jh.* (insbes. seit etwa 1950) sind Versuche festzustellen, die F. als Mittel aktueller Zeitkritik wiederzubeleben (in den USA v. a. J. Thurber, 1935 ff.; in der Bundesrepublik E. Weinert, 1950; F. Wolf, hrsg. 1957 u. 1959; W. D. Schnurre, 1957; H. Arntzen 1966; G. Anders 1968). IS

Fabian Society [ˈfɛibiən sɔˈsaiəti], 1884 gegründete Vereinigung brit. Sozialreformer, benannt nach dem röm. Konsul und Feldherrn Q. Fabius Maximus Verrucosus (»Cunctator«). Wie dieser durch Hinhaltetaktik und bewusstes (als »Zaudern« missverstandenes) Abwarten Erfolg hatte, so lag es von Anfang an in der Zielsetzung der F. S., gesellschaftl. Veränderungen im Sinne eines freiheitl. Sozialismus nicht durch Revolution und von heute auf morgen, sondern durch allmähl., verfassungskonforme Evolution zu verwirklichen. Führende Vertreter waren v. a. Sidney Webb und seine Frau Beatrice sowie G. B. Shaw, der 1889 die »Fabian Essays« herausgab (1952 erschienen »New Fabian Essays«, hg. v. R. H. S. Crossman) und mit zahlreichen Veröffentlichungen zu polit. und wirtschaftl. Fragen für die Ideen der F. S. warb. Auch H. G. Wells war der Bewegung zeitweise eng verbunden. Seit die Labour Party sich 1918 die Ziele der F. S. zu eigen machte, ist diese so etwas wie die Bastion der Theoretiker der Arbeiterpartei geworden. MS

Fabliau, m., Pl. Fabliaux [fabliˈoː; mal. pikard. Form zu afrz., mfrz. fablel = Diminutiv zu afrz. fable = Erzählung, Fabel], *pikard. Bez.* für mal. ep. Kleinformen wie ↗ Lai, ↗ Dit, ↗ Fabel, ↗ Exempel, ↗ Schwank; sie wurde im 16. Jh. v. C. Fauchet wiederbelebt und eingegrenzt auf die *afrz.* anspruchslose Schwankerzählung in achtsilb. Reimpaaren (meist ca. 300 Verse, aber auch länger), auf Grund der Beliebtheit dieser Gattung im Pikardischen. Die derb realist. gestalteten Stoffe (vorwiegend erot. Themen) entstammen dem mal. internat. Erzählgut, einiges scheint jedoch auch franz. Ursprungs zu sein. F.x sind bezeugt seit Mitte 12. Jh.; überliefert sind 147 F.x, frühester ist der anonyme F. über die Dirne Richeut (um 1170); von F.x aus der Blütezeit im 13. Jh. sind z. T. auch die Verfasser bekannt, z. B. Henri d'Andeli (»Lai d'Aristote«), Huon le Roi, Philippe de Remi, Sire de Beaumanoir, Rutebeuf u. a. Ihre Standeszugehörigkeit und v. a. ihre sich in den F.x (und ihren anderen, z. T. relig.) Werken) dokumentierende literar. Bildung weisen darauf hin, dass F.x, dem Zeitgeschmack entsprechend, auch von den höheren

Gesellschaftsschichten als bewusst empfundene Gegendichtung zu den höf. Gattungen rezipiert wurden. F.x waren die stoffl. Fundgruben für Boccaccio, Chaucer, Rabelais, Molière u. a. *Textsammlung:* Recueil général et complet des f.x. Hg. v. A. de Montaiglon u. G. Raynaud. Paris 1872–1890, 6 Bde.   IS

Fabula, f. [lat. = Erzählung (die einer Dichtung zugrunde liegt), Schauspiel], das röm. Drama; man unterscheidet im Einzelnen: *F. ↗ atellana* (volkstüml. Posse), *F. ↗ palliata* (Komödie, griech. Stoffe, griech. Kostüme), *F. ↗ togata* (Komödie, röm. Stoffe, röm. Kostüme) und als deren Sonderformen *F. trabeata* (spielt in der gehobenen röm. Gesellschaft), *F. tabernaria* (spielt in den unteren Schichten der röm. Gesellschaft), *F. ↗ crepidata* (Tragödie; Stoffe aus der griech. Mythologie oder Geschichte, griech. Kostüme) und *F. ↗ praetexta* (Tragödie, Stoffe aus der röm. Geschichte, röm. Kostüme).   K

Fachbuch, der Ausbildung oder Fortbildung in einem bestimmten Beruf oder Berufszweig gewidmetes Lehrbuch; die Abgrenzung zum i. e. S. wissenschaftl. Buch einerseits, das den Akzent stärker auf eine systemat. Darstellung und die Diskussion von Forschungsproblemen legt, und dem für ein breiteres Laienpublikum aufbereiteten ↗ Sachbuch andererseits ist nicht immer scharf zu ziehen.   HSt

Fachprosa, 1. allgem.: die Sprache, in der nicht-dichter., also theolog., jurist., medizin., techn. Abhandlungen verfasst sind. 2. speziell: volkssprachige Prosaliteratur des MA.s, die den Stoffkreisen der ↗ Artes zuzuordnen ist. Ihre Untersuchung ist in den letzten Jahrzehnten zu einer eigenen Disziplin der Mediävistik geworden (Fachprosaforschung).   HSt

Faction-Prosa [ˈfækʃən; engl. zu fact = Tatsache], (auch Faktographie), nicht-fiktives, auf Tatsachen fußendes und zu dokumentar. Darstellung (↗ Dokumentarliteratur) tendierendes Erzählen in der amerik. Nachkriegsliteratur, zunehmend in den 60er Jahren: v. a. J. R. Hersey (»The Algiers Motel Incident«, 1969), T.

Capote (»In Cold Blood«, 1965) und N. Mailer (»The Armies of the Night«, 1968; »Miami and the Siege of Chicago«, 1968; »Of a Fire On the Moon«, 1970). In der Tradition des Tatsachenberichts (J. R. Hersey brachte bezeichnenderweise seine Erfahrungen als Kriegsberichterstatter in zahlreiche dokumentar. Romane ein) will die F. P. gegenüber der schöpfer.-subjektiven Welt fiktiven Erzählens die objektive, die konkrete Welt, in der wir leben, beschreiben (T. Capote), um ein ungenaues und verzerrtes Bild der Wirklichkeit zu verhindern (N. Mailer). *Faction* beinhaltet dabei immer auch ein Moment der Parteinahme, der Stellungnahme gegen Situationen und Bedingungen der gegenwärtigen Gesellschaft.   D

Fado, m. [port. = Geschick, Verhängnis], auch Fadinho; portugies. volkstüml., wehmütiges zweiteil. (Tanz-)Lied; Thema meist Liebessehnsucht; die Moll-Melodie (2/4-Takt) des 1. Teils wird im zweiten in Dur wiederholt; oft mit einfacher Gitarrenbegleitung; bekannt seit dem 19. Jh., wurde der F. bes. in Städten (Café u. Straßen) getanzt und gesungen. Herkunft unbestimmt (viell. afro-brasilian. Ursprungs).   IS

Fahrende, im MA. nichtsesshaftes Volk aller Bildungsstufen, das seinen Lebensunterhalt dadurch verdiente, dass es von Hof zu Hof, Stadt zu Stadt, Jahrmarkt zu Jahrmarkt zog (mhd. *varn*) und dort seine Dienste und Künste anbot als Gaukler, Bärenführer, Spaßmacher, Musikanten, als Sänger u. Dichter (vgl. auch ↗ Spielmann), aber auch als Quacksalber, Händler usw. Die ältesten literar. Zeugnisse für das Auftreten von *varnden* (auch als *varndez volc, varndiu diet, gerndiu diet* bezeichnet) finden sich im 12. Jh. in dem sog. Spielmanns-Epos »Orendel« (v. 1359), in Veldekes »Eneit«, danach im »Nibelungenlied«, in Gottfrieds »Tristan«, Wolframs »Parzival«, bei Walther v. d. Vogelweide (L 84, 18), der selbst als F.r von Hof zu Hof zog. Den mhd. Bez. entsprechen lat. Bez. wie *mimus, joculator, vagabundus,* auch *vagantes* (↗ Vaganten). In spätmal. Literatur umfasst die Bez. auch den Bettelmönch und den fahrenden Schüler (vgl. auch Hans Sachs).   S

Faksimile, n. [lat. fac simile = mache ähnlich; Neubildung des 19. Jh.s], eine dem Original adäquate Wiedergabe eines Autographs, einer Handschrift, Zeichnung, seltener einer gedruckten Vorlage. Dabei werden unter Einsatz aller verfügbaren techn. Reproduktionsmittel (Lichtdruck, Spezialpapiere) auch alle Äußerlichkeiten wie Farbnuancen, Gebrauchsspuren (Randnotizen, Beschädigungen) und Einband bis ins einzelne nachgeahmt. – Eines der ersten F.s war die lithograph. Nachbildung der 1454 von Gutenberg gedruckten »Mahnung der Christenheit wider die Türken«, die nur in einem Exemplar überliefert ist (1808); berühmt wurden die F.-Ausgaben des Insel-Verlages von Gutenbergs 1452/55 erschienener 42-zeil. Bibel (1914) und der Manessischen Handschrift des 14. Jh.s (1925/29). Mit der Vervollkommnung der Reproduktionstechniken nahm die Zahl der F.-Ausgaben von zugleich bibliophilem und wissenschaftl. Wert durch spezialisierte Verlage zu. Bes. gelungene Beispiele sind die Nachbildungen eines Hauptwerks oberitalien. Buchmalerei des 14. Jh.s, des venetian. »Tacuinum Sanitatis in Medicina« (Graz 1966), der illuminierten Prachthandschrift der hebr. Bibelerzählungen »Goldene Haggadah« aus dem Brit. Museum (London 1969) und der Münchener Parzival-Handschrift aus dem 13. Jh. (Stuttg. 1971). – Nur im weiteren Sinne werden als F. auch Reproduktionen bezeichnet, die ihrer Vorlage allein im typograph. Erscheinungsbild gleichen, etwa fotomechan. hergestellte Schwarzweiß-Drucke. HSt

Falkentheorie, Novellentheorie, die sich auf eine Äußerung P. Heyses (Einleitung zum »Dt. Novellenschatz«, 1871) über die Falkengeschichte in Boccaccios »Decamerone« (5. Tag, 9. Gesch.) stützt, nach der von jeder ↗ Novelle ein ›Falke‹ gefordert wird, d. h. ein (dem Falken jener Novelle vergleichbarer) erzähler. Mittelpunkt, ein klar abgegrenztes Motiv von besonderer Prägnanz. Während Heyse ohne Anspruch auf systemat. Darstellung die spezif. »Qualität des (Novellen-)Stoffes« betonte, wurde die F. vielfach unter vorwiegend formal-ästhet. Gesichtspunkten aufgefasst; heute wird sie als zu einseitig in Frage gestellt. GMS

Fallhöhe, dramaturg. Begriff, mit dem K. W. Ramler in seiner 1774 publizierten Übersetzung des poetolog. Werks »Traité de la poésie dramatique« von Ch. Batteux die dort formulierte wirkungsästhet. Rechtfertigung der ↗ Ständeklausel zus.fasste: der trag. Fall eines Helden werde desto tiefer empfunden, je höher dessen sozialer Rang sei. Diese Vorstellung findet sich schon angedeutet in Renaissance-Kommentaren zur Aristotelischen »Poetik« (etwa bei F. Robortello und Madio); sie wurde in Deutschland v. J. Ch. Gottsched übernommen, aber schon von J. E. Schlegel und insbes. von G. E. Lessing im Rahmen seiner theoret. Rechtfertigung des ↗ bürgerl. Trauerspiels zurückgewiesen. Eine neuerl. Aufwertung erfuhr der Begriff bei A. Schopenhauer. HD

Fälschungen, literarische: durch falsche Autorennennung oder irreführende Gestaltung eines Werkes wird bewusst der Eindruck einer anderen als der tatsächl. Herkunft erweckt, um Absichten durchzusetzen, die nicht der künstler. Wirkung dienen, sondern außerhalb des Werkes liegen: z. B.
1. in der Apologetik: scheinbar authent. alte Zeugnisse sollen die Wahrheit von Glaubenssätzen belegen (↗ Apokryphen);
2. zur Absicherung von polit. oder jurist. Privilegien durch angebl. echte Chroniken oder Urkunden (Konstantin. Schenkung);
3. aus Ruhmbegier, Sensationslust, gelehrter Eitelkeit etc. wird die Entdeckung unbekannter Handschriften oder ganzer Dichtungen vorgegeben (häufig seit dem Humanismus, bes. wirksam: MacPhersons »Gesänge Ossians« 1760 ff. und die angebl. karoling. »Ura-Linda-Chronik« des Frisomanen C. over de Linden, 1867 oder die angebl. von einem Südseehäuptling verfassten Reden »Papalagi« von E. Scheuermann, 1920);
4. zur Diskriminierung von Gegnern, die durch den ihnen unterschobenen Text parodiert oder verunglimpft werden sollen (W. Hauffs Roman »Der Mann im Mond«, veröffentl. 1826 unter dem Namen H. Claurens);
5. aus literar. Ehrgeiz und Erfolgsstreben, wenn unbekannte Autoren ihrem Werk dadurch mehr Geltung zu verschaffen hoffen,

dass sie es mit einem bekannten oder aus anderen Gründen attraktiven Namen verbinden (Wilhelmine von Gersdorfs Romane »Redwood«, 1826 und »Mosely Hall«, 1825 waren als Übersetzungen von Werken J. F. Coopers deklariert; K. E. Krämer ließ 1952/53 eigene Gedichte als Nachlass des Fremdenlegionärs George Forestier erscheinen). Materielle Gewinnsucht spielt dagegen als Fälschungsmotiv häufiger bei Autographen und Gemälden eine Rolle. – Nicht zur literarischen F. zu rechnen sind Werke, deren falsche Autornennung den Verfasser vor Verfolgung schützen soll (↗ Pseudonym), die Teil rhetor. Übung ist (↗ Pastiche), zur literar. Fiktion gehört (fingierte Quellen, Briefe, Reden in Geschichtswerken) oder der bloßen Freude an literar. Verhüllung dient (↗ Mystifikation). Der literarischen F. entgegengesetzt ist das ↗ Plagiat, bei dem ein Autor nicht ein eigenes literar. Produkt einem fremden Verfasser zuschreibt, sondern umgekehrt die geistige Leistung eines anderen als seine eigene ausgibt.   HSt

Familienblatt, die meist illustrierte, wöchentl. erscheinende Unterhaltungszeitschrift des 19. Jh.s für den bürgerl. Mittelstand. – Vorläufer sind die aufklärer. ↗ moral. Wochenschriften und die ↗ Kalender und ↗ Taschenbücher des 18. Jh.s. Die typ. Ausprägung erfährt das F. seit der Restaurationszeit, die das Bürgertum vom öffentl. polit. Leben ausschließt und zum Rückzug in die privaten Bereiche der Familie als dem Fundament ernster Lebensführung zwingt (vgl. ↗ Biedermeier).

Konzipiert als Lesestoff für die ganze Familie, enthält das F. Ratschläge zur prakt. Lebensgestaltung, heitere und ernste Kleindichtungen und v. a. populärwissenschaftl. Beiträge aus allen Wissensbereichen, bes. der Natur und Technik zur fortschrittsgläubigen Aufklärung und Bildung in gründl., unpolem., tendenzfreier Darstellung. Polit. Aktualität wird zugunsten allgem. liberaler, patriot. Haltung vermieden. Mitarbeiter in Familienblättern waren u. a. gelegentl. F. Hebbel, Th. Fontane, W. Raabe, Th. Storm, P. Heyse; am erfolgreichsten waren E. Marlitt und ihre Nachahmer. – Die Entwicklung der Schnellpresse, engl. Vorbilder wie z. B. die *Penny-Magazines* (seit 1830), auch die Resignation nach der Revolution 1848 führten zu einem beispiellosen *Aufschwung des F.s um 1850:* vgl. z. B. Gutzkows »Unterhaltungen am häusl. Herd« (Lpz. 1853–64; ohne Illustr.), die bald von der breiteste Schichten ansprechenden illustrierten »Gartenlaube« (gegr. E. Keil, 1853 bis 1943) überflügelt wurden: sie gilt als die im 19. Jh. *verbreitetste Zeitschrift der Welt* (1853: 6000 Abonnenten, 1861: 100000, 1875: 382000). Dieses von liberal-materialist. Geist getragene, bürgerl. Gemeinsinn und Humanität »in kleiner Münze« vermittelnde F. fand viele Nachahmungen, z. B. »Über Land und Meer« (1858), »Illustrierter Hausfreund« (1861), »Allgem. Familienzeitung«, »Der Familienfreund« (1868), »Dt. Familienblätter« (1876), »Die Familie« (1880), Reclams »Universum« (1884) u. v. a., ferner zahlr. *landschaftsgebundene* (»Süd024. F.«, 1868; »Österr. Gartenlaube«, 1866; »Heimat«, 1876; 1882–85

Titelblatt der »Gartenlaube«

Red. Anzengruber; u. v. a.) und *christl.* Familienblätter beider Konfessionen: Eine protestant. Gegengründung gegen die »Gartenlaube« war z. B. »Daheim« (1864), eine kath. der »Dt. Hausschatz« (1875 mit Erstabdrucken der Romane K. Mays). Auch Jahrbücher, Kalender usw. glichen sich dem F. an, Tageszeitungen ließen wöchentl. oder monatl. Familienbeilagen erscheinen. Insgesamt erschienen von 1854–1905 rd. 150 Familienblätter (Verlagszentrum war Stuttgart). – Die Blütezeit endete etwa um 1880 mit den neu aufkommenden Tendenzen, Ideen und Wertungen (Naturalismus, Sozialismus, mit Industrialisierung, Lockerung des Familienzusammenhalts usw.). Das Festhalten des F.s an den Idealen seiner Blütezeit ließ es nun rückständig und konservativ erscheinen. Die Abnahme der Abonnentenzahlen und eine Niveausenkung bedingten sich gegenseitig. Die meisten Familienblätter mussten ihr Erscheinen einstellen oder fusionierten (z. B. gingen das »Dt. Familienblatt«, die »Illustrierte Chronik« und »Vom Fels zum Meer« in der »Gartenlaube« auf). Die Unterhaltungspresse spaltete sich in die heute noch bestehenden Formen: einerseits in die zweckgebundenen Hausfrauen-, Jugend-, Mode-, Bastler- usw. -Zeitschriften oder die oberflächl. informierenden und mit groben Effekten unterhaltenden *Illustrierten* und Magazine, andererseits (zur Befriedigung höherer Bildungsansprüche) in sog. Monatshefte nach dem Vorbild der »Westermanns Monatshefte« (seit 1857), wie sie z. T. schon parallel zu den betreffenden Familienblättern monatl. erschienen waren, z. B. die »Monatshefte des Daheim« (1888; seit 1893 als »Velhagens und Klasings Monatshefte«), »Der Türmer« (1898), »Kosmos« (1904) u. a. Heute wird die Funktion des einstigen F.s z. T. auch durch die neuen Medien der Publizistik (Rundfunk, Film, Fernsehen) übernommen. IS

Familiendrama, Familienstück, auch: Hausvaterdrama, s. ↗ Rührstück.

Familienroman, stoffl. klassifizierende Bez. für Romane, in denen Probleme und Ereignisse einer Familie (oft über längere Zeiträume hinweg) gestaltet sind; beliebte Gattung der ↗ Trivialliteratur (z. B. W. v. Simpson, »Die Barrings«, 1937–1956), oft aber auch Rahmen zur Darstellung umfassenderer Aspekte (Ehe-, Generations-, Erziehungs-, Standes-, Berufs-, insbes. Künstlerproblematik) oder Modell für histor., theolog., soziale, gesellschaftskrit. Anliegen oder für psycholog. Studien, so dass sog. F.e oft auch anderen Romankategorien (↗ histor., ↗ Gesellschafts-, ↗ Zeit-, ↗ Künstler-, ↗ psycholog. Roman) zuzuordnen sind. – Als F.e in diesem (weiteren) Sinne gelten manche der empfindsamen (meist weibl. Erziehungsfragen gewidmeten, vielfach auch von Frauen verfassten) Romane der dt. Aufklärung (Sophie von La Roche, Johanna Schopenhauer), v. a. aber zahlreiche Romane seit der Mitte des 19. Jh.s: vgl. in Frankreich É. Zolas »Les Rougon-Macquart« (eine »Natur- u. Sozialgeschichte einer Familie«, 1871/93) oder den zeitkrit. F. von R. Martin du Gard, »Les Thibault« (1922–40), in England die gesellschaftskrit. »Forsyte-Saga« von J. Galsworthy und ihre Fortsetzungen (1918/22), in Deutschland v. a. Th. Manns »Buddenbrooks« (1901 mit dem Untertitel »Verfall einer Familie«), zeit- und kulturkrit. F.e von R. Huch (»Ludolf Urslen«, 1892; »Vita somnium breve«, 1903), P. Dörfler (»Apollonia«, 1930/32, Nähe zum Heimatroman), I. Seidel (»Lennacker«, 1938; »Das unverwesl. Erbe«, 1954), B. von Brentano (»Theodor Chindler«, 1936; »Franziska Scheler«, 1945), B. von Heiseler (»Versöhnung«, 1953). Internationalen Erfolg hatte z. B. der F. »Bellefleur« (1980) der Amerikanerin J. C. Oates. IS

Famosschrift [zu lat. famosus = berühmt, berüchtigt, ehrenrührig], Schmähschrift; in Humanismus u. Reformation gebrauchte Verdeutschung für lat. *libellus famosus* (vgl. auch *famosum carmen* = Schmähgedicht, ↗ Pasquill). S

Fantasy, [fæntəsi; auch: heroic f.; engl. = Phantasie, Hirngespinst], moderne Abart der phantastischen Literatur. Enthält Elemente aller Literaturen, in denen Abenteuer, Übersinnliches und Mythisches eine Rolle spielen

(↗Heldenepos, ↗Aventiure, ↗Ritter- und ↗Räuberromane, Voyages Imaginaires, ↗Gothic Novel, ↗Märchen, ↗Sage, ↗Lügendichtung u. a.). Der ↗Science Fiction verwandt, mit der sie Zeit und Ort gemeinsam haben kann (ferne Planeten, Zukunft, die myth. Vergangenheit, sagenhafte Länder der Erde), von der sie sich aber in einem zentralen Punkt unterscheidet: »F. ist eine bes. Form der amerikan. phantast. Literatur, die sich mit der Erfindung imaginärer Welten beschäftigt, in der die Menschen ohne Naturwissenschaft und Technik leben« (M. Görden). Das Personal der F. benutzt nicht nur archaische Waffen, Geräte und Fortbewegungsmittel (Schwert, Lanze, Kochkessel, Weinschlauch, Pferd, Segelschiff), sondern es existiert auch in überholten Gesellschaftsformen (Monarchien, Militärdiktaturen, Theokratien). Die Grenzen zwischen ›Realität‹ und irrationalen bzw. magischen Welten sind aufgehoben: Nicht nur, dass die Helden mit Elfen, Kobolden, Riesen, Zwergen, Faunen, Feen, Dämonen und Gespenstern umgehen, auch sie selbst besitzen zumeist übersinnl. Fähigkeiten. Die Thematik reduziert sich klischeehaft auf den Kampf zwischen Gut und Böse. Hervorstechendes Mittel der Auseinandersetzung ist Gewalt, die in der auch ›Sword and Sorcery‹ (engl. = Schwert und Zauberei) genannten ›harten‹ F. bis zu blutiger Brutalität reicht. Symptomat. für diese Richtung sind die (sie begründenden) »Conan«-Romane des US-Autors Robert E. Howard (1906–1936; verfilmt mit dem österreich. Ex-Mr. Universum Arnold Schwarzenegger). Am Anfang der weniger violenten F. stehen die »Hobbit«-Geschichten des Briten J. R. R. Tolkien (1937ff). Hier ist auch der Deutsche M. Ende anzusiedeln, der mit seinen F.-Romanen »Momo« (1973) und v. a. »Die unendliche Geschichte« (1979) Millionenauflagen erzielte. Ansonsten wird die F. von Autoren aus dem anglo-amerikan. Raum beherrscht, außer den bereits Genannten sind dies Marion Zimmer Bradley, Edgar Rice Bourroughs, Ursula K. Le-Guin, Michael Moorcock und L. Sprague de-Camp (der nach Howards Tod die »Conan«-Reihe in dessen Stil fortsetzte). RK

Farce, f. [frz. = Füllsel, von lat. Farcire = stopfen], derb-kom. Lustspiel; Bez. in Frankreich seit Ende 14. Jh.s belegt für volkstüml. Einlagen (daher Bez.!) in geistl. ↗Mysterien- und ↗Mirakelspielen, dann auch für selbständig aufgeführte, burlesk typisierende Szenen und kurze Stücke, meist in Versen; *die berühmteste F.* dieser Zeit ist die anonym überlieferte »F. de Maistre Pathelin« (1464; 1600 Verse, bis Ende 15. Jh. 25 Drucke). Die z. T. in den F.en geübte satir. Karikierung privater u. öffentl. Missstände rückt sie oft an die Seite der ↗Sottie und ↗Moralität. – In Deutschland setzte sich der Begriff ›F.‹ erst im 18. Jh. durch für eine in Frankreich inzwischen durch Einfluss der ↗Commedia dell'arte erneuerte F. Aber die programmat. Ablehnung ›niederer‹ Literatur (↗Hanswurst) schränkte die F. in Deutschland alsbald weitgehend auf die Form der *Literatursatire* und Literaturparodie ein (Goethe »Götter, Helden und Wieland, eine F.«; im 19. Jh. A. W. Schlegel und L. Tieck), wobei sich die Literatur-F. in ihrer äußeren Form z. T. bewusst historisierend am dt. ↗Fastnachtspiel orientierte. Heute wird ›F.‹ oft gleichbedeutend mit ↗Posse verwendet, jedoch tendenziell in die Nähe der ↗Groteske gerückt, wenn es sich um Stücke aus dem Umkreis des ↗Absurden Theaters handelt; zur ↗Satire tendiert z. B. M. Frisch, »Die chines. Mauer. Eine F.«, 1947). HD

Fashionable novels, Pl. [ˈfæʃnəbl ˈnɔvəlz; engl. = Moderomane], Sammelbez. für (im Einzelnen verschieden geartete) engl. Romane der Übergangsperiode zwischen Romantik und Realismus. *Themat.* sind sie der aristokrat. Sphäre, insbes. der Welt des ↗Dandyismus (diese z. T. kritisierend) zugewandt, *formal* sind sie durch ausgiebige Milieuschilderungen und Konversationen gekennzeichnet. *Hauptautoren* sind Th. Lister, R. P. Ward, Ch. Bury, B. Disraeli (»Vivian Grey«, 1826/27; »Contarini Fleming«, 1832; »Venetia«, 1837), E. G. Bulwer-Lytton (»Pelham«, 1826), C. Gore, C. Mulgrave, Countess of Blessington. Im Jahrzehnt zwischen 1825 und 1835 hatten die F.n. ihre Hochblüte und waren von nicht unbedeutendem Einfluss auf den Realismus der viktorian. Ära. MS

Fassung, die einem literar. Text vom Autor bei der Niederschrift (nicht notwendig der Drucklegung) gegebene Form. Durch Umarbeitung entstehen *Doppel-F.en* und *mehrfache F.en* des gleichen Werks, deren angemessene Wiedergabe in einer ↗ histor.-krit. Ausgabe Gegenstand der ↗ Editionstechnik ist. Ihr Vergleich kann Schlüsse über die Entwicklung des Autors und die dem Werk inhärenten Gestaltungsprobleme erlauben. Beispiele: Goethes »Faust«, C. F. Meyers Gedichte, Mörikes »Maler Nolten«, Stifters »Studien«, Frischs »Graf Öderland«. ↗ Adaptation; dagegen ↗ Bearbeitung.   HSt

Fasti, f. Pl. [lat. = Tage des Rechtsprechens, aus fas = (göttl.) Recht, Gesetz, Satzung], 1. Die Werktage (Gerichtstage) des röm. Kalenders *(dies fasti)* im Ggs. zu den Feiertagen *(dies nefasti)*. 2. Der röm. Kalender, d. h. Listen aller Tage des Jahres mit Angabe ihres jeweiligen Rechtscharakters und weiteren Kommentaren (eine dichter. Bearbeitung des kommentierten Festkalenders sind Ovids »Fastorum libri VI«). 3. Namenlisten der höchsten Jahresbeamten *(f. consulares, f. magistratuum)*, der Priester *(f. sacerdotales)* und Verzeichnisse der röm. Siegesfeiern *(f. triumphales)*. – Die Kodifizierung und Kommentierung der F. führte zur Entwicklung der Jahrbücher *(Annales maximi)* und damit zur Grundform der röm. Geschichtsschreibung (↗ Annalen).   HFR

Fastnachtsspiel, im Rahmen städt. Fastnachtsfeiern ausgebildeter Typus des dt.-sprach. weltl. ↗ Dramas, literar. greifbar etwa zwischen 1430 und 1600. – Fastnachtsfeiern sind im 15. Jh. im gesamten dt. Sprachgebiet belegt. Typ. Rahmen ist die Fastnachtsgesellschaft, zu der man sich verkleidet abends zusammenfindet. Hier erfolgte die Ausbildung des F.s, das literar. Gestaltung allerdings nur in einzelnen städt. Zentren, v. a. in Nürnberg und Sterzing, erfahren hat. – Ausgangspunkt für die Entwicklung des *Nürnberger F.s*, der bedeutendsten Ausprägung der Gattung, ist der *Einzelvortrag* derb-kom. Sprüche (im Umfang von etwa 2 bis 15 Reimpaaren). Den nächsten Schritt zur Ausbildung des F.s bildet die paratakt. *Reihung von Einzelvorträgen*. Die Übernahme der Vorträge durch eine ›Spielgruppe‹ führt schließl. zur ältesten belegten Form des F.s, zum *Reihenspiel*: Eine Gruppe junger Männer (Handwerksgesellen) zieht von Fastnachtsgesellschaft zu Fastnachtsgesellschaft, um dort jeweils ihr ›Spiel‹ aufzuführen. Es wird dabei durch einen *Praecursor* (»Vorläufer«, »Vorläufel«, »Einschreier« u. a.) eröffnet, der den Hausherrn und seine Gäste begrüßt, um Spielerlaubnis und Aufmerksamkeit bittet, evtl. auch die folgende Aufführung erläutert; am Ende der Darbietung richtet er (als »Ausschreier«) ein kurzes Schlusswort an das Publikum oder ruft (als »Tanzforderer«) zu einem allgemeinen Tanz auf. Zunächst stehen im Reihenspiel die einzelnen Vorträge noch unverbunden nebeneinander, dann werden die einzelnen Reden gedankl. aneinander geknüpft. Eine letzte Stufe des Reihenspiels ist mit dem Bezug der einzelnen Sprüche auf eine Mittelpunktsfigur gegeben, der Einzelvortrag somit aus dem Spiel selbst motiviert. Dies ist zugleich die Voraussetzung für das *Handlungsspiel*, das entwicklungsgeschichtl. auf das Reihenspiel folgt; in ihm werden einfache Handlungen mit einer begrenzten Personenzahl, die sich stoffl. meist an die spätmal. Schwankdichtungen anschließen, dargestellt. – Der älteste namentl. bekannte Verfasser Nürnberger F.e, H. Rosenplüt (genannt »Der Schneperer«, † 1470), verwendet ausschließl. die Form des Reihenspiels; seine Stücke sind noch ganz in den Rahmen der Fastnachtsunterhaltung eingefügt. Von dem jüngeren H. Folz (seit 1479 in Nürnberg) sind dagegen fast nur Handlungsspiele überliefert. Von Rosenplüt und Folz sind je etwa 30 Spiele im Umfang von etwa 300 Versen erhalten. Ihre F.e verfolgen noch moralisierende noch ständesatir. Absichten; die häufige Verwendung des Bauern in ihren Stücken beruht auf literar. Tradition (Neidhart usw.) – der Bauer in F. ist ein mimischer Typus, der das städt. Bürgertum Vitalität und Diesseitsbejahung verkörpert. – Die Tradition des Nürnberger F.s greift im 16. Jh. H. Sachs auf (85 F.e von je etwa 400 Versen aus den Jahren 1517–1560 überliefert, davon 81 im Druck erschienen). Für Sachs ist die Verselbständigung des Spiels gegenüber dem Aufführungsrahmen der Fastnachtsgesellschaft charakteristisch – Reihenspiele finden sich fast nur unter seinen frühen Stücken; der *Praecursor*, dessen Funktion im älteren F. die Vermittlung zwischen Spielrealität und Publikumssphäre war, entfällt häufig. Geblieben ist allerdings am Schluss die belehrende Hinwendung zum Publikum; entsprechend der moralisierenden und sozialkrit. Tendenz der Sachs'schen F.e fehlen sexuelle Obszönitäten, nicht aber fäkal. Späße. Mehr der Tradition des 15. Jh.s (Folz!) verhaftet sind die F.e P. Probsts (7 Spiele aus den Jahren 1553–56). – Der letzte Vertreter des Nürnberger F.s, J. Ayrer (36 F.e aus der Zeit um 1600, veröffentlicht zusammen mit anderen Dramen Ayrers in dessen »Orbis Theatricum« von 1618), führt die von Sachs eingeleitete Entwicklung fort; seine Stücke sind noch umfangreicher (durchschnittl. etwa 600 Verse) und durch eine realist. Aufführungspraxis und die stehende Figur des Clowns (»Jan Posset«) gekennzeichnet – hier zeigt sich der Einfluss der ↗ engl. Komödianten. – Das *Sterzinger F.* ist nur zwischen etwa 1510 und 1535 greifbar; überliefert sind 26 Spiele (aufgezeichnet durch den Spielleiter V. Raber). Vom Nürnberger F. unterscheidet es sich vor allem dadurch, dass es an andere Formen des mal. Dramas anknüpft, so an das ↗ geistl. Spiel (Arztspiele in der Tradition der Krämerszene der ↗ Passions- ↗ Osterspiele) und das ↗ Neidhartspiel (St. Pauler Neidhartspiel des 14. Jh.s, ein frühes weltl. Spiel ohne vergleichbares Gegenstück), ebenso durch die gelegentl. Verwendung literar. Stoffe. – Das *Lübecker F.* (überliefert sind aus den Jahren 1430–1515 73 Titel und ein Stück »Henselyns boek«) verarbeitet im Wesentl. mytholog.-histor. Themen und scheint stark moralisierende Tendenz gehabt zu haben. – Die *Schweizer und Elsässer F.e* des 16. Jh.s haben keine Verbindung zum Fastnachtstreiben; es sind weltl. Stücke, die zur Fastnacht aufgeführt werden; sie verarbeiten Elemente des geistl. Spiels, des ↗ Humanistendramas, des ↗ bibl. Dramas des 16. Jh.s und der didakt. ↗ Narrenliteratur des Spät-MA.s; oft handelt es sich um Propagandastücke im Dienste der Reformation (P. Gengenbach, N. Manuel). – Seit etwa 1550 wird das F. durch andere Gattungen des weltl. Dramas mehr und mehr verdrängt; mit dem Ende des 16. Jh.s endet die Geschichte des F.s als einer literar. Gattung. Im 18. Jh. veröffentlicht Gottsched auszugsweise einige F.e von Rosenplüt, Probst und H. Sachs (»Nöthiger Vorrath zur Geschichte der dt. dramat. Dichtkunst ...«, 1757). Ende des 18. Jh.s greift die Literaturfarce des Sturm und Drang und der frühen Romantik auf das formale Vorbild des F.s zurück (Goethe, »Satyros oder der vergötterte Waldteufel«, »Ein Fastnachtspiel vom Pater Brey«; A. W. Schlegel, »Ein schön kurzweilig Fastnachtspiel vom alten und neuen Jahrhundert«).   K

Fatras, m. [faˈtra; frz. = Plunder, Wortschwall], Gattung der frz. Lyrik, ursprüngl. 11-zeil., gereimte Strophen (Schema: aab aab babab), die zusammenhanglos paradoxe Einfälle oder absurde Vorgänge aneinanderreihen (auch als *Fatrasie*, f. bez.); bezeugt seit dem 13. Jh., meist anonym (in der Slg. »Les F. d'Arras«: 55 F.); aber auch von dem Dichter und berühmten Juristen Ph. de Rémi, Sire de Beaumanoir (13. Jh.) sind 11 F. überliefert. – Seit dem 14. Jh. wird jeder F.-Strophe ein Distichon vorangestellt, dessen zwei Zeilen jeweils deren 1. und 11. Vers bilden und Reim und Versform bestimmen (AB Aab aab babaB); im 15. Jh. entwickelt Baudet Herenc (»Doctrinal«, 1432) aus diesem sog. *F. simple* den *F. double* (nach der 1. Strophe wird in der zweiten das Distichon umgekehrt verarbeitet) und veröffentlicht neben dem übl. paradoxen F. (dem *F.impossible*) sog. *F. possibles* mit sinnvollem Text. Diese werden v. a. in den ↗ Puys gepflegt und bleiben bis ins 17. Jh. lebendig; überliefert sind 64 Beispiele, z. T. als Parodien, z. T. in andere Texte integriert oder als poet. Muster. Vgl. auch ↗ Baguenaude, ↗ Coq-à-l'âne.   IS

Faustverse, s. ↗ Madrigalverse.

Fazetie, f. [lat. facetia = Witz, Scherz, von facetus = fein, elegant, witzig], *Scherzrede*, *pointierte Kurzerzählung*, ↗ Anekdote *in lat. Prosa*, voll Spott und Ironie, oft erot. getönt.

Im 15. Jh. als Produkt der italien. ↗Renaissance durch den Florentiner G. F. Bracciolini, genannt Poggio, in die Weltliteratur eingeführt (»Liber facetiarum«, posthum ca. 1470). Durch Ausgaben und Übersetzungen (H. Steinhöwel, 1475) in Deutschland (und Frankreich) heimisch geworden, wird der Typus der F. Poggios bald eifrig nachgeahmt, doch erliegen die dt. Bearbeiter nicht selten der Gefahr des Moralisierens (vgl. A. Tünger,»Facetiae latinae et germanicae«, 1486, das erste dt.[-lat.] F.nbuch; S. Brant, 1500 u.a.). Der F. nstil dringt auch in ↗Predigtmärlein (Geiler von Kaisersberg) und, z.T. vergröbert, in die ↗Schwankliteratur ein (J. Wickrams»Rollwagenbüchlein«, 1555), ferner in die innerhalb der Universitätsdisputationen übl. gewordenen»Quaestiones de quodlibet«. In Deutschland wird H. Bebel zum Vollender der F. (»Libri facetiarum«, 1508–12, drei Bücher, lat.), die bei ihm zwar schwäb.-volkstüml. Züge trägt, doch mit ihrer heiteren Pikanterie und der geschliffenen pointierten Form dem italien. Vorbild wesensverwandt wird. Eine weitere Sammlung mit eigenen lat. F.n und solchen von Poggio, Bebel u.a. stellte N. Frischlin zusammen (»Facetiae selectiores«, 1600).

Mit der eigtl. F. wenig mehr als den Namen gemein hat die (wohl im 12. Jh. entstandene, »Facetus« oder »Supplementum Catonis« genannte) Slg. *lat. Sprichwörter* (meist endgereimte Hexameter),»Cum nihil utilius humanae credo saluti«. Trocken moralisierend, dient sie auf dt. Schulen lange zu Lehrzwecken und wird im 14. und 15. Jh. häufig übersetzt, so auch von S. Brant (1490). MS

Feature [engl. = Aufmachung, zu lat. factura = das Machen, die Bearbeitung], Bez. für einen auf die spezif. Bedingungen der Medien abgestimmten Bericht. Das *Rundfunk-F.* ist ein stärker als das ↗Hörspiel an den medialen Möglichkeiten des Hörfunks orientierter Sendetyp, der auf eine geschlossene Spielhandlung verzichtet. Er bereitet zumeist aktuelle Ereignisse oder Sachverhalte aus Zeitgeschehen und Politik (aber auch Reiseberichte) unter oft artifizieller Verwendung radiogener Ausdrucksmittel (Reportage, Dokument, Tonzitat, Kommentar, Statement, Dialog, Interview, elektroakust. Effekte) publikumswirksam auf. Als »Zweckform« definiert (A.P. Frank), ist seine Bewertung abhängig von seiner Plazierung im Programm (Schulfunk, literar. Nachtprogramm, Hörspielprogramm u.a.). Eine Abgrenzung gegenüber dem Hörspiel ist, u.a. durch ein uneinheitl. Hörspielverständnis bedingt, nicht immer leicht möglich. Als *Vorform,* wenn nicht sogar erste Ausprägung des F. muss die seit ca. 1930 in Berlin erprobte Hörspielform des *Aufrisses* gelten, der Versuch,»ein Thema der Geschichte oder des Zeitgeschehens, eine Erscheinung des äußeren oder ein Problem des inneren Lebens in Variationen zu behandeln. Dokumentar. Zeugnisse standen neben Spielszenen, realist. Diskussionen neben literar. Spiegelungen, scheinbar ungeordnet, und doch innerl. gebunden und die Totalität anstrebend« (A. Braun). Während in Deutschland nach 1933 an die Stelle des Aufrisses der ↗Hörbericht, das ↗Hörbild traten, entwickelte sich vor allem in den angelsächs. Ländern das F. zu einer eigenständigen Funkform, zu deren wichtigsten Vertretern N. Corwin zählt. Nach dem Kriege wurde im NWDR nach dem Vorbild der BBC eine eigene Abt.»Talks und Features« eingerichtet; es begann eine zunächst am angelsächs. Vorbild orientierte umfangreiche F.-Produktion mit den Autoren P. v. Zahn (»London, Anatomie einer Weltstadt«, 1947), A. Eggebrecht (»Was wäre, wenn ...«, 1947), E. Schnabel (»Der 29. Januar«, 1947;»Ein Tag wie morgen«, 1950). – A. Anderschs »Der Tod des James Dean« (1960) markiert hier ein vorläufiges Ende. Allerdings tauchen nach einem zeitweiligen Absinken des F.s zu lediglich einer Art von Stimmungsberichten (P. L. Braun:»Hühner«, 1967; »Catch as catch can«, 1968) seit Mitte der 60er Jahre (u.a. in Hörspielen J. Thibaudeaus, M. Butors, P. O. Chotjewitz', W. Wondratscheks) wiederum zunehmend Elemente des F.s auf, wobei der Begriff der Montage jetzt allerdings durch Collage ersetzt wird. – Das *F. im Zeitungswesen* arbeitet mit den Stilmitteln der ↗Reportage, doch geht das F. durch Erläuterung und Aufhellung der Hintergründe und

Zusammenhänge über die Reportage hinaus. Das *F. bei Film und Fernsehen,* das undramat. Stoffe, Tatbestände und Sachverhalte gestaltet, hat primär dokumentar. Charakter, gewinnt jedoch durch jeweils dem Stoff angepasste Elemente und dramaturg. Mittel an Lebendigkeit und Eindringlichkeit und unterscheidet sich so von der reinen Dokumentation.   D

Feengeschichten. 1. Mythen, ↗ Märchen, ↗ Sagen, in denen Feen, zauberkund. Naturmächte in Frauengestalt (z. T. in Gruppen) auftreten und im guten oder bösen in menschl. Geschicke eingreifen.

2. poet. Ausgestaltungen volkstüml. Feenstoffe, v. a. aus kelt. (ir.-walis. und breton.) und ind.-oriental. (»1001 Nacht«) Traditionen. Eine *erste Blüte* erlebten literarisierte F. im 12. Jh.: gestaltet werden Stoffe aus dem kelt. Artussagenkreis: vgl. den »Roman de Brut« des Anglo-Normannen Wace (1155), die Verserzählungen der Marie de France (1165/75: »Lai von Lanval«, »Lai von Guingamor«, »Lai von Yonec«), die vom gesamten Abendland rezipierten ↗ höf. Romane um König Artus (und seiner feenhaften Schwester Feimorgan; bes. »Iwein«), die Romane »Huon de Bordeaux« (13. Jh., Oberon-Motiv) oder »Bueve de Hantone«, die alle stoffl. Fundgruben für viele weitere F. wurden. Neben Nachahmungen finden sich bald sowohl literar. Kompilationen (später bes. als Volksbücher) als auch Ausformungen einzelner Motive zu neuen F. (»Auberon«, Turin 1311, »Wigamur«, »Gauriel« u.v. a.) oder F. als Episoden in verschiedenster Funktion integriert in bedeutende Dichtungen (z. B. in den Rolandepen Boiardos und A riosts, 1486 bzw. 1516/31, oder in Tassos »Gerusalemme liberata«, 1581: Die Episode um die Fee Armida lieferte Stoff für über 10 Opern, u. a. von Lulli 1686, Händel 1711, Gluck 1778, Haydn 1784; Rossini 1817). *Ende des*

Perrault: »Contes des fées«

16. *Jh.s* wurden durch E. Spensers allegor. Versepos »Faerie Queene« (1590/96) arthur. F. in England wieder beliebt (Feendramen von R. Greene, Shakespeares »Midsummernight's dream«, 1595, B. Jonsons »Oberon, the fairy prince« 1610 u. a.). Seit *Mitte des 17. Jh.s* werden bes. in Frankreich F.n zur literar. Mode der frz. ↗ Salons, nunmehr ästhetisiert und zu galant-höf. ↗ Kunstmärchen ausgeschmückt (vgl. die »Contes des fées« der Mme M. C. d'Aulnoy [4 Bde. 1698–1711], die Sammlungen der Mme H. J. de Murat, Mlle Lhéritier, Mlle Ch.-R. de La Force, auch die mehr volkstüml. gehaltenen »Contes de ma mère l'Oye« von Ch. Perrault [1697] und die zahlreichen Feendramen, -opern, -ballette, -pantomimen, sog. ↗ Féerien). Stoffl. bereichert wurde die Gattung durch die erste europ. Übersetzung des gesamten Erzählschatzes von »1001-Nacht« durch A. Galland 1704 ff. Trotz der Ablehnung (Boileau) und Persiflierung dieser Feenmode (Lesage, A. v. Hamilton) verloren F. nichts von ihrer Beliebtheit: seit 1749 entstanden umfangreiche Sammlungen, deren Abschluss (und zugleich Ende der Feenmode) das 41-bänd. »Cabinet des fées« (1785–89) darstellt. – In *Deutschland* erfolgt die Rezeption dieser literar. Mode in der 2. Hälfte des 18. Jh.s, insbes. durch Ch. M. Wielands »Don Sylvio«, 1764 (mit der damals *bekanntesten dt. F.geschichte* »Biribinker«) und »Oberon«, 1780; ferner durch Übersetzungen (erste 1761) und Sammlungen (u. a. »Dschinnistan«, 3 Bde. 1786–89 hrsg. von Wieland oder die »Blaue Bibliothek«, 12 Bde. 1790–1800, hrsg. von F. J. Bertuch). Auch in der Romantik wurden Feenstoffe literar. gestaltet (z. B. der Undine-, Melusine-Stoff bei L. Tieck, C. Brentano, A. v. Arnim, E. T. A. Hoffmann, F. de la Motte Fouqué, H. Heine). – In *England* griffen u. a. P. B. Shelley (»Queen Mab«, 1813) und A. Tennyson (»Idylls of the King«, 1859/88) zur Einkleidung philosoph. oder kulturkrit. Ideen auf arthur. F. zurück. – Auch in modernen Dichtungen finden sich alte F. verarbeitet, z. B. bei G. Hauptmann (»Die versunkene Glocke«, 1897), J. Giraudoux (»Ondine«, 1939).   IS

Féerie, f. [feˈriː; frz.], szen. Aufführung einer ↗ Feengeschichte (auch als Singspiel, Oper, Ballett, Pantomime) unter Verwendung aller bühnentechn. Mittel und mit großem Kostüm- u. Ausstattungsaufwand. – F.n waren im Rahmen der literar. Feenmode seit Mitte des 17. Jh.s v.a. in England (F.ausstattungen von Inigo Jones) und Frankreich (als sog. F.s à grand spectacle) beliebt; im 18. Jh. erregten die F.n von A. Sacchi (für die Feenmärchen C. Gozzis, 1761/62) oder von D. Garrick und dem berühmten Bühnenbildner de Loutherbourg (für das Drury-Lane-Theatre London, seit 1770) Aufsehen, ebenso die zu F.n ausgestalteten Shakespeareinszenierungen (insbes. des »Sommernachtstraums«) der Romantik oder anfangs des 19. Jh. die F.n der Wiener Vorstadttheater (v.a. F. Raimunds Inszenierungen seiner ↗ Zauberstücke) oder die F.pantomimen von J.-B.G. Debureau.   IS

Félibrige, m. [feliˈbriːʒ; zu neuprov. félibre = Kenner, Gelehrter; von F. Mistral einem alten Kirchenlied entnommen; Etymologie umstritten], von Th. Aubanel, F. Mistral, J. Roumanille u.a. am 21.5.1854 gegründeter Dichterbund, der sich die »Ehrenrettung und Wiederherstellung der prov. Sprache und des prov. Kulturgutes« (Mistral) zur Aufgabe machte. Als Vorbild diente die mal. tolosan. Dichtergesellschaft des »Consistori de la Subregaya Companhia del ↗ Gai Saber« (vgl. auch ↗ Blumenspiele). Die in prov. Sprache geschriebenen Dichtungen Roumanilles (»Li Nouvè«: Weihnachtsgedichte;»Li Conte Prouvençau e li Cascareleto«: Märchen und Schwänke), Aubanels (»La Mióugrano entreduberto« – Der halbgeöffnete Granatapfel u.a.) und bes. Mistrals (die Versepen »Mirèio«, »Calendau«, »Lis Isclo d'Or«, »Nerto« u.a.) waren sehr erfolgreich, ebenso ihr seit 1855 erscheinender prov. Almanach (»Armana Prouvençau«, eine Mischung aus Hauskalender, Dichteranthologie und polit. Regionalorgan). Mit der vorausgehenden Wiederentdeckung der Trobadordichtung durch die Gelehrten A. Fabre d'Olivet, H.P. Rochegude und F. Raynouard begründete der F. eine Renaissance der prov. Literatur in der 2. Hälfte des 19. Jh.s. Heute ist der F. im gesamten prov.-katalan. Sprachbereich verbreitet und in acht »Mantenenço« (Bezirke) gegliedert, in denen die örtl. Dichtervereine des F., sog. ›Schulen‹, zusammengefasst sind. Die heute maßgebl. Publikationsorgane des F. sind neben dem Almanach die seit 1919 erscheinende Zeitschrift »Lo Gai Saber« und die wissenschaftl. anspruchsvolle »Revue des Langues romanes« (seit 1870). Weitere Dichter des F. sind A. Marin, C. Hugues, Ch. Rieu, V. Bernard, J. Arbaud, M. Camelat, P. Estieu, A. Perbosc, S.A. Peyre, B. Durand, P.L. Grenier, J.P. Tennevin. – Der F. ist heute (nach einem Jh. polit. und poetolog. Richtungskämpfe) z.T. in rituellem »Mistralismus« und bunter Folklore erstarrt. Die jüngeren, meist linksengagierten prov. Autoren wie S. Bec, P. Pessemesse und Y. Rouquette, die sich um das »Institut d'Études Occitanes«, das »Comité Occitan d'Études et d'Action« und R. Lafonts Zeitschrift »Viure« (seit 1965) formieren, stehen in scharfer Opposition zum F. *Texte:* Lyr. Auswahl aus der Félibredichtung. Hrsg. v. K. Voretzsch. 2 Bde. Halle/Saale 1934/36.   PH

Fermate, f. [it. fermata = Halt, Ruhepunkt], eine das metr. Schema sprengende Dehnung meist der letzten oder vorletzten Silbe eines Verses, z.B. im sog. ↗ Fermatenreim.   S

Fermatenreim, Dehnung von unbestimmter Dauer der letzten oder vorletzten Reimsilbe in gesungener Lyrik; von manchen Forschern (Heusler) in der Lyrik des MA.s, der Meistersänger und im ev. Kirchengesang des Barock vermutet.   S

Fernsehspiel, gelegentl. auch: Fernsehstück; Bez. für eine spezif. Sendeform im Fernsehen (auch Sammelbez. für formal verschiedenartige Sendeformen). Eine experimentelle und strikte Erprobung eigengesetzl. Möglichkeiten und Spielformen ist durch frühzeitige Übernahme von Techniken, Vorstellungen aber auch Vorurteilen aus der Theater-, vor allem der Filmdramaturgie wesentl. erschwert worden. Die bisherigen Versuche, das F. gegenüber dem Theaterstück bzw. Film abzugrenzen, beschreiben überwiegend nur äußerliche, zumeist ledigl. techn. bedingte Unterschiede und sind – darüber hinausgehend – oft nur bedingt haltbar: so können z. B. der Auffassung, die Funktion des Wortes sei im F. nicht wie im Film der Funktion des Bildes unter-, sondern gleichwertig zugeordnet, leicht Beispiele entgegengehalten werden, die weitgehend auf das gesprochene Wort verzichten. Ebenso unbefriedigend wie die Abgrenzungsversuche gegenüber Film und Theaterstück sind auch die Versuche geblieben, eine »Eigengesetzlichkeit der Gattung« F. zu beschreiben. Allgemein subsumiert man unter F. heute das *eigentliche Fernsehspiel*, die »eigens für dieses Medium konzipierte Form eines Stoffes, der bisher weder in Drama, Epik und Lyrik noch im Hörspiel oder Spielfilm seinen Niederschlag fand« (T. Schwaegerl), die *Fernsehspieladaption* eines Theaterstücks, eines Hörspiels oder einer ep. Vorlage, den *Fernsehfilm* als einen »eigens für eine Wiedergabe auf dem Bildschirm gedrehten Filmstreifen, bei dessen Entstehung film. Hilfsmittel verwendet werden« (Schwaegerl) und das *Live-Spiel*, das auf die techn. aber auch aesthet. Möglichkeiten der Aufzeichnung verzichtet, aber kaum noch im Programm erscheint. Das aus dem engl. »Semi-Documentary« hervorgegangene *dokumentar. F.* sollte gesondert und als selbständiger Typ des F. zwischen dem Information aufbereitenden *Fernseh-Feature* und dem eigentl. F., von dem es sich formal manchmal nur geringfügig unterscheidet, beschrieben werden. Als »szenische Dokumentation«, als »dokumentarisches Nachspielen der Wahrheit« (G. Sawitzki) definiert, erscheint es in dem Maße, in dem es sich durch Aufnahmen von Formelementen anderer Sendeformen wie Dokumentation, Bericht, Reportage, Interview, Kommentar u. a. dem Fernseh-Feature nähert, als die am ehesten medienspezifische Form des F. Unbestritten ist die Bedeutung des Fernsehens für die Vermittlung von wichtigen, sonst kaum oder nur schwer zugängl. Filmen, für die Verbreitung wichtiger Theaterinszenierungen, die entweder direkt übertragen oder mit (durch die bewegl. Kamera möglichen) leichten Stilisierungen aufgezeichnet und später gesendet werden. Bereits an der Grenze zur

Fernsehspieladaption eines Theaterstückes sind Studio-Inszenierungen, die mit film. Techniken wie kurze Einstellung, Schwenk, Großaufnahme, Schnitt, Montage u. a. das Theaterstück den Bedingungen des Bildschirms von vornherein anpassen. Derartige Klassikeraufführungen, die ein »völlig heterogenes Millionenpublikum erreichen« wollen, lassen das Fernsehen zum »größten Theater Deutschlands« (G. Rohrbach) werden. Ihnen entspricht auf dem Unterhaltungssektor eine wachsende Serienproduktion von F.n mit stereotypen Handlungsabläufen, die zu festen Programmzeiten vom Zuschauer erwartet werden. Umstritten sind dabei die Auswirkungen von gezeigter Brutalität (etwa in Kriminalfilm- und Wild-West-Film-Serien) auf v. a. jugendl. Zuschauer. Als wichtige und bekannte Autoren von F.n gelten u. a.: L. Ahlsen, W. Arden, S. Beckett, P. Chayefsky, H. v. Cramer, T. Dorst, R. W. Fassbinder, Ch. Geissler, W. Hall, F. v. Hoerschelmann, C. Hubalek, E. Ionesco, H. Kipphardt, P. Lilienthal, D. Meichsner, D. Mercer, E. Monk, J. Mortimer, T. Mosel, G. Oelschlaegel, K. Otsu, H. Pinter, T. Rattigan, R. Rose, T. Schübel, R. Stemmle, O. Storz, Th. Valentin, A. Wesker, K. Wittlinger, T. Willis. D

Festspiel,

1. Aufführung eines Bühnenwerkes bei festl. Anlass; ursprüngl. sakralen Charakters: wohl liturg. Begehungen im Rahmen kult. Feiern, wobei die Taten und Leiden der Götter und Heroen bzw. Christi und der Heiligen rituell nachvollzogen werden; aus diesen Begehungen entwickeln sich im Laufe der Zeit festl. Aufführungen dramat. Werke. *Kult. F.e* in diesem Sinne sind das antike Drama, das dem Dionysoskult entspringt und auch in klass. Zeit im Rahmen der jährl. att. ↗ Dionysien aufgeführt wird, und das ↗ geistl. Spiel des MA.s, das entstehungsgeschichtl. mit den hohen christl. Festtagen verbunden ist (↗ Passions- und ↗ Osterspiele, ↗ Weihnachtsspiele; ↗ Mysterienspiele an den Tagen der Heiligen usw.). – In Renaissance und Barock werden Fest und F. einem Säkularisierungsprozess unterworfen. An die Stelle des kult. Festes mit der Feier des

Gottes tritt das *höf. Fest* mit der Feier des absoluten Monarchen; an die Stelle des geistl. Dramas tritt das repräsentative F., das sich durch prunkvolle Ausstattung und durch das Zusammenwirken von Musik, Tanz, Pantomime, Dichtung, Malerei und Architektur auszeichnet (↗ Gesamtkunstwerk). Äußerer Anlass solcher F.e sind Siegesfeiern, fürstl. Hochzeiten u. a. Besondere Formen des höf. F.s des 16.–18. Jh.s sind ↗ Trionfi als allegor. Festzüge, die höf. ↗ Oper und das große Ballett. – Im 18. Jh. wird die höf. F.idee durch den Gedanken eines *nationalen F.s*, das der glanzvollen Selbstdarstellung der bürgerl. Nation dienen soll, abgelöst. Hierher gehören J. E. Schlegels und G. E. Lessings Bemühungen um ein dt. ↗ Nationaltheater, v. a. aber F. G. Klopstocks Versuche, mit seinen für festl. Freilichtaufführungen geplanten ↗ Bardieten um den nationalen Heros Hermann den Cherusker die griech. Tragödie als Feier nationaler Freiheit in demokrat.-revolutionärem Sinne zu erneuern. Ähnl. Vorstellungen leiten im 19. Jh. R. Wagner bei der Gründung der Bayreuther F.e, die 1876 mit der ersten Gesamtaufführung von Wagners »Ring des Nibelungen« eröffnet werden; Wagners F.idee entsprang seiner Auseinandersetzung mit der bürgerl. Revolution von 1848; seine F.e sollten eine von jedem kommerziellen Theaterbetrieb streng unterschiedene Selbstdarstellung der durch die Revolution zu ihrem eigenen Begriff gekommenen Menschheit sein. In der Praxis wurden sie freilich zu Theateraufführungen, die sich vom gängigen Theaterbetrieb ledigl. durch ihre überdurchschnittl. künstler. und interpretator. Qualität auszeichnen. – Dies charakterisiert auch den *modernen F.begriff*: F.e als Aufführungen von Bühnenwerken (oder musikal. Werken) durch außerordentl. qualifizierte künstler. Kräfte, die sich, aus Anlass der in der Regel mehrere Tage oder Wochen dauernden F.e, meist einmal im Jahr an einem bestimmten Ort treffen. Neben den Bayreuther F.en (den Werken Wagners vorbehalten) sind hier besonders die Münchener F.e (seit 1901; im Mittelpunkt stehen die Werke Wagners und R. Strauß'), die Salzburger F.e (seit 1920; begründet durch H. v. Hofmannsthal und M. Reinhardt), der Maggio Musicale Fiorentino (seit 1933) und das Glyndebourne Festival (seit 1934; im Mittelpunkt stehen die Werke Mozarts) zu nennen. – 2. Ein eigens für eine F.aufführung verfasstes Bühnenwerk. – Das F. als dramat. Gattung spielt v. a. in Renaissance und Barock eine Rolle. In der dt. Dichtung sind besonders die zahlreichen F.e des 17. Jh.s anlässl. der Beendigung des Dreißigjährigen Krieges zu nennen (z. B. J. G. Schottel, »Neu erfundenes Freuden Spiel genannt Friedens Sieg«, 1648; S. von Birken, »Margenis, oder das vergnügte, bekriegte und wieder befreite Deutschland«, 1650; J. Rist, »Das freudejauchzende Teutschland«, 1653). Höf. F.e sind auch Goethes »Palaeophron und Neoterpe« (1800, zu Ehren Anna Amalias) und Schillers »Huldigung der Künste« (1804, aus Anlass der Ankunft der Erbprinzessin Maria Pawlowna in Weimar); in der Tradition der höf. Trionfi stehen Goethes allegor. Maskenzüge. – F.e aus Anlass nationaler Feierlichkeiten sind Goethes »Des Epimenides Erwachen« (1814, geschrieben anlässl. des Einzugs Friedrich Wilhelms III. von Preußen in Berlin nach dem Sieg über Napoleon, aufgeführt erst 1815 anlässl. der Jahresfeier der Einnahme von Paris) und G. Hauptmanns »F. in dt. Reimen« (1913, anlässl. der Säkularfeier der Schlacht bei Leipzig), beides umstrittene Werke, da sie den nationalist. Vorstellungen des Publikums nicht entgegenkamen. – Wagner bezeichnet seinen »Ring des Nibelungen« als »Bühnenf.«, seinen »Parsifal« als »Bühnenweihf.«.   K

Feszennien, f. Pl. (versus fescennini), altital., ursprüngl. improvisierte Gesänge voll derben Spotts, nach der Stadt Fescennium in Etrurien benannt; ursprüngl. wohl bei Erntefesten, dann v. a. bei Hochzeiten gesungen (vgl. dagegen Epithalamium, ↗ Hymenaeus), aber auch von Soldaten beim Triumphzug. Literar. geworden in den (nicht erhaltenen) F. des Annianus (2. Jh. n. Chr.), auf sich Ausonius beruft.   MS

Feuilleton, n. [frz. = eigentl. Beiblättchen (einer Zeitung), von feuille = Blatt], 1. Bez. für den kulturellen Teil einer Zeitung; enthält Nachrichten und Kommentare aus dem Kultur- und Geistesleben, Buchrezensionen, belehrende, populärwissenschaftl. und unterhaltende Beiträge, Auszüge aus literar. Werken, Gedichte und meist einen ↗ Fortsetzungsroman. – Vorläufer sind sogenannte »Gelehrte Artikel« in den Zeitungen der Aufklärung mit kulturellen Nachrichten, allgem. moral. Betrachtungen, z. T. auch literar. Kritik; berühmt ist z. B. der »Gelehrte Artikel« in den »Berlinischen privilegierten Nachrichten« (der sog. »Vossischen Zeitung«), dessen Mitarbeiter und späterer Redakteur Lessing war (1748 bzw. 1751–1755). Die *heutige Bez.* und die Form des F.s gehen zurück auf den frz. Abbé J. L. de Geoffroy, der 1800 einem dem »Journal des Débats« lose eingelegten Anzeigenblatt durch seine gelegentl. beigefügten Betrachtungen zu Kunst, Literatur etc. so viele Leser gewann, dass dieses ›F.‹ 1801 in die Zeitung integriert und vom polit. Hauptteil durch einen dicken schwarzen Strich abgetrennt wurde. Während der napoleon. Pressezensur wurden solche F.s zum wichtigen, wenn auch verschlüsselten Organ freier (auch polit.) Meinungsäußerungen (Beiträge z. B. v. Chateaubriand, dem berühmten Kritikerkönig Jules Janin u. v. a.). Bez., Anlage, Stil und verhüllte polit. Funktion des frz. F.s wurden in die zensierte dt. Presse des Vormärz übernommen und, bes. durch das Junge Deutschland, wirkungsvoll eingesetzt (Heine, Börne, Glassbrenner, L. Schücking, F. Kürnberger u. a.); die Anordnung ›unterm Strich‹ findet sich in Deutschland erstmals im »Nürnberger Correspondenten«, 1831. – In seinen verschiedenen polit., weltanschaul. u. kulturkrit. Tendenzen ist seither das F. ein wichtiges Instrument geist. Auseinandersetzungen, insbes. auch der ↗ Literaturkritik (vgl. z. B. um die Jh.wende die F.s der Berliner und Wiener Presse), und bis heute, trotz anderer Medien, durch die Mitarbeit bedeutender Publizisten als Vermittler neuer Ideen, Kunst-

Karl Kraus: »Die Fackel«

und Geschmacksrichtungen ein wichtiger kulturpolit. Faktor.
2. Bez. für den einzelnen, kulturelle Fragen behandelnden Beitrag im F. einer Zeitung; umgangssprachl. oft synonym mit ↗ Essay verwendet, mit dem es grundsätzl. die themat. Freiheit und gewisse Strukturen (z. B. die subjektive, locker komponierte, unsystemat.-assoziative Darstellung) verbindet. Jedoch sind F.s meist wesentl. kürzer, skizzenhafter, für ein breiteres Publikum einer Zeitung weniger exklusiv in Thema, Problematik und log.-dialekt. Durchführung (z. B. meist Verzicht auf geistesgeschichtl. Voraussetzungen, gelehrte Anspielungen, Zitate), dafür stärker von Aktuellem ausgehend, suggestiver, ›interessanter‹, pointierter in der Sprachgebung. Als Begründer u. zugleich erster Meister des F.s in Deutschland gilt L. Börne. – Als *Feuilletonismus* bez. man abwertend die Gefahren dieser Denk- und Stilhaltung (wie sie bei manchen in der Tagesroutine flüchtig hingeworfenen F.s auftreten können): so die versierte Verwendung schablonisierter affektiver Sprachformeln, welche anstelle log. Argumentation nur brillant formulierte Scheinlösungen bieten, die eine emotionale Zustimmung, nicht die Überzeugung des Lesers beabsichtigen. Bes. K. Kraus bekämpfte solchen sprachl. und log. Feuilletonismus in seiner Zeitschrift »Die Fackel« (1899–1936); H. Hesse wertet im »Glasperlenspiel« (1943) das 20. Jh. als »feuilletonist. Zeitalter« ab. – Als bedeutende Meister des F.s (und oft zugleich des Essays) gelten u. a. D. Spitzer, P. Altenberg, H. Bahr, A. Polgar, F. Blei, E. Friedell, A. Kerr, V. Auburtin, K. Tucholsky, F. Sieburg, E. E. Kisch, H. Krüger, W. Haas, M. Rychner, W. Weber, B. Reifenberg, D. Sternberger, Hans Mayer, M. Reich-Ranicki, W. Jens, P. Wapnewski, F. Raddatz.   IS

Fibel, f. [kindersprachl. entstellt aus ›Bibel‹, die anfangs den Lesestoff lieferte (im Kindermund Dissimilation von b zu f vor folgendem b)], Lesebuch für den Anfangsunterricht in der Schule, in übertragener Bedeutung auch Lehrbuch zur elementaren Einführung in bestimmte Wissensgebiete (z. B. Gesundheits-F., Verkehrs-F.); als Wort erstmals nach 1400 in

Norddeutschland (fibele), schriftsprachl. geworden durch Luther (1525). Als *älteste dt. F.* gilt der handschriftl. »Modus legendi« von Christoph Hueber (1477, in dt. Sprache). Begünstigt durch die Erfindung des Buchdrucks entstehen in den folgenden Jh.en eine Vielzahl von F.n unter den verschiedensten Titeln (ABC-Buch, Buchstabierbüchlein, Grundbiechl, Tafel-, Figurenbüchel u. a.). Sie folgen alle der Buchstabiermethode und sind bestimmt durch vorwiegend relig. Inhalt; erst zu Beginn des 19. Jh.s geht man allmähl. zur Lautiermethode über. Gleichzeitig setzt sich die Forderung nach sog. Schreib-Lese-F.n durch, die das Erlernen von Schreiben und Lesen kombinieren. Inhaltl. tritt das religiöse, später auch das eth. Moment zurück zugunsten des Versuchs, den Inhalt sachl. und sprachl. stärker der kindl. Erlebnis- und Erfahrungswelt anzunähern. ↗ Bilderbuch (Geschichte), ↗ Lesebuch. S

Fiction [fikʃən; engl. = Erdichtetes], in der engl. und angloamerikan. Literaturwissenschaft Sammelbez. für fiktive *Erzähl*literatur (Prosadichtungen, Romane; vgl. z. B. science f.); dagegen ↗ Fiktion (Wesensmerkmal ep. und dramat. Gattungen). S

Figur, f. [lat. figura = Gestalt],
1. sprachl. Kunstmittel, s. ↗ rhetor. Figuren;
2. (Neben-)Gestalt in einem literar. Werk (im Drama auch als Figurant bez.). S

Figura etymologica, f. [lat. Kunstwort für griech. schéma etymologikón = etymolog. Figur], Wortspiel, Sonderfall der ↗ Paronomasie: Verbindung zweier oder mehrerer Wörter des gleichen Stamms zur Ausdruckssteigerung, oft unter Suggerierung eines dem lautl.-etymolog. Verhältnis entsprechenden inneren Zusammenhangs; auch als Mittel der Komik; z. B. einen schweren *Gang gehen; betrogene Betrüger*. HSt

Figuraldeutung [lat. Figura = Gestalt, Anspielung], typolog. Form mal. Exegese, bei der Geschehnisse oder Gestalten nicht allein aus sich verstanden, sondern in ein umfassendes Bedeutungsnetz einbezogen werden, insbes. als Vorausdeutung im Rahmen der Heilsgeschichte, z. B. die Opferung Isaaks im AT wird als ↗ Präfiguration des Opfers Christi im NT gedeutet. Auch auf antike Texte angewandt. Vgl. auch ↗ Typologie, ↗ Biblia typologica. S

Figurant, m. [lat. figurare = gestalten], älterer Fachausdruck der Bühnensprache: Statist, stumme (Neben)rolle; im Ballett: Corpstänzer (Ggs. Solotänzer).

Figurendrama, nach W. Kayser eine von drei idealtyp. Ausprägungen der Gattung ↗ Drama. – Im F. entfaltet sich der Ablauf des Geschehens aus dem Charakter der Hauptgestalt; es unterscheidet sich dadurch vom *Raumdrama,* bei dem der dramat. Konflikt dem (sozialen) Milieu entspringt, und vom *Geschehnis- oder Handlungsdrama,* das durch eine in sich geschlossene, gespannte dramat. Handlung gekennzeichnet ist, bei der die Figuren ledigl. durch Situationsfunktionen definiert sind. Kaysers Begriff des Handlungsdramas deckt sich damit weitgehend mit dem Idealtypus des Dramas der ↗ geschlossenen Form, während F. und Raumdrama zwei Ausprägungen des Dramas der ↗ offenen Form sind. Die Einheit des F.s liegt nach Kayser in der Einheit der Figur des Haupthelden; der Bau des F.s ist durch die lockere Aneinanderreihung einzelner Szenen (»Stationen«; ↗ Stationendrama) charakterisiert. Beispiele finden sich vor allem im ↗ Elizabethan. Drama (Ch. Marlowe, »Dr. Faustus«, »Tamburlaine«; Shakespeare, »Hamlet«, »King Lear«) und im Drama des ↗ Sturm und Drang, in dessen Mittelpunkt der »große Kerl« steht (Goethe, »Götz von Berlichingen«); dem gegenüber ist das Drama der Klassik und des Klassizismus im Wesentl. Handlungsdrama (frz. ↗ haute tragédie; Goethe, »Torquato Tasso«), das Drama des Naturalismus in erster Linie Raumdrama. – Vgl. auch ↗ Charakterdrama. K

Figur(en)gedicht [nach lat. carmen figuratum], auch: Technopaignion (gr. = künstl. Spielerei). Gedicht, das durch entsprechende metr. Form (längere u. kürzere Zeilen) im

Das Horn der Glückseligkeit.

Schöne Früchte:
Blumen / Korn/
Kirschen / Apfel/
Birn'/und Wein/
Und was
sonst mehr
kan seyn/
sind hier
in diesem
HORN/
das Glück/
auf daß
es uns
erquikk'/
hat selbst
es so
mit Hüll
und Füll
erfüllt.
wol dem/
dem es
ist
mild.

Steinmann: »Das Horn der Glückseligkeit«, 1653

Schrift- oder Druckbild einen Gegenstand im Umriss nachzeichnet, der (meist) zum Inhalt in direkter oder symbol. Beziehung steht. Sonderform: Heraushebung einer Figur aus einem fortlaufenden Text durch bes. markierte (rubrizierte) Buchstaben (die oft wieder in sich abgeschlossene [Gedicht]Texte ergeben). – Vermutl. entstanden F.e als raumnützende Aufschriften auf kleinen Weihe-Gegenständen; früheste Ausbildung als Kunstform im Hellenismus (3. Jh. v. Chr.) innerhalb der bes. vom ↗ Asianismus gepflegten virtuosen Zahlen- und Buchstabenmystik als Möglichkeit einer kryptolog.-kabbalist. Form-Wesensergründung; überliefert sind F.e in Form einer Syrinx (Theokrit), eines Beils, Eis, Erosflügels (Simias v. Rhodos). – Wiederbelebt wurde diese manierist. Tradition bes. in konstantin. Zeit (4. Jh.) durch Porphyrius Optatianus. Seine F.e sind Vorbild zahlr. mal. F.e mit christl. Figuren

wie Kreuz, Kelch, Altar. Blüte in karoling. Zeit durch Alcuin und Hrabanus Maurus (»Liber de laudibus sanctae crucis«: 28 rubrizierte F.e). Während F.e u. andere Wortkünsteleien in der lat. Literatur bis in den Humanismus lebendig blieben (Porphyrius und Hraban bis ins 16. Jh. mehrfach neu aufgelegt), wurden F.e in den Volkssprachen erst von J. C. Scaliger (Poetik 1561) wiederbelebt (bes. in Spanien und Deutschland) und bes. im Rahmen der ↗ ut pictura poesis – Problematik zu einem der wichtigsten Themen der Barockpoetiken (erstmals bei J. G. Schottel, 1645). Es entsteht eine Fülle von sog. »Bilderreimen« (beliebte Figuren: Herzen, Lauten, Sanduhren, Becher, Brunnen, Waage, Palmblätter, Pyramiden etc.), bes. gepflegt wurde es z. B. von den Pegnitzschäfern. Von dort kommt (im Gefolge von N. Boileau) auch die erste Kritik an den immer oberflächlicher werdenden, nur durch die Druckanordnung gegliederten Figurenspielereien (D. G. Morhof, 1682, Ch. Weise, 1691, M. D. Omeis, 1704). F.e erhielten sich aber als volkstüml. Gelegenheits- (Hochzeits-, Liebes-, Trauer-)Gedichte bis ins 19. Jh. Bewusster künstler. Rückgriff sind das »Trichter«-Gedicht von Ch. Morgenstern (1904) und die F.e in den »Daphnisliedern« von A. Holz (1904). Versuche mit den Spannungs- und Beziehungsverhältnissen zwischen Text und Typographie finden sich auch bei St. Mallarmé, G. Apollinaire (»Calligrammes«, 1913), den Dadaisten u. italien. Futuristen. Auch die modernen Ausdrucksformen wie skripturale Malerei, ↗ visuelle und ↗ konkrete Dichtung sind den barocken F.en verpflichtet (vgl. C. Bremer, »Figurengedichte«). Vgl. dagegen ↗ Bilddicht. HFR

Fiktion, f. [von lat. fingere = bilden, erdichten],
1. allgemeine Bedeutung: eine Annahme, für die (im Gegensatz zur Hypothese) kein Wahrheits- oder Wahrscheinlichkeitsbeweis im Sinne eines logischen Realitätsbezuges angetreten wird.
2. lit.wissenschaftl. Begriff: Grundelement der mimet. (erzählenden und dramat.) Dichtungsarten, die reale oder nichtreale (erfundene)

Sachverhalte als *wirkliche* darstellen, aber prinzipiell keine feste Beziehung zwischen dieser Darstellung und einer von ihr unabhängigen, objektiv zugänglichen und verifizierbaren Wirklichkeit behaupten (wie etwa die Geschichtsschreibung). Die Figuren eines Romans oder Dramas sind fiktiv, d. h. sie sind Teile einer *als wirkl. erscheinenden* nichtwirklichen Welt, sie sind aber nicht fingiert, d. h. = es wird nicht der Eindruck vorgetäuscht, als ob sie wirklich existierten. Fiktionalisierende Mittel sind insbes. der Dialog und (in der Erzählung) der fluktuierende Übergang vom ↗Bericht zu ↗direkter, ↗indirekter und ↗erlebter Rede. Die für das Verständnis der Existenzweise von Dichtung entscheidende Differenz zwischen der tatsächlichen Nicht-Wirklichkeit des Fiktiven und der behaupteten (Als-ob-)Wirklichkeit des Fingierten ist erst in der Neuzeit allmählich bewusst geworden; ihre Unkenntnis ist einer der Gründe für den seit Platon erhobenen Vorwurf der Unwahrheit fiktionaler Aussagen (»Dichter lügen«). ↗Mimesis, ↗Poetik.   HSt

Fin de siècle [fɛ̃d ᾽sjɛkl; frz. = Ende des Jh.s], literatur- und kunsthistor. Epochenbegriff nach einem Lustspieltitel von F. de Jouvenot und H. Micard (1888), in dem sich das Selbstgefühl der Décadence des ausgehenden 19. Jh.s ausgedrückt fand; auch Bez. der ↗Dekadenzdichtung zwischen 1890 und 1906.   HD

Fitte, f. [altengl. fitte, altsächs. *fittia = Lied], ursprüngl. selbständiges (Helden-?)Lied der ags. Dichtung, dann Bez. für eine (Vortrags-) Einheit innerhalb größerer Verstexte (etwa im »Beowulf«). Durch die Erwähnung in der lat. Praefatio des altsächs. »Heliand« (omne opus *per vitteas* distinxit, quas nos *lectiones* vel *sententias* possumus appellare) fand die Bez. ›F.‹ Eingang in moderne formstrukturelle Untersuchungen und wird heute im Sinne von *Kompositionseinheit* auch für andere mal. Dichtungen gebraucht (Eggers).   HSt

Flagellantendichtung, ↗Geißlerlieder.

Flickvers, inhaltl. und gedankl. Überflüssiger Vers, der nur zur Strophenfüllung dient.

Fliegende Blätter,
1. Seit G. E. Lessing belegtes Synonym für ↗Flugblätter, ↗Flugschriften oder andere unperiod. Publikationen.
2. Illustrierte humorist. Zeitschrift des Verlags Braun & Schneider, München. Erschien von 1844–1944, karikierte zeittyp. Verhaltensformen des dt. Bürgertums unter Wahrung einer national-konservativen, mehr auf Unterhaltung als auf sozialkrit. Engagement gerichteten Einstellung. Graphiken und Texte lieferten bedeutende Mitarbeiter, u. a.: W. Busch, A. Oberländer, F. v. Pocci, H. Schlittgen, M. v. Schwindt, C. Spitzweg; F. Dahn, F. Freiligrath, E. Geibel, V. v. Scheffel, H. Seidel.   HW

Flores rhetoricales, f. Pl. [lat. = Redeblüten], rhetor. Begriff zur Bez. derjenigen Stilmittel sprachl. und gedankl. Ausschmückung (↗Ornatus) der Rede, die bes. starke Wirkung haben und dem Stil Abwechslung (Varietas) und erhabenen Glanz verleihen.   HD

Florilegium, n., Pl. Florilegien [mlat. = Blütenlese, aus floris = Blüten, legere = lesen], lat. Übersetzung von ↗Anthologie (gr.), Bez. übl. für Sammlungen lehrhafter oder erbaul. Sentenzen oder von Bibelstellen und ihren Kommentierungen; waren v. a. als Zitatenschatz für Reden und Predigten beliebt.   HD

Floskel, f. [lat. flosculus = Blümchen], in der antiken Rhetorik (Cicero, Seneca) zunächst Redezier (›Redeblume‹), Denkspruch, Sentenz, dann auch formelhafte Redewendung ohne Aussagequalität. *Flosculus* seit 1689, *F.* seit 1747 (Ch. F. D. Schubart) in Deutschland gebräuchl. als abwertende Bez. für nichtssagende Sprachfüllsel oder konventionelle ↗Formeln, z. B. »wie ich bereits schon mehrfach ausgeführt habe«.   HW

Flugblatt, ein- oder zweiseit. bedrucktes, meist illustriertes Blatt, das aus akutellem Anlass hergestellt und vertrieben wird. Die ersten, seit 1488 datierbaren F.er (↗Einblattdru-

Ein grausam Meerwunder, den Bapst bedeutende zu Rom gefunden, und zu Wittenberg erstlich Anno 23. ist darnach abermal Anno 96. mit der auslegung Philippi gewesen.

Mit einer Vorrede Matthie Flacij Illyrici.

Flugblatt gegen den Papst

cke) enthielten Sensationsmeldungen, später häufig Wallfahrtsgebete, Kalender, zeitgeschichtl. Volkslieder (Zeitungslieder), polit. Aufrufe, satir. Betrachtungen usw. Viele Holzschnitte und Kupferstiche Dürers, Cranachs u. a. wurden als F.er konzipiert und auf Märkten vertrieben. Auch Ablassbriefe des 16. Jh.s ähneln nach ihrem äußeren Erscheinungsbild und ihrer Vertriebsart den F.ern. – Verfasser und Adressaten, stilist. Mittel und geschichtl. Entwicklung des F.s entsprechen denen der umfangreicheren ↗ Flugschrift.

HW

Flugschrift, seit Ch. F. D. Schubart gebräuchl. Übersetzung des frz. feuille volante; drängte die bis dahin geltenden Bez. wie Broschüre, Büchlein, Pamphlet, Pasquill zurück oder engte sie in ihrer Bedeutung ein: ›F.‹ ist eine Bez. für aktuelle, nicht an bestimmte Inhalte oder Textgattungen gebundene literar. Produktionen sowie für deren (rasche) Vertriebsart. F.en umfassen etwa 3–40 Seiten meist kleineren Formats, sind ungebunden (geheftet), mit Ausnahme des Titelblatts ohne Illustrationen und werden unter Umgehung von Verlags- oder Buchhandlung und Zensur vertrieben. Zeiten polit.-militär. Auseinandersetzungen begünstigen diese publizist. Form: Reformation und Bauernkrieg, Dreißigjähr. und Siebenjähr. Krieg, Amerikan. und Frz. Revolution, Befreiungskriege, Revolution von 1848, Pariser Mairevolte 1968. Auch Samisdatdrucke in der Sowjetunion und Publikationen in Wahlkampfzeiten können den F.en zugerechnet werden. – Verfasser von F.en sind Personen oder Gruppen, denen die etablierten publizist. Organe nicht zur Verfügung stehen (z. B. sozial unterprivilegierte Gruppen, Emigranten); Adressaten sind Personen, um deren polit. Entscheidung geworben wird. Gelegentl. greifen auch Staatsmänner mit F.en in die pu-

blizist. Diskussion ein (z. B. H. Walpole, W. Pitt, Friedrich d. Große). – F.en bedienen sich vieler stilist. Mittel und literar. Formen: Artikel, Aufruf, Brief, Dialog, Formen akadem. Disputation, Gedicht, fiktives Interview, Manifest etc. Die frühesten F.en (Ende 15./Anfang 16. Jh.) enthielten vorwiegend »neue Zeitungen«und »Relationen« über wundersame Ereignisse, Prognostiken, Rezepturen, Heiligenfeste, auch Polizei- und Brauordnungen; in der Reformationszeit gewannen sie dann eine spezif. polit. Bedeutung. Luther, U. v. Hutten, Eberlin v. Günzburg, H. v. Kettenbach u. a. schrieben im protestant. Lager, Th. Müntzer, H. Hergot u. a. für den Bauernkrieg; J. Cochlaeus, H. Emser, Th. Murner auf kath. Seite F.en, die in zahlreichen Drucken in ganz Deutschland Verbreitung fanden. Trotz behördl. Eingriffe, Strafen (Enthauptung des Buchführers H. Hergot 1527 in Leipzig) und zweier Reichspolizeiordnungen (1548 und 1577) ließ sich der F.en-Vertrieb kaum einschränken. Im Dreißigjährigen Krieg erreichte die F.en-Produktion einen neuen Höhepunkt mit fortschreitender Literarisierung (Lieder, Reimsatiren, emblemat. Aufmachung). In der Folgezeit übernehmen die period. erscheinenden Tages-, Wochenzeitungen und Almanache weitgehend Funktionen der früheren Flugschriften und ↗ Flugblätter. – Wegen ihrer Aktualität sind F.en wichtige histor. und literar. Quellen bis in die neuere und neueste Geschichte (G. Büchners »Hess. Landbote« 1834; F.en der Geschwister Scholl 1943), darüber hinaus kulturgeschichtl. Dokumente von z. T. hohem künstler. Wert (Illustrationen von Dürer, L. Cranach u. a., Volks- und histor. Lieder). – Sammlungen deutschsprach. F.en befinden sich im Brit. Museum London, im Bundesarchiv Koblenz, in der Österreich. National-Bibliothek Wien, in der Stadt- und Universitätsbibliothek Frankfurt/M. (über 6000 Exemplare) und in der Dt. Staatsbibliothek Berlin.

HW

Folkevise, f., Pl. folkeviser [dän. = Volksweise, Volkslied], die skandinav., v. a. dän. Volksballade des MA.s; ep.-dramat. Gedicht mit lyr. Refrain, gesungen zum Reihen- und

Kettentanz. – Die dän. F. als typ. Form der mal. höf. Dichtung Dänemarks hat doppelten Ursprung: Sie geht zurück auf frz. Balladen, Tanzlieder mit Refrain, die im 12. Jh. zugleich mit dem Tanz als Form höf. Geselligkeit nach Dänemark importiert wurden, sie knüpft 2. an die heím. Tradition der ↗ Helden- und Götterlieder edd. Art (v. a. Form des doppelseitigen ↗ Ereignisliedes) an. Blütezeit ist das 13./14. Jh.; Zentren sind v. a. die Adelshöfe (Ereignisse aus bürgerl. und bäuerl. Milieu werden entsprechend erst in jüngeren f.r besungen). Typ. Strophenformen sind der (in der Regel 4-heb.) endgereimte Zweizeiler mit Refrain (oft auch als Zwischenrefrain, vgl. ↗ Balada) und der Vierzeiler (meist Wechsel von Drei- und Vierhebern, Kreuzreim) mit Refrain stets am Ende der Strophe; kennzeichnend sind rhythm. Freiheiten (freie Versfüllung) und altertüml. Reimformen (Assonanzen, Halbreime, ident. Reime). Als Gegenstände der f.r lassen sich 6 Gruppen unterscheiden: 1. nord. Göttermythen (relativ selten, z. B. Balladen vom Torekall = Thor, der seinen Hammer aus der Gewalt der Riesen heimholt), 2. german.-dt. und nord. Heldensagen (auch als ↗ Kaempeviser bez., bes. Nibelungen- und Wikingersagenkreis), 3. volkstüml. Geschichten von jenseitigen und geisterhaften Naturwesen (z. B. Ballade von Herrn Oluf und den Elfen), 4. Legenden (z. B. Balladen von König Olaf dem Heiligen oder von der Jungfrauenquelle), 5. literar. Stoffe v. a. frz. Herkunft (z. B. Tristan-Stoff), 6. histor. Ereignisse v. a. des 12./13. Jh.s. – Vereinzelte und bruchstückhafte Aufzeichnungen dän. f.r finden sich in der 1.Hälfte des 15. Jh.s; die ersten größeren Sammlungen, meist Liederbücher junger Adliger, stammen aus dem 16. und 17. Jh. Eine erste Edition von 100 f.r erfolgte 1591 durch A. S. Vedel (»It hundrede vduaalde Danske Viser«), sie wurde 1695 von P. Syv um weitere 100 f.r erweitert. Syvs Ausgabe liegt W. Grimms Übersetzung von 1811 (»Altdän. Heldenlieder, Balladen und Märchen«) zugrunde. Die systemat. Sammlung dän. F.r erfolgte im 19. Jh. (»Danmarks gamle F.r«, 11 Bde. seit 1853; Hrsg.: S. Grundtvig, A. Olrik u. a.).   K

Form [lat. forma = Gestalt], unterschiedl. definierter, mit wechselndem Bedeutungsumfang gebrauchter Begriff für die äußere Erscheinung eines sprachl. Kunstwerkes, für die Gesamtheit der sprachl. Mittel, durch die ein Inhalt, ein Stoff gestaltet wird. Die Analyse der F. reicht von Fragen nach isolierbaren Elementen einer Dichtung wie ↗ Rhythmus, ↗ Metrum, ↗ Reim, ↗ Vers- und ↗ Strophenformen, ↗ rhetor. Figuren, ↗ Metaphorik bis zur Gliederung eines Stoffes, eines Inhaltes in Szenen, Akte, Kapitel usw. Im 18. Jh. wurde, z. B. in Schillers idealist. Kunsttheorie (nach Shaftesbury im Anschluss an Plotin), von der ›äußeren Form‹ eine ↗ innere Form im Sinne eines einem Stoff oder Inhalt inhärenten Formtypus unterschieden. Nicht leicht bestimmbar wie der Begriff der inneren F. und das Wechselverhältnis von äußerer und innerer F. sind auch die Implikationen, die mit der Ersetzung des Gegensatzpaares ›F.-Inhalt‹ durch Begriffe wie ›Gestalt – Gehalt‹ verbunden sind. Bei Streitigkeiten, ob beide Sphären (↗ Gehalt und Gestalt, Inhalt und F.) überhaupt bei einem Kunstwerk getrennt werden können, wird übersehen, dass jede Abstraktion auch eine bestimmte Aspekt-Isolierung erlaubt. Die Überlegungen zu solchen Begriffsdifferenzierungen sind geprägt durch die jeweilige Dichtungs- und Literaturauffassung; insofern ist eine Fixierung des Bedeutungsgehaltes von F. nur jeweils im Rahmen einer bestimmten wissenschaftl. Darstellung mögl. – Die Einschätzung der F. als konstituierendem Merkmal für ein dichter. Werk wechselte im Laufe der Epochen: Bis zum 18. Jh. lieferte die normative ↗ Poetik Regeln für die äußere F. der verschiedenen Dichtungsarten. Erst mit dem Sturm und Drang (Herder) wurde der starre F.schematismus überwunden, wobei man dann bisweilen ins andere Extrem tendierte, näml. zur Missachtung allgem. verbindl. formaler Regeln zugunsten eines organ. ›inneren Gesetzes‹ des Genies. – Die grundsätzl. Bedeutung der F. für die Konstituierung eines sprachl. Kunstwerkes wird immer wieder herausgestellt, gleichgültig wie der Begriff gefüllt ist, so z. B. in Kants »Kritik der Urteilskraft« (1790): »In aller schönen Kunst besteht das Wesentliche in der F.« oder in Schillers »Über die aesthet. Erziehung des Menschen« (1795): »das eigentl. Kunstgeheimnis des Meisters« bestehe darin, »daß er den Stoff durch die F. vertilgt«. In der modernen Literaturwissenschaft sucht bes. der ↗ Strukturalismus den vieldeutigen F.begriff mit Hilfe einer log.-systemat. Theorie als ↗ Struktur exakter zu erfassen (Funktion der [Text-]Elemente und ihre Relationen zueinander). S

Formalismus, m., russ. literaturwissenschaftl. und literaturkrit. Schule, ca. 1915–1930, entstanden aus dem ›Moskauer Linguistik-Kreis‹ (gegr. 1915) und der ›Gesellsch. zur Erforschung der poet. Sprache‹ (später ›Opojaz‹) in Petersburg (gegr. 1916) in Wechselbeziehung zum ↗ Futurismus (v. a. in Moskau) und im Ggs. zum russ. ↗ Symbolismus. Der F. lehnte biograph., psycholog., soziolog. Methoden, »relig. und philosoph. Tendenzen« ab und betonte zunächst eine strenge Trennung von Literatur und Leben, die Eigengesetzlichkeit des Kunstwerks. Das literar. Werk wurde als »die Summe aller darin angewandten stilist. Mittel« (V. Schklowski) aufgefasst. Zum Schlüsselwort des F. wurde »Kunstgriff« (priëm), »verstanden als Technik des bewussten ›Machens‹ eines dichter. Kunstwerks, als Formung seines Materials, seiner Sprache, und als Deformierung seines Stoffes, näml. der ›Wirklichkeit‹« (V. Erlich). Zur Beschreibung der in einem literar. Werk jeweils aufgefundenen ›Kunstgriffe‹ und zur Erklärung ihrer »besonderen Funktion« entwickelte der F. neue Methoden der Analyse und zunehmend auch eine Theorie der Literaturgeschichte. Von wesentl. Bedeutung wurden die Beiträge zur Theorie der Prosa (Schklowski) und des Verses (R. Jakobson), zur literar. Evolution (J. Tynjanow, Schklowski) und zur Gattungsproblematik (B. Ejchenbaum). Weitere wichtige Vertreter des F. sind O. Brik, B. Tomaschewski und W. Schirmunski. In den 20er Jahren erreichte der F. seinen Höhepunkt, geriet aber gleichzeitig in eine langdauernde Auseinandersetzung mit dem Marxismus (u. a. L. Trockij und A. Lunatscharskij), der die formalist. Kritik als eine Form des ↗ »Eskapismus« bezeichnete

und im F. »eine letzte Zuflucht der noch nicht umgeformten Intelligenz, die verstohlen zur europäischen Bourgeoisie hinüberschielt«, sah. 1930 in Russland unterdrückt, wurde das Gedankengut des F. im sogenannten Prager ↗ Strukturalismus (u. a. B. Havránek, B. Trnka, D. Čiževskij, J. Mukařowský, R. Wellek u. R. Jakobson) sowie in der poln. »integralen Literaturbetrachtung« (u. a. M. Kridl, R. Ingarden) weiterentwickelt und gelangte schließl. durch emigrierte Wissenschaftler in die USA (↗ New Criticism). Innerhalb einer orthodoxen marxist. Literaturwissenschaft sind der Vorwurf des »Eskapismus«, die ideolog. Anwürfe v. a. Lunatscharskijs zu immer wiederkehrenden Standardargumenten geworden, so z. B. bei der »Kampagne gegen den F.« im Anschluss an die 5. Tagung des ZK der SED in der DDR, in der u. a. B. Brecht u. A. Zweig kritisiert wurden (sog. F.streit). D

Formel, f. [lat. formula = kleine Form, Gestalt, Norm, Maßstab], Sprachf., sprachl. F., im Wortlaut mehr oder weniger fixierte, vorgeprägte Redewendung für einen bestimmten Begriff oder Gedanken (z. B. *Tag und Nacht* für *immer*). Sprachf.n sind allgemeinverständl. und allgemein verfügbar. Sie unterscheiden sich darin von neugeprägten formelhaften Stilelementen z. B. in Dichtungen, die später allerdings auch zu allgemeinen Sprachf.n werden können. Im Unterschied zum mehr inhaltl.-didakt. bestimmten ↗ Sprichwort (und zur sprichwörtl. Redensart) enthält die Sprachf. häufig keine selbständ., in sich geschlossene Aussage. – Bes. verbreitet sind Sprachf.n auf archaischen Sprachstufen, im Rechts- und Kultbereich (Segens-, Zauber-, ↗ Eidf., z. B. *So wahr mir Gott helfe*), in der Volksdichtung (Volkslied, Volksepos, Märchen, z. B. *Es war einmal ...*, ep. F.). Sprachf.n können auch für Gruppensprachen kennzeichnend sein (idiomat. Redensart, Modejargon, Schlagwort). – Man unterscheidet Sprachf.n

1. nach ihrer formalen Ausprägung a) ↗ Zwillingsf.n *(Gold und Silber)*, Reimformeln (mit Alliteration: *Mann und Maus, Haus und Hof,* lat. *praeter propter;* mit Reim: *Stein und Bein,*

Sack und Pack, lat. *nolens volens*), b) sprachl. weniger fixierte Wendungen (*wie … gesagt*) und als Grenzfälle c) in einen Text eingestreute, formelhaft verwendete Modewörter (*echt, effektiv, de facto* etc.).

2. nach ihrer Anwendung: Gruß-, Segens-, Gebets-, Brief-F.n, Eingangs-, Schluss-, Demuts-F.n usw. – Als formelhaft werden mit Sprachf. n durchsetzte Texte bezeichnet, aber auch nach bestimmten Formmustern geprägte Texte (z. B. Urkunden). Sprachf.n können positiv bewertet werden (z. B. in bestimmten poet. Ausprägungen, vgl. auch ↗ Epitheton ornans), aber auch negativ (↗ Floskel). – Die Sprachf. ist vom ↗ Topos als einem inhaltl. bestimmten Vorstellungsschema zu unterscheiden.   S

Formelbücher, Formularbücher, mal. Sammlungen von Vorlagen (Formularen) für die korrekte Abfassung von Urkunden. Erstes Beispiel des MA.s ist Cassiodors Sammlung seiner Erlasse (6. Jh.); bezeugt sind F. auch bereits für die merowing. und karoling. Kanzleien und bis ins 16. Jh. (auch volkssprach. F.); bes. bed. waren die F. des Johann von Neumark für die Kanzlei Karls IV. (14. Jh., »Cancellaria«, »Summa cancellariae Caroli IV.«). Da als Vorlagen meist echte Urkunden benutzt wurden, sind die F. eine wichtige Geschichtsquelle. – Die frühesten F. sammelte K. Zeumer (Formulae Merovingici et Karolini aevi, MGH, Leges, 1886), die späteren L. Rockinger (Briefsteller und F., 1863/64). Als *F. im weiteren Sinne* werden nach antikem Vorbild auch die zur Erlernung schulgerechten Briefstils angelegten Briefsammlungen des MA.s bez. (vgl. ↗ Ars dictandi). Eine Kombination aus F. und eigenen Briefen stellte der St. Galler Dichter Notker Balbulus († 912) für Bischof Salomo III. v. Konstanz zusammen, ähnl. angelegt ist das Formelbuch zum Kanzleigebrauch und als Lehrmittel des Mönchs Froumund v. Tegernsee (10. Jh.).   HSt

Formenlehre, Kategoriensystem für die wissenschaftl. Erfassung der gesamten literar. Formenwelt; von F. Sengle in die neuere Forschungsdiskussion eingeführt; soll über Dich-

tung im engeren Sinn und die traditionelle Gattungspoetik mit ihrer schemat. Dreiteilung (↗ Lyrik, ↗ Epik, ↗ Dramatik) hinaus Theorien und Beschreibungskriterien bereitstellen sowohl für nicht-fiktive literar. Zweckformen wie Rede, Predigt, Essay, Brief, Tagebuch, Biographie, literaturkrit. Schriften als auch für poet. Formen, die zwischen den traditionellen Gattungen angesiedelt sind, wie z. B. das Epigramm. ↗ Gattungen, ↗ Dichtung, ↗ Poetik.   S

Fornaldar saga, f., Pl. f.sögur [isländ. = Vorzeitgeschichte], Sammelbez. für etwa 30 altnord. Prosaerzählungen unterschiedl. Umfangs, die sich durch ihre Stoffe (german. ↗ Heldensage der Völkerwanderungszeit und Wikingergeschichten aus der Zeit vor der Besiedlung Islands [vor 900]) mehr oder weniger deutl. von anderen Gattungen der altnord. Prosaerzählung (↗ Saga) unterscheiden. Die Bez. stammt von dem Dänen C. Ch. Rafn (»F. sögur Nordrlanda«, 1829/30). – Unterschieden werden:

1. *Heldensagas* mit Stoffen südgerman. oder ostgerman. Ursprungs, meist jüngere Prosabearbeitungen älterer, z. T. wohl schon prosaumrahmter oder prosadurchsetzter ↗ Heldenlieder, wie sie teilweise in der Sammlung der »Edda« überliefert sind. Bedeutendste Vertreter dieser Gruppe sind die »Völsunga saga« aus dem Sagenkreis der Nibelungen (wichtigste Quelle für die Rekonstruktion der durch eine Lücke im »Edda«-Codex verlorenen Gedichte) und die »Hervarar saga« (enthält u. a. das »Hunnenschlachtlied«). Zu den Heldensagas wird gelegentl. auch die auf niederdt. Quellen beruhende altnorweg. »þiðreks saga« (Geschichte Dietrichs von Bern) aus der Zeit um 1250 gerechnet.

2. *Wikingersagas*, abenteuerl. Kriegs- und Beutefahrten aus der Wikingerzeit. Trotz gelegentl. märchenhafter Ausschmückung (Kämpfe mit Riesen, Wiedergängern usw.) spiegeln sie die geschichtl. Realität der Wikingerzeit. Wichtigste Vertreter dieser Gruppe sind die »Hrólfs saga kraka«, die »Ragnars saga loðbróka« und die »Friðþiófs saga«. Auch die Wikingersagas enthalten Reste von Heldenliedern edd. Art (z. B. in der »Ásmundar saga kappabana« Hil-

debrands Sterbelied, das den für das ahd. »Hildebrandslied« vermuteten trag. Ausgang bietet).

3. *Kämpensagas:* auch sie enthalten Wikingergeschichten, jedoch weitgehend ohne geschichtl. Grundlage. Ihnen verwandt sind

4. die *Abenteuersagas* als jüngere, sehr freie Kompilationen von Motiven der älteren Helden- und Wikingersagas; Abenteuerliches und Märchenhaftes überwiegen. – Die Überlieferung der F. sögur setzt im Ggs. zur Überlieferung der Íslendinga sögur relativ spät ein; die ältesten Handschriften stammen aus dem 15. Jh., die meisten F.sögur sind nur in Papierhandschriften des 16. u. 17. Jh.s erhalten. Für ihre Popularität zeugen jedoch zahlreiche isländ. Rimur (↗ Rima) und färing. Volksballaden. Die F. sögur hatten v. a. im 19. Jh. eine sehr starke Wirkung (E. Tegnér, »Frithiofssaga«, Fouqué, »Der Held des Nordens«, R. Wagner, »Der Ring des Nibelungen«). K

Fornyrðislag, n. [altnord. = Weise alter Dichtung, zu forn = alt, orð, yrðis = Wort, lag = Lage, Ordnung], verbreitetes altnord. Strophenmaß v. a. zahlreicher edd. Götter- und Heldenlieder, Bez. in Snorris »Jüngerer Edda« (»Hattatal«), dt. »Altmärenton« (A. Heusler). Das regelmäß. F. besteht aus 4 Langzeilen aus je zwei 2-heb., in der Regel viersilb. Kurzzeilen, die durch Stabreim verknüpft sind. Neben dem 4-zeil. F. begegnen v. a. in älteren Gedichten auch Strophen aus 2, 3, 5, 6, 7 Langzeilen. – Histor. gesehen setzen die Langzeilen des altnord. F. die Tradition des südgerman. ↗ Stabreimverses fort, unterscheiden sich jedoch auf Grund der lautgeschichtl. Entwicklung von den altengl., altsächs. und ahd. Vertretern dieses Verses durch die mehr oder minder regelmäß. Silbenzahl der einzelnen Zeile und die stroph. Anordnung der Verse. Die reinste Ausprägung zeigt das »Hymirlied« (Hymiskviða). K

Forschungsbericht, die Bez. ›F.‹ wird unterschiedl. gebraucht: in den Naturwissenschaften für eine Dokumentation des neuesten Standes in einem Spezialgebiet; in den polit. Institutionen für die Auflistung und Begrün-

dung subventionierter Forschungsaufträge; in universitären Schriftstücken für die Darstellung und Rechtfertigung projektierter oder laufender Forschungsziele. In den *Geisteswissenschaften* ist ein F. die zusammenfassende Darstellung der wissenschaftl. Bemühungen in einem begrenzten Fach- und Sachgebiet innerhalb eines abgeschlossenen Zeitraumes. Der meist in Zeitschriften publizierte F. fasst den Diskussionsstand zu einem Problem krit. zusammen, sichtet die Veröffentlichungen, liefert eine (Auswahl)-↗ Bibliographie zum Thema und erörtert innovative Erkenntnisse oder Tendenzen. Er wird wegen der Fülle wissenschaftl. Schrifttums und der pluralist. Divergenz der Forschungsmethoden und -richtungen immer schwieriger und seltener. Im Unterschied zur kommentierenden Bibliographie ist der F. zugleich Darstellung des momentanen Selbstverständnisses einer Wissenschaft und somit wertende Analyse. Als normative Bestimmungen werden geltend gemacht: Überschau durch Kompression, Selektion durch Kritik, Synthese des Geleisteten und Formulierung der Forschungsaufgaben. HW

Fortsetzungsroman, in einzelnen, regelmäß. aufeinanderfolgenden Lieferungen oder abschnittweise in Zeitschriften und Zeitungen veröffentlichter Roman, der meist eigens für diese Publikationsform verfasst ist, insbes. im Bereich der ↗ Trivialliteratur. Die sukzessive Publikationsform und die Notwendigkeit, den Leser zum Kauf neuer Fortsetzungen anzuhalten, erzwingt eine handlungsstarke, an Höhepunkten reiche Darstellungsweise mit spannungssteigernden Elementen gegen Ende jedes Abschnitts; die Entwicklung der Handlung selbst wird nicht selten von der Reaktion des Publikums beeinflusst. – Auch künstler. bedeutsame Romane wurden als F.e veröffentlicht: z. B. Ch. M. Wielands »Abderiten« im ›Teutschen Merkur‹ (1774/80), Schillers »Geisterseher« in der ›Thalia‹ (1787/89). In Wochen- und Monatslieferungen zu je 32 Seiten erschienen die Romane von Ch. Dickens seit dem Erfolg seiner »Pickwick Papers« (1836/37). Für das ↗ Feuilleton von Tageszeitungen schrieben seit 1836 H. Balzac, E. Sue, K. Gutzkow, für Wochenzeitungen und Familienblätter u. a. Th. Fontane und W. Raabe. Typ. F.e sind die bis zu 100 Lieferungen umfassenden ↗ Kolportageromane K. Mays (»Das Waldröschen«, 1882/84 u. a.). Der einer Buchveröffentlichung vorausgehende Vorabdruck eines abgeschlossenen Manuskripts in einer Zeitung erscheint nur äußerl. als F., wenn die Zerteilung in kleine Abschnitte nicht schon die Niederschrift beeinflusst hat. Dem F. in Lieferungen verwandt sind die in sich abgeschlossenen, durch den gleichen Helden oder auch nur den Reihentitel zu einer Serie verbundenen Heftchenromane (Buffalo Bill, Loreromane), andererseits die Zyklen-Romane (E. Zola, »Rougon-Macquart«), die, zunächst je für sich publiziert, doch erst als Serie ein künstler. Ganzes bilden.   HSt

Forum Stadtpark, auch Grazer Forum, Grazer Gruppe, Grazer Künstlerkreis, der sich 1958 mit dem Ziel zusammenschloss, das verfallene Grazer Stadtpark-Café in ein modernes Kunstzentrum umzuwandeln (›Aktion F. St.‹). Seit 1960 finden dort Lesungen, Ausstellungen u. a. künstler. Veranstaltungen (Theater, Film, Cabaret etc.) und Diskussionen statt, oft mit österreich. und internationalen Gästen. Im Programm wesentl. umfangreicher und vielfältiger als die ↗ Wiener Gruppe, wurde das F. St. in den 60er Jahren zum wichtigsten Zentrum bes. der jungen österreich. Literatur (v. a. W. Bauer, Barbara Frischmuth, P. Handke). Als Publikationsorgan des F. St. erscheint seit 1960 mit z. T. internationalen Beiträgen die weit über Österreich hinaus verbreitete Zeitschrift »manuskripte« (Redaktion A. Kolleritsch: Literatur und G. Waldorf: bildende Kunst); Mitarbeit u. a. von Th. Bernhard, G. Jonke, E. Jandl, F. Mayröcker, P. Rosei; bildende Künstler neben Waldorf E. Maly, H. Staudacher, G. Moswitzer, F. Hartlauer.   D

Fotoroman, ↗ Bildergeschichten.

Fragment, n. [lat. fragmentum = Bruchstück], Bez. für unvollendet vorliegendes Werk, im ästhet. Bereich erst für die bildende Kunst, seit dem Humanismus auch für literar. Werke gebraucht. Zu unterscheiden sind hier:

1. *unvollständig* (etwa ohne Anfang oder Schluss) *überlieferte* Werke, bes. aus Antike und Mittelalter (Aristoteles, »Poetik«; Tacitus, »Historien«; »Hildebrandslied«);

2. *unvollendet gebliebene* oder *aufgegebene* Werke, wobei die Unterscheidung nach äußeren Gründen, z. B. Tod des Autors, und innerer Notwendigkeit, etwa Scheitern an der formalen oder gedankl. Problematik, nicht immer mögl. ist. Künstler. bedeutende F.e dieser Art finden sich im Werk z. B. Wolframs von Eschenbach (»Willehalm«, »Titurel«) so gut wie bei Goethe (»Achilleis«, »Natürliche Tochter«), Schiller (»Demetrius«), Hölderlin (»Tod des Empedokles«), Kafka (sämtliche Romane) oder Thomas Mann (»Felix Krull«). Bes. im MA. ist es nicht ungewöhnlich, dass solche F.e von anderen Autoren vollendet wurden, so Gottfrieds von Straßburg »Tristan« durch Ulrich von Türheim und noch einmal durch Heinrich von Freiberg, Konrads von Würzburg »Trojanerkrieg« durch einen Unbekannten; in der Neuzeit gibt es philolog. Rekonstruktionsversuche mit Hilfe von Entwürfen aus dem Nachlass (Büchners »Woyzeck«, Musils »Mann ohne Eigenschaften«);

3. *die bewusst gewählte literar. Form*, die sich als F. gibt und ihre Wirkung aus der vorgebl. Unabgeschlossenheit oder Unfertigkeit gewinnt. Sie entsteht unter dem Eindruck der fragmentar. Überlieferung der antiken Autoren in der Renaissance. Herder (»F.e über die neuere dt. Literatur«), Lavater (»Physiognomische F.e«), Fallmerayer (»F.e aus dem Orient«) u. a. nutzen sie essayistisch. In der engl. Romantik erhält das literar. F. Bedeutung in der Nachfolge der McPhersonschen »Fragments of Ancient Poetry« bei Coleridge (»Kubla Khan«), Keats (»Hyperion«) und Byron (»The Giaour«). Das aphorist. F. wird zum

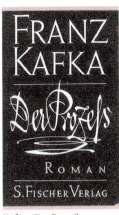

Kafka: »Der Prozeß«

zentralen Ausdrucksmittel der Jenaer Frühromantik; F.e erscheinen in ihren Zeitschriften, so im »Athenäum« der Brüder Schlegel. Erzählerische F.e verfassen z. B. Fr. Schlegel (»Lucinde«), Novalis (»Heinrich von Ofterdingen«), Achim von Arnim (»Die Kronenwächter«), in der Neuromantik Hugo von Hofmannsthal (»Andreas oder die Vereinigten«).

4. Gelegentlich werden literarische Werke, die nur äußerlich abgeschlossen sind, als ›innere F.e‹ bezeichnet (Goethes »Faust«). HSt

Frankfurter Forum für Literatur e. V.,

1965 von H. Bingel u. a. gegründet (Vorsitzender H. Bingel, 1981 ca. 30 Mitglieder); allen Interessierten offenstehend, hat sich das F. F. f. L. die Förderung der zeitgenöss. Literatur in ihren verschiedensten Ausprägungen zur Aufgabe gestellt. Es will dabei eine »Literatur im Dialog« und möchte der »zweiten literar. Nachkriegsgeneration eine ständige Diskussionsplattform eröffnen«. Die Bedeutung des F. F. s f. L. liegt neben der Breite des Angebots v. a. in den Versuchen verschiedenartigster, oft unübl. Präsentation und Diskussion zeitgenöss. Literatur in Schalterhallen von Banken, in Fabriken, auf Baustellen u. a. und damit in dem Bemühen, neue Publikumsschichten zu erreichen. D

Frauendienst, fiktives Dienstverhältnis zw.

einem Ritter (oder einem Sänger-Ich) und einer meist als höf. vorgestellten Dame (mhd. *frouwe*), poet. gestaltet im prov., franz. u. mhd. ↗ Minnesang und im höf. Epos. Ist die erstrebte Belohnung durch die Liebesgunst der Dame im Minnesang i. d. Regel nicht erreichbar (*wân*-Minne), so führt im höf. Epos der F. dagegen meist zum gewünschten Erfolg (Heirat), vgl. Gawans F. für Orgeluse im »Parzival« Wolframs von Eschenbach; dort finden sich auch unerot. Formen des F.es (Parzivals Verhältnis zu Cunneware). Zentrale Bedeutung nimmt der F. in der fiktiven Biographie Ulrichs von Lichtenstein ein (»F.«, Mitte 13. Jh.). Der F. wird in seinen Erscheinungsformen als eine ins Erotische transponierte Sublimierung des lehensrechtl. Herrendienstes gedeutet

(Wechssler, Köhler), der für den mal. Ritter und Ministerialen in der feudalen Gesellschaftsformation des Hoch-MA.s eine soziale Grunderfahrung war. Auch die im 12. Jh. sich ausbreitende Marienverehrung könnte bei der Ausbildung des poet. Formelschatzes des F.es mitgewirkt haben. Existentielle Basis des F.es kann aber überhaupt die Einbettung der mal. Gesellschaft in eine gradualist. Weltordnung sein. Inwieweit Real-Biographisches solchen poet. Darstellungen zugrundeliegt, lässt sich kaum ausmachen; z. T. sind aber umgekehrt poet. Vorbilder in der Wirklichkeit nachgespielt worden, z. B. in Minnehöfen (↗ Cours d'amour), Minneturnieren etc. Parodiert findet sich die F. bei Neidhart und seinen Nachfolgern (↗ dörperl. Poesie). S

Frauenliteratur,

1. Werke *über* Frauen, bes. Romane über ein Frauenschicksal (z. B. O. Flake, »Hortense«, 1933; meist Trivialliteratur).

2. *Von Frauen* verfasste poet. Werke (oft eingeschränkt auf Werke, die die geist. u. polit. Emanzipationsbestrebungen der Frau widerspiegeln, v. a. Frauenromane seit der Aufklärung). – F. gibt es seit Beginn der abendländ. Literatur als Teil fast aller literar. Strömungen und Gattungen; sie reicht von höchstem literar. Rang über Nachahmungen zeittyp. Vorbilder bis zur ↗ Trivialliteratur. Typisierungsversuche, etwa auf Grund des ›Wesens der Frau‹ sind problemat.: einer als ›typ. weibl.‹ bezeichneten einfühlsamen, bewahrenden, zart-empfindenden F. steht ausgesprochen intellektuell reflektierende, kämpfer. oder witzige F. gegenüber, ledigl. für F. im Trivialbereich lassen sich gemeinsame Erzähl- und Formmuster (Liebes-, Eheromane) herausstellen. Der soziolog. Aspekt, d. h. die langsam fortschreitende Frauenemanzipation, erklärt die relativ geringe Zahl an F. bis zum 19. Jh. *Geschichte:* Schon aus frühester Zeit ist F. von höchstem Rang überliefert, so die Gedichte der griech. Lyrikerin Sappho (600 v. Chr.) oder der (Tibull gleichgestellten) Römerin Sulpicia (um 1. Jh. v./1. Jh. n. Chr.), im *MA.* die Werke gebildeter Nonnen wie Hrotsvit von Gandersheim (10. Jh.) oder Frau Ava (12. Jh., der 1.

Dichterin in dt. Sprache), die Werke der Mystikerinnen Hildegard von Bingen (12. Jh.), Mechthild von Magdeburg (13. Jh.), Christine Ebner, Katharina von Siena (14. Jh.), die eine Tradition myst. F. bis zum 18. Jh. begründeten (↗Mystik); im säkularen Bereich sind die Übersetzungen und Dichtungen hochadl. Frauen wie Marie de France (12. Jh.), Elisabeth von Nassau-Saarbrücken und Eleonore von Österreich (15. Jh.) zu nennen, für das *16. Jh.* dann die Lyrik der Vittoria Colonna, Gaspara Stampa, Louise Labé oder das »Heptameron« der Margarete von Navarra, für das *17. Jh.* die ↗heroisch-galanten Romane der Madame de Scudéry oder die psycholog. der Gräfin de La Fayette, die geistreichen Briefe der Madame de Sévigné und die urwüchs. der Lieselotte von der Pfalz. – Erst die bürgerl.-liberalen Bildungsideen der *Aufklärung* führen zu breiterem Anwachsen der F. in allen literar. Bereichen: vgl. in Deutschland die Lyrik der Anna Luise Karsch(in), die Bearbeitungen und Neuschöpfungen von Komödien der Luise Adelgunde Gottsched, und v. a. die empfindsamen, moral.-didakt. Romane der Sophie von La Roche (»Die Geschichte des Fräuleins von Sternheim«, 1771, ist der 1. dt. Frauenroman) mit einer Flut von Nachahmungen (Amalie Ludecus, Friederike Lohmann, Benedikte Neubert u. v. a.), die durch Taschenbücher, Almanache, ↗moral. Wochenschriften jetzt auch breitere weibl. bürgerl. Leserschichten erreichten und bes. auf der Ebene der Trivialliteratur bis in die ↗Familienblätter des 19. Jh.s (Eugenie Marlitt, Nataly von Eschstruth, Hedwig Courths-Mahler), in Thema und Struktur sogar bis heute lebendig blieben. – Die v. a. moral.-geist. Emanzipationsbestrebungen seit der *Romantik* führen zu bekenntnishaften, leidenschaftl. bewegten F.en, z. T. nach dem Vorbild der Madame de Staël (Charlotte von Kalb, Caroline von Wolzogen, Sophie Mereau, Dorothea Veit-Schlegel, Therese Forster, Bettine von Arnim, Karoline von Günderode u. a.). – Aus der breiten, zur Trivialliteratur tendierenden F. des *Biedermeier* (Charlotte Birch-Pfeiffer) ragt bes. das Werk Annette von Droste-Hülshoffs heraus. Eine auch gesellschaftlich gleichberechtigte Stellung der Frau fordert die F. seit dem *↗Jungen Deutschland* nach dem Vorbild der George Sand (d. i. Aurore Dupin), vgl. die Romane von Ida von Hahn-Hahn, Malwida von Meysenbug, Fanny Lewald, Luise Otto-Petersen (Begründerin des Allgem. Dt. Frauenvereins, 1865) bis zur Friedensnobelpreisträgerin (1905) Bertha von Suttner u. a. Während des *19. Jh.s* wird die F. zu einem festen Bestandteil des literar. Lebens. Sie folgt den literar. Strömungen und Moden, vgl. die konservativen lyr. und erzähler. Werke von Luise von François, Marie von Ebner-Eschenbach, Isolde Kurz, Ricarda Huch, Lulu von Strauß und Torney, Agnes Miegel, Enrica von Handel-Mazzetti oder Ina Seidel, die religiös gestimmten Dichtungen von Gertrud von Le Fort, Ruth Schaumann, Elisabeth Langgässer, die expressionist. von Else Lasker-Schüler, die sozialkrit. von Lena Christ, Anna Seghers oder Marieluise Fleißer oder die humane Lyrik von Rose Ausländer, Nelly Sachs (Nobelpreis 1966) oder Hilde Domin. Mit Sprache, Formen und Aussageweisen (Kurzgeschichten, Hörspiele usw.) experimentieren Ingeborg Bachmann, Ilse Aichinger, Christa Wolf, Gabriele Wohmann, Gisela Elsner, Ingeborg Drewitz, Karin Struck, Gerlind Reinshagen, ferner die Lyrikerinnen Sarah Kirsch, Christa Reinig, Dorothee Sölle, Maria Menz; oder Barbara Frischmuth, Friederike Mayröcker, Friederike Roth, deren Versuche der abstrakten Dichtung zuzurechnen sind. In ähnl. Fülle ist seit dem 19. Jh. auch in der ausländ. Literatur die F. vertreten, z. B. in *Frankreich* A. de Noailles, Th. Monnier, S. G. Colette, N. Sarraute, S. de Beauvoir, M. Duras, F. Sagan u. a., in *Norwegen* S. Undset, in *Schweden* S. Lagerlöf, in *Finnland* M. Talvio, in *Polen* M. Dombrowska, in *Russland* A. A. Achmatowa, in *England* V. Woolf, V. M. Sackville-West, K. Mansfield, E. Sitwell, H. Doolittle, Sylvia Plath, Doris Lessing, u. a., in den *USA* E. Wharton, E. Glasgow, G. Stein, W. Cather, P. S. Buck, M. Mitchell, K. A. Porter, C. McCullers, M. T. McCarthy, M. Moore, E. St. Vincent Millay, P. Wylie u. a., in *Kanada* M. de la Roche, in *Chile* G. Mistral, in *Italien* Grazia Deledda u. a.

IS

Frauenstrophe, ↗ Minnesang.

Freie Bühne, von M. Harden, Th. Wolff, den Brüdern Hart u. a. 1889 in Berlin nach dem Vorbild von A. Antoines ↗ »Théâtre libre« gegründeter Theaterverein, der in geschlossenen Vorstellungen v. a. (meist durch Zensur verbotene) naturalist. Dramen aufführte (H. Ibsen, G. Hauptmann, Holz/Schlaf, A. Strindberg u. a.). Vorsitzender war bis 1894 O. Brahm (bis 1898 P. Schlenther, ab 1898 L. Fulda), der auch die 1890 begründete Zeitschrift »Freie Bühne« (weitergeführt ab 1894 als »Neue dt. Rundschau«, ab 1904 als »Neue Rundschau«) herausgab. Die F. B. erlangte großen Einfluss auf das Theaterleben, indem sie den naturalist. Dramen den Weg bahnte und einen neuen Bühnenstil schuf (natürl. Schlichtheit, Betonung von Mimik und Gestik als Darstellungsmitteln seel. Zustände). Ähnliche Vereine entstanden in Berlin (»Freie ↗ Volksbühne«, als Abspaltung von der F. B. 1890; »Dt. Bühne«, 1890), München (»Akadem.-dramat. Verein«, 1894), Leipzig (»Literar. Gesellschaft«, 1895), London (»Independent Theatre«, 1891), Wien, Kopenhagen und Moskau (»Künstlertheater«, 1898). GMS

Freie Künste, ↗ Artes.

Freie Rhythmen, metr. ungebundene, reimlose Verse von beliebiger Zeilenlänge und meist beliebiger Zahl unbetonter Silben zwischen den betonten, ohne feste Strophengliederung, doch häufig sinngemäß in verschieden lange Versgruppen gegliedert. Im Gegensatz zur reinen Prosa folgen die Hebungen jedoch annähernd in gleichem Abstand, auch bestimmte rhythm. oder metr. Modelle kehren immer wieder (vgl. Rilke, »Duineser Elegien«: Hexameterschlüsse). Da die rhythm. Bewegung solcher ›Verse‹ der Aussage voll adäquat, wie von ihr diktiert erscheint, wurde auch die Bez. ›eigen-rhythm. Verse‹ vorgeschlagen. Die Gliederung in Verszeilen unterscheidet die freien Rh. schon opt. von der sog. ↗ rhythm. Prosa. – F. Rh. wurden entwickelt unter dem Einfluss der Psalmen und der Dichtung der Antike, bes. als vermeintl. Nachahmung des Pindarischen ↗ Dithyrambus, tatsächl. aber der jungattischen unstroph. polyrhythm. Dithyramben (nach Melanippides) mit hymn.-ekstat. Ton, erstmals von Klopstock (»Frühlingsfeier«, 1759, ↗ Bardiete u. a.), dann in der ↗ Bardendichtung u. vom jungen Goethe verwendet (»Wanderers Sturmlied«, »Ganymed«, »Prometheus«), sie begegnen weiter bei Hölderlin (Hymnen), Novalis (»Hymnen an die Nacht«), Heine (»Nordseebilder«), F. Nietzsche (»Dionysos-Dithyramben«), F. Werfel, G. Trakl, G. Benn, B. Brecht und den meisten Lyrikern der Gegenwart; in freien Rh. schrieben in Amerika Walt Whitman, in England T. S. Eliot und W. H. Auden, in Frankreich P. Claudel, in der Sowjetunion W. Majakowskij. – Gegenüber dem früheren feierlich-gehobenen Ton werden in neuerer Zeit häufig Versuche einer Annäherung der f. Rh. an den natürlichen Rhythmus der Alltagssprache unternommen (↗ freie Verse). GMS

Freie Verse, gereimte, metr. gebaute (v. a. jamb. und trochä.) Verse verschiedener Länge, die in beliebiger Mischung, freier Reimordnung und mit oder ohne stroph. Gliederung gereiht werden. F. V. fanden zuerst Verwendung im it. ↗ Madrigal (sog. *Madrigalverse*), danach auch in anderen mit Musik verbundenen literar. Formen (Oper, Singspiel, Kantate). Sie wurden im 17. Jh. außerordentl. beliebt in der franz. Lyrik (sogar im Sonett), der frz. Komödie (Molière) und Fabeldichtung (La Fontaine; frz. Bez.: vers libres, mêlés oder irréguliers), im 18. Jh. dann auch in dt. Fabeln (Ch. F. Gellert), Lehrgedichten (B. H. Brockes, A. v. Haller) und Verserzählungen (Ch. M. Wieland). – Später wurde das feste regelmäßige Versmaß aufgegeben (z. B. bei manchen frz. Symbolisten wie A. Rimbaud und J. Laforgue und dt. Expressionisten wie F. Werfel, E. Stadler u. a.), so dass sich diese f. n V. nur noch durch den Reim von ↗ freien Rhythmen unterscheiden. GMS

Freiheitsdichtung, unscharfe Bez. für ↗ polit. Dichtung, die Freiheitsideen proklamiert oder verherrlicht. Die Bez. findet sich gleichermaßen für die patriot., antinapoleon. Lyrik der Befreiungskriege (1813–15: E. M. Arndt, Th. Körner, M. von Schenkendorf, F. Rückert u. a. – nationale Freiheit) wie auch für die polit.-satir., revolutionäre (aber auch nationale) polit. Lyrik des ↗ Vormärz (A. Grün, G. Herwegh, F. von Dingelstedt, H. Hoffmann von Fallersleben u. a. – demokrat. Freiheit). IS

Freilichttheater,
1. F. im weiteren Sinne waren das gr.-röm. Theater der Antike, das ↗ geistl. Spiel des MA.s und das Theater des 16. Jh.s, sofern es, nach der Verbannung aus dem kirchl. Raum, auf Höfen, Plätzen oder Straßen stattfand.
2. Das F. im engeren Sinne, als bewusste Gegenkonzeption zum Theater des geschlossenen Raums mit Guckkasten- und Illusionsbühne, ist dagegen eine spezif. neuzeitl. Erscheinung. – Seine erste Ausprägung fand es im *Hecken- und Gartentheater des 17. und 18. Jh.s:* Theateraufführungen in den im Sinne der frz. Gartenarchitektur kunstvoll gestalteten Schlossparks waren integrierte Bestandteile höf. Feste des Barock und Rokoko. Man unterscheidet hölzerne Theater, die zu bes. Zwecken jeweils aufgestellt wurden, und feststehende Heckentheater, die das Schema der Dekorationsbühne des 17./18. Jh.s (Kulissensystem) mit kunstvoll beschnittenen Hecken, Lauben, Springbrunnen, kleinen Pavillons und Statuetten nachbildeten, mit festem (amphitheatral.) Zuschauerraum und dazwischenliegendem Orchestergraben (z. B. die Schlossparktheater in Versailles, Hannover-Herrenhausen, Schwetzingen, im Salzburger Mirabell-Garten). Eine weitere Ausprägung des Gartentheaters ist das *Ruinentheater* (mit steinernen Aufbauten), das der romantisierenden engl. Gartenarchitektur verpflichtet ist (z. B. Bayreuth, Eremitage). – Eine bes. Form des F.s in der 2. Hälfte des 18. Jh.s ist die von E. Schikaneder geleitete *Regensburger Pferdekomödie* (1787/88): auf der Donauinsel Oberer Wöhrd bei Regensburg wurden vor etwa 3000 Zuschauern zeitgenöss. Kriegsdramen sowie Ritterstücke aufgeführt. – Etwa gleichzeitig liegen die Anfänge des *modernen Naturtheaters,* das im Ggs. zum älteren Hecken- und Gartentheater die Natur nicht architekton. überformt, sondern die vorgege-

bene Landschaft als Stimmungsraum in das Spiel miteinbeziehen will. Erste Beispiele sind die Weimarer F. im Ettersberger Wald (1780 Aufführungen von Einsiedels Walddrama »Adolar und Hilaria«) und im Park des Tiefurter Schlösschens an der Ilm (1782 Aufführung von Goethes Singspiel »Die Fischerin«). Für ein Naturtheater plante auch Klopstock seine drei ↗ Bardiete. Ganz durchsetzen konnte sich das Naturtheater allerdings erst zu Beginn des 20. Jh.s im Rahmen der ↗ Heimatkunst-Bewegung (1903 Harzer Bergtheater, begründet durch E. Wachler; 1907 F. in Ötigheim, begründet durch J. Saier; 1909 Zoppoter Waldoper); bis 1932 wurden allein im deutschsprach. Raum mehr als 600 solcher Naturtheater begründet. – Das Gegenstück zum Naturtheater ist das *Architekturtheater,* als Theater in antiken Ruinen, seit der 2. Hälfte des 19. Jh.s zunächst in Südfrankreich, später auch in Italien (1869/74 Theater in Orange, begründet auf Anregung des provenzal. Dichters F. Mistral; es folgten Nîmes, Arles, Béziers, Fréjus, Limoges; Verona; die vorgegebene Architektur der antiken Ruinen wurde dabei oft durch kolossale Bühnenbauten ergänzt). Auch das Architekturtheater setzte sich erst im 20. Jh. durch: Histor. Bauwerke werden in Aufführungen vorwiegend lokalgeschichtl. Stücke einbezogen. – Das moderne Natur- und Architekturtheater ist z. T. berufsmäßiges Theater mit in der Regel festspielart. Aufführungen von hohem künstler. Niveau (Opernfestspiele in Verona; Festspiele in der Klosterruine von Bad Hersfeld, auf der Treppe v. St. Michael in Schwäbisch Hall; »Jedermann«-Aufführungen auf dem Salzburger Domplatz). Zum größeren Teil werden zu modernen F. jedoch von Laien Volks- und Heimatstücke aufgeführt. Gegenüber dem Theater im geschlossenen Raum weist das F., Natur- wie Architekturtheater, einige Besonderheiten auf: die Abhängigkeit von klimat. und Witterungsverhältnissen gestattet Freiluftaufführungen in der Regel nur während der Sommermonate; die große räuml. Ausdehnung von Bühne und Zuschauerraum, die im Ggs. zum Theater im geschlossenen Raum nicht streng getrennt sind, erfordert ein großflächiges Spiel (kammerspielart. Feinheiten bleiben im F. ohne Wirkung); bes. geeignet erweisen sich Freilichtbühnen für Massenszenen und Volksauftritte; das natürliche Licht muss als raumgestaltender Regiefaktor miteinbezogen werden. Der Auswahl der Stücke werden durch diese Besonderheiten Grenzen gesetzt. – Eine Randerscheinung in der Geschichte des neuzeitl. F.s stellen die *Thingspiele des ›Dritten Reiches‹* dar, die durch den Reichsdramaturgen R. Schlösser 1934 als Massenveranstaltungen für bis zu 20000 Zuschauer in eigens dafür gebauten »Thingstätten« ins Leben gerufen wurden und so etwas wie ein »völkisches« Theater sein sollten.   K

Freimaurerdichtung, poet. Gestaltung des freimaurer. Ideengutes oder auch seiner äußeren Organisation (Rituale, Symbole usw.); von Bedeutung v. a. im 18. Jh., in dem sich die Freimaurer in Deutschland etablierten (1. Loge 1737 in Hamburg) und großen Einfluss gewannen. Seit etwa 1740 entstehen zahlreiche *Logenlieder* (u. a. von M. Claudius, J. H. Voß, Goethe), seit etwa 1780 auch *Freimaurer-Romane* (z. B. der als ›klass.‹ geltende Briefroman »Über das Ganze der Maurerey«, 1782, erweitert u.d. T. »Notuma …« 1788 von A. S. v. Goué) und *dramat.* Werke (z. B. »Die Zauberflöte«, 1791, Libretto zu Mozarts Oper von E. Schikaneder; »Die Söhne des Thals«, 1803/04, von Z. Werner u. a.). Die human.-sittl. Tendenzen des Freimaurertums finden sich auch in Lessings »Nathan« (1779), in Goethes Gedicht »Das Göttliche« (1783), dem Fragment »Die Geheimnisse« (1784/85), im »Wilhelm Meister« (Lehrjahre VII, 9, Wanderjahre III, 9), in Schillers »Lied an die Freude« (1786) u. a. Obwohl die Verfasser Logenmitglieder waren, ist die Zuordnung solcher Dichtungen zur F. problemat., da der in diesen Werken gestaltete Humanitäts- und Toleranzgedanke allgem. zum geist. Ideengut der Aufklärung gehörte, vgl. dazu auch die *für* die geist. Ziele, aber *gegen* die pseudosakrale äußere Form des Freimaurertums gerichteten theoret. Schriften G. E. Lessings (»Ernst und Falk«, 1778/80) oder J. G. Herders (Humanitätsbriefe, 2. Slg., 26. Stück, 1793 und Adrastea VI, 8, 1803). – Randerscheinungen des Freimaurertums und

anderer geheimer Gesellschaften, etwa missbrauchtes Geheimwesen (Cagliostro, Schrepfer u. a.) oder mag.-theosoph. Mystifikationen schildern die beliebten und weit verbreiteten, meist kolportagehaften ↗ Geheimbundromane.
IS

Freitagsgesellschaft, von Goethe 1791 gegründeter privater Vortrags- und Diskussionszirkel, in dem Weimarer und (als Gäste) Jenaer Gelehrte, Dichter, bildende Künstler etc. über eigene u. fremde wissenschaftl. und literar. Arbeiten berichteten. Zu den Mitgliedern zählten neben Goethe Ch. M. Wieland, J. G. Herder, J. J. Ch. Bode, C. L. v. Knebel, F. J. J. Bertuch, Ch. G. Voigt, Ch. W. Hufeland, G. M. Kraus, H. Meyer, W. v. Humboldt u. a.; tagte zunächst wöchentl., bald auch nur monatl. oder unregelmäßig; bestand nicht über den Winter 1796/97 hinaus.
IS

Friedrichshagener Dichterkreis, fluktuierende Gruppe von Naturalisten, die sich seit 1890 zunächst in den Häusern von W. Bölsche und B. Wille trafen, nachdem diese beiden aus Berlin nach Friedrichshagen am Müggelsee (heute zu Berlin) fortgezogen waren, um Natur in der Natur statt im »steinernen Meer« der Großstadt zu suchen. Zu den Gästen zählten G. Hauptmann, M. Halbe, O. E. Hartleben, A. Strindberg, aber auch C. Hauptmann, R. Dehmel und F. Wedekind. Nach Bölsches Wegzug in die Schweiz (1893) wurde bis um die Jh.-Wende das Haus der Brüder H. und J. Hart zum neuen Mittelpunkt des Kreises.
HD

Fronleichnamsspiel, Prozessionsspiel, bedeutendste Ausprägung des gemeineurop. ↗ geistl. Spiels im Spät-MA.: dramat. Aufführung im Rahmen der Prozessionen anlässl. des 1264 von Papst Urban IV. eingeführten Fronleichnamsfestes. Dargestellt wurden die einzelnen Stationen der christl. Heilsgeschichte von der Weltschöpfung bis zum Jüngsten Gericht. Seit dem 14. Jh. bes. in *England* verbreitet. Überliefert sind die »York Plays«, »Wakefield Mysteries«, »Chester Plays«, der »Ludus Coventriae« u. a. Die älteste Gestalt zeigen die

»York Plays«, die die für Prozessionsspiele charakterist. ↗ Wagenbühne verwenden: Die einzelnen Szenen wurden jeweils auf Wagen (engl. *pageants*) dargestellt, die in der Prozession mitgeführt wurden. Jede Szene wurde zunächst an der ersten Station des Prozessionsweges gespielt; der Wagen rollte dann weiter bis zur nächsten Station, wo die Szene wiederholt wurde, während an der ersten Station die folgende Szene aufgeführt wurde usw. Diese Aufführungstechnik bedeutete, dass alle Rollen, die über eine Szene hinausgriffen, in den verschiedenen Szenen von verschiedenen Darstellern gespielt werden mussten. Für die Dramaturgie ergab sich daraus eine strenge Trennung der Szenen voneinander. Die Gestaltung der Wagen war Sache der verschiedenen Gilden und Zünfte; so wurde z. B. der Wagen mit der Arche Noah traditionsgemäß von den Schiffszimmerern, der Wagen mit der Anbetung der Drei Könige von den Goldschmieden dekoriert. Einen jüngeren Typus des F.s stellen die »Wakefield Mysteries« dar: hier sind längs des Prozessionsweges hölzerne Gerüste aufgebaut; dabei wird an jeder Station eine Szene gespielt. – Die jüngste Form des F.s repräsentiert der Coventry-Zyklus; er war ursprüngl. für 40 Wagen gedacht, der überlieferte Text setzt jedoch eine Simultanbühne voraus, da die einzelnen Szenen ineinander übergehen.

Das älteste F. im dt.-sprach. Raum ist das *F. von Neustift*/Tirol (1391), das auch dem *F. von Bozen* zugrundeliegt (um 1470), vom Bozener F. wiederum abhängig ist das *F. von Freiburg/Breisgau* (1516). Während diese Spiele noch die Wagenbühne verwenden, sind beim *F. von Künzelsau* (1479) an drei wichtigen Stationen des Prozessionsweges Simultanbühnen errichtet, auf denen einzelne Szenenfolgen aus dem ganzen heilsgeschichtl. Zyklus dargestellt werden. Dieser jüngeren Aufführungspraxis folgt auch das *F. von Viterbo* (1462), für andere italien. Prozessionsspiele ist allerdings auch die Wagenbühne bezeugt. Eine bes. Eigenart des italien. F.s ist der szen. Prunk, demgegenüber der Text an Bedeutung verliert. – Seine literaturgeschichtl. bedeutsamste Ausprägung hat das F. in Spanien erfahren, wo es als ↗ *Auto* *sacramental* oder Auto del Corpus Christi bis weit in die Neuzeit lebendig war.　　K

Fronte, f. [it. = Stirn, Vorderseite], ↗ Stollenstrophe.

Frontispiz, m. [mlat. Frontispicium = Frontansicht, Vorderseite], ↗ Buchillustration.

Frottola, f. [it. zu frotta = ungeordnete Anhäufung, Schwarm], 1. Gattung der italien. Lyrik, ursprüngl. unterliterar. Volksdichtung (*F. giullaresca* = F. der Gaukler), die zusammenhanglos Sprichwörter, absurde Einfälle, Wortspiele (sog. *motti*), unsinnig-scherzhafte Dialoge und Anspielungen auf Tagesereignisse aneinanderreiht; metr. sehr frei (meist unstroph. Kurzverse), mit Ketten-, Schlag- und Binnenreimen. Zeugnisse erst aus dem 14. Jh.; zu dieser Zeit auch Ausprägung zur formal strengeren (z. T. stroph.) Kunstform (*F. letteraria, F. d'arte*) aus Sieben- oder Elfsilblern mit Paar- oder Dreireim, Schlag- und Binnenreim und moral. oder satir.-parodist. Tendenz. Die traditionelle unsinnige Reihung burlesker Einfälle erscheint als Sonderform des *Motto confetto* (= vervollkommnetes Witzwort) aus paargereimten Siebensilblern und strikter Trennung von Sinn- und Reimpaareinheit. Vertreter der F. letteraria sind im 14. Jh. u. a. F. Sacchetti, F. Vannozzo, A. da Ferrara, im 15. Jh. J. da Bientina; auch Petrarca werden 3 Frottole zugeschrieben. – Eine Sonderform des 14. Jh.s aus binnengereimten Endecasillabi in *neapolitan. Dialekt* ist der sog. *Gliommero* (neapolitan. für it. gomitolo = Knäuel); Vertreter im 15. Jh. F. Galeota, J. Sannazaro. 2. Bez. für ↗ Barzelletta (F. barzelletta).　　IS

Fruchtbringende Gesellschaft (Palmenorden), älteste und bedeutendste der dt. ↗ Sprachgesellschaften.

Frühmittelhochdeutsche Literatur, umfasst die literar. Zeugnisse in frühmhd. Sprache von der Mitte des 11. bis Mitte des 12. Jh.s, auch ›salische Literatur‹ genannt (nach dem Herrschergeschlecht der fränk. Salier-Kaiser 1024–1125). Es handelt sich um

v. a. in Klöstern entstandene ↗ *Geistlichendichtung* im Dienste der Laienmissionierung, teilweise durch cluniazens. Gedankengut geprägt (deshalb bisweilen auch als ›cluniazens. Literatur‹ bezeichnet). Formale Kennzeichen sind eine relativ freie Gestaltung des Reimes (unreine Reime) und der Vers- und Strophenformen. Das älteste Werk dieser Literaturepoche ist ein um 1060 entstandener Heilshymnus, das sog. »Ezzolied«; den Abschluss bilden die »Kaiserchronik« (ca. 1150), das »Alexanderlied« des Pfaffen Lamprecht und das evtl. erst als Nachzügler um 1170 entstandene »Rolandslied« des Pfaffen Konrad. Neben dogmat. Dichtungen wie »Summa Theologiae« (oder »Ezzolied«) begegnen gereimte Buß- und Sittenpredigten (»Memento mori«), Sündenklagen (»Milstätter«, »Vorauer Sündenklage« u. a.), Gebete (»Heinrichs Litanei«), Mariendichtungen (»Melker Marienlied« u. a.), Bibeldichtungen (aus dem AT: »Wiener Genesis«, aus dem NT: Gedichte der Frau Ava, der ältesten dt.sprach. Dichterin), Hohe-Lied-Übersetzungen (z. B. Willirams Paraphrase), Legenden (»Annolied«) und schließl. erste Anfänge naturkundl. Literatur (»Physiologus«, »Meregarto«). Die häufig anonymen Werke sind oft nur als zufäll. Einträge auf freien Seiten lat. Codices erhalten, aber auch schon in Sammelhandschriften (Vorauer, Milstätter Handschrift, 2. Hälfte 12. Jh.). Kunstgeschichtl. ist die Epoche durch die *Romanik* bestimmt (Speyrer Dom, Maria Laach, Alpirsbacher Klosterkirche; »Hirsauer Bauschule«; Fresken in Burgfelden u. a.). S

Fugitives, Pl. [ˈfjuːdʒitivz; engl. = Flüchtlinge], Gruppe von Dichtern und Literaturkritikern, die sich seit 1922 an der Vanderbilt-Universität in Nashville (Tenn. USA) zusammenfanden. Kulturpolit. verband sie die Ablehnung der materialist. Großstadtzivilisation, des Fortschritts- und Wissenschaftsoptimismus, denen sie die Forderung zur Rückkehr zu den agrar.-ländl. Lebensformen und Wertvorstellungen des amerikan. Südens entgegenstellten (daher auch als *Agrarians, Southerners* bez., vgl. ihren manifestart. Sammelband »I'll take my stand. The South and the agrarian tra-

dition by 12 southerners«, 1930). Literar. suchten die F. an die neue engl. Lyrik, insbes. die poet. Technik T. S. Eliots (im Gefolge Th. E. Hulmes und E. Pounds, vgl. ↗ Imagismus) anzuknüpfen. Ihre Lyrik ist gekennzeichnet durch starke Gedanklichkeit, komplexe, oft kontrastive und assoziative Bildlichkeit und die Betonung traditioneller (klassizist.) Formen und Strukturen, die experimentell aufgelockert, verfremdet werden (z. B. die Sonettform bei M. Moore). Vertreter sind M. Moore, C. Brooks, D. Davidson und als bedeutendste J. C. Ransom, A. Tate und R. P. Warren, die auch das Organ der Gruppe, die Zeitschrift »The Fugitive« (1922–25) herausgaben; diese wurde zur einflussreichsten Literaturzeitschrift der Südstaaten, die insgesamt den F. eine literar. Renaissance verdanken. Von weitreichender Wirkung war auch die später im Kreis der F. entwickelte Literaturkritik des ↗ New Criticism. IS

Fugung, dt. Bez. für ↗ Synaphie.

Füllwort, in der Verssprache (oder poet. Prosa) ein für den Sinnzusammenhang unnötiges Wort, das aus metr. oder rhythm. Gründen (oder des Reimes wegen) eingefügt ist. Begegnet auch in gesprochener Sprache, um eine Aussage emotional abzutönen: geh' *doch* bitte weg! GMS

Fünfakter, Drama in fünf Akten. – Die Fünfteilung der dramat. Handlung findet sich als poetolog. Forderung zuerst bei Horaz (Ars poetica, v. 189 ff.); verwirklicht ist sie zum 1. Mal in der röm. Tragödie bei Seneca. Im Anschluss an Horaz und Seneca erhebt die ↗ Dramaturgie der Renaissance (insbes. J. C. Scaliger, 1561) und des Humanismus die Gliederung eines Dramas in 5 Akte zu einem poet. Gesetz, das als in der Natur des Dramas selbst liegend angesehen wird. Der F. wird damit zur typ. Bauform des europ., insbes. des frz., engl. und dt. Dramas der Neuzeit. – Während die Gliederung der dramat. Handlung beim ↗ Dreiakter einen einfachen Spannungsbogen vom Ausgang des dramat. Konflikts über seine Entfaltung (↗ Epitasis) bis zu seiner Auflösung umfasst, ist beim F. nach der ↗ Exposition (I) die Entfaltung des dramat. Konflikts wiederum in einen aufsteigenden und einen fallenden Handlungsteil gegliedert: er steigert sich über mehrere Stufen bis zum Höhepunkt der ↗ Krisis (II, III: Epitasis); auf diesem Höhepunkt schlägt die Handlung um (IV: ↗ Katastasis, ↗ Peripetie) und fällt, wieder über mehrere Stufen, bis zur Lösung des Konflikts in der ↗ Katastrophe (V). Vom Standpunkt der handelnden Personen aus betrachtet, steht die steigende Handlung unter der Kategorie des Wollens, die fallende Handlung unter der Kategorie des Müssens.   K

Funkerzählung, Sonderform des ↗ Hörspiels, bei der das Erzählerische überwiegt. Die Bez. F. verwendet wahrscheinl. zum ersten Mal W. Brink 1933; er unterscheidet die F. als eine »auf dem Selbstgespräch aufgebaute Form«, die ein Geschehen indirekt vermittle, von der direkten Geschehensvermittlung im Hörspiel. Diese Unterscheidung wird von den Theoretikern der F. meist beibehalten, wenn auch weiter differenziert, etwa in einer zusätzl. Unterscheidung zw. sog. ep. Hörspiel mit überwiegendem Dialog und F. mit überwiegendem Sprechertext (O. H. Kühner) oder zw. »präsentierendem« und »referierendem Erzählen« (F. Knilli). Ansätze zur F. finden sich in den Versuchen um den sog. »akust. Roman« (ca. 1927) und in der Erzählerdiskussion auf der Kasseler Arbeitstagung ›Dichter und Rundfunk‹, 1929. Als *erste* F.en gelten Funkadaptionen ep. Vorlagen, v. a. H. Kessers »Schwester Henriette« (UA 1929; im Übergang zum sog. Monologhörspiel) und »Strassenmann« (UA 1930; mit der tragenden Stimme des Autor-Erzähler-Reporters). Einen festen Platz im Hörspielprogramm einzelner Rundfunkanstalten nimmt die F. jedoch erst seit Mitte der 50er Jahre ein. In der gattungsmäß. Einschätzung ist sie umstritten als »ep.-dialog. Mischform« (H. Schwitzke), bzw. als eine »eigene Weise des Erzählens, die ohne den Funk kaum in der heute feststellbaren Form aufgetreten wäre« (D. Hasselblatt).   D

Funktionalität der Teile, Poetolog. Postulat: von einem als sinnvolle Einheit verstandenen literar. Kunstwerk wird erwartet, dass seine einzelnen Form- und Sinnelemente (Motive, Bilder, Gedanken, Handlungszüge) nicht nur um ihrer selbst willen da sind, sondern über ihren Eigenwert hinaus eine bestimmte Bedeutung und *Funktion* für das Werk als Ganzes haben. Die F. d. T. ist in einzelnen Dichtungsgattungen und Dichtungsformen von unterschiedl. Relevanz und demgemäß auch verschieden streng durchgeführt, wenig deutl. z. B. in manchen ep. Werken (z. B. vielen Romanen, aber auch im ↗ ep. Theater), man spricht hier geradezu von der *Selbständigkeit der Teile* als kennzeichnendes Moment. Konstituierend ist die F. d. T. jedoch in Novellen, im Kriminalroman und in dramat. Literatur. Strenge F. d. T. verlangt z. B. unter Berufung auf Aristoteles die frz. Klassik; sie fordert, dass alle Teile der Handlung einer Tragödie so voneinander abhängen, dass kein Teil verändert werden kann, ohne dass das Ganze Schaden leidet (↗ geschlossene Form). G. E. Lessing leitet die F. d. T. aus der Zweckbestimmung des literar. Werks selbst ab, das auf Gefühlswirkung zielt und diesem Zweck die Wahl des Stoffs und alle formalen Mittel unterordnet. *Absolute* F. d. T. liegt vor, wenn die Darstellungselemente außerhalb ihrer Funktion im Beziehungsgeflecht des Werkes keinerlei Realitätscharakter mehr behaupten (Emrich über Kafka).   HSt

Furcht und Mitleid, vgl. ↗ Katharsis.

Fürstenspiegel, Darstellung des histor. oder fiktiven Idealbildes eines Herrschers, seiner Pflichten und Aufgaben, von eth.-moral. Prinzipien der Staatslenkung bis hin zu polit.-sozialen, oft sogar privaten Verhaltensregeln, z. T. in utop.-krit., z. T. in prakt.-didakt. Absicht (als Erziehungslehre für Prinzen, oft an bestimmten Fürsten gerichtet); meist in Form eines Traktats, aber auch in Versform. F. finden sich der Sache nach schon in der Antike (Staatsschriften Platons und Aristoteles', Sendschreiben des Isokrates »An Nikokles«); für die polit. Ideale des MA.s wurde insbes. bedeutsam Xenophons »Kyropädie« (Erziehung des Kyros, 4. Jh. v. Chr.), die aus Plutarch kompilierte »Institutio Traiani«, die Selbstbetrachtungen Marc Aurels und v. a. Augustins »De civitate Dei« (nach 410). Eine *Blütezeit* mit ersten Ansätzen zu selbständ. F.n war die Karolingerzeit (Sedulius Scotus, »Liber de rectoribus christianis«, Hincmar, »De regis persona et regio ministerio« [für Karl d. Kahlen]; Idealbild ist der *rex iustus et christianus*). Eine neue Epoche beginnt im 12. Jh. mit Johannes von Salisburys »Policraticus« (1159), in dem die eth. Interpretation der Macht und die Betonung des öffentl. Wohls im Mittelpunkt stehen, und Gottfrieds von Viterbo »Speculum regum« (1185, in Versen, für den engl. Thronfolger Heinrich), ein Papst- und Königskatalog, zugleich ein frühes Beispiel einer unterweisenden Fürstenlehre. Seit Thomas von Aquins »De regimine principum« (1265/66) wirkten einerseits die polit. Aristotelismus und das röm. Recht, andererseits nationale Realitäten in die F. hinein: Engelbert von Admont schrieb einen F. für die Söhne König Albrechts I., der F. des Aegidius Romanus wurde für Herzog Albrecht IV. v. Österreich, der des Philippus de Bergamo für mitteldt. Herrscherhäuser übersetzt (»Spiegel der regyrunge«, 15. Jh.). Die F. literatur gipfelt in Erasmus' von Rotterdam »Institutio principis christiani« (1516, Verbindung von christl. und antiker Ethik) und N. Machiavellis »Il principe« (1532), der mit der Trennung von eth. und polit. Pflichten zugleich den Bruch mit dem bisherigen Fürstenideal vollzieht: an die Stelle des *princeps christianus* tritt der nur polit. motivierte *princeps optimus*. – Die Thematik wird fortan einerseits in Staatslehren, Staatstheorien (J. Bodin, J. Lipsius u. a.), andererseits in fiktionalen F.n wie Fénelons »Télémaque« (1699) und ↗ Staatsromanen (J. F. Marmontel, Ch. M. Wieland u. a.) weitergeführt. S

Fußnote, durch ein Verweiszeichen (Sternchen [Asteriskus] oder hochgestellte kleine Ziffer) auf eine bestimmte Stelle im Text bezogene Erläuterung oder Ergänzung am unteren Rand (Fuß) einer Druckseite. Seit dem 16./17. Jh. in der Tradition spätantiker Scholiasten übliche Darstellungsform wissenschaftl. Arbeit; F.n wurden vom ›poeta doctus‹ des Barock in die schöngeist. Literatur übernommen und als literar. Kunstform bes. gepflegt von Jean Paul (»Des Feldpredigers Schmelzle Reise nach Flätz, mit fortgehenden Noten«, 1809). Die Tendenz der F. zu pseudogelehrter Wucherung parodiert G. W. Rabeners Prosasatire »Hinkmars von Repkow Noten ohne Text« (1745). ↗ Anmerkungen, Marginalie.　　　HSt

Futurismus, m. Name wahrscheinl. in Anlehnung an G. Alomars »El Futurismo«, 1903; zunächst *italien. literar. Bewegung*, die von F. T. Marinetti proklamiert und in ihrer Geschichte wesentl. mit ihm verbunden ist. Die Vorgeschichte des F. ist ablesbar an den Veröffentlichungen der Zeitschrift »Poesia«, in der z. B. die Einführung des *verso libero* (↗ freien Verses) in die italien. Dichtung gefordert und vollzogen wurde. 1908 entsteht das Gründungsmanifest, das im Januar 1909 zunächst als Vorwort zu E. Cavacchiolis »Le Ranocchie Turchine« erscheint, dann in frz. Sprache am 20.2.1909 im »Figaro« veröffentlicht wird. Es folgte eine Manifest-Flut zu fast allen künstler. Bereichen (bildende Kunst, Varieté, Theater, Musik), aber auch zur Politik (vgl. u. a. das Manifest zur Wahl am 7.3.1909, von dem sich eine Linie zur später eindeutig faschist. Haltung des F. ziehen lässt, vgl. Marinetti, »Futurismo e Fascismo«, 1924). Autoren des F. neben Marinetti waren v. a. F. L. Altomare, M. Bètuda, P. Buzzi, E. Cavacchioli, A. D'Alba, L. Folgore, C. Govoni, G. Manzella-Frontini, A. Palazzeschi. Als weltanschaul.-künstler. Erneuerungsbewegung proklamierte der F. die Zerstörung des Alten, der gesellschaftl. und

kulturellen Traditionen. Stattdessen wollte
seine Literatur das moderne Leben, die Welt
der Technik als »Bewegung, als Dynamik«
spiegeln, als »allgegenwärtige Geschwindig-
keit, die die Kategorien Raum und Zeit aufhebt«. Eine derartige Literatur musste sich ihre
eigene Sprache, Syntax und Grammatik erst
einmal schaffen (vgl. »Manifesto tècnico della
letteratura futurista«, 11.5.1912 und »Distru-
zione della sintassi. Immaginazione senza fili.
Parole in libertà«, 11.5.1913). In den sprachl.
und formalen Neuerungen (v. a. den *parole in
libertà*) liegt die wesentl. Bedeutung des F.,
durch sie beeinflusste er u. a. ↗ Dadaismus und
↗ Surrealismus (vgl. die Anthologie »Poeti fu-
turisti«, hg. v. Marinetti, 1933).
Ähnl. Tendenzen verfolgte auch der *russ. F.*: Er
wandte sich radikal von den durch Puschkin,
Dostojewskij, Tolstoi, aber auch den Symbolisten repräsentierten Traditionen ab und betonte in seinem von D. Burljuk, W. Chlebni-
kow, A. Krutschenych, W. Majakowski unter-
zeichneten Manifest »Eine Ohrfeige dem
allgem. Geschmack« (1912) den »kompromiß-
losen Haß auf die bisher gebräuchl. Sprache«,
das Recht des Dichters auf Revolutionierung
des poet. Stoffes, des Wortschatzes und der
Syntax. Das Wort sollte in einer »sinnüber-
schreitenden Sprache« emanzipiert, die
»Worte mit Bedeutungen« versehen werden,
»die von ihren graph. und phonet. Eigenschaften abhängen«, überzeugt, dass »eine
neue Form ... auch einen neuen Inhalt« her-
vorbringe, dass die Form den Inhalt bestimme.
Nicht nur hier deutet sich eine Wechselbeziehung zum ↗ Formalismus an. – Der f. stellte
sich zunächst der neuen Regierung zur Verfügung: Die offizielle Zeitschrift des Kommissa-
riats für Volksbildung »Kunst der Kommune«
wurde z. B. von den Futuristen redigiert. Als
jedoch Majakowski 1923 die daraus hervorgegangene radikale Kunstzeitschrift ↗ LEF herausgab, sah er sich zusehends der polit. Kritik
ausgesetzt (vgl. u. a. L. Trockij, »Lit. und Revolution«, 1924). Der russ. F. hatte aber zu dieser
Zeit seinen Höhepunkt bereits überschritten.
Seine Einflüsse lassen sich bis in die Gedichte
der ↗ Proletkult-Bewegung nachweisen (Kosmisten).

In nur äußerl. Beziehung zum russ. F. steht der
sog. *Ego-F.* Die Bez. prägte der Lyriker I. Se-
verjanin für seine eigenen melod., manierist.-
vulgären und v. a. extrem ich-süchtigen Dichtungen (1913): nur die schroffe Ablehnung literar. Traditionen und die experimentierende
Neigung zu Neologismen verbindet ihn mit
dem F., dessen ideell-programmat. Zielen er
jedoch fern steht. Die Bez. ›E.-F.‹ wird gelegentl. auch auf Dichter wie Scherschenjewitsch
angewandt.   D

G

Gai Saber, m. [prov. = fröhl. Wissenschaft], eigentl. »Consistori de la Subregaya Companhia del G. S.«, bürgerl. Dichtergesellschaft, gegründet 1323 in Toulouse zur Wiederbelebung der nach den Albigenserkreuzzügen (1209–29) vom Niedergang bedrohten prov. Dichtungstradition. Ausgehend von der Lehrbarkeit der Dichtung, verfasste ihr Kanzler Guilhem Molinier Mitte 14. Jh. eine eth. fundierte Regelpoetik, die sog.n »Leys d'Amors«, die als Dichtungsanleitung und Kriterienkatalog zur Beurteilung der Dichtung galt, die jedoch jetzt vornehml. auf religiöse und moral. Themen beschränkt war. Ihre Repräsentanten (u. a. Bernat de Panassac, Raimon de Cornet, Arnaut Vidal, Guilhem de Galhac) fanden sich alljährl. zu Dichterwettbewerben, den sog. ↗ Blumenspielen, zusammen. Die dort preisgekrönten Dichtungen wurden unter dem Namen »Joias del G. S.« (Freuden der fröhl. Wissenschaft) gesammelt. Die Ausstrahlung des Consistori im gesamten prov. Sprachraum war eine der wesentl. Ursachen dafür, dass sich das Prov. als Dichtersprache bis Ende des 15. Jh.s in Südfrankreich behauptete. – 1393 wurde in Barcelona auf Initiative König Johanns I. von Aragon ein katalan. »*Consistori de la Gaya Ciència*« von Jacme March und Lluis de Averço mit dem selben Ziel gegründet. PH

Galante Dichtung [zu frz. galant = (im 17. Jh.) mod. fein gekleidet, höfisch, zu it./span. gala = Festkleid(ung)], 1. zusammenfassende Bez. für literar. Werke mit erot.-spieler. Thematik (↗ erot. Literatur); 2. Modedichtung in der Übergangszeit vom Spätbarock zu ↗ Aufklärung und ↗ Rokoko: neben ›galanten‹ Romanen vorwiegend poet. Kleinformen (Sonette, Oden, Lieder, Madrigale, Kantaten, ›galante‹ Briefe, Versepisteln u. a.), die – als pointiert-geistreiche ↗ Gesellschaftsdichtung mit erot. Thematik – das Ideal des höf. »galant homme« und der ›galanten‹ »conduite« gestalten; Höhepunkt um 1700 (1680–1720). – Die g. D. wurde in der ↗ Salon-Kultur Frankreichs im Rahmen der ↗ preziösen Literatur entwickelt. In Deutschland lassen sich, insbes. in der Lyrik, bei einheitl. (erot.-galanter) Thematik *zwei Richtungen* unterscheiden: Dem Stilideal der franz. preziösen Vorbilder und der 2. ↗ Schles. Dichterschule (Lohenstein) folgten Ch. H. von Hofmannswaldau, A. Mühlpfort, H. A. von Abschatz, B. Neukirch u. a., deren Dichtungen durch formale Virtuosität (Wort-, Klangspiele, geistreiche Kombinatorik und Metaphorik, vgl. ↗ Schwulst) gekennzeichnet sind. Gegen diese oft rein dekorative Verwendung manierist. Stilmittel wandte sich (z. T. polem.) eine von der Frühaufklärung beeinflusste Gruppe galanter Dichter wie Ch. Gryphius, Ch. G. Burghart, Ch. Hölmann, Ch. F. Hunold, gen. Menantes (vgl. »Die allerneueste Art, höfl. und galant zu schreiben«, 1702 u. öfter) u. a. Sie erstrebten einen »mittleren«, nüchterneren Stil, eine Leichtigkeit des Tons; ihre heiter-iron. Behandlung der Liebe leitete eine Entwicklung ein, die über J. Ch. Günther zu Rokoko, Anakreontik und Erlebnislyrik führte. Die *galante Lyrik*, meist »Produkte der Nebenstunden«, erschien in Anthologien wie z. B. B. Neukirchs »Herrn von Hoffmannswaldau u. andrer Deutschen auserlesene und bißher ungedruckte Gedichte« (1695; bis 1697 3 Aufl., später almanachart. erweitert, bis 1727 7 Teile) oder G. Stolles (gen. Leander) »Des Schles. Helicons auserlesene Gedichte« (1699/1700). – Der *galante Roman* knüpfte in der Fabel (ein getrenntes Liebespaar wird am Ende wieder glückl. zusammengeführt) an das labyrinth. Verwirrungsschema des ↗ heroisch-galanten Romans an, vereinfacht aber Personenbestand und Handlungsführung, wirft den enzyklopäd. Ballast ab und reduziert die große hero. Staatsaktion auf eine Liebesintrige. Die Welt erscheint nicht mehr im theolog. Bezugsrahmen als ›Welt-Theater‹, sondern als »Schauplatz der Liebe«, auf dem Amor sein heiter-frivoles Spiel treibt. Wie im hero.-galant. Roman werden jedoch Werte u. Normen der höf. Gesellschaft bestätigt. Indem so die Gattung des ›hohen‹ Barockromans zum ›niederen‹ Gesellschaftsroman umgewandelt wurde, entstand eine Übergangsform, die ihre Weiterentwicklung in der Erzählkunst Ch. M. Wielands fand. – Wegbereiter der Gattung wurde A. Bohse, gen. Talander (»Liebescabinett der Damen«, 1685, »Amor am Hofe«, 1689 u. a.); der bedeutendste Vertreter ist Ch. F. Hunold-Menantes (»Die liebenswürd. Adalie«, 1702), ferner sind J. L. Rost, gen. Mellaton, M. E. Franck, gen. Melisso (»Die galante u. liebenswürd. Salinde«, 1718 u. a.) und J. G. Schnabel (»Der im Irr-Garten der Liebe herumtaumelnde Cavalier«, 1738) zu nennen.   KT

Galliambus, m. [gr.-lat.], ursprüngl. das Kultlied der vorderasiat. (phryg.) Magna Mater Kybele und des Attis; Bez. nach den Galloi, den Kultdienern der Göttin. Dann der Vers dieser Kultlieder, der seit alexandrin. Zeit (Kallimachos) in der antiken Kunstdichtung Verwendung findet. – Der G. gilt als katalekt. Tetrameter aus 4 Ionici a minore mit ↗ Diärese nach dem zweiten Versfuß und ↗ Anaklasis zwischen den ersten beiden Versfüßen. Schema: $\smile\smile\stackrel{-}{}\smile\stackrel{-}{}\smile\stackrel{-}{}-\mid\smile\smile\stackrel{-}{}\smile\smile\smile\smile$; mannigfache Variationen durch Auflösung von Längen bzw. Zusammenziehung zweier Kürzen zu einer Länge. – Verwendung u. a. bei Catull (carm. 63, das von Attis und Kybele handelt).
                                                     K

Gallizismus, m. [lat. gallicus = zu Gallien gehörig], Nachbildung einer syntakt. oder idiomat. Eigenheit der franz. Sprache, z. B. ›das Bett hüten‹ (nach: garder le lit) oder ›den Hof machen‹ (nach: faire la cour).   S

Gassenhauer, m. [Kompositum aus Gasse und hauen = laufen (vgl. »hau ab«)], von städt., später bes. großstädt. Bevölkerung (Wien, Berlin) popularisiertes, leicht einprägsames, künstler. anspruchsloses Lied. Charakterist. sind im Allg. wiederholungsreiche Melodik, knappe Texte, oft Refrainformen. G. waren nicht nur anonyme, dem ↗ Bänkelsang nahestehende Volkslieder und Geselligkeitsgesänge, vergleichbar heutigen Karnevalsschlagern, sondern ebenso Couplets, Singspiel-, Operetten- oder popularisierte Opernnummern (C. M. v. Webers »Jungfernkranz«); im Ggs. zum modernen, industriell produzierten und vertriebenen ↗ Schlager entstanden G. spontan und ohne Steuerung. – G. bez. zunächst Personen (Pflastertreter, Nachtbummler), im 16. Jh. dann volkstüml. Tänze (seit 1517 belegt) und Lieder (Ch. Egenolff, »Gassenhawerlin vnd Reutterliedlin«, Frankf./M. 1535). Die lat. Übersetzung des G.s als carmen triviale (1561) bezeugt bereits abwertende Bedeutung, das Wort bleibt jedoch bis zum Ende des 18. Jh.s weithin auch ohne negativen Nebensinn. Dieser setzt sich durch, nachdem J. G. Herder 1773 den Begriff ›Volkslied‹ einführte. Seit der Verbreitung von Radio und Tonfilm wird das Wort G. durch die erstmals 1869 belegte Bez. ›Schlager‹ verdrängt.   HW

Gastarbeiterliteratur, ↗ Migrantenliteratur.

Gattungen,
1. Kategorien, Ordnungsfaktoren zur Klassifikation von Dichtung und Literatur in der Literaturwissenschaft. Im 18. Jh. bildete sich in zahlreichen Theoriediskussionen die Gattungstrias ↗ Lyrik, ↗ Epik, ↗ Dramatik heraus, die dann im 19. Jh. kanon. wurde. Ansätze zu einer Theorie der Dichtungsklassen finden sich schon bei Aristoteles. Die Tradition gattungspoetolog. Theorien im Rahmen der ↗ Poetik reicht dann von Horaz, Quintilian über J. C. Scaliger, N. Boileau, M. Opitz, G. Ph. Harsdörffer bis zu J. Ch. Gottsched, J. G. Sulzer, J. J. Eschenburg u. a. Goethe unterschied als ↗ Naturformen der Dichtung »Epos, Lyrik und Drama«, eine Typologie, die für die poe-

tolog. Vorstellungen des 19. Jh.s bestimmend wurde. Darüber hinaus spitzte sich im 18. Jh. die Theoriediskussion auf die Frage zu, ob es eine vierte Gattung, die Didaktik, gebe: von Goethe abgelehnt, von F. Schlegel dagegen anerkannt als eine »idealist. Poesie, deren Ziel das Philosophisch-Interessante« sei. – Im 19. Jh. lieferten v. a. G. W. F. Hegel (»Aesthetik«, hrsg. 1835–38), F. Th. Vischer (»Aesthetik«, 1846–57) und W. Scherer (»Poetik«, 1888) Beiträge zur philosoph. und poetolog. Grundlegung der G. In neuerer Zeit wird die überkommene Gattungstypologie unter wechselnden Aspekten in Frage gestellt, parallel mit einer Ausweitung und Änderung des Literaturbegriffes, der nun auch sog. Gebrauchstexte und andere, von den älteren Gattungsdefinitionen nicht berücksichtigte Literaturarten (↗ Textsorten) umfasst. Die neueren Vorschläge rücken dabei jeweils andere Aspekte des Literarischen in den Vordergrund: E. Staiger setzte auf der Basis der Existenzphilosophie Heideggers an die Stelle formaler Klassen die Begriffe ›lyrisch‹, ›ep.‹, ›dramat.‹ als fundamentale Seinsmöglichkeiten, denen er als Kennzeichen die Reihen ›Silbe – Wort – Satz‹ und ›Erinnerung – Vorstellung – Spannung‹ zuordnet (»Grundbegriffe der Poetik«, 1946). K. Hamburger setzt an die Stelle einer Dreiteilung eine modifizierte Zweiteilung: fiktionalmimet. gegen existentielle Dichtung (»Die Logik der Dichtung«, 1957). Darauf aufbauend entwickelt R. Tarot die Dichotomie ›Mimesis und Imitation‹, die quer durch die bisherige Gattungstypologie verläuft (»Mimesis und Imitatio«, 1970). K. W. Hempfer schließl. ersetzt das Gattungskonzept rezeptionstheoret. durch ›Normen der Kommunikation‹ (»Gattungstheorie«, 1973). Zur alten Viererteilung kehrt F. Sengle (↗ Formenlehre) zurück. Alle diese Vorschläge offenbaren die Problematik theoret. Gattungskonzepte. Sie bewegen sich in unterschiedl. Stringenz in dem sachgegebenen Spannungsfeld zwischen äußeren Merkmalen der Literatur, ihren semant. Strukturen und intentionalen Funktionen. Die Theorie der Gattungen« kann letztl., will sie sachorientiert bleiben, nicht mehr sein als ein statist., phänomenolog. Ordnungsge-

füge, besser noch eine Orientierungshilfe in der Fülle literar. Manifestationen nach erkenn- und benennbaren typ. und ont. Merkmalen und Präsentationsformen. Dabei ergeben sich naturgemäß Grenzfälle, Mischformen, welche die Grundstrukturen in Frage zu stellen scheinen. Ein solcher Grenzfall ist z. B. die postulierte Gattung der Didaktik, welcher nicht, wie den anderen G., bestimmte Darbietungsformen eignen, sondern die durch inhaltl., tendenzielle Kriterien bestimmt wird, welche jeweils die formal definierten Gattungen überlagern können (vgl. in der Lyrik z. B. die Spruchdichtung, in der Epik das Lehrgedicht).

2. als G. werden bisweilen auch (noch unschärfer) Untergruppen oder *Unterklassen der drei Hauptgattungen* benannt (von Goethe als ›Dichtarten‹ bez.), wobei sowohl formale Gesichtspunkte (im Rahmen der Lyrik z. B. Sonett, Elegie, im Rahmen der Epik Novelle) als auch inhaltl.-tendenzielle (Streitgedicht, Tenzone, Protestsong – histor. Drama u. a.) mitwirken können. Von den derart definierten G. setzt A. Jolles seine ↗ einfachen Formen ab.   S

Gaya ciencia ↗ Gai saber.

Gebände, auch Gebende, Bez. der Meistersinger,
1. für die Art der Reimbindung, das Reimschema;
2. für die ↗ Meistersangstrophe (↗ Stollenstrophe), das Gesätz, ↗ Gebäude.

Gebäude, Bez. der Meistersinger für die ↗ Meistersangstrophe (Stollenstrophe), auch ↗ Gebände, Stück, Gesätz.

Geblümter Stil [zu mhd. blüemen = mit Blumen schmücken, unter Einfluss von lat. flosculus = Blümchen, s. ↗ Floskel]. Dem ornatus difficilis (s. ↗ Ornatus, ↗ genera dicendi) der lat. ↗ Rhetorik und dem ↗ trobar clus der Provenzalen vergleichbare, wenn auch nicht einfach aus ihnen abzuleitende Stiltendenzen mhd. Dichter im 13. und 14. Jh., welche bestimmte Ausdrucksformen Wolframs von Eschenbach und der religiösen (Marien-)

Dichtung durch gehäufte Anwendung und Systematisierung ins Extrem steigern: gesuchte Bilder und Assoziationen, oft in Form von Genitivumschreibungen und mit Ausnutzung von Klangspielerei, Wortumstellung, Katachrese (Satzbruch), Polysemie (Mehrdeutigkeit). ›Geblümte‹ Texte finden sich in fast allen mal. Gattungen; da ihre Verfasser z. T. ganz verschiedene Elemente des ›blüemens‹ bevorzugen, entstehen heterogene Individualstile mit dem gemeinsamen Kennzeichen des ↗ Manierismus. Die wichtigsten Vertreter sind der Verfasser des »Jüngeren Titurel« (Wolfram?, Albrecht) und Konrad von Würzburg (»Die goldene Schmiede«), dann Heinrich von Meißen, gen. Frauenlob, Egen von Bamberg und der Dichter der »Minneburg«, schließl. Heinrich von Mügeln (»Der Tum«). Erstarrte Reste reichen bis in den ↗ Meistersang.   HSt

Gebrauchsliteratur, ungenaue Sammelbez. für Literatur, die an einen bestimmten Zweck gebunden ist, umfasst so Unterschiedliches wie Andachtsbücher, Kirchenlieder, Kalendergeschichten u. Ä., aber auch Schlager- und Reklametexte, Albumverse sowie jede Art von ↗ Gelegenheitsdichtung und Literatur im Dienste der Politik (↗ Agitproptheater; vgl. auch ↗ engagierte Literatur). Den (gesellschafts-) polit. ›Gebrauchswert‹ der Literatur, speziell des Gedichts, betonen im 20. Jh. z. B. B. Brecht (vgl. u. a. seine »Hauspostille«) und, ihm folgend, H. M. Enzensberger. Als einen Gegenstand zum (ästhet.-) geist. Gebrauch fasst E. Gomringer (im Gefolge des Kunsttheoretikers M. Bill) das konkrete Gedicht (↗ konkrete Dichtung) auf.   D

Gebrochener Reim, von W. Grimm geprägte Bez. für eine Reimbindung, bei der der erste Teil eines Kompositums im Reim steht, z. B. »Hans Sachs ist ein *Schuh-*/ macher und Poet d*azu*«. Vgl. zur verstechn. Trennung des Kompositums ↗ Enjambement.   S

Gebundene Rede, unterscheidet sich von der ↗ Prosa durch bewusste Eingriffe in den natürl., *ungebundenen* Sprachfluss durch die Verwendung metr. und rhythm. Gestaltungsmittel. Als g. R. gelten bereits die ↗ rhythm. Prosa (↗ Kunstprosa) u. die ↗ freien Rhythmen; sie bilden Übergangsformen zu der ausgeprägtesten Form der g.n R., der strengen Versform, die die Sprache in rhythm. sich wiederholende Grundmuster *einbindet*, indem sie entweder die Abfolge der Silben gesetzmäßig regelt (quantitierendes, akzentuierendes Versprinzip) oder eine bestimmte Zahl lautl. ausgezeichneter Akzentgipfel für eine Periode festsetzt (Stabreimvers).   KT

Gedankenlyrik (auch: Ideenlyrik, philosoph. Lyrik), vorwiegend reflektierende Lyrik, die im Unterschied zur sog. Erlebnis- und Stimmungslyrik gedankl., vielfach weltanschaul. Zusammenhänge gestaltet. Wie jedoch die Erlebnislyrik als sprachl. Geformtes immer auch Gedankliches, nicht bloß Gefühl und Empfindung zum Ausdruck bringt, so findet umgekehrt in der G. das Ergriffensein von geist. Inhalten, das Erleben gedankl. Zusammenhänge Gestalt. Die erlebnismäß. Betroffenheit trennt die G. andererseits von der eher nüchtern-objektiven, vornehml. Inhalte vermittelnden Lehrdichtung. – In der Lyrik der Gegenwart nimmt der Anteil der Reflexion zu; zugleich wird der Begriff ›G.‹ aufgrund der implizierten problemat. Trennung von Denken u. Empfinden heute vielfach abgelehnt. – Die G. gilt als eine bes. Leistung der dt. Lyrik. Ihre Themen entstammen meist theolog. und philosoph. Denken, im MA. und in der Aufklärung oft mit didakt. Elementen durchsetzt. Ausdruck finden z. B. das Erleben der Spannung zw. Diesseits und Jenseits, die Erfahrung harmon. Welteinheit, der Theodizeegedanke oder metaphys., ästhet., philosoph.-existentielle Grunderlebnisse. G. begegnet im MA. in der höf. Lyrik (Friedrich von Hausen, Reinmar der Alte, Walther v.d.Vogelweide) und in der Spruchdichtung (Walther, Freidank, dann v. a. im 16. Jh.), in den Sonetten und Epigrammen des Barock (Opitz, Gryphius, Fleming, Logau), in der Dichtung der Aufklärung (Brockes, Haller, Klopstock, Lessing, Wieland u. a.) und in der Lyrik Goethes (»Geheimnisse«, 1784, »Metamorphose der Pflanzen«, 1798, dann v. a. in den späten Sammlungen »Gott und

Welt«, »Parabolisch«, »Epigrammatisch« und im »West-östl. Divan«). Höhepunkt der G. sind die sog. philosoph. Gedichte Schillers (u. a. »Die Götter Griechenlands«, 1783, »Das Ideal und das Leben«, 1795, »Der Spaziergang«, 1795, »Die Künstler«, 1789), es folgt die G. Hölderlins, Grillparzers, Hebbels, Rückerts, Nietzsches, Georges, Rilkes u. a. – Bedeutende Vertreter der G. sind in England Byron, Keats, Shelley, Tennyson, T. S. Eliot, in Frankreich Lamartine, de Vigny, Valéry, in Italien Leopardi. ↗ Lyrik.　　　　　　　　　GMS

Gedicht, Verbalsubstantiv zu ›dichten‹, bez. ursprüngl. alles *schriftl. Abgefasste* (vgl. ahd. *dihtōn, tihtōn* = schreiben; in der Bedeutung beeinflusst von lat. *dictare*), erst im Laufe des 18. Jh.s auf den poet. Bereich eingeengt; zugleich setzte sich, gegen die schon im Altertum (Platon) moralisierend immer wieder vorgebrachte Bedeutungsvariante ›lügenhafte Erfindung‹ (er-dichten), allmähl. die Bedeutung ›freie schöpfer. Erfindung eines Dichters‹ durch. G. konnte in dieser Bedeutung zunächst alle literar. Gattungen umfassen: in der Epik z. B. ›Lehr-G.‹, in der Dramatik ›dramat. G.‹ für Bühnendichtungen in Versen (übl. v. a. im 18. Jh., z. B. Lessings »Nathan«, Schillers »Wallenstein«). Heute bez. ›G.‹ v. a. Werke der lyr. Dichtung. ↗ Lyrik.　　　　　　　KT

Geflügelte Worte. Wörtliche, seit J. H. Voß (1781 und 1793) geläufige Übersetzung der 104-mal in den homer. Epen wiederkehrenden Formel *épea pteroénta* = »vom Mund des Redners zum Ohr des Angeredeten fliegende Worte«. Durch Georg Büchmanns Sammlung »G. W. Der Citatenschatz des deutschen Volkes«, 1. Aufl. 1864, [32]1972, wurde die Wendung zur geläufigen Bez. für ↗ Zitate berühmter Dichter, Philosophen, Politiker u. a., die, aus ihrem Zusammenhang gelöst, als Bildungsnachweis, Anrufung einer histor. Autorität oder wegen ihrer rhetor. Wirksamkeit in Reden und Gespräche eingebracht werden. Im Gegensatz zur anonymen Herkunft des ↗ Sprichworts sind die Urheber der g.n W. bekannt. Der Bekanntheitsgrad, die Funktion als Redeschmuck und die vielseitig verwendbare

Prägnanz der Formulierung unterscheiden die g.n W. vom wissenschaftl. ↗ Zitat; ↗ Sentenz.
　　　　　　　　　　　　　　　HW

Gegenrefrain, bes. Form des ↗ Refrains (Kehrreims): am Anfang jeder Strophe eines Liedes wiederholte Wortgruppe (↗ Anapher) oder Zeile, meist als strukturelles oder musikal. Gestaltungsmittel, vgl. z. B. bei Brentano (»Einsam will ich untergehn«, »O schweig nur Herz ...«, »O, vergib ...«).　　　　KT

Gegensang, von Ludwig Uhland geprägte Bez. für diejenigen mhd. lyr. Gattungen, welche sich bewusst vom klass. ↗ Minnesang eines Reinmars d. Alten, aber auch Walthers v. d. Vogelweide absetzen wollten. Hauptvertreter ist Neidhart (↗ dörperl. Dichtung), dazu stellen sich auch einzelne Lieder von Steinmar (↗ Tagelied-Persiflage), Hadloub (Dörperlied), Friedrich dem Knecht, Kol von Niunzen u. a.
　　　　　　　　　　　　　　　　S

Gegenstandsloser Roman, dt. (charakterisierende) Bez. für den franz. ↗ nouveau roman.

Gegenstrophe ↗ Antistrophe.

Gehalt und Gestalt, von O. Walzel geprägtes Begriffspaar zur Erfassung eines sprachl. Kunstwerkes. *Gehalt* bez. dabei den dichter. geformten Inhalt, Stoff, das, was eine Dichtung an Gedanken, Wollen und Fühlen enthalte oder bewirke, *Gestalt* dagegen die äußere, wahrnehmbare Erscheinungsform eines Kunstwerkes, die ästhet., stilist., strukturale Durchgestaltung eines literar. Stoffes, also äußere und innere Gliederungs- und Darbietungsmomente eines literar. Werkes (oft auch synonym mit ↗ Form gebraucht; vgl. weiter ↗ innere Form, ↗ Struktur).　　　　S

Geheimbundroman, Sonderform des Abenteuer- und ↗ Schauerromans, entstanden in der 2. Hä. des 18. Jh.s in engem Zusammenhang mit den zahllosen geheimen Orden und Gesellschaften dieser Zeit. Er gewinnt seine Spannung aus der Verstrickung des Helden in die Intrigen einer Verschwörergruppe. Von großer Wirkung waren insbes. Schillers G. »Der Geisterseher« (1786/89) und L. F. Hubers Trauerspiel »Das heiml. Gericht« (1790) und in deren Nachfolge u. a. W. F. v. Meyern, »Dya-Na-Sore oder die Wanderer« (1787), K. Grosse, »Der Genius« (1794), H. Zschokke, »Die schwarzen Brüder« (1791/95), Ch. A. Vulpius, »Aurora« (1794) und zahlreiche Romane der Romantik (frühe Romane L. Tiecks, ferner Jean Pauls und E. T. A. Hoffmanns, Verwendung des Verschwörungsmotivs in A. v. Arnims »Kronenwächter«, 1817). Verspottet wird das Geheimbund-, speziell das Freimaurerwesen, in Th. G. Hippels satir. Roman »Kreuz- und Querzüge des Ritters A-Z« (1793/94).

HSt

Geißlerlieder, Gesänge der mal. Laienbruderschaften der Flagellanten (Geißler), in den Quellen meist als ↗ Leis, auch als ↗ Leich bez.; dem geistl. ↗ Volkslied zuzurechnen. Ausgehend von Italien (↗ Lauda), in Deutschland für die Jahre 1260–62 und 1296, v. a. aber für das Pestjahr 1349 bezeugt. Die auf dem Weg zum oder vom Akt der Geißelung gesungenen (z. T. neu geschaffenen, meist bereits vorhandenen) Lieder wechselten, der Leis der Bußhandlung selbst stand fest (»Nu tret her zuo der buossen welle«). Wichtigste dt. Quelle der Texte und aller Melodien ist Hugos von Reutlingen »Chronicon ad annum MCCCXLIX«.

MS

Geistesgeschichtl. Literaturwissenschaft, Untersuchung und Darstellung geschichtl. und bes. kulturgeschichtl. Phänomene, die den Schwerpunkt auf die geist. Kräfte (Ideen) einer Zeitströmung, Epoche oder Nation legt und das jeweilige polit., philosoph., künstler. und literar. Geschehen als Manifestationen einer einheitlichen geist. Grundhaltung, als »Auswirkungen des Gesamtgeistes« (Unger) zu verstehen sucht. Entsprechend interessiert das einzelne Kunstwerk primär nicht als Artefakt, sondern als Dokument des ›Zeitgeists‹, der es hervorgebracht habe, oder wird umgekehrt aus den geist. Entwicklungszusammenhängen seiner Epoche

gedeutet. Die geistesgeschichtl. Methode setzt sich von der auf strikt empir. Methoden festgelegten ↗ positivist. Literaturwissenschaft ab und ersetzt deren analytisch-individualisierende Verfahren durch spekulative Synthesebildungen. Kennzeichnend sind auf die Gesamtdarstellung einer zeit- oder raumübergreifenden Idee oder Problematik abzielende Untersuchungen wie »Der Geist der Goethezeit« (H. A. Korff, 1923–53), »Die Auffassung der Liebe in der Literatur des 18. Jh.s und in der dt. Romantik« (P. Kluckhohn, 1922), »Der Todesgedanke in der dt. Dichtung vom MA. bis zur Romantik« (W. Rehm, 1928). Sowohl der Begriff ›Geistesgeschichte‹ (belegt 1812 bei Fr. Schlegel) als auch die Zielsetzung einer geistesgeschichtl. Betrachtung wurzeln in der dt. Klassik und Romantik (Herder, Hegel, R. Haym). Systematisiert wurde die geistesgeschichtl. Methode mit den Arbeiten W. Diltheys (»Einführung in die Geisteswissenschaften«, 1883, »Das Erlebnis und die Dichtung«, 1905). Weitere bedeutende Vertreter sind neben Korff, Kluckhohn, Rehm und Unger (»Aufsätze zur Prinzipienlehre der Literaturgeschichte« und »Aufsätze zur Literatur- und Geistesgeschichte«, 1929) E. Rothacker (»Logik und Systematik der Geisteswissenschaften«, 1927, und »Einleitung in die Geisteswissenschaften«, ²1930), E. Troeltsch (»Aufsätze zur G. und Religionssoziologie«, 1925), F. Strich (»Dt. Klassik und Romantik«, 1922), K. Burdach (»Vorspiel. Ges. Aufsätze zur Gesch. des dt. Geistes«, 1925–27) u. a. Seit 1923 existiert die »Dt. Vierteljahrsschrift für Literaturwissenschaft und Geistesgeschichte« (begründet von Kluckhohn und Rothacker), seit 1958 eine »Gesellschaft für Geistesgeschichte« (Erlangen, Vorsitz: H. J. Schoeps).

HSt

Geistliche Dichtung, ↗ geistl. Epik, ↗ geistl. Lyrik, ↗ geistl. Spiel, ↗ Geistlichendicht., ↗ Antichristdichtung, ↗ Deutschordensdichtung, ↗ Messiade, ↗ Patriarchade.

Geistliche Epik, ep. Darstellung der christl. Heilsgeschichte und anderer kirchl. Überlieferungen (v. a. ↗ Legenden). Reicht von naiver

Erzählung über typolog. Betrachtung bis zur scholast.-theolog. Behandlung von Einzelfragen, spiegelt die jeweiligen geschichtl. Strömungen der christl. Kirche wider. – Bereits am Anfang der dt. Literatur stehen zwei große geistl. Epen, die im Dienste der damaligen Laienmissionierung die Heilsgeschichte gestalten: in german.-hero. Sicht der »Heliand« (9. Jh., in Stabreimversen), in gelehrt-theolog. Sicht die ↗ Evangelienharmonie Otfrieds von Weißenburg (9. Jh., in Reimversen). Ausschnitte aus der Heilsgeschichte enthalten kleinere ahd. Gedichte wie »Christus und die Samariterin«. In der frühmhd. Periode (1050–1150) finden sich neben Darstellungen des gesamten Heilsplanes, sog. Summen (»Summa theologiae«, »Anegenge«), religiös-didakt. Geschichtsdichtungen (»Annolied«, »Kaiserchronik«) und Bibelnachdichtungen (z. B. die Werke der Frau Ava, vgl. ↗ Bibelepik, ↗ Reimbibel), ferner meist cluniazens. gefärbte, gereimte Buß- und Sittenpredigten, eschatolog Visionen, lyr.-ep. Sündenklagen (Heinrich von Melk, Armer Hartmann). – Nach diesen Perioden der Sicherung des Glaubens trat in den folgenden Jh.en die g. E. hinter der reichen weltl.erzähler. Literatur (höf. Epik) zurück: es entsteht aber weiterhin eine reiche Zahl von Legendendichtungen, bes. Marienleben (↗ Mariendichtung) und Heiligenviten, die formal und themat. oft die Grenzen zur weltl. Epik durchbrechen, v. a. wenn ihre Verfasser keine Geistlichen waren wie Heinrich von Veldeke (»Servatius«), Konrad von Fußesbrunnen (»Kindheit Jesu«), Hartmann von Aue (»Gregorius«), Konrad von Würzburg (Legenden) u. a. Sie werden seit Ende des 13. Jh.s in großen Legendenkompendien gesammelt (z. B. im »Passional«). Die g. E. der ↗ Deutschordensdichtung ist wie die frühmhd. Dichtung nochmals durch das Streben nach Totalität in der Darstellung relig. Zusammenhänge in der Bibelepik (Tilo von Kulm) und in eschatolog. Werken (Heinrich von Hesler) charakterisiert. Seit *Humanismus und*

Reformation wird die kirchl.-dogmat. g. E. weiter zugunsten einer allgemein religiösen, persönl. bestimmten Bekenntnisliteratur zurückgedrängt, sie ist in den folgenden Jh.en meist Zweckdichtung für Seelsorge und christl. Glaubensstärkung, d. h. ↗ Erbauungsliteratur. Als letzte großangelegte, dichter. gestaltete Heilspläne können die vielgelesenen und übersetzten Glaubenszeugnisse des Protestantismus (Du Bartas Alexandrinerepos »La Semaine ou Création du monde« 1578; dt. »Erste Woche«, 1631), bedingt Miltons Blankversepos »Paradise Lost« (1667; dt. 1682 »Das verlustigte Paradies«), Bunyans Prosa-›Roman‹ »The Pilgrim's Progress« (1678; dt. »Die Pilgerreise«, 1853) gelten. Die Grenzen zur religiösen Dichtung werden *in der Neuzeit* immer offener, wie etwa Klopstocks Hexameterepos »Der Messias« (1748–73) zeigt. ↗ Antichristdichtung, ↗ Patriarchade, ↗ Messiade. S

Geistliche Lyrik

Geistliche Lyrik, gestaltet christl. dogmat. Glaubensinhalte im Unterschied zu religiöser Lyrik, die individuelles relig. Erleben auch außerhalb der Dogmatik gestaltet, die Grenzen zwischen den beiden Gattungen sind jedoch fließend. – Entscheidend für die volkssprachl. Entwicklung ist die lat. g. L. (↗ Hymne, ↗ Sequenz, ↗ Conductus, ↗ Cantio); nach ihrem Vorbild entstehen (z. T. als Nachdichtungen) die ahd. u. frühmhd. Gebete, Heiligenpreislieder (auf Gallus, Petrus, Georg, 9. Jh.), Marienhymnen (frühestes Zeugnis: Melker Marienlied, 1140), poet. Heilslehren (»Ezzolied«, 1060), Sündenklagen und v. a. der stroph. ↗ Leis, im Spät-MA. vielfach auch als ↗ Kontrafakturen weltl. Volkslieder. – Neben diesen formal einfacheren Formen entstand, etwa parallel zum ↗ Minnesang, oft von denselben Verfassern, eine anspruchsvollere *geistl. (Kunst-)lyrik*, z. B. der relig. ↗ Leich, Marienlyrik, Kreuzzugslyrik (F. v. Hausen, Walther v. d. Vogelweide), geistl. ↗ Spruchdichtung (Reinmar v. Zweter), geistl. Tagelieder (Peter v. Arberg, 14. Jh.)

Rilke: »Das Stundenbuch«

und meistersingerl. Strophen geistl. Inhalts (Frauenlob, um 1300, Mönch v. Salzburg, 14. Jh.). – Diese Tradition einer geistl. Kunst-Lyrik wird auch in Humanismus und Renaissance weitergeführt, jedoch tritt (bedingt durch neue religiöse Seh- und Erlebnisweisen) bei den bedeutenden Lyrikern neben den dogmat. Aspekt stets auch subjektive Empfindung – die eigene Individualität -, so im Barock (A. Gryphius, P. Fleming, P. Gerhardt auf protestant., D. Czepko, F. v. Spee, Angelus Silesius auf kath. Seite), im Pietismus (Zinzendorf, Tersteegen), bei Gellert, Klopstock, Novalis (»Geistl. Lieder«, 1802), C. Brentano (»Romanzen vom Rosenkranz«, entst. 1809/10) oder A. von Droste-Hülshoff (»Das geistl. Jahr«, 1851). – Weitere Verbreitung fand seit dem Barock eine der ↗ Erbauungsliteratur zuzurechnende g. L., die entweder volkstüml. Liedformen benutzte (Versifizierungen von Glaubensartikeln, Psalterbearbeitungen) oder den jeweils zeittyp. Formenschatz der weltl. Lyrik adaptierte, so bes. im Barock und wieder im 19. Jh. (Ch. Sturm, Ch. v. Pfeil, A. Knapp, Ph. Spitta, v. a. K. Gerock, »Palmblätter«, 1857 u. J. Sturm, »Fromme Lieder«, 1852–1892 u. a.). – Nach Formen unverbindl. ästhetisierender relig. Stimmungslyrik (Rilke, »Stundenbuch«, 1905) entstand etwa seit 1930 wieder eine überpersönl. Aussagen anstrebende g. L.: auf protestant. Seite (bekennende Kirche) von R. A. Schröder (»Geistl. Gedichte«, veröff. 1949), J. Klepper (»Kyrie. Geistl. Lieder«, veröff. 1950), D. Bonhoeffer u. a., auf kath. Seite von G. v. Le Fort (»Hymnen an die Kirche«, 1924), R. Schneider (»Sonette«, 1939, 1946, 1954), W. Bergengruen (»Dies irae«, gedr. 1945). – Wichtigster Zweig der g. L. ist der von M. Luther geschaffene Gemeindegesang für den Gottesdienst, das ↗ Kirchenlied, das als eigenständ. Schöpfung der dt. Literatur gilt. IS

Geistlichendichtung, literaturwissenschaftl. Sammelbez. für die Dichtung v. a. des frühen MA.s, die vorwiegend von Angehörigen des geistl. Standes in Klöstern verfasst wurde. Sie war zum größten Teil geistl. Dichtung; Kleriker gestalteten aber auch vereinzelt bereits weltl. Stoffe, vgl. in lat. Sprache »Waltharius« (vermutl. von dem St. Galler Mönch Ekkehard I., 10. Jh.) u. »Ruodlieb« (11. Jh.), in dt. Sprache das »Alexanderlied« des Pfaffen Lamprecht oder das »Rolandslied« des Pfaffen Konrad (beide 12. Jh.).   S

Geistliches Drama ↗ geistliches Spiel.

Geistliches Spiel, das im Rahmen der kirchl. Liturgie entstandene ↗ Drama des europ. MA.s, das den Gläubigen christl. Heilsgeschehen in dramat. Gestaltung vorführt. *Entstehung:* das g. Sp. ist wie das Drama der Antike kult. Ursprungs; es entwickelt sich seit dem 10. Jh. im Rahmen kirchl. Feiern aus dem ↗ Tropus. Der *Ostertropus,* der den Gang der Marien zum Grabe gestaltet, bildet dabei, aufgrund seiner dialog. Gliederung in *interrogatio* (Frage) und *responsio* (Antwort), den Ausgangspunkt für die Entstehung des ↗ *Osterspieles,* das im Laufe der Zeit, durch Einbeziehung anderer Szenen der Ostergeschichte, zu einem relativ umfangreichen Drama ausgestaltet wird (Blütezeit im 13. Jh.). – Ostertropus und Osterspiel sind zugleich Vorbilder für einen *Weihnachtstropus* (11. Jh.) und das daraus entstehende ↗ *Weihnachtsspiel* (13. Jh.), dessen Kern die Hirtenszene bildet. Auch das ↗ *Passionsspiel* entwickelt sich aus dem Osterspiel durch Einbeziehung der Leidensgeschichte Christi in die Darstellung des österl. Heilsgeschehens. Andere Formen des g. Sp.s bilden sich im Rahmen von Prozessionen heraus. – Der zunehmende Umfang der Spiele und ihre wachsende Verselbständigung im Rahmen der liturg. Feier führen im 14. Jh. zur Verlegung des g. Sp.s aus der Kirche auf Marktplätze und in weltl. Säle. Gleichzeitig setzt sich die Volkssprache an Stelle des Latein durch. Träger der Spiele ist fortan nicht mehr der Klerus, sondern die Bürgerschaft der Städte (↗ Passionsbruderschaften). Realist., oft drast. Spiel tritt an die Stelle symbol. Vergegenwärtigung von Heilswahrheiten in der Liturgie. In den letzten Entwicklungsphase des g. Sp.s (15./16. Jh.) nehmen die Aufführungen der z. T. Tausende von Versen umfassenden Stücke oft mehrere Tage in Anspruch; sie werden von einer Vielzahl von Akteuren getragen; Massenszenen wechseln mit Soloszenen; die Gemeinde der Gläubigen ist, durch Chorgesang und Gebet, in die Aufführung miteinbezogen. In Gestalt dieser »Bürgerspiele« gehört das g. Sp. zu den eindrucksvollsten Leistungen der städt. Kultur des Spät-MA.s. – *Typ.* Bühnenform ist, seit der Verlegung der Spiele aus der Kirche, die ↗ *Simultan (-Raum-) Bühne*, bei der die verschiedenen Schauplätze an verschiedenen Stellen etwa des Marktplatzes aufgebaut sind, wobei dann Akteure und Zuschauer gemeinsam von Szene zu Szene ziehen. Ein *Praecursor* eröffnet und beschließt die Aufführung durch eine Ansprache an die Gemeinde; auch kommentierende Zwischenreden, die in der Regel mit einer Aufforderung zum Gebet schließen, sind belegt. Mit dem Übergang zur Nationalsprache war auch der Weg für *nationale Sonderentwicklungen* geebnet, die vorher nur in Ansätzen mögl. waren, z. B. in Deutschland der lat. »Ludus de Antichristo« 1160 (vgl. ↗ Antichristdichtung, ↗ Weltgerichtsspiel). Die bedeutendste Form des spätmal. g. Sp.s in *Deutschland* ist das ↗ Passionsspiel, das, meist über den Rahmen der Passions- und Ostergeschichte hinausgreifend, die ganze christl. Heilsgeschichte des AT und NT von der Schöpfung über den Sündenfall bis zur Erlösung durch Christi Tod und Auferstehung dramat. vorstellt. In *England* hat das g. Sp. umfangreiche Zyklen hervorgebracht. Hauptgattungen sind das ↗ *Fronleichnamsspiel* und die ↗ *Moralität* (seit der Mitte des 14. Jh.s), in deren Mittelpunkt das Ringen guter und böser Mächte (Tugenden und Laster, Engel und Teufel) um die Seele des Menschen steht. – In *Frankreich* setzt die nationale Sonderentwicklung bereits sehr früh ein (12. Jh.: anglo-normann. Adamsspiel; um 1200: Niklasspiel des J. Bodel). Charakterist. für die spätere Zeit ist in Frankreich das ↗ *Mysterienspiel*, das verschiedene Stoffe des AT, des NT und der Heiligenlegende gestaltet; neben anonymen Schöpfungen, vergleichbar den dt. und engl. Spielen, finden sich Werke individueller Dichterpersönlichkeiten (J. Bodel, E. Marcadé, A. Gréban, J. Michel). Sonderformen des Mysterienspiels stellen die pantomim. *mystères mimés* und die ↗ *lebenden Bilder* dar. – Ähnl. bietet

sich das g. Sp. in den *Niederlanden* dar. Wichtigste Gattungen sind hier das ↗ *Mirakelspiel* und das allegor. *Zinnespel* (↗ Moralität); den frz. *mystères mimés* entsprechen die sog. *stommen spelen*. – *Italien* nimmt an der europ. Entwicklung des g. Sp.s vom lat. liturg. Drama zum umfangreichen volkssprachl. »Bürgerspiel« des Spät-MA.s nicht teil. Träger des it. g. Sp.s sind bis ins 15. Jh. geistl. Bruderschaften. Wichtigste Gattungen sind die ↗ *Lauda (drammatica)*, ein Prozessionsspiel, das sich aus (balladenartigen) Liedern, die bei Prozessionen gesungen wurden, durch Dialogisierung zu kleinen dramat. Szenen entwickelte, und die *Devozione*, ein ↗ Predigtspiel, das der Ausschmückung von Predigten durch lebende Bilder und kurze szen. Dialoge diente. Erst im 15. Jh. entsteht dann, durch Einbeziehung von Lauda drammatica und Devozione in städt. Festlichkeiten, die ↗ *Sacra rappresentazione*. Charakterist. für diese szen. Darstellungen von Episoden aus bibl. Geschichte und Heiligenlegende ist die prunkvolle Realisierung. – Bedeutendste Gattung des g. Sp.s in *Spanien* ist das ↗ *Auto sacramental*, ein Fronleichnamsspiel, dessen Blüte allerdings erst ins 16. und 17. Jh. fällt (Lope de Vega, Tirso de Molina, Calderón). – Durch Renaissance und Humanismus (Entstehung neuer Dramenformen im Anschluss an das röm. und griech. Drama) und durch die Reformation (Luther lehnt das g. Sp. aufgrund seines liturg. Charakters ab) wird das g. Sp. im Laufe der 1. Hälfte des 16. Jh.s mehr und mehr verdrängt, nur in streng kathol. Gebieten kann es sich noch längere Zeit halten, so im Spanien der Gegenreformation bis ins 18. Jh.; vereinzelt hat es bis in die Gegenwart überdauert (Oberammergauer Passionsspiele, seit 1634). *Einflüsse des g. Sp.s* im 16./17. Jh. zeigen v. a. das protestant. ↗ *Schuldrama* und das ↗ *Jesuitendrama* sowie die sog. *Rede-Oratorien* des Nürnbergers J. Klaj (»Höllen- und Himmelfahrt Jesu Christi«, 1641). Die v. a. im 17./18. Jh. beliebte musikal.-dramat. Gattung des *Oratoriums* einschließl. der oratorischen *Passion* hängt entstehungsgeschichtl. mit dem g. Sp. des MA.s zusammen. Die seit der Romantik (Z. Werner) mehrfach unternommenen Versuche, das g. Sp. des MA.s im Sinne einer formalen Alternative zum neuzeitl. Kunstdrama zu erneuern, waren nur z. T. erfolgreich (H. v. Hofmannsthal, »Jedermann«, 1911; »Das Salzburger Große Welttheater«, 1922; P. Claudel, »Le soulier de satin«, 1930; C. Orff, »Comoedia de Christi Resurrectione«, 1956, »Ludus de Nato Infante Mirificus«, 1960, »Comoedia de Fine Temporum«, 1973).   K

Gelegenheitsdichtung, Sammelbez. für literar. Werke, die zu bestimmten öffentl. oder privaten Anlässen (oft als Auftragsdichtung) verfasst werden; gehört zur Zweck- und ↗ Gebrauchsliteratur. Oft auch künstler. von ephemerer Bedeutung, blieb G. vielfach ungedruckt. – G. ist z. B. die ↗ Hofdichtung seit dem Hellenismus (bis zu heutigen Relikten wie dem engl. ↗ poeta laureatus), speziell die ↗ Herolds- und ↗ Pritschmeisterdichtung des MA.s und der frühen Neuzeit. *Blütezeiten der G.* waren Renaissance und Barock, wo sie, abweichend vom heutigen Dichtungsverständnis, der ›hohen‹ Dichtung zugezählt und als eigene Gattung theoret. begründet wird, so von J. C. Scaliger (1561) und, ihm folgend, u. a. von M. Opitz (Buch von der dt. Poeterey, 1624), der sie, unter dem Einfluss Quintilians, wegen ihrer Formen- und Themenvielfalt als »Silven oder Wälder« bez. (Kap. V). Charakterist. für die *barocke G.* sind prunkvoll rhetor. (Vers)sprache, mytholog. Bildschmuck, Verwendung des traditionellen Arsenals von (Lob-, Schmerz-, Freuden- usw.) Topoi, allegor. Einkleidung. Vielfältig wie die Anlässe sind die Formen der G., die vom knappen Epigramm über Sonette und Oden bis zum allegor. Epos und Festspiel reichen können. Bedeutende G. schufen u. a. Fleming, Rist, Weckherlin, J. Chr. Günther. – Bereits Opitz sah jedoch im oft »närrischen Ansuchen« der Auftraggeber und den größtenteils schablonenhaften G.en eine Gefahr für die »Würde der Poesie«. Mit dem Wandel des Dichtungsbegriffes in der Goethezeit, mit dem neuen Selbstverständnis des Dichters und der sich vom Hof emanzipierenden bürgerl. Gesellschaft verlor die G. an Bedeutung. Zwar hat gerade Goethe eine Reihe von G.en geschaffen (z. B. »Mit einer Zeichnung«, »Des Epimeni-

des Erwachen«), den Begriff aber später auf die gesamte lyr. Dichtung ausgedehnt (zu Eckermann, 18.9.1823: die Wirklichkeit liefere den speziellen Stoff, den der Dichter allgemein, d. h. symbol. und poet. behandle).   KT

Geleit, dt. Bez. für provenzal. ↗ Tornada, afrz. ↗ Envoi; eingeführt von F. Diez (»Die Poesie der Troubadours«, 1826): Schluss- und Widmungsstrophe eines mal. provenzal. oder afrz. Liedes. In mhd. Lyrik finden sich dazu nur ungefähre Entsprechungen, z. B. bei Hausen; Walther v. d. Vogelweide; Neidhart, Winterlied.   S

Gelfrede [ahd., mhd. gelf, gelph, n. = lautes Tönen, Übermut, Spott, Hohn]. Spott-, Trutz- oder Reizrede; gehörte (wie auch in der gr. Antike) nach german. Sitte zum rituellen Kampfvorspiel. Bis in mhd. Zeit häufig als Topos bei Kampfdarstellungen, z. B. im »Hildebrandslied« (um 800), »Waltharius« (10. Jh.), im »Nibelungenlied«. Vgl. ↗ Streitgedicht.   S

Gemäldegedicht ↗ Bildgedicht.

Gemeinplatz, deutsche Übersetzung (Wieland 1770) für lat. *locus communis:* allg. bekannter, unbezweifelter Satz oder Ausdruck, heute meist als nichtssagende Redensart (Phrase, Floskel) negativ bewertet.   GMS

Geminatio, f. [lat. = Wiederholung], ↗ rhetor. Figur: unmittelbare Wiederholung eines Satzteiles (Wort, Wortgruppe). Dabei wird unterschieden die Wiederholung eines Einzelwortes (auch *iteratio* oder *duplicatio*), z. B. »Rückwärts, rückwärts, Don Rodrigo« (Herder, »Cid«) oder einer Wortgruppe (auch *repetitio*), z. B. »Mein Vater, mein Vater, jetzt fasst er mich an« (Goethe »Erlkönig«); drei- und mehrfache Wiederholung (z. B. »Röslein, Röslein, Röslein rot«) wird auch als *epizeuxis* bez. Vgl. dagegen ↗ Epanalepsis (Wiederholung mit Abstand).   S

Genera dicendi, n. Pl. [lat., = die Arten des Ausdrucks] die 3 Stilarten, die die lat. ↗ Rhetorik im Hinblick auf den unterschiedl. Grad der

Verwendung schmückender Stilmittel (↗ Ornatus) wie ↗ rhetor. Figuren und ↗ Tropen theoret. unterscheidet: *genus humile* (niederer Stil), *genus mediocre* (mittlerer Stil), *genus grande* (hoher Stil). – Die antike Theorie (z. B. Cicero) ordnet die 3 g. d. nach den 3 potentiellen Absichten einer Rede: das schmucklose *genus humile* dient vor allem sachl. Belehrung *(docere)*, das *genus mediocre* in erster Linie der Unterhaltung *(delectare)*, das hochpathet. *genus grande* dagegen der emotionellen Rührung *(movere)*. Da die drei Absichten der Rede in der Regel zusammenwirken sollen, fordert die antike Rhetorik die Mischung der 3 Stilarten; ihre prakt. Unterscheidung wird dadurch so gut wie unmöglich. – In der mittelalterl. Rhetorik werden die 3 Stilarten ständisch interpretiert. Das von Galfredus de Vino Salvo (um 1200) und Johannes de Garlandia (13. Jh.) entwickelte mnemotechn. System der *rota Vergiliana* (Rad des Vergil) bezieht die 3 g. d. (ohne eigentl. sachl. Berechtigung) auf die 3 Hauptwerke des Vergil (*genus grande*: »Aeneis«, *genus mediocre*: »Georgica«, *genus humile*: »Bucolica«) und leitet daraus eine ständische Zuordnung (*genus grande: miles* = Adelskrieger, *genus mediocre: agricola* = Bauer, *genus humile: pastor* = Schäfer) ab. Weiter gehören nach diesem System zu den 3 Stilarten charakterist. Tätigkeiten (Krieg führen und herrschen – das Land bebauen – die Muße der Hirten), symbol. Requisiten (Schwert – Pflug – Hirtenstab), Lokalitäten (Burg – Acker – Weide), Tiere (Ross – Rind – Schaf), Bäume (Lorbeer – Obstbaum – Feigenbaum) usw. – Eine abweichende ständ. Deutung der 3 g. d. findet sich zuerst bei Eberhardus Alemannus (13. Jh.); er ordnet die 3 Stilarten den 3 Ständen zu: *curiales* (höf. Oberschicht), *civiles* (städt. Bürgertum) und *rurales* (Landvolk). In dieser Verbindung spielt die Drei-Stil-Lehre vor allem in der Poetologie der Renaissance und des Barock eine dominierende Rolle, vgl. die Poetik des ↗ Dramas, die die einzelnen dramat. Gattungen nach ständ. und stilist. Gesichtspunkten unterscheidet: ↗ Tragödie: spielt in fürstl. Kreisen, formale Kennzeichen entsprechend das *genus grande* und der hochpathet. ↗ Alexandriner; ↗ Komödie: spielt in den unteren Schichten der Gesellschaft, entsprechend *genus humile* und vulgäre Prosa; eine Mittelstellung zwischen beiden Gattungen nimmt das bürgerl. Drama ein, das (von Gryphius' »Cardenio und Celinde« abgesehen) in dt. Sprache zuerst bei Ch. Weise voll ausgeprägt erscheint: *genus mediocre*, weltläufig-elegante Prosa; ähnl. wird im ↗ Roman des 17. Jh.s unterschieden (heroischer Roman – pikar. Roman; zwischen beiden Gattungen steht der bürgerl. »polit.« Roman Ch. Weises). Im Laufe des 18. Jh.s verliert das System der lat. Rhetorik und damit auch die Lehre von den 3 g. d. im Zuge einer Neuorientierung der Poetik ihren Einfluss auf Poetologie und Literatur.   K

Generation von 98 (Generación del 98), von Azorín (d. i. José Martínez Ruiz) 1913 geprägter Name für eine polit.-literar. Gruppe span. Schriftsteller, die im Rahmen einer allgemeinen polit.-nationalen Erneuerungsbewegung nach dem verlorenen Kubakrieg (1898: Verlust der letzten übersee. Kolonien) eine nationale Regeneration Spaniens durch Wiederanschluss an die geist. Entwicklungen Europas erstrebten. Die Werke ihrer (verschiedenen polit. Richtungen angehörenden) Vertreter sind gekennzeichnet durch intensives polit. Engagement und das Bemühen, die Selbstbesinnung auf span. Landschaft, Geschichte und Literatur mit europ. Traditionen zu verbinden, um so die Isolation Spaniens gegenüber Europa abzubauen, ohne die nationalen Eigenwerte preiszugeben. Die G. ist stark beeinflusst von den Werken der russ. Realisten, der skandinav. Naturalisten und der dt. Philosophie (bes. A. Schopenhauer und F. Nietzsche). Hauptvertreter neben Azorín sind M. de Unamuno, R. de Maeztu, P. Baroja, A. Machado y Ruiz, R. Menéndez Pidal.   RG

Género chico, n. [xenero 'tʃiko; span. = kleine Gattung], zus.fassende Bez. für kurze (einakt.) volkstüml.-burleske, zumeist musikal.-dramat. Formen des span. Theaters des 19. Jh.s; umfasst sowohl die einakt. ↗ Zarzuela, Schwänke, das komprimierte Melodram, v. a. aber das in den Madrider Cafétheatern gegen 1870 wiederbelebte, bes. populäre ↗ Sainete mit Schilderungen des Madrider Volkslebens mit Gedicht-, Lied- (Couplet-) und Tanzeinlagen. Beispiele sind u. a. die »Cuadros al fresco« (1870; Bilder eines Madrider Morgens und seiner Zwischenfälle) von Tomás Luceño;»La Verbena de la Paloma« (1894) von R. de la Vega/T. Bréton;»La boda de Luis Alonso« (1899) von J. de Burgos/J. Giménez/J. Lopez Silva, ferner die zahlreichen Sainetes und Zarzuela-Libretti von C. Arniches y Barrera und den Brüdern J. und S. Álvarez Quintero. – Das g. ch. erfreute sich außerordentl. Beliebtheit bis etwa 1910/20. Mehr als zehn Madrider Theater pflegten ausschließl. diese Gattung. V. a. das sozial engagierte Nachkriegstheater ist dem g. ch. verpflichtet.   HR

Genethliakon, n. [gr. Genethlios = die Geburt betreffend], antikes Gedicht zur Feier der Geburt eines Kindes oder eines späteren Geburtstages, das in freier Versform bestimmte Topoi und myth. Bezüge variiert. Bezeugt in hellenist. Zeit, voll entwickelt bei den Römern, z. B. Tibulls G. auf den Geburtstag seines Freundes Cornutus oder den der Dichterin Sulpicia, Ovids G. auf den eigenen Geburtstag oder den seiner Frau.   S

Geniezeit, auch Genieperiode, geistesgeschichtl. und literar. Bewegung in der zweiten Hälfte des 18. Jh.s, die in der krit. Auseinandersetzung mit dem Rationalismus der Aufklärung und der absolutist. Gesellschaft ein neues irrationales Lebensgefühl entwickelt und im Genie die höchste Form menschl. Totalität erblickt. Die Geniebewegung wirkt auf alle Bereiche der Kultur; sie hat ihren Höhepunkt in der Literatur des ↗ Sturm und Drang, beeinflusst nachhaltig die dt. ↗ Romantik, wirkt in F. Nietzsches Philosophie des Übermenschen weiter und wird in der ersten Hälfte des 20. Jh.s durch das Interesse am Pathologischen Gegenstand wissenschaftl. Pathographie (W. Lange-Eichbaum; G. Benn »Das Genieproblem«) oder einer die abgelaufene Epoche krit. durchleuchtenden künstler. Auseinandersetzung (Th. Mann,»Doktor Faustus« 1947). Der *Begriff* ›Genie‹ (nach lat. genius = Geist, Schutzgeist oder ingenium = Natur, Be-

gabung) wird aus dem Franz. in der Bedeutung ›genialer Mensch‹ übernommen, verdrängt allmählich den ›witzigen Kopf‹ und setzt sich gegen den Widerstand der Aufklärer (z. B. J. Ch. Gottsched) um 1750 durch. Entscheidenden Einfluss auf die Begriffsentwicklung nimmt in Frankreich D. Diderot. Das Genie ist für ihn der göttl. Begeisterung fähig, der Natur verwandt und mit einem schöpfer. Vermögen begabt, das keiner leitenden Regeln bedarf. Aus England wirken die Ideen J. Addisons, der die Phantasie über die Vernunft stellt, E. Youngs, der die Freiheit und Originalität der schöpfer. Persönlichkeit fordert, und vor allem Shaftesburys kosmolog.-ästhet. Persönlichkeitsphilosophie, nach der sich der den Kosmos durchwaltende göttl. Genius im schöpfer. Enthusiasmus (im Einklang mit der göttl. Natur) zu offenbaren vermöge. Das Genie wird ins Göttl. erhoben, zur »zweiten Gottheit«. Prometheus, der »second maker ... under Jove«, wird zum zentralen Symbol dieser Genietheorie. – Vorbereitet durch den ↗ Pietismus, findet der neue Irrationalismus und Subjektivismus des Gefühls Eingang in die Philosophie und ästhet. Theorie J. G. Hamanns, A. G. Baumgartens, M. Mendelssohns und J. G. Sulzers. Im Streit um die Regelbindung der Dichter ergreifen Ch. F. Gellert, G. E. Lessing, J. J. Bodmer und J. G. Herder Partei für das Genie, das nicht Mustern folge, sondern selbst Muster schaffe (↗ Poetik). Die Auffassung von der Gottähnlichkeit des Genies ist Allgemeingut, wird aber besonders von J. K. Lavater hervorgehoben. – Schöpfer. Tatmenschentum und schrankenloser Individualismus, Gefühls- und Freundschaftskult, Naturschwärmerei und exzessive Sinnlichkeit, wodurch die Dichtergeneration der G. sich bewusst vom Philister unterscheiden will, prägen ihren Lebensstil wie Inhalt und Stil einer vorwiegend dramat. Dichtung. Goethe, J. M. R. Lenz, F. M. Klinger, Friedr. (Maler) Müller, H. L. Wagner, J. A. Leisewitz und F. Schiller gehören zu den Hauptvertretern der ›Original- oder Kraftgenies‹, die in Homer, Ossian, Shakespeare und der Volksdichtung den Inbegriff genialer Naturdichtung verwirklicht sehen. Die Betonung der Naturhaftigkeit und der individuellen Freiheit führt nicht nur im Bereich der Kunst zur Ablehnung jegl. einschränkender Fesseln: Die junge Generation der G. begehrt in revolutionärer Gesinnung gegen die bürgerl. Ordnung auf, scheitert aber (z. T. tragisch) an der Übermacht der bestehenden Verhältnisse oder flüchtet in eine ideal vorgestellte Vergangenheit, in der sie mit J. J. Rousseau einen ursprüngl. guten Naturzustand verwirklicht sieht. In der dt. Geistesgeschichte bedeutet die G. den endgültigen Durchbruch des Bürgertums als kulturtragender Schicht. Kulturmorpholog. weist sie alle charakterist. Züge einer Jugendbewegung auf. KT

Genrebild, n. [ʒãr; frz.], literar. Form- und Gattungsbegriff, am Ende des 18. Jh.s von Frankreich aus der Fachsprache der Maler übernommen, die damit typ. Darstellungen von Landschaften, Menschen, Tieren usw. meinten, deren Gruppierung jeweils den Eindruck einer alltägl., selbstgenügsamen und unschuld. Welt im kleinen hervorrufen sollte. Daher zielt der Begriff G. *in der Lit.wissenschaft* meist auf idyll. heitere, jedenfalls aber sentimental als (moral.) rührend empfundene szen. Darstellungen (vgl. z. B. Episoden in A. v. Hallers »Alpen«, Goethes »Werther« [die brotschneidende Lotte] oder »Hermann und Dorothea« u. a.). So sicher man auf diese Weise weite Bereiche der dt. Lit. bes. des 18. Jh.s durch die Bez. ›G.‹ zu kennzeichnen vermochte, so umstritten blieb oft seine Anwendung auf spätere Literatur (z. B. auf H. v. Kleists »Zerbrochenen Krug« oder bestimmte Romane Fontanes), deren Intention und Leistung er unzulässig zu verengen droht. ↗ Bild, ↗ Idylle. HD

Genres objectifs, m. Pl. [ʒãːr ɔbʒɛkˈtif, frz. = objektive Gattungen], auf Alfred Jeanroy zurückgeführter Begriff für mal. Strophenlieder mit erzählendem, berichtendem Inhalt, in denen Handlungen oder Gefühle von Rollenfiguren (↗ Rollenlyrik) dargestellt sind – im Unterschied zu Liedgattungen, welche durch subjektive Autor-Äußerungen oder Aussagen eines lyr. Ichs geprägt sind (welche unter dem

Gegenbegriff ›genres subjectifs‹ zusammengefasst werden können). – Zu den g. o. zählen in der prov./afrz. Lyrik ↗ Alba (afr. Aubade), ↗ Pastorelle, ↗ Chanson de toile, ↗ Virelai, Monologue de mal mariée; in der mhd. Lyrik v. a. ↗ Wechsel, ↗ Tagelied, Frauenmonolog, ↗ Erzähllied, Mutter-Tochter- und Gespielinnen-Gesprächslied. S

Genus grande (oder difficilis), genus mediocre, genus humile ↗ Genera dicendi.

Geonym, n. [gr. ge = Erde, onoma = Name], Sonderform des ↗ Pseudonyms: statt des Verfassernamens steht eine Herkunftsbez., z. B. *von einem Schweizer* für C. F. Meyer (»20 Balladen«, Stuttg. 1864). S

Georgekreis, Kreis von Dichtern, Künstlern und Wissenschaftlern, der sich nach 1890 um St. George sammelte. Der G. war anfangs eine Runde gleichaltriger und gleichrangiger Freunde (C. Rouge, A. Stahl, C. von Franckenstein, Karl Bauer, C. A. Klein, R. Perls und P. Gérardy), von denen jedoch George (der von der Kunstauffassung des ↗ Symbolismus, insbes. Mallarmés – den er 1889 kennengelernt hatte – geprägt war) bald als die zentrale Persönlichkeit anerkannt wurde und die sich dessen Anspruch beugten, Erzieher und Führer (›Meister‹) einer geist. Elite von ›Jüngern‹ zu sein. Georges Bemühungen um eine vergeistigte Weltanschauung, seine Ansichten über die geschichtl. und geistesgeschichtl. Bedeutung einzelner hervorragender Gestalten und sein formstrenger Sprachstil prägten die literar. und wissenschaftl. Produktion des Kreises. Dem G. gehörten neben K. Wolfskehl Dichter an wie H. von Heiseler, E. Hardt, K. G. Vollmoeller; L. Derleth stand ihm nahe; H. von Hofmannsthal und M. Dauthendey waren Mitarbeiter des Organs des G.es, der »Blätter für die Kunst« (1892–1919, begr. von George und C. A. Klein), entzogen sich aber dem Führungsanspruch Georges. Mitglieder des G.es waren weiterhin die Maler M. Lechter und L. Thormaehlen und Wissenschaftler wie K. Hildebrandt, E. Kantorowicz und E. Salin, eine Zeitlang auch L. Klages und v. a. Literaturwissenschaftler wie F. Gundolf, F. Wolters, E. Bertram, M. Kommerell, N. von Hellingrath u. a., die den Anschauungen des G.es großen Einfluss auf das deutsche Geistesleben verschafften.   **GMS**

Georgian poetry [ˈdʒɔːdʒjən ˈpouitri; engl.], Titel einer von E. Marsh 1912–22 herausgegebenen fünfbänd. lyr. Anthologie und seitdem Bez. für die literar. Richtung der darin vertretenen, zur Regierungszeit des engl. Königs George V. (1910–36) wirkenden Dichter, v. a. R. Brooke, W. H. Davies, J. Drinkwater, W. de la Mare, H. Monro, auch D. h. Lawrence, J. Masefield, R. Graves. Hauptkennzeichen der G. p. sind Traditionsverbundenheit in Form und Gehalt, sentimental. Sehnsucht nach dem ländl. Leben, Betonung des typ. Englischen, Abkehr von der Fin de siècle-Stimmung und eine intendierte Publikumswirksamkeit. – Die Bez. wird auch über die in der ursprüngl Anthologie vertretenen Dichter hinaus ausgeweitet auf andere, die in jener Zeit eine ähnl. Stil- und Geisteshaltung zeigten: vgl. die moderne, von J. Reeves herausgegebene Anthologie »G. p.«, 1962, die auch Lyrik von E. Blunden, A. E. Housman, W. Owen u. a. enthält.   **MS**

German. Altertumskunde, Wissenschaft von der Geschichte und Kultur der germ. Stämme und Völker (vor ihrer Christianisierung). – Ihre *Gegenstände* sind die germ. Stämme und ihre Geschichte, ihre wirtschaftl., gesellschaftl., staatl.-polit. Organisation einschließl. der Stammesrechte, ihre Lebensformen, Brauchtum und Sitte, Religion und Mythologie, Dichtung und Kunst und als bes. Forschungszweig die Runologie. – Wichtigste *Quellen der g. A.* sind:
1. Die *Zeugnisse gr. und lat. Historiker, Geographen, Ethnologen*: (1. Jh. v. Chr.: Caesar; 1. Jh. n. Chr.: Plinius d. Ä.; Tacitus, vor allem der Traktat »Germania«; 2. Jh.: Ptolemaeus; 4. Jh.: Ammianus Marcellinus; 6. Jh.: Iordanes; dazu die Werke mittellat. Historiker (Gregor von Tours, 6. Jh.; Paulus Diaconus, 8. Jh.; Saxo Grammaticus, 12. Jh.).
2. *Lat. Kodifizierungen der german. Stammesrechte (Leges Barbarorum)* seit dem 5. Jh. (Le-

ges Visigothorum, Lex Burgundiorum; Lex Salica, Lex Ribuaria; Leges Langobardorum; Lex Alamannorum, Lex Baiuwariorum; Lex Thuringorum u. a.).
3. Einzelne Denkmäler der *angelsächs. Stabreimpoesie* (vor allem das Buchepos »Beowulf«, wohl 8. Jh., überliefert im 10. Jh.) und, als wichtige Quelle für das skandinav. Altertum, weite Teile der *altnord. (altisländ.) Literatur*, insbesondere die ⁊ edd. Dichtung und die umfangreiche Sagaliteratur, ⁊ Saga; (zur Problematik dieser Quellengruppe s. u. ⁊ German. Dichtung). Zu diesen im engeren Sinne philolog.-histor. Quellen kommt
4. der *Wortschatz der german. Stammesmundarten*, der durch die im 19. Jh. von O. Schrader begründete, im 20. Jh. von H. Hirt und H. Krahe ausgebaute linguist.-kulturhistor. Methode als Geschichtsquelle vor allem der vorgeschichtl. Zeit nutzbar gemacht wurde. Eine zweite große Gruppe von Quellen werden
5. durch die *Archäologie* bereitgestellt; archäolog. Funde geben vor allem Aufschluss über Sachgüter des german. Altertums (Anlagen von Häusern, Siedlungen; Transportmittel; Werkstoffe und ihre Verarbeitung; Kleidung, Haar- und Barttracht, Waffen, Schmuck). – *Geschichte:* Die Erforschung des german. Altertums setzt um 1500 im Rahmen des Humanismus ein; sie verdankt ihre Entstehung v. a. dem wachsenden Interesse des aufstrebenden Bürgertums an der Vergangenheit der eigenen Nation. Am Anfang steht die systemat. Sichtung und Auswertung der antiken Quellen (erste Edition: *Beatus Rhenanus*, Rerum Germanicarum libri III, 1531; darauf aufbauend: *J. Turmair*, Chronica von vrsprung, herkomen, vnd thaten der vhralten Teutschen, 1541 und *W. Lazius*, De gentium aliquot migrationibus, sedibus fixis, reliquiis ... libri XII, 1557) und der Leges Barbarorum (Teilsammlung durch *J. Sichardt*, 1530; erste vollständ. Sammlung durch den Niederländer *F. Lindenbrog*, 1613; darauf aufbauend: *H. Conring*, De origine iuris Germanici, 1643). V. a. die skandinav. Forschung, zunächst ausgehend von Saxo Grammaticus (erster Druck 1514), wendet sich dann von der rein philolog. Arbeit ab und der kulturgeograph.-archäolog. Methode zu; Mytho-

logie, Religionsgeschichte und Runenkunde werden in die g. A. miteinbezogen (*Olaus Magnus*, Historia de gentibus Septentrionalibus, 1555, ²1567, *Ole Worm*, Runer seu Danica literatura antiquissima, 1636; ders., Danicorum monumentorum libri VI, 1643); in Schweden entsteht bereits im 17. Jh. ein wissenschaftl. Institut für die Erforschung der nord. Altertümer (1667 Gründung des Antiquitätskollegiums in Uppsala durch *M. G. de la Garde*). – Neue Impulse vermitteln der g. A. die verschiedenen Strömungen der *Romantik*, in Deutschland vor allem die von *F. C. v. Savigny* und *K. F. Eichhorn* begründete *histor. Rechtsschule*, aus der u. a. *J. und W. Grimm* hervorgehen (Dt. Rechtsaltertümer, 1828, ²1854; Dt. Mythologie, 1835, ²1844). Die skandinav. Forschung erhält vor allem durch die Arbeiten von *N. F. S. Grundtvig* (Nordens Mythologi, 1808) und *R. Nyerup* (Historisk-statistik Skildring af Tilstanden i Danmark og Norge, 1803–1806) neuen Aufschwung; in England wirken *H. Weber, J. Jamieson* und *W. Scott* (Illustrations of Northern Antiquities, 1814). Wissenschaftl. Gesellschaften, zahlreiche Zeitschriften und Museen werden gegründet. In der 2. Hälfte des 19. Jh.s erscheinen in der Nachfolge der Romantiker einige systemat. Darstellungen der german. Mythologie und zur Runenkunde (*U. M. Petersen*, Nordisk Mythologi, 1849, ²1863; *K. Simrock*, Handbuch der dt. Mythologie mit Einschluß der altnord., 1853, ⁶1887; *L. Wimmer*, Runeskriftens oprindelse og udvikling i Norden, 1874, dt. 1887). Eine erste Gesamtdarstellung der g. A. gibt *K. Müllenhoff* (Dt. Altertumskunde, 1870–92). – Zu Anfang des 20. Jh.s entsteht ein Reihe von dem Positivismus verpflichteter Handbücher (*F. Kauffmann*, Dt. Altertumskunde, 1913–23; Reallexikon der g. A., hg. von *J. Hoops*, 1911–29 – eine Neubearbeitung erscheint seit 1972). In der 1938 von *H. Schneider* herausgegebenen ›G. A.‹, ²1952, wird der Versuch unternommen, die g. A. als Wissenschaft vom »german. Geist« neu zu begründen: das Interesse gilt der ›eigenwertigen Geisteskultur‹ der Germanen (Grundproblem: »Was ist wesenhaft german.?«) und einem postulierten »klass.« german. Altertum, das dem gr. Altertum als

gleichwertig entgegengesetzt wird. Die Veröffentlichungen aus der Zeit nach 1945 beschränken sich im Wesentl. auf den Bereich der Archäologie (*V. Kellermann*, G. A., 1966).

K

German. Dichtung, Dichtung der german. Stämme, soweit sie nach Inhalt und Form von christl. (kirchl.) Einflüssen frei ist. Sie wurde mündl. tradiert und kann somit nur aus sekundären Quellen erschlossen werden. Da die Christianisierung der einzelnen Stämme und entsprechend die Literarisierung der einzelnen Stammessprachen zu verschiedenen Zeiten stattfand (4.–11. Jh.), ist die erschließbare g. D. nur z. T. gemeingerman.; Sonderentwicklungen bei einzelnen Stämmen sind deutl. erkennbar – dies gilt vor allem für die Dichtung der skandinav. Völker. – Die wichtigsten *Quellen* sind:

1. *Zeugnisse lat. Schriftsteller seit Tacitus*, vereinzelt auch in volkssprach. Literatur des MA.s (knappe Beschreibungen dichter. Praxis bei den german. Stämmen oder mehr oder weniger freie Paraphrasen einzelner Gedichte).

2. Der *Wortschatz* der einzelnen Stammesmundarten (Glossierungen und Interlinearversionen lat. Texte enthalten poetolog. Bez.en für Gattungen, Dichter, Dichten usw.).

3. *Vereinzelte und zufällige Aufzeichnungen mündl. tradierter Texte in literar. Zeit* (z. B. »Merseburger Zaubersprüche«, »Hildebrandslied«). Sie können aber meist nur bedingt als authent. Zeugen g.r D. gelten, da sie oft Spuren christl. Bearbeitung erkennen lassen. Unsicher sind auch

4. die *Rückschlüsse* (v. a. formaler Art) von der teilweise am Vorbild lat. Literatur geschulten rhetor.-stilist. sehr kunstvoll gestalteten *christl.* (!) Stabreimpoesie der Angelsachsen (Blütezeit 7.–10. Jh., überliefert erst im 10. Jh.). Ebenso wenig kann

5. die *altisländ. Dichtung* (Blütezeit der Schriftliteratur 1200–1260) ohne starke Abstriche als verlässl. Quelle für eine g. D. gewertet werden. Sie entsprang einer Rückbesinnung auf kulturelles Erbe der heidn. Zeit im bereits seit 200 Jahren (!) christianisierten Island des 13. Jh.s und hängt zusammen mit einer ›nationalen‹

Opposition gegen die Einbeziehung Islands in das nach westeurop. Vorbild gestaltete ›moderne‹ norweg. Staatswesen. Die altisländ. Literatur des Hoch-MA.s ist in diesem Sinne das Produkt einer romant. Strömung, die ein in der Retrospektive stark idealisierendes Bild der vorchristl. Zeit vermittelt; ihre Initiatoren wie Sæmundr inn fróði und sein Neffe Snorri Sturluson besaßen hohe literar. (lat.) Bildung. – Die Versuche vor allem dt. Germanisten des 19. und 20. Jh.s (W. Scherer, A. Heusler, H. Schneider, F. Genzmer u. a.), unter teilweiser Berufung auf die altisländ. Dichtung des 13. Jh.s eine »klass.« g. D. der Völkerwanderungszeit zu rekonstruieren, sind weder method. noch sachl. genügend abgesichert. Auf Grund der Quellensituation ergibt sich nur ein ungefähres Bild der g. D., ihrer Gattungen und Formen. Zwei *Epochen* müssen dabei unterschieden werden:
1. *Die Dichtung der bäuerl. Urgesellschaft* der gemeingerman. Zeit: sie ist, wie alle primitive Dichtung, anonyme Gemeinschaftsdichtung; mit einem bes. Dichterstand kann für diese Zeit nicht gerechnet werden, da dies die Arbeitsteilung höherer Gesellschaftsstufen voraussetzte; eine gemeingerman. Bez. für den Dichter fehlt. Wichtigste formale Ausprägungen sind das chor. *Lied* (ahd. *leod, altengl. lēoð*, altnord. *ljóð*) und der mit Aufzügen, Bewegungsrhythmen und mim. Gesten begleitete *Leich* (got. *laiks*, ahd. *leich*, altengl. *lāc*, altnord. *leicr*). Bezeugt sind der in den Bereich des bäuerl. Vegetationskults gehörende Kulthymnus, der von diesem nur schwer zu trennende ↗ *Zauberspruch* (wichtigste Zeugnisse: die ahd. Merseburger Zaubersprüche, aufgezeichnet im 10. Jh., dazu eine Reihe altengl. Zaubersprüche und Segensformeln), weiter *Hochzeitsgesänge* (ahd. *hîleich*, mhd. *brûtleich*, altengl. *brȳdlāc*, mhd. *brûtliet*, altengl. *brȳdlēoð* u. a.), *Totengesänge* (ahd. *Sisesang* u. a.), *Schlachtgesänge* (mhd. *wicliet, sigeliet* u. a .; zu dieser Gruppe wurde in der älteren Forschung auch der bei Tacitus bezeugte ↗ *barditus* gestellt) und *Arbeitslieder* (z. B. ahd. *scipleod*). Der Überlieferung des Gemeinschaftswissens dienten *Spruchdichtung, Rätselpoesie, Merkdichtung* aller Art (oft nur in der Form von Namenkatalogen u. ä.); bes. Bedeutung kommt der Merkdichtung auf dem Gebiet der Rechtsüberlieferung zu. – Die sprachl. Form dieser primitiven Gattungen ist, nach den wenigen erhaltenen Texten zu schließen, nicht, wie die Forschung weitgehend annimmt, der Stabreimvers, wie ihn die christl. Dichtung der Angelsachsen benützt, sondern der auch für die älteste Dichtung in anderen Sprachen belegte ↗ Carmenstil. – Mit der Auflösung der bäuerl. Urgesellschaft und der Herausbildung einer adeligen Führungsschicht in der Völkerwanderungszeit erreicht die g. D. eine höhere Entwicklungsstufe:
2. *Die Dichtung der Völkerwanderungszeit:* zu den ›niederen‹ Gattungen der frühgeschichtl. Zeit kommen die ›höheren‹ Gattungen des ep. ↗ *Heldenliedes* und des panegyr. ↗ *Preisliedes.* Im Mittelpunkt beider stehen die Taten einzelner idealtyp. Gestalten. Die unbedingte Wahrung der krieger. Ehre ist das typ. Handlungsmotiv dieser Helden. Gepflegt wurden die heroischen Gattungen an den Adelshöfen; ihre Träger (ahd. *scoph, scof*, altengl. *scop* gegenüber altnord. *scáld*) gehörten als Hofdichter zur Gefolgschaft der Fürsten. Auch die sprachl. Gestalt der neuen Gattungen ist höher entwickelt; die wenigen einigermaßen authent. Zeugnisse (Heldenlieder: »Hildebrandslied«, altengl. »Finnsburglied«; Preislied: ahd. »Ludwigslied« – mit Einschränkung, da bereits christl. geprägt) zeigen offene Formen des Stabreim- und Endreimverses. – Der Bruch, den die Christianisierung und die Anfänge der Schriftliteratur für die g. D. bedeuten, wirkt sich für die einzelnen german. Völker unterschiedl. aus. Am schärfsten ist dieser Bruch in Deutschland. Weniger scharf scheint er *im angelsächs. Bereich* gewesen zu sein, so immerhin Stoffe älterer Heldenlieder zu einem Buchepos (»Beowulf«) verarbeitet wurden und auch altererbte Spruchdichtung und Rätselpoesie literar. Gestalt erhalten – indes mit christl. Tendenz. Stabreimvers im angelsächs. Bereich- und Endreimvers – im hochdt. Raum – finden erst in dieser Epoche der Literarisierung ihre endgültige, ästhet. befriedigende Form. Am längsten lebte die alte Dichtung *in Skandinavien* fort: Die heroischen Gattungen

des Heldenliedes und des Preisliedes werden hier inhaltl. und v.a. formal weiterentwickelt; sie erscheinen in mannigfachen Variationen; Sprossformen wie das ep. Götterlied werden neu gebildet; neu ist hier auch die Gattung der (kurzen) Prosaerzählung, vgl. ↗edd. Dichtung, ↗Skaldendichtung, ↗Sagaliteratur.   K

Germanische ↗Philologie, zusammenfassende Bez. für die Wissenschaft, die sich mit Sprache und Dichtung des german. Kulturraumes, vornehml. der älteren Sprach- und Literaturstufen befasst (vgl. auch ↗german. Altertumskunde), umgreift die wissenschaftl. Disziplinen ↗dt. Philologie (↗Germanistik), engl. Philologie, nord. Philologie.   S

Germanismus, m. [lat. Germanicus = germanisch], Nachbildung einer idiomat. oder syntakt. Eigentümlichkeit des Deutschen in einer anderen Sprache, z.B. sind die »Dunkelmännerbriefe« (Epistolae obscurorum virorum, 1515/17) in satir. Absicht in einem von Germanismen durchsetzten Latein verfasst.   RG

Germanist, Kenner, Lehrender und Studierender der dt. Sprach- und Literaturgeschichte. Bezeichnete bis zur Mitte des 19. Jh.s nur den Erforscher des *german. Rechtes* im Unterschied zum Romanisten, dem Erforscher des röm. Rechtes. G.en in diesem Sinne waren z.B. G. Beseler (»Volksrecht und Juristenrecht«, 1843) und die Interpreten und Editoren german.-dt. Rechtsquellen wie K.G. Homeyer (»Sachsenspiegel«, 3 Bde. 1835–44), K. Freiherr von Richthofen (»Fries. Rechtsquellen«, 1840) u.a. Zur ersten G.en-Versammlung am 24.9.1846 in Frankfurt, die von dem Tübinger Rechtshistoriker A.L. Reyscher angeregt wurde, haben auch Philologen wie die Gebrüder Grimm, L. Uhland, K. Lachmann und Historiker wie G.G. Gervinus und L. Ranke eingeladen. Auf dieser Versammlung wurde dann die Bez. ›G.‹ auf Vorschlag ihres Präsidenten, Jacob Grimm (»Über den Namen der G.en«), auch auf die Erforscher der dt. Geschichte, Sprache und Literatur übertragen. Späterhin wurde die Bez. im allgemeinen Sprachgebrauch (abweichend

von der jurist. Fachterminologie) mehr und mehr auf die heutige Bedeutung eingeengt. S

Germanistik, Wissenschaft von der geschichtl. Entwicklung der dt. Literatur und Sprache; Bez. meist in gleichem Sinne wie dt. Philologie, gelegentl. auch wie ↗german. Philologie gebraucht, bisweilen auch die ↗german. Altertumskunde und selbst die Nordistik (nord. Philologie) umfassend, zeitweise als Wissenschaft von dt. Geist und Wesen beansprucht (vgl. aber ↗Germanist). Nach den Forschungsgebieten wird seit Ende des 19. Jh.s die *Alt-G.* (Sprache und Literatur der Frühzeit und des MA.s) von der *Neu-G.* (Literatur der Neuzeit) unterschieden. Die G. bildete sich (zunächst als ›Dt. Philologie‹ bezeichnet) als *Universitätsdisziplin* in der 1.Hälfte des 19. Jh.s heraus. Als *unsystemat.* betriebenes *Interessengebiet* einzelner Gelehrter lässt sie sich aber insbes. auf dem Gebiet der german. Altertumskunde zurückverfolgen bis Tacitus. Im Sinne einer dt. Sprach- und Literaturkunde setzt sie im Humanismus (16. Jh.) mit der Erforschung und Publizierung alter Rechts- und Geschichtsquellen ein. Außerdem förderte die Reformation (mit ihrer Hinwendung zu einer Volksbibel) das Interesse an mal. Bibelübersetzungen: vgl. etwa die Ausgabe von Otfrieds »Evangelienbuch« von Matthias Flacius Illyricus (1571) oder seinen »Catalogus testium veritatis« (1562, der einzige Überlieferungszeuge für die beiden dem altsächs. »Heliand« zugeordneten lat. Prologe), oder die Teilausgabe der got. Bibel von Bonaventura Vulcanius (1597). Mit dem Interesse für mal. Textzeugnisse ging das für ältere Sprachformen parallel. Conrad Gessner legt z.B. in seinem »Mithridates« (1555) einen frühen Grundstein für die vergleichende Sprachwissenschaft. Die normierende Tendenz des Buchdrucks förderte aber auch die Beachtung der Gegenwartssprache: Dt. Grammatiken verfassten u.a. V. Ickelsamer (1531), L. Albertus, A. Oelinger (1573) und J. Klaj (1578). Im 17. Jh. wurde die Kenntnis altd. Sprachdenkmäler und jetzt auch der Literatur des Hoch-MA.s durch die Schriften des Schweizer Juristen M.H. Goldast verbreitet. Er publizierte als

Zeugnisse mal. Rechtsauffassung aus der ›Großen Heidelberger Liederhandschrift‹ zum ersten Mal in der Neuzeit Strophen Walthers von der Vogelweide. – Auch Barockdichter wie M. Opitz wurden zur Beschäftigung mit altdt. Literatur angeregt (»Annolied«, 1639). Die erste Gesamtausgabe der got. Bibel veranstaltete der Niederländer Franciscus Junius (1665). Die Sprachkunde empfing wichtige Impulse von den ↗ Sprachgesellschaften: neben den Bemühungen von Opitz (»Aristarchus«, 1617) vgl. v. a. J. G. Schottels »Ausführl. Arbeit von der Teutschen Haubt Sprache« (1663). Eine erste Geschichte der ›dt. Philologie‹ findet sich in J. G. Eccards sprachgeschichtl. Darstellung »Historia studii etymologici linguae Germanicae hactenus impensi« (1711); Eccard gab außerdem u. a. das »Hildebrandslied« (1729) heraus. – Die bis zum Beginn des 18. Jh.s bekannt gewordenen mal. Werke fasst J. Schilter in seinem »Thesaurus antiquitatum Teutonicarum« zusammen (1726–28; enthält u. a. Otfrieds »Evanglienbuch«, Notkers Psalter, das »Rolandslied«); diesem gab er ein »Glossarium Teutonicum« bei. – Unter den Gegenbewegungen gegen die rationalist.-unhistor. Aufklärung gewannen Zeugnisse der Geschichte der nationalen Sprache und Literatur immer stärkere Beachtung, wobei sich das Augenmerk nun mehr von der Frühzeit auf die Literatur des Hoch-MA.s richtete (vgl. die Editionen der Züricher Bodmer und Breitinger aus der sog. Manessischen (Großen Heidelberger) Handschrift »Proben der alten schwäb. Poesie des 13. Jh.s«, 1748, »Sammlung von Minnesingern aus dem schwäb. Zeitpunkte«, 1758, des »Nibelungenliedes«, 1757). Neben dem Minnesang, der auch auf die Dichtung jener Zeit einwirkte (Gleim, »Gedichte nach den Minnesängern«, 1773), interessierte (bes. mit moral.-aufklärer. Motivation) die mal. didakt. Dichtung: Lessing edierte Boners »Edelstein« (1781) und plante, wie Herder, eine Ausgabe des »Renner« Hugos von Trimberg. Ein umfangreicheres Sammelwerk, das den literarhistor. Interessierten Ende des 18. und Anfang des 19. Jh.s die Kenntnis der mal. Literatur des 12.–14. Jh.s vermittelte, stammt von Ch. H. Myller (1782; enthält u. a. Veldekes »Eneit«,

das »Nibelungenlied«, Wolframs »Parzival«, Gottfrieds »Tristan«). – Mit der Beschäftigung mit älteren Literaturepochen ging eine den normativen Regelkanon (bei Gottsched) überwindende krit. Würdigung der neueren Literatur einher, so bei Lessing (»Briefe, die neueste Literatur betreffend«, 1759–60) und v. a. bei Herder (»Über die neuere Literatur«, 1767), der in den »Humanitätsbriefen« u. a. auch eine Geschichte der mal. Dichtung in Umrissen entwarf. Auf dem Gebiete der Sprachforschung ragen in dieser Zeit heraus F. G. Fulda mit dem Versuch einer vergleichenden Grammatik der german. Sprachen (1773) und einer »Sammlung und Abstammung german. Wurzelwörter« (1776) und J. Ch. Adelung, der mit seinem »Versuch eines vollständ. grammat.-krit. Wörterbuches der hochdt. Mundart« (1774–86) eine Forderung erfüllte, die schon Leibniz aufgestellt hatte (fortgeführt von J. H. Campes »Wörterbuch der dt. Sprache«, 5 Bde. 1807/11). Die Romantik führte alle diese Ansätze fort unter dem von Herder aufgezeigten organ. Geschichtsverständnis als dem sichtbaren Wirken eines Volksgeistes. Die Auffassung der Frühzeit als der ursprünglicheren, damit besseren Zeit, dem goldenen Zeitalter, führte in einer Epoche polit. Zerrissenheit zur breiten Beschäftigung mit der eigenen nationalen Vergangenheit, zur Sammlung (Arnim, Brentano), Übersetzung (L. Tieck), zur literarhistor. Überschau (A. W. Schlegel, »Vorlesungen über schöne Literatur«, Berlin 1801/04; F. Schlegel, »Vorlesungen über die Geschichte der alten und neuen Literatur«, Wien 1812; F. Bouterwek »Geschichte der Poesie und Beredsamkeit«, 1817–19) und zur wissenschaftl. Erforschung der einzelnen altdt. Sprach- und Literaturdenkmäler. Den *ersten germanist. Lehrstuhl* hatte F. H. von der Hagen in Berlin inne (seit 1810); seine Editionen (»Nibelungenlied«, 1810, der Minnesinger, 1838, der »Gesamtabenteuer«, 1850) sind als Materialsammlungen z. T. bis heute noch nicht ersetzt. L. Uhland publizierte 1822 die erste umfassende Walther-Monographie. Ihr geist. und method. Fundament erhielten diese Versuche jedoch erst durch die Forscherpersönlichkeiten Jacob und Wilhelm Grimms und Karl

DEUTSCHES

WÖRTERBUCH

...

JACOB GRIMM UND WILHELM GRIMM.

ERSTER BAND
...

LEIPZIG
VERLAG VON S. HIRZEL
1854

Das »Deutsche Wörterbuch«
der Brüder Grimm

Lachmanns. Die Brüder Grimm waren als Schüler Savignys aus der Historischen Schule hervorgegangen, die neben histor. Verstehen v. a. mit exakter Kritik zu einer Gesamtanschauung der german. Geschichte zu gelangen suchte. Bes. J. Grimm wurde von entscheidender Bedeutung für die Begründung einer germanist. Wissenschaft. Ein Markstein in der german. Sprachwissenschaft ist seine »Dt. Grammatik« (1. Aufl. 1819), in der er durch die Entdeckung der Ablautgesetze die dt. Sprache in gesetzmäß. Verbindung mit der german. und indogerman. Sprachentwicklung brachte, Ansätze bei F. Bopp und R. Ch. Rask fortführend, später zusammenfassend dargestellt in seiner »Geschichte der dt. Sprache«, 1848. Ebenso bahnbrechend war die umfassende Konzeption des »Dt. Wörterbuches« (1854 ff.). Wegweisend waren die Brüder Grimm auch auf dem Gebiet der Rechtsforschung (»Dt. Rechtsaltertümer«, 1828, »Weisthümer«, 1840 ff.), der Sagen- und Märchenforschung (»Kinder- und Hausmärchen«, 1812 ff., »Dt. Sagen«, 1816–18, »Dt. Mythologie«, 1835), in ihren Ausgaben zur mittellat., altengl., altnord. (»Edda«), ahd. (»Hildebrandslied«, »Wessobrunner Gebet« u. a.) und mhd. (Hartmann von Aue, Freidank u. a.) Literatur. Sie wirkten als Anreger, Förderer (Schmeller, Benecke) und Organisatoren, jedoch weniger schulebildend als Karl Lachmann. Er übertrug die textkrit. Methode der Altphilologie auf mal. Texte und begründete durch seine bis heute als grundlegend anerkannten Editionen (»Nibelungenlied«, 1826, »Iwein«, 1827, Walther von der Vogelweide, 1827, Wolframs Werke 1833 u. a.) die germanist. ↗ Textkritik. Lachmanns Methode führte v. a. Moriz Haupt fort (»Minnesangs Frühling«, 1857, Neidhart, 1848), der die ›Zeitschrift für dt. Altertum‹ (1841 ff.) begründete. Zwischen Jacob Grimm und Lachmann stand W. Wackernagel, der wie später K.

Bartsch, auch das Altfranz. in seine Betrachtungen einbezog und dessen »Geschichte der dt. Literatur« (1848 ff.) stärker auf Philologisches bezogen war als die von romant. Vorstellungen getragenen Literaturgeschichten von A. F. Ch. Vilmar (1845) und A. Koberstein (1827 ff.) und auch die als mehr die geschichtl. Zusammenhänge betonende des Historikers G. G. Gervinus (1835–42). Die germanist. Volkskunde begründete W. H. Riehl (»Die Naturgeschichte des Volkes«, 1851 ff.). In Gegensatz zur Lachmannschule trat die Wiener Schule Franz Pfeiffers, der mit seiner Editionsreihe ›Dt. Klassiker des MA.s‹ wegstrebte von einer »Wissenschaft für Gelehrte«. Das Organ dieser Richtung war die Zeitschrift ›Germania‹ (1856 ff.) – Auf die Phase der Grundlegung und Wegbereitung in der 1. Hälfte des 19. Jh.s folgte in der 2.Hälfte der Versuch, die Methoden der aufstrebenden und zeitbestimmenden Naturwissenschaften auf die G. zu übertragen. Sie erwiesen sich als fruchtbar in der Sprachgeschichte. Die sogenannten Junggrammatiker (H. Paul, W. Braune, E. Sievers) konnten damit das Werk J. Grimms fortführen, indem sie die histor. Gesetzmäßigkeit der Sprachentwicklung von den erschlossenen indogerm. Vorstufen bis ins Neuhochdt. verfolgten. Ihre Grammatiken sind heute noch Grundlage der histor. Sprachbetrachtung (vgl. auch O. Behaghel, F. Kluge, »Etymolog. Wörterbuch«, 1881 ff.). Ihr Organ wurden die ›Beiträge zur Geschichte der dt. Sprache und Literatur‹ (PBB, 1873 ff.). Auf dem Gebiet der Literaturgeschichte erbrachte die positivist. Methode eine Perfektionierung der Stoffsammlungen und Quellenerschließung (W. Wilmanns, E. Schröder, K. Burdach, G. Roethe, ›Dt. Texte des MA.s‹, 1904 ff.). Sie kam der Lexikographie (M. Lexer), der Editionstechnik und der Biographik zugute. Bedeutsam wurde die Ausweitung germanist. Forschens auf die Literatur der neueren Zeit bes. durch das Haupt dieser Richtung, W. Scherer, der in einer »Geschichte der dt. Literatur« (1883) kausal-genet. Gesetzmäßigkeiten (Verfalls- und Blütezeiten) nachzuweisen versuchte. Scherers Anstoß zur Erforschung der neueren Literaturgeschichte führten Erich Schmidt, A. Sauer

(Begründer der Zeitschrift ›Euphorion‹, 1894 ff.), F. Muncker u. a. fort. – Zu Beginn des 20. Jh.s zeigt sich eine Abkehr vom strengen literar. Positivismus und eine Hinwendung zu geistesgeschichtl. Problemstellungen. Der große Anreger war der Philosoph W. Dilthey (»Das Erlebnis und die Dichtung«, 1905). Das Organ dieser literaturwissenschaftl. Richtung wurde die von E. Rothacker und P. Kluckhohn begründete ›Dt. Vierteljahrsschrift für Literaturwissenschaft und Geistesgeschichte‹ (1923 ff.), die Methode bestimmten v. a. R. Unger, H. Korff (»Geist der Goethezeit«, 1923 ff.), F. Strich, F. Schultz, F. Gundolf, O. Walzel. Die Erforschung der neueren Literatur spaltete sich mehr und mehr als *Neu-G.* oder ↗ Literaturwissenschaft von der *Alt-G.* ab, die v. a. durch A. Heusler, G. Ehrismann, C. von Kraus, H. Schneider, J. Schwietering, Th. Frings, F. Maurer getragen wurde. Die sprachgeschichtl. Forschung griff auf W. von Humboldts Sprachphilosophie zurück (L. Weisgerber) oder wandte sich der Mundartforschung und Sprachgeographie zu (G. Wenker, F. Wrede, »Dt. Sprachatlas«, 1926 ff.; K. Bohnenberger, W. Mitzka). – Wie stark die G. in ihrer Geschichte (im Unterschied zur Romanistik und Anglistik) von jeweiligen Zeitströmungen abhängig war, wurde bes. nach 1933 deutlich. Nach 1945 begann als Reaktion auf die völk.-rassist. Irrwege des ›Dritten Reichs‹ ein Rückzug auf die textimmanente Methode, der v. a. E. Staiger Wege gewiesen hatte. Weiter wurde eine Reihe von grundlegenden Sammelwerken in Angriff genommen (»Dt. Philologie im Aufriß«, 1951 ff., »Reallexikon«, 2. Aufl., 1958 ff., »Annalen der dt. Literatur«, 1952, Goethe-Wörterbuch, Bd. 1, 1978). Für die neuere Zeit ist in der Bundesrepublik die Übernahme von Methoden der ausländ. Literaturwissenschaften (New Criticism, Strukturalismus u. a.) kennzeichnend, ferner ein bisweilen angegriffener Methodenpluralismus, insgesamt ein Ringen um ein neues Selbstverständnis, um Theoriebildung, ein Suchen nach verbindl. Orientierungspunkten, oft außerhalb der Literatur, so v. a. in der Soziologie und im dialekt. Materialismus, der in der DDR zur Grundlage der G. wurde, aber auch eine Anlehnung an Methoden und Terminologie der modernen Linguistik, manchmal verbunden mit einer neuerl. Ideologisierung und Politisierung. – Wesentl. Impulse empfing die dt. G. v. a. nach 1945 von der ausländ. G. Deren wichtigste Zeitschriften sind: ›Journal of English and Germanic Philology‹ (Urbana, Ill. 1897 ff.), ›Monatshefte für dt. Unterricht, dt. Sprache und Literatur‹ (Madison, Wisc. 1899 ff.), ›The Germanic Review‹ (New York 1926 ff.), ›The German Quarterly‹ (Appleton, Wisc. 1928 ff.), ›German Life and Letters‹ (Oxford 1936 ff.), ›Études Germaniques‹ (Paris 1946 ff.), ›Studi Germanici‹ (Rom 1963 ff., ›Amsterdamer Beiträge zur älteren G.‹ (Amsterdam 1972 ff.). – Ein dt. Germanistenverband wurde 1912 in Frankfurt gegründet (neu konstituiert 1952), eine Vereinigung der Hochschulgermanisten 1951; außerdem besteht eine ›Internationale Vereinigung für german. Sprach- und Literaturwissenschaft‹ (IVG, Sitz Amsterdam).   S

Gesammelte Werke, Bez. für eine ein- oder mehrbänd. Ausgabe, die zwar alle wichtigen Werke eines Autors, aber nicht alle seine Schriften überhaupt enthält (↗ Gesamtausgabe). Vom gleichen Autor können mehrfach g. W. erscheinen, so von Thomas Mann 1922–35 (Berlin, Fischer-Verlag, 15 Bde.), 1925 (10 Bde.), 1955 (Berlin, Aufbauverlag, 12 Bde.), 1960 (Frankfurt, Fischer-Verlag, 12 Bde.). Die einzelnen Bände sind oft separat käuflich (= g. W. in Einzelausgaben).   HSt

Gesamtausgabe, ungekürzte Ausgabe sämtl. Schriften, einer definierten Gruppe (alle Dramen, die Lyrik) oder eines vorher in Teilen erschienenen einzelnen Werkes eines Autors. In der Praxis ist die Abgrenzung gegen die Bez. ›Gesammelte Werke‹ fließend. Vgl. ↗ Kritische Ausgabe.   HSt

Gesamtkunstwerk, Vereinigung von Dichtung, Musik, Tanz und bildender Kunst zu einem einheitl. Kunstwerk. Die Durchsetzung des Begriffs ›G.‹ ist mit R. Wagners Poetik des Musikdramas verbunden. Er suchte im Ggs. zu den Repräsentationsfestspielen der

Barockzeit, den effektsteigernden Kunstmischungen der frz. Grand Opéra des 19. Jh.s und den Unterhaltungsrevuen nicht die bloße Beteiligung, sondern die Gleichrangigkeit aller Künste in einem G. zu erreichen. Er strebte das »höchste gemeinsame Kunstwerk« an, in dem »jede Kunstart in ihrer höchsten Fülle vorhanden ist«. Während aber bei Wagner, entgegen seinem Programm, das G. unter der Herrschaft der Musik steht, dominierten in verwandten Bestrebungen bei M. Reinhardt und L. Dumont die Dichtung, im »Bauhaus« die Architektur. Ohne den Anspruch auf Integration gleichwert. Künste wurde in den 20er Jahren das G. als »Überdrama« von I. Goll postuliert, als agitator. »Total-Theater« von E. Piscator praktiziert. Neuere, dem G. ähnl. Darbietungsformen der Multi-Media-Art suchen durch unvermittelte Konkurrenz der Künste den traditionellen Anspruch der Kunst selbst in Frage zu stellen.   HW

Gesang, dt. Übersetzung von ↗ Canto.

Gesangbuch ↗ Kirchenlied.

Gesätz ↗ Gesetz.

Geschehnisdrama, auch Handlungsdrama, vgl. ↗ Figurendrama.

Geschichtsdichtung, umfasst als Sammelbez.: ↗ histor. Roman, ↗ histor. Erzählung, ↗ chronikale Erzählung, ↗ Geschichtsdrama, histor. ↗ Ballade, ↗ histor. (Volks-)Lied, (Welt-, ↗ Reim-) ↗ Chroniken, ↗ Heldenlied, ↗ Heldenepos.

Geschichtsdrama, gestaltet histor. Themen und Stoffe quellentreu, meist aber in künstler. freier Abwandlung. Es wird zum *G. im engeren Sinn*, d. h. zur Geschichtsdichtung in dramat. Form, wenn die Handlung weniger durch die histor. Faktizität, als durch eine bestimmte Geschichtsauffassung geprägt ist. Diese kann auf die Vergangenheit des eigenen Volkes, aber auch auf aktuelle Probleme der jeweil. Gegenwart bezogen sein, oder es geht allgem. und im Blick auf menschl. Grundwerte um die Erfah-

rung von Geschichte als Schicksal an einem histor. Musterfall, oft aus der Antike, auch aus der engl. oder span. Geschichte. – Das G. setzt die Lösung des Dramas aus seiner ursprüngl. Bindung an kult. Vorgänge und die Ausbildung eines spezif. Geschichtsbewusstseins voraus. Beides ist erst seit der Renaissance voll erreicht. – *G. im weiteren Sinn* sind bereits die meisten engl., span., italien., frz., niederländ. und dt. Dramen des 16. und 17. Jh.s, so schon der »Gorboduc« von Sackville und Norton (1562), dann bes. Shakespeares Römertragödien (1593–1608) und Stücke wie der »Hamlet« (um 1600), dann z. B. Lope de Vegas »Fuenteovejuna« (1614), Calderóns »Richter von Zalamea« (1642), Corneilles »Cid« (1637), Racines »Britannicus« (1669) u. »Bérénice« (1670) sowie zahlr. Maria Stuart-Stücke von Roulers (1593), Montchrétien (1601), della Valle (1628) u. Regnault (1639) über Vondel (1646) u. Haugwitz (1683) bis zu Alfieri (1789) u. Schiller (1800), ferner von Hans Sachs etwa »Der Wüterich Herodes« (1552) und die »Tragedia von Alexandro Magno« (1558), später die Dramen von A. Gryphius, Lohensteins Römer- und Afrikaner-Stücke und Ch. Weises Zeitstück »Masaniello« (1683). Sie alle neigen zum ↗ Ideen- oder Seelendrama, in Spanien u. Deutschland auch zur barocken ↗ Haupt- und Staatsaktion oder zum ↗ Märtyrerdrama. Dazu treten als *G. im engeren Sinn*, vorbereitet durch ↗ Moralitäten mit histor. Themen (↗ Historie) wie John Bales »Kynge Johan« (um 1535), die nationalhistor. Königsdramen der Elisabethaner Marlowe (»Edward II«, 1593) und insbes. Shakespeare. Seine insgesamt 10 Historien (u. a. »Richard III«, 1594 und der zweiteil. »Heinrich IV.«, 1598) behandeln hauptsächl. das Jh. der Rosenkriege. Als *erstes dt. G. im engeren Sinn* gilt der »Hermann« des Shakespeare-Verehrers J. Elias Schlegel (1741), gefolgt u. a. von der als »Bardiet für die Schaubühne« konzipierten Hermanns-Trilogie Klopstocks (1769–87) u. J. J. Bodmers »Schweizerischen Schauspielen« (1775). – Die Shakespeare-Rezeption u. das vertiefte Geschichtsbewusstsein der europ. Vor- und Frühromantik (G. B. Vico, J. G. Herder) sind dann Voraussetzung für den eigentl. Durchbruch des

neueren G.s mit Goethes »Götz von Berlichingen« (1774). Er ist Vorbild für zahlr. ↗ Ritter-
dramen u. für weitere vaterländ. Stücke über
Gestalten aus der Geschichte der dt. Einzel-
staaten, z. B. F. de la Motte-Fouqués und A. v.
Arnims »Waldemar«-Dramen, A. Klinge-
manns »Heinrich der Löwe« (1808), J. M. Ba-
bos »Otto von Wittelsbach« (1782), J. A. v.
Törrings »Agnes Bernauerin« (1781), L. Uh-
lands »Ludwig der Bayer« (1819) und »Herzog
Ernst von Schwaben« (1819), in Österreich
seit A. Werthes (1775) mehrere Habsburg-
Dramen, z. B. M. v. Collins Babenberger-Zy-
klus (1817); aus einem gesamtdt. Impuls entsteht daneben eine Reihe von Hohenstaufen-
dramen von F. M. Klingers »Konradin« (1784)
bis zu K. Immermanns »Kaiser Friedrich II.«
(1828) und den Zyklen Ch. D. Grabbes und E.
Raupachs (1837). Muster sind dafür außer
dem »Götz« noch Goethes »Egmont« (1791)
und F. Schillers »Wallenstein«-Trilogie (1793–
99), auch sein »Don Carlos« (1787) und »Wilhelm Tell« (1804). Eine eigene Form des G.s
entwickelte H. v. Kleist in »Hermannsschlacht«
(1808) und »Prinz Friedrich von Homburg«
(1810). Im Zuge der romant. Geschichtsvereh-
rung versuchen viele Romantiker sich im G.,
so Z. Werner, C. Brentano, Arnim, J. v. Eichendorff, in England S. T. Coleridge, J. Keats,
G. G. N. Byron u. a. Die dt. Romantik trägt
erstmals auch zur *Theorie des G.s* bei, bes.
A. W. Schlegel in seinen Wiener Dramenvorle-
sungen (1808), K. W. F. Solger in seinen Erläuterungen dazu (1818) u. L. Tieck in den »Dramaturg. Blättern« (1826). Von Einfluss auf das
G. waren weiter die historische Schule der Romantik u. im späteren 19. Jh. der wissenschaftl.
Historismus sowie der polit. Nationalismus,
daneben auch der ↗ historische Roman. – Auf
diesem Hintergrund u. jeweils mit einem eigenen tragischen Geschichtsbild entstehen als
bedeut. Beitrag zum G. von Grillparzer »König Ottokars Glück und Ende« (1825) u. »Ein
Bruderzwist im Hause Habsburg« (1848), von
Grabbe »Die Hohenstaufen« (1829/30), »Napoleon« (1831), »Hannibal« (1835) u. »Hermannsschlacht« (1836), von Büchner »Dantons Tod« (1835) u. etwas später von Hebbel
»Herodes und Mariamne« (1848), »Agnes

Bernauer« (1851). Daneben behandeln das
↗ Junge Deutschland u. die Junghegelianer im
G. aktuelle Zeitfragen, vorzugsweise an Stoffen aus der Reformation od. der Frz. Revolution, so u. a. K. Gutzkow (»Wullenweber«,
1848) oder F. Lasalle, der 1859 mit seinem »Sickingen«-Drama (1857/58) als weiteren theoret. Beitrag zum G. die sogen. Sickingen-De-
batte mit Marx und Engels auslöste. Gleichzeitig setzte sich das G. auch im übrigen Europa
durch, in Frkr. z. B. mit den histor. Erfolgstü-
cken von Dumas père und Victor Hugo, in
Osteuropa seit Puschkin, später in England bei
Tennyson, Browning und Swinburne, in Skandinavien bei Ibsen und Strindberg. Ein eigener
Beitrag des Naturalismus zum G. sind »Die
Weber« (1892) und »Florian Geyer« (1896)
von G. Hauptmann. – *Sonderformen des G.s*
sind im 19. Jh. das *histor. Lustspiel* (z. B. E.
Scribes »Das Glas Wasser«, 1840 u. in Dtschld.
Gutzkows »Zopf und Schwerdt«, 1844) sowie
die *histor. Oper*, schon Konradin Kreutzers
»Konradin von Schwaben« (1812), dann bes.
die frz. Grand opéra (Libretti meist von
Scribe, dazu Wagners »Rienzi« (1842), einige
Verdi-Opern, M. Glinkas »Leben für den Zaren« (1836), F. Smetanas »Dalibor« (1868), M.
Mussorgskijs »Boris Godunow« (1874) u.
»Chowanschtschina« (1886), auch A. Boro-
dins »Fürst Igor« (1890). – An das große G.
des 19. Jh.s knüpfen bis zur Mitte des 20. Jh.s
und insbes. in *Deutschland* zahlreiche Epigonen an, z. B. die Hohenzollern-Dramatiker E.
v. Wildenbruch und D. v. Liliencron, dann M.
Greif, P. Ernst, G. Kolbenheyer, C. Langenbeck
und H. Rehberg (auch eine Reihe von nationalsozialist. Dramatikern), weiter C. Zuckmayer mit »Schinderhannes« (1927) u. »Des
Teufels General« (1942–45), daneben B. v.
Heiseler mit »Schill« (1937) und einer »Ho-
henstaufentrilogie« (1948). – Teils mit traditionellen, teils mit experimentellen Mitteln belebten das G. in *England* und den *USA* G. B.
Shaw (»Die heilige Johanna«, 1923), Maxwell
Anderson (»Königin Elizabeth«, 1930), T. S.
Eliot (»Mord im Dom«, 1935), Arthur Miller
(»Hexenjagd«, 1953), in *Frankreich* P. Claudel
(»Christoph Columbus«, 1927), A. Camus
(»Caligula«, 1938) und J. Anouilh (»Beckett«,

1959) u. a. – Ein eigenes G. entstand in der *Sowjetunion* aus dem polit. Theater, z. B. W. Wischnewskis Bürgerkriegszyklus u. N. Pogodins Leninstück »Der Mann mit der Flinte« (1937), daneben auch *histor. Filme* wie S. Eisensteins »Panzerkreuzer Potemkin« (1923) u. »Iwan der Schreckliche« (1943). – Neue Wege ging das dt. G. seit *Expressionismus* u. *Neuer Sachlichkeit*, so bei G. Kaiser (»Die Bürger von Calais«, 1914 u. a.), F. von Unruh (»Offiziere«, 1911 u. a.), F. Werfel (»Juarez und Maximilian«, 1924), F. Bruckner (»Elisabeth von England«, 1930), ferner im ↗ Revolutionsdrama bei E. Toller und Friedrich Wolf sowie schließl. im histor. eingekleideten ↗ Lehrstück Brechts, z. B. »Mutter Courage« (1941), »Das Leben des Galilei« (1943), »Die Tage der Kommune« (1949). Ihm verpflichtet sind auch die Dramen von Peter Hacks (»Herzog Ernst«, 1953 u. a.). Um 1960 einsetzend, ist *die jüngste Phase des G.* geprägt vom Dokumentarstück (R. Hochhuth, H. Kipphardt, Peter Weiss u. a.) u. daneben von Dramen wie Ch. Frys »Curtmantle« (1961), J. Osbornes »Luther« (1971), E. Bonds »Early Morning« (1969) und »Lear« (1971), denen in Dtschld. W. Hildesheimers »Mary Stuart« (1970) u. D. Fortes »Martin Luther & Thomas Münzer« (1971) entsprechen. Kunstvoll demontiert erscheint schließlich das G. bei Heiner Müller, nach Antikenstücken wie »Philoktet« (1958/65) u. »Herakles« (1964/66) v. a. in »Germania Tod in Berlin« (1956/71), »Leben Gundlings« (1976) und »Der Auftrag« (1979). RS

Geschichtsklitterung [zu frühnhd. klittern = klecksen, schmieren]. Bez. für eine durch Verdrehung oder irreführende Verbindung von Tatsachen entstellte tendenziöse Geschichtsschreibung; Bez. nach dem Titel der 2. Ausgabe von J. Fischarts ›Gargantua‹ (»Affentheurlich Naupengeheurliche Geschichtklitterung ...«, 1582). HSt

Geschlossene Form, auch: tektonisch, Begriff der Ästhetik, insbes. der ↗ Poetik für Kunstwerke von streng gesetzmäßigem, oft symmetr. Bau, überschaubarer, auf Einheit abzielender Anordnung aller Elemente um eine

prägende Leitlinie und entsprechend konsequenter ↗ Funktionalität aller Teile, im Ggs. zur atekton. ↗ offenen Form. Charakterist. ist die g. F. insbes. für klass. oder klassizist. Kunstepochen, z. B. für die bildende Kunst und Architektur der Renaissance oder die Techniken der Fuge und des Sonatensatzes in der europ. Musik des 18. und 19. Jh.s. In literar. Kunstwerken geht die g. F. einher mit gehobener, oft typisierender Sprache und einheitl. Thematik, wenigen Hauptgestalten und übersichtlicher, stets in sich geschlossener Handlung in Drama und Erzählkunst, in der Lyrik mit wenigen Hauptmotiven und normgerechter Ausfüllung der Vers- und Strophenformen. Die g. F. ist v. a. kennzeichnend für die ↗ Novelle und Gedichtarten wie ↗ Sonett, ↗ Rondeau oder ↗ Ghasel. Von bes. Bedeutung ist die g. F. als Dramentypus mit festen Regeln, z. B. Wahrung der ↗ drei Einheiten, Einteilung in drei oder fünf Akte und Gruppierungen um den 2. bzw. 3. Akt als Mittelachse, etwa die frz. Komödien und Tragödien des 17. Jh.s (vgl. ↗ Drama, ↗ Dramaturgie); Gegentypus dazu ist das Drama der offenen Form (z. B. das ↗ elisabethan. Drama und das ↗ ep. Theater), allgemeiner das offene Kunstwerk des 20. Jh.s im Sinne von Umberto Eco. RS

Gesellschaft für deutsche Sprache, Nachfolgeinstitution des (Allgemeinen) ↗ Dt. Sprachvereins.

Gesellschaftsdichtung, Sammelbez. für solche lit. Werke, die sich innerhalb der sozialen, geist. und eth. Konventionen der jeweils herrschenden Gesellschaftsordnung bewegen und deren ästhet. Normen entsprechen (z. T. auch mit Standesdichtung, Standespoesie gleichgesetzt). Ihre Thematik ist nicht durch individuelles Erleben oder gar Gesellschaftskritik bestimmt, sondern spiegelt allgemein anerkannte Verhaltensmuster, die durch typ. Gestalten repräsentiert werden. Teilweise ist sie unmittelbar für den Vortrag in der Gesellschaft, für ein bestimmtes (Präsenz-) ↗ Publikum konzipiert. Sie ist vordringl. Rollendichtung, entsteht meist als ↗ Gelegenheitsdichtung. Sie begegnet v. a. in Zeiten geschlossener

Sozialordnungen: vgl. die ↗höf. Dichtung seit dem Hellenismus, ↗Minnesang und höf. Epik im Hoch-MA., die ↗Schäfer- und Hirtendichtung in Renaissance und Barock, die ↗galante Dichtung (Anakreontik) im Rokoko, das Gesellschaftslied vom 16.–19. Jh. Im Ggs. zur G. stehen Erlebnis- und Bekenntnisdichtung, gesellschaftskrit. Dichtung.   S

Gesellschaftskritik (in der Dichtung), Kritik an den jeweils bestehenden sozialen, polit. u. rechtl. Verhältnissen ist eine durchgehende Komponente der antiken und abendländ. Literatur, indirekt selbst dort, wo andere Themen, bes. Fragen der menschl. Existenz, im Vordergrund stehen. G. reicht von Kritik an bestimmten Auswüchsen einer an sich anerkannten Gesellschaftsform (z. B. an der moral.-sittl. Verworfenheit der Oberschicht, dem Nachäffen der höheren Stände durch sozial niederere, so meist in Antike oder im MA.) über Kritik an Teilbereichen bis zu Anklagen und Reformvorstößen gegen die gesamte jeweils herrschende Gesellschaftsstruktur (so vorwiegend in der Neuzeit). Soziale Problematik kann innerhalb eines Standes (Bauerntum, Bürgertum) aufgezeigt werden (F. Hebbel, »Maria Magdalena«) oder aber durch Darstellung eines ständ. Gegensatzes (Schiller, »Kabale und Liebe«). G. kann indirekt-immanent geübt sein, durch den Entwurf eines positiven, bisweilen utop. Gegenbildes (↗Staatsromane) oder aber direkt, sei es durch objektive, realist. Schilderungen (so meist die ↗Gesellschaftsromane) oder durch gezielte, z. T. krasse oder satir. überspitzte Darstellungen verbesserungsbedürft. Zustände. Hier entscheidet in der Regel der literar. Rang, ob ein Werk als Tendenzschrift verschwindet, wenn der aktuelle Bezug verblasst ist oder ob die aktualist. Tendenz dichter. Formgebung untergeordnet ist und als Teil eines ästhet. bestimmten Kunstwerks lebendig bleibt.
G. übten schon in der *Antike* Hesiod (um 700 v. Chr.) in seinem Mahn- und Lehrgedicht »Erga« (über das harte Alltagsleben der Bauern und Händler), Aristophanes in manchen Komödien (z. B. »Plutos«) oder Horaz und Juvenal (Satiren). *Im MA.* findet sich immer wieder offene und versteckte Kritik an Verstößen gegen eine gottgewollte Ordnung, so in der Lyrik der provenzal. Trobadors (Marcabru, »Pastorela«, 12. Jh.), bei Walther v. d. Vogelweide, Neidhart, Freidank, aber auch in den Epen Hartmanns von Aue, der Ständesatire »Meier Helmbrecht« von Wernher dem Gartenære, in didakt. Dichtungen wie dem »Reinhart Fuchs« oder dem Sündenkompendium »Der Renner« von Hugo von Trimberg. In der Fülle der zeitkrit. Schriften des *16. Jh.s*, die die Auflösung der mal. Denkformen begleitet (Reformation), ist eine sozialkrit. Tendenz meist unüberhörbar, bes. während der Bauernkriege; ähnl *im 17. Jh.* im Gefolge des Dreißigjähr. Krieges (Probleme des Bauern- und Soldatenstandes, z.B im Werk Grimmelshausens). Satir. verbrämte G. (bei immer noch affirmativer Haltung gegenüber der Gesellschaftsstruktur) findet sich auch z. B. bei Molière oder in den antihöf. ↗Schelmenromanen (P. Scarron), später mit utop. Tendenzen in den ↗Robinsonaden im Gefolge D. Defoes. In der *Aufklärung* entwickelt sich ein Engagement für die gequälte Kreatur allgemein, bes. im Humanitätsstreben in der 2. Hälfte des 18. Jh.s, wobei v. a. das Theater zur Anklagebühne wird (Beaumarchais, »Der tolle Tag«, Schiller, »Kabale und Liebe«, J. R. M. Lenz, »Soldaten«, im frühen 19. Jh. G. Büchner, »Woyzeck«). Immanente, jedoch eindeutig soziale Kritik kennzeichnen dann fast alle großen Romane des *europ. Realismus* (Stendhal, H. de Balzac, G. Flaubert, Ch. Dickens, N. Gogol, F. Dostojewskij, L. Tolstoi) in ihrer typ. objektiven Schilderung und Analyse der Gesellschaft (Gesellschaftsromane), ebenso einzelne Dramen (z. B. Hebbel). Daneben entsteht, parallel zur Entwicklung der Industrie, der großstädt. Kultur und des vierten Standes, die *eigentl. gesellschaftskrit. Dichtung*, die auf die Abänderung bestehender Zu-

Heinrich Böll:
Die verlorene Ehre
der Katharina Blum

dtv

Böll: »Die verlorene Ehre der Katharina Blum«

stände abzielt, Appelle und Reformmodelle entwirft. Sie bildet bereits einen Teil der literar. Produktion des ↗ Jungen Deutschland (G. Herwegh, F. Freiligrath, auch H. Heine), kennzeichnet die frühe ↗ Arbeiterliteratur (Th. Hood; E. Willkomm, F. Spielhagen, M. Kretzer), bes. dann die Dichtung des ↗ Naturalismus (E. Zola, M. Gorki, G. Hauptmann), die von z. t. tendenziös vereinseitigten Zustandsschilderungen und reformer. Pathos auch in beißende Satire umschlagen kann (im 20. Jh. C. Sternheim, F. Wedekind, H. Mann, G. B. Shaw, in Amerika bes. U. Sinclair, Th. Dreiser, J. London, Dos Passos und J. Steinbeck). G. kennzeichnet ferner einzelne Strömungen des Expressionismus: neben aktuellen sozial-polit. Anklagen gegen das wilhelmin. Bürgertum, das kapitalist. Wirtschaftssystem, die Industrialisierung usw. stehen pathet. menschheitserneuernde Visionen (E. Toller, G. Kaiser, L. Frank, L. Feuchtwanger, F. Wolf, B. Brecht u. a.). G. ist seitdem eine wichtige, alle gesellschaftl. Entwicklungen begleitende Tendenz innerhalb der Weltliteratur, unterdrückt nur in totalitären Staaten in Bezug auf die eigene Gesellschaftsstruktur. Infolge der Demokratisierung und Nivellierung sozialer Unterschiede mündet die gesellschaftskrit. Dichtung in vielen Ländern z. T. wieder stark in allgemeine Zeitkritik ein (Behandlung soziol., massenpsycholog. und existentieller Probleme z. B. bei G. Grass, M. Walser, H. Böll u. a.); sofern sie sich nicht durch radikalen oder aggressiven Appellcharakter zur ↗ polit. Dichtung stellt.　　S

Gesellschaftsroman

(auch sozialer Roman, Sozialroman), Typus des europ. Romans des ↗ Realismus im 19. Jh. Er versucht im Ausschnitt einer fiktiven Romanhandlung eine umfassende Darstellung der zeitgeschichtl. gesellschaftl. Situation und der sie bedingenden Faktoren (expandierende Industrialisierung usw.). In vielsträngiger Handlungsführung greift er in alle gesellschaftl. Schichten

Dickens: »David Copperfield«

(insbes. die tragende Schicht des Großbürgertums, dann des Kleinbürgertums und der neuen proletar. Klasse) aus, um deren spezif. Probleme und Konflikte aufzudecken. Dabei sind, entsprechend dem wissenschaftl. Erfahrungshorizont, die individuellen fiktiven Geschehnisse jeder Schicht kausalgenet. sowohl untereinander als auch mit den sozialen, ökonom., polit. und geist.-sittl. Zuständen verknüpft. Der G. nimmt z. T. die im ↗ Zeitroman des ↗ Jungen Deutschland entwickelte synchrone Erzählstruktur auf (nicht jedoch die Typisierung der Personen und die Funktionalisierung der erzähler. Mittel). Er verzichtet (im Prototypus) auf den vermittelnden Erzähler oder eine subjektiv-perspektiv. Erzählhaltung, ferner auf reflektierende Einschübe (Analysen, Anklagen, Kritik usw.). Charakterist. ist vielmehr eine streng auf die Reproduktion der Realität (gemäß dem zeitgenöss. Realismusverständnis, vgl. ↗ Realismus), auf die ›objektive‹ Abbildung der Wirklichkeit beschränkte sachl. Erzählweise mit breit angelegten realist. Schilderungen der Begebenheiten, mit detailgenauen Milieubeschreibungen und mit differenzierter Psychologisierung der Personen. Das Bild des kollektiven gesellschaftl. Kräftegefüges soll sich immanent aus dem Erzählten darstellen. Soziale Kritik wird nur implizit durch Auswahl und Gewicht der erzählten Wirklichkeit geübt; meist offenbart sich dabei eine desillusionist., antibürgerl. Haltung (daher auch Bez. wie ›krit. G.‹, ›sozialer Roman‹), wenn auch, im Ggs. zum späteren naturalist.-sozialkrit. Experimentalroman, noch ohne direkte anklägerische oder reformer.-utop. Elemente. – Der G. entsteht v. a. in Frankreich, England und Russland, jeweils mit charakterist. nationalen Merkmalen und Überschneidungen (mit ↗ Erziehungs- und ↗ Familienroman, ↗ psycholog. Roman, auch ↗ Kriminalroman u. a.). In *Deutschland* erscheint die soziale Thematik bereits im ↗ Vormärz (Zeitroman). Der eigentl. realist. Roman entwickelt sich als weniger gesellschaftskrit. ausgerichtete Sonderform mit einer eher humorist.-gemüthaften, die Wirklichkeit verklärenden (und damit z. T. affirmativen) Grundhaltung (vgl. O. Ludwig: ›poet. Realismus‹, W. Raabe, G. Keller u. a.). Hauptvertreter sind in *Frankreich* Stendhal (»Le rouge et le noir«, 1830; »La chartreuse de Parme«, 1839), H. de Balzac (»La comédie humaine«, 40 Bde., 1829–54), G. Flaubert (»Madame Bovary«, 1857) und die Brüder E. und J. Goncourt (»Germinie Lacerteux«, 1864) u. a., in *England* nach der Vorläuferin J. Austen u. a. Ch. Dickens (»Oliver Twist«, 1837/38; »David Copperfield«, 1849/50 u.v. a.), W. M. Thackeray (»Vanity Fair«, 1847/48), A. Trollope (Barsetshire-Romane, 1855–67), G. Eliot (»Adam Bede«, 1859; »Middlemarch«, 1871/72), G. Meredith (»The Egoist«, 1879), die Schwestern A. und Ch. Brontë und schließl. H. James. Typ. ist für den engl. G. eine iron. Färbung, während *der russ. G.* eine gedankl.-analyt. Komponente aufweist, vgl. u. a. die G.e von J. A. Gontscharow (»Oblomow«, 1859 u. a.), J. Turgeniew (»Das Adelsnest«, 1859; »Väter und Söhne«1862) und v. a. F. M. Dostojewskij (»Schuld und Sühne«, 1866; »Der Idiot«, 1868; »Die Dämonen«, 1873 und 1888) und L. Tolstoi (»Krieg und Frieden«, 1864; »Anna Karenina«, 1873). In *Deutschland* können noch Th. Fontane (»Effi Briest«, 1894/95) und (mit geänderter Erzählstruktur) Th. Mann und R. Musil in diese Tradition eingereiht werden. Der G. des 19. Jh.s findet bis in die Gegenwart zahlreiche Nachahmer (bedeutend noch M. Gorki, P. Bourget, Th. Hardy, J. Galsworthy), auch nachdem der Versuch einer (scheinbar) objektiven Wirklichkeitswiedergabe problematisch geworden war. IS

Gesellschaftsstück ↗ Salonstück.

Gesetz, auch: Gesätz, Gesatz. Seit der Renaissance, ursprüngl. als Übersetzung von gr. *nómos* (= Gesetz, aber auch: Melodie, Lied), gebräuchl. Bez. für 1. Lied, 2. Lied- oder Gedichtstrophe, so bes. als *Gesätz* im Meistersang und dort 3. für den ↗ Aufgesang der ↗ Meistersangstrophe. – Nur die Bedeutung 2 hat sich, wenn auch nur regional in der Schweiz, bis auf die Jetztzeit halten können. HD

Gespaltener Reim, Meistersingerbez. für eine Form des ↗ reichen Reims: Reimklang aus je zwei Wörtern, wobei die zweiten Wörter ident. reimen (im Unterschied zum ↗ Doppelreim), z. B. *fein sind: gemein sind* (Heine). S

Gespenstergeschichte, unscharfe Sammelbez. für Darstellungen unheiml.-dämon. Begebenheiten. Das Erlebnis des Unheimlichen ist eine seel. Grunderfahrung, die sich in einer Vielzahl von Motiven (außer Gespenstern auch Teufel, Vampire, Doppelgänger u. a.) ausprägt. Animist.-mag. Welterfahrung, Totenkult, Spiritismus, Aberglaube und psycholog. Interesse bilden die äußere Voraussetzung ihrer Entstehung. Der mit der Darstellung unheiml. Erscheinungen verbundene Spannungs- und Sensationsreiz sichern der G. ihre Wirkung auf breite Leserschichten (G.n häufig im Trivialbereich). – G.n finden sich bereits als einfache Formen in allen Kulturen. Ihre Elemente und Motive erscheinen oft auch in andere literar. Werke integriert (Shakespeare, »Hamlet«, »Macbeth«, A. Gryphius, »Cardenio und Celinde«, 1657 u. a.). Im genauen Sinne entwickelt sie sich (z. T. als Antiform oder als Kriminalgeschichte) mit dem Rationalismus der Aufklärung und deren irrationalist. Gegenströmungen (v. a. in der Romantik), die den Gespensterglauben theoret. diskutieren: vgl. z. B. die diesen widerlegenden bzw. belegenden Schriften von C. Bohemi (1731), G. W. Wegner (1748), J. Ch. Henning (1777 u. 1780), G. B. Funk (1783) oder die psycholog. Theorien F. Mesmers, K. Ph. Moritz', J. Kerners (»Die Seherin von Prevorst«, 1829, Somnambulismus). G.n werden v. a. in Balladen (G. A. Bürger, »Lenore«), Erzählungen (vgl. die beliebten Sammlungen von S. Ch. Wagner, 1797/98 und 1801/02 oder A. Apel und F. Laun, 7 Bde., 1811–17) oder in ↗ Schauer- und ↗ Geheimbundromanen gestaltet, finden sich aber auch bei Goethe (»Unterhaltungen dt. Ausgewanderten«, 1794), Jean Paul, H. v. Kleist (»Das Bettelweib von Locarno«, 1810), W. Hauff und bes. E. T. A. Hoffmann, dessen iron., gesellschaftskrit. G.n europ. Einfluss gewannen (das Gespenstische, Exzentrische, Wahnsinnige in Gestalt von Spießern der bürgerl. Welt). – Psychoanalyse und Okkultismus führen im 20. Jh. (bes. in der Neuromantik) zu erneuter Hinwendung zum Übersinnlichen, vgl. neben H. H. Ewers, K. H. Strobl, A. M. Frey (die z. T. auch G.n-Sammlungen herausgaben) bes. G. Meyrink (»Der Golem«, 1915, Dämonie des künstl. Übermenschen, zahlreiche Nachahmungen, Verfilmungen). – Bedeutende Vertreter der modernen G. sind auch E. G. Bulwer-Lytton, Ch. Dickens, E. A. Poe, O. Wilde, G. de Maupassant, Ph. A. Villiers de L'Isle-Adam, N. Gogol, J. Turgenjew, K. Hamsun.   KT

Gespräch, unmittelbarer sprachl. Gedankenaustausch zw. zwei oder mehr Partnern. Als eine der Grundformen menschl. Miteinanderlebens Gegenstand philosoph., psycholog., pädagog. und linguist. Untersuchungen (↗ Konversation). Im literaturwiss. Sprachgebrauch hat sich die Unterscheidung von G. als Bez. für den wirkl. stattfindenden Vorgang oder seine Aufzeichnung und von ↗ Dialog für literar. Texte, die sich der Form des G.s bedienen, eingebürgert; in der literar. Praxis ist sie nicht durchgeführt, vgl. z. B. J. G. Herder: »Gott. Einige G.e« (1787), P. Ernst: »Erdachte G.e« (1921). Die Sammlung und Edition von G.en gehört wie die von Briefen und Tagebüchern zur Dokumentation des Gesamtwerks bedeutender Persönlichkeiten, so die schon 1566 von Johann Aurifaber zusammengetragenen »Tischreden« Luthers (in der Weimarer Gesamtausgabe, hg. v. Kroker, 1912–21), die G.e Friedrichs des Großen (hg. v. Oppeln-Bronikowski, 1919), Goethes (Einzelausgaben z. B. der G.e mit Eckermann, Kanzler von Müller u. a.; die Gesamtausgabe von Goethes G.en durch Biedermann, ²1909–11, enthält auch Äußerungen Dritter über ihn) und aus neuerer Zeit »G.e mit Kafka« (G. Janouch, 1951).   HSt

Gesprächsspiel, im Barock beliebte literar. Dialogform, welche Stoffe und Themen belehrenden und unterhaltenden Charakters als zwanglos-galante Konversation mehrerer Personen für ein adlig-patriz. Publikum aufbereitet; oft in vielen Fortsetzungen zu kompendienartigen Bildungs-Summen (↗ Summa) anschwellend. Nach italien., an Cicero anknüpfenden Vorbildern (B. Castigliones »Cortegiano«, 1528; S. Bargaglis »Trattenimenti«, 1587) von G. Ph. Harsdörffer eingeführt (»Frauenzimmer-Gesprächsspiele«, 8 Tle., 1641–49); wirkte über Johann Rists und Christian Thomasius' »Monatsgespräche« (1663–68 und 1688 ff.) bis zu J. Ch. Gottsched (»Vernünftige Tadlerinnen«, 1725–1726).   HSt

Gesta, f. Pl. [abgeleitet von lat. res gestae = Kriegstaten], Sonderform mal. Geschichtsschreibung in lat. Sprache. Im Unterschied zu den ↗ Annalen und ↗ Chroniken, die auf korrekte Information bedacht sind und Geschichte als Zeitkontinuum darstellen, beschreiben die G. Leben und Handlungen bedeutender Personen, Völker und Menschengruppen in einem durch Anekdoten, moralisierende Verallgemeinerung angereicherten, rhetor. ausgeschmückten, z. T. metr. gebundenen Erzählstil. Wegen der künstler. Stilisierung und der stärkeren Parteinahme der Autoren für den Gegenstand gelten die G. gegenüber der annalist. Historiographie als weniger zuverlässige Geschichtsquellen. Eine volkssprachl. literarisierte Folgegattung der G. ist die frz. ↗ Chanson de geste. Zu den bedeutenden Werken der reich überlieferten Gattung der G. zählen: Im 9. Jh. die *Gesta Karoli Magni Imperatoris*. Von Notker Balbulus um 885 geschriebene Biographie Karls d. Großen, als Quelle für die in der volkssprachl. Dichtung des MA.s verbreitete Karlssage von Bedeutung. Im 10. Jh. die *Gesta Oddonis* in lat. Hexametern von Hrotsvit von Gandersheim um 965–968; behandelt die polit. und Familiengeschichte Ottos I. – Im 11. Jh. die *Gesta Chuonradi II Imperatoris*, Hauptwerk des am kaiserl. Hof wirkenden Dichters Wipo über Konrad II. und seinen Sohn Heinrich III. (um 1045–46). – Im 12. Jh. die *Gesta Friderici I Imperatoris*, von Otto I. von Freising 1157–58 verfasst, von Rahewin bis zum Jahre 1160 fortgesetzt, nicht nur Herrscherlob, sondern zugleich der Versuch einer geschichtsphilosoph. Rechtfertigung des Zeitgeschehens. Auf diesem Werk und anderen Quellen basiert auch eine gleichnamige G. in lat. Versen von Gottfried von Viterbo um 1181–1184. – Im 13. Jh. die *Gesta Danorum*, von Saxo Grammaticus um 1185–1225, in Prosa verfasst, enthält die Geschichte der Dänen von der heidn. Vorzeit bis zur Gegenwart der Abfassungszeit, wurde u. a. stoffl. Quelle für Shakespeares »Hamlet«. – Im 13./14. Jh. die *Gesta Romanorum*, Sammlung von histor. Geschichten, Sagen, Legenden, Märchen mit didakt.-moral. Anspruch; im MA. weitverbreitet, auch in Volkssprachen übersetzt, Ende 13./Anfang 14. Jh.s vermutl. in England angelegt, in der Folgezeit mehrfach erweitert und mit ausführl. Moralisationen versehen. U. a. entlehnten Boccaccio, Chaucer, H. Sachs, Schiller (»Die Bürgschaft«) dem Werk Stoffe.   HW

Gestalt, s. ↗ Gehalt und Gestalt.

Gestus, m. [lat. = Körperhaltung (der Schauspieler und Redner), zu lat. gerere = tragen, zur Schau tragen, sich betragen], auch: Geste, ursprüngl. Bez. für die normierte Gebärde (d. h. Bewegung des Körpers, insbes. der Arme und Hände), die von der antiken ↗ Rhetorik – neben Stimmführung (vocis figura) und Mienenspiel (Mimik, lat. vultus) – für den redner. Vortrag (pronuntiatio, ↗ Disposition) je nach den zu erregenden Affekten festgelegt wurde. Da jedes Individuum und jede Epoche *ungewollt* eine bestimmte Gebärdensprache entwickelt, erscheint ihr gegenüber die rhetor. Normierung erstarrt und gekünstelt. So hat der G., um den sich in Deutschland das Theater bis hin v. a. zu Gottsched bemühte, mit wachsender Individualisierung und zunehmendem histor. Bewusstsein mehr und mehr an Bedeutung verloren.   HD

Ghasel, Gasel, n. (auch: die Ghasele) [arab. gazal = Gespinst], lyr. Gedichtform, von den Arabern ausgebildet, seit dem 8. Jh. im ganzen islam. Raum verbreitet, Höhepunkt im Werk des pers. Dichters Hafis (14. Jh.). G.en sind Lieder zum Lob des beschaul. Lebensgenusses,

des Weins und der Frau, oft mit myst.-erot. Motiven durchsetzt. Ein G. besteht aus einer nicht festgelegten Anzahl von Langversen (arab. beit, pers. bait = Haus), die in zwei Halbverse zerfallen. Die beiden Halbverse des Eingangsverses (»Königs«beit) reimen untereinander, alle folgenden Langverse führen diesen Reim fort. Bei den *deutschen Nachahmungen* des G. entsprechen die arab. zweigeteilten Langversen Verspaare (oft ebenfalls G.e genannt), so dass sich folgendes Reimschema ergibt: aaxayaza usw. Das G. wurde durch F. Schlegel 1803 in Deutschland bekannt gemacht und bes. durch F. Rückert (»Rumi-G.en«, 1821) und A. v. Platen (G.en 1821, 1823) gepflegt. Goethe ahmt es in einigen Gedichten des »West-Östlichen Divan« frei nach (z. B. »In tausend Formen magst du dich verstecken«).   ED

Ghostwriter [ˈgoustraitə: engl. = Geisterschreiber], anonymer Autor, der im Auftrag und unter dem Namen gesellschaftl. wichtiger oder populärer Personen wie Politikern, Künstlern und Sportlern nach genauer Absprache oder in weitgehender Freiheit Reden, Zeitungsartikel und Bücher (v. a. Memoiren) schreibt.   HD

Gleichklang, 1. Zusammenfassende Bez. für poet. Schmuckformen und Versbindungen wie ↗ Reim, ↗ Assonanz, ↗ Alliteration. 2. eingeschränkt auch nur für den speziellen Bereich lautl. Übereinstimmung, also beim Reim für die eigentl. Reimzone, z. B. *erz* im Reim *Herz : Schmerz*.   S

Gleichlauf, vgl. ↗ Parallelismus.

Gleichnis, sprachl. Gestaltungsmittel, bei dem eine Vorstellung, ein Vorgang oder Zustand (Sachsphäre) zur Veranschaulichung und Intensivierung mit einem entsprechenden Sachverhalt aus einem anderen, meist sinnl.-konkreten Bereich (Bildsphäre) verglichen wird. Bild- und Sachsphäre sind im Allgemeinen durch Vergleichspartikel (*so ... wie*) ausdrückl. aufeinander bezogen, sie decken sich aber nicht wie in der ↗ Allegorie in möglichst vielen Einzelzügen, vielmehr konzentrieren sich die einander entsprechenden Züge beider Sphären in einem einzigen, für die Aussage wesentl. Vergleichsmoment, dem *tertium comparationis*, in dem die beiden Seiten sich berühren. Das G. ist vom bloßen ↗ Vergleich durch die breitere Ausgestaltung und eine gewisse Selbständigkeit des Bildbereichs unterschieden, wird öfters auch gleichbedeutend mit ↗ Parabel verwendet; vielfach werden jedoch beide Begriffe in dem Sinne unterschieden, dass bei der Parabel die Sachseite nicht ausdrückl. genannt ist, sondern erschlossen werden muss (demnach setzt die Parabel das Bild *statt* der Sache, das G. setzt es *neben* sie). Die neutestamentl. Forschung spricht von G., wenn das Bild der allgemein vertrauten, unmittelbar zugängl. Wirklichkeit entstammt, von Parabel, wenn es einen erdichteten individuellen Einzelfall vorführt. – Bekannteste Beispiele sind die *homer. G.se*, die in ihrer breiten Ausgestaltung die betrachtende Haltung des Epikers zum Ausdruck bringen, und die *biblischen G.se*, die v. a. der Ermahnung, Belehrung und Argumentation dienen. GMS

Gleitender Reim (dt. Übers. von ital. rima sdrucciola). Reim auf dreisilbige Wörter der Form ´⌣⌣, z. B. *schallende* : *wallende*. S

Gliommero, m. [lji'omero], neapolitan. Sonderform der ↗ Frottola.

Glosa, f. [span.], auch Glosse, span. Gedichtform, entstanden im Umkreis der höf.-petrarkisierenden Lyrik des 15. Jh.s, bis Ende des 17. Jh.s sehr beliebt. Die G. variiert und kommentiert ein vorgegebenes Thema (über die Liebe, später mehr und mehr relig.-philos. Themen, schließl. auch populäre Motive), das in Form eines Verses (oder meist mehrerer Verse) eines bekannten Gedichts (span. cabeza, texto, letra oder mote, dt. meist Motto genannt) der G. vorangestellt wird; jedem Vers des Mottos wird eine ↗ Dezime zugeordnet, die diesen Vers wieder aufgreift. Als klass. Form gilt die G. mit vierzeiligem Motto und entsprechend vier Dezimen, deren Schlussverse zusammen wieder das Motto ergeben.

Hauptvertreter V. Espinel (1550–1624); in Deutschland wurde die G. bes. durch die Romantiker F. und A. W. Schlegel (»Variationen«, 1803), L. Tieck, J. v. Eichendorff, L. Uhland (»Glosse«, 1813) u.v.a. oft in ernster, z. T. in parodist. Absicht nachgeahmt. ED

Glossar, erklärendes Verzeichnis schwer verständlicher (fremdsprachiger, altertüml., mundartl.) Wörter (↗ Glosse) eines bestimmten Textes, oft als dessen Anhang gedruckt; auch selbständiges Wörterbuch ungebräuchl. Ausdrücke oder (seltener) Bez. für Wörterverzeichnisse und Sprachwörterbücher überhaupt. – Das zu erklärende Stichwort heißt *Lemma*, die Erläuterung *Interpretament*. HSt

Glosse, f. [gr. glõssa = Zunge, Sprache]. 1. fremdes oder ungebräuchl. Wort, dann bes. die Übersetzung oder Erklärung eines solchen Wortes, im Ggs. zur Erläuterung der durch das Wort benannten Sache (↗ Scholien). Als Terminus zuerst belegt bei Aristoteles (Poetik 1457 b 4). G.n erscheinen in Handschriften entweder zwischen die Zeilen des Textes *(Interlinear-G.n)* oder an den Rand geschrieben *(Marginal-G.n)*, seltener in den fortlaufenden Text selbst eingefügt *(Kontext-G.n)*; geheime G.n wurden nicht geschrieben, sondern ins Pergament geritzt *(Griffel-G.n)*. G.n wurden entweder gemeinsam mit dem jeweil. Text abgeschrieben und so tradiert, oder in ↗ Glossaren gesammelt und in diesen dann unabhängig von ihrem ursprüngl. Bezugstext weiterüberliefert; in alphabet. oder systemat. Anordnung *(Sachglossare)*. – Die Abfassung von G.n reicht in die antike Homererklärung zurück (5. Jh. v. Chr.) und wird in der alexandrin. Philologie zu einer eigenen Disziplin, einem Teil der Grammatikstudien, zur sog. *Glossographie*, einer Vorstufe der Lexikographie. Dieses Verfahren wurde in der röm. Klassik fortgeführt *(Plautus-G.n)*. Im MA bilden sich mit dem Nebeneinander von lat. und volkssprach. Glossierung zwei getrennte Entwicklungen heraus: *Lat. G.n* zu antiken Autoren und zur Bibel (seit dem 6. Jh.), die z. T. vulgärlat. und frühes roman. Sprachgut überliefern, sind die Grundlage für die als »glossa« bez.

Kommentarwerke u. a. von Anselm von Laon (»Glossa ordinaria«, 11. Jh., irrtüml. Walahfrid Strabo zugeschrieben), von Irnerius (jurist. Kommentare, erwachsen aus lat. Marginalg.n für die Rechtstermini des Corpus iuris) oder seinen Schülern, den ›quattuor doctores‹ Bulgarus, Martinus, Hugo, Jacobus (12. Jh.), im 13. Jh. diejenigen von den sog. Postglossatoren Azo und Accursius in Bologna. – *Volkssprachige G.n* gehören zu den ältesten Schriftzeugnissen des Deutschen (wie der roman. Sprachen): Sie erscheinen als Zusätze in lat. Rechtstexten (die sog. »Malbergischen G.n« der Lex Salica, 6. Jh., und die ›Sachwörter‹, d. h. in lat. Urkundenformulare eingestreute Wörter für Begriffe, die nicht lat. umschrieben werden konnten oder sollten), als Interlinear-G.n zur Bibel und den im Unterricht verwandten lat. Autoren (Prudentius, Priscian, Boëthius, aber auch Vergil, Horaz u. a.) und als selbständige Glossare, die z. T. Übersetzungen lat. Stilwörterbücher sind, z. T. aus Interlinear-G.n gesammelt und im Laufe der Überlieferung durch Zusätze erweitert wurden. Das älteste dieser zweisprachigen Glossare ist der nach seinem ersten Lemma benannte »Abrogans« aus Freising (um 770), das älteste Sachglossar ist der »Vocabularius Sti. Galli« (Ende des 8. Jh.s, vermutl. aus Fulda). Bis ins 14. Jh. hinein sind bisher fast 1000 Handschriften mit dt. G.n belegt; am Ende der Überlieferung stehen summenartige Wörterbücher wie der »Vocabularius ex quo« (15. Jh.), der auch gedruckt wurde. *Überlieferungszentren* sind die Klöster St. Gallen, Reichenau, Regensburg, Würzburg, Fulda, Echternach, Trier, Köln, Aachen. – Die Untersuchung dieser G.n erbringt Daten für die Sprach- und Kulturgeschichte, sie dokumentieren Art und Umfang der Bewältigung des Lateinischen durch die an ihm wachsende und sich von ihm emanzipierende Volkssprachigkeit und lassen die Rezeption antiken Bildungsgutes im klösterl. Lektürekanon verfolgen. 2. Randbemerkung; knapper, meist polemisch-feuilletonist. Kommentar zu aktuellen polit. oder kulturellen Ereignissen in Presse, Rundfunk oder Fernsehen.   HSt

Glossographie, f. [gr.] vgl. ↗ Glosse.

Glykoneus, m., antiker lyr. Vers der Form $\cup\cup-\cup\cup-\cup-$, eines der Grundmaße der äol. Lyrik (↗ äol. Versmaße), benannt nach einem sonst unbekannten hellenist. Dichter Glykon. Die i. d. Regel achtsilb. Grundform wird in der Chorlyrik vielfach abgewandelt; charakterist. Verwendung u. a. in der 2. u. 3. asklepiadeischen Strophe (↗ Odenmaße).   ED

Gnome, f. [gr. = Spruch, Gedanke, Meinung], Erfahrungssatz, ↗ Maxime oder ↗ Sentenz, Denkspruch eth. Inhalts in Vers oder Prosa. In allen Literaturen bes. auf den älteren Stufen ihrer Entwicklung vertretene Form der ↗ Lehrdichtung, oft in Sammlungen vereinigt (↗ Florilegien); verbreitet v. a. in den oriental. Literaturen; im Griechenland des 6. Jh.s v. Chr. etwa die unter dem Namen des Theognis v. Megara laufende Gnomologie (Kurzelegien in Distichen), auch die des Solon und des Phokylides; in der röm. Literatur bes. die G.n des Publilius Syrus und die anonyme, erst im 3. (4.) Jh. entstandene, Cato zugeschriebene Sammlung »Dicta (Disticha) Catonis« (145 Doppelhexameter, eines der didakt. Grundbücher des MA.s); in der nord. Literatur die »Hávamál« (13. Jh.); in mhd. Dichtung Freidanks »Bescheidenheit« (13. Jh.), im 14./15. Jh. Weiterbildung der G. zum ↗ Priamel. In neuerer Zeit ist die G. etwa in Rückerts »Weisheit des Brahmanen« (6 Bde., 1836–39) wiederbelebt worden.   MS

Goldene Latinität, f., Bez. für die ›klass.‹ normenbildende Epoche der lat. Literatur und Sprache (ca. 100 v. Chr. bis zum Tod Augustus', 14 n. Chr.; auch ›goldenes Zeitalter‹ oder verkürzt unzureichend ‹Augusteisches Zeitalter‹ genannt), in welcher der Einfluss der griech. Literatur zur Blüte kam. Als *Hauptvertreter* gelten Cicero, Catull, Properz, Vergil, Horaz, Tibull, Ovid. Die darauf folgende Epoche wird als ↗ silberne Latinität bez. ↗ Antike.   S

Goliarden, m. Pl., in Frankreich u. a. Ländern heute noch, in Deutschland früher übl. Bez. für ↗ Vaganten (v. a. die kirchenfeindl.

Spielart). Die Bez. ist wohl abzuleiten von lat. *gula* (Kehle) – ursprüngl. Bedeutung ›Schlemmer‹ – wurde aber im MA. als Gruppenname (G. = *pueri, discipuli Goliae*) von Golias, einem legendären Bischof, hergeleitet, der, als vermeintl. geist. Ahnherr der von der Kirche bekämpften G., mit dem von den Kirchenvätern als Schimpfwort verwendeten Namen des bibl. Goliath bedacht wurde. ED

Gongorismus, m., span. Gongorismo, auch cul(teran)ismo, estilo culto (= gelehrter Stil), span. eigenständige Spielart des ↗ Manierismus, genannt nach ihrem bedeutendsten Vertreter, Luis de Góngora y Argote (»Soledades«, 1613/14). Der G. ist gekennzeichnet durch eine gewollt schwierige, gedrängte und dunkle Sprache, durch Häufung von Latinismen, überraschenden metaphor. Gebrauch geläufiger Wörter, Nachahmung der freien Syntax der lat. Poesie, überreiche Anwendung rhetor. Figuren und mytholog. Anspielungen. Dazu kommen in der Dichtung Góngoras Elemente des ↗ Conceptismo, dessen Vertreter (Quevedo) trotz enger stilist. Beziehungen den G. bekämpften und den auch die span. Forschung vom eigentl. G. trennt. Der G., lange Zeit als allzu gekünstelt abgelehnt, hat im 20. Jh. eine neue Wertschätzung erfahren (F. García Lorca, G. Diego, Ruben Darío). ED

Gorgianische Figuren, ↗ rhetor. Figuren, die nach antiker Überlieferung durch Gorgias von Leontinoi (5. Jh. v. Chr.) in Athen eingeführt wurden: *im weiteren Sinne* bewusst eingesetzte und kombinierte rhetor. Figuren überhaupt, *im engeren Sinne* die vornehml. durch den Klang wirkenden Figuren der Gliedergleichheit (↗ Isokolon) oder -ähnlichkeit (Parison) und der Endreime (↗ Homoioteleuton), aber auch des Gegensatzes (↗ Antithese). HD

Gothic novel [ˈgɔθikˈnɔvəl; engl. = got. Roman], Bez. für den engl. ↗ Schauerroman, der in der 2. Hälfte des 18. Jh.s als eigene Gattung hervortrat und sich im Zuge der europ. Vor- und Frühromantik mit der Bez. ›gothic‹ bewusst von den klassizist. Literaturströmungen

des 18. Jh.s absetzte. Versatzstücke der G. n. sind wilde und phantast. Landschaften, histor. oder pseudohistor. Kolorit, mal. Architektur, Ruinen, Klöster, Verliese, Gewölbe usw., unerklärl. Verbrechen, tyrann. Männer- und äther. Frauenfiguren, Begegnungen mit unheiml. oder übernatürl. Gestalten, oft Sendboten einer verborgenen Macht, Nacht-, Verfolgungs- und Beschwörungsszenen, Visionen und Träume. Charakterist. ist ferner eine kunstvoll verzögerte Handlungsführung mit Spannungs- und Überraschungseffekten. Die G. n., teils witzig iron., teils Mittel zur Ausweitung des Bewusstseins und der künstler. Ausdrucksmöglichkeiten um den Bereich des Irrationalen, wurde einerseits zum Anreger der neueren europ. Erzählkunst bis weit ins 19. und 20. Jh. hinein, andererseits rasch zum Klischee der Unterhaltungsliteratur. – Die ersten G. n.s sind »The Castle of Otranto, a gothic tale« (1764) von H. Walpole und »The Champion of Virtue« (1777) von C. Reeve. Nach »The Old Manor House« (1793) von Ch. Smith und insbes. seit A. Radcliffes »The Mysteries of Udolpho« (1794) herrschte die G. n. über 30 Jahre als literar. Mode, weitergeführt z. B. von M. G. Lewis mit dem in ganz Europa verbreiteten Roman »The Monk« (1795). Die G. n. trat v. a. in enge Wechselbeziehungen zum dt. ↗ Geheimbundroman, so dass die spätere G. n. in England oft dt. Milieu zeigt und dt. Einflüsse verarbeitet (Mary Shelley, »Frankenstein«, 1818, Ch. R. Maturin, »Melmoth, the Wanderer«, 1820 u. a.). Die G. n. beeinflusste den ↗ Kolportageroman des 19. Jh.s sowie den ↗ Kriminal- und ↗ Detektivroman; von Bedeutung war sie aber auch für die Romane von W. Scott, Ch. Dickens, Ch. Brontë und R. L. Stevenson; für de Sade, V. Hugo und H. de Balzac; N. Hawthorne, E. A. Poe und H. Melville; F. M. Dostojewskij und im 20. Jh. noch für G. Orwell, W. Faulkner u. a. RS

Gotischer Bund [nach schwed. Götiska förbundet], auch: Göterna, romant.-konservative, patriot.-literar. Vereinigung, gegr. 1811 in Stockholm mit dem Ziel, durch Wiederbelebung der nord. Mythologie (Quellenforschungen, Übersetzungen, Sammlungen,

Dichtungen) das nach dem russ. Krieg (1808–09) zerrüttete schwed. nationale Selbstbewusstsein zu heben. Zu den *Mitgliedern* zählten die bedeutendsten romant. Dichter Schwedens, die viele ihrer wichtigsten Werke (die zur Blüte der schwed. Literatur führten) in der Zeitschrift des g.n B.es, »Iduna« (1811 ff.) veröffentlichten, so v. a. E. G. Geijer (»Manhem«, 1811: das programmat. Gedicht des g.n B.es, »Vikingen« u. a.), E. Tegnér (»Svea«, 1811, erste Gesänge der »Frithiofs-Saga«, 1820 ff.), A. A. Afzelius (Balladensammlung »Svenska folkevisor«, 1814–16), E. J. Stagnelius, P. H. Ling. Die Bemühungen des g.n B.es gingen um 1840 in der Pan-Skandinav. Bewegung auf. ↗ Phosphoristen.   IS

Götterapparat, Bez. der klass. Philologie für das Auftreten von überird. Gestalten (Göttern, Allegorien) in antiken Epen und Dramen zur Förderung der Handlung und zur Lösung von Konflikten, vgl. ↗ deus ex machina.   S

Göttinger Hain, auch: Hainbund, dt. Dichterkreis, gegründet am 12.9.1772 von J. H. Voß, L. Ch. H. Hölty, J. M. Miller u. a., die, wie die meisten weiteren Mitglieder (H. Ch. Boie, die Grafen Ch. und F. L. Stolberg, J. A. Leisewitz, C. F. Cramer) an der Universität Göttingen studierten. Dem G. H. nahe standen G. A. Bürger, M. Claudius (in Wandsbeck) und, als gefeiertes Vorbild, F. G. Klopstock (in Hamburg; Besuch in Göttingen 1774), auf dessen Ode »Der Hügel und der Hain« (Sitz der griech. bzw. der german. Dichter) sich der Name ›Hain(bund)‹ programmat. bezog: Der G. H. verstand sich als Protestbewegung gegen den Rationalismus der Aufklärung. Freundschaftskult, schwärmer. Natur- und Vaterlandsliebe weisen auf seine Herkunft aus der ↗ Empfindsamkeit; die Ablehnung rationalist. Dichtungsauffassungen und insbes. der von roman. Formmustern geprägten Gesellschaftsdichtung des ↗ Rokoko (Wieland) zugunsten erlebter Gefühlsaussage verbinden ihn mit dem ↗ Sturm und Drang. Vorbilder sind Klopstocks vaterländ. und teuton. Oden, die ↗ Bardendichtung und ↗ Gräberpoesie, ferner die liedhafte Volkspoesie (Gleim, Herder und v. a.

Percy's »Reliques of Ancient Poetry« 1765). – Typ. für den vom G. H. entwickelten Dichtungsstil ist eine Verschmelzung dieser Vorbilder zu subjektivierter, ungekünstelter bzw. im Pathos gedämpfter Aussage, meist in lyr. Kleinformen mit sorgfältiger Formbehandlung: vgl. die (noch Topoi und Erlebnissubstanz mischenden) Oden von Hölty, F. L. Stolberg, Voß, Miller oder die (oft idyll. gefärbte) volksliedhafte Lyrik, die z. T. volkstüml. (und vielfach vertont) wurde, z. B. Höltys »Üb' immer Treu und Redlichkeit« oder Lieder von Bürger oder Miller. Die wichtigste Leistung des G. H.s ist die Herausbildung der dt. Kunst-↗ Ballade (dämon. Natur- und Gespensterballade) aus dem histor. Volkslied durch Hölty und bes. Bürger (»Lenore«, 1774). Die Dichtungen des G. H.s erschienen meist zuerst in dem von Boie herausgegebenen »Göttinger Musenalmanach« (bes. wichtig ist Jg. 1774). Ab 1775 löste sich der G. H. allmähl. auf (Abschluss der Studien der einz. Mitglieder). Die dichtungstheoret. Ansichten des G. H.s prägten jedoch die weitere Entwicklung sowohl einzelner Mitglieder (z. B. Voß' Idyllen und Übersetzungen) als auch einzelner Gattungen (z. B. der Ode: Novalis, Hölderlin, der Ballade) und förderte die zum Irrationalismus führende Erschließung subjektiv erlebter Gefühlsbereiche (Romantik).   IS

Gräberpoesie, auch: Kirchhofspoesie, lyr.-eleg. oder ep.-balladeske Dichtung, in der die Motive des Grabes, des Todes, der Vergänglichkeit usw. in Verbindung mit melanchol. Reflexion und düsterer Naturstimmung gestaltet sind. Sie entstand in England im Zuge der Gegenbewegung gegen den Rationalismus und fand in der 2. Hälfte des 18. Jh.s in ganz Europa weite Verbreitung, bes. durch E. Youngs »The Complaint, or Night Thoughts on Life, Death and Immortality« (1742/45), R. Blairs »The Grave« (1743) oder Th. Grays »Elegy written in a Country Churchyard« (1742, veröffentl. 1750). Die engl. g. erschloss der Literatur neue meditativ-seel. und aesthet. Bereiche, die zur Epoche der europ. Vorromantik überleiteten: vgl. etwa die G. in Schweden (C. M. Bellman, J. G. Oxenstierna), Italien

(J. C. Pindemonte, Ugo Foscolo) und Frankreich. In Deutschland kam die G. den Tendenzen der ↗ Empfindsamkeit entgegen und fand reiche Nachahmung, neben J. F. v. Cronegk v. a. durch F. G. Klopstock (»Die frühen Gräber«, 1764) und die Dichter des ↗ Göttinger Hains (bes. L. Ch. H. Hölty). Der von der G. erschlossene Gefühlsbereich wurde ein wesentl. Element der Dichtung der Romantik (z. B. Novalis, »Hymnen an die Nacht«, 1800), vgl. das romant. ↗ Nachtstück. KT

Gracioso, m. [grasi'o:zo:; span.], lust. Person des span. Barockschauspiels (↗ Comedia), von Lope de Vega als Kontrastfigur zum ernsten Helden entwickelt (erstmals in »La Francesilla«, 1598), meist Diener, Reitknecht, Soldat, aber auch Vertrauter und Ratgeber seines Herrn (so bei Ruiz de Alarcón, Tirso de Molina), Intrigant (Moreto) oder philosoph. Narr (Calderón); er zeigt volkstüml. Charakterzüge, ist jedoch nicht wie die ↗ Zani der ↗ Commedia dell'arte als Typus oder Maske festgelegt; erst in nachklass. Zeit Erstarrung zum Typ. Mit dem Anschluss an das klassizist. franz. Theater seit 1750 wurde der G. aus dem ernsten Schauspiel verbannt (vgl. der dt. ↗ Hanswurst). Im 20. Jh. Wiederbelebungsversuche durch J. B. Martínez (z. B. in »Los intereses creados«, 1909). IS

Gradatio, f. [lat. = stufenweise Steigerung], lat. Bez. für den bekannteren griech. Begriff ↗ Klimax.

Graduale, n. [zu lat. gradus = Stufe: auf den Stufen (des Altars) Gesungenes] ↗ Antiphon.

Gradualismus, m. [zu lat. gradus = Schritt, Stufe], von Günther Müller in die literaturwissenschaftl. Nomenklatur eingeführter philosoph. Begriff zur Kennzeichnung und geistesgeschichtl. Erklärung des Phänomens scheinbar unvereinbarer eth. und stilist. Gegensätze beim gleichen Autor in der Dichtung des 11. bis 13. Jh.s. Im Anschluss an die gradus-Lehre des Thomas von Aquin (z. B. Contra gentiles 2,45) wird statt eines alternativist. Dualismus einander widerstreitender Güter ein System

aus stufenartig auf Gott hingeordneten, je für sich werthaltigen Realitätsschichten angenommen und das Nebeneinander z. B. von Artusroman und Legendendichtung bei Hartmann von Aue oder von Marien- und Minnelyrik bei Konrad von Würzburg oder auch von verschiedenen Stilebenen in ein- und demselben Werk aus dem Wechsel dieser Realitätsschichten erklärt. HSt

Gradus ad Parnassum, m. [lat. = stufenweiser Aufstieg zum Parnass (dem Musensitz der griech. Mythologie)], Titel alphabet. geordneter griech. oder lat. Wörterbücher, in denen jedes Wort nach metr. Silbenwerten gekennzeichnet ist und jedem Wort die jeweils passenden und schmückenden Beiwörter (Epitheta), traditionelle Wendungen und Satzkonstruktionen beigegeben sind; bestimmt für schul. und gelehrte Übungen im Verfassen griech. und lat. Verse. Den ersten G. a. P. gab der Jesuit P. Aler (Köln 1702) heraus. ›G. a. P.‹ wurde auch als Titel musikal. Unterrichtswerke übernommen. HW

Grammatischer Reim, Reimfolge aus verschiedenen Wortbildungs- und Flexionsformen eines Wortstammes, entspricht der rhetor. Figur des ↗ Polyptotons; beliebt v. a. im Minne- und Meistersang, z. B. *geschehen : geschach; gesehen : gesach* (Reinmar d. Alte); aber auch in der Neuzeit, z. B. *schreibt : bleiben : schreiben : bleibt* (Lessing, »Sinngedichte«). S

Grand Guignol, m. [frz. grãgi'ɲəl], Pariser Theater, gegr. 1895 als »Théâtre Salon«, 1899 von Max Maurey unter dem Namen »Le G. G.« auf die krass-naturalist. Darstellung extremer Schauer- und Horrorstücke spezialisiert (nach dem Zweiten Weltkrieg auch science-fiction-Stücke, 1962 geschlossen). – G. G. wurde auch Gattungsbez. für solche Terror- und Gruselstücke; Vertreter Ende 19. Jh. z. B. O. Méténier, in den 20er Jahren des 20. Jh.s v. a. André de Lorde, der »Klassiker des G. G.« (z. B. »Le laboratoire des hallucinations«, »La morte lente« u. v. a.). In Frankreich selbst und im Ausland nachgeahmt (z. B. 1910/11 die it.

Theatergruppe R. Tolentinos »G. G. Internazionale«). Auch: ↗ Theater der Grausamkeit. IS

Grand opéra, [grãdope'ra; frz. = große Oper], histor.-heroische Ausstattungsoper des 19. Jh.s, die v. a. in Frankreich (Paris) in der Zeit zwischen Napoléon I. und dem Untergang des Zweiten Kaiserreiches gepflegt wurde. – Die G.o. ist durchkomponiert; Kennzeichen sind ferner histor. Stoffe von aktuellem Interesse (v. a. Revolutionen und Aufstände), Bravourarien, prunkvolle Ausstattung, theatral. Effekte, Pathos der Massenszenen und regelmäß. Balletteinlagen. Sie ist polit. Kundgebung und kommt zugleich dem Repräsentationsbedürfnis und der Sensationslust der frz Bourgeoisie des 19. Jh.s entgegen. – Bedeutendste Vertreter sind G. Spontini (»Fernand Cortez«, 1809; »Olympia«, 1819), G. Rossini (»Guillaume Tell«, 1829), D. F. E. Auber (»La Muette de Portici«, 1828 – Gegenstand der Oper ist der neapolitan. Fischeraufstand Masaniellos von 1647; eine Aufführung der Oper in Brüssel löste 1830 die Revolution in Belgien aus), G. Meyerbeer (»Robert le Diable«, 1831; »Les Huguenots«, 1836; »Le prophète«, 1849 – das Werk, in dessen Mittelpunkt Johann von Leyden und der Aufstand der Wiedertäufer in Münster stehen, übertraf mit einem Krönungsmarsch, einem Schlittschuhläuferballett und der Finalexplosion eines ganzen Palastes bei offener Bühne alle bis dahin erlebten Theatersensationen; »L'Africaine«, 1865), J. F. Halévy (»La juive«, 1835) und H. Berlioz (»Les Troyens«, 1855–58). Librettist der genannten Werke von Auber, Meyerbeer und Halévy ist E. Scribe. – Der Aufführungspraxis der G. o. wurden im 19. Jh. auch andere Werke unterworfen, v. a. die Balletteinlage war bei Pariser Aufführungen obligator. (Berlioz instrumentierte für eine Aufführung des »Freischütz« – unter dem Titel »Robin des Bois« – das Klavierstück »Aufforderung zum Tanz«; Wagner komponierte für die Pariser Aufführung des »Tannhäuser« 1861 das Venusberg-Bacchanal). Wagner übernahm für »Rienzi« (1842), Verdi für seine Pariser Opern (»Sizilian.-Vesper«, 1855; »Don Carlos«, 1867) und »Aida« (1871) die Form der G. o. K

Graziendichtung, Bez. für die dt. Dichtung des ↗ Rokoko, in der *Grazien* (als Göttinnen der Anmut neben anderen mytholog. Figuren) zur Staffage gehören und zugleich auf die kunsttheoret. Basis (*Grazie* als das schöne Gute) verweisen. KT

Gräzismus, m. [lat. graecus = griechisch], Nachbildung einer idiomat. oder syntakt. Eigentümlichkeit des Altgriechischen in einer anderen Sprache, v. a. im Lat. (z. B. bei Eigennamen gr. Akkusativ: Leoni*dan* statt lat. Leoni*dam*). S

Greguerías, f. Pl., von dem span. Schriftsteller R. Gómez de la Serna erfundene Bez. für die von ihm seit 1917 (in Romanen und für Einzelsammlungen) nach der Formel »Humor + Metaphysik = G.« geprägten witz., paradoxmetaphor. Ideenassoziationen, Vergleiche, Antithesen, Bilder, in denen er die als chaot. und deformiert empfundene Wirklichkeit fixieren will, z. B. »im Herbst müssen die Blätter aus den Büchern fallen«. Von geringerem Anspruch als Aphorismus und Epigramm, stehen G. in der Stiltradition des Barock (vgl. ↗ Concetto, Conceptismo) und weisen auf den Surrealismus und auf die absurde Literatur voraus. IS

Griechenlieder ↗ Philhellenismus.

Grobianismus, grobianische Dichtung, [zu Grobian(us), gelehrte, iron. Neubildung aus grob = bäurisch, unerzogen und der Endung -ian, wie sie in Heiligennamen wie Cyprian, Damian etc. erscheint. Zuerst in Zeningers »Vocabularius theutonicus«, 1482, belegt als Synonym zu rusticus = Bauer], durch S. Brants »Narrenschiff« (1494, Kapitel 72) wird »Sanct Grobian« zum literar. Schutzpatron des G., d. h. von Verhaltens- und Sprachformen, die sich durch Rohheit, Unanständigkeit und Ungebildetheit von den am Höfischen orientierten Anstandsnormen des Bürgertums unterschieden (Grobianismen). Der davon abgeleitete literaturwissenschaftl. Gattungsbegriff *»grobianische Dichtung«* bez. eine didakt. Literaturgattung vornehml. des 16. Jh.s, die ent-

Brant: »Das Narrenschiff«

weder in satir. Absicht als negative Enkomiastik grobian. Sitten beschreibt (Hans Sachs, »Die verkert dischzuecht Grobiani«, 1563) oder in direktem polem. Angriff bloßstellt (S. Brant s.o., Th. Murner, »Schelmenzunft«, Kapitel 21). Die grobian. Dichtung schließt sich vorzugsweise dem Darstellungsbereich höf. ↗Tischzuchten an, deren Verhaltensregeln auf die städt. Bevölkerung übertragen werden. Das erfolgreichste Werk des G. ist F. Dedekinds »Grobianus. De morum simplicitate libri duo« Frkft./M. 1549 (in lat. Distichen) und dessen (erweiternde) Übersetzung durch K. Scheidt »Grobianus. Von groben sitten und unhöfflichen geberden«, Worms 1551.   HW

Groschenhefte, Verbreitungsform von ↗Trivialliteratur, insbes. sog. ↗Schund- und pornograph. Literatur: massenhaft produzierte, billige (umgangssprachl. *wenige Groschen kostende*) Roman-Hefte (oft Serien), die v. a. an Kiosken vertrieben werden. Die Bedingungen ihrer Produktion, Distribution und v. a. Rezeption (sozial niedere Schichten) sind unterdessen weitgehend erforscht.   IS

Großstadtdichtung, inhaltsbezogene Bez. für eine Literatur, die das Verhältnis des Individuums zur (fast durchweg negativ erfahrenen) Komplexität und Anonymität der modernen Weltstadt thematisiert. Als die dem Massengebilde Großstadt angemessenste Gestaltungsform gilt der auf Vielsträngigkeit und Perspektivenfülle angelegte Roman. Im 18. und 19. Jh. suchen seine Autoren die Vielfalt

gegenläufiger Lebensäußerungen der Großstadt durch interpretierende oder erzähltechn. Organisation zu bewältigen (Lesage, Victor Hugo, E. Sue, E. Zola: Paris; Ch. Dickens: London), im 20. Jh. prägt die Erfahrung der Partikularität und Diskontinuität auch die Romanstruktur (A. Belyj: »Petersburg«, 1916; J. Dos Passos: »Manhattan Transfer«, 1925: New York; A. Döblin: »Berlin Alexanderplatz«, 1929). In der Lyrik wird die Akkumulierung disparater Massenphänomene seltener gestaltet als das aus ihr folgende Entfremdungserlebnis des Einzelnen; bes. im Expressionismus steht dann die Großstadt als Chiffre für Bedrohung und Lebensangst überhaupt (G. Heym, J. van Hoddis, R. M. Rilke, B. Brecht). Dramat. G. ist seltener (Brecht, Camus).   HSt

Groteske, f. u. n. [von ital. grottesco = wunderlich, verzerrt, zu grotta = Grotte], in der bildenden Kunst zuerst verwendet als Bez. für eine Ende des 15. Jh.s in Italien bei Ausgrabungen antiker Thermen und Paläste entdeckte Art von Wandmalereien, in deren flächenfüllender verschnörkelter Ornamentik Pflanzen-, Tier- und Menschenteile spielerisch miteinander verbunden sind *(die G.)*. Der Begriff wurde dann ausgedehnt auf die durch die Entdeckung der G. angeregte Ornamentik der Renaissance (Raffael) und schließl. auf eine bestimmte Strömung der europäischen Malerei und Literatur insgesamt: die Darstellung des zugleich Monströs-Grausigen und Komischen, des gesteigert Grauenvollen, das zugleich als lächerlich erscheint. Der groteske

Stil *(das G.)* ist dadurch gekennzeichnet, dass er scheinbar Unvereinbares miteinander verbindet, Seltsam-Abartiges dem Närrisch-Lustigen zugesellt und in dem paradoxen Nebeneinander heterogener Bereiche die Form ins Formlose umschlagen lässt, die Gestalt ins Maßlose übersteigert und ihr teils humorist.-karikierende, meist eher schaurige und sogar dämon. Züge verleiht. Die phantast. Verzerrung und Entstellung verdrängt vielfach das spieler. Moment und wird so zum Ausdruck einer im ganzen entfremdeten Welt. Dementsprechend findet sich das G. v. a. in Epochen, in denen das überkommene Bild einer heilen Welt angesichts der veränderten Wirklichkeit seine Verbindlichkeit verloren hat, in denen die Welt unfassbar, der Vernunft unzugänglich und von unversöhnl. Widersprüchen beherrscht scheint. Bes. moderne Autoren sehen das G. im Grunde nicht als willkürl. verzerrenden Stil, sondern als die eher realist. Wiedergabe der selbst grotesken Wirklichkeit; der grotesken Darstellung wird so eine kritische Funktion zuerkannt. – Epochen, in deren Literatur das G. eine größere Rolle spielt, sind das 16. Jh. (in Frankreich Rabelais, in Dtld. Fischart), die Zeit zwischen Sturm und Drang und Romantik (J. M. R. Lenz, E. T. A. Hoffmann, in Amerika E. A. Poe) und die Moderne (F. Wedekind, A. Schnitzler, C. Sternheim, H. Mann, F. Kafka, B. Brecht, M. Frisch, F. Dürrenmatt, G. Grass; in Italien L. Pirandello, in Frankreich E. Ionesco, S. Beckett). Während der Roman im Allgemeinen nur einzelne groteske Züge aufweist, können kürzere Prosaformen häufig im ganzen vom G. beherrscht sein *(Grotesken,* f.), ebenso das Drama (vgl. auch ↗ Tragikomödie, ↗ absurdes Theater) und die Lyrik (W. Busch, Chr. Morgenstern, P. Scheerbart; Dadaismus). GMS

Gründerzeit-Literatur, unter dem Eindruck des Sieges im dt.-franz. Krieg 1870/71 und der Reichsgründung entstandene Literatur. Bez. aus der polit. Geschichte übernommen zur Abgrenzung gegenüber der Literatur des bürgerl. ↗ Realismus und des ↗ Naturalismus. Kennzeichnend ist ein monumentalisierender Historismus, ausgeprägt in meist epi-

gonalen Epen und Tragödien: im Vordergrund steht stets die beherrschende Gestalt des einmaligen, rätselhaften, unverstandenen genialen Menschen, für den alles Politische, Soziale und Aktuelle zur bloßen Kulisse wird. Den wirkl. Konflikt ersetzen theatral. Leidenschaft und Kraftentfaltung, die sich meist erst im (pseudo-)trag. Untergang verwirklichen. Zu den heute noch bekannten und teils populären Repräsentanten der G. werden gezählt F. Dahn, P. Heyse, E. von Wildenbruch, teilweise auch F. Nietzsche, der alte Th. Storm, C. F. Meyer, L. Anzengruber, C. Spitteler; weithin vergessen sind dagegen die damals viel gelesenen H. Lingg, A. Wilbrandt, A. Fitger, A. Lindner, F. Nissel, G. Ebers, H. Leuthold, R. Voß, M. Greif oder A. Graf von Schack. G. ist auch die sog. ↗ Butzenscheibenlyrik. HD

Gruppe 1925, literar. polit. Gruppierung in Berlin lebender linksbürgerl. und kommunist. Schriftsteller, u. a. J. R. Becher, A. Döblin, E. E. Kisch, L. Frank, B. Brecht. Sie brach nach zunehmender Polarisierung 1928 (Aufnahme Döblins in die Preußische Akademie der Künste; Gründung des »Bundes proletar.-revolutionärer Schriftsteller Deutschlands«) auseinander, ihre ehemaligen ›Mitglieder‹ befehdeten sich in der Folgezeit z. T. (u. a. Becher/Döblin) aufs heftigste. D

Gruppe 47, fluktuierende Gruppierung von Schriftstellern und Publizisten um Hans Werner Richter, entstanden 1947 aus dem Bestreben, die »junge Literatur … zu sammeln und zu fördern«. Als Gründungsdatum gilt der 10.9.1947, an dem sich die ehemal. Herausgeber der verbotenen Zeitschrift »Der Ruf« (1946–47), H. W. Richter und A. Andersch, weiter die Autoren H. Friedrich, W. Kolbenhoff, W. Schnurre, W. Bächler, W. M. Guggenheimer, N. Sombart und F. Minssen im Hause I. Schneider-Lengyels trafen, um die erste (dann ebenfalls verbotene) Nummer einer neuen Zeitschrift »Skorpion« vorzubereiten. Der Name wurde von G. Brenner unter Bezug auf die span. Gruppe 98 (↗ Generation von 98) angeregt. Erste Tagung am 8./9.11.1947 in Herrlingen bei Ulm. Als polit.-publizist. Bund wollte die G. 47 für ein neues demokrat. Deutschland und für eine neue Literatur wirken, »die sich ihrer Verantwortung auch gegenüber der polit. und gesamtgesellschaftl. Entwicklung bewußt« sei (Richter). Die Wirkung der Tagungen mit ihren Lesungen und der folgenden ad-hoc-Kritik, zu der der betroffene Autor nicht Stellung nehmen durfte, setzte bereits sehr früh ein, ebenso jedoch ein zunehmender Rückzug aus der Politik in die Literatur. Außer den Autoren kamen seit etwa 1955 zunehmend auch befreundete Journalisten, Verleger und Lektoren (Vertreter der Literaturvermittlung) zu den Tagungen; die G. 47 bestimmte bald das Bild der bundesdt. Gegenwartsliteratur bis weit in die 60er Jahre hinein. Sie wurde »Treffpunkt, mobile Akademie, literar. Ersatzhauptstadt« (Böll) mit der Funktion einer Literaturmesse. Die Entwicklung der Nachkriegsliteratur von ihrer sog. Kahlschlagphase bis zu den Experimenten der 60er Jahre lässt sich an den Lesungen auf den Tagungen der G. 47 relativ gut verfolgen, ebenso an den Preisträgern seit 1950: G. Eich, H. Böll, I. Aichinger, I. Bachmann, A. Morriën, M. Walser, G. Grass, J. Bobrowski, P. Bichsel, J. Becker. Die Provokation P. Handkes auf der Tagung in Princeton 1966 signalisierte, wie weit sich eine Ritualisierung, wie sehr sich ein gewisser, sich selbst genügender Leerlauf eingestellt hatte. 1968 fand die letzte Tagung im alten Stil statt; gleichzeitig wurde kritisiert, die G. 47 habe den »rebellierenden Studenten weder Stichwörter geliefert noch Beifall gespendet«. Sie sei von ihnen deshalb »jenem Establishment zugeschlagen« worden, »in dem sie bisher ihren eigenen Feind gesehen« hätte (M. Michel). Der »polit.-publizist.« Einsatz der G. 47 war ebenso in Vergessenheit geraten wie zahlreiche polit. Resolutionen zu ausländ. (Revolution in Ungarn, Algerienkrieg, Vietnamkrieg u. a.) und inländ. Ereignissen (ato-

Aichinger: »Die größere Hoffnung«

mare Bewaffnung der Bundeswehr, Berliner Mauer, Spiegel-Affäre, Springer-Presse u. a.). 1972 hat Richter in Berlin Freunde der alten G. 47 und jüngere Schriftsteller zu Lesungen und Gesprächen eingeladen und damit möglicherweise den Versuch eines Neubeginns unternommen, der zu einem echten Gedankenaustausch ohne Öffentlichkeit zurückfinden sollte. 1977 löste sich dann jedoch die Gruppe auf einer letzten Tagung in Saulgau auf. – Trotz schärfster Anwürfe wie »Mafia« (R. Neumann), »heiml. Reichsschrifttumskammer« (Dufhues) ist die polit. Wirkung der G. 47 sehr gering geblieben, sind ihre Einflüsse wesentl. im offiziellen Bild der Nachkriegsliteratur nachzuspüren. Zu den über 200 Autoren, die auf ihren Tagungen im In- und Ausland gelesen haben und insofern der G. 47 zuzurechnen sind, gehören außer den genannten v. a. noch: R. Baumgart, H. Bender, H. Bienek, E. Borchers, H. v. Cramer, G. Elsner, H. M. Enzensberger, H. Heißenbüttel, W. Hildesheimer, W. Höllerer, W. Jens, U. Johnson, A. Kluge, W. Koeppen, S. Lenz, R. Lettau, R. Rehmann, K. Roehler, P. Rühmkorf, E. Schnabel, P. Weiss, W. Weyrauch, G. Wohmann. D

Gruppe 61, Arbeitskreis von Schriftstellern, Kritikern, Journalisten und Lektoren, entstanden 1961 im Gefolge einer Anthologie von Bergmannsgedichten (1960; darin u. a. M. v. d. Grün, H. Koster), wesentl. gefördert von W. Köpping und dem Dortmunder Bibliotheksdirektor und Leiter des ›Archivs für Arbeiterdichtung und soziale Literatur‹, F. Hüser. Ihr Ziel ist, »sich frei von polit. und staatl. Aufträgen und Richtlinien mit den sozialen und menschl. Problemen der industriellen Arbeitswelt künstler.« auseinanderzusetzen. Erste öffentl. Aufmerksamkeit erregte eine am 17.6.1961 veranstaltete Diskussion »Mensch und Industrie in der Literatur der Gegenwart«. Seither regelmäß. Zusammenkünfte, Lesungen mit gegenseit. Kritik und Diskussion (mindestens zweimal jährl.). Der literar. Wert der von den Gruppenmitgliedern vorgelegten Arbeiten wurde unterschiedl. beurteilt: kritisiert wurde eine »literar. Schablonenwelt«, die Realität verstelle statt sichtbar zu machen (D. Wellershoff), ferner eine gelegentl. recht klischeehafte Sprache, die Anwendung überwiegend konventioneller literar. Redeweisen und -muster. Hervorgehoben werden müssen dagegen die Erprobung und der gezielte Einsatz angemessener literar. Darstellungsweisen wie Dokumentation, Protokoll und Reportage (F. C. Delius, G. Wallraff). Eine Krise seit Mitte der 60er Jahre (Vorwurf, mehr die künstler. Aspekte statt polit.-emanzipatorische zu betonen, die Arbeiter als Schreibende zu vernachlässigen u. a.) führte zur Abspaltung des ↗Werkkreises Literatur der Arbeitswelt und zu gruppeninternen Diskussionen, die schließl. 1971 zu einer Neuformulierung des Programms führten: »Die G. 61 will unter Benutzung aller Kommunikationsmöglichkeiten Sachverhalte der Ausbeutung ins öffentl. Bewußtsein bringen. Die Angehörigen der Gruppe verfolgen dieses Ziel unter Ausnutzung aller geeigneten literar. und journalist. Formen sowie in polit. Aktionen«. Zu den Autoren der G. 61, die nicht immer eigentl. Arbeiterdichter sind, zählen außer den schon genannten: W. Bartock, J. Büscher, E. Engelhardt, K. E. Everwyn, B. Gluchowski, A. Granatzki, W. Körner, K. Küther, B. Leon, M. Mander, A. Mechtel, P. Polte, J. Reding, E. Struchhold, E. Sylvanus, K. Tscheliesnig, H. K. Wehren, E. F. Wiedemann, E. Wigger, H. Wohlgemuth, P. P. Zahl.   D

Gruppo 63 (g. sessantatre; it.), Zusammenschluss italien. literar. Avantgardisten im Okt. 1963 in Palermo nach dem Vorbild der dt. ↗Gruppe 47. Erstrebten in Opposition zu ↗Neorealismo einerseits und ↗Hermetismus andererseits eine literar. Gestaltung der modernen Wirklichkeit mit neuen Sprachformen und -strukturen, insbes. durch Zitat-Montagen, Collagetechniken, serielle Assoziationen in konsequenter Fortführung der Stilzüge des ↗Manierismus. *Theoretiker* sind L. Anceschi und U. Eco, die wichtigsten *Vertreter* die (schon mit gleichen Tendenzen in der von A. Giuliani hrsg. Anthologie »I Novissimi; poesie per gli anni '60« versammelten) Dichter E. Pagliarani, N. Balestrini, A. Porta und v. a. A. Giuliani (Dialogcollagen »Povera Juliet«,

»Urotropia« 1964), G. Manganelli (»Monodialogo«) und E. Sanguineti. Durch seine Experimente in Lyrik und Roman und bes. durch seine Bemühungen um neue Theaterformen (mit einer eigenen ›Compania del G. 63‹) errang der G. 63 internationale Beachtung.   IS

Guckkastenbühne ↗Bühne, ↗Illusionsbühne.

Guignol [frz. giˈɲɔl], ↗lustige Person des frz. Marionetten- und Handpuppentheaters, auch Bez. für das frz. Puppentheater als Ganzes *(aller au G.)* und für die darin aufgeführten Stücke, deren Held der G. ist. – Ursprüngl. von dem Lyoneser Puppenspieler Laurent Mourguet (1769–1844) geprägter Eigenname für die von ihm mit volkstüml. Charakterzügen der Lyoner Seidenweber ausgestattete lustige Person seines Marionettentheaters (nach ital. Muster gegr. 1795), deren weit über Lyon hinausreichende Popularität dann zur Gleichsetzung des Namens und der Rolle führte. ↗Grand Guignol.   IS

H

Hagionym, n. ↗ Ascetonym.

Haiku, n. (Haikai, Hokku) [jap. = humorist. Vers, Posse], Gattung der japan. Dichtung, bestehend aus drei ursprüngl. humorist. Versen zu 5–7–5 Silben; künstler. Höhepunkt durch Matsuo Bascho (17. Jh.; themat. Abkehr vom Possenhaften); wird auch heute noch gepflegt. *Einwirkungen des H. auf westl. Literaturen* finden sich seit Ende des 19. und im 20. Jh., v. a. im engl.-amerikan. ↗ Imagismus (Ezra Pound u. a.). Dt. Nachdichter (M. Hausmann, Imma von Bodmershof u. a.) lassen z. T auch in ihren eigenen Werken Einflüsse erkennen; auch andere Lyriker kommen bisweilen in ihrer Dichtung der inneren und äußeren Struktur des H. nahe (M. Dauthendey, A. Holz, R. Dehmel, St. George, Klabund u. a.). GMS

Hainbund ↗ Göttinger Hain.

Hakenstil, Bez. E. Sievers' für die Inkongruenz von Langzeilengliederung und syntakt. Gliederung: stilist. Eigenschaft bes. der altengl. und altsächs. Stabreimdichtungen (»Beowulf«, »Heliand«), von A. Heusler als *Bogenstil* bez. Im Ggs. zum ↗ Zeilenstil, bei dem die Langzeile zugleich syntakt. Einheit ist, werden beim H. die Satzschlüsse in die Mitte der Langzeilen verlegt. M. Deutschbein und H. Krauel erklären den H. mit der in den altengl. und altsächs. Stabreimepen häufigen Technik der ↗ Variation als Mittel der Verknüpfung der Langzeilen. Heusler führt den Ggs. Zeilenstil – H. auf den Ggs. Liedstil – Epenstil zurück (der H. als stilist. Konsequenz des Übergangs vom gesungenen kurzen Lied, bei dem die Langzeile zugleich musikal. Periode ist, zum rezitierten umfangreichen Buchepos). Vgl. auch ↗ Brechung, ↗ Enjambement. K

Halbreim ↗ unreiner Reim.

Halbzeile ↗ Langzeile.

Hallescher Dichter- oder Freundeskreis,

1. *Erster oder älterer H. D.*, pietist. geprägte literar. Vereinigung, gegründet 1733 von dem Theologiestudenten S. G. Lange in Halle, seit Ende 1734 unter der geist. Führung J. J. Pyras. Angeregt durch den vielseit. vermittelnden Kunsttheoretiker Georg F. Meier (vgl. auch den Zweiten H. D.) und nach dem Vorbild religiöser, bes. engl. Dichter wie Milton, versuchte der H. D., die subjektive Gefühls- und Seelenhaltung des ↗ Pietismus auch in der Dichtung zu verwirklichen: gestaltet wurden religiöse u. a. erhabene Themen (Natur, Freundschaft usw.) in stark gefühlsbetontem, pathet. oder empfindsamem Stil. Als angemessene Form für diese (in der dt. Literatur neue!) erlebnishafte Dichtung galt der *reimlose Vers* (Odenformen nach Horaz); als erstes dt. größeres Werk ohne Reim erschien 1737 Pyras poetolog. Kleinepos »Tempel der wahren Dichtkunst«. Der H. D. griff damit entscheidend in die allgem. literaturtheoret. Auseinandersetzung um das Wesen der Dichtung ein, die seit Anfang des Jh.s zwischen den Anhängern der aufklärer.-rationalist. Dichtungsauffassung Gottscheds und der affektiven der Schweizer Bodmer und Breitinger aufgebrochen war, und die vereinfachend in der Frage »für oder wider den Reim« polarisiert wurde. Pyras und Langes Gedichtsammlung »Thirsis und Damons freundschaftl. Lieder« (1736–44) und Langes Übersetzung der Oden des Horaz (1747 u. 1752) wirkten epochemachend und gaben neben den vers- und stiltheoret.

Schriften des H. D. es, bes. Pyras und Langes, zwischen 1740 und 1750 der dt. Dichtung wirkungsvolle Anstöße zur gehaltl. und formalen Ausbildung des zukunftsweisenden subjektiv affektiven Dichtungsstils, der in Klopstocks Werk und v. a. dann in Goethes Hymnen einen Höhepunkt erreichte. – 2. *Zweiter oder jüngerer H. D.*: literar. interessierter student. Freundeskreis in Halle (J. W. L. Gleim, J. P. Uz, J. N. Götz, P. J. Rudnick), der sich seit etwa 1739 an der Übersetzung und Nachahmung Anakreons bzw. der Anakreonteen versuchte. Er wurde angeregt und beeinflusst von den Kunsttheoretikern A. Baumgarten und v. a. Georg F. Meier, z. T. (z. B. in der Frage des Reims) auch vom Ersten (oder älteren) H. D., von dem er sich jedoch durch seine antipietist. Einstellung und die hedonist. Lebensstimmung und formale (liedhafte) Gestaltung seiner Gedichte unterschied. Trotz einer gewissen Provinzialität, schablonenhaften Enge und Sentimentalität (gedeutet als säkularisierte pietist. Ausdrucksformen) waren die Werke des Zweiten H. D. von größtem zeitgenöss. Erfolg und Einfluss und gaben den Anstoß zu der bis etwa 1770 lebendigen *anakreont. Lyrik* des dt. Rokoko (↗ Anakreontik), so v. a. Gleims »Versuch in scherzhaften Liedern« (1744/45–58), Götz' »Versuch eines Wormsers in Gedichten« (1745), die berühmte und programmat. bedeutsame Anakreonübersetzung von Götz und Uz (1746) und Uz' »Lyr. Gedichte« (1749).   IS

Hamartia, f. [gr. = Irrtum, Verfehlung], in der Tragödientheorie des Aristoteles das Fehlverhalten des Helden, das die trag. Katastrophe herbeiführt (Poetik, Kap. 13). – Die H. ist nicht sittl. Schuld im Sinne (christl.) Ethik, sondern ein trag. Versagen des Helden, das auf der Fehleinschätzung einer außergewöhnl. Situation beruht. Die Verantwortung des Helden ist gleichwohl gegeben – sie liegt in der ungenügenden Reflexion und der Überschätzung der eigenen Möglichkeiten (↗ Hybris), z. B.: Sophokles, »König Ödipus«.   K

Hamâsa, f. [arab. = Tapferkeit], Bez. für altarab. Anthologien (meist von Heldenliedern,

daher die Bez.); die berühmteste ist die von dem Syrer Abû Tammâm (oder Temmâm, 9. Jh.) aus älteren Quellen (in 10 Büchern) zusammengestellte Sammlung von Heldenliedern, Totenklagen, Sprüchen, Liebes-, Schmäh-, Ehren- und Scherzliedern von über 500 Verfassern, die in ihrer vielfachen Überlieferung, Kommentierung und Erweiterung heute ein wichtiges Quellenmaterial der vorislam. arab. Volksliteratur darstellt. – Eine Ausgabe dieser H. mit Scholien aus dem 12. Jh. und lat. Übersetzung erschien 1828–51 von G. W. F. Freytag (»Hamasae Carmina«), eine meisterhafte metr. dt. Übersetzung von F. Rückert (Stuttgart 1846; Neudruck 1969).   S

Handlung, eine der Bez. für die Geschehnisfolge v. a. in dramat., aber auch in ep. Werken, bei Aristoteles auch als mythos (vgl. lat. ↗ fabula) bezeichnet. An die Stringenz der H. können verschiedene poetolog. Anforderungen gestellt werden: bei Dramen, die der klass. Definition folgen, gehört die Einheit der H. (↗ drei Einheiten) zu den grundlegenden poetolog. Erfordernissen, für romant. Werke dagegen ist eher eine Vieldimensionalität der H. kennzeichnend. – Es werden unterschieden: *Haupt-* und *Neben-H.* (↗ Episode), *äußere H.* (die stoffl. Zusammenhänge) und *innere H.* (geistig-seel., eth. Entwicklungen) oder eine *Vordergrunds-H.* vom Hintergrund ideeller Vorgänge abgehoben.   S

Handlungsdrama vgl. ↗ Figurendrama.

Handschrift (abgekürzt Hs., Plural Hss.), 1. das handgeschriebene Buch von der Spätantike bis zum Aufkommen des Buchdrucks (nach 1450), 2. für den Druck bestimmte Niederschrift (Manuskript), 3. eigenhändige Niederschrift überhaupt (Dichter-Hs., ↗ Autograph). Die Bedeutung der spätantiken und mal. Hss. ergibt sich aus ihrer Rolle als Träger der literar. Überlieferung u. ihrer jeweils einmaligen individuellen Gestalt. H. en sind Dokumente von unersetzlichem kulturgeschichtl. und philolog. Wert. Die Geschichte des Hss. wesens wird untersucht von der Hss.kunde, die Entzifferung und Datierung einzelner Hss.

ist Aufgabe der Paläographie. Verzeichnisse und Beschreibungen von Hss. enthalten die z. T. gedruckt vorliegenden Hss.kataloge der Bibliotheken. – Als *Material* für die Herstellung von Hss. diente zunächst der von Ägypten nach Griechenland und Rom eingeführte Papyrus, welcher ältere, für Aufzeichnungen größeren Umfangs ungeeignete Materialien verdrängte (Stein, Holz, Ton- und Wachstafeln). Seit dem 4. Jh. n. Chr. löste ihn das aus Tierhaut bearbeitete Pergament ab, seit dem 13. Jh. das von den Arabern ins Abendland importierte Papier. Geschrieben wurde auf den mit Zirkelstichen und blinden Prägestrichen linierten Blättern mit Rohrfedern und (meist schwarzer) Tinte. Überschriften und wichtige Stellen im Text wurden durch rote (lat. *ruber*) Farbe hervorgehoben *(rubriziert)*, die Anfangsbuchstaben kleinerer Absätze oft abwechselnd blau und rot geschrieben (Lombarden = got. Majuskeln). Die häufig bes. ausgeschmückten Anfangsbuchstaben größerer Kapitel (Initialen, v. lat. initium = Anfang), Randleistenverzierungen und Illustrationen (Miniaturen, v. lat. minium = Zinnoberrot, der ursprüngl. verwendeten Farbe) wurden meist nicht von den Schreibern, sondern von Miniatoren ausgeführt, die sich an kurzen Notizen (Vorschriften) orientierten. Wenn das teure Pergament abradiert und neu verwendet wurde, entstanden ↗ Palimpseste (codices rescripti). Die Papyri wurden quer gerollt, Pergament und Papier gefaltet, zu Lagen aus zwei oder mehr Doppelblättern ineinandergelegt (Binionen, Quaternionen, seltener Ternionen, Quinionen, Sexternen) und zu Codices gebunden. Aus der Papyrusrolle stammt die Einteilung des Schriftspiegels in Spalten und die Form der Anfangs- und Schlusstitel (↗ incipit, ↗ explicit). – Die *Herstellung von Hss.* oblag in der Antike Sklaven, die meist in Schreib›büros‹ nach Diktat arbeiteten, im frühen und hohen MA. den Mönchen in den Skriptorien der Klöster, bes. den Benediktinern und Zisterziensern. Wichtige Schreibschulen entstanden u. a. in Vivarium, Luxeuil, Bobbio, Corbie, in St. Gallen, auf der Reichenau, in Fulda, Regensburg. Im späteren MA. kamen gewerbsmäßig eingerichtete weltl. Schreibstuben auf,

die dem beständig zunehmenden Bedarf an billigen Hss. durch verlagsähnl. Herstellungs- und Vertriebsverfahren nachzukommen suchten (so die Werkstatt Diebold Laubers in Hagenau im 15. Jh.). Eigene Vervielfältigungsmethoden entwickelten sich an den Universitäten. Die klösterl. Tradition der *Sammlung* von Prachthss. ging in der Renaissance auf die Fürstenhäuser (z. B. Bibliotheca Palatina in Heidelberg) über und dauerte auch nach der Erfindung des Buchdrucks fort, in bibliophilen Gesellschaften Englands und Frankreichs z. T. bis in die Gegenwart. Um die Pflege von Hss. als Träger der literar. Überlieferung mühten sich die Humanisten, aus deren Sammel- und Editionstätigkeit die moderne Philologie erwachsen ist. Öffentlich zugängl. Hss.sammlungen richteten zuerst die Mediceer in Florenz ein. Heute befinden sich die bedeutendsten Hss.sammlungen in den großen Bibliotheken von Rom (Vaticana), Florenz (Medicea Laurenziana), Paris (Bibliothèque Nationale), London (British Museum), Oxford (Bodleiana), Wien (Österreich. Nationalbibliothek), München (Bayer. Staatsbibliothek), Berlin (Staatsbibliothek Stiftung Preußischer Kulturbesitz), Moskau (Staatl. Leninbibliothek), Leningrad und New York (Pierpont-Morgan-Library). Ihre Bestände stammen aus Stiftungen, Ankäufen und der Auflösung alter Klosterbibliotheken. Im ursprüngl. Zustand erhalten geblieben ist z. B. die Bibliothek des Klosters St. Gallen. Eine bedeutende private Hss.sammlung befindet sich in Genf (Bibliotheca Bodmeriana, heute Martin-Bodmer-Stiftung). Die älteste erhaltene german. H. ist der ›Codex argenteus‹ der got. Bibel (heute in Uppsala); wichtige Hss. mit Werken aus der dt. Literatur des MA.s sind die Nibelungenlied-Hss. A (München), B (St. Gallen), C (Donaueschingen), die Liederhss. in Heidelberg (Kleine Heidelberger und Große [Manessische] H.) und Stuttgart (Weingartner Liederh.) und das im Auftrag Kaiser Maximilians geschriebene ›Ambraser Heldenbuch‹ (Wien). – Wegen ihrer Unersetzlichkeit ist der Zugang zu Hss. in der Regel limitiert; in neuerer Zeit hilft die Herstellung von Mikrofilmen und die Produktion von dem Original nahekommenden ↗ Faksimiles.   **HS**

Handwerkslied, Gattung des ↗ Ständeliedes.

Hanswurst, dt. Prototyp der kom. Figur oder ↗ lust. Person. – Der H. entstand als *Typus* aus der Verschmelzung heim. Figuren wie dem täpp.-gefräßigen Bauern des ↗ Fastnachtsspiels (›*Hans Lewerwurst*‹ im Südtirol. Fastnachtsspiel von 1535), den ›lustigen Personen‹ bei Hans Sachs u. a. mit den von engl. Wanderbühnen im 16. und 17. Jh. populär gemachten Clown-Typen *Jan Bouchet, Stockfisch, Pickelhering* (vgl. ↗ Haupt- und Staatsaktionen) und dem ↗ Arlecchino der Commedia dell'arte, der sich in seiner dt. Version des ↗ Harlekin nur dem Namen nach vom H. unterscheidet. – Der *Name* ›H.‹ begegnet zuerst in Hans von Ghetelens Rostocker Bearbeitung von S. Brants »Narrenschiff« (1519): *Hans worst* (76,83) als Bez. für den aufschneider. Narren; meist meint sie aber den link. Dickwanst, dessen Gestalt einer Wurst gleicht. Bei Luther findet sich eine Bedeutungserweiterung zu *Tölpel* (»Vermahnung an die Geistlichen«, 1530 und »Wider Hans Worst«, 1541). – Eine lokal. Neuschöpfung im Anschluss an das Salzburger Benediktinertheater versucht Anfang des 18. Jh.s Stranitzky mit der Gestalt des dummdreisten und gefräßigen Bauern *Hans Wurst*, den er v. a. in seinen ↗ Hanswurstiaden im Salzburger Bauernkostüm (grüner Spitzhut, Narrenkröse, rote Jacke, blauer Brustfleck mit grünem Herz, rote Hosenträger, gelbe Hose, Holzpritsche) auftreten und seine Späße im Heimatdialekt machen lässt.

Der H. war bis ins 18. Jh. eine der beliebtesten Bühnenfiguren, die sogar in ernsten Stücken auftrat. Er wurde in der Frühaufklärung von Gottsched bekämpft als Geschöpf einer »unordentl. Einbildungskraft«, das die Einheit des Dramas sprenge (»Crit. Dichtkunst«, 1730) und 1737 von der Theatertruppe der Karoline Neuber in einem allegor. Nachspiel von der Bühne verbannt. Er fand aber bald in seiner inzwischen vom Theater der Aufklärung ›veredelten‹ Gestalt des *Harlekin* (vgl. Marivaux' »Arlequin poli par l'amour«, 1720) beredte Verteidiger. J. Ch. Krüger sucht seine »Natürlichkeit« nachzuweisen (Vorrede zur »Sammlung einiger Lustspiele aus dem Frz. des Herrn v. Marivaux«, 1747–49), Lessing führt seine Anpassungsfähigkeit an die jeweilige Komödienwelt an (»Hamburgische Dramaturgie«, 18. Stück) und J. Möser argumentiert mit der »eigenen Natur« der Narren, die mit Gottscheds Postulat der Nachahmung der wirkl. Welt nichts mehr gemein habe (»Harlequin, oder Vertheidigung des Groteske-Komischen«, 1761). – Das Schauspiel des Sturm und Drang ersetzt den verfeinerten, weil gesittet auftretenden und scharfsinnig räsonierenden H. der Aufklärung wieder durch den urwüchsig-grobianischen früherer Zeiten (Goethes »Hanswursts Hochzeit«, 1775, M. Klingers »Prinz Seiden-Wurm«, 1780 u. a.). Den Romantikern dient er als Mittel ihrer ins Phantastische ausgreifenden Imagination und als Personifikation des Humors (Tiecks »Gestiefelter Kater«, 1797, Brentanos »Ponce de Leon«, 1804). Und F. Raimund knüpft mit seinen H.-Figuren (*Quecksilber* im »Barometermacher auf der Zauberinsel«, 1823 und *Florian* im »Diamant des Geisterkönigs«, 1824) einerseits an Stranitzkys Salzburger Bauerntölpel, andererseits an Shakespeares Narren an. U. a. hat P. Weiss den H. in seinem Stück »Wie dem Herrn Mockinpott das Leiden ausgetrieben wird« (1963–8) wieder auf die Bühne gebracht. PH

Godefridus Prehauser.

Inter Vivos Comices dictus Hans Wurst.

Hanswurstiade, um die ↗ lust. Person des ↗ Hanswurst oder Harlekin *(Harlekinade)* zentrierte Posse mit zahlreichen Stegreifeinlagen v. a. der Hauptperson; im 17. u. 18. Jh. bes. von dt. ↗ Wanderbühnen entweder selbständ. aufgeführt oder als Nachspiel einzelnen Szenen der ↗ Haupt- und Staatsaktionen angefügt. – Ursprünge liegen wohl im spätmal. ↗ Fastnachtsspiel, im engl. Pickelheringspiel und in der ↗ Commedia dell'arte. Höhepunkte im ↗ Wiener Volkstheater (Stranitzky, Kurz-Bernardon, Ph. Hafner); im Puppenspiel (↗ Kasperltheater) bis heute erhalten. PH

Hapax legomenon, n. [gr. Sg. = nur einmal Gesagtes, Pl.: H. legomena], ein nur an einer einzigen Stelle belegtes, in seiner Bedeutung daher oft nicht genau bestimmbares Wort einer alten Sprache, z. B. mhd. *troialdei* (Bez. für einen Tanz?) Neidhart XXVI 7.   HSt

Haplographie, f. [gr. = Einfachschreibung], fehlerhaftes Auslassen eines Buchstabens, einer Silbe, eines Wortes bei aufeinanderfolgenden gleichlautenden Buchstabenfolgen; in Handschriften ein häufiges Versehen (z. B. bei Leg*endend*ichtung); Ggs. ↗ Dittographie. – Die H. entspricht lautgeschichtl. der *Haplologie*, dem Auslassen doppelter Laute zur Artikulationserleichterung, z. B. Zauber*er*in > Zauberin.   RG

Happening, n. [ˈhæpəniŋ, engl./amerik. von to happen = geschehen, sich ereignen], provokative (Kunst-)Veranstaltung, entstanden in den 60er Jahren in den USA als Protest gegen eine in Gleichlauf und Gleichgültigkeit erstarrende Konsumwelt und die sie bedingende moderne Industriegesellschaft. H.s verbinden Ausstellungen, Rezitationen, Demonstrationen (unter Einbezug der Zuschauer) und z. T. übersteigerte Aktionen, wobei v. a. das Banale und Triviale (z. B. Werbung, Reklame, Medien) in exzessiver und absurder, auch exhibitionist. Form glorifiziert wird in der bewussten Absicht zu schockieren, um dadurch krit. Denkprozesse in Gang zu setzen. Vertreter u. a. A. Kaprow (der 1958 den Begriff ›H.‹ prägte), B. Brock, J. Beuys, O. Mühl, W. Vostell.   S

Harlekin, m., von J. M. Moscherosch 1642 eingeführte Verdeutschung für *Harlequin*, die franz. Bez. der zweiten Dienerfigur (des 2. Zane, vgl. ↗ Zani) der ↗ Commedia dell' arte (it. ↗ Arlecchino); auch Bez. für den dt. ↗ Hanswurst.   PH

Harlekinade, ↗ Hanswurstiade.

Hartford wits [ˈhɑːtfəd ˈwits; engl.], neben ↗ Connecticut wits Bez. des ältesten nordamerikan. Dichterkreises.

Haupt- und Staatsaktion, polem. Bez. Gottscheds für das Repertoirestück der dt. ↗ Wanderbühne des 17. und frühen 18. Jh.s; (»Hauptaktionen« im Gegensatz zu den kom. Nach- und Zwischenspielen, »Staatsaktionen« nach den [pseudo]histor.-polit. Inhalten). H.- u. St. A.en sind zumeist Bearbeitungen engl., niederländ., span., frz., seltener dt. Literaturdramen für die Praxis der Wanderbühne (wichtige Vorlagen: Marlowe, »Doctor Faustus«, »Der Jude von Malta«; Shakespeare, »Hamlet«, »Der Kaufmann von Venedig«; Calderón, »Das Leben ein Traum«; Corneille, »Polyeucte«, »Der Cid«; Gryphius, »Papinian«; Lohenstein, »Ibrahim Bassa«); Bearbeiter waren in der Regel die Prinzipale der Truppen. – Die H.- u. St. A.en spielen grundsätzl. in höf. Kreisen; wo die Vorlage nur ein bürgerl. Milieu aufweist, wird dies entsprechend geändert. Staatspomp und höf. Pracht (Krönungsszenen, Audienzen, Festgelage mit Tanzeinlagen), Krieg, Abenteuer, Exotisches und Phantastisches bilden den unerlässl. äußeren Rahmen. Der Gang der dramat. Handlung u. die Personenzahl werden gegenüber der Vorlage stark vereinfacht, auf eine innere Entwicklung wird verzichtet, die Ereignisse werden rein äußerl. durch Intrigen, plötzl. Wiedererkennen u. Ä. vorangetrieben. Die dadurch verursachte Trivialisierung wird durch die Tendenz zum versöhnl. Ausgang (z. B. in Bearbeitungen des »King Lear«) verstärkt. Bei der Gestaltung der Charaktere dominiert oft krasse Schwarz-Weiß-Malerei. Die Psychologie der Figuren ist der barocken Affektenlehre verpflichtet. – Zum Personal der Stücke gehört regelmäßig der ↗ Hanswurst oder Pickelhering als ↗ lust. Person; er unterbricht das Spiel immer wieder durch derbe und zotenhafte Einlagen, die der Improvisation breiten Raum lassen. Die Sprache der H.- u. St. A.en ist Prosa, oft kunstlos und der Umgangssprache verpflichtet, z. T. auch durch geschwollenes Pathos oder platte Rührseligkeit gekennzeichnet. – Eine Beurteilung der H.- u. St. A. en unter ausschließl. literarästhet. Gesichtspunkten wird diesen Stücken nur bedingt gerecht: Die erhaltenen Texte sind Bühnenmanuskripte aus dem Besitz der einzelnen Truppen und waren nicht für den

Druck bestimmt; von einem großen Teil der Stücke liegen sogar nur Theaterzettel vor. Das entscheidende bei den H.- u. St. A.en war ihre szen. Realisierung – die Bedeutung der Wanderbühne und mithin der H.- u. St. A. für die Geschichte des dt. Theaters liegt in der Ausbildung von Mimik und Gestik, der Bewegungsregie und der funktionalen Einbeziehung von Requisiten und Bühnenausstattung in das Spiel.   **K**

Haute tragédie [otətraʒeˈdi; frz. = hohe Tragödie] klass. Form der frz. ⁊ Tragödie der 2. Hälfte des 17. Jh.s, vertreten insbes. durch P. Corneille und J. Racine. Ihre Ausbildung ist das Resultat einer langen theoret. Reflexion, die mit der Rezeption der ital., Aristoteles interpretierenden Renaissancepoetiken beginnt und ihren Abschluss in der »L' Art poétique« (1674) N. Boileaus findet. Sie zeigt eine starke Tendenz zur Konzentration und Abstraktion: Symmetr. Bau der fünf Akte (⁊ geschlossene Form), Befolgung der ⁊ drei Einheiten (Konzentration auf einen kürzeren, krisenhaften Zeitraum und auf einen Ort), Beschränkung der Handlung und der Intrige auf das Wesentliche, Belichtung der Charaktere nur aus der dramat. Lage, geringe Anzahl der Personen; Sprache und Stoff werden dem Regulativ der Wahrscheinlichkeit u. der Schicklichkeit unterworfen, fast alle äußeren Geschehnisse sind von der Bühne weg in den Bericht verlegt, die Handlung ist ganz ins Innere der Personen verlagert. Alles vollzieht sich in der Sprache, alles erscheint auch in der Sprache fassbar. Der sich daraus ergebende rhetor. Charakter der h. t. zeigt sich auch in der Behandlung des Verses (⁊ Alexandriner) und der Sprache *(genus grande, style noble).* Der trag. Konflikt der h. t. ist durchaus weltimmanent; ihm liegt zugrunde eine von der Vernunft diktierte verbindl. eth. Norm, die getragen wird von der höf.-aristokrat. Gesellschaft des Absolutismus, die in der Tragödie durch die Wahl histor. Stoffe ins Idealtypische verfremdet erscheint. Der hohe Stand des Helden (⁊ Ständeklausel) ist so notwendige Voraussetzung, da die (wenn auch nur annähernde) Verwirklichung der sittl. Norm nur im Adel denkbar war. Der trag.

Konflikt entsteht entweder dadurch, dass sich der Held als sittl. Mensch nicht bewahren kann, da ihn die konkrete Situation zu einem Konflikt der Pflichten führt, oder durch die innere Gefährdung des Helden in der Hypertrophie der Leidenschaft, die ihn in einen Widerspruch zu d. idealen Norm (u. d. Gesellschaft) treibt. In ihrer formalen Vollendung, der Meisterschaft, mit größter Beschränkung der Mittel die höchste trag. Spannung zu erzeugen, gilt die h. t. als ein Gipfel der neueren Tragödie (vgl. z. B. »Britannicus«, 1669, »Bérénice«, 1670, »Phèdre« von Racine). Dennoch ist ihr Einfluss in Deutschland nach Gottsched durch die stärkere Wirkung Shakespeares sehr beschränkt worden.   **ED**

Hebung, dt. Übersetzung von gr. arsis, Begriff der Verslehre. – Die gr. Bez.en arsis und thesis (auch basis) (lat. sublevatio und positio, dt. H. und Senkung) beziehen sich in der antiken Vers- und Rhythmustheorie (Aristoxenos von Tarent) zunächst auf das »Aufheben (arsis) und Niedersetzen (thesis) des Fußes beim Tanz«, in weiterem Sinne auf das Heben und Senken der Hand, des Taktstockes usw. bei jeder Art rhythm. Vortrags; arses (H.en) sind in diesem Sinne die *schlechten, leichten, schwachen* Teile (kurze Silben), theses (Senkungen) die *guten, schweren, starken* Teile (lange Silben) der rhythm. Reihe. Spätantike Theoretiker (Marius Victorinus) deuten beide Begriffe um, indem sie sie auf das »Heben und Senken der Stimme« beziehen. Von daher übernehmen neuzeitl. Theoretiker der antiken Metrik wie R. Bentley (»Schediasma des metris Terentianis«, 1726) und G. Hermann (»Elementa doctrinae metricae«, 1826) die Bez.en arsis und thesis, H. und Senkung in umgekehrtem Sinne: sie bezeichnen als H.en die *guten* (langen), als Senkungen die *schlechten* (kurzen) Teile einer rhythm. Reihe. – Moderne Handbücher der antiken Metrik verwenden die Bez.en H. und Senkung nur noch teilweise; dabei schwankt die Bedeutung je nach histor. Bezugspunkt. – Auf die nach dem ⁊ akzentuierenden Versprinzip gebauten Verse des Deutschen, Englischen usw. übertragen, bezeichnet man als H.en stets die durch verstärkten Atemdruck hervorgehobenen, betonten Teile des Verses (andere Bez.: Iktus), während die druckschwachen Versteile Senkungen heißen. Dabei ist für den german. ↗ Stabreimvers nur die Zahl der H.en relevant; damit ist eine absolute Einheit von metr. und sprachl. Betonung gegeben. Spätere Verstypen versuchen dem gegenüber, auch das Verhältnis der H.en und Senkungen zueinander zu regeln (z. B. nach dem Prinzip der Alternation oder nach dem Verhältnis langer und kurzer Silben in gr.-röm. Metren); diese Regelung hat eine mehr oder minder starke Spannung zwischen Versschema und natürl. Betonung zur Folge, so dass metr. H.en und Senkungen nicht immer mit druckstarken und druckschwachen Silben zusammenfallen müssen (↗ Tonbeugung, ↗ schwebende Betonung). Sofern sich in german. Sprachen die Opposition langer und kurzer Tonsilben bewahrt hat wie im Mhd., werden bei metr. H.en außer verstärktem Atemdruck unter bestimmten Umständen auch Silbenquantitäten berücksichtigt (↗ Hebungsspaltung, ↗ beschwerte Hebung).   K

Hebungsspaltung, Bez. der altdt. Metrik: bei alternierendem Versgang können zwei kurze Tonsilben (⌣⌣) statt einer langen (x́) stehen, z. B. *sagen daz* (⌣⌣x) ≙ *binden* (x́x), begegnet bes. als zweisilb. männl. ↗ Kadenz.   S

Hecken- oder Gartentheater ↗ Freilichttheater.

Heilsspiegel, spätmal. Erbauungsbücher nach dem Vorbild des anonymen »Speculum humanae salvationis«, einer Anfang des 14. Jh.s wohl von einem Dominikaner geschaffenen illustrierten Heilsgeschichte in lat. Reimprosa. Nach dem Schema der ↗ Präfiguration führt der H. den Fall und die Erlösung des Menschengeschlechts in Text und Bild vor Augen (mit einander zugeordneten Beispielen aus dem AT, der weltl. Geschichte und dem NT), während die in der Darstellung verwandte ↗ Biblia typologica das Leben Christi typolog. behandelt. – Der älteste erhaltene volkssprachl. H. ist eine mitteldt. Prosaübersetzung (»Eyn spiegel der menschlichen se-

likeit«, Mitte 14. Jh.), die die lat. Reimprosa nachzubilden versucht. Ihm folgen einfache Prosa- und zahlreiche Versübersetzungen in mhd., niederdt., frz. Sprache. Selbständ. mhd. Versbearbeitungen sind überliefert von Konrad von Helmsdorf (14. Jh.), Andreas Kurzmann (um 1400) und Heinrich Laufenberg (1437). Neben der reichen handschriftlichen Überlieferung finden sich mehrere Drucke (seit 1473), die bezeugen, dass H. mit ihrer v. a. für Laien gedachten Kombination von Wort und Bild zu den beliebten religiösen Hausbüchern gehörten. Die Bildreihen der Hss. wurden z. T. auch in die darstellende Kunst übernommen (vgl. z. B. Bildteppich des Klosters Wienhausen, Anf. 15. Jh.).   S

Heimatkunst, konservative kulturpolit.-literar. Bewegung (etwa 1890–1933), die eine ›Erneuerung des Volksgeistes‹ durch eine Rückbesinnung auf die Kräfte des Volks, Stammes und der heimatl. Natur anstrebte, die sie im Bauerntum verwirklicht und gewahrt sah. Genährt von dem kulturpolit. Gedankengut P. de Lagardes (»Dt. Schriften«, 1878–81), J. Langbehns (»Rembrandt als Erzieher«, 1900), H. St. Chamberlains u. a., die das Bewusstsein irrationaler Bindungen an Volkstum, Boden, Sippe usw. zu wecken suchten, entwickelte die H. ihr Programm in affektgeladener Opposition allgemein gegen Modernismus, Intellektualismus oder eine sog. Großstadtkultur (Schlagwort »Los von Berlin!«), im literar.-künstler. Bereich insbes. gegen die ↗ Dekadenzdichtung, den ↗ Impressionismus und bes. den ↗ Naturalismus, vgl. die programmat. Zeitschriften »Das Land« (seit 1893), »Der Türmer« (seit 1898), »Heimat« (seit 1900) und die Schriften der Theoretiker H. Sohnrey, A. Bartels, E. Wachler (»Die Läuterung dt. Dichtung im Volksgeiste«, 1897), F. Lienhard (»Die Vorherrschaft Berlins«, 1900) u. a. – Die zahlreichen literar. Werke greifen Stoffe, Motive, Themen und Strukturen der ↗ Heimat- und Bauernliteratur des 19. Jh.s auf und verschärfen die dort (z. B. in der ↗ Dorfgeschichte) angelegte Ideologisierung, die von der Propagierung eines einfach-natürlichen, schollengebunden-gesunden Bauerntums als Lebensmodell bis hin zu nationalist., oft überhebl. anti-europ., z. T. kryptofaschist. Anschauungen reicht (bei Bartels z. B. Lebensraumideologie, Bauerntum als Kampfgemeinschaft gegen Liberalismus, rass. Überfremdung usw., für eine german. Hochkultur), die später direkt von der ↗ Blut- und Bodendichtung übernommen werden konnten (vgl. den dt.-nationalen »Reichsbund für H.«, 1918). – In zwei Phasen, unterbrochen durch den Ersten Weltkrieg, entstand eine Flut sog. Heimat-, Stammes-, Grenzland- und Bauerndichtungen, vorwiegend sendungsbewusste Trivialromane, häufig in histor. Einkleidung, die eine in Details realist., als Ganzes jedoch ideolog. verfälschte, wirklichkeitsfremde Heimat- und Bauernwelt als Ausweg aus zeitgeschichtl. ›Fehlentwicklungen‹ beschwören. Analog zu solchen anachronist. Scheinlösungen werden auch moderne Erzählformen u. a. formale Neuerungen abgelehnt. Die erklärten Vorbilder, J. Gotthelf, G. Keller, W. Raabe, K. Groth, F. Reuter, L. Anzengruber, wurden weder inhaltl. noch formal erreicht. Einige der erfolgreichsten Vertreter (darunter viele Lehrer) waren T. Kröger, G. Frenssen, H. Löns, R. Herzog, W. Holzamer, H. H. Ewers, L. von Strauß und Torney, P. Keller, H. Voigt-Diederichs, G. Schröer, L. Finckh, H. Watzlik, H. Burte, F. Griese, H. E. Busse; in der Schweiz J. C. Heer, H. Federer, E. Zahn, in Österreich (Los-von -Wien-Bewegung) R. H. Bartsch, F. v. Gagern, W. Fischer-Graz, J. Perkonig u. a.; der H. nahe standen H. Stehr, P. Dörfler, R. Billinger. – Die provinzielle Enge der H. kam v. a. einem konservativ-kleinbürgerl. Lesepublikum entgegen, erreichte aber darüber hinaus auch bis dahin literaturfremde Schichten. Im Rahmen ihrer volkserzieher. Bemühungen um eine ländl. Lebensgestaltung förderte die H. auch Konzepte für ländl. Feste, Tänze, Spiele usw.; sie stand z. T. auch hinter der Naturtheaterbewegung (Harzer Bergtheater durch E. Wachler, 1903).   IS

Heimatliteratur, im 19. Jh. entstandener inhaltl. definierter Literaturtypus, bei dem ›Heimat‹ (verstanden als ein bestimmter landschaftl. Raum und eine meist ländl.-bäuerl.

Daseinsform) zum darsteller. Zentrum wird. Heimat dominiert hierbei (ebenso wie ›Heimweh‹, ›Heimatliebe‹ usw.) als Wert alle anderen Werte. Sie wird scheinbar wirklichkeitsgetreu geschildert, indem regionale Bezüge hergestellt, Details realist. genau beschrieben, Mundartformen (bes. in Dialogen) eingeflochten werden. Tatsächl. jedoch wird sie nicht als realer gesellschaftl.-ökonom. Raum gesehen, sondern als idealisierte, oft auch sentimental und emotional aufgeladene oder zeitlos-myth. Sphäre; insbes. das bäuerl. Dasein wird als einfach-natürliche, von erd- und traditionsgebundenen Gesetzen geregelte Lebensform dargestellt. Oft wird ihre Schilderung zum brauchtumsorientierten Selbstzweck, zum ›Sittengemälde‹, oft erstarrt Heimat aber auch zur top.-idyll. Kulisse, vor der stereotype (im Motivvorrat beschränkte), pseudoproblemat. oder schwankhaft banale Handlungen ablaufen. H. ist somit zum größten Teil der ↗ Trivialliteratur zuzurechnen. Sie ist zumeist ↗ Bauern- oder sog. Berg- oder Hochlanddichtung; sie umfasst vorwiegend Romane, aber auch Heimatstücke und -filme, Verserzählungen und Lyrik. Teilbereiche sind die ↗ Dorfgeschichte und z. T. die ↗ Mundartdichtung. – *Voraussetzungen* für die Entstehung der H. waren einmal die Entdeckung der Landschaft als neuem Erfahrungs- und Identifikationsraum seit der Romantik und seine literar.-ästhet. Erfassung mit realist. Sprachmitteln; zum andern die zunehmenden ökonom. und sozialen Veränderungen durch die beginnende Industrialisierung (Verstädterung, Landflucht, Landproletariat, Pauperismus usw.), welche althergebrachte Werte und Ordnungen zu zerstören drohten. Daraus resultierten einerseits ein Interesse am volkstüml.-ländl. Milieu, andererseits der Wunsch nach Rückzug ins einfache Leben, eine neue Auffassung der Heimat als einem Ort festgefügter gemeinschaftl. Werte und Normen, aber auch die Angst vor der Bedrohung dieses Lebensraums. Diese Tendenzen und Stimmungen griff die H. auf, zunächst mit pädagog.-didakt., z. T. auch reformer. und zeitkrit. Tendenz. Aber die anfängl. Versuche, lokale und gesellschaftl. Zustände auch des ländl. Raums zu beschreiben

und seine ökonom., sozialen und polit. Verhältnisse aufzudecken (J. H. Pestalozzi, H. Zschokke und v. a. J. Gotthelf), wichen bald dem Bedürfnis nach Identifikationsmöglichkeiten und bequemeren, einschichtigen (Schein-) Lösungen der Gegenwartsproblematik, wie sie ein poet. verklärter Heimatbegriff anbot. Die H. lieferte mit einer harmon. heimatl. Scheinwelt einen Fluchtraum, der allzu leicht für Ideologisierungen genutzt werden konnte (›rettende‹ Gegenwelt zur Stadt, zur Zivilisation u. a.), eine Implikation, die bereits die ⁊ Dorfgeschichte kennzeichnet und die zur ⁊ Heimatkunst und ⁊ Blut- und Bodendichtung führte. – Wurde die H. im 19. Jh. durch ⁊ Familienblätter, bes. die »Gartenlaube« v. a. in den bürgerl. Schichten weit verbreitet (Höhepunkt um 1860), leisten dies heute Leihbibliotheken und wöchentl. Heftserien (1976: 1500 Heimatromantitel). – Als *erste* dt. Heimatdichtung gilt K. L. Immermanns »Oberhof«-Episode im Roman »Münchhausen« (1838/39). Erfolgreich waren dann unter vielen anderen die Werke von F. J. Hammer, B. Auerbach, M. Meyr, L. Würdig, H. von Schorn, J. Rank, R. Waldmüller, A. Huggenberger, H. von Schmidt, A. Pichler, A. Silberstein, L. Anzengruber, P. Rosegger, W. Jensen, J. H. Fehrs, H. Hansjakob, um die Jh.wende die Werke der ⁊ Heimatkunst, die H. von K. Schönherr, P. Dörfler, K. H. Waggerl, L. Trenker, G. Gaiser u. v. a. Hauptvertreter der trivial-sentimentalen Richtung sind die vielgelesenen Wilhelmine v. Hillern und L. Ganghofer. – Die literar. Mode der provinziellen Thematik beeinflusste in unterschiedl. Tendenz und Ausprägung auch bedeutende Dichter (O. Ludwig: »Rückkehr der Literatur zur Heimat«), z. B. A. von Droste-Hülshoff, A. Stifter, F. Reuter, H. Kurz, Th. Storm, G. Keller u. a. Durch ihre konkret-realist. und zugleich symbolhafte Gestaltungskraft überwanden sie jedoch den formalen und inhaltl. Provinzialismus, der bis heute implizit zum Begriff ›H.‹ gehört.
Auch in anderen europ. Ländern ist im 19. Jh. ein Anwachsen einer regionalen Literatur zu beobachten, wobei z. T. dieselben Voraussetzungen (Industrialisierung, Verstädterung, Werteverlust), z. T. aber auch andere (z. B.

Zentralisierungsbestrebungen, Separatismus) ähnliche oder andersart. Aspekte, Intentionen und Tendenzen hervorbringen, vgl. ⁊ Regionalismus in Frankreich, Italien, Spanien. In letzter Zeit ist ein neues Interesse am Regionalen zu beobachten. Nach dem Vorbild der distanziert-krit. Heimatdarstellung bei O. M. Graf, Lena Christ oder A. Seghers werden in z. T. neuen Formen die bislang von der Trivialliteratur besetzten ›Heimat‹-stoffe und -motive neu genutzt, die provinzielle Umwelt als ein dem Autor und Leser gemeinsamer Erfahrungsraum entdeckt, dessen Strukturen oder sozio-ökonom. Wandlungen nachprüfbar beschrieben werden können, vgl. z. B. H. Böll, S. Lenz, G. F. Jonke, A. Brandstetter, F. Innerhofer, P. Handke, M. Beig, A. Wimscheider, H. Lapp u. a. (vgl. auch die krit. Dialektliteratur). – In der DDR wurde dagegen der Begriff ›Heimat‹ des Regionalen entkleidet, H. als eine die provinziellen landschaftl. Grenzen sprengende ›Nationalliteratur‹ definiert: An die Stelle der ›bürgerl.-reaktionären‹ (trivialen) H. tritt die sog. Landlebenliteratur, welche den (für die gesamte sozialist. Gesellschaft kennzeichnenden) gesellschaftl. Entwicklungsprozess am überschaubaren Modell widerspiegeln soll (vgl. ⁊ Bauerndichtung, ⁊ Dorfgeschichte). IS

Heimkehrerroman, Typus des Zeitromans, in dessen Mittelpunkt die Gestalt eines aus Krieg oder Gefangenschaft Heimkehrenden steht und dessen Versuche, sich in einer von materieller Zerstörung und der Aufhebung sozialer und moral. Ordnungen bestimmten Umwelt neu zu orientieren. Der H. intendiert dabei meist eine über das Einzelschicksal hinausgehende, allgemeinere Analyse der Zeitsituation, eine Bestandsaufnahme, die sich in der radikal veränderten Wirklichkeit auch des Bleibenden zu vergewissern sucht. Der Krieg wird zwar meist eindeutig verurteilt, die Frage nach seinen Gründen und Hintergründen jedoch tritt häufig zugunsten der aktuellen Probleme zurück (bedeutende Ausnahme: Alfred Döblin: »Hamlet oder Die lange Nacht nimmt ein Ende«, entst. 1945/46). Deutsche H. e entstanden – neben wenigen, die sich auf den Ersten Weltkrieg beziehen (Ernst Wiechert: »Die

Majorin«, 1933/34) – v. a. nach dem Zweiten Weltkrieg: Gerd Gaiser: »Eine Stimme hebt an« (1950); Franz Tumler: »Heimfahrt« (1950), »Ein Schloß in Österreich« (1953); Hans Werner Richter: »Sie fielen aus Gottes Hand« (1951), H. Böll: »Und sagte kein einziges Wort« (1953) u. a. Das bekannteste *Heimkehrerdrama* nach dem 2. Weltkrieg ist Wolfgang Borcherts »Draußen vor der Tür« (1947).

GMS

Heiti, n. [altnord. = Name, Benennung], in der altnord., namentl. der ↗ Skaldendichtung

Borchert: »Draußen vor der Tür«

altertüml. oder metaphor. gebrauchte Wörter, die zus. mit den zweigliedrigen Begriffsumschreibungen (↗ Kenning) als ausschließl. der poet. Sprache zugehörig empfunden wurden. Beispiele: *vif* = Ehefrau (in der Prosa durch *kona* verdrängt), *valdr* = Fürst (eigentl. ›der Waltende‹), *iofurr* = Fürst (eigentl. ›Eber‹), *freki* = Wolf oder Feuer (eigentl. ›der Gierige‹). Vergleichbares findet sich in der angelsächs. Stabreimdichtung. – Die wichtigsten altnord. H. hat Snorri Sturluson im Abschnitt »Bragarmál« (= Dichtersprache), Kap. 53 ff. seiner Poetik (der Jüngeren oder Prosa-»Edda«) zus.gestellt.   K

Held, generelle Bez. für die Hauptperson in dramat. und ep. Dichtungen. Während die Hauptpersonen im Barockdrama und -roman durch ihre soziale ↗ Fallhöhe und ihre Willenskraft aktiv handelnd und zugleich heroisch-vorbildhaft auftreten, die Bez. ›H.‹ also im Wortsinne gebraucht ist, wird sie später auch für solche Personen des Dramas und Romans verwendet, die wie etwa G. Büchners Woyzeck aus sozial niederen Schichten stammen und an seel. Labilität und Willensschwäche leiden (passiver H., negativer H.). In nochmal. Bedeutungsverschiebung wurden dann als H. auch kollektive und abstrakte Handlungsträger benannt, z. B. die Revolution in Büchners »Dantons Tod«. Durch die Übertragung des Begriffs ›H.‹ auch auf Komödienfiguren wurde er tendenziell in dem Sinne erweitert, dass im komischen H.en (z. B. den ›bürgerl. H.en‹ Sternheims) das Negative dargestellt wird, damit in ihm dialekt. ein eigentlich Positives aufscheinen könne (vgl. schon die Komödientheorie von G. W. F. Hegel). Der Held als Verkörperung positiver Ideale findet sich seit Mitte des 19. Jh.s fast nur noch in der Trivialliteratur und in der Literatur des ↗ sozialist. Realismus (↗ positiver H.): vgl. ↗ Antiheld. – Die Bez. ›H.‹ wurde aus der Barockdichtung auch in die Bühnensprache übernommen, z. B. ›jugendl. H.‹, ›gesetzter H.‹ usw.   HD

Heldenbriefe ↗ Heroiden.

Heldenbuch, schon im Spät-MA. gebrauchte Bez. für handschriftl. oder gedruckte Sammlungen von ↗ Heldenepen. Überliefert sind:
1. *Das Dresdener H.* (so genannt nach seinem heutigen Aufbewahrungsort); es wurde 1472 für Herzog Balthasar von Mecklenburg von zwei Schreibern angelegt: von der Hand Kaspars von der Rhön stammen »Ecke«, »Der Wormser Rosengarten«, »Sigenot«, »Wunderer«, »Herzog Ernst«, »Laurin«, von einem Ungenannten (in teilweise verkürzenden Umarbeitungen) »Ortnit«, »Wolfdietrich«, »Dietrich und seine Gesellen«, das »Jüngere Hildebrandslied« und das nicht zu diesem Stoffkreis gehörende Gedicht »Meerwunder« (*Ausg.* in: Dt. Gedichte des MA.s II, hg. v. F. H. von der Hagen und A. Primisser, Bln. 1820).
2. Das mit Holzschnitten geschmückte sog. *Gedruckte H.* (oder *Straßburger H.*): es erschien 1477 und wurde bis 1590 mehrmals nachgedruckt; es enthält »Ortnit«, »Wolfdietrich«, den »Großen Rosengarten« und »Laurin« (*Ausg.*: Das Dt. H., hg. v. A. v. Keller, Stuttg. 1867. Nachdr. Hildesheim 1966).
3. *Das H. Lienhart Scheubels* (Ende 15. Jh.s) mit »Dietrichs erste Ausfahrt«, »König An-

teloy«, »Ortnit«, »Wolfdietrich«, »Nibelungenlied«, »Lorengel« in z. T. freien Bearbeitungen im Stil des 15. Jh.s.

4. Das handschriftl. *Ambraser H.*, das bekannteste der spätmal. H.bücher (benannt nach dem früheren Aufbewahrungsort im Schloss Ambras bei Innsbruck; heute in der Österreich. Nationalbibliothek Wien); es wurde z. T. nach der mutmaßl. Vorlage des verlorenen sog. ›H.es an der Etsch‹ im Auftrag Kaiser Maximilians zwischen 1504 und 1516 von Hans Ried, Zöllner am Eisack bei Bozen, geschrieben. Dieses H. bewahrt nicht nur Heldenepik (»Dietrichs Flucht«, »Rabenschlacht«, »Nibelungenlied«, »Biterolf«, »Ortnit«, »Wolfdietrich«), sondern auch höf. Epen u. Verserzählungen (Hartmanns »Iwein«, Strickers »Frauenlob« und »Pfaffe Amis«, Wernhers »Meier Helmbrecht«). 17 der 25 in diesem H. aufgezeichneten Texte sind allein hier überliefert, darunter die literarhistor. so bedeutsamen wie Hartmanns »Erec«, Wolframs »Titurel«, »Moriz von Craun«, »Kudrun«, »Biterolf«. – Die Bez. ›H.‹ ist weiter auch für Editionen solcher Dichtungen in der Neuzeit übernommen worden. S

Heldendichtung, dichter. Gestaltung der ↗ Heldensage. Sie ist in ihren Anfängen mündl. Dichtung; erst später, nach einer Reihe von Wandlungen und Umformungen, wird sie literarisiert. Sie bleibt auch in literar. Zeit anonym, wohl weil die Verfasser hinter dem überlieferten Stoff, den sie weitergeben, nicht prinzipiell neu schaffen, zurücktreten. H. ist in erster Linie Ereignisdichtung, nicht Problemdichtung wie jüngere Formen ep. Poesie (Roman und Novelle), die das Erzählte reflektieren und damit einen (individuellen) Erzähler voraussetzen. *H. und Heldensage:* Das Verhältnis der H. zur Heldensage ist in der Forschung unterschiedl. beurteilt worden. Für *die frühe Forschung* waren Heldensage und H. ident.; die Romantiker (J. u. W. Grimm, Uhland, Lachmann, Müllenhoff, Holtzmann u. a.) sahen in der Heldensage das »Volksepos«, die dichter. Summe aller myth. und geschichtl. Überlieferung aus der Frühzeit der Nation, in der die Dichtung »noch ausschließl. Bewah-

rerin und Ausspenderin des gesammten geist. Besitzthums« war (Uhland); sie werteten das »Volksepos« nicht als Werk eines oder mehrerer individueller Dichter, sondern als Schöpfung des ganzen Volkes, entstanden in Jahrhunderten. Die einzelnen überlieferten H.en waren für sie nur Bruchstücke aus diesem großen ep. Zyklus, mehr oder weniger zufällig kurz vor dem endgült. Verfall der großen Tradition aufgezeichnet und durch Kompilatoren (↗ Diaskeuasten) zusammengestellt. Die *spätere Forschung* des 19. Jh.s (A. Olrik, F. Panzer) trennt demgegenüber zwischen Heldensage und H.; sie sieht in der Sage eine dem Märchen verwandte ↗ einfache Form, ein Stück mündl. ausgebildeter und fortgepflanzter volkstüml. Geschichtsüberlieferung, die erst sekundär in der H. zu dichter. (und literar.) Gestalt findet. Gegen beide Positionen wenden sich zu Beginn des 20. Jh.s A. *Heusler* und H. *Schneider*; sie setzen Heldensage und H. wieder gleich, allerdings in anderem Sinne als die Romantiker: sie sehen in der H. die einzige Lebensform der Heldensage (Schneider: »Heldensage wird erst im Lied und durch das Lied«). Gleichzeitig beziehen Heusler und Schneider jedoch auch gegen das »Volksepos« der Romantiker Stellung; sie wollen in der H. nicht die Schöpfung des »Volkes« sehen, sondern Werke individueller Dichter, entstanden an den Fürstenhöfen der frühen Feudalzeit. Die *jüngste Forschung* rechnet wieder mit Heldensage vor und außerhalb der H. (O. Höfler, Hans Kuhn, W. Mohr), d. h. mit einfachen Prosaerzählungen, die ausschließl. mündl. überliefert wurden, ohne feste Form, die also auch H., wenn auch in primitiver Ausprägung sind. *Formen der H.* sind ↗ Heldenlied, ↗ Heldenepos, Heldenroman und Heldenballade. Auch das Verhältnis dieser Formen zueinander, v. a. das Verhältnis von Lied und Epos (s. Heldenepos) sind im Laufe der Forschungsgeschichte kontrovers beurteilt worden, ebenso wie die mögl. Anteile mündl. Erzählkunst an den einzelnen Formen. Doch lässt sich ungefähr Folgendes festhalten. Älteste Ausprägung der H. ist das ↗ Heldenlied. Es ist in seiner primitivsten Gestalt mündl. Dichtung, die ohne festen Text gesungen vorgetragen wurde. Einen jüngeren Typus des

Heldenliedes stellen die überlieferten german. Heldenlieder dar; Typisches und Formelhaftes wird hier von individueller Gestaltung überlagert. – Mit dem Übergang vom Heldenlied zum *Heldenepos* vollzieht sich die Literarisierung der H. (Ggs.»Vortragslied« – »Buchepos«, W. Mohr). Für das Verhältnis von Lied und Epos nimmt die neuere Forschung seit Ker und Heusler an, dass die Epen aus den Liedern durch systemat. Aufschwellung entstanden sind (anders Lachmanns ↗ Liedertheorie: Addition von Liedern). Das Heldenepos enthält, obwohl von Anfang an schriftl. fixiert, noch Elemente mündl. Dichtung (typ. Handlungsschablonen, formelhafte Sprache, z. B. die Epitheta ornantia der homer. Epen) und bleibt von anderen, jüngeren Gattungen literar. Epik nach Stoff und Form getrennt. Auch durch die Anonymität der Verfasser bleibt das Buchepos in der Tradition der älteren nichtliterar. H.; wo Heldenepen unter dem Namen eines Verfassers überliefert sind, handelt es sich zumeist um bewusst kunstvolle Bearbeitungen älterer Fassungen (z. B. die frz. chansons de geste des Bertrant de Bar-sur-Aube, 13. Jh.) oder um planmäß. Neuschöpfungen im Stil der alten H. (Vergils »Aeneis« als Neuschöpfung nach dem Muster der homer. Epen). – Der *Heldenroman* vom Typ der altnord. ↗ Fornaldarsaga, entstehungsgeschichtl. mit dem Heldenepos etwa gleichzeitig anzusetzen, ist eine Prosakompilation aus alten Heldenliedern. – Gattungsgeschichtl. schwer einzuordnen ist die *Heldenballade*, da sie strukturell weitgehend dem Heldenlied entspricht. Sinnvoll ist diese Trennung für die europ. H.: die skandinav. H. zeigt den Typus der Heldenballade in reinster Form: eine Verbindung aus erzählendem Heldenlied und ritterl.-höf. Tanzlied (↗ Ballade, ↗ Folkevise, ↗ Kaempevise). Ep.-lyr. Charakter haben auch die engl.-schott. und dt. Heldenballaden des Spät-MA.s und die span. Romanzen; sie entsprechen formal weitgehend den alten rhapsod. Heldenliedern. Für alle Formen der H. charakterist. ist die Tendenz zur zykl. Verknüpfung (oft nach genealog. Gesichtspunkten), die sich auch in der Überlieferung niedergeschlagen hat: vgl. den Heldenliederzyklus der »Edda« um Sigurðr und die Niflungen, die Zusammenfassung der frz. chansons de geste zu den großen drei »Gesten« genannten Zyklen, die Überlieferung der dt. Heldenepik des MA.s in den Heldenbüchern (↗ Heldenbuch), die span. Romanzenzyklen um den »Cid«. Mit dem Niedergang der feudalen Gesellschaft verschwindet die H. aus den einzelnen Nationalliteraturen. Ihre Stoffe werden allerdings auch in späteren literar. Epochen, in moderneren Formen (vor allem im Drama) und mit moderneren Darstellungsmitteln (z. B. psycholog. Durchdringung der Gestalten) wieder aufgegriffen. So knüpft die att. Tragödie stoffl. weitgehend an die ältere gr. H. an; ebenso gestaltet das dt. Drama des 19. und 20. Jh.s immer wieder Stoffe der mal. Heldensage und H., vor allem aus dem Sagenkreis um Siegfried und die Nibelungen (Fouqué, Raupach, Geibel, Wagner, Hebbel, P. Ernst, M. Mell). Auch an anachronist. Versuchen, das Heldenepos der Feudalzeit als »Nationalepos« zu erneuern, hat es im 19. Jh. nicht gefehlt (W. Jordans »Nibelunge«). Lebendig ist H. heute v. a. noch in den Heldensagenkompilationen für die reifere Jugend.   K

Heldenepos, Form der ↗ Heldendichtung. – Gegenüber dem knappen, zunächst nur mündl. überlieferten ↗ Heldenlied stellt das H. die jüngere, literar. (»buchmäßige«) Form der Heldendichtung dar; sein Umfang schwankt: der altengl. »Beowulf« hat ca. 3000, der span. »Cid« ebenso wie das altfrz. »Rolandslied« ca. 4000 Verse; das dt. »Nibelungenlied« besteht aus ca. 2400 Strophen (zu je 4 Langzeilen); von den homer. Epen hat die »Odyssee« ca. 12000, die »Ilias« ca. 15000 Hexameter; das altind. »Mahābhārata« umfasst über 100000 Langzeilenpaare. *Das Verhältnis des H. zum älteren Heldenlied* ist im Laufe der Forschungsgeschichte unterschiedl. beurteilt worden. Im 19. Jh. dominierte die durch F. A. Wolf für die homer. Epen entwickelte, von Lachmann, W. Grimm u. a. dann auf das »Nibelungenlied« übertragene ↗ Liedertheorie; Lied und Epos unterscheiden sich dieser Theorie gemäß weniger durch ihre Erzählweise als vielmehr durch den Umfang: das Epos erzählt die ganze

Fabel, das Lied nur einzelne Episoden. W. P. Ker und A. Heusler wiesen jedoch darauf hin, dass auch die ältesten erhaltenen Heldenlieder nicht nur eine Episode, sondern die ganze Fabel gestalten. Der Unterschied zwischen beiden Gattungen der Heldendichtung liegt vielmehr im Stil (liedhafte Knappheit gegenüber ep. Breite); das H. entsteht aus dem Heldenlied durch »Anschwellung (neue Personen, Auftritte, Zustandsbilder, breitere Menschenschilderung) und Sprache« (Heusler). Der Übergang vom Lied zum Epos ist damit ein Prozess »bewußter dichter. Schöpfung« (H. Schneider). Beim Übergang von der mündl. Dichtung zur schriftl. Literatur ist der Einfluss literar. Kunstepik häufig nachweisbar (so der Einfluss lat. Kunstepik und des höf. Romans auf die Ausbildung der Heldenepen des MA.s), doch bleibt auch das H. im Wesentl. anonym und in seiner sprachl. Form dem Stil der älteren mündl. Heldendichtung verhaftet (Formelhaftigkeit des Stils, teilweise Verwendung einer spezif. ep. Sprache). Ältestes H. der Weltliteratur ist das *altmesopotam.* »Gilgamesch-Epos«. Die *altind.* Epen »Mahābhārata« und »Rāmāyaṇa« sind Musterbeispiele für die ep. Aufschwellung; es handelt sich um Werke »von fast enzyklopäd. Charakter« – »an die Haupterzählung, die ihrerseits immer weiter ausgesponnen wurde, lagerten sich zahllose und endlose Abhandlungen an, über Theologie und Philosophie – wie die bekannte ›Bhagavadgītā‹ –, Naturwissenschaften, Recht und Sitte, Politik und Lebensweisheit; ihr wurden vor allem auch Sagen, Episoden, Legenden, Fabeln, Parabeln und Märchen in schwer überschaubarer Verschachtelung von Rahmenerzählungen eingefügt« (A. Wezler). Die *homer.* Epen, »Ilias« und »Odyssee«, stellen die Vorbilder für eine umfangreiche *hellenist.* und *röm.* (Vergil, Statius) und überhaupt die ganze neuzeitl. Kunstepik dar (↗ Epos). Lat. Kunstepik regt *im Früh-MA.* zur Episierung german. Heldenlieder an, in lat. Sprache und in Hexametern (»Waltharius«, 10./11. Jh. – ? –), in England auch in der Volkssprache (»Beowulf«, »Waldere«-Bruchstücke, beide 8. Jh., kunstvolle Stabreimverse, stich. verwendet; ↗ Hakenstil, Variationstechnik). – Heldenepik

in größerem Ausmaße ist *im mal. Europa* allerdings erst seit den Kreuzzügen nachweisbar, in Frankreich seit dem 11. Jh., in Deutschland seit Ende des 12. Jh.s. Sowohl das *frz.* H. des Hoch-MA.s, die ↗ chanson de geste (»Chanson de Roland«, »Chançun de Guillelme«, »Li coronemenz Loois«, »Gormont et Isembart«, »Raoul de Cambrai«, »Quatre fils Aymon« u. a.; verwandt ist das span. H. vom »Cid«), als auch das *dt.* H. (»Nibelungenlied«; »Kûdrûn«; die Dietrich-Epen »Dietrichs Flucht«, »Rabenschlacht«, »Alpharts Tod«, »Goldemar«, »Eckenlied«, »Sigenot«, »Virginal«, »Laurin«, »Der Rosengarten zu Worms« und »Biterolf und Dietleip«; »Ortnit«; »Wolfdietrich«; »Walther und Hildegund«) setzen sich nach Stoff, Form, Vortragsweise und Ethos von der gleichzeitigen höf. Epik (roman courtois, ↗ höf. Roman) ab: sie beschränken sich auf die alten, letztl. geschichtl. Heldensagenstoffe (im Gegensatz zu den der antiken Literatur bzw. der »matière de Bretagne« verpflichteten Stoffen der höf. Epik) und verwenden stroph. Formen (die altfrz. ↗ Laissen-Strophe; die mittelhochdt. Langzeilenstrophen vom Typ ↗ Nibelungenstrophe, ↗ Kûdrûnstrophe, ↗ Hildebrandston, ↗ Rabenschlachtstrophe usw. – im Gegensatz zum Reimpaar der höf. Epik), sie sind evtl. gesungen worden (das höf. Epos wurde vermutl. rezitiert) und sind wie alle älteren Formen der Heldendichtung anonym und meist in Sammelhandschriften (z. B. die dt. ↗ Heldenbücher) überliefert; sie sind Ereignisdichtung (das höf. Epos ist in erster Linie Problemdichtung) und neigen zu einer realist., oft trag. Weltsicht, wo die höf. Epik märchenhafte und utop. Tendenzen zeigt. Kein echtes H. ist das finn. »Kalevala«, eine im 19. Jh. durch den Gelehrten E. Lönnrot veranstaltete Kompilation alter lyr.-ep. Volkslieder. K

Heldenlied, Form der ↗ Heldendichtung. – Gegenüber dem umfangreicheren, auf jeden Fall schriftl. fixierten ↗ Heldenepos stellt das knappe, in der Regel zwischen ca. 50 und 500 Zeilen umfassende H. die ältere Form der Heldendichtung dar; Charakterist. für die *Struktur des H.es* ist: es gibt den Handlungsablauf der Sage nicht in seiner ganzen Breite wieder, sondern konzentriert sich auf die Höhepunkte der Handlung, das Personal ist reduziert, in einer überschaubaren Anzahl durch äußerste Konzentration und Spannung gekennzeichneter Szenen wechseln knapper ep. Bericht und dramat. Dialog, insofern ist das H. eine ep.-dramat. Mischform, der ↗ Ballade vergleichbar. Das H. ist mündl. Dichtung. In seiner primitivsten Form ist es z. T. noch bis ins 20. Jh. bei den Serben und Bulgaren, in Albanien, in Teilen Russlands (↗ Bylinen), in Finnland und in den balt. Ländern, bei asiat. und afrikan. Stämmen und Völkern zahlreich nachweisbar; es hat keinen festen Text; vielmehr wird es bei jedem Vortrag vom Vortragenden, dem ↗ Rhapsoden, aus einem festgelegten Handlungsgerüst und mit Hilfe eines z. T. umfangreichen Repertoires ep. Formeln (Eingangs- und Schlussformeln, epitheta ornantia, bestimmte Wendungen für alle mögl. Situationen und Tätigkeiten) und Erzählmustern (typ. Szenenabläufe, Motivformeln, ganze Motivketten und Handlungsschablonen) gewissermaßen neu geschaffen. In seiner metr. Form ist es auf dieser Stufe entsprechend anspruchslos, charakterist. sind Figuren der Wiederholung und des Gleichlaufs aller Art, wie sie die Formelhaftigkeit des Stils automat. mit sich bringt (↗ Carmenstil). H.er können in dieser Form über Jahrhunderte hinweg überliefert werden und von Stamm zu Stamm wandern. Ihre Anonymität ist nur die Konsequenz dieser Entstehungs- und Überlieferungsgeschichte. Von diesen international nachweisbaren »rhapsod.« H.ern unterscheiden sich die aus dem frühen und hohen MA erhaltenen *Denkmäler german. H.-Dichtung*, deren Stoffe in die Zeit der german. Völkerwanderung zurückverweisen. Sie scheinen einen jüngeren, höher entwickelten Typus des H.es zu repräsentieren, so das ahd. »Hildebrandslied« (Bruchstück; überliefert Anfang 9. Jh.), das altengl. »Finnsburg-Lied« (Bruchstück; erhalten ledigl. in einer Druckfassung des 18. Jh.s) und die altnord. H.er der »Edda« (des »Codex regius«, 13. Jh.) sowie diesen verwandte Denkmäler; darin finden sich neben insgesamt 18 Liedern süd- bzw. ostgerman. Stoffe (vor allem die *Lieder um Siegfrieds* (Sigurds) *Tod* und den

Burgundenuntergang; ein *Wielandlied,* ein Lied von *Ermanarichs Tod,* von der *Hunnenschlacht* und »Hildebrands Sterbelied« auch Lieder mit skandinav. Stoffen (die 3 *Helgi-Lieder*). Diese H. sind durchweg individuelle Gestaltungen des jeweil. Stoffes (vgl. etwa die beiden Sigurd-Lieder der »Edda«, die jeweils nur einen Aspekt des Geschehens herausarbeiten); sie müssen also von vornherein einen relativ festen Text gehabt haben, der trotz jahrhundertelanger mündl. Überlieferung stellenweise noch in den erhaltenen Liedfassungen greifbar wird (so lassen sich in den »Edda«-Liedern süd- bzw. ostgerman. Stoffes einzelne Wendungen oder Wörter süd- bzw. ostgerman. Ursprungs nachweisen). Ihre metr. Form ist der Stabreimvers, der teilweise stich., teilweise stroph. (so weitgehend in der »Edda«) verwendet wird. Es ist fragl., ob diese ›klass.‹ Form des H.es bereits für die Völkerwanderungszeit anzusetzen und als Form german. H.-Dichtung schlechthin zu erklären sei (Heuslers und Schneiders H.-»Klassik« des 4.–6. Jh.s): das ahd. »Hildebrandslied« als ältestes der erhaltenen Lieder erfüllt die formalen Ansprüche, wie sie die Lieder der »Edda« erkennen lassen, nur unzureichend (Rohform des Stabreimverses mit Zeilen ohne Stabreim und mit einzelnen Endreimen). Von den H.ern der »Edda« ist ohnehin nur ein kleinerer Teil sog. »echte« Heldendichtung: im Wesentl. sind dies die *doppelseit.* ↗ *Ereignislieder,* die mit ihrer ep.-dramat. Gestaltungsweise dem international belegten Typus des H.es am nächsten kommen. Bei einem größeren Teil der »Edda«-Lieder, so v. a. bei den eleg. ↗ Situations- oder Rückblicksliedern (z. B. »Gudruns Gattenklage«, »Oddruns Klage«) liegen dagegen eher lyr. Gestaltungen einzelner Themen und Motive aus der Heldendichtung vor. Deshalb werden diese Lieder in der Forschung entstehungsgeschichtl. mit den dt. und dän. Heldenballaden (↗ Ballade, ↗ Folkevise, ↗ Kaempevise) des Hoch-MA.s in Verbindung gebracht (so z. B. W. Mohr).   K

Heldensage, Stoff der ↗ Heldendichtung; ihre Quellen sind Geschichte, Mythos und Märchen. – H. ist die in der ↗ Heldendichtung poet. gestaltete Überlieferung aus der Frühzeit der nationalen Geschichte, in der H.nforschung als *heroic age* bezeichnet (Chadwick). Sie ist charakterisiert durch den Übergang von der bäuerl. Urgesellschaft zur Feudalzeit (Völkerwanderung, Landnahmebewegungen, krieger. Auseinandersetzungen, Staatengründungen). Als gesellschaftl. Führungsschicht bildet sich in dieser Umbruchszeit ein Kriegeradel als Keimzelle des späteren Feudaladels aus. H. und Heldendichtung sind dabei Geschichtsüberlieferung im Sinne dieser adligen Führungsschicht; Geschichte wird in der H. entsprechend umgeformt und typisiert. H. berichtet so nicht die Schicksale der Stämme, Völkerschaften und Reiche, sondern der Fürsten, ihrer Geschlechter, ihrer Gefolgsleute. Im Mittelpunkt der H. steht der Held als Idealtypus des Adelskriegers, Repräsentant seiner Gesellschaftsschicht und Träger ihrer eth. Ideale (Kriegerehre, Gefolgschaftstreue bis in den Tod). Die historischen Ereignisse sind nur noch in Umrissen greifbar, teilweise sogar überhaupt nicht mehr feststellbar. Die geschichtl. Chronologie ist weitgehend vernachlässigt. – Eine besondere Rolle bei der Typisierung der Geschichte in der H. spielt der (Götter-) ↗ Mythos: geschichtl. Handlungsabläufe werden nach myth. (archetyp.) Handlungsabläufen umgebildet. Der Held wird häufig nach dem Muster eines göttl. Heilsbringers stilisiert. Eine Reihe von Motiven und Motivketten der H. stammen aus dem ↗ Märchen; auch sie können die geschichtl. Basis der H. überlagern. Eigentl. Grundlage der H. bleibt aber die Geschichte, die erst in zweiter Linie nach den Mustern von Mythos und Märchen umgestaltet wird. – Die *H.nüberlieferung* der einzelnen Völker ordnet sich meist zykl. zu größeren stoffl. Zusammenhängen, den *Sagenkreisen*, in deren Mittelpunkt jeweils ein überragender Held oder ein zentrales Ereignis steht. Zu den ältesten literar. greifbaren H.n gehört der *altmesopotam.* Sagenkreis um Gilgamesch, den legendären Gründer des Stadtstaates von Uruk. – Die H. des *alten Israel* knüpft an die Einwanderung der israelit. Stämme in Palästina, ihre krieger. Auseinandersetzungen mit den Philistern, den Stammesbund und die

erste Königszeit an; in ihrem Mittelpunkt stehen die charismat. Führergestalten der »Richter« wie Josua, Gideon, Jephtha, Simson und Samuel sowie die ersten Könige, Saul und David. – Die mit der Einwanderung ar. Stämme in Nordindien verbundenen Kämpfe bilden den nur noch schwer greifbaren geschichtl. Hintergrund der *altind. H.*, die ihren Niederschlag in den großen Epen »Mahābhārata« und »Rāmāyaṇa« gefunden hat. – Zentrales Thema der *altpers. H.* ist die Begründung des pers. Großreiches durch Kyros (Reflexe bei Herodot). – Die polit. Umwälzungen in Griechenland und im ägä.-kleinasiat. Raum lassen sich allenthalben als geschichtl. Hintergrund der *griech. H.* nachweisen, wenn auch einzelne Ereignisse schwer fixierbar sind; wichtigste gr. Sagenkreise sind die um Herakles, Theseus, den Zug der Argonauten, die theban. Labdakiden (Ödipus), die myken. Atriden, die Belagerung und Zerstörung Troias durch ein gr. Heer und die Schicksale einzelner Helden dieses Krieges (Achilleus, Odysseus). Auch die *röm. H.* gestaltet geschichtl. Überlieferung aus der Wanderzeit (Einwanderung ägä. Stämme wie der Etrusker in Italien, Sagenkreis um Äneas) sowie aus der Zeit der Gründung Roms (Romulus und Remus), aus der Königszeit und aus der Zeit des Sturzes der etrusk. Könige und der Gründung der Republik (Lucretia). – Ereignisse aus der german. Völkerwanderung stehen im Mittelpunkt der *H.n der german. Stämme*, so die Auseinandersetzungen zwischen Goten und Hunnen in Südrussland (später Reflex das altnord. Lied von der Hunnenschlacht); die Schicksale des burgund. Reiches am Mittelrhein und der Tod Attilas (Untergang der Nibelungen), die Gründung des Ostgotenreiches in Italien (Theoderich der Große / Dietrich von Bern), die merowing. und langobard. Königsgeschichte (Siegfrieds Tod?; Alboin), die Einwanderung der Angeln und Sachsen nach England (Offa) u. a.; die großen Sagenkreise sind die um Siegfried und die Nibelungen und um Dietrich von Bern. – Zentralfiguren der *kelt. Heldensage*, greifbar vor allem im hochmal. höf. Roman, sind König Arthur (Artus), ein kelt. Heerführer im Kampf gegen die angelsächs. Eindringlinge, und die Helden seiner ›Tafelrunde‹. Die *frz. H.* des MA.s hat die Kämpfe der Franken gegen die Araber in Südfrankreich und Nordspanien und die Etablierung des fränk. Königtums (im Kampf gegen ungetreue Ratgeber und aufrührerische Vasallen) zum Gegenstand; Mittelpunktsfiguren sind Karl der Große und seine zwölf Pairs (Paladine), darunter Roland und Wilhelm von Orange. Die *dt. H.* des MA.s setzt im Wesentl. die ältere german. *H.* fort; Ansätze einer eigenen Sagentradition lässt die Sage um Herzog Ernst erkennen. Die *skandinav. H.* des MA.s dagegen umfasst außer den alten Stoffen aus der Völkerwanderungszeit auch eine umfangreiche Sagenüberlieferung aus der Zeit der Wikinger und der Normannenzüge. Die *span. H.* des MA.s schließl. knüpft an die span. *reconquista* (Wiedereroberung) an; ihr Held ist der »Cid« (Herr) Rodrigo (Ruy) Díaz de Vivar. – Frühe Staatengründungen und die krieger. Selbstbehauptung der Stämme und Völker im Kampf gegen fremde Eroberer sind auch die Gegenstände der *H. der slaw. Völker* (z.B. die tschech. Sagen um Libussa, die Przemisliden und die Gründung Prags; die russ. Sage von Igor; die serb. und bulgar. Berichte aus den Kämpfen gegen die Türken).   K

Hellenịsmus, m., von J. G. Droysen geprägte Bez. für die griech. Spätantike (nach gr. hellenistoi = griech. Sprechender [Apostelgesch. 6,1], das Droysen missverstand als griech. sprechender Orientale). Die *zeitl. Begrenzung* dieser Epoche ist ebenso kontrovers wie ihre stilist.-geistige Definition. Gewöhnl. wird unter H. die Zeit von der Entstehung des Alexanderreiches (Ende 4. Jh. v.Chr.) bis zum Ende des Ptolemäerreiches (30 v.Chr.) verstanden. – *Polit.* ist die Epoche bestimmt durch das Nebeneinander von größeren Staatsverbänden und Stadtstaaten, von demokrat. und monarch. Herrschaftsformen im Bereich der griech. Einflusssphäre, durch den allmähl. Zerfall der griech. Diadochenreiche und die Entfaltung des röm. Imperiums. – *Kulturell* ist sie gekennzeichnet durch die Entstehung der philosoph. Schulen der Stoiker (Diogenes von Sinope, Zenon von Kition) und der Epikuräer

(Epikur; 4.–3. Jh. v.Chr.), durch das Einfließen oriental. Gedankengutes in alle Kulturbereiche, v.a. in die griech. Religionsvorstellungen und künstler. Ausdrucksformen, bei denen einerseits ein immer stärker hervortretender Realismus zu beobachten ist, zu dem auf der anderen Seite aber eine zunehmende Betonung phantast., irrationaler, antinaturalist. Tendenzen das Gegengewicht bildet; diese Stilformen werden als erste abendländ. Ausprägung des ↗ Manierismus bezeichnet. V.a. auf dem Gebiete der Malerei wurden neue Ausdrucksformen entwickelt. Die Vasenmalerei wird von der Wandmalerei in den Hintergrund gedrängt (Apelles von Kolophon, Nikias von Athen; 4. Jh. v.Chr.). Zu einem Merkmal der Kunst dieser Epoche werden die genrehaften farbigen Terrakotten aus Tanagra. Herausragende hellenist. Kulturschöpfungen sind die Nike von Samothrake, der Altar von Pergamon, die Laokoon-Gruppe. – Das Zentrum der griech. Kultur verlagert sich seit dem Ende des 4. Jh.s nach Alexandrien (gr. Bibliothek, Gelehrtenschule, daher auch Bez. des hellenist. Zeitraums als ›alexandrin. Zeit‹); weitere Kulturzentren sind Pergamon, Antiochia, Rhodos. Es entsteht eine allgem. Verkehrssprache, die Koinē. – *Das literar. Schaffen* ist gekennzeichnet durch die philolog. Sammlung, Aufarbeitung, Kommentierung und weiterbildende Pflege der klassischen philosoph., wissenschaftl. und dichter. Werke (z.B. Anthologia Palatina: 1. Sammlung von ↗ Epigrammen), durch eine Verschmelzung von Poesie und Gelehrsamkeit zu sog. Bildungsdichtung (Grammatik, Lexikographie, Geschichte, Naturwissenschaften) und durch eine breite Produktion sog. Gebrauchsliteratur (Briefe, Tagebücher, Lehrgedichte, Handbücher zu allen Wissensgebieten). Auch in der *Dichtung* ist ein Zug zur problemloseren Darbietung alter Formen und Themen nicht zu übersehen, so wird z.B. das Epos abgelöst durch den Abenteuerroman, formal durch das ↗ Epyllion (Kallimachos), neugeschaffen werden auch die Gattungen der ↗ Diatribe, des Eidyllion (↗ Idylle, durch Theokrit, der damit die ↗ Schäfer- und Hirtendichtung begründete). Neu sind ferner oriental. alphabeth- und zahlenmyst. Formen wie Buchstaben- und ↗ Figurengedichte (Technopägnien) u. a. Allgem. zeigt sich in der Literatur neben einem Zug zunehmender Erotisierung und Utopisierung eine Vorliebe für Paradoxographien (Darstellung von Wundern und Absonderlichkeiten). Ein typ. Kennzeichen des H. ist der von Hegesias von Magnesia (4./3. Jh. v. Chr.) geschaffene asian. Stil; als ↗ Asianismus wird häufig die manierist. Komponente des H. bezeichnet. – Der H. steht in der Darstellung der abendländ. Geistesgeschichte meist im Schatten der klass. Epoche; er gilt manchen Forschern als eine Epoche des Zerfalls, anderen als notwendige Reaktion auf die klass. Zeit.

S

Helming, m. [altnord. = (Strophen)hälfte], in der altnord. Metrik Bez. der Halbstrophe; alle altnord. Strophenmaße zerfallen in zwei gleichgebaute Teile, die stets eine geschlossene syntakt. Einheit bilden. K

Hemiepes, n. [gr. = halber ep. (Vers), d. h. halber ↗ Hexameter; Pl. Hemiepe], in der antiken Metrik metr. Folge (Vers) der Form −⏑⏑−⏑⏑−. Die Bez. geht auf die röm. Grammatiker der Spätantike zurück, die das H. als katalekt. daktyl. Trimeter auffassen und damit als Hexameterhälfte deuten. Heute wird das H. auch als Ausprägung eines vermuteten griech. Urverses aus drei festen Längen aufgefasst. – Das H. findet Verwendung 1. im ↗ Pentameter (= Folge zweier Hemiepe), 2. in ↗ archiloch. Versen (Epoden und Asynarteten) sowie in den Variationen horaz. Epoden bei Ausonius, 3. in daktyloepitrit. Versen bei Pindar und Bakchylides. Stich. begegnet das H. nur in spätlat. Dichtung bei Ausonius. K

Hemistichion, n. [gr. hemi = halb, stichos = Vers, Reihe, Zeile],
1. Halbvers, der durch eine ↗ Zäsur im Versinnern entsteht;
2. im dramat. Dialog der Redeanteil einer Figur, wenn ein Vers auf zwei Personen aufgeteilt ist, vgl. ↗ Stichomythie. KT

Hendekasyllabus, m. [lat.-gr. = Elfsilber, zu gr. hendeka = 11 und syllabe = Silbe], elfsilb. Vers, insbes.:
1. in der antiken Metrik ↗ äol. Versmaße: a) der *alkäische* H. (↗ alkäische Verse), das Versmaß der beiden ersten Zeilen einer alk. Strophe, b) der *sapph.* H., ein um einen Kretikus erweiterter akephaler Hipponakteus: −⏑−|
⏑̄−⏑⏑−⏑−⏑̄, das Versmaß der ersten 3 Zeilen einer sapph. Strophe (vgl. ↗ Odenmaße), c) der *phaläkeische* H. oder Phaläkeius.
2. in der roman. Verskunst der it. ↗ *Endecasillabo*. K

Hendiadyoin, n. [gr. = eins durch zwei], ↗ rhetor. Figur, bei der ein Begriff durch zwei gleichwert., mit *und* verbundene Wörter (meist Substantive) ausgedrückt wird anstelle einer log. richtigeren syntakt. Unterordnung (etwa Substantiv + Adjektiv- oder Genitivattribut): natura pudorque (= Natur und Scham) für ›natürl. Scham‹, ir warve und ir lîch (Gottfried von Straßburg) für ›die Farbe *ihres Leibes*‹, mir leuchtet Glück und Stern (Goethe) für ›Glücksstern‹. Beliebt in rhetor. geprägter Literatur seit der Antike. HD

Hending, f. [altnord. = Reim, zu henda = mit den Händen greifen, zusammentreffen; metaphor. = reimen], in der altnord. ↗ Skaldendichtung Technik des ↗ Silbenreims, angewandt v. a. im ↗ Dróttkvœtt und seinen Variationsformen: die H. bindet als ↗ Binnenreim innerhalb eines Verses in der Regel zwei in der Hebung stehende Tonsilben durch Gleichklang der silbenschließenden Konsonanten (*skot-h.* = ›Halbreim‹, eigentl. ›Schlussreim‹), der diesen Konsonanten vorausgehende Tonsilbenvokal kann in den Reim miteinbezogen werden (*aðal-h.* = ›Vollreim‹). Dabei sind die Reimarten und -stellen streng geregelt, z. B. steht im Dróttkvœtt in den Zeilen 1, 3, 5 u. 7 *skot-h.*, in den Zeilen 2, 4, 6 u. 8 *aðal-h.*, vgl. z. B. Snorri Sturluson, »Háttatal«, Str. 1, 1: Lætr sár Hákon heitir / hann rekkir lið, bannat. Als eine der zahlreichen Sonderformen der H. gilt die *run-h.* (›Reihenreim‹), die Form des ↗ Endreims der skald. Dichtung. K

Hephthemimeres, f. [aus gr. Hepta = 7, hemi = halb, meros = Teil; lat. (caesura) semiseptenaria], in der antiken Metrik die ↗ Zäsur nach dem 7. halben Fuß eines Verses. Wichtigste Fälle:
1. die H. im *daktyl.* ↗ *Hexameter:* $-\cup\cup|-\cup\cup|$ $-\cup\cup|-\|\cup\cup|-\cup\cup|-\overline{\cup}$; meist tritt sie zusammen mit der ↗ Trithemimeres, der ↗ Penthemimeres oder der Zäsur kata triton trochaion auf; auch die Verbindungen Trithemimeres + Penthemimeres + H. und Trithemimeres + kata triton trochaion + H. kommen vor.
2. die H. im *jamb.* ↗ *Trimeter:* $\overline{\cup}-\cup-|\overline{\cup}-\cup\|$ $-|\overline{\cup}-\cup-$ entsprechend im ↗ *Choliambus* und im *jamb.* ↗ *Senar.* – In dt. Hexameter-Nachbildungen erscheint die H. als männl. Zäsur nach der 4. Hebung (z. B. »Nóbel, der Kőnig, versámmelt den Hóf; ‖ und séine Vasállen«, Goethe, »Reineke Fuchs« I, 6), in dt. (seltenen) Nachbildungen des jamb. Trimeters als weibl. Zäsur nach der 3. Hebung (z. B. »Eröffnet síe mir wíeder, ‖ dáß ich ein Éílgebót ...«, Goethe, »Faust II«, 8506/07).   K

Heptameter, m. [gr. heptametros, = aus 7 Maßeinheiten bestehend], in der Theorie der gr.-röm. Metrik ein Vers, der sich aus 7 metr. Einheiten (↗ Metrum) zusammensetzt. In der Praxis nicht vorkommend.   K

Heraldische Dichtung, ↗ Heroldsdichtung.

Herbstlied, mhd. Liedgattung, bei der an die Stelle des Preises des Sommers (als Zeit der Minne) das Lob des Herbstes tritt als einer Zeit der Gaumenfreuden, Schlemmereien und Völlereien. Die ältesten Zeugnisse finden sich bei den Schweizer Minnesängern Steinmar (2. Hälfte 13. Jh.) und Hadloub (um 1300). Diese im Spät-MA. beliebte Gattung wurde variiert in zahlreichen Kneip-, Fress-, Zech-, Sauf- und Martinsliedern.   S

Hermeneutik, f. [gr. hermeneuein = aussagen, auslegen, erklären, übersetzen],
1. Kunst der Auslegung (↗ Interpretation),
2. Theorie der Auslegung, d. h. Reflexion über die Bedingungen des Verstehens und seiner sprachl. Wiedergabe. Gegenstand der H. können prinzipiell alle dokumentierten Lebensäußerungen (Lit., Musik, Malerei, Geschichte, Institutionen usw.) sein; traditioneller Gegenstand ist jedoch der schriftl. Text (daher auch: *Text-H.*). – Die Hauptformen waren die philolog. Auslegung klass. Dichtung, die jurist. Auslegung der Gesetze, v. a. aber die theolog. Auslegung der hl. Schriften, bes. der Bibel (↗ Exegese). Die *Geschichte* der H. beginnt mit der griech. Antike, die neben streng grammat., den Wortlaut erfassenden Methoden, auch die den Wortlaut umdeutenden, einen Hintersinn explizierende ↗ Allegorese entwickelt. Diese wurde in der Patristik zur Lehre vom mehrfachen ↗ Schriftsinn (Origenes, J. Cassianus, Hieronymus, Augustin) ausgebaut, eine hermeneut. Technik, die für das ganze MA. verbindl. war. Erst in der Reformation wird der Literalsinn Zentrum des Verstehens (›Schriftprinzip‹ M. Luthers: Die Schrift legt sich selbst aus, bedarf nicht des mal. ›Traditionsprinzips‹, der Tradition als Auslegungsnorm). Die reformator. H. ist jedoch bestimmt durch die jeweil. theolog. Anschauung u. Rückgriffe auf humanist. Formelemente; das umfassende Standardwerk ist die »Clavis scripturae sacrae« (1567) von M. Facius. – Zu Beginn der Neuzeit wurde der heut. Begriff ›H.‹ im Sinne einer Theorie der Auslegung geprägt; er findet sich erstmals 1654 als Buchtitel bei J. C. Dannhauser. Mit den Emanzipationsprozessen gegen Tradition und Autoritäten, insbes. mit der Entstehung des modernen Methoden- und Wissenschaftsbegriffs setzt die *hermeneut. Wende* ein: Sie führt zur Aufhebung (seit dem 18. Jh.) der grundsätzl. Unterscheidung zwischen der *hermeneutica sacra* (der theolog. H.) und der *hermeneutica profana* (der philolog.-histor. H.), d. h. die Auslegungsmethode der Bibel darf sich von der anderer Texte nicht unterscheiden (J. A. Turretini, S. J. Baumgarten, J. A. Ernesti, J. S. Semler). Ging es in der frühneuzeitl. H. um die Wiedergewinnung eines Verständnisses autoritativer Texte, so zielt sie jetzt formal auf Ausbildung einer allgemeinen Auslegungslehre als Teil der Logik (Ch. Wolff, 1732). – Im 19. Jh. liefert die klass. Philologie einen wichtigen Beitrag zur Entwicklung einer

philolog. H. (F. A. Wolf, G. A. F. Ast); nach ihren Ansätzen, aber auch denen J. G. Herders und der Romantiker, entwarf F. E. D. Schleiermacher eine systemat. H. als »Kunstlehre des Verstehens«, wobei er die Probleme der Sprache als allgemeine, die des Denkens als individuelle Komponenten einbezieht. *Verstehen gilt als reproduktive Wiederholung der ursprüngl. Produktion auf Grund von Kongenialität.* Ihm folgend bestimmte W. Dilthey die H. als »Kunstlehre des Verstehens schriftl. fixierter Lebensäußerungen« und sah in ihr die methodolog. Grundlage der Geisteswissenschaften überhaupt. Diltheys Bemühungen wurden im 20. Jh. durch G. Misch, H. Nohl, E. Spranger, E. Rothacker, O. F. Bollnow u. a. weiterentwickelt zum philosoph. und geisteswissenschaftl. Verfahren überhaupt. Auf dieser sogen. zweiten hermeneut. Wende basiert M. Heideggers »H. des Daseins«, die aber nicht als ⟋ Methodologie des Verstehens konzipiert ist, sondern aller geisteswissenschaftl. Methodologie vorgeordnet wird. Die Theorie der vormethodolog., sogen. *philosoph. H.* wurde fortgeführt durch H.-G. Gadamer (»Wahrheit u. Methode«, 1962), der v. a. das wirkungsgeschichtl. bestimmte Verhältnis von Vorverständnis und Verständnis im Verstehen analysiert. Seine Theorie führte u. a. zu Kontroversen mit Vertretern des krit. Rationalismus (bes. H. Albert) und der Frankfurter Schule der krit. Theorie (bes. J. Habermas). In einer philosoph. H., in der es nur um eine H. von Texten gehen kann, die Behauptungsintentionen aufweisen (die nicht-fiktionalen Charakter haben), schlägt R. Carnap eine Theorie der »rationalen Nachkonstruktion« (oder »Explikation«) vor, während W. Stegmüller zw. »Direktinterpretation« und »rationaler Rekonstruktion« unterscheidet. Die Erlanger Schule der »konstruktiven Methode« (W. Kamlah, P. Lorenzen) präzisiert diese Intentionen: Lorenzen schlägt die »systemat.-krit. Interpretationsmethode der log. Rekonstruktion« vor, die die Chance des Lernens durch Interpretationen oder die Möglichkeit der Kritik des Textes überhaupt erst ermöglichen soll. – Unter dem Begriff ›hermeneut. Zirkel‹ wird das Problem subsumiert, dass das Einzelne nur aus dem Ganzen verstehbar ist, aber auch das Ganze sich aus dem Einzelnen konstituiert und dieses Wechselverhältnis sich in einer intelligiblen Spiralbewegung oder im dialekt. Miteinander dem Erkenntnisziel nähern kann. S

Herm<u>e</u>tische Literatur [hermetisch = fest verschlossen – ursprüngl. mit dem mag. Siegel des griech. Gottes Hermes, womit dieser eine Glasröhre luftdicht verschließen konnte]. Schrifttum einer spätantiken religiösen Offenbarungs- und Geheimlehre, als deren Verkünder und Verfasser Hermes Trismegistos (d. h. der dreimal größte Hermes, die griech. Verkörperung des ägypt. Schrift-, Zahlen- und Weisheitsgottes Thot) angesehen wurde; aufgezeichnet in den unter den Schriften des Apuleius überlieferten »Asclepius«-Abhandlungen und in zahlreichen Fragmenten, v. a. aber im »Corpus Hermeticum« (nach dem Titel des ersten der 18 Teile auch »Poimandres« genannt). Diese in griech., kopt. und lat. Sprache erhaltene Sammlung ist nicht gleichzeitig entstanden und enthält keine einheitl., d. h. widerspruchsfreie Lehre. Sie wird dem 2./3. Jh. n. Chr. zugerechnet, enthält aber Teile, die mindestens dem 1. Jh. v. Chr. zugehören. Es sind Traktate in Brief-, Dialog- oder Predigtform, die Kosmogonie, Anthropogonie und Erlösungslehre vereinigen; sie zeigen Einflüsse ägypt. und orph. Mysterien, neuplaton. und neupythagoreische Gedanken und handeln von Wiedergeburt, Ekstase, Reinigung, Opfer, myst. Vereinigung mit Gott. Sie waren möglicherweise zunächst für »konventikelartig organisierte hermet. Esoteriker« (Tröger) bestimmt, erreichten aber im 3. und 4. Jh. n. Chr. weitere Verbreitung und Einfluss auf die christl. Gnostik. Vornehml. durch arab. Vermittlung blieb die h. L. auch für das MA. lebendig. Nachdem schon Abaelard und Albertus Magnus (»Speculum astronomicum«) Gedanken der h. n L. verarbeitet hatten, wurde das »Corpus Hermeticum« durch die lat. Übersetzung M. Ficinos (Florenz 1463, veröffentl. Treviso 1471) und die griech. Ausgabe (Paris 1554) für den europ. Humanismus bedeutsam. Starken Einfluss hatte die h. L. auf die Alchimie, Astrologie und auf okkulte Strömungen der Literatur des 16. und 17. Jh.s (Agrippa von Nettesheim, Paracelsus, J. V. Andreae, auch auf die ägyptisierende Freimaurermythologie des 18. Jh.s [»Zauberflöte«]). HW

Hermetismus, m. [it. ermetismo, vgl. ⌇ hermetische Literatur], Richtung der modernen ital. Lyrik (ermetismo; bes. zw. 1920 und 1950); knüpft an die franz. Lyrik des 19. Jh.s an (A. Rimbaud, St. Mallarmé, P. Valéry; ⌇ Symbolismus): an die Stelle anschaul. Gegenstände u. offenliegender Sinnzusammenhänge setzt der H. einen geheimnisvoll-dunklen, vieldeutigen Beziehungsreichtum, indem er Klang- und Gefühlswerte des Wortes gegenüber seiner Sinnbedeutung hervorhebt, mag.-rätselhafte, häufig nur assoziativ nachvollziehbare Verknüpfungen heterogener Seinsbereiche anstrebt und so ein unmittelbares, spontanes Verständnis dieser Lyrik verwehrt. Entstand aus der Opposition gegen die moderne Massengesellschaft und die herkömml., als verbraucht empfundene Sprache des Alltags wie auch der Literatur (gegen G. Carducci, G. D'Annunzio); erstrebt eine Autonomie der Dichtung, die mittels sprachl. Erneuerung auch ›neue‹ Wirklichkeiten zu entdecken und darzustellen sucht. Die bedeutendsten Vertreter des H. sind E. Montale, G. Ungaretti, S. Quasimodo; der H. wurde seit ca. 1950 bekämpft von L. Anceschi und den späteren Vertretern der ⌇ Gruppe 63. – Vielfach wird heute ›H.‹ (ursprüngl. von F. Flora in polem. Absicht geprägt) als Bez. für einen allgem. Wesenszug der mod. Lyrik überhaupt verstanden und auch für entsprechende Richtungen der nichtital. Literatur verwendet.   GMS

Heroic couplet [hiˈrouik ˈkʌplit; engl. – heroisches Reimpaar, Bez. des 17. Jh.s], in der engl. Dichtung Reimpaar aus zwei sog. ⌇ heroic verses (Fünfhebern); andere (ältere) Bez. auch *long couplet* = langes Reimpaar im Ggs. zu dem aus 2 Vierhebern bestehenden sog. *short couplet*. Das h.c. ist seit G. Chaucer (»Canterbury Tales«, 1391–99) die bedeutendste metr. Form der engl. Verserzählung und des Lehrgedichts; im 15. Jh. z. B. bei J. Lydgate (»The Siege of Thebes«, »The Book of

Troy«), im 16. Jh. u. a. bei Gavin Douglas (Übers. der Äneis des Vergil), G. Chapman (Übers. der Odyssee), Ch. Marlowe (»Hero and Leander«), im 17. Jh. u. a. bei J. Dryden (»Fables Ancient and Modern«), im 18. Jh. bei A. Pope (»The Rape of the Lock«, »The Dunciad«, »Essay on Man«, »Essay on Criticism«); im 17. Jh. verdrängt es vorübergehend sogar den ⌇ Blankvers als metr. Form der Tragödie (Dryden, »The Indian Queen«). Erst im 19. Jh. verliert das h. c. an Bedeutung.   K

Heroic stanza [hiˈrouik ˈstænzə; engl. = heroi. Strophe], in der engl. Dichtung 4-zeil. Strophe aus ⌇ heroic verses, Reimschema: abab; findet sich v. a. in der Dichtung des 16. u. 17. Jh.s (J. Dryden, »H.St.s on the Death of Oliver Cromwell«); sie wird im 18. Jh. durch Th. Gray als *elegiac stanza* (= eleg. Strophe), als Strophenmaß der eleg. Dichtung wieder aufgegriffen (»Elegy written in a Country Churchyard«) und begegnet, in Grays Nachfolge, gelegentl. noch in späterer ⌇ Gräberpoesie (H. W. Longfellow, »The Jewish Cemetery at Newport«).   K

Heroic verse [hiˈrouik ˈvɛːs; engl. = heroischer Vers, d. h. Vers der heroi. Dichtung; Bez. des 17. Jh.s], in der engl. Dichtung gereimter 5-heb. jamb. Vers mit fester männl. oder weibl. Zäsur nach der 2. Hebung; Versschluss (Reim) männl. oder weibl.; zahlreiche Variationen dieses Grundschemas (z. B. fehlende Eingangssenkung, 2-silb. Senkungen, Zäsur auch nach der 3. Hebung, Akzentverschiebungen u. a.) begegnen v. a. in der älteren Dichtung. – Der h. v. ist die engl. Adaption des frz. Zehnsilbers (Dekasyllabus, ⌇ vers commun) bzw. des italien. ⌇ Endecasillabo. Er findet sich zuerst Ende des 13. Jh.s im Rahmen einer 8-zeil. heterometr. (ungleichversigen) Strophe in zwei Gedichten des Codex Harleian 2253. Er wird dann *stich.* (paarweise gereimt als sog. ⌇ heroic couplet) und *strophisch* (u. a. in der sog. ⌇ Chaucerstrophe und der ⌇ heroic stanza) verwendet. – Durch Aufgabe von Reim und fester Zäsur wird im 16. Jh. aus dem h. v. der ⌇ Blankvers entwickelt.   K

Heroiden, f. Pl. [zu gr.-lat. herois = Heldin], auch: Heldenbriefe; nach dem Titel von Ovids »Heroides« (Priscian 10,54) benannte und unmittelbar an sie anknüpfende literar. Gattung: fiktive ↗ Briefgedichte weltl. oder bibl. Helden mit erbaul., polit. oder unterhaltendem Inhalt. Ovids Werk steht in der Tradition der erot. ↗ Elegie; es enthält 15 klagende oder werbende Briefe myth. Frauen (z. B. Penelope, Dido, Medea) an ihre in der Ferne weilenden Geliebten und drei Briefpaare (Paris-Helena, Hero-Leander, Akontios-Kydippe). Es wurde in der Ovid-Renaissance des MA.s rezipiert und seit dem Humanismus in der ›Epistula eroica‹ nachgeahmt: zunächst lat. (Enea Silvio Piccolomini), dann in allen Volkssprachen. In Deutschland führte Eobanus Hessus die geistl. Spielart der »Heroides sacrae« ein (Briefe christl. Heldinnen, 1514 und 1532), welche dann bes. von Jesuiten gepflegt wurde (J. Bidermann). Zur literar. Mode wurden H. im Barock durch Ch. Hofmann von Hofmannswaldau und seine Nachahmer (D. Casper von Lohenstein, H. A. von Zigler und Kliphausen u. a.). Später fanden sie mehr Resonanz in England (A. Pope) und Frankreich (Colardeau, C. J. Dorat u. a.). A. v. Platen und A. W. Schlegel bemühten sich (im Anschluss an Wielands »Briefe von Verstorbenen«) um ihre Erneuerung. HSt

Heroisch-galanter Roman, höf. Roman des Barock, gestaltet nach franz. Vorbildern, etwa Gomberville (»Polexandre«, 1637, »La Cythérée«, 1639), La Calprenède (»Cléopâtre«, 1647–1663), M. de Scudéry (»Artamène ou le Grand Cyrus«, 1649–53, »Clélie«, 1654–60) u. a., die ihrerseits dem hellenist. Roman (Heliodor, »Aithiopika«, 3. Jh.) verpflichtet sind, aber auch hero. Motive des Ritterromans (Prototyp: »Amadis«) mit solchen des Staatsromans (J. Barclay) und v. a. des sentimentalen Liebesromans (H. d'Urfé) verbinden: in Deutschland vertreten zuerst durch A. H. Buchholtz (»Des christl. teutschen Großfürsten Hercules und der böhm. königl. Fräulein Valiska Wundergeschichte«, 1659–60), dann durch Ph. v. Zesen (»Die Adriat. Rosemund« 1645, »Die Afrikan. Sofonisbe«, 1647; »Asse-

nat«, 1670 u. a.), H. A. v. Zigler und Kliphausen (»Die Asiat. Banise«, 1689), D. Casper v. Lohenstein (»Arminius«, 1689), Herzog A. U. v. Braunschweig (»Die Syr. Aramena«, 1669–73; »Die Röm. Octavia«, 1677–1711), E. W. Happel (»Der Asiat. Onogambo«, 1673) u. a. In den ungeheuer aufgeschwellten Romanen mit ihrer komplexen Struktur (mehrsträng. Erzählweise, Aufspaltung der Geschichte jeder Person in Haupt- und Vorgeschichte[n], mehrfache Verschachtelung von Er-Erzählung und Ich-Berichten) agieren vor einem pseudohistor. Hintergrund (der aber die moderne Problematik nicht verdeckt) eine Vielzahl hochgeborener, zu Paaren von Liebenden geordneten Personen, die ihre Identität durch Verkleidung, Verwechslung, Verkennung oft mehrfach wechseln, und die in einer insgesamt unwahrscheinl., im Einzelnen aber in der Verschlingung von Zufall, Täuschung, sich durchkreuzenden Intentionen etc. durchaus streng motivierten Handlung alles erdenkl. polit. (Vertreibung vom Thron etc.) und sentimentale (Trennung vom Geliebten etc.) Missgeschick erdulden müssen. Handlung und Struktur des h.-g.n R.s spiegeln so einerseits eine von der undurchschaubaren Fortuna regierte Scheinwelt, deren leidvollen Prüfungen der Mensch seine Tugenden wie Weisheit, Selbstbeherrschung, Beständigkeit nur unvollkommen entgegensetzen kann, andererseits aber auch im glückl. Ausgang des Romans, die Bestätigung der Normen einer Wirklichkeit, in der Providentia, die göttl. Vorsehung, waltet, die zuletzt die Herrscher bestätigt und die Liebenden vereint. ED

Heroldsdichtung (auch: herald. Dichtung, Wappendichtung). Panegyr.-lehrhafte Literaturgattung des 13.–15. Jh.s, in der die Beschreibung fürstl. Wappen nach einem festen Schema mit allegorisierender Auslegung und der Huldigung ihrer gegenwärtigen oder früheren Träger verbunden wird. In ihr treffen sich dem Turnierwesen entstammende Formen mündl. Reimsprecherkunst mit literar. Traditionen der Wappenschilderung, wie sie seit Heinrich von Veldeke im höf. Roman und als selbständige Dichtung von Konrad von

Würzburg geübt wurden (»Das Turnier von Nantes«). Da es sich um Gelegenheitsdichtung handelt, dürfte die tatsächl. Verbreitung größer gewesen sein als die Überlieferung erkennen lässt. Hauptvertreter sind der niederrhein. Herold Gelre, der Österreicher Peter Suchenwirt und Wigand von Marburg (Dt. Orden). Im 16. Jh. wird die H. durch die ↗ Pritschmeisterdichtung abgelöst; Spuren ihres Fortlebens reichen bis in die Emblematik des Barock.

HSt

Hexameter, m. [zu gr. hexametros, Adj. = aus 6 metr. Einheiten], antiker Vers aus 6 Metren, insbes. aus ↗ Daktylen oder ↗ Spondeen *(daktyl. H.)*, wobei das 5. Metrum meist ein Daktylus, das 6. stets ein Spondeus oder Trochäus ist. Normalform: $-\cup\cup|-\cup\cup|-\cup\cup|-\cup\cup|$ $-\cup\cup|-\overline{\cup}$. Die Bez. H. findet sich zuerst bei Herodot (I, 47). Andere antike Bez. sind gr. *heroikon metron* = hero. Versmaß, oder lat. *versus longus* = langer Vers (Ennius), da der H. der längste antike Sprechvers ist. – Der relativ freie Wechsel von Daktylen und Spondeen sowie eine Reihe von ↗ Zäsuren (2 bis 3 pro Vers) und »Brücken« machen den H. zu einem bewegl. und vielseitig verwendbaren Vers. Durch den Wechsel von Daktylen und Spondeen ergeben sich insgesamt 32 Verstypen; Extremformen sind dabei 1. der *Holodaktylus* (nur aus Daktylen bestehender Vers) und 2. der *Holospondeus* (nur aus Spondeen bestehender Vers, auch *Spondeiazon*); eine Ausnahmeform ist auch der *versus spondiacus* mit einem Spondeus als 5. Metrum (schon bei Homer, v. a. bei den Alexandrinern und ihren Nachfolgern, den ↗ Neoterikern). – Wichtigste *Zäsuren* sind
1. die ↗ Trithemimeres (Einschnitt nach dem 3. halben Metrum),
2. die ↗ Penthemimeres (Einschnitt nach dem 5. halben Metrum),
3. die Zäsur *kata triton trochaion* (d. h. nach der Kürze des 3.Daktylus, der damit wie ein Trochäus wirkt: $-\cup\cup|-\cup\cup|-\cup||-\cup\cup|-\cup\cup|-\overline{\cup}$ und 4. die ↗ Hephthemimeres (Einschnitt nach dem 7. halben Metrum). Dazu kommt als weiterer mögl. Verseinschnitt die sog. ↗ bukol. Dihä-

rese, die den H. in einen daktyl. ↗ Tetrameter und einen ↗ Adoneus zerlegt. Wichtige *Brücken*, d. h. Stellen, an denen die Zäsur vermieden wird, sind die *Hermannsche Brücke* (benannt nach dem Altphilologen G. Hermann, der diese Regel 1805 entdeckte) zwischen den beiden Kürzen des 4. Fußes, sofern dieser daktyl. gefüllt ist, und die *bukol. Brücke* nach dem 4. Fuß, sofern dieser sponde. gefüllt ist durch diese Brücken wird eine scheinbare Vorwegnahme des Versendes vermieden.

Der H. ist der Vers der homer. Epen. Aus der Zeit vor Homer sind einzelne H. in (Vasen)inschriften erhalten. Seit Hesiod findet sich der H. auch im Lehrgedicht. Weiter ist er, in Verbindung mit dem ↗ Pentameter (eleg. ↗ Distichon), der Vers der ↗ Elegie und des ↗ Epigramms; sonst findet er sich in der Lyrik nur in umfangreicheren Gedichten wie den homer. Hymnen und in der Bukolik; in der Tragödie begegnet er vereinzelt (Sophokles, »Philoktetes«: das Orakel v. 839 ff.). – Die H.-Dichtung der hellenist. Zeit (Kallimachos) und der Spätantike (Nonnos) unterscheidet sich von der älteren (homer.) Praxis durch größere Strenge und Künstlichkeit des Versbaus (2 Spondeen dürfen nicht unmittelbar aufeinander folgen; der bei Homer seltene spondiacus wird von den Alexandrinern bewusst gesucht, die Brücken werden streng beachtet usw.). – In die röm. Dichtung führt Ennius den H. ein. Seine Verwendung entspricht der des griech. Vorbilds; allerdings wird in den lat. H.n die Hermannsche Brücke nicht beachtet – damit ergibt sich eine weitere mögl. Zäsur, die *Zäsur post quartum trochaeum:* $-\cup\cup|-\cup\cup|-\cup|-\cup||\cup|-\cup\cup|-\overline{\cup}$. Die quantitierende mittellat. Dichtung kennt als Sonderform den H. mit Zäsurreim, v. a. den *Versus Leoninus* (↗ leonin. Vers mit Reim von Penthemimeres und Versschluss, z. B. »Quáe simulándo spém | premit áltum córde dolórem«, »Ruodlieb«, I,58) und, bei Dreiteilung des Verses, den sog. *Trinini salientes* (mit Reim von Trithemimeres, Hephthemimeres und Versschluss, z. B. plús queris, | nec plénus erís, | donéc moriéris, »Carmina Burana«, CB 2,5). Die rhythm. lat. Dichtung des frühen MA.s verwendet als Ersatzform des quantitierenden

H.s den sog. *langobard. h.* (Bez. nach W. Meyer; Blüte im langobard. Italien des 8. Jh.s; in Spanien Verwendung bis ins 10. Jh.), einen Vers von 13 bis 17 Silben, der durch eine Mittelzäsur in zwei Teile zerfällt (5 bis 7 und 8 bis 10 Silben) und eine feste Kadenz hat (z. B. »égo náta dúos | pátres habére dinóscor«, »Aenigmata hexasticha« 1,1). – Die ältesten H. in dt. Sprache finden sich seit dem 14. Jh. (Merkverse, Kalendersprüche; meist leonin. Verse vom Typ »érbüt gót eré, | bis sítig, zórne nicht sére« (J. Rothe, um 1400). Um »quantitierende« dt. H. bemühen sich vor allem die gelehrten Humanisten des 16. und 17. Jh.s (z. B. K. Geßner: »Ó vattér unsér, der dú dyn éewige wónung«, Fischart, A. Bythner, J. Clajus). Die ersten dt. H. nach dem ↗akzentuierenden Versprinzip stammen von S. v. Birken (1679; mit Endreim); im Allgemeinen ersetzt die dt. Dichtung des 17. Jh.s jedoch den H. durch den hero. Alexandriner. Im 18. Jh. verwenden J. P. Uz (1743) und E. v. Kleist (»Der Frühling«, 1749) Alexandriner mit teilweise 2-silbigen Binnensenkungen, Verse, die den späteren dt. H.n sehr nahe kommen. Den reimlosen akzentuierenden H. führen J. Ch. Gottsched (»Crit. Dichtkunst«, 1730) und F. G. Klopstock (»Der Messias«, Buch I-III, 1748) in die dt. Dichtung ein; mit den Homer-Übersetzungen von J. H. Voß und Goethes H.-Epen (»Reineke Fuchs«, »Hermann und Dorothea«) setzt er sich dann in der neuhochdt. Verskunst endgültig durch und wird bis in die jüngste Gegenwart immer wieder verwandt (B. Brecht!). – Der dt. H. kann als 6-hebiger Vers ohne Eingangssenkung, mit 1- oder 2-silbigen Binnensenkungen und mit weibl. Kadenz umschrieben werden; dabei entspricht die Folge x́xx dem griech.-lat. Daktylus, während x́ x, eigentl. die dt. Entsprechung des griech.-lat. ↗Trochaeus, den antiken Spondeus vertritt. Rigorist. dt. Metriker wie Voß, A. W. Schlegel, A. v. Platen und, teilweise, auch Klopstock fordern die Nachbildung des Spondeus durch zwei gleichgewichtige Silben (x́ x́): Düsterer zog Sturmnacht, graunvoll rings wogte das Meer auf (Voß). – Versuche, den antiken H. nachzubilden, hat es auch in der Dichtung anderer europ. Nationen gegeben, ohne dass sie die Wirkung der dt. H.-Dichtung erreichten; dies gilt auch für die engl. H. Coleridges und H. W. Longfellows. K

Hiat(us), m. [lat. = Öffnung, klaffender Schlund], bezeichnet in der Sprach- und Verswissenschaft das Zusammenstoßen zweier Vokale an der Silben- oder Wortfuge. Man unterscheidet den *Binnenhiat* innerhalb eines Wortes (Lei-er) oder eines Kompositums (Teeernte) und den *äußeren Hiat* zwischen zwei Wörtern (da aber). Der äußere H., zumal wenn gleiche und betonte Vokale zusammentreffen, galt der normativen Metrik als schwerer Verstoß, doch auch die Beseitigung neben- und schwachtoniger Vokale wurde vielfach nach dem Vorbild der in lat. Dichtung üblichen H.tilgung angestrebt. Seit der Forderung M. Opitz' (1624), das auslautende unbetonte -e zu vermeiden, ist zur grammat. Kennzeichnung des Vokalausfalls der Apostroph (hab' ich) üblich geworden. Der H. kann auf verschiedene Weise umgangen werden, z. B. durch ↗Elision, ↗Aphärese, ↗Krasis oder ↗Synalöphe (s. weiter ↗Prosodie). Während in ahd. und mhd. Dichtung, nach Meinung der Forschung, der H. weithin gemieden oder getilgt wird, auch in der Barockpoetik das H.-Verbot vielfach ausgesprochen und befolgt wurde, setzte sich seit der Dichtung der Empfindsamkeit und Klassik ein individuellerer Umgang mit dem H. durch. Man findet ihn vereinzelt bei Klopstock, Lessing, Goethe, häufiger bei Schiller, H. v. Kleist, H. Heine; philolog. orientierte Dichter wie Platen, Rückert, Mörike oder Simrock suchen ihn dagegen streng zu meiden.

HW

Hieronym, n. ↗Ascetonym.

Hilarodie, auch: Simodie, Magodie, Lysiodie, f., altgriech. Bez. für solist., mim.-gest. (gesungene) Vorträge einfacher Lyrik (Typendarstellungen u. Ä.) zu Musikbegleitung, evtl. mit Tanz, in der Tradition des ↗Mimus (vgl. ähnl. ↗Kinädenpoesie). Die Bez. werden seit dem Hellenismus synonym gebraucht (Strabon u. a.); urspüngl. (vgl. Aristoxenos, 4. Jh. v. Chr.) bezeichneten jedoch wohl *Magodie* und *Lysiodie* burlesk-kom. Ausprägungen (zu Pauken bzw. Flötenmusik), *H.* und (mit anderem Kostüm?) *Simodie* ernste Darstellungen (zu Saitenspiel). Das einzige erhaltene hellenist. Beispiel,»Des Mädchens Klage«, wird von der Forschung als H. klassifiziert.   IS

Hildebrandston, altdt. ep. Strophenform, Variante der ↗ Nibelungenstrophe ohne deren herausgehobenen Strophenschluss: vier paarweise gereimte Langzeilen aus je einem 4-heb. Anvers mit klingender und 3-heb. Abvers mit männl. Kadenz: (x)/x́x/x́x/⌣́/x̀ // (x)/x́x/x́x/x́. Eingangssenkung und Versfüllung sind frei, Zäsurreime häufig. Bez. nach dem in dieser Form abgefassten»Jüngeren Hildebrandslied«. Der H. ist Strophenmaß mehrerer altdt. Heldenepen (»Nibelungenlied«in der Fassung k, »Ortnit«,»Wolfdietrich«,»Alpharts Tod«, »Der Rosengarten zu Worms«,»Das Lied vom Hürnen Seyfrid«) und Volksballaden (»Kerensteinballade«); er begegnet außerdem im Volkslied (»Herzlich tut mich erfreuen«), im geistl. Lied (»Es ist ein Ros' entsprungen«) und in der Balladendichtung des 19. Jh.s (L. Uhland,»Des Sängers Fluch«, A. v. Chamisso, »Das Riesenspielzeug«, A. Grün u.a.).   K

Hinkjambus ↗ Choliambus.

Hintertreppenroman, um 1880 gebildete Bez. für den ↗ Kolportageroman, der von Hausierern als Massenware an ein einfaches Lesepublikum (Dienstboten) ›an der Hintertreppe‹ (dem Dienstboteneingang) verkauft wurde. JS

Hipponakteische Strophe, s. ↗ Odenmaße.

Hipponakteus, m., antiker lyr. Vers der Form ⌣̄⌣̄–⌣⌣–⌣–⌣̄, eines der Grundmaße der äol. Lyrik (↗ äol. Versmaße), ebenso seine 8-silb. akephale Form; die Bez. nach Hipponax, einem ion. Lyriker (6. Jh. v. Chr.) ist unerklärt, da unter seinem Namen keine Hipponakteen überliefert sind.   K

Hirtendichtung, ↗ Schäferdichtung.

Hist̲o̲rie, f. [gr. istoría = Erkundung, Wissen(schaft), Erzählung], 1. In der griech. Antike allgem. Bez. für empir. Wissenschaft (Naturwissenschaft; Herodot); seit Aristoteles insbes. auch Geschichtsschreibung. Im Lat. bez. H. als Lehnwort *(historia)* im Unterschied zu den heim. ↗ Annalen die Darstellung der Zeitgeschichte. 2. im Spät-MA. Bez. für beliebte und weit verbreitete, oft unterhaltsam-phantast. Erzählungen in Vers u. Prosa, z.B.»H.n von der alden ê« (eine mit Sagen- und Legendengut angereicherte Nacherzählung des AT.s, Mitte 14. Jh.); bes. häufig in den Titeln der ↗ Volksbücher, z.B.»Histori von Herren Tristan und der schönen Isalden von Irlande« (Druck Augsb. 1484),»Historia von D. Johan Fausten ...« (Druck Frkft./M. 1587) u.v.a. 3. dramat. Gattung des ↗ elisabethan. Dramas, eine der frühesten Formen des ↗ Geschichtsdramas, Blüte Ende des 16. Jh.s; gestaltet in mehrsträng. Handlungsführung Ereignisse der nationalen Geschichte in chronikart. Reihung locker gebauter ep. Szenen (daher auch *chronical play*) mit einer großen Zahl ständisch gemischter Personen, die einen Wechsel von hohem und niederem Stil, Vers und Prosa, ernsten und kom. Szenen bedingen. Die H. knüpft damit trotz der stoffl. Neuerung formal an die Stationentechnik mal. Mysterien und Moralitäten an, ignoriert die Forderungen der Renaissancepoetiken (z.B. ↗ drei Einheiten), abgesehen etwa von einer äußerl. Einteilung in ↗ Akte. – Als Vorläufer der H. gilt J. Bales »Kynge Johan« (um 1535); auf die *erste eigentl. H.*,»The famous victories of Henry V.« (1588) folgen H.n fast aller Dramatiker der elisabethan. Zeit. Höhepunkt sind Shakespeares 10 H.n, die aber bereits nach der Trilogie»Henry VI« (1591) mit »Richard III« (1593) durch seine individualisierende Menschendarstellung und die durch *einen* Charakter geprägte Handlungsführung über die H. hinausweist zur ↗ Tragödie (vgl. z.B.»Richard II«,»King John«, 1594,»Henry IV«, 2 Teile, 1597).   IS

Historienbibel, mod. Bez. für weitverbreitetes mal. Haus- und Lehrbuch (oft reich illustriert), das die histor. Teile der Bibel, bes. des

AT.s, erweitert durch apokryphe, legendäre und profangeschichtl. Texte (vgl. ↗ Historie), in Prosa nacherzählt. H.n gehen z. T. auf die Vulgata, auf Übersetzungen und Bearbeitungen der in Europa weitverbreiteten »Historia scholastica« des Petrus Comestor (entstanden um 1170) und auf verschiedene Reimchroniken (z. B. Rudolfs von Ems) zurück. Die Blütezeit der H. liegt im 15. Jh. (ältestes Fragment: letztes Viertel des 14. Jh.s); allein aus dem dt. Sprachraum sind über 100 Handschriften bekannt, 11 davon enthalten nur das NT. Die zum Unterricht und erbaul. Lesen und Vorlesen bestimmte H. verschwindet mit dem Erscheinen gedruckter Bibeln in den Volkssprachen. RG

Historische Erzählung, histor. Novelle, kürzere erzählende Dichtung in Prosa, seltener Versform, über histor. (oder zumindest in histor. beglaubigter Umgebung angesiedelte) Gestalten und Vorfälle; meist auf ein zentrales Ereignis aus einem größeren Komplex von Geschehnissen (oder aus einem Lebenslauf) konzentriert und dadurch vom umfang- und figurenreicheren ↗ histor. Roman unterschieden. Von der loser gefügten h. E. unterscheidet sich die h. N. durch straffe Handlungs- und Gedankenführung. – *Ansätze* zu einer h. E. enthalten die Geschichtsschreibung seit der Antike (etwa Einzelepisoden bei Herodot, Livius, Sueton, C. Nepos, Plutarch, im MA. in Einhardts »Leben Karls d. Großen«, um 830, oder in der »Kaiserchronik« um 1150, in der Renaissance bei Macchiavelli), volkstüml. Überlieferungen in ↗ Bispel, ↗ Schwank, ↗ Anekdote, ↗ Kalendergeschichte oder literar. mehr oder weniger geformte Rechtsfälle in Sammlungen wie dem alten u. neuen »Pitaval«. – *Bewusst künstler. Gestaltung* erfuhr die h. E. schon früh in der ↗ Novelle (etwa in Boccaccios »Decamerone«, 1. und 10. Tag), bes. seit der Romantik (H. v. Kleist, »Michael Kohlhaas«, 1810; C. Brentano; A. v. Arnim, »Isabella von Ägypten«, 1812; E. T. A. Hoffmann, »Das Fräulein von Scuderi«, 1818 u. a.). Später macht sich bes. der Einfluss W. Scotts und des ↗ histor. Romans geltend (L. Tieck, »Aufruhr in den Cevennen« 1826; H. Zschokke u. a.).

Viel Nachahmung fanden im 19. Jh. die intimen Kultur- und Sittenbilder von W. H. Riehl (»Kulturgeschichtl. Novellen«, 1856, »Geschichten aus alter Zeit«, 1863 und ähnl. Sammlungen), u. a. bei P. Heyse (»Troubadour-Novellen«, 1882). Begleitet von verwandten Erscheinungen in anderen Ländern (Balzac, Flaubert, Hawthorne u. a.) erfuhr die h. E. einen *Höhepunkt* bei G. Keller (insbes. seit den »Züricher Novellen«, 1878), C. F. Meyer (»Das Amulett«, »Gustav Adolfs Page«, 1882, »Das Leiden eines Knaben«, 1883, »Die Richterin«, 1885, »Die Versuchung des Pescara«, 1887, »Angela Borgia«, 1891 u. a.), Th. Storm (der bes. die Spielart der ↗ chronikalen E. pflegt) und W. Raabe (»Die schwarze Galeere«, 1860/65; »Else von der Tanne«, 1865; »Des Reiches Krone«, 1870 u. a.), der sich, ebenso wie Fontane, stark dem histor. Roman annähert. – Trotz solcher Erweiterungen und Überschneidungen bleibt die knappere Form der h. E. weiterhin aktuell, vgl. u. a. H. v. Hofmannsthal, »Reitergeschichte« (1899), Th. Mann, »Schwere Stunde« (1905), St. Zweig, »Sternstunden der Menschheit« (1927), ferner viele Novellen von W. Bergengruen, G. von Le Fort, R. Schneider, St. Andres, aber auch A. Seghers (»Die Hochzeit von Haiti«, 1961), außerdem Erzählungen, die sich mit der jüngeren Vergangenheit auseinandersetzen, wie z. B. bei H. Böll und G. Grass (»Katz und Maus«, 1961) oder die Novellensammlungen von F. Fühmann (»Stürzende Schatten«, 1959, »Das Judenauto«, 1968). Eine einheitl. Entwicklung ist dabei weder zu erkennen noch abzusehen, doch spricht gerade das für die Lebensfähigkeit der Gattung. RS

Historischer Reim, Reimbindung, die zur Zeit des Dichters rein war, durch die spätere Sprachentwicklung aber unrein geworden ist; begegnet bes. in engl. und frz. Dichtung. vgl. z. B. bei Shakespeare *proved:loved* (im 16. Jh. pru:vd: luvd gesprochen), heute zum ↗ Augenreim geworden. Der h. R. ist zu unterscheiden vom archaischen Reim, bei dem veraltete Lautformen bewahrt werden, z. B. mhd. *verwandel*ôt : *nôt* (Neidhart, 13. Jh.). S

Historischer Roman, Romantypus, der histor. authent. Gestalten u. Vorfälle behandelt oder doch in histor. beglaubigter Umgebung spielt und auf einem bestimmten Geschichtsbild beruht. Er überschneidet sich mit der ↗ histor. Erzählung und Novelle, mit ↗ Zeitroman, Tendenzroman, ↗ Gesellschafts- oder ↗ Familienroman, Heimat- oder ↗ Künstlerroman, v. a. mit dem ↗ biograph. Roman, auch mit Schlüsselroman oder mit Sensationsliteratur wie dem Kolportageroman. Hervorgetreten ist der h. R. erst mit und seit der Anerkennung des Romans als einer eigenen Kunstgattung um 1800. Nur bedingt als Vorläufer anzusehen sind ältere erzählende Dichtungen, die histor. Stoffe gestalten, wie z. B. im MA. die ↗ Chansons de geste oder die mit histor. Fakten angereicherten Schlüssel- und ↗ Staatsromane des 17. und 18. Jh.s. Um 1800 entstehen Romane mit histor. Kolorit, sei es unterhaltend als ↗ Gothic novel oder ↗ Ritterroman, sei es mit geistesgeschichtl. Ansprüchen im Ideen- und Künstlerroman der dt. Romantik (W. Heinse, »Ardinghello«, 1787: Renaissance; Novalis, »Heinrich von Ofterdingen«, 1802: MA; L. Tieck, »Franz Sternbalds Wanderungen«, 1798: Dürerzeit). *Voraussetzung* für die Entstehung des h. R.s ist die Herausbildung der neueren Geschichtsphilosophie, insbes. des histor. Entwicklungsdenkens (Voltaire, Hume; Vico, Rousseau, Herder – dt. Idealismus – Histor. Schule). *Unmittelbarer Vorläufer* ist die neuere, noch nicht streng wissenschaftl. Geschichtsschreibung, zuerst repräsentiert von E. Gibbon (»History of the decline and fall of the Roman Empire«, 1776/88), in Deutschland vertreten durch J. Möser (»Patriot. Phantasien«, 1774/78), F. Schiller (»Gesch. des Abfalls der Vereinigten Niederlande«, 1788, »Gesch. des dreyßigjähr. Krieges«, 1791/93) und F. v. Raumer (»Gesch. der Hohenstaufen«, 1823/25). Den letzten Anstoß zur Entstehung des h. R. u. für seine gesamte *erste Phase* gab das neuere ↗ Geschichtsdrama. Angeregt von Goethes »Götz von Berlichingen« (1773), *begründete* Sir Walter Scott den h. R. mit »Waverly; or, 'Tis Sixty Years Since« (1814). Das Werk nimmt den vergebl. Versuch der Stuarts von 1745, die Macht in England zurückzuge-

winnen, zum Anlass, um die kultur- u. sittengeschichtl. Verhältnisse einer Umbruchzeit darzustellen, die nicht nur antiquarisch, sondern auch für die eigene Gegenwart noch von Belang ist, mit teils histor., teils erfundenen Figuren, einer frei gestalteten Liebeshandlung zusätzl. zum polit. Geschehen u. gelegentl. Auflockerung durch kom. od. lyr. Einlagen. Dem damit gesetzten Muster folgen die rund 30 weiteren Romane von Scott. Überwiegend spielen sie ebenfalls im 18. Jh. (so »Guy Mannering«, 1815; »The Antiquary«, 1816; »Rob Roy«, 1817; »The Heart of Midlothian«, 1818; »The Chronicles of Canongate«, 1827 u. a.), teils auch im 16. u. 17. Jh. (»The Bride of Lammermoor« 1819 u. »Kenilworth« 1821), teils im MA. (insbes. »Ivanhoe«, 1819). Sie wurden maßgebend für den h. R. im übrigen Europa, so in Frankr. für A. de Vigny (»Cinq Mars oder eine Verschwörung unter Ludwig XIII«, 1826), P. Mérimée (»Bartholomäusnacht«, 1829), V. Hugo (»Notre Dame von Paris. 1482«, 1831) u. Dumas père mit seinen über 300 histor. ↗ Abenteuerromanen (»Die drei Musketiere«, 1844; »Der Graf von Monte Christo«, 1845/46 u. a.), in Italien für Manzoni (»Die Verlobten«, 1827), in Russland für M. N. Zagoskin (»Roslavlev«, 1831 u. a.), aber auch für A. Puschkin (»Die Hauptmannstochter«, 1833–36) u. noch N. Gogol (»Taras Bulba«, 1836/42), etwas verspätet dann auch in Lateinamerika für J. Manso (»Misterios del Plata«, 1845), J. Mármol (»Amalia«, 1850/51) u. V. F. Lopéz (»Die Braut des Ketzers«, 1854). Scott nahestehend, aber durchaus eigenständig sind in den USA J. F. Cooper mit »Der Spion« (1821) u. den »Lederstrumpf«-Romanen (1826–41), sowie in England E. G. Bulwer-Lytton mit seinem Griff über die Nationalgeschichte hinaus auf Stoffe aus der Antike (»Die letzten Tage von Pompeji«, 1834) u. der ital. Renaissance (»Rienzi«, 1835). – Unabhängig von Scott bildete sich in *Deutschland* im Zusammenhang mit der Sonderentwicklung der dt. ↗ Novelle seit der Romantik eine eigene ↗ histor. Erzählung heraus; romanhaft ausgeweitet ist sie bei C. Brentano in dem Fragment »Aus der Chronika eines fahrenden Schülers« (1802–17) u. insbes. bei A. v. Arnim (»Die Kronenwächter«, 1812–

17), ferner bei F. de la Motte Fouqué u. a. Verfassern von pseudohistor. Ritterromanen. Der Durchbruch zum eigentl. h.n R. erfolgt aber auch hier erst seit der Begegnung mit Scott. Von Gewicht sind dabei neben zahlreichen Nachahmern (K. Spindler, L. Rellstab, L. Storch u. a.) die Österreicherin Karoline Pichler (»Die Belagerung Wiens«, 1824; »Die Schweden in Prag«, 1827; »Friedrich der Streitbare«, 1831), v. a. aber W. Hauff mit »Lichtenstein« (1826), ferner L. Tieck mit »Vittoria Accorombona« (1840), insbes. jedoch Willibald Alexis, der anfangs seinen »Walladmor« (1824) u. »Schloß Avalon« (1827) noch als Werke Scotts ausgab, dann aber mit seinen märk. Romanen (»Canabis«, 1832; »Der Roland von Berlin«, 1840; »Der falsche Waldemar«, 1843; »Die Hosen des Herrn von Bredow«, 1846; »Ruhe ist die erste Bürgerpflicht«, 1852 u. a.) zum *Hauptvertreter des h. R.s* in Dtschld. wurde u. seinerseits viel Nachfolge fand, so bei Luise Mühlbach, G. Hesekiel, H. Gödsche (= Sir John Retcliff) u. a. Etwa gleichzeitig tritt auch der histor. Künstlerroman hervor (z. B. »Schillers Heimatjahre« von H. Kurz, 1843). Eine dt. Sonderform des h. R.s ist das intime Kultur- u. Sittenbild, der sog. chronikal. Roman, begründet von W. Meinhold (»Bernsteinhexe«, 1843), später eher in Form der histor. Erzählung u. Novelle ausgebaut. Auch andere Romanformen zeigen zwischen 1830 und 1850 *histor. Einschlag,* so der engl. u. frz. psycholog. u. Gesellschaftsroman oder der jungdt. Zeit- u. Tendenzroman mit seiner programmat. Aktualisierung histor. Stoffe (z. B. H. König, »Die Klubbisten von Mainz«, 1831; E. v. Brunnow, »Ulrich von Hutten«, 1842; Th. Mundt, »Thomas Münzer«, 1841; »Robespierre«, 1861 u. a., später auch H. Laube, »Der deutsche Krieg«, 1863–66 und K. Gutzkow, »Hohenschwangau«, 1867/68). Neuer Auftrieb für den h.n R. u. damit (neben fortdauernder Orientierung an Scott) die Grundlage für die *zweite Phase* ergab sich mit der Ausbreitung des Historismus u. seiner Verabsolutierung des Geschichtsdenkens sowie mit der konsequent wissenschaftl. Geschichtsschreibung (Ranke, Gervinus, Droysen u. Mommsen in Dtschld.; Carlyle u. Ma-

caulay in England, Bancroft in den USA; Thierry, Thiers, Michelet, später Taine u. Lavisse in Frankr.). Sehr früh davon beeinflusst zeigt sich der h. R. in den USA bei N. Hawthorne (»The Scarlet Letter«, 1850; »The House of the Seven Gables«, 1851), bei Harriet Beecher-Stowe (»The Minister's Wooing«, 1859; »Oldtown Folks«, 1869); in England bei W. M. Thackeray (»Henry Esmond«, 1852; »The Virginians«, 1857–59), Ch. Dickens (»A Tale of Two Cities«, 1859) u. Ch. Read (»Cloister and Hearth«, 1861). *In Deutschland* ist zuerst V. v. Scheffels »Ekkehard« (1855) mit seiner Mischung aus Sentimentalität u. Dokumententreue Vertreter der neuen Phase, dann insbes. G. Freytag mit seinem achtteil. Zyklus »Die Ahnen« (1872–81), der am Geschick eines Geschlechts dt. Geschichte von der Völkerwanderung bis 1848 verfolgt, neben ihm Louise von François (»Die letzte Reckenburgerin«, 1871 u. a.), ferner die sog. Professorenromane wie F. Dahns »Ein Kampf um Rom« (1876). – Der h. R. kam aber auch den Ansprüchen des literar. Hoch- u. Spätrealismus entgegen; das zeigen G. Flaubert, »Salammbô« (1862), Ch. de Coster, »Ulenspiegel« (1868), A. Stifter, »Witiko« (1867), C. F. Meyer, »Jürg Jenatsch« (1876), Th. Fontane, »Vor dem Sturm« (1878), »Grete Minde« (1880), »Ellernklipp« (1881) u. »Schach von Wuthenow« (1883) sowie W. Raabe, »Unseres Herrgotts Kanzlei« (1862), »Das Odfeld« (1889) u. »Hastenbeck« (1898), Werke, die sich vielfach mit den ausgedehnten histor. Erzählungen u. Novellen derselben u. anderer Autoren berühren. Vielleicht der bedeutendste h. R. dieser 2. Phase ist (mit breiter Behandlung der napoleon. Zeit) L. Tolstois »Krieg und Frieden« (1863–69), der Scott als Vorbild ablöst u. über Generationen weiterwirkt: in Russland selbst etwa bei D. S. Merežkovskij, aber auch im sowjet. h.n R. bis hin zu M. A. Scholochow (»Der stille Don«, 1928–40), A. N. Tolstoj (»Peter der Große«, 1919–45), A. S. Novikov-Priboj (»Tsushima«, 1932–35/40), kritischer bei B. Pasternak (»Doktor Schiwago«, 1957) und A. Solschenyzin (»August 1914«, 1971; vgl. auch seine Romane u. Erz. um den »Archipel Gulag« der Stalinjahre 1962–1968). Seit dem *Aus-*

gang des 19. Jh.s ist der h. R. literar. Gemeingut von *großer Vielfalt*, ohne dass sich weitere Einzelphasen abgrenzen ließen. Eigene Formen entstehen in Amerika auf dem Hintergrund von Landnahme u. *ethn. Konflikten*, so z. B. in den USA der abenteuerl. ↗ Wildwestroman, aber auch Werke über die Zeit in und nach dem Bürgerkrieg: von St. Cranes »Blutmal« (1895) bis zu Margaret Mitchells melodramat. »Vom Winde verweht« (1936) oder W. Faulkners »Absalom, Absalom!« (1936). Ethn. Probleme bzw. Regionalismen bestimmen auch den h.n R. in Osteuropa, z. B. bei dem Serben Ivo Andrić (»Travniker Chronik«, 1945; »Brücke über die Drina«, 1945) oder etwa bei der Norwegerin Sigrid Undset (»Kristin Lavranstochter«, 1920–22), den fläm. Nachfolgern Ch. de Costers, dann bei dem Schweizer E. Stickelberger und schon im »Wehrwolf« (1910) von H. Löns oder in den Habsburg-Romanen der Enrica v. Handel-Mazzetti, aber auch bei J. Roth (»Radetzkymarsch«, 1932; »Die Kapuzinergruft«, 1938) u. a. Ebenso beliebt ist der h. R. als *individualpsycholog. Studie* über histor. Gestalten von polit. od. geist. Rang, wobei die Grenze zur ↗ Biographie unscharf bleibt. Das gilt für die Werke von Romain Rolland (über Beethoven, 1903, 1928/50; Michelangelo, 1905; Tolstoi, 1911; Gandhi, 1924 u. a.), von G. L. Strachey (über Königin Viktoria, 1921 sowie Elisabeth und Essex, 1928), in Deutschland für Ricarda Huch (über Garibaldi, 1906; Confalonieri, 1910; den Dreißigjährigen Krieg, 1912–14/1937; Wallenstein, 1915 u. Bakunin, 1923), es gilt für E. v. Naso (»Seydlitz«, 1932; »Moltke«, 1937), aber ebenso für F. Thieß (»Tsushima«, 1936; »Die griechischen Kaiser«, 1959 u. a.) u. für Ina Seidel (über Novalis, G. Forster, Arnim u. die Geschwister Brentano, 1944) od. F. Sieburg (»Robespierre«, 1936; »Napoleon«, 1956; »Chateaubriand«, 1959). Die Nähe zur gehobenen Unterhaltungsliteratur ist hier ebenso spürbar wie schon in »Quo Vadis« (1896) u. a. Werken des Polen H. Sienkiewicz oder bei Gertrud Bäumer (»Adelheid, Mutter der Königreiche«, 1936/37; »Der Jüngling im Sternenmantel«, 1947 u. a.), H. Benrath (»Kaiserin Konstanze«, 1936; »Galla Placidia«, 1937; »Theophano«,

1940 u. a.) u. Stefan Zweig (»Fouché«, 1929; »Marie Antoinette«, 1932; »Erasmus von Rotterdam«, 1935 u. a.). Sensationellen Einschlag haben die vielen Kolportageromane über Gestalten wie Rasputin o. Ä., aber auch Bücher wie J. Wassermanns »Caspar Hauser« (1908) u. die Romane Emil Ludwigs (»Goethe«, 1920; »Napoleon«, 1925; »Wilhelm II.«, 1926; »Michelangelo«, 1930; »Roosevelt«, 1938; »Beethoven«, 1945; »Stalin«, 1945 u. a.). *Polit. Engagement* im h.n R. findet sich u. a. bei A. Zweig im Grischa-Zyklus (1927–37), bei B. Frank (»Cervantes«, 1934), auch bei H. Kesten (»Ferdinand und Isabella«, 1936/53, »König Philipp II.«, 1938/50; »Copernicus«, 1948 u. a.) u. bei F. Th. Csokor (»Der Schlüssel zum Abgrund«, 1955) sowie vor allem in Kriegs- u. Nachkriegsromanen, z. B. von E. M. Remarque (»Im Westen nichts Neues«, 1929; »Arc de Triomphe«, 1945) und T. Plivier (»Stalingrad – Moskau – Berlin«, 1945–1954), auch von G. Grass (»Die Blechtrommel«, 1959; »Hundejahre«, 1963) und S. Lenz (»Deutschstunde«, 1968). *Religiöses Engagement* bestimmt R. Schneider (»Philipp II.«, 1931; »Kaiser Lothars Krone«, 1937; »Innozenz III.«, 1958/60), W. Bergengruen (»Herzog Karl der Kühne«, 1930; »Der Großtyrann und das Gericht«, 1937; »Am Himmel wie auf Erden«, 1940), Gertrud v. Le Fort (»Der Papst aus dem Ghetto«, 1930; »Die Magdeburgische Hochzeit«, 1938) u. a. – Auch von einzelnen Stilrichtungen wurde der h. R. aufgegriffen u. geprägt, insbes. vom *Expressionismus*: vgl. M. Brod (»Tycho Brahes Weg zu Gott«, 1916), H. Döblin (»Wallenstein«, 1920); Klabund (»Mohammed«, 1917; »Franziskus«, 1921; »Borgia«, 1928; »Rasputin«, 1929), L. Feuchtwanger (»Jud Süß«, 1925; »Der falsche Nero«, 1936; »Waffen für Amerika«, 1946; »Goya«, 1951 u. a.), A. Neumann (»Der Teufel«, 1926; »Neuer Cäsar«, 1934; »Königin Christine von Schweden«, 1936 u. a.) u. a. R. Neumann (»Struensee«, 1935/53 u. a.). Auf den h.n R. wirkte auch der *sozialist. Realismus* ein, hier wiederum mit eindeutig polit. Engagement, wie etwa in Frankreich bei Louis Aragon (»Die wirkliche Welt«, 1935–44; »Die Kommunisten«, 1949–51; »Die Karwoche«, 1957) oder in der DDR bei Rosemarie Schuder

(»Die Erleuchteten«, 1968). – *Experimentellen Einschlag* haben H. v. Cramers »Konzessionen des Himmels« (1961). Daneben dient der h. R. immer wieder zur *Einkleidung eigener Welt-, Lebens-* u. *Kunstauffassung* bei so unterschiedl. Autoren wie F. Madox Ford (»Die fünfte Königin«, 1906–08), A. France (»Das Leben der Jeanne d'Arc«, 1908; »Die Götter dürsten«, 1912), R. Rolland (»Meister Breugnon«, 1919), E. G. Kolbenheyer (»Paracelsus«, 1917–26), H. Mann (»Henri Quatre«, 1935–38), Th. Mann (»Joseph und seine Brüder«, 1933–45) oder – mit bevorzugter Stoffwahl aus der Antike – Klaus Mann (»Alexander«, 1930), H. Broch (»Der Tod des Vergil«, 1945), B. Brecht (»Die Geschäfte des Herrn Julius Cäsar«, 1938/49) u. außerhalb Deutschlands z. B. R. Graves (»Ich, Claudius, Kaiser und Gott«, 1934), Th. Wilder (»Die Iden des März«, 1948), Marguerite Yourcenar (»Ich zähmte die Wölfin«, 1951) u. Rex Warner (»Cäsar«, 1958–60). Oft abgelehnt (z. B. im Naturalismus) oder totgesagt, ist der h. R. derzeit eine zwar schwer klassifizierbare, aber noch immer höchst lebens- u. entwicklungsfähige Erzählgattung. Das zeigen Erfolgsbücher wie etwa der ins MA versetzte Kriminal- u. Gelehrtenroman »Der Name der Rose« (1980) von Umberto Eco und »Der General in seinem Labyrinth« (1989) – über Simon Bolivar – von G. Garciá Márquez. – Auch *theoret. Äußerungen* der Romanciers liegen vor, etwa von Feuchtwanger (1935), Döblin (1936), W. v. Scholz u. E. Stickelberger (1942), später von M. Brod (1957), F. Thiess (1958) u. F. Th. Csokor (1962).   RS

Historisches Drama, ↗ Geschichtsdrama.

Historisches (Volks-) Lied, Einzel- oder Gemeinschaftslied meist anonymer Verfasser, das von zeitgenöss.-aktuellen (polit.) und von geschichtl. Ereignissen berichtet, um diese chronist. zu dokumentieren (Berichtslied), parteinehmend zu werten (Parteilied) oder zum Geschichtsmythos zu erhöhen (Preislied). Kriege, Schlachten, Siege (seltener Niederlagen, die dann, wie bei den zahlreichen Liedern nach dem Bauernkrieg 1525, auch aus der Perspektive der Siegreichen beschrieben werden),

Krönungen und Totenklagen sind die wichtigsten Themen des h.n L.es. Schon Tacitus berichtet (Annalen II,88) von h.n L.ern der Germanen über den Cheruskerfürsten Hermann; jedoch sind Zeugnisse dieser Gattung erst aus christl. Zeit erhalten: das ahd. »Ludwigslied« (882, auf der Grenze zum Fürstenpreislied) und das ahd.-lat. »Lied de Heinrico« (Ende 10. Jh., hist. Aktualitätsbezug unterschiedl. gedeutet). Seit dem 14. Jh. beginnt die breite Überlieferung des zeitgeschichtl. Liedguts, das mit dem Buchdruck publizist. und agitator. Funktionen übernimmt. Stroph. Form, deren Metrum und Weise sich vielfach bekannten mal. ›Tönen‹ anschließen, balladesk-erzählende Diktion und nicht selten auch moralisierende und gebetähnl. Schlüsse kennzeichnen das h. L. des 16. u. 17. Jh.s. Weit verbreitet waren die Lieder über Störtebeker (1402), Agnes Bernauer (1435), Kunz von Kaufungen (1455), die Schlacht von Pavia (1525), später über den Dreißigjähr. und den Türkenkrieg (Prinz Eugen). Erreichten auch einige wenige h.e L.er die Popularität eines Volksliedes, so ist doch trotz der Verfasseranonymität und gelegentl. ›zersungener‹ Überlieferung die Berechtigung der im 19. Jh. fixierten Bez. ›histor. *Volkslied*‹ (als Gegenbegriff zur damals blühenden Gattung der histor. Kunstballade, v. a. in den Vertonungen durch C. Loewe) fragwürdig. Dem h. L. im weiteren Sinne können dagegen auch jene Lieder zugerechnet werden, die kein punktuelles histor. Ereignis thematisieren, jedoch in bestimmten histor. Situationen polit. Bedeutung besaßen: Reformationschoräle, Nationalhymnen (Marseillaise) und Kampflieder.   HW

Historisches Präsens, (praesens historicum), vereinzelte Präsensformen in einem sonst im ↗ epischen Präteritum verfassten Erzähltext. Indem es die Personen, von denen berichtet wird, stärker als handelnde erscheinen lässt oder den plötzl. Neueinsatz oder Höhepunkt einer Handlung sinnfällig macht, dient es der lebhaften dramat. Veranschaulichung.   HSt

Historisch-kritische Ausgabe, Ausgabe eines Schriftwerkes, welche die verschiedenen authent. ↗ Fassungen eines Textes von den frühesten Entwürfen bis zur ↗ Ausgabe letzter Hand berücksichtigt und dadurch ein Bild der Entstehungsgeschichte liefert; im Unterschied zur ↗ krit. Ausgabe (welche den Überlieferungsprozess eines nicht im Original erhaltenen Textes und den Versuch einer annähernden Rekonstruktion aus den überlieferten Handschriften oder Drucken dokumentiert). ↗ Editionstechnik, ↗ Textkritik.   HSt

Historismus, m., geist. Strömung des 19. Jh.s, deren besonderes Interesse der Geschichtlichkeit des Seins gilt: Fasst Geschichte als Erklärungsgrund für Kunst und Literatur und versucht, Phänomene des kulturellen Lebens aus den geschichtl. Bedingungen zu verstehen. Im dt. Kulturraum gewinnt der H. in der ↗ Romantik eine bes. Bedeutung, ausgehend von den rechtshistor. Forschungen F. K. von Savignys und der von ihm begründeten histor. Schule der Rechtswissenschaft. Bedeutsamstes Ergebnis dieser Forschungsrichtung war die Begründung der histor. orientierten National-↗ Philologien (↗ Germanistik, Anglistik usw.). Erste Ansätze histor. Betrachtungsweise sind schon im 18. Jh. bei J. G. Herder, bes. in der Auseinandersetzung mit der ↗ Aufklärung, zu beobachten. – Literar. Ausprägungen sind u. a. ↗ histor. Roman, ↗ Geschichtsdrama usw. (s. ↗ Geschichtsdichtung). – In der Kunstgeschichte bzw. H. das eklekt. Zurückgreifen auf histor. Stile, v. a. in der Baukunst.   S

Histrione, m. [lat. histrio = Schauspieler], das Wort H. ist, wie auch die lat. Bez. für ↗ Maske (lat. *persona* zu etrusk. *phersu*), etrusk. Ursprungs; nach einer Glosse bei Livius (7.2,6) kann es auf etrusk. *(h)ister* (= lat. *ludio* = Tänzer, Pantomime) zurückgeführt werden. Dies deutet darauf hin, dass die Anfänge des röm. Theaters nicht auf unmittelbaren griech. Einfluss (seit 240 v. Chr.), sondern auf etrusk. Vermittlung zurückgehen: nach Livius (7,2) sollen die ersten *ludi scaenici* (↗ Ludi) während einer Pestepidemie 364 v. Chr. stattgefunden haben, mit pantomim. Aufführungen durch etrusk. Tänzer. – Die röm. H.n waren Freigelassene oder Sklaven, organisiert in Truppen, die von einem Prinzipal *(dominus)* geleitet wurden. Für die öffentl. Aufführung mietete der verantwortl. Magistrat eine Truppe, deren *dominus* dann vom Autor die Aufführungsrechte (für jeweils eine Aufführung) erwarb. Der *dominus* führte auch die Regie und spielte in der Regel die Hauptrolle. Die H.n wurden bei Erfolg der Aufführung am Gewinn beteiligt. – H.n waren kostümiert, seit 1. Jh. v. Chr. wohl auch maskiert; Frauenrollen wurden von Männern gespielt. Sie waren beim Volk nicht angesehen.   K

Hochsprache, auch: Gemein-, Verkehrs- oder Standardsprache, Bez. für die vorbildhafte, normierte Form einer Nationalsprache. Basiert im Dt. auf der ostmdt. Verkehrs- (= Sprech-) und Kanzlei- (= Schreib-) Sprache des 16. Jh.s und wird im Gegensatz zu den überwiegend nur gesprochenen ↗ Mundarten durch Sprachpflege (seit den ↗ Sprachgesellschaften des 17. Jh.s, vgl. auch ↗ Akademien) überprüft und den veränderten Sprachverhältnissen angepasst. Maßstab sind Sprachgefühl und Sprachgebrauch. Regeln und Gesetze für Sprachrichtigkeit (z. B. für Wortschatz, Semantik, Morphologie, Syntax) sind in normativen, synchronen Grammatiken fixiert (z. B. Duden-Grammatik). H. lässt verschiedene stilist. Varianten und Schichten zu und bestimmt u. a. die *Sprache der Publizistik, Schule, Wissenschaft* und der *Medien*, wobei für die gesprochene H. ebenfalls eine normierte Ausspracheregelung besteht (Bühnenaussprache, Hochlautung). – Die Normen der H. waren bis zur Mitte des 19. Jh.s hauptsächl. beeinflusst von der Sprache der Dichtung. Heute hat umgekehrt die Umgangssprache entscheidenden Einfluss auf sprachl. Neuerungen in der H. (vgl. z. B. ihre Benutzung bei modernen Dichtern). – Die Bez. ›H.‹ wird nicht allgem. in gleicher Bedeutung verwendet; oft wird sie gleichbedeutend mit ↗ ›Schriftsprache‹ gebraucht; seit den 70er Jahren setzt sich die Bez. ›Standardsprache‹ durch. ↗ Sprache.   S

Hochzeitsgedicht, ↗ Hymenaeus, ↗ Feszenninen.

Hofdichter, *im weiteren Sinne:* an Fürstenhöfen lebende Dichter. Art und Grad des Abhängigkeitsverhältnisses bestimmen nicht nur Art u. Themen, sondern oft auch den poet. Wert ihrer dichter. Produktion (↗ Hofdichtung). H. konnten mehr oder weniger unabhängig fürstl. Freundschaft und mäzenat. Gönnerschaft genießen (z. B. mal. Dichter am Hof des Landgrafen Hermann von Thüringen, Tasso am Hofe der Este in Ferrara), mehr oder weniger gewichtige Hofämter ausüben (häufig v. a. im 17. Jh.; z. B. wirkten als Diplomaten F. R. L. v. Canitz für den Berliner, G. R. Weckherlin für den Stuttgarter Hof, als Prinzenerzieher B. Neukirch am Ansbacher Hof) oder ausdrückl. als dotierte ›Hofpoeten‹ angestellt sein (s. auch poet laureate, [↗ Poeta laureatus]). Solche H. *im engeren Sinne* waren die kelt. ↗ Barde, der nordgerm. ↗ Skalde, der westgerm. ↗ Skop. H. gehörten v. a. zum Repräsentationspersonal der Fürstenhöfe seit dem Hellenismus. In Deutschland führten sie seit dem Barock die Tradition der Heroldsdichter und Pritschmeister (vgl. ↗ Herolds- und ↗ Pritschmeisterdichtung) fort und waren, oft zugleich als Zeremonienmeister, für die poet. und organisator. Ausgestaltung höf. Feste verantwortl., so z. B. J. U. v. König am Dresdner, J. v. Besser am Berliner, K. G. Heräus und Pietro Metastasio am Wiener Hof. IS

Hofdichtung, Sammelbez. für Dichtungen, die Normen höf. Standes- und Lebensideale und monarch. Herrschaftsstrukturen repräsentieren und propagieren oder Herrschergestalten verherrlichen. Entstand vorwiegend an den Höfen selbst, z. T. als Auftragsdichtung von ↗ Hofdichtern, z. T. von Außenstehenden, die Ruhm, Förderung oder Dotationen erwerben wollten. – H. ist vorwiegend ↗ Gelegenheitsdichtung für höf. Ereignisse. *Kennzeichnend* sind der direkte Bezug auf das jeweilige Herrscherhaus, die Benutzung der in rhetor. Lehrbüchern tradierten panegyr. Phraseologie und Lobtopik, die Verwendung der Allegorie, insbes. in mytholog. Einkleidung (v. a. zur

Herrscher- ↗ Apotheose). Neben lyr. und ausdrückl. panegyr. Gattungen (↗ Panegyrikus, ↗ Eloge, ↗ Enkomion, ↗ Epideixis usw.) sind das histor. Epos (zur Darstellung der göttl. oder held. Herkunft des Herrscherhauses) beliebt, seit der Renaissance auch Eklogen, Sing- und Schäferspiele, ↗ Intermezzi, ↗ Trionfi, ↗ Opern und allgem. ↗ Festspiele. *Literar. bedeutsam* (und damit die Grenzen der H. sprengend) sind z. B. die Werke Tassos, Guarinis oder etwa die »Faerie Queene« (1590) v. E. Spenser (für Elizab. I.). – H. findet sich bereits an den hellenist. Königshöfen, wo unter oriental. Einflüssen auch der Formelschatz ausgebildet wurde, sodann in der röm. Kaiserzeit (z. B. Senecas panegyr. und zugleich pädagog. Fürstenspiegel »De clementia«), im gesamten MA. (z. B. die lat. H. des Venantius Fortunatus am Hofe der Merowinger, 6. Jh., des Archipoeta am Stauferhof, 12. Jh.), an den Höfen der Renaissance (typ. z. B. F. Filelfos »Sphortias«, ein Epos über die Sforzas) und erreicht eine Hochblüte im europ. Barock (in Dtschld. z. B. J. U. v. Königs vielbewundertes Epos »August im Lager« 1731, für August den Starken). – Trotz der meist überschwengl. Lobpreisungen ist die H. bedeutsam, da sie das ideale Herrscherbild der jeweiligen Epoche spiegelt. IS

Höfische Dichtung, Sammelbez. für Dichtung, die sich themat. und formal an einer höf. (d. h. an einem Fürstenhof lebenden geschlossenen) Adelsgesellschaft ausrichtet und sie ihrerseits mitprägt. In Deutschland insbes. (1.) die volkssprach. Literatur an den Höfen der Staufer und den Fürstenhöfen in Österreich und Thüringen vom letzten Drittel des 12. bis zur Mitte des 13. Jh.s (›mhd. Blütezeit‹). Sie ist Ergebnis der polit. und kulturellen Emanzipation des Feudaladels, der seit dem 11./12. Jh. in Frankreich und dann auch in Deutschland zu nationalem und ständischem Selbstbewusstsein findet und eine erste eigenständ. Laienkultur entwickelt. Getragen wird sie zunächst noch von geistl., dann von weltl. Autoren, bes. den Ministerialen. Ihr Thema ist die teils krit., teils affirmative Ausformung einer ritterl. Lebenslehre, die das Wirken des Ritters in der Welt und vor Gott zu vereinen strebt, ihre Funktion die Legitimierung des feudal-höf. Führungsanspruchs. Die beiden Haupt-formen der h. D. sind ↗ *Minnesang* und ↗ *hö-fischer Roman*. Sie werden wie die Ritteride-ologie selbst und mit ähnl. Verzögerung wie diese aus Frankreich übernommen – Muster und oft auch direkte Vorlage sind die prov. Trobadorlyrik und der *roman courtois* der Champagne – u. in schöpfer. Auseinanderset-zung mit älteren heimischen Ansätzen ver-schmolzen. Der *Stil* dieser zum öffentl. Vor-trag bestimmten Gesellschaftskunst ist ästhet.-idealist., grob Realistisches wird in Handlung und Sprache meist vermieden. Die gemäßigt rhetor., anspielungs- und reflexionsreiche Sprache neigt zu indirekten Aussageformen. Die *Verstechnik* ist gepflegt, mit reinem Reim und glattem Rhythmus, in der Epik häufig mit Reimbrechung, in der Minnelyrik mit reich gegliederten Strophengebäuden und Reim-spielen. Ihre klass. Gestalt fand die h. D. des deutschen MA.s in der Lyrik Reinmars, Hein-richs von Morungen und Walthers von der Vogelweide und in den Romanen Hartmanns von Aue, Wolframs von Eschenbach und Gott-frieds von Straßburg. Die auf sie folgende Ge-neration antwortet auf eine sich verändernde, dem höf. Ideal nicht mehr offene gesellschaftl. Realität mit einer zur formalen Erstarrung neigenden Epigonendichtung oder mit neuen Themen und Formen. Die Ideologie und Äs-thetik der h. D. beeinflusst das aus älteren hei-mischen Traditionen stammende ↗ Helden-epos (Nibelungenlied) und die geistl. Lyrik und Epik des Hoch-MA.s.

(2.) Als h. D. wird auch die höf.-repräsentative Formkultur des ↗ Barock bezeichnet, die zwar weitgehend von bürgerl. Autoren getragen wird, ihre eth. Normen aber im Ritterwesen und im humanist.-gesellschaftl.»Cortegiano« Baldassare Castigliones (1528) findet. Das proklamierte Ideal stoischen Gleichmuts im Angesicht übermächtiger äußerer Bedrohung findet seinen stärksten Ausdruck im Abenteu-erroman, im ↗ heroisch-galanten Roman und im Märtyrerdrama der Zeit. HSt

Höfische Dorfpoesie, auf K. Lachmann zurückgehende Bez. für die Lyrik Neidharts (vgl. Walther-Ausg. 1827, Anm. zu 65,32). Die Bez. impliziert Lachmanns Auffassung der Dichtung Neidharts als die für ein höf. Publi-kum gedachte poet. Darstellung bäuerl. Le-bens und Treibens. Vgl. aber ↗ dörperl. Dich-tung.   S

Höfischer Roman, erzählende Großform der ↗ höfischen Dichtung des MA.s, i. e. S., vom gleichzeit. ↗ Heldenepos in Stoff, Form und Sprache deutl. geschieden. Auftraggeber und Mäzene sind Fürsten, häufig auch adlige Damen, Publikum ist die Gesellschaft der Für-stenhöfe; die (anders als beim Heldenepos) meist namentl. bekannten Verfasser gehören in der Regel zu den Ministerialen. Gegenstand des h. R. ist die als Vorbild und Legitimation der Feudalgesellschaft gedachte Darstellung eines idealen Rittertums, Hauptfigur ist der nicht so sehr kriegerische als sentimentale höf. Ritter, der sich meist im Dienste seiner Minne-dame auf Turnieren und in Zweikämpfen mit Rittern und Fabelwesen auszeichnet (↗ *Aven-tiure*), gesellschaftl. Ansehen erringt und sei-nen Platz in der höf. Welt und vor Gott zu be-stimmen lernt. Die Romane bestehen aus oft nur lose verbundenen Episoden, deren Sinn aus ihrem programmat. Zusammenhang her-vorgeht; häufig sind sie zu einem ›doppelten Cursus‹ zweier Abenteuerreihen geordnet, wobei in der ersten der Held auf Grund eines Fehlverhaltens oder einer Schuld scheitert, in der zweiten sich dann bewährt. Die zweite steht damit zur ersten im Verhältnis von Be-währung und Anspruch oder Erkenntnis und Irrtum. Der auktoriale Erzähler des h. R. arti-kuliert sich in Exkursen, Reflexionen und di-rekten Anreden sowohl an seine Gestalten als auch an die Hörer. Der stark idealisierenden Darstellung des ritterl. Lebens korrespondiert eine stilisierte, von derben Wendungen gerei-nigte Sprache. Für die metr. Form des zum Vortrag bestimmten h. R. ist der gleichmäßig fließende Reimpaarvers verbindl. (in Frank-reich als Achtsilbler, in Deutschland als Vier-heber), nur ausnahmsweise findet sich die für die Heldenepik charakterist. Strophe. Prosa kommt erst mit den für ein lesendes Publikum geschriebenen chroniknahen Romanzyklen auf. Die *Geschichte des h.R.* beginnt in der Mitte des 12. Jh.s *in Frankreich* mit der Adaptierung antiker Stoffe (Alexander-, Theben-, Aeneas- und Trojaromane). Seine klass. Form erhält er zwischen 1160 und 1190 in den Werken Chrétiens von Troyes, der aus der kelt.-breton. *matière de Bretagne* den Artusroman entwickelt (»Erec«, »Cligès«, »Lancelot«, »Yvain«, ↗ Artusdichtung). In der Gralsthematik seines unvollendeten »Perceval« zeigt sich bereits die Tendenz, die offenbaren Widersprüche zwischen Ideal und Wirklichkeit der höf.-ritterl. Welt durch metaphys.-eschatolog. Sinngebung aufzuheben. Das geschieht dann konsequent in den heilsgeschichtl. konzipierten großen Prosaromanzyklen, welche die Bewährung des Ritters durch seine Erlösung ersetzen (Lancelot-Gral-Zyklus). *Der deutsche h.R.* schließt sich an frz. Vorbilder an. Als sein Begründer gilt trotz einiger möglicherweise älterer Versuche (»Graf Rudolf«, »Straßburger Alexander«, Eilharts »Tristrant«) schon den Zeitgenossen Heinrich von Veldeke, der um 1170 mit der Bearbeitung des »Roman d'Eneas« begann. Die Rezeption Chrétiens durch Hartmann von Aue (»Erec«, »Iwein«; vor 1200) und Wolfram von Eschenbach (»Parzival«, nach 1200) bedeutet zusammen mit dem »Tristan« Gottfrieds von Straßburg (um 1210) den Höhepunkt der ep. Dichtung des deutschen MA.s. Neue Stoffbereiche erschließen Hartmanns Legendendichtungen (»Gregorius«, »Der arme Heinrich«) und Wolframs »Willehalm« (vor 1220, nach einer ↗ chanson de geste). Neben sie treten weniger anspruchsvolle Erzählwerke, die durch Häufung und Verschachtelung von Abenteuer- und Minnehandlungen unterhalten wollen: »Lanzelet« von Ulrich von Zatzikhoven (vor 1200), »Wigalois« von Wirnt von Grafenberg. Kaum Resonanz fanden die afrz. Prosaromane (außer dem Prosa-Lancelot, Mitte 13. Jh.). Stattdessen entstand eine kaum überschaubare Fülle kompilierender Versepen, welche (nun z.T. auch ohne afrz. Vorbild) einzelne Helden des Artushofs durch immer wunderbarere Abenteuer führen (so die Romane Strickers und Pleiers, 1250/80), Zyklen bilden (um 1230: »Der aventiure crône« von Heinrich von

dem Türlin; nach 1250: »Der Jüngere Titurel« von Albrecht [von Scharfenberg?]) oder ältere Werke fortsetzen, so »Willehalm«(von Ulrich von Türheim), »Tristan« (von dems. und später Heinrich von Freiberg) und erweitern: »Willehalm« (von Ulrich v. d. Türlin), »Parzival« (von Wisse und Colin). Eine eigenständ. Fortentwicklung des h.R. im Sinne einer ›Fürstenlehre‹ gelang Mitte des 13. Jh.s Rudolf von Ems (»Der gute Gerhard«; »Barlaam«; »Willehalm von Orlens«; »Alexander«; »Weltchronik«). Sein Nachfolger Konrad von Würzburg († 1287) ist in seinen großen Epen eher restaurativ (»Engelhard«, »Partonopier«, »Trojanerkrieg«), erschließt der höf. Erzählkunst aber novellenartige Formen, deren literar. Bedeutung die des h.R. nun bald übertrifft (↗ Märe). Eine Wiederbelebung unternahm in der 2. Hälfte des 15. Jh.s Ulrich Füetrer, dessen »Buch der Abenteuer« den gesamten Stoffkreis zu einem historisierenden Großepos zusammenband. Der frühnhd. Prosaroman, der den h.R. dann ablöst, lebt aus anderen Quellen und aus anderem Geist.   HSt

Höfisches ↗ Epos, 1. Oberbegriff für die erzählenden Großformen der ↗ höf. Dichtung: umfasst den ↗ höf. Roman und die in höf. Gewand gekleidete (›höfisierte‹) Heldenepik des Hoch-MA.s, auch die romanhafte höf. Legende.
2. auch Synonym für ↗ höfischen Roman. HSt

Hoftheater, entstand als Theaterbau und Institution seit Renaissance und Barock an den europ. Fürstenhöfen zur Pflege v.a. der ital. Oper, des frz. Balletts und der frz. Komödie. Gespielt wurde sporad. von reisenden Schauspielertruppen und nur für die Hofgesellschaft. – Mitte des 18. Jh.s führt die Idee eines ↗ Nationaltheaters (in Deutschland J.E. Schlegel und v.a. G.E. Lessing) zu einer Strukturwandlung: Das (weiterhin finanziell vom Hof getragene) H. wird zu einer auch bürgerl. Publikum offenstehenden ständigen Einrichtung, die polit. (im Sinne eines aufgeklärten Absolutismus) und kulturell (zur Besserung von Geschmack und Sitten) wirken soll. Es spielen unter einem vom Hof bestallten Direktor fest engagierte (und damit sozial einigermaßen sichergestellte) Schauspieler; das Repertoire ist deutschsprachig, wird aber nach wie vor vom Hofe zensiert. Das früheste H. diesen Stils entstand in Gotha 1775 unter der Leitung des Schauspielers K. Ekhof; weitere theatergeschichtl. bedeutende H. sind das Burgtheater Wien (seit 1776, Theaterreform Josefs II.; berühmte Direktoren: J. Schreyvogel, H. Laube, F. v. Dingelstedt), das vom Münchner Hof subventionierte »Nationaltheater« Mannheim (seit 1777 unter H. v. Dalberg; Uraufführungen der Frühwerke Schillers), das H. Weimar (seit 1784 bestimmender Einfluss Goethes, der 1791–1817 auch Direktor war) und das H. der ↗ Meininger (historisierender Inszenierungsstil). – Ende des 19. Jh.s verringerte sich die Bedeutung vieler H. durch die Konkurrenz der nicht durch höf. Zensur beengten Stadt- und Privattheater, die zum Forum progressiver Strömungen wurden (bes. in Berlin). 1918 wurden die H. in Staats-, Stadt- oder Landestheater umgewandelt.

IS

Hofzucht, mhd., meist paarig gereimte, didakt. Versdichtung, die Tugend-, Anstands- und allgemeine Verhaltensregeln für höf. Leben zu begründen, normieren und zu vermitteln sucht. Bereits in die höf. Dichtung der Stauferzeit wurden belehrende Passagen und Tugendkataloge einbezogen; außerhalb der Erzähldichtung finden sich H.en erstmals im 1. Buch des »Welschen Gast« Thomasins von Zerklaere (1215/16) und als selbständ. Werk im »Winsbecke« (1210/20, stroph. Form). Mit wachsendem Verlust des höf. Selbstverständnisses gewinnt die H. als isolierte didakt. Gattung der Kleinepik an Bedeutung und Verbreitung. Auf die unter Tannhäusers Namen überlieferte *hofzuht* (eigentl. eine ↗ Tischzucht, vgl. auch sein Gedicht XII,5, Ed. Siebert) aus der Mitte des 13. Jh.s folgen bis zur Mitte des 15. Jh.s viele H.en, die nicht nur Anstandsnormen aufstellen, sondern zugleich allgemeine Zeit- und Kulturkritik üben. Satir. und parodist. Formen werden wirksam, bis schließl. die Gattung der H. einerseits den grobian. Tischzuchten, andererseits von den

humanist. Erziehungswerken des 16. Jh.s (Erasmus von Rotterdam, Otto Brunfels, Sebaldus Heyen u. a.) abgelöst wird.   HW

Hokku, ↗ Haiku, Haikai.

Homeriden, m. Pl., im engeren Sinne Bez. für die Angehörigen der auf verwandtschaftl. Grundlage gebildeten Rhapsodengilde auf Chios, die ihr Geschlecht auf den (nach ihrer Überlieferung aus Chios gebürtigen) Homer zurückführte; im weiteren Sinne solche ↗ Rhapsoden, die auf den Vortrag (und die Erläuterung und Verbreitung) der homer. Gedichte spezialisiert waren.   HD

Homogramme, auch: Homographe, n. [aus gr. homos = gleich, graphein = schreiben], Wörter, die bei gleichem Schriftbild verschiedene Aussprache (Betonung) und Bedeutung haben, z. B. Legende – legende (Part. präs.), modern – modern, rasten – sie rasten (3.Pl. Prät. zu rasen); dagegen: ↗ Homonyme. IS

Homoiarkton, n. [gr. = gleich beginnend], in Analogie zu ↗ Homoioteleuton gebildete Bez. für eine ↗ rhetor. (Klang-)Figur, die gleichklingenden Anfang aufeinanderfolgender Wörter oder Wortgruppen aufweist, z. B. per aspera ad astra (vgl. ↗ Paromoion, ↗ Alliteration, (Homoioprophoron), ↗ Anapher.   HD

Homoioprophoron, n. [gr. Gleiches vorn tragend], antike Bez. der ↗ Alliteration; galt bei gehäufter Folge meist als Stilfehler. ED

Homoioptoton, n. [gr. = gleicher Kasus], ↗ rhetor. (Klang-)Figur: Wiederholung gleicher Kasusendungen in einer Wortfolge, z. B. Maerentes, flentes, lacrimantes, commiserantes (Ennius); Sonderfall des ↗ Homoioteleuton. ED

Homoioteleuton, n. [gr. = gleich endend], ↗ rhetor. (Klang-)figur, gleichklingender Ausgang aufeinanderfolgender Wörter oder Wortgruppen, z. B. nolens volens, wie gewonnen, so zerronnen. In der nachantiken Dichtung als verskonstituierendes Mittel (↗ Reim) verwendet; vgl. als Sonderform ↗ Homoioptoton.

HD

Homonyme, n. [aus gr. homos = gleich, onoma = Name], gleichklingende Wörter mit verschiedener Bedeutung. Man unterscheidet a) erst durch die Lautentwicklung gleichlautend gewordene etymolog. (und deshalb oft auch orthograph.) verschiedene Wörter, z. B. Reif (aus mhd. rîfe) = Niederschlag und Reif (aus mhd. reif) = Ring; lehren u. leeren, frz. haut (hoch) und eau (Wasser), diese orthograph. verschiedenen H. werden auch als *Homophone* bez. – b) H. durch metaphor. Verwendung, z. B. Hahn (Tier) und (Zapf-)Hahn. – Auf dem Gebrauch von H.n beruhen verschiedene Formen des Wortspiels (↗ Witz, ↗ Calembourg), vgl. auch ↗ Ambiguität. HD

Hörbericht, Sendeform, die teils in Ablösung des ↗ Hörbildes, teils als spezif. Form der »erlebnisgeladenen ↗ Hörfolge« bes. im nationalsozialist. Rundfunk gepflegt wurde; sollte – u. a. durch schnellen Standortwechsel des Reporters »im Raum und in der Zeit« – den Hörer »in stärkstem Maße« aktivieren. Als exemplar. kann der H. vom Fackelzug in Berlin am 30. Jan. 1933 (Reporter W. Beyl) gelten. D

Hörbild, zunächst auch: akust. Film; Bez. A. Brauns für eine Sendeform (seit 1925), welche Musik, Gedichte oder kurze Szenen mit charakterisierenden Geräuschen verband, um ein akust. Bild eines begrenzten Themas, einer begrenzten Situation wirkungsvoll darzustellen (R. Kolb: »Hörplastik«, »Hörrelief«), später oft gleichbedeutend mit ↗ Hörfolge, ↗ Hörbericht verwendet. – Das H. kennt (nach Kolb) zwar keine »Entwicklung der Handlung aus den Charakteren«, habe aber »einen inneren Zusammenhang, da es das Schicksal des Menschen oder einer Gruppe von Menschen zum Mittelpunkt hat«. Das H. wurde als Sendeform später durch den sog. Aufriss abgelöst. Die Grenzen zwischen H. und Hörbericht sind nicht zuletzt wegen der Affinität des H.s zur ↗ Reportage fließend. Nach 1945 wird H. weitgehend unter ↗ Feature subsumiert. D

Hörfolge, eine dem ↗ Hörbild ähnl. Sendeform, schon früh ausgebildet und definiert als eine »Sendeeinheit, die sich aus einer Reihe koordinierter Teile zusammensetzt«. Dabei kann »eine dramat. Szene ... neben einem ep. Bericht stehen, ein Lehrgespräch ... auf eine lyr. Impression folgen, eine musikal. Einlage ... in milieugebundene Geräusche eingebettet« sein, vorausgesetzt, dass »diese Teile durch ein sie alle umspannendes und ihre Sinngebung bestimmendes Thema gebunden und gebändigt werden« (F. Nothard). Bei der Fülle dessen, was man unter H. subsumierte, unterschied man zwischen »sacherfüllten« und »erlebnisgeladenen« (Nothard), zwischen »linearen« und »konzentrischen H.n« (G. Eckert). Als symptomat. H.n gelten F. W. Bischoffs »Hallo, hier Welle Erdball« (1928), J. F. Engels/F. W. Bischoffs »Menschheitsdämmerung« (1930), E. Kästners/E. Nicks »Leben in dieser Zeit« (1930), welches zugleich als Sonderform der ↗ Rundfunkkantate gilt. Seit 1945 ist die Bez. H. weitgehend durch ↗ Feature abgelöst. D

Horrorliteratur, ['hɔrə, engl. horror = Entsetzen, Schauder, Greuel], Sammelbez. für literar. Werke aller Gattungen, die mit bestimmten Wirkungsabsichten Unheimliches, grässl. Verbrechen und andere Entsetzen oder Abscheu erregende Taten, Ereignisse oder Zustände gestalten, meist gebraucht für die selbstzweckhaft die Sensationslust ihrer Konsumenten befriedigende ↗ Schundliteratur (sog. Horror-↗ Comics, brutale Abenteuer-, Kriegs-, Kriminalromane, ↗ Fantasy, Science fiction u. a. in Heftserien oder als [Fortsetzungs-] Reportagen der Sensationspresse). – Als H. bez. werden aber auch Werke mit sog. Schwarzen Humor (Gedichte G. Kreislers), soziograph. Dokumentationen (Polizeigeschichten E. Dronkes), gesellschaftskrit. Werke (von E. T. A. Hoffmann bis P. Weiss) oder Seelenanalysen und künstler. Psychogramme (de Sade, J. Genet, F. Arrabal). Dem modernen intellektuellen, iron.-distanzierten Interesse an H. tragen einzelne Verlage durch bes. H.-Reihen Rechnung (z. B. Hansers »Bibliotheca Dracula« u. a.). IS

Hörspiel, auch: Funkspiel, Funkdrama, Hördrama, Sendespiel; Sammelbez. (zuerst bei H. S. von Heister, 1924) für ein – nach der bisher am wenigsten umstrittenen Definition – »original für den Hörfunk abgefasstes, in sich geschlossenes und in einer einmaligen Sendung von in der Regel 30–90 Minuten Dauer aufgeführtes, überwiegend sprachl. Werk, das beim Publikum eine der Kunst spezifische Wirkung hervorzubringen versucht und das in keinem anderen Medium ohne entscheidende Strukturveränderungen existieren kann« (A. P. Frank). Neben dem Wort werden v. a. Geräusch und Musik eingesetzt, ferner techn. Hilfsmittel wie Blende, Schnitt, Montage und die akust. »Illusions-Möglichkeiten« (U. Lauterbach), die ein Studio zulässt. Kunstverständnis des Dramaturgen bzw. Redakteurs und Kunsterwartung des Publikums spielen eine ebenso einflussreiche Rolle wie die Plazierung im Programm. Als *H.e* gelten neben dem eigentl., literar. ambitionierten H. auch Adaptionen klass. Literatur (Drama, aber auch Prosa), Spiele für den Schul- oder Kinderfunk, die sog. soap opera des Werbefunks, Dialekt-, Kriminal- oder Science-Fiction-H.e, die zumeist feste Sendetermine einnehmen. Als Regel gilt:»Je spezieller das H., desto entlegener sein Platz im Programm« (Kamps). Poetolog. wird das H. als eigenständige, durch das Medium Rundfunk entstandene und an den Rundfunk gebundene Literaturgattung aufgefasst und gegen die Funkbearbeitung, die ↗ Funkerzählung, das Fortsetzungshörwerk und das ↗ Feature abgesetzt. Wie das Feature zeichnet sich auch das H. durch seine offen gehaltene Form aus, was seine Vielfalt, die zahlreichen, oft an einzelne H.-dramaturgien gebundene H.konzeptionen ebenso erleichterte, wie es jeden Typologisierungsversuch erschwert. *Geschichte des H.s:* Sie ist die Geschichte immer wieder ansetzender, theoret. verteidigter und in Frage gestellter Versuche, dem neuen Medium spezif. Spielmöglichkeiten und -formen zu gewinnen. Sie ist zugleich die Geschichte der Versuche, auf diese Spielmöglichkeiten und -formen Einfluss zu nehmen, sie den unterschiedlichsten gesellschaftl. Haltungen und Programmen nutzbar zu machen, sie sogar zu unterdrücken. Sieht man von einigen früheren Versuchen ab, ist das Jahr 1924 das eigentl. Geburtsjahr des H.s: Mit Richard Hughes' »Danger«, G. Germinets und P. Cusys »Maremoto« und H. Fleschs »Zauberei auf dem Sender« werden in London, Paris und Frankfurt/Main H.e gesendet, die auch im Druck erhalten sind. In den ersten Jahren überwiegen Sendungen mit adaptierter Dramenliteratur, wobei sehr früh bereits größere Zyklen zusammengefasst wurden (die Dramatiker des 19. Jh.s; das dt. Lustspiel bis Lessing; das Volksstück; die griech. Tragödie; das dt. Schäferspiel in Wort und Musik u. a.). Damit übernahm der Rundfunk von Anfang an eine unbestritten wichtige Rolle der Kulturvermittlung. *Die Entwicklung des eigenständigen H.s* erfolgte zögernder: Für eine *erste Phase* (1924/25) ist typisch die Darstellung fingierter oder echter Katastrophen (Bergwerkeinsturz; Schiffsuntergang; Zugunglück), aber auch irrealen Geschehens (»Spuk« von R. Gunold nach E. T. A. Hoffmann), die den Hörer zum zufälligen Ohrenzeugen einer Sensation machen. Eine *zweite Phase* (1926–1928) diente v. a. der konsequenten Erprobung der medialen Möglichkeiten. Typ. dafür waren die in Anlehnung an den techn. weiter entwickelten Film produzierten »akust. Filme« (↗ Hörbild), die »in schnellster Folge traummäßig bunt und schnell vorübergleitender und springender Bilder, in Verkürzungen, in Überschneidungen, mit Aufblendungen, Ab- und Überblendungen bewußt die Technik des Films auf den Funk« übertrugen (A. Braun). In extremen Beispielen verzichtete man dabei auf das Wort als Bedeutungsträger und beschränkte sich auf akust. Signale (u. a. W. Ruttmann). Pioniere dieser Versuche waren F. Bischoff, H. Bodenstedt und v. a. A. Braun in Berlin. Die Jahre 1929–1932 bilden gleichsam *einen ersten Höhepunkt* der H.geschichte, mit H.en von B. Brecht, J. R. Becher, Benjamin, A. Döblin, H. Eich, F. Gasbarra, E. Johannsen, E. Kaestner, H. Kasack, H. Kesser, E. Kyser, E. Reinacher, E. Schäfer, K. Schirokauer, F. Wolf u. a. Gleichzeitig entstehen die ersten bedeutenden *Hörspieltheorien.* B. Brecht (»Radiotheorie 1927 bis 1932«), A. Döblin

(»Literatur und Rundfunk«), R. Kolb (»Das Horoskop des Hörspiels«) und H. Pongs (»Das Hörspiel«). Das H.angebot reicht *formal* von der lyr. Montage (A. Schirokauer), dem literar. ambitionierten Hörspiel (E. Reinacher; F. v. Hoerschelmann) bis zu featureähnlichen Formen wie Aufriss, ↗Hörbericht, ↗Hörbild, ↗Hörfolge, *ideologisch* vom völk.-nationalen Beitrag (W. Brockmeier, E. W. Möller) über das linksbürgerliche, bürgerl.-humanist. Zeit-H. (A. Döblin, H. Kasack, H. Kesser u. a.) zu einem sozialist. H. (J. R. Becher, B. Brecht, W. Benjamin, E. Ottwalt, G. W. Pijet u. a.). Das nationalsozialist. H. (Brockmeier, A. Bronnen, K. Eggers, R. Euringer, P. Hagen, K. Heynicke, E. W. Moeller, O. H. Jahn, H. Johst, J. Nierentz, W. Plücker u. a.) war durch H.e mit völk.-nationaler Tendenz ebenso vorbereitet wie durch die ›Entdeckung‹ des »Volksstücks« durch Bischoff und den Theoretiker R. Kolb. Die jetzt v. a. in der »Stunde der Nation« plazierten H.e sollten »Gemeinschaftserlebnis« vermitteln, wurden als »völk. Willensausdruck« verstanden. Bei häufig chor. Grundstruktur waren die Grenzen zum sog. Thingspiel (s. ↗Freilichttheater) fließend. Hörfolge und Hörbericht (W. Bley) waren bevorzugte Spielformen, bis das H. nach 1939 fast völlig aus den Programmen verschwand. – *Nach 1945* ging das H. in Ost- und Westdeutschland verschiedene Wege. *In der DDR* knüpfte man an das sozialist. H. vor 1933 an. Es dominierte eine spezif. Art des sog. Gegenwarts-H.s, das in einer zweiten Entwicklungsphase 1950–1957/8 »Anschluß an die Gesamtleistungen der sozialistischen Nationalliteratur« fand und nach 1958/9 in einer dritten Phase »zum fest integrierten Bestandteil der sozialistischen Nationalliteratur« wurde (P. Gugisch), wichtige Autoren: M. Bieler (bis 1967), W. Bräunig, H. Girra, J. Goll, R. Kirsch, A. Müller, G. Rentsch, G. Rücker, R. Schneider, W. K. Schweickert, B. Seeger, D. Waldmann u. a. – Das *H. der Bundesrepublik*, das in den 50er Jahren wesentlich von der sog. Hamburger Dramaturgie bestimmt war, knüpfte, nach einer kurzen Feature-Phase unter angelsächs. Einfluss, gleichsam am Kolbschen »Horoskop des Hörspiels« wieder an. Als programmat. gelten G. Eichs »Träume« (1951). Zahlreiche namhafte Autoren tragen zu diesem gelegentl. als »Hörspiel der Innerlichkeit« kritisierten, wesentlich literar.-ästhetisch orientierten H. bei: L. Ahlsen, I. Aichinger, I. Bachmann, H. Böll, F. Dürrenmatt, M. Frisch, R. Hey, W. Hildesheimer, P. Hirche, K. Hubalek, H. Huber, W. Jens, M. L. Kaschnitz, O. H. Kühner, S. Lenz, B. Meyer-Wehlack, H. Mönnich, G. Oelschlegel, M. Walser, D. Wellershoff, E. Wickert, H. O. Wuttig, und von den Autoren, die schon vor 1933 H.e geschrieben haben, J. M. Bauer, F. Gasbarra, F. v. Hoerschelmann, W. E. Schäfer, W. Weyrauch. Dieses »H. der Innerlichkeit« geriet Anfang der 60er Jahre zusehends in die Krise. Gleichzeitig rückten H.-Ursendungen von Autoren des ↗nouveau roman in den Blickpunkt (M. Butor, C. Ollier, R. Pinget, N. Saurrate, J. Thibaudeau, M. Wittig). Es setzte sich eine Gruppe von Autoren – auch unter dem Einfluss der Stereophonie – durch, meist unter dem Stichwort »neues Hörspiel« subsumiert werden; J. Becker, P. O. Chotjewitz, R. Döhl, B. Frischmuth, P. Handke, L. Harig, E. Jandl, M. Kagel, F. Kriwet, F. Mayröcker, H. Noever, P. Pörtner, G. Rühm, R. Wolf, W. Wondratschek u. a. – Sprachspiel, Hörcollage, das akust. Spiel an der Grenze zur Musik werden zu neuerprobten Spielformen und -typen, die Anfang der 70er Jahre durch Einsatz des O-Tons und eine zunehmende gesellschafts- bzw. sozialkrit. Konkretisierung des Themenkatalogs noch früh genug vor experimentellem Leerlauf und einer neuerlichen »Reise nach Innen« bewahrt wurden. Neben D. Kühn, I. v. Kieseritzky, Y. Karsunke, M. Scharang, H. Wiedfeld, G. Wallraff, P. Wühr u. a. beliefern auch die meisten Autoren der 60er Jahre weiterhin den Rundfunk, zudem werden H.e der 50er Jahre wiederholt, so dass sich bei beweglich gewordener Dramaturgie wiederum ein ausgesprochen pluralist. H.angebot ergibt.   **D**

Hosenrolle, Verkörperung einer theatral. Männerrolle durch eine Schauspielerin oder Sängerin. Bis zum Ende des 16. Jh.s wurden Theaterstücke ausschließl. von männl. Akteuren gespielt. Als dann Schauspielerinnen hinzugezogen wurden, nutzte man diese Neuerung, zumal in den Verwechslungs- und Verkleidungskomödien, bes. in Frankreich, Spanien und Italien, zur Geschlechtsmaskierung. Die H. ist zunächst ein Mittel der Situationskomik und des *Rollentauschs*, der vom Publikum stets durchschaut werden kann. Als dramaturg. Mittel der *Rollen-Verfremdung* setzt Brecht die H. im »Guten Menschen von Sezuan« (Shen Te/Shui Ta) ein. – Berühmte H.n sind die Viola in Shakespeares »Was ihr wollt«, Donna Juana in Tirso de Molinas »Don Gil von den grünen Hosen«; in der Oper der Cherubino in Mozarts »Figaros Hochzeit«, Beethovens »Fidelio« oder der Oktavian im »Rosenkavalier« von R. Strauß/Hofmannsthal. Ehemal. Kastratenrollen werden heute, damit die originale Stimmlage beibehalten werden kann, von Sängerinnen übernommen, wodurch ursprüngl. nicht beabsichtigte H.n entstehen (Gluck: »Orpheus«). HW

Hrynhent, n., auch: hrynhendr háttr, m. [altnord. zu hrynja = fließen, háttr = Art u. Weise, Maß], Strophenmaß der ⁊ Skaldendichtung aus acht 4-heb., in der Regel 8-silb. Versen mit fester Kadenz und ›trochäischem‹ Gang; Strophengliederung, Anordnung der Stabreime und Hendingar (⁊ Hending) entsprechen denen des ⁊ Dróttkvætt; die H.-zeile wird daher als erweiterte Dróttkvætt-Zeile, aber auch als Nachbildung kirchenlat. Muster aufgefasst. Es begegnet zuerst im 11. Jh. bei Arnórr Jarlaskáld (»Magnúsdrápa«, um 1040) und war bes. beliebt in der geistl. Skaldik des späteren MA.s. Bedeutendste H.-Dichtung ist die »Lilja« (»Die Lilie«) des Eysteinn Asgrímsson (14. Jh.), eine 100 H.-Strophen umfassende ⁊ Drápa auf die Jungfrau Maria; nach diesem Gedicht wird das H. gelegentl. auch als *Liljulag* (Weise des Gedichtes »Lilja«) bez. K

Huitain, m. [ɥiˈtɛ̃; frz. = Achtzeiler], in der frz. Verslehre Strophe oder Gedicht aus 8 gleichgebauten Zeilen, meist Achtsilbern, seltener Zehnsilbern; gängigstes Reimschema: ababbcbc; begegnet v. a. in der frz. Dichtung des 16. bis 18. Jh.s; auf Grund seiner satir. bzw. epigrammat. Inhalte tritt er als Form zeitweise mit dem ⁊ Sonett in Konkurrenz, so etwa bei M. Scève (16. Jh.) in der Zeit vor der Pléiade. K

Humaniora, f. Pl. [neulat. Bildung: Komparativ n. Pl. zu lat. humanus = menschlich; vgl. ›Humanist‹], eigentl. *H.studia*: wohl im 16. Jh. (Humanismus) gebildete Bez. für das Studium und die Kenntnis des klass. Altertums, insbes. der antiken Sprachen und Literaturen (daneben bestand die klass. lat. Bez. nach Cicero: *studia humanitatis*). Die seit dem 17. Jh. vordringende Verkürzung zu ›H.‹ bezeichnet auch die (alt)philolog. Lehr- und Prüfungsfächer. IS

Humanismus, m. [zu lat. humanus = menschlich, gebildet; als Fremdwort im Dt. erstmals im 18. Jh. belegt]. Epochenbez.: erste gesamteurop. weltl. Bildungsbewegung zwischen Mittelalter und Neuzeit (14.–16. Jh.), erwachsen aus der Wiederentdeckung, Pflege und Nachahmung der klass. lat. und griech. Sprache und Literatur. Ideal und Leitfigur ist der *vir humanus et doctissimus* (it. *umanista),* der Vertreter einer an der Antike geschulten Geistigkeit und Weltsicht, der sich den *studia humanitatis* widmet (im Ggs. zu den mittelalterl. *studia divina*). – Als vorwiegend lat.-sprachl., im bes. philolog.-philosoph. geprägte Bildungsrichtung entfaltet sich der H. v. a. in den europ. Gelehrtenzirkeln – international ausgerichtet durch den Gebrauch des Latein als Verkehrs- und Literatursprache, durch ausgedehnte Briefwechsel und eine erstaunliche Mobilität untereinander verbunden. Der H. ist Teil der weiter gespannten, auch bildkünstlerische, architekton., (natur-) wissenschaftl., d. h. alle kulturellen Bereiche umfassenden ⁊ Renaissance. Durch den Bezug auf die antike Literatur und Philosophie (Platon, Aristoteles) und eine prinzipielle Infragestellung der bisherigen geist. Traditionen wurde der in seiner Quellenorientierung zwar *rückwärts-gewandte* H. Grundlage und Wegweiser für die Gesamtepoche prägende Ausbildung neuzeitl. *zukunftsweisender,* diesseitig orientierter Denk- und Lebensformen, neuer ästhet. Modelle und eines sich der Sinnenwelt öffnenden, selbstgewissen Menschentypus. – Zentren des H. wurden Städte mit einem selbstbewussten, gelehrten Bestrebungen gegenüber aufgeschlossenen Patriziertum und kulturell interessierte weltl. und geistl. Höfe, erst danach die eher konservativen Universitäten.

Die *Frühphase* des H. widmete sich v.a. drei Tätigkeitsfeldern: 1. der Erschließung der antiken Literatur (Textkritik, Editionen, Kommentierung), 2. deren Übersetzung und 3. der Chronistik, für welche die an den antiken Texten entwickelte Quellenkritik fruchtbar gemacht wurde. Bedeutung gewann für diese Bemühungen die neue techn. Erfindung des ↗ Buchdrucks; insbes. die Offizinen in Venedig (um 1500 bereits etwa 150 Druckereien). Berühmt wurden Aldo Manutius (erster Verleger antiker Klassiker) und Nikolaus Jenson (Entwicklung einer eigenen Schrifttype im Anschluss an die karoling. Minuskel, der sog. Humanistenschrift oder Antiqua). – Weiteres Ziel ist die Ausbildung eines klass. lat. Stils, der das schwerfällige mittelalterl. Latein ablösen soll. Stilmuster werden die Werke Ciceros. Der Titel der Schrift Lorenzo Vallas,»Elegantiarum linguae latinae« (zw. 1435–1444) signalisiert diese neuen Interessen; das Vorwort kann geradezu als Manifest des H. verstanden werden. – Ab etwa 1400 und bes. nach der Eroberung von Byzanz durch die Türken (1454) kommt durch den Einfluss (z. T. vertriebener) griech. Gelehrter (G. G. Plethon, 1355–1451, Bessarion, 1403–1472) die griech. Antike zunehmend stärker ins Blickfeld.

In der *Hochphase* treten neben die genannten drei Tätigkeitsbereiche eine eigenständige ↗ neulat. Dichtung und Versuche, sich auch in den Volkssprachen dem neuen Stilideal anzunähern, ferner Auseinandersetzungen mit den starren scholast. Traditionen und verhärteten Dogmatismen und der Kampf gegen Aberglauben.

Der H. setzte Mitte 14. Jh.s in *Italien* ein. Seine Anfänge werden repräsentiert durch die lat. Werke von F. Petrarca (1307–74) und G. Boccaccio (1313–75; beide wurden allerdings später v. a. durch ihre volkssprachl. Werke,»Canzoniere« und »Decamerone«, berühmt). Ihre gemeinsame Übersetzung Homers ins Italienische (1336) markiert den Beginn eines speziellen italien. H. – Führend wird Florenz, wohin schon 1397 der Grieche M. Chrysoloras

als Lehrer durch C. Salutati, einen Schüler Petracas und bedeutenden Stilisten, berufen worden war. Um Cosimo und Lorenzo de' Medici als Mäzene scharten sich Gelehrte und Sammler wie L. Bruni, C. Marsuppini, N. Niccoli, G. F. Poggio-Bracciolini (Verfasser von ↗ Fazetien) u. a. In Florenz entstand auch die erste nach antikem Vorbild eingerichtete ↗ Akademie (Academia Platonica, 1459), ein Zentrum der Platon-Renaissance (Neuplatonismus) mit A. Poliziano, C. Landino, G. Pico della Mirandola, M. Ficino, F. Filelfo u. a. Daneben entstanden für die Sammlungen antiker Hss. die ersten großen ↗ Bibliotheken (Marciana, Laurenziana Medicea); weitere folgten in Rom (Vaticana), Urbino, Venedig u. a. Städten. – Ein typ. Vertreter des ital. H. des 16. Jh.s war Pietro Bembo (1470–1547), der in Urbino, Rom, Padua und Venedig wirkte, als Literaturtheoretiker und Dichter ein bedeutender Wegbereiter für eine nach humanist. Stilidealen sich entwickelnde volkssprachl. Literatur (»Prose della volgar lingua«, 1525; durch den Sammelbd.»Rime«, 1530, einer der Hauptvertreter des ↗ Petrarkismus).

Nach *Deutschland* wurde der H. v. a. durch Petrarca und Cola di Rienzi vermittelt, mit denen der Bischof und zeitweilige Kanzler am Hofe Karls IV. in *Prag*, Johannes von Neumarkt, briefl. und persönl. Beziehungen stand. Angeregt durch deren Briefstil entwickelte sich im Umkreis der Prager Kanzlei ein neues Stilideal der ↗ Elegantia, deren Regeln Neumarkt in ↗ Formelbüchern niederlegte. Ein erstes aus diesen Bestrebungen erwachsenes dt.-sprach. Werk ist das Streitgespräch »Der Ackermann aus Böhmen« (1401) des Magisters Johann von Tepl, eines Schülers Neumarkts. In ihm artikuliert sich das neue Selbstwertgefühl der Menschen zwar noch in der mittelalterl. Disputationsform, aber mit Berufungen auf Plato, Aristoteles, Seneca, Boëthius in ausgefeilter ↗ Kunstprosa. – Ein zweites ›kaiserl.‹ humanist. Zentrum neben Prag bildete sich im 15. Jh. in *Wien* unter Kaiser Friedrich III., hier wiederum mitgetragen von it. Humanisten wie Enea Silvio Piccolomini, dem späteren Papst Pius II. (seit 1443 Sekretär der kaiserl. Kanzlei). Richtungweisend wurde seine Rede 1445 an der Wiener Universität, in der er das neue Bildungsideal propagierte. – Den säkularen Anfängen des H. im Osten des Reiches korrespondierte im Westen die *Devotio moderna*, eine religiöse Erneuerungsbewegung in der Nachfolge der hochmittelalterl. ↗ Mystik (begr. von G. Groote, 1340–1388), die sich gegen die traditionelle Kirche wandte. Damit trat im dt. H. neben die charakterist. philolog. Bemühungen (Editionen, Übersetzungen, Abfassung von Regelbüchern, Grammatiken und Poetiken usw.) und die neue Geschichtsschreibung die Auseinandersetzung mit der mittelalterl. Scholastik. Grundsätzl. blieb auch der dt. H. eine Angelegenheit einzelner Gelehrter. Ihre humanist. Grundhaltung dokumentiert sich äußerl. in der Latinisierung (Vadianus – Watt) oder Gräzisierung (Melanchthon – Schwarzerd) ihrer Namen und der Einführung einer beträchtl. Anzahl lat. und griech. Fachtermini in die dt. Sprache. Nach dem Vorbild der italien. Akademien fanden sie sich z. T. in sog. ›Sodalitates litteraria‹, gelehrten Gesellschaften, zusammen. Sie erhielten ihre Ausbildung meist an den humanist. Zentren Italiens und wirkten in Deutschland v. a. in den oberdt. Reichsstädten (gleichzeitig of bedeutende Druckorte). Kennzeichnend für die Mobilität dieser Gelehrten ist etwa der Übersetzer Niklas von Wyle (ca. 1410–1480; »Translazen« von Boccaccio, Poggio, Eneas Silvio Piccolomini u. a.), der in Zürich, Radolfzell, Nürnberg, Esslingen, Mantua, Wiener Neustadt, Stuttgart tätig war. *Nürnberg* wurde v. a. bekannt durch die Historiographen Gregor von Heimburg (gest. 1472) und Hartmann Schedel (1440–1514), dessen reich illustrierte »Weltchronik« (1493, in lat. und dt. Ausgabe) einen der ersten Höhepunkte des dt. H. darstellt, ebenso *Ulm* durch den Arzt und Übersetzer Heinrich Steinhöwel (1412–1482) und den weitgereisten Historiographen Felix Fabri (gest. 1502) oder *Straßburg* durch den Prediger J. Geiler von Kaisersberg (gest. 1510). Auch der vorderösterr. Musenhof der Pfalzgräfin Mechthild von Österreich in Rottweil war im 15. Jh. ein humanist. Zentrum durch die Beziehungen zu bedeutenden humanist. Gelehrten (Steinhöwel, v. Wyle u. a.)

An den Universitäten hielt der H. dagegen nur zögernd Einzug – gegen den erbitterten Widerstand der traditionellen Scholastik. Er wurde dort anfangs nur zeitweilig durch sog. Wanderlehrer vertreten, etwa den Florentiner Publicius Rufus oder den in Italien ausgebildeten Pfälzer Gelehrten Peter Luder (gest. um 1470), der in Heidelberg, Erfurt, Leipzig, Basel und Wien lehrte.

Noch mehr als die Frühphase ist die *Hochphase* des dt. H. durch bestimmte Persönlichkeiten geprägt. Diese stehen zwar wie die Vertreter der Frühphase ganz in der lat. H.tradition, vermitteln aber über die vordringlich philolog. Tätigkeit in lat. Sprache hinaus neue Gelehrsamkeit auch in originären deutschsprach. Werken. Dadurch konnte sich das humanist. Ideengut sowohl räuml.-geographisch als auch thematisch weiter ausbreiten, nunmehr auch an Universitäten wie Tübingen, Heidelberg, Freiburg, Basel, Erfurt u. a. Die jetzt entstehenden Regelbücher zu Sprache, Stil, Metrik, Poetik, Rhetorik und Grammatik befassen sich nicht mehr nur mit der lat., sondern auch mit nationalen Sprachen. Neu sind in der Hochphase, im Gefolge eines erwachenden Individualitäts- und Nationalbewusstseins, die Interessen für Mythologie, nationale Geschichte und Altertumskunde (auch mittelalterl. Chronistik und Literatur) und Versuche eigenständigen poet. Schaffens in lat., aber auch dt. Sprache (s. ↗ neulat. Dichtung, ↗ Humanisten-, ↗ Schuldrama). Bedeutendes humanist. Zentrum blieb *Wien,* insbes. durch den »dt. Erzhumanisten« Konrad Celtis (1459–1508), der während seiner Wanderzeit an zahlreichen dt. Universitäten lehrte (u. a. Heidelberg, Erfurt, Rostock, Leipzig, Padua, Florenz, Rom, Krakau, Breslau, Prag, Ingolstadt, zuletzt als Professor der Beredsamkeit und Dichtkunst in Wien). Er verfasste nicht nur bedeutende philolog. Werke (u. a. die erste humanist. Poetik, »Ars versificandi«, 1486) und eröffnete die Erforschung der dt. nationalen Vergangenheit (Edition der »Germania« des Tacitus oder der Werke der Hrotswith von Gandersheim), er kämpfte auch für die Gleichberechtigung von sog. Profanwissenschaften und Theologie.

Überdies wurde er der erste dt. ↗ poeta laureatus (1487), eine Auszeichnung, die im italien. H. im Anschluss an antike Traditionen wiederbelebt worden war. Wien wurde auch Zentrum der sich entfaltenden Naturwissenschaften (Georg von Peuerbach, Regiomontanus). Zum Wiener Celtiskreis zählen die Historiographen Vadianus (J. von Watt, 1483–1551, führender Wiener Humanist nach Celtis' Tod, poeta laureatus 1514) und der in *Ingolstadt* lehrende Aventinus (J. Turmair, 1477–1534), der mit seiner lat. und dt. verfassten »Bair. Chronik« (1521–33) das erste eigentl. Geschichtswerk in dt. Sprache schuf. Auch in den Reichsstädten blieb der H. lebendig: Insbes. in *Augsburg* durch den Patrizier und Staatsmann K. Peutinger (1465–1547), ein Sammler, Editor (Jordanes, Paulus Diaconus u. a.) und Historiker (»Kaiserbuch«, 1531) von weitreichender Wirkung. Ebenso *Nürnberg* durch die humanist. gebildete Patrizierfamilie Pirckheimer, v. a. durch deren bedeutendsten Repräsentanten, den Ratsherrn, Philologen, Übersetzer und Editor Willibald Pirckheimer (1470–1530), den »dt. Xenophon« und Freund Albrecht Dürers. Zum weiteren humanist. Zentrum wurde *Tübingen*: v. a. durch J. Nauclerus (1472–1510), Begründer der krit. Geschichtsforschung (»Weltchronik«, 1504), H. Bebel (1472–1518), Kosmograph und neulat. Dichter (Fazetien), J. Reuchlin (1455–1522), Begründer der hebr. Sprachwissenschaft und des neulat. ↗ Schuldramas, und durch das zeitweilige Wirken Ph. Melanchthons (1497–1560), des »Praeceptors Germaniae« (Griech. Grammatik, 1518) und wichtigen Parteigängers Luthers. – Ebenso *Heidelberg*: durch den *uomo universale* R. Agricola (gest. 1485), den Hauptvertreter auf dem Gebiete der Logik und Dialektik, J. Trithemius, den bedeutenden Bibliotheksstifter, oder H. von Neuenar (1492–1530), Editor mal. Quellen wie Einhards Karlsleben u. a., – und *Erfurt:* durch den religions-kritischen, aus der Devotio moderna kommenden K. Mutianus Rufus (1471–1526), den neulat. Dichter Eobanus Hessus (1488–1540) oder J. Crotus Rubeanus (1480–1545), einer der Verfasser

der berühmten, gegen die starre Scholastik gerichteten ›Dunkelmännerbriefe‹ (»Epistolae obscurorum virorum«, 1515–17). Bedeutend wurde auch der sog. *oberrhein.* H., lokalisiert zwischen Basel, Freiburg, Schlettstatt und Straßburg, repräsentiert durch J. Wimpheling (1450–1528), M. Ringmann Philesius (1482–1511; erste Übersetzung Caesars, 1507) und Beatus Rhenanus (1485–1547, die stärkste histor.-krit. Begabung des dt. H., reiche Editionstätigkeit, Verfasser der »Rerum Germanicarum«, 1531), ein Schüler und Freund des Erasmus. Als wichtiger Repräsentant des oberrhein. H. wird heute auch der Jurist Sebastian Brant (1457–1521) angesehen; wie bei manchen Humanisten ist auch sein bedeutsamstes Werk, »Das Narrenschiff« (1494), in der Volkssprache geschrieben.

Als singulärer Gipfel des mitteleurop. H. gilt Erasmus von Rotterdam (1466–1536), schon zu seiner Zeit anerkannt als Meister der *bonae litterae*, der eleganten Latinitas, der wissenschaftl. und satir. Kritik. Er wurde nach langen Wanderjahren, auch in England, Frankreich, Italien, in Basel und Freiburg ansässig. Er einigte in sich die beiden Strömungen des dt. H.: die religiöse mit dem Versuch einer Rückkehr zu den Ursprüngen des Christentums (vgl. sein relig. Lebensprogramm im »Enchiridion militis christiani«, 1504, und die Edition eines gereinigten Urtextes des NTs, 1516) und die ästhet.-philologische mit der Pflege der antiken Literatur (Übersetzungen) und durch die Beherrschung der klass. Formensprache (»Adagia«, 1500, »Morias enkomion seu laus stultitiae«, 1511 u. v. a.).

Fast ebenso berühmt, aber auch einen Endpunkt des dt. H. markierend, war der Ritter Ulrich von Hutten (1488–1523), ein erfolgreicher ›Gesinnungshumanist‹ und Dichter, der schließl. die lat. Sprache zugunsten des dt. aufgab (»Gesprächsbüchlein«, 1521), die er im Dienste seiner realpolitischen Ziele in Streitschriften einsetzte, dabei auch die Unvereinbarkeit von humanist. Idealen und Tagespolitik offenbarte.

Der philolog.-ästhet. ausgerichtete H. und die alle Kunst- und Lebensbereiche umfassende Renaissance gehörten in gewissem Sinne zu den Wegbereitern der religiös motivierten, auch weltl. Sozialhoffnungen weckenden Reformation, insofern, als diese Bewegungen alte, erstarrte Traditionen des Mittelalters aufbrachen, ablösten und zu den Quellen des weltl. Abendlandes und des Christentums zurückstrebten. Allerdings schlossen sich nur wenige Humanisten (u. a. Ph. Melanchthon, Hutten) der Reformation an. Der H. schuf den Raum für die neuzeitl. Persönlichkeitsentwicklung (Begriff der Freiheit, der Selbstbestimmung) entscheidend mit. Er endete in Mitteleuropa praktisch in den Polarisierungen der Reformation und Gegenreformation. Beide Strömungen werden repräsentiert durch zwei so gegensätzl. Persönlichkeiten wie den radikal Neues anstrebenden und doch der Weltsicht des Mittelalters verhafteten Martin Luther und den auf eine Synthese von Christentum und Antike bedachten, seine Kräfte aus der Frühzeit des Abendlandes schöpfenden Erasmus. Die humanist. Ideen erwiesen sich indes letztl. als ungeeignet für polit. und relig. Kontroversen; sie wurden von diesen mehr und mehr in die Gelehrtenstuben abgedrängt. In den westeurop. Nachbarländern fasste der H. erst im 16. Jh. so richtig Fuß: In England, vermittelt durch Erasmus, wurde er vertreten von dem Staatsmann Thomas Morus (1478–1535;»Utopia«, 1516) und dem Diplomaten und Dichter Thomas Wyatt (1503–1542); in Frankreich von Michel de Montaigne (1533–1592), dem Begründer einer weltmänn. Laienphilosophie, J. C. Scaliger (1484–1558), u. a. Verfasser einer grundlegenden ↗ Poetik, und P. de Ronsard (1525–1585), der als Haupt der ↗ Pléiade humanist. Ideale in Sprache und Poesie verwirklichte; in den Niederlanden von dem klass. Philologen und Dichter D. Heinsius (1580–1655) und H. Grotius (1583–1645), dem Begründer des modernen Völkerrechts. Im 18. Jh. wurden im sog. Neu-H. oder auch 2. H. die Ideen des H., insbes. das Bildungsideal einer autonomen, sich frei und harmon. entfaltenden, universal gebildeten Persönlichkeit wiederbelebt und v. a. in geschichtsphilosoph., kunsttheoret. (Herder, Winckelmann, W. v. Humboldt) und poet. Werken (Goethe,

»Iphigenie«) propagiert (auch: *Weimarer Humanitätsklassik*). Als 3. H. wird eine philosoph.-pädagog. Bewegung bez., die nach der Krise des Historismus an der Wende zum 20. Jh. ein an antikem (auch polit.) Gedankengut orientiertes Bildungsprogramm anstrebte (W. Jaeger). Im Unterschied dazu wird der *sozialist. H.* (ebenfalls z. T. als 3. H. bez.) als aktives Wirken zum Wohle der Menschen (Kampf gegen Feudalismus oder bürgerl. Bildungsidealismus) verstanden.   S

Humanistendrama, das *lat.* ↗ Drama der (niederl. und dt.) Humanisten des 15. u. 16. Jh.s. Die literaturhistor. Voraussetzung seiner Entstehung ist die Rezeption des röm. Dramas der Antike (Terenz, Plautus; Seneca; Vitruv) u. bes. die Wiederentdeckung des Terenz-Kommentars des Donat durch den Humanisten G. Aurispa in Mainz 1433. Bis dahin waren die Komödien des Terenz nur als unterhaltend-moralisierende Lesedialoge aufgefasst worden. Früheste H.en sind das unter Mitwirkung von J. Pirckheimer, H. Schedel u. a. 1465 an der Universität Padua aufgeführte »Lustspiel dt. Studenten in Padua«, es folgen u. a. J. Wimpheling, »Stylpho« (1480), J. Kerckmeister,»Codrus« (1485), H. Bebel,»Comoedia vel potius dialogus de optimo studio scholasticorum« (1501). Es handelt sich dabei um Prosadialoge *(Gesprächsspiele)*, bei denen der Einfluss der röm. Dramatiker noch gering ist, ledigl. sprachl. Duktus und Dialogführung lassen Terenz und Plautus als Vorbilder erkennen. Diese Stücke sind entstehungsgeschichtl. und durch eine pädagog.-didakt. Zielsetzung an den akadem. Rahmen (Universitäten, Lateinschulen) gebunden und bilden»Schuldramen« im engeren Sinne: immer wiederkehrendes Thema: Rechtfertigung wissenschaftl. Studien und Lob humanist. Bildung. Die Aufführung der Stücke erfolgte im Rahmen des Rhetorik-Unterrichts; die Schüler sollten sich in der gepflegten Konversationssprache der röm. Komödie und im öffentl. Vortrag üben. Die Bindung an den akadem. Bereich verliert aufgrund einer ausgeweiteten Thematik u. anderer Zielsetzung bei den späteren Formen des

H.s an Bedeutung: Gegen *Ende des 15. Jh.s* kommt das Vorbild des röm. Dramas auch formal zum Durchbruch: die Gliederung der Stücke in Akte mit Hilfe eingeschobener Chöre, Szeneneinteilung, Prolog und Epilog; die Dialoge werden in Versen (meist iamb. Trimetern, ↗ Senaren, Hexametern), die Chorlieder in Strophen abgefasst; Tragödie und Komödie werden, der Renaissancepoetik entsprechend, soziolog. unterschieden; die Zwischenform der *Tragicomoedia* oder *Comitragoedia* (mit der versöhnl. Lösung eines trag. Konflikts, ↗ Tragikomödie) wird neu geschaffen. Als Bühne dient die ↗ Terenz- oder »Badezellen«-Bühne. Neben dem röm. Drama gewinnen jetzt auch die it. Renaissance-Komödie und allegor. Festspiele und Maskenzüge (↗ Trionfi) an Bedeutung. An die Stelle der frühhumanist. Gesprächsspiele treten damit die literar. anspruchsvolle *Komödie* (J. Reuchlin, »Henno«, 1497), das panegyr. *Festspiel* allegor.-mytholog. Art (K. Celtis, »Ludu Dianae«, 1501) und die zeitgeschichtl. *Staatsaktion* (J. Locher, »Historia de rege Franciae«, 1494/95). – In der *1. Hälfte des 16. Jh.s* tritt das lat. H. in den Dienst der religiösen Auseinandersetzungen, wird zur *religiösen Tendenzdichtung.* Es knüpft themat. und formal an das ↗ geistl. Spiel des späten MA.s an, die klassizist. Form wird vielfach nur noch äußerl. beibehalten. Bes. beliebt sind Stoffe aus dem Bereich des mal. Mysteriendramas (z. B. der Jedermann-Stoff) sowie bibl. Stoffe (↗ bibl. Drama). Die Terenz-Bühne wird teilweise durch die Simultan-(Flächen)-bühne abgelöst. Hauptvertreter des *protest. lat. H.s* sind zunächst niederländ. Humanisten (G. Gnaphaeus/W. de Volder, »Acolastus«, 1529, Geschichte des verlorenen Sohnes; G. Macropedicus/J. van Langveldt, »Hecastus«, 1539, ein Jedermann-Spiel), später v. a. Humanisten aus dem oberdt. Raum (Th. Naogeorgus/Kirchmeyer, »Pammachius«, 1538, ein Luther gewidmetes Antichristspiel; »Mercator«, 1540, freie Bearbeitung der Jedermann-Thematik; »Judas Iscariotes«, 1552; X. Betuleius/S. Birck und N. Frischlin). Etwas jünger als die *protestant. Humanistendramen* sind Tendenzstücke *im Dienste der kathol. Kirche* (H. Ziegler, A. Fabricius), aus ihnen entwickelt sich dann, un-

ter Verarbeitung vielfält. stoffl. und formaler Anregungen, in der 2.Hälfte des 16. Jh.s das lat. ↗ Jesuitendrama (M. Hiltprandus, »Ecclesia militans«, 1573, in vieler Hinsicht ein kath. Gegenstück zum »Pammachius« Naogeorgs). – *Das H. des ausgehenden 16. Jh.s* (Zentrum Straßburg) orientiert sich wieder stärker an den antiken Vorbildern, wobei jetzt auch das Muster der gr. Tragödie (Euripides) eine Rolle spielt (C. Brülovius). – Die histor. Bedeutung des H.s liegt v. a. darin, dass hier seit der Antike erstmals wieder ein ästhet. Maßstäben genügendes Literaturdrama entwickelt wurde. Die Wirkung des H.s auf das dt.-sprach. Drama freilich blieb relativ gering, sie machte sich v. a. im dt.-sprach. ↗ Reformationsdrama u. im Meistersingerdrama bemerkbar.   K

Humanistische Front ↗ Exilliteratur.

Humor, m. [lat. = Feuchtigkeit] in der Dichtung; die Bedeutungsgeschichte von ›H.‹ geht zurück auf die antike und mal. Lehre von 4 Körpersäften *(humores),* deren spezif. Mischung als ausschlaggebend für Temperament und Charakter galt. Das Wort erscheint danach als Synonym für Laune, Temperament. Erst im 18. Jh. erfährt es eine Bedeutungserweiterung, wird, v. a. durch die engl. ›Humoristen‹, zum Gattungs- und Stilbegriff, dann, als bes. Anschauungs- und Darstellungsweise, als Aspekt des ↗ Komischen, zum ästhet. Begriff. – Die Grenzziehung zw. humorist. und kom., iron., satir., parodist. Kennzeichen dichter. Werke ist allerdings fließend. Einen ersten Versuch zur Definition des H.s und damit zur Differenzierung seiner inhaltl. u. gestalter. Ausprägungen in sprachl. Kunstwerken unternahm Jean Paul: Er sieht im H. das »umgekehrt Erhabene«, das »das Endliche durch Kontrast mit der Idee« vernichte (Vorschule d. Ästhetik § 32); spätere Strukturanalysen (Kierkegaard, Höffding) fassen, darauf aufbauend, den H. auf als das Gewahrwerden *eines Eigentlichen* (eines ideellen, human-eth., werthalt. Sinnes) *in einer uneigentl. Erscheinungsform,* wobei die Inadäquatheit der Erscheinung zweifach bezogen ist: auf eine ideelle Ebene *und* auf den Bereich der Realität (wie in Par-

odie, Satire, Karikatur, die damit oft zugleich in einem humorist. Werk präsent sind), wodurch das Inadäquate zugleich gut *und* lächerl. erscheint. Diese positive Wertung der Diskrepanz zw. Eigentlichem und Uneigentlichem evoziert die humorist. Welthaltung: Lächeln, Heiterkeit, Versöhnlichkeit, gelassene Betrachtung menschl. Schwächen und ird. Unzulänglichkeiten, Kraft zur Erduldung von Leid und sogar Grauen. – Verschiedene Spielarten der humorist. Welterfahrung sind z. b. gemüt oder leidvoller, resignativer, trockener, schwarzer oder Galgen-H., die alle auch in der Literatur erscheinen können. Humoristisches findet sich in dichter. Werken seit den frühesten Überlieferungen. Dabei ist zu unterscheiden 1. Humoristisches als *Stoff*, d. h. die Schilderung kom., amüsanter oder liebenswürdiger Geschehnisse als naiver oder reflektierter Ausfluss der humorist. Welthaltung des Autors (»Ausplauderer lustiger Selbstbehaglichkeit«, J. Paul), z. B. in idyll. u. realist. Werken aller Gattungen (O. Goldsmith, J. H. Voß, z. T. E. Mörike u. H. v. Kleist, »Zerbrochener Krug«, O. Ludwig, W. Raabe, G. Freytag, V. v. Scheffel, A. Daudet u. v. a.), häufig sind auch humorist. Einschübe in Werken mit anderer Grundtendenz, so z. B. humorist. ausgemalte Szenen oder Gestalten schon in nord. und antiken Göttermythen, im »Nibelungenlied« (Rumolt), »Parzival« (der junge Parzival u. a.), bei Grimmelshausen, Lessing (Just in »Minna v. Barnhelm«, Klosterbruder, Recha im »Nathan«), Goethe oder Th. Mann (Tony und Permaneder in den »Buddenbrooks«). – Neben stoffbedingt humorist. Werken stehen 2. solche, die eine humorist. Wirkung durch eine bes. *Darstellungstechnik* erreichen, z. B. durch Inadäquatheit der Gestaltung: unpassenden Erzählton, inkompetenten Erzähler, Selbstironie, Stilmischungen oder bizarren Sprachstil, Dialekt (F. Reuter, L. Thoma) und v. a. durch bestimmte Kompositionsprinzipien wie Perspektiven- und Standortwechsel, Abschweifungen, Reflexionen und andere sog. »subjektive Disgressionen«, wie sie bes. für die engl. Humoristen (Swift, Fielding, Sterne), aber auch für Rabelais, Fischart, Jean Paul und s. Nachfolger (L. Tieck, E. T. A. Hoffmann) typ. sind. Eine

3.Gruppe von Werken benutzt den H. funktional als *Gestaltungsprinzip*, d. h. die H.-Struktur der Diskrepanz zw. Idee u. Erscheinung konstituiert die Sinnstruktur, gibt die Sinndeutung des Dargestellten (»erhellender H.«, K. Hamburger, »Groß-H.«, Höffding), wobei erzähltechn. durchaus die Mittel humorist. Sprachgestaltung, aber auch der Ironie, Satire, Parodie hinzutreten können. Als bedeutendstes Beispiel gilt Cervantes »Don Quijote« (auf d. Realitätsebene: nur kom.-lächerlich, auf der Sinnebene: Idee der Ritterlichkeit); weiter werden hierzu gezählt Shakespeares Komödien (insbes. die Gestalt des Falstaff), J. Swifts »Gulliver«, H. Fieldings »Tom Jones«, L. Sternes »Tristram Shandy«, Jean Pauls »Flegeljahre« u. anderes, Werke von Ch. Dickens, G. Keller, W. Raabe, Th. Fontane, Ch. de Costers »Ulenspiegel«, K. Kluges »Kortüm«, Thomas Manns »Erwählter« und »Josef u. seine Brüder« (Idee der Humanität), Giraudoux' »Irre von Chaillot« u. a. – In der jüngsten Zeit wird infolge eines geschwundenen metaphys. Bewusstseins, deprimierender Wirklichkeitserfahrung und eines Drangs zur Weltverbesserung der H. als literar. Mittel der Daseinsbejahung von anderen Darstellungsmöglichkeiten (absurde, abstrakte, dokumentar. Formen) überlagert.   IS

Humoreske, f. [zu ⁊ Humor], literar. Gattungsbez., die im 1.Jahrzehnt des 19. Jh.s analog zu ›Burleske‹, ›Groteske‹, ›Arabeske‹ gebildet wurde und ursprüngl. (z. B. bei C. F. v. d. Felde) auf harmlos-heitere Geschichten aus dem bürgerl. Alltag bezogen war. Im ⁊ Biedermeier wurde (z. B. bei F. X. Told) massive Situationskomik mit anspruchsvolleren Anspielungen eines literar. Bildungshumors verknüpft. Bes. beliebt war die Reise-H., die ihre Komik aus den immer erneuten Hindernissen der Reise gewann. Schon seit den zwanziger Jahren des 19. Jh.s erschienen jedoch unter der modisch gewordenen Bez. ›H.‹ auch mehrbändige histor. Romane (z. B. bei G. Nicolai), eine gegen Hegel gerichtete Literatur-Satire des Jungdeutschen Th. Mundt, Autobiographisches, sketchartige Dialogszenen zur Zeitgeschichte usw. Seit den dreißiger Jahren wurde die in ihrer Form von Anfang an schwankende H. häufig auch als Fortsetzungsgeschichte in Zeitschriften, Almanachen und Sammelbänden publiziert. Ihre stärkste Verbreitung fiel in die Zeit des ausgehenden Realismus, in der die ständig wachsende Beliebtheit auch eine immer größere Verflachung bedeutete. Zu den bekannteren Autoren zählten E. Eckstein, V. Chiavacci, L. Eichrodt, P. v. Schönthan, E. v. Wildenbruch, L. Anzengruber; Vielschreiber waren A. v. Winterfeld und S. v. Grabowski. Dabei entstanden »Militair. H.n« ebenso wie »Dramat.«, »Landwirtschaftl.« und »Schulh.n«. In ihrer immer weiter trivialisierten Form mündeten sie schon seit dem Ende des 19. Jh.s in die sog. Feuilletonphantasien, in die ↗ Bildergeschichten der Journale und in die ↗ Comic Strips. Versuche der Literaturkritik wie der Literaturwissenschaft, die H. aufzuwerten und Werke von E. T. A. Hoffmann, G. Keller oder Jean Paul, ja sogar von Heine und Kleist zu H.n zu erklären, gelten heute weitgehend als verfehlt.   HD

Hybris, f. [gr. = Übermut], aus der griech. Ethik übernommene Bez. der Tragödientheorie für eine sittl. Schuld des Menschen, welche die Vergeltung (Nemesis) der Götter, d. h. die trag. Katastrophe hervorruft. Den Griechen galt schon fortgesetztes Glück als H. (vgl. Herodots Novellen über Kroisos und Polykrates), sie konnte, wenn der Mensch mit ihr »geschlagen« war (Ate), durchaus mit subjektiver Unschuld zusammengehen (»Ödipus«, »Antigone«). Geltung und Wertung der H. waren daher von Anfang an untrennbar an die Frage nach der göttl. Gerechtigkeit gebunden. So hatte der Begriff der H. auch für die Theorie und Praxis der modernen Tragödie entscheidende Bedeutung, solange die Tragödie – zunächst bejahend und dann verneinend – die Theodizee ins Zentrum ihrer Dramaturgie stellte.   HD

Hymenaeus, Hymenaios, m. [gr. = Hochzeit(sgott)], altgriech. chor., wohl auf einen Volksbrauch zurückgehendes Hochzeitslied, meist auf dem Weg vom Haus der Brauteltern in das des Bräutigams (oder auch vor

dem Schlafzimmer der Brautleute) von einem Mädchen- und Jünglingschor gesungen. Unklar ist, ob die Anrufung im Refrain »Hymen, o Hymenaie« dem gleichnamigen Hochzeitsgott gilt oder dieser seine Existenz erst dem Refrain verdankt. Fragmente u. a. von Sappho. – Seit dem Hellenismus und bei den Römern i. d. Regel als *Epithalamium* bez., Versmaß meist Hexameter, aber mit demselben Toposund Motivbestand (Preis der Vermählten, der Ehe, Wünsche für Nachkommenschaft, mytholog. Bezüge); bedeutendster Vertreter Catull. Auch ep. Formen (selbständ. oder in Erzählungen integriert, z. B. bei Theokrit) und rhetor. ausgestaltete Prosa-Epithalamien (Vorläufer der Hochzeitsrede) sind belegt. – Das Epithalamium wurde in der Renaissance wieder aufgenommen, vgl. P. de Ronsard, E. Spenser (»Epithalamion«, 1595), J. Donne (1613). ↗ Feszenninen.   MS

Hymne, f. [gr. hymnos, lat. hymnus; Etymol. ungeklärt], feierl., meist religiöser Lob- und Preisgesang. Findet sich in allen entwickelten Kulturen. *Geschichte:*
1. altoriental. Dichtung: die älteste Form hymn. Dichtung ist aus der *sumer.-akkad. Zeit* bezeugt: Die von A. Falkenstein und W. v. Soden hg. Sammlung »Sumer. u. akkad. H.n und Gebete« (Zür. 1953) umfasst Königs- und Götterpreislieder. – Die *hebrä.* H.n-Dichtung ist in den Psalmen des AT repräsentiert (Endredaktion 3. Jh. v. Chr.), Klage-, Dank- und Vertrauenslieder, formal charakterisiert durch dreiteil. Aufbau, das Vorherrschen des Partizipialstils und durch ↗ Parallelismus membrorum. – Die bedeutendste H. der *ägypt.* Literatur ist der »Sonnenhymnus« (»H. auf Aton«) des Echnaton (Amenophis IV., 1364–1347 v. Chr.), von dem wahrscheinl. der Psalm 104 abhängig ist.
2. Antike: Die etymolog. nicht eindeutig ableitbare Bez. *hymnos* umfasst bei den Griechen eine zunächst inhaltl. nicht näher definierte poet. Gattung, bei der Sprache, Rhythmus und Gesang kunstvoll gefügt sind. Der Begriff verengt sich früh auf Heroen- oder Götterpreislieder, vorgetragen von Kitharoden und Rhapsoden, auch im Wechselgesang von Priester und Gemeinde (Chorrefrain) oder als vom

Tanz begleitetes Chorlied. Spezifizierende Bez. sind z.B. ↗ *Dithyrambus* (H. auf Dionysos), ↗ Päan (H. auf Apollon), ↗ *Prosodion* (Prozessions-H.) u.a. Als frühe, formelhafte Gebrauchspoesie zeigen sie meist dreiteil. Aufbau (Anrufung des Gottes, Erzählung bedeutsamer myth. Ereignisse, abschließendes Gebet); Versmaß der ältesten bezeugten H.n ist der Hexameter, vermutl. mit festem, 1–2 Hexameter umfassenden Melodiemodell *(nomos)*; seit der klass. Zeit treten daneben zunehmend kunstvolle lyr. und musikal. Formen auf, z.T. auch rein literar. Ausprägungen. – Sekundäre Quellen bezeugen eine reiche Fülle antiker H.n. *Erhalten sind* als die ältesten die sog.»Homer. H.«, eine Sammlung von 6 längeren und 27 kürzeren Hexameterh.n aus dem 8.–6. Jh. v.Chr., die sprachl. und stilist. Homer nahestehen. Hervorzuheben sind eine ion. H. auf Aphrodite (als älteste), eine Apollon-H., eine aitiolog. Demeter-H. und als jüngste eine burleske Hermes-H. – Auch aus der klass. Zeit ist nur ein Bruchteil der einst reichen H.nliteratur erhalten (z.T. in derselb. Slg. wie die»Homer. H.n«, z.T. in andere Werke eingegliedert, etwa eine Zeus-H. im»Agamemnon« des Aischylos): von Pindars reicher H.ndichtung z.B. nur das Fragment einer Zeus-H. – Zahlreicher sind ep. und lyr. H.n der *hellenist. Zeit:* 2 delph. Apollon-H.n (2. Jh. v.Chr.) sind die frühesten auch mit Melodien erhaltenen Denkmäler; erwähnenswert sind ferner die 87 ekstat.»orph. H.n« (↗ orph. Dichtung), die kunstvollen ep. H.n des Kallimachos, des Philikos von Kerkyra (3. Jh. v.Chr.) oder Mesomedes von Kreta (2. Jh. n.Chr.). Die *röm. Literatur* übernahm seit dem 1. Jh. v.Chr. Formen und Motive der gr. H.ndichtung; sie wurde unter der Bez. ↗›Carmen‹ (der ursprüngl. Bez. für Zaubersprüche und archa. Kultlieder) subsumiert: z.B. ist Horaz'»Carmen saeculare« eine echte Chor-H. 3. *Christl. H.n.* Das frühe Christentum kannte bereits relig. Lobgesänge, vermutl. Prosa-H.n, formal u. im Vortrag nach der Art der Psalmen (vgl. u.a. Eph. 5,19, Kol. 3,16). – Eine eigenständ., formal fixierte stroph. christl. H.ndichtung entwickelte sich zuerst im *syr.-byzantin.* Kulturraum (nach hellenist. metr. und rhythm.

Mustern und in melismenreichen Monodien). Frühestes Dokument ist ein Papyrusfragment aus Oxyrhinchos (3. Jh.) mit Teilen einer H. in griech. metr. Versen mit antiker Notenschrift, damit das früheste Beispiel christl. Musik überhaupt. In Ostsyrien schuf Ephräm von Edessa (4. Jh.) die sogenannten *Madrashe* (Sg.: Madrasha), stroph. Solo-H.n mit Chorrefrain; in Westsyrien (Antiochia) und Byzanz entstehen das einstroph. *Troparion*, das mehrstroph., kunstvolle *Kontakion* (bes. v. dem bedeutendsten H.ndichter Romanos, dem Meloden, 6. Jh.) und der noch reichere zykl., 8–9 H.n umfassende *Kanon* (bes. v. Andreas von Kreta und Johannes von Damaskus (7./8. Jh.). Die H.n bildeten einen festen Bestandteil der Liturgien der Ostkirche. – Ein erster Versuch des Hilarius von Poitiers (ca. 315–367), nach seiner Verbannung im griech. Osten auch in die *westl.* Liturgien H.n einzuführen, misslang auf Grund der metr. komplizierten, rhetor.-dunklen Form seiner H.n (3 Fragmente erhalten). *Begründer der lat. H.ndichtung* wurde dann Ambrosius von Mailand († 1397). Er schuf im Rückgriff auf volkstüml. Traditionen (seit Alkman, 6. Jh. v.Chr.) einen einfachen H.ntypus, der die abendländ. religiöse Gebrauchshymnik für die folgenden Jahrhunderte bestimmte: ein Strophenlied mit meist 8 vierzeil. Strophen aus jamb. Dimetern (die später zu Vierhebern bzw. Achtsilblern wurden, seit der Karolingik auch reimten) mit einfacher, einstimm., syllab. Melodie (s. ↗ H.nvers), die sog. *Ambrosian. H.* Erhalten sind 14–18 H.n, darunter»Deus creator omnium«und»Jesu redemptor gentium«. Die H.n fanden rasche Verbreitung, v.a. durch ihre Aufnahme in das Officium horarum (Stundengottesdienst) der Klöster (insbes. seit der 530 erlassenen Benediktinerregel). Die Aufnahme in die Liturgien der einzelnen Länder geschah z.T. gegen den Widerstand der Kirche und blieb eingeschränkt, nachdem im karoling. Herrschaftsbereich die orthodoxe röm. Liturgie verbindl. gemacht worden war (8. Jh., Ausnahme ist der Ambrosian. oder mailänd. Liturgie; erst im 13. Jh. wurden H.n in der Liturgie offiziell zugelassen. – *Zentren* der H.ndichtung waren neben Mailand bes. Spanien (die H.s des Prudentius, 4. Jh., gehören in ihrer kunstvollen Formbeherrschung zu den bedeutendsten Literaturdenkmälern des lat. Früh-MA.s; Isidor von Sevilla u. a.), Gallien (Venantius Fortunatus, 6. Jh.) und England (Beda Venerabilis, 7./8. Jh.). Die *Hymnare* (H.nsammlungen) dieser Länder waren im MA. bes. verbreitet (ältestes erhaltenes Hymnar ist das von Moissac, 10. Jh.). – Eine Blüte kunstreicher H.ndichtung im Rückgriff auf hellenist.-byzantin. Formen brachte die ↗ Karoling. Renaissance (Paulus Diaconus, Alkuin, Theodulf von Orleans), spätere Zentren im dt.sprach. Raum waren Fulda (9. Jh.: Hrabanus Maurus, Walahfried Strabo), St. Gallen (9., 10. Jh.: Ratpert, Hartmann, Ekkehard I.), Reichenau (11. Jh.: Berno von Reichenau, Hermannus Contractus), ferner sind im 11. Jh. Gottschalk v. Limburg, Wipo, Petrus Damianus, im 12. u. 13. Jh. v. a. Petrus Venerabilis, Bernhard von Clairvaux, Abälard, Adam von St.Viktor, Julian von Speyer, Thomas von Aquin, Thomas von Celano oder Jacopone da Todi zu nennen. Viele dieser bedeutenden H.ndichter des 12. u. 13. Jh.s waren auch Verfasser und Komponisten von ↗ Sequenzen, die in den Textsammlungen (ohne Melodieaufzeichnung) terminolog. oft nicht von den H.n getrennt werden (vgl. schon Notkers Sequenzensammlung: »Liber hymnorum«). – Im *Spät-MA.* fällt die Entwicklung der H. formal, inhaltl. und z. T. musikal. mit der der Sequenz, den außerliturg. lat. Liedformen wie der ↗ Cantio und mit der des volkssprachl. geistl. Liedes zusammen (↗ Leis, ↗ Kirchenlied): H.n erfahren Kontrafakturen, Umdichtungen, Übersetzungen (Mönch von Salzburg, Heinrich von Laufenburg, Luther) und finden sich als mehrstimmige Liedsätze (1. Zeugnis schon im 13. Jh.). Seit dem *Humanismus* ist die lebend. Entwicklung zu Ende. Ein (vergebl.) Versuch, die liturg. H.n durch neue Formen in klass. Latein und antiken Versmaßen zu ersetzen (Tridentiner Konzil 1545–1563) wurde 1632 revidiert. Durch das 2.Vatikan. Konzil wurde dieser H.nbestand histor.-krit. verbessert. – Die Bedeutung der lat. H.ndichtung für die Entwicklung der dt. Sprache dokumentiert sich etwa in Versuchen ihrer Aneignung im 9. Jh. durch Interlinearversionen (Murbacher

H.n oder »Carmen ad deum«) und ahd. Nachahmungen (»Gallus«-, »Petruslied«).

4. *Die H. der Neuzeit* löst sich aus dem liturg. Bereich und sucht, nun *als rein literar. Gattung*, formal wieder den direkten Traditionszusammenhang mit den Psalmen (freie Rhythmen) und der Antike (Pindar, gr. Chorlyrik). In den Poetiken des Humanismus und Barock ist sie noch stroph. und wird vorwiegend inhaltl. definiert als Preis Gottes, der Götter, Helden, Fürsten, abstrakter Tugenden und Begriffe, der Natur, des Heiligen, des erhabenen Gefühls usw. (vgl. z. B. Opitz' »Poeterey«, 1624, oder Beispiele wie Heinsius' »Lobgesang auf den Erlöser«, Opitz, »H. auf eine Christnacht«, Weckherlins Fürsten-H.n). Die rationalist., moral.-belehrende Grundhaltung der Aufklärung ist der H. feindl. Erst der sich unter dem Einfluss des Pietismus entwickelnde Gefühlskult entdeckt wieder die Gewalt des Affekts, die Verzückung u. Begeisterung und führt zur Neubelebung der lyr. Dichtung und insbes. der H.- Klopstock und die Dichter des ↗ Göttinger Hains entwickeln einen neuen Stil der H., die dadurch in der Folgezeit als Gattung *terminolog. nicht mehr eindeutig von der ↗ Ode getrennt* werden kann. Aus der Grundhaltung der Ergriffenheit und Begeisterung für das Erhabene und der Vorstellung vom Dichter als Priester und Seher (↗ poeta vates) gestaltet Klopstock in seinen H.n v. a. die Themenbereiche Religion, Vaterland und Freundschaft. Er übernimmt die antiken Odenmaße (reimlos, nicht alternierend), formt sie aber auch zu neuen rhythm. Einheiten um und benutzt auch sog. ↗ freie Rhythmen. Er wurde dadurch zum gefeierten Befreier der dt. Sprache vom Regelzwang der Metrik und zum Begründer einer Dichtung, die Ausdruckswille und Sprachform zur Übereinstimmung streben (vgl. »Frühlingsfeier«, »Das Anschauen Gottes«, »Dem Allgegenwärtigen« u. a.). Dieser neue Kunstwille erreichte im ↗ Sturm und Drang seinen Höhepunkt in den großen H.n Goethes (»Wanderers Sturmlied«, »Mahomets Gesang«, »Prometheus«, »Ganymed«, »An Schwager Kronos«, »Harzreise im Winter«). Freie Rhythmen und Abschnittsgliederung, assoziative Fügung der Satzglieder (Inversion),

kühne Neologismen, das Vorherrschen des Ausdruckshaften (vgl. Brief an Herder vom Juli 1772), die sprunghafte Abfolge eindrucksvoller Symbole und Motive kennzeichnen Goethes hymn. Form. Zeitgenöss. H.ndichter sind u. a. Schubart, F. von Stolberg, J. G. Herder (zugleich Anreger des neuen H.nstils), Maler Müller (Prosah.n) und F. Schiller (stroph. H.n:»Triumph der Liebe«,»An die Freude«). – Die klass. Kunstgesinnung steht der H. fern, die Romantik mit ihrer Bevorzugung schlicht-volkstüml. Liedhaftigkeit hat nur in Novalis'»H.n an die Nacht« eine bedeutende H.ndichtung aufzuweisen. – Eine herausragende Stellung nimmt die Dichtung F. Hölderlins ein: Unter dem Einfluss der Lyrik des jungen Schiller entstehen die H.n der Tübinger Zeit auf abstrakte Begriffe (Freiheit, Unsterblichkeit, Schönheit, Menschheit u. a.), die formal durch den triad. Bau und die Beibehaltung der Reimstrophe charakterisiert sind. Die H.n der Zeit zw. 1800 und 1804 (»Wie wenn am Feiertage«,»Der Rhein«,»Friedensfeier«,»Der Einzige«,»Patmos«) entstehen als Ausdruck einer pantheist. Einigkeitssehnsucht mit dem Göttlichen. Er verzichtet hier auf feste Metren, entwickelt im Anschluss an Pindar den eigenrhythm. geformten Vers, neigt zur harten Fügung und ordnet die Strophen nach einer strengen Dreiergruppierung. Hölderlins H.n wirkten auf den ↗ Georgekreis, auf R. M. Rilke (»Fünf Gesänge«), auf G. Trakl, G. Heym, J. Weinheber. In der Folgezeit finden sich H.n gelegentl. noch bei A. v. Platen (»Festgesänge«), F. Nietzsche (»Dionysos-Dithyramben«, 1884–88, in freien Rhythmen), St. George (»H.n«, 1890, »Stern des Bundes«, 1913). Unter dem Einfluss Nietzsches und Walt Whitmans entsteht im Expressionismus (A. Mombert, Th. Däubler, F. Werfel, J. R. Becher) wieder eine ekstat.-hymn. und chor. Dichtung. G. von Le Fort dichtet nach ihrer Konversion zum kath. Glauben die »H.n an die Kirche« (1923).   KT

Hymne-Blason, m., von der jüngeren romanist. Literaturwissenschaft geprägte Bez. für ein dem ↗ Blason verwandtes poet. Genre, das in scherzhaftem oder satir. Lob v. a. den Mi-

krokosmos beschreibt. Form: meist paargereimte 7- oder 8-silb. Verse, seltener 10-Silbler oder Alexandriner. Dichter: v. a. die Pléiade-Poeten P. de Ronsard (u. a.»La Grenouille« – Der Frosch;»Le Fourmy« – Die Ameise) und R. Belleau (u. a.»Le Papillon« – Der Schmetterling;»La Cerise« – Die Kirsche).   PH

Hymnenvers, Bez. der modernen Metrik für den Vers der lat., sog. ambrosian. ↗ Hymne: alternierender Achtsilber (silbenzählender Vierheber), meist mit Auftakt:»Vení creátor spirítús«; ursprüngl. (d. h. bis zur Ablösung der quantitierenden Versform durch eine rhythmische) ein jamb. Dimeter (aber auch troch. Varianten). Der auch in den Volksdichtungen sehr verbreitete Verstypus wird in älteren germanist. Darstellungen als Vorläufer des ahd. Reimverses angesehen (Wackernagel u. a.).   S

Hypallage, f. [gr. = Vertauschung], rhetor. Figur, ↗ Enallage.

Hyperbaton, n. [gr. = Umgestelltes, lat. Trajectio, Transgressio, auch: Sperrung], ↗ rhetor. Figur: Trennung syntakt. eng zusammengehöriger Wörter durch eingeschobene Satzteile zur expressiven Betonung der getrennten Wörter oder aus rhythm. Gründen:»o laß nimmer von nun an *mich* dieses Tödliche sehn« (Hölderlin,»Der Abschied«); kann bes. durch ↗ Parenthese oder ↗ Prolepsis entstehen:»dies Pistol, wenn Ihr die Klingel rührt, streckt mich leblos zu Euren Füßen nieder« (Kleist, »Michael Kohlhaas«). Vgl. auch ↗ Inversion, ↗ Tmesis.   HSt

Hyperbel, f. [gr. hyperbole = Übermaß], ↗ Tropus: extreme, im wörtl. Sinne oft unglaubwürdige oder unmögl. Übertreibung zur Darstellung des Außerordentlichen, meist mit Mitteln der Metaphorik oder des ausgeführten Vergleichs. Bes. beliebt in volkstüml. Erzählgattungen (chanson de geste, Spielmannsepik) und im Barock, von klassizist. Autoren gemieden. Die angestrebte affekt. Intensivierung gerät leicht zur Manier und in die Nähe des Lächerlichen, bewusst z. B. bei H. Heine:»ein

Schneidergesell, so dünn, daß die Sterne durchschimmern konnten« (»Harzreise«) oder Jean Paul. Viele hyperbol. Wendungen, bes. der Bibel (»zahlreich wie Sand am Meer«), sind in die Umgangssprache eingegangen und verflacht (»blitzschnell«, »eine Ewigkeit warten«). ↗ Hyperoche. HSt

Hyperkatalẹktisch, Adj. [gr. hyperkatalektikos, Kunstwort = über die Grenze hinausgehend], in der antiken Metrik Bez. für Verse, die über den letzten regelmäßig gefüllten Versfuß hinaus eine überzählige Silbe enthalten. K

Hypẹrmeter, m. [zu gr. Hypermetros = das Maß überschreitend], in der antiken Metrik Bez. für einen Vers, dessen letzte – metr. überzählige – Silbe auf einen Vokal ausgeht, der vor dem vokal. Anlaut des folgenden Verses elidiert wird. Die in der griech. und röm. Verskunst seltenen H. setzen ↗ Synaphie voraus; sie durchbrechen eine grundsätzl. geltende Regel, nach der die Elision eines den Vers schließenden Vokals durch die Versgrenze verhindert wird. ↗ Hyperkatalektisch. K

Hyperoche̱, f. [gr. = Übermaß], ↗ rhetor. Figur: Hervorhebung der Einmaligkeit oder Unvergleichlichkeit einer Sache oder Person durch superlativ. Steigerung: »Die stillste aller Mittagsstillen« (A. Seghers, »Die Gefährten«, 1,1). HSt

Hypodo̱chmius, m., Variante des ↗ Dochmius.

Hypokrite̱s, m. [gr. = der Antwortende], der Schauspieler im griech. Drama (↗ Protagonist, Deuteragonist, Tritagonist). Der Überlieferung nach (Aristoteles) war Thespis der erste, der dem Chor den H. gegenüberstellte und damit aus der chor. Aufführung (↗ Dithyrambus) die ↗ Tragödie entwickelte – Ursprüngl. traten die Dichter selbst als Schauspieler auf (so Thespis); später standen ihnen ausgebildete (im Ggs. zum ↗ Mimen hoch geachtete) Schauspieler zur Verfügung, die entweder auf die Tragödie oder die Komödie spezialisiert waren (trag. bzw. kom. H.). Ihre Auswahl erfolgte zu-

nächst noch durch die Dichter selbst, während die Kosten vom Staat getragen wurden. Mit der Einführung von Schauspieler-Agonen (-Wettbewerben) im Jahre 448 v. Chr. (zunächst nur für trag., seit 440 v. Chr. auch für kom. Schauspieler) ging man zur Auslosung der Schauspieler über. Im 4. Jh. v. Chr. gewannen die Schauspieler-Agone gegenüber den Dichterwettbewerben mehr und mehr an Bedeutung; entsprechend kam es zu einer Entfaltung schauspieler. Virtuosität; der H. versuchte, sein Können zur Schau zu stellen, oft auf Kosten der Stücke, deren Texte er z. T. sehr willkürl. umgestaltete. In hellenist. Zeit waren die gr. Schauspieler in Truppen organisiert (dionys. Techniten). – Das Kostüm des H. war stilisiert (Tragödie: Maske, Chiton, Kothurn; Komödie: Maske, fleischfarbenes Trikot, Gesäßpolster, Phallus). Frauenrollen wurden grundsätzl. von Männern gestaltet. K

Hypọmnema, n., Pl. Hypomne̱mata [gr. = Mahnung, Erinnerung, Denkwürdigkeit], seit Platon belegte Bez. für Notizen im Bereich des privaten und öffentl. Lebens als Gedächtnisstützen (Tage-, Haushalts-, Geschäftsbücher, Exzerpte, Rohentwürfe, Kollegvorbereitungen und -nachschriften, amtl. Register, Protokolle usw.), seit hellenist. Zeit auch Bez. der offiziellen Amts-, Hof- und Kriegsjournale (↗ Ephemeriden) und Titel für wissenschaftl. (Sammel)werke, (auto)biograph. Schriften (erstes H. von Aratos von Sikyon, um 220 v. Chr.) und philolog. ↗ Kommentare. Dem H. entsprechen in der röm. Lit. die *Commentarii* (Bez. seit Cicero belegt), vgl. Caesars »Commentarii de bello Gallico«. IS

Hypọrchema, n., altgriech. chor. (Waffen-?) Tanzlied mit raschem Rhythmus, vielleicht kret. Ursprungs und von Thaletas von Gortyn (7. Jh. v. Chr.) nach Sparta eingeführt; nur wenige Fragmente erhalten (u. a. von Pindar und Bakchylides); die gelegentl. mit H. synonym gesetzte Bez. ↗ Päan lässt auf Eingliederung des H. in den Apollonkult schließen. IS

Hypọstase, Hypostasierung, f. [gr. = Unterlage, Grundlage, Gegenstand], Vergegenständlichung oder ↗ Personifikation eines Begriffs, bes. die Ausgestaltung einer Eigenschaft oder eines Beinamens zu einer selbständ. Gottheit in der Mythologie. – Poetolog. die Technik der Personenbildung aus verschiedenen Einzelzügen (Bischof Turpin in der »Chanson de Roland« aus *fortitudo* und *sapientia* im Ggs. zu Roland = *fortitudo* und Olivier = *sapientia*) oder durch Zusatz neuer Züge zu einer älteren (echten oder literar.) Person (Racines Pyrrhus: zu den Zügen antiker Heroen treten solche von Romanhelden des 17. Jh.s).   HSt

Hypotaxe, f. [gr. = Unterordnung, lat. subordinatio], grammat. Bez. für die syntakt. Unterordnung von Satzgliedern, im Ggs. zur syntakt. Beiordnung *(Parataxe)*: ein komplexer Gedanke wird durch einen Hauptsatz und von diesem abhängige Nebensätze ausgedrückt, wobei die temporale bzw. log. Beziehung durch unterordnende Konjunktionen verdeutlicht wird. Die H. ist ein wesentl. Bauelement der Periodenbildung, die nach dem Vorbild der lat. ↗ Kunstprosa (bes. Cicero) auch die dt. Stilistik beeinflusste.   ED

Hysterologie, f. ↗ Hysteron proteron.

Hysteron proteron, n. [gr. = das Spätere als Früheres], auch: Hysterologie, ↗ rhetor. Figur: Umkehrung der zeitl. oder log. Abfolge einer Aussage, so dass z. B. der zeitl. spätere Vorgang vor dem früheren erwähnt wird: »moriamur et in media arma ruamus« (Vergil, »Aeneis« 2,353); »Dies ist mein Sohn nicht, den hab' ich nicht ausgewürgt, noch hat ihn dein Vater gemacht« (Th. Mann, »Der Erwählte«).   HSt

Iambes, m. Pl. [jãb; frz. = Jamben], in der frz. Verskunst Zweizeiler aus einem ↗ Alexandriner (Zwölfsilbler) und einem Achtsilbler. Je zwei I. sind durch Endreim verbunden (Reimschema: abab), ohne dass sie jedoch eine Strophe bilden, da die Grenzen zwischen den einzelnen Vierergruppen in der Regel nicht mit syntakt. Einschnitten zusammenfallen, sondern durch ↗ Enjambements und Reimbrechung syntakt. überspielt werden. – Die Form der I. wurde durch A. Chénier als Nachbildung der sog. jamb. ↗ Epode des Horaz (jamb. ↗ Trimeter + jamb. Dimeter) in die frz. Dichtung eingeführt; sie wird auch als frz. Ersatzform für das eleg. ↗ Distichon gedeutet. Außer Chénier finden sich I. v. a. bei A. Barbier und V. Hugo. K

Ich-Form, literarische Darstellungsform mit einem von sich selbst in der 1. Person Singular sprechenden, aber nicht mit der Person des Autors ident. Ich. – *In der Epik* ist dieses Ich eine am dargestellten Geschehen beteiligte fiktive Figur, entweder die Hauptperson oder ein die Haupthandlung beobachtender Chronist, aber nicht das von der fiktiven Welt getrennte sog. Erzähler-Ich, das als Personifizierung des auktorialen Erzählers der Er-Form zugehört. – Beliebte Ausprägungen der epischen I. sind die einsträngige ›autobiograph.‹ Lebensbeschreibung (↗ Ich-Roman), der in eine Er-Erzählung eingefügte rückblickende Erlebnisbericht des Helden (so schon bei Homer, »Odyssee« IX-XII), der ↗ innere Monolog und die ↗ Rahmenerzählung, ferner die Brief- und die Tagebuchfiktion (↗ Briefroman, ↗ Tagebuch). Die ästhet. Wirkung der ep. I. beruht auf der Begrenzung der Erlebens- und Darstellungsperspektive auf den in das Geschehen eingebundenen Ich-Erzähler. Sie ermöglicht eine künstler. abgerundete Komposition und erlaubt auch die Darstellung des Unglaublichen, das der Ich-Erzähler als selbsterlebt vorträgt (Vision, Utopie, Schauergeschichte). Als Form der unmittelbaren Selbstoffenbarung eignet sie sich zur Darstellung psycholog. interessanter Figuren und, wenn die Perspektive des berichtenden Erzählers enger ist als die des Autors und des Lesers, zur relativierenden Brechung bes. im humorist. und satir. Roman, aber auch zur Erfassung der Komplexität des Geschehens und des Erfahrungsvorgangs. *In der Lyrik* ist zwischen der I. als einer der mögl. Formen des einzelnen Gedichts und dem ↗ ›lyrischen Ich‹ zu unterscheiden, unter dem das in jedem lyr. Text sich artikulierende Aussagesubjekt unabhängig von der grammatischen Form der Aussage verstanden wird. Die I. kann eine persönl., mehr oder weniger autobiograph. bezogene Äußerung des Dichters sein (z. B. die Erlebnislyrik Goethes), aber auch ganz von ihm getrennt gebraucht werden (↗ Rollenlyrik, z. B. die Mignon- und Harfnerlieder im »Wilhelm Meister«). Bei der unreflektierten Identifizierung des sprechenden Subjekts der lyrischen I. mit der Person des Dichters kommt es zu biographistischen Fehldeutungen (so z. B. bei der erot. Lyrik Ovids und dem mal. Minnesang). HSt

Ich-Roman, sein Geschehen wird von einem Ich-Erzähler (↗ Ich-Form) berichtet; sein Gegenstand ist, in zeitl. Abstand, meist er selbst. Formal gleicht die I. darin der ↗ Autobiographie, doch ist sein Erzähler nicht mit dem biograph. Ich seines Autors identisch; das dargestellte Geschehen ist fiktional, erhebt nicht den Anspruch auf eine geschichtl. Wahrheit und Wirklichkeit außerhalb der erzählten Welt. – In der Antike ist der I. die bevorzugte Form für die meist satir. Darstellung der Welt des Alltags und der kleinen Leute (Petron, Apuleius); im MA. erscheint er nur in den Sonderformen der ↗Allegorie (»Roman de la rose«) und der ↗Vision (Dante) und in ↗Rahmenerzählungen (Geoffrey Chaucer, »Canterbury-Tales«). An Bedeutung gewinnt er erst wieder im 16. Jh. im span. Schelmenroman, der fast ausnahmslos in der Ich-Form erzählt ist (»Lazarillo de Tormes«; Alemán, Quevedo), und in dessen europäischen Weiterbildungen (z. B. Grimmelshausen; ↗Simpliziade). Im 18. Jh. entwickelt sich daraus der ↗Reiseroman, der häufig utop. (Defoe, Schnabel; ↗Robinsonade) oder satir. Züge trägt (Swift). Eine Neubelebung erfuhr der I. seit der Mitte des 18. Jh.s, da er sich, besonders in der Form des ↗Briefromans, als ideales Medium für die empfindsame Darstellung inneren Erlebens erwies (Richardson, Rousseau, Goethe, Hölderlin). Daneben wirkt die aus der Begrenztheit der Erzählerperspektive resultierende Affinität der Ich-Form zum Komischen in den I.en Sternes, Dickens', E. T. A. Hoffmanns fort bis in die Gegenwart (G. Grass). Durch die formale Nähe zur Autobiographie wird er im 19. Jh. für den ↗Entwicklungs- und ↗Bildungsroman wichtig (Dickens, Thackeray, Stifter), z. T. in unmittelbarem Wechsel mit der Er-Form (Keller, »Der grüne Heinrich«). Im 20. Jh. tritt der I. hinter experimentellen Romanformen etwas in den Hintergrund; er bleibt beliebt, wo seine Autoren an die Erzähltraditionen des 19. Jh.s anknüpfen (Th. Mann, H. Hesse, M. Frisch, H. Böll). HSt

Ideenballade, Sonderform der neuzeitl. dt. Kunstballade, formaler und inhaltl. äußerster Gegensatz zur Volksballade (↗Ballade), von Goethe und Schiller im »Balladenjahr« 1797 entwickelt (vgl. Schillers »Musenalmanach für das Jahr 1798«: ›Balladen-Almanach‹). Die I. folgt der Intention der klass. Ästhetik, das Individuelle zur überzeitl. »idealischen Allgemeinheit« (Schiller) und zu einer »reineren Form« (Goethe) hinaufzuläutern und alles unter die Herrschaft einer Idee zu stellen. Goethes I.n (»Der Schatzgräber«, »Legende«, »Die Braut von Korinth«, »Der Zauberlehrling«, »Der Gott und die Bajadere«) stellen den Menschen in naturmag. Bezüge. In der »Gegenständlichkeit«, virtuosen Einfachheit und Hintergründigkeit und der distanziert iron. Sprachgeste zeigen sich bereits Eigentümlichkeiten seines Altersstils. Schillers I.n (»Der Ring des Polykrates«, »Der Handschuh«, »Der Taucher«, »Die Kraniche des Ibykus«, »Die Bürgschaft«) verkörpern den Typus in reiner Form: Die Idee triumphiert über das irrational Schicksalhafte, der aktiv handelnde Held über den passiv leidenden; die Idealität siegt im Widerstreit von ewiger und ird. Gerechtigkeit über die Realität. Die rationale Klarheit im Aufbau, der orator. Schwung der Sprache sowie das ausgeprägt Dramatische und Theatralische der Handlung sprengen die herkömml. Form der Ballade, in der Lyrisches, Episches und Dramatisches vereinigt sein sollen. KT

Ideendrama, im I. sind Handlung, Charaktere, Stoff und Sprache auf einen übergeordneten Leitgedanken, auf eine Idee oder Weltanschauung bezogen, die Allgemeingültigkeit beanspruchen, z. B. G. E. Lessings »Nathan« (Idee der Toleranz), Goethes »Iphigenie« (Idee der Humanität). Das I. setzt ein einheitl. Weltbild, eine verbindl. Bewusstseinslage oder Ideologie bei Autor und Publikum voraus. Der Dominanz einer zentralen Idee entspricht Einheitlichkeit und Regelmäßigkeit in der sprachl. und dramaturg. Gestaltung, d. h. eine vorwiegend ↗geschlossene Form. Die Stoffe des I.s stammen meist aus der Mythologie oder aus der Geschichte. Hervorgetreten ist das I. insbes. in der frz. Klassik (Corneille, Racine, Voltaire), bei Lessing und in der ↗Weimarer Klassik (Goethe, Schiller), problemat. geworden dann im 19. Jh. (F. Grillparzer, F. Hebbel). Auch neuere Dramen mit philosoph. Tendenz gelten als I., z. B. H. v. Hofmannsthals »Der Turm«, ferner die meisten Stücke von G. B. Shaw, T. S. Eliot, J. P. Sartre, A. Camus. Das I. überschneidet sich häufig mit anderen Dramenarten, insbes. mit dem ↗Geschichtsdrama. Die Einengung des Leitgedankens im I. auf ein konkretes Problem oder auf eine bestimmte polit. oder sonstige Tendenz führt zum ↗ Problemstück und zum Tendenzdrama (↗ Tendenzdichtung). RS

Identifikation, Affekt der ästhet. Erfahrung, durch den der Rezipient in ein bestimmtes Verhältnis zum ↗ Helden oder zu dem im Text Dargestellten versetzt wird. Verschiedene Typen der I., ausgelöst durch in den Texten angelegte Identifikationsangebote, lassen sich unterscheiden: die *assoziative I.* (Übernahme einer Rolle in der imaginären Welt einer Spielhandlung), die *admirative I.* (Bewunderung des Vollkommenen), die *sympathet. I.* (Solidarisierung mit dem Unvollkommenen), die *kathart. I.* (Befreiung des Gemüts durch trag. Erschütterung oder kom. Entlastung, ↗ Katharsis, ↗ episches Theater), die *iron. I.* (Verweigerung oder Ironisierung der erwarteten oder erwünschten I.). Möglich sind Überlagerungen dieser Typen wie auch Übergänge von einer Ebene der I. zu einer anderen. Stets ist im Rezeptionsprozess ein Akt der Distanznahme notwendig, will man der Gefahr entgehen, sich in der I. zu verlieren und lediglich sein Evasionsbedürfnis zu befriedigen (↗ Eskapismus [3], ↗ Trivialliteratur). MS

Identischer Reim, ↗ rührender Reim.

Ideologiekritik, hat einen zentralen Stellenwert in aller histor.-materialist. fundierten Ästhetik (G. Lukács, E. Bloch, Th. W. Adorno); sie markiert die Wendung der neueren Hermeneutik-Diskussion (J. Habermas) und steht in der Auseinandersetzung mit strukturalist. und semiolog. Modellen. Über die Gültigkeit in der literaturwissenschaftl. Interpretation entscheidet (wie bei ähnl. Problemen der ↗ Literatursoziologie), dass die ideologiekrit. Befunde auch aus den spezif. literar. Verfahren, nicht nur aus den äußeren Zusammenhängen der Texte entwickelt werden. Der im Begriff ›I.‹ vorausgesetzte Begriff der ›Ideologie‹ ist abzugrenzen von der umgangssprachl. pejorativen Verwendung in polit. und weltanschaul. Polemik sowie von der positivist.-neutralen Verwendung in der Wissenssoziologie (K. Mannheim). Die literaturwissen-

schaftl. relevante *dialekt.-krit.* Fassung ist aus dem Werk von K. Marx zu rekonstruieren: Ideologie als gesellschaftl. notwendig falsches Bewusstsein enthält bei ihm ein Moment des Unwahren, das in der Verzerrung und damit auch Verdeckung der Wirklichkeit liege, zugleich aber ein Moment des Wahren, das eben aus der Begründung in der Wirklichkeit hervorgehe. Funktional wird Ideologie, die unbewusst entsteht, als verhüllende Rechtfertigung und Bestätigung von partikularen Interessen und Positionen, die sich gesellschaftl. nicht unmittelbar realisieren lassen. – Als *Verfahren der ↗ Interpretation* wird I., von der Geschichtlichkeit literar. Werke gefordert, da diese in ihrer ästhet. Bestimmtheit an Ideologischem notwendig Anteil haben: durch die Vorstellungsarten und Formenrepertoires der Entstehungszeit, die ihnen als Historizität eingeschrieben sind, und durch ihre ↗ Rezeption in jeweils zeitgenöss. Deutungsmustern und Interessenverflechtungen, die sich ihnen als Bedeutung geschichtl. anlagert. Weil der utop. Gehalt der Kunst kategorial zwar das Gegenteil ihres ideolog. Gehaltes ist, real aber nur in Verbindung mit diesem erscheint, trennt die ideologiekrit. vorgehende Interpretation das zeitl. Überholte vom geschichtl. Wirkenden und öffnet so erst, als Aneignung, den Raum für die jeweils mögliche Wahrheit und Gültigkeit der Kunst, setzt der vergangenen Faktizität immer neu die gegenwärtige und zukünft. Potentialität entgegen. Darum auch erfasst I. frühere Interpretationen, die, mit den Verfälschungen, zur Geschichte der Werke gehören. H

Iduna, f. [zu Idun(n) = altnord. Göttin, Gattin des Dichtergottes Bragi und Wächterin der goldenen Äpfel der ewigen Jugend], konservativ-idealist., naturalismusfeindl. Vereinigung Wiener Schriftsteller und Kritiker, 1891 (als »I. Freie dt. Gesellschaft für Literatur«) von P. Philipp, F. Lemmermayer u. a. gegründet; ihr Organ, ›I. Zs. für Dichtung und Kritik‹ erschien nur in 7 Nummern (1892–93); Mitglieder waren u. a. R. von Kralik, Marie Eugenie delle Grazie und R. Steiner. 1894 trat ein Teil der Mitglieder in die »Wiener (seit 1897:

»Dt.-Österr.«) Schriftstellergenossenschaft«
(Vorsitz bis 1900: A. Müller-Guttenbrunn) ein.
Diese und die 1904 aufgelöste I. wurden – ohne
profiliertes Programm und ohne breite Publikumswirkung – zum Sammelbecken heterogener konservativer und christl.-kath. Schriftsteller.   GG

Idylle, f. [von gr. eidyllion = kleines Bild, zu
eidos = Gestalt, Idee], die I. (so seit dem 18. Jh.
zunehmend statt der älteren, etymolog. kor-
rekteren Form ›das Idyll‹, n.) wurde in frucht-
barer Fehldeutung des griech. Grundbegriffs
durch die Jahrhunderte als ›kleines (Genre-)
Bild‹ definiert. Sie bez. *im weiteren Sinn* jede
Dichtung, die in räuml.-stat. Schilderung un-
schuldsvolle, selbstgenügsam-beschaul. Geborgenheit darstellt. – *Im engeren Sinne* ist die
I. eine zwischen Lyrik und Epik stehende literar. Gattung in der Nachfolge der Gedichte
Theokrits. Nach dessen berühmtesten Beispielen und im Anschluss an Vergils »Bucolica«
wurde der Begriff ›I.‹ seit der Renaissance synonym mit ↗ Ekloge und ↗ Schäfer- oder Hirtendichtung gebraucht. – Wie jedoch schon
Theokrits I.n nicht auf Bukolisches beschränkt
waren, so erfuhr die Gattung auch in der Neuzeit immer wieder themat. Erweiterungen.
Quellen der dt. I.n-Dichtung waren zunächst
neben Theokrit und Vergil v. a. Horaz und
Ovid, aber auch der bibl. Mythos vom Paradies, die Patriarchengeschichten und die Ver-
heißungen des Jesaja mit ihrer Nähe zum
griech.-röm. Mythos vom ↗ Goldenen Zeitalter, schließl. die neulat. Schäferpoesie der Humanisten. Die Dichter des *Barock* (z. B. M.
Opitz, G. R. Weckherlin, D. Czepko und die
Dichter des Nürnberger Dichterkreises, G. Ph.
Harsdörffer, J. Klaj u. a.) schufen eine weltl.-
gesellschaftl. *und* religiöse Schäferdichtung,
häufig in verfremdend allegor. Verwandlung
der Figuren in mytholog. Gestalten. Während
die geistl. Schäferdichtung mit dem Barock zu
Ende ging, wurde die weltl. als (z. T. erot.) Ge-
legenheitsdichtung im 18. Jh. fortgeführt (Ch.
Wernicke, C. E. Suppius, J. Ch. Gottsched).
Der Wandel zur galanten und *anakreont. I. des
Rokoko* lässt sich von B. Neukirch und J. Ch.
Rost zu J. W. L. Gleim, J. P. Uz, J. N. Götz, Ch. F.

Weisse und H. W. v. Gerstenberg verfolgen,
eine Linie, die weiter zu F. v. Hagedorn, Ch. F.
Gellert und dem jungen Goethe (»Die Laune
des Verliebten«) führt. – Eine zweite Entwick-
lungslinie der I. wird seit dem Ende des Barock (F. R. L. Canitz) durch eine *Tendenz zur
Land- und Naturdichtung* bestimmt, die mehr
und mehr, zumal unter dem Einfluss der Engländer J. Thomson und A. Pope, die Erkenntnis Gottes aus der Natur zum zentralen Motiv
erhob. Entscheidend ist für diese I.n eine neue
Vorliebe für konkrete Details. Die wichtigsten
Vertreter dieser Richtung, die die allegor. Na-
turpoesie durch eine reflek-
tierende ablösten, sind B. H.
Brockes, J. Tobler, J. F. W. Zachariae, A. v. Haller, E. v.
Kleist. Sie beeinflussten v. a.
Salomon Gessner, den be-
rühmtesten I.ndichter der
Empfindsamkeit. Erst mit
seinen »I.n« (1756) setzte
sich der Begriff ›I.‹ anstelle
von ›Ekloge‹ immer mehr
durch. Gessner fand seine
Kritiker in Herder und Goethe, die an der »malenden
Poesie« und den »höchst
verschönerten Empfin-
dungen« des moral.-arkad.

Geßner: »Idyllen«, Titelblatt,
1756

Ideals Gessners den Mangel
an »Naturwahrheit« beklagten, eine Kritik, in
der sich bereits der Weg zur realist. I. ankün-
digt. Goethe gestaltete die I. zunehmend als
Ausdruck notwend. Entsagung angesichts der
bedrohl. Zerrissenheit der Geschichte (»Her-
mann und Dorothea«, 1797). Schiller (»Das
Ideal und das Leben«, 1795) postuliert das
Idyllische als Darstellung einer mündigen, mit
der Kultur wie mit der Natur versöhnten zukünft. Menschheit. – Demgegenüber führt die
Betonung gegenwärt. Wirklichkeit bei Maler
Müller zu bewusster Irrationalisierung und
Entmoralisierung der Natur (vgl. seine bibl.,
heidn. und Pfälzer I.n, v. a. »Adam«; »Satyr
Mopsus«; »Das Nußkernen«, »Die Schaaf-
Schur«, »Der Christabend« 1774/75), bei J. H.
Voss zur sozialkrit. Anti-I. (»Die Pferde-
knechte«, 1775), zur sozialpädagog. Dialekt-I.

(»De Winterawend«, »De Geldhapers«, 1777/78), aber auch wieder zur idyll. Idealisierung der bäuerl. (»Die Bleicherin«, »Die Heumad« u. a.) und v. a. der bürgerl. Welt (»Der 70.Geburtstag«, 1780; »Luise«, 1783/84). Bes. Voss' bürgerl. I. stellt neue Topoi für die Idyllik (insbes. der poetae minores) des 19. Jh.s bereit (z. B. der Kaffeespaziergang). Wirklichkeitssinn, Daseinsfreude und lebendige Individualisierung führen bei J. P. Hebel zur iron.-moralisierenden ›Verbauerung‹ einer zugleich nüchtern diesseit. und eschatolog. Welt (»Die Vergangenheit«, »Der Wächter in der Mitternacht«, 1803), eine Entwicklung, die in die ↗ Dorfgeschichte mündet. – Der *Romantik* ist die I. im Grunde fremd (vgl. A. W. Schlegels Rezension der I.n von Voss im ›Athenäum‹, 1800); das Idyllische als Idee oder Kontrapunkt zum Dämon. verwenden aber z. B. L. Tieck oder E. T. A. Hoffmann. Das Bewusstsein einer Diskrepanz zwischen realem Weltzustand und der objektivierend-stat. Typisierung des I.nschemas führt seit Ende des 18. Jh.s zu *vielfält. gebrochenen I.ndichtungen.* Jean Paul z. B. erreicht, indem er die positive Konstituente seiner I.n in das Subjekt selbst verlegt (vgl. »Wutz«, 1790/91, »Quintus Fixlein«, 1794/95 u. a.) meist eine zugleich satir. Wirkung. Wo H. v. Kleist in seinen Novellen I.n im Geiste Rousseaus entwirft (z. B. im »Erdbeben in Chili«, 1807), geht es ihm letztl. um ihre gnadenlose Zerstörung. Auch E. Mörikes I.n verraten in dem dargestellten reinidyll. Zustand »die verbannten Dämonen« (Böschenstein; vgl. »Wald-I.«, 1837; »Die schöne Buche«, 1842; »I.n vom Bodensee«, 1846; weniger »Der alte Turmhahn«, 1840; ferner die idyll. Dinggedichte »Auf eine Lampe«, »Auf eine Uhr ...«, die idyll. Szenen in den »Bildern aus Bebenhausen« oder – mit zerstörer. Funktion – im »Maler Nolten«. – Möglichkeit und Grenze der I. im 20. Jh. offenbart Th. Manns selbstparodist. I., die sich nurmehr durch die Reflexion ihrer eigenen Fragwürdigkeit legitimiert (»Herr und Hund«, »Gesang vom Kindchen«). HD

Iktus, m. [lat. = Wurf, Stoß, Schlag, auch: Taktschlag], lat. Bez. für die durch verstärkten Druckakzent ausgezeichnete ↗ Hebung in den nach dem ↗ akzentuierenden Versprinzip gebauten Versen. K

Illusionsbühne, Typus der neuzeitl. Dekorationsbühne. Die I. versucht, die fiktionale räuml. Wirklichkeit des Dramas bei der szen. Aufführung mit den Mitteln der Architektur, der Malerei u. mit Requisiten auf dem Theater in illusionist. Weise zu vergegenwärtigen und als real vorzutäuschen. Ihre Entwicklung (Anfänge in der it. Renaissance) setzt die Entdeckung der Perspektive in der Malerei (Zentralperspektive mit einem Fluchtpunkt; später Winkelperspektive mit mehreren Fluchtpunkten oder Verschwindungspunkten), in der Bühnenarchitektur die Guckkastenbühne (Telari-System, später Kulissensystem) und eine ausgebaute ↗ Theatermaschinerie (Versenkungen, Flugapparate) und Bühnenbeleuchtung voraus. Die Blütezeit der I. fällt in das 17. und 18. Jh.; typ. sind idealisierte monumentale Architekturszenen und nach architekton. Gesichtspunkten gestaltete Ideallandschaften; Hauptvertreter sind L. Burnacini, F. und G. Galli da Bibiena und G. Servandoni. Im 19. Jh. strebt die I. histor. Genauigkeit und Realismus im Detail an (zunehmende Bedeutung der Requisiten); wichtige Vertreter der Bühnenkunst dieser Zeit sind J. Hofmann, die Gebrüder Brückner (Erfindung der Wandeldekoration) und E. Quaglio. Ihren Höhepunkt erreicht die realist. Bühnenkunst des 19. Jh.s im Naturalismus (z. B. Verwendung echter Bäume bei Landschaftsdarstellungen). – Gegenstück zur I. ist die in Klassizismus und Moderne bevorzugte ↗ Stilbühne. – ↗ Bühne, ↗ Bühnenbild. K

Imaginisten, m. Pl. [zu lat. imago = Bild], russ. Dichterkreis in Moskau, bestand etwa von 1919–1924, trat (z. T. im Gefolge des späten russ. ↗ Symbolismus) v. a. für die Reduzierung der poet. Aussage auf das *Bild* als wesentlichstem Element der Dichtung ein. Charakterist. für ihre Werke sind die Häufung dunkler Metaphern und heterogener (vulgärer und pathet.-erhabener) Bilder. Bedeutendster Vertreter (neben V. Šeršenévič, A. B. Mariengóf, A. Kusikov, R. Ivnev) war S. Jessenin (»Beichte eines Hooligan«, 1921).　　　IS

Imagismus, m. [engl. imagism zu image = Bild], anglo-amerikan. literar. Bewegung, ca. 1912–1917, angeregt durch die antiromant., ästhet.-philosoph. Reflexionen Th. E. Hulmes; repräsentiert v. a. von Ezra Pound, später Amy Lowell; daneben sind v. a. F. S. Flint, H. D. (= Hilda Doolittle) und R. Aldington zu nennen. Der I. richtete sich gegen eine im Konventionellen erstarrte lyr. Tradition (v. a. die ↗ Georgian poetry), aber auch gegen die abstrakte und utilitarist. Sprache des Alltags und der Wissenschaft. In Anthologien und Manifesten wurde die Konzentration auf *ein* Bild, Verzicht auf erzählende und reflektierende Elemente, Kürze und Präzision des Ausdrucks, Ausmerzung der konventionellen Rhetorik und Metrik, dafür Rückgriff auf freie Rhythmen und auf die Umgangssprache gefordert. Das imagist. Gedicht soll im Bild prägnant die Einsicht in das Wesen einer Erscheinung mit deren intellektueller und emotionaler Resonanz im Subjekt erfassen. Der I. markiert den Beginn der modernen engl. Lyrik. Auch nach Auflösung seiner Schule blieb seine Theorie aktuell und beeinflusste die weitere Entwicklung, insbes. T. S. Eliot. Die Kürze und die Beschränkung auf eine einzige Grundmetapher setzten dem rein imagist. Gedicht Grenzen, doch bleibt das *image* ein entscheidendes Bauelement auch der längeren, komplexen Gedichte Pounds und Eliots.　　　ED

Imitatio, f. [lat. = Nachahmung], Nachbildung *literar.* Muster, im Unterschied zur *Natur*nachahmung, der ↗ Mimesis (vgl. ↗ Poetik). Die I. als selbständ. Nachbildung vorbildhafter Stilhaltung und Formauffassung begegnet v. a. in klass. und klassizist. Epochen (röm. Klassik, frz. classicisme, ↗ Weimarer Klassik etc.), unselbständ. äußerl. I. in ↗ epigonaler Literatur, vgl. auch ↗ Aemulatio.　　　S

Imprese, f. [it. impresa = Unternehmen, Lebensmaxime, von imprendere = unternehmen], Kombination von Bild u. Sinn- oder Wahlspruch (↗ Devise, ↗ Motto), dessen oft el-

lipt. verkürzte oder (als ↗ Concetto) verschlüsselte Textfassung durch das Bild illustriert, meist erst erschlossen wird. Vgl. ↗ Emblem, das sich in seinen histor. Ausprägungen nicht eindeutig von der I. abgrenzen lässt. – I. n finden sich bereits bei den Griechen u. Römern (Münzen, Siegel), an den mal. (bes. frz.) Höfen (Heraldik) und erlebten im 16. u. 17. Jh. wie überhaupt die Emblematik eine Hochblüte in ganz Europa. Berühmte bildende Künstler u. Dichter entwarfen oder beschrieben I. n (Mantegna, Dürer, – Scève, Marot, Tasso, Marino, E. Spenser, Shakespeare u. v. a.). Die bedeutendste der zahllosen theoret. Abhandlungen und I. n-Sammlungen (in Dtschld. u. a. von Rollenhagen, Köln 1611–13) war der weit verbreitete »Dialogo delle I. militari e amorose« (Rom 1555) von Paolo Giovo. I. n finden sich heute noch z. B. als Verlagszeichen, Exlibris, Gedenkmünzen.　　　IS

Impressionismus, m., Bez. für eine Stilrichtung ursprüngl. der Malerei (nach einem Bild E. Monets »Impression, soleil levant«, 1872), die sich im letzten Drittel des 19. Jh.s (z. T. gegen heftige Ablehnung) zuerst in Frankreich, dann auch in den meisten anderen europ. Ländern durchsetzte. Der Begriff I. wurde bald auch auf entsprechende Strömungen der Literatur (ca. 1890–1910) und der Musik übertragen. – Der *Ausgangspunkt* des literarischen I. ist im Zusammenhang mit der Abkehr vom ↗ Naturalismus zu sehen, mit einer Abwendung vom Bereich des Politischen überhaupt und einem Rückzug auf Subjektivismus und Individualismus als einer Folge der Ablehnung der in Politik und Wirtschaft von Imperialismus und Kapitalismus bestimmten Wirklichkeit, z. T. auch einer bewussten Gegenwendung gegen nationalist. Strömungen bes. im Bereich der ↗ Trivialliteratur. Der programmatische Versuch einer Überwindung des Naturalismus negiert dessen weltanschaul. Grundlagen, übernimmt aber das im sog. ↗ Sekunden-Stil dem I. bereits nahekommende Stilideal der Detailtreue, der größtmöglichen Genauigkeit der dichter. Schilderung und verfeinert die naturalist. Stilmittel zum Sensualistischen hin. Ins *Zentrum* rückt der sinnlich-subjektive Eindruck, der einmalige, unverwechselbare Augenblick, der flüchtige Reiz, der in allen seinen subtilen Nuancen und Differenzierungen mit höchster Präzision und Intensität wiedergegeben werden soll. Die Isolierung der subjektiven, nicht begriffl. analysierten Empfindung, der seel. Erregung führt (hinsichtl. der Phänomene) zur Auflösung der dingl. Einheit in eine Folge von Reizwirkungen, zur fortschreitenden Entmaterialisierung der nur noch in Stimmungen wahrnehmbaren Welt und dementsprechend *in der literar.* Gestaltung zum Verlust einer auch das Geschichtliche und ein begriffl.-konstruktives Denken einbeziehenden Perspektive, zum Verzicht auf Darstellung und Deutung der Wirklichkeit als eines komplexen, ganzheitl. Gefüges, ein Umstand, der dem I. bald den Vorwurf der Oberflächlichkeit, der Verhaftung an das Äußerliche und Vordergründige eintrug. Der Diskreditierung des rationalen Moments der Sprache gegenüber ihrer Suggestivkraft korrespondiert *im formalen Bereich* die Vernachlässigung der konstruktiven oder kompositor. Elemente der dichter. Gestaltung zugunsten der Aneinanderreihung von Bildern, weiter die Vorliebe für bestimmte Stilmittel: ↗ Parataxe, ↗ erlebte Rede, ↗ Lautmalerei, ↗ Synästhesie, ↗ freie Rhythmen. Im *Inhaltlichen* dominieren Unbeschwertheit, Heiterkeit, die farbig-sinnl. Atmosphäre (mit einer offenen Neigung zu Pikanterie und Frivolität); typ. ist ferner das Zurücktreten der äußeren Handlung, eine gewisse Geringschätzung für eth.-prakt. Wertung und Zielsetzung und die weitgehende Distanzierung von sozialen Problemen. Die Tendenz zu Pointe und Aphorismus entspricht der Bevorzugung kurzer und konzentrierter Dichtungstypen: ↗ Skizze und ↗ Novelle, (lyr.) Einakter, bes. aber Lyrik (erst später vereinzelt längere Romane). – Als *Vorläufer* des I. in Frankreich gelten Ch. Baudelaire, P. Verlaine, die Brüder Goncourt; *Hauptvertreter* sind dann J.-K. Huysmans, A. France, M. Barrès, H. de Régnier, M. Proust; *in Belgien* M. Maeterlinck, *in Italien* G. D'Annunzio, *in England* O. Wilde; *in Dänemark* J. P. Jacobsen, H. Bang; *in Norwegen* K. Hamsun; *in Russland* A. Tschechow; *in Deutschland* die Lyriker D. v. Lilien-

cron, M. Dauthendey, R. Dehmel, mit Einschränkung A. Holz, der frühe R. M. Rilke und der frühe H. v. Hofmannsthal (auch als Dramatiker, ebenso wie A. Schnitzler, O. E. Hartleben), die Romanschriftsteller E. v. Keyserling, R. Beer-Hoffmann, z. T. H. und Th. Mann; impressionist. Skizzen stammen in großer Zahl von P. Altenberg und P. Hille, in die literar. Kritik fand der I. Eingang bei A. Kerr. GMS

Incipit [lat. = es beginnt], erstes Wort der Anfangsformel, die in ↗ Handschriften oder Frühdrucken anstelle des (späteren) ↗ Titels den Beginn eines Textes anzeigt, z. B. »Incipit comoedia Dantis Alagherii, Florentini natione, non moribus«; dann, ähnlich wie ↗ ›Initia‹, Bez. für die Anfangsformel selbst. Vgl. auch ↗ explicit. HSt

Incrementum, n. [lat. = Wachstum, Zunahme], ↗ rhetor. Figur der emphat. Steigerung: Benennung eines Sachverhalts durch mehrere, von unten graduell aufsteigende Aussagen, z. B. »sie lachten des Fürsten, und der Könige spotteten sie« (Klopstock, »Messias«); »Wenn sie vergiftet, tot ist, eingesargt ist« (H. v. Kleist, »Käthchen v. Heilbronn«). Sonderform der ↗ Klimax (häufig mit der Gradatio gleichgesetzt); Mittel der ↗ Amplificatio. HSt

Index, Pl. Indices, m. [lat. indicare = anzeigen], 1. alphabet. Namen-, Titel-, Schlagwort- oder Sachwörter-Verzeichnis, ↗ Register am Schluss eines Buches oder als gesonderter Band.
2. I. Romanus (röm. I.) oder I. librorum prohibitorum (lat.), Verzeichnis verbotener Bücher, die nach Meinung der kath. Kirche gegen die Glaubens- und Sittenlehre verstoßen und von Katholiken weder gelesen noch aufbewahrt, herausgegeben, übersetzt oder verbreitet werden dürfen (es sei denn mit päpstl. Erlaubnis). Eingeführt von Papst Paul IV. 1559, seit dem Tridentinum (1564) feste Einrichtung, die nach wechselnden Normen von einer I.-Kongregation laufend revidiert wurde; letzte Revision 1948 (Ergänzungen 1954: ca. 6000 indi-

zierte Autoren oder Werke). Nach dem 2. Vaticanum außer Kraft gesetzt (1966). Indiziert wurden Autoren mit ihrem Gesamtwerk (opera omnia, z. B. noch 1948: G. Bruno, Voltaire, B. Croce, Zola, A. Gide, Sartre) oder bestimmten Teilen ihres Schaffens (z. B. omnes fabulae amatoria u. a. von G. Sand, Dumas père et fils, Stendhal, D'Annunzio) und Einzelwerke von sonst ›unbedenkl.‹ Autoren (z. B. von Pascal, Rousseau, Kant, Lessing, L. Sterne, S. Richardson, Lamartine, Heine, Lenau, Flaubert, D. F. Strauß, H. Bergson u. v. a.), schließlich auch die Encyclopédie von Diderot und d'Alembert, eine große Zahl religionsgeschichtl. und religionskrit. Schriften und nicht-autorisierte ↗ Bibelübersetzungen. 3. In der Semiotik nach Ch. S. Peirce ein Zeichen, das zum Bezeichneten in einem Kausalzusammenhang steht (Rauch für Feuer), nach M. Bense Zeichen zw. Ikon (durch Ähnlichkeit auf das Bezeichnete bezogen, z. B. Porträt) und Symbol (nur durch Konvention dem Bezeichneten zugeordnet, z. B. Staatswappen).   IS

Indianerbücher, *allgem.* literar. Werke über Land und Kultur der Indianer, z. B. Berichte von Reisenden, Missionaren, Wissenschaftlern seit der Entdeckung Amerikas. Im engeren *Sinne* die seit etwa 1820 entstandenen Reise-, Abenteuer- und ethnograph. Romane, die ein realist. Bild der eigenständ. Kultur und der harten Wirklichkeit der Indianer und ihres Existenzkampfes gegen die Weißen entwickeln und die tendenziös idealisierten idyll. Indianerdichtungen des 17. und 18. Jh.s (↗ Exotismus) ablösten (wobei jedoch zunächst immer noch, evtl. bedingt durch die Kulturkritik des Jungen Deutschland, die Indianer als heroisch, ihre Heimat als Land der Freiheit verklärt erscheinen). *Erster Vertreter und Vorbild* für zahlreiche nachfolgende I. ist J. F. Cooper (»Lederstrumpfgeschichten«, 1823–45); aus der Fülle der (z. T. wie K. Mays »Winnetou«-Romane, 1893–1910, der Trivial- oder Unterhaltungsliteratur angehörenden) I. sind zu nennen: die Romane von Ch. Postl-Sealsfield (»Tokeah«, »Der Legitime u. die Republikaner«, beide engl. 1828, dt. 1833 u. a.), F. Gerstäcker (»Flußpiraten des Mississippi«, 1848

u. a.), O. Ruppius, A. Strubberg, B. Möllhausen (»Der Halbindianer«, 1861), im 20. Jh. bes. von O. La Farge (»Laughing Boy«, 1929 u. a.), M. Sandoz (»Crazy Horse«, 1942 u. a.) und die vielfältigen, heute vorwiegend völkerkundl. und völkerpsycholog. ausgerichteten I. für die Jugend, z. B. von F. v. Gagern (»Der Marterpfahl«, 1925, »Der tote Mann«, 1927), F. Steuben (»Tecumseh«-Serie, 10 Bde. 1930–51), R. Daumann (»Tatanka Yotanka«, 1956) u. v. a. IS

Indirekte Rede, Wiedergabe der Worte eines Sprechenden in einem von einem Verb (des Sagens o. a.) eingeleiteten Objektsatz, formal gekennzeichnet durch den Gebrauch des Konjunktivs: Er behauptet, der Mann sei krank. Aussagen in indirekter R. mit pronominalem Subjekt in der 3. Person können mehrdeutig sein: der Satz »er behauptet, er sei krank« kann in ↗ direkter Rede heißen (er behauptet): »Ich bin krank« oder »Er ist krank«.
                                              ED

Individualstil, auch: Persönlichkeits- oder Personalstil, s. ↗ Stil.

Informationsästhetik, Zeichenästhetik, in der auf informationstheoret. Grundlage Ansätze zur numerischen Analyse von Kunst entwickelt werden. Das Kunstwerk wird begriffen als dargestellte ästhet. Information. Die ästhet. Realisation wird hier als *ästhetische Information* von der semantischen unterschieden d. h. sie wird als ein Zeichenarrangement entwickelt, in dem die Zeichen als pure Anordnungsfaktoren, nicht als Bedeutungen, aufgefasst werden. Der ästhet. Prozess der Verteilung und Anordnung von Zeichen wird als Gegenprozess zum physikalischen verstanden; zu beider Darstellung werden die mathemat. Mittel der statistischen Mechanik verwendet. Im Gegensatz zu thermodynam. Prozessen (Kennzeichen: Regelmäßigkeit, Wahrscheinlichkeit und Gesetzmäßigkeit) beruhen Informationsprozesse auf statist. Unwahrscheinlichkeit der Verteilung; Originalität und Innovation sind hier bestimmende Momente. Um die Unwahrscheinlichkeit der partikularen Anordnung der Zeichen im ästhet. Prozess nicht so groß werden zu lassen, dass ihre Wahrnehmbarkeit und damit ihre Realisation verlorengeht, ist Redundanz nötig. Das Kunstwerk gewinnt ästhet. Wert nicht nur durch Originalität, sondern auch durch seinen ›Stil‹: im Stil werden die bereits bekannten Momente der ästhet. Information sichtbar. Der ästhet. Zustand eines Kunstwerkes lässt sich so als ein Verhältnis zwischen der Redundanz seines Stils und der Information seiner Originalität darstellen: ÄZ = Redundanz/Information. ↗Texttheorie.   EE

Initia, n. Pl. [lat. = Anfänge], Bez. f. die Anfangswörter von Texten; sie dienten, solange noch keine Buch-Überschriften (Titel) üblich waren (also bes. bei antiken und mal. Handschriften und bei Frühdrucken) zur Identifikation. I. wurden z. B. zur Katalogisierung von Handschriften zu Registern zusammengestellt (Initienverzeichnis). Vgl. ↗Incipit.   HSt

Inkonzinnität, f. [lat. inconcinnus = ungeschickt, ungereimt], rhetor. Bez. für Unebenheit im Satzbau (Mangel an ↗Konzinnität), kann als Fehler, aber auch als bewusster Kunstgriff zur Vermeidung von Gleichförmigkeit in der Reihung von Satzgliedern (↗Parallelismus) gelten.   S

Inkunabeln, f. Pl. [lat. Incunabula = Windeln, Wiege; erster Anfang], auch: Wiegendrucke. Die aus den Anfängen der Buchdruckerkunst bis zum Jahr 1500 stammenden Druckwerke. Da auch die ersten Produkte der Lithographie, der Radierung, des Kupferstichs oft als I. bezeichnet werden, ist für die eigtl. Bedeutung der Terminus ›Wiegendrucke‹ vorzuziehen. I. können ganze Bücher, aber auch ↗Einblattdrucke sein. Ihre Auflage betrug im Durchschnitt einige hundert Exemplare; die Gesamtzahl der noch existierenden I. ist bislang nicht auszumachen. Anfänge der Katalogisierung: Cornelius à Beughem, »Incunabula Typographiae« (1688), bes. G. W. Panzer, »Annales typographici ...« (1793 u. 1803) u. L. Hain, »Repertorium bibliographicum« (1826–38). Ihrer Seltenheit, aber auch ihrer typograph. Schönheit wegen (die zugrundeliegende

Handschrift ist meist getreu nachgebildet) wurden die I. zu gesuchten Sammlerobjekten. Bedeutende Sammlungen in den Bibliotheken von Paris, London, München u. der USA.   MS

Innere Emigration, von Frank Thieß 1933 geprägte, bes. nach 1945 öffentl. diskutierte Bez. für die polit.-geist. Haltung derjenigen Schriftsteller, die während des ›Dritten Reiches‹ in Deutschland ausharrten und mit den ihnen verbliebenen literar. Möglichkeiten *bewusst* gegen den Nationalsozialismus Widerstand leisteten. Die Ausweitung der Bez. auf die Haltung solcher Schriftsteller, die in dieser Zeit verstummten (»Rückzug ins Schweigen«), sich in unverbindl.-ästhet. Bereiche flüchteten oder gar auf grundsätzl. unpolit.-bürgerl.-restaurative Schriftsteller (nach Bergengruen: »nicht-nationalsozialist. im Ggs. zu anti-nationalsozialist.«), ist problematisch. Mittel der literar. Opposition war fast nur die ↗Camouflage, d. h. die chiffrierte Aussage, welche das Einverständnis des Lesers und dessen Fähigkeit, ›zwischen den Zeilen‹ zu lesen, voraussetzte. Geeignet dafür waren bes. histor. und kulturgeograph. Themen, als Parallelen und Gegenbilder gestaltet in (↗histor.) Romanen, Biographien, Essays, Buchbesprechungen usw. Benutzt wurde auch die ambiguose Metaphorik der Lyrik: zahllose Gedichte, oft illegal gedruckt, liefen in Abschriften um. Charakterist. für die meisten Werke der i. E. ist die konservative Stil- und Formhaltung (für künstler. Experimente fehlte der Freiheitsraum) und die moral.-eth. Ausrichtung (Appelle an Gewissen und Widerstandskraft). – Solchen versteckten kulturpolit. Widerstand leisteten einige *Zeitschriften*; so die ›Dt. Rundschau‹ (bis 1942: Verhaftung des Hrsg.s R. Pechel, Mitarbeiter u. a. H. Fügel, E. Schaper, Reinh. Schneider, O. v. Taube; zu den mutigsten Artikeln zählen Pechels Besprechung des Buches von Solonewitsch, »Die Verlorenen«, 1937, der sog. »Sibirienartikel«, oder E. Samhabers histor. Essay »Francisco Solano Lopez. Bild eines Tyrannen«, 1941), die ›Neue Rundschau‹ (bis 1944: Verhaftung des Hrsg.s P. Suhrkamp, Mitarbeiter u. a. Th. Heuß, F. Schnabel, R. A. Schröder, W. Lehmann, O. Loerke, F. G. Jünger), ferner die ›Frankfurter Zeitung‹ (Verbot 1943) durch ihr Feuilleton (Max v. Brück; Mitarbeiter u. a. St. Andres, E. Langgässer, W. Bergengruen, M. L. Kaschnitz, H. Lange, G. Storz), ihr ›Literaturblatt‹ (W. Hausenstein) und ihre »Seite 3« (D. Sternberger, B. Reifenberg). Zeitschriften des polit. bzw. kirchl. Widerstandes waren ›Widerstand‹ (bis 1937: Verhaftung des Hrsg.s E. Niekisch), ›Hochland‹ (bis 1941: Verhaftung des Hrsg.s K. Muth) oder die ›Stimmen der Zeit‹ (bis 1941). *Die i. E. wählten* z. B. W. Bergengruen (hist. Romane, u. a. »Der Großtyrann und das Gericht«, 1935, »Am Himmel wie auf Erden«, 1940, Novellen, Gedichte, bes. »Dies irae«, 1944), Reinhold Schneider (Romane, u. a. »Las Casas vor Karl V.«, 1938; Essays, Gedichte), F. P. Reck-Malleczewen (Wiedertäuferroman »Bockelson«, 1937), F. Thieß (Romane, u. a. »Das Reich der Dämonen«, 1941), J. Klepper (Selbstmord unter polit. Druck 1942; Roman »Der Vater«, 1937, »Königsgedichte«, »Geistl. Lieder«, 1941), E. Wiechert (Roman »Der weiße Büffel«, 1937, bes. auch »Der Dichter und die Zeit«, Münchner Universitätsrede, 1935), A. Haushofer (hingerichtet noch April 1945; histor. Dramen und als bedeutendste Lyrik der i. E. die »Moabiter Sonette«, hrsg. 1946), ferner die Lyriker R. A. Schröder, R. Hagelstange, D. Bonhoeffer (hingerichtet April 1945), R. Huch (»Herbstfeuer«, 1944), F. Kemp, H. Leip u. v. a. – Eine *Sonderstellung* nehmen ein: G. Benn (scharfe, wegen Publikationsverbot unveröffentl. antinazist. Äußerungen seit 1934, vgl. »Stat. Gedichte« seit 1937, gedr. 1948; »Die Kunst u. das Dritte Reich«, Essay entst. 1941, »Block II, Zimmer 66«, entst. 1943/44, Teil seiner Autobiographie, 1950) und F. Jünger (sein Roman »Auf den Marmorklippen«, 1939, gilt teilweise als Hauptwerk der i. E.).   IS

Innere Form, auf Plotin zurückgehender Begriff (gr. endon eidos) für die geist. Bedingtheit der Welt der Erscheinungen. Der Begriff wurde im 18. Jh. von Shaftesbury aufgenommen zur Bez. der bildenden Kräfte, welche die Gestaltwerdung in Natur und Kunst bewirken (inward form and structure) und fand über J. G. Herder Eingang in die dt. geistesge-

schichtl. Terminologie (Sturm und Drang, Goethe, Schiller, Romantik). I. F. wird, nicht immer scharf differenziert, in zweifachem Sinne verwendet:
1. *autorbezogen* für das geist. Urbild, das in der Seele des Schaffenden von der Gestalt des Kunstwerkes sich bilde und das umfassender und vollkommner sei als das ästhet. Gebilde, das bei der Umsetzung in die äußere Gestaltsphäre Reduktionen unterliege. Die i. F. kann in diesem Sinne als künstler. Vision (Walzel), als das geist. Bild hinter dem ästhet. Phänomen aufgefasst werden.
2. *objektbezogen* meint i. F. die einem ästhet. Material innewohnende gesetz- oder naturgemäß vorgegebene geist. Formstruktur, die seine äußere Gestalt vorbestimmt; nach dieser organ. Kunstauffassung lassen sich künstler. Stoffe und Gehalte nicht beliebig in vorgegebene »überpersönl.« Formtypen (Goethe) umsetzen. ↗ Form.   S

Innerer Monolog, Erzähltechnik, die wie die verwandte ↗ erlebte Rede den Bewusstseinsstand einer Person unmittelbar wiederzugeben sucht. Geschieht dies in der erlebten Rede unter Beibehaltung des ep. Imperfekts und der 3. Person, verwendet der i. M., als stummer Monolog ohne Hörer, Ich-Form und Präsens. Sein bes. Gepräge erhält der i. M. in der Wiedergabe des Bewusstseinsstromes (↗ *stream of consciousness*, eine amorphe Folge von Bewusstseinsinhalten). Diesen versucht der i. M. literar. zu gestalten durch lückenlose Darstellung (Erzählzeit länger als erzählte Zeit) sowie Lockerung der Syntax (einfachste unverbundene Aussagesätze) bis hin zu deren Auflösung (in- und übereinandergeblendete Satzfragmente, ↗ Simultantechnik). – Erste Experimente mit dem i. M. finden sich schon gegen Ende des 19. Jh.s bei W. M. Garschin (»Vier Tage«, 1877), E. Dujardin (»Les lauriers sont coupés«, 1888), H. Conradi (»Adam Mensch«, 1889), A. Schnitzler (»Lieutenant Gustl«, 1901); der i. M. ist dann Bestandteil oder Gesamtstruktur der großen Romane von J. Joyce (»Ulysses«, 1922), V. Woolf (»To the lighthouse«, 1927 u. a.), M. Proust (»À la recherche du temps perdu«, 1913–27), W. Faulk-

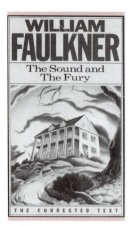

Faulkner: »The Sound an the Fury«

ner (»The sound and the fury«, 1929 u. a.), A. Döblin (»Berlin Alexanderplatz«, 1929), Th. Mann (»Lotte in Weimar«, 1939), H. Broch (»Der Tod des Vergil«, 1945 u. a.). – Die rasche Entwicklung und Ausbreitung des i. M.s spiegelt zwei moderne Tendenzen der ep. Formen wider: 1. Die Aufgabe eines geschlossenen Weltentwurfs zugunsten der Darstellung der Welt als Reflex im Subjekt (›Verinnerung‹ des Erzählens) und 2. die weitgehende Problematisierung der Identität und Geschlossenheit des Subjekts selbst. ED

Innerlichkeit, Geisteshaltung, die aus einer Flucht aus der polit. und sozialen Wirklichkeit resultiert (↗ Elfenbeinturm). – Erste Ansätze einer I. finden sich in der mal. Mystik, in der auch der Begriff geprägt wurde (Innerkeit). I. kennzeichnet v.a. die Geisteskultur des dt. Bürgertums nach den Enttäuschungen und polit. Frustrationen im Gefolge der Frz. Revolution und den späteren vergebl. Erhebungen und Reformversuchen in der 1.Hälfte des 19. Jh.s. In der Literatur trat zum Rückzug aus der Welt des Äußeren eine ausgesprochene Betonung des Gemüthaften, Idyllischen (↗ Biedermeier: Ideal einer inneren Freiheit gegenüber der banalen Realität, vgl. z.B. W. Raabe, »Stopfkuchen«). – Neuerl. Tendenzen eines Rückzugs in die I. der Subjektivität und Privatheit ist in der jüngsten dt. Literatur zu beobachten, wenn auch mit unterschiedl. Motivationen. Gemeinsam ist die Entdeckung des Ich als eines entscheidenden Bezugspunktes für geist.-literar. Verständigung als Reaktion auf enttäuschende gesellschaftl. Wirklichkeit: Das Ziel einer ichbezogenen Selbstfindung erschien als eine Form der verdrängten Kritik, in der DDR allerdings durchaus aus gesellschaftl. Engagement (Ch. Wolf), in der Bundesrepublik mehr aus Resignation über die Wirkungslosigkeit gesellschaftstheoret. Programme (B.

Strauß). Gemeinsam ist die Wiederentdeckung der Lyrik als eines gefühlsorientierten Mediums. S

Inquit-Formel [zu lat. inquit = er sagte], das in die direkte Rede eines Textes vom Erzähler eingeschobene »sagte er«, »sprach er« und seine stilist. Varianten; fehlt sie, nähert sich die Erzählung dem ↗ Dialog des Dramas (z. B. die Rahmenerzählung von Goethes »Unterhaltungen deutscher Ausgewanderten«). Nach ausführlicher I. wird, bes. im 18./19. Jh., ihr vorausgehende Redeteil wiederholt: »›Nun, alter Franz‹, *fing der Großonkel an, indem er sich im Vorsaal den Schnee vom Pelze abklopfte, ›nun, alter Franz, ist alles bereitet ...‹?«* (E. T. A. Hoffmann, »Das Majorat«). In älteren, zum mündl. Vortrag bestimmten Verstexten steht die I. zuweilen außerhalb des metr. Rahmens. HSt

Inreim, Reim eines Wortes im Versinnern mit dem Wort am Versende: z. B. »*O Sonne der Wonne*« (Fleming); ↗ Zäsurreim, ↗ Binnenreim. S

Inschrift, Schrift- (und Sprach-)Denkmal (gelegentl. mit bildl. Darstellung verbunden), das im Unterschied zu literar. Texten (auf Papyrus, Pergament, Papier) in d. Regel auf Stein, Holz, Knochen, Ton eingegraben (geritzt) ist (selten in erhabener Schrift). Nach dem Verwendungsbereich werden unterschieden: a) *Bau-I.en* an und in Kirchen, auf Glocken, Burgen, Stadtmauern, an und in öffentl. und privaten Häusern. b) *I.en auf Gegenständen*: Hausgeräte, Waffen, Minnekästchen, Teppiche, Bilder usw.; auch in mhd. Dichtung erwähnt, vgl. die Gürtel-I. bei Albrecht von Halberstadt (Metamorphosen VI,576). c) *Grab-I.en*, auch I.en auf Totenbrettern, Marterln, Steinkreuzen, wiederum auch in mhd. Dichtung erwähnt, vgl. Grahmurets Grab in »Parzival« Wolframs v. Eschenbach. – Auftraggeber waren im MA. v.a. die Kirche und der Adel, erst seit der frühen Neuzeit auch das Bürger- und Bauerntum. – Die *älteste germ. I.* ist die I. auf dem Helm B von Negau in einem nordetrusk. Alphabet (2. Jh. v.–1. Jh. n.Chr.).

I.en mit ↗ Runen (wie auf der Lanzenspitze von Wurmlingen, 7. Jh.) waren in Mitteleuropa nicht so häufig wie in Nordeuropa. Die *mal.* *I.en* auf dt. Boden knüpfen nicht an Runen-I.en an, sondern an röm. I.en-Traditionen: Bis ins 14. Jh. herrscht Kapital- bzw. Majuskelschrift vor, danach die got. Minuskel; erst im 15. Jh. wird, unter dem Einfluss von Humanismus und Renaissance, die röm. Kapitale wieder aufgenommen, seit dem 16. Jh. dringt Fraktur vor. I.en sind meist in Prosa, gelegentl. auch in Reimversen, bis ins 14. Jh. vorwiegend in lat. Sprache, danach finden sich mehr und mehr auch dt. I.en; sie überwiegen nach 1500. – Dt. I.en bis 1650 werden vom Kartell der Vereinigten dt. Akademien publiziert (seit 1935). Die wissenschaftl. Erforschung der I.n leistet die I.enkunde und Epigraphik.   GG

Institutionen, f. Pl. [lat. institutio = Anweisung, Unterricht], in der röm. und mal. Literatur Bez. für systemat., für den Anfänger gedachte Einführungen in verschiedene Wissensgebiete, z. B. Quintilians Einführung in die Rhetorik »Institutio oratoria« (1. Jh.) oder Cassiodors Grundbuch mal. Bildung »Institutiones divinarum ac saecularum litterarum« (6. Jh.) und v. a. die I. der Rechtswissenschaft (u. a. »Institutiones seu elementa« (533 n. Chr. im Auftrag Kaiser Justinians entstandene Einführung in die Jurisprudenz, Teil des »Corpus iuris civilis«). ↗ Isagoge, ↗ Kompendium.   GG

Inszenierung, f., Einrichtung und Einstudierung eines Bühnenstückes (Schauspiel und Oper) für eine Aufführung auf dem Theater. Die I. umfasst die Bearbeitung des Stückes (↗ Bühnenbearbeitung, ↗ Bühnenmanuskript), die Besetzung der Rollen, die Herstellung von Bühnenbild und Kostümen, die Regie (Wortregie, Bewegungsregie, Szenenregie); hinzu kommt gegebenenfalls die musikal. Einstudierung. In der Regel wirken bei einer I. Intendanz, Dramaturg, Regisseur, Bühnenbildner, Kostümbildner, ggf. auch Dirigent und Chorleiter zusammen; häufig werden auch mehrere dieser Funktionen von einer Person wahrgenommen, heute meistens vom Regisseur (z. B. Wieland Wagner, Formel: »Regie und I.«), ge-

legentl., bei Opernaufführungen, auch vom Dirigenten (z. B. G. Mahler, F. Mottl, H. v. Karajan). ↗ Regie.   K

Intelligenzblätter [von lat. intelligentia = Kenntnis, engl. intelligence = Nachricht, Anzeige]; Form der period. Presse, ursprüngl. ein- oder mehrmals wöchentl. erscheinende (in privaten Anzeigenkontoren zusammengestellte) Listen von Kauf- und Verkaufsangeboten, dann halboffizielles oder amtl. Publikationsorgan für Gesetze und Bekanntmachungen. – Das erste dieser Kontore wurde 1630 in Paris von Théophraste Renaudot gegründet; seine seit 1631 mehrmals wöchentl. erscheinende ›Gazette‹ wurde unter Mazarin offizielles Publikationsorgan für Kabinettsbeschlüsse und königl. Erlasse. – Das *1. dt. I.blatt* erschien in Frankfurt a. M. 1722 (»Wöchentl. Frankfurter Frag- und Anzeigungsnachrichten«, spätere »Frankfurter Nachrichten«), es folgten Hamburg 1724, Hanau 1725, Berlin 1727, Wien und Halle 1729 u. a. Die dt. I. waren *amtl.* Publikationsorgane, dienten mit ihrer »Förderung von Handel, Gewerbe und Landwirtschaft durch Organisierung des Markts« (Groth) dem merkantilist. Wirtschaftssystem des Feudalabsolutismus; ihre Einnahmen durch Insertionsgebühren (Einrückgebühren; anfangs auch Vermittlungsgebühren bei Zustandekommen eines Geschäfts) kamen öffentl. Einrichtungen des Sozialwesens (Waisenhäuser, Spitäler, Armenhäuser, Invalidenkasse) zugute. In Preußen und Österreich galt der Insertions- oder »Intelligenz«-Zwang (Monopol der Publikation bzw. Erstpublikation von Anzeigen; gegen die nicht der Regierung gehörenden polit. Zeitungen gerichtet), in Preußen auch der Bezugszwang (für Behörden, Gymnasien, Apotheker, Ärzte, Kirchen und Juden usw.). Neben privaten Anzeigen und amtl. Bekanntmachungen enthielten die I. Behördenverwaltungsberichte, Verzeichnisse der Geburten, Eheschließungen, Taufen und Todesfälle, Nachrichten aus Handel und Verkehr (z. B. Marktpreise); aufgelockert wurden die Nachrichten durch einen redaktionellen Teil, für den u. a. Universitätsprofessoren allgemeininteressierende Artikel über

Kunst, Wissenschaft und Politik verfassen mussten. – Das I.blatt als oftmals einzige Zeitung des einfachen Mannes stellte die Verbindung zwischen dem absolutist. Staatswesen und seinen Untertanen her. – Mit wachsendem polit. Interesse und freier wirtschaftl. Entfaltung bzw. mit dem Aufkommen der Lokalpresse nach der Napoleon. Zeit ging das Anzeigenwesen allmähl. auf die polit. Zeitungen über. Den öffentl.-rechtl. Charakter verloren viele I., als in der 1. Hälfte des 19. Jh.s das amtl. Bekanntmachungswesen an eigene Regierungs- und Amtsblätter (offizielle Presse) übergeben wurde.   GG

Interiẹctio, f. [lat. = Einwurf], auch: Interjektion, ↗ rhetor. Figur: in einen Satzzusammenhang eingeschobener Ausruf:»Spricht die Seele, so spricht, *ach!* schon die Seele nicht mehr« (Schiller,»Votivtafeln«), oft mit Wiederholung des letzten vorangehenden Satzglieds. Bei größerem Umfang nähert sich die I. der ↗ Parenthese; vgl. auch ↗ Exclamatio. HSt

Interlineạrversion, f. [zu lat. inter = zwischen, linea = Zeile, versio = Wendung], zwischen die Zeilen eines fremdsprach. Textes geschriebene Wort-für-Wort-Übersetzung ohne Rücksicht auf grammat. oder idiomat. Unterschiede zwischen dem Grundtext und der Übersetzung, Weiterbildung der interlinearen Glossierung nur einzelner Wörter (Interlinear-↗ Glossen). In ahd. Zeit waren I.en die ersten und ältesten Stufen der Übersetzung und Aneignung lat. Texte in der Volkssprache. Man unterscheidet unzusammenhängende *Teil-I.en* (St. Pauler Lukasglossen, spätes 8. Jh., Reichenau), durchgehende *Prosa-I.en* (ahd. Benediktinerregel, um 800, St.Gallen) und, als Sonderfall, *dichter. I.en* mit stilist.-rhythm. Gestaltung (Murbacher Hymnen, frühes 9. Jh., Reichenau). Die I.en sind z. T. auch unabhängig von dem lat. Text überliefert, zu dem sie ursprüngl. gehörten.   HSt

Ịnterlude, n. [ˈɪntəluːd; engl. = Zwischenspiel, v. lat. inter = zwischen, ludus = Spiel], dramat. Form des engl. Theaters Ende 15. u. 16. Jh.: vorwiegend kurzes Stück, formal noch den mal. ↗ Moralitäten nahestehend, themat. jedoch stärker verweltlicht, oft von burlesker Komik (Rückgriffe auf die lat. Komödie), häufig mit Musik. Gilt als Vorform des neueren engl. Dramas, insbes. der Komödie, durch seine Neuerungen u. Experimente auch von gewissem Einfluss auf das elizabethan. Drama allgem. Hauptvertreter: H. Medwall (»Fulgens and Lucres«, 1495,»Thersites«, 1537) und bes. J. Heywood (»The play of the Weather«, gedruckt 1533). Aufgeführt wurden die I.s v. a. bei Hof, in den Hallen des Adels und in den Colleges. – Die Bez. ›I.‹ lässt drei Möglichkeiten für den Ursprung der I.s offen: sie waren entweder ↗ Zwischenspiele in den Pausen bei Banketten und Festlichkeiten oder zwischen den Akten längerer Schauspiele (vgl. ↗ Entremés, ↗ Intermezzo) oder drittens ein Spiel»zwischen« zwei oder mehreren Darstellern.   MS

Interlụdium, n. [aus lat. inter = zwischen, ludus = Spiel], ↗ Zwischenspiel, vgl. auch ↗ Zwischenakt, ↗ Intermezzo, ↗ Interlude.

Intermẹdium ↗ Intermezzo.

Intermẹzzo, n., Pl. Intermẹzzi [it., von lat. intermedius = in der Mitte, dazwischen], auch: Intermedium, ↗ Zwischenspiel des it. Renaisanceschauspiels; ursprüngl. wie der span. ↗ Entremés u. das engl. ↗ Interlude wohl Unterhaltung zwischen den einzelnen Gängen eines Banketts; im 15. u. 16. Jh. dann *musikal. und szen.-dramat. Einlage* zwischen den einzelnen Akten oder Teilen von Tragödien und Komödien (auch von ↗ Mysterien u. a.); zunächst Vokal- oder Instrumentalmusik (Madrigale, Chöre), dann v. a. Masken- und andere Schautänze, Pantomimen, allegor. -mytholog. Szenen, realist. Possen usw. Durch Ausstattungsprunk und vielfält. Bühneneffekte (Illuminationen, Feuerwerke, Verwandlungen usw.) überwucherten die Intermezzi zeitl. und opt. das eigentl. Stück, zu dessen Inhalt sie meist in keiner Beziehung standen (die berühmten Mysterienaufführungen des Kardinals Pietro Riario 1473 in Rom boten als Intermezzi Ballette mit Nymphen, mit mytholog.

Liebespaaren, die Pantomime eines Kentaurenkampfes u. a.). Intermezzi bildeten die Höhepunkte höf. und städt. Feste und wurden oft, ähnl. den ↗ Trionfi, von berühmten Künstlern gestaltet (u. a. von F. Brunelleschi für Florenz, Leonardo da Vinci für die Sforza in Mailand, 1489 u. 1493). – Aus den Intermezzi entstehen Ende des 16. Jh.s zwei bedeutende neuzeitl. Theatergattungen:
1. das Ballett: entwickelt in Frankreich aus der unter ein bestimmtes Thema gestellten Kombination pantomim., tänzer. und musikal. Intermezzi (1581 »Ballet comique de la Reine«);
2. die Opera buffa (kom. Oper) aus den heiteren volkstüml.-musikal. Intermezzi der opera seria (z. B. Pergolesi, »La serva Padrona«, 1733), die immer umfangreicher wurden und sich allmähl. verselbständigten. – Heute werden eine Zwischenaktmusik oder die Balletteinlage einer Oper als I. bez.   IS

Interpolation, f. [lat. = Einschaltung, Verfälschung], in der Philologie Bez. für spätere, nicht vom Autor stammende Veränderung eines Originaltextes durch einen nicht kenntl. gemachten Einschub von zusätzl. Wörtern, Sätzen oder Abschnitten,
1. um seltene oder ungewöhnl. Ausdrücke zu erläutern oder zu ersetzen (so bereits bei den antiken Grammatikern, deren I.en oder ↗ Glossen dann allmähl. in den Text aufgenommen wurden),
2. um einen Text einer bestimmten Absicht zu unterwerfen (z. B. I.en jüd. u. christl. Gelehrter der Spätantike und des MA.s, um den eigenen Lehrmeinungen den Schein höheren Alters und damit größerer Glaubwürdigkeit zu verschaffen; berühmte Beispiele sind das sog. Comma Joanneum im NT und die Digestenliteratur zum Corpus iuris civilis).
3. um einen älteren Text zu modernisieren oder zu erweitern (so gelegentl. bei mal. Bearbeitern dichter. Texte). Es gehört zu den Aufgaben der ↗ Textkritik, diese fremden Zusätze wieder auszuscheiden.   RG

Interpretation, f. [lat. = Erklärung, Auslegung], Akt und Ergebnis des Verstehens, in weitester Bedeutung aller sinnhaltigen Strukturen, im e. S. von theolog., histor., jurist. usw. Quellen, von Kunstwerken allgemein und Dichtung im Besonderen. Gegenüber dem naiven Verstehen als Voraussetzung der I. zeichnet sich diese durch stete Reflexion ihrer Bedingungen, ihres Gegenstandes und ihres Vorgehens aus (↗ Hermeneutik). – In der *Literaturwissenschaft* ändern sich Rang und Bedeutung der Fragestellungen der I. je nach dem intendierten Erkenntnisgegenstand. Dieser kann 1. außerhalb des engeren Gebietes der Literaturwissenschaft liegen, d. h. Dichtung wird dann als histor., soziolog. usw. Quelle benutzt; es können 2. anthropolog. Konstanten (z. B. Weltanschauungstypen) oder bestimmende Prinzipien wie Gattung, Stil, Idee, Geist eines zeitl. und räuml. begrenzten Kollektivs (Epoche, Nation) sein, aber auch 3. der Autor und 4. das einzelne Werk, einmal in seinen Beziehungen zu außerdichter. Gegebenheiten (Kultur, Gesellschaft usw.) oder zu kennzeichnenden Prinzipien (Gattung, Stil usw.) oder zum Autor; schließl. das Werk in seiner inneren Struktur. Die I. kann sich auf das Einzelwerk beschränken, sie kann auch method. Ausgangspunkt zu umfassenderer Synthese sein; beide Formen ergänzen und bedingen sich gegenseitig. Aus der unterschiedl. Auffassung der einzelnen Faktoren und ihrer Beziehungen in den verschiedenen Richtungen der Literaturwissenschaft resultieren die jeweil. ästhet. und poetolog. Postulate, die wiederum Gegenstand, Methode und Resultat der I. bestimmen (Methoden der ↗ Literaturwissenschaft). – In scharfer Abgrenzung von allen determinist. und ideengeschichtl. orientierten Richtungen der I. versucht die *werkimmanente I.,* die weitestgehend voraussetzungsfreie, nicht über den Text hinausgehende I. des einzelnen Werks in den Mittelpunkt der literaturwissenschaftl. Tätigkeit zu stellen. Ziel der werkimmanenten I. ist die Darstellung der strukturellen Elemente der Dichtung in ihrer funktionalen Bezogenheit aufeinander, die Erhellung des Sinns und seiner spezif. dichter. Erscheinungsweise. Als Reaktion auf diese in der Zeit nach dem Zweiten Weltkrieg dominierende und als einseitig, method. unzulängl. kritisierte Position entstanden stark inhaltl. orientierte, oft marxist. beeinflusste soziolog. Richtungen sowie der Methodenpluralismus, der das Werk unter verschiedenen Perspektiven mit jeweils verschiedenen Methoden interpretiert, um seiner Komplexität gerecht zu werden. Zu den neueren I.srichtungen vgl. ↗ Methodologie, ↗ Paradigmenwechsel, ↗ Ideologiekritik, ↗ Informationsästhetik, ↗ Literatursoziologie, ↗ Poststrukturalismus, ↗ Dialogizität, ↗ Intertextualität.

ED

Intertextualität, Bezug von Texten auf andere Texte. Von J. Kristeva eingeführter Begriff, mit dem M. Bachtins an der ›Ästhetik des Worts‹ entwickeltes ↗ Dialogizitäts-Theorem zu erweitern versucht wird. Der Begriff I. subsumiert eine Reihe von Textrelationen (Verfahren der Bezugnahme) eines Textes auf andere Texte (z. B. Einlagerung, Kreuzung, Verschaltung, Wieder-, Gegenschrift fremder Texte), deren Formensprache aus der traditionellen ↗ Rhetorik, ↗ Poetik und ↗ Philologie bekannt ist (z. B. ↗ Zitat, ↗ Motto, ↗ Anspielung, ↗ Fußnote, ↗ Anmerkung, ↗ Kommentar, ↗ Textkritik, ↗ Ironie, ↗ Parodie, ↗ Kontrafaktur, ↗ Plagiat). Zu beachten ist allerdings der neuere literatur- und texttheoret. Kontext des Begriffs, um den sich in der Diskussion der letzten Jahre ein oszillierender Verbund von Unterbegriffen (Subtext, Hypotext, Hypertext, Anatext, Paratext, Intertext, Transtext, Genotext, Phänotext, impliziter Text, Text im Text usw.) angesammelt hat: Es handelt sich um den Kernbereich der poststrukturalen Poetik (↗ Poststrukturalismus), deren Angriff auf die Grundlagen des traditionellen Literatur-Konzepts (Einheit, Einzigartigkeit, strukturelle Totalität, Systemhaftigkeit des Kunstwerks) mit dem Begriff der I. umrissen wird. Neben ↗ Palimpsest, ↗ Anagramm, ↗ Paragramm, ↗ Paratext, auf die sich die neuere Diskussion konzentriert hat, thematisiert die Diskursforschung einen weiteren Bereich von Phänomenen der I.: Bezüge zwischen Texten, die sich durch Gebrauch oder Erwähnung von Diskursen oder interdiskursiv vorhandenen Kollektiv-Symbolen ergeben.   VD

Intrige, f. [frz. intrigue von lat. intricare = verwickeln, verwirren], dramaturg. Bez. für das eine Handlung begründende Komplott, mit dem sich ein Teil der Dramenfiguren zur Durchsetzung seiner Ziele gegen einen anderen verschwört. Schon bei Euripides war die I. als *mechanema* neben der Wiedererkennung (↗ Anagnorisis) oft der wesentlichste Bestandteil der Tragödie (»Medea«, »Elektra«, »Iphigenie in Tauris«). Dabei zeigt z. B. die »Iphigenie« des Euripides (wie später die Goethes), dass die I. in der Tragödie bisweilen auch zu einem glückl. Ende führen kann. Von Euripides wurde die I. in die sog. Neue att. Komödie (Menander, Apollodoros) übernommen, von dort zur röm. Komödie (Plautus, Terenz), weiter dann in die Komödie der Neuzeit, vgl. etwa Molières I.nkomödie »Les fourberies de Scapin«, die auf den »Phormio« des Terenz und damit indirekt auf den »Epidikazomenos« des Apollodoros zurückgeht. Als reine I.n-Dramen gelten v. a. die span. ↗ Mantel-und-Degen-Stücke, während die I.nkomödien seit Molière wieder, wie zuvor schon bei Menander (»Dyskolos«) und Terenz (»Heautontimorumenos«), oft zugleich zur ↗ Charakterkomödie tendieren, vgl. H. v. Hofmannsthal, »Der Unbestechliche«, 1923.   HD

Invektive, f. [lat. invehi = jemanden anfahren], Schmähung, Beschimpfung, Schmährede, -schrift, in der Antike häufig als Bestandteil der Polemik in Komödie, ↗ Satire und forensischer Rhetorik, aber auch als selbständige Gattung (beliebt bei den ↗ Neoterikern). Die I. richtet sich nicht nur gegen Personen (der Politik, der Geschichte und des Mythos), sondern auch gegen Abstraktionen und Dinge (Reichtum, Zorn; die Weinrebe). Berühmte I.n haben verfasst: Archilochos, Lucilius, Varro, Cicero, Sallust, Catull, Ovid, Juvenal u. a.   GMS

Inversion, f. [lat. inversio = Umkehrung, auch Reversio, gr. Anastrophé], ↗ rhetor. Figur: von der übl. Wortfolge abweichende Umstellung von Wörtern; kann ohne Ausdruckswert sein, z. B. bei Nachstellung von Präpositionen (meinetwegen, mecum [lat. = mit mir]), aber auch bestimmte Wirkungen erzielen, z. B. archaisierende (»Röslein rot«) oder emphatische (»mit meines Zornes Riesenarm«, Schiller, »Don Carlos«; »Unendlich ist die jugendl. Trauer«, Novalis, »Heinr. v. Ofterdingen«). – Das Gegenteil dieser Hervorhebung bezweckt die sog. *Kaufmanns-I.* zur Vermeidung des ›ich‹ am Satzanfang, bes. nach ›und‹: »… und habe ich mich bemüht …«. Vgl. auch ↗ Hyperbaton, ↗ Tmesis; als Sinnfigur entspricht der I. das ↗ Hysteron proteron.   HSt

Invocatio, f. [lat. = Anrufung], Invokation, literar. Topos: Hilfe und Rat heischende Wendung an höhere Mächte; in der Dichtung z. B. Anrufung der Musen (vgl. u. a. Homer, »Odyssee« 1,1), der Götter (Ovid, »Metam.« 10,148) oder Gottes (Wolfram, »Willehalm«, 1 ff., Klopstock, »Messias«, 1. Ges.), sowohl im Eingang (Prolog) wie an bes. herausgehobenen Stellen; in der Eingangsformel einer Urkunde Anrufung Gottes oder der Heiligen (»In nomine sanctae trinitatis«). ↗ Apostrophe.   HSt

Inzision, f. [lat. incisio = Einschnitt, Abschnitt],
1. in der Verslehre Bez. für ↗ Zäsur, ↗ Dihärese; mit I. wird insbes. die Dihärese nach dem 1. Hemiepes des ↗ Pentameter bez.
2. in der Rhetorik als *incisio* (auch: *incisum*) lat. Bez. für griech. ↗ Komma.   GG

Ionikus, antikes Metrum der Form ◡◡−−, benannt nach den Ioniern Kleinasiens, die es in Kultliedern zu Ehren der Kybele zuerst gebraucht haben sollen ; als Metrum ganzer Gedichte seit Alkman belegt. Der I. wird auch als *I. a minore* bezeichnet und vom sog. *I. a. maiore* (−−◡◡) unterschieden. Letzterer ist kein ursprüngl. Metrum, sondern wurde von den Metrikern eingeführt, um nichtmetr., ↗ äol. Versmaße metr. analysieren zu können; seit der hellenist. Zeit erscheinen auch Verse in diesem Metrum. Als ↗ Dimeter ist der I. a minore (mit ↗ Anaklasis) Grundlage des ↗ Anakreonteus (◡◡−́◡−́◡−́ −), als katalekt. ↗ Tetrameter des ↗ Galliambus (◡◡−́◡−́◡−́ −| ◡◡−−◡◡−).   ED

Irische Renaissance ↗ Kelt. Renaissance (2).

Ironie, f. [gr. eironeia = Verstellung, Ausflucht, Mangel an Ernst], der Begriff der I. hat in seiner über 2000-jähr. Geschichte so starke Bedeutungsveränderungen und -erweiterungen erfahren, dass er sich einer alle Anwendungsbereiche umfassenden Definition entzieht.
1. Zunächst bedeutet I. eine *Redeweise*, bei der das Gegenteil des eigtl. Wortlauts gemeint ist. Diese in umgangssprachl. Gebrauch meist dem ↗ Euphemismus verwandte Redeweise (wenn z. B. ein Skandal eine »schöne Geschichte« genannt wird) wurde
2. zu einem beliebten ↗ *Tropus* (Sprungtropus, lat. *illusio, simulatio*), insbes. in der Gerichtsrede, womit der Hörererwartung gemäße, vielfach nicht beweisbare negative Werturteile in der Form eines iron. Lobs vorgetragen wurden. So konnte eine Person, Sache oder (moral.) Wertvorstellung der Lächerlichkeit preisgegeben werden. I. als rhetor. Mittel ist fast immer aggressiv, sie kann sich vom spieler. Spott bis zum Sarkasmus steigern, und wenn sie über längere Textpartien durchgehalten wird, literar. Gattungen wie ↗ Parodie, ↗ Satire, ↗ Travestie konstituieren. *Literar. Beispiele* für I. als Mittel der Rhetorik sind die Rede des Marcus Antonius in Shakespeares »Julius Caesar« (III,2) oder die durchweg mit dem Stilmittel der I. arbeitende Satire »Lob der Torheit« von Erasmus von Rotterdam. Mit dieser rhetor. I. ist der Gebrauch der I.
3. als *Vehikel didakt. Kommunikation* verwandt. Hier soll durch bewusst falsche oder fragwürdige Wertvorstellungen, durch log. Fehlschlüsse oder fragende Unwissenheit zu positiver Erkenntnisanstrengung provoziert werden. Diese I. bringt die Selbstironisierung des Erziehenden mit sich, der in ein pädagog. motiviertes *understatement* flüchtet die *advocatus diaboli* spielen kann. Diese von Sokrates praktizierte und nach ihm benannte »Sokrat. I.« (Maieutik) ist jedoch nicht nur als Methode der Erkenntnisförderung verstanden worden, sondern zugleich als grundsätzlich menschl. Haltung. Dadurch hat der I.-Begriff

eine Ausweitung erfahren, so dass unter I. allgemein ein distanziert-krit. Verhalten und dessen sprachl. Ausdrucksformen gezählt werden.

4. Als *poetolog. Terminus* wird I., nachdem vor allem Ch. M. Wieland und Jean Paul (»Ironie ... als reiner Repräsentant des lächerlichen Objekts«) sich mit ihm beschäftigt hatten, in der deutschen Frühromantik bedeutsam. Die »*romant. I.*«, wie sie von F. und A. W. Schlegel diskutiert wird, bezeichnet »Das Gefühl von dem unauslösl. Widerstreit des Unbedingten und des Bedingten, der Unmöglichkeit und Notwendigkeit einer vollständ. Mittheilung« (F. Schlegel, Lyceum-Fragment 42). Die »trag. I.« versuchte K. W. F. Solger (»Erwin. Gespräche über d. Schöne in d. Kunst«, 1815) als den Untergang der unendl. Idee in der Endlichkeit des Kunstwerks zu bestimmen. In den Werken von L. Tieck, E. T. A. Hoffmann, C. Brentano, Ch. D. Grabbe, K. L. Immermann u. a. wird die romant. I. literar. verwirklicht. H. Heine versucht die romant. I. ad absurdum zu führen, indem er die Romantik selbst ironisiert und nicht mehr die I. als Bewusstsein des Autors von der Unvereinbarkeit von Ideal und Wirklichkeit vorführt, sondern die Illusionszerstörung beim Leser zum Ziel einer iron. Pointe macht. – Ironie als Bewusstseinshaltung kennzeichnet auch die Werke von Schriftstellern des 20. Jh.s. Bei Th. Mann wird I. als durchgehendes Mittel einer artifiziellen Distanzierung eingesetzt, die es dem Autor erst ermöglicht, den auch ihn betreffenden Gegensatz von Geist und Leben in der schriftsteller. Darstellung zu bewältigen. R. Musil will die »konstruktive I.« unter weitgehendem Verzicht auf iron. Einzelgesten durch die Vermittlung und Parallelisierung von Gegensätzen der geschichtl. Situation aufzeigen (»einen Klerikalen so darstellen, daß neben ihm auch ein Bolschewik getroffen ist«). Wie die I. als Verhaltensweise sich vielfach kaum mehr abgrenzen lässt von fatalist. Relativierung aller Werte und ihrer Erscheinungen, so hat sie sich literar. bis zur konsequenten Ironisierung menschl. Verhaltens im ↗ absurden Theater gesteigert.

HW

Isagoge, f. [gr. eisagoge = Einleitung, Einführung], in der antiken Literatur Bez. für die Einführung in eine Wissenschaft, meist in Form eines Kompendiums, eines dialog. Lehrgesprächs oder Briefes; vgl. ähnl. die ↗ Institutionen.

RG

ISBN = Internationale Standard-Buch-Nummer, ursprünglich 10- seit 2007 13-stellige Kennziffer für jedes Buch (und jede Auflage), setzt sich zusammen aus: nach dem Präfix 978 oder 979 1. einer Ziffer für den betreffenden Sprachbereich (z. B. 3 = dt. Sprachbereich), 2. aus einer den Verlag kennzeichnenden Zifferngruppe (z. B. 476 = J. B. Metzler'sche Verlagsbuchhandlung), 3. aus einer Zifferngruppe für die verlagsinterne Titelnummer (z. B. 00668 = Metzler Literatur-Lexikon), 4. einer Computerprüfziffer. 1967 in England, 1968 in den USA, 1971 in der Bundesrepublik Deutschland eingeführt.

S

Isokolon, n. [gr. = Gleichgliedrigkeit], ↗ rhetor. Figur: in einer ↗ Periode Folge zweier oder mehrerer, in Bezug auf Konstruktion, Wort- (z. T. auch Silben)zahl gleicher oder ähnlicher (dann als *Parison* bez.) ↗ Kola, d. h. syntakt. selbständiger Sätze oder von einem gemeinsamen Satzteil abhängiger Satzglieder, z. B. »*vicit/pudorem libido, timorem audacia*« (es besiegt die Begierde die Scham, der Mut die Furcht, Cicero); oft auch durch ↗ Homoioteleuton gebunden, häufig formale Entsprechung einer Gedankenfigur wie (semant.) ↗ Parallelismus, ↗ Antithese.

ED

Isometrie, f. [Kunstwort aus gr. Isos = gleich, metron = Maß: Gleichheit des (Vers)maßes], Begriff der Verslehre zur Bez. gleich langer Verse (hinsichtl. Silben-, Hebungs- oder Taktzahl) einer Strophe *(isometr. Strophe)*, im Ggs. zu heterometr. (gr. heteros = anders) oder metabol. (gr. metabole = Verwandlung, Variation) Strophen, die sich aus Versen unterschiedl. Länge zusammensetzen. – Gelegentl. wird als I. auch die Gleichheit der Silbenzahl aufeinander bezogener Reimwörter bez.: *nature : peinture* ist ein isometr. Reim, während *nature : pure* als heterometr. Reim bez. wird.

K

Iteratio, f. [lat. = Wiederholung], rhetor. Figur, s. ↗Geminatio.

Ithyphallikus, m., antiker Vers der Form $-\cup-\overline{\cup}-\overline{\cup}-$, gedeutet als 2.Teil des katalekt. jamb. ↗Trimeters nach der Penthemimeres, aber auch als troch. Tripodie; Bez. wohl nach der Verwendung des Verses in den Kultliedern zu Ehren des Dionysos (ithyphallos = aufgerichteter Phallus); belegt seit Archilochos (in ↗Asynarteten und ↗Epoden), gerne als Klausel eines kombinierten Langverses gebraucht, z. B. ↗Archilochius = daktyl. Tetrameter + I.
ED

Itinerarium, n. (Itinerar) [zu lat. iter = Weg, Reise], antike Beschreibung eines Reisewegs mit Angaben über Wegstrecken, Stationen, Herbergen usw., vergleichbar einem modernen Reiseführer (*i. adnotatum* oder *i. scriptum*, z. B. das »I.Antonianum«, ein amtl. Verzeichnis der Reiserouten innerhalb des röm. Reiches, 3./4. Jh.) oder in Form einer Karte (*i. pictum*, z. B. die »Tabula Peutingeriana«, eine nach ihrem späteren Besitzer, dem Humanisten Konrad Peutinger, benannte Kopie des 13. Jh.s, einer Karte der Straßen des röm. Reiches aus dem 4. Jh.); dann auch Pilgeraufzeichnungen *(peregrinationes)* über Wallfahrten zum Hl. Grab (»I. Burdigalense Hierusalem usque«, v. J.333, »I. Aetheriae abbatissae«, Anf. 5. Jh.). Von daher auch Titel von Erbauungsschriften, die den rechten Weg zu Gott lehren wollen (»I. mentis in deum« des Bonaventura, 13. Jh.). – In der Geschichtswiss. Bez. für die aus den Quellen rekonstruierten Reisewege der noch nicht an eine feste Residenz gebundenen mal. Herrscher, etwa Karls des Großen. HSt

J

Jagdallegorie ↗ Minneallegorie.

Jahrmarktspiel, theatral. Darbietung, die, namentl. im Spät-MA., auf Jahrmärkten, bei Kirchweihfesten und Verkaufsmessen stattfand. Zu den J.en zählen Puppen- und Kasperlspiele, Pantomimen, mit Mimik verbundener Liedvortrag (↗ Bänkelsang), aber auch Vorstellungen von wandernden Schauspielertruppen wie beim fläm.»Wagenspel«. Literar. Reflexe der meist unliterar. Formen des J.s finden sich in den Krämerszenen des mal. ↗ geistl. Spiels oder etwa in Goethes »Jahrmarktsfest zu Plundersweilern« (1773). Die zumeist erfolglos gebliebenen Versuche eines öffentl. ↗ Agitprop- und Straßentheaters scheinen auf einer romant. Vorstellung von der Vermittlungsintensität des J.s zu basieren. HW

Jambelegus, m., vgl. ↗ Enkomiologikus, ↗ Elegiambus.

Jambendichtung, lyr. Gattung der antiken Dichtung. Nach einer rein *formalen* Bestimmung gilt als Jambus ein Gedicht von beliebigem Inhalt, abgefasst in jamb. ↗ Trimetern (auch ↗ Choliamben), trochä. ↗ Tetrametern oder ↗ Epoden; dem gegenüber steht eine mehr *inhaltl.* Bestimmung, nach der die Jamben als Spott- oder Scherzgedichte definiert sind. – Die gr. J. ist ion. Ursprungs; am Anfang stehen vermutl. volkstüml. derbe Spottverse, die wahrscheinl. in irgendeiner Verbindung mit dem ion. Demeter-Kult stehen (der homer. Demeter-Hymnus, v. 202 ff., nennt eine Magd Jambe, die die Göttin durch ihre Scherze erheitert). Die kunstmäßige Ausbildung der J. erfolgte durch Archilochos von Paros (7. Jh. v. Chr.) und Semonides (»Weiberkatalog«);

ihre J. ist durch Bitterkeit und eine pessimist. Grundstimmung gekennzeichnet. Mehr parodist. Charakter haben die Choliamben des Hipponax von Ephesos (2. Hälfte 6. Jh.), Solons Jamben sind polem. Spottgedichte gegen seine polit. Gegner. Aus klass. Zeit ist keine gr. J. überliefert, doch werden jamb. Trimeter und trochä. Tetrameter als Sprechverse der Tragödie weiterentwickelt. Zu einer zweiten Blüte der gr. J. kommt es in hellenist. Zeit: von Hero(n)das stammen 7 ↗ Mimiamben in choliamb. Versen; die Kyniker Phoinix von Kolophon und Kerkidas von Megalopolis pflegen die satir. Moralpredigt, Machon die jamb. ↗ Chrie (Gnomisches, Sentenzen, pointierte Kurzerzählungen), Rhinton von Syrakus die ↗ Phlyakenposse. Die J. des Kallimachos enthält außer einer literar. Satire (auf das Philologengezänk im alexandrin. Museion) Gelegenheitsgedichte, Fabeln und Ätiologisches. Letzter bedeutender Vertreter der gr. J. ist Babrius (2. Jh. n. Chr.), der seine Fabeln in jamb. Maßen abfasst. – In der röm. Dichtung findet sich J. vor allem bei den Neoterikern (Catull, Calvus, Helvius Cinna, Furius Bibaculus) und bei Horaz, der seine Epoden als »Iambi« bezeichnet, später bei Petronius und Martial; die Themenbreite der röm. J. entspricht der der gr. Vorbilder. K

Jambenfluss, Bez. für einen nach der Art jamb. (und trochä.) Verse durch regelmäßige Alternation von Hebungen und Senkungen gekennzeichneten ↗ Prosarhythmus, gilt im Allgemeinen als Stilfehler (Th. Storm änderte z. B. auf Anraten P. Heyses in seiner Novelle »Das Fest auf Haderslevhuus« den Satz »Ich háb doch dárum nícht den Tód gefréit« in »Ich hab dárum doch nícht den Tód gefréit«). Die durch J. charakterisierte Prosafassung der »Iphigenie« Goethes kann dagegen unter sprachrhythm. Aspekt auch als Vorstufe des endgült. in Blankversen abgefassten Textes gelten.   K

Jambus, m. [gr. íambos; Etymologie ungeklärt], antiker Versfuß der Form ⌣⌄. Als metr. Einheit jamb. *Sprechverse* gilt in der griech. Dichtung (einschließl. der strengen Nachbildungen griech. Sprechverse in der lat. Dichtung) nicht der einzelne Versfuß, sondern die ↗Dipodie, d. h. die Verbindung zweier Versfüße ⌣⌄⌣⌄ (mit Auflösungen ⌣⌣⌣⌣|⌣⌣⌣, auch als Di-J. bez.). – Wichtigste jamb. dipod. Versmaße sind der jamb. ↗Trimeter und seine kom.-satir. Variante, der ↗Choliambus (Hink-j.) sowie der jamb. Tetrameter (selten, z. B. bei Sophokles) und seine gelegentl. in der Komödie gebräuchl. katalekt. Nebenform. Nach einzelnen Versfüßen werden dagegen die freien Nachbildungen griech. jamb. Sprechverse in der älteren lat. Dichtung gemessen, so der jamb. ↗Senar (6 Füße), der jamb. ↗Septenar (7 Füße) und der jamb. ↗Oktonar (8 Füße). Besondere Regeln gelten für die Messung *gesungener* jamb. Verse in der gr. Lyrik: bei ihrer Analyse ist zwar von jamb. Dipodien auszugehen, doch besteht außer der Möglichkeit der Auflösung von Längen noch die Möglichkeit der Synkope des ↗anceps oder der Kürze. Als dem Di-J. (⌣⌄⌣⌄) gleichwertig gelten in lyr. Versen damit der ↗Kreticus (−⌣−), der Bakcheus (⌣−−), der ↗Molossus (−−−) sowie der ↗Spondeus (−−). Auch der ↗Choriambus (−⌣⌣−) kann in lyr. Versen den J. ersetzen. Häufig sind in der griech. Lyrik aus solchen metr. Einheiten zusammengesetzte Dimeter. In den *akzentuierenden Versen* (↗akzentuierendes Versprinzip) der dt., engl. usw. Dichtung gilt als J. die Folge einer unbetonten und einer betonten Silbe (x x́); jamb. Verse sind mithin alternierende Verse mit Eingangssenkung (Schema: x x́ x x́ x x́ ...). Die Bez.en »J.« und »jamb.« werden nicht auf alternierende Verse in mal. Dichtung angewandt, doch gebraucht man sie im Hinblick auf neuere Dichtung (in der dt. Literatur etwa seit Opitz) auch dort, wo kein histor. Bezug zur griech.-röm.

Verskunst vorliegt. Wichtigste jamb. Verse der neueren dt. Dichtung sind
1. der ↗Alexandriner und der ↗vers commun als Nachbildungen frz. Verse,
2. der aus der it. Verskunst übernommene ↗Endecasillabo,
3. der aus der engl. Verskunst übernommene ↗Blankvers und
4. die Nachbildungen antiker jamb. Verse.   K

Jean Potage [ʒãpɔ'taːʒ; frz. = Hans Suppe], Name der gängigsten der frz. ↗Hanswurst-Figuren.   PH

Jeremiade, f., [frz.], wortreiche, stereotyp wirkende Klage, genannt nach den alttestamentl. »Klageliedern Jeremias« und nach 2. Chron. 35,25; in Frankreich analog zu »Iliade« etc. gebildet; in Deutschland seit dem Ende des 18. Jh.s belegt (z. B. bei Kant).   HD

Jesuitendichtung, von Jesuiten insbes. während der Blütezeit des Ordens (16.–18. Jh.) verfasste meist dogmat.-religiöse Zweckdichtung im Dienst der Ordensaufgaben (Erziehung u. Wahrung, Sicherung und Ausbreitung des kath. Glaubens). J. ist entsprechend der Universalität des Ordens international (bes. gepflegt in Spanien, Frankreich, Italien, Deutschland, Österreich, aber auch in Polen, den Niederlanden usw.), in lat. Sprache, formal an den zeittyp. dichter. Formen der neulat. Traditionen und der jeweiligen Nationalliteraturen orientiert; oft wurden auch beliebte weltl. Stoffe durch religiöse Umdeutung der *propaganda fidei* dienstbar gemacht (vgl. geistl. ↗Eklogen, Hirtendichtungen, Jesuitenopern, z. B. »Philotea«, München 1647, Jesuitenballette und -Pantomimen, z. B. »Das Schicksal«, Clermont 1669). Insbes. das ↗Jesuitendrama gewann trotz der durch die lat. Sprache bedingten Exklusivität durch massenwirksamen Schauprunk, raffinierte Dramaturgie und Regie (volkssprachl. ↗Zwischenspiele, Musikeinlagen) in Dtschld. größte Wirksamkeit, bes. im Dienste der Gegenreformation. – Die übrigen Gattungen dienten hauptsächl. der gelenkten Pflege der Phantasie innerhalb des jesuit. Erziehungssystems oder der Erbauung. Aus der

Fülle dieser Zweck-, Gebrauchs- und oft Gelegenheitsdichtung (geistl. Lieder, Fest-, Traueroden usw., u. a. von J. Pontanus, von dem auch eine Poetik der J., 1594, stammt, oder N. Avancini), Epen u. Prosaromane (u. a. von J. Bidermann) ragen als überzeitl. dichter. Leistungen die Sammlungen lehrhaft-moral. (Zeit-)Gedichte, Satiren und Marienoden nach horaz. Mustern (1643–46) des dt. Jesuiten Jakobus Balde (1796 übersetzt von Herder) heraus. Literaturgeschichtl. bedeutsam sind auch, als Sonderfall der J., die dt.-sprachigen, postum 1649 veröffentl. Gedichtsammlungen von F. von Spee: das erbaul.-moral. »Güldene Tugendbuch« und v. a. die aus persönl. Erleben gestaltete geistl. Liedersammlung »Trutznachtigall«, die zu den eindrucksvollsten dt.-sprach. Barockdichtungen zählt. Gelegentl. der J. zugerechnet werden auch die Werke des in späteren Jahren dem Orden beigetretenen Angelus Silesius (J. Scheffler), bes. die myst. Spruchsammlung »Der Cherubin. Wandersmann«, 1675.   IS

Jesuitendrama, das lat. ↗ Schul-Drama der Jesuiten, Blütezeit ca. 1550–1650. – Den ersten Ordensniederlassungen der Jesuiten in Deutschland (Köln 1544, Ingolstadt 1549, Wien 1551, München 1559) folgen in kurzem zeitl. Abstand die Gründungen der ersten von Jesuiten betriebenen Schulen (Wien 1554, München 1560, Ingolstadt 1575). Diese greifen die an den Universitäten und Lateinschulen seit dem 15. Jh. bestehende Tradition des lat. ↗ Humanistendramas auf. In seinen Anfängen unterscheidet sich das J. mithin nicht von diesem. Hauptvertreter dieser ersten Epoche des J.s sind L. Brecht in Köln (»Euripus«, eine Jedermann-Bearbeitung, vielfach aufgeführt in Köln und Wien 1555 u.ö.), P. Michaelis genannt Brillmacher in Mainz (»Vita hominis militia«, 1566, »Athalia«, 1567), M. Hiltprandus in München (»Ecclesia militans«, 1573) und J. Pontanus in Dillingen, Augsburg und Ingolstadt (»Stratocles sive Bellum«, 1560, »Josephus Aegyptius«, 1583 u. a.). Auch formal steht das J. von Anfang an in der Nachfolge des Humanistendramas (5 Akte, Aktgliederung durch Chöre, jamb. Trimeter u. Senare

usw.). Erster bedeutender Theoretiker des J.s ist Pontanus (»Poeticarum institutionum libri tres«, 1594, im Anschluss an die it. Renaissancepoetik, v. a. an Scaliger). Im letzten Drittel des 16. Jh.s beginnt sich das J. vom Humanistendrama zu lösen. Die pädagog.-didakt. Zielsetzung wird, ähnl. wie beim Humanistendrama der Reformationszeit, von anderen Zielsetzungen überlagert: Aufführungen von Lehrstücken sollen der Stärkung und Festigung des kath. Glaubens dienen. Um eine größere Breitenwirkung der 8–10 jährl. Aufführungen zu erreichen, werden diese zeitweise aus der Abgeschlossenheit der Schulen heraus auf öffentl. Plätze verlegt (später werden eigens Theatersäle mit moderner Bühnentechnik errichtet). Als neuer Dramentyp entsteht jetzt das für das J. überhaupt charakterist. Bekehrungsstück; seine Begründer sind M. Rader in Fribourg und München (»Theophilus«, 1585) und J. Gretser in Fribourg und Ingolstadt (»Dialogus de Udone Archiepiscopo«, 1587 u. a.). Strukturell sind diese Stücke v. a. an Seneca orientiert. Eine eigene höf. Ausprägung des J.s wird gleichzeitig in München entwickelt, wo v. a. unter Herzog Wilhelm V. eine enge Verbindung zwischen Hof und Jesuitenkolleg besteht: es handelt sich um prunkvolle Ausstattungsstücke mit einem Massenaufgebot an Mitwirkenden, aufwendigen Zwischenspielen (Ballett- und Choreinlagen, Musik u. a. von Orlando di Lasso und Palestrina) und großen Aufmärschen (↗ Trionfi). Hauptthema ist der Triumph der Kirche über ihre Feinde (A. Fabricius, »Samson«, 1568; G. Agricola, »Constantinus Magnus de Maxentio victor«, 1574, »Esther« 1577: ca. 1700 Mitwirkende, »Triumphus St. Michaelis«, 1597, eine Darstellung der Apokalypse in monumentalen ↗ lebenden Bildern, Schlussbild ein Höllensturz mit 300 Teufeln). – Das J. des frühen 17. Jh.s setzt die von Rader und Gretser eingeleitete Richtung fort. Bedeutendster Dramatiker des Ordens ist in dieser Zeit J. Bidermann, wirksam v. a. in Augsburg und München; außer dem Bekehrungsstück (»Cenodoxus«, 1602) finden sich bei ihm das ↗ Märtyrerdrama (»Cassianus«, 1602, »Philemon Martyr«, 1618), das Eremitenstück (»Macarius iuvenis

Romanus«, 1613 u. a.) und die *Staatstragödie* (»Belisar«, 1607). Immer wiederkehrende Themen sind bei Bidermann und seinen Zeitgenossen die Vergänglichkeit ird. Glückes und das Zunichtewerden ird. Größe und Macht vor Gott. Formales Vorbild ist weiterhin Seneca. Die Autoren machen sich jedoch die Entwicklung auf bühnentechn. Gebiet zunutze (Illusionsbühne, Theatermaschinerie, farbige Beleuchtung); in Bidermanns letzten Dramen verliert der Text gegenüber der Realisierung auf dem Theater an Bedeutung. Bes. beliebt werden volkssprachl. allegor. ↗ Zwischenspiele, die die individuelle dramat. Handlung der Stücke in einen überindividuellen Zusammenhang stellen. Diese Neigung zur Allegorie kommt auch in der Gattung des *Doppelspiels* zum Ausdruck, das zwei selbständ. dramat. Handlungen in eine typolog. bzw. allegor. Parallelität bringt, z. B. das Olmützer Doppelspiel »Servus Abrahami Rebeccam Isaaco ex Mesopotamia adducens sive Franciscus Xaverius Sponsam Christi ex India adducens« (1611, eine Doppelbühne ist für die Olmützer Jesuitenschule nachweisbar). Die neue Entwicklung findet auch in der jesuit. Dramentheorie ihren Niederschlag (T. Galuzzi, 1621; F. Strada, 1617; A. Donati, 1631). – Der Dreißigjähr. Krieg bedeutet für die Geschichte des J.s keine Unterbrechung, es werden sogar neue Formen entwickelt: In Köln und Münster findet J. Masen zu einer am frz. und niederländ. Kunstdrama orientierten klassizist. Lösung, die auf Theatereffekte und übermäß. Pathos verzichtet (»Androphilus«, »Telesbius«, beide 1647/48, gedr. 1654), daneben Komödien wie »Rusticus imperans«, das meistgespielte Stück (vom Bauern, der für einen Tag König wird) des späteren Jesuitentheaters. Unter Franz Ferdinand III. kommt es in Wien zu einer zweiten Blüte des höf. J.s (1650 eigenes Theater für 3000 Zuschauer), sein bedeutendster Vertreter ist N. Avancini. Seine 27 »Ludi Caesarei« (Kaiserfestspiele) sind prunkvolle Ausstattungsstücke mit grellen Effekten wie Hinrichtungs- und Martyriumsszenen, Geisterbeschwörungen usw., der barocke Bühnenillusionismus, seine Maschinenkünste und Lichteffekte werden voll eingesetzt. Zu einer ähnl. Entwicklung

kommt es nur noch in London am Hofe Jakobs II., der den Jesuitendramatiker J. Simeons (vorher in Lüttich) an seinen Hof beruft. – *In der 2. Hälfte des 17. Jh.s* stagniert die Entwicklung des J.s, Avancinis Festspiele werden ledigl. noch durch seinen Nachfolger A. Pozzo bühnentechn. übertroffen. Doch setzen sich an den Fürstenhöfen jetzt die aus Italien und Frankreich kommenden Sänger- und Schauspielertruppen durch: das letztl. noch in der Tradition des geistl. Theaters des MA.s stehende J. muss der säkularen Oper weichen. Zu einem weiteren Rückgang kommt es unter dem Einfluss der Aufklärung. Allerdings bleibt das J. an den einzelnen Schulen bis zur Auflösung des Ordens (1772) lebendig. Für die Geschichte des deutschsprach. Dramas ist das J. v. a. durch seine Wirkung auf Gryphius und Lohenstein (↗ Schles. Kunstdrama) von Bedeutung. K

Jeu parti, m. [frz. ʒøparˈti = geteiltes Spiel], Bez. der Nachahmung des provenzal. ↗ Partimen oder Joc partit im Norden Frankreichs: ↗ Streitgedicht meist minnedialekt. Thematik: zwei hypothet., einander ausschließende Fälle werden von je einem Sprecher in oft spitzfind. Argumentation verteidigt bzw. widerlegt. In den letzten Strophen wird gern ein Schiedsgericht zur Entscheidung angerufen. Erhalten sind mehr als 200 J.x p.s, bes. aus dem 13. Jh. MS

Jiddische Literatur, volkssprachl. Literatur der aschkenasischen (mittel- u. osteurop.) Juden, durchweg in hebr. Schrift aufgezeichnet. Schon die älteste erhaltene, in einer Hs. von 1382 überlieferte Textsammlung zeigt die charakterist. Verschmelzung jüd. und außerjüd. Traditionskomponenten: Neben einem stroph. Heldenepos (»Dukus Horant«), das mit dem mhd. Kudrun-Epos zusammenhängt, enthält die Hs. kleinere Versdichtungen, die mit Ausnahme einer Tierfabel auf jüd. Quellen zurückgehen. Als Verbreiter wie auch Verfasser derartiger Texte werden vielfach, ähnlich wie für andere volkssprachl. Literaturen, sog. Spielleute (↗ Spielmann) angenommen, ohne dass hierfür sichere histor. Zeugnisse beigebracht werden könnten. Der einzige altjidd. Artusroman (»Widuwilt«, 3 Hss. des 16. Jh.s), der zumindest mittelbar auf Wirnts von Gravenberg mhd. »Wigalois« zurückgeht, mag vielleicht noch als ›spielmännisch‹ gelten, aber für die in ↗ Stanzen-Form verfassten, italien. beeinflussten Ritterromane »Bowe Dantone« (»Bowebuch«) und »Pares un Wiene« von Elia Levita (1469–1549) ist dies fraglich. Dasselbe gilt für eine Anzahl großepischer Ausgestaltungen bibl. Stoffe, allen voran die Geschichte Davids im »Schmuelbuch« (2 Hss. des 16. Jh.s, Erstdruck Augsburg 1544): In Stil und Strophenform (↗ Hildebrandston) der mhd. Heldenepik benachbart, beruht es quellenmäßig auf hebr. Lehrtradition (Midraschim). Unabhängig von mehreren mhd. Fassungen wurde demgegenüber der »Barlaam und Josaphat«-Stoff auf hebr. Grundlage bearbeitet (Hs. des 15. Jh.s), wie sich dies für religiöse und didakt. Erbauungs- oder Gebrauchslit. ohnehin von selbst verstehen musste (z. B. »Zene-rene« = »Kommt und schaut«, Hoheslied 3,11; Ende 16. Jh. verfasst, über 200 Ausgaben bis ins 20. Jh.). Dagegen sind in der offenbar beliebten Fabelliteratur (»Fuchsfabeln«, um 1580; »Kühbuch«, 1595) wiederum hebr. und dt. Traditionen verschmolzen, wogegen das immer wieder nachgedruckte »Maissebuch« (Basel 1602; Prosageschichten talmud. und legendar. Art, u. a. aus Regensburg) ausdrücklich polemisiert. Auch sog. ↗ Volksbücher wie »Eulenspiegel«, »Kaiser Oktavian«, »Magelone«, »Fortunatus« u. a. fanden jidd. Bearbeiter, die z. T. fast gar nicht, z. T. recht erheblich in ihre Vorlagen eingriffen. Im 17. Jh. kam es außerdem in Gestalt der Purimspiele zu ersten jidd. Dramen, die möglicherweise dt. ↗ Fastnachtspielen (das jüd. Purimfest fällt in die Fastnachtzeit) nachgebildet und wie manche von diesen teilweise nur indirekt bezeugt sind. Schließl. entstanden im 17./18. Jh. noch zahlreiche Zeit- und Gesellschaftslieder, oft ↗ Kontrafakturen dt. Vorlagen.

Der Schwerpunkt des jüd. kulturellen Eigenlebens hatte sich mit dem 14. Jh. (Pestpogrome) nach Osten, außerhalb des dt. Sprachgebiets, zu verlagern begonnen. Dort entfaltete sich im Zuge und im Gefolge der jüd. Aufklärungsbewegung (Haskala) eine selbständige jidd. Lit., die sprachl. und themat. nach Gegenwarts- und Wirklichkeitsnähe strebt und Anschluss an die übrige europ. Lit. sucht. Als »seide« (Großvater) dieser modernen j. L. gilt Mendele Moicher Sforim (1835–1917), der im sozialen Drama, bes. aber in seinen Romanen eine krit.-realist. Auseinandersetzung mit jüd. Alltags- und Zukunftsproblemen vor dem Hintergrund lebendiger, aber bedrohter Traditionen versucht. Scholem Aleichem (1859–1916) verhalf durch sein eigenes umfangreiches Werk und als Herausgeber und Förderer der j. L. zu größter Breitenwirkung, auch in der Neuen Welt. Jizchok Leib Perez (1851–1915) übte durch seine Vielseitigkeit im Formalen und seine verständnisvoll-gebrochene Beschäftigung mit jüd. Volksfrömmigkeit (Chassidismus) auf viele jüngere Autoren anregenden und prägenden Einfluss aus. Der durch die drei »Klassiker« gesetzte Rahmen wird nach dem Ersten Weltkrieg gesprengt, einerseits durch die neuen Lebens- und Schaffensmöglichkeiten der Juden in der jungen Sowjetunion, andererseits durch die Erfahrungen der Millionen Einwanderer in der Neuen Welt und anderswo. Internationale literar. Strömungen werden aufgenommen, theoret. Debatten geführt, auch die themat. Vielfalt wächst. Einschneidend und in seinen Folgen nicht endgültig absehbar wirkt sich die Verfolgung und Ausrottung der osteurop. Juden während des Zweiten Weltkrieges aus. Seitdem fehlt der j. L. zunehmend die gesellschaftl. Triebkraft, ihre Vertreter neigen zu Vereinzelung, Verinnerlichung, Retrospektive. Dies schließt, wie die Verleihung des ↗ Nobelpreises für Lit. an Isaac Bashevis Singer 1978 zeigt, breite Resonanz bis hinein in weite nichtjüd. Leserkreise nicht aus; andrerseits zeigt die Verkümmerung des jidd. Theaters einen Wandel an. Die j. L. in der Sowjetunion ist isoliert, seit um 1950 sog. Säuberungen die bedeutendsten Autoren liquidiert wurden. WD

Jig, m. [dʒig; engl., wohl zu frz. gigue = lust. Tanz],

1. *ballad-j.*, im engl. Theater seit 1582 bezeugte Posse in Versen mit populären Gesangs- u.

grotesken Tanzeinlagen, meist als ↗Zwischen- oder ↗Nachspiel aufgeführt, zeitweilig (z. B. 1612) wegen des derben Inhalts verboten; verfasst von Komödianten wie R. Tarleton, R. Reynolds, Th. Sackville und W. Kemp (berühmter J.»Rowland«), durch die J.s auch auf dem Kontinent beliebt wurden (ältester erhaltener engl. J.»Singing Simpkin« als »Pickelhering in der Kist« noch um 1700 aufgeführt) und v. a. von direktem Einfluss auf die »Singents-Spiele« (1618) J. Ayrers waren. – J.s gelten als Vorform der ↗Ballad opera. 2. engl. Tanzlied des 16. Jh.s.   IS

Joc partit [ʒokpar'tiːt; prov.], ↗Jeu parti, ↗Partimen.

Joculator, m., Pl. Joculatores [mlat; prov. joglar, altfrz. jogleor, neufrz. jongleur, it. giocolatore, ahd. gougalâri = Gaukler], eine der in der lat. Überlieferung des MA.s verwendeten Bez. für den ↗Spielmann; umschloss sowohl den Gaukler als auch den fahrenden Dichter-Sänger, vgl. die Forderung des *jongleurs* Guiraut Riquier 1275, die gebildeten und an den Höfen hochgeachteten Sänger und Rezitatoren von den rohen Possenreißern, die *beide* als *jongleurs* bez. wurden, terminolog. zu unterscheiden. ↗Ménestrel.   S

Jugendliteratur, ↗Kinder- und Jugendliteratur.

Jugendstil, dt. Bez. für ↗Art nouveau, eine internationale Stilrichtung der bildenden Kunst (ca. 1895–1910), gebildet in Anlehnung an die Münchner Wochenschrift »Jugend« (1896–1940; hrsg. von Georg Hirth). Charakterist. ist die Linie als formbeherrschende, das Gegenständliche überspielende, stilisierte Bewegung, die, häufig verschlungen in ein Gewirr zahlloser, oft asymmetr., gleitender Schwingungen und Kurven floralen oder geometr. Ursprungs, eine deutl. Tendenz zum Ornamentalen, Arabeskenhaften aufweist. Der J. wandte sich im Verein mit anderen Stilrichtungen um 1900 gegen Historismus, ↗Realismus und ↗Naturalismus; vor dem Hintergrund gesicherter Kulturtradition und gesi-

cherten Wohlstandes vollbrachte er als elitärer luxuriöser Stil des wohlhabenden großstädt. Bürgertums seine größten Leistungen auf dem Gebiet der angewandten Künste, Kunstgewerbe, Dekoration (Villenkultur, Buchgraphik, Plakatkunst, Schmuck), wurde aber auch bald wegen seiner Neigung zu Ästhetizismus und sozialer Exklusivität wie auch wegen seiner kunstgewerbl. Kommerzialisierung abgelehnt. – Der auf die *Literatur* übertragene Begriff J. bezieht sich vorwiegend auf die literar. Kleinform, bes. die Lyrik; seine Anwendung auf Werke von St. George, R. M. Rilke, H. v. Hofmannsthal oder E. Lasker-Schüler, G. Heym ist nur sinnvoll mit der bewussten Einschränkung auf deren um die Jahrhundertwende entstandene Dichtungen. Die *Entwicklung des literar. J.* vollzieht sich in drei Phasen:

1. eine »karnevalist.« Richtung mit Elementen der ↗Anakreontik (Schwerpunkt München; O. J. Bierbaum, E. v. Wolzogen, das »Überbrettl«, z. T. A. Holz): Lust am Ungewöhnlichen, Skandalösen, am Ulk; tänzerische, schaukelnde, ständig wechselnde Rhythmen, Parallelismen, refrainartige Schlüsse; Vokabular des Schwingens und Tanzens; Bewegungsmotive, deren Ausgestaltung auf Kosten des Gedanklichen geht.

2. eine florale Stilisierungstendenz (Schwerpunkt Berlin; R. Dehmel, J. Hart, A. Mombert, z. T. Rilke): Naturschwärmerei mit philosoph. und religiösem Einschlag; höhere formale Ansprüche, kunstvollere Sprachbehandlung; bevorzugt Motive wie Blumen (Lilien, Seerosen), Schwäne, Weiher, Park, die den »Reigen des Lebens«, ein kosm. Allgefühl zum Ausdruck bringen sollen, aber auch Dionysisch-Schwelgerisches, das Reich des entfesselten Triebes.

3. Wendung ins Feierlich-Symbolische (E. Stucken, E. Stadler, z. T. George und Hofmannsthal): Ausweitung ins Zyklische, preziöse Sprache; Hereinnahme von Mythologischem und Sagenhaft-Mittelalterlichem, verknüpft mit einer ausgesprochenen Neigung zum Weihevollen und Sakralen, Entwurf einer alltagsfernen Welt von geheimnisvollen Inseln, magisch verwunschenen Hainen und Wei-

hern. Im außerdt. Sprachraum begegnen jugendstilhafte Züge im Werk von O. Wilde, M. Maeterlinck und G. D'Annunzio. Bedeutende Einflüsse kommen von den engl. Präraffaeliten und dem franz. ↗ Symbolismus. Mehrfach wurde der J. in Zusammenhang mit dem ↗ Manierismus gebracht und als Ausprägung dieser allgemeineren Stilrichtung gedeutet.
GMS

Junges Deutschland, literar. Bewegung mit polit.-zeitkrit. Tendenz, etwa 1820–50, Höhepunkt zwischen 1830 (Julirevolution) und 1835 (Bundestagsbeschlüsse, (s. auch ↗ Vormärz). Die Bez. ›J. D.‹ entstand analog zu polit.-revolutionären Geheimorganisationen wie »La giovane Italia« (1831, Mazzini), »La jeune France« und in der Schweiz »La jeune Swiss«, »Das junge Europa« (1834). Sie erschien zum ersten Mal in L. Wienbargs für das J. D. programmat. »Aesthet. Feldzügen« (1834). Jedoch erst der Beschluss des Bundestages, die Schriften des J.n D. als staatsgefährdend zu verbieten (10.12.1835 auf Grund einer Denunziation des Kritikers W. Menzel nach der Rezension von Gutzkows Roman »Wally die Zweiflerin«, 1835), spricht von einer »literar. Schule«, der H. Heine, K. Gutzkow, H. Laube, L. Wienbarg und Th. Mundt zugerechnet wurden. Ihr wurde unterstellt, die christl. Religion anzugreifen, die bestehenden sozialen Verhältnisse herabzuwürdigen, die gesetzl. Ordnung zu untergraben und Zucht und Sittlichkeit zu zerstören. – Tatsächl. bildeten die genannten Schriftsteller, zu denen noch E. Willkomm, F. G. Kühne, A. von Ungern-Sternberg, H. Marggraf, J. Scherr und bedingt L. Börne zu rechnen sind, keine feste Schule. Bei großer persönl. und programmat. Differenz verband sie aber die grundsätzl. Ablehnung jegl. Dogmatismus' (insbes. der moral. und gesellschaftl. Ordnung der Restauration), des Adels, der Verbindung von Kirche und Staat, das Eintreten für den franz. Liberalismus, für die republikan. Staatsordnung, für demokrat. verfassungsmäß. Freiheiten, insbes. die Presse- und Meinungsfreiheit, für staatl. Einheit, Weltbürgertum, die Emanzipation der Frau (und allgem. die »des Fleisches«), die Propa-

gierung sozialist. und kollektivist. Ideen im Gefolge des Saint-Simonismus. Im *literar. Bereich* verband sie die Forderung einer im aktuellen polit.-sozialen Leben, in der »Zeit«, stehenden Dichtkunst. Das *literar. Programm* des J. D. war bestimmt durch die Auseinandersetzung mit der (↗ Weimarer) Klassik und Romantik, die sich als ›Kunstperiode‹ vom polit.-sozialen Leben zurückgezogen habe. Als deren (zugleich verehrter und angefeindeter) Repräsentant galt Goethe, das »Zeitablehnungsgenie«, mit dessen Tod im Bewusstsein der jungen Literaten eine ganze Epoche zu Ende ging. Dieser vergangenen aristokrat.-zeitentrückten, ästhet.-idealist. Kunstrichtung sollte eine demokrat. Prinzip der Literatur, eine historiograph. Zeitliteratur entgegengesetzt werden, die formal durch Gegenständlichkeit und Detailtreue, inhaltl. durch neue, polit.-gesellschaftl. relevante, realist. Stoffe und krit. Reflexion die Wirklichkeit in ihrer Widersprüchlichkeit darstellen sollte. – Die emanzipator. Intention des J.n D. verlangte ein großes Lesepublikum: Damit wurden bes. Zeitungen und Zeitschriften gewichtiges Forum für eine literar. Bewegung, was wiederum die Ausbildung eines literar. *Journalismus*, v. a. eines witzig-satir., suggestiv-pointierten bis subjekt.-tendenziösen Stils förderte, der sich in *kleineren Prosaformen* wie Novelle, Reisebericht und -brief, Skizze (↗ Feuilletons) manifestierte, in denen trotz der strengen Zensur geschickt verhüllte Zeitkritik geübt wurde (Meister: Heine, Börne). – Daneben gewann der umfangreiche ↗ *Zeit- und Gesellschaftsroman* (Laube, »Das junge Europa«, 1833/37; Gutzkow, »Maha Guru«, 1833; »Wally die Zweiflerin«, 1835; »Ritter vom Geist«, 1851; »Zauberer von Rom«, 1858/61; Th. Mundt, »Madonna«, 1835; E. Willkomm, »Die Europamüden«, 1838) und der emanzipator. Frauenroman (Ida Gräfin Hahn-Hahn, Fanny Lewald u. a., ↗ Frauendichtung) große Bedeutung. Auf Grund seiner neuen, synchronist. Struktur wird er zum Weg- und Vorbereiter des realist. Romans. Die *Lyrik* des J. D. (Herwegh, F. Freiligrath, A. H. Hoffmann von Fallersleben, Prutz, G. Weerth) behandelt polit.-aktuelle und allgem. freiheitl. Themen in traditionellen

Formen. Das relativ spät einsetzende *Drama* des J. D. wählte dagegen die indirekte Behandlung zeitgenöss. Probleme am Beispiel histor. Situationen in Tendenz- und ↗ Geschichtsdramen (Gutzkow,»Zopf und Schwert« 1843; »Urbild des Tartüff«, 1845;»Uriel Acosta«, 1846; Laube,»Struensee«, 1844;»Die Karlsschüler«, 1846;»Prinz Friedrich«, 1848; Willkomm,»Bernhard, Herzog von Weimar«, 1833;»Erich XIV.«, 1834 u. a.). Der gelegentl. Mangel an formal-ästhet. Substanz in den Werken des J.n D. wird durch die zukunftsweisende Stoßkraft seiner polit.-gesellschaftskrit. Ideen und literaturtheoret. Konzeptionen aufgewogen.   KT

Jüngstes Deutschland, auch: Die ↗ Moderne, von den Brüdern H. und J. Hart 1878 in den»Dt. Monatsblättern« geprägte Bez. für die Vertreter des ↗ Naturalismus. – Zum Teil werden unter der Bez. ›J. D.‹ auch die Vertreter antinaturalist. Gegenströmungen (die ›2. Moderne‹) wie Impressionismus, Symbolismus, Décadence, Neuromantik verstanden (vgl. z. B. bei A. v. Hanstein,»Das J. D.«, Lpz. 1900), da bedeutende Vertreter der ›Moderne‹ mehreren Stilrichtungen angehörten, z. B. G. Hauptmann.   IS

Jung-Wien, auch Wiener (oder zweite) Moderne, Junges Österreich; avantgardist. Dichterkreis um Hermann Bahr in Wien (Treffpunkt: Café Griensteidl), ca. 1890–1900, der sich für die internationalen antinaturalist. Literaturströmungen (↗ Symbolismus, ↗ Impressionismus, ↗ Neuromantik) einsetzte, deren Tendenzen die einzelnen Vertreter J. W.s während dieser Zeit auf unterschiedl. Weise in ihren Werken verwirklichten (H. v. Hofmannsthal, A. Schnitzler, F. Salten, F. Dörmann, R. Beer-Hofmann, P. Altenberg, zunächst auch der spätere Kritiker des J.en Wien, K. Kraus u. a.). Organe der Jung-Wiener waren die»Moderne Rundschau« (seit 1891, hrsg. von E. M. Kafka und J. Joachim) und»Die Zeit« (1884–1904, hrsg. von H. Bahr). Die Bewegung gilt neben einer ähnl. in München (↗ Georgekreis) als die 2. Phase innerhalb der modernen ↗ Literaturrevolution; vgl. auch ↗ Jüngstes Deutschland, ↗ Jugendstil, ↗ Dekadenzdichtung.   IS

K

Kabarẹtt, n. [aus franz. cabaret = Schenke], Kleinkunstbühne, auf der von Schauspielern od. von den Verfassern selbst ↗ Chansons, Gedichte, Balladen humorist.-satir. Art (literar. K.), häufig mit entschieden polit.-gesellschaftskrit. Tendenz (polit. K.), vorgetragen sowie Pantomimen, Singspiel- und Tanznummern, auch artist. Kunststücke vorgeführt werden. Bei aufwendiger Ausstattung kann sich das K. der ↗ Revue annähern. Charakterist. ist die Emanzipation der kleinen Formen der darstellenden Kunst, ihre Verbindung in einem (themat. meist locker gefügten) »Nummernprogramm«, die Zwischenstellung des K.s zwischen Kunst und Unterhaltung und bes. die gegenüber den herrschenden Verhältnissen krit.-oppositionelle Haltung, die Entlarvung angemaßter Autoritätsansprüche. Inhalte und Themen sind witzig, pointiert, aktuell-politisch, auch erotisch, die Gestaltung bedient sich der ↗ Parodie, ↗ Travestie, ↗ Karikatur, mit bisweilen hervorstechender Neigung zum Absurd-Grotesken, der Montage von Disparatem, fließender Übergänge zwischen verschiedenen Genres (z. B. Auflösung des gesungenen Liedes in die gespielte Szene), der Andeutung statt der breiteren Ausführung. Musikal. Formen sind neben Chanson ↗ Couplet und Song, Spielformen neben Tanz und Pantomime ↗ Sketch und Conférence (Ansage); bühnentechn. Effekte (z. B. *black out*) werden gezielt eingesetzt. Durch die Verknüpfung von Lit., Musik und bildender Kunst hat das K. manches zur Entwicklung dieser Künste beigetragen; Expressionisten und bes. die Dadaisten fühlten sich ihm verbunden, die Arbeit von Malern für das K. (Plakat, Programmheft; H. Toulouse-Lautrec, Münchner Jugendstil, Wiener Secession, G. Grosz) hat Wesentliches

zur Entwicklung der mod. Graphik beigesteuert, A. Schönberg, P. Hindemith, A. Honegger, K. Weill, H. Eisler, J. Cocteau, E. Satie schrieben Musik auch für das K.

Aus dem Café-Concert (Café-Chantant) gingen, zunächst als Künstler-Kneipen der Pariser Bohemiens, später als feste Bühnenunternehmen, die *cabarets artistiques* hervor; 1881 wurde das erste,»Chat noir«, von R. Salis auf dem Montmartre eröffnet; 1885 gründete A. Bruant »Le Mirliton«, in dem die berühmte Diseuse Yvette Guilbert auftrat. Zahlreiche weitere K.s entstanden um die Jh.wende in Paris und bald in vielen europ. Städten. In Berlin eröffnete E. v. Wolzogen 1901 das »Überbrettl«, das im deutschsprach. Raum bahnbrechend wirkte. Weitere K.s waren in Berlin »Schall und Rauch« (1902, M. Reinhardt, 1919 Neueröffnung), in München »Elf Scharfrichter« (1901, Wedekind), »Simplicissimus« (1903, Kathi Kobus), in Wien »Das Nachtlicht« (1906, M. Henry), »Die Fledermaus« (1907). K.-Texte schrieben in diesen Jahren F. Wedekind, L. Thoma, P. Altenberg, Ch. Morgenstern, E. Friedell, A. Polgar. Eine Zeitlang engagierte sich A. Kerr als Kritiker für das K. Da zu Beginn des Ersten Weltkriegs die nationalist. Stimmung auch die K.s beeinflusste, gründeten 1916 in Zürich die Dadaisten H. Ball, H. Arp, R. Huelsenbeck, T. Tzara das »Cabaret Voltaire« mit antimilitarist. Tendenz (↗ Dadaismus). Nach dem Kriege ergriff eine entschiedene (mitunter auch rechtsgerichtete) Politisierung das K., die dann durch den großen Erfolg der Revue (R. Nelson, Auftritte von Marlene Dietrich, H. Albers) Ende der 20er Jahre etwas eingedämmt wurde. Bekannte K.s waren nun »K. der Komiker« (1924), »Katakombe« (1929, W. Finck, A. Deppe, R. Platte),

»Die Vier Nachrichter« (1931), Trude Hesterberg, Claire Waldhoff, Gussy Holl, Rosa Valetti, Kate Kühl, H. H. v. Twardowski errangen Erfolge als Vortragende, F. Grünbaum, P. Nikolaus, W. Finck, H. Krügers als Conférenciers. Als Volkskomiker traten K. Valentin und Liesl Karlstadt (München), F. Carow (Berlin), W. Reichert (Stuttgart) hervor. Texte schrieben W. Mehring, Klabund, K. Tucholsky, J. Ringelnatz, E. Kästner, die Musik stammte von F. Hollaender, M. Spoliansky, auch von P. Hindemith. In Paris waren M. Chevalier und die Mistinguett, in London Beatrice Lillie populär. Während der Zeit des Nationalsozialismus wurden viele Kabarettisten verhaftet und ins KZ gebracht, viele emigrierten und beteiligten sich an den antifaschist. K.s: in Wien »Der liebe Augustin« (1931, G. H. Mostar), »Lit. am Naschmarkt« (1933), in Zürich »Die Pfeffermühle« (1933, Erika Mann, Therese Giehse), in Prag, Paris, London, New York. Nach dem Zweiten Weltkrieg entstanden zahlreiche neue K.s: »Schaubude« (München 1945, mit Ursula Herking, Texte von E. Kästner), »Kom(m)ödchen« (Düsseldorf 1947, Kay und Lore Lorentz), das Rundfunk-K. der »Insulaner« (Berlin 1947, G. Neumann, Tatjana Sais, Agnes Windeck, W. Gross, B. Fritz, E. Wenck), »Mausefalle« (Stuttgart und Hamburg 1948, W. Finck), »Stachelschweine« (Berlin 1949), »Die kleine Freiheit« (München 1951), »Münchner Lach- und Schießgesellschaft« (1955, S. Drechsel, D. Hildebrandt, K. P. Schreiner, K. Havenstein, Ursula Noack, H. J. Diedrich, J. Scheller), »Bügelbrett« (Heidelberg 1959), »Rationaltheater« (München 1965), »Floh de Cologne« (Köln 1966), in Ostberlin »Distel« (1953). In den 60er Jahren erlebte das K. mit der häufigeren Übernahme in Rundfunk- und Fernsehprogramme und mit zahlreichen Neugründungen in vielen größeren Städten der Bundesrepublik eine neue Blüte. Als Alleinunterhalter profilierten sich W. Neuss (»Jüngstes Gerücht«, Berlin 1963) mit polit. und J. v. Manger mit eher volkstüml. Orientierung. Den Typ des Bänkelsängers erneuerte in Ostberlin W. Biermann. Der aus den USA stammenden Bewegung des »Protest-Songs« (Joan Baez, B. Dylan) werden D.

Süverkrüp und F. J. Degenhardt zugerechnet. Die Erneuerung des polit. K.s in der Bundesrepublik seit 1965 vollzog sich gleichzeitig mit der Formierung der sog. »Neuen Linken« und führte zu einer verstärkten Reflexion auf polit. Funktion und Effektivität des K.s und mancherorts zu seiner Umwandlung in das ↗ Agit-Prop-Theater. In Wien erlebte das K. nach dem Zweiten Weltkrieg eine Renaissance durch G. Kreisler, H. Qualtinger (mit C. Merz in »Herr Karl«, 1961), G. Bronner. Erfolge als Kabarettisten hatten in Frankreich Juliette Gréco, Edith Piaf, Yves Montand, in Großbrit. D. Frost, Joan Littlewood, in den USA M. Nichols, Elaine May, T. Lehrer, in Ital. Laura Betti, in den Niederlanden T. Hermans. Bekannte K.s gibt es ebenso in Dänemark (Sommer-Revuen von Helsingør und Hornbæk), Schweden (»Gröna Hund«, »Gula Hund« in Stockholm) und in Tschechien (»Semfor« in Prag mit Hana Hegerová). **GMS**

Kabuki, n. [jap., eigentl. = Verrenkung], Gattung der klass. jap. volkstüml. Theaters, das Elemente des höf. ↗ Nō (und Kyogen), des Puppenspiels und populärer Tanzformen zu einem artist. Sing-, Tanz- und Sprechtheater verbindet, war im Gegensatz zum Nō das Theater der einfachen Leute (Samurais war der Besuch verboten), jedoch wie jenes von betontem, ritualisierten Kunstcharakter: Typ. sind eine schmale langgestreckte Bühne mit 1–2 Auftrittsstegen durch den Zuschauerraum, zwei Orchester, antirealist., flächenhafte Kulissen und eine raffinierte, jedoch anti-illusionist. eingesetzte Bühnenmaschinerie, die stilisierte Darstellung von Szenen aus disparaten Stoffkreisen (neben histor. Stücken auch v. a. Genreszenen aus dem niederen Alltagsmilieu) und rasche Verarbeitung jeweils neuer Tendenzen und Moden. Sie wurden nur lose zu einer Art »Handlung« gefügt und dienten vordringlich dem Schauspieler zur Präsentation seiner künstler.-theatral. Mittel (keine Rollenidentifikation). Das K. wurde 1596 in Kioto von der Tänzerin Okuni als erot. Tänzen entwickelt, 1629 wegen seiner erot. Elemente verboten, 1652 auch seine Fortführung als Knaben-K. Seither von Männern gespielt, erreichte es eine Blütezeit im 18. Jh.; der bedeutendste Autor ist Kawatake Mokuami (1816–93). Aufführungen waren öffentl. Ereignisse von eintägiger Dauer, gestaltet von traditionellen K.-Familien. Das beliebte Puppenspiel (Bunraki) wurde weitgehend verdrängt. – Noch heute wird die K.-Tradition in Japan gepflegt (monopolisierte K.-Gesellschaften mit riesigen Theatern, z. B. das ›Kabuki-za‹ in Tokio). – Wie das Nō war auch das K. von großem Einfluss auf das moderne europ. Theater bei seiner Suche nach neuen Bühnen- und theatral. Ausdrucksformen (↗ Verfremdung, ↗ ep. Theater u. a.). IS

Kadẹnz, f. [(Silben)fall, it. cadenza, zu lat. cadere = fallen], Versschluss in akzentuierenden Versen (↗ akzentuierendes Versprinzip). – Die *neuhochdt. Metrik* unterscheidet im Allgemeinen nur zwischen *männl. K.* (auch: stumpfe K.) und *weibl. K.* (auch: klingende K.); die männl. K. ist einsilbig, der Vers endet auf eine Hebung, die weibl. K. ist zweisilbig, der Vers endet auf eine Folge von Hebung und Senkung. *In der mittelhochdt. Metrik* werden auf Grund der unterschiedl. Silbenstruktur (kurze offene Tonsilben!) mindestens 5 Kadenztypen unterschieden: 1. *einsilbig männl. K.* (der Vers endet auf eine Hebung: … x́; z. B. der réde wás der grâve *vrố*); 2. *zweisilbig männl. K.* (der Vers endet auf eine gespaltene Hebung, d. h. auf ein zweisilbiges Wort mit kurzer offener Tonsilbe: … ◡́ x; z. B. wés hânt ír die máget *geslágen*); 3. *weibl. K.* (der Vers endet auf eine Folge von Hebung und Senkung, d. h. auf ein zweisilbiges Wort mit langer offener oder geschlossener Tonsilbe: … x́ x; z. B. nû́ alrêst lebe ích mir *wérde*); 4. *klingende K.* (der Vers endet auf eine Folge von ↗ beschwerter Hebung und Nebenhebung, die sprachl. ebenfalls durch ein zweisilbiges Wort mit langer Tonsilbe gefüllt sein muss: … –́ x̀; z. B. ich sáz ûf éime *stéinè*) – in vielen Fällen ist nicht mit letzter Sicherheit zu entscheiden, ob weibl. oder klingende K. vorliegt; 5. *dreisilbig klingende K.* (der Vers endet auf eine Folge von Hebung, Senkung und Nebenhebung, d. h. auf ein dreisilbiges Wort mit kurzer oder langer Tonsilbe: … x́ x x̀; z. B. ir phlấgen drîe *kǘnegè*). In der ↗ Taktmetrik wird außerdem noch zwischen *voller K.* und *stumpfer K.* unterschieden; bei voller K. ist der letzte Takt eines metr. Schemas sprachl. ganz oder teilweise realisiert, bei stumpfer K. gilt er als pausiert. K

Kạempevise, f., Pl. kaempeviser [dän. = Heldenweise, Heldenlied], skand., v. a. dän. Volks-↗ Ballade (↗ Folkevise) des M. A.s mit Stoffen aus der germ.-dt. ↗ Heldensage (z. B. die Nibelungenballaden) und aus der nord. Heldensage der Wikingerzeit (z. B. Balladen von »Hagbard und Signe«); im weiteren Sinne werden auch Ritterballaden (mit literar. Stoffen, v. a. frz. Provenienz) und histor. Balladen als K. bezeichnet. – Für die Heldensagenforschung von bes. Interesse sind die K. mit Stoffen aus dem Nibelungensagenkreis (dän. »Sivard Snarensvend«, »Sivard und Brynhild«, »Kremolds Rache«; norweg. »Sigurd Svein«; färö. Balladenzyklus »Sjurdurkvaedi«, bestehend aus »Regin smidur«, »Brinhildatattur«, »Högnatattur«). Die alten Stoffe haben in diesen Balladen tiefgreifende Umgestaltungen erfahren – die Handlung ist auf einige Grundlinien reduziert; die Zahl der handelnden Personen ist stark verringert (z. B. die Ballade »Sivard und Brynhild« über Siegfrieds Tod kennt nur noch vier Personen); neu sind Märchenmotive (Sivard/Siegfried kann nur durch sein eigenes Schwert umkommen), die alten Namen sind teilweise volksetymolog. umgedeutet (Hafver = Meerverteidiger für Hagen/Högni), teilweise durch typ. Balladennamen ersetzt (Sienhild, Sinelille u. a. für Kriemhild/Gudrun). – Als Quellen für die skand. Nibelungenballaden wurden in der Forschung verlorene dt. Heldenlieder vermutet (S. Grundtvig, A. Olrik, G. Neckel), z. T. wurde auf die skand. Sagentradition hingewiesen (Eddalieder, ↗ Fornaldarsaga; R. C. Boer, J. de Vries); wahrscheinl. sind jedoch bei jeder einzelnen Heldenballade die verschiedensten dt. und nord. Quellen zusammengeflossen (K. Liestøl, A. Heusler, H. de Boor). K

Kahlschlag-Literatur, Sammelbez. für Versuche einer literar. und literatursprachl. Neuorientierung nach 1945. Die Bez. ›Kahlschlag‹ wird erst relativ spät von W. Weyrauch definiert als Forderung einer »dt. Literatur«, unabhängig von »fremden Wegweisern«, die »einen Kahlschlag in unserem Dickicht« geben sollte (Vorwort zu »Tausend Gramm«, 1949). Kahlschlag bez. dabei neben dem Willen zur »Wahrheit«, zur »Auseinandersetzung mit den Widersachern des Geistes« zugleich eine Tendenz zur Sprachreinigung, zur stilist. Kargheit. »Nicht einmal die Sprache war mehr zu gebrauchen ... die Nazijahre und die Kriegsjahre hatten sie unrein gemacht. Sie mußte erst mühsam wieder Wort für Wort abgeklopft werden ... Die neue Sprache, die so entstand, war nicht schön. Sie wirkte keuchend und kahl« (W. Schnurre, daher auch ↗›Trümmerliteratur‹). Man hatte diese Tendenz schon vor Weyrauchs Definition der K. als »völlig flachen« Realismus (A. Andersch u. a.) missverstanden und abgelehnt; bereits 1950 konstatierte W. Jens: »Der Neorealismus verschwand so schnell, wie er kam.« Weyrauchs Erwartungen jedenfalls erfüllten sich nicht. An ihre Stelle trat eine Tendenz zur Innerlichkeit, ablesbar etwa an Gedichten G. Eichs, die seinen häufig ebenfalls als exemplar. Beispiele für K. zitierten Gedichten »Inventur« und »Latrine« folgten. Inzwischen ist allerdings auch darauf hingewiesen worden, dass die K. nicht nur eine versuchte und alsbald abgebrochene Phase literar. Neuorientierung war, dass vielmehr das Werk Weyrauchs verstanden werden muss als eine Wiederaufnahme »von bereits Vorhandenem unter anderen Voraussetzungen«, ebenso wie als Vorstufe einer Mischung von Experiment und Tendenz.   D

Kakophonie, f. [gr. = Missklang], meist polem. gebrauchte Bez. der antiken ↗ Rhetorik zur Beschreibung und Bewertung von als hässl. empfundenen Klangerscheinungen u. a. bei Wortzusammensetzungen mit geräuschstarken, schwer sprechbaren Konsonantenhäufungen, z. B. *Schutzzoll, Strickstrumpf;* die Anwendung des Begriffs unterliegt jedoch histor. bedingten Geschmacksvorstellungen. HW

Kalauer, m., 1858 erstmals belegte »Berliner Eindeutschung des franz. ↗ Calembour(g) mit

Bezug auf die Stadt Calau; ↗ Wortspiel, das witzige Effekte durch Zusammenstellung gleich oder ähnl. lautender Wörter mit unterschiedl. Bedeutung (↗ Paronomasie) erzielt; meist als albern gewertet.   GMS

Kalender, m. [mlat. zu lat. calendae = erster Tag d. Monats, übertragen: Monat], als Verzeichnis der nach Wochen und Monaten geordneten Tage sind K. oft mit prakt. Hinweisen, Merksätzen, Rezepten, Lebens- und Gesundheitsregeln, Angaben über Maße und Gewichte, Himmels-, Erd- und Witterungskunde usw., ferner mit Sprichwörtern, Zitaten, Anekdoten und Kurzerzählungen usw. ausgestattet. Je nachdem, ob ein K. sich an eine bestimmte Zielgruppe richtet oder ein bestimmtes Sachgebiet in Text und Bild behandelt, unterscheidet man *Bauern-K., Jugend-, Ärzte-, Lehrer-K.* u. a. oder aber *Heiligen-K., Blumen-, Tier-, Ballet-K.* u. a. K. gibt es als *Abreiß-K., Umleg-* oder *Wand-K.,* sowie als *Taschen-K., Termin-K.* u. Ä. in Buch- oder Heftform. *Vorformen des heutigen K.s* sind einerseits die *K. stäbe* und *Runen-K.,* die seit dem 14. Jh. in Deutschland, England und Skandinavien nachgewiesen, aber wohl erhebl. älter sind und auch dem Analphabeten eine kalender. Orientierung erlaubten, andererseits die handschriftl. *K.-Tafeln* und ↗ *Almanache,* die den Gelehrten und Geistlichen des MA.s als Hilfsmittel zu astronom. u. meteorolog. Beobachtungen u. Vorhersagen sowie zur Berechnung des geistl. Jahres dienten, insbes. von beweglichen Festen wie Ostern usf.; gemäß der Wiederkehr der Mondphasen nach 19 Jahren umfassten sie als sog. *ewige od. immerwährende K.* gewöhnl. 19 oder 76 (= 4-mal 19) Jahre, so noch der lat. Holztafeldruck des Joh. v. Gmunden (1439). Seit der *Erfindung des Buchdrucks* u. damit verbundenen der größeren Verbreitung u. Kommerzialisierung setzte sich der *einjährige K.* immer mehr durch. Erste Anzeichen dafür sind *astronom. K. für 1448* u. der sog. *Türkenk. für 1455,* beide als der Werkstatt Gutenbergs. Angereichert mit Wettervorhersagen u. Ä. (sog. *Prognostica*), auch mit medizin. Anweisungen, etwa über die rechten Zeiten zum Aderlassen entsprechend den Mondphasen (sog. *Aderlass-K.*), u. mit sonstigen, oft astrolog. begründeten Ratschlägen (sog. ↗ *Praktika*) gibt es so seit dem Ende des 15. Jh.s den volkstüml. Jahres-K., seit 1508 z. B. die »Bauernpraktik«. Dem Grundschema fügte Paul Eber in seinem »*Calendarium historicum*« (erstmals 1551, dt. 1582) für jeden Monat histor. Daten u. passende anekdot. Berichte bei; hinzu kamen später Legenden, Schwänke, Rätsel, Tierfabeln u. sonstige Erzählungen, woraus sich insgesamt die ↗ Kalendergeschichte als eigene Gattung der Volksliteratur entwickelte. Bekanntester dt. K.macher des 17. Jh.s ist Grimmelshausen mit Werken wie »Des Abenteuerlichen Simplicissimi Ewigwährender Calender« (1670/71), dem »Europäischen Wundergeschichten Calender« (1670–74) u. dem »Simplicianischen WundergeschichtsCalender« (1675). Im Lauf des 18. Jh. ergaben sich Differenzierungen u. Spezialisierungen. Unter *Zurücktreten des Kalendariums* wurden ↗ Musenalmanach, Damen-K. u. ↗ Taschenbuch (meist Frauentaschenbücher auf ein best. Jahr) zu Sammelbecken für Belletristik u. gehobene Unterhaltungslit.; unerhebl. war das Kalendarium auch in den genealog. Staats- u. Standes-Kn. (seit dem 17. Jh.), von denen sich als Adels-K. der sog. »Gotha« (seit 1736) bis ins 20. Jh. erhalten hat. Ebenfalls Standes-K. u. zugl. bio- wie bibliogr. Nachschlagewerk ist »Kürschners Dt. Gelehrten-K.« (seit 1925). *Erhalten blieben Kalendarium* sowie das vom 15.–17. Jh. ausgebildete Grundmuster in den Bauern-, Land- u. Volks-K.n im 18. u. 19, auch noch im 20. Jh.; im Gefolge von Aufklärung, Romantik u. Realismus dienten sie der Volksbildung u. -unterhaltung, z. B. der »Kurfürstl. Badische Landcalender« (seit 1750), aus dem seit 1807 »Der Rheinländische Hausfreund« Joh. P. Hebels hervorging. Ähnl. Ziele hatte der »Dt. Volks-K.« (1835–70) von F. W. Gubitz (u. a. mit Beiträgen von Chamisso, Arnim u. Brentano). Hrsg. späterer Volks-K. waren z. B. A. Stolz, B. Auerbach u. L. Anzengruber, Beiträger u. a. W. Alexis, J. Gotthelf u. G. Keller als Schriftsteller, L. Richter, Menzel, Kaulbach u. a. als Illustratoren. Nach 1871 agitierte die Arbeiterbewegung mit klassenkämpferischen K.n (vgl. »Der arme Conrad«, 1875–1878).

Seit 1801 bis in die Gegenwart erhalten hat sich als Volks-K. z. B. »Des Lahrer Hinkenden Boten neuer historischer K. für den Bürger u. Landmann«, ähnl. »Reimmichels Volks-K.« u. der »Hannoversche Volks-K.«. Das 20. Jh. brachte mit zunehmender Kommerzialisierung auch eine weitere Trivialisierung der K. Den weitaus größten Marktanteil haben heute Gebrauchs- u. Berufs-K. sowie Kunst- u. Bild-K.; viele dienen der Werbung, einige haben auch didaktische od. polit. Zielsetzungen. RS

Kalendergeschichte, kurze, volkstüml., meist realitätsbezogene Erzählung, oft unterhaltend und stets didaktisch orientiert; sie vereinigt mit wechselnder Gewichtung Elemente aus ↗ Anekdote, ↗ Schwank, ↗ Legende, ↗ Sage, Tatsachenbericht und ↗ Satire. Sie entstand im Zusammenhang mit der Entwicklung des gedruckten ↗ Kalenders und der Lesebedürfnisse seines Publikums im 16. Jh. und wird seither auch als eigenständige Gattung künstler. Erzählprosa erkannt. Bis ins 19. Jh. blieb sie an die Publikationsform des Kalenders gebunden. *Bedeutende Verfasser* von K.n in diesem Rahmen waren J. J. Ch. v. Grimmelshausen u. J. P. Hebel, im 19. Jh. außer den Hrsgn. wie A. Stolz, B. Auerbach u. L. Anzengruber z. B. auch J. Gotthelf u. P. Rosegger. Die erfolgreichsten K.n wurden schon im 19. Jh. aus den Kalendern herausgelöst u. in bes. Sammelbänden publiziert (z. B. J. P. Hebels »Schatzkästlein«, 1811 u.ö., L. Anzengrubers K.n, 1882). Im 20. Jh. hat die K. sich dann vielfach ganz von der Bindung an den Kalender getrennt u. tritt jetzt als selbständige Kunstform auf, sei es einzeln in Zeitschriften u. Anthologien o. Ä., sei es zusammengefasst in Buchform, so z. B. die »K.n« von O. M. Graf (1929), K. H. Waggerl (1937) u. B. Brecht (1949) oder auch der »Schulzendorfer Kramkalender« von E. Strittmatter (1969). RS

Kanevas, m. [mlat. canava = Hanf, it. canavaccio = Wischlappen, Entwurf, Plan, Grundschema], in der it. Stegreifkomödie und ↗ Commedia dell'arte synonyme Bez. für ↗ Szenarium (das Handlungsablauf und Szenenfolge festlegt). GG

Kanon, m. [gr. = Maßstab, Richtschnur, ursprüngl. Rohr], Zusammenfassung der für ein bestimmtes Sachgebiet verbindl. Werke (Regeln, Gesetze usw.), z. B. die ›kanon.‹ (= verbindl.) Texte des ATs und NTs im Ggs. zu den Apokryphen. – Im *literar.* *Bereich* von dem Philologen D. Ruhnken (1723–98) eingeführt für die Auswahl der für eine bestimmte Zeit jeweils als wesentl., normsetzend, zeitüberdauernd, d. h. ›klassisch‹ erachteten künstler. Werke, deren Kenntnis für eine gewisse Bildungsstufe vorausgesetzt wird (z. B. in Lehrplänen). – In der *Antike* bez. ›K.‹ zunächst nur (in übertragener Bedeutung) Nachahmenswertes, Exemplarisches; in der attizist. Rhetorik und hellenist. Kunsttheorie dann eine Autoren- oder Werkliste (↗ Katalog, evtl. für die Schullektüre oder als Bestandsaufnahmen des Erhaltenen), vgl. z. B. den K. der drei Tragiker Aischylos, Sophokles, Euripides, von 9 Lyrikern, 10 Rednern u. a. – Trotz seiner Bestimmung, eine Kontinuität der literar. Tradition zu gewährleisten, wurde jeder K. notwendig immer wieder Änderungen unterworfen. S

Kanzone, f. [it. canzone aus lat. Cantio = gesungenes Lied],
1. allgemein ein mehrstroph. gesungenes Lied oder rezitiertes Gedicht beliebigen, meist ernsten Inhalts, auch: *freie K.*,
2. im bes. ein Lied und Gedicht, dessen formales Kennzeichen die sog. K.n- oder ↗ Stollenstrophe ist, auch: *klass. K.* Sie findet sich seit der 1. Hälfte des 12. Jh.s in der prov. Trobadorlyrik (mit Geleit: ↗ Canso), in der sie evtl. entwickelt wurde, und in der mhd. Minnelyrik (Friedrich von Hausen, Reinmar der Alte, Walther v. d. Vogelweide). Insbes. in Italien aber wird die K. zur bedeutendsten lyr. Form neben ↗ Sonett und ↗ Ballata, aus der sie die italien. Forschung ableitet; sie wurde gepflegt insbes. von den Vertretern des ↗ Dolce stil nuovo, z. B. Dante, von dem auch die 1. theoret. Fixierung der K. stammt (»De vulg. eloqu.«, II, 5.8.14). Ihre höchste Blüte und vollendetste Ausprägung erfuhr die K. durch F. Petrarca: Er schuf ihre klass. Form aus 5–7 Strophen von je 13 bis 21 Versen, gemischt aus Elf- und Siebensilbern (7. u. 10. Zeile) mit einem meist in zwei symmetr. Perioden (Volten) geteilten ↗ Abgesang (Coda) und kunstvoller Reimvielfalt (jede Strophe eigenes Reimmaterial) mit philosoph.-ethischer, relig., patriot. und sublimer Liebesthematik (»Canzoniere«, 1350, gedruckt 1470). Ihre sprachl. Musikalität machte Gesang und Musikbegleitung entbehrl. Diese *canzone petrarchesca* fand bis ins 16. Jh. zahlreiche Nachahmer (P. Bembo, T. Tasso). Im 17. Jh. begann die Auflösung der strengen K.nform: Mit ›K.‹ wurden auch Nachahmungen pindar. Oden, anakreont. (vgl. ↗ Kanzonetta) und andere metr. Strophenformen (zuerst von G. Chiabrera, F. Testi) und sogar freirhythm. Verse bezeichnet, zuerst v. A. Guidi, dann bes. v. G. Leopardi: seine »Canzoni« (1818) sind freirhythm. patriot. Gedichte (auch als *canzone leopardiana* bez.). – Die Wiederbelebung der klass. K. versuchten im 18. Jh. V. Alfieri, U. Foscolo u. a., im 19. und 20. Jh. A. Manzoni, G. Carducci und G. D'Annunzio. In Deutschland wurde die klass. K. seit der Romantik nachgeahmt, insbes. v. A. W. Schlegel, Z. Werner, J. Ch. v. Zedlitz (»Totencränze«), A. v. Platen u. F. Rückert (»Canzonetten«, 1818). IS

Kanzonenstrophe, Bez. für ↗ Stollenstrophe.

Kanzonetta, f. [it. = Liedchen], ursprüngl. ↗ Kanzone mit volkstüml. (meist Liebes-)Thematik und einfacher Ausprägung (↗ Stollenstrophe aus 7-, 8-Silblern), nicht immer eindeutig von ↗ Ballata und ↗ Barzelletta zu trennen; beliebt im 15. Jh. – Seit der Auflösung der klass. Kanzonenform durch G. Chiabrera im 17. Jh. auch Bez. für kurze, sechszeil. Gedichtformen anakreont.-rokokohafter Thematik; Hauptvertreter P. Metastasio (18. Jh.). IS

Kapitel, n. [lat. capitulum = Köpfchen], ursprüngl. die dem Abschnitt eines Textes vorangestellte, meist durch räuml. Absetzung und die Verwendung roter Farbe hervorgehobene kurze Überleitungsformel oder Inhaltsangabe (↗ Lemma, Rubrik, ↗ Summarium), dann dieser Abschnitt selbst, der dann durch Numerierung oder Überschrift als K. gekenn-

zeichnet sein kann. Die Einteilung eines Pro-
sawerks in K. dient der Verdeutlichung von
Gliederung und Proportionen, die *K.-Über-
schriften* der Erweckung und Steuerung der
Lesererwartung (↗ Vorausdeutung). – K.-
Überschriften sind seit dem 4. Jh. v. Chr. bezeugt. In den Handschriften und Inkunabeln
des Spät-MA.s spielen neben den eigentl.
Summarien die durch deiktische Lokalad-
verbien (»hie hieß Pontus sein schiff spei-
sen …«) eingeleiteten Bildbeischriften (↗ Titu-
lus) eine gewisse Rolle, da sie oft an Abschnittsgrenzen stehen und wie die Summarien zu Registern zusammengefasst werden.
– Bis ins 17. Jh. reichen die ausführlicher resü-
mierenden K.-Überschriften, danach treten
diese zurück und werden zum Indiz ›volks-
tümlicher‹ Literatur gegenüber dem kapitel-
armen höfisch-histor. Roman. Unter dem Einfluss von Cervantes, Sterne und Fielding werden die Einteilung, Anordnung und bes. die
Überschriften der K. – wie andere Bauformen
des Erzählens auch – zur Erzielung humorist.
oder ironisierender Wirkungen genutzt (Jean
Paul, K. L. Immermann, R. Musil). In der
Funktion der Lesereinstimmung ist der K.-
Überschrift das ↗ Motto verwandt.   HSt

Kapuzinade, f., Kapuzinerpredigt; strafende
oder tadelnde Ansprache, wie sie bei den Ka-
puzinern üblich war, in derber Sprache und
volkstüml. Ausdrucksweise, bilderreich und
übertreibend. Am bekanntesten sind die ›K.n‹
des Augustinermönchs Abraham a Sancta
Clara (1644–1709). Predigten dieses Stils sind
auch von protestant. Homiletikern überliefert.
Der Ausdruck ›K.‹ findet sich in Frankreich
seit 1715 *(capucinade);* er hat sich in Deutschland eingebürgert seit Schillers literar. Gestaltung einer K. in »Wallensteins Lager« (1799).
                                               GG

Karagöz, auch Karaghioz, Karagheuz [türk.
= Schwarzauge], 1. ↗ lustige Person des islam.
↗ Puppenspiels, ursprüngl. Hauptfigur des
türk. ↗ Schattenspiels: junger, volkstüml.-der-
ber, schlagfertig-witziger, auf animal. Bedürfnisse fixierter (dicker, mit großem Phallus
ausgestatteter) Typus (Handwerker, Händler,

Bote u. Ä.). Sein Partner ist meist der ältliche,
wichtigtuerische, halbgebildete Spießer Had-
schiwat, dessen Worte K. stets missversteht
oder ins Unflätig-Komische verdreht. Nach
dieser Zentralfigur 2.: Bez. v. a. für das türk.,
aber auch allgem. oriental. Schattenspiel (noch
heute von sog. *Karagödschi* in Caféhäusern
aufgeführte Possen), eine der Hauptformen
des (an sich theaterfeindl.) islam. Theaters. IS

Karikatur, f. [zu it. caricare = überladen,
übertreiben], Zerrbild einer Person oder eines
Sachverhaltes durch übertreibende, oft überraschende Darstellung von typ., aber auch individuellen Zügen, zur Verspottung, Entlarvung, Kritik; insbes. Fachbez. der bildenden
Kunst für graph. Darstellungsformen. Analog
werden in der Literaturwissenschaft als K.en
die oft bis zum Grotesken hin verzerrten
Überzeichnungen von Personen in den Gattungen der sentenziösen Komik (↗ Parodie,
↗ Satire, insbes. satir. Komödie) bezeichnet.
Berühmt sind z. B. J. Nestroy oder H. Monnier
als Verfasser und Darsteller karikierter Büh-
nengestalten als Repräsentanten bestimmter
menschl. Schwächen, einzelner Stände oder
Berufe. – Literar. K.en gibt es schon seit der
Antike; zu nennen sind z. B. der prahler. Offi-
zier (seit Plautus; ↗ Bramarbas, ↗ Capitano),
der Advokat »Pathelin« (1470), Molières
Ärzte-K.en oder sein »Bürger als Edelmann«,
A.-R. Lesages Emporkömmlinge und Finanzi-
ers (»Turcaret«, 1709), N. Gogols K. des Pro-
vinzbeamtentums (»Der Revisor«, 1836), E.
Augiers Spekulanten und Journalisten, C.
Sternheims ›bürgerl. Helden‹ u. a.; auch zeitgenöss. Persönlichkeiten wurden immer schon
literar. karikiert, so z. B. Sokrates in den »Wolken« des Aristophanes, der König von Frankreich in einzelnen ↗ Sottien, bekannte Londo-
ner in den als ›Bilderauktionen‹ getarnten Soloszenen von S. Foote (18. Jh.).   IS

Karolingische Renaissance, umstrittene
Bez. für die im Umkreis Karls des Großen und
seiner Nachfolger betriebene Förderung des
Bildungswesens und der Kunst unter bewuss-
tem Anknüpfen an die spätantik-christl.
Form- und Stofftradition. Sie steht im Rah-

men des polit. Programms der renovatio Imperii Romani, ihr konkretes Ziel war die Hebung der Bildung, v. a. im Klerus. *Zentrum* der k. R. bildete der internationale Gelehrtenkreis an Karls Hof, die sog. ›Palastschule‹, die eine intensive literar. Tätigkeit initiierte, die der Rezeption der christl. und heidn. Antike galt, aber auch eine karoling. lat. Dichtung von hohem Formbewusstsein hervorbrachte. Daneben sind aber die prakt. Aspekte, zu denen Bemühungen um ein reines Latein, eine Reform der Schrift, die gründl. Revision der Vulgata, eine Reform der Liturgie und des Unterrichtswesens gehören, hervorzuheben. Vorübergehend kommt es auch zu einem ersten Aufblühen einer volkssprachl. Literatur, vorwiegend zu prakt. Zwecken (Laienunterweisung, ahd. Prosa). Die *führenden Träger* der k. R. integrieren v. a. ir., angelsächs. und fränk. Bildungstraditionen: zu nennen sind aus Karls Umkreis Alkuin (seit 782 Leiter der Palastschule), die Historiker Paulus Diaconus und Einhard, der Grammatiker Petrus von Pisa und die Dichter Angilbert und Theodulf von Orléans, aus dem Umkreis der Nachfolger Karls Hrabanus Maurus, Walahfried Strabo, Notker Balbulus, Johannes Scotus Eriugena u. a.; in diesem Zusammenhang ist auch auf Otfried von Weißenburg, den Verfasser des ersten größeren volkssprachl. Evangelien-Epos (in Reimpaarversen) zu verweisen.   GG

Kasperltheater ↗ Puppenspiel um die zentrale Gestalt des Lustigmachers Kasperl. Das Personal des K.s enthält typ. Vertreter einer dem Märchen verwandten Gesellschaftsordnung: König, Prinzessin, Hofpersonal, Polizist; Hexe, Teufel, Tod, Zauberer, Drache u. a., d. h. Hüter und Störer einer hierarch. Ordnung. Kasperl als ein mit Mutterwitz und derbem Humor ausgerüsteter Außenseiter verhilft in einem Spiel mit primitiver Fabel und naiver Typik dem Guten zum Sieg und stellt die gestörte Gesellschaftsordnung wieder her, der Struktur des ↗ Detektivromans vergleichbar. – Die *Gestalt des Kasperl* war ursprüngl. eine ↗ lust. Person des ↗ Wiener Volkstheaters in der Tradition des ↗ Hanswurst Stranitzkys. Als Hausknecht und Diener begegnet er u. a. schon

in den Possen J. F. v. Kurz-Bernardons u. Ph. Hafners. Die erfolgreichste Ausprägung als »Originalkasperl« erhielt die Gestalt durch den Schauspieler Johann Laroche (1745–1806) am Wiener Leopoldstädter Theater in oftmals für ihn geschriebenen Stücken (Kasperliaden, z. B. v. K. F. Hensler oder Karl von Marinelli: »Die bestraften Räuber Andrassek und Jurassek, ein aus der wahren Geschichte entlehntes Schauspiel, wobei Kasperle einen gekränkten Müller und verstellten türk. Prinzen Huzibuzi spielen wird«, 1781). Verwandt waren die Figuren des ↗ Staberl und des Kasperl oft begleitenden ↗ Thaddädl. – Dichter. Ausprägung erfuhr die Gestalt des Kasperl dann etwa als lustiger Bedienter in Platens Lustspiel »Der Schatz des Rhampsinit« oder seit 1850 in den zahlreichen (40) Kasperlstücken des Grafen Pocci, in A. Strindbergs Groteske »Kasperls muntere Friedhofsreise«, 1900, in A. Schnitzlers »Zum großen Wurstel«, 1906, W. Benjamins Hörspiel »Radau um Kasperl«, 1932 oder in Max Kommerells »Kasperlespiele für große Leute«, 1948, in neuerer Zeit bei H. C. Artmann (1969). Mitte des 19. Jh.s ging die Figur des Spaßmachers in das Marionettentheater bzw. das Puppenspiel Österreichs und dann ganz Deutschlands über, etwa das von Pocci gegründete und von J. Schmid fortgeführte Münchner Marionettentheater und findet sich gelegentlich noch auf Jahrmärkten und Volksfesten. Vgl. die zahlreichen Kasperlfiguren in der Druckgraphik des Grafen Pocci (Ausg. Mchn. 1974).   GG

Kasside, f. [arab. qaṣīda; Wortbedeutung nicht eindeutig geklärt. Die dt. Wortform ›K.‹ geht auf Goethe zurück], Form des Zweckgedichtes der arab. Lyrik, wie das ↗ Ghasel durch quantitierende Metren, stich. Zeilenordnung und Monoreim charakterisiert (gängiges Reimschema: aa xa xa xa ...), jedoch umfangreicher als das Ghasel (zwischen 25 und 100 Zeilenpaare). Der Inhalt ist durch die Kombination dreier Rahmenthemen mit beschränktem Bild- und Motivschatz festgelegt: 1. (oft erot.) Einleitung (Klage über Trennung von der Geliebten), 2. Ritt durch die Wüste mit Preis der Vorzüge des Pferdes oder Kamels des

Dichters, Jagddarstellungen, Schilderung von Wüstenstürmen usw., 3. Hauptteil, der eigentl. Zweckteil der K., meist ein Loblied des Dichters, seines Stammes, eines Kriegshelden, aber auch ein Schmähgedicht oder eine Totenklage. – Die Tradition der arab. K. reicht bis in die vorislam. Zeit zurück; sie ist die bedeutendste dichter. Form der arab. Wüstenstämme in den Jahrhunderten vor Mohammed. 7 K.n aus dem 6. Jh. wurden im 8. Jh. durch Ḥammad ar-Rāwiya zu der Anthologie »Muʾallaqāt« (»die Aufgehängten«; die Aufzeichnung der 7 K.n soll an der Kaaba in Mekka aufgehängt gewesen sein) zusammengestellt. An dieser Sammlung orientierte sich die ganze spätere K.ndichtung. Aus der arab. Dichtung wurde die K. in die anderen islam. Literaturen übernommen (pers., türk. Lit.). Dt. Nachbildungen bei A. v. Platen und F. Rückert. K

Kasus, m. [lat. casus = Fall], aus der Jurisprudenz entlehnte Bez. für eine der ↗ einfachen Formen, die, im Unterschied zum einmaligen ↗ Memorabile, einen generalisierbaren Normenkonflikt vorführt, der zum Nachdenken anregen soll (vgl. Kasuistik). A. Jolles sieht im K. eine Tendenz, sich zur Novelle zu erweitern. RG

Katabasis, f. [gr. = Abstieg], Unterweltsfahrt des Helden als fester Bestandteil zahlreicher vorderasiat. und europ. Heldensagen. Katabasen werden u. a. von Gilgamesch, von Herakles, Theseus und Odysseus berichtet. Die Darstellung der K. des Odysseus bei Homer (Odyssee XI, sogenannte »Nekyia«) ist vielfach nachgebildet worden, so von Vergil (»Aeneis«, VI: K. des Aeneas) und Dante (»Divina Commedia«). K

Katachrese, f. [gr. katachresis = Missbrauch], uneigentl. Gebrauch eines Wortes, ↗ Tropus:
1. Füllung einer sprachl. Lücke durch metaphor. Verwendung eines vorhandenen Wortes, wenn ein spezif. Ausdruck fehlt oder verdrängt ist, z. B. ›Arm‹ eines Flusses (sog. *notwendige, habituelle* ↗ *Metapher* im Ggs. zur akzidentiellen Metapher).

2. Gebrauch einer Wendung, deren eigentl., wörtl. Bedeutung nicht mehr prägnant bewusst ist, z. B. ›parricidium‹ (= Vatermord) für Verwandtenmord;
3. *Bildbruch*: Verbindung uneigentl. Wendungen, die nicht zueinander passen, wenn man sie in ihrer eigentl. Bedeutung versteht; oft unfreiwillig und von kom. Wirkung:»Laß nicht des Neides Zügel umnebeln deinen Geist« (Stilblüte), aber auch bewusst zur Erzielung eines bes. stilist. (preziösen) Effektes genutzt (↗ Oxymoron). HSt

Katalekten, f. Pl., richtiger: Catalepta [zu gr. kata lepton = Zurückgelassenes, Kleinigkeiten], veraltete Bez. für gesammelte Bruchstücke antiker Werke (z. B. J. C. Scaliger, »Catalecta veterum poetarum«, 1573); auch ↗ Anthologie. S

Katalektisch, Adj., Adv., [gr. = (vorher) aufhörend], in der antiken Metrik Bez. für Verse, deren letzter Versfuß *unvollständig* ist, d. h. bis auf eine (k. *in syllabam*) oder bis auf zwei Silben (k. *in bisyllabum*) gekürzt ist, z. B. der trochä. ↗ Tetrameter, dessen letzte Dipodie um eine Silbe verkürzt ist: ´∪´∪ statt ´∪´∪´∪. Die Verwendung des Begriffes k. ist in vielen Fällen problemat. und entspringt einem komplizierte versgeschichtl. Verhältnisse übergehenden Systematisierungsbedürfnis, das alle größeren metr. Einheiten als Zusammensetzungen aus einfachen Versfüßen erklären will. ↗ akatalektisch, ↗ hyperkatalektisch. K

Katalog, m. [gr. = Aufzählung, Verzeichnis, zu kata-légein = hersagen, aufzählen],
1. alphabet. oder systemat. (nach Sachgruppen) angelegtes, z. T. kommentiertes Verzeichnis von Büchern, Bildern u. a. Kunstgegenständen usw. Als *Pinakes* (Sg. pinax = Verzeichnis, ursprüngl. = Holztafel) bereits aus der Antike bezeugt, vgl. z. B. die ↗ Didaskalien oder der von Kallimachos (3. Jh. v.Chr.) erstellte K. der alexandrin. Bibliothek, der innerhalb von Sachgruppen in alphabet. Ordnung zahlreiche biograph. und bibliograph. Daten (Titel, Inhalt, Werkumfang, Echtheitskriterien) übermittelt und daher von weiterreichender Bedeutung wurde.

2. sprachl. gebundene Reihung gleichart. Begriffe, Namen, Fakten usw., eine der ältesten Dichtungsformen und als (kult.?) *Merkdichtung* zum Memorieren genealog. Reihen (Götter, Könige usw.) in allen frühen Kulturen nachweisbar (sog. K.-Verse). Der *älteste erhaltene* K. ist der Schiffs-K. in der »Ilias« (II, 484), der *älteste selbständ.* K. die Hesiod zugeschriebenen (6000–7000 eleg. Verse umfassenden) »Ehoien« (K.e der griech. Heroengeschlechter). Bedeutsam v. a. als Träger alten Wissensstoffes (Mythen, Sagen, Herrscher-, Erfinder-, Dichternamen usw.) sind die zahlreichen hellenist. K.e (sog. *Heuremata-Lit.*) oder etwa die altnord. Merkdichtung (↗edd. Dichtung). – Berühmte *poet.* K. sind die Truppen-K.e in der »Aeneis« Vergils (VII, 641, X, 163), der Mischwald-K. Ovids, der Edelstein-K. im »Parzival« Wolframs von Eschenbach (XVI, 791), der K. der Kriegsvölker im »Befreiten Jerusalem« T. Tassos (XVII, 3) u.v. a. Auch in neuzeitl. Literatur werden K.e wegen des klangsinnl.-exot. Reizes der Nomenklaturen bewusst eingesetzt (vgl. u. a. J. Keats, die frz. Symbolisten, G. Benn, Th. Mann). IS

Katalogverse, ↗Katalog (2).

Kạta mẹtron [gr. = nach einem (festen) Maß], nach der antiken Verslehre gelten als k.m. gebaut solche Verse, die eine bestimmte metr. Grundeinheit (z. B. ↗Jambus, ↗Trochäus, ↗Daktylus), z. T. zu ↗Dipodien zusammengefasst, mehrfach wiederholen; sie werden als ↗Dimeter (2 metr. Einheiten), ↗Trimeter (3 metr. Einheiten), ↗Tetrameter, ↗Pentameter, ↗Hexameter klassifiziert. K

Katạstasis, f. [gr. = Zustand], Begriff aus der Dramentheorie J. C. Scaligers (»Poetices libri septem«, 1561) für den *scheinbaren* Ruhezustand, bzw. die *scheinbare* Lösung einer dramat. Handlung auf dem Höhepunkte der Verwicklung (↗Epitasis), auf die dann der Zusammenbruch in der ↗Katastrophe folgt. Beispiel: die Erleichterung des Ödipus und der Iokaste bei der Nachricht vom Tode des Polybos im »König Ödipus« des Sophokles; auch: ↗retardierendes Moment. K

Katạstrophe, f. [gr. = Wendung, Umkehr, Ausgang], Begriff der Dramentheorie für den letzten Teil eines Dramas, in dem dessen dramat. Konflikt seine Lösung findet. Die Bez. geht zurück auf Aristoteles (Poetik, 10); in der auf ihm basierenden Poetik des Donat (Terenzkommentar, 4. Jh.) soll die K. in den 3., in den auf Horaz/Seneca basierenden Poetiken (J. C. Scaliger, 1561 u. a.) in den 5. Akt fallen (↗Dreiakter, ↗Fünfakter). – Die K. setzt ein nach voraufgehender, ansteigender, vom *Wollen* der Person getragener und sich entfaltender Handlung (↗Epitasis, 2. bzw. 2 u. 3. Akt), sie wird vorbereitet durch die ↗Peripetie (oft gekoppelt mit ↗Anagnorisis), dem Krisen- und Wendepunkt, und führt in rasch fallender Handlung (Gesetz des *Müssens*) zum Ende des Dramas. Die Bez. ›K.‹ impliziert in diesem Zusammenhang *jede*, nicht nur die trag. Auflösung eines dramat. Konflikts (vgl. z. B. Goethes »Iphigenie«). Die geradlinigste Szenenführung von Exposition über Epitasis zur K. zeigt die frz. ↗haute tragédie, wogegen andere Dramenstrukturen der K. breiteren Raum geben (z. B. im ↗analyt. Drama ist der schrittweise Vollzug der K. als Folge der *vor* der Bühnenhandlung liegenden Ereignisse kennzeichnend, daher auch ›K.n-drama‹) oder die K. in das Bewusstsein des Zuschauers zu verlegen suchen (moderne Dramenformen). IS

Kạta trịton trochạion [gr. (tome) k. t. t. = (Einschnitt) nach dem 3. Trochäus], ↗Hexameter.

Kạtharsis, f. [gr. = Reinigung], Zentralbegriff der aristotel. ↗Tragödientheorie: Nach Aristoteles (Poetik 6) löst die Tragödie, indem sie »Jammer und Schaudern« (gr. *éleos* und *phóbos*) bewirkt, eine »Reinigung« (gr. *k.*) des Zuschauers »von eben derartigen Affekten« aus. »Jammer« und »Schaudern« sind bei Aristoteles (so die Ergebnisse der neueren Aristoteles-Forschung) in erster Linie als psych. Erregungszustände aufgefasst, die sich in heftigen phys. Prozessen äußern. In diesem Sinne begegnen die Begriffe *éleos* u. *phóbos* auch schon in der voraristotel. Literaturtheorie, so bei dem Rhetoriker Gorgias (Helena

8/9) und bei Platon (Ion 535c-e). Der Begriff *k.* begegnet vor Aristoteles dagegen nur in theolog. (als Purifikation, Reinigung von Befleckung) und medizin. Kontexten (Purgierung, Ausscheidung schädl. Substanzen). Bei Aristoteles ist der Begriff der K. *psycholog.* gemeint: als die *befreiende Affektentladung* und das damit verbundene psych.-phys. Lustgefühl (gr. *hedone*). Die Wirkung der Tragödie ist damit psychotherapeut. aufgefasst: sie schafft Gelegenheit zur Befreiung aufgestauter Affekte. Ähnl. äußert sich Aristoteles über die Wirkung orgiast. Musik (Politik VIII, 5–7). Die neuzeitl. Diskussion des K.-Begriffs setzt mit dem Humanismus ein. Die übl. Wiedergabe von gr. *éleos* und *phóbos* durch lat. *misericordia* (Mitleid) und *metus* (Furcht, neben *terror,* Schrecken) bedeutet dabei im Ansatz eine Neuinterpretation des Aristoteles. F. Robortello (Aristoteleskommentar 1548) deutet K. als *Immunisierung der Seele gegen Affekte.* Hier zeigt sich der Einfluss der stoischen *ataraxia/constantia*-Lehre, die v. a. für das Trauerspiel des 17. Jh.s von nachhalt. Bedeutung ist. Eine weitere für die Entwicklung der neuzeitl. Tragödie folgenschwere Umdeutung des aristotel. K.-Begriffs vollziehen V. Maggi und B. Lombardi (Aristoteleskommentar 1550); sie legen der K. erstmals *eth.* Bedeutung bei. Sie verstehen K. nicht mehr als Befreiung von Mitleid und Furcht (wie Robortello), sondern als Reinigung von den Leidenschaften, die in der Tragödie zur Darstellung kommen: Mitleid mit dem Helden der Tragödie (der deshalb im aristotel. Sinne ein »mittlerer Mann« sein soll) und Furcht vor einem ähnl. Schicksal führen zur *sittl. Läuterung* des Zuschauers. Diese Umdeutung der aristotel. Tragödientheorie wird durch P. Corneille aufgegriffen (»Discours de la tragédie«, 1660). Im Anschluss an ihn wird die Traögdie endgült. zum barocken Märtyrerdrama, das durch die Darstellung von Tugenden und Lastern dem Zuschauer als belehrendes Exempel dienen soll; das Martyrium des tugendhaften Helden erregt Mitleid *(pitié),* die Laster des Tyrannen, das Rasen der Affekte lösen im Zuschauer Abscheu und Schrecken *(terreur)* aus. Die aristotel. Forderung nach dem »mittleren Mann« wird damit fallengelas-

sen. Hier setzt G. E. Lessings Kritik an Corneille ein (Hamburg. Dramaturgie, 1768, 73.–78. Stück): Er lehnt das Märtyrerdrama ab und weist auf das Postulat des »mittleren Mannes« hin. Der entscheidende Affekt, den die Tragödie beim Zuschauer auslöse, ist für ihn das *Mitleid;* Furcht wird diesem als »das auf uns selbst bezogene Mitleid« subsumiert; K. bezieht Lessing wieder auf Mitleid und Furcht, er versteht unter K., ganz im bürgerl.-aufklärer. Sinne die »*Verwandlung*« der durch die Tragödie erregten Affekte »*in tugendhafte Fertigkeiten*«. Während Lessings philanthrop. Deutung der K., die lange Zeit kanon. Bedeutung hatte, letztl. immer noch in der Tradition der humanist. Poetik mit ihrer pädagog. Tendenz steht, kehrt J. G. Herder zu den kult. Wurzeln der Tragödie zurück. Er interpretiert die K. in religiösem Sinne als »heilige Vollendung«, die Tragödie selbst als »Sühngesang« (Adrastea IV, 10, 1801). Dem entgegen steht Goethes der klassizist. Kunsttheorie verpflichtete Aristotelesinterpretation, nach der K. die alle Leidenschaften ausgleichende »aussöhnende Abrundung« der Tragödie sei (»Nachlese zur aristotel. Poetik«, 1827). W. Schadewaldts Rückkehr zu einer psycholog.-psychotherapeut. Auffassung der K. (phóbos und éleos als »Schaudern« und »Jammer«) entspricht den archaisierenden Tendenzen in der zeitgenöss. Rezeption der antiken Tragödie (C. Orff). B. Brechts Theorie des ↗ep. Theaters geht von der aristotel. K.-Lehre in der Deutung Lessings aus. Er fordert die Ablösung der auf emotionaler Basis beruhenden K. des Einzelnen durch rationale und krit. Reaktionen, die an ein spezif. Klasseninteresse gebunden sind.　　　　　　　K

Kehrreim, Übersetzung von frz. ↗Refrain; von G. A. Bürger 1793 in die dt. Sprache eingeführt; *Reim* hier noch im älteren Sinne von *Vers* gebraucht, also: *wiederkehrender Vers.*

GMS

Keltische Renaissance,
1. literar. Bewegung in England Ende des 18. Jh., die (im Rahmen umfassender Bemühungen um eine nationale Selbstbesinnung) die Wiedererweckung mal.-altkelt. Dichtung

anstrebte. Sie bestand weitgehend in der Nachdichtung sog. kelt. (schott.), gäl. (ir.), runischer (altisländ.) Sagen und Dichtungen, die der zeitgenöss. Formauffassung (Balladenformen, rhythm. Prosa) und schwermütig-eleg. Stimmungslage (sentimental. Natursehnsucht; Rousseau) angepasst wurden. Die k. R. wurde vorbereitet durch die Essays von W. Temple (»Of Heroic Virtue«,»Of Poetry«, 1690) und fand ihre Höhepunkte in den Nachahmungen altisländ. ep. Gedichte durch Th. Gray (»The Fatal Sisters«,»The Descent of Odin«, 1761) und v. a. in der ↗Ossian. Dichtung von J. Mac-Pherson (»Fragments of Ancient Poetry«, 1760,»Fingal«, 1762,»Temora«, 1763), die als Übersetzungen eines gäl. Dichters Ossian aus dem 3. Jh. ausgegeben wurden, tatsächl. aber nur Paraphrasen kelt. Gedichte und Sagenstoffe im empfindsamen Zeitstil waren, die aber in ganz Europa bewundert wurden (u. a. von Napoleon und Goethe). Getreuere Wiedergaben der Quellen waren Th. Percys»Five Pieces of Runic Poetry« (1763, darin die Gedichte »Incantation of Hervor« und»Death-Song of Ragnar Lodbrog«) und die»Reliques of Ancient English Poetry« (1765), die weitreichenden Erfolg hatten und weitere Bemühungen um die Literatur der kelt. Vorzeit und des MA.s in Gang setzten. Angeregt durch diese mal. Dichtungen verfasste Th. Chatterton eigene Dichtungen in altertüml. Schreibung und mit Glossar, die er als Werk eines mönch. Barden Thomas Rowley aus dem 15. Jh. ausgab (»Poems supposed to have been written at Bristol by Th. Rowley and others in the 15th century«, 1777). Die k. R. rief, insbes. durch MacPhersons Ossiandichtungen, in Deutschland eine kurzlebige Modeliteratur hervor (↗Bardendichtung). **GG**

2. Eine zweite k. R. (auch: *ir.-kelt. R.*) ist Teil der nationalir. Unabhängigkeitsbewegung Ende des 19. Jh.s. Sie erstrebte über die Neubelebung der kelt. Dichtung hinaus auch die des ir.-kelt. Brauchtums und v. a. der kelt. Sprache. Ausgangspunkt waren aufklärende vaterländ. getönte histor. Werke wie St. J. O'Gradys »History of Ireland« (1878 f.) und »Early Bardic literature« (1879). Zentralisiert und programmat. ausgerichtet wurde die k. R.

durch die Gründung der»Irish National Literary Society« (1892 durch W. B. Yeats u. a.) und der»Gaelic League« (durch D. Hyde 1893). Sie regten einerseits folklorist. und poet. Sammlungen (weithinwirkend z. B. O'Gradys»Coming of Cuchulain«, 1894, Yeats'»Irish Fairy Tales«, 1892/93 und die Werke von Katherine Tynan) und Übersetzungen an (z. B. D. Hydes »Love Songs of Connacht«, 1893, »Religious Songs of Connacht« 1906; G. Sigersons»Bards of the Gael and Gall«, 1897), anderseits fördern sie eine eigenständ. moderne ir. Dichtung aus nationalen Wurzeln. Haupt der k. R. und bedeutendster literar. Vertreter war W. B. Yeats, bes. durch sein frühes lyr. und ep. Werk (Stoffe aus der ir. Mythologie und Sagenwelt:»The Wanderings of Oisin«, 1889,»The Countess Kathleen and various Legends and Lyrics«, 1892 u. a., aber auch polit. Lyrik). Ihm ist außerdem eine Renaissance des ir. Theaters zu verdanken: Zusammen mit Lady I. A. Gregory gründete er 1899 das ›Irish Literary Theatre‹; 1904 übernahm er die Leitung des Dubliner ›Abbey Theatre‹, das er durch die Aufführung seiner eigenen (lyr.-symbolist.) Dramen (vgl. die Sammlung»Plays for an Irish Theatre«, darin der sinnbildl.-patriot. Einakter»Cathleen ni Hoolihan«, 1902) und der Dramen von J. M. Synge, G. Moore, P. Column, E. Martyn, später auch O'Caseys zum ir. Nationaltheater von Weltgeltung machte (Programmschrift »Samhain«, 1901). **IS**

Kenning, f., Pl. kenningar [altnord. = Kennzeichnung, poet. Umschreibung], in der altnord. (namentl. der skald., aber auch der edd.) und ags. Dichtung die Technik der Umschreibung eines Begriffs durch eine zweigliedrige nominale Verbindung (Nomen + Nomen im Genitiv) oder ein zweigliedriges Kompositum (z. B. *fleina brak* = das Tosen der Pfeile oder *fleinbrak* = Pfeilgetöse als K. für ›Kampf‹). Jedes Glied einer K. kann selbst wieder nach der K.-Technik umschrieben werden, so dass neben den einfachen (zweigliedrigen) Umschreibungen auch drei- und mehrgliedrige K.ar begegnen (*fleinbraks furr* = Flamme des Pfeilgetöses = ›Schwert‹, *fleinbraks fura stillir* = Beherrscher der Flammen des Pfeilgetöses =

›Krieger‹). Die Anfänge der K.-Technik liegen im Dunkeln; sie verweisen z. T. in den Bereich der Magie (Umschreibungen tabuisierter Wörter, wie z. B. die zahlreichen K.ar für Tiere wie ›Wolf‹ oder ›Schlange‹). In geschichtl. Zeit ist die K. jedoch ausschließl. poet. Stilmittel. In der Regel zeigt sie keinen semant. Bezug zum jeweiligen Kontext und ist nur vor dem Hintergrund komplizierter, oft nicht einmal mehr eindeutig fassbarer mytholog. und sagengeschichtl. Zusammenhänge verständl. In den skald. Preisliedern wird z. B. fast jeder Begriff durch eine K. umschrieben oder doch wenigstens durch ein ↗ Heiti wiedergegeben. Die K.-Technik der Skalden ist deshalb oft mit der Bildertechnik des ↗ Gongorismus und ↗ Marinismus verglichen worden, doch darf bei aller grundsätzl. Vergleichbarkeit dieser Erscheinungen nicht übersehen werden, dass die meisten K.ar Umschreibungen von Begriffen sind, die in der sozialen Umwelt der altnord. und ags. Dichtung (Kriegeradel und Gefolgschaftswesen, die Schlacht, die Seefahrt) eine besondere Rolle gespielt haben, und dass die mytholog. Kontexte bei der damaligen Hörerschaft vorausgesetzt werden konnten (vgl. z. B. K.ar für ›Fürst‹ und ›König‹: Ringeverschwender, Verteiler des Goldes, Gottheit des Schatzes, Freund der Krieger u. a.). Die wichtigsten altnord. K.ar hat Snorri Sturluson im Abschnitt »Bragar mál« (Dichtersprache), Kap. 1–52 seiner Poetik (der Jüngeren oder Prosa-»Edda«) in systemat. Ordnung zusammengestellt. – Eine den altnord. und ags. K.ar vergleichbare Bildertechnik kennt die altir. und kymr. (walis.) Dichtung.   K

Kettenreim,

1. äußerer K., auch Terzinenreim: Endreime mit der Reimstellung aba bcb ... (auch aba cbc ...), z. B. in Dantes »Divina Commedia«.

2. innerer K.: Reimfolgen, die Versanfang, Versinneres und Versende nach einem bestimmten Schema verketten, schon in mhd. Lyrik (u. a. Konrad von Würzburg), im 17. Jh. u. a. G. Neumark (Schema: a ... b ... a/ c ... b ... c/: Str*eue* deinen goldnen *Regen* auf dies Paar und sie erf*reue*/ Sch*au*e sie in vollem *Segen* und mit Nektar sie be*taue*).   S

Keulenvers [Übersetzung der lat. Bez. (versus) rhopalicus; zu gr. rhopalikos = keulenförmig], Sonderform des daktyl. ↗ Hexameters. – Der K. setzt sich aus 5 Wörtern zusammen, deren Silbenzahl stets um 1 Silbe zunimmt (1. Wort = eine Silbe, 2. Wort = 2 Silben usw.). Der Vers dehnt sich damit gewissermaßen keulenförmig aus. – Beispiel: Ilias III, v. 182:

1	2	3	4	5
ô | mákar | Atreídē, | moirégenés, | olbiódaimon ||
—| ‿ ‿ | — —| — — | — ‿ ‿ | —‿‿| — — K

Kiltlieder [zu alem. ›Kiltgang‹ = nächtl. Besuch eines Burschen bei seinem Mädchen, vgl. ahd. *chwiltiwerch* = Abendwerk, Abendarbeit], volkstüml., meist dialog. Erzähllieder über den im südwestdt. Raum verbreiteten Brauch des Kiltgangs; besingen Aufbruch des Burschen zu seinem Mädchen, Einlassbegehr (mit sog. *Kiltsprüchen*), Trennung am Morgen (↗ Tagelied), Wiederbegegnung u. Ä.   S

Kinädenpoesie, auch Kinaidologie oder Ionikologie [von gr. kinaidos = Tänzer, Päderast], alexandrin. Dichtung mit erot. oder sexuellem, evtl. auch parodist.-satir. Charakter, vermutl. entstanden aus ion. Trinkliedern und unzücht. ion. Tänzen (Horaz, c. III, 6, 21), die vom Kinaidos (Kinaidologos oder, wegen des Vortrags ion. Verse auch Ionikologos) bei festl. Gelagen, ursprüngl. zu oriental. Musik vorgeführt wurden (vgl. ↗ Mimus). Das Versmaß war der ↗ Sotadeus, der dem Hauptvertreter, Sotades von Maronea, zugeschrieben wird, daher für K. auch *Sotadische Literatur*. Bezeugt ist K. weiter von Timon von Phleius, Pyres von Milet, Alexandros Aitolos, in der röm. Lit. von Ennius (sein »Sota« enthielt evtl. Übersetzungen der griech. K.), Afranius, Marcus T. Varro u. a. K. ist nur in Fragmenten erhalten.

GG

Kinder- und Jugendliteratur (KJL), Gesamtheit des Schrifttums, das als geeignete Lektüre für Kinder (K.) und Jugendliche (J.) gilt, wie auch alles von ihnen tatsächl. Gelesene. Dem Gegenstand wird nur eine *Definitionsreihe* gerecht: Gemeint sein kann das Schrifttum, das K. und J. aus dem literar. Gesamtangebot einer Epoche herausgreifen und rezipieren (Kinder- und Jugendlektüre). KJL. kann das literar. Gut bedeuten, das die vermittelnden Instanzen als für K. und J. geeignet ansehen (sanktionierte KJL.). In engerer Bedeutung meint KJL. das Schrifttum, das ausdrückl. für K. und J. publiziert wird und diesen Adressatenbezug in Titel, Vorwort, durch entspr. Reihenzugehörigkeit, im Text selbst o. Ä. deutlich macht (intentionale KJL.). In noch engerer Fassung bezeichnet KJL. all das Schrifttum, das eigens für K. und J. verfasst ist (spezif. oder eigentl. KJL.). Werke der Erwachsenenliteratur (»Don Quijote«, »Robinson Crusoe«, »Gulliver«) wurden von K. und J. gelesen, ehe sie als KJL. sanktioniert waren. Später erschienen sie in eigenen Ausgaben für K. und J.; schließl. entstanden eigene Bearbeitungen und Nacherzählungen für K. und J. Sie haben so alle Bestimmungen von KJL. durchlaufen. Die KJL. teilt sich je nach dem Kindheits- und Jugendverständnis der Epochen in verschiedene Altersstufenliteraturen auf. Ein Grundprinzip der KJL. ist das der Adaption bzw. der assimilativen Anpassung; Texte müssen so ausgewählt, verändert oder gestaltet sein, dass sie den psychischen Dispositionen von K. und J. entsprechen. Das gattungsmäßige Spektrum der KJL. ist weit gefächert: ↗ Einblattdrucke, Tafeln, Leporellos, ↗ Bilderbögen, ↗ Bilderbücher und ↗-geschichten (↗ Comics), ↗ Kalender, ↗ Almanache, ↗ Zeitschriften, Heftserien, Spiel- und Beschäftigungsbücher, ABC-Bücher, ↗ Fibeln und ↗ Lesebücher, Spruchsammlungen, Rätselbücher, Zucht- und Benimmbücher, Sitten- und Verhaltenslehren, religiöse und Erbauungsliteratur, Lexika und ↗ Enzyklopädien, Sachliteratur aller Art, prakt. Ratgeber, handwerkl. und techn. Anleitungen, bes. Bücher für Mädchen und Jungen. Daneben finden sich literar. Anthologien der verschiedensten Art, Sammlungen von Reimen, Liedern, Gedichten, Balladen, Fabeln, Bücher mit Beispielgeschichten, Erzählungen und Novellen, K.- und J.-romane und -schauspiele, Märchen-, Sagen- und Legendensammlungen, Schwankbücher, Volksbücher, Kasperl- und Puppenspiele, schließl. auch Biographien und Reisebeschreibungen. Zwischen der KJL. und

schul. Lehr- und Lesebüchern gibt es so lange keine deutliche Grenze, als das Schulsystem sich noch nicht gefestigt hat und der Privatunterricht eine große Rolle spielt. Erst im 19. Jh. treten KJL. und Schulbuch deutl. auseinander, was zu einer Entlastung der KJL. von didakt. Aufgaben beiträgt. – Das Verhältnis der KJL zur Erwachsenenliteratur gestaltet sich je nach Epoche höchst unterschiedlich. Hinsichtlich des Produktionsumfangs, der Genre-Ausprägung und des Literaturverständnisses entwickelt sich die KJL. über die Jh.e durchaus parallel zur Erwachsenenliteratur. Auch die Aufteilung in einen kleineren Bereich anspruchsvoller Literatur und einen größeren Sektor von Dutzendware und trivialen Produkten nimmt sich ähnlich aus. Vielfach steht die KJL. in großer Nähe zur Literatur für das einfache Volk, die ungebildeten Leserschichten. Das späte 18. Jh. bringt, inspiriert durch Rousseaus »Entdeckung« des Kindes, eine starke Verselbständigung der KJL., womit auch die spezif. KJL. einen zentralen Stellenwert enthält. Die Romantik nimmt diese Tendenzen teilweise wieder zurück. Seitdem stehen sich eine vornehmlich pädagog. motivierte Tendenz, die die KJL. abzusondern trachtet, und eine literar.-ästhet. orientierte Strömung gegenüber, die das Gemeinsame zwischen KJL. und Erwachsenenliteratur hervorhebt. – Geschichte: KJL. lässt sich seit dem MA. nachweisen. Neben Liedern, Epen und Sagen spielt die lat. Literatur eine große Rolle, die zum mal. Schullektürekanon gehört. (»Disticha Catonis«, Fabeln des Avian und der »mal. Aesop«, gnomische Spruchsammlungen). Hinzu kommen speziell an Jünglinge adressierte Werke, die bes. Fragen der Ausbildung behandeln (Notker Balbulus' »De viris illustribus«, um 890; Konrads von Hirsau »Dialogus super auctores«, 12. Jh.). Das erste bekannte deutschspr. Dokument ist der Edelknabenspiegel »Der Jüngling« des Konrad von Haslau (Ende 13. Jh.). Von den »Disticha Catonis« und anderen gnomischen Spruchsammlungen inspiriert ist der »Windsbecke« (13. Jh.), ein ritterl. Lehrgedicht in Form eines väterl. Rates für einen Sohn, wie die »Windsbeckin«, das Pendant für Mädchen (Mutterbelehrung). Mit

Beginn des Buchdruckes erscheinen als Drucke auch eigens an K. und J. adressierte Werke, v. a. lehrhafte Literatur (»Disticha Catonis«, »Facetus« u. a.), oft in lat.-dt. Ausgaben, und religiös erbauliche Werke (»Seelentrost«, 1487). Daneben erscheinen Zucht- und Sittenbücher (Erasmus, »De civilitate morum puerilum«), Anstandslehren, elterl. Ratschläge, Komplimentier- und Konversationsbücher; ebenso unterhaltende Schriften wie Fabeln und Tierepen (Rollenhagens »Froschmeuseler«, 1595), Prosaromane (»Pontus und Sidonia«, 1485; »Schöne Magelona«, 1536; Wickram, »Der Jungen Knaben Spiegell«, 1554, u. a.). Eine Sonderstellung nehmen die v. a. im *Zeitalter des Humanismus* gebräuchl. Schülergespräche ein, die Alltagslatein lehren sollen (Erasmus, »Colloquia familiaria«) wie auch das ↗ Schuldrama, das Ende des 17. Jh. durch Christian Weise zu einer nochmaligen Blüte gelangte. Von den epochemachenden Werken des 17. Jh. sei Comenius' »Orbis sensualium pictus« (1658) genannt. Nach der ersten Blüte im Zeitalter der Reformation erlebt die KJL. eine zweite im letzten Drittel des *18. Jh.s.* Getragen von der Pädagogik der Aufklärung (Locke, Rousseau, Philanthropismus), entwickelt sie sich zu einem umfangreichen, relativ selbständigen literar. Sektor. Zu ihren Autoren zählen bekannte Schriftsteller, Pädagogen und Wissenschaftler der Zeit: J. G. Sulzer, Chr. F. Weiße (»Der Kinderfreund«, 1776–82), J. B. Basedow (»Elementarbuch«, 1770), J. K. Wezel (»Robinson Krusoe«, 1779/80), J. H. Campe (»Robinson der Jüngere«, 1779/80), Chr. G. Salzmann, A. L. v. Schlözer, J. K. A. Musäus (»Moralische Kinderklapper«, 1788), C. Ph. Moritz, F. J. Bertuch (»Bilderbuch für Kinder«, 1790 ff.). Die aufklärerische KJL. hat die Grundlagen für ein breites, moral. und sachl. belehrendes Schrifttum mit unterhaltendem Charakter gelegt, das auch im 19. Jh. noch lebendig bleibt. Die *Romantik* entwickelt eine konträre KJL.-Programmatik. Sie bringt eine Wiederentdeckung des literar. Gutes, das die Aufklärung zu verdrängen suchte: die volkstüml. Kinderreime, Volksmärchen, Sagen, Legenden, Volksbücher und Puppenspiele. Einzig die archaische Volksliteratur gilt ihr als wahre KJL.

Zu ihren markantesten Leistungen für die KJL. gehören die Kinderlieder aus dem »Wunderhorn« (1806/08) Arnims und Brentanos, die »Kinder- und Hausmärchen« der Brüder Grimm wie die Kunstmärchen für Kinder von L. Tieck, Brentano, E. T. A. Hoffmann u. a. Die Romantik begründet eine neue Tradition des Kinderliedes (Fr. Güll, Hoffmann v. Fallersleben) und bewirkt zahlreiche weitere Märchen-, Sagen- und Volksbuchsammlungen (L. Bechstein, G. Schwab, K. Simrock u. a.). Mit W. Hauff und Th. Storm zeigt sich eine biedermeierlich-realistische Tendenz im Märchen an. Daneben steht im *19. Jh.* eine breite biedermeierl. Strömung der KJL., die die aufklärerische Tradition des moral. Erzählens unter Aufnahme einzelner romant. Impulse fortsetzt (Chr. v. Schmid, Amalia Schoppe, G. Nieritz, W. O. von Horn [d. i. Wilhelm Oertel], Franz Hoffmann, Ferd. Schmidt u. a.). Zudem entwickelt sich eine umfangreiche Erzählliteratur für Mädchen (↗ Mädchenliteratur: Rosalie Koch, Thekla v. Gumpert, A. Stein [d. i. Margarete Wulff], Ottilie Wildermuth, Isabella Braun, Mary Osten [d. i. Emilie Eyler], Aurelie [d. i. Sophie Baudissin], Elise Averdieck, Luise Pichler u. a.). Aus den ↗ Robinsonaden und den ↗ Reiseberichten des 18. Jh. entwickelt sich die Abenteuerliteratur des 19. Jh.s; die deutsche KJL. (Ch. Sealsfield, Gerstäcker, K. May) hat jedoch den anglo-amerikan. Abenteuerliteratur (Cooper, Melville, Stevenson) nichts Gleichwertiges entgegenzusetzen. Gegen Ende des 19. Jh. öffnet sich die KJL. für nationalist. und imperialist. Gedankengut. Auch in der Mädchenliteratur zeigen sich neue Tendenzen (Backfischliteratur; Clem. Helm, E. v. Rhoden). Aus der KJL. des 19. Jh.s. haben die Bilderbücher bzw. -geschichten Heinrich Hoffmanns (»Der Struwwelpeter«, 1845) und Wilhelm Buschs (»Max und Moritz«, 1865, u. a.) den Rang bleibender Klassiker erlangt. Umstritten sind dagegen die »Heidi«-Romane J. Spyris (1880) und E. v. Rhodens »Trotzkopf« (1885), die heute noch gelegentlich zur Lektüre zählen. – Mit der Trennung vom Schulbuch und dem Rückzug der Pädagogen ist die KJL. im 19. Jh. in starkem Ausmaß den Marktgesetzen und Verlegerinteressen erlegen. Hier-

gegen wie auch gegen die Aufladung der KJL.
mit nationalist. Tendenzen wendet sich Ende
des 19. Jh.s. die *Jugendschriftenbewegung*, die
in H. Wolgast (»Das Elend unserer Jugendliteratur«, 1896) ihren markantesten Vertreter
hat, und der es um ästhet. Erziehung und um
künstler. wertvolle KJL. geht. Ihre an der klass.
Ästhetik orientierten Positionen finden teilweise die Unterstützung der Sozialdemokratie.
Die Jugendschriftenbewegung hat die KJL.-
Kritik stark geprägt. Ihr verpflichtet ist die
KJL. aus dem Umfeld der Sozialdemokratie bis
in die Zeit der Weimarer Republik: E. Rossbach,»Märchenbuch für die Kinder des Proletariats«, 1893, Th. Werra, J. Brand (d.i. Emil
Sonnemann),»Gerd Wullenweber«, 1915, R.
Grötzsch, J. Zerfass, Br. Schönlank,»Der
Kraftbonbon und andere Großstadtmärchen«,
1928, C. Dantz,»Peter Stoll. Ein Kinderleben«,
1925, Lisa Tezner,»Hans Urian, die Geschichte
einer Weltreise«, 1929. Bereits um die Jahrhundertwende formuliert Clara Zetkin
(»Kunst und Proletariat«, 1911) eine Gegen-
position, nach der eine proletarische KJL. die
sozialistische Weltanschauung zu vermitteln
und für den Klassenkampf zu erziehen habe;
dieser Linie folgt in der Weimarer Zeit die
KJL. aus dem Umfeld der KPD (Hermynia zur
Mühlen, E. Lewin-Dorsch, K. A. Wittfogel,
Berta Lask, A. Wedding, W. Schönstedt,
»Kämpfende Jugend«, 1932). Die Tendenz der
neuen Sachlichkeit zieht mit den Büchern E.
Kästners (»Emil und die Detektive«, 1928) in
die KJL. ein. Die KJL. der ehem. *DDR* setzt die
sozialistischen Traditionslinien fort, wird anfängl. jedoch stark von sowjet. Vorbildern bzw.
von Übernahmen aus der sowjetischen Erwachsenenliteratur (A. Fadejew, A. Gaidar,
N. A. Ostrowski) geprägt. Nach einer Phase
der intensiven Auseinandersetzung mit der
deutschen Vergangenheit drängen sich in den
50er Jahren Probleme des staatl. Neuaufbaus
in den Vordergrund (H. Beseler, B. Pludra,
Irene Korn, A. Wedding, E. Strittmatter). In
den 60er Jahren geraten zunehmend individuelle Konflikte und Alltagsprobleme in das
Blickfeld (A. Wellm, K. Neumann, Uwe Kant,
G. Holtz-Baumert, H. Hüttner). Die 70er Jahre
bringen eine stärkere Beachtung subjektiver

Momente (G. Görlich, B. Wolff, U. Plenzdorf,
Rolf Schneider); zugleich zeigt sich eine größere Offenheit für die romantisch-poetischen
Traditionslinien der KJL. (Märchen-, Heldendichtung u. a.). Im *westlichen Deutschland*
kommen nach 1945 höchst unterschiedliche
Tendenzen zum Tragen. Auffällig ist die breitere Rezeption der klass. KJL. des anglo-ame-
rikanischen und skandinav. Raumes (L. Car-
roll, H. Lofting: Dr. Dolittle, P. L. Travers: Mary
Poppins, S. Lagerlöff, A. Lindgren, Tolkien),
was den Formenbestand der deutschspr. KJL.
bereichert und sie auf Traditionen zurück-
führt, die die dt. Romantik inaugurigert hatte
(H. Baumann, J. Leppmann, H. Winterfeld, J.
Krüss, E. Lillegg u. a.). Als problematische
Tendenz zeigt sich in den 50er und frühen
60er Jahren die Etablierung einer Kinderwelt,
die auf Verdrängung der Realität beruht. Hier-
gegen wendet sich eine realist. Strömung, die
mit der Protestbewegung der 60er Jahre eine
Verstärkung und Radikalisierung findet (U.
Wölfel, S. Kilian, Chr. Nöstlinger, P. Härtling
u. a.). Vielfach werden auch phantast. Elemente zur krit. Realitätsbewältigung eingesetzt
(Chr. Nöstlinger, G. Herburger, Janosch). O.
Preußler und M. Ende haben eine je verschieden geartete märchenhaft-phantastische Literatur entwickelt, die auch erwachsene Leser
findet. Die beginnenden 80er Jahre zeigen ein
zunehmendes Interesse an phantastischer KJL.
Die wissenschaftl. Auseinandersetzung mit
der KJL. ist bislang nahezu ausschließl. von
der Pädagogik und den Fachdidaktiken geführt worden; dies hat zur Folge, dass die eigentl. literaturwissenschaftl. Fragestellungen
vielfach noch unentwickelt sind. Auch harrt
die Geschichte der KJL. noch einer breiteren
wissenschaftl. Aufarbeitung.   HHE

Kindertheater, auch: Jugendtheater, v. a. bei
gesellschaftl. Umschichtungen beliebtes Erzie-
hungsmedium zur gesellschaftl. Integration
oder ideolog. Beeinflussung des Kindes. Zu
unterscheiden ist zwischen einem Theater
(von Erwachsenen) *für* Kinder und einem
Theater *von* und *mit* Kindern. Histor. lässt sich
das K. von Erwachsenen etwa seit dem
↗ Schuldrama des 16./17. Jh.s mit einem Hö-

hepunkt in der Zeit der Aufklärung nachweisen; während es im 19. Jh. bis zur Bedeutungslosigkeit (Laienspiel, Kasperltheater) herabsinkt, erlebt es in Folge der Oktoberrevolution eine erneute Blütezeit in der UdSSR, später auch in anderen sozialist. Staaten, wo das K. ein selbstverständl. Erziehungsmittel ist. Mit der Wiederentdeckung der Arbeiten W. Benjamins (bes. seines »Programms eines proletar. K.s«) werden die Spielmöglichkeiten v. a. eines Theaters von und mit Kindern auch in der Bundesrepublik erprobt und diskutiert (vgl. die K.»Grips« und »Rote Grütze«).　　　D

Kirchenlied, das von der Gemeinde im christl. Gottesdienst gesungene stroph. volkssprachl. Lied, mit z. T. liturg. Funktion. Seine *Abgrenzung* (bes. der frühen Formen) gegen die ↗ geistl. Lyrik allgem. ist vielfach schwierig. Erhaltene Belege volkssprachl. K.er (sog. ↗ Leise) gehen bis ins 9. Jh. zurück (z. B. »Petruslied«) und erweisen sich z. T. als volkssprachl. Umdichtungen lat. ↗ Hymnen und ↗ Sequenzen, z. B. im 12. Jh. »Krist ist erstanden« nach der Ostersequenz »Victimae paschali laudes« des Wipo von Burgund (11. Jh.) oder »Komm, heil'ger Geist« nach der Pfingstsequenz »Veni sancte spiritus«. Auch Lieder aus Mysterienspielen fanden Verwendung, ebenso wie dt.-lat. Mischpoesie (z. B. »In dulci jubilo«, die Kontrafaktur eines Tanzliedes). Jüngste Forschungen unterstreichen die gr. Bedeutung einer v. a. an die Klöster gebundenen myst. K.tradition (Heinrich von Laufenberg), die bis zu Anfang des 16. Jh.s lebendig blieb. – In den Anfängen der *Reformation* gab, angeregt von der böhm. lat. ↗ Cantio, Th. Müntzer (Hymnenübers., 1524) einen von M. Luther sofort aufgegriffenen Anstoß, in dessen Folge das K. zu einem im Volk schnell verbreiteten Träger des neuen Glaubensgutes wurde. Von Luther selbst sind 37 K.er bekannt, meist Umdichtungen von ↗ Psalmen, Hymnen, liturg. Texten, älteren dt. K.ern oder weltl. ↗ Volksliedern (↗ Kontrafakturen); nur 4 K.er sind eigene Dichtungen. Formales Vorbild war das Volkslied. Luthers Lieder wurden zunächst als ↗ Einblattdrucke vertrieben, 1524 erschien in Wittenberg das erste *Gesangbuch* unter Lu-

thers Mitwirkung (»Geystliches gesangk Büchleyn« von J. Walther). Die weitere Übernahme, Ausweitung, Umdichtung und Neuschöpfung von K.ern, die alle in Gesangbüchern Eingang fanden, wirkte auch auf die weltl. Dichtung zurück. – Ein eigener Strang ging von den Genfer Psalmliedern (dem sog. ›Hugenottenpsalter‹ von C. Marot und Th. Beza) aus, die im dt.sprach. Bereich der ev. Kirchen von P. Schede-Melissus (1572) und A. Lobwasser (1573) mit größtem Erfolg übernommen und auch für die kath. Psalmlieder von K. Ulenberg (1582) maßgebend wurden. Das *kath. K.* des 17. Jh.s ist zunächst durch die auf mal. Leise und Rufe stark zurückgreifenden Sammlungen von N. Beuttner und D. G. Corner, v. a. aber durch das jesuit. Liedgut der Gegenreformation geprägt (seit 1607, u. a. »Trutznachtigall« von F. von Spee, 1648). Im *ev. K.* setzt um 1600 eine myst. Verinnerlichung ein (Ph. Nicolai), die sich z. T. in einseit. Betonung des relig. Gefühls (sog. *Ich-Lieder*) zur Jesusfrömmigkeit des ↗ Pietismus wendet, aber gült. Höhepunkte bei J. Heermann, J. Rist, J. Franck und v. a. P. Gerhardt (Vertonungen v. J. S. Bach u. v. a. bis heute) erreicht. Auch im Musikal. spiegelt sich diese Entwicklung im Übergang von überwiegend schlichter Melodik zu einer nahezu ariosen Gestaltung. – Nach der *Blüte des K.s im Barock* bedeutete die Aufklärung mit ihren K.ern zur moral.-dogmat. Belehrung für das K. beider Konfessionen einen Niedergang; die Neudichtungen Gellerts und Klopstocks (prot.) und M. Denis' (kath.) wurden nicht populär. Auch die *Romantiker* schufen eher geistl. Lyrik im Volksliedton (Novalis, J. v. Eichendorff; Ausnahme: E. M. Arndt). Ihr Interesse am histor. K. führte jedoch zu den gr. *K.er-Sammlungen*, die noch heute wichtige Quellenwerke sind (Ph. Wackernagel, A. F. W. Fischer/W. Tümpel) und zur ersten histor. Rückschau (A. H. Hoffmann von Fallersleben, »Geschichte des K.es bis auf Luthers Zeit«, 1832). – Das *K. des 19. Jh.s* neigt zur Sentimentalität; bes. populär wurden einige K.er von A. Knapp und v. a. Ph. Spitta (aus dessen äußerst erfolgreicher Sammlung »Psalter und Harfe«, 1833, ⁵¹1885). – Seit Beginn des *20. Jh.s* sucht die ev. Kirche im Rahmen einer allgemeinen liturg. Erneuerung auch die Gesangbücher zu vereinheitlichen, zumindest einen – an die alten reformator. und barocken K.er anknüpfenden – verbindl. K.stamm einzuführen. Das »Dt. ev. Kirchengesangbuch« (DEK, seit 1947) enthält neben diesem (in Text und Melodie den alten Originalfassungen möglichst folgenden) K.stamm regional beliebte und jeweils auch neue K.er, die z. T. ebenfalls mal. Hymnen oder die reformator. und barocken K.er zum Vorbild nehmen (F. Spitta, R. A. Schröder, O. Riethmüller, J. Klepper). Ähnl. Tendenzen bestehen auch für das kath. K. IS

Kitharodie, f. [zu gr. kithara, ein mit den Fingern oder dem Plektron gespieltes Saiteninstrument, Art Leier], in der griech. Antike der von der Kithara begleitete ursprüngl. epische, seit dem 7. Jh. v. Chr. (Terpandros von Lesbos) v. a. äol. lyr. *Solo*gesangsvortrag (vgl. dagegen die chor. ↗ Aulodie). Im Hellenismus entstanden auch K.n als Wechsel von Chor- und Sologesang, chor. und rein instrumentale K.n (Phrynis von Mytilene, Timotheos von Milet, 4. Jh. v. Chr.). IS

Kitsch, m. [Herkunft des Wortes umstritten; entweder von mundartl. kitschen = schmieren, streichen oder von engl. sketsch = Skizze], seit den Gründerjahren des 19. Jh.s verbreiteter Ausdruck für sog. ›minderwertige‹ Kunstprodukte. Die zuerst für subjektive Werturteile im Bereich der bildenden Künste (Erstbelege um 1870 in München) gebrauchte Bez. wird heute für alle Bereiche der Produktion mit Kunstanspruch verwendet. Unter K. versteht man künstler. oder kunsthandwerkl. Erzeugnisse, die sich vielfach durch massenhafte Verbreitung und damit geschäftl. Erfolg auszeichnen, bei denen jedoch die Aussagequalität in keinem Verhältnis zu Erfolg und Anspruch steht. Häufig werden Werke mit dem negativen ästhet. Werturteil ›K.‹ belegt, die formal und inhaltlich anspruchsvolle Kunstprodukte als ›gesunkenes Kulturgut‹ simplifizieren und popularisieren (Engelsköpfe der Sixtinischen Madonna als Albumblumen und Schlafzimmerdekoration) oder gesellschaftl. gebundene

Kunstformen auf andere soziale Schichten des Kunstkonsums übertragen (Milieu des großbürgerl. Romans in den Trivialromanen und Groschenheften). Der Inhalt des Begriffes K. ist an histor. Wertnormen gebunden, daher als Geschmacksurteil dauernder Veränderung unterworfen, wie etwa die neuerl. Aufwertung des vormals als K. bezeichneten kommerziellen Jugendstils bezeugt. Man unterscheidet nach inhaltl. Kriterien vielfach den süßen oder sentimentalen K., der mit konventionellen, sentimentalen Lesererwartungen bestätigenden Mitteln ein schemat.-harmonist. Weltbild (private Idylle) vermitteln will, und den sauren oder intellektualist. K., der mod. elitäre Kunstmittel bevorzugt und Trivialität, vielfach pessimist. oder pseudo-krit. Prägung, durch unbegründeten begriffl. Aufwand zu verdecken sucht. HW

Kladde, f. [ndt. = Schmutz(fleck), Schmiererei], erster Entwurf, erste flüchtige Niederschrift (↗ Brouillon), im Ggs. zur fertigen Reinschrift; Buch für (vorläuf.) tägl. Eintragungen, Geschäftsnotizen, Schulaufgaben usw., erstmals 1663 bei J. B. Schupp (Schriften 2, 29) als ›K.buch‹, seit 1668 ›K.‹; verdrängte das ältere oberdt. ›Klitterbuch‹ (zu klittern = schnell, unordentl. niederschreiben). GG

Klage, Bez. für Dichtungen über Themen wie Abschied, Vergänglichkeit, Verlust der Heimat, Liebe, Alter, Tod (↗ Toten-K.) usw. – K.n gibt es in allen Kulturen in den unterschiedlichsten Gattungsformen; vielfach sind sie auch in Epen eingebaut, z. B. Gilgameschs K. um seinen toten Freund im Gilgameschepos. Die sog. K.lieder Jeremiae, fünf leichenliedähnl. Psalmen, vereinigen verschiedene Gattungen wie Toten-K., Sündenbekenntnis, Gebet. – Als Begründer der kunstmäß. ausgebildeten K. gilt Simonides (500 v. Chr.). Zu den bekanntesten K.n gehören die von Ovid in der Verbannung am Schwarzen Meer verfassten »Tristia« (eigentl. »Tristium libri V«, 8–12 n. Chr., nach denen K.n in eleg. Distichen auch als ›Tristien‹ bez. werden). – Als eigenständ. literar. Gattung erscheint die K. in Hartmanns von Aue fälschl. »Büchlein« genannter Disputation, einem Lehrgedicht höf. Minnegesittung. Auch in mhd. Lyrik begegnen zahlreiche K.n, z. B. Sünden-, Minne-, Winter-, Zeit- und Alters-K.n, die berühmte Alters-K. (L. 124, 1 ff.) Walthers v. d. Vogelweide ist zugleich Weltabschied und Aufruf zum Kreuzzug. – Der Barock zeitigt wieder eine Fülle von K.n, die um das zentrale Thema der *vanitas,* der Vergänglichkeit, kreisen, z. B. von M. Opitz, J. Balde, P. Fleming, A. Gryphius (»Kirchhofs-Gedanken«), J. Ch. Günther u. a. – In der Empfindsamkeit fanden die schwermüt. pseudokelt. Gesänge der Ossiandichtung J. Macphersons zahlreiche Nachahmungen. K.n verfassten ferner u. a. E. Young (»The Complaint, or Night Thoughts on Life, Death and Immortality«, 1742–45), Th. Gray (»Elegy«), O. Goldsmith, in Deutschland u. a. F. G. Klopstock und L. Ch. Hölty. Goethe, der auch verschiedene K.n übersetzte (»Klaggesang von der edlen Frauen des Asan Aga«, 1775, Klaggesang, Irisch«, 1817), und Schiller fassen ihre dichter. K.n in die Form von ⁊ Elegien, doch rechnet die Elegiendichtung der Klassiker (Goethe, Schiller, Hölderlin) nicht zur inhaltl. bestimmten K. – Vgl. auch ⁊ Complainte, ⁊ Planh, ⁊ Planctus, ⁊ Dirge, ⁊ Propemptikon.

GG

Klanggestalt (der Dichtung), umfasst alle sprachl.-phonet. Elemente einer Dichtung, deren Ausdruckswert vornehml. im Klangl.-Akustischen liegt, die sogar unabhängig vom Sinn eines Textes sein können. Zu den z. T. *bewusst* eingesetzten Elementen der K. gehören ⁊ Reim, ⁊ Alliteration, ⁊ Assonanz, ⁊ Lautmalerei, Lautsymbolik, rhythmische Effekte, zu den mehr *unbewussten* rechnen die Sprachmelodie (Melos), die innere Musikalität eines Textes (bestimmte Vokal- und Konsonantenfolgen), der Sprachrhythmus. S

Klangmalerei, ⁊ Lautmalerei.

Klangreim, Reim, der primär wegen eines klangl. Effektes, weniger des Sinnes wegen gesetzt ist; oft bei Reimkünsteleien, z. B. zwei- und mehrsilbige volltönende Reime oder Reimfolgen wie ⁊ Schlagreim, ⁊ erweiterter

Reim u. a. Beliebt in mal. Lyrik (Konrad von Würzburg), im Barock (z. B. Sigmund von Birken, »Frühlings-Willkomm«), in der Romantik (z. B. Brentano, »Der Spinnerin Lied«). S

Klapphornverse, 4-zeil. Scherzverse, die mit der Wendung ›Zwei Knaben ...‹ beginnen müssen; Bez. nach einem frühen Beispiel: »Zwei Knaben gingen durch das Korn,/der eine blies das *Klappenhorn* ...« Seit 1878 durch die ⁊ Fliegenden Blätter verbreitet. ⁊ Unsinnspoesie. S

Klarismus, m. ⁊ Akmeismus.

Klạssik, f. [von ⁊ klassisch abgeleitetes Substantiv], Bez. für geistesgeschichtl. Epochen, die von nachfolgenden, epigonalen Zeiten als vorbildhaft, normbildend, kanon. anerkannt werden. In diesem normativen Sinne wurde schon in der röm. Antike die griech. Literatur und Kunst respektiert. In der Renaissance bildete sich ein engerer und weiter K.-Begriff heraus: K. bezogen auf die *gesamte griech.-röm. Antike* oder nur auf ihre *Höhepunkte:* im griech. Altertum die perikleische Epoche, im röm. Altertum die Zeit der Goldenen Latinität (vgl. auch ⁊ Klassizismus). In der Neuzeit wurde dann die Bez. allgem. verwandt für die geist.-wesenhaften Kulminationen einer kulturgeschichtl. Entwicklung im Sinne von *Reifeoder Blütezeit,* sofern diese für Folgezeiten richtungsweisend wurde, so z. B. die ⁊ Weimarer K. als Höhepunkt der geist. Entfaltung der dt. Kultur der Neuzeit. Dabei überlagerten sich ebenfalls wieder zwei Bedeutungskreise: zum einen wird die Bez. ›Weimarer K.‹ auf die gesamte Goethezeit zwischen Sturm und Drang und Romantik bezogen, zum andern eingeengt bes. auf die Werke Goethes und Schillers, die bewusst an griech.-röm. Vorbildern orientiert sind (antike Dramenform: »Iphigenie«, »Braut von Messina«, in der Epik: »Hermann und Dorothea«). Dieses harmonist. K.bild wurde bereits von J. J. Winckelmann auf die Formel »edle Einfalt und stille Größe« gebracht. Auch in der franz. K. stehen Kriterien wie Klarheit und Reinheit der Sprache (normbildend: Académie française), Streben nach

Einfachheit und Natürlichkeit im Vordergrund (vgl. z. B. N. Boileau,»L'Art póetique«, 1674). Der Begriff K. wurde auch auf andere Epochenhöhepunkte übertragen, die nicht primär an der Antike orientiert sind, so auf die mhd. Blütezeit um 1200 (stauf. K., K. H. Halbach), die durch solche gegensätzlichen, jeweils normstiftenden Dichter repräsentiert wird wie Gottfried von Straßburg mit seiner rhetor. geglätteten Formsprache und Wolfram von Eschenbach mit seinem metaphor. geblümten Stil. Dem Epochenrhythmus W. Scherers folgend wurde der Begriff K. sogar für Epochen eingesetzt, deren literar. Werke nicht erhalten, nur erschlossen sind, wie die sog. ›Heldenlieder-K.‹ um 600. Bei solchen vom histor. Bezugspunkt der Antike gelösten Begriffsdefinitionen wird K. zur Chiffre für Hoch-Zeit, Blütezeit, wobei sowohl die formale Ausgestaltung als auch das geist. Ethos, die Humanität des Gehaltes, die Wertung mitbestimmen. Die Schwierigkeiten im Umgang mit dem Begriff K. resultieren einerseits aus der Vielschichtigkeit des künstler. Schaffens eines Autors/Künstlers (s. Goethe,»Götz« – »Tasso«; Schiller,»Räuber« – »Braut von Messina«), andererseits aus den unterschiedl. künstler. Strömungen einer Epoche (Gleichzeitigkeit von Weimarer Klassik und Jenaer Romantik), weiter aus einer kategorial unzureichend geklärten Verwendung des Begriffs, wobei einerseits nicht immer deutl. wird, ob er stilist. oder wertend oder in doppeltem Sinne gebraucht ist. Unklar ist oft auch die Abgrenzung gegenüber dem Begriff Klassizismus: K. wird sowohl mit diesem synonym gebraucht im Anschluss an die franz.-engl. Bez. classicism(e), K. wird aber auch von diesem abgesetzt mit Betonung einer organ.-schöpfer.-humanen Eigenständigkeit, während beim Klassizismus mehr auf eine formale Abhängigkeit, auf eine stilist.-humanist. Normierung abgehoben wird, die zudem nicht an den griech. Ursprüngen orientiert sei, vielmehr als das Ergebnis v. a. einer franz. Vermittlung der röm. Antike gesehen wird.   S

Klassisch [lat. classicus, frz. classique], als civis classicus (auch kurz nur classicus) wurde nach der röm. Centuriatsverfassung (nach

dem altröm. König Servius Tullius auch ›servian. Verfassung‹ genannt) der *Angehörige der höchsten Vermögensklasse* (classis prima) bezeichnet; classicus nahm dabei die Bedeutung ›erstklassig‹ an und wurde in diesem Sinne auch auf andere Bereiche übertragen. Die ältesten Belege für diese metaphor. Verwendung finden sich bei Cicero (Ac. II. 73 auf den über die stoischen Philosophen gestellten Demokrit gemünzt) und v. a. bei Aulus Gellius in seiner Miszellaneen-Sammlung»Noctes Atticae« (7, 13, 1; um 175 n. Chr.), der mit classicus allgemein den *Autor von Rang,* den scriptor classicus, kennzeichnet. In der frz. Literatur begegnet das Attribut classique in diesem Sinne zuerst bei Thomas Sebillet (»Art póetique«, 1548). Im 18. Jh. wird der Begriff ›k.‹ von humanist. Gebildeten erstmals auch in dt. Sprache gebraucht, zunächst für *vorbildhafte antike Schriftsteller,* dann auch für *Meister und Meisterwerke der dt. Sprache* (erstmals für Gottscheds»Sprachkunst«, 1748). – k. wird heute in vierfacher, sich z. T. überlagernder Bedeutung verwendet:

1. *histor.:* bezogen auf antike Autoren und Künstler und ihre Werke, weiter auf die antiken Sprachen (Griech., Lat.) und auf die Wissenschaft, die sich mit diesen beschäftigt (k.e Philologie, k.e Altertumswissenschaft, etwa im Ggs. zur german. Altertumswissenschaft).

2. *analog:* schöpfer. (nicht epigonal): orientiert an antiken Stil- und Formmustern, an antiker Thematik und Geistigkeit, an einem antiken Schönheitsbegriff des Maßes, der Harmonie, der Geschlossenheit, Einheit und Ausgewogenheit: k. = antikisch (nicht klassizistisch). Vgl. auch den Gegensatz ↗ Attizismus – ↗ Asianismus, ↗ Manierismus.

3. *ästhet. wertend:* vorbildhaft, mit kanon. Geltung (nicht nur in antikem Sinne) für nachfolgende Dichter- und Künstlergenerationen. Kennzeichnendes Attribut für Kulminationen, Höhepunkte einer Epoche, einer Gattung (auch in der Musik).

4. *allgemein wertend:* im Sinne von erstrangig, mustergültig, überragend, grundlegend-überzeitl.; übertragen auch auf nichtliterar. und nichtkünstler. Autoritäten, Vorbilder und Normen: k.es Profil, k.e Mechanik, k.e Physik,

k.es Beispiel, k.er Fall. – Ähnl. wird auch das Substantiv *Klassiker* verwendet: antiker Klassiker, Weimarer Klassiker, Klassiker der Operette, des Jazz usw. (für Repräsentanten einer Epoche, Gattung, eines Sachgebietes, einer Wissenschaft, auch ohne Bezug zur Antike). Das Wort ›Klassiker‹ kann sowohl eine Person als auch ein Werk meinen.   S

Klassizismus, auf die klass. Antike bezogener Stil- und Wertbegriff für Dichtung, die sich antiker (Stil-)Formen und Stoffe bedient, ↗ antikisierende Dichtung. Vom neuzeitl. Originalitätsbegriff aus wird der K. oft in die Nähe des Epigonentums gerückt. Unter dem Aspekt der Imitation älterer Formmuster wurde bisweilen schon die röm. Klassik in ihrem Verhältnis zur griech. als klassizist. eingestuft. In der Neuzeit begegnet klassizist. Dichtung, orientiert an einem an der Antike gebildeten Regelkanon (vgl. u. a. die Poetiker M. G. Vidal, J. C. Scaliger, auch ↗ Poetik), erstmals in der *italien. Renaissance;* diese Strömungen wirkten im Rahmen des europ. Humanismus v. a. auf *Frankreich* (Ronsard) und bestimmten die als ›classicisme‹ bez. Blütezeit der frz. Kultur (17. Jh.). Die frz. Bez. ›classicisme‹ wird in dt. lit.-geschichtl. Darstellungen (je nach dem Blickwinkel) als ›K.‹ wiedergegeben, wenn die dogmat. Abhängigkeit der Kunsttheorie von vermeintl. antik-röm. Normen im Vordergrund steht, als ›Klassik‹ (in Analogie zur ↗ Weimarer Klassik), wenn der Stellenwert der Epoche innerhalb der frz. Geistesgeschichte angesprochen wird. In *England* lassen sich breitere klassizist. Strömungen erst im 18. Jh. feststellen (Pope, Gray). – Wenn man von gewissen klassizist. Zügen in der Literatur der Karolingerzeit (Otfried von Weißenburg), der Ottonik (Hrotsvit von Gandersheim) oder in der stauf. Dichtung (Gottfried von Straßburg) absieht, erfolgte die Hinwendung zu antiken Formidealen in Deutschland später als im übrigen Europa, vorbereitet durch Gottsched, Lessing, Sulzer, Winckelmann (rationalist. Grundlegung der poet. Ästhetik), insbes. in der ↗ Anakreontik und bei Wieland, im 19. und frühen 20. Jh. in der Lyrik bei Platen, Geibel, St. George, im Drama bei E. Wildenbruch

und P. Ernst. Mit dem Begriff K. ist nicht nur die Vorstellung einer engen Bindung an antike Dichtungsnormen, sondern auch die einer gewissen Glätte der Form, eines bestimmten Formkultes (↗ Ästhetizismus) und einer engen Regelbindung verknüpft.   S

Klausel, f. [lat. clausula = Schluss(-satz, -formel)], in der antiken Rhetorik die durch Silbenquantitäten geregelten Perioden- und Satzschlüsse der ↗ Kunstprosa; im 5. Jh. v. Chr. von den griech. Rhetorikern (Gorgias, Isokrates) entwickelt, von den Römern übernommen und in ein für die spätantike Kunstprosa verbindl. System gebracht (Cicero, Quintilian). – *Die wichtigsten Schlussformeln* sind der akatalekt. ↗ Dikretikus ($-\cup--\cup\underset{\smile}{-}$) und, als häufigste K., ↗ Kretikus + ↗ Trochäus ($-\cup--\cup$); trochä. Schluss, v. a. auch ein Ditrochäus, konnte sich auch an andere Metren anschließen, z. B. an den ↗ Päon ($-\cup\cup\cup$) oder ↗ Molossus ($---$), wobei allein die Schlussfigur eines Hexameters ($-\cup\cup-\cup$) vermieden werden musste. – Der Verlust des Gefühls für die Unterscheidung der Silbenquantitäten in der Spätantike führte zu einer Auflösung der antiken K.technik; an die Stelle der antiken K.n traten die rhythm. Formeln des ↗ Cursus.   HW

Klimax, f. [gr. = Steigleiter, lat. Gradatio], ↗ rhetor. Figur
1. *steigernde Reihung* synonymer Wörter: »wie habe ich ihn nicht gebeten, gefleht, beschworen« (Lessing, »Philotas«) oder gleicher Satzglieder: »veni, vidi, vici«; ich bitte dich, ich flehe dich an;
2. sich *steigernde Gedankenführung,* verbunden mit der Wiederaufnahme bestimmter Wörter (↗ Epanalepse, ↗ Anadiplose), manchmal in bes. als Gradatio bez., z. B. »... dieweil wir wissen, daß Trübsal Geduld bringt; Geduld aber bringt Erfahrung; Erfahrung aber bringt Hoffnung« (Röm. 5), »Gut verlorn, unverdorben – Mut verlorn, halb verdorben – Ehr verlorn, gar verdorben« (Seb. Franck, »Sprichwörter«, 1541). Gegenbegriff ↗ Anti-K.   HSt

klingender Reim, nach der Meistersinger-terminologie ein zweisilbiger ↗*weibl. Reim*, z. B. *klingen : singen;* in dieser Bedeutung auch in den Metriken des 19. Jh.s gebraucht. Seit der ›Dt. Verslehre‹ von Andreas Heusler (1925 ff.) wird als k. R. meist ein Reim mit einer über einen Takt gedehnten Hauptsilbe verstanden (/–́/x̀; vgl. auch klingende ↗Kadenz).

S

Klinggedicht, im 17. Jh. gebräuchl. Lehnübersetzung für ↗Sonett (erstmals nach holländ. Vorbild bei M. Opitz, Poetik, Kap. 7) neben Klingreime, Klinggesang, Klinglied, Klingsatz.

IS

Klopfan, paargereimte, meist 4–10-zeil. Gruß- und Heischesprüche, die beim süddt. volkstüml. Brauch des Anklopfens in den sog. ›Klöpfelnächten‹ (Neujahrsnacht und die Nächte zum 2. bis 4. Adventssonntag) z. T. aus dem Stegreif aufgesagt wurden und vielfach persönl. Anspielungen und Derbheiten enthielten. Als literar. Gattung von den Nürnberger Handwerkerdichtern des 15. Jh.s (Rosenplüt, Hans Folz) gepflegt. Beispiel: *Klopff an mein aller liebste zart / Wan mir kein clopfen liber wart / All engel in des himels tron / Die sein dar vm dein solt vnd lon.*

HW

Klucht (Cluyte, Clute), f. [niederl. = Posse, Schwank, Farce], niederländ. Possenspiel des späten MA.s und der frühen Neuzeit; als ↗Nachspiel zu den ↗Abele spelen des 14. Jh.s auch als *Sotternie* (von frz. ↗Sottie), als Schwankspiel der ↗Rederijkers des 15. u. 16. Jh.s als *Esbatement* (nach frz. ébattre = sich belustigen) bezeichnet: kurze, formal anspruchslose Stücke, die stoffl. der mal. Schwankliteratur verpflichtet sind (Geschichten von list. Weibern, betrogenen Ehemännern und tölpelhaften Bauern). Hauptvertreter der K. der Rederijkers sind A. de Roovere (15. Jh.), C. Everaert und M. de Castelein (16. Jh.); von Everaert sind 11, von Castelein 36 K.en (meist Pickelheringspiele) überliefert.

K

Knittelvers, auch: Knüttel-, Knüppel-, Klüppel-, Klippelvers oder einfach Knittel. *Wortgeschichte* nicht ganz geklärt: K. erscheint vom 16.–18. Jh. als Bez. des leonin. (binnengereimten) Hexameters, bzw. des endgereimten Hexameterpaares. Im 18. Jh. dient K. in deutl. Anlehnung an *knüttel* = Knotiges, Knorriges v. a. zur Bez. schlecht gebauter Reimverse, insbes. werden seit Gottsched als K.e die (aus der Sicht des 18. Jh.s regellosen) altdt. ↗Vierheber der Zeit *vor* Opitz bezeichnet, und zwar in abwertendem Sinne. *Heute* ist ›K.‹ die wertneutrale Bez. für den in der frühnhd. Dichtung (15. Jh. bis Opitz) dominierenden 4-hebigen Reimvers, der sich von seinem Vorläufer, dem mhd. Reimvers, grundsätzlich durch eine unterschiedl. Technik der ↗Kadenzbildung unterscheidet: der K. hat nur noch männl. (... x́) und weibl. (... x́x) Versschlüsse bzw. Reime. Auf Grund der Versfüllung lassen sich *2 Typen* des K.es unterscheiden: 1. der freie K. hat Füllungsfreiheit, die Zahl seiner Silben schwankt zwischen 6 und 15, z. B. »Kum spất oder frứh, so wil ich dich eínlåßen / und wíl dich nit láng an der thúr lan pőßen« (H. Rosenplüt). 2. der strenge K. (wahrscheinl. lat. Vorbilder) hat demgegenüber stets 8 Silben bei männl., 9 Silben bei weibl. Kadenz, seine Rhythmisierung ist umstritten. Es ist die Frage, ob auch für ihn Füllungsfreiheit (Heusler) gilt oder eine strenge Alternation (G. Kayser) wie bei den silbenzählenden, oft tonbeugenden Versen der frühnhd. Zeit (Meistersang) oder ob er nur durch die feste Silbenzahl (8 bzw. 9) und eine feste Hebung auf der 8. Silbe definiert ist (Minor), vergleichbar dem frz. 8/9-Silber. – Der frühnhd. K. ist der Vers der ep., satir.-didakt. und dramat. Dichtung des 15. und 16. Jh.s. Den *freien K.* verwenden H. Rosenplüt (15. Jh.), N. Manuel, P. Gengenbach u. a. (16. Jh.), außerdem begegnet er im Niederdt. im »Reineke de Vos« (1498) und bei B. Waldis (16. Jh.). Annähernd *strenge K.*e (mit geringfügigen Über- oder Unterschreitungen der festen Silbenzahl) finden sich im »Pfarrer von Kalenberg« (15. Jh.), bei Th. Murner (16. Jh.). Den strengen K. verwenden M. Behaim (15. Jh.), H. Sachs, J. Fischart (16. Jh.) sowie die gelehrten Dichter S. Brant (15. Jh.), U. v.

Hutten, E. Alberus, C. Scheit, N. Frischlin (16. Jh.). – Im 17. Jh. wird der K. im Zuge der Opitz'schen Versreform und der allgemeinen Orientierung an roman. Vorbildern weitgehend aus der anspruchsvollen Literatur verdrängt. Während der strenge K. ganz verschwindet, kann sich der freie K., von volkstüml. Dichtung abgesehen, in der er bis in die Gegenwart viel gebraucht wird, noch vereinzelt in scherzhaften, satir. und parodist. Werken halten (Gryphius, »Peter Squentz«; J. Lauremberg); diese Verwendung wird im 18. Jh. durch Gottsched und Breitinger ausdrückl. gebilligt. Eine eigentl. Rehabilitierung des K.es erfolgt in der 2. Hälfte des 18. Jh.s: Infolge der Hinwendung zum Altdt. (J. G. Herder, Goethe u. a. Dichter des ↗ Sturm und Drang) setzt sich der K. nun auch wieder in literar. anspruchsvollen Dichtungen durch. Goethe z. B. verwendet ihn außer in parodist. und satir. Werken (»Das Jahrmarktsfest zu Plundersweilern«, »Satyros oder der vergötterte Waldteufel«, »Ein Fastnachtspiel vom Pater Brey«) auch in ernster Dichtung, so in Teilen des »Urfaust« (von daher wird der K. zu einer wichtigen Grundlage des Goethe'schen Faust-Verses) und im »West-östl. Divan«. Durch Goethe angeregt, übernimmt Ch. M. Wieland den K. für seine Verserzählung »Gandalin« (1776); F. Schiller verwendet ihn in »Wallensteins Lager«. Mit K. A. Kortums ›kom. Heldengedicht‹ »Jobsiade« (1784 bzw. 1799) beginnt eine lange Reihe humorist. Dichtungen in K.en, darunter Mörikes Idylle »Der alte Turmhahn« und die Verserzählungen W. Buschs. Die ganze Breite der Ausdrucksmöglichkeiten des neuhochdt. K.es zeigt v. a. seine Verwendung im Drama seit dem Ende des 19. Jh.s: vgl. z. B. G. Hauptmanns »Festspiel in dt. Reimen« (1913: volkstüml.-parodist.), H. v. Hofmannsthals »Jedermann« (1911) oder die Legendenspiele M. Mells (u. a. »Das Apostelspiel«, 1923: archaisch-naiv); ferner den Prolog zu Wedekinds »Erdgeist« (1893), P. Weiss' »Nacht mit Gästen« (1963) oder »Marat/Sade« (1964: moritatenhaft verfremdend). Beispiel nhd. K.e: »Mit dem Hándel gíebts nur Kléinigkéiten, / Denn es íst kein Géld únťer den Léuten, / Und die Rátsherrnscháft wirft áuch nicht viel áb; /

Drum sínd meine Eińkűnfte so knápp« (Kortum).

K

Kode, Code, Pl. Kodes, Codes, m. [nach engl., frz. code aus lat. codex, s. ↗ Kodex),

1. Seit dem 19. Jh. Fachausdruck in der Fernmeldetechnik und im militär. Nachrichtenwesen: K. als Buch mit Anweisungen für die Ver- und Entschlüsselung einer Nachricht in eine oder aus einer Geheimsprache.

2. Als Terminus der *Informations- und Kommunikationstheorie* bedeutet K. die Vorschrift für die eindeutige Zuordnung der Zeichen eines Zeichenvorrats zu denjenigen eines anderen Zeichenvorrats. Die *Kodierung* (der Vorgang der Zuordnung) erfolgt meist als Umsetzung von Zeichen aus einem großen Zeichenvorrat (z. B. Umgangssprache) durch Zeichen aus einem kleinen Zeichenvorrat (z. B. Morsealphabet. Grenzfall: Binär-K. mit Zeichenvorrat 2).

In der *Semiotik* (Theorie der Zeichen) erfährt der K.-Begriff eine Erweiterung: für alle semiotischen Prozesse werden K.s als Grundlage für das Verstehen bzw. Interpretieren von Zeichen angenommen. Die Kodierung ist (neben Realisation und Kommunikation) eine der drei Funktionsweisen des Zeichens.

3. Mit R. Jakobson wurde der K.-Begriff fester Bestandteil der *linguist. Terminologie*. Der Begriff ›Sprachsystem‹ wird durch den des K.s ersetzt. Sprache ist somit ein dynamischer Gesamt-K., der aus relativ autonomen Sub-K.s (den funktionalen Sprachvarianten) besteht. Im Gegensatz zu den sekundären artifiziellen K.s, die aus eindeutigen, unveränderl. Elementarzeichen zusammengesetzt sind und sich durch Geschlossenheit und Homogenität auszeichnen, ist die Sprache (Ur-K., Primär-K.) offen und inhomogen. Jeder K. als Zuordnungsvorschrift setzt bei Sender und Empfänger die Kenntnis der durch Konvention vereinbarten Regeln voraus. Eine Ausnahme bildet der *ästhet. Kode*. Ästhet. Kreativität durchbricht die bestehenden Regeln des Sprachk.s: ein neuer K. entsteht, der jedoch dem Leser nicht zur Entschlüsselung zur Verfügung steht, sondern sich erst im Lauf des Rezeptionsprozesses bildet und nicht mit

demjenigen des Autors übereinstimmen muss (vgl. Lotmans These von der Pluralität des künstler. Kodes und Ecos These von der Offenheit der ästhet. Kodes).   EE

Kodex, m., Pl. Kodizes [lat. codex, caudex = Holzklotz, (ab)gespaltenes Holz (als Material für Schreibtafeln), zu cudere = schlagen], *Buchform* der Spätantike und des MA.s (↗ Handschrift). Ein K. besteht aus mehreren gefalteten, ineinandergelegten und gehefteten Pergament- oder Papierblättern *(Lagen),* die zwischen zwei Holzdeckeln mit Leder- oder Metallüberzug befestigt sind. Ihre Ordnung wird anfangs nicht durch Paginierung oder Foliierung, sondern durch ↗ Kustoden gesichert. – Der K. wurde aus den mit Wachs bestrichenen, von Riemen oder Häkchen zusammengehaltenen hölzernen Schreibtäfelchen der Antike *(Diptychon,* bzw. *Polyptychon)* entwickelt. Er trat im 1. Jh. n. Chr. neben die Papyrusrolle (Volumen) und verdrängte sie bis Ende des 5. Jh.s, da Pergament schlecht in langen Streifen herstellbar und besser zu falten als zu rollen war; er war zudem handlicher, zweiseitig beschreibbar, besser für Illustrationen geeignet und erlaubte ein leichteres Durch- und Zurückblättern als die Rolle. An die in Kolumnen beschriebene Querrolle erinnert noch die Einteilung der einzelnen Seiten vieler Kodizes in Spalten. Die auch billigeren Kodizes galten zunächst nicht als vornehm. Sie wurden hauptsächl. von den frühen Christen benutzt (frühester Bibel-K. der griech. Codex Sinaiticus, 4. Jh.). Jedoch schon im 4./5. Jh. wurde die für wertvoll erachtete antike Literatur in Kodizes umgeschrieben; viele kostbare Rollen gingen dabei verloren. – Die moderne Buchform geht unmittelbar auf den K. zurück. Das ältestes K.-Fragment stammt aus dem 2. Jh. n. Chr. (Fragment der »Kreter« des Euripides); berühmte Kodizes sind der Codex argenteus (got. Evangeliar, sog. Ulfilas-Bibel, 6. Jh.) oder der illustrierte Codex aureus (Evangeliar, 9. Jh.). Die Bez. ›K.‹ wird bis ins 19. Jh. für *großformatige wissenschaftl. Werke* verwendet. – Von der Sammlung mehrerer inhaltl. zusammengehöriger Texte (bes. Briefe oder Gesetze) in einem K. wurde der Name

auch auf *Textsammlungen* selbst übertragen, vgl. z. B. Codex Justinianus (Gesetzessammlung), Codex Carolinus (Papstbriefe an Karl Martell) oder Codex Juris Canonici, und dann allgem. als Bez. für eine Sammlung von Regeln gebraucht (›Ehren-K.‹).   HSt

Kollation, f. [lat. collatio = das Zus.tragen, die Vergleichung],
1. Teil der ↗ Textkritik;
2. Vergleich einer Abschrift mit dem Original, bzw. von Druckfahnen mit der Vorlage (Manu- oder Typoskript) zur Gewährleistung einer fehlerlosen Wiedergabe des Textes.   GG

Kollektaneen, f. Pl. [zu lat. collectaneus = angesammelt], Sammlung von Auszügen und Zitaten (↗ Exzerpten) vorwiegend aus wissenschaftl. Werken (z. B. die »Collectanea rerum memorabilium« von G. J. Solinus, 3. Jh.: Auszüge aus Plinius' »Naturalis historia« [Naturkunde]), auch von eigenen ergänzenden Bemerkungen, Verweisen und Notizen, sog. ›Lesefrüchten‹ des Sammlers; auch ↗ Analekten, ↗ Anthologie.   S

Kölner Schule (sc. des Neuen Realismus), Gruppe von Schriftstellern, die seit Mitte der 1960er Jahre einen neuen, dynamisch., subjektiv-perspektivist. Realismusbegriff zu verwirklichen sucht, welcher den ›realen‹ Erfahrungen einer nicht mehr überschaubaren oder gar verfügbaren Welt, der Undurchdringlichkeit der Dinge, Rechnung tragen soll. Dargestellt werden entsprechend nur »sinnl. konkrete Erfahrungsausschnitte«; Mittel hierzu sind eine minuziöse Detailgenauigkeit (durch die zugleich Widerstand gegen die Prozesse der Umwelt geleistet werde), der Verzicht auf einen allwissenden Erzähler zugunsten einer subjektiv begrenzten ↗ Perspektive (Wechsel zwischen Nah- und Fernsicht, Zeitdehnung – Zeitraffung), d. h. der Entwurf eines »Fiktionsraumes, der sich erst allmähl. und vielleicht nie richtig ... erschließt«. Die K. Sch. verarbeitet dabei Beschreibungstechniken des modernen Films und bes. des ↗ Nouveau Roman; insgesamt steht sie in der Tradition der beschreibenden (malenden) Poesie (↗ ut pictura poesis, Stifter, Kafka) und des ↗ personalen Erzählens. Das Konzept des ›neuen Realismus‹ wurde von D. Wellershoff entwickelt (Romane »Ein schöner Tag«, 1966; »Die Schattengrenze«, 1969; Theorie »Wiederherstellung der Fremdheit« in: »Lit. u. Veränderung, Versuche zu einer Metakritik der Lit.«, 1969) und wurde alsbald zur Formel der K. Sch., der R. D. Brinkmann, G. Seuren, G. Herburger, G. Steffens, N. Born, J. Ploog und R. Rasp zuzurechnen sind. IS

Kolometrie, f. [aus gr. ↗ kolon = Glied, metrein = messen], bei Abschriften antiker oder mal. Handschriften die Gliederung bzw. Aufteilung der in der Vorlage fortlaufend geschriebenen Verse in die sie konstituierenden Kola, entweder durch eingeschaltete Zeichen (z. B. '/') oder durch Beginn einer neuen Zeile für jedes Kolon (oft ident. mit den metr. Verszeilen). Das Verfahren wurde vermutl. von dem alexandrin. Grammatiker Aristophanes von Byzanz (257–180 v. Chr.) für die Edition klass. gr. Chorlyrik entwickelt. Berühmt ist z. B. Heliodors (1. Jh. n. Chr.) K. der Aristophanes-Lieder. IS

Kolon, n., Pl. Kola [gr. = Glied, lat. = membrum],
1. Begriff der ↗ Rhetorik: Sprechtakt, Teil einer ↗ Periode, umfasst eine Wortgruppe zwischen realisierten oder möglichen Atempausen oder Sinneinschnitten, i. d. Regel von mehr als drei Wörtern, entweder als syntakt. und sinntragende Einheit innerhalb des Satzes oder als selbständ. Satz (vgl. dagegen ↗ Komma). Das K. ist die rhythm. Grundeinheit der Rede; die wechselnde Abfolge ähnl. – oder verschieden langer Kola bestimmt wesentl. den Prosarhythmus. Ein stets wiederkehrendes K. innerhalb einer rhythm. Struktur wird als *rhythm. Leitmotiv* bez. Den Rhythmus der gebundenen Rede konstituiert das wechselnde Verhältnis von Vers und Kolon.
2. Begriff der antiken Metrik: schwierig abzugrenzen metr. Einheit zwischen ↗ Metrum (d. h. gleichen Versfüßen) und ↗ Periode (Verse oder Versgruppen). ED

Kolophon, n. [gr. = Gipfel, Spitze], auch Subscriptio (lat. = Unterschrift, Vermerk) oder Rubrum (lat, rot. = scil. Geschriebenes), die am Schluss einer mal. Handschrift (↗ Explicit) oder eines Frühdrucks mitgeteilten Angaben über Autor und Titel, Schreiber oder Drucker, Ort und Jahr der Herstellung: z. B. ›Hie endet sich herr Tristrant Getrucket zuo Augspug(!) von Anthonio Sorg im MCCCC vnd LXXXJJJJ. Jare‹. Vorläufer des modernen Impressums. HSt

Kolportageroman [kɔlpɔrtaːʒ; frz. colportage = Hausierhandel, aus col = Hals, porter = tragen], literar. anspruchslose Sensationsliteratur (↗ Schundliteratur), Teilbereich der ↗ Trivialliteratur. Die ursprüngl. Vertriebsart übertrug sich auf das Produkt: K.e wurden von Hausierern feilgeboten. – Die *Anfänge* dieses Hausierhandels liegen im 15. Jh., wo v. a. religiöse Erbauungslit., Volksbücher und Kalender im Haus und auf Jahrmärkten angeboten wurden. Im 18. Jh., im Gefolge der Säkularisierung auch des literar. Geschmacks, bildeten ↗ Ritter- und Räuberromane die Hauptmasse der K.literatur. Mit Einführung der Gewerbefreiheit 1869 blühte neben dem Hausierhandel auch der sog. Kolportagebuchhandel auf, der die Entwicklung des in Unterhaltungszeitschriften entstandenen, dann eigens für diesen verfassten ↗ Fortsetzungsromans begünstigte. In diesem K. mit seinen sensationellen, spannend aufgemachten Stoffen (die z. T. der Hochliteratur entstammen) herrschte die kompensator. Tendenz, der werdenden Industriegesellschaft eine unrealist., simplifizierte und heile Wunschwelt mit enger Moral und kitschigem Verputz entgegenzuhalten (vgl. auch Heimat-, Bauern- und ↗ Abenteuerroman). Er wandte sich an ein literar. ungebildetes *Publikum*: Als Hauptabnehmer galten Fabrikarbeiter, Dienstboten, Ladenmädchen, kleine Handwerker und niedere Beamte. 1893/94 soll es in Deutschland und Österreich 45 000 Kolporteure mit 20 Mill. Lesern gegeben haben; 1914 betrug die Abonnentenzahl 4 Mill. (80 % Zss., 12 % histor., belletrist. und religiöse Schriften, 3 % Fortsetzungsromane!). Die meisten *Autoren*, die in Lohnarbeit ihre an den Bedürfnissen des Publikums orientierten Machwerke anfertigten, waren von den Wünschen ihrer Verleger abhängig. Die fabrikmäßige Produktion z. B. eines Guido von Fels betrug 72 K.e, 900 Reihenromane mit etwa 200 000 Druckseiten. Literar. höher standen die Werke von R. Kraft und K. May, der von 1881–86 fünf umfangreiche K.e mit über 12 000 Seiten verfasste, ehe er sich den phantasiereichen Abenteuerromanen zuwandte. – Der Umfang der K.e schwankte zwischen 15 und 200 Lieferungen (1 Heft = 1–2 Bogen). Um 1900, als der K. starken Angriffen von Pädagogen, Pfarrern und Kulturkritikern ausgesetzt war, ergab eine Studie (Heinrici), dass er nur 16 % des Absatzes der Kolporteure ausmachte, den Löwenanteil hatten Familienzeitschriften wie die »Gartenlaube«, Modeblätter, Lexika und populäre Ausgaben. Im Ersten Weltkrieg wurden die K.e wegen ihrer angebl. die Wehrkraft zersetzenden Tendenzen verboten, im ›Dritten Reich‹ wurde mit den Anordnungen über das »schädl. und unerwünschte Schrifttum« von 1935 und 1940 der billige Liebes-, Abenteuer- und Wildwest-, der Kriminal- und Zukunftsroman für Vertrieb und Leihverkehr verboten. Reste der K.literatur finden sich heute in den an Kiosken feilgebotenen Groschenheften. GG

das Komische (Komik) [von gr. kōmos = Festzug, lust. Umzug, Gelage], für das K., das als »der schwerste der ästhet. Problembereiche« (N. Hartmann) gilt, wurde in Philosophie (Ästhetik), Komödientheorie und Psychologie eine Vielzahl von Strukturformeln entwickelt (von Aristoteles bis zu Kant, Schiller, Jean Paul, Schopenhauer, Hegel, Vischer, Bergson, Freud, Lipps, N. Hartmann, Plessner u. a., wobei nur die marxist. Ästhetik (Tschernyschewskij, Borew u. a.) von der Endgültigkeit ihrer Definition überzeugt ist. Trotz kontroverser Ansatzpunkte (das K. ident. mit dem Lächerl.?, menschl. oder sozialer Natur?, als Kategorie des Schönen oder Hässlichen? etc.) und Ergebnisse wird das K. doch grundsätzl. (wie das Trag.) begriffen als Konflikt widersprüchl. Prinzipien. Nach einem der neueren Definitionversuche (F. G. Jünger) muss dieser

Konflikt, um das kom. Schema zu erfüllen, zwischen ungleichwertigen Prinzipien entstehen und zwar initiiert durch eine unangemessene (d. h. eigentl. nichtige, unwichtige) Provokation des schwächeren Prinzips; er wird gelöst durch eine der unangemessenen Provokation angemessene Entgegnung, Reaktion oder Replik des Überlegenen, die nach Jünger »Das Sichgeltendmachen der Regel, des Gesetzes, eines Kanon und Nomos« ist, »der von dem Urheber des k.n Konfliktes außer acht gelassen wurde«, z. B. entsteht die für Posse, Farce, Burleske und bestimmte Komödientypen konstituierende *Situationskomik* durch das unfreiwillige Hinzutreten disparater, disproportionaler oder wertverschiedener (unangemessener) Momente (Personen, unzeitige Vorgänge, Handlungen usw.) zu einer alltägl.-normalen, sachl. oder ernsten, feierl. Situation, so dass diese in Wert und Bedeutung entlarvt oder relativiert wird. Das Lachen wird erreicht durch das intellektuelle Erfassen der ungleichen Konfrontation, die den Ausgang von vornherein sicher sein lässt, durch die Identifikation mit dem Überlegenen u. weil durch die Angemessenheit der Replik dem Unterlegenen kein ernster Schaden zugefügt, er vielmehr wieder in das Ganze eingeordnet wird. Diese zum Lachen reizende Disparatheit (Inadäquatheit) impliziert Kritik und Liberalität. – Die verschiedenen Bedingungen bei der Ausprägung des kom. Schemas ergeben die verschiedenen Arten des K.n: von feiner leiser, geistiger bis zu grober, derbsinnl. Komik, und die Grenzüberschreitungen: wird z. B. die Replik unangemessen, etwa zu streng, zu hart, entsteht keine Komik (statt Lachen wird Mitleid, Trauer, Zorn etc. erregt), wird der Kampf zwischen gleichwertigen Prinzipien ausgetragen, kann das K. ins Trag. umschlagen. – Eine prägnante Art der Einstellung gegenüber dem K.n ist der ↗ Humor für das K. nicht als Widerspruch zu Norm (Jünger), Idee (Hegel), Bild (Vischer) etc. auffasst, sondern als deren wenn auch verzerrtes, inkongruentes Abbild. – Das K. wurde schon von Platon als eine Modifikation (komplementär zum Tragischen) der dichter. Mimesis beschrieben. Es findet sich in allen Literaturen mannigfach ausgeprägt. Die Spott und Kritik implizierende Eigenschaft des kom. Lachens nützen z. B. ↗ Satire, ↗ Parodie, ↗ Travestie, ↗ Karikatur, ↗ Witz. Dem Spannungscharakter des K.n sind die dramat. Gattungen bes. adäquat, insbes. alle Ausprägungen der ↗ Komödie von volkstüml. derb-kom. Arten (↗ Mimus, ↗ Fastnachtspiele, ↗ Possen, ↗ Farcen usw.) bis zu den geistreich. Gestaltungen leiser, das Trag. berührender Komik (Shakespeare). Dem spannungslösenden, komische Konflikte in höheren Aspekten aufhebenden Humor sind dagegen die ep. Gattungen angemessener, doch findet sich das K. in allen Gattungen, wobei es stofflich (Gestaltung kom. Ereignisse, Personen usw., häufig z. B. als Parallelaspekt zu idealist. Darstellungen, etwa in der Dienersphäre), formal-struktural (Unangemessenheit von Stil, Form und Inhalt; vgl. z. B. ↗ kom. Epos) und intentional (als Selbstzweck oder metaphorisch) verwendet wird.   IS

Komische Person, ↗ lustige Person.

Komisches Epos, auch: heroisch-kom. Epos, scherzhaftes Heldengedicht, Scherzepos; kürzeres Versepos, das die wichtigsten Merkmale des antiken ↗ Heldenepos (Versform, Einteilung in Gesänge, gehobene, oft formelhafte Sprache, mytholog. Gleichnisse, Anrufung und Eingreifen von Göttern, Kampfszenen, Klage- oder Preisreden usw.) übernimmt, jedoch ironisierend auf einen nichtigen, unheld., belanglosen Anlass und Personenkreis bezieht, so dass sich kom. Kontrastwirkungen ergeben, und zwar sowohl formal als ↗ Parodie auf eine anspruchsvolle literar. Großform, als auch gegenstandsbezogen als literar. ↗ Satire, ↗ Persiflage, ↗ Burleske oder ↗ Travestie. Das k. E. entstand meist gleichzeit. mit dem großen Epos oder doch nur wenig später, so schon die anonyme »Batrachomyomachia« (der Frosch-

mäusekrieg, 6./5. Jh. v. Chr.) als Gegenstück zu den homer. Epen. Anklänge an das k. E. enthalten Senecas »Apocolocyntosis« (Verkürbissung, um 55 n. Chr.) als Satire auf die Apotheose des Kaisers Claudius, sowie einige Verseinlagen im »Satyricon« des Petronius (1. Jh. n. Chr.). – Als dem k. E. verwandt, aber nicht mit ihm ident. gelten die spätmal. Parodien auf den höf. Versroman, insbes. Heinrich Wittenwilers »Ring« (um 1400) oder auch Chaucers »The Nun's Priest's Tale« (1393) sowie die verschiedenen Ausprägungen des Tierepos. – Die antike Tradition wird in Renaissance und Reformationszeit wieder aufgenommen: in Ansätzen in den Rolandsepen von Boiardo (1486) und Ariost (1516 u. ö.), dann durch Übersetzungen und freie Bearbeitungen des antiken Froschmäusekriegs (u. a. dt. von G. Rollenhagen 1595; engl. von Th. Parnell 1717) oder als Travestien wie P. Scarrons »Virgile travesti« (1648/53) und A. Blumauers »Virgils Aeneis travestiert« (1783). – Als eigene Gattung begründet wurde das neuere k. E. 1622 durch A. Tassoni mit seinem Stanzenepos in 12 Gesängen »La secchia rapita« (über die im Jahre 1325 vorgefallenen Kämpfe zwischen Modena und Bologna um einen geraubten Holzeimer: es ist sowohl Parodie auf den Raub der Helena und den trojan. Krieg in der »Ilias« als auch Satire auf die italien. Kleinstaaterei). Weitergebildet wurde das k. E. in Frankreich v. a. von Boileau mit »Le lutrin« (1674/83, dem Streit von Geistlichen um die Aufstellung eines Chorpultes in der St. Chapelle) und Voltaire mit »La pucelle d'Orléans« (1755, einer erot. Persiflage über die frz. Nationalheilige), in England von S. Butler mit »Hudibras« (1663/78), J. Dryden mit der Literatursatire »MacFlecknoe« (1682) und v. a. A. Pope mit der literatursatir. »Dunciad« (1728) und mit seinem Jugendwerk »The Rape of the Lock« (1714), dem Höhepunkt in der Entwicklung des k. E.: die Konflikte, die bei einer Kahnfahrt wegen des Raubs einer Haarlocke entstehen, werden mit zeit- und literarkrit. Tendenzen verbunden. Pope wird zum Vorbild v. a. für das dt. k. E., vertreten durch J. F. W. Zachariae (7 k. Epen in gereimten Alexandrinern, darunter bes. »Der Renommiste«, 1744), J. J. Dusch

Pope: »The Dunciad«

(»Das Toppé«, 1751, »Der Schoßhund«, 1756), Ch. O. Schönaich (»Der Baron und das Picknick«), J. P. Uz (»Sieg des Liebesgottes«, 1753) sowie durch eine Reihe anonymer Werke wie »Der Ball«, »Der Kobold«, »Das Strumpfband« u. a. und schließl. durch J. A. Weppen (»Der Liebesbrief«, 1778, »Die Kirchenvisitation«, 1781, »Das städt. Patronat«, 1787). Eine Sonderstellung haben Ch. M. Wielands »Kom. Erzählungen« (1762/65, Verstravestien antiker Stoffe), M. A. von Thümmels »Wilhelmine« (1764, in rhythmisierter Prosa, zur Idylle tendierend), Goethes »Reineke Fuchs« (1793) und K. A. Kortums »Jobsiade« (1784 in vierzeil. Knittelversen, eine Parodie auf den Erziehungsroman), die auch noch im 19. Jh. Anklang und (z. B. in F. Hallenslebens »Töffeliade«, 1836) Nachahmer fand bis hin zu ihrem Illustrator W. Busch (1872) und dessen eigenen entsprechenden Werken. In K. Immermanns »Tulifäntchen« (1827) lebt das k. E. noch einmal poet. auf; mehr als Zeitsatire bieten u. a. M. Hartmanns »Reimchronik des Pfaffen Mauritius« (1849), A. Glaßbrenners »Neuer Reineke Fuchs« (1846) und »Verkehrte Welt« (1856), auch K. E. F. Bäßlers »Ameisen- und Immenkrieg« (1841). Parodien auf die Germanenmode sind A. Grüns »Nibelungen im Frack« (1843) und J. Grosses »Der Wasunger Not« (1873). Als letzter Ausläufer des k. E. gilt F. von Saars »Pincelliade« (1897). Schon zur Blütezeit des k. E. im 18. Jh. konkurrierte mit ihm die kom. Erzählung in Prosa, insbes. der humorist. Roman, der größere Gestaltungs- und Aussagemöglichkeiten bietet. RS

Komma, n. [gr. = abgehauenes Stück, lat. articulus = (Satz)glied, auch incisio, incisum = Ein-, Abschnitt], Begriff der ↗ Rhetorik, kleinster Sprechtakt von i.d. Regel höchstens drei Wörtern; meist ein syntakt. unselbständ. Teil eines ↗ Kolons (z. B. eine adverbiale Bestimmung: *heute nacht*), aber auch ein kurzer Satz (*veni, vidi, vici* = 3 Kommata). In der Neuzeit Bez. für Satzzeichen zur Kennzeichnung eines Sinnabschnittes. ED

Kommentar, m. [lat. commentarius, Lehnübersetzung von gr. ↗ Hypomnema = Erinnerung, Denkwürdigkeit, Erklärung von Texten, ↗ Scholien], *in den Philologien* liefert der K., meist als gesonderter Anhang zum Werk (↗ Appendix), vornehml. Informationen zur histor. Einordnung eines Textes, zu seiner Überlieferung und stellt Sacherklärungen und Erläuterungen zum sprachl. und evtl. metr. Verständnis zur Verfügung. Der K. vermittelt die histor. und philolog. Wissensvoraussetzungen für eine Interpretation (vgl. auch textkrit. ↗ Apparat). *In der Publizistik* ist der K., zu welchem Leitartikel, Glosse und Rezension gezählt werden, das Gegenstück zur sachl. Information, in dem ein Autor zu aktuellen Themen subjektiv und meinungsbildend Stellung nimmt. HW

Kommersbuch [zu Kommers = Festgelage der akadem. Korporationen, aus lat. commercium = Verkehr, Verbindung], Sammlung von Liedern für sog. Fest-Kommerse und ähnl. student. Zusammenkünfte, enthält neben den bereits seit dem späten MA. belegten eigentl. ↗ Studentenliedern auch Balladen, Volks-, Wander-, Gesellschafts-, Vaterlandslieder u. a. – Die erste Zusammenstellung eines K.s dieser Art ist das »Akadem. Liederbuch« von Mag. Ch. W. Kindleben (Halle 1782); die Bez. ›K.‹ wird jedoch erst im 19. Jh., der Blütezeit des student. Korporationswesens, üblich: vgl. z. B. »Neues dt. allgem. Commers- und Liederbuch. Germania (d.i. Tüb.) 1815«, hrsg. v. G. Schwab. Am weitesten verbreitet war das »Lahrer allgem. dt. K.«, hrsg. v. M. u. H. Schauenburg, 1858 (eine erweiterte und verbesserte Auflage der akadem. Liedersammlung »Dt. Lieder«, Lpz. 1843 unter Mitwirkung von E. M. Arndt, F. Silcher und F. Erk). IS

Kommos, m. [gr. = (das die Totenklage begleitende rhythm.) Schlagen (der Brust)], bei Aristoteles (Poetik, Kap. 12) überlieferte Bez. für den von Chor und Schauspieler(n) wechselweise oder gemeinsam vorgetragenen ekstat. Klagegesang (↗ Threnos) als festes Bauelement der griech. ↗ Tragödie. Im Ggs. zu anderen Formen des Wechselgesanges (↗ Amoibaion) besteht der K. oft nur aus kurzen jamb. Versgliedern, die immer wieder durch Schmerzensschreie und Klagerufe (»iố iố« u. a.) unterbrochen werden. Der K. wird von Klagegebärden wie rhythm. Schlagen der Brust (daher die Bez.) und Raufen der Haare begleitet, vgl. z. B. die Schlussszene in den »Persern« des Aischylos. K

Kommunikationsforschung [zu lat.

communicatio = Mitteilung], ausgehend vom elementaren, keineswegs allein sprachgebundenen Modell der Informationsübertragung (Informationsquelle – Sender/Signal – Übertragungskanal – Signal/Empfänger – Informationsziel) suchen mehrere wissenschaftl. Disziplinen, die Wege von der Botschaft bis zu ihrer Aufnahme detailliert zu erfassen: Die allgemeine *Linguistik* interessiert sich für die sprachl. Bedingungen und verbalen Akte bei der Formulierung, für den kommunikativen Transport und die sprachl. Vorgänge bei der Entschlüsselung der Botschaften. – Die *Semiotik* untersucht, unter betonter Berücksichtigung sprachl. Zeichen, die Qualitäten der Botschaft, wobei ihre Theorien zum Inhaltstransfer für die Literaturwissenschaft kommunikationswissenschaftl. Vorgaben liefern. – Die *Sozial- und Verhaltensforschungen* beschäftigen sich mit den gesellschaftl. und anthropolog. Modellen aller Arten von Mitteilung, wobei – gelegentl. auch in einer eigens konstituierten und institutionalisierten Disziplin ›Kommunikationswissenschaft‹ – in zunehmendem Maße Probleme der Medien- und Massenkommunikation (auch empirisch) ins Blickfeld rücken. – Das Bestreben, formalisierte Modelle für unterschiedl. Kommunikationen (im Alltag, mit historischen oder poet. Texten, mit Tieren, mit Maschinen etc.) zu finden, führte zu weitreichenden Differenzierungen der Sender-Empfänger-Metapher. Zumal bei der Darstellung hochzivilisierter menschl. Kommunikation ist davon auszugehen, dass die Sender-Codes bereits Subcodierungen enthalten, dazu Ideologeme, Soziolekte und Ideolekte, Bildungsgüter etc. Diese treffen beim Adressaten wiederum auf andere Subcodes, woraus sich einerseits Missverständnisse ergeben, andererseits – zumal für die Decodierung histor. Botschaften – aber auch hermeneutische Probleme (↗ Hermeneutik).

HW

Komödie, f. [lat. comoedia, gr. kōmōidia aus kōmos = festl.-ausgelassener Umzug und ōidé = Gesang], *Allgemeines:* Literar. Bühnenwerk kom. oder heiteren Inhalts mit glückl. Ausgang (vgl. aber span. ↗ Comedia, it. ↗ Commedia, frz. ↗ Comédie); neben der ↗ Tragödie die wichtigste Gattung des europ. Dramas. Entstand aus dem Zusammenwirken verbaler Komik und unterliterar., mimet. (kult.?) Spieltraditionen (↗ Mimus, Pantomime, Tanz, damit auch musikal. Elemente). – Die literar. Entwicklung ging aus von der att. K. und zeitigte im histor. Prozess eine Fülle von Formtypen durch immer neue Impulse und Mischungen der beiden Grundelemente. Diese formale, themat. und intentionale Variationsbreite durchbricht ältere normative oder wirkungsästhet. Definitionen; sie ist letztl. nur in phänomenolog. Beschreibung fassbar: So unterscheidet man *formal* die klass. (auf griech./röm. Muster zurückgehende) K. (mit ↗ geschlossener Form) u. die romant. K. (↗ offene Form), *inhaltl.-struktural* die ↗ Typen-, ↗ Charakter-, ↗ Situations- oder Intrigen- und ↗ Konversations-K., *intentional* die polit.-gesellschaftskrit. satir. K., die didakt. (rührende) K. und die reine Unterhaltungs-K. (↗ Boulevardk.), wobei mancherlei Kombinationen und Grenzüberschreitungen sowohl zu derberen (↗ Posse, ↗ Burleske, ↗ Groteske, ↗ Farce, ↗ Schwank), zu ernsten (↗ Tragi-K., Traumspiel) oder absurden dramat. Gattungen als auch zu ep., lyr. und musikal. Formen zu konstatieren sind. In der dt. Lit.wissenschaft wurde außerdem eine Differenzierung zwischen ›K.‹ als der satir.-schärferen, vitalen Ausprägung und dem ↗ *Lustspiel* (Bez. seit 1536 als Übersetzung für ›K.‹) als der von Humor getragenen heiter-versöhnl. Ausprägung versucht. – Als verbindl. für die K. erachtet man allgem. nur den Bezug auf das Menschlich-Komische, dessen Darstellung neben Spott und Gelächter Kritik, d. h. aber letztl. versöhnl. Toleranz impliziert. Die K. richtet sich damit an den Intellekt (dagegen die Tragödie an Emotionen), sie betrifft soziale Gruppen und Typen (dagegen die Tragödie Individuen), sie ist lebensfähig v. a. in stabilen urbanen, liberalen Gesellschaften mit allgem. anerkannten eth., polit. und ästhet. Normen. Wo diese Bedingungen fehlen, fehlen wichtige Voraussetzungen für das Entstehen der K., so etwa in Deutschland bis zur Konsolidierung eines Bürgerstandes im 18. Jh., ebenso infolge der verbreiteten Bindungslosigkeit in der Moderne. Nach F. Dürrenmatt gilt die K. (jedoch mit Implikation des Absurden) als einzige der Gegenwart angemessene dramat. Form, und in der Tat ist in der sog. modernen K. das befreiende versöhnl. Lachen eliminiert; die Bez. ›K.‹ wird provokativ für groteske, absurde oder trag. Darstellungen benutzt (z. B. Dürrenmatts »Besuch der alten Dame«, eine »trag. K.«, 1955). – Eine ausgesprochene *K.ntheorie* wurde erstmals in der Renaissance entwickelt. Sie fußt 1. auf einzelnen Bemerkungen des Aristoteles, der in seiner Tragödientheorie (eine K.ntheorie ist verloren) die K. bezeichnet als die nachahmende Darstellung – der Wesensart, nicht dem Stande nach! – niedrigerer Charaktere (als das Publikum) und deren Verfehlungen, soweit sie lächerl., d. h. nicht verletzend oder schmerzl. sind. 2. auf der von Horaz aufgestellten Forderung der Angemessenheit der poet. Mittel, 3. den Plautin. Mustern und 4. auf rhetor. Traditionen. Daraus leiteten, z. T. missverstanden, z. T. verabsolutierend, insbes. G. Trissino, J. C. Scaliger (1561) und L. Castelvetro (1571) für die K. einen Normenkatalog ab, der grundsätzl. bis ins 18. Jh. Gültigkeit hatte. Verbindl. für die K. waren demzufolge dic Einteilung in Akte und die Befolgung der ↗ drei Einheiten, der ↗ Ständeklausel (Geschehnisse um sozial[!] niedere Personen) und der ↗ Genera dicendi (d. h. für die K. das *genus humile,* einfache Verssprache oder Prosa). Erst die dichtungstheoret. und ästhet. Neubesinnungen des 18. Jh.s lösten die K. aus den normativen Fesseln. Entscheidend wird nun das sich Form schaffende innere Gesetz (Shaftesbury) und eine neue Wirkungsästhetik (oder eth. Wertpoetik): F. Schiller stellt in Bezug auf die eth.-ästhet. Wirkung (näml. Freiheit des

Gemüts zu erzeugen) die K. über die Tragödie (»Über naive und sentimental. Dichtung«), ebenso die Romantiker wegen ihrer die Wirklichkeit transzendierenden Möglichkeiten. Seit dem 19. Jh. ersetzen formgeschichtl. Untersuchungen einerseits, Theorien zu Wesen und Bestimmung des ↗ Komischen durch Philosophie und Psychologie andererseits die Bemühungen um eine Definition der K.

Geschichte. K.n sind in *Athen* seit 486 v. Chr. als Bestandteil der städt. (oder großen) ↗ Dionysien (neben Tragödientrilogien), seit 442 v. Chr. für die dionys. Lenäen bezeugt. Herkunft und Ausbildung der K. ist umstritten. Im Anschluss an die Vermutungen des Aristoteles (Poetik 4) glaubt man sie evtl. bei den Dorern (Megarern) entstanden aus der Verbindung ritueller (dionys.?) ausgelassener Maskenumzüge *(komoi)* und phall. Chorgesänge *(phallika)* berauschter junger Männer mit den volkstüml. derbsinnl. Spielimprovisationen des ↗ Mimus. – Als *Vorformen* gelten daher die aus solchen Traditionen stammenden, von Epicharmos (500 v. Chr.) literarisierten kom. (noch chorlosen) Spiele (Possen, Mythentravestien, vgl. ↗ Phlyakenposse; nur Titel und Versfragmente erhalten). Die voll ausgebildete *alte att. K.* im 5.–4. Jh. v. Chr. ist formal gekennzeichnet durch den Wechsel von Chorgesängen und Dialogpartien (insbes. die chor. ↗ Parabase), differenzierte Verssprache, Masken und Phalluskostüm, inhaltl.-intentional durch satir.-aktuelle Personen- und Zeitkritik in derb-witzigem aggressivem Ton. Vertreter ist neben Kratinos, Eupolis v. a. Aristophanes mit (44 bezeugten, davon 11 erhaltenen) K.n von großer satir. Schärfe und obszöner Offenheit bei gleichzeitiger poet. Sprachgewalt, so z. B. »Die Frösche« (Prototyp einer Literaturk., gegen Aischylos und Euripides), »Die Wolken« (gegen Sokrates), »Die Vögel« oder »Lysistrata« (Prototypen der zeitkrit. K.). – Die weitere Entwicklung der griech. K. spiegelt den allgem. Niedergang der Demokratie: die satir. Gesellschaftskritik weicht iron. Skepsis, ausgedrückt in Parodien, Mythentravestien: sog. *mittlere att. K.,* (ca. 400–320 v. Chr.) und schließl. einer Gleichgültigkeit gegenüber der Polis: In der *neuen att. K.* (3.–

2. Jh. v. Chr.) wird das Interesse für das typ. Menschliche, Private mit deutl. moral. Tendenz vorherrschend, zugleich wird der freie aggressive Ton der alten K. zugunsten eines gepflegten Umgangstones aufgegeben. Formal treten, analog zur ↗ Tragödie, die chor. Elemente immer mehr zurück, werden zu bloßen lyr. Einlagen zwischen den Handlungsabschnitten, wodurch geschlossene Geschehnisabläufe entstehen. Vertreter dieser bis in die Gegenwart lebendigen ↗ Konversations-K. ist v. a. Menander (»Dyskolos«).

Die röm. K. übernimmt Form, Stil und Themen der neuen att. K. (bez. als ↗ fabula ↗ *Palliata*), auch wenn sie in nationalem röm. Dekor auftritt (sog. fabula ↗ *Togata*). Die neue att. K. war seit 240 v. Chr. durch Übersetzungen und Nachahmungen des Livius Andronicus bekannt. Hauptvertreter der röm. K. sind der urwüchsig-sprachgewaltige Plautus, der v. a. die musikal. Elemente (↗ Cantica) stark betont (insges. 21 K.n erhalten, darunter »Miles gloriosus«, »Amphitruo«) und der stilist. elegantere, urbanere Terenz (»Andria«, »Hecyra«, »Eunuchus«, »Adelphoi« u. a.). Ihre K.n sind themat. meist geschickte Kontaminationen oft mehrerer griech. K.n mit ledigl. vielfältigeren Typen und v. a. verschlungenerer Handlungsführung. Jedoch wirkten gerade sie beispielgebend für die abendländ. Entwicklung der K. – Im 1. Jh. v. Chr. wird in Rom außerdem die ursprüngl. unterliterar. ↗ Atellane durch Literarisierung (Pomponius, Novius) und gleiche Aufführungspraxis in die röm.-it. K.ntradition aufgenommen.

Im europ. MA. ist die antike K.ntradition verschüttet. Ledigl. Terenz ist als lat. Schulautor in Klöstern bekannt (Hrotsvit von Gandersheim). In städt. Zentren erwachsen aber, z. T. aus Einlagen der ↗ geistl. Spiele, z. T. autochthon aus volkstüml. unterliterar. Traditionen kurze, derb-kom. weltl. Spiele in Versen, so die frz. ↗ *Farcen* und ↗ *Sottien*, die niederländ. ↗ *Kluchten,* die dt. ↗ *Neidhart-* und ↗ *Fastnachtsspiele* (insbes. in Nürnberg: literarisiert im 15. Jh. von H. Folz und H. Rosenplüt, im 16. Jh. v. H. Sachs und H. Ayrer, mit deutl. moralisierender und krit. Tendenz), die bes. in Deutschland unter Aufnahme mannigfacher

neuer Stoff- und Spielelemente (↗ engl. Komödianten, ↗ Hanswurst) bis ins 18. Jh. lebendig blieben (↗ Wiener Volkstheater). – *Die Wiederentdeckung und Neubelebung der antiken röm. K.* erfolgte Ende des 15. Jh.s in der ital. Renaissance, zunächst durch (übersetzte) Ausgaben (Venedig, Lyon) und durch Aufführungen der K.n des Plautus und Terenz (1484 Rom, 1486 u. 1502 Ferrara), dann durch Neuschöpfungen, die zwar die Typen- u. Handlungsschablonen der röm. K. übernahmen, jedoch auch Kritik an den zeitgenöss. freien Sitten übten. Bekannte Vertreter dieser sog. ↗ *Commedia erudita* sind Ariost, Bibbiena, N. Macchiavelli, P. Aretino, G. Bruno oder auch A. Beolco, gen. Il Ruzzante, dessen K.n erstmals bäuerl. Milieu und Dialektformen einbeziehen. Bedeutungsvoll für die weitere Entwicklung der K. wurde ihre theoret., normative Fixierung in der Renaissancepoetik (s. K.ntheorie). Daneben gelangten in der ↗ *Commedia dell'arte* die volkstüml. Stegreiftraditionen zu immer größerer Beliebtheit und beeinflussten die literar. K. in fast allen nationalsprachl. Ausprägungen. Sie wurde zwar im 18. Jh. durch C. Goldoni realist.-natürl. Charakterk.n (nach dem Muster Molières: »Mirandolina«, 1753 u. a.) enthront; ihre Typen und ihr Darstellungsstil finden sich jedoch bis ins 20. Jh. noch allenthalben im K.nschaffen Italiens (von C. Gozzi mit seinen programmat. gegen Goldoni gerichteten »Fiabe«, 1772, bis zu L. Pirandello) und des übrigen Europa (z. B. noch in H. v. Hofmannsthals »Rosenkavalier«, 1911). – *Die Rezeption der Renaissance-K.* seit dem 16. Jh. verläuft in den einzelnen Nationalstaaten unterschiedl., je nach den gesellschaftl. und geistesgeschichtl. Situation: In *England* erfolgte sie rasch in humanist. und höf. Kreisen; daneben entstand als neuer Typ die sog. *romant. K.,* die die normativen Vorschriften der Renaissance-Poetik außer Acht lässt (↗ offene Form, Missachtung der Ständeklausel, der Generea dicendi) und statt der plautin. satir. Intrigen- und Typen-K. geistreich-iron. Traum- und Identitätsspiele in formvollendetem poet. Stil (↗ Euphuismus) gestaltet. Sie wurde begründet von J. Lyly und zu weltliterar. Bedeutung erhoben durch W.

Shakespeare: Neben der tiefsinnig heiteren Problematik individuell gezeichneter Charaktere findet bei ihm auch das derb-sinnl. Element (Rüpelszenen) wieder Platz; seine kunstvolle Mischung von Spiel- und Stilebenen, von Sein und Schein, trag. und kom. Aspekten erschlossen der K. neue humane und metaphys. Bereiche, vgl. z. B.»Der Widerspenstigen Zähmung«(1594),»Sommernachtstraum«(1595), »Kaufmann von Venedig«(1595),»Viel Lärm um Nichts«(1598),»Wie es euch gefällt« (1599),»Die lust. Weiber von Windsor« (1600),»Was ihr wollt«(1600),»Ende gut, alles gut«(1602),»Maß für Maß«(1604). Shakespeare erreichte durch die Universalität seiner K.n und erstmals gestützt auf ein Berufstheater (vgl. ↗elizabeth. Drama) sowohl das adlige als auch das bürgerl. Publikum. – Gleichzeitig schuf Ben Jonson in antiker Tradition die ↗*Comedy of humours,* eine Art. Typen-K., die satir. menschl. Schwächen bloßstellt; weitere Vertreter sind J. Fletcher, F. Beaumont. Ph. Massinger, G. Chapman. Sie wird nach der Restauration abgelöst von der sog. ↗*Comedy of manners,* die, nun nach klassizist. frz. Muster, die gesellschaftl. Sitten der Zeit karikiert. Mit ihrem treffsicheren Dialog gehört sie in die Tradition der Gesellschafts- und Konversations-K., die bis ins 19. Jh. wirkte (im 17. Jh. J. Dryden, G. Etherege, W. Wicherley und v. a. W. Congreve, im 18. Jh. R. B. Sheridan, im 19. Jh. v. a. O. Wilde). – *Im Spanien* der Gegenreformation konnte sich aus den it. Vorbildern nur ein unpolit., unsatir. K.ntyp entfalten: In den sog. ↗*Mantel- und Degenstücken* (3 Akte, troch. Verse, Missachtung der drei Einheiten und der Ständeklausel) werden mit der klass. Intrigen und Verwechslungstopik gesellschaftl. Normverletzungen thematisiert und in einem unpolem., heiter-versöhnl. Ton ethisch-humane Grundwerte (Ehre, Pflicht, Treue usw.) propagiert. Meister dieses K.ntyps sind Lope de Vega, der auch Elemente der Commedia dell'arte verarbeitete (Einführung des ↗*Gracioso*), P. Calderón de la Barca, Tirso de Molina, A. Moreto y Cavana, J. Ruiz de Alarcón y Mendoza u. a. Die Blütezeit der span. K. im 17. Jh. wirkte weithin vorbildhaft; in Spanien selbst wurde sie nach kirchl. Ein-

schränkungen (1649) von den ↗*Zarzuelas* verdrängt, bis im 18. Jh. die klassizist. frz. K. nachgeahmt wurde (L. F. de Moratín). Auch in *Frankreich* wurden zunächst die italien. *(↗Comédie italienne),* dann v. a. die span. Einflüsse verarbeitet, vgl. z. B. P. Corneille (»Le Menteur«, 1643) und Molière, der der Commediadell'arte-Tradition in mehreren K.n von »L'Étourdi« (1655) bis zum»Scapin« (1671) folgt, ebenso der Mode der ↗*Intermezzi* in den späteren ↗*Comédies ballets.* Neben diesen leichtgewichtigeren K.n führte Molière durch die Verbindung solcher Traditionen mit den Formforderungen der frz. Klassik den Typus der *Charakter-K.* zu höchster Vollendung; hier findet sich zwar auch Kritik an der höf. und bürgerl. Gesellschaft, darüber hinaus werden aber durch die Deutung menschl. Schwächen als Verstöße gegen naturgegebene und gesellschaftl. Gesetze trag.-existentielle Bereiche berührt, z. B.»Le Misanthrope«(1666),»Tartuffe«(1667),»George Dandin«,»L'Avare« (1668),»Le malade imaginaire«(1673). Diese K.n Molières in ihrer sprachl. und gestalter. Souveränität (symmetr. Bau, drei Einheiten, Alexandriner) und verfeinerten Komik bestimmten die K. der Folgezeit in Frankreich (J.-F. Regnard, Dancourt) und im übrigen Europa: neben England, Spanien, Deutschland insbes. auch in Dänemark (L. v. Holberg). – Erstmals gesamteurop. Ausprägung erfährt die K. im 18. Jh. im Gefolge der *Aufklärung.* In deutl. didakt. Absicht propagiert sie bürgerl. Glück durch bürgerl. Tugenden, jedoch nicht durch den Entwurf einer lächerl. Gegenwelt, sondern durch die Demonstration vernünftigmoral. Verhaltens und den Appell an das Gefühl. Die K. wird zur Tugendlehre, an die Stelle des Lachens tritt die Rührung. Damit sprengt sie die herkömml. Gattungsgrenzen: sie wird, als *K. ohne Komik* zum ersten Beispiel für die Abkehr von der normativen Poetik ästhet. und literaturkrit. Neubesinnung im 18. Jh. einleitet. Als Zwischenform zwischen den herkömml. Gattungen ist sie ein wichtiger Vorläufer des ↗bürgerl. Trauerspiels. – Diese Aufklärungs-K. entsteht zuerst in England *(sentimental comedy),* entwickelt von C. Cibber (»Careless Husband«, 1704) und weitergeführt von R. Steele (»The Tender Husband«, 1705), H. Kelly und bes. O. Goldsmith (»She stoops to conquer«, 1773), in ähnl. Form in Frankreich (↗ *Comédie larmoyante*), vertreten durch P. de Marivaux, Ph. N. Destouches, P. C. Nivelle de La Chaussée, und in dessen Gefolge auch in Deutschland. Damit gewinnt *Deutschland* erstmals breiteren Anschluss an die europ. K.ntradition, die vordem auf Grund polit. und konfessioneller Zerrissenheit nur sporad. aufgenommen und ohne breitere Wirkung geblieben war, wie z. B. die Terenz- und Plautus-Nachahmungen in Humanistenkreisen (Reuchlin, Wimpheling) oder die Versuche A. Gryphius' (»Horribilicribrifax«, 1663), bei dem aber die volkstüml. possenhaften Elemente überwiegen. – J. Ch. Gottsched förderte dann im Kampf gegen solche beliebten volkstüml. Spieltraditionen (vgl. z. B. Vertreibung des Hanswurst auf der Bühne der Neuberin) den Anschluss an die europ. Aufklärungs-K., zunächst durch Übersetzung (bes. v. Adelgunde Gottsched), dann v. a. durch die Nachahmung der frz. Formmuster. Es entstand die satir.-moralist. ↗ *Sächs. K.,* der bald das empfindsame *Weinerl. Lustspiel* folgte (Ch. F. Gellert, »Die Betschwester«, 1745; J. E. Schlegel, »Die stumme Schönheit«, 1747, Ch. F. Weisse, »Amalia«, 1765). Aus der Auseinandersetzung mit diesen klassizist. frz. und den engl. Vorbildern (insbes. Shakespeare) im Rahmen des ↗ Literaturstreites entstand dann mit G. E. Lessings »Minna von Barnhelm« (1767) die erste dt. K. von Rang, die in ihrer rationalen Klarheit, verbunden mit wesenhaften K.nzügen (Zeitkritik, Charakter- und Intrigen-K.) zur Entwicklung eines dt. Nationaltheaters beitrug. Aber trotz der nun einsetzenden durchdringenderen Reflexion über das Wesen der K. ragen auf lange Zeit nur noch die K.n H. v. Kleists (»Amphitryon«, 1808, »Der zerbrochene Krug«, 1811) aus dem dt. K.nschaffen heraus, das von effektvollen sog. ↗ *Rührstücken* im Stile A. Kotzebues bestimmt wurde. Die poet.-phantast. K.n der Romantiker (L. Tieck, C. Brentano, auch G. Büchner, Ch. D. Grabbe) erreichten ihre engl. und span. Vorbilder nicht. Der span. K. des 17. Jh.s folgte auch – ohne zeitgenöss. Erfolg – F. Grillparzer (»Weh dem,

der lügt«, 1840). Zu eigenständ. Formen aus volkstüml., barocken und Commedia-dell'arte-Traditionen gelangten nur die Vertreter des Wiener Volkstheaters (F. Raimund und J. N. Nestroy). – Mit der Konsolidierung eines Großbürgertums im Verlaufe des *19. Jh.s* erreicht die *Konversations-* und *Gesellschafts-K.* eine neue Blüte. Ihre besten Vertreter (Scribe, Augier, A. Savoir) verbinden heitere Gesellschaftskritik mit spannender Handlungsführung, pointenreich-pikantem Dialog, Esprit und Phantasie, so dass dieser K.ntyp neben den platteren *Boulevard-K.n.,* den unterhaltenden Volksstücken, Farcen, Burlesken, Possen, Schwänken, Kriminal-K.n und den amerikan. Broadway-Produktionen (Musicals) bis in die Gegenwart lebendig blieb (F. Schreyvogel, F. Michael, F. Schwiefert, H. Hartung, R. Cooney, J. Chapmann, u. v. a.). Anspruchsvollere Beispiele dieser Tradition entstehen bes. in Österreich mit den K.n von H. Bahr, A. Schnitzler, H. v. Hofmannsthal (insbes. »Der Schwierige«, 1921), O. M. Fontana, A. Lernet-Holenia. – Daneben entwickelt sich im 19. Jh. die *soziale K.,* die Gesellschaftskritik v. a. durch Milieuzeichnung zu erreichen sucht. Sie begegnet bereits im 18. Jh. (P. A. de Beaumarchais, »Der tolle Tag«, 1784), ist der K.ntypus des ↗ Jungen Deutschland (ähnl. auch »Die Journalisten«, 1858, von G. Freytag) und erreicht literar. Rang erstmals in Russland durch N. Gogol (»Der Revisor«, 1834), die iron. K.n A. N. Ostrowskijs und die stimmungshaft-leisen A. P. Tschechows, in Deutschland durch G. Hauptmann (»Biberpelz«, 1893) oder etwa L. Thoma oder C. Zuckmayer (»Der Hauptmann v. Köpenick«, 1931). Seit Ende des 19. Jh.s führt der zunehmend krassere Realismus der Milieuschilderung zu immer schärferer Aggression, damit zum Umschlag des Komischen in Bitterkeit, Zorn, grellen Zynismus: Gesellschaftskritik wird zur sozialen Anklage, die K. zur ↗ Groteske, Tragikomödie, zum sozialen Drama (W. Hasenclever, C. Sternheim, F. Wedekind u. a.), wobei die Bez. ›K.‹ z. T. provozierend programmat. für trag. angelegte Stücke verwendet wird (z. B. A. Schnitzler, »Prof. Bernhardi«, 1912, vgl. auch die Stücke der Iren S. O'Casey, J. M. Synge, B. Behan). – *In der mo-*

dernen Entwicklung macht sich das allgemeine Misstrauen gegen die traditionelle Wirkungsästhetik der K. (und der Tragödie!) immer stärker bemerkbar. Komik und die in ihr implizierte Kritik erscheint angesichts des Zerfalls traditioneller Werte und der existentiellen Bindungslosigkeit als Kategorie der Wirklichkeitserfassung unbrauchbar; die Folge sind Grenzüberschreitungen nach vielerlei Richtungen, einerseits zur Groteske (B. Brecht, F. Dürrenmatt, M. Frisch, P. Weiss, M. Sperr), zur ↗ Tragi-K., zur sarkast. oder resignativen Bestandsaufnahme (Ö. v. Horvath, P. Hacks), v. a. aber zur absurden Spiegelung der Wirklichkeit, die auch die Elemente der Farce (A. Jarry) und Groteske einbezieht (E. Ionescu, »Die kahle Sängerin«, 1950; J. Audiberti, »Glapioneffekt«, eine ›Parapsycho-K.‹, 1961; J. Saunders, W. Hildesheimer, W. Mrozek u.v.a.), andererseits aber auch zum poet.-phantast., antirealist. existentiellen oder philosoph. Problemstück (R. Rostand, L. Pirandello, García Lorca, J. Giraudoux, J. Anouilh, Yeats u.a.). Als noch echte K.n innerhalb dieser Gruppe werden z.T. Ch. Frys K.n und M. Frischs »Don Juan und die Geometrie« (1953/1961) bezeichnet, z.T. auch G.B. Shaws »Pygmalion« (1913), dessen übrige K.n mit ihren deutl. propagierten polit. und sozial. Evolutionstheorien ebenfalls den Bereich der K. ausweiten, sie begründen in gewisser Weise die Tradition der sog. *Polit-K.* mit didakt. (dem Wesen der K. fremder) Zielsetzung. Sie entstand z.B. in Russland seit 1920, vertreten von V.P. Kataev, M.A. Bulgákov und bes. W. Majakowskij (»Die Wanze«, 1929, »Das Bad«, 1930), in den USA (die bisher ohne nennenswerte K.nproduktion geblieben waren) durch G.S. Kaufman, G. Kanin, Th. Heggen, J. Logan, in England (in satir.-nichtdidakt. Absicht) durch P. Ustinov (»Die Liebe der vier Obersten«, 1951, »Romanoff und Julia«, 1956); in der Bundesrepublik vertraten etwa Rolf Hochhuth (»Die Hebamme«, 1971, »Lysistrate«, 1974), in der DDR Friedrich Wolf und E. Strittmatter (»Katzgraben«, 1950) diesen Typus.   IS

Komparatistik, f. [lat. comparare = vergleichen], ↗ vergleichende Literaturwissenschaft.

Kompendium, n. [lat. = (Arbeits- oder Zeit-)Ersparnis], Bez. für Handbuch, Abriss, kurzgefasstes Lehrbuch, Leitfaden, geraffte überblickartige Darstellungen eines Wissensgebietes, ↗ Repertorium.   GG

Kompilation, f. [lat. eigentl. = Plünderung], seit dem 16. Jh. übl. Bez. für eine meist der Wissensvermittlung dienende Zusammenstellung von Textausschnitten aus einschlägigen Schriften; kann von unverarbeiteter Stoffsammlung bis zum anspruchsvollen enzyklopäd. Handbuch reichen; bes. beliebt in Spätantike und MA. – Auch Bez. für literar. Werke, in denen Stoffe und Episoden aus älteren Quellen nur oberfläch. verbunden aneinandergereiht sind (z.B. die Abenteuer-K.en in den epigonalen Artusromanen).   RG

Komplimentierbuch [lat. complementum = Ergänzung, Anhang], Lehrbuch der Galanterie, des Gebrauchs von Formeln und Redewendungen, der Zeremonialwissenschaften, der Konversation, meist mit Exempla- bzw. Apophthegmasammlungen verbunden, die Komplimente für alle Situationen des gesellschaftl. (höf.) Lebens bereithielten; Teilgebiet der rhetor. und der ↗ Anstandsliteratur. – Die Komplimentierkunst war eine wesenhaft an das feudale System gebundene Ausprägung hierarch. genormter Verhaltensweisen mit dem Ziel, das Individuum zum *polit. Menschen,* zum Weltmann und Kavalier bzw. Hofmann heranzubilden. – Die *Ursprünge* der K.er liegen in den mal. Sittenbüchern und ↗ Tischzuchten; bes. einflussreich waren die Lehren des Italieners B. Castiglione (»Cortegiano«, 1528), der Spanier A. de Guevara und B. Gracián, des Engländers F. Bacon und Franzosen F. de Callières, F.A.P. de Moncrif und J.B.M. de Bellegarde. In Deutschland fällt die *Blütezeit der K.er* in die Zeit von 1650–1750. Hier waren, nach den Übersetzungen v.a. frz. Vorbilder, die führenden Lehrmeister der Komplimentierkunst Ch. Weise (»Polit. Redner«, 1677) und J. Riemer (»Schatzmeister aller Freud- und Leidkomplimente«, 1681). Weise führte auch eine Systematisierung der Komplimente ein; sie werden gegliedert in

Propositio oder Vortrag (Anliegen des Redners), *Insinuatio* oder Schmeichelei, *Votum* oder Wohlergehenswunsch und *Servitiorum oblatio* oder Dienstanerbieten, manchmal noch *Recommendatio* oder Selbstempfehlung. – Die oft umständl. barocken Komplimente wurden im galanten Zeitalter den neuen Idealen der leichten Verständlichkeit, Zierlichkeit und Kürze angepasst, repräsentativ sind hier A. Bohse, gen. Talander (»Getreuer Wegweiser zur Teutschen Rede-Kunst«, 1692 u. a.), J. Ch. Barth u. B. von Rohr (»Einleitung zur Ceremonialwissenschaft der Privat-Personen«, 1730). – In der Übergangszeit zwischen feudaler und bürgerl. Gesellschaft entstanden speziell für Bürgerl. abgefasste K.er mit vereinfachten Anweisungen, die oft vom Widerspruch zwischen theoret. Ablehnung des Komplimentierwesens und prakt. Empfehlung seiner Muster geprägt waren, z. B. C. F. Hunold, »Manier höfl. und wohl zu Reden und zu Leben« (1710). Seit dem Auftreten von Thomasius bekämpfte das aufklärer. Bürgertum immer vehementer das überflüss., mit Heuchelei identifizierte Komplimentieren und propagierte eine moralist. »Tugend des Herzens«; bes. erfolgreich war A. v. Knigges »Über den Umgang mit Menschen« (2 Bde. 1788). In seiner Nachfolge entstanden zahlreiche bürgerl. Benimm- und Sittenbücher.

GG

Komposition, f. [lat. compositio = Zusammensetzung], Aufbau eines Sprachkunstwerkes: K. meint in der Regel mehr als nur die äußere stoffl. oder formale Gliederung (↗ tekton., ↗ atekton. Bau), vielmehr werden Kategorien wie Einheit eines Werkes, äußere und innere ↗ Form, das Verhältnis seiner Teile untereinander und zum Ganzen u. Ä. einbezogen; heute wird der Begriff meist ersetzt durch ›Struktur‹; vgl. bes. ↗ Struktur im ↗ Strukturalismus.

S

Konfiguration, f., Bez. H. Arps für Arbeiten der bildenden Kunst, die auf einfache Formen reduziert sind, und für Gedichte (um 1930), die »Bilder und Laute des Unbewußten ohne Mittel des Rationellen« zusammenfügen

sollten. Im Werk Arps ist der Übergang von der K. zur ↗ Konstellation fließend (↗ abstrakte Dichtung).

D

Konflikt, m. [lat. conflictus aus confligere = feindl. zusammenstoßen], allgemein: Zwiespalt, Auseinandersetzung, Streit, auch: innerer Widerstreit von Motiven, Wünschen, Bestrebungen, Kollision polarer Kräfte, bes. eth. Werte. Bildet als augenfällige Verdichtung einer dualist. Weltsicht den Wesenskern des ↗ Dramas (dramat. K., der zur Lösung, zur ↗ Katastrophe, drängt): in der Komödie und im Schauspiel handelt es sich um kom., heitere, auch ernste oder objektiv ungleichgewichtige (Schein-)K.e, z. B. zw. Liebe und übersteigerter Ehre in Lessings »Minna v. Barnhelm«, in der Tragödie um existentielle, meist antinom. K.e (trag. K.e, die in der dramat. Situation der Tragödie durch Scheitern des Helden zwar gelöst werden, grundsätzl. aber Aporien sind), z. B. der K. zwischen göttl. und weltl. Gesetz in Sophokles' »Antigone«.

IS

Königsberger Dichterkreis, auch: *Kürbishütte*, von Robert Roberthin in den zwanziger Jahren des 17. Jh.s in Königsberg gegründete bürgerl. Vereinigung von Musikern (J. Stobaeus, H. Albert) und Dichtern (u. a. S. Dach, G. Mylius, A. Adersbach, Ch. Wilkau). Unter der eigenen Bez. von *Sterblichkeitsbeflissenen* und dem Emblem des Kürbisses verfassten die (Gesellschaftsnamen tragenden) Mitglieder des K. D.es Kirchen- und Gesellschaftslieder und (meist religiös getönte) Gebrauchslyrik wie Hochzeits- und Begräbnisgedichte, aber auch Schäferspiele und Opern. Ausgewählte Dichtungen und Kompositionen des K. D.es publizierte H. Albert in der Sammlung »Arien und Melodeyen« (1638/50) und in der »Musikal. Kürbishütte« (1641).

HD

Konjektur, f. [lat. = Vermutung], im Rahmen der ↗ Textkritik der verbessernde Eingriff des Herausgebers in den überlieferten Text. Im Ggs. zur einfachen ↗ Emendation handelt es sich bei K.en nicht um Ausbesserungen offensichtl. Überlieferungsfehler, sondern um Eingriffe, die z. T. der Beseitigung von ↗ Korrup-

Heinrich Albert:
»Musikalische
Kürbishütte«, 1645

telen dienen, darüber hinaus aber den überlieferten Text auch dort ändern, wo er (nach Meinung des Herausgebers) dem Stil, dem Wortgebrauch, der Metrik und der Reimtechnik des Autors und seiner Zeit nicht entspreche. Da K.en weitgehend auf ›Einfühlung‹ des Herausgebers in den Text und auf ›Eingebung‹ (Divination) beruhen, und nicht immer Parallelstellen vorhanden sind, an denen der Herausgeber sich orientieren kann, besteht bei solchen Eingriffen die Gefahr der Subjektivität und der ›Herausgeberwillkür‹. – Während die *K.alkritik* in der klass. Philologie und bei der Bibelkritik auf Grund der Überlieferung (schulmäßige Überlieferung) meist sparsam betrieben wurde, war sie bei der Edition mal. Texte z. T. nicht genügend abgesichert, wie in der neueren Textkritik (Stackmann, Schweikle) moniert wird. **K**

Konkordanz, f. [lat. = Übereinstimmung], 1. alphabet. Verzeichnis (Index) zu literar. und wissenschaftl. Werken, kann Wörter und Wendungen *(Verbal-K.)* oder Sachen und Begriffe *(Real-K.)* enthalten, und zwar entweder alle Belegstellen oder ausgewählte Stellenangaben *(Hand-K.);* 2. Bez. für Vergleichstabelle, in der unterschiedl. Seitenzählungen oder Numerierungen derselben Texte in verschiedenen Ausgaben einander gegenübergestellt werden. K.en sind unentbehrl. für die wissenschaftl. Arbeit an Texten, vgl. z. B. als früheste die Bibel-K.en, die K.en zum Werk Dantes (E. A. Fay, 1888, Nachdr. 1966), Shakespeares (M. Spevack, 1967/70 u. a.) oder Goethes (Goethe-Wörterbuch). HD

Konkrete Dichtung [zu lat. concretus = gegenständl.], neben ↗›abstrakte Dichtung‹, gelegentl. auch ›materiale Dichtung‹ (↗materialer Text) geläufigste Bez. für die etwa seit 1950 international auftretenden Versuche in der modernen Literatur, mit dem *konkreten* Material der Sprache (Wörtern, Silben, Buchstaben) unmittelbar – und losgelöst von syntakt. Zusammenhängen und oft auch auf das Wort als Bedeutungsträger verzichtend – eine Aussage zu gestalten. Die wesentl. theoret. oder ideolog. begründeten Formen der k. D. stehen v. a. in der Tradition der »parole in libertà« Marinettis (italien. ↗Futurismus), der »Verse ohne Worte« H. Balls, der ›elementaren‹ Dichtung K. Schwitters’ (↗Dadaismus) und der ›Klänge‹ Kandinskys. Für die *Theoriebildung* waren von Bedeutung O. Fahlströms »Manifest für k. Poesie« (1953), E. Gomringers »vom vers zur konstellation« (1955) und A. und H. Campos’ und D. Pignataris »Plano-Pilôto para poesia concreta« (1958). Die zwei

Döhl: »Apfelgedicht«, 1965

wichtigsten Spielarten der k. D. sind die ↗ visuelle Dichtung (Beispiele: Gomringers ↗ Konstellationen, R. Döhls »Apfelgedicht«) und die ↗ akust. Dichtung (Beispiel: E. Jandls »Sprechgedichte«, z. B. das auf Schallplatte veröffentlichte »Schützengrabengedicht«). Vgl. auch ↗ Darmstädter Kreis (2). S

Konsequente Dichtung, Bez. K. Schwitters' für ›konsequent‹ auf das elementare Material der Dichtung (Buchstaben, Buchstabenkonstellationen) ↗ reduzierte Texte (auch: *elementare Dichtung*), die auf das Wort als Bedeutungsträger verzichten, z. B. Schwitters' »Ursonate« (1932). Da Schwitters an eine akust. Realisation seiner k.n D. dachte, gehört sie in die Tradition der ↗ akust. Dichtung; sie stellt eine beachtl., radikale Vorstufe der späteren ↗ konkreten Dichtung dar. D

Konstellation, f., von E. Gomringer in Anlehnung an St. Mallarmé und in Nachfolge H. Arps seit 1953 verwandte Bez. speziell für eigene, allgemein für formal und inhaltl. weitgehend reduzierte, auf einer überschaubaren Verteilung geringen Wortmaterials basierender Gedichte Innerhalb der ↗ konkreten Dichtung entspricht die K. weitgehend einem Gedichttyp der ↗ visuellen Dichtung (Wortbild oder poet. Ideogramm), wie er auch bei der

brasilian. Noigandres-Gruppe, im dt.sprach. Bereich bei C. Bremer, in den Veröffentlichungen der ↗ Wiener Gruppe begegnet. D

Konstruktivismus, m., von K. L. Selinski theoret. begründete russ. literar. Gruppierung 1924–1930, die sich neben ↗ Imaginisten, den Vertretern des ↗ Futurismus und des ↗ Proletkults u. a. an der Diskussion um die Vorbedingungen einer wahren proletar. Kunst beteiligte. Bei der Alternative revolutionäre Form oder revolutionärer Inhalt entschieden sich die Konstruktivisten für die Unterordnung des Formalen unter das Thema. Bekannt geworden sind v. a. E. G. Bagrizki, Wera M. Inber und I. L. Selwinski. D

Kontakion, n. ↗ Hymne.

Kontamination, f. [zu lat. contaminare = vermischen],
1. Ineinanderarbeitung verschiedener Vorlagen bei der Abfassung eines neuen Werkes. Das Verfahren wurde schon von den röm. Komödiendichtern (Plautus, Terenz: K.en aus griech. Komödien) angewandt;
2. Bez. der ↗ Textkritik für das Vermischen von Lesarten verschiedener handschriftl. Textfassungen bei einer Abschrift (K.slesarten);
3. in der Sprachwissenschaft die wesentl. psycholog. bedingte Mischung von Wörtern oder syntakt. Formen, wobei aus Wortteilen neue Wörter (z. B. *eigenständig* aus *eigenartig* und *selbständig*) oder neue syntakt. Wendungen (*meines Wissens nach* aus *meines Wissens* / *meiner Meinung nach*) entstehen. RG

Kontext(ualität) [zu lat. contextus = Zusammenhang], man unterscheidet in der Forschung den kulturellen (darunter auch den literar.) und den sprachl. Kontext.
1. Der *literar. Kontext* meint weniger den in einem Werk gegebenen Zusammenhang als kohärentes Textsystem, als vielmehr die dem spezif. Text vorausliegenden und umgebenden Determinanten soziokultureller Art. Diese literaturwissenschaftl. K. untersucht die Abhängigkeit von Texten (Kunstwerken) und relativiert damit den Anspruch auf Werk-Autono-

mie und überhistor. Gültigkeit. Sie strebt nach einer Konvergenz zwischen Rekonstruktion histor. Verständnishorizonte durch Entkanonisierung der Texte und ihrer Deutungstraditionen, und freier Rezeption durch Rückgriff auf die Kontexte vergangener kommunikativer Systeme. 2. Der *sprachl. Kontext* lässt ein sprachl. Element in seiner semant. Nachbarschaft, syntakt. Konstellation oder auch artikulator. Verbindung zu einem gesicherten Zeichen im Mitteilungsakt werden. Zu dieser innersprachl. K. gesellt sich auf pragmat. Ebene der *situative Kontext,* der für die (sprachl.) Kommunikation Voraussetzungen bereitstellt, in denen die sprachl. Zeichen eine andere Wertigkeit erhalten können. Der von J. R. Firth begründete strukturelle Kontextualismus stellte die Untersuchungen über die soziale Sprachpraxis über solche des Sprachsystems, wodurch diese Forschungsrichtung für theoret. und prakt. Arbeiten zum Spracherwerb einflussreich wurde.

                                HW

Kontrafaktur, f. [lat. = Gegenschöpfung, Nachbildung], seit dem MA. nachweisbare Übernahme (und z. T. auch Bearbeitung) beliebter Melodien für *neue* Liedertexte. K.en sind als Melodiengemeinschaften bezeugt für mal. lat. und frz., mhd. und prov. Lieder (vgl. ↗ Minnesang, bes. Ulrich von Liechtenstein, »Frauendienst«, Str. 358); das *Ersetzen weltl. Texte durch geistl.* war häufig in der Mystik (Heinr. v. Laufenberg, 15. Jh.) u. bes. dann im 16. und 17. Jh., vgl. z. B. »O Welt, ich muss dich lassen« nach der Melodie des Volksliedes »Innsbruck, ich muss dich lassen« oder viele protestant. Kirchenlieder (z. B. M. Luthers »Vom Himmel hoch ...« als K. zu »Aus fremden Landen komm ich her«, P. Gerhardts geistl. K. »O Haupt voll Blut und Wunden« zu H. L. Haßlers Liebeslied »Mein G'müt ist mir verwirret« u. a.). Auch J. S. Bach hat aus eigenen weltl. Huldigungskantaten geistl. K.en zum kirchl. Gebrauch hergestellt, z. T. in seine Oratorien integriert (z. B. Eingangschor im Weihnachtsoratorium als K. einer Geburtstagskantate); auch ↗ Parodie.   HD

Konversation, f. [nach frz. conversation = Gespräch, Unterhaltung, zu lat. conversatio = Verkehr], kommunikative Sprachhandlung, die zu den elementaren Daseinsformen des Menschen gehört. – Seit der Antike sind Lehren für die Gesprächs- und Mitteilungskultur erarbeitet worden, zumeist im Zusammenhang mit der ↗ Rhetorik; aber auch in der Ethik (z. B. der Nikomachischen Ethik des Aristoteles) wird die K. in verschiedenen situativen und sozialen Bedingungen behandelt. Die Humanisten der ↗ Renaissance haben eine Theorie der K. entworfen, die dem spontanen zwischenmenschl. ↗ Gespräch ästhet. und moral. Qualitäten abfordert. Mit der ↗ Aufklärung setzte sich die Forderung nach geistreicher und witziger K. durch; die neuere Zeit kultiviert unter dem Gesichtspunkt der psych. Entlastung im unvermittelten Gespräch die Version des ›small talk‹. – An der Erforschung der K. beteiligen sich Literatur-, Sprach- und Sozialwissenschaft. Die Analytik der K. hat *Voraussetzungen und Maximen der K.* erarbeitet: K. erfordert wenigstens zwei Personen mit wechselndem Sprechkontakt, die Teilnehmer haben sich innerhalb eines von allen verstandenen Signalsystems zu verständigen und sollten ein gemeinsames Interesse an der Sprachhandlung haben. Gemäß dieser regulativen Voraussetzung ist sowohl für den öffentl. wie für den privaten, für den mitteilenden wie für den unterhaltenden Akt der K. eine Gesprächstypologie vorgeschlagen worden: I. Monologe. II. Asymmetr. Dialoge (Befragungen, Beratungen, Beratungsgespräche, Dienstleistungsdialoge). III. Symmetr. Dialoge (small talk, Informationsaustausch/Unterhaltung, Diskussion).   HW

Konversationskomödie, Komödientypus des 19. und 20. Jh.s, in der die Darstellung der Probleme und Scheinprobleme der ›höheren‹ Gesellschaft in erster Linie der Freude am Charme gepflegter und geistreicher oder spritzig-unverbindl. Unterhaltung dient. Typ. Vertreter der K. sind in England O. Wilde (»Lady Windermere's fan«, 1892, »A woman of no importance«, 1893 u. a.), in Österreich als Nachfolger E. v. Bauernfelds (»Bürgerl. und romantisch«, 1839) Hermann Bahr (»Das Konzert«, 1909) und, auf literar. höchstem Niveau, H. v. Hofmannsthal (»Der Schwierige«, 1921, wobei die Konversation zugleich vertiefend als Kommunikationsproblematik thematisiert ist). Als Gesellschaftsdichtung hat die K. vielfache Beziehungen zur ↗ Boulevardkomödie.   HD

Konversationslexikon, n., im 19. Jh. typ. Konzeption einer ↗ Enzyklopädie.

Konzinnität, f. [lat. concinnitas = kunstgerechte Verbindung], rhetor. Bez. für eine die bloße grammat. Korrektheit überhöhende syntakt. Eleganz und klangl.-rhythm. Ebenmäßigkeit. In dem an Cicero orientierten dt. Sprachgebrauch meist auf den syntakt. ↗ Parallelismus eingeschränkt. Dagegen ↗ Inkonzinnität.   HD

Korn, auch: Kornreim, nach der Meistersingerterminologie ein Reim zwischen ↗ Waisen verschiedener Strophen, d. h. zwischen Versen, die im jeweiligen Strophenverband selbst keine Reimentsprechung haben, sondern erst in der folgenden Strophe: 1. Str.: ababcKc, 2. Str.: dedefKf.   S

Korruptel, f. [lat. corruptela = Verderbnis], verderbte Textstelle. Sie wird in krit. Ausgaben entweder als unheilbar durch eine ↗ Crux markiert oder durch eine ↗ Konjektur des Herausgebers ›verbessert‹.   K

Koryphaios, m. [gr. = der an der Spitze Stehende], in der frühen griech. Antike Bez. für Anführer von Parteien, Senat und für Heerführer, vereinzelt auch als Beiname für Götter (Artemis, Zeus). Später Bez. für den Vorsänger beim Vortrag des ↗ Dithyrambus und für den Chorführer im gr. Drama, der den Rhythmus der Chorgesänge bestimmte und (neben einzelnen ↗ Choreuten) den Chor in den Dialogen vertrat. In einigen Quellen steht der Name des K. für den ganzen Chor. Lukian verwendet K. synonym mit »der Höchste, Hervorragendste«, davon ist der moderne Ausdruck »Koryphäe« abgeleitet.   GG

Kosmisten, m. Pl., literaturwissenschaftl. Bez. für eine aus dem russ. ↗ Proletkult hervorgegangene literar. Gruppe, die sich selbst als *Kusniza* (= Schmiede) bezeichnete.

Kothurn, m. [gr. kothornos = Stiefel], der zum Kostüm des Schauspielers in der antiken Tragödie gehörende hohe Schaftstiefel, der mit Bändern umwickelt bzw. vorn verschnürt wurde. Seit Aischylos mit erhöhten Sohlen, um den Schauspieler herauszuheben. Der K. wurde im Laufe der Zeit immer höher (seit 2. Jh. v. Chr. dicke viereckige Holzsohlen), in der röm. Kaiserzeit schließl. stelzenartig. Der Gegensatz hoher K. – niederer ↗ Soccus (Schuh des kom. Schauspielers) steht in dieser Zeit metonym. für den Gegensatz Tragödie – Komödie und den Gegensatz erhabener Stil – niederer Stil.   K

Kranzlied, spätmal. Volksliedgattung (15./16. Jh.), welche die Situation eines Rätselspieles im Wechselgesang zwischen jungem Mann und einem Kreis von Mädchen gestaltet. Der Kranz als Siegespreis gab der Gattung den Namen. Die Tradition fixierter Rätselwettkämpfe reicht bis in antike und altnord. Dichtung zurück (vgl. z. B. Edda, Wafthrudnirlied).   S

Krasis, f. [gr. = Mischung], artikulator. oder metr. bedingte Verschmelzung zweier Wörter durch Zusammenziehung (Kontraktion) des auslautenden und des anlautenden Vokals, z. B. mhd. *si ist* zu *sîst,* gelegentl. Auch unter Ausfall (Synkope) eines Konsonanten, z. B. mhd. *ez ist* zu *êst, daz ich* zu *deich* (hier mit Kontakt-Umlaut).   S

Kratineion, n. [gr.], Kratineus, m. [lat.], antiker Vers der Form: $-\cup\cup-|\cup-\cup-||-\cup-\overline{\cup}-\cup-$ nach dem gr. Komödiendichter Kratinos (Mitte 5. Jh. v. Chr.) benannt.   GG

Kreis von Médan [frz., auch groupe de M.], Freundeskreis um É. Zola, der seit 1877 in dessen Landhaus in Médan (einem Dorf nordwestl. von Paris) zusammentraf; zu ihm gehörten v. a. P. Alexis, H. Céard, L. Hennique,

J.-K. Huysmans und G. de Maupassant. Im K. v. M. entwickelte Zola seine naturalist. Ästhetik (»Le roman expérimental«, 1880, s. ↗ Naturalismus), zu der der Kreis – als eine Art prakt. Dokumentation – die Novellensammlung »Les soirées de Médan« (1880) veröffentlichte. Die beiden Werke gelten als Manifest des Naturalismus. IS

Kreis von Münster, am Katholizismus orientierter Kreis von Schriftstellern, Theologen und Pädagogen um den Staatsminister des Fürstbistums Münster, den Universitätsgründer und Schulreformator F. v. Fürstenberg (1729–1810) und die Fürstin Amalia v. Gallitzin (1748–1806); bestand von ca. 1765–1826. Zum engeren K. v. M. gehörten A. M. Sprickmann, F. K. Bucholtz auf Welbergen und später insbes. der Theologe und Pädagoge B. H. Overberg. In reger persönl. und briefl. Verbindung mit dem K. v. M. standen F. Hemsterhuis, F. H. Jacobi und J. G. Hamann (der 1788 in Münster starb), ferner die Dichter des ↗ Göttinger Hains, sowie F. G. Klopstock und M. Claudius, zeitweise auch J. G. Herder und Goethe (Besuch 1792); seit 1791 insbes. F. L. Graf zu Stolberg (der 1800 in Münster zum Katholizismus übertrat) und sein Kreis, zuletzt noch C. Brentano (mittelbar) und Luise Hensel sowie die junge Anette von Droste-Hülshoff (1813–19 durch Sprickmann). – Von *Bedeutung* war der K. v. M. 1. für die Entwicklung des Bildungswesens und den Aufbau des dreistuf. öffentl. Unterrichtssystems in Deutschland v. a. durch Fürstenbergs Reformen (allgem. Schulordnung seit 1768, Universitätsgründung 1773–1780); 2. als Sammelstelle für unterschiedl. irrationale Strömungen des 18. Jh.s, die der Aufklärung, aber auch der Weimarer Klassik krit. gegenüberstanden; der K. v. M. wirkte damit als Wegbereiter für entsprechende Richtungen in der dt. Romantik (F. Schlegel, F. v. Baader, Adam Müller, die Familie Hardenberg, C. Brentano u. a.) und 3. seit etwa 1800 überwiegend für die Erneuerung, Propagierung und Praktizierung eines entschiedenen Katholizismus, was dem K. v. M. auch den abschätzig gemeinten Beinamen ›familia sacra‹ eintrug. RS

Kretikus, Creticus, m. [gr.-lat. = der Kretische], auch Amphimakros, antikes Tanzversmaß (mutmaßl. kret. Herkunft) der Form: –‿–; begegnet in einem Tanzlied des Bakchylides und in den Chören der aristophan. Komödien; in der röm. Dichtung v. a. (als Tetrameter) in den ↗ Cantica der Komödien des Plautus, gelegentl. bei Terenz und in der alten Tragödie (Livius Andronicus); Auflösung (‿‿ ‿‿) und Mischung mit den ebenfalls fünfmorigen (↗ Mora) Bakcheen (↗ Bakcheus) und Päonen (↗ Päon), aber auch mit Jamben und Trochäen sind häufig. Da die auf Formstrenge bedachte klass. röm. Dichtung den K. nicht verwendet, sind Nachbildungen in der dt. Dichtung äußerst selten (z. B.: »Dér in Nácht, / Quál und Léid / sích verlór, ...«, H. Hiltbrunner, 1926). – In der rhetor. Tradition gilt der K. als wichtiger Bestandteil der ↗ Klauseln (s. auch ↗ Di-K.). K

Kreuzreim, auch: gekreuzter Reim, Wechselreim, eine der häufigsten Reimstellungen: ab ab (cd cd): *Sonne : Herz : Wonne : Schmerz*; konstituiert in der mhd. ↗ Stollenstrophe den ↗ Aufgesang. S

Kreuzzugsdichtung, mal. ep. und lyr. Dichtung, die einen mit den kirchenrechtl. Privilegien eines Palästinakreuzzugs ausgestatteten Glaubenskrieg gegen Heiden (u. a. im Hl. Land, im arab. besetzten Spanien, in Preußen) oder Ketzer zum Thema hat. Nach dem überlieferten Bestand lassen sich bei der *Kreuzzugsepik* unterscheiden: 1. Dichtungen, die den Kreuzzug propagieren, indem sie a) einen histor. Stoff auf das Kreuzzugsgeschehen hin aktualisieren oder b) die aktuellen Kreuzzugsereignisse, meist im Stil der Reimchronik, unmittelbar aus der Perspektive des Kreuzzugsteilnehmers oder aus der einer gewissen räuml. oder zeitl. Distanz festhalten. Dabei ist zwischen einer Darstellung zu

unterscheiden, die ausschließl. den Kreuzzug thematisiert und einer, die ihn als Episode in einen größeren polit. Kontext stellt. – Kreuzzugspropaganda vor dem Hintergrund des 2. Kreuzzuges wird z. B. im »Rolandslied« des Pfaffen Konrad gesehen, das den 400 Jahre zurückliegenden Kriegszug Karls des Gr. gegen die span. Sarazenen (778) der afrz. »Chanson de Roland« entnimmt und zum Kreuzzug umstilisiert. Auch im »Willehalm« Wolframs von Eschenbach (um 1217) werden die histor. weit zurückliegenden Sarazenenkämpfe der Karolinger als Kreuzzug verherrlicht, freilich auch problematisiert. – Aktuelle Kreuzzugsereignisse propagieren die gereimten Kreuzzugschroniken. Zum 1. Kreuzzug diejenige von Richard le Pèlerin (»Chanson d'Antioche«, vor 1099), überliefert nur in einem prov. Fragment (»Canso d'Antiocha«, 1126–38) von Gregori Bechada und in der Umarbeitung von Graindor de Douai – hier erweitert um eine »Chanson des Chétifs« und eine »Chanson de Jérusalem«; zum Albigenser-Kreuzzug (1209–43) diejenige von Guilhem de Tudela und einem Anonymus (»Canson de la Crozada«, 1214 ff.); zu den Slawen-Kreuzzügen die anonyme »Livländische Reimchronik« (Ende 13. Jh.) und die »Kronike von Pruzinlant« (1330–40) des Nikolaus v. Jeroschin. Aus größerer zeitl. Distanz als die genannten Werke ist die Anfang des 14. Jh.s vollendete »Kreuzfahrt Ludwigs des Frommen« geschrieben, die sich auf die Teilnahme des Landgrafen Ludwig III. v. Thüringen am 3. Kreuzzug bezieht. – Im weiteren polit. Kontext erscheint Kreuzzugspropaganda episod. gestaltet in der »Kaiserchronik« (1152–55, z. B. die Eroberung des Hl. Landes durch Gottfried v. Bouillon) und in Ottokars »Österreichischer Reimchronik« (1300–20), die an den Fall Akkons (1291) die Utopie einer prochristl. Intervention durch den König von Äthiopien anknüpft. 2. Als Hintergrunds- oder Rahmenhandlung werden die Kreuzzüge im Abenteuer- und Minneroman literarisiert, der die Stationen ritterl. Bewährung in die Märchenwelt des Orients verlegt. Kreuzzugs- und Brautraubmotive verquicken sich in den in der 2. Hä. d. 12. Jh.s entstandenen Spielmannsepen »Os-

wald«, »Orendel«, »König Rother« und »Graf Rudolf«. Empörer-Erzählung und Orientirrfahrt werden im »Herzog Ernst« mit Kreuzzugsepisoden verbunden. Die Trennung und Wiedervereinigung der Familie bzw. der Liebenden sind im »Wilhelm v. Wenden« Ulrichs v. Etzenbach (Ende 13. Jh.) und im »Wilhelm v. Österreich« Johannes'. Würzburg (Anfang 14. Jh.) mit Heidenkonversion und Kreuzzugsbewährung verknüpft. Im anonymen »Reinfried v. Braunschweig« (um 1300) ist die Kreuzfahrt im Orient lokalisierten Abenteuer-Erzählung nach dem endgült. Verlust des Hl. Landes (1291) nurmehr histor. Kulisse. – Hauptmotiv auch in der *lyr. K.* ist ein themat. und stilist. vielfach variierter Aufruf zum Kreuzzug. Nur die dt. Literatur überliefert im 13. Jh. einen Gattungsnamen, *crvceliet* (Reinmar der Videler). Sonst wird das *Kreuzlied* von den zeitgenöss. Dichtern unter anderen Gattungen subsumiert (z. B. prov. ↗ Sirventes) oder bleibt ohne nähere Bez. – Der Hauptanteil der überlieferten Kreuzlieder entfällt auf die Palästinakreuzzüge, insbes. den *3. Kreuzzug* (1187–92), vgl. die Kreuzlieder der Trobadors Aimeric de Belenoi, Bertran de Born, Giraut de Bornelh, Pons de Capduelh, Gaucelm Faidit und Folquet de Marseille, des Trouvère Conon de Béthune, einigen lat. Anonymi (in den *Carmina Burana*) und die der Minnesänger Friedrich von Hausen, Albrecht von Johansdorf, Heinrich von Rugge und Hartmann von Aue. Die lat. und v. a. die prov. Kreuzlieder zeigen neben der ständig geäußerten relig. Heilserwartung in ihren häuf. Raum- und Zeitbezügen, ihren Anspielungen auf polit. Ereignisse und Persönlichkeiten sowie ihrem teilweise scharf konturierten Feindbild eine ungleich höhere Aktualisierungstendenz als ihre dt. Pendants, die diese Stilzüge nahezu ausschließl. durch metaphys. Motive ersetzen: Im Vordergrund steht hier nicht die Eroberung des Hl. Landes, sondern der Eintritt ins Paradies, nicht der äußere polit. Feind, sondern ein verinnerlichter, der als Teil des eigenen Ich im Bund mit einer verführer. Welt den Zugang zum Paradies verwehrt. – Zum 2. *Kreuzzug* (1145–49) sind nur wenige anonyme lat. (in den *Carmina Burana*) und afrz. Kreuzlieder erhalten, zum *ersten* (1096–99) gar keine. Auch der *4. Kreuzzug* (1198–1204) fand nur wenig literar. Resonanz, u. a. bei Raimbaut de Vaqueiras und Gaucelm Faidit. *Der 5.* (1228–29) wurde dagegen in zahlreichen Gedichten, v. a. in Kreuzzugs-Sprüchen reflektiert (Walther v. d. Vogelweide, Bruder Werner, Freidank). Die unüberhörbare Skepsis Freidanks (Akkon-Sprüche) gegenüber der Kreuzzugsbewegung teilen auch Austorc d'Aurillac (Kreuzlied auf das Scheitern des von Ludwig IX. organisierten Kreuzzuges, 1248–54, zu dem die Trobadors Guilhem Figueira und Lanfranc Cigala noch enthusiast. aufgerufen hatten), weiter Ricaut Bonomel (der nach dem Verlust von Caesarea, 1265, sein Kreuzlied zum Antikreuz[zugs]lied verkehrt) oder Rutebeuf, während gleichzeit. die Trobadors Guilhem Fabre und Olivier del Temple sowie der Minnesänger Hawart noch die alte Kreuzzugsidee weiter propagieren. Auch nach der endgült. Vertreibung der Christen aus dem Hl.en Land (1291) findet die Kreuzzugsidee Fürsprecher u. a. in Barthel Regenbogen (nach 1314), Lunel de Monteg (1326), Ramon de Cornet (nach 1332) und Petrarca (um 1333). Die ab Mitte des 14. Jh.s für Europa akut werdende Türkengefahr ruft als neuen Typus der K. das *Türkenlied* hervor, das den auf Palästina fixierten Kreuzzugsappell ablöst (u. a. von Mandelreiss, Michel Beheim und einigen Anonymi). Vergleichsweise wenige Gedichte nehmen auf die Kreuzzüge gegen die span. Araber, gegen die Slawen in Ostelbien und gegen die christl. Ketzer Bezug: u. a. Marcabrus Lied vom span. Sühnebad, das erste überlieferte Kreuzlied überhaupt (1137), Gavaudans ›Mobilmachungsappell‹ gegen die Mauren (1195/1210); Sigehers Aufruf zur Preußenfahrt König Ottokars von Böhmen (1254/55); Konrad Attingers (1421), Muskatblüts (1431?) und Michel Beheims Hassgesänge gegen die Hussiten (1421–36). Am Rande der Gattung stehen die sog. Pilgerlieder (z. B. Wilhelm IX. v. Aquitanien), die Lieder, die das Kreuzzugsthema als Randmotiv, in einzelnen Strophen oder Anspielungen, nur anschneiden, um damit den Konflikt zwischen Minne- und Gottesdienst (Friedrich v. Hausen, Albrecht v. Johansdorf, Hartmann v. Aue, Reinmar, Otto v. Botenlauben, Hiltbolt v. Schwangau, Hugues de Berzé, Rubin), die Sehnsucht nach der/dem Geliebten oder der Heimat (Peire Bremon lo Tort, Marcabru, Guiot de Dijon, Peirol, Neidhart), den Abbruch eines enttäuschenden Minneverhältnisses (Giraut de Bornelh), Spott über Zeitgenossen (Huon d'Oisi), Herrscherlob (Gaucelm Faidit), Zeitkritik (Marcabru, Giraut de Bornelh, Guilhem Figueira) und Reisestrapazen (Gaucelm Faidit, Tannhäuser) zu motivieren.   PH

Kriegsdichtung, der Krieg als eine die Menschheit bewegende Macht begegnet in zahlreichen Dichtungen der Weltliteratur. Zum humanitären Problem wird er jedoch erst unter dem Eindruck der beiden Weltkriege (auch: *Anti-K.*). Bis zu dieser Zeit erscheint der Krieg meist als unabwendbares Menschenschicksal, als Fatum, damit weniger als zentrales Thema denn als Hintergrund für allgemein existentielle Probleme (vgl. z. B. die germ. Heldenlieder, Homers »Ilias«, die Tragödien von Aischylos [»Perser«] bis hin zu F. Schiller, H. v. Kleist, Ch. D. Grabbe u. a.), als Grundlage einer bestimmten Geschichtsauffassung (H. Stifter, »Witiko«; L. Tolstoi, »Krieg u. Frieden«, É. Zola u. a.) oder als Bestandteil von Geschichtsdichtungen im Gefolge W. Scotts (vgl. ↗ histor. Roman, ↗ Geschichtsdrama oder etwa Ch. F. Scherenbergs Schlachtepen seit 1849). Der Krieg wird in solchen Werken meist mythisiert, idealisiert, oft auch genrehaft sentimentalisiert, selten realist. beschrieben. Dies gilt insbes. für die zahlreiche Kriegslyrik, die im Ggs. zu den meisten Kriegsepen, -romanen und -dramen zu aktuellen Anlässen verfasst wurde, etwa Kampf- und Schlachtgesänge (vgl. z. B. den germ. ↗ Barditus), volkstüml. Soldaten- und ↗ Landsknechtslieder und die kunstmäß. Kriegslyrik, die vielfältigen

Plievier: »Stalingrad«

Emotionen (oft mit religiösem Einschlag, aber auch mit polem.-agitator. Mitteln) Ausdruck verleiht: neben Aufrufen zu Kampf- und Opfer-, aber auch Vernichtungsbereitschaft v. a. dem Schmerz, der Trauer über Tod u. Verwüstung, der Sehnsucht nach Frieden usw., so bereits in der Antike bei Tyrtaios, Simonides u. a., im MA. in den Kreuzzugsliedern (Bertran de Born, Friedrich v. Hausen, Neidhart u.v. a.), bes. dann im Barock in den Kriegs- und Trostgedichten (zum Dreißigjähr. Krieg: M. Opitz, J. Rist, D. Morhof, J. Vogel [»Kein selgrer Tod ist in der Welt«] u. a.). Bes. zahlreich entstand Kriegslyrik wieder in der Zeit der Kriege Friedrichs II. (E. v. Kleist, J. W. L. Gleim, »Grenadierlieder«, 1758; K. W. Ramler, H. W. von Gerstenberg u.v. a.) und während der Befreiungskriege (sog. Freiheitsdichtung: H. v. Kleist, E. M. Arndt, Th. Körner, M. v. Schenkendorf), die v. a. patriot. Gesinnung und Kriegsbegeisterung zu wecken suchten, ebenso wie die Flut von K.en aller Gattungen im Gefolge des dt.-frz. Krieges 1870/71 (z. B. Schneckenburger, »Wacht am Rhein«; unideolog. dagegen D. von Liliencrons impressionist. »Adjutantenritte«, 1883 oder seine »Kriegsnovellen«, 1895). Seit Ende des 19. Jh.s wird dann auch die inhumane Realität des Krieges Thema der K. Krasse Schilderungen moderner Kriegsführung treten an die Stelle der Heroisierung und Idealisierung, so etwa bei St. Crane (»Das Blutmal«, 1895, dt. erst 1954), Bertha v. Suttner (»Die Waffen nieder!«. 2 Bde. 1889), G. B. Shaw oder R. Huch (»Der große Krieg in Dtschld.«, 1912–14). Solche *Anti-K.* entsteht dann bes. während und nach dem Ersten Weltkrieg, v. a. in der expressionist. Lyrik (G. Heym, A. Stramm, J. R. Becher, F. Werfel, K. Bröger, H. Lersch u.v. a.) aber auch im Drama (F. v. Unruh, R. Schickele, R. Goering, E. Toller u. a.) und im Roman (A. Zweig, L. Renn, »Krieg«, 1928; E. M. Remarque, »Im Westen nichts Neues«, 1929, u. a.),

Böll: »Und sagte kein einziges Wort«

ebenso in Frankreich (z. B. H. Barbusse, »Das Feuer«, 1916; R. Rolland, G. Duhamel, J. Giono), England (R. Aldington, »Heldentod«, 1929; R. Brooke, W. Owens u. a.) und den USA (J. Dos Passos, »Three Soldiers«, 1921). Diese Anti-K. blieb im 20. Jh. entsprechend den krieger. Ereignissen (span. Bürgerkrieg, Zweiter Weltkrieg) dominierend (E. Hemingway, A. Malraux, B. Brecht, »Mutter Courage«, 1941), mit Ausnahme der nationalsozialist. kriegsverherrlichenden, mythisierenden Parteidichtung. Nach 1945 erschien eine unübersehbare Flut von K.en, meist Romane, aber auch Dramen u. Hörspiele, in denen in einer Mischung aus Dokumentation, Reportage u. Fiktion das Erlebnis des Krieges, der Gefangenschaft, auch der Konzentrationslager, der Résistance usw. bewältigt wurde. Zu den bekanntesten Autoren gehören Th. Plivier (»Stalingrad«, 1945), E. M. Remarque, P. Bamm, G. Gaiser (»Die sterbende Jagd«, 1953), H. H. Kirst (»Null-acht-fünfzehn«, 1954), G. Ledig (»Stalinorgel«, 1955), H. Gerlach, A. Kluge (»Schlachtbeschreibung«, 1964), A. Andersch (»Winterspelt«, 1974); W. Borchert (»Draußen vor der Tür«, 1947), C. Zuckmayer, H. Kipphardt, R. Hochhuth; auch die ↗ Heimkehrerromane (H. Böll, J. M. Bauer u. a.) sind zur Anti-K. zu rechnen. Internationales Aufsehen erregten ferner die franz. K.en von J. P. Sartre, F. Mauriac, P. Claudel, A. Camus, A. de Saint Exupéry, P. Eluard, L. Aragon, die Romane C. Malapartes oder etwa N. Mailers (»The naked and the dead«, 1948) und James Jones'. Neben dieser modernen Anti-K. tritt die verherrlichende, heroisierende oder apologet. K. zurück (zu nennen sind neben W. Flex v. a. W. Beumelburg, E. Jünger, E. E. Dwinger, H. G. Konsalik, J. Steinhoff, »In letzter Stunde«, 1974). – In der Anti-Kriegs- (bzw. Friedens-) Bewegung diente v. a. wieder die sangbare Lyrik (Chansons, ↗ Protestsong, Balladen u. a.) als Medium für die Darstellung der Schrecken und Folgen von Kriegen. IS

Kriminalroman, -geschichte, -novelle, literar. Prosawerk, das die Geschichte eines Verbrechers oder eines Verbrechens erzählt (die Aufhellung eines Verbrechens, meist durch einen Detektiv, kennzeichnet die Sonderform des ∕ Detektivromans). Der K. reicht vom älteren Gaunerschwank oder vom Kurzkrimi in Zeitungen und Zeitschriften über novellist. knappe Erzählwerke wie Th. Fontanes »Unterm Birnbaum« (1885) bis zu umfangreichen, oft mehrteil. Romanwerken, z.B. bei H. Fielding, H. de Balzac, V. Hugo, Ch. Dickens, vom effektvollen ∕ Kolportageroman bis zur tiefsinnig philosoph. Dichtung wie F.M. Dostojewskijs »Schuld und Sühne« (1866) und »Die Brüder Karamasow« (1879/80), von Verbrechergeschichten mit einfacher und einsinn. Erzählweise bis zu kompliziert gebauten und psycholog. komplexen Erzählgebilden etwa bei A. Döblin oder W. Faulkner. Häufig überschneidet sich der K. mit dem ∕ Abenteueroder ∕ Schelmenroman, im 18. und 19. Jh. auch mit dem ∕ Ritter-, ∕ Räuber- und ∕ Schauerroman. – Als Vor- und Frühformen des K. können ∕ Flugschriften und ∕ Volksbücher sowie ∕ Schwänke und ∕ Kalendergeschichten gelten, die an volkstüml. Überlieferungen über Gestalten wie Robin Hood, Mutter Courage und später z.B. Schinderhannes anknüpfen. Im 18. Jh. wurden dann Kriminalfälle aufgrund von Prozessakten literar. bearbeitet, z.B. von Defoe und Fielding, aber insbes. im »Newgate Calendar« (1773 ff.) und in den vielbändigen »Causes célèbres et intéressantes« (seit 1734) von F.G. de Pitaval, deren dritte dt. Übers. (1792–95) von Schiller herausgegeben und eingeleitet wurde. Dem entsprechen im 19. Jh. »Der Neue Pitaval« von J.E. Hitzig und W. Alexis (1842–47, 60 Bde.) und die Kriminalgeschichten J.D.H. Temmes, im 20. Jh. etwa die von E. Schwinge unter dem Pseudonym Maximilian Jacta veröffentl. Darstellungen neuerer Rechtsfälle. Defoes »Moll Flanders« (1722), Fieldings »Jonathan Wild« (1743) und Schillers »Verbrecher aus verlorener Ehre« (1785) markieren die Übergänge zur literar. anspruchsvollen Kriminalerzählung, die dann durch Werke wie H.v. Kleists »Der Zweikampf« (1809) und E.T.A. Hoffmanns »Das Fräulein von Scuderi« (1819) festere Konturen erhielt. Balzac orientiert sich in Teilen seiner »Comédie humaine« (1829–54) noch an der histor. Figur des Verbrechers und

späteren Kriminalisten Vidoc, frei gestaltet sind dann z.B. V. Hugos »Les Misérables« (1862) und viele Dickens-Romane von »Oliver Twist« (1838) bis »Edwin Drood« (1870), ferner die gesamte Tradition des ∕ Detektivromans seit E.A. Poe (1842 ff.), die Romane Dostojewskijs, Döblins »Berlin Alexanderplatz« (1929), Faulkners »Light in August« (1932) u. viele andere. Parallel zu diesen literar. anspruchsvollen Ausprägungen wurde der K. seit etwa 1841/42 (dem Erscheinungsjahr nicht nur von Poes ersten Detektivgeschichten, sondern auch von Eugène Sues Verbrecherroman »Die Geheimnisse von Paris«) immer mehr zu einer Hauptgattung der massenhaft verbreiteten Trivial- und Unterhaltungsliteratur. Dabei treten gelegentl. nationale Besonderheiten hervor, z.B. eine psychologisierende Linie im frz. K. (bei Émile Gaboriau, Maurice Leblanc und Gaston Leroux, dem Belgier Georges Simenon und dem Verfasserteam Pierre Boileau/Thomas Narcejac) oder ein zeit- und sozialkrit. Einschlag im dt. K. (schon bei J.D.H. Temme, dann bei Jacob Wassermann, »Der Fall Maurizius«, 1928, und Friedrich Dürrenmatts »Der Richter und sein Henker«, 1952; »Der Verdacht«, 1953). Vorherrschend aber blieb der angelsächs. K., zunächst angelehnt an Poe in Form der kalkulierten, pseudowissenschaftl. Detektivgeschichte (u.a. die Briten Conan Doyle, Richard Austin Freeman, Ronald A. Knox, sowie die Amerikaner S.S. Van Dine [Pseudonym für W.H. Wright], Erle Stanley Gardner [auch unter Pseudonym A.A. Fair], Rex Stout und Ellery Queen [Pseudonym für das Autorenteam Frederic Dannay/Manfred B. Lee]). Stärker psycholog., teils auch eth. ausgerichtet sind in England dann Gilbert Keith Chesterton, Agatha Christie, Dorothy L. Sayers, Cecil Day Lewis (Pseudonym Nicholas Blake), Margery Allingham, John Dickson Carr (Pseudonym Carter Dixon) und Carter Brown, während Edgar Wallace dem Abenteuerroman, John Le Carré (Pseudonym für David Cornwell) und Ian Fleming dem Spionage- bzw. Agentenroman näher stehen. An der neueren amerikan. Prosa, insbes. an Hemingway, orientiert ist der mehr auf beunruhigende ›action‹ als auf befriedigende Lösung bedachte ›hard boiled‹ K. der Amerikaner Dashiell Hammet und Raymond T. Chandler; reduziert auf die brutale Verbindung von ›sex and crime‹ erscheint er bei Chester Himes und Mikey Spillane, differenziert und psycholog. vertieft dagegen bei Patricia Highsmith, ethnisch geprägt im italo-am. Mafia-Roman »Der Pate« (1969) von Mario Puzo. In Australien und Neuseeland (A. W. Upfield, Edith March) sowie in Kanada (Margaret Millar, Donald Mackenzie) schließt der K. mit jeweils eigener Note an die Entwicklung in England und den USA an. Eigene Regionalakzente bieten der Sizilianer L. Sciascia (»Der Tag der Eule«, 1961, dt. 1964, »Tote auf Bestellung«, 1966, dt. 1971) und der Niederländer J. v. d. Wetering, auch Autorengespanne wie die Schweden Sjöwall/Wahlöö oder die Turiner Fruttero u. Lucentini (»Die Sonntagsfrau«, 1972, dt. 1973) sowie die dt. Köln-, Frankfurt- oder Schwaben-Krimis samt entspr. Serien im Fernsehen. Bearbeitungen und eigene Produktionen dort und im Film gaben dem trivialen und unterhaltendem K. Auftrieb und weitere Verbreitung. Daneben kam und kommt es immer wieder zu Versuchen, dem K. erzählkünstler. Neuansätze abzugewinnen, sei es durch distanzierte Verbrechensbeobachtung (T. Capote, »In Cold Blood«, 1966), sei es durch gezielte Demontage des trivialen Klischees bei P. Handke oder durch dokumentar. angelegte Werke über Verbrecher, Gefangene und Strafvollzug. RS

Krippenspiel, ↗ Weihnachtsspiel.

Krisis, f. [gr. = Entscheidung], im ↗ Drama das Moment der Entscheidung: nach der am streng symmetr. gebauten klassizist. Drama entwickelten Theorie ist die K. der Augenblick auf dem Höhepunkt des dramat. Konflikts, in dem sich der Held durch eine bestimmte Entscheidung seiner Handlungsfreiheit begibt und damit den Umschwung der Handlung (↗ Peripetie) einleitet. Die Handlung steht fortan unter der Kategorie des Müssens, sie treibt mit unausweichl. Notwendigkeit der ↗ Katastrophe zu. Beispiel: im »König Ödipus« des Sophokles die Entscheidung des Ödipus,

trotz den Warnungen des Teiresias, den Mörder des Laios zu suchen. K

Kritik, ↗ Literaturkritik, ↗ Theaterkritik, ↗ Rezension.

Kritische Ausgabe, die nach den Grundsätzen der ↗ Textkritik hergestellte Ausgabe (Edition) eines nicht authent. überlieferten literar. Werkes der Antike oder des MA.s (dagegen: ↗ histor.-krit. Ausgabe). Sie enthält in der Regel den einleitenden Editionsbericht (mit einer detaillierten Übersicht über die zur Edition herangezogenen Textzeugen, die Handschriften), den krit. Text (mit Zeilenzähler), den krit. ↗ Apparat (je nach Überlieferungslage und Textgeschichte mit einem Verzeichnis aller oder nur der textgeschichtl. relevanten ↗ Lesarten: Entstehungsvarianten, Überlieferungsvarianten, ↗ Konjekturen), eventuell einen Kommentar und ein Register. Die älteste k. A. eines mhd. Textes stammt von K. Lachmann, dem Begründer der germanist. Textkritik (Walther v. d. Vogelweide, 1827). K

Kritischer ↗ **Realismus**, stiltypolog. Begriff zur Abgrenzung des Realismusverständnisses des 20. Jh.s von dem des 19. Jh.s (poet. oder bürgerl. Realismus); vgl. auch den ›neuen Realismus‹ der ↗ Kölner Schule. Dagegen ↗ sozialist. Realismus.

Krokodil (eigentl. »Gesellschaft der Krokodile«), gesellig-literar. Vereinigung, in der sich die (berufenen) Mitglieder des ↗ Münchner Dichterkreises und einheim. Künstler, Literaten und Literaturliebhaber seit 1856 (bis 1883) zusammenfanden. S

Kryptogramm, n. [gr. = verborgene Schrift], als Geheimschrift in einem Text (nach einem bestimmten System) versteckte Buchstaben, die eine vom eigentl. Text unabhängige Information enthalten, etwa Verfassername, ↗ Widmung etc., z. B. als ↗ Akrostichon, ↗ Akroteleuton, ↗ Telestichon; beliebtes Stilmittel der Spätantike, des MA.s, Barock oder der Anakreontik. HD

Kryptonym, n. [gr. kryptos = verborgen, onoma = Name], Form des ↗ Pseudonyms: ein Verfassername erscheint a) nur mit seinen Anfangsbuchstaben (z. B. H. J. C. V. G. P. für Hans Jacob Christoffel von Grimmelshausen Praetor [Schultheiß]), in abgekürzter (Kuba für Kurt Bartels) oder neu zuammengesetzter Silbenfolge (A. Brennglas für A. Glaßbrenner, P. Celan für P. Antschel), vgl. auch ↗ Anagramm, oder ist b) als ↗ Kryptogramm im Text versteckt.   S

Küchenlatein [Übersetzung von mlat. Latinitas culinaria], auch Mönchslatein, verballhorntes, barbar. Latein, speziell das schlechte Mönchs- und Universitätslatein des späten MA.s. Die Bez. findet sich erstmals bei dem Humanisten Lorenzo Valla (»Apologetus«, 15. Jh.), der Poggio Bracciolini vorwarf, dieser habe sein Latein bei einem Koch gelernt: wie ein Koch Töpfe zerbreche, so zerschlage er das grammat. richtige Latein. Populär wurde das Schmähwort in der Reformation, wo die humanist. Verfasser der »Epistolae obscurorum virorum« (Dunkelmännerbriefe, 1515–17) den Gegnern Reuchlins das verderbte Latein in den Mund legten.   GG

Kûdrûnstrophe, altdt. ep. Strophenform, Variante der ↗ Nibelungenstrophe: 4 paarweise gereimte Langzeilen, von denen die ersten beiden und die Anverse der 3. und 4. Zeile der Nibelungenstrophe entsprechen (4k–3m), der Abvers der 3. Langzeile ist dagegen vierheb. klingend (4k), der der 4. Langzeile sechsheb. kl. (6k, Schlussbeschwerung); Eingangssenkung und Versfüllung sind frei, Zäsurreime sind häufig. – Bez. nach dem Epos »Kûdrûn« (1. Hä. 13. Jh.), das größtenteils in dieser Strophenform abgefasst ist.   K

Kuhreihen, Kuhreigen, m. [zu mhd. reien = Rundtanz im Freien], alpenländ. (Volks-)Lied, wohl aus Lockrufen zum Eintreiben des Viehs entstanden. Aufzeichnungen der (dem Jodel verwandten) Melodien reichen bis ins 16. Jh. zurück; gedruckte Textfassungen finden sich seit dem 18. Jh. Der »Emmenthaler K.« wurde 1808 in »Des Knaben Wunderhorn« aufgenommen.   S

Kulisse, f. [frz. coulisse = Schiebewand], bestimmte Form der Seitendekoration bei der neuzeitl. Guckkastenbühne: Holzrahmen, die mit bemalter Leinwand bespannt und zu beiden Seiten der Bühne paarweise einander zugeordnet und nach rückwärts gestaffelt sind; sie sind auf Wagen befestigt und, auf Schienen, seitl. verschiebbar oder später auch im Schnürboden aufgehängt. – Die ca. 1620 durch G. B. Aleotti für das Teatro Farnese in Parma entwickelte K.nbühne löst im 17. Jh. allgem. das ältere Telari-System ab und bleibt bis zum Ausgang des 19. Jh.s die dominierende Form der Guckkastenbühne. ↗ Bühne.   K

Kultbuch, Buch, in dessen Inhalt oder Protagonisten eine meist jugendl. gesellschaftl. Gruppe ihr Lebensgefühl und ihre Lebensziele formuliert und bestätigt sieht, und das seinerseits Lebenshaltung und Lebensstil (bis hin zu Kleidung, Frisur, Gestik, Sprechweise, Vorlieben usw.) solcher Gruppen bestimmt. – Das K. wird entgegen den eigentl. Wesensmerkmalen von Büchern (die durch ihre Literarität distanzierende und reproduzierbare Vermittlung von Gefühlen, Wissen und Erfahrungen) als absolut wahr, als unmittelbare Lebenshilfe, als Lebensführer verstanden und, entsprechend früheren Reliquienkulten, kult. verehrt. Seine literar. Qualität ist ebenso irrelevant wie seine Entstehungszeit und Entstehungsumstände (vgl. z. B. E. Scheuermanns »Papalagi« mit dem Stigma der literar. ↗ Fälschung und des Plagiats, entstanden 1920, seit den 70er Jahren K. linker Gruppen: 1989 über 1 Mill. Auflagen). Ablehnung eines K.s durch andere Gruppen und v. a. durch die Elterngeneration kann seine Wirkung beträchtl. steigern. – Die Geschichte des K.s beginnt im 18. Jh. im Rahmen der aufklärer. Reflexion über tradierte, als überholt empfundene Lebens- und Gesellschaftsformen. Erste K.er die Werke J. J. Rousseaus, insbes. der Roman »Émile« (1762), die Formulierung eines neuen (bücher-, d. h. vernunftfeindl.) Erziehungsideals (worin Rousseau Defoes »Robinson« [1719] erstmals

Die Leiden
des
jungen Werthers.

Erster Theil.

Leipzig,
in der Weygandschen Buchhandlung.
1774.

Goethe: »Die Leiden des
jungen Werthers«, 1774

die Charakteristika eines K.s
zuweist). – Berühmtestes K.
ist Goethes »Werther« (1774;
sogar nachgeahmte Selbst-
morde, ›Wertherfieber‹).
Weitere K.er v. a. gesell-
schafts- und sozialkrit. oder
utop.-antizivilisator. ausgerichteter Gruppen sind H. D.
Thoreaus Essaysammlung
»Walden« (1854: Aufruf zu
einer Erneuerung d. Individuums), im 20. Jh. H. Hesses
»Steppenwolf« (1927 und
nochmals in den 50er Jahren
als K. der ⁊ Beatgeneration:
Rechtfertigung von Kultur-
pessimismus, gesellschaftl. ⁊ Eskapismus,
Flucht in Drogen und östl. Weisheitslehren),
J. D. Salingers »Catcher in the Rye« (1951) und
einige Jahre später C. Mac Innes »Absolute Beginners« (1959, in beiden: Verbindung von
Gesellschaftskritik und utop. Teenagerideolo-
gie).   IS

Kultlied, das religiösen Kulthandlungen zugeordnete Lied (Choral, Hymne). – In engerem Sinne Bez. für vorliterar. poet. Formen,
die archaische kult. Rituale (Opferhandlungen,
Prozessionen, Mysterien) begleiteten, wobei
Wort, Musik und Tanz in mag.-apotropä.
Funktion verbunden sind (⁊ Carmenstil). Das
K. lässt sich als älteste poet. Ausdrucksform
(neben ⁊ Arbeitslied, ⁊ Preislied und Totenklage) in fast allen Frühkulturen nachweisen.
Es gilt als eine der Urzellen der Dichtung, da es
keimhaft viele Dichtungsformen enthält.   IS

Kulturindustrie, Begriff der Krit. Theorie,
zuerst vorgestellt in »Dialektik der Aufklärung« von M. Horkheimer u. Th. W. Adorno
(1947, Kap. 3: K. Aufklärung als Massenbe-
trug). K. bedeutet hier die Verkehrung der auf
Allgemeinheit zielenden aufklärer. Bildungs-
idee unter der Herrschaft des kapitalist. Ver-
wertungsinteresses und einer entsprechenden
ideologischen Wirkungsabsicht. Entscheidend
ist also nicht die industrielle Fertigung einzelner kultureller Produkte, auch nicht die Tech-

nik der massenhaften Reproduktion allein,
sondern die am Profit orientierte Verteilung
und Verbreitung des Produzierten: Die aus
solcher Intention sich ergebende Schematisie-
rung und Standardisierung bestimme dann
die Erscheinung und die Wirkung von Kultur,
schließe im Zirkel von Manipulation und Bedürfnis alles wesentl. Neue aus und nivelliere
das histor. und ästhet. Verschiedene zur
falschen Einheitlichkeit (z. B. in der Annäherung von überlieferter Kunst und moderner
Unterhaltungsindustrie). Auf diese Weise be-
fördere K. ideologisches statt krit. Bewusstsein
und setze die Verdinglichung der Arbeitswelt
fort, indem sie scheinhaft gerade deren Gegenteil – Individualität – verspreche und so in
der Totalität des Systems stabilisierende Er-
satzbefriedigung liefere. Damit sei eine Entwicklung der bürgerl. Kunst einseitig ans Ende
gelangt, die seit der Aufklärung des 18. Jh.s
gekennzeichnet ist durch das widersprüchl.
Ineinander von Autonomie und Warencharakter im Zusammenhang des Marktes. In den
Waren der K. sei die krit.-utop. Intention auf
die Ausbildung von Subjektivität getilgt, do-
miniere der Tauschwert als Veräußerlichung
in leere Repräsentation. Diese Nähe zum trü-
ger. Schein der Reklame wird bestätigt vom
neueren Deutungsmodell der ›Warenästhetik‹
(W. F. Haug), das von der Werbungsindustrie
ausgeht und hier die ökonom. und ideolog.
Funktionalisierung des Ästhet. belegt.   H
Die schroffe Kritik an der K., die etwa von der
Position W. Benjamins (»Das Kunstwerk im
Zeitalter seiner techn. Reproduzierbarkeit«,
1936) stark abweicht, wurde von Adorno selbst
später differenzierter gefasst und einer ›Revision‹ (Jay, M.: »Adorno in Amerika«) unterzo-
gen. Als bedeutsames Motiv der gesamten ästhet. Theoriebildung Adornos gab der Begriff
K. Anlass zu empir. und histor. Untersuchungen innerhalb und außerhalb der Frankfurter Schule. J. Habermas, dessen Untersuchungen zum Verfall der bürgerl. Öffentlichkeit der krit. Perspektive der »Dialektik der
Aufklärung« weitgehend entsprachen, weist in
seiner Theorie des kommunikativen Handelns
auch emanzipator. Potentiale von K., Medien-
und Massenkommunikation auf und verrin-

gert so den Abstand zu positiveren Einschätzungen von Medien- und Massenkultur außerhalb der Frankfurter Schule.   VD

Kunstballade, im Ggs. zur anonymen Volksballade die von namentl. bekannten Verfassern stammende ↗ Ballade.

Künstlerdrama, Bühnenwerk (Tragödie, Komödie, Oper, auch Operette, Revue usw.), das den dramat. Konfliktstoff aus den Besonderheiten der Künstlerexistenz bezieht; kann von erfundenen Gestalten oder (als Untergattung des ↗ Geschichtsdramas) von berühmten Persönlichkeiten aus allen Sparten der Kunst handeln. Gestaltet ist die Lebens- und Schaffensproblematik, die sich aus der Abgrenzung der Künstlerexistenz von den ›normalen‹ Lebensformen der bürgerl. Gesellschaft herleitet. Daher beginnt die *Geschichte des K.s* erst mit der Einführung und Durchsetzung des Genie-Begriffs im 18. Jh. und mit der gleichzeitig einsetzenden Tendenz einer vorwiegend psycholog. Motivation dramat. Ereignisse. Charakterist. für die meisten K.n ist, dass in den dargestellten Nöten und Gefährdungen des Künstlerdaseins sich biograph. Details (z. T. verschlüsselt) aus dem Leben der Autoren bekenntnishaft spiegeln. Beispiele sind die K.n A. G. Oehlenschlägers (z. B. »Correggio«, 1809), die Raphael-Dramen von J. F. Castelli (1810) und G. Ch. Braun (1819), die problemschweren Stücke K. L. Immermanns (»Petrarca«) und F. Hebbels (»Michelangelo«, 1855) oder Kostümdramen wie E. von Wildenbruchs »Meister von Tanagra«. Während diese sich nicht als rezeptionsbeständig erwiesen, sind die K.n, die den Konflikt von Gesellschaftsnormen und Individualanspruch exemplarisch und ohne Streben nach histor. Genauigkeit darstellen, einer offenbar unaufhörl. Aktualisierung fähig: z. B. Goethes »Tasso«, R. Wagners »Tannhäuser« und »Die Meistersinger von Nürnberg«, einige K.n G. Hauptmanns (»Michael Kramer«, 1900, »College Crampton«, 1892). Nachdem im ersten Drittel des 20. Jh.s das K. mehr die Individualnöte des Schöpfertums thematisierte (v. a. in den Opern »Palestrina« von H. Pfitzner und »Cardillac« von P. Hindemith), wurde das K. in der Folgezeit vornehmlich als histor. Ausstattungsfilm (über Mozart, Schiller, Schumann, Toulouse-Lautrec, van Gogh u. a.) gepflegt. In den 70er und 80er Jahren hat die polit. motivierte Frage nach dem gesellschaftl. Standort und Stellenwert des Künstlers wieder zur Produktion von K.n angeregt: z. B. G. Grass' Brecht-Drama »Die Plebejer proben den Aufstand« (1966), P. Weiss' »Hölderlin« (1971) und G. Salvatore, »Büchners Tod« (1972).   HW

Künstlerroman, Künstlernovelle, handeln vom Schicksal und Schaffen von Künstlern. Wie das ↗ Künstlerdrama setzt der K.roman mit der Geniezeit des 18. Jh.s ein. Als *erstes Werk dieser Gattung* gilt der 1787 erschienene Maler-Roman »Ardinghello« von W. Heinse, in dem das beherrschende Thema der K.e, die existentielle Spannung zwischen Kunstwirken und Lebenswirklichkeit im Sinne der Genieästhetik durchgeführt wird, die dem Künstler mehr Lebens- und Genussrechte als anderen Menschen zuzusprechen gewillt war. Goethe versuchte dann im »Wilhelm-Meister« eine Versöhnung von künstler. Ambition und den Forderungen des prakt. Lebens – und damit eine Absage an den »ästhet. Immoralismus« Heinses. In den *romant. K.romanen* und -novellen wird dagegen wieder das Recht des Künstlers auf nichtbürgerl. Lebensweise und auf seine gesellschaftl. Außenseiterrolle thematisiert. Diese Entfernung von der konventionellen Lebensform kann zu einem Lebensverzicht führen wie in L. Tiecks Roman »Franz Sternbalds Wanderungen«, 1798 (»Wer sich der Kunst ergibt, muß das, was er als Mensch ist und sein könnte, aufopfern«), sie kann aber auch für die Überschreitung der bürgerl. Normen für Kunst- und Lebenssinnlichkeit plädieren wie in F. Schlegels »Lucinde« (1799), schließl. den Versuch einer umfassenden Poetisierung des Lebens unternehmen wie in Novalis' Fragment »Heinrich von Ofterdingen« (1802). Bevorzugen die K.romane vielfach die Form des biograph. ↗ Entwicklungsromans, so wird die K.↗ *novelle* meist anhand einer charakterist. Episode die Künstlerproblematik exemplar. dargestellt wie in E. T. A. Hoffmanns »Fräulein von Scuderi« (1819), E. Mörikes »Mozart auf der Reise nach Prag« (1855), oder F. Hebbels früher Erzählung »Der Maler«. Nach den beiden bedeutendsten *K.romanen des 19. Jh.*, Mörikes »Maler Nolten« (1832) und G. Kellers »Grüner Heinrich« (1854/55 u. 1879/80), beginnt diese Gattung sich immer weiter von autobiograph. Zügen zu befreien. Es entstehen romanhafte Künstler-Biographien (↗biograph. Romane) mit dem Anspruch auf histor. Korrektheit wie die Schillerromane von H. Kurz (»Schillers Heimatjahre«, 1843) und W. v. Molo (»Schiller-Roman«, 1912–16), wie R. Rollands »Michelangelo« (1905), F. Werfels »Verdi« (1924), L. Feuchtwangers »Goya« (1951). Das (trag.) Künstlerschicksal wird aber auch zum Stoff für Trivialliteratur wie z. B. E. Brachvogels »Friedemann Bach« (1858). Viele Schriftsteller des 20. Jh.s wie G. Hauptmann, H. Hesse, E. G. Kolbenheyer u. a. haben sich der Darstellung der Künstlerproblematik zugewandt, jedoch hat nur Th. Mann das Thema von dem durch Krankheit und Dekadenz gezeichneten Künstler im Zwiespalt von Geist und Leben zentral in seinem Werk durchgeführt (»Tod in Venedig«, 1912; »Doktor Faustus«, 1947). HW

Kunstmärchen, literar. Erzählgattung, die im Unterschied zum anonymen Volks-↗Märchen ursprüngl. nicht in einer mündl. Form kollektiv tradiert, sondern als individuelle Erfindung eines bestimmten, namentl. bekannten Autors von Anfang an schriftl. festgehalten und verbreitet wird. Die Bez. ›K.‹ umfasst sowohl betont artifizielle Erzählwerke als auch naive Schöpfungen; K. können eng am Schema der Volksmärchen orientiert sein (Ch. Perrault, »La belle au bois dormant«, 1697), aber auch das Übernatürl.-Wunderbare in freier Phantasie entwerfen und als Metapher für philosoph.-existentielle Aussagen benutzen (L. Tieck, »Der blonde Eckbert«, 1797) oder gar das Märchenhafte selbst zum Thema des Erzählens machen (Goethe, »Märchen«, 1795); sie können zu ↗Novelle, ↗Sage, ↗Legende u. Ä. tendieren. – V.a. die K. der dt. Romantik (u. a. C. Brentano: »Rheinmärchen«,

1811ff.; E. T. A. Hoffmann: »Der Goldene Topf«, 1814) und die Hans Christian Andersens (1835/48) gelten als Prototypen. Eine Gattung im strengen literaturwissenschaftl. Sinn bilden die K. allerdings nicht; sie sind vielmehr histor. jeweils anders ausgeprägte Auseinandersetzungen mit Wesen und Struktur des Volksmärchens im Kontakt mit literar. Moden (vgl. z. B. die Feenmärchen Ende des 17. Jh.s) oder geistesgeschichtl. Strömungen. Charakterist. für das K. des 20. Jh.s ist eine travestierende, die Leseerwartung düpierende Verarbeitung von Märchenelementen mit satir.-grotesker (meist gesellschaftskrit.) Intention, vgl. u. a. die K. von O. M. Graf (»Das Märchen vom König«, 1927), K. Schwitters (»Die Zwiebel«, 1919, »Altes Märchen«, 1925), A. Döblin (»Märchen von der Technik«, 1935), P. Hacks (»Der Schuhu und die fliegende Prinzessin«, 1967), W. Wondratschek (»Und der Prinz führte die Prinzessin ...«, 1972) oder die Anthologie »Die goldene Bombe« (hg. v. H. Geerken, 1970). JT

Kunstprosa, Bez. E. Nordens für die kunstmäßig gestaltete antike Prosa(-Rede); steht zwischen sachl.-informierender Prosa und Verssprache, wird aber zur ↗gebundenen Rede gerechnet. Kennzeichnend ist ihre Ausformung nach den von der antiken ↗Rhetorik bereitgestellten Regeln für den gedankl. Aufbau (↗Disposition) und insbes. für eine kunstvoll ausgewogene rhythm. Gliederung der ↗Perioden (v. a. durch Antithese, Parallelismus und metrisierte Kola- und Periodenschlüsse, sog. ↗Klauseln oder ↗Cursus), welche die Rede der Poesie annähern, aber nicht gleichsetzen soll: K. sollte rhythm., nicht metr. sein (↗Numerus); kennzeichnend ist ferner die Anwendung von Tropen (↗Tropus) und ↗rhetor. Figuren, bes. der Klangfiguren (u. a. ↗Anapher, ↗Alliteration, ↗Homoioteleuton) und die Wahl und Stellung wohlklingender Wörter (↗Ornatus). – Die K. wurde in der Antike für die Gerichts-, Staats- und Prunk- oder Lobrede ausgebildet (bedeutende Meister: Gorgias, Isokrates, Cicero, Livius, Tacitus). Wechselnden Kunsttheorien und Stiltendenzen folgend (Attizismus – Asianismus), beherrschte sie auch den offiziellen und anspruchsvollen Schreibstil bis zum Beginn der Neuzeit. Bes. im MA. gewann die K. große Bedeutung und wurde z. T. über die Poesie gestellt: Meister der K. verfassten oft ein- und dasselbe Werk in Versen und K. (Sedulius, Beda Venerabilis, Alkuin, Hrabanus Maurus u. a.); auch Poetiken (z. B. Johannes von Garlandia) und Artes dictandi behandelten vordringl. die K., erst in zweiter Linie metr. und akzentuierende Poesie. Seit dem 5. Jh. wurden mehr und mehr verkünstelte, dunkle Ausdrucksformen beliebt (dem verdankt z. B. der »Abrogans«, dessen Übersetzung das 1. [althoch]dt. Buch darstellt, sein Entstehen); im 11. Jh. setzt, durch Rückgriff auf die K. Papst Leos I. (5. Jh.), eine Rückbesinnung auf klass. Formen ein (Wiederbelebung der Cursus-Regeln u. a.), die durch ihren Gebrauch in päpstl. Kanzleien traditionsbildend wurden. Bedeutende Beispiele einer spätantiken und mal. K. sind weiter die Schriften Augustins, Boëthius', Cassiodors, Alanus' ab Insulis, ferner Dantes »Monarchia« und Petrarcas »Epistolae«; in dt. Sprache die Übersetzungen Johannes' von Neumarkt (14. Jh.) oder Johannes von Tepls »Ackermann aus Böhmen« (um 1400). K. wurde in der humanist. orientierten ↗ Renaissance, im ↗ Manierismus und im ↗ Barock auch in den europ. Volkssprachen gepflegt (↗ Elegantia).   HW

Kürenbergstrophe, ↗ Nibelungenstrophe.

Kürze,
1. metrisch: ↗ Länge,
2. stilistisch: ↗ Brachylogie, ↗ Lakonismus, auch: ↗ Ellipse.

Kurzgeschichte, Lehnübersetzung des amerikan. Gattungsbegriffs ↗ short story, mit diesem jedoch nicht deckungsgleich, da in der dt. Literaturgeschichte die K. abzugrenzen ist gegen andere etablierte Formen der Kurzprosa, insbes. der ↗ Novelle, deren Dominanz (und Anpassungsfähigkeit an neue Tendenzen) eine frühzeit. Entwicklung der K. in Deutschland verhinderte (trotz Vorläufern wie E. T. A. Hoffmann und J. P. Hebel). So bleibt vor 1945 die dt. Kurzprosa überwiegend der Novelle, auch der ↗ Anekdote (W. Schäfer) und ↗ Skizze (P. Altenberg) verpflichtet. Ausnahme ist das Erzählwerk F. Kafkas, das eine eigenständ. und überaus einflussreiche Gestaltung der K. aufweist. Die produktive Rezeption der short story setzt daher erst mit großer Verspätung nach 1945 ein. In Deutschland muss so der Gattungsbegriff der K. in der Auseinandersetzung mit der Novelle gewonnen werden: Ihren Gestaltungsprinzipien (Illusionstechnik, ↗ geschlossene Form, Konzentration auf das Besondere des Ereignisses und die Charakterisierung von Personen, Zeit und Lokalkolorit) stehen in der K. andere Prinzipien gegenüber, die bedingt sind durch ein geändertes Autor-Leser-Verhältnis bezügl. der Fiktionalität und die Veröffentlichung in Zeitschriften und Magazinen. Es sind dies geringerer Umfang, gedrängte, bündige Komposition, Verzicht auf Illusion u. Rahmen, offener Schluss, Typisierung der Personen, Neutralisierung der Umgebung, Ausarbeitung des Details, das metonymisch auf das Ganze verweist, Reduktion des ›unerhörten Ereignisses‹ der Novelle auf einen Moment inmitten alltägl. Begebenheiten, der dann allerdings in unerwarteter Wendung auf den Lebenszusammenhang verweist, u. a. m. Mit der Verwendung moderner Erzähltechniken wie Offenlegung des Erzählcharakters, Auflösung der linearen Handlung zugunsten mehr assoziativer Komposition, Aussparung des Narrativen, Montage etc., der Betonung der Brüchigkeit der Wirklichkeit, der Vorliebe für die Außenseiter der Gesellschaft, dem Bestreben, den Leser zu provozieren u. zu aktivieren, folgt die dt. K. allgemeinen Tendenzen der modernen Literatur. Eine *Entwicklung* verläuft von einfacheren Anfängen, themat. der Aufarbeitung der Vergangenheit gewidmet (W. Borchert, H. Böll), zur psychologischen (M. L. Kaschnitz), lyr. (G. Eich), artist. (I. Aichinger), phantastisch-surrealist. (Kusenberg, Aichinger, W. Hildesheimer). Der große Erfolg der neuen Gattung, in der sich fast alle modernen dt. Autoren versuchen, hat neben soziologischen (neue Medien, Änderung des Leseverhaltens) v. a. literar. Gründe, etwa die Einfachheit u. der Verzicht auf Refle-

xion, welche die K. für einen literar. Neubeginn nach dem Krieg geeignet machten, die
Unverbindlichkeit des Erzählens, die Eignung
als Experimentierfeld, die Scheu vor größeren
Formen u. a. Darüber hinaus kommt die K.
den Tendenzen der modernen Literatur überhaupt entgegen, vgl. z. B. ihre Affinität zur modernen Lyrik, ihr Einfluss auf die innere Struktur des modernen Romans u. a. In letzter Zeit
scheint es, als würde die K. ihren Platz als Experimentierfeld der Prosa an noch reduziertere
Formen abgeben.   ED

Kurzzeile, auch Kurzvers, vgl. ↗ Langzeile.

Kustoden, f. Pl. [lat. custos = Wächter, Hü-
ter], Zahlen oder Buchstaben meist unten auf
der letzten (Verso-)Seite einer Lage in handschriftl. Kodizes und Frühdrucken, die die
richtige Ordnung bzw. Reihenfolge der Lagen
gewährleisten sollten, da Blatt- bzw. Seitenzählung bis ins 13./14. Jh. unbekannt waren.
– Eine ähnl. Funktion hatten die auf der letzten Seite einer Lage rechts unten vorwegge-
nommenen Anfangswörter des Textes der folgenden Lage, sog. *Reclamanten*. Sie finden sich
seit dem späten MA. statt oder zusammen mit
K.   IS

Kviðuháttr, m. [altnord. = Liedmaß, zu
kviða = Lied und háttr = Art u. Weise, Maß,
Metrum], Strophenmaß der ↗ Skaldendichtung, gilt als kunstmäß. ausgebildete skald.
Variante des edd. ↗ Fornyrðislag: vier stabge-
reimte Langzeilen; im Ggs. zum Fornyrðislag
zählen die Anverse der Langzeilen jeweils 3,
die Abverse 4 Silben. Im Ggs. zu allen anderen
skald. Strophenmaßen weist der K. weder Binnenreim (↗ Hending) noch feste Kadenzen
auf. Er ist seit den Anfängen der Skaldendichtung (9. Jh.) nachweisbar. Bedeutende Beispiele sind das »Ynglingatal« des jóðolfrór
Hvíni und die Gedichte »Sonartorrek« und
»Arinbjarnarkviða« des Egill Skallagrímsson.
                                                   K

Kyklos, m. [gr. = Kreis], auch Epanadiplosis,
lat. Redditio (= Wiederholung), Inclusio (=
Umschließung): ›Umrahmung‹, ›Umschlie-

ßung‹ eines Satzes, Verses durch Wiederholung des 1. Wortes (der ersten Wörter) am
Ende in derselben Form oder flektiert (↗ Polyptoton); Mittel der semant. oder klangl. Intensivierung: »Entbehren sollst du, sollst entbehren« (Goethe, »Faust«).   S

Kyōgen, n., ↗ Zwischenspiel des jap. ↗ Nö-
Theaters.